# PETIT DICTIONNAIRE

DE LA

# LANGUE FRANÇAISE

PAR

TH. SOULICE
Ancien chef de bureau au Ministère
de l'Instruction publique

OUVRAGE AUTORISÉ
PAR LE CONSEIL DE L'INSTRUCTION PUBLIQUE

PARIS
LIBRAIRIE DE L. HACHETTE ET Cie
RUE PIERRE-SARRAZIN, N° 14
(Près de l'École de médecine)

# PETIT DICTIONNAIRE

DE LA

# LANGUE FRANÇAISE

## OUVRAGES DU MÊME AUTEUR

PUBLIÉS PAR LA MÊME LIBRAIRIE.

---

*Premières connaissances.* 1 volume in-18. Prix, broché.......................... » 20 c.

Ouvrage autorisé par le conseil de l'Université.

*Lire, écrire et compter.* 1 volume in-12. Prix, broché.......................... » 20 c.

Ouvrage autorisé par le conseil de l'Université.

*Éléments de chronologie* pour servir d'introduction à l'étude de l'histoire. 1 volume in-18. Prix, broché.......................... » 20 c.

*Tablettes chronologiques de l'histoire ancienne.* 1 volume in-18. Prix, broché..... » 20 c.

*Petit dictionnaire raisonné des difficultés et exceptions de la langue française*, par MM. Soulice et Sardou. 1 volume in-18. Prix, cartonné.......................... 2 fr. 50 c.

Ouvrage autorisé par le conseil de l'Université

---

Paris. — Imprimerie de Ch. Lahure et Cie, rue de Fleurus, 9.

# PETIT DICTIONNAIRE

DE LA

# LANGUE FRANÇAISE

PAR

**TH. SOULICE**

Ancien chef de bureau au Ministère
de l'Instruction publique


OUVRAGE AUTORISÉ

PAR LE CONSEIL DE L'INSTRUCTION PUBLIQUE

---

DEUXIÈME ÉDITION REFONDUE

QUATRIÈME TIRAGE

---


PARIS

LIBRAIRIE DE L. HACHETTE ET Cie

RUE PIERRE-SARRAZIN, N° 14

(Près de l'École de médecine)

1860

# LISTE DES ABRÉVIATIONS

## EMPLOYÉES DANS LE COURS DE CE DICTIONNAIRE.

| | |
|---|---|
| *A* . . . . . . . . . . . . . . . . . . . . . . | Actif. |
| *Adj.* . . . . . . . . . . . . . . . . . . . . . | Adjectif. |
| *Adject.* . . . . . . . . . . . . . . . . . . . | Adjectivement. |
| *Adv.* . . . . . . . . . . . . . . . . . . . . | Adverbe. |
| *Agric* . . . . . . . . . . . . . . . . . . . | Agriculture. |
| *Alg.* . . . . . . . . . . . . . . . . . . . . | Algèbre. |
| *Anat.* . . . . . . . . . . . . . . . . . . . | Anatomie. |
| *Anc. prov.* . . . . . . . . . . . . . . . . | Ancienne province. |
| *Archit.* . . . . . . . . . . . . . . . . . . | Architecture. |
| *Arith* . . . . . . . . . . . . . . . . . . . | Arithmétique. |
| *Arr* . . . . . . . . . . . . . . . . . . . . | Arrondissement. |
| *Art* . . . . . . . . . . . . . . . . . . . . | Article. |
| *Astr.* . . . . . . . . . . . . . . . . . . . | Astronomie. |
| *C.-à-d.* . . . . . . . . . . . . . . . . . . | C'est-à-dire. |
| *Cond.* . . . . . . . . . . . . . . . . . . . | Conditionnel. |
| *Conj.* . . . . . . . . . . . . . . . . . . . | Conjonction. |
| *Conj.* . . . . . . . . . . . . . . . . . . . | Conjugue. |
| *Déf.* . . . . . . . . . . . . . . . . . . . . | Défini. |
| *Dép.* . . . . . . . . . . . . . . . . . . . . | Département. |
| *Excl.* . . . . . . . . . . . . . . . . . . . | Exclamation. |
| *F.* ou *fém.* . . . . . . . . . . . . . . . | Féminin. |
| *Fam.* . . . . . . . . . . . . . . . . . . . . | Familièrement. |
| *Fig.* . . . . . . . . . . . . . . . . . . . . | Figuré, figurément. |
| *Fut.* . . . . . . . . . . . . . . . . . . . . | Futur. |
| *G.* . . . . . . . . . . . . . . . . . . . . . | Genre. |
| *Géogr.* . . . . . . . . . . . . . . . . . . . | Géographie. |
| *Géom.* . . . . . . . . . . . . . . . . . . . | Géométrie. |
| *Gramm.* . . . . . . . . . . . . . . . . . . | Grammaire. |
| *Hist. nat.* . . . . . . . . . . . . . . . . | Histoire naturelle. |
| *Imp.* . . . . . . . . . . . . . . . . . . . . | Imparfait. |
| *Impér.* . . . . . . . . . . . . . . . . . . . | Impératif. |
| *Impers.* . . . . . . . . . . . . . . . . . . | Impersonnel. |
| *Ind.* . . . . . . . . . . . . . . . . . . . . | Indicatif. |
| *Indéf.* . . . . . . . . . . . . . . . . . . . | Indéfini. |
| *Inf.* . . . . . . . . . . . . . . . . . . . . | Infinitif. |
| *Interj.* . . . . . . . . . . . . . . . . . . | Interjection. |
| *Inus.* . . . . . . . . . . . . . . . . . . . | Inusité. |
| *Inv.* . . . . . . . . . . . . . . . . . . . . | Invariable. |
| *Irr.* . . . . . . . . . . . . . . . . . . . . | Irrégulier. |
| *Il m.* . . . . . . . . . . . . . . . . . . . | ll mouillés. |
| *Loc.* . . . . . . . . . . . . . . . . . . . . | Locution. |
| *Loc. adv.* . . . . . . . . . . . . . . . . . | Locution adverbiale. |
| *Loc. conj.* . . . . . . . . . . . . . . . . | Locution conjonctive. |
| *Loc. prép.* . . . . . . . . . . . . . . . . | Locution prépositive. |

| | |
|---|---|
| *Mar.* | Marine. |
| *M.* ou *masc.* | Masculin. |
| *Math.* | Mathématiques. |
| *Méd.* | Médecine. |
| *Mus.* | Musique. |
| *N.* | Neutre. |
| *Nég.* | Négation. |
| *Ord.* | Ordinal. |
| *P.* | Passé. |
| *P. p.* | Participe passé. |
| *P. pr.* | Participe présent. |
| *Part.* | Participe. |
| *Pers.* | Personne, personnel. |
| *Pl.* | Pluriel. |
| *Pop.* | Populaire. |
| *Poss.* | Possessif. |
| *Pr.* | Pronominal. |
| *Prép.* | Préposition. |
| *Prés.* ou *pr.* | Présent. |
| *Prét.* | Prétérit. |
| *Pron.* | Pronom. |
| *Pron.* | Prononcez. |
| *Prov.* | Proverbial, proverbialement. |
| *Récip.* | Réciproque. |
| *Réf.* | Réfléchi. |
| *Rhét.* | Rhétorique. |
| *Riv.* | Rivière. |
| *S.* ou *subst.* | Substantif. |
| *Sing.* | Singulier. |
| *Subj.* | Subjonctif. |
| *Substant.* | Substantivement. |
| *T.* | Terme. |
| *Triv.* | Trivial. |
| *V.* | Verbe. |
| *Voy.* | Voyez. |
| *Vulg.* | Vulgaire |

# AVERTISSEMENT.

Nous ne manquons pas de dictionnaires de la langue française, nous en possédons même de fort bons; mais aucun n'a été fait pour l'usage particulier des enfants. Les uns sont trop complets : on y rencontre des expressions qui doivent être ignorées de l'enfance; d'autres sont insuffisants, parce que, pour les rendre portatifs, on en a éloigné presque toute explication : ce sont moins des dictionnaires que de stériles nomenclatures bonnes au plus pour fixer l'orthographe d'un mot, mais qui, ne s'adressant ni à l'intelligence ni au raisonnement, ne laissent qu'une impression fugitive dans la mémoire.

Notre but a été d'éviter ces deux défauts. On trouvera dans notre petit Dictionnaire tous les mots qui peuvent se rencontrer dans les conversations et dans les ouvrages qui sont à la portée du jeune âge. Chaque mot est accompagné d'une explication destinée à en fixer le sens, à en faire sentir la valeur au propre et au figuré.

Les difficultés orthographiques que présentent soit la formation du pluriel ou du féminin dans certains mots, soit la conjugaison d'un assez grand nombre de verbes, ont été soigneusement résolues. C'est là, nous osons le dire, une amélioration que l'on chercherait vainement dans la plupart des dictionnaires plus étendus que celui-ci.

On trouvera également dans ce Dictionnaire quelques

indications géographiques sur les fleuves, les rivières et les montagnes qui donnent leur nom aux départements, ainsi que sur les chefs-lieux de préfecture et de sous-préfecture.

En un mot, nous n'avons rien négligé pour rendre ce Dictionnaire aussi complet qu'il était possible en nous renfermant dans les limites de ce qui est réellement utile aux enfants.

Nos meilleurs lexicographes et nos grammairiens le plus justement estimés ont été consultés, comparés soigneusement et souvent mis à contribution; aussi c'est à eux que nous reporterons tout éloge, si cet ouvrage peut en mériter. Nous espérons que l'on reconnaîtra, du moins, que nous avons rempli notre tâche avec conscience.

La nouvelle édition que nous publions aujourd'hui a été revue avec un soin scrupuleux : nous avons mis à profit les conseils de l'expérience et les travaux les plus récents de nos meilleurs grammairiens. Les caractères que nous avons choisis nous ont permis, sans grossir le volume, de donner plus d'étendue aux définitions et d'ajouter un certain nombre de mots que n'admettait pas l'exiguïté de notre cadre primitif.

Nous aimons à croire que ces changements seront considérés comme des améliorations réelles et que notre livre conservera la faveur marquée dont il jouit, depuis vingt ans, auprès des instituteurs de la jeunesse.

# PETIT DICTIONNAIRE

## DE LA

# LANGUE FRANÇAISE



A, *s. m.* Lettre voyelle, la première de l'alphabet, ne prend pas d'*s* au pluriel.

A, 3e pers. sing. du *pr. ind.* du verbe *avoir*.

À, prép. Qui exprime différents rapports de situation, de lieu, de mouvement.

**ABAISSE**, *s. f.* Pâte solide servant de fond à certaines pièces de patisserie.

**ABAISSEMENT**, *s. m.* État de ce qui est abaissé.

**ABAISSER** (*part.* é, ée), *v. a.* Faire aller en bas, diminuer de hauteur; humilier; s'—, *v. pr.* S'humilier.

**ABAJOUE**, *s. f.* Cavité intérieure dans le bas côté des joues de certains animaux.

**ABANDON**, *s. m.* Action d'abandonner; état d'une personne ou d'une chose abandonnée; résignation, oubli de soi-même.

**ABANDONNEMENT**, *s. m.* Délaissement complet.

**ABANDONNER** (*part.* é, ée), *v. a.* Quitter, délaisser; s'—, *v. pr.* Se laisser aller, se livrer sans réserve.

**ABAQUE**, *s. m.* Tailloir (t. d'architecture); table de calcul.

**ABASOURDIR** (*part.* i, ie), *v. a.* Fatiguer les oreilles, étourdir; consterner, accabler.

**ABATAGE**, *s. m.* Action d'abattre les bois, frais qui en résultent; action de tuer les bestiaux, les bêtes de somme, etc.

**ABÂTARDIR** (*part.* i, ie), *v. a.* Faire dégénérer, altérer une chose; s'—, *v. pr.* Dégénérer.

**ABÂTARDISSEMENT**, *s. m.* Altération.

**ABAT-FOIN**, *s. m.* Ouverture au-dessus d'un râtelier pour placer le foin et la paille.

**ABATIS**, *s. m.* Amas de choses abattues; la tête, les pattes, le cou, les ailerons, le foie, le gésier des volailles.

**ABAT-JOUR**, *s. m.* (inv.) Sorte de fenêtre en forme de persienne dont les lames laissent venir le jour d'en haut; réflecteur adapté à un appareil d'éclairage.

**ABATTANT**, *s. m.* Sorte de volet qui se lève et s'abat à volonté.

**ABATTEMENT**, *s. m.* Affaiblissement des forces physiques ou morales.

**ABATTEUR**, *s. m.* Celui qui abat.

**ABATTOIR**, *s. m.* Lieu où l'on tue les bestiaux.

**ABATTRE** (se conj. c. *battre*), *v. a.* Mettre à bas, renverser, accabler, affaiblir; s'—, *v. pr.* Tomber (en parlant d'un cheval); se décourager.

**ABAT-VENT**, *s. m.* (inv.) Auvent en forme de persienne, dont les lames sont dirigées en sens opposé à celles de l'abat-jour.

**ABAT-VOIX**, *s. m.* Le dessus d'une chaire à prêcher.

**ABBATIAL**, E, *adj.* Qui a rapport à l'abbaye, à l'abbé, à l'abbesse. (Au pl. m. *abbatiaux*.)

**ABBAYE**, *s. f.* Monastère d'hommes ou de femmes.

**ABBÉ**, *s. m.* Chef d'une abbaye; homme portant un habit ecclésiastique.

**ABBESSE**, *s. f.* Supérieure d'un monastère de femmes.

**ABBEVILLE**, ville de France, sous-préfecture du département de la Somme.

**A B C**, *s. m.* Abécédaire ; *fig.* premiers éléments.

**ABCÈS**, *s. m.* Amas d'humeurs.

**ABDICATION**, *s. f.* Action d'abdiquer.

**ABDIQUER** (*part.* é, ée), *v. a.* Abandonner de son plein gré une dignité.

**ABDOMEN**, *s. m.* Le bas-ventre. (Le *n* se prononce.)

**ABDOMINAL**, **E**, *adj.* Qui a rapport à l'abdomen. (Au pl. m. *Abdominaux.*)

**ABÉCÉDAIRE**, *s. m.* Livre pour apprendre à lire. — *adj.* 2 *g.* Qui est dans l'ordre des lettres de l'alphabet.

**ABECQUER** ou **ABÉQUER** (*part.* é, ée), *v. a.* Donner la becquée à un jeune oiseau.

**ABÉE** ou **BÉE**, *s. f.* Ouverture par laquelle coule l'eau qui fait mouvoir un moulin.

**ABEILLE**, *s. f.* Mouche qui produit le miel et la cire.

**ABERRATION**, *s. f.* Écart de l'esprit. — *t. d'astr.* Petit mouvement apparent des étoiles fixes.

**ABÊTIR** (*part.* i, ie), *v. a.* Rendre bête ; —, *v. n.* ou s'—, *v. pr.* Devenir bête.

**AB HOC ET AB HÂC**, *loc. adv.* A tort et à travers.

**ABHORRER** (*part.* é, ée), *v. a.* Avoir en horreur ; s'—, *v. pr.* Être pour soi-même un objet d'horreur ; se détester mutuellement.

**ABÎME**, *s. m.* Gouffre ; profondeurs impénétrables.

**ABÎMER** (*part.* é, ée), *v. a.* Renverser, jeter dans un abîme ; —, *v. n.* et s'—, *v. pr.* Tomber dans un abîme ; se ruiner, se perdre.

**AB INTESTAT**, location latine applicable à celui qui hérite d'une personne morte sans avoir testé.

**AB IRATO**, locution latine usitée en parlant d'un acte qui paraît être l'effet soudain d'une colère irréfléchie.

**ABJECT**, **E**, *adj.* Méprisable.

**ABJECTION**, *s. f.* État d'abaissement, d'avilissement.

**ABJURATION**, *s. f.* Action d'abjurer.

**ABJURER** (*part.* é, ée), *v. a.* Renoncer par serment à une opinion religieuse.

**ABLATIF**, *s. m.* Le sixième cas de la déclinaison latine.

**ABLE**, *s. m.* ou **ABLETTE**, *s. f.* Petit poisson de rivière, plat et d'un blanc argenté.

**ABLÉGAT**, *s. m.* Le vicaire, le délégué du légat.

**ABLUTION**, *s. f.* Action de laver ou de se laver.

**ABNÉGATION**, *s. f.* Renoncement à soi, aux biens, aux privilèges.

**ABOI**, **ABOIEMENT** ou **ABOÎMENT**, *s. m.* Cri du chien qui aboie. *Abois, au pl.* se dit d'un cerf réduit à l'extrémité.

**ABOLIR** (*part.* i, ie), *v. a.* Annuler, mettre hors d'usage ; s'—, *v. pr.* Tomber en désuétude.

**ABOLISSEMENT**, *s. m.* Action d'abolir.

**ABOLITION**, *s. f.* Anéantissement, extinction (d'une loi, d'un acte de l'autorité).

**ABOMINABLE**, *adj.* 2 *g.* Détestable, qui doit faire horreur.

**ABOMINABLEMENT**, *adv.* D'une manière abominable.

**ABOMINATION**, *s. f.* Action abominable.

**ABONDAMMENT**, *adv.* Avec abondance.

**ABONDANCE**, *s. f.* Grande quantité ; vin mêlé avec beaucoup d'eau. *Parler d'*—, facilement, sans préparation.

**ABONDANT**, **E**, *adj.* Qui abonde.

**ABONDER**, *v. n.* Être ou Avoir en abondance.

**ABONNÉ**, **ÉE**, *s.* Celui ou Celle qui a pris un abonnement.

**ABONNEMENT**, *s. m.* Convention ou marché à un prix fixe pendant un temps limité.

**ABONNER** (*part.* é, ée), *v. a.* Donner un abonnement ; s'—, *v. pr.* Prendre un abonnement.

**ABONNIR** (*part.* i, ie), *v. a.* Rendre

bon, améliorer; s'—, v. pr. Devenir meilleur.

ABORD, s. m. Accès, approche. *D'abord*, *loc. adv.* Premièrement.

ABORDABLE, *adj.* 2 g. Qu'on peut aborder.

ABORDAGE, s. m. Action d'aborder.

ABORDER (*part.* é, ée), v. n. Aller à bord, prendre terre; —, v. a. Joindre un vaisseau; approcher de quelqu'un.

ABORIGÈNES, s. m. *pl.* Les naturels d'un pays.

ABORNEMENT, s. m. Action d'aborner, limite.

ABORNER (*part.* é, ée), v. a. Mettre des bornes à un terrain, en marquer les limites.

ABOUCHEMENT, s. m. Entrevue pour conférer.

ABOUCHER (*part.* é, ée), v. a. Réunir en conférence; s'—, v. pr. Se réunir à quelqu'un pour conférer.

ABOUTIR (*part.* i, ie), v. n. Toucher par un bout; —, se dit d'un abcès qui vient à crever, d'une affaire qui se termine.

ABOUTISSANT, E, *adj.* Touchant à; —*ants*, s. m. *pl.* Les circonstances et dépendances.

ABOUTISSEMENT, s. m., se dit d'un abcès qui aboutit.

AB OVO, locution latine. Dès le principe.

ABOYER (se conjugue c. *ployer*), v. n. Crier (en parlant des chiens).

ABOYEUR, s. m. Chien qui aboie sans approcher; *fig.* criard.

ABRÉGÉ, s. m. Précis, sommaire, abréviation.

ABRÉGER (*part.* é, ée), v. a. Rendre plus court.

ABREUVER (*part.* é, ée), v. a. Faire boire des animaux; *fig.* — *de peines*, causer beaucoup de peines.

ABREUVOIR, s. m. Lieu où les animaux vont boire et se baigner.

ABRÉVIATEUR, s. m. Celui qui abrége le livre d'un autre.

ABRÉVIATION, s. f. Retranchement de lettres dans un mot; signe qui indique ce retranchement.

ABRI, s. m. Lieu où l'on peut être à couvert, hors de danger.

ABRICOT, s. m. Fruit à noyau de couleur jaune clair.

ABRICOTIER, s. m. Arbre qui produit l'abricot.

ABRITER (*part.* é, ée), v. a. Mettre à l'abri.

ABROGATION, s. f. Action d'abroger.

ABROGER (*part.* é, ée), v. a. Annuler, abolir.

ABRUPT, E, *adj.*, se dit des terrains, des rochers hérissés d'aspérités, de fractures bizarres.

ABRUPTO (AB ou EX), *loc. adv.* Brusquement.

ABRUTIR (*part.* i, ie), v. a. Rendre stupide; s'—, v. pr. Devenir stupide.

ABRUTISSANT, E, *adj.* Qui abrutit.

ABRUTISSEMENT, s. m. Stupidité, état d'une personne abrutie.

ABSENCE, s. f. Éloignement, défaut de présence; *fig.* distraction; privation.

ABSENT, E, *adj.* Qui est éloigné, non présent; *fig.* distrait.

s'ABSENTER (*part.* é, ée), v. pr. S'éloigner momentanément.

ABSINTHE, s. f. Plante médicinale très-amère et aromatique.

ABSOLU, E, *adj.* Indépendant, souverain; *sens absolu*, sens complet, par opposition à *relatif*; —, s. m., se dit en métaphysique de ce qui existe indépendamment de toute condition.

ABSOLUMENT, *adv.* D'une manière absolue, sans réserves.

ABSOLUTION, s. f. Action d'absoudre.

ABSOLUTOIRE, *adj.* 2 g. Qui absout.

ABSORBANT, E, *adj.* Qui absorbe. (Le masculin s'emploie substant.)

ABSORBER (*part.* é, ée), v. a. Engloutir, faire disparaître; s'—, v. pr. Se perdre.

ABSORPTION, s. f. Action d'absorber.

ABSOUDRE (*ind. pr.* j'absous, etc., nous absolvons, v. absolvez, ils absolvent; *imp.* j'absolvais, etc., n. absolvions, etc.; *p. déf.* inus. *fut.* j'absoudrai, etc. n. absoudrons, etc.; *cond.* j'absoudrais, etc., n. absoudrions, etc.; *imp.* absous, absolvons, absolvez; *subj. pr.* q. j'absolve, etc.; *imp. subj.* inus., *p. pr.* absolvant, *p. p.* absous, oute), *v. a.* Déclarer innocent; remettre les péchés.

**ABSOUTE**, *s. f.* Absolution générale qui se donne dans les églises catholiques romaines, en certaines circonstances.

**S'ABSTENIR** (se conj. sur *tenir*), *v. pr.* S'empêcher, se priver de.

**ABSTENTION**, *s. f.* Action de s'abstenir.

**ABSTINENCE**, *s. f.* Action de s'abstenir.

**ABSTINENT**, **E**, *adj.* Tempérant, sobre.

**ABSTRACTION**, *s. f.* Action d'abstraire, chose abstraite.

**ABSTRACTIVEMENT**, *adv.* Par abstraction.

**ABSTRAIRE** (*Ind. pr.* j'abstrais, etc.; au *pl.* on se sert des termes *faire abstraction* ainsi qu'à l'*imp.*, au *p. déf.*, à l'*impér.*, au *subj.*, à l'*imp. du subj.* et au *part. prés.*; *fut.* j'abstrairai, etc.; *cond.* j'abstrairais, etc.; *p.* abstrait, aite), *v. a.* Séparer par une opération de l'esprit, pour les considérer séparément, des choses qui sont réellement unies.

**ABSTRAIT**, **E**, *adj.* Vague, difficile à pénétrer.

**ABSURDE**, *adj.* 2 *g.* Déraisonnable, contraire au bon sens.

**ABSURDEMENT**, *adv.* D'une manière absurde.

**ABSURDITÉ**, *s. f.* Chose absurde.

**ABUS**, *s. m.* Usage immodéré de quelque chose.

**ABUSER** (*part.* é, ée), *v. a.* Tromper; — *de*, *v. n.* User mal de quelque chose.

**ABUSIF**, **IVE**, *adj.* Contraire aux règles, aux usages.

**ABUSIVEMENT**, *adv.* D'une manière abusive.

**ACABIT**, *s. m.* Qualité bonne ou mauvaise d'une chose.

**ACACIA**, *s. m.* Arbre de jardin, épineux et portant des fleurs en grappes.

**ACADÉMICIEN**, *s. m.* Membre d'une académie.

**ACADÉMIE**, *s. f.* Société de littérateurs, de savants, d'artistes; division administrative de l'université; une des classes de l'Institut de France; modèle de figure nue et en pied.

**ACADÉMIQUE**, *adj.* 2 *g.* Qui appartient ou Qui convient à des académiciens.

**ACADÉMIQUEMENT**, *adv.* D'une manière académique.

**ACADÉMISTE**, *s. m.* Professeur en équitation.

**ACAJOU**, *s. m.* Arbre d'Amérique dont le bois sert à faire des meubles.

**ACANTHE**, *s. f.* Plante épineuse dont la feuille a servi de modèle pour l'ornement du chapiteau corinthien.

**ACARIÂTRE**, *adj.* 2 *g.* Qui est d'humeur bourrue, fantasque.

**ACCABLANT**, **E**, *adj.* Qui accable.

**ACCABLEMENT**, *s. m.* État du corps ou de l'esprit accablé.

**ACCABLER** (*part.* é, ée), *v. a.* Surcharger, abattre sous un poids.

**ACCAPAREMENT**, *s. m.* Action d'accaparer, choses accaparées.

**ACCAPARER** (*part.* é, ée), *v. a.* Faire amas de marchandises pour les revendre à haut prix.

**ACCAPAREUR**, **EUSE**, *s.* Celui ou Celle qui accapare.

**ACCÉDER**, *v. n.* Consentir à.

**ACCÉLÉRATEUR**, **TRICE**, *adj.* Qui accélère.

**ACCÉLÉRATION**, *s. f.* Action d'accélérer.

**ACCÉLÉRER** (*part.* é, ée), *v. a.* Hâter, presser.

**ACCENT**, *s. m.* Élévation ou abaissement de la voix sur certaines syllabes; signe qui se met sur une voyelle pour en faire connaître la prononciation.

**ACCENTUATION**, *s. f.* Manière d'accentuer.

**ACCENTUER** (*part.* é, ée), *v. a.* Mettre des accents.

**ACCEPTABLE**, *adj.* 2 *g.* Qui peut être accepté.

**ACCEPTATION**, *s. f.* Action d'accepter.

**ACCEPTER** (*part.* é, ée), *v. a.* Agréer ce qui est offert.

**ACCEPTEUR**, *s. m.* Celui qui accepte.

**ACCEPTION**, *s. f.* Sorte de préférence; sens dans lequel un mot se prend.

**ACCÈS**, *s. m.* Abord; attaque, retour d'un mal. *Avoir* —, approcher facilement.

**ACCESSIBLE**, *adj.* 2 *g.* Dont on peut approcher.

**ACCESSIT**, *s. m.* (inv.) Récompense de l'écolier qui a le plus approché du prix. (Le *t* se prononce.)

**ACCESSOIRE**, *adj.* 2 *g.* Qui accompagne une chose principale. (Le masculin s'emploie substant.)

**ACCESSOIREMENT**, *adv.* D'une manière accessoire, secondaire.

**ACCIDENT**, *s. m.* Cas fortuit.

**ACCIDENTÉ, ÉE**, *adj.*, se dit d'un terrain dont la superficie est très-variée.

**ACCIDENTEL, ELLE**, *adj.* Qui arrive par accident.

**ACCIDENTELLEMENT**, *adv.* Par accident.

**ACCLAMATION**, *s. f.* Cri de joie, d'approbation.

**ACCLIMATATION**, *s. f.* Action d'acclimater, soins donnés à un animal ou à un végétal pour les faire vivre sous un climat autre que celui de leur origine.

**ACCLIMATER** (*part.* é, ée), *v. a.* Accoutumer à un nouveau climat.

**ACCOINTANCE**, *s. f.* Liaison familière.

**s'ACCOINTER**, *v. pr.* Se lier familièrement.

**ACCOLADE**, *s. f.* Embrassement; trait de plume qui joint plusieurs articles en un seul.

**ACCOLER** (*part.* é, ée), *v. a.* Embrasser; joindre par une accolade.

**ACCOMMODABLE**, *adj.* 2 *g.* Qui se peut accommoder.

**ACCOMMODAGE**, *s. m.* Apprêt donné à certaines choses.

**ACCOMMODANT, E**, *adj.* Complaisant, traitable.

**ACCOMMODEMENT**, *s. m.* Accord entre des personnes divisées.

**ACCOMMODER** (*part.* é, ée), *v. a.* Arranger, ajuster, mettre d'accord; s'—, *v. pr.* Prendre ses aises; se conformer à.

**ACCOMPAGNATEUR, TRICE**, *s.* (t. de mus.) Celui ou Celle qui accompagne la voix avec un instrument.

**ACCOMPAGNEMENT**, *s. m.* Action d'accompagner; accord d'instruments qui accompagnent la voix.

**ACCOMPAGNER** (*part.* é, ée), *v. a.* Aller de compagnie avec quelqu'un; jouer un accompagnement.

**ACCOMPLI, E**, *adj.* Parfait.

**ACCOMPLIR** (*part.* i, ie), *v. a.* Achever, terminer.

**ACCOMPLISSEMENT** (inus. *au pl.*), *s. m.* Achèvement, exécution complète.

**ACCORD**, *s. m.* Conformité d'opinions, convention, concordance; *au pl.* Conventions préliminaires d'un mariage.

**ACCORDABLE**, *adj.* 2 *g.* Qu'on peut accorder.

**ACCORDAILLES**, *s. f. pl.* Cérémonie de la signature d'un contrat de mariage.

**ACCORDÉ**, *s. m.*, **ACCORDÉE**, *s. f.* Celui, Celle qui par l'effet des accordailles est engagé pour un prochain mariage.

**ACCORDÉON**, *s. m.* Sorte d'instrument de musique à clavier.

**ACCORDER** (*part.* é, ée), *v. a.* Mettre d'accord; octroyer, concéder; s'—, *v. pr.* Vivre en bonne intelligence; avoir du rapport, de la ressemblance.

**ACCORDEUR**, *s. m.* Celui qui accorde les instruments de musique.

**ACCORT, E**, *adj.* Adroit; complaisant.

**ACCOSTABLE**, *adj.* 2 *g.* Qu'on peut accoster facilement.

**ACCOSTER** (*part.* é, ée), *v. a.* Aborder.

**ACCOTER** (*part.* é, ée), *v. a.* Appuyer de côté; s'—, *v. pr.* S'appuyer sur le côté.

**ACCOTOIR**, *s. m.* Ce qui sert à s'accoter.

**ACCOUCHÉE**, *s. f.* Femme qui vient d'accoucher.

**ACCOUCHEMENT**, *s. m.* Enfantement, action d'accoucher.

**ACCOUCHER**, *v. n.* Enfanter; —, *v.*

a. (*part.* é, ée). Opérer un accouchement.

ACCOUCHEUR, EUSE, *s.* Celui ou Celle qui opère les accouchements.

s'ACCOUDER, (*part.* é, ée), *v. pr.* S'appuyer sur le coude.

ACCOUDOIR, *s. m.* Appui pour s'accouder.

ACCOUPLEMENT, *s. m.* Assemblage par couple.

ACCOUPLER (*part.* é, ée), *v. a.* Joindre deux choses ensemble, apparier.

ACCOURCIR (*part.* i, ie), *v. a.* Rendre plus court.

ACCOURCISSEMENT, *s. m.* Diminution de longueur.

ACCOURIR (se conj. sur *courir*, excepté qu'il prend l'un ou l'autre verbe auxiliaire), *v. n.* Aller promptement vers.

ACCOUTREMENT, *s. m.* Habillement extraordinaire ou ridicule.

ACCOUTRER (*part.* é, ée), *v. a.* Habiller, revêtir.

ACCOUTUMANCE, *s. f.* Habitude, coutume.

ACCOUTUMER (*part.* é, ée), *v. a.* Faire prendre une habitude; s'—, *v. pr.* Contracter une habitude; *à l'accoutumée, loc. adv.* Comme de coutume.

ACCRÉDITER (*part.* é, ée), *v. a.* Mettre en crédit.

ACCROC, *s. m.* Déchirure; difficulté, retardement.

ACCROCHEMENT, *s. m.* Action d'accrocher.

ACCROCHER (*part.* é, ée), *v. a.* Attacher, suspendre, retarder, arrêter; s'—, *v. pr.* S'attacher à.

ACCROIRE (ne s'emploie qu'à l'inf. avec le verbe *faire*), *v. n.* Faire croire ce qui n'est pas; *s'en faire accroire*, présumer trop de soi-même.

ACCROISSEMENT, *s. m.* Augmentation, agrandissement.

ACCROITRE (se conj. sur *croître*; *part.* u, ue), *v. a.* Augmenter, rendre plus grand; *v. n.* et s'—, *pr.* S'augmenter.

s'ACCROUPIR (*part.* i, ie), *v. pr.* S'asseoir sur les talons.

ACCROUPISSEMENT, *s. m.* État d'une personne accroupie.

ACCRUE, *s. f.* Extension d'un bois au delà de sa lisière ou d'une terre par la retraite d'une rivière.

ACCUEIL, *s. m.* Réception faite à quelqu'un.

ACCUEILLIR (se conj. sur *cueillir*), *v. a.* Faire accueil.

ACCUL, *s. m.* Sorte d'impasse où l'on est acculé; espèce de piquet fiché en terre pour prévenir le recul d'une pièce de canon.

ACCULER (*part.* é, ée), *v. a.* Pousser dans un endroit où l'on ne peut plus reculer.

ACCUMULATEUR, TRICE, *s.* Celui ou Celle qui accumule.

ACCUMULATION, *s. f.* Action d'accumuler; choses accumulées.

ACCUMULER (*part.* é, ée), *v. a.* Amasser; s'—, *v. pr.* S'augmenter.

ACCUSABLE, *adj.* 2 *g.* Qu'on peut accuser.

ACCUSATEUR, TRICE, *s.* Celui ou Celle qui accuse.

ACCUSATIF, *s. m.* (t. de gramm.). Cas qui sert principalement, dans certaines langues, à marquer le régime direct des verbes actifs.

ACCUSATION, *s. f.* Action d'accuser, acte par lequel on accuse.

ACCUSÉ, ÉE, *adj.* et *s.* Inculpé, traduit en justice par acte d'accusation.

ACCUSER (*part.* é, ée), *v. a.* Porter plainte contre quelqu'un, déférer en justice; servir de preuve, d'indice; reprocher; révéler; — *réception*, faire connaître qu'on a reçu une chose; s'—, *v. pr.* Avouer une faute, un tort, etc.

ACÉPHALE, *adj.* 2 *g.* Qui n'a point de tête.

ACERBE, *adj.* 2 *g.* Apre, aigre.

ACERBITÉ, *s. f.* Qualité de ce qui est acerbe.

ACÉRÉ, ÉE, *adj.* Tranchant, piquant, déchirant.

ACÉRER (*part.* é, ée), *v. a.* Rendre tranchant.

ACÉTATE, *s. m.* Nom générique des sels qui résultent de la combinaison de l'acide acétique avec une base quelconque.

ACÉTIQUE, *adj. m.*, se dit de l'acide qui fait la base du vinaigre.

**ACHALANDAGE**, *s. m.* Clientèle d'un marchand.

**ACHALANDER** (*part.* é, ée), *v. a.* Procurer des chalands.

**ACHARNEMENT**, *s. m.* Fureur, opiniâtreté, animosité.

**ACHARNER** (*part.* é, ée), *v. a.* Animer, irriter; s'—, *v. pr.* S'attacher avec acharnement.

**ACHAT**, *s. m.* Acquisition à prix d'argent; action d'acheter.

**ACHE**, *s. f.* Herbe qui ressemble au persil.

**ACHEMINEMENT**, *s. m.* Préparation, moyen d'arriver à un but.

**ACHEMINER** (*part.* é, ée), *v. a.* Mettre en train; s'—, *v. pr.* Se mettre en chemin.

**ACHETER** (*part.* é, ée), *v. a.* Faire achat.

**ACHETEUR, TEUSE**, *s.* Celui ou Celle qui achète.

**ACHÈVEMENT**, *s. m.* Fin, entière exécution d'une chose.

**ACHEVÉ, ÉE**, *adj.* Fini, accompli, parfait.

**ACHEVER** (*part.* é, ée), *v. a.* et *n.* Finir, terminer, mettre la dernière main.

**ACHOPPEMENT**, *s. m.* Empêchement; *pierre d'*—, occasion de faillir, écueil, obstacle.

**ACIDE**, *s. m.* Substance d'une saveur aigre et piquante; —, *adj.* 2 *g.* Dont la saveur est aigre.

**ACIDITÉ**, *s. f.* Qualité de ce qui est acide.

**ACIER**, *s. m.* Combinaison du fer avec du charbon.

**ACOLYTAT**, *s. m.* Le plus haut des quatre ordres mineurs.

**ACOLYTE**, *s. m.* Clerc promu à l'acolytat; satellite, celui qui en seconde un autre dans l'exécution de mauvais desseins.

**ACONIT**, *s. m.* Plante vénéneuse employée comme médicament. (Le *t* se prononce.)

**ACOQUINANT, E**, *adj.* Qui acoquine.

**ACOQUINER** (*part.* é, ée), *v. a.* Attacher par habitude; s'—, *v. pr.* S'accoutumer à ce qui plaît. (Se prend en mauvaise part.)

**ACOUSTIQUE**, *s. f.* Théorie des sons et de leurs propriétés; —, *adj.* 2 *g.* Qui concerne l'ouïe; qui augmente le son.

**ACQUÉREUR**, *s. m.* Celui qui acquiert (le fém. —*euse* est peu usité).

**ACQUÉRIR** (*Ind. pr.* j'acquiers, tu acquiers, il acquiert, n. acquérons, v. acquérez, ils acquièrent; *imp.* j'acquérais, etc.; *p. déf.* j'acquis, etc.; *fut.* j'acquerrai, etc.; *cond.* j'acquerrais, etc.; *impér.* acquiers, acquérons, acquérez; *sub. pr.* q. j'acquière, q. tu acquières, qu'il acquière, q. n. acquérions, q. v. acquériez, qu'ils acquièrent; *imp. subj.* q. j'acquisse, etc.; *p. pr.* acquérant; *p. p.* acquis, ise), *v. a.* Se procurer.

**ACQUÊT**, *s. m.* Chose acquise (en parlant des biens).

**ACQUIESCEMENT**, *s. m.* Consentement, adhésion.

**ACQUIESCER**, *v. n.* Consentir, céder, se soumettre.

**ACQUIS**, *s. m.* Science; connaissances acquises.

**ACQUISITION**, *s. f.* Action d'acquérir, chose acquise.

**ACQUIT**, *s. m.* Quittance; *acquit-à-caution*, certificat pour transporter librement des marchandises; *par manière d'*—, *loc. adv.* Négligemment.

**ACQUITTEMENT**, *s. m.* Action d'acquitter.

**ACQUITTER** (*part.* é, ée), *v. a.* Rendre quitte; s'—, *v. pr.* Se libérer.

**ACRE**, *s. f.* Mesure de terre, un arpent et demi environ.

**ÂCRE**, *adj.* 2 *g.* Piquant au goût.

**ÂCRETÉ**, *s. f.* Qualité de ce qui est âcre.

**ACRIMONIE**, *s. f.* Âcreté du sel, des humeurs.

**ACRIMONIEUX, EUSE**, *adj.* Qui a de l'acrimonie.

**ACROBATE**, *s. m.* et *fém.* Danseur ou Danseuse de corde.

**ACROSTICHE**, *s. m.* Petite pièce de poésie dont chaque vers commence par une lettre du nom de la personne ou de la chose qui en fait le sujet; —, *adj.* 2 *g.* Qui appartient à ce genre de poésie.

**ACTE**, *s. m.* Action; déclaration

légale ou judiciaire ; une des parties d'une pièce de théâtre.

**ACTEUR, TRICE**, *s.* Celui ou Celle qui exerce la profession théâtrale ; celui qui prend une part active à une affaire.

**ACTIF, IVE**, *adj.* Qui agit, vif, laborieux. *Verbe actif* (*t. de gramm.*), verbe qui a un régime direct ; —, *s. m.* (t. de commerce), Somme dont on est créancier.

**ACTION**, *s. f.* Opération, mouvement ; intérêt dans une entreprise où l'on a placé des fonds ; *actions de grâces*, remercîments.

**ACTIONNAIRE**, *s. 2 g.* Celui ou Celle qui a une action dans une entreprise.

**ACTIONNER** (*part.* é, ée), *v. a.* Agir en justice contre quelqu'un.

**ACTIVEMENT**, *adv.* D'une manière active.

**ACTIVITÉ**, *s. f.* Faculté d'agir avec vivacité ; promptitude.

**ACTUEL, ELLE**, *adj.* Présent, effectif, réel.

**ACTUELLEMENT**, *adv.* Présentement.

**ADAGE**, *s. m.* Proverbe.

**ADAGIO**, *adv.* (*t. de mus.*) Lentement ; —, *s. m.* Air d'un mouvement lent.

**ADAPTER** (*part.* é, ée), *v. a.* Ajuster une chose à une autre ; s'—, *v. pr.* S'ajuster à une chose.

**ADDITION**, *s. f.* Ce qui est ajouté ; opération de calcul par laquelle on fait la somme de plusieurs nombres.

**ADDITIONNEL, ELLE**, *adj.* Qui est ajouté.

**ADDITIONNER** (*part.* é, ée), *v. a.* Faire une addition.

**ADEPTE**, *s. m.* Celui qui est initié à des mystères.

**ADHÉRENCE**, *s. f.* Union intime d'une chose à une autre.

**ADHÉRENT, E**, *adj.* Qui forme adhérence ; *s. m.* Celui qui est d'un parti.

**ADHÉRER**, *v. n.* Former adhérence ; être du parti, du sentiment de ; consentir à.

**ADHÉSION**, *s. f.* Action d'adhérer.

**AD HONORES**, *loc. adv.* (tirée du latin) Honorifique.

**ADIEU**, *s. m.* Terme de civilité pour prendre congé de quelqu'un.

**ADJACENT, E**, *adj.* Proche, contigu, situé auprès.

**ADJECTIF**, *s. m.* (t. de gramm.) Mot ajouté au substantif, et qui sert à exprimer la qualité d'une personne ou d'une chose.

**ADJECTIVEMENT**, *adv.* Comme un adjectif.

**ADJOINDRE** (se conj. sur *joindre*), *v. a.* Joindre avec ; s'—, *v. pr.* S'associer à quelqu'un.

**ADJOINT**, *s. m.* Celui qui est joint à un autre pour l'aider, le suppléer.

**ADJONCTION**, *s. f.* Action d'adjoindre.

**ADJUDANT**, *s. m.* Officier ou sous-officier placé sous les ordres d'un autre pour l'aider.

**ADJUDICATAIRE**, *s. 2 g.* Celui ou Celle à qui on adjuge.

**ADJUDICATION**, *s. f.* Acte judiciaire ou administratif par lequel on adjuge.

**ADJUGER** (*part.* é, ée), *v. a.* Attribuer au dernier enchérisseur.

**ADJURATION**, *s. f.* Action d'adjurer.

**ADJURER** (*part.* é, ée), *v. a.* Sommer de faire ou de dire quelque chose.

**AD LIBITUM**, *loc. adv.* (tirée du latin). A volonté.

**ADMETTRE** (se conj. sur *mettre*), *v. a.* Recevoir en participation, en communauté, en société ; reconnaître pour véritable ; consentir à.

**ADMINISTRATEUR, TRICE**, *s.* Celui ou Celle qui régit, qui administre.

**ADMINISTRATIF, IVE**, *adj.* Qui a rapport à l'administration.

**ADMINISTRATION**, *s. f.* Action d'administrer ; autorité qui dirige les affaires.

**ADMINISTRER** (*part.* é, ée), *v. a.* Gouverner, régir ; — *un malade*, lui conférer les sacrements.

**ADMIRABLE**, *adj. 2 g.* Digne d'admiration.

**ADMIRABLEMENT**, *adv.* D'une manière admirable.

**ADMIRATEUR, TRICE**, *s.* Celui ou Celle qui admire.

**ADMIRATIF, IVE,** *adj.* Qui marque l'admiration.

**ADMIRATION,** *s. f.* Action d'admirer, sentiment qu'éprouve celui qui admire.

**ADMIRER** (*part.* é, ée), *v. a.* Considérer avec surprise ce qui paraît merveilleux, extraordinaire.

**ADMISSIBLE,** *adj.* 2 *g.* Qu'on peut admettre.

**ADMISSION,** *s. f.* Action d'admettre, d'être admis.

**ADMONÉTER** ou **ADMONESTER** (*part.* é, ée), *v. a.* Réprimander avec indulgence.

**ADMONITION,** *s. f.* Réprimande.

**ADOLESCENCE,** *s. f.* L'espace de temps qui est compris entre l'enfance et l'âge viril (de 14 à 25 ans).

**ADOLESCENT, E,** *s.* Jeune homme, jeune fille; *adj.* Qui est dans l'adolescence.

**ADONISER** (*part.* é, ée), *v. a.* Parer avec recherche.

**s'ADONNER** (*part.* é, ée), *v. pr.* Se livrer avec passion à.

**ADOPTER** (*part.* é, ée), *v. a.* Prendre pour fils ou pour fille; regarder comme sien; préférer.

**ADOPTIF, IVE,** *adj.* Qui est adopté.

**ADOPTION,** *s. f.* Action d'adopter.

**ADORABLE,** *adj.* 2 *g.* Digne d'être adoré.

**ADORATEUR, TRICE,** *s.* Celui ou Celle qui adore.

**ADORATION,** *s. f.* Action d'adorer.

**ADORER** (*part.* é, ée), *v. a.* Rendre à Dieu le culte qui lui est dû; aimer avec passion.

**ADOS,** *s. m.* Terre élevée en talus.

**ADOSSER** (*part.* é, ée), *v. a.* Mettre le dos contre; mettre dos à dos.

**ADOUCIR** (*part.* i, ie), *v. a.* Rendre doux, calmer, tempérer; s'—, *v. pr.* Devenir plus doux.

**ADOUCISSANT, E,** *adj.* Qui adoucit. —, *s. m.* Remède qui adoucit.

**ADOUCISSEMENT,** *s. m.* État d'une chose adoucie; action d'adoucir.

**ADRAGANT** ou **ADRAGANTE,** *adj.*, se dit d'une sorte de gomme que l'on tire de certains arbrisseaux.

**ADRESSE,** *s. f.* Dextérité, finesse; indication du domicile d'une personne.

**ADRESSER** (*part.* é, ée), *v. a.* Envoyer directement; s'—, *v. p.* Aller trouver; avoir recours.

**ADROIT, E,** *adj.* Qui a de l'adresse.

**ADROITEMENT,** *adv.* D'une manière adroite.

**ADULATEUR, TRICE,** *s.* Celui ou Celle qui adule.

**ADULATION,** *s. f.* Action d'aduler.

**ADULER** (*part.* é, ée), *v. a.* Flatter par intérêt et bassement.

**ADULTE,** *adj.* 2 *g.* Qui est parvenu à l'âge de raison.

**ADULTÈRE,** *s. m.* Violation de la foi conjugale, —, *s.* et *adj.* 2 *g.* Celui ou Celle qui manque à la foi conjugale.

**ADULTÉRER** (*part.* é, ée), *v. a.* Altérer, falsifier.

**ADVENIR.** Voy. *Avenir*, *v.*

**ADVERBE,** *s. m.* Mot invariable joint au verbe ou à un adj. pour en déterminer la signification.

**ADVERBIAL, E,** *adj.* Qui tient de l'adverbe.

**ADVERBIALEMENT,** *adv.* Dans un sens adverbial.

**ADVERSAIRE,** *s.* 2 *g.* Celui ou Celle qui est opposé.

**ADVERSATIF, IVE,** *adj.* Qui marque différence, opposition, restriction.

**ADVERSE,** *adj.* 2 *g.* Contraire.

**ADVERSITÉ,** *s. f.* Malheur, mauvaise fortune.

**AÉRER** (*part.* é, ée), *v. a.* Donner de l'air, mettre à l'air.

**AÉRIEN, ENNE,** *adj.* Qui a rapport à l'air.

**AÉROLITHE,** *s. m.* Pierre tombée du ciel.

**AÉROMÈTRE,** *s. m.* Instrument pour mesurer la densité de l'air.

**AÉRONAUTE,** *s.* 2 *g.* Celui ou Celle qui s'élève dans les airs avec un aérostat.

**AÉROSTAT,** *s. m.* Ballon rempli d'un fluide plus léger que l'air dans lequel il s'élève.

**AÉROSTATIQUE,** *adj.* 2 *g.* Qui a rapport aux aérostats.

**AFFABILITÉ,** *s. f.* Qualité de celui qui a des manières douces, bienveillantes.

**AFFABLE**, *adj.* 2 *g.* Qui a de l'affabilité.

**AFFADIR** (*part.* i, ie), *v. a.* Rendre fade; *fig.* donner du dégoût; *s'*—, *v. pr.* Devenir fade.

**AFFADISSEMENT**, *s. m.* Effet que produit la fadeur.

**AFFAIBLIR** (*part.* i, ie), *v. a.* Rendre faible; — *v. n.* Devenir faible; *s'*—, *v. pr.* Perdre de sa force.

**AFFAIBLISSANT, E**, *adj.* Qui affaiblit.

**AFFAIBLISSEMENT**, *s. m.* Diminution de forces.

**AFFAIRE**, *s. f.* Tout ce qui est l'objet d'une occupation, d'une discussion, d'une transaction; le sujet de quelque difficulté. *Avoir affaire* à, avoir quelque chose à démêler avec quelqu'un; *avoir affaire de*, avoir besoin de.

**AFFAIRÉ, ÉE**, *adj.* Qui a beaucoup d'affaires.

**AFFAISSEMENT**, *s. m.* État de ce qui est affaissé.

**AFFAISSER** (*part.* é, ée), *v. a.* Faire baisser une chose sous le poids d'une autre.

**AFFAMER** (*part.* é, ée), *v. a.* Causer la faim.

**AFFANURES**, *s. f. pl.* Grains donnés pour salaire, au lieu d'argent, aux moissonneurs.

**AFFECTATION**, *s. f.* Manières peu naturelles, prétentieuses.

**AFFECTER** (*part.* é, ée), *v. a.* Prendre à tâche, faire avec affectation ou ostentation; feindre; émouvoir; appliquer à un usage; hypothéquer, engager; *s'*—, *v. pr.* S'offenser; s'émouvoir.

**AFFECTIF, IVE**, *adj.* Qui inspire de l'affection.

**AFFECTION**, *s. f.* Amitié, attachement, tendresse.

**AFFECTIONNER** (*part.* é, ée), *v. a.* Avoir de l'affection.

**AFFECTUEUSEMENT**, *adv.* D'une manière affectueuse.

**AFFECTUEUX, EUSE**, *adj.* Plein d'affection.

**AFFERMER** (*part.* é, ée), *v. a.* Donner ou Prendre à ferme.

**AFFERMIR** (*part.* i, ie), *v. a.* Rendre ferme, solide, assurer.

**AFFERMISSEMENT**, *s. m.* Action d'affermir; état d'une chose affermie.

**AFFÉTÉ, ÉE**, *adj.* Prétentieux, apprêté.

**AFFÉTERIE**, *s. f.* Recherche, affectation dans le langage, dans les manières.

**AFFICHE**, *s. f.* Avis placardé dans un lieu public.

**AFFICHER** (*part.* é, ée), *v. a.* Poser une affiche; *s'*—, *v. pr.* Se faire remarquer (en mauvaise part).

**AFFICHEUR**, *s. m.* Poseur d'affiches.

**AFFIDÉ, ÉE**, *s.* et *adj.* A qui on se fie.

**AFFILER** (*part.* é, ée), *v. a.* Aiguiser, donner le fil.

**AFFILIATION**, *s. f.* Espèce d'association.

**AFFILIER** (*part.* é, ée), *v. a.* Associer.

**AFFINAGE**, *s. m.* Art, action d'affiner, de purifier.

**AFFINER** (*part.* é, ée), *v. a.* Rendre plus fin, plus pur.

**AFFINERIE**, *s. f.* Lieu où l'on affine.

**AFFINEUR**, *s. m.* Ouvrier qui affine.

**AFFINITÉ**, *s. f.* Alliance, liaison, rapport.

**AFFINOIR**, *s. m.* Instrument pour affiner.

**AFFIQUET**, *s. m.* Porte-aiguille à tricoter; objet d'ajustement, de parure de femme.

**AFFIRMATIF, IVE**, *adj.* Qui affirme; *subst. f.* proposition qui affirme.

**AFFIRMATION**, *s. f.* Action d'affirmer.

**AFFIRMATIVEMENT**, *adv.* D'une manière affirmative.

**AFFIRMER** (*part.* é, ée), *v. a.* Assurer, soutenir que.

**AFFLEURER** (*part.* é, ée), *v. a.* Mettre de niveau.

**AFFLICTIF, IVE**, *adj.* *Peine afflictive*, peine corporelle infligée par la justice.

**AFFLICTION**, *s. f.* Douleur, chagrin.

**AFFLIGEANT, E**, *adj.* Qui afflige.

**AFFLIGER** (*part.* é, ée), *v. a.* Causer de l'affliction; s'—, *v. pr.* S'attrister.

**AFFLUENCE**, *s. f.* Concours, abondance.

**AFFLUENT**, *s. m.* Rivière qui se jette dans une autre.

**AFFLUENT, E**, *adj.* Qui afflue.

**AFFLUER**, *v. n.* Abonder, survenir en grand nombre; — se dit aussi des eaux qui aboutissent au même point.

**AFFOLER** (*part.* é, ée), *v. a.* Rendre passionné; s'—, *v. pr.* Se prendre de passion folle. On dit de l'aiguille aimantée d'une boussole qu'elle est *affolée*, quand elle se détourne de sa direction naturelle.

**AFFOUAGE**, *s. m.* Droit de prendre du bois dans une forêt, pour se chauffer.

**AFFRANCHI**, *s. m.* Esclave rendu à la liberté.

**AFFRANCHIR** (*part.* i, ie), *v. a.* Mettre en liberté; décharger d'une obligation.

**AFFRANCHISSEMENT**, *s. m.* Action d'affranchir; exemption.

**AFFRE**, *s. f.* Grande terreur, effroi.

**AFFRÉTEMENT**, *s. m.* Convention pour le louage d'un vaisseau.

**AFFRÉTER** (*part.* é, ée), *v. a.* Prendre un vaisseau à louage.

**AFFRÉTEUR**, *s. m.* Celui qui affrète.

**AFFREUSEMENT**, *adv.* D'une manière affreuse.

**AFFREUX, EUSE**, *adj.* Effroyable, horrible.

**AFFRIANDER** (*part.* é, ée), *v. a.* Rendre friand.

**AFFRIOLER** (*part.* é, ée), *v. a.* Attirer par quelque chose d'agréable au goût.

**AFFRONT**, *s. m.* Injure, outrage.

**AFFRONTER** (*part.* é, ée), *v. a.* Attaquer avec hardiesse, s'exposer à.

**AFFRONTEUR, EUSE**, *s.* Celui ou Celle qui affronte, qui trompe.

**AFFUBLEMENT**, *s. m.* Habillement extraordinaire ou ridicule.

**AFFUBLER** (*part.* é, ée), *v. a.* Couvrir d'un habillement.

**AFFÛT**, *s. m.* Machine de bois sur laquelle est monté le canon; lieu où l'on épie le gibier.

**AFFÛTAGE**, *s. m.* Action d'affûter.

**AFFÛTER** (*part.* é, ée), *v. a.* Aiguiser; mettre un canon sur son affût et tout prêt à tirer.

**AFFÛTIAU**, *s. m.* Bagatelle, brimborion.

**AFIN**, *conj.* qui marque le but d'une action.

**AFRICAIN, E**, *s.* et *adj.* qui est d'Afrique.

**AFRIQUE**, *s. f.* Une des cinq parties du monde.

**AGAÇANT, E**, *adj.* Qui agace.

**AGACE**, *s. f.* Pie.

**AGACEMENT**, *s. m.* Irritation.

**AGACER** (*part.* é, ée), *v. a.* Irriter, exciter, provoquer.

**AGACERIE**, *s. f.* Petites manières employées pour attirer l'attention.

**AGAPE**, *s. f.* Nom des repas que les premiers chrétiens faisaient en commun dans les églises.

**AGARIC**, *s. m.* Plante parasite, espèce de champignon qui sert à faire l'amadou.

**AGATE**, *s. f.* Pierre précieuse.

**ÂGE**, *s. m.* La durée de la vie; les différents degrés de la vie de l'homme; temps, siècle, époque.

**ÂGÉ, ÉE**, *adj.* Qui a un certain âge ou un grand âge.

**AGEN**, chef-lieu du dép. de Lot-et-Garonne.

**AGENCE**, *s. f.* Charge, fonction d'agent.

**AGENCEMENT**, *s. m.* Manière d'agencer.

**AGENCER** (*part.* é, ée), *v. a.* Arranger, mettre en ordre.

**AGENDA**, *s. m.* Livret sur lequel on prend note des choses à faire.

**S'AGENOUILLER** (ll m., *part.* é, ée), *v. pr.* Se mettre à genoux.

**AGENOUILLOIR** (ll m.), *s. m.* Escabeau pour s'agenouiller.

**AGENT**, *s. m.* Ce qui agit, ce qui opère; celui qui fait les affaires d'un État, d'un particulier; — *de change*, intermédiaire légal entre les banquiers et les négociants, les rentiers et l'État.

**AGGLOMÉRATION**, *s. f.* Action

d'agglomérer ; état de ce qui est aggloméré.

**AGGLOMÉRER** (*part.* é, ée), *v. a.* Réunir en masse, amonceler; s'—, *v. pr.* Se rassembler par pelotons.

**AGGLUTINATION**, *s. f.* Action d'agglutiner.

**AGGLUTINER** (*part.* é, ée), *v. a.* Réunir, rejoindre les parties de chair divisées par un accident.

**AGGRAVANT, E**, *adj.* Qui aggrave.

**AGGRAVATION**, *s. f.* Augmentation de peine.

**AGGRAVER** (*part.* é, ée), *v. a.* Rendre plus grave.

**AGILE**, *adj.* 2 *g.* Léger, dispos.

**AGILEMENT**, *adv.* Avec agilité.

**AGILITÉ**, *s. f.* Légèreté, facilité à se mouvoir.

**AGIO** (sans pluriel), *s. m.* Spéculation sur la hausse et la baisse des effets publics ; différence entre l'argent et ces effets, entre la valeur nominale et la valeur réelle des espèces de monnaies.

**AGIOTAGE**, *s. m.* Trafic sur les effets publics ; commerce usuraire.

**AGIOTER**, *v. n.* Faire l'agiotage.

**AGIOTEUR**, *s. m.* Celui qui fait l'agiotage.

**AGIR**, *v. n.* Etre en action, faire quelque chose ; *Il s'agit*, *v. imp.* Il est question de.

**AGISSANT, E**, *adj.* Qui agit.

**AGITATEUR**, *s. m.* Celui qui provoque du trouble.

**AGITATION**, *s. f.* Trouble, ébranlement ; inquiétude.

**AGITER** (*part.* é, ée), *v. a.* Troubler, remuer en divers sens ; s'—, *v. pr.* Se troubler, s'inquiéter.

**AGNEAU**, *s. m.* Petit d'une brebis ; *fig.* Personne d'humeur fort douce.

**AGNELER**, *v. n.* Mettre bas (en parl. de la brebis).

**AGNELET**, *s. m.* Petit agneau.

**AGNUS**, *s. m.* Figure en cire qui représente un agneau et qui a été bénite par le pape. L'*s* se prononce.

**AGONIE**, *s. f.* État d'un malade qui lutte contre la mort.

**AGONISANT, E**, *adj.* Qui est à l'agonie.

**AGONISER**, *v. n.* Être à l'agonie.

**AGRAFE**, *s. f.* Sorte de crochet qui sert à attacher.

**AGRAFER** (*part.* é, ée), *v. a.* Attacher avec une agrafe.

**AGRAIRE**, *adj.* 2 *g.* Qui a rapport au partage des terres.

**AGRANDIR** (*part.* i, ie), *v. a.* Rendre plus grand ; exagérer ; s'—, *v. pr.* S'étendre, s'élever.

**AGRANDISSEMENT**, *s. m.* Accroissement, augmentation.

**AGRÉABLE**, *adj.* 2 *g.* Qui plaît.

**AGRÉABLEMENT**, *adv.* D'une manière agréable.

**AGRÉÉ**, *s. m.* Défenseur admis à plaider devant un tribunal de commerce.

**AGRÉER** (*fut.* j'agréerai, *part. pr.* agréant, *part. p.* agréé, ée), *v. a.* Recevoir favorablement ; — *v. n.* Plaire à, être au gré de.

**AGRÉGATION**, *s. f.* Admission dans un corps ; assemblage de parties ; grade d'agrégé.

**AGRÉGÉ**, *s. m.* Gradué de l'université, suppléant d'un professeur ; —, *t. de chimie*, corps composé de parties homogènes.

**AGRÉGER** (*part.* é, ée), *v. a.* Associer quelqu'un à un corps.

**AGRÉMENT**, *s. m.* Approbation, consentement ; —, *au pl.* ornements ; grâces.

**AGRÈS**, *s. m. pl.* Tout ce qui est nécessaire pour équiper un navire.

**AGRESSEUR**, *s. m.* Celui qui attaque.

**AGRESSION**, *s. f.* Action de l'agresseur.

**AGRESTE**, *adj.* 2 *g.* Rustique, sauvage, champêtre.

**AGRICOLE**, *adj.* 2 *g.* Qui a rapport à l'agriculture.

**AGRICULTEUR**, *s. m.* Celui qui pratique l'agriculture.

**AGRICULTURE**, *s. f.* Art de cultiver la terre.

**s'AGRIFFER** (*part.* é, ée), *v. pr.* S'attacher avec les griffes.

**AGRIPPER** (*part.* é, ée), *v. a.* Saisir avec avidité.

**AGRONOME**, *s. m.* Celui qui connaît la théorie de l'agriculture.

**AGRONOMIE**, *s. f.* Théorie de l'agriculture.

**AGRONOMIQUE**, *adj.* 2 *g.* Qui est relatif à l'agronomie.

**AGUERRIR** (*part.* i, ie), *v. a.* Accoutumer à la guerre, aux fatigues; s'—, *v. pr.*

**AGUETS**, *s. m. pl.* Poste; lieu d'où l'on guette.

**AH**, *interj.* qui marque la joie, la douleur, l'admiration, etc.

**AHEURTEMENT**, *s. m.* Obstination, entêtement.

**AHEURTER** (*part.* é, ée), *v. a.* Exciter quelqu'un; s'—, *v. pr.* S'obstiner.

**AHI**, *interj.* de douleur.

**AHURIR** (*part.* i, ie), *v. a.* Étourdir, rendre stupéfait.

**AÏ**, *s. m.* Paresseux, espèce de singe pourvu d'une queue.

**AIDE**, *s. f.* Secours, assistance.

**AIDE**, *s. m.* Personne qui aide.

**AIDER** (*part.* é, ée), *v. a.* Assister, secourir quelqu'un sans partager sa peine ou son travail; — *à*, *v. n.* Soulager quelqu'un en partageant personnellement sa peine.

**AÏE**, *interj.* qui exprime la douleur.

**AÏEUL** (au pl. *aïeuls*), *s. m.* Grand-père paternel ou maternel.

**AÏEULE** (au pl. *aïeules*), *s. f.* Grand'mère.

**AÏEUX**, *s. m. pl.* Ceux qui ont vécu dans les siècles passés; ancêtres.

**AIGLE**, *s. m.* Le plus grand et le plus fort des oiseaux de proie; —, *s. f.* Étendard, enseigne.

**AIGLON**, *s. m.* Le petit de l'aigle.

**AIGRE**, *adj.* 2 *g.* Piquant, acide; aigu, perçant.

**AIGRE-DOUX**, **CE**, *adj.* Composé d'aigre et de doux. (*Pl. m.* aigres-doux, *f.* aigres-douces.)

**AIGREFIN**, *s. m.* Celui qui vit d'escroqueries.

**AIGRELET**, **ETTE**, *adj.* Un peu aigre.

**AIGREMENT**, *adv.* Avec aigreur.

**AIGRET**, **ETTE**, *adj.* Un peu aigre.

**AIGRETTE**, *s. f.* Oiseau de l'espèce du héron; panache.

**AIGREUR**, *s. f.* Qualité de ce qui est aigre; disposition à quereller.

**AIGRIR** (*part.* i, ie), *v. a.* Rendre aigre; irriter; s'—, *v. pr.* Devenir aigre; s'irriter.

**AIGU**, **UË**, *adj.* Terminé en pointe; vif, violent (en parlant d'une douleur).

**AIGUADE**, *s. f.* Provision d'eau douce pour un vaisseau.

**AIGUE-MARINE**, *s. f.* Pierre précieuse. (*Pl.* aigues-marines.)

**AIGUIÈRE**, *s. f.* Vase à anse et à bec et fort ouvert, pour mettre de l'eau.

**AIGUILLADE** (ll m.), *s. f.* Gaule pour piquer les bœufs.

**AIGUILLE** (ll m.), *s. f.* Outil d'acier délié et pointu par un bout et percé par l'autre, pour coudre; petite verge de métal qui indique l'heure sur les cadrans des montres et des horloges; espèce de pyramide, obélisque.

**AIGUILLÉE** (ll m.), *s. f.* Étendue de fil, de soie ou de laine, d'une longueur convenable, pour travailler à l'aiguille.

**AIGUILLETTE** (ll m.), *s. f.* Tresse, lacet; cordon ferré par les deux bouts.

**AIGUILLIER** (ll m.), *s. m.* Étui à aiguilles.

**AIGUILLON** (ll m.), *s. m.* Pointe de fer au bout d'un bâton pour piquer les bœufs; petit dard des abeilles, des guêpes, etc.; tout ce qui excite.

**AIGUILLONNER** (*part.* é, ée; ll m.), *v. a.* Exciter, animer; piquer avec l'aiguillon.

**AIGUISEMENT**, *s. m.* Action d'aiguiser.

**AIGUISER** (*part.* é, ée), *v. a.* Rendre pointu, tranchant; stimuler, exciter.

**AIL** (au pl. *ails* ou *aulx*), *s. m.* Espèce d'oignon d'une odeur très-forte.

**AILE**, *s. f.* Membre des oiseaux et de quelques insectes qui leur sert à voler.

**AILE**, *s. f.* Sorte de bière anglaise sans houblon.

**AILÉ**, **ÉE**, *adj.* Qui a des ailes.

**AILERON**, *s. m.* Extrémité de l'aile; planches de la roue d'un moulin à eau.

**AILLEURS** (ll m.), *adv. de lieu.* En un autre lieu; *d'*—, D'un autre côté; en outre.

**AIMABLE**, *adj.* 2 *g.* Digne d'être aimé; qui cherche à plaire.

**AIMANT**, *s. m.* Substance ferrugineuse qui a deux points fixes, dont l'un se tourne toujours vers le nord et l'autre vers le sud; il attire le fer, l'acier et leur communique ses propriétés.

**AIMANT, E**, *adj.* Porté à aimer.

**AIMANTER** (*part.* é, ée), *v. a.* Communiquer la propriété de l'aimant.

**AIMER** (*part.* é, ée), *v. a.* Avoir de l'affection pour; —, *v. n.* Ressentir de l'amour; s'—, *v. r.* Se plaire (dans un lieu).

**AIN**, rivière qui donne son nom au département dont Bourg est le chef-lieu.

**AINE**, *s. f.* Partie du corps entre le haut de la cuisse et le bas-ventre.

**AÎNÉ, ÉE**, *adj.* Premier-né; plus âgé.

**AÎNESSE**, *s. f.* Priorité d'âge entre frères et sœurs.

**AINSI**, *adv.* De cette façon, en conséquence; de même.

**AIR**, *s. m.* Fluide élastique qui entoure le globe terrestre; manière, apparence, ressemblance.

**AIRAIN**, *s. m.* Cuivre mélangé d'étain, de zinc et d'antimoine.

**AIRE**, *s. f.* Place préparée pour battre le grain; nid des oiseaux de proie.

**AIRÉE**, *s. f.* Gerbes contenues dans l'aire.

**AIS**, *s. m.* Planche de bois.

**AISANCE**, *s. f.* Facilité dans les actions, les discours; état de fortune suffisant; —, *au pl.* Lieu destiné à satisfaire les besoins naturels.

**AISE**, *s. f.* Contentement; commodités de la vie.

**AISE**, *adj.* 2 *g.* Qui a de la joie, du contentement.

**AISÉ, ÉE**, *adj.* Facile, commode; exempt de contrainte.

**AISÉMENT**, *adv.* Facilement.

**AISNE**, rivière qui donne son nom au dép. dont Laon est le chef-lieu.

**AISSELLE**, *s. f.* Creux sous le bras, à l'endroit où il se joint à l'épaule.

**AIX**, sous-préfecture des Bouches-du-Rhône.

**AJACCIO**, chef-lieu du département de la Corse.

**AJONC**, *s. m.* Jonc marin; genêt épineux.

**AJOURNEMENT**, *s. m.* Assignation à jour fixe; remise d'une affaire à un autre jour.

**AJOURNER** (*part.* é, ée), *v. a.* Assigner; renvoyer à un jour fixé.

**AJOUTAGE**, *s. m.* Chose ajoutée, *t. de fondeur.*

**AJOUTER** (*part.* é, ée), *v. a.* Joindre une chose à une autre; faire une addition.

**AJUSTAGE**, *s. m.* Action d'ajuster les monnaies.

**AJUSTEMENT**, *s. m.* Action d'ajuster; parure.

**AJUSTER** (*part.* é, ée), *v. a.* Rendre juste un poids, une mesure; accommoder, orner; s'—, *v. pr.* Se préparer à.

**AJUSTEUR**, *s. m.* Celui qui ajuste les monnaies.

**AJUSTOIR**, *s. m.* Petite balance où l'on ajuste les monnaies.

**ALAIS**, sous-préfecture du département du Gard.

**ALAISE**, *s. f.* Planche ajoutée; allonge d'osier pour fixer une branche.

**ALAMBIC**, *s. m.* Vaisseau pour distiller.

**ALAMBIQUÉ, ÉE**, *adj. fig.* Trop subtil, trop raffiné.

**ALAMBIQUER** (*part.* é, ée), *v. a.* Fatiguer l'esprit; —, *v. n.* Chercher de vaines subtilités; s'—, *v. pr.* Se tourmenter l'esprit.

**ALANGUIR** (*part.* i, ie), *v. a.* Rendre languissant.

**ALARMANT, E**, *adj.* Qui inquiète.

**ALARME**, *s. f.* Cri, signal de danger; épouvante subite.

**ALARMER** (*part.* é, ée), *v. a.* Donner l'alarme; s'—, *v. pr.* S'inquiéter.

**ALARMISTE**, *s. m.* Celui qui répand à dessein de mauvaises nouvelles.

**ALATERNE**, *s. m.* Arbrisseau à feuilles alternes, toujours vert.

**ALBÂTRE**, *s. m.* Pierre de la mature du marbre, mais plus transparente.

**ALBATROS**, *s. m.* Nom générique du plus grand des oiseaux aquatiques. Il est palmipède et habite les mers australes.

**ALBERGE**, *s. f.* Espèce de petite pêche précoce.

**ALBERGIER**, *s. m.* Arbre qui produit les alberges.

**ALBIGEOIS**, *s. m. pl.* Sectaires du temps de Philippe Auguste (1208).

**ALBINOS**, *s. m.* et *f. sing.* et *pl.* Homme qui a la peau blafarde, les cheveux et le poil d'un blanc mat.

**ALBUM**, *s. m.* Tablettes pour écrire; recueil de dessins formant un livret.

**ALBUMINE**, *s. f.* Substance semblable au blanc d'œuf.

**ALBY**, chef-lieu du département du Tarn.

**ALCADE**, *s. m.* Nom de certains magistrats municipaux en Espagne.

**ALCALI**, *s. m.* Substance saline qui a la propriété de faire prendre la couleur verte à toutes les teintures bleues des végétaux.

**ALCHIMIE**, *s. f.* Art chimérique de transmuer les métaux.

**ALCHIMISTE**, *s. m.* Celui qui s'occupe d'alchimie.

**ALCOOL**, *s. m.* Esprit-de-vin très-pur.

**ALCOOLIQUE**, *adj.* 2 *g.* Qui contient de l'alcool.

**ALCORAN**, *s. m.* Livre qui contient la loi de Mahomet.

**ALCÔVE**, *s. f.* Enfoncement dans une chambre pour placer un lit.

**ALÉATOIRE**, *adj.* 2 *g.* Qui repose sur un événement incertain.

**ALENÇON**, chef-lieu du département de l'Orne.

**ALÈNE**, *s. f.* Poinçon de fer avec lequel les cordonniers percent le cuir.

**ALÊNIER**, *s. m.* Celui qui fait et vend des alênes.

**ALÉNOIS**, *adj.* *m.* Cresson —, espèce de cresson à feuilles découpées.

**ALENTOUR**, *adv.* Aux environs; *alentours*, *s. m. pl.* Lieux circonvoisins; personnes qui entourent.

**ALERTE**, *adj.* 2 *g.* Vigilant, attentif; gai, vif; —, *s. f.* Alarme subite.

**ALERTE**, *adv.* Debout! sur vos gardes!

**ALEXANDRIN**, *adj.* et *s. m.* Vers français de douze syllabes.

**ALEZAN**, **E**, *adj.* Qui est de couleur fauve tirant sur le roux (se dit des chevaux, et s'emploie subst.).

**ALÈZE**, *s. f.* Drap plié en plusieurs doubles pour l'usage des malades.

**ALGARADE**, *s. f.* Sortie contre quelqu'un, insulte faite brusquement.

**ALGÈBRE**, *s. f.* Science du calcul des grandeurs représentées par les lettres de l'alphabet.

**ALGÉBRIQUE**, *adj.* 2 *g.* Qui appartient à l'algèbre.

**ALGÉBRISTE**, *s. m.* Celui qui sait l'algèbre.

**ALGER**, ville d'Afrique, chef-lieu de l'Algérie, colonie française.

**ALGÉRIEN**, **ENNE**, *adj.* D'Alger, de l'Algérie.

**ALGUAZIL**, *s. m.* Nom donné en Espagne à certains employés de la police, espèce de gendarmes.

**ALGUE**, *s. f.* Herbe qui croît dans la mer.

**ALIBI**, *s. m.* (inv.) Absence d'un lieu, prouvée par la présence dans un autre.

**ALIBORON**, *s. m.* Ignorant.

**ALIÉNABLE**, *adj.* 2 *g.* Qui se peut aliéner.

**ALIÉNATION**, *s. f.* Action d'aliéner; — *d'esprit*, folie.

**ALIÉNÉ**, *s. m.* Fou.

**ALIÉNER** (*part.* é, ée), *v. a.* Céder la propriété d'un fonds; — *les cœurs*, faire perdre l'affection; — *l'esprit*, rendre fou; *s'*—, perdre par sa faute l'affection de quelqu'un.

**ALIGNEMENT**, *s. m.* Action d'aligner; ligne droite tirée pour aligner, état d'une chose alignée.

**ALIGNER** (*part.* é, ée), *v. a.* Ranger sur une ligne droite.

**ALIMENT**, *s. m.* Ce qui nourrit, entretient, fomente.

**ALIMENTAIRE**, *adj.* 2 *g.* Qui peut servir d'aliment; qui est relatif aux aliments.

**ALIMENTATION**, *s. f.* Action d'alimenter.

**ALIMENTER** (*part.* é, ée), *v. a.* Nourrir, fournir des aliments; fomenter.

**ALINÉA**, *adv.* A la ligne; —, *s. m.* (inv.) Commencement d'un passage d'un livre ou d'un écrit, marqué par une ligne rentrante.

**ALIQUANTE**, *adj. f.*, se dit des parties qui, répétées un certain nombre de fois, ne sont pas exactement contenues dans un tout.

**ALIQUOTE**, *adj. f.*, se dit d'une partie contenue exactement un certain nombre de fois dans un tout.

**ALITER** (*part.* é, ée), *v. a.* Tenir au lit pour cause de maladie; s' —, *v. pr.* Se tenir au lit.

**ALIZE**, *s. f.* Petit fruit rouge et aigrelet de l'alizier.

**ALIZIER**, *s. m.* Arbre forestier qui porte des alizes.

**ALLAITEMENT**, *s. m.* Action d'allaiter.

**ALLAITER** (*part.* é, ée), *v. a.* Nourrir de son lait.

**ALLANT**, *s. m.* Qui va, qui vient.

**ALLANT, E**, *adj.* Qui aime à aller, à courir; alerte, dispos; les allants et venants.

**ALLÈCHEMENT**, *s. m.* Attrait, amorce, moyen par lequel on allèche.

**ALLÉCHER** (*part.* é, ée), *v. a.* Attirer par l'appât du plaisir.

**ALLÉE**, *s. f.* Passage, promenade bordée d'arbres ou de verdure; *allées et venues*, démarches.

**ALLÉGATION**, *s. f.* Citation, fait mis en avant.

**ALLÉGE**, *s. f.* Petit bateau destiné à alléger un plus grand.

**ALLÉGEMENT**, *s. m.* Diminution de poids; soulagement.

**ALLÉGER** (*part.* é, ée), *v. a.* Diminuer un fardeau, le rendre plus léger; soulager.

**ALLÉGIR** (*part.* i, ie), *v. a.* Diminuer le volume d'un corps quelconque.

**ALLÉGORIE**, *s. f.* Allusion, fiction; *fig. de rhétor.*, Métaphore prolongée.

**ALLÉGORIQUE**, *adj.* 2 *g.* Qui appartient à l'allégorie, qui renferme une allégorie.

**ALLÉGORIQUEMENT**, *adv.* D'une manière allégorique.

**ALLÉGORISTE**, *s. m.* Savant versé dans l'explication des allégories.

**ALLÈGRE**, *adj.* 2 *g.* Gai, dispos.

**ALLÉGREMENT**, *adv.* D'une manière allègre.

**ALLÉGRESSE**, *s. f.* Joie qui se manifeste publiquement, gaieté.

**ALLÉGRETTO**, *s. m.* (inv.), diminutif d'*allégro*, *t. de mus.*

**ALLÉGRO**, *s. m.* (inv.) *t. de mus.* Air vif et gai; —, *adv.* Vivement, gaiement.

**ALLÉGUER** (*part.* é, ée), *v. a.* Citer un fait; mettre en avant.

**ALLELUIA**, *s. m.* (inv.) Chant de joie dans les solennités religieuses.

**ALLEMAGNE**, grande contrée de l'Europe.

**ALLEMAND, E**, *s.* et *adj.* Qui est d'Allemagne.

**ALLER** (*Ind. pr.* je vais *ou* je vas, tu vas, il va, n. allons, v. allez, ils vont; *imp.* j'allais, etc., n. allions, etc.; *p. déf.* j'allai, tu allas, etc., n. allâmes, etc.; *fut.* j'irai, etc., n. irons, etc.; *cond.* j'irais, etc., n. irions, etc.; *impé.* va, allons, allez; *subj. pr.* que j'aille, etc., q. n. allions, q. v. alliez, qu'ils aillent; *imp. subj.* q. j'allasse, etc., q. n. allassions, etc.; *p. pr.* allant; *p. p.* allé, ée.), *v. n.* Marcher, se diriger vers un point, se mouvoir, agir, être ou se mettre en mouvement, se transporter d'un lieu à un autre; être dans tel ou tel état de santé; seoir, convenir; *aller son chemin*, le continuer; *aller contre*, s'opposer; *laisser aller*, ne plus retenir, lâcher; *se laisser aller à*, se livrer à; *il y va de*, il s'agit de; *s'en aller*, *v. pr.* quitter le lieu où l'on est, partir, s'écouler, mourir. (Aux temps composés on se sert du v. *être*, que l'on place après les 2 pronoms, *je m'en suis allé*, *tu t'en es allé*, *il s'en est allé*, etc.)

**ALLER**, *s. m.* L'action d'aller; *l'— et le venir*, le chemin qu'on fait en allant et venant; *le pis —*, le pire qui puisse arriver.

**ALLIACÉ, ÉE**, *adj.* Qui rappelle le goût, l'odeur de l'ail.

**ALLIAGE**, *s. m.* Mélange, union, *règle d'—*, méthode pour composer ou décomposer numériquement un mélange de choses calculables.

**ALLIANCE**, *s. f.* Union par mariage, parenté qui en résulte entre deux familles; confédération; rapprochement; bague de mariage.

**ALLIÉ, ÉE**, *adj.* et *s.* Joint par alliance; confédéré.

**ALLIER**, *s. m.* Rivière de France qui donne son nom au département dont Moulins est le chef-lieu.

**ALLIER** (*part.* é, ée), *v. a.* Joindre ensemble, mêler, combiner; s'—, *v. pr.* s'unir par mariage; se liguer; se mêler, se combiner.

**ALLIER**, *s. m.* Filet à prendre des perdrix.

**ALLOCATION**, *s. f.* Action d'allouer.

**ALLOCUTION**, *s. f.* Harangue d'un général aux soldats.

**ALLONGE**, *s. f.* Pièce pour allonger quelque chose.

**ALLONGEMENT**, *s. m.* Augmentation de longueur.

**ALLONGER** (*part.* é, ée), *v. a.* Rendre plus long, étendre, faire durer, avancer; s'—, *v. pr.* S'étendre, devenir plus long.

**ALLOUABLE**, *adj.* 2 *g.* Qu'on peut allouer, accorder.

**ALLOUER** (*part.* é, ée), *v. a.* Approuver une dépense dans un compte; accorder une indemnité.

**ALLUMER** (*part.* é, ée), *v. a.* Mettre le feu à; *fig.* Exciter, enflammer; s'—, *v. pr.* Prendre feu, s'enflammer.

**ALLUMETTE**, *s. f.* Brin de bois ou de chanvre dont les deux extrémités sont chargées d'une matière facilement inflammable.

**ALLUMEUR**, *s. m.* Celui qui allume.

**ALLURE**, *s. f.* Façon de marcher, démarche; conduite.

**ALLUSION**, *s. f.* Figure de rhétorique indiquant rapport ou ressemblance entre des choses ou des personnes.

**ALLUVION**, *s. f.* Accroissement de terrain par suite de la retraite d'un fleuve, d'une rivière, etc.

**ALMANACH**, *s. m.* Calendrier; livre qui contient un calendrier.

**ALOÈS**, *s. m.* Arbre des Indes à bois odoriférant; plante d'Arabie; suc, fibres de cette plante.

**ALOI**, *s. m.* Qualité, valeur, titre des métaux.

**ALORS**, *adv. de temps.* En ce temps-là; dans ce cas.

**ALOSE**, *s. f.* Poisson de mer qui remonte les rivières.

**ALOUETTE**, *s. f.* Petit oiseau un peu plus gros que le moineau, qui fait son nid à terre et qui vit de grain.

**ALOURDIR** (*part.* i, ie), *v. a.* Rendre lourd, appesantir; s'—, *v. pr.* Devenir lourd.

**ALOYAU**, *s. m.* Pièce de bœuf coupée le long du dos de l'animal.

**ALPAGA**, *s. m.* Grosse étoffe de laine; sorte de mammifère.

**ALPES**, *s. f. pl.* Chaîne de montagnes qui sépare la France de l'Italie et de la Suisse. *Basses-Alpes*, dép. dont Digne est le chef-lieu. *Hautes-Alpes*, dép. dont Gap est le chef-lieu.

**ALPHA**, *s. m.* Première lettre de l'alphabet grec; *fig.* Commencement.

**ALPHABET**, *s. m.* Recueil de toutes les lettres d'une langue; petit livre pour montrer à lire aux enfants; *fig.* Commencement, éléments.

**ALPHABÉTIQUE**, *adj.* 2 *g.* Qui est selon l'ordre de l'alphabet.

**ALPHABÉTIQUEMENT**, *adv.* D'une manière alphabétique.

**ALSACE**, ancienne province de France, formant les dép. du Haut-Rhin et du Bas-Rhin.

**ALTÉRABLE**, *adj.* 2 *g.* Qui peut être altéré.

**ALTÉRANT, E**, *adj.* Qui cause la soif.

**ALTÉRATION**, *s. f.* Détérioration, falsification; émotion qui se manifeste sur les traits, dans le son de la voix; grande soif.

**ALTERCATION**, *s. f.* Débat, contestation, dispute.

**ALTÉRER** (*part.* é, ée), *v. a.* Détériorer, falsifier; causer de la soif; s'—, v. pr. Se détériorer.

**ALTERNAT**, *s. m.* Action ou Liberté d'alterner.

**ALTERNATIF, IVE**, *adj.* Se dit de deux choses qui agissent constamment l'une après l'autre.

**ALTERNATIVE**, *s. f.* Choix à faire entre deux choses, succession constante de deux choses.

**ALTERNATIVEMENT**, *adv.* Tour à tour, l'un après l'autre.

**ALTERNER**, *v. n.* Faire quelque chose à deux et tour à tour; *t. d'agric.* Varier la culture.

**ALTESSE**, *s. f.* Titre d'honneur donné à différents princes.

**ALTIER, ÈRE**, *adj.* Orgueilleux, fier, superbe.

**ALTKIRCH**, sous-préf. du dép. du Haut-Rhin.

**ALTO**, *s. m.* Gros violon nommé aussi *quinte de viole*.

**ALUMINE**, *s. f.* Terre, argile pure, base de l'alun.

**ALUMINEUX, EUSE**, *adj.* Qui est de la nature de l'alun.

**ALUN**, *s. m.* Sulfate d'alumine, sel formé de la combinaison de l'acide sulfurique avec l'alumine.

**ALVÉOLAIRE**, *adj. 2 g.* Qui appartient aux alvéoles.

**ALVÉOLE**, *s. m.* Cellule des abeilles et des guêpes; intérieur de l'oreille.

**AMABILITÉ**, *s. f.* Caractère d'une personne aimable; aménité.

**AMADOU**, *s. m.* Agaric préparé qui prend feu à la moindre étincelle.

**AMADOUER** (*part. é, ée*), *v. a.* Flatter, caresser.

**AMADOUVIER**, *s. m.* Agaric qui vient sur le bouleau et sur le chêne et qui fournit l'amadou.

**AMAIGRIR** (*part. i, ie*), *v. a.* Rendre maigre; —, *v. n.* Devenir maigre.

**AMAIGRISSEMENT**, *s. m.* Diminution d'embonpoint.

**AMALGAME**, *s. m.* Action d'amalgamer; union, mélange.

**AMALGAMER** (*part. é, ée*), *v. a.* Mélanger, réunir des choses différentes; s'—, *v. pr.* S'unir.

**AMANDE**, *s. f.* Fruit de l'amandier; graine de tous les fruits à noyau.

**AMANDIER**, *s. m.* Arbre qui produit les amandes.

**AMANT, E**, *s.* Celui ou Celle qui a de l'amour, qui aime ou qui est aimé.

**AMARANTE**, *s. f.* Fleur d'automne d'un rouge de pourpre velouté; —, *adj. 2 g.* Qui est de la couleur de l'amarante.

**AMARINAGE**, *s. m.* Action d'amariner.

**AMARINER** (*part. é, ée*), *v. a. t. de mar.* Remplacer par une partie de son propre équipage celui d'un vaisseau pris à l'ennemi; s'—, *v. pr.* S'accoutumer à la mer.

**AMARRAGE**, *s. m.* Action d'amarrer.

**AMARRE**, *s. f.* Cordage servant à amarrer.

**AMARRER** (*part. é, ée*), *v. a. t. de mar.* Retenir un vaisseau, un objet en place avec un cordage.

**AMAS**, *s. m.* Assemblage de choses accumulées.

**AMASSER** (*part. é, ée*), *v. a.* Faire amas, mettre en réserve.

**AMATEUR**, *s. m.* Celui qui a un goût prononcé pour quelque chose.

**AMAZONE**, *s. f.* Femme guerrière, courageuse; vêtement de dame pour monter à cheval.

**AMBASSADE**, *s. f.* Charge d'ambassadeur.

**AMBASSADEUR**, *s. m.* Représentant d'une puissance auprès d'une autre.

**AMBASSADRICE**, *s. f.* Femme d'un ambassadeur; femme chargée d'un message.

**AMBE**, *s. m.* Combinaison de deux numéros pris ou sortis ensemble à la loterie.

**AMBERT**, sous-préf. du dép. du Puy-de-Dôme.

**AMBIANT, E**, *adj.* Qui entoure, qui circule autour.

**AMBIGU**, *s. m.* Repas composé de mets froids qui sont servis en même temps; *fig.* Mélange de choses opposées.

**AMBIGU, UË**, *adj.* Qui présente deux sens.

**AMBIGUITÉ**, *s. f.* Défaut de ce qui est ambigu.

**AMBIGUMENT**, *adv.* D'une manière ambiguë.

**AMBITIEUSEMENT**, *adv.* Avec ambition.

**AMBITIEUX**, **EUSE**, *s.* et *adj.* Qui a de l'ambition, des prétentions; affecté, recherché.

**AMBITION**, *s. f.* Désir immodéré de gloire, de pouvoir, de richesses.

**AMBITIONNER** (*part.* é, ée), *v. a.* Rechercher avec ardeur.

**AMBLE**, *s. m.* Sorte d'allure du cheval, entre le pas et le trot.

**AMBRE**, *s. m.* Substance résineuse, odorante et inflammable.

**AMBRER** (*part.* é, ée), *v. a.* Parfumer avec de l'ambre.

**AMBROISIE**, *s. f.* Mets des dieux, suivant la fable; *fig.* Mets exquis.

**AMBROSIEN**, **IENNE**, *adj.*, se dit d'un chant religieux ou d'un office attribué à S. Ambroise.

**AMBULANCE**, *s. f.* Hôpital militaire à la suite d'un corps d'armée.

**AMBULANT**, **E**, *adj.* Qui n'est pas fixe dans un lieu.

**AMBULATOIRE**, *adj.* 2 *g.* Qui va et vient; changeant.

**ÂME**, *s. f.* Principe de la vie, du mouvement dans tous les êtres animés; conscience, cœur, sentiment; personne (sans distinction de sexe ni d'âge); *fig.* Mobile, principe; *l'âme d'un soufflet*, espèce de soupape intérieure; *l'âme d'une arme à feu*, partie intérieure de l'arme où se met la charge.

**AMÉ**, **ÉE**, *adj.* Aimé (vieux mot).

**AMÉLIORATION**, *s. f.* Progrès vers le bien.

**AMÉLIORER** (*part.* é, ée), *v. a.* Rendre meilleur; s'—, *v. pr.* Devenir meilleur.

**AMEN** (mot hébreu), *s. m.* Ainsi soit-il. (Le *n* se prononce.)

**AMÉNAGEMENT**, *s. m.* Action d'aménager.

**AMÉNAGER** (*part.* é, ée), *v. a.* Régler les coupes et le repeuplement d'un bois, débiter les bois.

**AMENDABLE**, *adj.* 2 *g.* Qui est susceptible d'amélioration.

**AMENDE**, *s. f.* Peine pécuniaire; — *honorable*, aveu public d'une faute dont on demande pardon.

**AMENDEMENT**, *s. m.* Changement en mieux, amélioration, modification.

**AMENDER** (*part.* é, ée), *v. a.* Rendre meilleur; s'—, *v. pr.* Se corriger; —, *v. n.* Baisser de prix (en parlant des denrées).

**AMENER** (*part.* é, ée), *v. a.* Mener, conduire, tirer à soi; *fig.* Introduire, faire adopter; avoir tel résultat ou telle conséquence.

**AMÉNITÉ**, *s. f.* Agrément, douceur.

**AMENUISER** (*part.* é, ée), *v. a.* Rendre plus menu.

**AMER**, *s. m.* Remède; fiel.

**AMER**, **ÈRE**, *adj.* Qui a de l'amertume; pénible, douloureux.

**AMÈREMENT**, *adv.* Douloureusement.

**AMÉRICAIN**, **E**, *s.* Celui ou Celle qui est né en Amérique; —, *adj.* Qui est d'Amérique.

**AMÉRIQUE**, *s. f.* La plus grande des cinq parties du monde.

**AMERTUME**, *s. f.* Saveur amère, âcre, piquante; *fig.* Affliction.

**AMÉTHYSTE**, *s. f.* Pierre précieuse de couleur violette.

**AMEUBLEMENT**, *s. m.* Assortiment de meubles pour un appartement.

**AMEUBLIR** (*part.* i, ie), *v. a.* Rendre des terres plus légères; rendre de nature mobiliaire.

**AMEUBLISSEMENT**, *s. m.* Action d'ameublir.

**AMEUTER** (*part.* é, ée), *v. a.* Soulever, attrouper; s'—, *v. pr.* Se réunir pour un mauvais dessein.

**AMI**, **E**, *s.* Celui ou Celle avec qui on est lié; — *adj.* Propice, favorable.

**À MI**, *expres. adverbiale.* A moitié, au milieu; *à mi-côte.*

**AMIABLE.** *A l'—, loc. adv.* Sans procès.

**AMIABLEMENT**, *adv.* A l'amiable.

**AMIANTE**, *s. m.* Minéral fibreux et incombustible.

**AMICAL**, **E**, *adj.* Inspiré par l'amitié. (Le *m n'a pas de pl.*)

**AMICALEMENT**, *adv.* D'une manière amicale.

**AMIDON**, *s. m.* Sorte de pâte sèche dont on fait de l'empois, de la poudre à poudrer; l'un des principes immédiats des végétaux.

**AMIDONNIER**, *s. m.* Faiseur et marchand d'amidon.

**AMIENS**, chef-lieu du dép. de la Somme.

**AMINCIR** (*part.* i, ie), *v. a.* Rendre plus mince; s'—, *v. pr.* Devenir plus mince.

**AMINCISSEMENT**, *s. m.* Diminution d'épaisseur.

**AMIRAL** (*pl.* -*aux*), *s. m.* Chef d'une flotte; titre du grade le plus élevé dans la marine militaire.

**AMIRAL, E**, *adj.* Commandé par l'amiral en personne.

**AMIRAUTÉ**, *s. f.* Charge d'amiral; l'administration supérieure de la marine.

**AMITIÉ**, *s. f.* Affection mutuelle; faveur, bon office; *au pl.* Paroles obligeantes.

**AMMONIACAL, E**, *adj. t. de chim.* Qui a rapport à l'ammoniaque.

**AMMONIAC, AQUE**, *adj.* Sel —, sel qui résulte de la combinaison de l'acide du sel marin avec l'alcali volatil.

**AMMONIAQUE**, *s. f.* Alcali volatil.

**AMNISTIE**, *s. f.* Pardon général.

**AMNISTIÉ, ÉE**, *adj.* et *s.* Qui a reçu l'amnistie.

**AMNISTIER** (*part.* é, ée), *v. a.* Accorder une amnistie.

**AMOINDRIR** (*part.* i, ie), *v. a.* Diminuer, rendre moindre; s'—, *v. pr.* Devenir moindre.

**AMOINDRISSEMENT**, *s. m.* Diminution.

**AMOLLIR** (*part.* i, ie), *v. a.* Rendre mou, affaiblir; s'—, *v. pr.* Devenir mou, s'affaiblir.

**AMOLLISSEMENT**, *s. m.* Action d'amollir.

**AMONCELER** (*part.* é, ée; se conj. sur *Appeler*), *v. a.* Mettre en monceau.

**AMONCELLEMENT**, *s. m.* Action d'amonceler, amas.

**AMONT**, *adv.* En remontant; *vent d'*—, vent de l'est.

**AMORCE**, *s. f.* Appât pour prendre des poissons, des oiseaux, etc.; poudre pour faire partir la charge d'une arme à feu; *fig.* tout ce qui attire en flattant les sens ou l'esprit.

**AMORCER** (*part.* é, ée), *v. a.* Garnir d'amorce; attirer par des choses qui flattent.

**AMORTIR** (*part.* i, ie), *v. a.* Rendre moins vif, affaiblir; — *une rente*, la racheter.

**AMORTISSABLE**, *adj.* 2 *g.* Qui peut être amorti.

**AMORTISSEMENT**, *s. m.* Rachat d'une rente, d'un droit.

**AMOUR**, *s. m. au sing.* et *f. au pl.* Vif attachement produit par la reconnaissance, par une estime réfléchie, par une vive admiration; objet de l'amour; tout ce qui est l'objet d'une passion (*amour de la gloire*, *des arts*, *de l'argent*, etc.); divinité fabuleuse.

**AMOUR-PROPRE**, *s. m.* Amour de soi-même, opinion trop avantageuse de sa personne.

**s'AMOURACHER** (*part.* é, ée), *v. pr.* Prendre une passion folle.

**AMOURETTE**, *s. f.* Attachement passager.

**AMOUREUSEMENT**, *adv.* Avec amour.

**AMOUREUX**, *s. m.*, — **EUSE**, *adj.* Qui aime avec passion; passionné pour *la gloire*, *les beaux-arts*, etc.; qui marque l'amour, qui tend à l'inspirer.

**AMOVIBILITÉ**, *s. f.* Qualité de ce qui est amovible.

**AMOVIBLE**, *adj.* 2 *g.* Qui peut être privé de son emploi; *place* —, qu'on peut ôter à celui qui l'occupe.

**AMPHIBIE**, *adj.* 2 *g.* Qui vit sur terre et dans l'eau; — *s. m.* Animal amphibie.

**AMPHIBOLOGIE**, *s. f.* Phrase obscure, discours à double sens.

**AMPHIBOLOGIQUE**, *adj.* 2 *g.* Qui offre amphibologie.

**AMPHIBOLOGIQUEMENT**, *adv.* D'une manière amphibologique.

**AMPHICTYONS**, *s. m. pl.* Députés que les villes grecques envoyaient pour les représenter au conseil général de la nation.

**AMPHIGOURI**, *s. m.* Discours obscur, burlesque.

**AMPHIGOURIQUE**, *adj.* 2 *g.* Obscur, burlesque.

**AMPHIGOURIQUEMENT**, *adv.* D'une manière amphigourique.

**AMPHITHÉÂTRE**, *s. m.* Lieu garni de gradins pour des spectateurs ou des auditeurs.

**AMPHITRYON**, *s. m.* Celui qui donne à manger, qui paye pour les autres la dépense d'un repas pris en commun.

**AMPHORE**, *s. f.* Vase antique à deux anses; ancienne mesure chez les Romains, contenant environ 24 litres.

**AMPLE**, *adj.* 2. *g.* Long, large, étendu, copieux.

**AMPLEMENT**, *adv.* D'une manière ample.

**AMPLEUR**, *s. f.* Qualité de ce qui est ample.

**AMPLIATIF, IVE**, *adj.* Qui étend, qui augmente.

**AMPLIATION**, *s. f.* Copie d'un acte.

**AMPLIFICATEUR**, *s. m.* Celui qui exagère ou amplifie.

**AMPLIFICATION**, *s. f.* Exagération; discours développé sur un sujet donné.

**AMPLIFIER** (*part.* é, ée; se conj. sur *Défier*), *v. a.* Développer, exagérer.

**AMPOULE**, *s. f.* Petite enflure pleine d'eau sur la peau; *sainte* —, fiole où l'on conservait l'huile pour le sacre des rois de France.

**AMPOULÉ, ÉE**, *adj.*, se dit d'un discours d'un style exagéré.

**AMPUTATION**, *s. f.* Action d'amputer.

**AMPUTER** (*part.* é, ée), *v. a. t. de chirurg.* Couper, retrancher.

**AMULETTE**, *s. m.* Prétendu remède ou préservatif.

**AMUSANT, E**, *adj.* Qui amuse.

**AMUSEMENT**, *s. m.* Ce qui sert à amuser, à occuper agréablement.

**AMUSER** (*part.* é, ée), *v. a.* Divertir, distraire; *s'*—, *v. pr.* Perdre son temps.

**AMUSETTE**, *s. f.* Bagatelle, petit amusement.

**AMYGDALE**, *s. f.* Nom donné à l'une et l'autre glande en forme d'amande qui sont à l'entrée de la gorge.

**AN**, *s. m.* Période de douze mois, durée de la révolution de la terre autour du soleil; *le jour de l'an*, le premier jour de l'année; *l'an du monde*, l'an depuis la création; *l'an de grâce*, l'an depuis la naissance de J.-C.; *au pl.* Vieillesse, siècles.

**ANA**, *s. m.* Recueil de bons mots, de pensées détachées.

**ANABAPTISTE**, *s. m.* et *adj.* 2 *g.* Membre d'une secte religieuse qui ne baptise les enfants qu'à l'âge de raison.

**ANACHORÈTE**, *s. m.* Ermite qui vit retiré du monde, dans la solitude.

**ANACHRONISME**, *s. m.* Erreur de date (proprement avancement de date : c'est le contraire de *parachronisme*).

**ANACRÉONTIQUE**, *adj.* 2 *g.* Qui est dans le genre des odes d'Anacréon.

**ANAGRAMME**, *s. f.* Transposition des lettres d'un mot; sens qui résulte de cette transposition.

**ANALOGIE**, *s. f.* Conformité, proportion, ressemblance.

**ANALOGIQUE**, *adj.* 2 *g.* Qui a de l'analogie.

**ANALOGIQUEMENT**, *adv.* D'une manière analogique.

**ANALOGISME**, *s. m.* Comparaison fondée sur l'analogie; argument de la cause à l'effet.

**ANALOGUE**, *adj.* 2 *g.* Qui a de l'analogie avec; —, *s. m.* Individu qui a ses pareils.

**ANALYSE**, *s. f.* Décomposition, réduction d'un tout à ses principes élémentaires; extrait, résumé.

**ANALYSER** (*part.* é, ée), *v. a.* Faire l'analyse.

**ANALYTIQUE**, *adj.* 2 *g.* Qui tient de l'analyse; qui se fait par analyse.

**ANALYTIQUEMENT**, *adv.* Par analyse.

**ANANAS**, *s. m.* Plante originaire du Pérou; fruit de cette plante.

**ANARCHIE**, *s. f.* Grand désordre, confusion des pouvoirs.

**ANARCHIQUE**, *adj.* 2 *g.* Qui tient de l'anarchie.

**ANARCHISTE**, *s. m.* Partisan de l'anarchie.

**ANATHÉMATISER** (*part.* é, ée), *v. a.* Maudire, excommunier.

**ANATHÈME**, *s. m.* Malédiction, excommunication.

**ANATOMIE**, *s. f.* Dissection d'un corps, art de disséquer; science de l'organisation des corps.

**ANATOMIQUE**, *adj.* 2 *g.* Qui tient de l'anatomie.

**ANATOMIQUEMENT**, *adv.* D'une manière anatomique.

**ANATOMISER** (*part.* é, ée), *v. a.* Faire l'anatomie.

**ANATOMISTE**, *s. m.* Celui qui possède la science de l'anatomie.

**ANCENIS**, (on ne prononce pas le *s*), sous-préfect. du dép. de la Loire-Inférieure.

**ANCÊTRES**, *s. m. pl.* Ceux de qui on descend, aïeux au-dessus de grand-père.

**ANCHE**, *s. f.* Conduit par lequel la farine passe dans la huche d'un moulin; languette de roseau, de métal, de bois ou de corne, qu'on adapte à l'embouchure de certains instruments à vent.

**ANCHOIS**, *s. m.* Petit poisson de mer, sans écailles.

**ANCIEN, ENNE**, *adj.* Qui subsiste depuis longtemps; —, *s. m.* Personnage de l'antiquité; *au pl.* ceux qui ont vécu avant nous.

**ANCIENNEMENT**, *adv.* Autrefois.

**ANCIENNETÉ**, *s. f.* Qualité de ce qui est ancien, priorité, antiquité.

**ANCRAGE**, *s. m.* Lieu propre pour jeter l'ancre; *droit d'*—, ce que l'on paye en certains ports pour y ancrer.

**ANCRE**, *s. f.* Machine de fer qu'on jette au fond de l'eau pour arrêter les navires; *fig.* Ce qui attache et consolide.

**ANCRER**, *v. n.* Jeter l'ancre; s'— (*part.* é, ée), *v. pr.* S'établir dans un poste.

**ANDALOU**, *s. m.* Cheval d'Andalousie; — SE, *adj.* et *s.* Qui est d'Andalousie.

**ANDANTÉ**, *adv. t. de mus.* Modérément; —, *s. m.* Air exécuté dans un mouvement modéré.

**ANDELYS** (les), sous-préfect. du dép. de l'Eure.

**ANDOUILLE** (ll m.), *s. f.* Boyau de porc rempli de chair du même animal.

**ANDOUILLER**, *s. m.* Petite corne qui vient au-dessous du bois du cerf, du daim et du chevreuil.

**ANDOUILLETTE** (ll m), *s. f.* Petite andouille.

**ANDROMÈDE**, *s. f. t. d'astr.* Constellation septentrionale.

**ÂNE**, *s. m.* Quadrupède à longues oreilles, plus petit que le cheval; *fig.* Personne stupide, ignorante, grossière; *pont aux ânes*, chose qu'il n'est pas permis d'ignorer.

**ANÉANTIR** (*part.* i, ie), *v. a.* Détruire complétement; s'—, *v. pr.* Se dissiper, disparaître.

**ANÉANTISSEMENT**, *s. m.* Destruction entière.

**ANECDOTE**, *s. f.* Particularité secrète d'histoire.

**ANECDOTIQUE**, *adj.* 2 *g.* Qui a rapport aux anecdotes.

**ÂNÉE**, *s. f.* Charge d'un âne.

**ANÉMONE**, *s. f.* Belle fleur printanière.

**ÂNERIE**, *s. f.* Excessive ignorance.

**ÂNESSE**, *s. f.* Femelle de l'âne.

**ANÉVRISME**, *s. m. t. de méd.* Tumeur causée par la dilatation d'une artère.

**ANFRACTUEUX, EUSE**, *adj.* Plein d'anfractuosités.

**ANFRACTUOSITÉ**, *s. f.* Inégalités brusques du sol, d'un rocher.

**ANGE**, *s. m.* Esprit céleste; personne parfaite.

**ANGÉLIQUE**, *adj.* 2. *g.* Qui est de la nature des anges; parfait, excellent.

**ANGÉLIQUE**, *s. f.* Plante très-odorante dont on confit la tige.

**ANGELOT**, *s. m.* Espèce de fromage de Normandie.

**ANGELUS**, *s. m.* Prière catholique commençant par le mot *Angelus*; heure de réciter cette prière.

**ANGERS**, chef-lieu du dép. de Maine-et-Loire.

**ANGEVIN, E**, *adj.* et *s.* Qui est de l'Anjou.

**ANGINE**, *s. f. t. de méd.* Inflammation des amygdales, des membranes muqueuses.

**ANGLAIS, E**, *s.* et *adj.* Qui est d'Angleterre.

**ANGLE**, *s. m.* Ouverture ou Degré d'inclinaison de deux lignes qui se rencontrent en un point.

**ANGLETERRE**, royaume d'Europe; *Nouvelle-Angleterre*, province des États-Unis.

**ANGLICAN, E**, *s.* Celui ou Celle qui est de la religion dominante en Angleterre; —, *adj.* Qui a rapport à cette religion.

**ANGLICISME**, *s. m.* Locution anglaise.

**ANGLOMANE**, *adj.* 2 *g.* Imitateur ou Admirateur outré des usages anglais.

**ANGLOMANIE**, *s. f.* Admiration ridicule des usages anglais.

**ANGOISSE**, *s. f.* Anxiété douloureuse.

**ANGORA**, *s. m.* et *adj.* 2 *g.* *Chat* —, *lapin* —, *chèvre* —, originaires d'Angora (province et ville de la Turquie d'Asie), et remarquables par un poil long et soyeux.

**ANGOULÊME**, chef-lieu du dép. de la Charente.

**ANGOUMOIS**, anc. prov. de France, formant le dép. de la Charente.

**ANGOUMOISIN, E**, *s.* et *adj.* Qui est de l'Angoumois.

**ANGUILLE** (ll m.), *s. f.* Poisson d'eau douce et d'eau salée qui a la forme d'un serpent; *fig.* *Anguille sous roche*, chose dangereuse et cachée.

**ANGULAIRE**, *adj.* 2 *g.* Qui a un ou plusieurs angles.

**ANGULEUX, EUSE**, *adj.* Dont la surface a plusieurs angles.

**ANICROCHE**, *s. f.* Difficulté, obstacle, embarras. (Il est familier.)

**ÂNIER, ÈRE**, *s.* Celui ou Celle qui conduit des ânes.

**ANIMADVERSION**, *s. f.* Improbation, blâme, haine.

**ANIMAL** (*pl.* — *aux*), *s. m.* Être animé et sensible; *fig.* Personne stupide.

**ANIMAL, E**, *adj.* Qui appartient à l'animal.

**ANIMALCULE**, *s. m.* Petit animal qu'on ne peut voir qu'à l'aide du microscope.

**ANIMALISATION**, *s. f.* Changement des aliments en la substance animale.

**ANIMALISER** (*part.* é, ée), *v. a.* Convertir une substance en celle de l'animal; *fig.* Rabaisser au rang des animaux.

**ANIMALITÉ**, *s. f.* Ce qui constitue l'animal.

**ANIMATION**, *s. f.* Action d'animer; état d'une personne animée, vivacité, ardeur.

**ANIMÉ, ÉE**, *adj.* Qui a vie, vif, éclatant.

**ANIMER** (*part.* é, ée), *v. a.* Donner la vie, l'âme; *fig.* Exciter, encourager; donner du mouvement, de la force.

**ANIMOSITÉ**, *s. f.* Sentiment de haine qui porte à nuire.

**ANIS**, *s. m.* Plante et graine aromatique; dragée faite avec de l'anis.

**ANISER** (*part.* é, ée), *v. a.* Mettre de l'anis; donner le goût de l'anis.

**ANISETTE**, *s. f.* Liqueur composée avec de l'anis.

**ANJOU**, anc. prov. de France, enclavée dans les dép. de Maine-et-Loire, de la Sarthe, de la Mayenne et d'Indre-et-Loire.

**ANKYLOSE**, *s. f.* Privation du mouvement dans les articulations par suite de la soudure de deux os.

**ANNAL, E**, *adj.* Qui ne dure qu'un an; qui n'est valable que pour un an. (Le *pl.* est inus.)

**ANNALES**, *s. f. pl.* Récit d'événements présentés année par année; histoire.

**ANNALISTE**, *s. m.* Celui qui écrit ou qui a écrit des annales.

**ANNATE**, *s. f.* Revenu d'une année dû au pape par ceux qui obtiennent des bénéfices ecclésiastiques.

**ANNEAU**, *s. m.* Cercle de métal qui sert à attacher; bague; boucle de cheveux. *Anneau de Saturne*, cercle lumineux qui environne cette planète.

**ANNÉE**, *s. f.* Période de 12 mois; — *commune*, qui est de 365 jours; — *bissextile*, qui est de 366 jours; récolte, revenu d'une année.

**ANNELER** (*part.* é, ée), *v. a.* Boucler les cheveux; attacher un fil de fer au nez d'un porc pour l'empêcher de fouiller la terre.

**ANNELET**, *s. m.* Petit anneau.

**ANNEXE**, *s. f.* Chose bien unie à une autre ou qui en dépend.

**ANNEXER** (*part.* é, ée), *v. a.* Joindre une chose à une autre.

**ANNIHILATION**, *s. f.* Anéantissement.

**ANNIHILER** (*part.* é, ée), *v. a.* Anéantir.

**ANNIVERSAIRE**, *adj.* 2 *g.* Qui a lieu d'année en année le même jour; —, *s. m.* Service annuel, fête annuelle.

**ANNONCE**, *s. f.* Avis, publication; action d'annoncer.

**ANNONCER** (*part.* é, ée), *v. a.* Faire savoir, publier; être le signe de, prédire, avertir; s'—, *v. pr.* Se faire connaître.

**ANNONCIATION**, *s. f.* Message de l'ange Gabriel à la Vierge pour lui annoncer l'incarnation; jour où l'Église célèbre ce mystère.

**ANNOTATEUR**, *s. m.* Celui qui fait des annotations.

**ANNOTATION**, *s. f.* Note ou Remarque faite sur un texte.

**ANNOTER** (*part.* é, ée), *v. a.* Prendre ou Faire des notes.

**ANNUAIRE**, *s. m.* Sorte de calendrier publié tous les ans.

**ANNUEL, ELLE**, *adj.* Qui dure un an; qui se renouvelle tous les ans.

**ANNUELLEMENT**, *adv.* Chaque année.

**ANNUITÉ**, *s. f.* Rente annuelle; remboursement annuel d'une partie d'un capital ajouté aux intérêts.

**ANNULAIRE**, *adj.* 2 *g.* Qui est en forme d'anneau; Doigt —, celui où se met l'anneau.

**ANNULATION**, *s. f.* Action d'annuler.

**ANNULER** (*part.* é, ée), *v. a.* Rendre nul; abolir.

**ANOBLI, E**, *s.* Celui ou Celle qui est noble depuis peu de temps.

**ANOBLIR** (*part.* i, ie), *v. a.* Rendre noble; *fig.* Donner de la noblesse, de l'élévation (ne pas le confondre avec *Ennoblir*).

**ANOBLISSEMENT**, *s. m.* Action d'anoblir; effets de cette action.

**ANODIN, INE**, *adj.* Qui calme, qui opère lentement; —, *s. m.* Remède adoucissant.

**ANOMAL, E** (*pl.* — *aux*), *adj.* Irrégulier.

**ANOMALIE**, *s. f.* Irrégularité; monstruosité; contradiction.

**ÂNON**, *s. m.* Le petit de l'âne.

**ÂNONNEMENT**, *s. m.* Action d'hésiter en lisant.

**ÂNONNER**, *v. n.* Lire, parler, avec difficulté, en hésitant; mettre bas (en parlant d'une ânesse); —, *v. a.* (*part.* é, ée), Dire ou Réciter en hésitant.

**ANONYME**, *s. m.* et *adj.* 2 *g.* Qui est sans nom, dont le nom n'est pas connu.

**ANSE**, *s. f.* Partie d'un vase, de certains ustensiles, qui sert à les prendre; *t. de géogr.* Espèce de golfe peu profond; confédération de plusieurs villes dans un intérêt commercial.

**ANSÉATIQUE**, *adj. f.* *Villes anséatiques*, villes unies par le commerce.

**ANTAGONISME**, *s. m.* Opposition.

**ANTAGONISTE**, *s. m.* Adversaire.

**ANTARCTIQUE**, *adj.* 2 *g.* Opposé au pôle arctique, méridional.

**ANTE**, *s. f.* Pièce de bois attachée aux volants des moulins à vent.

**ANTÉCÉDEMMENT**, *adv.* Avant.

**ANTÉCÉDENT, E**, *adj.* Qui est auparavant, qui précède en temps; —, *s. m. t. de gramm.* Premier terme d'un rapport.

**ANTECHRIST**, *s. m.* Ennemi de J.-C. (On prononce *Christ* comme dans *Jésus-Christ*.)

**ANTÉDILUVIEN, ENNE**, *adj.* Qui a précédé le déluge.

**ANTENNE**, *s. f.* Vergue d'une voile latine; *au pl.* Cornes mobiles de plusieurs insectes.

**ANTÉPÉNULTIÈME**, *adj.* 2 *g.* Qui précède l'avant-dernière syllabe; *s. f.* Syllabe qui précède la pénultième.

**ANTÉRIEUR, E**, *adj.* Qui précède en ordre de temps.

**ANTÉRIEUREMENT**, *adv.* Précédemment.

**ANTÉRIORITÉ**, *s. f.* Priorité de temps, de droit, etc.

**ANTHÈRE**, *s. f.* Espèce de petit

sac à compartiments qui renferme la poussière staminale dans les fleurs, *t. de bot.*

**ANTHOLOGIE**, *s. f.* Choix de fleurs; *fig.* Choix de petites pièces de poésie.

**ANTHROPOPHAGE**, *adj.* 2 *g.* et *s. m.* Mangeur de chair humaine.

**ANTHROPOPHAGIE**, *s. f.* Habitude de manger de la chair humaine.

**ANTI**, *prép.* qui marque l'opposition, l'antériorité; elle entre dans la composition de divers mots.

**ANTICHAMBRE**, *s. f.* Pièce d'entrée d'un appartement.

**ANTICHOLÉRIQUE**, *adj.* 2 *g.* et *s. m.* Qui s'emploie comme préservatif du choléra.

**ANTICHRÉTIEN, ENNE**, *adj.* Opposé au christianisme.

**ANTICIPATION**, *s. f.* Action d'anticiper, usurpation; *par —*, *loc. adv.* Par avance.

**ANTICIPÉ, ÉE**, *adj.* Qui arrive d'avance, qu'on éprouve à l'avance.

**ANTICIPER** (*part.* é, ée), *v. a.* Prévenir, devancer; —, *v. n.* Dépenser ses revenus d'avance; usurper.

**ANTIDATE**, *s. f.* Fausse date, antérieure à la véritable.

**ANTIDATER** (*part.* é, ée), *v. a.* Mettre une antidate.

**ANTIDOTE**, *s. m.* Contre-poison, préservatif.

**ANTIENNE**, *s. f.* Verset préliminaire d'un psaume.

**ANTILOGIE**, *s. f.* Contradiction dans un discours.

**ANTILOPE**, *s. f.* Genre de quadrupèdes mammifères, ruminants, à cornes creuses.

**ANTIMOINE**, *s. m.* Sorte de métal blanc, brillant et fragile.

**ANTIPAPE**, *s. m.* Celui qui usurpe le titre de pape.

**ANTIPATHIE**, *s. f.* Aversion naturelle et non raisonnée pour quelqu'un ou quelque chose.

**ANTIPATHIQUE**, *adj.* 2 *g.* Opposé, contraire.

**ANTIPESTILENTIEL, ELLE**, *adj.* Bon contre la peste.

**ANTIPHONAIRE** ou **ANTIPHONIER**, *s. m.* Livre d'église où les antiennes sont notées.

**ANTIPHRASE**, *s. f.* Locution employée dans un sens opposé à son sens naturel; contre-vérité, ironie.

**ANTIPODE**, *s. m.* Lieu de la terre diamétralement opposé à celui où l'on est; habitant de ce lieu; *fig.* Opposé.

**ANTIQUAILLE**, *s. f.* Chose antique, usée et de peu de valeur.

**ANTIQUAIRE**, *s. m.* Celui qui est versé dans la connaissance des antiquités.

**ANTIQUE**, *adj.* 2 *g.* Très-ancien (opposé à moderne); —, *s. m.* Ce qui reste des anciens; *s. f.* Médaille, statue antique; *à l'—*, *adv.* A la manière antique.

**ANTIQUITÉ**, *s. f.* Ancienneté très-reculée; *pl.* Monuments antiques.

**ANTISCORBUTIQUE**, *adj.* 2. *g.* et *s. m.* Qui s'emploie contre le scorbut.

**ANTISOCIAL, E**, *adj.* Qui est contre l'ordre social.

**ANTISPASMODIQUE**, *adj.* 2 *g.* et *s. m.* Se dit des remèdes contre les convulsions.

**ANTITHÈSE**, *s. f.* Opposition de pensées ou de mots.

**ANTONOMASE**, *s. f.* Emploi d'un nom propre au lieu d'un nom commun, *et vice versâ.*

**ANTRE**, *s. m.* Caverne, enfoncement profond et obscur.

**S'ANUITER**, *v. pr.* Être surpris en chemin par la nuit.

**ANUS**, *s. m.* Le fondement, l'orifice du rectum.

**ANXIÉTÉ**, *s. f.* Tourment d'esprit, inquiétude, perplexité.

**AORISTE**, *s. m.* Dénomination empruntée à la grammaire grecque et appliquée quelquefois au prétérit défini des verbes français.

**AOÛT** (prononcez *oût*), *s. m.* Le huitième mois de l'année; *avant, après l'—*, avant, après la moisson.

**AOÛTER** (*part.* é, ée), *v. a.* Mûrir par l'effet de la chaleur du mois d'août.

**APAISER** (*part.* é, ée), *v. a.* Calmer, adoucir, modérer.

**APANAGE**, *s. m.* Terres ou Revenus qu'un souverain assigne à ses puînés pour leur entretien; *fig.* Suites, dépendances.

**APANAGER** (*part.* é, ée), *v. a.* Donner un apanage.

**APANAGISTE**, *s. m.* Celui qui possède un apanage.

**APARTÉ**, *s. m.* (inv.) Ce qu'un acteur dit à part sur la scène et qu'on suppose n'être pas entendu des autres acteurs.

**APATHIE**, *s. f.* État d'insensibilité, d'indolence.

**APATHIQUE**, *adj.* 2 *g.* Insensible, indolent.

**APENNINS** (les), chaîne de montagnes en Italie.

**APERCEVABLE**, *adj.* 2 *g.* Qui peut être aperçu.

**APERCEVOIR** (*part.* aperçu, ue), *v. a.* Commencer à voir, découvrir; s'—, *v. pr.* Remarquer.

**APERÇU**, *s. m.* Première vue, exposé sommaire.

**APÉRITIF, IVE**, *adj.* Qui facilite la digestion, les sécrétions.

**APETISSEMENT**, *s. m.* Diminution, affaiblissement de grandeur.

**APETISSER** (*part.* é, ée), *v. a.* Rendre plus petit; —, *v. n.* et *pr.* Devenir plus petit.

**A PEU PRÈS**. V. *Près*.

**APHORISME**, *s. m.* Maxime, sentence en termes brefs.

**APHTHE**, *s. m.* Éruption de pustules dans l'intérieur de la bouche.

**API**, *s. m.* Petite pomme d'un rouge vif.

**APICULTURE**, *s. f.* Art d'élever les abeilles.

**APITOYER** (*part.* é, ée; se conj. sur *Ployer*), *v. a.* Exciter la pitié; s'—, *v. pr.* S'attendrir.

**APLANIR** (*part.* i, ie), *v. a.* Rendre uni, rendre plus aisé; — *les difficultés*, les lever.

**APLANISSEMENT**, *s. m.* Action d'aplanir; état d'une chose aplanie.

**APLANISSEUR**, *s. m.* Ouvrier qui aplanit, qui façonne le drap après la tonte.

**APLATIR** (*part.* i, ie), *v. a.* Rendre plat; s'—, *v. pr.* Devenir plat.

**APLATISSEMENT**, *s. m.* Action d'aplatir, état d'un corps aplati.

**APLATISSEUR**, *s. m.* Celui qui aplatit quelque chose.

**APLOMB**, *s. m.* Ligne, situation perpendiculaire à l'horizon; *avoir de l'aplomb*, de la tenue, de la suite.

**APOCALYPSE**, *s. f.* Livre des révélations faites à saint Jean l'évangéliste; chose mystérieuse, obscure.

**APOCALYPTIQUE**, *adj.* 2 *g.* Obscur.

**APOCRYPHE**, *adj.* 2 *g.* Caché; supposé, suspect.

**APOGÉE**, *s. m.* (*t. d'astr.*) Le point où une planète se trouve à sa plus grande distance de la terre; *fig.* Le plus haut degré (de gloire, de puissance).

**APOLLINAIRE**, *adj.* 2 *g.*, se dit des jeux qui se célébraient en l'honneur d'Apollon.

**APOLLON**, *s. m.* Dieu du paganisme qui présidait aux beaux-arts; *fig.* Grand poëte; *t. d'hist. nat.* Grand papillon des Alpes.

**APOLOGÉTIQUE**, *adj.* 2 *g.* Qui contient une apologie; —, *s. m.* Apologie.

**APOLOGIE**, *s. f.* Éloge, justification.

**APOLOGISTE**, *s. m.* Celui qui fait ou qui a fait l'apologie.

**APOLOGUE**, *s. m.* Récit allégorique qui couvre une vérité.

**APOPHTHEGME**, *s. m.* Dit notable d'une personne illustre, sentence, maxime.

**APOPLECTIQUE**, *adj.* 2 *g.* Qui a rapport à l'apoplexie; qui paraît menacé d'apoplexie.

**APOPLEXIE**, *s. f.* Maladie qui attaque le cerveau et qui prive tout d'un coup de mouvement et de sentiment.

**APOSTASIE**, *s. f.* Abandon d'une religion pour une autre; désertion d'un parti pour en embrasser un autre.

**APOSTASIER**, *v. n.* Changer de religion; quitter un parti pour un autre.

**APOSTAT**, *s.* et *adj. m.* Celui qui a quitté sa religion, qui a déserté un parti pour un autre.

**APOSTÈME**, *s. m.* Tumeur maladive, enflure extérieure, avec putréfaction.

**APOSTER** (*part.* é, ée), *v. a.* Mettre dans un poste pour observer, épier, surprendre.

**APOSTILLE** (ll m.), *s. f.* Note placée à la marge d'un écrit ou au bas d'une lettre, recommandation.

**APOSTILLER** (ll m., *part.* é, ée), *v. a.* Mettre une apostille.

**APOSTOLAT**, *s. m.* Le ministère d'apôtre, sa durée.

**APOSTOLIQUE**, *adj. 2. g.* Qui vient des apôtres ou du pape.

**APOSTOLIQUEMENT**, *adv.* A la manière des apôtres; saintement.

**APOSTROPHE**, *s. f.* Signe orthographique en forme de virgule qui annonce la suppression d'une voyelle; réprimande; nom d'une figure de rhétorique.

**APOSTROPHER** (*part.* é, ée), *v. a.* Adresser la parole à quelqu'un; réprimander.

**APOTHÉOSE**, *s. f.* Déification d'un héros; honneurs excessifs, éloges outrés.

**APOTHICAIRE**, *s. m.* Celui qui prépare et vend les médicaments.

**APOTHICAIRERIE**, *s. f.* Pharmacie.

**APÔTRE**, *s. m.* Disciple de J. C., prédicateur, missionnaire.

**APPARAÎTRE** (*part.* u, ue), *v. n.* Devenir visible, se montrer. (Il se conj. sur *Paraître*, et il prend les deux auxiliaires *avoir* et *être*, suivant qu'on veut exprimer l'action ou l'état.)

**APPARAT**, *s. m.* Ostentation, éclat.

**APPARAUX**, *s. m. pl.* (*t. de mar.*) Agrès, artillerie d'un vaisseau.

**APPAREIL**, *s. m.* Apprêt, pompe, éclat d'une cérémonie; préparatifs nécessaires à une opération; ce qu'on met sur une plaie.

**APPAREILLAGE**, *s. m.* Action d'appareiller; état d'un vaisseau qui vient de lever l'ancre.

**APPAREILLEMENT**, *s. m.* Action de joindre deux choses pareilles.

**APPAREILLER** (*part.* é, ée), *v. a.* Joindre deux choses pareilles; —, *v. n. t. de mar.* Mettre à la voile; *t. d'arch.* Donner des mesures pour la coupe des pierres; s'—, *v. pr.* Se joindre à son pareil.

**APPAREILLEUR**, *s. m.* Celui qui trace la coupe des pierres; celui qui apprête les bas, les soies, les étoffes.

**APPAREMMENT**, *adv.* Selon les apparences.

**APPARENCE**, *s. f.* Ce qui paraît au dehors; extérieur, vraisemblance, probabilité.

**APPARENT, E**, *adj.* Visible, évident, remarquable.

**APPARENTER** (*part.* é, ée), *v. a.* Donner à quelqu'un des parents par l'effet d'un mariage; s'—, *v. pr.* S'allier à une famille par mariage.

**APPARIEMENT** ou **APPARÎMENT**, *s. m.* Action d'apparier, d'assortir.

**APPARIER** (*part.* é, ée; se conj. sur *Plier*), *v. a.* Assortir par paire.

**APPARITEUR**, *s. m.* Sorte de bedeau; huissier attaché à une faculté.

**APPARITION**, *s. f.* Manifestation subite d'un objet invisible; séjour d'un moment.

**APPAROIR**, *v. n.* (Il ne s'emploie qu'à l'inf. et à la 3e pers. sing. du prés. de l'ind., il *appert*.) Être évident, manifeste.

**APPARTEMENT**, *s. m.* Logement composé de plusieurs pièces de suite.

**APPARTENANCE**, *s. f.* Dépendance d'une chose.

**APPARTENANT, E**, *adj.* Qui appartient.

**APPARTENIR** (se conj. sur *Tenir*), *v. n.* Être de droit à quelqu'un; avoir rapport à, convenir, être le propre de; être parent de quelqu'un.

**APPAS**, *s. m. pl.* Charmes, attraits.

**APPÂT**, *s. m.* Pâture pour attirer les animaux à un piége; *fig.* Ce qui attire.

**APPÂTER** (*part.* é, ée), *v. a.* Attirer avec un appât; mettre à manger dans le bec des petits oiseaux.

**APPAUVRIR** (*part.* i, ie), *v. a.* Rendre pauvre; s'—, *v. pr.* Devenir pauvre.

**APPAUVRISSEMENT**, *s. m.* État de pauvreté où l'on tombe peu à peu; diminution de forces.

**APPEAU**, *s. m.* Oiseau dressé à en appeler d'autres dans un piége; sifflet qui imite le chant des oiseaux.

**APPEL**, *s. m.* Recours à un juge supérieur; appellation à haute voix pour s'assurer de la présence des personnes; signal avec le tambour ou la trompette pour assembler les soldats; défi, provocation.

**APPELANT, E**, *adj.* et *s.* Qui appelle d'un jugement.

**APPELER** (*part.* é, ée), *v. a.* Nommer, citer, faire venir, envoyer chercher; faire l'appel; crier au secours; —, *v. n.* Former un appel. (Ce verbe, comme la plupart de ceux dont l'inf. se termine par *ler* précédé d'un *e* muet, prend deux *l* devant un *e* muet; ainsi on écrit: *j'appelle*, *n. appelons*, etc.; *j'appelais*, etc.; *j'appelai*, etc.; *j'appellerai*, etc.; *j'appellerais*, etc.; *appelle*, *appelons*, *appelez*; *que j'appelle*, *q. n. appelions*, *q. v. appeliez*, *qu'ils appellent*; *que j'appelasse*, etc.; *appelant*; *appelé*, *ée*.)

**APPELLATION**, *s. f.* Action d'appeler; dénomination.

**APPENDICE**, *s. m.* Ce qu'on ajoute; supplément.

**APPENDRE**, *v. a.* (se conj. sur *Pendre*). Attacher, suspendre.

**APPENTIS**, *s. m.* Sorte de petit bâtiment adossé contre un plus grand et dont le toit n'a de pente que d'un côté.

**APPESANTIR** (*part.* i, ie), *v. a.* Rendre plus pesant; s'—, *v. pr.* Devenir plus pesant, s'arrêter longtemps.

**APPESANTISSEMENT**, *s. m.* État d'une personne appesantie.

**APPÉTENCE**, *s. f.* Désir instinctif, naturel.

**APPÉTER** (*part.* é, ée), *v. a.* Désirer vivement par besoin physique.

**APPÉTISSANT, E**, *adj.* Qui excite l'appétit.

**APPÉTIT**, *s. m.* Inclination, désir quelconque, et en particulier Désir de manger.

**APPLAUDIR** (*part.* i, ie), *v. a.* Battre des mains en signe d'approbation, s'—, *v. pr.* Se féliciter.

**APPLAUDISSEMENT**, *s. m.* Approbation bruyante.

**APPLAUDISSEUR**, *s. m.* Celui qui applaudit sans discernement.

**APPLICABLE**, *adj.* 2 *g.* Propre à être appliqué à un usage déterminé.

**APPLICATION**, *s. f.* Action de poser une chose sur une autre; attention sérieuse.

**APPLIQUER** (*part.* é, ée), *v. a.* Mettre une chose sur une autre, adapter; destiner à un certain emploi; s'—, s'attribuer, s'approprier; s'—, *v. pr.* Donner une grande attention.

**APPOINT**, *s. m.* Complément d'une somme en petite monnaie.

**APPOINTEMENT**, *s. m.* Règlement sur un procès pour parvenir à le juger par rapport; *au pl.* Salaire annuel attaché à un emploi.

**APPOINTER** (*part.* é, ée), *v. a.* Donner des appointements; régler par appointement un procès, une cause.

**APPORT**, *s. m.* Marché pour les denrées; — *de pièces*, leur dépôt; *au pl.* Biens que les époux apportent en mariage.

**APPORTER** (*part.* é, ée), *v. a.* Porter d'un lieu à un autre; produire, causer, alléguer, annoncer.

**APPOSER** (*part.* é, ée), *v. a.* Appliquer, mettre sur.

**APPOSITION**, *s. f.* Action d'apposer.

**APPRÉCIABLE**, *adj.* 2 *g.* Qui peut être apprécié.

**APPRÉCIATEUR, TRICE**, *s.* Celui ou Celle qui apprécie (le *f.* est peu usité).

**APPRÉCIATIF, IVE**, *adj.* Qui marque l'appréciation.

**APPRÉCIATION**, *s. f.* Estimation de la valeur d'une chose.

**APPRÉCIER** (*part.* é, ée), *v. a.* Évaluer, fixer la valeur, le prix, estimer.

**APPRÉHENDER** (*part.* é, ée), *v. a.* Craindre, éprouver de l'inquiétude; prendre, saisir, arrêter.

**APPRÉHENSIF, IVE**, *adj.* Timide, craintif.

**APPRÉHENSION**, *s. f.* Crainte qui naît de l'incertitude.

**APPRENDRE** (se conj. sur *Prendre*), *v. a.* Acquérir des connaissances; enseigner, instruire; recevoir ou répandre la nouvelle de...; s'—, acquérir par soi la connaissance de; *s'apprendre à* s'exercer à; s'—, *v. réc.* S'instruire mutuellement.

**APPRENTI, E**, *s.* Celui ou Celle qui apprend un métier; *fig.* Personne peu habile.

**APPRENTISSAGE**, *s. m.* État, occupation d'un apprenti, durée de cet état; *fig.* Essai.

**APPRÊT**, *s. m.* Préparatif, préparation; *fig.* Affectation de langage, de style, de manières.

**APPRÊTÉ, ÉE**, *adj.* Empreint d'affectation, préparé.

**APPRÊTER** (*part.* é, ée), *v. a.* Préparer, mettre en état, assaisonner (des mets); s'—, *v. pr.* Se préparer, se disposer à.

**APPRÊTEUR**, *s. m.* Celui qui apprête, qui donne l'apprêt.

**APPRIVOISER** (*part.* é, ée), *v. a.* Rendre plus doux, moins farouche; s'—, *v. pr.* Se familiariser.

**APPROBATEUR, TRICE**, *s.* Celui ou Celle qui approuve.

**APPROBATIF, IVE**, *adj.* Qui marque l'approbation.

**APPROBATION**, *s. f.* Action d'approuver, consentement.

**APPROCHANT, E**, *adj.* Qui a de la ressemblance, du rapport. *Approchant*, *prép.* et *adv.* Environ, à peu près.

**APPROCHE**, *s. f.* Action de s'approcher, mouvement par lequel on approche; *au pl.* Travaux pour approcher d'une place assiégée.

**APPROCHER** (*part.* é, ée), *v. a.* Mettre proche, avancer auprès; —, *v. n.* avoir du rapport avec; s'—, *v. pr.* S'avancer vers, devenir proche.

**APPROFONDIR** (*part.* i, ie), *v. a.* Rendre plus profond, creuser plus avant; examiner à fond.

**APPROPRIATION**, *s. f.* Action de s'approprier une chose.

**APPROPRIER** (*part.* é, ée), *v. a.* Rendre propre à la destination; ajuster, mettre en état de propreté; s'—, usurper la propriété d'une chose.

**APPROUVER** (*part.* é, ée), *v. a.* Agréer, consentir à, donner son approbation.

**APPROVISIONNEMENT**, *s. m.* Fourniture de munitions de guerre et de bouche.

**APPROVISIONNER** (*part.* é, ée), *v. a.* Faire un approvisionement; s'—, *v. pr.* Se munir de provisions.

**APPROXIMATIF, IVE**, *adj.* Qui est fait par approximation.

**APPROXIMATION**, *s. f.* Valeur, estimation; calcul approchant de l'exactitude.

**APPROXIMATIVEMENT**, *adv.* Par approximation.

**APPUI**, *s. m.* Soutien, support, aide, secours, protection.

**APPUI-MAIN**, *s. m.* Baguette pour soutenir la main du peintre.

**APPUYER** (*part.* é, ée; se conj. sur *Ployer*), *v. a.* Soutenir avec un appui; protéger, aider; autoriser, excuser; —, *v. n.* Être porté, soutenu, peser sur; insister sur; s'—, *v. pr.* Se soutenir, Se reposer sur.

**ÂPRE**, *adj.* 2 *g.* Rude au goût, au toucher; inégal, raboteux; difficile, incommode, avide, violent.

**ÂPREMENT**, *adv.* Avec âpreté.

**APRÈS**, *prép.* et *adv.* de temps, d'ordre et de lieu, qui s'emploie en parlant des personnes ou des choses: Ensuite; contre; sur; à la poursuite de; conformément; dans la suite; *après que*, lorsque; *après tout*, cependant; *après coup*, trop tard; *ci-après*, dans la suite de l'écrit; *d'après*, suivant, selon.

**APRÈS-DEMAIN**, *adv.* de temps. Le second jour après celui où l'on est.

**APRÈS-DÎNÉE**, *s. f.* ou **APRÈS-DÎNER**, *s. m.* (*pl. Après-dînées*). Temps qui s'écoule depuis le dîner jusqu'au soir.

**APRÈS-MIDI**, *s. m.* et *f.* (inv.) Partie du jour depuis midi jusqu'au soir.

**APRÈS-SOUPÉE**, *s. f.* ou **APRÈS-SOUPER**, *s. m.* (*pl. Après-soupées*). Intervalle de temps entre le souper et le coucher.

**ÂPRETÉ**, *s. f.* Qualité de ce qui est âpre.

**APT**, sous-préfect. du dép. de Vaucluse.

**APTE**, *adj.* 2 *g.* Propre à.

**APTITUDE**, *s. f.* Disposition naturelle à quelque chose, capacité.

**APUREMENT**, *s. m.* Reddition finale d'un compte pour l'acquittement d'un comptable.

**APURER** (*part.* é, ée), *v. a.* Faire l'apurement d'un compte.

**AQUARELLE**, *s. f.* Peinture en couleurs à l'eau.

**AQUA-TINTA**, *s. f.* Dessin au lavis, gravure qui l'imite.

**AQUATIQUE**, *adj.* 2 *g.* Marécageux, qui vit dans l'eau.

**AQUEDUC**, *s. m.* Canal pour conduire l'eau d'un lieu à un autre.

**AQUEUX, EUSE**, *adj.* Qui est de la nature de l'eau; plein d'eau.

**AQUILIN**, *adj. m.* Courbé en bec d'aigle (en parlant du nez).

**AQUILON**, *s. m.* Vent du nord.

**ARA**, *s. m.* Gros perroquet à longue queue.

**ARABE**, *s. m.* Habitant de l'Arabie; *fig.* Avare, usurier; —, *adj.* 2 *g.* Qui est d'Arabie; *chiffres arabes*.

**ARABESQUE**, *adj.* 2 g. Qui est selon la manière des Arabes; —, *s. f. pl.* Ornements de peinture ou de sculpture à la manière des Arabes.

**ARABIE**, *s. f.* Vaste contrée de l'Asie occidentale.

**ARABIQUE**, *adj.* 2 *g.* De l'Arabie.

**ARABLE**, *adj.* 2 *g.* Labourable.

**ARAIGNÉE**, *s. f.* Nom d'une espèce d'insectes très-communs, qui filent une sorte de réseau où se prennent les mouches.

**ARAIRE**, *s. m.* Sorte de charrue sans avant-train.

**ARASEMENT**, *s. m.* Pièces assemblées égales en hauteur; dernière assise d'un mur.

**ARASER** (*part.* é, ée), *v. a.* Mettre de niveau un mur, un assemblage de pièces.

**ARATOIRE**, *adj.* 2 *g.* Qui se rapporte à l'agriculture.

**ARBALÈTE**, *s. f.* Arme de trait, arc d'acier monté sur un fût.

**ARBALÉTRIER**, *s. m.* Soldat armé d'une arbalète; pièce de charpente sur laquelle repose la couverture d'un bâtiment.

**ARBITRAGE**, *s. m.* Jugement d'un différend par arbitres; comparaison des changes des différentes places de commerce.

**ARBITRAIRE**, *adj.* 2 *g.* Qui dépend de la volonté; qui n'est réglé par aucune loi; —, *s. m.* Pouvoir sans limites, exercice de ce pouvoir.

**ARBITRAIREMENT**, *adv.* D'une manière arbitraire.

**ARBITRAL, E**, *adj.* D'arbitre.

**ARBITRALEMENT**, *adv.* Par arbitres.

**ARBITRATION**, *s. f.* Estimation, liquidation.

**ARBITRE**, *s. m.* Juge choisi par les parties pour terminer un différend; *fig.* Maître absolu; *libre* —, faculté qu'a l'âme de prendre une détermination.

**ARBITRER** (*part.* é, ée), *v. a.* Décider en qualité d'arbitre.

**ARBORER** (*part.* é, ée), *v. a.* Planter quelque chose haut et droit comme un arbre; dresser un mât; — *un pavillon*, *un drapeau*, le déployer au vent; (*fig.*) embrasser ouvertement un parti.

**ARBORISATION**, *s. f.* (*t. d'hist. nat.*) Reproduction naturelle d'arbres, de feuillages, de plantes dans les pierres cristallisées.

**ARBORISÉ, ÉE**, *adj.* Qui représente des arborisations.

**ARBOUSE**, *s. f.* Fruit de l'arbousier.

**ARBOUSIER**, *s. m.* Arbrisseau qui produit des fruits semblables à des fraises.

**ARBRE**, *s. m.* Plante à tige élevée et ligneuse, garnie de branches et de feuilles; —, pièce principale de plusieurs machines.

**ARBRISSEAU**, *s. m.* Petit arbre.

**ARBUSTE**, *s. m.* Plante ligneuse plus petite que l'arbrisseau.

**ARC**, *s. m.* Sorte d'arme servant à lancer des flèches; portion de cercle; — *de triomphe*, monument triomphal qui a la forme d'une porte cintrée en arc.

**ARCADE**, *s. f.* Ouverture en forme d'arc.

**ARC-BOUTANT** (*pl. arcs boutants*), *s. m.* Pilier qui soutient une voûte; *fig.* Soutien, appui.

**ARC-BOUTER** (*part.* é, ée), *v. a.* Soutenir, appuyer.

**ARCEAU**, *s. m.* Arc d'une voûte, petite arche.

**ARC-EN-CIEL** (*pl. arcs-en-ciel*),

*s. m.* Météore qui paraît dans les nues en forme d'arc lumineux où sont disposées parallèlement les sept couleurs primitives.

**ARCHAÏSME**, *s. m.* Mot antique, tour de phrase suranné.

**ARCHAL**, *s. m.* *Fil d'—*, fil simple de métal.

**ARCHANGE**, *s. m.* Ange d'un ordre supérieur.

**ARCHE**, *s. f.* Voûte d'un pont; vaisseau où Noé se sauva du déluge avec sa famille.

**ARCHÉOLOGIE**, *s. f.* Science des antiques.

**ARCHÉOLOGIQUE**, *adj.* 2 *g.* Qui a rapport à l'archéologie.

**ARCHÉOLOGUE**, *s. m.* Celui qui est versé dans l'archéologie.

**ARCHER**, *s. m.* Soldat armé d'un arc.

**ARCHET**, *s. m.* Sorte de petit arc tendu avec des crins, pour tirer des sons de certains instruments; espèce de petite scie.

**ARCHÉTYPE**, *s. m.* Original, patron, modèle d'un ouvrage; étalon primitif des poids et mesures ou des monnaies.

**ARCHEVÊCHÉ**, *s. m.* Palais d'un archevêque; territoire placé sous sa juridiction.

**ARCHEVÊQUE**, *s. m.* Prélat métropolitain qui a un certain nombre d'évêques pour suffragants.

**ARCHI**, *prép.* tirée du grec, qui se joint familièrement à un adj. auquel elle donne une signification de supériorité ou d'excès.

**ARCHICHANCELIER**, *s. m.* Grand chancelier.

**ARCHIDIACONAT**, *s. m.* Dignité d'archidiacre.

**ARCHIDIACRE**, *s. m.* Officier ecclésiastique au-dessus des curés.

**ARCHIDUC**, **ARCHIDUCHESSE**, *s.* Titre des princes et princesses de la maison d'Autriche.

**ARCHIDUCHÉ**, *s. m.* Domaine d'un archiduc.

**ARCHIÉPISCOPAL**, **E** (pron. *arkié...*), *adj.* Appartenant à l'archevêque.

**ARCHIÉPISCOPAT** (pron. *kié...*), *s. m.* Dignité d'archevêque.

**ARCHIMANDRITE**, *s. m.* Supérieur d'un monastère grec.

**ARCHIPEL**, *s. m.* Partie de mer où il y a beaucoup d'îles; partie de la Méditerranée entre la Grèce et la Turquie.

**ARCHIPRÊTRE**, *s. m.* Dignité ecclésiastique qui confère à un curé la prééminence sur d'autres curés.

**ARCHITECTE**, *s. m.* Celui qui exerce l'art de l'architecture.

**ARCHITECTURAL**, **E**, *adj.* Qui concerne l'architecture.

**ARCHITECTURE**, *s. f.* Art de construire, de bâtir.

**ARCHITRAVE**, *s. f.* (*t. d'archit.*) Partie de l'entablement imitant une poutre transversale.

**ARCHITRÉSORIER**, *s. m.* Grand trésorier.

**ARCHIVES**, *s. f. pl.* Anciens titres; lieu où on les garde.

**ARCHIVISTE**, *s. m.* Gardien des archives.

**ARCHIVOLTE**, *s. f.* (*t. d'archit.*) Ornement d'une arcade; arc contourné.

**ARCHONTAT** (pron. *arcontat*), *s. m.* Dignité d'archonte.

**ARCHONTE**, *s. m.* Magistrat grec.

**ARCIS-SUR-AUBE**, chef-lieu d'arr. du dép. de l'Aube.

**ARÇON**, *s. m.* Pièce de bois cintrée formant la partie principale de la selle d'un cheval; instrument en forme d'archet, pour préparer le poil.

**ARCTIQUE**, *adj.* 2 *g.* Septentrional.

**ARDÈCHE**, rivière qui donne son nom au dép. dont Privas est le chef-lieu.

**ARDEMMENT**, *adv.* Avec ardeur.

**ARDENNES** (les), dép. dont Mézières est le chef-lieu.

**ARDENT**, **E**, *adj.* Qui est en feu, enflammé; qui enflamme, qui brûle; *fig.* Violent, véhément, plein d'ardeur; *poil ardent*, roux.

**ARDEUR**, *s. f.* Chaleur extrême; vivacité, activité.

**ARDILLON**, *s. m.* Pointe de métal au milieu d'une boucle, qui sert à arrêter la courroie.

**ARDOISE**, *s. f.* Pierre argileuse, tendre et bleuâtre, qui se coupe par feuilles et avec laquelle on couvre les bâtiments.

**ARDOISÉ, ÉE,** *adj.* Qui est de couleur d'ardoise.

**ARDOISIÈRE,** *s. f.* Carrière d'ardoises.

**ARDU, E,** *adj.* Escarpé, d'un abord difficile; *fig.* Difficile à résoudre.

**ARE,** *s. m.* Unité dans les nouvelles mesures de surface, contenant 100 mètres carrés (2 perches carrées et 92 centièmes).

**ARÈNE,** *s. f.* Partie de l'amphithéâtre où combattaient les gladiateurs, chez les anciens; sable, gravier sur le sol.

**ARÉOMÈTRE,** *s. m.* Pèse-liqueur.

**ARÉOPAGE,** *s. m.* Nom d'un tribunal d'Athènes célèbre par sa sagesse; *fig.* Assemblée de magistrats.

**ARÊTE,** *s. f.* Parties dures et piquantes qui soutiennent la chair des poissons et leur tiennent lieu d'os; côté, partie angulaire, bord, extrémité.

**ARÊTIER,** *s. m.* Pièce de charpente formant le côté angulaire d'un comble.

**ARGELÈS,** sous-préf. du dép. des Hautes-Pyrénées.

**ARGENT,** *s. m.* Métal blanc, ductile, fusible et sonore, le plus estimé généralement après l'or; toute sorte de monnaie de quelque métal que ce soit.

**ARGENTAN,** chef-lieu d'arr. du dép. de l'Orne.

**ARGENTÉ, ÉE,** *adj.* Qui est d'un blanc brillant comme l'argent.

**ARGENTER** (*part.* é, ée), *v. a.* Couvrir de feuilles d'argent.

**ARGENTERIE,** *s. f.* Vaisselle, ustensiles d'argent.

**ARGENTEUR,** *s. m.* Ouvrier qui argente les métaux.

**ARGENTEUX, EUSE,** *adj.* Qui a beaucoup d'argent, *fam.*

**ARGENTIER,** *s. m.* Celui qui est chargé de la garde de l'argenterie.

**ARGENTIÈRE** (l'), chef-lieu d'arr. du dép. de l'Ardèche.

**ARGENTIN, E,** *adj.* Qui a la couleur ou le son de l'argent.

**ARGENTURE,** *s. f.* Argent fort mince appliqué à la superficie d'un ouvrage argenté.

**ARGILE,** *s. f.* Terre glaise, grasse, molle et ductible, qui se durcit au feu.

**ARGILEUX, EUSE,** *adj.* Qui est de la nature de l'argile.

**ARGOT,** *s. m.* Langage usité parmi les filous; *t. de jardinage,* le bois au-dessus de l'œil.

**ARGOTER** (*part.* é, ée), *v. a.* Couper les argots d'un arbre.

**ARGOUSIN,** *s. m.* Bas-officier qui veille sur les forçats.

**ARGUER** (*part.* é, ée), *v. a.* Reprendre, contredire; *arguer une pièce de faux,* soutenir, prouver qu'une pièce produite est fausse.

**ARGUMENT,** *s. m.* Raisonnement par lequel on tire une conséquence; conjecture, indice, preuve; exposition abrégée du sujet d'un ouvrage.

**ARGUMENTANT,** *s. m.* Celui qui argumente dans une thèse.

**ARGUMENTATEUR,** *s. m.* Celui qui aime à argumenter.

**ARGUMENTATION,** *s. f.* Démonstration d'une chose par des arguments; manière d'argumenter.

**ARGUMENTER,** *v. n.* Faire des arguments, tirer des conséquences; prouver par arguments.

**ARGUS,** *s. m.* Homme à cent yeux, suivant la Fable; *fig.* Surveillant très-clairvoyant.

**ARGUTIE,** *s. f.* Raisonnement pointilleux, vaine subtilité.

**ARIANISME,** *s. m.* Système religieux d'Arius, qui niait l'égalité de substance du fils avec le père dans la Trinité.

**ARIDE,** *adj.* 2 *g.* Sec, stérile par sécheresse; *fig.* Stérile, qui ne produit rien.

**ARIDITÉ,** *s. f.* Sécheresse, stérilité.

**ARIÉGE,** rivière qui donne son nom au dép. dont Foix est le chef-lieu.

**ARIEN, ENNE,** *s.* Sectaire d'Arius, partisan de l'arianisme.

**ARIETTE,** *s. f.* Air détaché, léger et vif; paroles sur cet air.

**ARISTARQUE,** *s. m.* Critique, censeur sévère.

**ARISTOCRATE**, *s. m.* et *adj.* Partisan de l'aristocratie.

**ARISTOCRATIE**, *s. f.* Gouvernement où le pouvoir souverain est exercé par des privilégiés.

**ARISTOCRATIQUE**, *adj.* 2 *g.* Qui appartient à l'aristocratie.

**ARISTOCRATIQUEMENT**, *adv.* D'une manière aristocratique.

**ARISTOTÉLICIEN, ENNE**, *adj.* 2 *g.* et *s. m.* Conforme à la doctrine d'Aristote ; partisan de cette doctrine.

**ARISTOTÉLISME**, *s. m.* Doctrine philosophique d'Aristote.

**ARITHMÉTICIEN**, *s. m.* Celui qui sait l'arithmétique.

**ARITHMÉTIQUE**, *s. f.* Science des nombres, art de calculer; —, *adj.* 2 *g.* Qui est selon les règles de l'arithmétique, qui a rapport à l'arithmétique.

**ARITHMÉTIQUEMENT**, *adv.* D'une manière arithmétique, suivant une proportion arithmétique.

**ARLEQUIN**, *s. m.* Bateleur dont le vêtement est formé de pièces de différentes couleurs.

**ARLEQUINADE**, *s. f.* Bouffonnerie d'arlequin.

**ARLES**, sous-préf. du dép. des Bouches-du-Rhône; —, petite ville du dép. des Pyrénées-Orientales.

**ARMATEUR**, *s. m.* Celui qui arme un vaisseau à ses frais, ou qui est intéressé dans l'armement ; capitaine d'un vaisseau armé en course; le vaisseau même.

**ARMATURE**, *s. f.* Liens ou Barre de fer pour soutenir les parties d'une machine, d'un édifice.

**ARME**, *s. f.* Instrument pour attaquer ou pour se défendre; les différentes espèces de troupes qui composent une armée; profession de la guerre; escrime; tout ce qui sert à combattre.

**ARMÉE**, *s. f.* Corps de troupes réunies sous les ordres d'un chef; *à main armée*, *loc. adv.* Par force.

**ARMEMENT**, *s. m.* Appareil de guerre; ce qui sert à armer; équipement.

**ARMÉNIEN, ENNE**, *adj.* et *s.* Qui est d'Arménie (grande contrée de l'Asie); *l'arménien*, la langue arménienne.

**ARMER** (*part.* é, ée), *v. a.* Fournir des armes; exciter à combattre, irriter, soulever; —, *v. n.* Lever des troupes, faire des armements; s'—, *v. pr.* Prendre les armes; se précautionner contre; *s'armer de fermeté*, etc., prendre sur soi d'avoir de la fermeté.

**ARMET**, *s. m.* Casque des anciens chevaliers errants.

**ARMILLAIRE**, *adj. f.* *Sphère* —, Sphère vide, composée de cercles pour représenter le mouvement des astres.

**ARMISTICE**, *s. m.* Suspension d'hostilités.

**ARMOIRE**, *s. f.* Grand meuble de bois pour serrer des effets.

**ARMOIRIES**, *s. f. pl.* Attributs distinctifs des familles nobles.

**ARMOISE**, *s. f.* Herbe de la Saint-Jean, plante odoriférante et médicinale.

**ARMORIAL**, *s. m.* Livre d'armoiries de la noblesse d'un pays.

**ARMORIER** (*part.* é, ée; se conj. sur *Prier*), *v. a.* Peindre ou Appliquer des armoiries.

**ARMORIQUE**, *s. f.* Ancienne province des Gaules.

**ARMORISTE**, *s. m.* Celui qui fait des armoiries, qui sait le blason, qui l'enseigne.

**ARMURE**, *s. f.* Armes qui couvrent le corps, casque, cuirasse; ce qui défend, garantit, fortifie.

**ARMURIER**, *s. m.* Celui qui fabrique et vend des armes.

**AROMATE**, *s. m.* Parfum tiré des végétaux.

**AROMATIQUE**, *adj.* 2 *g.* Qui est de la nature des aromates.

**AROMATISATION**, *s. f.* Mélange d'aromates avec des médicaments.

**AROMATISER** (*part.* é, ée), *v. a.* Parfumer avec des aromates.

**AROME**, *s. m.* Principe odorant d'une plante; parfum.

**ARPÈGE**, *s. m.* (*t. de mus.*) Leçon, exemple d'arpégement.

**ARPÉGEMENT**, *s. m.* (*t. de mus.*) Manière de frapper successivement les sons d'un accord.

**ARPÉGER**, *v. n.* (*t. de mus.*) Faire une suite d'arpéges.

**ARPENT**, *s. m.* Étendue de terre de cent perches carrées (51 ares).

**ARPENTAGE**, *s. m.* Mesurage des terres; art de les mesurer.

**ARPENTER** (*part.* é, ée), *v. a.* et *v. n.* Mesurer un terrain; marcher à grands pas.

**ARPENTEUR**, *s. m.* Celui qui, par état, mesure les terres.

**ARPENTEUSE**, *s. f.* Espèce de chenille.

**ARQUEBUSADE**, *s. f.* Coup d'arquebuse; *eau d'—*, vulnéraire pour les coups de feu.

**ARQUEBUSE**, *s. f.* Ancienne arme à feu.

**ARQUEBUSER** (*part.* é, ée), *v. a.* Tuer avec l'arquebuse.

**ARQUEBUSERIE**, *s. f.* Art de fabriquer les armes à feu; commerce de ces armes.

**ARQUEBUSIER**, *s. m.* Armurier; soldat armé d'une arquebuse.

**ARQUER** (*part.* é, ée), *v. a.* Courber en arc; —, *v. n.* et *pr.* Se courber en arc.

**ARRACHEMENT**, *s. m.* Action d'arracher.

**ARRACHE-PIED** (d'), *loc. adv.* Sans discontinuer.

**ARRACHER** (*part.* é, ée), *v. a.* Détacher, ôter de force; *fig.* Obtenir avec peine; s'—, *v. pr.* Se soustraire à, s'affranchir de.

**ARRACHEUR**, *s. m.* Celui qui arrache.

**ARRACHIS**, *s. m.* Enlèvement frauduleux du plant des arbres; plant levé à racines nues.

**ARRANGEMENT**, *s. m.* Ordre, disposition; conciliation.

**ARRANGER** (*part.* é, ée), *v. a.* Mettre en ordre; accommoder, concilier; s'—, *v. pr.* Se placer en ordre, se mettre dans une position commode; se concilier.

**ARRAS**, chef-lieu du dép. du Pas-de-Calais.

**ARRENTEMENT**, *s. m.* Bail à rente; action de donner ou de prendre à rente.

**ARRENTER** (*part.* é, ée), *v. a.* Donner ou Prendre à rente.

**ARRÉRAGER**, *v. n.* Laisser accumuler des arrérages; s'—, *v. pr.* S'accumuler (en parlant des rentes échues qui ne sont pas payées.)

**ARRÉRAGES**, *s. m. pl.* Revenu quelconque arriéré.

**ARRESTATION**, *s. f.* Action d'arrêter, prise de corps; état de celui qui est arrêté.

**ARRÊT**, *s. m.* Jugement d'une cour, d'un tribunal; décision; saisie de personne ou de biens; —, *au pl.* Sorte de punition militaire; tout ce qui sert à arrêter, à fixer, à assujettir.

**ARRÊTÉ**, *s. m.* Résolution, décision d'une autorité administrative ou d'une compagnie délibérante; règlement de compte.

**ARRÊTER** (*part.* é, ée), *v. a.* Empêcher d'avancer, retenir; décider, régler; mettre en état d'arrestation; faire cesser, réprimer; —, *v. n.* et s'—, *v. pr.* Cesser de faire, d'agir, d'aller; demeurer dans un lieu, se déterminer à.

**ARRHER** (*part.* é, ée), *v. a.* Donner des arrhes.

**ARRHES**, *s. f. pl.* Garantie pécuniaire de l'exécution d'un marché; gage, assurance.

**ARRIÈRE**, *s. m.* Poupe d'un vaisseau; *en arrière*, *loc. adv.* En retard, en reculant; en l'absence de; —! *interj.* Loin d'ici! —, *prép.* opposée à *avant*.

**ARRIÈRE-BAN**, *s. m.* Assemblée ou convocation de toute la noblesse; corps de nobles obligés au service militaire.

**ARRIÈRE-BOUCHE**, *s. m.* Pharynx.

**ARRIÈRE-BOUTIQUE** (*pl. arrière-boutiques*), *s. f.* Salle retirée derrière la boutique.

**ARRIÈRE-COUR** (*pl. arrière-cours*), *s. f.* Petite cour servant de dégagement.

**ARRIÈRE-GARDE** (*pl. arrière-gardes*), *s. f.* Partie d'une armée qui marche la dernière.

**ARRIÈRE-GOUT** (*pl. arrière-goûts*), *s. m.* Goût désagréable que laisse un mets, une liqueur.

**ARRIÈRE-LIGNE** (*pl. arrière-lignes*), *s. f.* Seconde ligne d'une armée.

**ARRIÈRE-MAIN**, *s. m.* Coup donné

avec le revers de la main. On le dit aussi de la partie postérieure du cheval, par opposition à l'*avant-main*.

**ARRIÈRE-NEVEU**, *s. m.* Fils du neveu ou de la nièce. (Le *pl. arrière-neveux* signifie la postérité la plus reculée.)

**ARRIÈRE-NIÈCE**, *s. f.* Fille du neveu ou de la nièce.

**ARRIÈRE-PENSÉE** (*pl. arrière-pensées*), *s. f.* Pensée secrète.

**ARRIÈRE-PETIT-FILS** (*pl. arrière-petits-fils*), *s. m.* **ARRIÈRE-PETITE-FILLE** (*pl. arrière-petites-filles*), *s. f.* Fils ou Fille du petit-fils ou de la petite-fille.

**ARRIÈRE-POINT** (*pl. arrière-points*), *s. m.* Point de couture fait d'avant en arrière.

**ARRIÉRÉ**, *s. m.* Payement retardé; dette publique.

**ARRIÉRER** (*part.* é, ée), *v. a.* et *n.* Différer; *s'—*, *v. pr.* Demeurer en arrière.

**ARRIÈRE-SAISON** (*pl. arrière-saisons*), *s. f.* Fin de l'automne.

**ARRIMAGE**, *s. m.* Arrangement de la cargaison d'un navire.

**ARRIMER** (*part.* é, ée), *v. a.* et *n.* Arranger la cargaison d'un navire.

**ARRIMEUR**, *s. m.* Celui qui fait l'arrimage.

**ARRIVAGE**, *s. m.* Abord des bâtiments ou des marchandises dans un port.

**ARRIVÉE**, *s. f.* Action d'arriver; moment où arrive une chose.

**ARRIVER** (*part.* é, ée), *v. n.* Aborder, approcher; survenir; parvenir.

**ARROGAMMENT**, *adv.* Avec arrogance.

**ARROGANCE**, *s. f.* Fierté offensante, insupportable.

**ARROGANT**, **E**, *adj.* Vain, orgueilleux.

**ARROGER** (*part.* é, ée), *v. a.* Il ne s'emploie qu'avec le pron. personnel régime indirect : *s'arroger*, s'attribuer mal à propos quelque chose.

**ARRONDIR** (*part.* i, ie), *v. a.* Rendre rond, disposer en rond; *s'—*, *v. pr.* Prendre une forme ronde; augmenter son bien.

**ARRONDISSEMENT**, *s. m.* Action d'arrondir, état d'une chose arrondie; division administrative d'un département, d'une ville.

**ARROSAGE**, *s. m.* Action d'arroser; ce qui arrose.

**ARROSEMENT**, *s. m.* Action d'arroser.

**ARROSER** (*part.* é, ée), *v. a.* Mouiller, humecter.

**ARROSOIR**, *s. m.* Vase pour arroser.

**ARSENAL** (*pl. arsenaux*), *s. m.* Lieu où les armes se fabriquent et se conservent.

**ARSENIC**, *s. m.* Substance métallique qui est un poison violent (l'huile et le lait en sont le contre-poison).

**ARSENICAL**, **E**, *adj.* Qui tient de l'arsenic.

**ART**, *s. m.* Ensemble de principes pratiques, méthode; industrie; artifice; *beaux-arts*, la peinture, la sculpture, la musique, etc.; *arts libéraux*, arts qui sont du ressort de l'esprit; *arts mécaniques*, arts où le travail de la main a plus de part que l'esprit.

**ARTÈRE**, *s. f.* Vaisseau du corps qui porte le sang du cœur vers les extrémités.

**ARTÉRIEL**, **ELLE**, *adj.* Qui appartient à l'artère.

**ARTÉSIEN**, **ENNE**, *adj.* Qui est de l'Artois; *puits artésien*, trou pratiqué en terre à l'aide de la sonde et d'où l'eau jaillit d'elle-même.

**ARTICHAUT**, *s. m.* Plante potagère; fruit de cette plante.

**ARTICLE**, *s. m.* Partie d'un écrit; une des parties du discours.

**ARTICULATION**, *s. f.* Jointure des os; prononciation distincte; déduction de faits.

**ARTICULAIRE**, *adj.* 2 *g.* Qui a rapport aux articulations.

**ARTICULÉ**, **ÉE**, *adj.* Modifié par le mouvement de la langue, de la parole.

**ARTICULER** (*part.* é, ée), *v. a.* Déduire par articles; prononcer distinctement.

**ARTIFICE**, *s. m.* Art, industrie, ruse; composition de matières aisées à s'enflammer.

**ARTIFICIEL, ELLE**, *adj.* Fait par art (c'est l'opposé de naturel).

**ARTIFICIELLEMENT**, *adv.* Avec art; par art.

**ARTIFICIER**, *s. m.* Celui qui prépare les feux d'artifice.

**ARTIFICIEUSEMENT**, *adv.* Avec ruse ou fourberie.

**ARTIFICIEUX, EUSE**, *adj.* Rusé, fourbe, plein de finesse (en mauvaise part).

**ARTILLERIE** (ll m.), *s. f.* Attirail de guerre, *canons*, *mortiers*, etc.; corps des artilleurs.

**ARTILLEUR** (ll m.), *s. m.* Soldat qui sert dans l'artillerie.

**ARTIMON**, *s. m.* Arbre de poupe, mât de l'arrière.

**ARTISAN**, *s. m.* Ouvrier dans un art mécanique; *fig.* Celui qui est la cause, l'auteur.

**ARTISTE**, *s. m.* Celui ou Celle qui cultive les beaux-arts; *artiste dramatique*, acteur.

**ARTISTEMENT**, *adv.* Avec art.

**ARTOIS**, ancienne province de France comprise dans le dép. du Pas-de-Calais.

**ARUSPICE**, *s. m.* Prêtre romain chargé d'examiner les entrailles des victimes pour en tirer des présages.

**AS**, *s. m.* Un point seul marqué sur un des côtés d'une carte à jouer ou d'un dé; poids et monnaie des anciens Romains.

**ASCENDANT**, *s. m.* Pouvoir, autorité; —, *ante*, *adj.* Qui va en montant. (Il se dit surtout des personnes dont on descend.)

**ASCENSION**, *s. f.* Élévation; action de monter; fête en mémoire de l'ascension de J. C. au ciel.

**ASCENSIONNEL, ELLE**, *adj. Différence ascensionnelle*, différence entre l'ascension droite et l'ascension oblique d'un astre.

**ASCÉTIQUE**, *adj. 2 g.* Qui a rapport à la vie spirituelle; —, *s. m.* Celui qui a embrassé la vie ascétique; livre qui traite de la vie spirituelle.

**ASIATIQUE**, *adj. 2 g.* Qui appartient à l'Asie.

**ASIE**, *s. f.* Une des cinq parties du monde, la plus grande après l'Amérique, et la plus peuplée.

**ASILE**, *s. m.* Lieu de refuge, de retraite.

**ASPECT**, *s. m.* Vue d'un objet; manière dont se présente un lieu, une affaire, etc.

**ASPERGE**, *s. f.* Plante potagère à tige.

**ASPERGER** (*part.* é, ée), *v. a.* Arroser par petites gouttes.

**ASPERGÈS**, *s. m.* Aspersoir, goupillon pour asperger; moment de l'aspersion avec l'eau bénite.

**ASPÉRITÉ**, *s. f.* État de ce qui est rude, raboteux.

**ASPERSION**, *s. f.* Action d'asperger.

**ASPERSOIR**, *s. m.* Goupillon pour asperger.

**ASPHALTE**, *s. m.* Espèce de bitume qui provient du lac Asphaltite, dans l'ancienne Judée.

**ASPHYXIE**, *s. f.* Suspension subite des signes extérieurs de la vie.

**ASPHYXIÉ, ÉE**, *adj.* Frappé d'asphyxie.

**ASPHYXIER** (*part.* é, ée), *v. a.* Frapper d'asphyxie; s'—, *v. pr.* Se donner la mort par l'asphyxie.

**ASPIC**, *s. m.* Petit serpent venimeux; *fig.* Personne dangereuse par sa médisance.

**ASPIRANT**, *s. m.* Celui qui aspire; —, *ante*, *adj.* Qui aspire; *pompe aspirante*, pompe qui élève l'eau en aspirant.

**ASPIRATION**, *s. f.* Action d'aspirer; action des pompes aspirantes; désir de parvenir; manière de prononcer en aspirant.

**ASPIRÉ, ÉE**, *adj.* Qui se prononce de la gorge.

**ASPIRER** (*part.* é, ée), *v. a.* Attirer l'air avec la bouche; monter l'eau, en parlant des pompes aspirantes; prononcer de la gorge; — *v. n.* Prétendre à, souhaiter ardemment.

**ASSAILLANT** (ll m.), *s. m.* Agresseur.

**ASSAILLIR** (ll m.; *ind. pr.* j'assaille, tu assailles, il assaille, n. assaillons, v. assaillez, ils assaillent; *imp.* j'assaillais, etc.; *p. déf.* j'assaillis, etc.; *fut.* j'assaillirai, etc.;

*cond.* j'assaillirais, etc.; *impér.* assaille, etc.; *subj. pr.* q. j'assaille, etc.; *imp. du subj.* q. j'assaillisse, etc.; *p. pr.* assaillant; *p. p.* assailli, ie), *v. a.* Attaquer à l'improviste.

**ASSAINIR** (*part.* i, ie), *v. a.* Rendre sain; s'—, *v. pr.* Devenir sain.

**ASSAINISSEMENT**, *s. m.* Action d'assainir; effet de cette action.

**ASSAISONNEMENT**, *s. m.* Ce qui sert à assaisonner; apprêts.

**ASSAISONNER** (*part.* é, ée), *v. a.* Apprêter (des mets); *fig.* Rendre agréable.

**ASSASSIN**, *s. m.* Celui qui tue en trahison; —, ine, *adj.* Qui donne la mort.

**ASSASSINAT**, *s. m.* Meurtre prémédité; *fig.* Acte de méchanceté.

**ASSASSINER** (*part.* é, ée), *v. a.* Tuer en trahison; *fig.* Importuner à l'excès.

**ASSAUT**, *s. m.* Attaque à force ouverte; alerte; vive attaque; sollicitation pressante; exercice d'adresse au fleuret; *fig.* Lutte.

**ASSEMBLAGE**, *s. m.* Amas, mélange, action d'assembler, réunion quelconque.

**ASSEMBLÉE**, *s. f.* Réunion de personnes dans un lieu pour un même dessein.

**ASSEMBLER** (*part.* é, ée), *v. a.* Mettre ensemble, réunir, convoquer; s'—, *v. pr.* Se réunir.

**ASSEMBLEUR**, *s. m.* Celui qui fait l'assemblage.

**ASSENER** (*j'assène, j'assènerai; part.* é, ée), *v. a.* Donner un coup violent.

**ASSENTIMENT**, *s. m.* Consentement volontaire, adhésion, approbation.

**ASSEOIR** (*ind. pr.* j'assieds, tu assieds, il assied, nous asseyons, vous asseyez, ils asseyent, *ou* j'assois, tu assois, il assoit, nous assoyons vous assoyez, ils assoient; *imp.* j'asseyais *ou* j'assoyais, etc.; *p. déf.* j'assis, etc.; *fut.* j'assiérai, *ou* j'asseyerai, *ou* j'assoirai, etc.; *cond.* j'assiérais *ou* j'asseyerais, *ou* j'assoirais, etc.; *impér.* assieds *ou* assois, asseyez *ou* assoyez, etc.; *subj. pr.* que j'asseye *ou* que j'assoie, etc.; *imp. subj.* que j'assisse, etc.; *p. pr.* asseyant *ou* assoyant; *p. p.* assis, e), *v. a.* Mettre sur un siége, établir, placer; s'—, *v. pr.* Se mettre sur un siége.

**ASSERMENTÉ, ÉE**, *adj.* Qui a prêté le serment prescrit par la loi en certains cas.

**ASSERMENTER** (*part.* é, ée), *v. a.* Faire prêter serment; s'—, *v. pr.* Prêter serment.

**ASSERTION**, *s. f.* Affirmation, proposition présentée et soutenue comme vraie.

**ASSERVIR** (*part.* i, ie), *v. a.* Assujettir, réduire sous sa puissance; s'—, *v. pr.* S'assujettir.

**ASSERVISSANT, E**, *adj.* Qui asservit.

**ASSERVISSEMENT**, *s. m.* Esclavage, servitude, sujétion.

**ASSESSEUR**, *s. m.* Adjoint à un juge.

**ASSEZ**, *adv.* Suffisamment.

**ASSIDU, E**, *adj.* Exact, appliqué, qui rend des soins continuels.

**ASSIDUITÉ**, *s. f.* Exactitude, application; soins continuels.

**ASSIDUMENT**, *adv.* Avec assiduité.

**ASSIÉGEANT, E**, *adj.* Qui assiége; *assiégeants*, *s. m. pl.* Troupes qui assiégent.

**ASSIÉGER** (*part.* é, ée), *v. a.* Enfermer, environner, faire le siége de; *fig.* Importuner.

**ASSIÉGÉS**, *s. m. pl.* Ceux qui sont dans une place assiégée.

**ASSIETTE**, *s. f.* Pièce de vaisselle; situation; disposition de l'esprit, du corps.

**ASSIETTÉE**, *s. f.* Plein une assiette.

**ASSIGNABLE**, *adj.* 2 *g.* Qui peut être assigné ou déterminé avec précision.

**ASSIGNAT**, *s. m.* Assignation d'une rente sur un héritage; papier-monnaie créé en 1789 et annulé en 1796.

**ASSIGNATION**, *s. f.* Citation en justice, rendez-vous; destination d'une somme pour un payement; constitution d'une rente sur un fonds désigné.

**ASSIGNER** (*part.* é, ée), *v. a.* Faire une assignation; indiquer la cause de; déterminer, fixer, destiner.

**ASSIMILATION**, *s. f.* Action d'assimiler ou de s'assimiler.

**ASSIMILER** (*part.* é, ée), *v. a.* Rendre semblable, comparer; transformer en sa propre substance ; s'—, *v. pr.* Se comparer à.

**ASSISE**, *s. f.* Rang de pierres placées horizontalement ; *au pl.* Tribunal jugeant les criminels ; lieu, durée des séances de ce tribunal.

**ASSISTANCE**, *s. f.* Aide, secours ; réunion de personnes ; *t. de droit*, présence d'un officier de justice.

**ASSISTANT, E**, *adj.* et *s.* Qui aide ; qui est présent ; *les assistants*, les personnes présentes.

**ASSISTER** (*part.* é, ée), *v. a.* Secourir, seconder, aider ; —, *v. n.* Être présent ; s'—, *v. réc.* S'aider mutuellement.

**ASSOCIATION**, *s. f.* Union de personnes dans un but commun, action de s'associer.

**ASSOCIÉ, ÉE**, *adj.* et *s.* Membre d'une association ; qui est en société avec.

**ASSOCIER** (*part.* é, ée), *v. a.* Donner ou Prendre pour associé ; s'—, *v. pr.* Entrer en société d'intérêts avec ; hanter, former liaison.

**ASSOLEMENT**, *s. m.* Action ou Manière d'assoler ; effet de cette action.

**ASSOLER** (*part.* é, ée), *v. a.* Alterner les cultures.

**ASSOMMANT, E**, *adj.* Ennuyeux à l'excès.

**ASSOMMER** (*part.* é, ée), *v. a.* Tuer en frappant avec quelque chose de pesant, accabler de coups ; *fig.* Importuner à l'excès.

**ASSOMMEUR**, *s. m.* Celui qui assomme.

**ASSOMMOIR**, *s. m.* Instrument pour assommer.

**ASSOMPTION**, *s. f.* Fête de l'Église catholique en mémoire de l'enlèvement de la Vierge au ciel ; jour où on célèbre cette fête.

**ASSONANCE**, *s. f.* Ressemblance imparfaite de son dans la terminaison des mots.

**ASSONANT, E**, *adj.* Dont la terminaison sonne à peu près de même (en parlant de mots).

**ASSORTI, E**, *adj.* *Marchand bien ou mal —*, qui a ou qui n'a pas tout ce qui a rapport à son commerce ; *époux assortis*, dont les caractères se conviennent.

**ASSORTIMENT**, *s. m.* Réunion de choses qui ont du rapport entre elles ; convenance, union.

**ASSORTIR** (*part.* i, ie), *v. a.* Réunir des choses ou des personnes qui se conviennent ; —, *v. n.* et s'—, *v. pr.* Se convenir ; former un assortiment.

**ASSORTISSANT, E**, *adj.* Qui assortit, qui convient à.

**ASSOUPIR** (*part.* i, ie), *v. a.* Endormir à demi ; adoucir, calmer ; s'—, *v. pr.* S'endormir.

**ASSOUPISSANT, E**, *adj.* Qui assoupit.

**ASSOUPISSEMENT**, *s. m.* État d'une personne assoupie ; *fig.* Négligence.

**ASSOUPLIR** (*part.* i, ie), *v. a.* Rendre souple ; s'—, *v. pr.* Devenir souple.

**ASSOURDIR** (*part.* i, ie), *v. a.* Rendre sourd.

**ASSOURDISSANT, E**, *adj.* Qui assourdit.

**ASSOUVIR** (*part.* i, ie), *v. a.* Rassasier, apaiser la faim ; *fig.* Satisfaire (ses passions) ; s'—, *v. pr.* Se rassasier.

**ASSOUVISSEMENT**, *s. m.* Action d'assouvir ; effet de cette action.

**ASSUJETTIR** ou **ASSUJÉTIR** (*part.* i, ie), *v. a.* Soumettre à, astreindre ; rendre fixe ; s'—, *v. p.* S'astreindre à.

**ASSUJETTISSANT, E**, *adj.* Qui gêne, qui astreint.

**ASSUJETTISSEMENT**, *s. m.* Obligation de faire une chose, contrainte, état de celui qui est assujetti.

**ASSUMER** (*part.* é, ée), *v. a.* Prendre.

**ASSURANCE**, *s. f.* Certitude, confiance ; promesse ; hardiesse ; fermeté ; *contrat d'assurance*, garantie.

**ASSURÉ, ÉE**, *adj.* Sûr, certain ; hardi ; qui a un contrat d'assurance.

**ASSURÉMENT**, *adv.* Certainement.

**ASSURER** (*part.* é, ée), *v. a.* Rendre stable, étayer ; affirmer, garantir, *s'— une chose*, pourvoir à ce qu'elle ne manque pas ; s'—, *v. pr.* prendre l'aplomb ; être persuadé ; avoir la confiance que ; se procurer une certitude ; *s'— d'une chose*, s'en saisir ; *s'— de quelqu'un*, l'arrêter, le déterminer à faire ce qu'on lui demande.

**ASSUREUR**, *s. m.* Celui qui assure contre l'incendie, le naufrage, la grêle, etc.

**ASTÉRISQUE**, *s. m.* Signe en forme d'étoile qui indique un renvoi (*).

**ASTHMATIQUE**, *adj.* et *s. 2 g.* Qui a un asthme.

**ASTHME**, *s. m.* Grande difficulté de respirer.

**ASTIC**, *s. m.* Gros os employé par les cordonniers pour lisser les semelles.

**ASTICOTER** (*part.* é, ée), *v. a.* Contrarier pour des bagatelles.

**ASTRAGALE**, *s. m.* (*t. d'arch.*) Moulure ronde en forme d'anneau dont on orne le haut et le bas des colonnes.

**ASTRAL**, **E**, *adj.* (sans *pl.*) Qui a rapport aux astres; *lampe* —, lampe suspendue.

**ASTRE**, *s. m.* Corps céleste; *fig.* Personne d'une beauté resplendissante.

**ASTRÉE**, *s. f.* Nom poétique de la Justice.

**ASTREINDRE** (se conj. sur *Teindre*), *v. a.* Assujettir à; *s'*—, *v. pr.* S'assujettir à.

**ASTRINGENT**, **E**, *adj.* et *s.* Qui resserre.

**ASTROLABE**, *s. m.* Instrument pour mesurer la hauteur des astres et connaître la latitude du lieu où l'on est.

**ASTROLOGIE**, *s. f.* Art chimérique de connaître l'avenir d'après l'inspection des astres.

**ASTROLOGIQUE**, *adj. 2 g.* Qui appartient à l'astrologie.

**ASTROLOGUE**, *s. m.* Celui qui prétend être versé dans la science de l'astrologie.

**ASTRONOME**, *s. m.* Celui qui sait l'astronomie.

**ASTRONOMIE**, *s. f.* Connaissance des astres; — *physique*, qui explique les phénomènes célestes; — *nautique*, qui a pour objet le ciel vu en pleine mer.

**ASTRONOMIQUE**, *adj. 2 g.* Qui a rapport à l'astronomie.

**ASTRONOMIQUEMENT**, *adv.* Selon les règles de l'astronomie.

**ASTUCE**, *s. f.* Finesse jointe à la méchanceté.

**ASTUCIEUSEMENT**, *adv.* Avec astuce.

**ASTUCIEUX**, **EUSE**, *adj.* Qui a de l'astuce.

**ATELIER**, *s. m.* Lieu de travail pour des artistes ou des ouvriers.

**ATERMOIEMENT**, *s. m.* Convention pour payer une dette à certains termes.

**ATERMOYER** (*part.* é, ée), *v. a.* Prolonger les termes d'un payement; *s'*—, *v. pr.* Faire un atermoiement.

**ATHÉE**, *s. m.* et *adj.* Qui nie l'existence de Dieu.

**ATHÉISME**, *s. m.* Opinion des athées.

**ATHÉNÉE**, *s. m.* Lieu consacré à des réunions littéraires et scientifiques.

**ATHÉNIEN**, **ENNE**, *adj.* et *s.* Qui est d'Athènes; *athénienne*, *s. f.* Meuble servant de cassolette, de vase à fleurs.

**ATHLÈTE**, *s. m.* Celui qui combattait dans les jeux chez les anciens; par extension Homme adroit ou robuste; *fig.* Celui qui combat pour un parti.

**ATHLÉTIQUE**, *adj. 2 g.* Qui appartient aux athlètes.

**ATLANTIQUE**, *adj. 2 g.* De l'Océan, —, *s. f.* Mer qui sépare l'Afrique et l'Europe de l'Amérique.

**ATLAS**, *s. m.* Recueil de cartes géographiques.

**ATMOSPHÈRE**, *s. f.* Masse d'air qui enveloppe la terre ou d'autres planètes; exhalaison.

**ATMOSPHÉRIQUE**, *adj. 2 g.* Qui a rapport à l'atmosphère.

**ATOME**, *s. m.* Corps indivisible à cause de sa petitesse; grain de poussière; substance simple et indivisible; *t. d'hist. natur.* Genre d'insectes; *fig.* Homme nul par sa faiblesse.

**ATONIE**, *s. f.* Faiblesse des organes.

**ATOURS**, *s. m. pl.* Parure de femme.

**ATOUT**, *s. m.* Carte de la même couleur que la retourne.

**ATRABILAIRE**, *adj.* 2 *g.* et *s. m.* Qui est d'une humeur triste et chagrine.

**ÂTRE**, *s. m.* Place de la cheminée où l'on fait le feu.

**ATROCE**, *adj.* 2 *g.* Méchant, féroce; excessif.

**ATROCEMENT**, *adv.* D'une manière atroce.

**ATROCITÉ**, *s. f.* Cruauté, énormité d'un crime.

**ATROPHIE**, *s. f.* Dépérissement partiel ou général.

**ATTABLER** (*part.* é, ée), *v. a.* Mettre à table; s'—, *v. pr.* Se mettre à table.

**ATTACHANT**, **E**, *adj.* Qui intéresse; qui asservit; qui fixe, qui assujettit.

**ATTACHE**, *s. f.* Lien, tout ce qui sert à attacher; *fig.* Ce qui attache l'esprit, le cœur, etc.

**ATTACHÉ, ÉE**, *adj.* Intéressé; *fig.* Qui cherche l'occasion de, qui est à la poursuite de.

**ATTACHEMENT**, *s. m.* Sentiment d'affection; grande application.

**ATTACHER** (*part.* é, ée), *v. a.* Joindre ensemble; inspirer de l'attachement; s'—, *v. pr.* Se lier, s'appliquer à.

**ATTAQUABLE**, *adj.* 2 *g.* Qu'on peut attaquer.

**ATTAQUANT**, *s. m.* Celui qui attaque.

**ATTAQUE**, *s. f.* Action d'attaquer; travaux devant une place assiégée; accès de maladie; *fig.* Reproches.

**ATTAQUER** (*part.* é, ée), *v. a.* Assaillir, commencer une attaque, une querelle; *fig.* Provoquer; s'— à, *v. pr.* Se déclarer contre, offenser; s'—, *v. réc.* Se provoquer mutuellement; *être attaqué de*, être atteint.

**ATTEINDRE** (se conj. sur *Teindre*), *v. a.* Joindre, attraper, saisir; frapper de loin, toucher; *v. n. fig.* Parvenir à, égaler.

**ATTEINTE**, *s. f.* Action d'atteindre, coup, attaque; accès de maladie.

**ATTELAGE**, *s. m.* Animaux attelés ensemble.

**ATTELER** (*part.* é, ée), *v. a.* Attacher des bêtes de somme à une voiture, à une charrue, etc.

**ATTENANT**, **E**, *adj.* Contigu, tout proche; —, *prép.* et *adv.* Joignant, contre.

**ATTENDANT** (en), *loc. adv.* Jusqu'à ce temps.

**ATTENDRE** (*part.* du, due), *v. a.* Être dans l'attente, dans l'incertitude, l'espérance ou l'appréhension; différer; s'— à, *v. pr.* Compter sur.

**ATTENDRIR** (*part.* i, ie), *v. a.* Rendre tendre, rendre sensible; s'—, *v. pr.* Devenir tendre, s'émouvoir.

**ATTENDRISSANT**, **E**, *adj.* Qui attendrit, qui émeut.

**ATTENDRISSEMENT**, *s. m.* Sentiment de compassion tendre.

**ATTENDU**, *prep.* Vu, eu égard à; —, *conj.* Puisque, vu que.

**ATTENTAT**, *s. m.* Entreprise contraire aux lois; crime.

**ATTENTATOIRE**, *adj.* 2 *g.* Qui porte atteinte aux lois, aux droits.

**ATTENTE**, *s. f.* État de celui qui attend; espérance, incertitude; opinion conçue par avance.

**ATTENTER**, *v. n.* Commettre un attentat.

**ATTENTIF**, **IVE**, *adj.* Qui a de l'attention.

**ATTENTION**, *s. f.* Application d'esprit; *au pl.* Soins, égards.

**ATTENTIVEMENT**, *adv.* Avec attention.

**ATTÉNUANT**, **E**, *adj.* Qui atténue, qui diminue.

**ATTÉNUATION**, *s. f.* Affaiblissement, diminution.

**ATTÉNUER** (*part.* é, ée), *v. a.* Affaiblir, diminuer, amincir; rendre moins grave.

**ATTERRAGE**, *s. m.* Endroit où un vaisseau peut prendre terre.

**ATTERRER** (*part.* é, ée), *v. a.* Renverser par terre, accabler; *fig.* Abattre, décourager.

**ATTERRIR**, *v. n.* Prendre terre.

**ATTERRISSAGE**, *s. m.* Action d'atterrir.

**ATTERRISSEMENT**, *s. m.* Amas de terre ou de sable formé par les eaux le long du rivage.

**ATTESTATION**, *s. f.* Témoignage, certificat.

**ATTESTER** (*part.* é, ée), *v. a.* Certifier; prendre à témoin.

**ATTICISME**, *s. m.* Grâces de style, délicatesse d'expressions.

**ATTIÉDIR** (*part.* i, ie), *v. a.* Rendre tiède, refroidir, *au propre et au fig.*; s'—, *v. pr.* Se refroidir.

**ATTIÉDISSEMENT**, *s. m.* État d'une chose attiédie ou qui s'attiédit; *fig.* Tiédeur, refroidissement.

**ATTIFER** (*part.* é, ée), *v. a.* Parer, ajuster avec un soin minutieux; s'—, *v. pr.* Se parer.

**ATTIFET**, *s. m.* Ornement, parure de femme.

**ATTIQUE**, *adj.* 2 *g.* Qui est dans le goût des Athéniens; fin, délicat. —, *s. m.* Petit étage au-dessus des autres; —, *s. f.* Territoire d'Athènes.

**ATTIRAIL** (*pl. ails*), *s. m.* Grande quantité de choses diverses; superfluités.

**ATTIRANT**, E, *adj.* Qui attire, engageant.

**ATTIRER** (*part.* é, ée), *v. a.* Tirer à soi; gagner par des manières engageantes; occasionner, causer; s'—, obtenir, encourir.

**ATTISER** (*part.* é, ée), *v. a.* Rapprocher les tisons pour qu'ils brûlent mieux; exciter, entretenir.

**ATTISEUR**, *s. m.* Celui qui attise.

**ATTITRÉ, ÉE**, *adj.* Ordinaire, habitué.

**ATTITRER** (*part.* é, ée), *v. a.* Charger d'une mission, d'un emploi.

**ATTITUDE**, *s. f.* Position du corps; *fig.* Situation.

**ATTOUCHEMENT**, *s. m.* Action de toucher.

**ATTRACTIF, IVE**, *adj.* Qui attire.

**ATTRACTION**, *s. f.* Action d'attirer, état de ce qui est attiré; force qui attire; tendance que les corps semblent avoir les uns vers les autres.

**ATTRAIT**, *s. m.* Ce qui attire agréablement; penchant, inclination; *au pl.* Charmes, beautés.

**ATTRAPE**, *s. f.* Tromperie; *attrape-nigaud*, *s. m.* Ruse grossière, *fam.*

**ATTRAPER** (*part.* é, ée), *v. a.* Prendre par ruse, surprendre; atteindre en courant; recevoir, gagner, obtenir.

**ATTRAPEUR, EUSE**, *s.* Celui ou Celle qui trompe.

**ATTRAPOIRE**, *s. f.* Piége pour attraper des animaux.

**ATTRAYANT, E**, *adj.* Qui a des attraits.

**ATTRIBUER** (*part.* é, ée), *v. a.* Attacher à, accorder, donner; s'—, prendre pour soi.

**ATTRIBUT**, *s. m.* Ce qui est propre à chaque sujet; symbole; *t. de gramm.* Ce qui marque la manière d'être du sujet d'une proposition.

**ATTRIBUTIF, IVE**, *adj.* Qui attribue.

**ATTRIBUTION**, *s. f.* Action d'attribuer, état de ce qui est attribué; droit de prononcer sur certaines affaires, de les administrer.

**ATTRISTANT**, E, *adj.* Qui attriste.

**ATTRISTER** (*part.* é, ée), *v. a.* Rendre triste, affliger; s'—, *v. pr.* Devenir triste.

**ATTRITION**, *s. f.* Regrét, remords d'avoir offensé Dieu.

**ATTROUPEMENT**, *s. m.* Réunion tumultueuse et illégale.

**ATTROUPER** (*part.* é, ée), *v. a.* Assembler par troupe; s'—, *v. pr.* S'assembler tumultueusement dans un mauvais dessein.

**AU**, mot employé pour *à le* (*pl. aux* pour *à les*), et qui s'emploie aussi avec les différentes acceptions de la préposition À.

**AUBADE**, *s. f.* Concert, bruit d'instruments sous les fenêtres de quelqu'un, avant l'aube du jour; *par ironie*, insulte avec vacarme.

**AUBAIN**, *s. m.* Étranger non naturalisé.

**AUBAINE**, *s. f.* Succession d'un aubain; avantage inattendu.

**AUBE**, rivière qui donne son nom au département dont Troyes est le chef-lieu.

**AUBE**, *s. f.* Pointe du jour; vêtement ecclésiastique de toile blanche.

**AUBÉPINE**, *s. f.* Arbrisseau épineux à fleurs odorantes et à fruits rouges.

**AUBERGE**, *s. f.* Maison où les voyageurs mangent et logent en payant.

**AUBERGINE**, *s. f.* Plante qui porte un fruit de la forme d'un œuf; le fruit lui-même.

**AUBERGISTE**, *s.* 2 *g.* Celui ou Celle qui tient auberge.

**AUBIER**, *s. m.* Partie du bois qui, dans les arbres, se trouve immédiatement sous l'écorce ; *t. d'hist. nat.* Arbre très-dur à fruit en grappes.

**AUBUSSON**, chef-lieu d'arr. du dép. de la Creuse.

**AUCH**, chef-lieu du dép. du Gers.

**AUCUN**, **E**, *adj.* et *pron.* (inus. au *pl.* dans le sens propre : *aucuns* au pl. veut dire *quelques-uns*) Pas un, nul.

**AUCUNEMENT**, *adv.* Nullement.

**AUDACE**, *s. f.* Témérité, excès de courage ; insolence.

**AUDACIEUSEMENT**, *adv.* Avec audace.

**AUDACIEUX**, **EUSE**, *adj.* Plein d'audace.

**AUDE**, rivière qui donne son nom au dép. dont Carcassonne est le chef-lieu.

**AU DEVANT**. Voy. *Devant*.

**AUDIENCE**, *s. f.* Séance, réception, entrevue ; lieu de séance ; auditoire.

**AUDIENCIER**, *adj.* et *s. m.* Huissier qui appelle les causes.

**AUDITEUR**, *s. m.* Celui qui écoute ; celui qui est attaché à un tribunal, avant d'être juge en titre.

**AUDITIF**, **IVE**, *adj.* Qui concerne l'ouïe, qui appartient à cet organe.

**AUDITION**, *s. f.* Action d'entendre.

**AUDITOIRE**, *s. m.* Lieu où l'on plaide ; assemblée d'auditeurs.

**AUGE**, *s. f.* Pierre ou Pièce de bois creusée, pour donner à manger et à boire aux animaux domestiques ; sorte de vaisseau en bois pour délayer le plâtre.

**AUGÉE**, *s. f.* Ce que peut contenir une auge.

**AUGET**, *s. m.* Petite auge où l'on met la mangeaille des oiseaux.

**AUGMENTATIF**, **IVE**, *adj.* Qui augmente le sens des mots (en parl. de certaines particules).

**AUGMENTATION**, *s. f.* Accroissement.

**AUGMENTER** (*part.* é, ée), *v. a.* Accroître, agrandir ; —, *v. n.* Croître ; hausser de prix.

**AUGURAL**, **E**, *adj.* Qui appartient à l'augure.

**AUGURE**, *s. m.* Présage ; celui qui prédit.

**AUGURER** (*part.* é, ée), *v. a.* et *v. n.* Tirer un présage, conjecturer.

**AUGUSTE**, *adj.* 2 *g.* Grand, respectable, vénérable, d'une gravité imposante.

**AUGUSTIN**, *s. m.* **AUGUSTINE**, *s. f.* Celui ou Celle qui suit la règle de saint Augustin ; *Saint-Augustin*, caractère d'imprimerie entre le cicéro et le gros texte.

**AUJOURD'HUI**, *adv.* Le jour où l'on est ; au temps présent.

**AULIQUE**, *adj.* 2 *g.* *Conseiller* —, Membre du conseil suprême de l'empire d'Allemagne.

**AUMÔNE**, *s. f.* Don fait par charité.

**AUMÔNERIE**, *s. f.* Charge d'aumônier.

**AUMÔNIER**, *s. m.* Prêtre chargé de dire la messe dans une chapelle particulière.

**AUMÔNIÈRE**, *s. f.* Espèce de bourse qui se portait suspendue à la ceinture.

**AUMUSSE** ou **AUMUCE**, *s. f.* Fourrure dont les chanoines et les chantres se couvrent la tête.

**AUNAGE**, *s. m.* Mesurage à l'aune.

**AUNAIE**, *s. f.* Lieu planté d'aunes.

**AUNE**, *s. f.* Ancienne mesure de longueur de 3 pieds 8 pouces ; chose mesurée à l'aune.

**AUNE** ou **AULNE**, *s. m.* Arbre à bois blanc et tendre croissant dans les terres humides.

**AUNER** (*part.* é, ée), *v. a.* Mesurer à l'aune.

**AUNEUR**, *s. m.* Celui qui mesure à l'aune.

**AUNIS**, anc. prov. de France enclavée dans le dép. de la Charente-Inférieure.

**AUPARAVANT**, *adv. de temps.* Premièrement, précédemment.

**AUPRÈS**, *prép.* et *adv. de lieu.* Tout proche ; en comparaison de.

**AURÉOLE**, *s. f.* Cercle lumineux ; degré de gloire.

**AURICULAIRE**, *adj.* 2 *g.* Qui a rapport à l'oreille.

**AURIFÈRE**, *adj.* 2 *g.*, qui se dit

d'un sol, d'un fleuve, dans lequel on trouve de l'or.

**AURILLAC**, chef-lieu du dép. du Cantal.

**AUROCHS**, *s. m.* Espèce de taureau à l'état sauvage.

**AURORE**, *s. f.* Lumière qui précède le lever du soleil; *fig.* Commencement; *adj. couleur—*, jaune doré.

**AUSCULTATION**, *s. f.* (*t. de physiologie*). Action d'écouter, d'ausculter.

**AUSCULTER** (*part.* é, ée), *v. a.* et *v. n.* Écouter, placer l'oreille sur le corps d'une personne, dans le voisinage des poumons, du cœur, pour chercher à percevoir les sons intérieurs.

**AUSPICE**, *s. m.* Présage; protection, appui.

**AUSSI**, *adv.* Pareillement; encore, de plus; autant, également; c'est pourquoi, à cause de cela.

**AUSSITÔT**, *adv. de temps.* Dans le moment.

**AUSTER**, *s. m.* Vent du midi.

**AUSTÈRE**, *adj.* 2 *g.* Rigoureux, rude, sévère; correct, sans ornement.

**AUSTÈREMENT**, *adv.* Avec austérité.

**AUSTÉRITÉ**, *s. f.* Mortification, sévérité, rigueur, âpreté.

**AUSTRAL**, E, *adj.* (*sans pl. m.*) Du midi.

**AUTAN**, *s. m.* Vent du midi.

**AUTANT**, *adv.* Également, pareillement, de même quantité; aussi; selon; *d'autant*, dans la même proportion; *d'autant que*, parce que; *autant que*, selon que; dans le cas où, si.

**AUTEL**, *s. m.* Sorte de table pour la célébration d'un culte, d'un sacrifice; *maître —*, principal autel d'une église.

**AUTEUR**, *s.* 2 *g.* Première cause d'une chose; celui dont on descend; inventeur, écrivain; personne dont on s'autorise.

**AUTHENTICITÉ**, *s. f.* Qualité de ce qui est authentique.

**AUTHENTIQUE**, *adj.* 2 *g.* Incontestable, solennel, légalisé, qui fait preuve.

**AUTHENTIQUEMENT**, *adv.* D'une manière authentique.

**AUTHENTIQUER** (*part.* é, ée), *v. a.* Rendre authentique.

**AUTOCRATE**, *s. m.* Celui qui gouverne de sa seule autorité; titre du souverain de la Russie; *autocratrice*, *s. f.* L'épouse de ce souverain.

**AUTOCRATIE**, *s. f.* Gouvernement absolu d'un seul.

**AUTO-DA-FÉ**, *s. m.* (acte de foi) Exécution d'un jugement de l'inquisition qui condamne à périr dans les flammes.

**AUTOGRAPHE**, *adj.* 2 *g.* et *s. m.* Écrit de la main de l'auteur.

**AUTOGRAPHIER** (*part.* é, ée), *v. a.* Reproduire un autographe.

**AUTOMATE**, *s. m.* Machine qui imite, au moyen de ressorts, les mouvements des corps animés; *fig.* Personne stupide.

**AUTOMNAL**, E, *adj.* (sans pl. au masc.) D'automne.

**AUTOMNE**, *s. m.* et *f.* (le m. est plus usité). Troisième saison de l'année, entre l'été et l'hiver; *fig.* Âge qui précède la vieillesse.

**AUTOPSIE**, *s. f.* Inspection et description de toutes les parties d'un cadavre.

**AUTORISATION**, *s. f.* Acte par lequel on autorise, permission.

**AUTORISER** (*part.* é, ée), *v. a.* Donner autorité, permettre; *s'—*, *v. pr.* S'appuyer sur une autorité.

**AUTORITÉ**, *s. f.* Puissance légitime, droit, crédit, considération; opinion, raisonnement dont on s'autorise; *d'—*, impérieusement.

**AUTOUR**, *s. m.* Oiseau de proie du genre de l'épervier.

**AUTOUR**, *prép.* Aux environs, auprès, ici près; *tout autour*, *loc. adv.* De tous côtés.

**AU TRAVERS** ou **À TRAVERS**. Voy. *Travers*.

**AUTRE**, *adj.* ou *pron. rel.* 2 *g.* qui marque distinction, différence, égalité, compensation; *un autre* (une autre personne); *les autres*, autrui; *l'un... l'autre*, celui-ci, celui-là; *les uns, les autres*, n'importe qui.

**AUTREFOIS**, *adv.* Anciennement.

**AUTREMENT**, *adv.* D'une autre façon; sinon, sans quoi.

**AUTRICHE**, grand empire d'Allemagne.

**AUTRICHIEN**, **ENNE**, *adj.* et *s.* Qui est d'Autriche.

**AUTRUCHE**, *s. f.* Le plus grand des oiseaux; *fig.* Personne grande, lourde et stupide.

**AUTRUI**, *s. m.* (sans pl.) Les autres personnes.

**AUTUN**, chef-lieu d'arrond. du départem. de Saône-et-Loire.

**AUVENT**, *s. m.* Petit toit en saillie pour garantir de la pluie.

**AUVERGNAT**, **E**, *adj.* et *s.* Qui est de l'Auvergne.

**AUVERGNE**, anc. prov. de France formant les départ. du Cantal et du Puy-de-Dôme.

**AUVERNAT**, *s. m.* Sorte de raisin; gros vin d'Orléans rouge et fumeux.

**AUXERRE**, chef-lieu du dép. de l'Yonne.

**AUXILIAIRE**, *adj.* et *s.* 2 *g.* Qui aide.

**S'AVACHIR** (*part.* i, ie), *v. pr.* Devenir mou, lâche.

**AVAL**, *s. m.* Le côté vers lequel descend la rivière; *en aval*, par en bas, en descendant la rivière.

**AVAL**, *s. m.* Caution, garantie.

**AVALANCHE**, *s. f.* Masse de neige qui se détache du haut des montagnes.

**AVALER** (*part.* é, ée), *v. a.* Faire descendre par le gosier dans l'estomac; — *des yeux*, convoiter; —, *v. n.* Suivre le cours de l'eau.

**AVALEUR**, *s. m.* Celui qui avale avec avidité.

**AVALLON**, chef-lieu d'arr. du dép. de l'Yonne.

**AVALOIRE**, *s. f.* Grand gosier.

**AVALURE**, *s. f.* Bourrelet, défectuosité du sabot du cheval.

**AVANCE**, *s. f.* Ce qui est fait ou donné par anticipation; *t. d'archit.* Saillie, ce qui déborde; *au pl.* Premières démarches pour concilier.

**AVANCÉ**, **ÉE**, *adj.* Déjà vieux; en partie écoulé, qui touche à sa fin; instruit, développé; qui est en avant.

**AVANCEMENT**, *s. m.* Progrès quelconque; ce qu'on donne d'avance sur un héritage.

**AVANCER** (*part.* é, ée), *v. a.* Porter, pousser en avant, prêter, proposer; —, *v. n.* Aller en avant; faire saillie; anticiper.

**AVANIE**, *s. f.* Humiliation, vexation, insulte.

**AVANT**, *prép.* marquant priorité de temps, d'ordre, de lieu; elle entre dans la composition de plusieurs mots. *Avant de*, *avant que de*, *conj.*; *en avant*, *adv. de lieu* et *de temps*, plus loin, ensuite, après.

**AVANT**, *s. m.* Proue d'un vaisseau.

**AVANTAGE**, *s. m.* Ce qui est profitable, supériorité; *à l'avantage de*, au profit de.

**AVANTAGER** (*part.* é, ée), *v. a.* Favoriser.

**AVANTAGEUSEMENT**, *adv.* D'une manière avantageuse.

**AVANTAGEUX**, **EUSE**, *adj.* Qui produit avantage, qui sied bien, utile, profitable; *adj.* et *s.* Confiant, présomptueux.

**AVANT-BRAS**, *s. m.* (inv.) Partie du bras depuis le coude jusqu'au poignet.

**AVANT-CORPS**, *s. m.* (inv.) Partie d'un bâtiment en saillie.

**AVANT-COUR** (*pl. avant-cours*), *s. f.* Première cour d'une maison.

**AVANT-COUREUR** (*pl. avant-coureurs*), *s. m.* Celui qui précède, qui annonce.

**AVANT-COURRIÈRE**, *s. f.* Il ne se dit guère qu'en parlant de l'aurore *avant-courrière du soleil.*

**AVANT-DERNIER**, **IÈRE**, *adj.* (*pl. avant-derniers*). Qui est avant le dernier.

**AVANT-GARDE** (*pl. avant-gardes*), *s. f.* Première ligne d'un corps armé en marche ou en bataille.

**AVANT-GOÛT**, *s. m.* (sans *pl.*). Goût qu'on a par avance; essai de quelque chose.

**AVANT-HIER**, *adv.* Le jour qui a précédé hier.

**AVANT-POSTE** (*pl. avant-postes*), *s. m.* Poste militaire le plus près de l'ennemi.

**AVANT-PROPOS**, *s. m.* Préface, introduction, préliminaire d'un récit.

**AVANT-QUART** (*pl. avant-quarts*), *s. m.* Coup sonné par une horloge peu de minutes avant l'heure.

**AVANT-SCÈNE** (*pl. avant scènes*), *s. f.* Partie du théâtre entre la toile et l'orchestre.

**AVANT-TOIT** (*pl. avant-toits*), *s. m.* Toit en saillie.

**AVANT-TRAIN** (*pl. avant-trains*), *s. m.* Les deux roues de devant et le timon d'une voiture.

**AVANT-VEILLE** (*pl. avant-veilles*), *s. f.* Le jour qui précède la veille.

**AVARE**, *adj.* et *s.* 2 *g.* Qui aime trop l'argent; qui ménage les choses utiles. (*Avare* est l'opposé de *prodigue.*)

**AVARICE**, *s. f.* Attachement excessif aux richesses; amour de l'argent.

**AVARICIEUX, EUSE**, *adj.* et *s.* Qui donne peu et rarement.

**AVARIE**, *s. f.* Dommage arrivé à un vaisseau, à des marchandises.

**AVARIÉ, ÉE**, *adj.* Endommagé, gâté par suite d'avaries.

**A VAU-L'EAU**, *loc. adv.* Au cours de l'eau; *aller à* —, ne pas réussir.

**AVÉ** ou **AVÉ-MARIA**, *s. m.* (inv.). Invocation à la sainte Vierge, salutation angélique.

**AVEC**, *prép.* Ensemble, conjointement; contre; malgré.

**AVEINDRE** (se conj. sur *Teindre; part.* aveint, te), *v. a.* Tirer une chose d'un lieu où elle était placée, rangée, serrée.

**AVEINE**, *s. f.* (vieux mot). Avoine.

**AVELINE**, *s. f.* Grosse noisette violette.

**AVELINIER**, *s. m.* Arbre qui porte les avelines (variété du noisetier.)

**AVENANT, E**, *adj.* Prévenant, agréable; *à l'*—, *adv.* A proportion.

**AVÉNEMENT**, *s. m.* Venue, arrivée, élévation à la souveraineté.

**AVENIR**, *v. n.* et *imp.* Arriver par accident. (Il ne s'emploie qu'à l'inf. et aux personnes ci-après : il *avenait*, il *avint*, il *aviendra*, il *aviendrait*, qu'il *avienne*, qu'il *avînt*, *avenant*, *avenu*, *ue.*)

**AVENIR**, *s. m.* Le temps futur; postérité; *à l'*—, Désormais; *temps avenir*, le futur (*t. de gramm.*).

**AVENT**, *s. m.* Temps pendant lequel les catholiques se préparent à célébrer la fête de Noël.

**AVENTURE**, *s. f.* Accident, événement imprévu, hasard; *mal d'*—, abcès au doigt; *à l'*—, au hasard.

**AVENTURÉ, ÉE**, *adj.* Qui court des chances défavorables.

**AVENTURER** (*part.* é, ée), *v. a.* Hasarder.

**AVENTUREUX, EUSE**, *adj.* Qui se hasarde.

**AVENTURIER**, *s. m.* Celui qui cherche les aventures.

**AVENU, E**, *adj.* *Non* —, nul, anéanti, détruit.

**AVENUE**, *s. f.* Allée d'arbres, passage par où on arrive à quelque endroit.

**AVÉRÉ, ÉE**, *adj.* Prouvé, constaté.

**AVÉRER** (*part.* é, ée), *v. a.* Prouver qu'une chose est vraie.

**AVERSE**, *s. f.* Pluie subite et abondante.

**AVERSION**, *s. f.* Haine, antipathie, répugnance.

**AVERTI**, *s. m.* Avis.

**AVERTIR** (*part.* i, ie), *v. a.* Donner avis, informer.

**AVERTISSEMENT**, *s. m.* Avis, information, conseil; préface.

**AVESNES**, chef-lieu d'arrond. du départ. du Nord.

**AVEU**, *s. m.* Reconnaissance d'un fait; approbation, consentement; *homme sans aveu*, vagabond.

**AVEUGLE**, *adj.* et *s.* 2 *g.* Privé de la vue; *fig.* Privé de jugement.

**AVEUGLEMENT**, *s. m.* Privation de la vue; *fig.* Erreur.

**AVEUGLÉMENT**, *adv.* Sans réflexion.

**AVEUGLER** (*part.* é, ée), *v. a.* Rendre aveugle, éblouir, ôter l'usage de la vue, de la raison; *s'*—, *v. pr.* Se tromper.

**AVEUGLETTE** (à l'), *loc. adv.* A tâtons, dans l'obscurité.

**AVEYRON**, rivière qui donne son nom au dép. dont Rodez est le chef-lieu.

**AVICEPTOLOGIE**, *s. f.* Traité de la chasse aux oiseaux.

**AVIDE**, *adj.* 2 *g.* Qui désire ardemment.

**AVIDEMENT**, *adv.* Avec avidité.

**AVIDITÉ**, *s. f.* Désir ardent et insatiable.

**AVIGNON**, chef-lieu du départ. de Vaucluse.

**AVILI, E**, *adj.* Méprisable, vil.

**AVILIR** (*part.* i, ie), *v. a.* Rendre vil, déprécier; s'—, *v. pr.* Devenir vil, se dégrader; perdre de son prix.

**AVILISSANT, E**, *adj.* Qui avilit.

**AVILISSEMENT**, *s. m.* État d'une personne, d'une chose avilie.

**AVINER** (*part.* é, ée), *v. a.* Imbiber de vin; *homme aviné*, qui a bu outre mesure.

**AVIRON**, *s. m.* Sorte de rame des bateliers.

**AVIS**, *s. m.* Opinion, sentiment, avertissement.

**AVISÉ, ÉE**, *adj.* Sage, prudent.

**AVISER** (*part.* é, ée), *v. a.* Donner avis; —, *v. n.* Prendre garde, faire attention; s'—, *v. pr.* Trouver, imaginer.

**AVISO** (*pl. avisos*), *s. m.* Bâtiment léger chargé de transporter des dépêches par mer.

**AVITAILLEMENT**, *s. m.* Approvisionnement de vivres.

**AVITAILLER** (*part.* é, ée), *v. a.* Fournir de vivres un camp, une place forte.

**AVIVER** (*part.* é, ée), *v. a.* Donner de l'éclat, de la vivacité; s'—, *v. pr.* Recevoir de l'éclat.

**AVOCASSER**, *v. n.* Exercer sans distinction la profession d'avocat.

**AVOCAT**, *s. m.* Celui qui fait profession de plaider devant les tribunaux; *fig.* Celui qui intercède pour un autre.

**AVOINE**, *s. f.* Sorte de grain qui sert particulièrement à la nourriture des chevaux. (Au pl. il se dit des champs ensemencés d'avoine.)

**AVOIR** (*Ind. pr.* J'ai, tu as, il a, nous avons, vous avez, ils ont; *imp.* j'avais, tu avais, il avait, nous avions, vous aviez, ils avaient; *p. déf.* j'eus, tu eus, il eut, n. eûmes, v. eûtes, ils eurent; *fut.* j'aurai, tu auras, etc.; n. aurons, etc.; *cond.* j'aurais, etc., n. aurions, etc.; *impér.* aie, ayons, ayez; *subj. pr.* que j'aie, que tu aies, qu'il ait, q. n. ayons, q. v. ayez, qu'ils aient; *imp. subj.* que j'eusse, etc., q. n. eussions, etc.; *p. pr.* ayant; *p. p.* eu, eue), *v. a.* Posséder; être doué de; ressentir; *avoir à*, devoir, avoir l'intention de; *il y a. v. imp.*, il existe. *Avoir*, *v. auxil.*, sert à se conjuguer lui-même (*j'ai eu*), ou à conjuguer soit le *v. être*, soit les temps composés des *v. a.*, soit enfin presque tous les *v. n.*

**AVOIR**, *s. m.* (sans *pl.*) Ce qu'on possède en propriété; en termes de commerce, l'opposé de *dette* ou de *doit*.

**AVOISINER** (*part.* é, ée), *v. a.* Être proche, voisin de.

**AVORTÉ, ÉE**, *adj.* Qui n'est pas venu à maturité, qui n'a pas réussi.

**AVORTEMENT**, *s. m.* Action d'avorter.

**AVORTER** (*part.* é, ée), *v. a.* Ne pas arriver à maturité; ne pas réussir.

**AVORTON**, *s. m.* Qui n'est pas venu à terme, à maturité; *fig.* Petite personne mal faite.

**AVOUÉ**, *s. m.* Officier ministériel qui conduit la procédure devant les tribunaux.

**AVOUER** (*part.* é, ée), *v. a.* Confesser une chose; approuver, autoriser; s'—, *v. pr.* Se reconnaître.

**AVOYER**, *s. m.* Premier magistrat suisse.

**AVRANCHES**, chef-lieu d'arrond. du dép. de la Manche.

**AVRIL**, *s. m.* Quatrième mois de l'année; *poisson d'—*, attrape faite le premier jour d'avril.

**AXE**, *s. m.* Ligne droite qui passe par le centre d'un globe et sur laquelle le globe tourne.

**AXIOME**, *s. m.* Vérité qui n'a pas besoin d'être démontrée, maxime.

**AXONGE**, *s. f.* Graisse appelée communément *sain-doux*.

**AYANT CAUSE** (au pl. *Ayants cause*), *s. m.* Héritier, représentant, *t. de droit*.

**AYANT DROIT** (au pl. *Ayants droit*), *s. m.* Celui qui a droit à quelque chose.

**AZEROLE**, *s. f.* Petit fruit aigrelet de la forme et de la couleur d'une cerise, mais ayant plusieurs noyaux.

**AZEROLIER**, *s. m.* Arbre épineux qui produit les azeroles.

**AZOTE**, *s. m.* (*t. de chimie*). Fluide

élastique qui compose la plus grande partie de l'air atmosphérique, et qui ne peut entretenir ni la respiration ni la combustion; *adj. gaz* —, azote gazeux.

**AZUR**, *s. m.* Cobalt, minéral bleu; couleur d'azur.

**AZURÉ, ÉE**, *adj.* Qui est couleur d'azur.

**AZYME**, *adj. 2 g.* Qui est sans levain.

## B.

**B**, *s. m.* Deuxième lettre de l'alphabet, et la première des consonnes. On pron. *bé* selon l'appellation ancienne et usuelle, et *be* selon l'appellation nouvelle.

**BABA**, *s. m.* Espèce de gâteau composé de pâte et de raisins de Corinthe.

**BABEL**, *s. m.* Confusion.

**BABEURRE**, *s. m.* Liqueur séreuse laissée par le lait battu et converti en beurre.

**BABIL**, *s. m.* Abondance de paroles inutiles.

**BABILLARD, E**, *adj.* et *s.* Qui a du babil, indiscret, qui parle trop par légèreté.

**BABILLEMENT**, *s. m.* Action de babiller avec volubilité.

**BABILLER**, *v. n.* Avoir du babil.

**BABINE**, *s. f.* Lèvre pendante (des chiens, des vaches, etc.).

**BABIOLE**, *s. f.* Jouet d'enfant, bagatelle.

**BÂBORD**, *s. m.* Côté gauche d'un vaisseau en partant de la poupe; vaisseau à bordage bas.

**BABOUCHE**, *s. f.* Sorte de pantoufle.

**BABOUIN, INE**, *s.* Espèce de gros singe.

**BABYLONIEN, ENNE**, *adj.* et *s.* Qui est de Babylone.

**BAC**, *s. m.* Grand bateau plat servant au passage des voitures et des animaux sur les rivières.

**BACCALAURÉAT**, *s. m.* Titre de bachelier; premier degré pour parvenir au doctorat.

**BACCHANAL**, *s. m.* Grand bruit, tapage.

**BACCHANALE**, *s. f.* Danse de bacchantes et de satyres; orgie; —, *au pl.* Fêtes de Bacchus; temps où ces fêtes se célébraient.

**BACCHANTE**, *s. f.* Prêtresse de Bacchus.

**BACCIFÈRE**, *adj. 2 g.* Qui porte des baies.

**BÂCHE**, *s. f.* Grosse toile pour couvrir ce que l'on veut abriter; sorte de caisse vitrée pour mettre les plantes à l'abri du froid; filet que l'on traîne dans l'eau.

**BACHELETTE**, *s. f.* Jeune fille d'extérieur agréable.

**BACHELIER**, *s. m.* Celui qui est promu au baccalauréat; jeune homme à marier.

**BÂCHER** (*part.* é, ée), *v. a.* Couvrir avec une bâche.

**BACHIQUE**, *adj. 2 g.* Qui appartient à Bacchus; *chanson* —, chanson à boire.

**BACHOT**, *s. m.* Petit bateau.

**BACHOTEUR**, *s. m.* Batelier qui conduit un bachot.

**BACHOUE**, *s. f.* Hotte de bois servant à porter de l'eau, du raisin.

**BÂCLER** (*part.* é, ée), *v. a.* Expédier à la hâte, en se pressant; ranger un bateau pour le charger ou le décharger; — *un port*, le fermer.

**BADAUD, E**, *s.* Niais, personne d'une curiosité frivole.

**BADAUDER**, *v. n.* Niaiser, muser.

**BADAUDERIE**, *s. f.* Discours ou Action de badaud.

**BADIGEON**, *s. m.* Couleur dont on peint les murailles; pâte pour boucher des trous, des gerçures, etc.

**BADIGEONNAGE**, *s. m.* Action de badigeonner; effet de cette action.

**BADIGEONNER** (*part.* é, ée), *v. a.* Peindre avec du badigeon; remplir les creux avec du badigeon.

**BADIGEONNEUR**, *s. m.* Celui qui badigeonne.

**BADIN, E**, *adj.* et *s.* Qui s'amuse à des bagatelles; enjoué, plaisant.

**BADINAGE**, *s. m.* Discours badin, plaisanterie, bagatelle.

**BADINE**, *s. f.* Petite baguette, petite canne.

**BADINER**, *v. n.* Faire le badin, plaisanter.

**BADINERIE**, *s. f.* Bagatelle.

**BAFOUER** (*part.* é, ée), *v. a.* Traiter injurieusement et avec moquerie.

**BÂFRE**, *s. f.* Repas où l'on mange abondamment et avec excès.

**BÂFRER**, *v. n.* Manger avec excès.

**BÂFREUR**, *s. m.* Celui qui mange avec excès.

**BAGAGE**, *s. m.* Paquet, équipage de voyage ou de guerre.

**BAGARRE**, *s. f.* Tumulte, querelle, grand bruit, embarras.

**BAGATELLE**, *s. f.* Chose frivole et de peu de prix.

**BAGNE**, *s. m.* Lieu où l'on renferme les forçats.

**BAGNÈRES**, chef-lieu d'arr. du dép. des Hautes-Pyrénées.

**BAGUE**, *s. f.* Anneau que l'on porte au doigt.

**BAGUENAUDE**, *s. f.* Fruit du baguenaudier, renfermé dans une sorte de petite vessie ou de gousse qui éclate lorsqu'on la presse.

**BAGUENAUDER**, *v. n.* Perdre son temps.

**BAGUENAUDIER**, *s. m.* Arbrisseau qui produit les baguenaudes; celui qui baguenaude; espèce de jeu d'enfants.

**BAGUER** (*part.* é, ée). *v. a.* Arrêter à grands points les plis d'une robe, d'une étoffe.

**BAGUETTE**, *s. f.* Bâton mince, houssine; verge de fer; *t. d'arch.* Moulure ronde imitant une baguette.

**BAGUIER**, *s. m.* Petit coffret pour serrer des bagues.

**BAH**, *interj.* qui marque le doute, le dédain, l'étonnement.

**BAHUT**, *s. m.* Coffre couvert de cuir et dont le couvercle est voûté.

**BAHUTIER**, *s. m.* Faiseur de bahuts.

**BAI, E**, *adj.* Qui est d'un rouge brun (en parlant d'un cheval).

**BAIE**, *s. f.* Espèce de golfe; ouverture laissée dans les murs pour une porte, une fenêtre, etc.; petit fruit de certains arbres; tromperie, mystification.

**BAIGNER** (*part.* é, ée), *v. a.* Mettre dans l'eau, arroser, mouiller; couler auprès, le long, à travers, etc.; — *v. n.* Être plongé dans un fluide; *se* —, *v. pr.* Prendre un bain.

**BAIGNEUR, EUSE**, *s.* Celui ou Celle qui se baigne ou qui tient des bains.

**BAIGNOIRE**, *s. f.* Cuve où l'on prend des bains.

**BAIL** (*pl. baux*), *s. m.* Location, contrat de louage.

**BAILLE** (ll m.), *s. f.* Moitié d'un tonneau en baquet.

**BAILLE-BLÉ** (ll m.), *s. m.* Tringle qui, dans un moulin, fait tomber le grain sur la meule.

**BÂILLEMENT** (ll m.), *s. m.* Action de bâiller; hiatus.

**BÂILLER** (ll m.), *v. n.* Ouvrir extraordinairement la bouche en respirant avec force; s'entr'ouvrir.

**BAILLER** (ll m.; *part.* é, ée), *v. a.* Donner, livrer.

**BAILLEUR, ERESSE** (ll m.), *s.* Celui ou Celle qui donne à bail, l'opposé de *preneur.*

**BÂILLEUR** (ll m.), *s. m.* Celui qui est sujet à bâiller.

**BAILLI** (ll m.), *s. m.* Ancien magistrat, officier de justice.

**BAILLIAGE** (ll m.), *s. m.* Tribunal, juridiction, maison d'un bailli.

**BAILLIVE**, *s. f.* Femme du bailli.

**BÂILLON** (ll m.), *s. m.* Ce qu'on met dans la bouche d'une personne pour l'empêcher de crier, ou dans la gueule d'un animal pour l'empêcher de mordre.

**BÂILLONNER** (ll m.; *part.* é, ée), *v. a.* Mettre un bâillon; *fig.* Imposer silence.

**BAIN**, *s. m.* Liquide ou Vase dans lequel on se baigne; *au pl.* Eaux naturellement chaudes où l'on va se baigner; action de se baigner, temps où l'on se baigne. *Bain-marie* (pl. *bains-marie*), *s. m.* Eau chaude dans laquelle on plonge un vase qui contient ce qu'on veut faire chauffer.

**BAÏONNETTE**, *s. f.* Arme aiguë qui se met au bout d'un fusil.

**BAÏOQUE**, *s. m.* Pièce de monnaie des États romains, de la valeur de cinq à six centimes.

**BAISEMAIN**, *s. m.* Hommage, compliments, recommandations. (Il est *fém.* dans cette locution : *A belles baisemains*, c.-à-d. avec soumission.)

**BAISEMENT**, *s. m.* Action de donner un baiser.

**BAISER** (*part.* é, ée), *v. a.* Appliquer sa bouche sur le visage, sur la main de quelqu'un, en signe d'amitié, de respect, de civilité; *se baiser*, *v. réc.* Se donner mutuellement un baiser; se toucher, se joindre (en parlant des choses).

**BAISER**, *s. m.* Application de la bouche sur le visage, sur la main de quelqu'un.

**BAISEUR, EUSE**, *adj.* et *s.* Celui ou Celle qui aime à donner des baisers.

**BAISSE**, *s. f.* Déchet, diminution.

**BAISSER** (*part.* é, ée), *v. a.* Mettre ou rendre plus bas; —, *v. n.* Aller en diminuant, décroître, s'affaiblir; *se* —, *v. pr.* Se courber.

**BAISSIÈRE**, *s. f.* Reste du vin quand il approche de la lie.

**BAISURE**, *s. f.* Empreinte qui reste sur les pains qui se sont touchés dans le four.

**BAJOUE**, *s. f.* Partie de la tête de plusieurs animaux, depuis l'œil jusqu'à la mâchoire.

**BAL** (au pl. *bals*), *s. m.* Réunion pour danser, lieu où l'on danse.

**BALADIN, E**, *s.* Danseur de théâtre, bouffon.

**BALAFRE**, *s. f.* Blessure au visage, cicatrice qu'elle laisse.

**BALAFRÉ, ÉE**, *adj.* Qui a une ou plusieurs balafres.

**BALAFRER** (*part.* é, ée), *v. a.* Faire une balafre.

**BALAI**, *s. m.* Ustensile qui sert à nettoyer, à balayer les ordures.

**BALAIS**, *adj. m.* *Rubis* —, rubis de couleur de vin paillet.

**BALANCE**, *s. f.* Instrument pour peser; irrésolution, incertitude; état final, solde du livre de compte; signe du zodiaque.

**BALANCÉ**, *s. m.* Pas de danse où le corps se balance d'un pied sur l'autre.

**BALANCELLE**, *s. f.* Petite embarcation napolitaine à un mât.

**BALANCEMENT**, *s. m.* Mouvement qui fait pencher d'un côté et d'un autre; hésitation, action de balancer.

**BALANCER** (*part.* é, ée), *v. a.* Tenir en équilibre; *fig.* Examiner; tenir en suspens; —, *v. n.* Être en suspens, hésiter; *se* —, *v. pr.* Se pencher d'un côté et d'un autre en marchant; aller sur la balançoire.

**BALANCIER**, *s. m.* Pièce dont le balancement règle le mouvement de l'horloge; machine pour frapper des pièces de monnaie; bâton dont se servent les danseurs de corde pour garder l'équilibre; celui qui vend des balances pour peser.

**BALANÇOIRE**, *s. f.* Siége suspendu servant à se balancer.

**BALAYAGE**, *s. m.* Action de balayer; salaire du balayeur.

**BALAYER** (*part.* é, ée; se conj. sur *Ployer*), *v. a.* Oter les ordures avec un balai, nettoyer; *fig.* Dissiper, chasser.

**BALAYEUR, EUSE**, *s.* Celui ou Celle qui balaye.

**BALAYURES**, *s. f. pl.* Ordures amassées avec le balai.

**BALBUTIEMENT**, *s. m.* Action de balbutier; vice de prononciation qui produit ce défaut.

**BALBUTIER**, *v. n.* et *v. a.* Prononcer imparfaitement, du bout des lèvres, en hésitant.

**BALCON**, *s. m.* Saillie d'une fenêtre entourée d'une balustrade, grille d'appui.

**BALDAQUIN**, *s. m.* Espèce de ciel de lit, dais, catafalque.

**BALEINE**, *s. f.* Mammifère de l'ordre des cétacés, ayant la forme d'un poisson, le plus grand des animaux; fanons que l'on en tire.

**BALEINÉ, ÉE**, *adj.* Garni de fanons de baleine.

**BALEINIER**, *s.* et *adj. m.* Navire pour la pêche de la baleine.

**BALÈVRE**, *s. f.* Lèvre inférieure; *t. d'archit.* Débord, saillie, éclat près d'un joint.

**BALISAGE**, *s. m.* Action de baliser.

**BALISE**, *s. f.* Marque, pieu qui indique les endroits dangereux pour la navigation; espace libre le long des rivières pour le halage.

**BALISER** (*part.* é, ée), *v. a.* Mettre des balises.

**BALISEUR**, *s. m.* Inspecteur des chemins de halage.

**BALISTE**, *s. f.* Ancienne machine de guerre pour lancer des pierres.

**BALISTIQUE**, *s. f.* Science du mouvement des corps pesants lancés dans l'air.

**BALIVAGE**, *s. m.* Choix, compte et marque des baliveaux.

**BALIVEAU**, *s. m.* Jeune arbre laissé sur pied lors de la coupe d'un taillis.

**BALIVERNE**, *s. f.* Discours frivole.

**BALIVERNER**, *v. n.* S'occuper de balivernes.

**BALLADE**, *s. f.* Ancienne poésie française composée de couplets sur les mêmes rimes et qui finissent tous par le même vers.

**BALLANT**, *adj. m.* *Aller les bras ballants*, en laissant les bras aller suivant le mouvement du corps.

**BALLE**, *s. f.* Corps sphérique destiné à être lancé; pelote ronde, petite boule servant à jouer à la paume; paquet de marchandises; petite boule de plomb dont on charge les armes à feu.

**BALLER**, *v. n.* Danser; être bras ballants.

**BALLET**, *s. m.* Danse dramatique.

**BALLON**, *s. m.* Vessie enflée d'air et recouverte de cuir, avec laquelle on joue; aérostat.

**BALLONNÉ, ÉE**, *adj.* Gonflé comme un ballon.

**BALLONNIER**, *s. m.* Faiseur ou Marchand de ballons.

**BALLOT**, *s. m.* Paquet de marchandises emballées.

**BALLOTTAGE**, *s. m.* Action de ballotter dans une élection.

**BALLOTTEMENT**, *s. m.* Action de remuer, d'agiter une chose.

**BALLOTTER** (*part.* é, ée), *v. a.* Discuter, délibérer; tenir en suspens quelqu'un; —, *v. n.* Peloter, se renvoyer la balle sans faire partie; aller aux suffrages.

**BALOURD, E**, *s.* Personne grossière et stupide.

**BALOURDISE**, *s. f.* Stupidité, chose dite ou faite sans esprit et mal à propos; caractère du balourd.

**BALSAMIER**, *s. m.* Arbre exotique à suc résineux et balsamique.

**BALSAMINE**, *s. f.* Plante annuelle cultivée dans les jardins; sa fleur.

**BALSAMIQUE**, *adj. 2 g.* Qui a un parfum analogue à celui du baume.

**BALSAMUM**, *s. m.* Arbre qui produit le baume.

**BALUSTRADE**, *s. f.* Clôture à hauteur d'appui, assemblage de balustres.

**BALUSTRE**, *s. m.* Petit pilier façonné; balustrade.

**BALUSTRER** (*part.* é, ée), *v. a.* Orner d'une balustrade.

**BALZAN**, *adj. m.* *Cheval* —, Cheval noir ou bai, qui a des balzanes.

**BALZANE**, *s. f.* Marque blanche aux pieds des chevaux.

**BAMBIN**, *s. m.* Petit enfant.

**BAMBOCHADE**, *s. f.* Tableau dans le genre grotesque.

**BAMBOCHE**, *s. f.* Grande marionnette; personne très-petite; —, *au pl.* Mauvaises farces.

**BAMBOCHEUR, EUSE**, *s.* Celui ou Celle qui fait des bamboches.

**BAMBOU** (*au pl. bambous*), *s. m.* Espèce de roseau des Indes.

**BAN**, *s. m.* Publication, convocation; bannissement.

**BANAL, E** (*pl. m. banaux*), *adj.* Commun, trivial.

**BANALITÉ**, *s. f.* Qualité de ce qui est banal; ancien droit seigneurial.

**BANANE**, *s. f.* Fruit du bananier.

**BANANIER**, *s. m.* Figuier des Indes à très-grandes feuilles.

**BANC**, *s. m.* Siége long et étroit; écueil, roche cachée sous l'eau; amas de sable dans l'eau, lit de pierres, de minéraux, etc.

**BANCAL, E**, *adj.* Qui a les jambes tortues.

**BANCROCHE**, *adj. 2 g.* Bancal, *fam.*

**BANDAGE**, *s. m.* Lien qui sert à bander; manière de bander les plaies; application de bandes.

**BANDAGISTE**, *s. m.* Celui qui fait des bandages.

**BANDE**, *s. f.* Lien plat et large qui sert à bander; rebords intérieurs du billard; troupe, compagnie.

**BANDEAU**, *s. m.* Bande qui ceint le front, qui couvre les yeux; diadème.

**BANDELETTE**, *s. f.* Petite bande.

**BANDER** (*part.* é, ée), *v. a.* Lier avec une bande; mettre un bandeau sur les yeux; tendre avec effort; —, *v. n.* Être tendu; *se* —, *v. pr.* S'opposer à.

**BANDEREAU**, *s. m.* Cordon qui soutient une trompette en bandoulière.

**BANDEROLE**, *s. f.* Espèce d'étendard.

**BANDIÈRE**, *s. f.* Bannière.

**BANDIT**, *s. m.* Vagabond malfaisant, homme sans aveu.

**BANDOULIÈRE**, *s. f.* Bande de cuir qui passe de l'épaule gauche sous le bras droit et qui sert à porter le mousqueton; espèce de baudrier.

**BANLIEUE**, *s. f.* Certaine étendue de pays qui est autour d'une ville et qui en dépend.

**BANNE**, *s. f.* Grande toile tendue pour couvrir les marchandises, les garantir du soleil, de la pluie, etc.; espèce de panier.

**BANNER** (*part.* é, ée), *v. a.* Couvrir d'une banne.

**BANNERET**, *adj. m.* (Seigneur) qui avait le droit de porter bannière à la guerre.

**BANNETON**, *s. m.* Coffre percé pour conserver le poisson dans l'eau; panier d'osier doublé de toile où les boulangers font lever la pâte.

**BANNETTE**, *s. f.* Espèce de corbeille d'osier.

**BANNI**, *s. m.* Celui qui a encouru le bannissement.

**BANNIÈRE**, *s. f.* Drapeau, étendard.

**BANNIR** (*part.* i, ie), *v. a.* Condamner à l'exil; éloigner, exclure, chasser; *se* — *de*, *v. pr.* Se retirer, s'éloigner de.

**BANNISSABLE**, *adj. 2 g.* Qui doit être banni.

**BANNISSEMENT**, *s. m.* Condamnation à l'exil; état d'un banni.

**BANQUE**, *s. f.* Caisse publique; commerce d'argent, fonction de banquier.

**BANQUEROUTE**, *s. f.* Action de frustrer volontairement et frauduleusement des créanciers.

**BANQUEROUTIER**, **IÈRE**, *s.* Celui ou Celle qui fait ou a fait banqueroute.

**BANQUET**, *s. m.* Repas de cérémonie; festin.

**BANQUETTE**, *s. f.* Banc rembourré; trottoir sur un quai; petite élévation derrière un parapet, *t. de fortificat.*; appui de pierre.

**BANQUIER**, *s. m.* Celui qui tient une banque.

**BANQUISE**, *s. f.* Amas de glaces flottantes.

**BAPTÊME**, *s. m.* Le premier des sept sacrements de l'Église, par lequel on devient chrétien.

**BAPTISER** (*part.* é, ée), *v. a.* Conférer le baptême; donner un surnom; arroser, mélanger d'eau.

**BAPTISMAL**, **E**, *adj.* (*pl. m. baptismaux*). Qui appartient au baptême; *fonts baptismaux*, sorte de bassin où l'on conserve les eaux du baptême.

**BAPTISTAIRE**, *s. m.* Registre où sont écrits les noms de ceux qu'on baptise; —, *adj.* Extrait de ce registre.

**BAPTISTÈRE**, *s. m.* Chapelle où l'on baptise.

**BAQUET**, *s. m.* Espèce de petit cuvier en bois.

**BARAGOUIN** ou **BARAGOUINAGE**, *s. m.* Langage imparfait et corrompu.

**BARAGOUINER**, *v. n.* Parler mal une langue; — (*part.* é, ée), *v. a.* Mal prononcer.

**BARAGOUINEUR**, **EUSE**, *s.* Celui ou Celle qui baragouine.

**BARALIPTON**, *s. m.* Sorte d'argument, *t. de logique.*

**BARAQUE**, *s. f.* Hutte, petit logement, maison mal bâtie, en mauvais état.

**BARAQUER** (*part.* é, ée), *v. a.* Loger dans des baraques.

**BARATERIE**, *s. f.* Malversation, fraude, *t. de mar.*

**BARATTE**, *s. f.* Baril long et étroit où l'on bat le beurre.

**BARATTER** (*part.* é, ée), *v. a.* Battre le lait dans la baratte.

**BARBACANE**, *s. f.* Ouverture longue et étroite laissée dans les murs des forteresses, soit pour l'écoulement des eaux, soit pour la défense; meurtrière.

**BARBARE**, *adj.* 2 *g.* Cruel; grossier, non civilisé; ignorant. Il s'emploie aussi comme substantif. *Barbares, s. m. pl.* Peuples non civilisés; par rapport aux anciens, étrangers qui ne parlaient ni grec ni latin.

**BARBAREMENT**, *adv.* D'une manière barbare.

**BARBARESQUE**, *adj.* 2 *g.* Qui appartient aux habitants de la Barbarie.

**BARBARIE**, *s. f.* Cruauté; grossièreté, état de l'homme non civilisé.

**BARBARISME**, *s. m.* Faute contre la pureté du langage, emploi barbare d'un mot.

**BARBE**, *s. f.* Poil du visage; longs poils que certains animaux ont à la gueule; bandes de toile ou de dentelle; pointes des épis. *Barbe-de-capucin*, sorte de chicorée sauvage; *sainte-barbe* (au pl. *saintes-barbes*), *s. f.* L'endroit d'un vaisseau où se met la poudre; —, *adj.* et *s. m.* Cheval de Barbarie.

**BARBEAU**, *s. m.* Poisson d'eau douce.

**BARBEAU** ou **BLUET**, *s. m.* Petite fleur bleue qui vient dans les blés.

**BARBET, ETTE**, *s.* Chien à poil long et frisé.

**BARBEZIEUX**, chef-lieu d'arr. du dép. de la Charente.

**BARBICHON**, *s. m.* Petit barbet.

**BARBIER**, *s. m.* Celui dont la profession est de faire la barbe.

**BARBIFIER** (*part.* é, ée; se conj. sur *Prier*), *v. a.* Faire la barbe; *se* —, *v. pr.* Se faire la barbe.

**BARBILLON** (ll m.), *s. m.* Petit barbeau; filaments déliés et flexibles à la gueule de certains poissons.

**BARBON**, *s. m.* Vieillard, *t. de mépris.*

**BARBOTE**, *s. f.* Poisson d'eau douce. (On donne ce nom à la lotte et à la loche.)

**BARBOTER**, *v. n.* Fouiller dans l'eau bourbeuse; marcher dans la boue.

**BARBOTEUR**, *s. m.* Canard domestique.

**BARBOUILLAGE** (ll m.), *s. m.* Mauvaise écriture, peinture mal faite, discours embrouillé.

**BARBOUILLER** (ll m.; *part.* é, ée), *v. a.* Salir, gâter; écrire mal, mal parler, peindre grossièrement.

**BARBOUILLEUR** (ll m.), *s. m.* Celui qui barbouille; mauvais auteur; mauvais peintre.

**BARBU, E**, *adj.* Qui a de la barbe.

**BARBUE**, *s. f.* Poisson de mer plat, appelé aussi *carrelet* (V. ce mot).

**BARCAROLLE**, *s. f.* Chanson des gondoliers vénitiens.

**BARCELONNETTE**, chef-lieu d'arrond. du dép. des Basses-Alpes.

**BARCELONNETTE**, *s. f.* Berceau d'enfant.

**BARD**, *s. m.* Civière à bras, petit chariot à bras pour transporter des fardeaux.

**BARDANE**, *s. f.* Plante médicinale.

**BARDE**, *s. m.* Ancien poëte qui chantait les exploits des héros; —, *s. f.* Ancienne armure; tranche de lard fort mince.

**BARDEAU**, *s. m.* Petite planche mince qui sert dans la construction des maisons.

**BARDER** (*part.* é, ée), *v. a.* Charger des pierres sur un bard; couvrir de bardes.

**BARDEUR**, *s. m.* Celui qui porte un bard.

**BARDOT**, *s. m.* Petit mulet qui porte le muletier et son bagage; *fig.* Personne sur laquelle d'autres se déchargent de leur tâche.

**BARÈGE**, *s. m.* Léger tissu de laine.

**BARÉGES**, village du départ. des Hautes-Pyrénées, renommé pour ses eaux minérales.

**BARGE**, *s. f.* Meule de foin, monceau de menu bois.

**BARGUIGNAGE**, *s. m.* Hésitation.

**BARGUIGNER**, *v. n.* Hésiter, être irrésolu.

**BARGUIGNEUR, EUSE**, *s.* Celui ou Celle qui barguigne.

**BARIL**, *s. m.* Espèce de petit tonneau ; son contenu ; mesure.

**BARILLET** (ll m.), *s. m.* Petit baril ; boîte cylindrique qui renferme le ressort des montres, des pendules ; corps de la pompe dans lequel agit le piston.

**BARIOLAGE**, *s. m.* Assemblage bizarre de plusieurs couleurs.

**BARIOLÉ, ÉE**, *adj.* Bigarré.

**BARIOLER** (*part.* é, ée), *v. a.* Peindre de diverses couleurs assorties sans goût.

**BAR-LE-DUC**, chef-lieu du dép. de la Meuse.

**BARNABITE**, *s. m.* Clerc régulier de la congrégation de Saint-Paul.

**BARNACHE**, *s. f.* Oiseau de passage, espèce d'oie de mer.

**BAROCO**, *s. m.* (*t. de logique*). Sorte d'argument.

**BAROMÈTRE**, *s. m.* Instrument qui fait connaître la pesanteur de l'air.

**BAROMÉTRIQUE**, *adj.* 2 *g.* Qui a rapport au baromètre.

**BARON, ONNE**, *s.* Titre de noblesse au-dessous de celui de comte.

**BARONNET**, *s. m.* Titre de noblesse qui, en Angleterre, donne rang entre le baron et le chevalier.

**BARONNIE**, *s. f.* Propriété territoriale à laquelle est attaché le titre de baron.

**BAROQUE**, *adj.* 2 *g.* Irrégulier, bizarre.

**BARQUE**, *s. f.* Petit bateau.

**BARQUEROLLE**, *s. f.* Petit bâtiment sans mât.

**BARRAGE**, *s. m.* Droit de péage, de passe ; barrière.

**BARRE**, *s. f.* Pièce de bois, de fer, etc., étroite et longue ; barrière intérieure d'une cour de justice ; ligne de séparation ; banc de sable en travers d'un port, etc. *Barres*, *s. f. pl.* Jeu de course.

**BARREAU**, *s. m.* Espèce de barre ; place où se tiennent les avocats pour plaider ; profession d'avocat ; l'ordre des avocats.

**BARRER** (*part.* é, ée), *v. a.* Fermer avec une barre, tirer une barre pour effacer ; clore, fermer, mettre obstacle.

**BARRETTE**, *s. f.* Bonnet rouge d'un cardinal.

**BARRICADE**, *s. f.* Retranchement fait avec des barriques remplies de terre, de pierres, etc., avec des pieux, des arbres, etc.

**BARRICADER** (*part.* é, ée), *v. a.* Faire des barricades ; *se* —, *v. pr.* Se retrancher derrière des barricades ; *fig.* S'enfermer chez soi.

**BARRIÈRE**, *s. f.* Pièce de bois servant à fermer un chemin, un passage ; ce qui sert de borne et de défense ; empêchement, obstacle.

**BARRIQUE**, *s. f.* Gros tonneau.

**BAR-SUR-AUBE**, chef-lieu d'arr. du dép. de l'Aube.

**BAR-SUR-SEINE**, chef-lieu d'arr. du dép. de l'Aube.

**BARYTON**, *s. m.* Voix entre la taille et la basse-taille ; instrument de musique, espèce de basse-de-viole.

**BAS, BASSE**, *adj.* Qui a peu de hauteur ; inférieur ; vil, sans élévation, méprisable.

**BAS**, *s. m.* Vêtement qui sert à couvrir le pied et la jambe ; la partie inférieure ; *en bas*, opposé à *en haut ; à bas*, à terre ; *par bas*, au rez-de-chaussée ; *là-bas* se dit du lieu où l'on n'est pas ; *ici-bas*, en ce monde, sur la terre.

**BAS**, *adv.* *Parler bas*, c.-à-d. doucement.

**BASALTE**, *s. m.* Sorte de pierre noire et fort dure.

**BASALTIQUE**, *adj.* 2 *g.* Qui est formé de basalte.

**BASANE**, *s. f.* Peau de mouton préparée pour relier les livres.

**BASANÉ, ÉE**, *adj.* Noirâtre, hâlé.

**BAS-BLEU**, *s. m.* Femme qui vise à la réputation d'auteur, ou qui affiche ridiculement des prétentions littéraires.

**BASCULE**, *s. f.* Contre-poids qui sert à baisser et à lever un pont-levis ; machine dont un des bouts s'abaisse quand l'autre s'élève.

**BASE**, *s. f.* Appui, soutien, piédestal, fondement; principal ingrédient.

**BAS-FOND** (*au pl. bas-fonds*), *s. m.* Terrain bas et enfoncé; fond de mer où il y a peu d'eau.

**BASILIC**, *s. m.* Plante odoriférante; sorte de lézard.

**BASILIQUE**, *s. f.* Nom donné à quelques églises principales; *au pl.* Lois romaines de l'empereur Basile.

**BASIN**, *s. m.* Étoffe croisée de fil et de coton.

**BASOCHE**, *s. f.* (*t. d'anc. jurispr.*) Juridiction des clercs des procureurs du parlement de Paris.

**BASQUE**, *s. f.* Le pan d'un habit.

**BASQUE**, *adj.* et *s. 2 g.* Qui est du pays des Basques (Basses-Pyrénées).

**BAS-RELIEF** (*au pl. bas-reliefs*), *s. m.* Sculpture saillante sur un plan uni.

**BAS-RHIN**. V. *Rhin*.

**BASSE**, *s. f.* Instrument de musique; notes les plus graves en musique; banc de sable, rochers sous l'eau.

**BASSE-CONTRE** (*au pl. basses-contre*), *s. f.* Basse, instrument de musique; celui qui chante la basse.

**BASSE-COUR** (*au pl. basses-cours*), *s. f.* Cour destinée à la volaille, aux écuries, etc.

**BASSE-DE-VIOLE** (*au pl. basses-de-viole*), *s. f.* Instrument de musique dont les sons font la basse de ceux de la viole.

**BASSE-DE-VIOLON** (*au pl. basses-de-violon*), *s. f.* Espèce de gros violon.

**BASSE-FOSSE** (*au pl. basses-fosses*), *s. f.* Souterrain.

**BASSEMENT**, *adv.* Avec bassesse.

**BASSESSE**, *s. f.* Sentiment bas, inclination méprisable; caractère de ce qui est bas.

**BASSET**, *s. m.* Chien de chasse qui a les jambes courtes, droites ou tortues.

**BASSE-TAILLE** (*pl. basses-tailles*), *s. f.* (*t. de mus.*). Voix entre la seconde taille et celle qui ne fait entendre que les sons graves; genre de voix propre à chanter la basse.

**BASSETTE**, *s. f.* Nom donné à un jeu de cartes.

**BASSIN**, *s. m.* Vase plat, rond ou ovale; pièce d'eau dans un jardin; étendue de mer où les vaisseaux sont à l'abri; vaste plaine entourée de montagnes; plateau d'une balance.

**BASSINE**, *s. f.* Sorte de bassin en cuivre.

**BASSINER** (*part.* é, ée), *v. a.* Chauffer avec une bassinoire; fomenter en mouillant avec un liquide.

**BASSINET**, *s. m.* Partie creuse de la platine d'une arme à feu où l'on met l'amorce.

**BASSINOIRE**, *s. f.* Bassin de cuivre servant à chauffer un lit.

**BASSON**, *s. m.* Instrument de musique à vent; celui qui en joue.

**BASTE**, *interj.* qui marque le doute.

**BASTIA**, chef-lieu d'arrond. du dép. de la Corse.

**BASTIDE**, *s. f.* Maison de plaisance dans le midi de la France.

**BASTILLE**, *s. f.* Château fort; ancienne prison d'État à Paris, détruite en 1789.

**BASTINGAGE**, *s. m.* Action de se bastinguer; ce dont on se sert pour se bastinguer.

**BASTINGUE**, *s. f.* Toile matelassée autour du plat bord d'un vaisseau pour se cacher et se garantir.

se **BASTINGUER** (*part.* é, ée), *v. pr.* Tendre les bastingues.

**BASTION**, *s. m.* Ouvrage de fortification un peu en avant du corps de la place.

**BASTIONNÉ, ÉE**, *adj.* Qui a des bastions.

**BASTONNADE**, *s. f.* Coups de bâton.

**BASTRINGUE**, *s. m.* Bal de guinguette.

**BAS-VENTRE**, *s. m.* Partie inférieure du ventre; abdomen.

**BÂT**, *s. m.* Selle pour les bêtes de somme; *fig.* Fardeau; esclavage.

**BATACLAN**, *s. m.* Attirail qui embarrasse.

**BATAILLE** (ll. m.), *s. f.* Combat général entre deux armées; sorte de jeu de cartes.

**BATAILLER** (ll m.), *v. n.* Livrer bataille; contester vivement.

**BATAILLEUR, EUSE** (ll. m.), *adj.* Qui aime à disputer.

**BATAILLON** (ll m.), *s. m.* Troupe d'infanterie formant une fraction d'un régiment ; troupe quelconque.

**BÂTARD, E,** *adj. Fruit —,* qui n'est pas de la bonne espèce ; *porte bâtarde*, qui n'est ni porte cochère ni petite porte ; *écriture bâtarde*, et absolument *bâtarde*, *s. f.* Espèce d'écriture entre la ronde et la coulée.

**BATARDEAU,** *s. m.* Digue servant à détourner une eau courante.

**BATARDIÈRE,** *s. f.* Pépinière d'arbres greffés.

**BATEAU,** *s. m.* Espèce de barque dont on se sert sur les rivières ; la charge qu'elle contient.

**BATELAGE,** *s. m.* Métier ou Tour de bateleur ; badinage.

**BATELÉE,** *s. f.* Charge d'un bateau.

**BATELET,** *s. m.* Petit bateau.

**BATELEUR, EUSE,** *s.* Faiseur de tours d'adresse, acteur de tréteaux.

**BATELIER, ÈRE,** *s.* Celui ou Celle dont la profession est de conduire un bateau.

**BÂTER** (*part.* é, ée), *v. a.* Mettre un bât sur une bête de somme.

**BÂTI,** *s. m.* Espèce de couture à grands points ; assemblage de différentes pièces de menuiserie.

**BÂTIER,** *s. m.* Ouvrier qui fait les bâts.

**BATIFOLAGE,** *s. m.* Action de batifoler.

**BATIFOLER,** *v. n.* Jouer comme les enfants, badiner.

**BÂTIMENT,** *s. m.* Édifice quelconque ; navire.

**BÂTIR** (*part.* i, ie), *v. a.* Construire, élever un édifice, établir ; faire une couture à grands points.

**BÂTISSE,** *s. f.* Maçonnerie d'un bâtiment.

**BÂTISSEUR,** *s. m.* Celui qui aime à faire bâtir.

**BATISTE,** *s. f.* Toile de lin très-fine.

**BÂTON,** *s. m.* Morceau de bois rond et long sur lequel on peut s'appuyer en marchant ; ce qui a la forme d'un bâton ; *— de vieillesse*, celui qui assiste un vieillard ; *à bâtons rompus*, à diverses reprises ; *le tour du bâton*, profits illicites.

**BÂTONNER** (*part.* é, ée), *v. a.* Donner des coups de bâton ; rayer, biffer.

**BÂTONNET,** *s. m.* Petit bâton ; petite règle carrée.

**BÂTONNIER,** *s. m.* Chef des avocats.

**BÂTONNISTE,** *s. m.* Celui qui sait jouer du bâton.

**BATRACIENS,** *s. m. pl.* Ordre de reptiles quadrupèdes ovipares.

**BATTAGE,** *s. m.* Action de battre le blé, les laines, etc. ; temps qu'on y emploie.

**BATTANT,** *s. m.* Espèce de marteau suspendu dans l'intérieur d'une cloche pour la faire sonner ; chaque partie d'une porte qui s'ouvre en deux.

**BATTANT, E,** *adj. Porte —,* qui se referme d'elle-même.

**BATTE,** *s. f.* Instrument pour battre et aplanir la terre ; bâton rond pour battre le beurre, le plâtre, etc. ; battoir, sabre de bois d'arlequin.

**BATTEMENT,** *s. m.* Action de battre ; *— des mains*, applaudissement ; *— de cœur*, palpitation ; certain mouvement que l'on fait dans la danse ou dans l'escrime.

**BATTERIE,** *s. f.* Querelle accompagnée de coups ; pièces d'artillerie réunies pour tirer ; ustensiles de cuisine ; *— de fusil*, pièce qui couvre le bassinet.

**BATTEUR, EUSE,** *s.* Celui, Celle qui se plaît à battre ; nom commun à un grand nombre d'ouvriers ; *— en grange*, celui qui bat les gerbes avec un fléau pour chasser le grain hors de l'épi.

**BATTOIR,** *s. m.* Grosse palette de bois pour battre le linge ou pour jouer à la paume.

**BATTRE** (*Ind. pr.* je bats, tu bats, il bat, nous battons, vous battez, ils battent ; *imp.* je battais, tu battais, etc. ; *p. déf.* je battis, etc. ; *f.* je battrai, etc. ; *cond.* je battrais, etc. ; *impér.* bats, battons, battez ; *subj. pr.* que je batte, etc. ; *imp. s.* que je battisse, etc. ; *p. pr.* battant ; *p. p.* battu, ue), *v. a.* Donner des coups, frapper ; vaincre ; — *les cartes*, les mêler ; — *la campagne*, courir çà et là, *et au fig.* Déraisonner ; —, *v. n.* Se mouvoir, palpiter ; *se* —, *v. pr.* Se frapper soi-même ; *v. r.* Se frapper mutuellement, combattre.

**BATTU, E**, *part.* et *adj.* Frappé ; vaincu ; frayé (en parlant d'un chemin).

**BATTUE**, *s. f.* Action de battre un bois pour en faire sortir le gibier ; troupe d'hommes chargés de battre les bois.

**BAUDET**, *s. m.* Petit âne ; *fig.* Homme stupide.

**BAUDRIER**, *s. m.* Large bande de cuir ou d'étoffe qui sert à porter l'épée.

**BAUDRUCHE**, *s. f.* Sorte de parchemin très-fin ; pellicule de boyau de bœuf apprêtée.

**BAUGE**, *s. f.* Lieu fangeux où le sanglier se couche ; mortier de terre grasse et de paille pour bâtir.

**BAUGÉ**, chef-lieu d'arr. du dép. de Maine-et-Loire.

**BAUME**, *s. m.* Plante odoriférante, substance huileuse qui découle de certains arbres ; *fig.* Consolation, adoucissement.

**BAUME**, chef-lieu d'arr. du dép. du Doubs.

**BAUMIER**, *s. m.* Arbre qui porte le baume, balsamier.

**BAVARD, E**, *adj.* et *s.* Qui parle sans mesure.

**BAVARDAGE**, *s. m.* Action de bavarder ; propos de bavard.

**BAVARDER**, *v. n.* Parler indiscrètement ; dire des choses frivoles.

**BAVARDERIE**, *s. f.* Bavardage.

**BAVAROIS, E**, *adj.* et *s.* Originaire de Bavière ; *bavaroise*, *s. f.* Infusion de thé avec du lait et du sirop de capillaire.

**BAVE**, *s. f.* Salive qui coule de la bouche ; écume de certains animaux.

**BAVER**, *v. n.* Jeter de la bave ; déborder en coulant.

**BAVETTE**, *s. f.* Pièce de toile qu'on met aux petits enfants pour recevoir la bave.

**BAVEUX, EUSE**, *adj.* Qui bave.

**BAVIÈRE**, royaume qui fait partie de la confédération germanique.

**BAVOLET**, *s. m.* Coiffure de paysanne ; ornement des chapeaux de femme destiné à couvrir la nuque.

**BAVURE**, *s. f.* Trace que forment les joints des pièces d'un moule.

**BAYADÈRES**, *s. f. pl.* Danseuses indiennes.

**BAYER** (se conj. sur *Payer*), *v. n.* Avoir la bouche ouverte en regardant niaisement.

**BAYEUR, EUSE**, *s.* Celui ou Celle qui a l'habitude de bayer.

**BAYEUX**, chef-lieu d'arr. du dép. du Calvados.

**BAYONNE**, chef-lieu d'arr. du dép. des Basses-Pyrénées.

**BAYONNAIS, E**, *s.* Celui ou Celle qui est de Bayonne.

**BAZAR**, *s. m.* Marché, foire perpétuelle ; en Orient, lieu où l'on enferme les esclaves, lieu d'exposition et de vente.

**BAZAS**, chef-lieu d'arr. du dép. de la Gironde.

**BÉANT, E**, *adj.* et *part.* du v. *Béer.* Qui présente une ouverture, qui est ouvert.

**BÉARN**, ancienne province qui forme le dép. des Basses-Pyrénées.

**BÉAT, E**, *s.* Qui affecte de la dévotion.

**BÉATIFICATION**, *s. f.* Action de béatifier, acte par lequel le pape béatifie.

**BÉATIFIER** (*part.* é, ée ; se conj. sur *Prier*), *v. a.* Mettre au rang des bienheureux.

**BÉATIFIQUE**, *adj.* 2 *g.* Qui rend heureux. (Il se dit du bonheur des élus.)

**BÉATITUDE**, *s. f.* Félicité éternelle, bonheur.

**BEAU** ou **BEL**, **BELLE**, *adj.* Qui a de la beauté ; parfait, excellent ; honorable ; heureux, agréable ; digne d'éloges ; qui étonne, entraîne l'âme ; *beau*, *s. m.* Tout ce qui est excellent, parfait en son genre ; *Belle*, *s. f.* Femme douée de beauté ; *le beau idéal*, réunion des plus grandes perfections que puisse créer l'imagination ; *avoir beau faire*, faire des efforts vains, inutiles ; *en beau*, *loc. adv.* Sous un aspect favorable ; *de plus belle*, tout de nouveau ; *bel et* *beau*, tout à fait; *tout beau*, *interj.* Doucement, modérément.

**BEAUCE**, anc. prov. de France, comprise dans les dép. d'Eure-et-Loir et de Loir-et-Cher.

**BEAUCERON, ONNE**, *s.* Habitant de la Beauce.

**BEAUCOUP**, *adv.* Extrêmement, infiniment; *pris subst.* Une grande quantité, un grand nombre; *il s'en faut* — marque la différence de qualité; *il s'en faut de* —, la différence de quantité.

**BEAU-FILS** (*au pl. beaux-fils*), *s. m.* Fils par alliance; celui dont on a épousé le père ou la mère en secondes noces; gendre.

**BEAU-FRÈRE** (*au pl. beaux-frères*), *s. m.* Frère par alliance, celui dont on a épousé le frère ou la sœur; mari de la sœur.

**BEAUNE**, chef-lieu d'arr. du dép. de la Côte-d'Or.

**BEAU-PÈRE** (*au pl. beaux-pères*), *s. m.* Père par alliance, second mari de notre mère; celui dont on a épousé le fils ou la fille.

**BEAUPRÉ**, *s. m.* Nom du mât couché sur l'éperon à la proue d'un vaisseau.

**BEAUPRÉAU**, chef-lieu d'arr. du dép. de Maine-et-Loire.

**BEAUTÉ**, *s. f.* Qualité de ce qui est beau; belle et juste proportion dans les formes; ce qui rend une chose agréable; tout ce qui charme la vue ou l'esprit.

**BEAUVAIS**, chef-lieu du dép. de l'Oise.

**BEC**, *s. m.* Ce qui tient lieu de bouche aux oiseaux; ce qui a la forme d'un bec, pointe, angle saillant; *fig.* Babil; *tenir le — dans l'eau*, amuser par de belles promesses, faire attendre longtemps.

**BÉCARD**, *s. m.* Espèce d'oiseau qui a un grand bec recourbé.

**BÉCARRE**, *s. m.* (*t. de mus.*) Signe qui rétablit dans son ton naturel une note haussée ou baissée d'un demi-ton.

**BÉCASSE**, *s. f.* Oiseau de passage à long bec; outil de vannier.

**BÉCASSEAU**, *s. m.* Petite bécassine; espèce de vanneau.

**BÉCASSINE**, *s. f.* Oiseau de même espèce que la bécasse, mais plus petit.

**BECCARD**, *s. m.* Femelle du saumon.

**BEC-D'ÂNE** (*au pl. becs-d'âne*), *s. m.* Outil de menuisier et de charpentier; burin à deux biseaux.

**BEC-DE-CANNE** (*au pl. becs-de-canne*), *s. m.* Clou à crochet; poignée de serrure; crochet, instrument de chirurgie.

**BEC-DE-CORBIN** (*au pl. becs-de-corbin*), *s. m.* Instrument de chirurgie en forme de crochet; canne à bec.

**BEC-DE-LIÈVRE** (*au pl. becs-de-lièvre*), *s. m.* Difformité qui résulte d'une fente à la lèvre supérieure; celui qui a cette difformité.

**BECFIGUE**, *s. m.* Petit oiseau qui vit de figues et d'insectes.

**BÉCHAMEL**, *s. f.* Sorte de sauce blanche à la crème.

**BÊCHE**, *s. f.* Outil de jardinier en forme de pelle.

**BÊCHER** (*part.* é, ée), *v. a.* Remuer et retourner la terre avec une bêche.

**BÉCHIQUE**, *adj. 2 g.* et *s.* Pectoral, qui s'emploie contre la toux.

**BECQUÉE** ou **BÉQUÉE**, *s. f.* Ce qu'un oiseau donne à ses petits avec le bec; ce qui peut tenir dans son bec.

**BECQUETER** ou **BÉQUETER** (*part.* é, ée; se conj. sur *Jeter*), *v. a.* Donner des coups de bec.

**BEDAINE**, *s. f.* Gros ventre, *fam.*

**BEDEAU**, *s. m.* Bas officier chargé de la police dans les églises.

**BÉDOUIN**, *s. m.* Arabe du désert.

**BÉE**, *adj. f.* *Tonneau à gueule bée*, défoncé par un bout.

**BÉER**, *v. n.* Voy. *Bayer.*

**BEFFROI**, *s. m.* Tour ou Clocher d'où l'on sonne l'alarme; le clocher même ou la cloche.

**BÉFORT.** Voy. *Belfort.*

**BÉGAYEMENT** ou **BÉGAIEMENT**, *s. m.* Action de bégayer; vice de la parole.

**BÉGAYER** (*part.* é, ée; se conj. sur *Payer*), *v. n.* et *v. a.* Prononcer les mots en articulant avec peine, en hésitant, en répétant les syllabes.

**BÈGUE**, *adj.* et *s.* 2 *g.* Qui bégaye.

**BÉGUEULE**, *s. f.* Prude impertinente, dédaigneuse.

**BÉGUEULERIE**, *s. f.* Airs, action, caractère de bégueule.

**BÉGUIN**, *s. m.* Coiffe de toile, avec bride sous le menton, pour les enfants.

**BEIGE**, *s. f.* et *adj.* Laine non préparée; serge de cette laine.

**BEIGNET**, *s. m.* Tranche de fruit entourée de pâte frite.

**BÉJAUNE**, *s. m.* Jeune oiseau de proie qui a encore le bec jaune et n'est pas en état de chasser; *fig.* Jeune homme sot et niais.

**BEL**, *adj. m.* qui s'emploie au lieu de *beau* devant un sing. masc. commençant par une voyelle ou une *h* muette. V. *Beau*.

**BÊLANT, E**, *adj.* Qui bêle.

**BÊLEMENT**, *s. m.* Cri des moutons, des brebis, des agneaux et des chèvres.

**BÊLER**, *v. n.* Faire un bêlement.

**BELETTE**, *s. f.* Petit quadrupède sauvage et carnassier, long, roux et à museau très-pointu.

**BELFORT** ou **BÉFORT**, chef-lieu d'arrond. du dép. du Haut-Rhin.

**BELGE**, *s.* et *adj.* 2 *g.* Qui est de la Belgique.

**BELGIQUE**, *s. f.* Royaume situé entre la Hollande et la France.

**BÉLIER**, *s. m.* Mâle de la brebis; le premier signe du zodiaque; machine de guerre chez les anciens.

**BELÎTRE**, *s. m.* Homme vil, misérable.

**BELLAC**, chef-lieu d'arrond. du dép. de la Haute-Vienne.

**BELLE**, V. *Beau*.

**BELLE-DE-JOUR**, **BELLE-DE-NUIT** (au pl. *belles-de-jour*), *s. f.* Sorte de plantes cultivées dans les jardins.

**BELLE-FILLE** (au pl. *belles-filles*), *s. f.* Fille par alliance, celle dont on a épousé le père ou la mère en secondes noces; bru.

**BELLEMENT**, *adv.* Doucement, avec modération.

**BELLE-MÈRE** (au pl. *belles-mères*), *s. f.* Mère par alliance, seconde femme de notre père; celle dont on a épousé le fils ou la fille.

**BELLE-SOEUR** (au pl. *belles-sœurs*), *s. f.* Sœur par alliance, celle dont on a épousé le frère ou la sœur; femme du frère.

**BELLEY**, chef-lieu d'arr. du dép. de l'Ain.

**BELLIGÉRANT, E**, *adj.* Qui est en guerre.

**BELLIQUEUX, EUSE**, *adj.* Guerrier, courageux, martial.

**BELLISSIME**, *adj.* 2 *g.* Très-beau; —, *s. f.* Sorte de poire.

**BELLOT, OTTE**, *adj.* (Diminutif de *Beau*). Gracieux, gentil, *fam.*

**BELVÉDER** ou **BELVÉDÈRE**, *s. m.* Terrasse élevée sur le haut d'un bâtiment.

**BELZÉBUT**, *s. m.* Le diable.

**BÉMOL**, *s. m.* (*t. de mus.*) Signe qui abaisse la note d'un demi-ton.

**BÉNARDE**, *s. f.* Serrure qui peut s'ouvrir des deux côtés.

**BÉNÉDICITÉ** (mot latin; au pl. *bénédicités*), *s. m.* Prière qu'on fait avant le repas.

**BÉNÉDICTIN**, *s. m.* Religieux de l'ordre de Saint-Benoît.

**BÉNÉDICTION**, *s. f.* Action de bénir, paroles pour bénir; grâce, faveur céleste.

**BÉNÉFICE**, *s. m.* Profit, avantage, privilége; titre et revenu ecclésiastique.

**BÉNÉFICIAIRE**, *adj.* 2 *g.* *Héritier*—, héritier sous bénéfice d'inventaire.

**BÉNÉFICIER**, *s. m.* Celui qui jouit d'un bénéfice ecclésiastique.

**BÉNÉFICIER** (se conj. sur *Prier*), *v. n.* Tirer du profit.

**BENÊT**, *adj.* et *s. m.* Niais.

**BÉNÉVOLE**, *adj.* 2 *g.* Qui est naturellement porté à l'indulgence.

**BÉNÉVOLEMENT**, *adv.* Volontiers.

**BENGALI**, *s. m.* Petit oiseau chanteur qui vient du Bengale.

**BÉNIGNEMENT**, *adv.* Avec bénignité.

**BÉNIGNITÉ**, *s. f.* Douceur, bonté, indulgence.

**BÉNIN, IGNE**, *adj.* Doux, humain, indulgent.

**BÉNIR** (*part.* i, ie), *v. a.* Consacrer au culte; louer, remercier; appeler les faveurs du ciel sur.

**BÉNIT**, **E**, *adj.* Consacré au culte par la bénédiction. (Pour tout ce qui tient à un sens moral sans acte de consécration, on dit *Béni*, *ie*.)

**BÉNITIER**, *s. m.* Vase à eau bénite.

**BENJAMIN**, *s. m.* Enfant préféré.

**BENJOIN**, *s. m.* Gomme aromatique.

**BENNE** ou **BANNE**, *s. f.* Hotte pour les vendanges; panier de mineur; mesure; espace clos, pour arrêter le poisson.

**BÉQUILLARD** (ll m.), *s. m.* Celui qui se sert de béquilles.

**BÉQUILLE** (ll m.), *s. f.* Bâton sur lequel on s'appuie pour marcher.

**BÉQUILLER** (ll m.; *part.* é, ée), *v. a.* Labourer légèrement; —, *v. n.* Se servir de béquilles.

**BERCAIL**, *s. m.* (sans *plur.*) Bergerie.

**BERCEAU**, *s. m.* Petit lit d'enfant; sorte de voûte; *fig.* Commencement, lieu d'origine.

**BERCER** (*part.* é, ée), *v. a.* Balancer le berceau d'un enfant; *fig.* Amuser, tromper.

**BERCEUSE**, *s. f.* Femme chargée de bercer un enfant.

**BÉRET**, *s. m.* Toque de laine ronde et plate en usage chez les paysans basques.

**BERGAMOTE**, *s. f.* Sorte de poire fondante; sorte d'orange très-odorante.

**BERGE**, *s. f.* Bord escarpé d'une rivière; chaloupe étroite.

**BERGER**, *s. m.* Celui qui garde les brebis.

**BERGERAC**, chef-lieu d'arr. du dép. de la Dordogne.

**BERGÈRE**, *s. f.* Celle qui garde les brebis; fauteuil avec coussin.

**BERGERETTE**, *s. f.* (Diminutif de *Bergère*). Jeune bergère.

**BERGERIE**, *s. f.* Étable à moutons.

**BERGERONNETTE**, *s. f.* Petit oiseau noir et blanc qui voltige autour des troupeaux.

**BERLINE**, *s. f.* Espèce de carrosse à quatre roues.

**BERLOQUE** ou **BRELOQUE**, *s. f.* Signal donné par le tambour pour certains exercices.

**BERLUE**, *s. f.* Éblouissement passager.

**BERNABLE**, *adj. 2 g.* Qui mérite d'être berné.

**BERNARDIN**, **E**, *s.* Religieux ou Religieuse de l'ordre de Saint-Benoît réformé par saint Bernard.

**BERNAY**, chef-lieu d'arr. du dép. de l'Eure.

**BERNE**, *s. f.* Jeu blâmable qui consiste à faire sauter quelqu'un sur une couverture tenue aux quatre coins; raillerie.

**BERNEMENT**, *s. m.* Action ou Manière de berner.

**BERNER** (*part.* é, ée), *v. a.* Faire sauter en l'air; *fig.* Railler.

**BERNEUR**, *s. m.* Celui qui berne.

**BERNIQUE**, sorte d'interjection qui s'emploie familièrement comme une négation. Point du tout.

**BERRY**, anc. province de France comprise dans les départements de l'Indre, du Cher et de la Creuse.

**BESACE**, *s. f.* Long sac à deux poches.

**BESACIER**, *s. m.* Celui qui porte une besace.

**BESAIGRE**, *adj. m.* Qui s'aigrit (en parlant du vin).

**BESAIGUË**, *s. f.* Outil de charpentier taillant par les deux bouts.

**BESANÇON**, ancienne capitale de la Franche-Comté, chef-lieu du dép. du Doubs.

**BESET**, *s. m.* Coup de dés par lequel on amène deux as (au trictrac).

**BESICLES**, *s. f. plur.* Lunettes à branches.

**BESOGNE**, *s. f.* Occupation, travail; résultat du travail; *fig.* Affaire embarrassante.

**BESOGNER**, *v. n.* Faire de la besogne.

**BESOIGNEUX**, **EUSE**, *adj.* Pauvre, qui est dans le besoin.

**BESOIN**, *s. m.* Manque de quelque chose, indigence; *au pl.* Nécessités naturelles.

**BESSON**, **ONNE**, *adj.* Jumeau.

**BESTIAL**, **E**, *adj.* Qui tient de la bête.

**BESTIALEMENT**, *adv.* En vraie bête.

**BESTIAUX**, *s. m. pl.* Bétail.

**BÊTA**, *s. m.* Personne très-bête.

**BÉTAIL**, *s. m.* (*il n'a pas de plur.*) Bêtes à quatre pieds, propres à la nourriture de l'homme et à la culture de la terre.

**BÊTE**, *s. f.* Animal privé de raison; personne stupide.

**BÊTEMENT**, *adv.* En bête, sottement.

**BÉTHUNE**, chef-lieu d'arr. du dép. du Pas-de-Calais.

**BÊTISE**, *s. f.* Défaut d'intelligence; stupidité, absurdité.

**BÉTON**, *s. m.* Mortier composé de chaux, de sable et de gravier, ayant la propriété de durcir sous l'eau.

**BETTE**, *s. f.* Plante potagère.

**BETTERAVE**, *s. f.* Racine potagère, blanche ou rouge, dont on tire du sucre.

**BEUGLEMENT**, *s. m.* Cri du bœuf ou de la vache.

**BEUGLER**, *v. n.* Mugir, pousser des beuglements.

**BEURRE**, *s. m.* Substance grasse qu'on tire de la crème.

**BEURRÉ**, *s. m.* Sorte de poire fondante.

**BEURRÉE**, *s. f.* Tranche de pain couverte de beurre.

**BEURRER** (*part.* é, ée), *v. a.* Enduire de beurre.

**BEURRIER**, **IÈRE**, *s.* Celui ou Celle qui vend du beurre.

**BEURRIER**, *s. m.* Vase où l'on met le beurre.

**BÉVUE**, *s. f.* Méprise, erreur commise par irréflexion.

**BÉZIERS**, chef-lieu d'arrond. du dép. de l'Hérault.

**BIAIS**, *s. m.* Ligne oblique; *fig.* Voie indirecte, moyens détournés.

**BIAISEMENT**, *s. m.* Action de biaiser.

**BIAISER**, *v. n.* Être ou Aller de biais; employer des détours.

**BIBERON**, *s. m.* Petit vase à bec pour faire boire les petits enfants.

**BIBERON, ONNE**, *s.* Celui ou Celle qui aime à boire.

**BIBLE**, *s. f.* L'Ancien et le Nouveau Testament.

**BIBLIOGRAPHE**, *s. m.* Celui qui est versé dans la bibliographie.

**BIBLIOGRAPHIE**, *s. f.* Connaissance des livres, de leurs éditions et de leurs prix.

**BIBLIOGRAPHIQUE**, *adj.* 2 *g.* Qui a rapport à la bibliographie.

**BIBLIOMANE**, *s. m.* Celui qui a la passion des livres.

**BIBLIOMANIE**, *s. f.* Manie d'entasser des livres.

**BIBLIOPHILE**, *s. m.* Celui qui aime les livres.

**BIBLIOTHÉCAIRE**, *s. m.* Celui qui a la garde d'une bibliothèque.

**BIBLIOTHÈQUE**, *s. f.* Réunion de livres; lieu où on les conserve; catalogue raisonné de livres.

**BIBLIQUE**, *adj.* 2 *g.* Qui a rapport à la Bible.

**BICHE**, *s. f.* Femelle du cerf; espèce d'insecte.

**BICHET**, *s. m.* Ancienne mesure de capacité pour les grains, équivalant à un peu plus de dix kilogr.

**BICHON, ONNE**, *s.* Petit chien à poils longs.

**BICHONNER** (*part.* é, ée), *v. a.* Attifer, pomponner.

**BICOQUE**, *s. f.* Maison chétive; place mal fortifiée.

**BIDET**, *s. m.* Petit cheval; meuble de garde-robe.

**BIDON**, *s. m.* Vase de fer-blanc où les soldats mettent leur eau; broc ou vase pour les liquides.

**BIEF**, *s. m.* Voy. *Bies.*

**BIEN**, *s. m.* Ce qui est bon, agréable, juste, utile, louable, estimable; possession en argent ou en terre.

**BIEN**, *adv.* D'une manière agréable, avantageuse, convenable; beaucoup, extrêmement; formellement; à peu près, environ; *bien que*, conj. Encore que, quoique.

**BIEN-AIMÉ, ÉE** (*au pl. bien-aimés*), *adj.* et *s.* Aimé tendrement, préféré.

**BIEN-DIRE**, *s. m.* (inv.) Langage poli; paroles recherchées.

**BIEN-DISANT, E**, *adj.* Qui parle bien.

**BIEN-ÊTRE**, *s. m.* (inv.) Situation aisée et commode.

**BIENFAISANCE**, *s. f.* Inclination à faire du bien aux autres; action de faire du bien.

**BIENFAISANT, E**, *adj.* Qui aime à faire du bien.

**BIENFAIT**, *s. m.* Bien qu'on fait; grâce, bon office.

**BIENFAITEUR, TRICE**, *s.* Celui ou Celle qui fait ou qui a fait du bien.

**BIEN-FONDS** (*au pl. biens-fonds*), *s. m.* Immeuble.

**BIENHEUREUX, EUSE**, *adj.* Très-heureux; béatifié.

**BIENNAL, E** (*au pl. biennaux*), *adj.* Qui dure deux ans.

**BIENSÉANCE**, *s. f.* Convenance.

**BIENSÉANT, E**, *adj.* Conforme à la bienséance, aux convenances sociales.

**BIENTÔT**, *adv.* Dans peu de temps.

**BIENVEILLANCE**, *s. f.* Disposition favorable, affection.

**BIENVEILLANT, E**, *adj.* Qui a de la bienveillance.

**BIENVENU, E**, *adj.* et *s.* Qu'on accueille avec plaisir.

**BIENVENUE**, *s. f.* Heureuse arrivée.

**BIÈRE** ou **BIERRE**, *s. f.* Boisson fermentée.

**BIÈRE**, *s. f.* Cercueil.

**BIEZ** ou **BIEF**, *s. m.* Canal par lequel on dirige un cours d'eau sur la roue d'un moulin.

**BIFFER** (*part.* é, ée), *v. a.* Effacer, annuler.

**BIFTECK**, *s. m.* Tranche de bœuf rôti.

**BIFURCATION**, *s. f.* Le point où un chemin, une branche se divisent en deux.

se **BIFURQUER** (*part.* é, ée), *v. pr.* Se diviser en deux.

**BIGAME**, *adj.* et *s.* 2 *g.* Marié à deux personnes à la fois.

**BIGAMIE**, *s. f.* État du bigame.

**BIGARREAU**, *s. m.* Sorte de cerise dont la chair est ferme.

**BIGARREAUTIER**, *s. m.* Espèce de cerisier qui produit le bigarreau.

**BIGARRER** (*part.* é, ée), *v. a.* Rapprocher des couleurs tranchantes ou mal assorties.

**BIGARRURE**, *s. f.* Mélange de couleurs, d'expressions, de choses mal assorties.

**BIGLE**, *adj.* 2 *g.* Louche.

**BIGLER**, *v. n.* Regarder en louchant.

**BIGOT, E**, *adj.* et *s.* Dévot outré.

**BIGOTERIE**, *s. f.* Dévotion exagérée, superstitieuse.

**BIGOTISME**, *s. m.* Caractère du bigot.

**BIJOU** (*au pl. bijoux*), *s. m.* Ouvrage d'une matière et d'un travail précieux, servant à la parure; tout ce qui est joli, remarquable dans son genre.

**BIJOUTERIE**, *s. f.* Fabrique ou Commerce de bijoux.

**BIJOUTIER**, *s. m.* Celui qui fait ou vend des bijoux.

**BILAN**, *s. m.* Registre où les commerçants inscrivent leurs dettes actives et passives; *déposer son* —, faire faillite.

**BILBOQUET**, *s. m.* Instrument servant à un jeu d'adresse; ce jeu.

**BILE**, *s. f.* Humeur sécrétée par le foie; *fig.* Colère.

**BILIAIRE**, *adj.* 2 *g.* Qui a rapport à la bile.

**BILIEUX, EUSE**, *adj.* Qui a beaucoup de bile; sujet à la colère.

**BILLARD** (ll m.), *s. m.* Jeu qui se joue avec des boules d'ivoire sur une table préparée à cet effet; table sur laquelle on joue; salle où est le billard.

**BILLARDER**, *v. n.* Toucher deux fois sa bille, ou Pousser deux billes à la fois (au billard).

**BILLE**, *s. f.* Boule d'ivoire, de pierre; bâton pour serrer les ballots.

**BILLEBAUDE**, *s. f.* Confusion, désordre.

**BILLET**, *s. m.* Petite lettre missive; promesse écrite de payer; carte pour entrer dans un lieu.

**BILLEVESÉE** (ll m.), *s. f.* Projet chimérique, ridicule.

**BILLION**, *s. m.* Mille millions.

**BILLON** (ll m.), *s. m.* Monnaie de cuivre pur ou mêlé avec un peu d'argent.

**BILLON**, *s. m.* (*t. d'agric.*) Nom donné à certains ados faits à la charrue.

**BILLONNAGE** (ll m.), *s. m.* Altération de la monnaie; trafic illicite de mauvaises pièces; action de tracer des billons dans un champ.

**BILLONNEMENT** (ll m.), *s. m.* Action de billonner.

**BILLONNER** (ll. m.), *v. n.* Substituer des pièces défectueuses aux bonnes, altérer la monnaie, faire un profit illicite sur la monnaie défectueuse.

**BILLOT**, *s. m.* Tronçon d'arbre gros et court.

**BIMANE**, *adj.* et *s.* 2 *g.* Qui a deux mains.

**BIMBELOT**, *s. m.* Jouet d'enfant.

**BIMBELOTERIE**, *s. f.* Fabrication ou Commerce de jouets d'enfants.

**BIMBELOTIER**, *s. m.* Celui qui fait ou vend des jouets d'enfants.

**BINAGE**, *s. m.* Action de biner, labour léger; action d'un prêtre qui dit deux fois la messe le même jour.

**BINAIRE**, *adj.* 2 *g.* (*t. d'arithm.*) Composé de deux unités.

**BINER** (*part.* é, ée), *v. a.* Donner un second labour à la terre; —, *v. n.* Dire deux messes par jour.

**BINET**, *s. m.* Ustensile en forme de bobèche, armé d'une pointe sur laquelle on fixe les bouts de chandelle ou de bougie pour les brûler complétement.

**BINETTE**, *s. f.* Instrument pour labourer légèrement.

**BINOCHON**, *s. m.* Outil pour sarcler l'oignon.

**BINOCLE**, *s. m.* Lunette avec laquelle on voit des deux yeux à la fois.

**BINOCULAIRE**, *adj.* 2 *g.* Qui sert aux deux yeux.

**BINÔME**, *s. m.* (*t. d'algèbre*). Quantité composée de deux termes unis par deux signes.

**BIOGRAPHE**, *s. m.* Auteur de biographies.

**BIOGRAPHIE**, *s. f.* Histoire particulière des personnes remarquables.

**BIOGRAPHIQUE**, *adj.* 2 *g.* Qui tient à la biographie.

**BIPÈDE**, *adj.* et *s.* 2 *g.* Qui a deux pieds.

**BIQUE**, *s. f.* Chèvre, femelle du bouc.

**BIQUET**, *s. m.* Chevreau; trébuchet pour peser l'or et l'argent.

**BIQUETER**, *v. n.* (se conj. sur *Jeter*). Mettre bas (en parlant d'une chèvre); —, *v. a.* Peser avec le biquet.

**BIRÈME**, *s. f.* Ancien vaisseau à deux rangs de rameurs.

**BIRIBI**, *s. m.* Jeu de hasard.

**BIS**, E, *adj.* Brun clair.

**BIS**, *adv.* Une seconde fois; —, *interj.* Encore une fois.

**BISAÏEUL**, E, *s.* Père ou Mère de l'aïeul ou de l'aïeule.

**BISAIGUË**, *s. f.* Voy. *Besaiguë.*

**BISAILLE** (ll m.), *s. f.* Farine de qualité inférieure; mélange de pois gris et de vesce pour nourrir les animaux.

**BISANNUEL**, ELLE, *adj.* Qui subsiste deux ans (en parlant d'une plante).

**BISBILLE**, *s. f.* Petite querelle peu sérieuse.

**BISCAÏEN**, *s. m.* Sorte de gros fusil qui porte plus loin que le fusil ordinaire; grosse balle de fer qui se lance avec la mitraille.

**BISCORNU**, E, *adj.* Mal fait, irrégulier.

**BISCOTIN**, *s. m.* Petit biscuit dur et cassant.

**BISCUIT**, *s. m.* Pain cuit deux fois; sorte de pâtisserie légère; porcelaine sans vernis.

**BISE**, *s. f.* Vent du Nord sec et froid.

**BISEAU**, *s. m.* Outil de menuisier, dont le tranchant forme un angle aigu; extrémité ou bord en talus d'une glace, d'un diamant.

**BISER** (*part.* é, ée), *v. a.* Reteindre; —, *v. n.* Noircir, dégénérer (en parlant des grains).

**BISET**, *s. m.* Pigeon sauvage à chair brune.

**BISMUTH**, *s. m.* Métal fragile, d'un blanc jaunâtre.

**BISON**, *s. m.* Sorte de gros bœuf sauvage.

**BISQUAIN**, *s. m.* Peau de mouton garnie de sa laine.

**BISQUE**, *s. f.* Potage de coulis d'écrevisses; —, *t. du jeu de paume*, avantage accordé à l'un des joueurs.

**BISSAC**, *s. m.* Espèce de besace.

**BISSEXTE**, *s. m.* Jour ajouté tous les quatre ans au mois de février.

**BISSEXTIL**, **E**, *adj.* (Année) où se rencontre le bissexte.

**BISTOURI**, *s. m.* Instrument de chirurgie pour faire des incisions.

**BISTOURNER** (*part.* é, ée), *v. a.* Tourner une chose dans un sens qui la défigure.

**BISTRE**, *s. m.* Suie préparée pour le dessin au lavis.

**BITORD**, *s. m.* Fil retors en 2 brins.

**BITUME**, *s. m.* Espèce de poix liquide, huileuse et inflammable.

**BITUMINEUX**, **EUSE**, *adj.* Qui est de la nature du bitume.

**BIVALVE**, *adj.* et *s. 2 g.*, se dit des coquilles à deux parties jointes par une charnière.

**BIVOUAC** ou **BIVAC**, *s. m.* Campement en plein air.

**BIVOUAQUER** ou **BIVAQUER**, *v. n.* Camper en plein air.

**BIZARRE**, *adj. 2 g.* Capricieux; extraordinaire.

**BIZARREMENT**, *adv.* D'une manière bizarre.

**BIZARRERIE**, *s. f.* Humeur ou action bizarre; caprice, singularité.

**BLAFARD**, **E**, *adj.* Pâle, terne.

**BLAGUE**, *s. f.* Vessie, espèce de sac dans lequel les fumeurs portent leur tabac.

**BLAIREAU**, *s. m.* Quadrupède sauvage et carnassier.

**BLÂMABLE**, *adj. 2 g.* Répréhensible.

**BLÂME**, *s. m.* Action de blâmer, réprimande.

**BLÂMER** (*part.* é, ée), *v. a.* Réprimander, désapprouver.

**BLANC**, *s. m.* Couleur blanche; sorte de fard; espace non rempli (dans une pièce d'écriture); *blanc d'œuf*, substance glaireuse qui entoure le jaune; *blanc de baleine*, matière que l'on tire du cerveau des baleines; *blanc d'Espagne*, sorte de craie très-friable.

**BLANC**, **CHE**, *adj.* Qui a la couleur du lait, de la neige; propre, nettoyé, sans taches; qui n'est pas écrit; *blanc seing* (*au pl. blancs seings*), signature apposée sur un papier non rempli.

**BLANCHAILLE**, *s. f.* Menu poisson blanc.

**BLANCHÂTRE**, *adj. 2 g.* Tirant sur le blanc.

**BLANCHE**, *s. f.* Femme blanche (par opposition à négresse); *t. de mus.*, note qui vaut deux noires.

**BLANCHEMENT**, *adv.* Proprement.

**BLANCHEUR**, *s. f.* Couleur blanche; état, qualité de ce qui est blanc.

**BLANCHIMENT**, *s. m.* Action de blanchir; effets de cette action.

**BLANCHIR** (*part.* i, ie), *v. a.* Rendre blanc, propre; *fig.* Justifier; —, *v. n.* Devenir blanc.

**BLANCHISSAGE**, *s. m.* Action de blanchir quelque chose; effet qui en résulte; la quantité d'objets qu'on blanchit.

**BLANCHISSANT**, **E**, *adj.* Qui blanchit, qui paraît blanc.

**BLANCHISSERIE**, *s. f.* Lieu où l'on blanchit.

**BLANCHISSEUR**, **EUSE**, *s.* Celui ou Celle qui blanchit le linge.

**BLANC-MANGER**, *s. m.* (inv.) Sorte de ragoût.

**BLANQUETTE**, *s. f.* Espèce de poire; vin blanc de Languedoc; sorte de ragoût.

**BLASER** (*part.* é, ée), *v. a.* Affaiblir les sens, user le goût; *se* —, *v. pr.* S'user par les excès.

**BLASON**, *s. m.* Science des armoiries.

**BLASONNER** (*part.* é, ée), *v. a.* Peindre ou Expliquer les armoiries.

**BLASPHÉMATEUR**, *s. m.* Celui qui blasphème.

**BLASPHÉMATOIRE**, *adj. 2 g.* Qui contient des blasphèmes.

**BLASPHÈME**, *s. m.* Parole impie.

**BLASPHÉMER**, *v. a.* et *v. n.* Proférer un blasphème, insulter à la divinité.

**BLATIER**, *s. m.* Marchand de blé en détail.

**BLAYE**, chef-lieu d'arrond. du dép. de la Gironde.

**BLÉ**, *s. m.* Plante dont le grain sert à faire le pain.

**BLÊME**, *adj. 2 g.* Très-pâle.

**BLÊMIR**, *v. n.* Pâlir, devenir blême.

**BLESSANT**, **E**, *adj.* Qui offense, qui blesse.

**BLESSER** (*part.* é, ée), *v. a.* Donner un coup qui fait plaie, fracture ou contusion; *fig.* Faire du tort; offenser.

**BLESSURE**, *s. f.* Plaie, contusion, fracture, marque d'un coup reçu; tort; offense.

**BLETTE** ou **BLÈTE**, *s. f.* Plante potagère.

**BLETTE**, *adj. f.* Trop mûre.

**BLEU**, *s. m.* Couleur d'azur.

**BLEU, E**, *adj.* Qui est de couleur d'azur.

**BLEUÂTRE**, *adj.* 2 *g.* Tirant sur le bleu.

**BLEUET.** Voy. *Bluet.*

**BLEUIR** (*part.* i, ie), *v. a.* Rendre bleu; —, *v. n.* Devenir bleu.

**BLOC**, *s. m.* Amas, assemblage de divers objets; morceau informe de marbre ou de pierre; *en bloc*, *loc. adv.* Sans compter.

**BLOCAGE**, *s. m.*, ou **BLOCAILLE**, *s. f.* Petites pierres servant à remplir les intervalles que laissent les moellons dans une construction.

**BLOCKHAUS**, *s. m.* Petit fort construit en bois.

**BLOCUS**, *s. m.* Action de bloquer une ville, un port.

**BLOIS**, chef-lieu du département de Loir-et-Cher.

**BLOND**, *s. m.* La couleur blonde; celui qui a les cheveux blonds.

**BLOND, E**, *adj.* Qui est d'une couleur moyenne entre le doré et le châtain.

**BLONDE**, *s. f.* Espèce de dentelle de soie; femme qui a les cheveux blonds.

**BLONDIN, E**, *adj.* Qui a les cheveux blonds.

**BLONDIR**, *v. n.* Devenir blond, jaunir.

**BLONDISSANT, E**, *adj.* Qui blondit.

**BLOQUER** (*part.* é, ée), *v. a.* Cerner (une ville, un port), interdire toute communication avec le dehors; faire du blocage.

se **BLOTTIR** (*part.* i, ie), *v. pr.* S'accroupir.

**BLOUSE**, *s. f.* Espèce de chemise qui se met par-dessus les vêtements; trous d'un billard.

**BLOUSER** (*part.* é, ée), *v. a.* Faire entrer dans la blouse; *fig.* Tromper, *se* —, *v. pr.* Se tromper.

**BLUET** ou **BARBEAU**, *s. m.* Fleur des champs. Voy. *Barbeau.*

**BLUETTE**, *s. f.* Étincelle; ouvrage sans prétention.

**BLUTAGE**, *s. m.* Action de bluter; effet de cette action.

**BLUTEAU** ou **BLUTOIR**, *s. m.* Sac de crin pour passer la farine et la séparer du son.

**BLUTER** (*part.* é, ée), *v. a.* Passer la farine par le bluteau.

**BLUTERIE**, *s. f.* Lieu où la farine est blutée.

**BOA**, *s. m.* Serpent sans venin, de la plus grande espèce; fourrure longue et étroite que les femmes portent autour du cou.

**BOBÈCHE**, *s. f.* Partie mobile du flambeau, où l'on place la chandelle ou la bougie.

**BOBINE**, *s. f.* Fuseau pour dévider du fil, de la soie, etc.

**BOBINER** (*part.* é, ée), *v. a.* Dévider sur une bobine.

**BOBINEUSE**, *s. f.* Ouvrière qui dévide sur la bobine.

**BOBO**, *s. m.* Petit mal, petite douleur.

**BOCAGE**, *s. m.* Petit bois, bosquet.

**BOCAGER, ÈRE**, *adj.* Qui hante les bocages.

**BOCAL**, *s. m.* Vase de verre à cou très-court et à large ouverture.

**BOEUF**, *s. m.* Genre de quadrupèdes ruminants; chair du bœuf; *fig.* Gros homme stupide.

**BOGHEI**, *s. m.* Cabriolet découvert.

**BOGUE**, *s. f.* Enveloppe piquante de la châtaigne.

**BOHÉMIEN, ENNE**, *adj.* et *s.* Qui est de la Bohême, vagabond.

**BOIRE** (*Ind. pr.* je bois, tu bois, il boit, nous buvons, vous buvez, ils boivent; *imp.* je buvais, etc.; *p. déf.* je bus, tu bus, il but, nous bûmes, vous bûtes, ils burent; *fut.* je boirai, etc.; *cond.* je boirais, etc.; *imp.* bois, buvons, buvez; *subj.* que je boive, q. tu boives, qu'il boive, q. n. buvions, q. v. buviez, qu'ils boivent; *imp. sub.* que je busse, etc.; *p. pr.* buvant; *p. p.* bu, bue), *v. a.* Avaler un liquide, s'imbiber d'une liqueur, absorber.

**BOIRE**, *s. m.* Ce qu'on boit; breuvage.

**BOIS**, *s. m.* Substance dure et compacte des arbres; lieu planté d'arbres; cornes du cerf et des bêtes fauves; ce qui est fait de bois, ce qui est en bois; *bois de rose*, arbre dont le bois sent la rose; *bois de Sainte-Lucie*, bois odorant, espèce de cerisier à grappes.

**BOISAGE**, *s. m.* Le bois d'une boiserie.

**BOISÉ, ÉE**, *adj.* Garni de bois.

**BOISER** (*part.* é, ée), *v. a.* Garnir de bois.

**BOISERIE**, *s. f.* Bois qui recouvre les murs d'un appartement.

**BOISEUX, EUSE**, *adj.* Qui est de la nature du bois, ligneux.

**BOISSEAU**, *s. m.* Ancienne mesure pour le grain; contenu de cette mesure.

**BOISSELÉE**, *s. f.* Mesure d'un boisseau; — *de terre*, autant de terre qu'il en faut pour y semer un boisseau de blé.

**BOISSELIER**, *s. m.* Fabricant de boisseaux.

**BOISSELLERIE**, *s. f.* Commerce du boisselier.

**BOISSON**, *s. f.* Liqueur à boire; ce qu'on boit.

**BOÎTE**, *s. f.* Coffre de bois, de carton, de métal, pour renfermer quelque chose; pièce d'artifice.

**BOITER**, *v. n.* Marcher en clochant.

**BOITEUX, EUSE**, *adj.* et *s.* Qui boite.

**BOÎTIER**, *s. m.* Boîte à compartiments.

**BOL**, *s. m.* Médicament préparé sous la forme d'une petite boule qu'on avale; jatte creuse et très-évasée; contenu de cette jatte.

**BOLLANDISTES**, *s. m. pl.* Nom donné aux religieux qui au XVIIe siècle ont fait un recueil des actes et des vies des saints.

**BOMBANCE**, *s. f.* Luxe de bonne chère.

**BOMBARDE**, *s. f.* Ancienne machine de guerre; instrument à vent; galiote à bombes.

**BOMBARDEMENT**, *s. m.* Action de bombarder.

**BOMBARDER** (*part.* é, ée), *v. a.* Lancer des bombes.

**BOMBARDIER**, *s. m.* Celui qui tire des bombes.

**BOMBASIN**, *s. m.* Sorte d'étoffe de soie; futaine à deux envers.

**BOMBE**, *s. f.* Globe de fer, creux et rempli de poudre, qui éclate en tombant.

**BOMBEMENT**, *s. m.* État de ce qui est bombé.

**BOMBER** (*part.* é, ée), *v. a.* Rendre convexe; —, *v. n.* Devenir convexe.

**BON, BONNE**, *adj.* Qui a de la bonté; propre à; utile, avantageux; habile; grand, considérable.

**BON**, *s. m.* Ce qui est bon en soi, avantageux, important; bonnes qualités; avantage, profit; garantie, promesse signée de payer.

**BON**, *adv.* Agréablement, à l'aise; *il fait bon*, on se trouve bien; *tout de bon*, sérieusement.

**BONACE**, *s. f.* État tranquille de la mer; *fig.* Tranquillité.

**BONASSE**, *adj.* 2 *g.* Qui est sans malice.

**BONBON**, *s. m.* Friandise, dragée.

**BONBONNIÈRE**, *s. f.* Boîte à bonbons.

**BON-CHRÉTIEN**, *s. m.* Sorte de poire (*au pl.* on dit *des poires de bon-chrétien*).

**BOND**, *s. m.* Rejaillissement d'un corps élastique; saut de certains animaux; *prendre la balle au* —, saisir le moment favorable.

**BONDE**, *s. f.* Pièce de bois pour lâcher ou pour retenir l'eau d'un étang; trou rond par où l'on remplit un tonneau; morceau de bois qui bouche ce trou.

**BONDER** (*part.* é, ée), *v. a.* Boucher un tonneau avec une bonde.

**BONDIR**, *v. n.* Faire des bonds.

**BONDISSANT, E**, *adj.* Qui bondit.

**BONDISSEMENT**, *s. m.* Action de bondir, mouvement de ce qui bondit.

**BONDON**, *s. m.* Morceau de bois qui ferme la bonde d'un tonneau.

**BONDONNER** (*part.* é, ée), *v. a.* Mettre un bondon.

**BONHEUR**, *s. m.* Prospérité, situation heureuse; événement heureux; *par bonheur*, *loc. adv.* Heureusement.

**BONHOMIE**, *s. f.* Bonté du cœur, simplicité des manières.

**BONHOMME**, *s. m.* Homme bon jusqu'à la faiblesse.

**BONI**, *s. m.* Excédant de la recette sur la dépense.

**BONIFICATION**, *s. f.* Amélioration; augmentation de la valeur, du produit.

**BONIFIER** (*part.* é, ée), *v. a.* Améliorer; —, *v. n.* Devenir bon; *se* —, *v. pr.* S'améliorer.

**BONJOUR**, *s. m.* Salut du matin.

**BONNE**, *s. f.* Gouvernante d'enfants.

**BONNEMENT**, *adv.* Simplement, naïvement.

**BONNET**, *s. m.* Sorte de coiffure; *fig. Gros-bonnet*, personnage important; *prendre sous son bonnet*, inventer; *avoir la tête près du bonnet*, se fâcher aisément; — *chinois*, *s. m.* Instrument de musique.

**BONNETERIE**, *s. f.* Commerce du bonnetier.

**BONNETIER**, *s. m.* Marchand de bonnets de tricot, de bas, etc.

**BONSOIR**, *s. m.* Salut du soir.

**BONTÉ**, *s. f.* Qualité de ce qui est bon; disposition à faire du bien; humanité, sensibilité; trop grande facilité, faiblesse de caractère.

**BORAX**, *s. m.* Sel qui facilite la fusion des métaux.

**BORD**, *s. m.* Extrémité d'une surface; partie de la rive qui touche l'eau; côté d'un navire, et par extension navire; galon ou ruban pour border.

**BORDAGE**, *s. m.* Planches épaisses qui recouvrent le corps d'un navire.

**BORDEAUX**, chef-lieu du dép. de la Gironde.

**BORDÉE**, *s. f.* Décharge de tous les canons d'un des côtés du vaisseau; *fig.* Injures.

**BORDELAIS**, E, *adj.* et *s.* Qui est de Bordeaux.

**BORDER** (*part.* é, ée), *v. a.* Garnir le bord; être au bord; côtoyer.

**BORDEREAU**, *s. m.* Mémoire des articles divers qui composent un compte.

**BORDURE**, *s. f.* Ce qui borde; cadre.

**BORÉAL**, E, *adj.* (sans *pl. m.*). Qui est ou se montre du côté du nord.

**BORÉE**, *s. m.* Vent du nord.

**BORGNE**, *adj.* et *s.* 2 *g.* Qui n'a qu'un œil.

**BORNAGE**, *s. m.* Action de planter des bornes.

**BORNE**, *s. f.* Pierre ou objet quelconque servant à marquer les limites entre deux champs; grosses pierres placées le long des maisons pour garantir les murs du choc des voitures, ou sur les routes, pour marquer les distances; *au pl.* Limites, fin, terme.

**BORNER** (*part.* é, ée), *v. a.* Mettre des bornes, limiter; mettre un terme à, restreindre; *se* — (à), *v. pr.* Se contenter de.

**BOSPHORE**, *s. m.* Détroit qui sépare la Thrace de l'Asie-Mineure; détroit à l'entrée de la mer d'Azof.

**BOSQUET**, *s. m.* Petit bois, touffe d'arbres.

**BOSSE**, *s. f.* Grosseur osseuse; enflure, élévation; figure en relief servant de modèle pour dessiner.

**BOSSELAGE**, *s. m.* Travail en bosse de l'orfévre sur des pièces d'argenterie.

**BOSSELER** (*part.* é, ée), *v. a.* Travailler en bosse l'argenterie; bossuer.

**BOSSETTE**, *s. f.* Ornement en bosse placé aux deux côtés du mors d'un cheval.

**BOSSOIR**, *s. m.* Nom donné à l'une et à l'autre poutre qui soutiennent l'ancre quand elle est levée.

**BOSSU**, UE, *adj.* et *s.* Qui a une bosse.

**BOSSUER** (*part.* é, ée), *v. a.* Faire des bosses à l'argenterie par accident.

**BOSTON**, *s. m.* Jeu de cartes que l'on joue à quatre.

**BOT**, *adj. m. Pied bot*, pied contrefait.

**BOTANIQUE**, *s. f.* Science qui traite des plantes; —, *adj. Jardin* *botanique*, qui renferme une collection des plantes.

**BOTANISER**, *v. n.* Chercher des plantes.

**BOTANISTE**, *s. m.* Celui qui s'applique à la botanique.

**BOTTE**, *s. f.* Assemblage de choses de même nature liées ensemble; sorte de chaussure; coup d'escrime.

**BOTTELAGE**, *s. m.* Action de botteler.

**BOTTELER** (*part.* é, ée), *v. a.* Lier en bottes.

**BOTTELEUR**, *s. m.* Celui qui fait des bottes de foin, de paille, etc.

**BOTTER** (*part.* é, ée), *v. a.* Faire ou Mettre des bottes à quelqu'un; *se* —, *v. pr.* Mettre des bottes.

**BOTTIER**, *s. m.* Ouvrier en chaussure, qui fait des bottes.

**BOTTINE**, *s. f.* Petite botte.

**BOUC**, *s. m.* Mâle de la chèvre.

**BOUCAN**, *s. m.* Lieu où l'on fume la viande; *pop.* Bruit, vacarme.

**BOUCANER** (*part.* é, ée), *v. a.* Fumer de la viande; —, *v. n.* Aller à la chasse des bœufs sauvages.

**BOUCANIER**, *s. m.* Celui qui va à la chasse des bœufs sauvages.

**BOUCAUT**, *s. m.* Futaille servant au transport de marchandises sèches.

**BOUCHE**, *s. f.* Ouverture à la partie inférieure du visage, par où l'homme parle et mange; ouverture, entrée; — *d'un canon*, ouverture par laquelle on le charge. On dit *la bouche d'un éléphant*, *d'un chameau*, *d'un cheval*, *d'un âne*, *et autres bêtes de somme*; *d'un saumon*, *d'une carpe*, *d'une grenouille*.

**BOUCHÉ, ÉE**, *adj.* Qui est sans intelligence.

**BOUCHÉE**, *s. f.* Petit morceau d'un aliment qui peut tenir dans la bouche.

**BOUCHER** (*part.* é, ée), *v. a.* Fermer une ouverture.

**BOUCHER**, *s. m.* Celui qui tue les bœufs, les moutons, etc., et les vend en détail.

**BOUCHÈRE**, *s. f.* Femme d'un boucher.

**BOUCHERIE**, *s. f.* Lieu où l'on vend la viande; *fig.* Tuerie, carnage.

**BOUCHES-DU-RHÔNE**, *dép.* formé d'une partie de l'ancienne Basse-Provence.

**BOUCHOIR**, *s. m.* Plaque de tôle pour boucher un four.

**BOUCHON**, *s. m.* Ce qui sert à boucher; poignée de paille pour bouchonner un cheval; enseigne de cabaret; cabaret.

**BOUCHONNER** (*part.* é, ée), *v. a.* Frotter avec un bouchon de paille; chiffonner; cajoler.

**BOUCHONNIER**, *s. m.* Celui qui fait ou vend des bouchons.

**BOUCHOT**, *s. m.* Parc, pêcherie sur la grève.

**BOUCLE**, *s. f.* Anneau de métal avec un ardillon; mèche de cheveux frisés; *boucle d'oreilles*, bijou qui s'attache aux oreilles.

**BOUCLER** (*part.* é, ée), *v. a.* Mettre une boucle; friser des cheveux en boucles; *v. n.* Se tourner en boucles; *se* —, *v. p.* Boucler ses cheveux.

**BOUCLIER**, *s. m.* Arme défensive des anciens; *fig.* Défense, défenseur.

**BOUDER**, *v. a.* et *v. n.* Montrer de l'humeur; *se* —, *v. réc.* Se faire mutuellement la mine.

**BOUDERIE**, *s. f.* Action de bouder; fâcherie.

**BOUDEUR, EUSE**, *adj.* et *s.* Qui boude, qui se plaît à bouder.

**BOUDIN**, *s. m.* Boyau rempli de sang et de graisse de porc, avec assaisonnement; rouleau de tabac, de cheveux, etc.

**BOUDOIR**, *s. m.* Petit cabinet où l'on se retire pour être seul.

**BOUE**, *s. f.* Fange des rues et des chemins.

**BOUÉE**, *s. f.* Tonneau, baril flottant pour indiquer soit un écueil, soit le lieu où est une ancre.

**BOUEUR**, *s. m.* Celui qui enlève la boue.

**BOUEUX, EUSE**, *adj.* Couvert de boue.

**BOUFFANT, E**, *adj.* Qui bouffe.

**BOUFFE**, *s. m.* Bouffon.

**BOUFFÉE**, *s. f.* Action subite et passagère du vent, de la fumée, etc.

**BOUFFER**, *v. n.* Enfler, être gonflé; —, *v. a.* Manger gloutonnement.

**BOUFFETTE**, *s. f.* Nœud de ruban qui sert d'ornement.

**BOUFFI, IE**, *adj.* Enflé; *fig.* Arrogant.

**BOUFFIR** (*part.* i, ie), *v. a.* Enfler; —, *v. n.* Devenir enflé.

**BOUFFISSURE**, *s. f.* Enflure des chairs.

**BOUFFON**, *s. m.* Acteur dont le rôle est de faire rire.

**BOUFFON, ONNE**, *adj.* Plaisant, facétieux.

**BOUFFONNER**, *v. n.* Faire le bouffon.

**BOUFFONNERIE**, *s. f.* Propos plaisant, action bouffonne.

**BOUGE**, *s. m.* Logement malpropre; partie la plus bombée d'une futaille ou du moyeu d'une roue.

**BOUGEOIR**, *s. m.* Sorte de flambeau avec un manche.

**BOUGER**, *v. n.* Se remuer, se mouvoir.

**BOUGIE**, *s. f.* Chandelle de cire.

**BOUGONNER**, *v. n.* Gronder entre ses dents.

**BOUGRAN**, *s. m.* Grosse toile gommée.

**BOUILLANT, E** (ll m.), *adj.* Qui bout.

**BOUILLI** (ll m.), *s. m.* Morceau de bœuf bouilli.

**BOUILLI, IE**, *adj.* Qui a bouilli.

**BOUILLIE** (ll m.), *s. f.* Lait et farine cuits ensemble, et qu'on donne aux petits enfants.

**BOUILLIR** (ll m.; *Ind. pr.* je bous, tu bous, il bout, nous bouillons, vous bouillez, ils bouillent; *imp.* je bouillais, etc.; nous bouillions, vous bouilliez, ils bouillaient; *p. déf.* je bouillis, etc.; *fut.* je bouillirai, etc.; *cond.* je bouillirais, etc.; *impér.* bous, bouillons, bouillez; *subj. pr.* que je bouille, etc.; que nous bouillions, etc.; *imp. subj.* que je bouillisse, etc.; *p. pr.* bouillant; *p. p.* bouilli, ie), *v. n.* Être mis en ébullition par le feu ou par la fermentation (en parlant d'un liquide); *bouillir* se dit aussi, par extension, du vase dans lequel le liquide bout; *fig.* Être plein d'ardeur.

**BOUILLOIRE** (ll m.), *s. f.* Vase de métal pour faire bouillir de l'eau.

**BOUILLON** (ll m.), *s. m.* Bulle que forme un liquide exposé au feu ou en état de fermentation, ou agité fortement; eau bouillie avec de la viande; repli d'une étoffe; bulle d'air dans le verre, ou dans les métaux fondus; *fig.* Ardeur, transport.

**BOUILLON-BLANC**, *s. m.* Molène, plante médicinale.

**BOUILLONNANT, E** (ll m.), *adj.* Qui bouillonne; *fig.* Vif, ardent.

**BOUILLONNEMENT** (ll m.), *s. m.* État, mouvement d'une liqueur qui bouillonne.

**BOUILLONNER** (ll m.), *v. n.* S'élever par bouillons, fermenter avec force; — (*part.* é, ée), *v. a.* Mettre des bouillons à une robe.

**BOUILLOTTE** (ll m.), *s. f.* Jeu de cartes; petite bouilloire.

**BOULAIE**, *s. f.* Lieu planté de bouleaux.

**BOULANGER, ÈRE**, *s.* Celui ou Celle qui fait et vend du pain; *au fém.* Sorte de danse; air de cette danse.

**BOULANGER** (*part.* é, ée), *v. a.* Faire du pain.

**BOULANGERIE**, *s. f.* Art de faire le pain; lieu où le pain se fait.

**BOULE**, *s. f.* Corps rond en tout sens.

**BOULEAU**, *s. m.* Arbre à bois blanc.

**BOULEDOGUE**, *s. m.* Espèce de gros chien.

**BOULET**, *s. m.* Boule de fer pour charger les canons.

**BOULETTE**, *s. f.* Petite boule; boule de pâte ou de viande hachée.

**BOULEVARD**, *s. m.* Fortification avancée qui protége et conserve le rempart; place forte; promenade plantée d'arbres autour d'une ville.

**BOULEVERSEMENT**, *s. m.* Renversement, désordre.

**BOULEVERSER** (*part.* é, ée), *v. a.* Déranger, renverser, ruiner.

**BOULIN**, *s. m.* Trou pratiqué dans un colombier; pot servant de nid aux pigeons; trou dans lequel les maçons font entrer les perches qui supportent un échafaudage.

**BOULINGRIN**, *s. m.* Pièce de gazon dans un jardin.

**BOULOGNE**, chef-lieu d'arr. du dép. du Pas-de-Calais.

**BOULOIR**, *s. m.* Instrument pour remuer la chaux quand on l'éteint.

**BOULON**, *s. m.* Sorte de cheville de fer.

**BOULONNER** (*part.* é, ée), *v. a.* Arrêter avec un boulon.

**BOUQUET**, *s. m.* Assemblage de fleurs ou de choses réunies ensemble; explosion simultanée de fusées pour terminer un feu d'artifice; parfum.

**BOUQUETIÈRE**, *s. f.* Marchande de fleurs.

**BOUQUETIN**, *s. m.* Bouc sauvage.

**BOUQUIN**, *s. m.* Vieux bouc; lièvre ou lapin mâle; vieux livre.

**BOUQUINER**, *v. n.* Rechercher ou Lire les vieux livres.

**BOUQUINEUR**, *s. m.* Celui qui aime à bouquiner.

**BOUQUINISTE**, *s. m.* Marchand de vieux livres.

**BOURACAN**, *s. m.* Espèce de camelot.

**BOURBE**, *s. f.* Fond des eaux croupissantes, fange, boue.

**BOURBEUX, EUSE**, *adj.* Plein de bourbe.

**BOURBIER**, *s. m.* Lieu plein de bourbe; *fig.* Mauvaise affaire, embarras.

**BOURBILLON** (ll m.), *s. m.* Pus épaissi d'un abcès.

**BOURBON-VENDÉE.** Voy. *Napoléon-Vendée.*

**BOURBONNAIS**, ancienne province de France qui forme le dép. de l'Allier.

**BOURDALOU**, *s. m.* Sorte de ruban; vase de nuit oblong.

**BOURDE**, *s. f.* Mensonge, fausse nouvelle; *pop.*

**BOURDER**, *v. n.* Faire des bourdes, mentir; *pop.*

**BOURDEUR, EUSE**, *adj.* et *s.* Menteur; *pop.*

**BOURDILLON**, *s. m.* Bois de chêne refendu pour faire des futailles.

**BOURDON**, *s. m.* Mâle de l'abeille; grosse cloche; bâton de pèlerin; *faux-bourdon*, morceau de musique dont les parties se chantent note contre note.

**BOURDONNEMENT**, *s. m.* Bruit sourd et confus.

**BOURDONNER**, *v. n.* Faire un bourdonnement; — (*part.* é, ée), *v. a.* Chanter ou Parler à voix basse, entre les dents.

**BOURG**, ancienne capitale de la Bresse, chef-lieu du dép. de l'Ain.

**BOURG**, *s. m.* Gros village ayant un marché.

**BOURGADE**, *s. f.* Petit bourg.

**BOURGANEUF**, chef-lieu d'arr. du dép. de la Creuse.

**BOURGEOIS, E**, *s.* Citoyen d'une ville; homme aisé; maître aux ordres duquel sont des ouvriers; —, *adj.* Qui a rapport à la bourgeoisie; commun, ordinaire.

**BOURGEOISEMENT**, *adv.* D'une manière bourgeoise.

**BOURGEOISIE**, *s. f.* Qualité de bourgeois; corps des bourgeois.

**BOURGEON**, *s. m.* Bouton d'arbre d'où sortent les branches, les feuilles ou le fruit; bouton au visage.

**BOURGEONNÉ, ÉE**, *adj.* Qui a des boutons au visage.

**BOURGEONNER**, *v. n.* Pousser des bourgeons.

**BOURGES**, chef-lieu du dép. du Cher.

**BOURGMESTRE**, *s. m.* Premier magistrat de certaines villes d'Allemagne, de Suisse et de Hollande.

**BOURGOGNE**, ancienne province de France dont Dijon était la capitale : elle forme les départements de Saône-et-Loire, de la Côte-d'Or, de l'Yonne et de l'Ain; —, *s. m.* Vin de la Bourgogne; —, *s. m.* Sainfoin.

**BOURGUIGNON, ONNE**, *adj.* et *s.* Qui est de la Bourgogne.

**BOURLET.** Voy. *Bourrelet.*

**BOURRACHE**, *s. f.* Plante médicinale et pectorale.

**BOURRADE**, *s. f.* Coup de crosse de fusil; —, *fig.* Repartie vive dans une discussion.

**BOURRASQUE**, *s. f.* Tourbillon de vent impétueux et passager; *fig.* Mauvaise humeur imprévue et passagère.

**BOURRE**, *s. f.* Poil que les tanneurs détachent des peaux qu'ils préparent; ce qui sert à bourrer une arme à feu; *bourre de soie*, filoselle.

**BOURREAU**, *s. m.* Exécuteur de la haute justice; homme cruel, inhumain; *au f. bourrelle.*

**BOURRÉE**, *s. f.* Fagot de broussailles; sorte de danse.

**BOURRELER** (*part.* é, ée), *v. a.* Tourmenter.

**BOURRELET OU BOURLET**, *s. m.* Espèce de bonnet rembourré ou élastique pour les enfants; coussin rembourré.

**BOURRELIER**, *s. m.* Celui qui fait des harnais.

**BOURRELLE**. Voy. *Bourreau.*

**BOURRELLERIE**, *s. f.* Métier de bourrelier.

**BOURRER** (*part.* é, ée), *v. a.* Mettre de la bourre, remplir, garnir de bourre; maltraiter, frapper; *fig.* Quereller.

**BOURRICHE**, *s. f.* Panier pour transporter de la volaille, du gibier, etc.

**BOURRIQUE**, *s. f.* Anesse, mauvais cheval; *fig.* et *fam.* Ignorant.

**BOURRIQUET**, *s. m.* Anon; civière de maçon.

**BOURRU**, **E**, *adj.* et *s.* Brusque et chagrin.

**BOURSE**, *s. f.* Petit sac pour mettre l'argent qu'on porte sur soi; place gratuite d'un élève dans un collége; lieu où se réunissent les négociants, les banquiers.

**BOURSICAUT**, *s. m.* Petite bourse, contenant peu de chose.

**BOURSIER**, *s. m.* Celui qui a une bourse dans un collége.

**BOURSILLER** (ll m.), *v. n.* Contribuer à une dépense commune; *fam.*

**BOURSOUFLAGE**, *s. m.* Enflure du style.

**BOURSOUFLER** (*part.* é, ée), *v. a.* Rendre enflé.

**BOURSOUFLURE**, *s. f.* Enflure.

**BOUSCULER** (*part.* é, ée), *v. a.* Mettre sens dessus dessous, pousser en tout sens.

**BOUSE**, *s. f.* Fiente de bœuf, de vache.

**BOUSILLAGE** (ll m.), *s. m.* Mortier de terre et de chaume; *fig.* Ouvrage mal fait.

**BOUSILLER** (ll m.), *v. n.* Maçonner en bousillage; —, (*part.* é, ée), *v. a.* Mal travailler.

**BOUSILLEUR**, **EUSE** (ll m.), *s.* Celui ou Celle qui fait du bousillage; mauvais ouvrier.

**BOUSSOLE**, *s. f.* Cadran dont l'aiguille aimantée tourne toujours vers le nord; *fig.* Guide, conducteur.

**BOUT**, *s. m.* Extrémité, fin, terme, ce qui termine; ce qui reste; petite partie, morceau; *jusqu'au bout*, jusqu'à la fin; *venir à bout*, réussir; *pousser à bout*, faire perdre patience; *à tout bout de champ*, à tout propos; *d'un bout à l'autre*, *loc. adv.* Depuis le commencement jusqu'à la fin; *au bout du compte*, *loc. adv.* Après tout.

**BOUTADE**, *s. f.* Caprice; saillie d'esprit ou d'humeur.

**BOUTANT**, *adj. m. Pilier ou Arc—*, pilier pour soutenir.

**BOUTE-EN-TRAIN**, *s. m.* (inv.) Celui qui provoque la gaieté.

**BOUTE-FEU**, *s. m.* (inv.) Incendiaire; celui qui excite des querelles; machine pour mettre le feu au canon.

**BOUTEILLE**, *s. f.* Vase de verre, de terre, etc., à goulot étroit et à large ventre, pour mettre les liquides; contenu de ce vase.

**BOUTEILLER**. Voy. *Boutillier.*

**BOUTER** (*part.* é, ée), *v. a.* Mettre (vieux mot).

**BOUTE-SELLE**, *s. m.* (inv.) Signal militaire, au son de la trompette, pour faire seller les chevaux.

**BOUTILLIER** OU **BOUTEILLER**, *s. m.* Échanson, celui qui a soin du vin.

**BOUTIQUE**, *s. f.* Lieu où l'on vend des marchandises.

**BOUTIQUIER**, *s. m.* Celui qui tient boutique; *t. de mépris.*

**BOUTOIR**, *s. m.* Groin du sanglier; outil de maréchal et de corroyeur.

**BOUTON**, *s. m.* Bourgeon d'où sortent les feuilles et les fleurs; élevure sur la peau; petit rond de métal ou de bois pour attacher les vêtements; *bouton d'argent*, plante à fleur d'un beau blanc, en forme de bouton;

*bouton d'or*, plante à fleur d'un beau jaune, en forme de bouton.

BOUTONNER (*part.* é, ée), *v. a.* Passer les boutons dans les boutonnières; —, *v. n.* Pousser des bourgeons.

BOUTONNERIE, *s. f.* Commerce du boutonnier.

BOUTONNIER, *s. m.* Celui qui fait et vend des boutons.

BOUTONNIÈRE, *s. f.* Entaille pour passer le bouton.

BOUT-RIMÉ, *s. m.* Pièce de vers faits sur des rimes données; *bouts-rimés*, *s. m. pl.* Rimes données pour faire des vers.

BOUTURE, *s. f.* Branche garnie de boutons, séparée de l'arbre et replantée; rejeton.

BOUVERIE, *s. f.* Étable à bœufs.

BOUVET, *s. m.* Rabot pour faire des rainures.

BOUVIER, IÈRE, *s.* Celui ou Celle qui garde les bœufs; *fig.* Rustre, grossier; *au masc.* Constellation voisine de la grande ourse.

BOUVILLON (ll m.), *s. m.* Jeune bœuf.

BOUVREUIL, *s. m.* Oiseau de la grosseur du moineau, qui a le bec noir et la gorge rouge.

BOVINE, *adj. f. Race* —, dénomination collective sous laquelle on comprend les bœufs, les vaches, les taureaux.

BOXE, *s. f.* Combat, lutte à coups de poings.

BOXER, *v. n.* Se battre à coups de poings.

BOXEUR, *s. m.* Celui qui boxe, qui fait métier de boxer.

BOYAU (*au pl. boyaux*), *s. m.* Intestin, conduit des excréments.

BOYAUDERIE, *s. f.* Lieu où l'on prépare les boyaux.

BOYAUDIER, *s. m.* Celui qui prépare les cordes à boyau.

BRABANÇON, ONNE, *adj.* et *s.* Qui est du Brabant.

BRACELET, *s. m.* Ornement qui se porte au bras.

BRACHIAL, E, *adj.* Qui a rapport au bras.

BRACONNAGE, *s. m.* Action de braconner.

BRACONNER, *v. n.* Chasser sur les terres d'autrui sans permission.

BRACONNIER, *s. m.* Celui qui braconne.

BRAGUETTE, *s. f.* Voy. *Brayette.*

BRAHMANE, *s. m.* Prêtre et docteur indien.

BRAHMANIQUE, *adj.* 2 *g.* Qui a rapport aux brahmanes.

BRAHMANISME, *s. m.* Doctrine des brahmanes.

BRAI, *s. m.* Espèce de goudron pour calfater.

BRAIE, *s. f.* Devant de culotte; linge pour garnir le derrière d'un enfant.

BRAILLARD, E (ll m.), *adj.* et *s.* Qui crie beaucoup et à tout propos.

BRAILLEMENT (ll m.), *s. m.* Cri importun de certains animaux.

BRAILLER (ll m.), *v. n.* Crier.

BRAILLEUR, EUSE (ll m.), *adj.* et *s.* Qui a l'habitude de brailler.

BRAIMENT ou BRAIRE, *s. m.* Cri de l'âne qui brait.

BRAIRE, *v. n.* Crier, en parlant de l'âne. (Ce verbe n'est usité que dans les temps et aux personnes qui suivent : *Ind. p.* tu brais, il brait, ils braient; *imp.* il braiait, ils braiaient; *fut.* il braira, ils brairont; *cond.* il brairait, ils brairaient; *imp.* brais, braiez, pron. *bré-es*; *sub. p.* qu'il braie, qu'ils braient; *part. p.* braiant ou brayant, pron. *bréant*).

BRAISE, *s. f.* Charbon ardent ou éteint.

BRAISER (*part.* é, ée), *v. a.* Faire cuire sur la braise.

BRAISIER, *s. m.* Huche où l'on éteint la braise.

BRAISIÈRE, *s. f.* Étouffoir à braise; sorte de vaisseau pour faire cuire sur la braise.

BRAME ou BRAMINE, *s. m.* Voy. *Brahmane.*

BRAMER, *v. n.* Crier (en parlant du cerf).

BRANCARD, *s. m.* Litière à bras, pour porter un malade ou des objets fragiles; bras d'une voiture.

BRANCHAGE, *s. m.* Les branches d'un arbre.

BRANCHE, *s. f.* Bois qui sort du

tronc d'un arbre ou d'une plante; partie d'une science, division; familles qui ont une origine commune.

**BRANCHER** (*part.* é, ée), *v. n.* Se percher sur les branches des arbres (en parlant des oiseaux).

**BRANCHIES**, *s. f. pl.* Organes respiratoires des poissons.

**BRANCHU**, **UE**, *adj.* Qui a beaucoup de branches.

**BRANDADE**, *s. f.* Sorte de ragoût provençal avec de la merluche.

**BRANDE**, *s. f.* Espèce de bruyère qui croît dans les lieux incultes; terres incultes envahies par cette plante

**BRANDEBOURG**, *s. m.* Boutonnière avec ornement.

**BRANDEVIN**, *s. m.* Sorte d'eau-de-vie de grain.

**BRANDEVINIER**, **IÈRE**, *s.* Celui ou Celle qui vend du brandevin.

**BRANDILLEMENT** (ll m.), *s. m.* Action de se brandiller.

**BRANDILLER** (ll m.; *part.* é, ée), *v. a.* Mouvoir deçà et delà; *se* —, *v. pr.* S'agiter en l'air au moyen d'une corde, d'une balançoire, etc.

**BRANDIR** (*part.* i, ie), *v. a.* Secouer, agiter dans sa main.

**BRANDON**, *s. m.* Flambeau de paille tortillée; corps enflammé.

**BRANDONNER** (*part.* é, ée), *v. a.* Mettre des brandons dans un champ.

**BRANLANT**, **E**, *adj.* Qui branle, qui penche tantôt d'un côté, tantôt de l'autre.

**BRANLE**, *s. m.* Agitation de ce qui est remué; première impulsion; sorte de danse.

**BRANLE-BAS**, *s. m.* (*t. de mar.*) Dispositions pour le combat.

**BRANLEMENT**, *s. m.* Mouvement de ce qui branle.

**BRANLER** (*part.* é, ée), *v. a.* Agiter, faire aller deçà et delà; *v. n.* Être agité, pencher de côté et d'autre, être mal assuré.

**BRAQUE**, *s.* 2 *g.* Espèce de chien de chasse; *fig.* Personne étourdie, mauvaise tête.

**BRAQUEMENT**, *s. m.* Action de braquer; état de ce qui est braqué.

**BRAQUER** (*part.* é, ée), *v. a.* Tourner une arme à feu ou une lorgnette vers un point en ajustant.

**BRAS**, *s. m.* Membre du corps humain qui tient à l'épaule; *fig.* Puissance; — *de mer*, détroit; *à tour de bras*, de toutes ses forces.

**BRASER** (*part.* é, ée), *v. a.* Réunir par une soudure (deux pièces de fer, d'acier, de cuivre).

**BRASIER**, *s. m.* Feu de charbons ardents.

**BRASILLER** (ll m.; *part.* é, ée), *v. a.* Faire griller sur la braise.

**BRASSARD**, *s. m.* Sorte d'armure ou d'ornement qui se porte au bras.

**BRASSE**, *s. f.* Mesure de la longueur de deux bras étendus (de 5 à 6 pieds; 16 décimètres un quart).

**BRASSÉE**, *s. f.* Autant qu'on peut contenir entre les deux bras.

**BRASSER** (*part.* é, ée), *v. a.* Remuer à force de bras pour opérer un mélange; faire de la bière.

**BRASSERIE**, *s. f.* Lieu où se fait la bière.

**BRASSEUR**, **EUSE**, *s.* Celui ou Celle qui fait la bière.

**BRASSIÈRES**, *s. f. pl.* Petite camisole pour les enfants.

**BRASSIN**, *s. m.* Cuve de brasseur; son contenu.

**BRAVACHE**, *s. m.* Fanfaron.

**BRAVADE**, *s. f.* Action de braver; feinte bravoure.

**BRAVE**, *adj.* 2 *g.* et *s. m.* Vaillant, courageux; honnête, bon, généreux.

**BRAVEMENT**, *adv.* D'une manière brave.

**BRAVER** (*part.* é, ée), *v. a.* Défier, s'exposer bravement à; traiter avec morgue ou mépris.

**BRAVO** (*au pl. bravos*), *s. m.* Mot italien qui marque approbation.

**BRAVOURE**, *s. f.* Valeur éclatante.

**BRAYETTE**, *s. f.* Fente pratiquée sur le devant de la culotte.

**BREBIS**, *s. f.* Femelle du bélier.

**BRÈCHE**, *s. f.* Ouverture faite de force ou par vétusté à un mur, à une haie, etc.; tort, dommage.

**BRÈCHE-DENT** (*au pl. brèche-dents*), *s.* 2 *g.* Qui a perdu quelques dents de devant.

**BRECHET**, *s. m.* Le sternum.

**BREDI-BREDA**, *loc. adv.* Précipitamment, à la hâte.

**BREDOUILLÉ** (ll m.), *s. m.* (*t. du jeu de trictrac*). Marque de deux jetons, partie double.

**BREDOUILLEMENT** (ll m.), *s. m.* Action de bredouiller.

**BREDOUILLER** (ll m.), *v. a.* et *v. n.* Parler sans articuler.

**BREDOUILLEUR, EUSE** (ll m.), *s.* Celui ou Celle qui bredouille.

**BREF**, *s. m.* Lettre pastorale du pape.

**BREF, BRÈVE**, *adj.* Qui est de peu de durée; *syllabe brève*, qui se prononce vivement; *bref*, *adv.* Enfin, en un mot.

**BRELAN**, *s. m.* Sorte de jeu de cartes.

**BRELANDER**, *v. n.* Jouer sans cesse aux cartes.

**BRELANDIER, IÈRE**, *s.* (*t. de mépris*). Joueur de cartes par profession.

**BRELOQUE**, *s. f.* Bijou sans valeur. Voy. *Berloque*.

**BRÈME**, *s. f.* Poisson d'eau douce, large et plat.

**BRÉSIL**, grande contrée de l'Amérique méridionale; *brésil* ou *bois de Brésil*, bois servant à teindre en rouge.

**BRESSE**, partie de l'ancien Lyonnais, comprise dans le départ. de l'Ain.

**BRESSUIRE**, chef-lieu d'arr. du dép. des Deux-Sèvres.

**BREST**, chef-lieu d'arr. du dép. du Finistère; port de mer.

**BRETAGNE**, anc. prov. de France formant les dép. de la Loire-Infér., du Morbihan, du Finistère, des Côtes-du-Nord, d'Ille-et-Vilaine.

**BRÉTAILLER**, *v. n.* Fréquenter les salles d'armes; tirer souvent l'épée.

**BRÉTAILLEUR**, *s. m.* Celui qui brétaille.

**BRETAUDER** (*part.* é, ée), *v. a.* Couper les oreilles d'un cheval; couper les cheveux trop court; tondre inégalement le drap.

**BRETELLE**, *s. f.* Courroie pour porter un fardeau sur les épaules; *au pl.* Bandes plates appuyées sur les épaules pour soutenir les culottes.

**BRETON, ONNE**, *adj.* Qui est de la Bretagne.

**BRETTE**, *s. f.* Longue épée.

**BRETTER** ou **BRETTELER** (*part.* é, ée), *v. a.* Tailler, gratter avec un outil dentelé.

**BRETTEUR**, *s. m.* Celui qui aime à ferrailler.

**BREUVAGE**, *s. m.* Boisson, liqueur à boire.

**BREVET**, *s. m.* Expédition d'un acte par lequel le souverain accorde un titre, une grâce, un privilége; acte sous seing privé ou notarié, délivré en minute.

**BRÉVETER** (*part.* é, ée), *v. a.* Donner un brevet.

**BRÉVIAIRE**, *s. m.* Livre d'office pour un prêtre; office qui doit être récité chaque jour.

**BRIANÇON**, chef-lieu d'arr. du dép. des Hautes-Alpes.

**BRIBE**, *s. f.* Gros morceau de pain; *au pl.* Restes d'un repas; *fig.* Citations faites sans choix et sans goût.

**BRIC-À-BRAC**, *s. m.* Marchandise de hasard composée de toutes sortes d'objets.

**BRICK**, *s. m.* Petit navire armé.

**BRICOLE**, *s. f.* Partie du harnais qui s'attache au poitrail; bande de cuir pour porter un fardeau; *t. de jeu de billard*, retour d'une bille qui a frappé la bande; *de* ou *par* —, *loc. adv.* Indirectement.

**BRICOLER** (*part.* é, ée), *v. a.* Manger avidement, en se brûlant; —, *v. n.* Jouer de bricole; *fam.* Biaiser, tergiverser.

**BRIDE**, *s. f.* Lanière de cuir qui sert à conduire le cheval; rubans attachés à un bonnet, à un chapeau, etc., et qui se nouent sous le menton; points faits en travers aux extrémités d'une boutonnière; *fig.* Frein.

**BRIDER** (*part.* é, ée), *v. a.* Mettre une bride; lier, assujettir; *fig.* Réprimer.

**BRIDON**, *s. m.* Petite bride.

**BRIE**, *s. m.* Fromage de Brie.

**BRIEF, ÈVE**, *adj.* De peu de durée.

**BRIEUC (SAINT-)**, chef-lieu du dép. des Côtes-du-Nord.

**BRIÈVEMENT**, *adv.* Promptement; succinctement.

**BRIÈVETÉ**, *s. f.* Courte durée d'une chose; concision.

**BRIEY**, chef-lieu d'arr. du dép. de la Moselle.

**BRIGADE**, *s. f.* Troupe de cavaliers sous les ordres d'un brigadier; troupe, réunion de personnes.

**BRIGADIER**, *s. m.* Chef de brigade.

**BRIGAND**, *s. m.* Voleur de grands chemins.

**BRIGANDAGE**, *s. m.* Vol sur les routes, désordre, concussion.

**BRIGANDEAU**, *s. m.* Fripon.

**BRIGANDER**, *v. n.* Vivre en brigand, voler.

**BRIGANDINE**, *s. f.* Cotte de mailles.

**BRIGANTIN**, *s. m.* Petit vaisseau à rames et à voiles pour la course.

**BRIGANTINE**, *s. f.* Voile distinctive des brigantins.

**BRIGNOLE**, *s. f.* Prune de Brignoles.

**BRIGNOLES**, chef-lieu d'arr. du dép. du Var.

**BRIGUE**, *s. f.* Poursuite vive; cabale, faction.

**BRIGUER** (*part.* é, ée), *v. a.* Poursuivre par brigue pour obtenir, rechercher avec ardeur.

**BRILLAMMENT** (ll m.), *adv.* D'une manière brillante.

**BRILLANT, E** (ll m.), *adj.* Qui brille, qui a de l'éclat; —, *s. m.* Éclat, lustre; diamant taillé.

**BRILLANTER** (ll m.; *part.* é, ée), *v. a.* Tailler un brillant à facettes; donner un faux éclat.

**BRILLER** (ll m.), *v. n.* Avoir de l'éclat; jeter une lumière étincelante.

**BRIMBALER** (*part.* é, ée), *v. a.* Secouer, agiter; mal sonner les cloches.

**BRIMBORION**, *s. m.* Colifichet, chose inutile.

**BRIN**, *s. m.* Scion d'arbuste ou de plante; tige d'arbre; chose menue, longue et faible; *un brin*, un peu; *fam. Brin à brin*, successivement.

**BRINDILLE**, *s. f.* Petite branche mince.

**BRIOCHE**, *s. f.* Espèce de gâteau; —, *fig.* Maladresse.

**BRIOUDE**, chef-lieu d'arr. du dép. de la Haute-Loire.

**BRIQUE**, *s. f.* Terre argileuse pétrie, moulée et séchée ou cuite.

**BRIQUET**, *s. m.* Outil d'acier pour tirer du feu d'un caillou; espèce de sabre d'infanterie.

**BRIQUETAGE**, *s. m.* Ouvrage de briques; imitation de briques.

**BRIQUETER** (*part.* é, ée), *v. a.* Imiter la brique avec un enduit.

**BRIQUETERIE**, *s. f.* Lieu où se fait la brique.

**BRIQUETIER**, *s. m.* Celui qui fait ou vend de la brique.

**BRIQUETTE**, *s. f.* Espèce de petite brique faite avec des matières combustibles.

**BRIS**, *s. m.* Rupture, fraction; débris de vaisseau brisé.

**BRISANT**, *s. m.* Écueil à fleur d'eau.

**BRISCAMBILLE** (ll m.), *s. f.* Sorte de jeu de cartes.

**BRISE**, *s. f.* Vent frais et périodique.

**BRISE-COU**, *s. m.* Casse-cou.

**BRISE-GLACE**, *s. m.* (inv.). Arcboutant devant une arche de pont pour briser les glaçons.

**BRISÉES**, *s. f. pl.* Branches brisées et semées à terre pour servir d'indices; *aller sur les — de quelqu'un*, entrer en rivalité avec lui.

**BRISEMENT**, *s. m.* Choc violent des flots contre un rocher, une digue; — *de cœur*, grande douleur.

**BRISE-MOTTE**, *s. m.* Gros cylindre pour briser les mottes de terre.

**BRISE-RAISON**, *s. m.* (inv.). Qui parle sans suite et mal à propos.

**BRISER** (*part.* é, ée), *v. a.* Rompre, mettre en pièces; fatiguer; *brisons là*, qu'il n'en soit plus question; —, *v. n.* Heurter avec violence; *se* —, *v. pr.* Se casser, se plier.

**BRISE-TOUT**, *s. m.* Maladroit.

**BRISEUR**, *s. m.* Celui qui brise.

**BRISOIR**, *s. m.* Instrument à briser le chanvre, la paille, etc.

**BRISURE**, *s. f.* Partie fracturée.

**BRITANNIQUE**, *adj.* 2 *g.* D'Angleterre.

**BRIVES**, chef-lieu d'arr. du dép. de la Corrèze.

**BROC**, *s. m.* Vase de bois à anse pour le vin ; *de bric et de broc*, *loc. adv.* De çà et de là.

**BROCANTAGE**, *s. m.* Action de brocanter.

**BROCANTER** (*part.* é, ée), *v. a.* et *v. n.* Acheter, vendre ou troquer des marchandises de hasard.

**BROCANTEUR, EUSE**, *s.* Celui ou Celle qui brocante.

**BROCARD**, *s. m.* Raillerie piquante.

**BROCART**, *s. m.* Étoffe de soie brochée d'or ou d'argent.

**BROCATELLE**, *s. f.* Étoffe nuancée qui imite le brocart.

**BROCHAGE**, *s. m.* Action de brocher des livres; résultat de cette action.

**BROCHE**, *s. f.* Baguette de fer pour embrocher la viande; cheville de bois pointue pour boucher un tonneau percé; pointe de fer d'une serrure entrant dans la forme de la clef; fer mince qu'on passe au travers de la bobine du rouet à filer; *au pl.* Défenses du sanglier; premier bois du chevreuil.

**BROCHER** (*part.* é, ée), *v. a.* Passer de côté et d'autre des fils d'or, d'argent, dans une étoffe; plier et coudre les feuilles d'un livre, et les couvrir de papier; *fig.* Faire à la hâte.

**BROCHET**, *s. m.* Poisson d'eau douce.

**BROCHETON**, *s. m.* Petit brochet.

**BROCHETTE**, *s. f.* Petite broche; *élever un enfant à la brochette*, avec beaucoup de soins.

**BROCHEUR, EUSE**, *s.* Celui ou Celle qui broche des livres.

**BROCHOIR**, *s. m.* Marteau de maréchal pour ferrer les chevaux.

**BROCHURE**, *s. f.* Action de brocher; art du brocheur; livre broché; ouvrage imprimé de peu d'étendue.

**BROCOLI**, *s. m.* Chou d'Italie.

**BRODEQUIN**, *s. m.* Chaussure qui couvre le pied et une partie de la jambe.

**BRODER** (*part.* é, ée), *v. a.* Faire à l'aiguille un ouvrage en relief sur une étoffe; *fig.* Amplifier une nouvelle.

**BRODERIE**, *s. f.* Ouvrage du brodeur; *fig.* Ce qu'on ajoute au discours pour l'embellir.

**BRODEUR, EUSE**, *s.* Celui ou Celle qui brode.

**BROIE**, *s. f.* Instrument pour briser le chanvre.

**BROIEMENT** ou **BROÎMENT**, *s. m.* Action de broyer; effet de cette action.

**BRONCHADE**, *s. f.* Faux pas que fait un cheval.

**BRONCHE**, *s. f.* Conduit par lequel l'air entre dans les poumons.

**BRONCHER**, *v. n.* Faire un faux pas; *fig.* Faire une faute.

**BRONCHIES**, *s. f. pl.* V. *Branchies.*

**BRONCHIQUE**, *adj.* 2 *g.* Qui a rapport aux bronches.

**BRONCHITE**, *s. f.* Affection des bronches.

**BRONZE**, *s. m.* Composition de cuivre, d'étain et de zinc; morceau de sculpture en bronze.

**BRONZER** (*part.* é, ée), *v. a.* Peindre en bronze.

**BROQUART**, *s. m.* Bête fauve d'un an, chevreuil à son premier bois.

**BROSSE**, *s. f.* Petite planche garnie de faisceaux de crin pour nettoyer les étoffes; gros pinceau.

**BROSSER** (*part.* é, ée), *v. a.* Frotter, nettoyer avec la brosse.

**BROSSERIE**, *s. f.* Commerce de brosses.

**BROSSIER**, *s. m.* Celui qui fait et vend des brosses.

**BROU**, *s. m.* Écale, enveloppe verte de la noix.

**BROUÉE**, *s. f.* Pluie passagère.

**BROUET**, *s. m.* Bouillon au lait et au sucre; mauvais ragoût.

**BROUETTE**, *s. f.* Petit tombereau à une roue poussé ou traîné par une personne; espèce de petite voiture à deux roues qu'on traîne à bras.

**BROUETTER** (*part.* é, ée), *v. a.* Transporter dans une brouette.

**BROUETTEUR**, *s. m.* Celui qui traîne des personnes dans une brouette.

**BROUETTIER**, *s. m.* Celui qui

transporte des fardeaux dans une brouette.

**BROUHAHA**, *s. m.* (inv.). Bruit confus.

**BROUILLAMINI** (ll m.), *s. m.* Désordre, confusion.

**BROUILLARD** (ll m.), *s. m.* Vapeur épaisse dans l'air; —, *adj. m. Papier* —, qui boit.

**BROUILLE** (ll m.), *s. f.* Querelle, brouillerie.

**BROUILLER** (ll m.; *part.* é, ée), *v. a.* Mêler; troubler l'ordre, la bonne intelligence; —, *v. n.* Agir avec désordre; se —, *v. pr.* Se troubler, s'embarrasser; cesser d'être amis.

**BROUILLERIE** (ll m.), *s. f.* Mésintelligence, querelle.

**BROUILLON, ONNE** (ll m.), *s.* Personne accoutumée à brouiller, à s'embrouiller; *brouillon*, *s. m.* Écrit à mettre au net.

**BROUIR** (*part.* i, ie), *v. a.* Dessécher, brûler (en parlant de l'action du soleil sur les blés, les fruits, etc.)

**BROUISSURE**, *s. f.* Dommage causé aux végétaux par la gelée.

**BROUSSAILLES** (ll m.), *s. f. pl.* Ronces, épines, menu bois.

**BROUT**, *s. m.* Pousse des taillis au printemps; ce qui sert de pâture aux animaux.

**BROUTANT, E**, *adj.* Qui broute.

**BROUTER** (*part.* é, ée), *v. a.* et *v. n.* Paître l'herbe, les feuilles, etc.

**BROUTILLES** (ll m.), *s. f. pl.* Menues branches qui restent dans les bois; *fig.* Babioles.

**BROYER** (*part.* é, ée; se conj. comme *Employer*), *v. a.* Piler, réduire en poudre.

**BROYEUR**, *s. m.* Celui qui broie.

**BRU**, *s. f.* Femme du fils, par rapport au père et à la mère de ce fils.

**BRUGNON**, *s. m.* Espèce de pêche.

**BRUINE**, *s. f.* Petite pluie froide très-fine.

**BRUINER**, *v. imp.*, se dit de la bruine qui tombe.

**BRUIR** (*part.* i, ie; se conj. sur *Finir*), *v. a.* Pénétrer (une étoffe) de vapeur pour l'amortir.

**BRUIRE**, *v. n. défect.* (Il n'est usité qu'à l'*inf.* et à la *troisième pers.* du *s.* et du *pl.* de l'*imp.* de l'*ind.* il bruyait, ils bruyaient; *p. pr.* Bruyant ou bruinnt.) Rendre un son confus.

**BRUISSEMENT**, *s. m.* Bruit sourd et confus, tel que celui des flots, des feuilles agitées par les vents, ou des vents eux-mêmes.

**BRUIT**, *s. m.* Son, assemblage de sons confus; nouvelle; querelle.

**BRÛLANT, E**, *adj.* Qui brûle; *fig.* Vif; animé.

**BRULÉ**, *s. m.* Odeur, goût de ce qui est brûlé.

**BRÛLEMENT**, *s. m.* Action de brûler; état de ce qui brûle.

**BRÛLER** (*part.* é, ée), *v. a.* Consumer par le feu; échauffer à l'excès; —, *v. n.* Se consumer; *fig.* Désirer ardemment.

**BRULERIE**, *s. f.* Atelier où l'on fait de l'eau-de-vie.

**BRÛLE-TOUT**, *s. m.* (inv.) Sorte de bobèche pour brûler les bouts de chandelle.

**BRÛLEUR**, *s. m.* Incendiaire.

**BRÛLOT**, *s. m.* Navire préparé pour mettre le feu aux vaisseaux ennemis.

**BRÛLURE**, *s. f.* Impression du feu sur la peau, etc.

**BRUMAIRE**, *s. m.* Second mois de l'année républicaine (du 20 octobre au 22 novembre).

**BRUME**, *s. f.* Brouillard épais.

**BRUMEUX, EUSE**, *adj.* Couvert de brume.

**BRUN, E**, *adj.* Tirant sur le noir; —, *s. m.* Couleur brune. *Brune*, *s. f.* Femme qui a les cheveux bruns; le commencement de la nuit; *à la* —, à la chute du jour.

**BRUNÂTRE**, *adj.* 2 *g.* Tirant sur le brun.

**BRUNET, ETTE**, *adj.* Diminutif de *brun*. *Brunette*, *s. f.* Jeune fille brune.

**BRUNI**, *s. m.* Pièce d'orfèvrerie polie et brillante.

**BRUNIR** (*part.* i, ie), *v. a.* Rendre brun, polir; —, *v. n.* Devenir brun.

**BRUNISSAGE**, *s. m.* Action de brunir; ses effets.

**BRUNISSEUR EUSE**, *s.* Ouvrier qui brunit.

**BRUNISSOIR**, *s. m.* Outil pour brunir les métaux.

**BRUNISSURE**, *s. f.* Art du brunisseur; façon donnée aux étoffes pour adoucir les teintes.

**BRUSQUE**, *adj.* 2 *g.* Rude et prompt, incivil.

**BRUSQUEMENT**, *adv.* D'une manière brusque.

**BRUSQUER** (*part.* é, ée), *v. a.* Traiter brusquement, durement; —, *v. n.* Agir brusquement.

**BRUSQUERIE**, *s. f.* Action ou Parole brusque, incivile.

**BRUT**, **E** (le *t* se prononce), *adj.* Qui n'est pas travaillé; rude; raboteux; impoli.

**BRUTAL**, **E** (*pl. m. brutaux*), *adj.* et *s.* Qui tient de la brute, grossier.

**BRUTALEMENT**, *adv.* Avec brutalité.

**BRUTALISER** (*part.* é, ée), *v. a.* Traiter brutalement.

**BRUTALITÉ**, *s. f.* Vice du brutal; action brutale; grossièreté.

**BRUTE**, *s. f.* Être privé de raison.

**BRUXELLES**, capitale de la Belgique.

**BRUYAMMENT**, *adv.* Avec grand bruit.

**BRUYANT**, **E**, *adj.* Qui fait grand bruit.

**BRUYÈRE**, *s. f.* Arbuste; lieu où croît la bruyère.

**BUANDERIE**, *s. f.* Lieu où l'on fait la lessive.

**BUANDIER**, **ÈRE**, *s.* Celui ou Celle qui blanchit les toiles neuves.

**BUBE**, *s. f.* Petit bouton sur la peau, pustule.

**BUBON**, *s. m.* Tumeur inflammatoire à l'aine ou à l'aisselle.

**BUCHE**, *s. f.* Pièce de bois de chauffage; *fig.* Personne stupide.

**BÛCHER**, *s. m.* Lieu pour serrer le bois à brûler; amas de bois qui servait à brûler les corps chez les anciens.

**BUCHER** (*part.* é, ée), *v. a.* Faire des bûches, dégrossir le bois.

**BÛCHERON**, *s. m.* Celui qui abat le bois dans les forêts.

**BÛCHETTE**, *s. f.* Petite bûche, menu bois.

**BUCOLIQUE**, *adj.* 2 *g.* Pastoral (en parlant de poésies); —, *s. f. pl.* Amas de choses de peu de valeur.

**BUDGET**, *s. m.* État annuel de recettes et dépenses.

**BUFFET**, *s. m.* Armoire pour les objets qui doivent servir à table; menuiserie de l'orgue.

**BUFFETER** (*part.* é, ée), *v. a.* Percer le tonneau pour voler le vin.

**BUFFLE**, *s. m.* Espèce de taureau domestique; cuir de buffle; *fig.* Personne stupide.

**BUFFLETERIE**, *s. f.* Partie de l'équipement du soldat faite en peau de buffle ou en cuir.

**BUFFLETIN**, *s. m.* Jeune buffle; peau de jeune buffle.

**BUGLOSSE**, *s. f.* Herbe médicinale.

**BUHOT**, *s. m.* Fourreau de la pierre du faucheur.

**BUIS**, *s. m.* Arbrisseau toujours vert; son bois.

**BUISSON**, *s. m.* Touffe d'arbrisseaux sauvages et épineux; bois peu étendu.

**BUISSONNEUX**, **EUSE**, *adj.* Couvert de buissons.

**BUISSONNIER**, **IÈRE**, *adj.* Des buissons; *faire l'école buissonnière*, aller se promener au lieu de se rendre à la classe.

**BULBE**, *s. f.* Oignon de plante.

**BULBEUX**, **EUSE**, *adj.* Qui est de la nature des bulbes.

**BULBIFÈRE**, *adj.* 2 *g.* Plante qui porte hors de terre une ou plusieurs bulbes.

**BULBIFORME**, *adj.* 2 *g.* Qui a la forme d'une bulbe.

**BULGARE**, *adj.* et *s.* 2 *g.* de Bulgarie.

**BULLE**, *s. f.* Globule qui s'élève à la surface d'un liquide; lettre du pape.

**BULLETIN**, *s. m.* Petit billet; compte journalier de l'état d'une chose, d'une affaire; *Bulletin des lois*, recueil officiel des lois.

**BURALISTE**, *s.* 2 *g.* Celui ou Celle qui tient un bureau.

**BURAT**, *s. m.*, ou **BURATE**, *s. f.* Bure grossière.

**BURE**, *s. f.* Étoffe de laine.

**BUREAU**, *s. m.* Table à écrire; lieu de travail, d'assemblée, de consultation; comptoir; les employés d'un bureau.

**BUREAUCRATIE**, *s. f.* Influence abusive des commis du gouvernement dans les affaires administratives.

**BUREAUCRATIQUE**, *adj.* 2 *g.* Qui concerne les gens de bureau, leurs manières.

**BURETTE**, *s. f.* Vase à petit goulot.

**BURETTIER**, *s. m.* Celui qui porte les burettes pour la messe.

**BURGRAVE**, *s. m.* Seigneur d'une ville, en Allemagne.

**BURIN**, *s. m.* Pointe d'acier pour graver; *fig.* l'art de graver; le genre de talent du graveur.

**BURINER** (*part.* é, ée), *v. a.* Graver; *fig.* Graver fortement dans la pensée.

**BURLESQUE**, *adj.* 2 *g.* Bouffon; plaisant; qui fait rire; —, *s. m.* Style plaisant.

**BURLESQUEMENT**, *adv.* D'une manière burlesque.

**BURON**, *s. m.* Lieu où l'on fait du fromage, dans les montagnes.

**BURONNIER**, *s. m.* Pâtre, habitant d'un buron.

**BURSAL**, **E** (*au pl. m. aux*), *adj.* *Edit* —, qui établit un impôt extraordinaire.

**BUSARD**, *s. m.* Oiseau de proie.

**BUSC**, *s. m.* Lame d'acier ou de baleine dans un corset.

**BUSE**, *s. f.* Oiseau de proie; *fig.* Personne ignorante, stupide.

**BUSQUER** (*part.* é, ée), *v. a.* Mettre un busc; *se* —, *v. pr.* Mettre son busc.

**BUSQUIÈRE**, *s. f.* Endroit où s'introduit le busc.

**BUSTE**, *s. m.* Partie supérieure du corps, la tête, les épaules et la poitrine.

**BUT**, *s. m.* Point fixe que l'on veut atteindre; projet; dessein; *but à but*, *loc. adv.* Également; *de but en blanc*, *loc. adv.* Inconsidérément.

**BUTE**, *s. f.* Outil de maréchal pour couper la corne.

**BUTER**, *v. n.* Frapper au but; *se* —, *v. pr.* S'opiniâtrer (*part.* é, ée), *v. a.* Soutenir (un mur, une voûte). Voy. *Butter.*

**BUTIN**, *s. m.* (sans *pl.*). Ce qu'on prend à l'ennemi; profit.

**BUTINER**, *v. n.* Faire du butin.

**BUTOIR**, *s. m.* Couteau de corroyeur.

**BUTOR**, *s. m.* Oiseau de proie; *fig.* Personnage grossier.

**BUTTE**, *s. f.* Amas de terre élevée; *fig.* Être en butte à, exposé à.

**BUTTER** (*part.* é, ée), *v. a.* Garnir de terre (le pied d'un arbre); —, *v. n.* Broncher, trébucher.

**BUVABLE**, *adj.* 2 *g.* Potable.

**BUVETIER**, *s. m.* Celui qui tient une buvette.

**BUVETTE**, *s. f.* Lieu où l'on trouve à boire et à manger.

**BUVEUR**, **EUSE**, *adj.* et *s.* Qui boit beaucoup.

**BUVOTTER**, *v. n.* Boire souvent et à petits coups.

## C.

**C**, *s. m.* Consonne, 3e lettre de l'alphabet, se prononce généralement comme K, et comme S, lorsqu'il y a une cédille dessous (ç). Employé comme chiffre romain, il signifie cent.

**ÇÀ**, *adv. de lieu.* Ici; *çà et là*, de côté et d'autre; *en de çà de*, au de là de; *interj.* pour exciter, commander; *or çà*, maintenant.

**ÇA**, abréviation pour Cela, *fam.* *Qui ça?* qui est-ce? *Comme ça*, de cette manière; passablement.

**CABALE**, *s. f.* Complot, intrigue; art chimérique de s'entendre avec de prétendus esprits.

**CABALER**, *v. n.* Comploter, intriguer.

**CABALEUR**, *s. m.* Celui qui cabale.

**CABALISTE**, *s. m.* Celui qui se prétend versé dans l'art de la cabale.

**CABALISTIQUE**, *adj.* 2 *g.* Qui a rapport à l'art de la cabale.

**CABAN**, *s. m.* Sorte de redingote pour les matelots.

**CABANE**, *s. f.* Maisonnette couverte de chaume; loge roulante qu'habite un berger.

**CABANON**, *s. m.* Petite loge où l'on renferme un fou.

**CABARET**, *s. m.* Lieu où se vend le vin en détail; espèce de plateau garni de tasses pour le thé, le café, etc., assortiment de tasses.

**CABARETIER, IÈRE**, *s.* Celui ou Celle qui tient cabaret.

**CABAS**, *s. m.* Panier de jonc; vieille voiture.

**CABESTAN**, *s. m.* Tourniquet pour rouler et dérouler un câble, pour soulever des fardeaux.

**CABILLAUD** (ll m.), *s. m.* Espèce de morue.

**CABINE**, *s. f.* Petite chambre, cabane.

**CABINET**, *s. m.* Lieu de travail; salle où l'on conserve des objets précieux; lieux d'aisances; clientèle; conseillers d'un souverain.

**CABLE**, *s. m.* Grosse corde.

**CÂBLER** (*part.* é, ée), *v. a.* Assembler des cordes pour en faire un câble.

**CABOCHE**, *s. f.* Grosse tête; clou court à tête large.

**CABOTAGE**, *s. m.* Navigation le long des côtes.

**CABOTER**, *v. n.* Faire le cabotage.

**CABOTEUR**, *s. m.* Navigateur côtier.

**CABOTIER**, *s. m.* Bâtiment pour caboter.

**CABOTIN, E**, *s.* Comédien ambulant; mauvais comédien.

se **CABRER** (*part.* é, ée), *v. pr.* Se dresser sur les pieds de derrière (en parlant du cheval); *fig.* Se mettre en colère, se révolter contre.

**CABRI**, *s. m.* Jeune chevreau.

**CABRIOLE**, *s. f.* Saut léger.

**CABRIOLER**, *v. n.* Faire des cabrioles.

**CABRIOLET**, *s. m.* Voiture légère à deux roues.

**CABRIOLEUR**, *s. m.* Faiseur de cabrioles.

**CACA**, *s. m.* Excrément d'enfant; chose malpropre.

**CACADE**, *s. f.* Entreprise folle qui échoue; lâcheté.

**CACAO**, *s. m.* Amande du cacaoyer, dont on fait le chocolat.

**CACAOYER** ou **CACAOTIER**, *s. m.* Arbre d'Amérique qui produit le cacao.

**CACHALOT**, *s. m.* Mammifère cétacé, du genre des baleines.

**CACHE**, *s. f.* Lieu secret pour cacher quelque chose.

**CACHE-CACHE**, *s. m.* Sorte de jeu d'enfants.

**CACHÉ, ÉE**, *adj.* Dissimulé; solitaire.

**CACHE-ENTRÉE**, *s. f.* Pièce qui cache l'entrée d'une serrure.

**CACHEMIRE**, *s. m.* Tissu de laine très-fin.

**CACHE-NEZ**, *s. m.* (inv.). Cravate dont on se couvre le nez et la bouche.

**CACHER** (*part.* é, ée), *v. a.* Mettre à l'écart; celer, dissimuler, voiler, couvrir.

**CACHET**, *s. m.* Sceau qu'on applique sur la cire qui ferme une lettre; ce qui retient une lettre fermée; style, ce à quoi une chose se reconnaît.

**CACHETER** (*part.* é, ée), *v. a.* Mettre le cachet; *pain à* —, rond de pâte pour cacheter.

**CACHETTE**, *s. f.* Petite cache; *en cachette*, *loc. adv.* En secret.

**CACHOT**, *s. m.* Prison obscure.

**CACHOTTERIE**, *s. f.* Action de cacher des choses peu importantes.

**CACHOU**, *s. m.* Substance résineuse et astringente tirée d'un arbre des Indes.

**CACIQUE**, *s. m.* Ancien prince du Mexique.

**CACOCHYME**, *adj.* 2 *g.* Qui est d'une mauvaise santé; d'un caractère bizarre.

**CACOGRAPHIE**, *s. f.* Manière d'écrire contraire à l'orthographe.

**CACOLET**, *s. m.* Sorte de siége porté par un cheval, un mulet, etc., pour le transport des malades, des blessés.

**CACOLOGIE**, *s. f.* Manière vicieuse de parler.

**CACOPHONIE**, *s. f.* Assemblage de syllabes ou de sons discordants.

**CADASTRAL, E**, *adj.* Qui a rapport au cadastre.

**CADASTRE**, *s. m.* Registre contenant les plans et l'estimation des propriétés d'un pays.

**CADAVÉREUX, EUSE**, *adj.* Qui tient du cadavre.

**CADAVÉRIQUE**, *adj.* 2 *g.* Qui est relatif au cadavre.

**CADAVRE**, *s. m.* Corps humain mort.

**CADEAU**, *s. m.* Présent, don.

**CADENAS**, *s. m.* Serrure mobile.

**CADENASSER** (*part. é, ée*), *v. a.* Fermer au cadenas.

**CADENCE**, *s. f.* Mesure qui règle le mouvement de la danse, le pas militaire ; marche harmonieuse d'une phrase.

**CADENCER** (*part. é, ée*), *v. a.* Régler ses mouvements ; donner du nombre à ses phrases, à ses vers.

**CADET, TTE**, *adj.* et *s.* Puîné, plus jeune.

**CADI**, *s. m.* Magistrat turc.

**CADRAN**, *s. m.* Surface des horloges où sont marquées les heures.

**CADRE**, *s. m.* Bordure d'un tableau ; disposition des principales parties d'un ouvrage.

**CADRER**, *v. n.* Être en rapport ; convenir à.

**CADUC, UQUE**, *adj.* Vieux ; qui approche de sa fin ; *mal caduc*, épilepsie.

**CADUCÉE**, *s. m.* Baguette entourée de deux serpents ; bâton des hérauts d'armes.

**CADUCITÉ**, *s. f.* État de ce qui est caduc ; état qui précède la décrépitude.

**CAEN**, chef-lieu du dép. du Calvados.

**CAFARD, E**, *adj.* et *s.* Hypocrite.

**CAFARDERIE**, *s. f.* Hypocrisie.

**CAFARDISE**, *s. f.* Acte de dévotion affectée.

**CAFÉ**, *s. m.* Fruit du cafier ; liqueur que l'on tire de ce fruit ; lieu où cette liqueur se débite.

**CAFÉIÈRE**, *s. f.* Lieu planté de cafiers.

**CAFETAN**, *s. m.* Robe de distinction chez les Turcs.

**CAFETIER**, *s. m.* Maître d'un café.

**CAFETIÈRE**, *s. f.* Vase pour le café.

**CAFIER** ou **CAFÉIER**, *s. m.* Arbre qui produit le café.

**CAGE**, *s. f.* Petite loge en fil de fer ou en osier pour renfermer les oiseaux.

**CAGNARD, E**, *adj.* Paresseux, poltron.

**CAGNARDER**, *v. n.* Vivre dans la paresse ; *fam.*

**CAGNARDISE**, *s. f.* Paresse.

**CAGNEUX, EUSE**, *adj.* Qui a les genoux tournés en dedans.

**CAGOT, E**, *adj.* Faux dévot.

**CAGOTERIE**, *s. f.* Manière d'agir du cagot.

**CAGOTISME**, *s. m.* Habitudes du cagot.

**CAHIER**, *s. m.* Assemblage de feuilles de papier.

**CAHIN-CAHA**, *adv.* Tant bien que mal.

**CAHORS**, chef-lieu du dép. du Lot.

**CAHOT**, *s. m.* Secousse d'une voiture dans un chemin raboteux.

**CAHOTAGE**, *s. m.* Effet des cahots.

**CAHOTANT, E**, *adj.* Qui cahote.

**CAHOTER** (*part. é, ée*), *v. a.* Causer des cahots.

**CAHUTE**, *s. f.* Cabane, petite hutte.

**CAÏEU**, *s. m.* Rejeton d'un ognon à fleur.

**CAILLE**, *s. f.* Oiseau de passage, moins gros que la perdrix.

**CAILLÉ**, *s. m.* Lait caillé.

**CAILLEBOTTE**, *s. f.* Masse de lait caillé.

**CAILLE-LAIT**, *s. m.* Genre de plantes qui a la propriété de faire cailler le lait.

**CAILLEMENT**, *s. m.* État de ce qui se caille.

**CAILLER** (*part. é, ée*), *v. a.* Figer, épaissir ; *se* —, *v. pr.* S'épaissir en se coagulant.

**CAILLETAGE**, *s. m.* Bavardage.

**CAILLETEAU**, *s. m.* Jeune caille.

**CAILLETER** (se conj. sur le v. *Jeter*), *v. n.* Babiller.

**CAILLETTE**, *s. f.* Femme qui bavarde ; ventricule qui contient la présure.

**CAILLOT**, *s. m.* Masse de sang caillé.

**CAILLOU** (*au pl. cailloux*), *s. m.* Pierre très-dure dont le briquet tire des étincelles.

**CAILLOUTAGE**, *s. m.* Ouvrage en cailloux.

**CAILLOUTEUX, EUSE**, *adj.* Plein de cailloux.

**CAÏMAN**, *s. m.* Espèce de crocodile.

**CAIMANDER.** Voy. *Quémander.*

**CAISSE**, *s. f.* Coffre; lieu où l'on garde de l'argent; tambour; — *d'épargne*, où l'on peut déposer les plus petites sommes pour en tirer intérêt.

**CAISSIER**, *s. m.* Celui qui tient la caisse.

**CAISSON**, *s. m.* Chariot couvert pour transporter des munitions.

**CAJOLER** (*part.* é, ée), *v. a.* Flatter, louer.

**CAJOLERIE**, *s. f.* Action de cajoler; flatterie.

**CAJOLEUR, EUSE**, *s.* Celui ou Celle qui cajole.

**CAL**, *s. m.* Durillon.

**CALAIS**, chef-lieu de canton du dép. du Pas-de-Calais.

**CALAISIEN, ENNE**, *s.* Habitant ou Originaire de Calais.

**CALAMITÉ**, *s. f.* Grand malheur, malheur public.

**CALAMITEUX, EUSE**, *adj.* Malheureux.

**CALANDRE**, *s. f.* Machine pour lustrer les étoffes.

**CALANDRER** (*part.* é, ée), *v. a.* Lustrer avec la calandre.

**CALCAIRE**, *adj.* 2 *g.* Qui contient de la chaux.

**CALCINATION**, *s. f.* Action de calciner.

**CALCINER** (*part.* é, ée), *v. a.* Réduire par le feu à l'état de chaux.

**CALCUL**, *s. m.* Supputation, compte; pierre qui se forme dans la vessie.

**CALCULABLE**, *adj.* 2 *g.* Qui peut se calculer.

**CALCULATEUR, TRICE**, *s.* et *adj.* Qui calcule.

**CALCULER** (*part.* é, ée), *v. a.* Compter, supputer; —, *v. n.* Réfléchir, prévoir.

**CALCULEUX, EUSE**, *adj.* Qui a rapport aux calculs de la vessie.

**CALE**, *s. f.* Fond d'un navire; petit morceau de bois placé sous un meuble, sous une poutre, etc., pour les mettre d'aplomb.

**CALEBASSE**, *s. f.* Fruit du calebassier; espèce de concombre.

**CALEBASSIER**, *s. m.* Arbre d'Amérique.

**CALÈCHE**, *s. f.* Carrosse découvert.

**CALEÇON**, *s. m.* Sorte de culotte de dessous.

**CALÉFACTION**, *s. f.* Chaleur causée par le feu.

**CALEMBOUR**, *s. m.* Quolibet, mauvais jeu de mots.

**CALEMBREDAINE**, *s. f.* Propos inutile, bourde.

**CALENDES**, *s. f. pl.* Premier jour du mois chez les Romains; — *grecques*, temps qui ne viendra jamais (attendu que les Grecs n'avaient pas de calendes).

**CALENDRIER**, *s. m.* Tableau des jours de l'année dans l'ordre où ils se succèdent.

**CALEPIN**, *s. m.* Recueil de notes qu'on fait pour son propre usage.

**CALER** (*part.* é, ée), *v. a.* Mettre une cale.

**CALFAT**, *s. m.* Celui qui calfate; son ouvrage.

**CALFATAGE**, *s. m.* Action de calfater.

**CALFATER** (*part.* é, ée), *v. a.* Boucher avec des étoupes les joints, les trous au corps d'un navire

**CALFEUTRAGE**, *s. m.* Action de calfeutrer.

**CALFEUTRER** (*part.* é, ée), *v. a.* Boucher les fentes d'une fenêtre, d'une porte.

**CALIBRE**, *s. m.* Dimension de l'ouverture du canon d'une arme à feu; grosseur du boulet ou de la balle destinée à cette arme; qualité, état des personnes; instrument pour mesurer des dimensions.

**CALIBRER** (*part.* é, ée), *v. a.* Donner ou Mesurer le calibre.

**CALICE**, *s. m.* Coupe qui sert à la messe pour la consécration du vin; enveloppe extérieure des fleurs.

**CALICOT**, *s. m.* Toile de coton.

**CALIFAT**, *s. m.* Dignité de calife.

**CALIFE**, *s. m.* Souverain mahométan ou arabe.

**CALIFOURCHON**, *s. m.* *A califourchon*, comme si l'on était à cheval.

**CÂLIN**, **E**, *adj.* et *s.* Doucereux; indolent.

**CÂLINER** (*part.* é, ée), *v. a.* Cajoler; *se* —, *v. pr.* Être indolent.

**CÂLINERIE**, *s. f.* Cajolerie.

**CALLEUX**, **EUSE**, *adj.* Où il y a des cals.

**CALLIGRAPHE**, *s. m.* Celui qui s'applique à la calligraphie.

**CALLIGRAPHIE**, *s. f.* Art de bien écrire.

**CALLIGRAPHIQUE**, *adj.* 2 *g.* Qui a rapport à la calligraphie.

**CALLOSITÉ**, *s. f.* Dureté, aspérité sur la peau.

**CALMANT**, **E**, *adj.* Qui calme les douleurs; —, *s. m.* Remède qui calme.

**CALME**, *adj.* 2 *g.* Tranquille, sans agitation; —, *s. m.* Tranquillité, repos.

**CALMER** (*part.* é, ée), *v. a.* Rendre calme.

**CALOMNIATEUR**, **TRICE**, *s.* Celui ou Celle qui calomnie.

**CALOMNIE**, *s. f.* Imputation injurieuse; fausse accusation.

**CALOMNIER** (*part.* é, ée), *v. a.* Répandre des calomnies.

**CALOMNIEUSEMENT**, *adv.* Avec calomnie.

**CALOMNIEUX**, **EUSE**, *adj.* Qui contient des calomnies.

**CALORIFÈRE**, *adj.* 2 *g.* Qui transmet la chaleur; — *s. m.* Sorte de grand poêle.

**CALORIQUE**, *s. m.* Principe de la chaleur.

**CALOTTE**, *s. f.* Petit bonnet pour couvrir le haut de la tête.

**CALQUE**, *s. m.* Trait léger d'un dessin calqué.

**CALQUER** (*part.* é, ée), *v. a.* Tirer une copie d'un dessin trait pour trait, à l'aide d'un papier transparent; *fig.* Imiter.

**CALUMET**, *s. m.* Pipe de sauvage.

**CALUS**, *s. m.* Nœud des os fracturés; endurcissement.

**CALVADOS**, nom d'un département dont Caen est le chef-lieu.

**CALVAIRE**, *s. m.* Montagne de la Palestine où J.-C. a été crucifié; lieu où on a planté une croix en commémoration de la mort de J.-C.

**CALVI**, chef-lieu d'arr. du dép. de la Corse.

**CALVILLE**, *s. f.* Espèce de pomme.

**CALVINISME**, *s. m.* Secte religieuse, opinion des calvinistes.

**CALVINISTE**, *s. m.* Celui qui a adopté la doctrine religieuse de Calvin.

**CALVITIE**, *s. f.* État d'une tête chauve; effet de la chute des cheveux.

**CAMAIL** (*au pl. camails*), *s. m.* Demi-manteau avec un capuchon, à l'usage des prêtres.

**CAMARADE**, *s.* 2 *g.* Compagnon.

**CAMARADERIE**, *s. f.* Affection qui existe entre camarades.

**CAMARD**, **E**, *adj.* et *s.* Qui a le nez écrasé.

**CAMBOUIS**, *s. m.* Vieux oing qui a servi à graisser les roues des voitures.

**CAMBRAI**, chef-lieu d'arrond. du dép. du Nord.

**CAMBRER** (*part.* é, ée), *v. a.* Courber en arc; *se* —, *v. pr.* Se courber.

**CAMBRURE**, *s. f.* Courbure en arc.

**CAMBUSE**, *s. f.* Partie du vaisseau où se fait la distribution des vivres.

**CAMÉE**, *s. m.* Espèce de pierre précieuse sculptée en relief.

**CAMÉLÉON**, *s. m.* Espèce de lézard qui prend différentes couleurs; *fig.* Personne qui change facilement d'opinions.

**CAMELOT**, *s. m.* Étoffe de poil de chèvre, de laine et de soie.

**CAMÉRIER**, *s. m.* Officier de la chambre du pape.

**CAMÉRISTE**, *s. f.* Femme qui fait l'office de femme de chambre près d'une princesse.

**CAMION**, *s. m.* Espèce de petit chariot; petite épingle.

**CAMIONNEUR**, *s. m.* Celui qui conduit un camion.

**CAMISOLE**, *s. f.* Espèce de gilet à manches (vêtement de femme).

**CAMOMILLE**, *s. f.* Plante médicinale, herbe odoriférante.

**CAMOUFLET**, *s. m.* Fumée épaisse qu'on souffle au visage de quelqu'un; *fig.* Affront, mortification.

**CAMP**, *s. m.* Lieu où s'établit une armée; lice pour les tournois.

**CAMPAGNARD, E**, *adj.* Qui n'a pas la politesse des habitants de la ville; *s.* Celui qui habite la campagne.

**CAMPAGNE**, *s. f.* Champs; étendue de pays plat et découvert; temps consacré à une expédition militaire.

**CAMPAGNOL**, *s. m.* Espèce de mulot.

**CAMPANILE**, *s. m.* Clocher à jour où sont suspendues les cloches.

**CAMPANULE**, *s. f.* Plante de jardin (sa fleur a la forme d'une cloche).

**CAMPÊCHE**, *s. m.* Arbre d'Amérique dont on tire une teinture rouge.

**CAMPEMENT**, *s. m.* Action de camper.

**CAMPER** (*part.* é, ée), *v. n.* Dresser un camp; séjourner, faire arrêter une armée dans un lieu; — *v. a.* Dresser, placer; donner; *se —*, *v. pr.* S'arrêter, se placer.

**CAMPHRE**, *s. m.* Sorte de gomme aromatique.

**CAMPHRÉ, ÉE**, *adj.* Où l'on a mis du camphre.

**CAMPHRER** (*part.* é, ée), *v. a.* Mettre du camphre.

**CAMPOS**, *s. m.* Congé.

**CAMUS, E**, *adj.* Qui a le nez court et plat.

**CANAILLE**, *s. f.* Vile populace; gens méprisables.

**CANAL** (*au pl. canaux*), *s. m.* Conduit par où l'eau passe; longue pièce d'eau; *fig.* Entremise, moyen.

**CANALISATION**, *s. f.* Communication par le moyen de canaux.

**CANALISER** (*part.* é, ée), *v. a.* Ouvrir des canaux dans un pays.

**CANAPÉ**, *s. m.* Long siége à dossier.

**CANARD**, *s. m.* Oiseau aquatique.

**CANARDER** (*part.* é, ée), *v. a.* Attaquer à coups de fusil d'un lieu couvert.

**CANARDIÈRE**, *s. f.* Lieu préparé pour prendre des canards; long fusil pour les tirer.

**CANARI**, *s. m.* Serin des Canaries.

**CANCAN**, *s. m.* Propos médisants, commérages.

**CANCER**, *s. m.* Tumeur maligne qui dégénère en ulcère; un des signes du zodiaque.

**CANCÉREUX, EUSE**, *adj.* Qui est de la nature du cancer.

**CANCRE**, *s. m.* Écrevisse de mer; *fig.* Avare sordide; pauvre hère.

**CANDÉLABRE**, *s. m.* Grand chandelier de forme antique.

**CANDEUR**, *s. f.* Pureté d'âme, sincérité.

**CANDI**, *adj. m.* *Sucre —*, sucre cristallisé.

**CANDIDAT**, *s. m.* Prétendant à une charge, à une dignité, etc.

**CANDIDATURE**, *s. f.* État du candidat.

**CANDIDE**, *adj.* 2 *g.* Qui a de la candeur.

**CANDIR** (*part.* i, ie), *v. a.* Épurer et cristalliser le sucre; *se —*, *v. pr.* Se durcir comme la glace.

**CANE**, *s. f.* Femelle du canard.

**CANETON**, *s. m.* Petit d'une cane.

**CANETTE**, *s. f.* Petite cane; pot pour la bière.

**CANEVAS**, *s. m.* Grosse toile claire pour faire des ouvrages de tapisserie.

**CANEZOU**, *s. m.* Espèce de spencer sans manches.

**CANGRÈNE.** Voy. *Gangrène.*

**CANICHE**, *adj* et *s.* 2 *g.* Chien barbet.

**CANICULAIRE**, *adj.* 2 *g.* Jours caniculaires; temps de la canicule.

**CANICULE**, *s. f.* Une des constellations; période pendant laquelle cette constellation se lève avec le soleil (du 24 juillet au 23 août).

**CANIF**, *s. m.* Instrument pour tailler les plumes.

**CANIN, E**, *adj.* Qui tient du chien; *dents canines*, dents pointues à côté des incisives; *faim canine*, faim dévorante.

**CANIVEAU**, *s. m.* Pierre ou Assemblage de pierres disposées en creux pour faciliter l'écoulement des eaux.

**CANNE**, *s. f.* Bâton pour s'appuyer en marchant; — *à sucre*, roseau dont on tire le sucre.

**CANNELER** (*part.* é, ée), *v. a.* Creuser des cannelures.

**CANNELLE**, *s. f.* Écorce du cannelier; — ou **CANNETTE**, robinet,

**CANNELLIER**, *s. m.* Arbre aromatique dont on tire la cannelle.

**CANNELURE**, *s. f.* Creux, sorte de rainure le long d'un pilastre, d'une colonne, etc.

**CANNETILLE**, *s. f.* Espèce de ruban très-fin composé d'un fil d'or ou d'argent tortillé, ou de deux fils de laiton réunis par un tissu de percale.

**CANNETTE**. Voy. *Cannelle*.

**CANNIBALE**, *s. m.* Celui qui mange de la chair humaine.

**CANON**, *s. m.* Grosse pièce d'artillerie; partie des armes à feu où l'on met la poudre et le plomb; tuyau ou corps foré; règlements ecclésiastiques; prières de la messe entre la préface et la communion; caractère d'imprimerie; sorte de fugue, *t. de mus.*

**CANONIAL**, E, *adj.* Réglé par les canons de l'Église.

**CANONICAT**, *s. m.* Emploi de chanoine.

**CANONIQUE**, *adj.* 2 *g.* Conforme aux canons de l'Église.

**CANONIQUEMENT**, *adv.* Selon les canons de l'Église.

**CANONISATION**, *s. f.* Action de canoniser.

**CANONISER** (*part.* é, ée), *v. a.* Mettre au rang des saints.

**CANONISTE**, *s. m.* Celui qui est versé dans le droit canon.

**CANONNADE**, *s. f.* Décharge de canons tirés à la fois.

**CANONNER** (*part.* é, ée), *v. a.* Battre à coups de canon.

**CANONNIER**, *s. m.* Celui qui sert le canon.

**CANONNIÈRE**, *s. f.* Petite ouverture dans un mur pour tirer, à couvert, des coups de canon, de fusil, etc.; petite embarcation armée de canons; espèce de tente; jouet d'enfant, qui consiste en un petit bâton creux, bourré de tampons de filasse ou de papier que l'on chasse avec effort au moyen d'un piston.

**CANOT**, *s. m.* Petit bateau; petite chaloupe.

**CANTAL**, *s. m.* Fromage d'Auvergne.

**CANTAL**, nom d'une haute montagne près d'Aurillac et nom du dép. dont cette ville est le chef-lieu.

**CANTALOUP**, *s. m.* Melon à côtes.

**CANTATE**, *s. f.* Petit poëme lyrique; ode en musique.

**CANTATRICE**, *s. f.* Chanteuse de profession.

**CANTHARIDE**, *s. f.* Espèce de mouche employée en médecine.

**CANTINE**, *s. f.* Cabaret ouvert pour les soldats; petit coffre pour porter des bouteilles en voyage.

**CANTINIER**, IÈRE, *s.* Celui ou Celle qui tient une cantine.

**CANTIQUE**, *s. m.* Poëme religieux.

**CANTON**, *s. m.* Partie, subdivision d'un territoire, d'une ville.

**CANTONADE**, *s. f.* L'intérieur des coulisses d'un théâtre.

**CANTONAL**, E, *adj.* Qui est du ressort d'un canton.

**CANTONNEMENT**, *s. m.* Séjour de troupes cantonnées; lieu où elles séjournent.

**CANTONNER** (*part.* é, ée), *v. a.* Mettre en séjour momentané; —, *v. n.* Être en cantonnement; *se* —, *v. pr.* Se loger dans un canton.

**CANTONNIER**, *s. m.* Ouvrier chargé de l'entretien des routes.

**CANULE**, *s. f.* Tuyau d'une seringue; petit robinet.

**CAOUTCHOUC**, *s. m.* Gomme élastique.

**CAP**, *s. m.* Promontoire.

**CAPABLE**, *adj.* 2 *g.* Propre ; habile; susceptible de.

**CAPACITÉ**, *s. f.* Habileté; intelligence; profondeur et largeur d'un objet creux.

**CAPARAÇON**, *s. m.* Couverture de cheval.

**CAPARAÇONNER** (*part.* é, ée), *v. a.* Mettre un caparaçon (à un cheval).

**CAPE**, *s. f.* Manteau à capuchon que portaient les femmes; la grande voile d'un vaisseau.

**CAPILLAIRE**, *adj.* 2 *g.* Délié comme les cheveux; —, *s. m.* Plante médicinale.

**CAPILLARITÉ**, *s. f.* Phénomène de l'ascension et de la dépression des liquides dans les tubes capillaires.

**CAPILOTADE**, *s. f.* Sorte de ragoût.

**CAPITAINE**, *s. m.* Chef d'une compagnie, dans un régiment; commandant d'un vaisseau.

**CAPITAL**, *s. m.* Somme d'argent; le principal objet.

**CAPITAL, E**, *adj.* (*au pl. capitaux*), Principal, essentiel; *crime* —, qui mérite la mort; *péché* —, qui entraîne la damnation; *lettre capitale*, majuscule.

**CAPITALE**, *s. f.* Ville principale d'un État, où est ordinairement placé le siége du gouvernement.

**CAPITALISER** (*part.* é, ée), *v. a.* Convertir en capital.

**CAPITALISTE**, *s. m.* Celui qui a de l'argent placé.

**CAPITATION**, *s. f.* Impôt par tête.

**CAPITEUX, EUSE**, *adj.* Qui porte à la tête.

**CAPITOLE**, *s. m.* Ancien édifice ou temple à Rome, consacré à Jupiter.

**CAPITOLIN**, *adj. m.* Du Capitole.

**CAPITOUL**, *s. m.* Échevin, à Toulouse.

**CAPITULAIRE**, *adj.* 2 *g.* Qui est relatif à une assemblée de religieux; —, *s. m.* Ordonnance, règlement, constitution rédigée par chapitres.

**CAPITULAIREMENT**, *adv.* En chapitre.

**CAPITULANT**, *adj. m.* Qui a voix dans un chapitre.

**CAPITULATION**, *s. f.* Traité pour la reddition d'une place assiégée.

**CAPITULER**, *v. n.* Traiter de la reddition d'une place.

**CAPON**, *s. m.* Lâche, flatteur, rusé (*pop.*).

**CAPONNER**, *v. n.* Faire le capon (*pop.*).

**CAPORAL** (*au pl. caporaux*), *s. m.* Sous-officier commandant une escouade d'infanterie.

**CAPOT**, *adj.* 2 *g.* (inv.) Qui ne fait aucune levée (au jeu de piquet); *faire* —, faire toutes les levées.

**CAPOTE**, *s. f.* Vêtement de femme; manteau de soldat; partie supérieure d'un cabriolet.

**CÂPRE**, *s. f.* Bouton à fleur du câprier; graine de capucine.

**CAPRICE**, *s. m.* Fantaisie, boutade.

**CAPRICIEUSEMENT**, *adv.* Par caprice.

**CAPRICIEUX, EUSE**, *adj.* Fantasque.

**CAPRICORNE**, *s. m.* Un des signes du zodiaque; sorte d'insecte.

**CÂPRIER**, *s. m.* Arbuste qui porte les câpres.

**CAPRON**, *s. m.* Grosse fraise.

**CAPSULE**, *s. f.* Membrane qui enveloppe les graines; espèce de petite boite en métal contenant une amorce fulminante pour les armes à feu.

**CAPTATEUR**, *s. m.* Celui qui capte.

**CAPTATION**, *s. f.* Action de capter.

**CAPTATOIRE**, *adj.* 2 *g.* Qui a pour objet de capter.

**CAPTER** (*part.* é, ée), *v. a.* Chercher à obtenir quelque chose par adresse.

**CAPTIEUSEMENT**, *adv.* D'une manière captieuse.

**CAPTIEUX, EUSE**, *adj.* Qui tend à tromper.

**CAPTIF, IVE**, *adj.* et *s.* Prisonnier; réduit à l'esclavage.

**CAPTIVER** (*part.* é, ée), *v. a.* Rendre captif; *fig.* Assujettir.

**CAPTIVITÉ**, *s. f.* Privation de la liberté.

**CAPTURE**, *s. f.* Butin; arrestation; saisie de marchandises prohibées.

**CAPTURER** (*part.* é, ée), *v. a.* Faire capture.

**CAPUCE**, *s. m.* Capuchon.

**CAPUCHON**, *s. m.* Espèce de vêtement pour couvrir la tête.

**CAPUCIN**, *s. m.* Ancien religieux de l'ordre de Saint-François.

**CAPUCINADE**, *s. f.* Plat discours; dévotion affectée.

**CAPUCINE**, *s. f.* Fleur potagère; pièce du fusil.

**CAQUAGE**, *s. m.* Manière de saler les harengs.

**CAQUE**, *s. f.* Baril pour le hareng.

**CAQUER** (*part.* é, ée), *v. a.* Préparer le hareng pour le mettre en caque.

**CAQUET**, *s. m.* Babil.

**CAQUETAGE**, *s. m.* Action de caqueter.

**CAQUETER**, *v. n.* Babiller; crier (en parlant de la poule qui va pondre).

**CAQUETERIE**, *s. f.* Action de caqueter.

**CAQUETEUR, EUSE**, *s.* Celui ou Celle qui caquette.

**CAQUEUR, EUSE**, *s.* Celui ou Celle qui caque les harengs.

**CAR**, *conj.* qui marque la raison d'une proposition.

**CARABIN**, *s. m.* Élève en chirurgie.

**CARABINE**, *s. f.* Fusil de cavalier.

**CARABINIER**, *s. m.* Cavalier armé d'une carabine.

**CARACO**, *s. m.* Vêtement de femme, sorte de pardessus.

**CARACOLE**, *s. f.* Mouvement en rond ou en demi-rond qu'on fait faire à un cheval.

**CARACOLER**, *v. n.* Faire des caracoles.

**CARACTÈRE**, *s. m.* Signes employés dans l'écriture ou dans l'impression; écriture, marque, empreinte; inclinations d'une personne; physionomie; fermeté, grandeur d'âme; titre, dignité.

**CARACTÉRISER** (*part.* é, ée), *v. a.* Désigner par des traits caractéristiques.

**CARACTÉRISTIQUE**, *adj.* 2 *g.* Qui caractérise.

**CARAFE**, *s. f.* Vase de verre ou de cristal pour servir de l'eau, des liqueurs.

**CARAFON**, *s. m.* Petite carafe.

**CARAMBOLAGE**, *s. m.*, et **CARAMBOLE**, *s. f.* Action de caramboler.

**CARAMBOLER**, *v. n.* Toucher deux billes avec la sienne, au billard.

**CARAMEL**, *s. m.* Sucre fondu et un peu brûlé.

**CARAPACE**, *s. f.* Espèce de cuirasse qui couvre la tortue.

**CARAT**, *s. m.* Poids égal à deux décigr. un milligr., pour peser les diamants; titre de l'or.

**CARAVANE**, *s. f.* Troupe de pèlerins et de marchands du Levant qui voyagent ensemble.

**CARAVANSÉRAIL** (*au pl. caravansérails*), *s. m.* Hôtellerie pour les caravanes.

**CARBONATE**, *s. m.* Nom générique des sels composés d'acide carbonique avec une base quelconque.

**CARBONE**, *s. m.* Charbon pur.

**CARBONIQUE**, *adj.* Tiré du charbon.

**CARBONISATION**, *s. f.* Action de carboniser.

**CARBONISER** (*part.* é, ée), *v. a.* Réduire en charbon.

**CARBONNADE**, *s. f.* Viande grillée.

**CARCAN**, *s. m.* Collier de fer pour attacher un criminel à un poteau.

**CARCASSE**, *s. f.* Ossements décharnés, mais encore réunis; charpente d'un bâtiment.

**CARCASSONNE**, chef-lieu du dép. de l'Aude.

**CARDE**, *s. f.* Côte de poirée bonne à manger; peigne pour carder la laine.

**CARDER** (*part.* é, ée), *v. n.* Démêler la laine, le coton, la soie, avec la carde.

**CARDEUR, EUSE**, *s.* Celui ou Celle qui carde.

**CARDINAL** (*au pl. cardinaux*), *s. m.* Un des principaux prélats de la cour de Rome.

**CARDINAL, E**, *adj.* Principal; *nombre* —, celui qui ne désigne que la quantité, comme un, deux, trois, etc.; *points cardinaux*, les quatre points de l'horizon.

**CARDINALAT**, *s. m.* Dignité de cardinal.

**CARDON**, *s. m.* Plante potagère.

**CARÊME**, *s. m.* Temps d'abstinence entre le mardi gras et le jour de Pâques; jeûne prescrit pendant ce temps.

**CARÉNAGE**, *s. m.* Action de caréner.

**CARENCE**, *s. f.* Manque, défaut; insolvabilité.

**CARÈNE**, *s. f.* Partie du vaisseau qui plonge dans l'eau.

**CARÉNER** (*part.* é, ée), *v. a.* Mettre un vaisseau sur le côté pour le radouber.

**CARENTAN**, chef-lieu d'arr. du dép. de la Manche.

**CARESSANT, E**, *adj.* Qui aime à caresser.

**CARESSE**, *s. f.* Témoignage extérieur d'affection.

**CARESSER** (*part.* é, ée), *v. a.* Faire des caresses; flatter, encourager.

**CARGAISON**, *s. f.* Marchandises qui chargent un vaisseau.

**CARGUE**, *s. f.* Corde pour raccourcir (les voiles).

**CARGUER** (*part.* é, ée), *v. a.* Relever, retrousser les voiles.

**CARIATIDE**, *s. f.* Figure sculptée qui soutient sur sa tête une partie d'un monument.

**CARICATURE**, *s. f.* Personne d'un air ridicule; représentation exagérée d'un objet.

**CARIE**, *s. f.* Pourriture des os; maladie des blés.

**CARIER** (*part.* é, ée), *v. a.* Gâter, pourrir.

**CARILLON** (ll m.), *s. m.* Battement de cloches en mesure et à coups précipités; grand bruit.

**CARILLONNER** (ll m.), *v. n.* Sonner le carillon.

**CARILLONNEUR** (ll m.), *s. m.* Celui qui carillonne.

**CARLIN**, *s. m.* Petit chien à poil ras et à museau noir.

**CARLOVINGIEN**, **ENNE**, *adj.* Qui est de la 2e race des rois de France, descendant de Charlemagne.

**CARMAGNOLE**, *s. f.* Sorte d'habit; danse et air en vogue en 1792.

**CARME**, *s. m.* Moine du Mont-Carmel.

**CARMÉLITE**, *s. f.* Religieuse du Mont-Carmel.

**CARMIN**, *s. m.* Couleur d'un rouge vif.

**CARNAGE**, *s. m.* Tuerie, massacre.

**CARNASSIER**, **IÈRE**, *adj.* Qui se nourrit de chair crue.

**CARNASSIÈRE**, *s. f.* Sac pour porter le gibier tué à la chasse.

**CARNATION**, *s. f.* Teint; couleur des chairs.

**CARNAVAL**, *s. m.* Temps de divertissements publics, depuis le jour des Rois jusqu'au mercredi des cendres.

**CARNET**, *s. m.* Livret pour les affaires commerciales; petit livre de poche pour prendre des notes journalières.

**CARNIVORE**, *adj.* 2 *g.* Qui se nourrit de chair.

**CARONADE**, *s. f.* Gros canon court.

**CAROTIDE**, *adj.* et *s. f.* Nom donné à chacune des deux artères principales qui portent le sang au cerveau.

**CAROTTE**, *s. f.* Plante potagère.

**CAROTTER**, *v. n.* Hasarder peu de chose à la fois au jeu.

**CAROTTEUR**, **EUSE**; et **CAROTTIER**, **IÈRE**, *s.* Celui ou Celle qui carotte.

**CARPE**, *s. f.* Poisson d'eau douce.

**CARPE**, *s. m.* Partie qui est entre l'avant-bras et la paume de la main.

**CARPENTRAS**, chef-lieu d'arrond. du dép. de Vaucluse.

**CARQUOIS**, *s. m.* Étui pour les flèches.

**CARRARE**, *s. m.* Nom donné à un marbre blanc tiré de Carrare en Toscane.

**CARRÉ**, *s. m.* Figure à quatre côtés égaux et quatre angles droits; produit d'un nombre multiplié par lui-même; palier entre chaque étage dans un escalier.

**CARRÉ**, **ÉE**, *adj.* Qui a la forme du carré.

**CARREAU**, *s. m.* Pavé de pierre, de terre cuite ou de marbre, pour couvrir le sol dans les maisons; sorte de fer à repasser; — *de vitre*, pièce de verre pour les fenêtres; maladie propre aux enfants caractérisée par la tension et la dureté du ventre.

**CARREFOUR**, *s. m.* Endroit où aboutissent plusieurs rues ou plusieurs chemins.

**CARRELAGE**, *s. m.* Action de carreler; ouvrage du carreleur.

**CARRELER** (*part.* é, ée; se conj. sur *Appeler*), *v. a.* Poser du carreau; raccommoder de vieux souliers.

**CARRELET**, *s. m.* Grosse aiguille carrée; poisson de mer à taches rouges; filet pour pêcher; espèce de tamis pour passer des liquides.

**CARRELEUR**, *s. m.* Celui qui pose le carreau; celui qui raccommode les souliers.

**CARRELURE**, *s. f.* Semelles neuves qu'on met à une vieille chaussure.

**CARRÉMENT**, *adv.* En carré.

**CARRER** (*part.* é, ée), *v. a.* Rendre carré; évaluer en mesures carrées; *se* —, *v. p.* Marcher d'un air arrogant.

**CARRICK**, *s. m.* Sorte de redingote avec collets.

**CARRIER**, *s. m.* Ouvrier qui travaille dans les carrières.

**CARRIÈRE**, *s. f.* Lieu d'où l'on extrait de la pierre, du marbre, de l'ardoise; lieu fermé de barrières et consacré aux exercices à pied, à cheval, etc.; espace de temps; profession.

**CARRIOLE**, *s. f.* Petite charrette couverte et suspendue.

**CARROSSE**, *s. m.* Voiture à quatre roues, suspendue et couverte.

**CARROSSÉE**, *s. f.* Ce qui charge, remplit un carrosse.

**CARROSSIER**, *s. m.* Celui qui fait des carrosses.

**CARROUSEL**, *s. m.* Sorte de tournoi.

**CARRURE**, *s. f.* Largeur du dos, à la hauteur des épaules.

**CARTE**, *s. f.* Petit carton pour jouer ou pour écrire; liste des mets en consommation chez un traiteur, mémoire des dépenses qu'on y a faites; plan linéaire d'un lieu.

**CARTEL**, *s. m.* Défi écrit pour un combat singulier; convention pour un échange de prisonniers; sorte de pendule.

**CARTÉSIANISME**, *s. m.* Philosophie de Descartes.

**CARTÉSIEN, ENNE**, *adj.* Qui a rapport à la philosophie de Descartes.

**CARTIER**, *s. m.* Fabricant ou Marchand de cartes à jouer.

**CARTILAGE**, *s. m.* Partie du corps dure et sensible, moins compacte que les os et qui se trouve à leur extrémité.

**CARTILAGINEUX, EUSE**, *adj.* Qui est de la nature du cartilage.

**CARTON**, *s. m.* Grosse carte; boîte; portefeuille; feuillet d'impression refait avec des changements.

**CARTONNAGE**, *s. m.* Action de cartonner, le résultat de cette action.

**CARTONNER** (*part.* é, ée), *v. a.* Couvrir un livre avec du carton.

**CARTONNIER**, *s. m.* Celui qui fait et vend du carton.

**CARTOUCHE**, *s. f.* Charge d'une arme à feu.

**CARTOUCHE**, *s. m.* Sorte d'ornement de peinture ou de sculpture.

**CARTULAIRE**, *s. m.* Recueil d'actes d'un corps religieux.

**CAS**, *s. m.* Fait fortuit, accident, aventure, occasion; désinence dans les mots qui se déclinent.

**CASANIER, IÈRE**, *adj.* Qui aime à rester à la maison.

**CASAQUE**, *s. f.* Vêtement en forme de manteau.

**CASAQUIN**, *s. m.* Camisole, vêtement de femme.

**CASCADE**, *s. f.* Chute d'eau.

**CASE**, *s. f.* Cabane, maison; séparation formant une place réservée dans une armoire; carré du damier, de l'échiquier.

**CASÉEUX, EUSE**, *adj.* Qui est de la nature du fromage.

**CASEMATE**, *s. f.* Logement à l'épreuve de la bombe.

**CASEMATÉ, ÉE**, *adj.* Disposé en casemate.

**CASER** (*part.* é, ée), *v. a.* Mettre en ordre; *se—*, *v. pr.* Se placer, s'établir.

**CASERNE**, *s. f.* Bâtiment où logent les soldats.

**CASERNEMENT**, *s. m.* Action de caserner.

**CASERNER** (*part.* é, ée), *v. a.* et *v. n.* Loger dans des casernes.

**CASIER**, *s. m.* Dessus de bureau à compartiments pour mettre des papiers.

**CASIMIR**, *s. m.* Drap très-léger et croisé.

**CASQUE**, *s. m.* Arme défensive pour la tête.

**CASQUETTE**, *s. f.* Sorte de bonnet.

**CASSANT, E**, *adj.* Fragile, facile à casser.

**CASSATION**, *s. f.* Acte juridique par lequel une procédure est annulée; *cour de* —, tribunal suprême qui révise les jugements.

**CASSE**, *s. f.* (*t. d'impr.*). Sorte de boîte divisée en compartiments contenant les différents caractères d'une même lettre.

**CASSÉ, ÉE**, *adj.* Rompu, brisé; vieux, infirme.

**CASSE-COU**, *s. m.* Endroit dangereux, où il est facile de faire une chute.

**CASSE-NOISETTE** et **CASSE-NOIX**, *s. m.* (inv.) Instrument pour casser des noix ou des noisettes.

**CASSER** (*part.* é, ée), *v. a.* Rompre, briser; dégrader un officier; *se* —, *v. pr.* Vieillir.

**CASSEROLE**, *s. f.* Ustensile de cuisine.

**CASSE-TÊTE**, *s. m.* (inv.) Espèce de massue.

**CASSETTE**, *s. f.* Petit coffre.

**CASSEUR**, *s. m.* Fier-à-bras, homme robuste.

**CASSINE**, *s. f.* Petite maison dans les champs.

**CASSIS**, *s. m.* Groseillier à fruit noir; fruit de ce groseillier, liqueur que l'on en tire.

**CASSOLETTE**, *s. f.* Vase où l'on brûle des parfums.

**CASSON**, *s. m.* Sucre fin en pain mal formé.

**CASSONADE**, *s. f.* Sucre brut.

**CASSURE**, *s. f.* Rupture, fracture.

**CASTAGNETTES**, *s. f. pl.* Instrument de musique formé de deux petits morceaux de bois creux qu'on frappe l'un contre l'autre en cadence.

**CASTE**, *s. f.* Tribu; classe; ordre d'un Etat.

**CASTEL**, *s. m.* Château.

**CASTELLANE**, chef-lieu d'arr. du dép. des Basses-Alpes.

**CASTELNAUDARY**, chef-lieu d'arr. du dép. de l'Aude.

**CASTEL-SARRASIN**, chef-lieu d'arr. du dép. de Tarn-et-Garonne.

**CASTEL**, *s. m.* Château.

**CASTILLE**, *s. f.* Petite querelle, débat, démêlé.

**CASTOR**, *s. m.* Animal amphibie qui habite les lieux aquatiques; chapeau fait avec le poil de cet animal.

**CASTORINE**, *s. f.* Étoffe de laine, sorte de drap.

**CASTRES**, chef-lieu d'arr. du dép. du Tarn.

**CASUALITÉ**, *s. f.* Qualité de ce qui n'a rien d'assuré.

**CASUEL, ELLE**, *adj.* Fortuit, accidentel; fragile; —, *s. m.* Produit variable d'une charge, d'un emploi.

**CASUELLEMENT**, *adv.* Fortuitement.

**CASUISTE**, *s. m.* Théologien qui décide les cas de conscience.

**CATACLYSME**, *s. m.* Grande inondation, déluge.

**CATACOMBES**, *s. f. pl.* Souterrains où l'on enterrait des morts, où l'on déposait les ossements provenant des cimetières.

**CATAFALQUE**, *s. m.* Décoration funèbre.

**CATALOGUE**, *s. m.* Liste, dénombrement, nomenclature.

**CATALPA**, *s. m.* Arbre d'ornement originaire de la Caroline.

**CATAPLASME**, *s. m.* Espèce d'emplâtre émollient.

**CATAPULTE**, *s. f.* Ancienne machine de guerre qui servait à lancer des pierres.

**CATARACTE**, *s. f.* Chute des eaux d'une grande rivière; maladie des yeux.

**CATARRHAL, E**, *adj.* Qui tient du catarrhe.

**CATARRHE**, *s. m.* Fluxion qui affecte certaines parties du corps; gros rhume.

**CATARRHEUX, EUSE**, *adj.* Qui est sujet aux catarrhes; qui tient du catarrhe.

**CATASTROPHE**, *s. f.* Fin malheureuse, calamité; événement funeste qui termine une tragédie.

**CATÉCHISER** (*part.* é, ée), *v. a.* Enseigner les principaux points de la religion chrétienne.

**CATÉCHISME**, *s. m.* Instruction religieuse; le livre qui la renferme.

**CATÉCHISTE**, *s. m.* Celui qui enseigne le catéchisme.

**CATÉCHUMÈNE**, *s. m.* Celui que l'on dispose au baptême en l'instruisant.

**CATÉGORIE**, *s. f.* Ordre, classe, rang.

**CATÉGORIQUE**, *adj.* 2 *g.* Qui est dans l'ordre; précis, clair.

**CATÉGORIQUEMENT**, *adv.* Clairement; à propos.

**CATHÉDRALE**, *s. f.* Église principale d'un évêché.

**CATHOLICISME**, *s. m.* Religion catholique.

**CATHOLICITÉ**, *s. f.* Doctrine, opinion, pays catholique.

**CATHOLIQUE**, *adj.* 2 *g.* Qui est universel; —, *s.* Celui ou Celle qui fait profession du catholicisme.

**CATHOLIQUEMENT**, *adv.* Conformément à la foi catholique.

**CATI**, *s. m.* Apprêt donné aux étoffes pour les lustrer.

**CATILINAIRE**, *s. f.* Plaidoyer violent contre un homme public.

**CATIMINI** (*en*), *loc. adv.* En cachette.

**CATIR** (*part.* i, ie), *v. a.* Donner le cati, lustrer.

**CATISSEUR**, *s. m.* Celui qui donne le cati.

**CATOGAN**, *s. m.* Nœud qui servait à tenir les cheveux relevés derrière la tête.

**CATON**, *s. m.* Celui qui fait le sage.

**CAUCHEMAR**, *s. m.* Oppression pendant le sommeil.

**CAUCHOIS**, **E**, *adj.* Qui est du pays de Caux (en Normandie).

**CAUSALITÉ**, *s. f.* Manière dont une cause agit.

**CAUSANT**, **E**, *adj.* Qui aime à causer.

**CAUSE**, *s. f.* Principe, motif, sujet, raison; procès; parti.

**CAUSER** (*part.* é, ée), *v. a.* Être cause, occasionner; —, *v. n.* Converser.

**CAUSERIE**, *s. f.* Action de causer.

**CAUSEUR**, **EUSE**, *adj.* et *s.* Qui aime à causer; *causeuse*, *s. f.* Petit sopha pour deux personnes.

**CAUSTICITÉ**, *s. f.* Qualité propre aux caustiques; malignité; penchant à la satire.

**CAUSTIQUE**, *adj.* 2 *g.* Mordant, satirique; —, *s. m.* (*t. de méd.*). Remède corrosif.

**CAUTELEUSEMENT**, *adv.* Avec ruse.

**CAUTELEUX**, **EUSE**, *adj.* Fin, adroit, rusé.

**CAUTÈRE**, *s. m.* Ouverture faite à la chair pour établir une suppuration.

**CAUTÉRISATION**, *s. f.* Action de cautériser; son effet.

**CAUTÉRISER** (*part.* é, ée), *v. a.* Appliquer un cautère, brûler les chairs.

**CAUTION**, *s. f.* Celui qui répond pour un autre; cautionnement, garantie.

**CAUTIONNEMENT**, *s. m.* Acte par lequel on donne caution.

**CAUTIONNER** (*part.* é, ée), *v. a.* Donner caution pour quelqu'un.

**CAVALCADE**, *s. f.* Réunion de plusieurs personnes à cheval.

**CAVALCADOUR**, *s. m.* Écuyer chargé de tout ce qui a rapport aux équipages du souverain ou des princes.

**CAVALE**, *s. f.* Femelle du cheval, jument.

**CAVALERIE**, *s. f.* Corps de troupes à cheval.

**CAVALIER**, *s. m.* Soldat d'un corps de cavalerie; personne à cheval.

**CAVALIER**, **IÈRE**, *adj.* Libre, dégagé.

**CAVALIÈREMENT**, *adv.* Librement, hardiment; de bonne grâce.

**CAVATINE**, *s. f.* Air de musique, court, sans reprise ni seconde partie.

**CAVE**, *s. f.* Souterrain pour mettre les vins; coffret où l'on place des liqueurs pour les transporter.

**CAVE**, *adj.* 2 *g.* Creux.

**CAVEAU**, *s. m.* Petite cave.

**CAVÉE**, *s. f.* Chemin creux.

**CAVER** (*part.* é, ée), *v. a.* Creuser, miner.

**CAVERNE**, *s. f.* Lieu creux dans les rochers.

**CAVERNEUX**, **EUSE**, *adj.* Plein de cavernes.

**CAVITÉ**, *s. f.* Creux, vide.

**CE**, **CET**, *m.*, **CETTE**, *f. sing.*, **CES**, *pl. m.* et *f.*, adjectif démonstratif servant à indiquer les personnes ou les choses.

**CÉANS**, *adv.* Ici dedans.

**CECI**, *pr. dém.* Cette chose-ci. Lorsqu'il est opposé à *Cela*, il signifie une chose plus rapprochée.

**CÉCITÉ**, *s. f.* État d'un aveugle.

**CÉDANT**, **E**, *adj.* et *s.* Qui cède son droit.

**CÉDER** (*part.* é, ée), *v. a.* Abandonner; —, *v. n.* Se soumettre; s'affaisser; acquiescer.

**CÉDILLE** (ll *m.*), *s. f.* Signe en forme de virgule (,), que l'on place sous le *c* et qui lui donne la valeur d'un *s*.

**CÉDRAT**, *s. m.* Espèce de citronnier; fruit de cet arbre.

**CÈDRE**, *s. m.* Arbre toujours vert et odoriférant.

**CÉDULE**, *s. f.* Billet sous seing privé.

**CEINDRE** (*part.* ceint, ceinte; se conj. sur *Teindre*), *v. a.* Entourer, environner.

**CEINTURE**, *s. f.* Cordon, ruban qui sert à ceindre le corps; partie du corps où se place ce ruban; chose qui en environne une autre.

**CEINTURIER**, *s. m.* Celui qui fait ou vend des ceintures.

**CEINTURON**, *s. m.* Sorte de ceinture pour porter suspendus un sabre, une épée.

**CELA**, *pr. dém.* Cette chose-là. Lorsqu'il est opposé à *Ceci*, il signifie une chose plus éloignée.

**CÉLÉBRANT**, *s. m.* Celui qui célèbre la messe.

**CÉLÉBRATION**, *s. f.* Action de célébrer.

**CÉLÈBRE**, *adj.* 2 *g.* Qui a de la célébrité.

**CÉLÉBRER** (*part.* é, ée), *v. a.* Faire l'éloge de; solenniser (une fête).

**CÉLÉBRITÉ**, *s. f.* Solennité d'une fête; grande réputation, bonne ou mauvaise.

**CELER** (*part.* é, ée), *v. a.* Tenir caché; *se* —, *v. pr.* Se renfermer chez soi.

**CÉLERI**, *s. m.* Plante potagère.

**CÉLÉRIFÈRE**, *s. m.* Voiture qui transporte très-vite.

**CÉLÉRITÉ**, *s. f.* Vitesse, promptitude.

**CÉLESTE**, *adj.* 2 *g.* Qui appartient au ciel, divin; excellent.

**CÉLIBAT**, *s. m.* État d'une personne non mariée.

**CÉLIBATAIRE**, *s. m.* Celui qui vit dans le célibat.

**CELLE**, *fém.* de l'adj. dém. *Celui*.

**CELLÉRIER**, **ÈRE**, *s.* Religieux ou Religieuse qui a soin de la dépense de bouche.

**CELLIER**, *s. m.* Lieu où l'on serre le vin et certaines provisions.

**CELLULAIRE**, *adj.* 2 *g.* (*t. de bot. et d'anat.*). Qui a rapport aux cellules, aux alvéoles; qui se rapporte au système de la réclusion par isolement.

**CELLULE**, *s. f.* Petite chambre, petit appartement; cavité; alvéole.

**CELTIQUE**, *adj.* 2 *g.* Qui appartient aux Celtes.

**CELUI**, *m.*, **CELLE**, *f.*, **CEUX**, *pl. m.*, **CELLES**, *pl. f.* Pronom démonstratif qui indique les personnes ou les choses. *Celui-ci* (*au pl. ceux-ci; au f. celle-ci*), marque une personne ou une chose à proximité: *celui-là*, *au f. celle-là; au plur. ceux-là, celles-là*, désigne une personne ou un objet éloigné.

**CÉNACLE**, *s. m.* Salle à manger.

**CENDRE**, *s. f.* Poussière produite par les matières consumées par le feu; *au pl.* Cérémonie de la distribution des cendres bénites.

**CENDRÉ**, **ÉE**, *adj.* Qui est de couleur de cendre.

**CENDRÉE**, *s. f.* Menu plomb pour la chasse au petit gibier.

**CENDREUX**, **EUSE**, *adj.* Plein de cendres.

**CENDRIER**, *s. m.* Partie du fourneau où tombe la cendre.

**CÈNE**, *s. f.* Souper de J.-C. avec ses apôtres, la veille de sa passion; cérémonie commémorative de ce fait, le jeudi saint.

**CÉNOBITE**, *s. m.* Moine vivant en communauté.

**CÉNOTAPHE**, *s. m.* Tombeau vide élevé à la mémoire d'un mort.

**CENS**, *s. m.* Redevance annuelle; recensement.

**CENSE**, *s. f.* Métairie, ferme.

**CENSÉ**, **ÉE**, *adj.* Réputé.

**CENSEUR**, *s. m.* Celui qui surveille, contrôle ou critique.

**CENSIER**, *s. m.* Celui à qui le cens était dû.

**CENSIER**, **IÈRE**, *s.* Celui ou Celle qui tient une ferme à cens.

**CENSITAIRE**, *s. m.* Celui qui doit le cens.

**CENSORIAL**, **E**, *adj.* Relatif à la censure.

**CENSURABLE**, *adj.* 2 *g.* Qui peut être censuré.

**CENSURE**, *s. f.* Réprimande; critique; emploi de censeur.

**CENSURER** (*part.* é, ée), *v. a.* Réprimander, critiquer.

**CENT**, *adj.* 2 *g.* Nombre de dix fois dix. (Il prend un *s* au plur. quand il est suivi d'un *subst.*); —, *s. m.* Une centaine, le produit de dix multiplié par dix.

**CENTAINE**, *s. f.* Nombre de cent unités; le brin de fil ou de soie qui lie l'écheveau.

**CENTAURE**, *s. m.* Monstre fabuleux moitié homme et moitié cheval.

**CENTAURÉE**, *s. f.* Plante médicinale.

**CENTENAIRE**, *adj.* 2 *g.* Qui a ou Qui contient cent ans.

**CENTENIER**, *s. m.* Officier qui commandait une troupe de cent hommes, chez les anciens.

**CENTÉSIMAL**, E, *adj.* (Nombre) qui fait partie de la centaine considérée collectivement.

**CENTIARE**, *s. m.* Centième partie de l'are (mesure de superficie); un mètre carré.

**CENTIÈME**, *adj.* et *s.* 2 *g.* Nombre ordinal de cent.

**CENTIGRADE**, *adj.* 2 *g.* Divisé en cent degrés.

**CENTIGRAMME**, *s. m.* Centième partie du gramme (mesure de poids).

**CENTILITRE**, *s. m.* Centième partie du litre (mesure de capacité).

**CENTIME**, *s. m.* Centième partie du franc (valeur monétaire).

**CENTIMÈTRE**, *s. m.* Centième partie du mètre (mesure de longueur).

**CENTISTÈRE**, *s. m.* Centième partie du stère (mesure pour les solides).

**CENTON**, *s. m.* Pièce de poésie composée de fragments détachés de quelque auteur.

**CENTRAL**, E, *adj.* Qui est au centre.

**CENTRALISATION**, *s. f.* Réunion au centre.

**CENTRALISER** (*part.* é, ée), *v. a.* Réunir au centre.

**CENTRE**, *s. m.* Milieu d'un globe, d'une sphère, etc.

**CENTRIFUGE**, *adj.* 2 *g.* Qui tend à éloigner d'un centre.

**CENTRIPÈTE**, *adj.* 2 *g.* Qui tend à rapprocher d'un centre.

**CENTUMVIR**, *s. m.* Magistrat romain.

**CENTUMVIRAL**, E, *adj.* Relatif aux centumvirs.

**CENTUMVIRAT**, *s. m.* Dignité, pouvoir du centumvir, durée de sa magistrature.

**CENTUPLE**, *adj.* 2 *g.* Qui vaut cent fois autant; *s. m.* Cent fois autant.

**CENTUPLER** (*part.* é, ée), *v. a.* Rendre cent fois plus grand.

**CENTURIE**, *s. f.* Classification par centaines; espace de cent ans.

**CENTURION**, *s. m.* Officier qui commandait cent hommes, chez les Romains.

**CEP**, *s. m.* Pied de vigne.

**CÉPÉE**, *s. f.* Bois d'un an.

**CEPENDANT**, *adv.* Pendant ce temps; —, *conj.* Néanmoins; toutefois.

**CÉRAT**, *s. m.* Onguent, pommade.

**CERBÈRE**, *s. m.* Nom du chien à trois têtes qui, selon la Fable, veillait à la porte des enfers; portier grossier, intraitable.

**CERCEAU**, *s. m.* Cercle de tonneau.

**CERCLE**, *s. m.* Ligne circulaire; circonférence; cerceau; assemblée; instrument d'arpenteur pour prendre des angles.

**CERCLER** (*part.* é, ée), *v. a.* Mettre des cercles (à un tonneau).

**CERCUEIL**, *s. m.* Bière, caisse où l'on met un mort.

**CÉRÉALE**, *adj. f.* qui se dit des plantes qui produisent des graines farineuses; *céréales*, *s. f. pl.* Le blé l'orge, le seigle.

**CÉRÉBRAL**, E, *adj.* Qui a rapport au cerveau.

**CÉRÉMONIAL** (*pl.* inusité), *s. m.* Usage des cérémonies.

**CÉRÉMONIE**, *s. f.* Formalités qu'on observe dans la pratique extérieure de la religion; témoignage de déférence; civilité.

**CÉRÉMONIEUX**, EUSE, *adj.* Qui a une civilité affectée.

**CÉRÈS**, déesse des moissons.

**CÉRET**, chef-lieu d'arrond. du dép. des Pyrénées-Orientales.

**CERF**, *s. m.* Quadrupède de l'ordre des ruminants, dont la tête est ornée de cornes branchues qu'on nomme *bois*.

**CERFEUIL**, *s. m.* Plante potagère.

**CERF-VOLANT** (*au pl. cerfs-volants*), *s. m.* Insecte volant; machine composée de baguettes d'osier recouvertes de papier et que les enfants enlèvent dans l'air à l'aide d'une ficelle.

**CÉRISAIE**, *s. f.* Terrain planté de cerisiers.

**CERISE**, *s. f.* Fruit rouge à noyau.

**CERISIER**, *s. m.* Arbre qui porte les cerises.

**CERNEAU**, *s. m.* Noix verte partagée en deux et dépouillée de sa coque.

**CERNER** (*part. é, ée*), *v. a.* Entourer, environner; creuser autour de.

**CERTAIN**, **E**, *adj.* Assuré; sûr; déterminé; quelque, maint.

**CERTAINEMENT**, *adv.* Assurément.

**CERTES**, *adv.* Certainement.

**CERTIFICAT**, *s. m.* Écrit qui atteste.

**CERTIFICATEUR**, *s. m.* Celui qui certifie.

**CERTIFICATION**, *s. f.* Attestation écrite.

**CERTIFIER** (*part. é, ée*), *v. a.* Affirmer, attester.

**CERTITUDE**, *s. f.* Assurance; conviction.

**CÉRUSE**, *s. f.* Blanc, oxyde de plomb dissous par la vapeur du vinaigre.

**CERVEAU**, *s. m.* Substance qui remplit la cavité du crâne; *fig.* Intelligence, esprit.

**CERVELAS**, *s. m.* Petit saucisson.

**CERVELET**, *s. m.* Partie postérieure du cerveau.

**CERVELLE**, *s. f.* Cerveau; *fig.* Esprit, jugement.

**CESSANT**, **E**, *adj.* Qui cesse.

**CESSATION**, *s. f.* Discontinuation.

**CESSE**, *s. f.* Répit; *sans —*, *loc. adv.* Continuellement.

**CESSER** (*part. é, ée*), *v. a.* et *v. n.* Discontinuer.

**CESSIBLE**, *adj. 2 g.* Qui peut être cédé.

**CESSION**, *s. f.* Abandon.

**CESSIONNAIRE**, *s. 2 g.* Celui ou Celle à qui on a fait cession.

**CÉSURE**, *s. f.* Repos dans un vers.

**CET**, **CETTE**. Voy. *Ce*.

**CÉTACÉ**, *s. m.* Grand mammifère vivipare qui a la forme d'un poisson; on donne ce nom à la baleine, aux dauphins.

**CÉTACÉ**, **ÉE**, *adj.* Animal de l'ordre des cétacés.

**CHABLIS**, chef-lieu d'arr. du dép. de l'Yonne.

**CHABRAQUE**, *s. f.* Espèce de caparaçon.

**CHACAL**, *s. m.* Animal carnivore qui tient du chien et du loup.

**CHACUN**, **E**, *pron. distributif* (sans *plur.*). Chaque personne, chaque chose.

**CHAFOUIN**, **E**, *adj.* et *s.* Petit, maigre.

**CHAGRIN**, *s. m.* Affliction, peine; espèce de cuir.

**CHAGRIN**, **E**, *adj.* Triste, mélancolique.

**CHAGRINANT**, **E**, *adj.* Qui donne du chagrin.

**CHAGRINER** (*part. é, ée*), *v. a.* Causer du chagrin; *se —*, *v. pr.* S'attrister.

**CHAÎNE**, *s. f.* Lien composé d'anneaux entrelacés; servitude; continuité; suite.

**CHAÎNETTE**, *s. f.* Petite chaîne.

**CHAÎNON**, *s. m.* Anneau d'une chaîne.

**CHAIR**, *s. f.* Substance molle et sanguine du corps animal; carnation; *fig.* Les sens.

**CHAIRE**, *s. f.* Tribune.

**CHAISE**, *s. f.* Siége à dos; *— à porteurs*, espèce de petite voiture légère portée par deux hommes; *— de poste*, voiture pour voyager en poste.

**CHALAND**, **E**, *s.* Acheteur; —, *s. m.* Bateau plat.

**CHALANDISE**, *s. f.* Pratiques d'un marchand; habitude d'acheter chez un marchand.

**CHALCOGRAPHIE**, *s. f.* Art de graver sur les métaux.

**CHALDAÏQUE**, *adj. 2 g.* Qui appartient aux Chaldéens.

**CHALDÉE**, pays de la Turquie d'Asie.

**CHALDÉEN**, **ENNE**, *adj.* et *s.* Qui est de Chaldée; *s. m.* Langue chaldaïque.

**CHÂLE**, *s. f.* Grande pièce d'étoffe longue ou carrée dont les femmes couvrent leurs épaules.

**CHALET**, *s. m.* Cabane suisse.

**CHALEUR**, *s. f.* État de ce qui est chaud; vivacité; ardeur.

**CHALEUREUX, EUSE**, *adj.* Qui a de la chaleur naturelle.

**CHÂLIT**, *s. m.* Bois de lit.

**CHALON**, *s. m.* Grand filet pour la pêche.

**CHÂLONS-SUR-MARNE**, chef-lieu du dép. de la Marne.

**CHÂLONS-SUR-SAÔNE**, chef-lieu d'arrond. du dép. de Saône-et-Loire.

**CHALOUPE**, *s. f.* Petit navire pour le service des vaisseaux.

**CHALUMEAU**, *s. m.* Tuyau creux; instrument de musique champêtre.

**CHALUMET** ou **CALUMET**, *s. m.* Bout de pipe.

**CHAMADE**, *s. f.* Signal que donnent des assiégés pour demander à capituler.

**CHAMAILLER**, *v. n.* et *se —*, *v. pr.* Se quereller avec bruit.

**CHAMAILLIS**, *s. m.* Querelle, mêlée où l'on se chamaille.

**CHAMARRER** (*part.* é, ée), *v. a.* Orner, garnir outre mesure, sans goût.

**CHAMARRURE**, *s. f.* Manière de chamarrer.

**CHAMBELLAN**, *s. m.* Officier de la chambre du souverain.

**CHAMBRANLE**, *s. m.* Ornement d'architecture.

**CHAMBRE**, *s. f.* Pièce d'une maison; lieu d'assemblée; assemblée; espace creux dans les pièces d'artillerie, les armes à feu, pour mettre la poudre.

**CHAMBRÉE**, *s. f.* Soldats, ouvriers qui logent ensemble.

**CHAMBRELAN**, *s. m.* Ouvrier en chambre.

**CHAMBRER**, *v. n.* Faire chambrée; — (*part.* é, ée), *v. a.* Tenir enfermé; tirer à l'écart.

**CHAMBRETTE**, *s. f.* Petite chambre.

**CHAMBRIÈRE**, *s. f.* Servante; long fouet de manége; bâton mobile placé sous une charrette; ruban qui tient la quenouille.

**CHAMEAU**, *s. m.* Bête de charge, quadrupède ruminant, haut des jambes, ayant le cou long, la tête petite, les oreilles courtes et deux bosses sur le dos.

**CHAMELIER**, *s. m.* Conducteur de chameaux.

**CHAMOIS**, *s. m.* Chèvre sauvage; peau de chamois.

**CHAMOISERIE**, *s. f.* Lieu où l'on prépare la peau de chamois.

**CHAMOISEUR**, *s. m.* Ouvrier qui prépare la peau de chamois.

**CHAMP**, *s. m.* Étendue de terre; espace; *au plur.* Campagne; *sur-le-champ, loc. adv.* A l'instant; *à tout bout de champ, loc. adv.* A chaque instant.

**CHAMPAGNE**, ancienne province de France, qui forme aujourd'hui les dép. des Ardennes, de la Marne, de l'Aube, de la Haute-Marne, une partie des dép. de l'Yonne et de Seine-et-Marne; —, *s. m.* Vin de cette province.

**CHAMPÊTRE**, *adj.* 2 *g.* Qui appartient ou Qui a rapport aux champs.

**CHAMPIGNON**, *s. m.* Plante spongieuse sans branches ni feuilles, qui croît très-rapidement (la plupart du temps elle est vénéneuse); bouton, lumignon.

**CHAMPIGNONNIÈRE**, *s. f.* Couche de fumier préparée pour faire venir des champignons.

**CHAMPION**, *s. m.* Défenseur.

**CHANCE**, *s. f.* Sorte de jeu de dés; événement probable; hasard heureux ou malheureux.

**CHANCELANT, E**, *adj.* Qui chancelle.

**CHANCELER**, *v. n.* Aller de côté et d'autre; être peu ferme, irrésolu.

**CHANCELIER**, *s. m.* Officier chef de la justice.

**CHANCELIÈRE**, *s. f.* Femme du chancelier; espèce de fourrure pour mettre les pieds.

**CHANCELLEMENT**, *s. m.* Action de chanceler.

**CHANCELLERIE**, *s. f.* Tribunal, hôtel du chancelier.

**CHANCEUX, EUSE**, *adj.* Qui a une chance favorable.

**CHANCIR** (*part.* i, ie), *v. n.* et *se —*, *v. pr.* Moisir.

**CHANCISSURE**, *s. f.* Moisissure.

**CHANCRE**, *s. m.* Ulcère qui ronge.

**CHANCREUX, EUSE**, *adj.* Qui tient du chancre.

**CHANDELEUR**, *s. f.* Fête de l'Église catholique, en commémoration de la présentation de J.-C. au temple et de la purification de la Vierge.

**CHANDELIER**, *s. m.* Celui qui fait ou vend de la chandelle ; ustensile de ménage pour brûler la chandelle.

**CHANDELLE**, *s. f.* Mèche enduite de suif, propre à éclairer ; — *romaine*, pièce d'artifice.

**CHANFREIN**, *s. m.* Le devant de la tête du cheval.

**CHANGE**, *s. m.* Troc, échange ; banque ; droit d'escompte ; échange de monnaies.

**CHANGEANT, E**, *adj.* Qui change facilement.

**CHANGEMENT**, *s. m.* Action de changer ; mutation.

**CHANGER** (*part.* é, ée), *v. a.* Quitter (un lieu, une chose) ; troquer ; —, *v. n.* N'être plus le même.

**CHANGEUR**, *s. m.* Celui qui tient un bureau de change pour les monnaies.

**CHANOINE, ESSE**, *s.* Titre attaché à certaines fonctions ecclésiastiques.

**CHANSON**, *s. f.* Vers que l'on chante ; discours frivole.

**CHANSONNER** (*part.* é, ée), *v. a.* Faire des chansons sur quelqu'un.

**CHANSONNETTE**, *s. f.* Petite chanson.

**CHANSONNIER**, *s. m.* Faiseur de chansons ; recueil de chansons. (Au *fém.* on dit quelquefois *Chansonnière*).

**CHANT**, *s. m.* Inflexion de voix avec modulation ; air de chanson ; manière de chanter ; division d'un poëme.

**CHANTANT, E**, *adj.* Facile à chanter.

**CHANTEAU**, *s. m.* Morceau de pain bénit.

**CHANTEPLEURE**, *s. f.* Entonnoir ; fente dans un mur pour l'écoulement des eaux.

**CHANTER**, *v. n.* Former un chant, — (*part.* é, ée), *v. a.* Exécuter un morceau de musique vocale ; célébrer.

**CHANTERELLE**, *s. f.* La corde d'un violon qui rend le son le plus aigu ; oiseau captif dont le chant sert à en attirer d'autres dans un piége.

**CHANTEUR, EUSE**, *s.* Celui ou Celle qui fait profession de chanter.

**CHANTIER**, *s. m.* Emplacement où l'on tient du bois à brûler ; magasin de bois de charpente ; atelier de construction ; pièces de bois sur lesquelles on pose des tonneaux ; lieu de déchargement.

**CHANTONNER**, *v. n.* Chanter à demi-voix.

**CHANTOURNER** (*part.* é, ée), *v. a.* Couper du bois, du fer, du plomb en suivant un profil.

**CHANTRE**, *s. m.* Celui qui fait profession de chanter à l'église ; poëte.

**CHANVRE**, *s. m.* Plante annuelle dont la tige fournit la filasse et dont la graine (le chènevis) produit de l'huile.

**CHAOS**, *s. m.* Mélange confus.

**CHAPE**, *s. f.* Pièce du vêtement des gens d'église ; partie par laquelle une boucle tient à quelque chose.

**CHAPEAU**, *s. m.* Coiffure d'homme ou de femme ; *chapeau chinois*, instrument de musique.

**CHAPELAIN**, *s. m.* Ecclésiastique qui dessert une chapelle.

**CHAPELER** (*part.* é, ée), *v. a.* Faire de la chapelure.

**CHAPELET**, *s. m.* Grains enfilés sur lesquels on récite des prières.

**CHAPELIER, IÈRE**, *s.* Celui ou Celle qui fait ou vend des chapeaux.

**CHAPELLE**, *s. f.* Petit édifice consacré au culte ; partie d'une église.

**CHAPELLERIE**, *s. f.* Art ou État du chapelier.

**CHAPELURE**, *s. f.* Raclure de croûte de pain.

**CHAPERON**, *s. m.* Sorte de coiffure ; le dessus d'un mur.

**CHAPERONNER** (*part.* é, ée), *v. a.* — *une muraille*, en terminer le haut en forme de toit, pour faciliter l'écoulement des eaux.

**CHAPIER**, *s. m.* Celui qui porte chape.

**CHAPITEAU**, *s. m.* Sommet d'une

colonne ou d'un pilastre; corniche; ornement d'architecture.

**CHAPITRE**, *s. m.* Division d'un livre, d'un compte; matière, sujet; assemblée ecclésiastique.

**CHAPITRER** (*part.* é, ée), *v. a.* Réprimander.

**CHAPON**, *s. m.* Jeune coq coupé; morceau de pain frotté d'ail qu'on sert sur la salade.

**CHAPONNEAU**, *s. m.* Jeune chapon.

**CHAQUE**, *adj. distributif* 2 *g. sans pluriel.* Tout, tous (les uns après les autres).

**CHAR**, *s. m.* Sorte de voiture à deux roues; — *à bancs*, voiture à quatre roues garnie de plusieurs bancs.

**CHARADE**, *s. f.* Espèce d'énigme consistant à décomposer un mot dont chaque partie présente un sens.

**CHARANÇON**, *s. m.* Insecte qui ronge le blé.

**CHARBON**, *s. m.* Morceau de bois embrasé qui ne jette plus de flamme; menu bois livré au feu, puis éteint avant d'être entièrement brûlé; maladie des blés; tumeur inflammatoire; — *de terre*, charbon minéral.

**CHARBONNER** (*part.* é, ée), *v. a.* Noircir, esquisser avec du charbon.

**CHARBONNIER, IÈRE**, *s.* Celui ou Celle qui fait ou vend du charbon; *charbonnier*, *s. m.* Lieu où l'on serre le charbon; *charbonnière*, *s. f.* Lieu où l'on fait du charbon.

**CHARBOUILLER** (*part.* é, ée), *v. a.*, se dit de l'effet de la nielle sur le blé qu'elle gâte.

**CHARCUTER** (*part.* é, ée), *v. a.* Tailler, découper de la chair, de la viande.

**CHARCUTERIE**, *s. f.* Commerce du charcutier.

**CHARCUTIER, IÈRE**, *s.* Celui ou Celle qui apprête et qui vend la chair du porc.

**CHARDON**, *s. m.* Plante épineuse.

**CHARDONNERET**, *s. m.* Petit oiseau à tête rouge et noire, aux ailes marquées de jaune et de brun, ayant un joli ramage.

**CHARDONNETTE**, *s. f.* Plante sauvage de l'espèce du chardon, et dont la fleur sert à faire cailler le lait.

**CHARDONNIÈRE**, *s. f.* Champ couvert de chardons.

**CHARENTE**, rivière de France qui a sa source dans la Haute-Vienne et son embouchure dans l'Océan; elle donne son nom au dép. formé de l'Angoumois et d'une partie du Poitou et de la Saintonge, et dont Angoulême est le chef-lieu.

**CHARENTE-INFÉRIEURE**, départ. formé de l'Aunis et d'une partie de la Saintonge : chef-lieu, La Rochelle.

**CHARGE**, *s. f.* Fardeau; chargement; cargaison; emploi; dépense; obligation onéreuse; commission; choc de deux corps armés; marche militaire; ce qu'on met de poudre et de plomb dans une arme à feu; indice contre un accusé; exagération, caricature.

**CHARGEMENT**, *s. m.* Action de charger; acte qui constate la cargaison d'un vaisseau.

**CHARGER** (*part.* é, ée), *v. a.* Mettre une charge; imposer une charge; attaquer l'ennemi; exagérer; *se* —, *v. pr.* Prendre soin de.

**CHARGEUR**, *s. m.* Celui qui charge.

**CHARIOT**, *s. m.* Voiture à quatre roues pour charrier.

**CHARITABLE**, *adj.* 2 *g.* Qui a de la charité, qui est indulgent.

**CHARITABLEMENT**, *adv.* D'une manière charitable.

**CHARITÉ**, *s. f.* Amour de Dieu ou du prochain; indulgence, bienveillance.

**CHARIVARI**, *s. m.* Bruit confus d'instruments discordants.

**CHARLATAN**, *s. m.* Débitant de drogues sur les places publiques; hâbleur, imposteur.

**CHARLATANERIE**, *s. f.* Flatterie, imposture.

**CHARLATANISME**, *s. m.* Artifices du charlatan.

**CHARLOTTE**, *s. f.* Marmelade de pommes entourée de tranches minces de pain grillé.

**CHARMANT, E**, *adj.* Agréable, qui plaît.

**CHARME**, *s. m.* Sortilége; attrait; espèce d'arbre.

**CHARMER** (*part.* é, ée), *v. a.* Enchanter ; plaire beaucoup à ; adoucir, consoler.

**CHARMILLE**, *s. f.* Palissades, haies ou allées formées de charmes.

**CHARNEL, ELLE**, *adj.* Qui a rapport aux sens.

**CHARNELLEMENT**, *adv.* D'une manière charnelle.

**CHARNIER**, *s. m.* Amas d'os de morts ; lieu où l'on conserve la viande salée.

**CHARNIÈRE**, *s. f.* Deux pièces de métal enclavées l'une dans l'autre, jointes par une broche et mobiles.

**CHARNU, UE**, *adj.* Bien garni de chair.

**CHARNURE**, *s. f.* La chair (d'une personne).

**CHAROGNE**, *s. f.* Corps d'animal abandonné et en putréfaction.

**CHARPENTE**, *s. f.* Ouvrage de grosses pièces de bois.

**CHARPENTER** (*part.* é, ée), *v. a.* Tailler des pièces de bois de construction.

**CHARPENTERIE**, *s. f.* Art de travailler le bois de construction.

**CHARPENTIER**, *s. m.* Celui qui travaille en charpente.

**CHARPIE**, *s. f.* Amas de fils tirés d'une toile usée, pour mettre sur les plaies.

**CHARRÉE**, *s. f.* Cendres qui ont servi à la lessive.

**CHARRETÉE**, *s. f.* Charge d'une charrette.

**CHARRETIER, IÈRE**, *s.* Celui ou Celle qui conduit une charrette ; *charretière*, *adj. f.*, se dit d'une porte pour les charrettes.

**CHARRETTE**, *s. f.* Chariot à deux roues.

**CHARRIAGE**, *s. m.* Action de charrier ; salaire du voiturier.

**CHARRIER**, *s. m.* Grosse toile pour mettre les cendres d'une lessive.

**CHARRIER** (*part.* é, ée), *v. a.* Voiturer dans une charrette ; entraîner.

**CHARROI**, *s. m.* Action de charrier ; prix du transport.

**CHARRON**, *s. m.* Ouvrier qui fait des chariots, des charrettes.

**CHARRONNAGE**, *s. m.* Art du charron ; son ouvrage.

**CHARROYER** (*part.* é, ée ; se conj. sur *Ployer*), *v. a.* Voiturer.

**CHARROYEUR**, *s. m.* Celui qui charroie.

**CHARRUE**, *s. f.* Machine pour labourer la terre.

**CHARTE**, *s. f.* Loi constitutionnelle d'un État.

**CHARTRE**, *s. f.* Prison ; *chartre privée*, lieu où l'on est enfermé illégalement.

**CHARTRES**, chef-lieu du départ. d'Eure-et-Loir.

**CHARTREUSE**, *s. f.* Couvent de chartreux.

**CHARTREUX, EUSE**, *s.* Religieux de l'ordre de Saint-Bruno.

**CHAS**, *s. m.* Trou d'une aiguille.

**CHASSE**, *s. f.* Action de chasser, de poursuivre.

**CHÂSSE**, *s. f.* Coffre où sont renfermées des reliques.

**CHASSÉ**, *s. m.* Pas de danse.

**CHASSELAS**, *s. m.* Sorte de raisin de table.

**CHASSE-MARÉE**, *s. m.* (inv.) Voiturier qui apporte la marée ; sorte de petit bâtiment à deux mâts construit pour une marche rapide.

**CHASSE-MOUCHE** (*au pl. chasse-mouches*), *s. m.* Sorte de petit balai pour chasser les mouches.

**CHASSE-POINTE** (*au pl. chasse-pointes*), *s. m.* Broche en équerre pour chasser les clous.

**CHASSER** (*part.* é, ée), *v. a.* Renvoyer ; poursuivre ; enfoncer ; —, *v. n.* Aller à la poursuite du gibier.

**CHASSERESSE**, *adj.* et *s. f.* Qui aime à chasser (mot poétique).

**CHASSEUR, EUSE**, *s.* Celui ou Celle qui chasse ou qui aime la chasse ; *chasseur*, *s. m.* Soldat armé légèrement.

**CHASSIE**, *s. f.* Humeur qui s'attache aux yeux.

**CHASSIEUX, EUSE**, *adj.* Qui a de la chassie.

**CHÂSSIS**, *s. m.* Ouvrage de menuiserie divisé en carrés ou en compartiments ; cadre qui enchâsse.

**CHASSOIR**, *s. m.* Outil de tonnelier pour faire descendre les cerceaux.

**CHASTE**, *adj.* 2 *g.* Pur, modeste.

**CHASTEMENT**, *adv.* D'une manière chaste.

**CHASTETÉ**, *s. f.* Vertu de celui qui est chaste.

**CHASUBLE**, *s. f.* Ornement que le prêtre met pour dire la messe.

**CHASUBLIER**, *s. m.* Ouvrier qui fait ou qui vend toutes sortes d'ornements d'église.

**CHAT**, **CHATTE**, *s.* Animal domestique qui détruit les rats et les souris.

**CHÂTAIGNE**, *s. f.* Fruit du châtaignier.

**CHÂTAIGNERAIE**, *s. f.* Lieu planté de châtaigniers.

**CHÂTAIN**, *adj. m.* Qui est de couleur de châtaigne.

**CHÂTEAU**, *s. m.* Forteresse; grande maison.

**CHÂTEAUBRIANT**, chef-lieu d'arr. du dép. de la Loire-Inférieure.

**CHÂTEAU-CHINON**, chef-lieu d'arrond. du dép. de la Nièvre.

**CHÂTEAUDUN**, chef-lieu d'arr. du dép. d'Eure-et-Loir.

**CHÂTEAU-GONTIER**, chef-lieu d'arr. du dép. de la Mayenne.

**CHÂTEAULIN**, chef-lieu d'arr. du dép. du Finistère.

**CHÂTEAUROUX**, chef-lieu du dép. de l'Indre.

**CHÂTEAU-SALINS**, chef-lieu d'arr. du dép. de la Meurthe.

**CHÂTEAU-THIERRY**, chef-lieu d'arr. du dép. de l'Aisne.

**CHÂTELAIN**, *s. m.* Commandant d'un château.

**CHÂTELET**, *s. m.* Petit château fort.

**CHÂTELLENIE**, *s. f.* Juridiction du châtelain.

**CHÂTELLERAULT**, chef-lieu d'arr. du dép. de la Vienne.

**CHAT-HUANT**, *s. m.* Sorte de hibou à plumage roux.

**CHÂTIER** (*part.* é, ée; se conj. sur *Prier*), *v. a.* Corriger, punir.

**CHATIÈRE**, *s. f.* Passage pour les chats.

**CHATILLON-SUR-SEINE**, chef-lieu d'arr. du dép. de la Côte-d'Or.

**CHÂTIMENT**, *s. m.* Punition, correction.

**CHATON**, *s. m.* Petit chat; partie d'une bague qui enchâsse une pierre, un diamant.

**CHATOUILLEMENT**, *s. m.* Action de chatouiller; sensation qu'elle produit.

**CHATOUILLER** (*part.* é, ée), *v. a.* Causer, par un attouchement léger, une sensation qui excite le rire.

**CHATOUILLEUX**, **EUSE**, *adj.* Sensible au chatouillement; qui s'offense aisément.

**CHATOYANT**, **E**, *adj.* Dont la couleur varie suivant la direction de la lumière.

**CHATOYER**, *v. n.* Changer d'aspect selon les effets de la lumière.

**CHÂTRE (LA)**, chef-lieu d'arrond. du dép. de l'Indre.

**CHATTEMITE**, *s. f.* Personne qui affecte de la douceur pour tromper.

**CHATTER**, *v. n.* Mettre bas (en parlant de la chatte).

**CHAUD**, **E**, *adj.* Qui a de la chaleur; *fig.* Vif, animé; *tout chaud*, prompt, récent; —, *s. m.* Chaleur; —, *adv.* Chaudement.

**CHAUDEMENT**, *adv.* Avec chaleur; avec vivacité.

**CHAUDER** (*part.* é, ée), *v. a.* Semer de la chaux sur un champ pour l'amender.

**CHAUDIÈRE**, *s. f.* Grand vase pour faire bouillir ou cuire quelque chose.

**CHAUDRON**, *s. m.* Petite chaudière.

**CHAUDRONNÉE**, *s. f.* Contenu d'un chaudron.

**CHAUDRONNERIE**, *s. f.* Fabrique de chaudrons.

**CHAUDRONNIER**, **IÈRE**, *s.* Celui ou Celle qui fait et vend des chaudrons.

**CHAUFFAGE**, *s. m.* Provision de bois à brûler; droit de coupe dans une forêt pour cette provision.

**CHAUFFER** (*part.* é, ée), *v. a.* Donner de la chaleur; —, *v. n.* Recevoir de la chaleur; *se* —, *v. pr.* Être auprès du feu.

**CHAUFFERETTE**, *s. f.* Espèce de boîte trouée en dessus, dans laquelle on met du feu pour se chauffer les pieds.

**CHAUFFEUR**, *s. m.* Celui qui souffle le feu d'une forge.

**CHAUFFOIR**, *s. m.* Lieu de réunion pour se chauffer.

**CHAUFFURE**, *s. f.* Défaut du fer ou de l'acier qui s'écaille pour avoir été trop chauffé.

**CHAUFOUR**, *s. m.* Four à chaux.

**CHAUFOURNIER**, *s. m.* Celui qui fait de la chaux.

**CHAULAGE**, *s. m.* Action de chauler.

**CHAULER** (*part.* é, ée), *v. a.* Laver le blé à l'eau de chaux avant de le semer.

**CHAUMAGE**, *s. m.* Action, temps de couper le chaume.

**CHAUME**, *s. m.* Portion de la tige du blé qui reste attachée à la terre après la moisson.

**CHAUMER** (*part.* é, ée), *v. a.* Arracher le chaume.

**CHAUMIÈRE**, *s. f.* Petite maison couverte de chaume.

**CHAUMINE**, *s. f.* Petite chaumière.

**CHAUMONT**, chef-lieu du dép. de la Haute-Marne.

**CHAUSSANT**, **E**, *adj.* Facile à chausser.

**CHAUSSE**, *s. f.* Espèce d'entonnoir en étoffe de laine pour filtrer les liquides; *chausses*, *s. f. pl.* Vêtement qui couvre le corps depuis la ceinture jusqu'aux genoux.

**CHAUSSÉE**, *s. f.* Chemin élevé dans un lieu bas.

**CHAUSSE-PIED** (*au pl. chausse-pieds*), *s. m.* Morceau de cuir ou de corne pour chausser un soulier.

**CHAUSSER** (*part.* é, ée), *v. a.* Mettre des bas ou des souliers; —, *v. n.* Faire des souliers.

**CHAUSSETIER**, *s. m.* Celui qui fait ou qui vend des bas.

**CHAUSSE-TRAPE** (*au pl. chausse-trapes*), *s. f.* Piége à renard.

**CHAUSSETTE**, *s. f.* Bas très-court.

**CHAUSSON**, *s. m.* Chaussure pour le pied seulement.

**CHAUSSURE**, *s. f.* Ce qui chausse le pied.

**CHAUVE**, *adj.* 2 *g.* Qui a peu ou point de cheveux.

**CHAUVE-SOURIS** (*au pl. chauves-souris*), *s. f.* Oiseau de nuit.

**CHAUVIR**, *v. n.* Dresser les oreilles (en parlant des chevaux, des ânes, des mulets).

**CHAUX**, *s. f.* Pierre calcinée.

**CHAVIRER**, *v. n.* Se renverser, se retourner sens dessus dessous (en parlant d'un navire).

**CHEBEC**, *s. m.* Sorte de bâtiment qui marche à voiles et à rames.

**CHEF**, *s. m.* Tête; article; point capital; celui qui est à la tête d'un corps, qui exerce une autorité; le premier bout d'une pièce d'étoffe.

**CHEF-D'ŒUVRE** (*au pl. chefs-d'œuvre*), *s. m.* Ouvrage parfait.

**CHEF-LIEU** (*au pl. chefs-lieux*), *s. m.* Lieu principal.

**CHEIK**, *s. m.* Chef de tribu arabe.

**CHEMIN**, *s. m.* Voie, route; moyen de parvenir.

**CHEMINÉE**, *s. f.* Foyer où l'on fait du feu; tuyau par lequel sort la fumée.

**CHEMINER**, *v. n.* Marcher, faire du chemin.

**CHEMISE**, *s. f.* Vêtement de toile ou de coton qu'on porte sur la peau; enveloppe de papier.

**CHEMISETTE**, *s. f.* Vêtement qui se met sur la chemise; sorte de camisole.

**CHÊNAIE**, *s. f.* Lieu planté de chênes.

**CHENAL** (*au pl. chenals*), *s. m.* Courant d'eau pour un moulin; *chenal* ou *chéneau* (*au pl. chéneaux*), *s. m.* Conduit placé le long d'un toit pour recevoir l'eau de la pluie.

**CHENAPAN**, *s. m.* Vaurien, bandit.

**CHÊNE**, *s. m.* Grand arbre forestier à bois dur, qui porte le gland.

**CHÉNEAU**. Voy. *Chenal*.

**CHÊNEAU**, *s. m.* Jeune chêne.

**CHENET**, *s. m.* Ustensile de fer sur lequel on pose le bois dans les cheminées.

**CHÈNEVIÈRE**, *s. f.* Champ semé de chènevis.

**CHÈNEVIS**, *s. m.* Graine de chanvre.

**CHÈNEVOTTE**, *s. f.* Tuyau de chanvre dépouillé de la filasse.

**CHÈNEVOTTER**, *v. n.* Pousser du bois faible comme une chènevotte (en parlant de la vigne).

**CHENIL**, *s. m.* (*l* ne se prononce pas). Loge pour les chiens de chasse.

**CHENILLE**, *s. f.* Insecte rampant qui ronge les feuilles des arbres; tissu de soie veloutée.

**CHENU, UE**, *adj.* Blanchi par les ans ; couvert de neiges.

**CHEPTEL**, *s. m.* Bail de bestiaux à profit commun entre le propriétaire et le fermier. (On pron. *chetel.*)

**CHER, ÈRE**, *adj.* Chéri, tendrement aimé ; qui coûte beaucoup ; *cher, adv.* A haut prix.

**CHER**, rivière qui prend sa source dans le dép. de la Creuse et se jette dans la Loire, près de Tours : elle donne son nom à un dép. formé de parties du Bourbonnais, du Berry et du Nivernais.

**CHERBOURG**, chef-lieu d'arr. du dép. de la Manche.

**CHERCHER** (*part.* é, ée), *v. a.* S'efforcer de trouver.

**CHERCHEUR, EUSE**, *s.* Celui ou Celle qui cherche.

**CHÈRE**, *s. f.* Ce qu'on sert dans un repas ; qualité ou quantité des mets.

**CHÈREMENT**, *adv.* Avec tendresse ; à haut prix.

**CHÉRIR** (*part.* i, ie), *v. a.* Aimer tendrement ; *se* —, *v. pr.* S'aimer soi-même ; *v. récipr.* S'aimer mutuellement.

**CHÉRISSABLE**, *adj.* 2 *g.* Qui mérite d'être chéri.

**CHERTÉ**, *s. f.* Prix excessif.

**CHÉRUBIN**, *s. m.* Ange du second chœur de la première hiérarchie.

**CHERVIS**, *s. m.* Plante potagère.

**CHÉTIF, IVE**, *adj.* Malade, faible, maigre.

**CHÉTIVEMENT**, *adv.* D'une manière chétive.

**CHEVAL** (*au pl. chevaux*), *s. m.* Quadrupède qui hennit et qui est propre à porter et à tirer ; *cheval fondu*, jeu d'enfants ; *cheval de frise*, solive hérissée de longues pointes.

**CHEVALEMENT**, *s. m.* Étai de poutres pour reprendre en sous-œuvre.

**CHEVALER** (*part.* é, ée), *v. a.* Étayer (un mur).

**CHEVALERESQUE**, *adj.* 2 *g.* Qui tient de l'ancienne chevalerie.

**CHEVALERIE**, *s. f.* Dignité de chevalier.

**CHEVALET**, *s. m.* Morceau de bois très-mince qui supporte les cordes d'un instrument de musique ; support de bois sur lequel les peintres posent les tableaux auxquels ils travaillent ; pièce de bois qui soutient un bâtiment en réparation ; ancien instrument de torture.

**CHEVALIER**, *s. m.* Titre d'honneur ; défenseur, protecteur.

**CHEVALINE**, *adj. fém. Bête* —, un cheval ou une jument.

**CHEVAUCHER**, *v. n.* Aller à cheval.

**CHEVAU-LÉGER** (*au pl. chevau-légers*), *s. m.* Cavalier d'un corps de troupes légères.

**CHEVELU, UE**, *adj.* Qui a de longs cheveux ; *chevelu*, *s. m.* Filaments ou Petites racines des arbres ou des plantes.

**CHEVELURE**, *s. f.* L'ensemble des cheveux de la tête ; les rayons d'une comète.

**CHEVET**, *s. m.* Partie du lit où repose la tête ; traversin ; partie d'une église qui est derrière le maître autel.

**CHEVEU** (*au pl. cheveux*), *s. m.* Poil de la tête humaine.

**CHEVILLE**, *s. f.* Morceau de bois ou de métal pour boucher un trou ou faire des assemblages ; os qui forme bosse des deux côtés du pied, au bas de la jambe.

**CHEVILLER** (*part.* é, ée), *v. a.* Joindre à l'aide de chevilles.

**CHÈVRE**, *s. f.* Femelle du bouc ; machine pour soulever des fardeaux.

**CHEVREAU**, *s. m.* Petit de la chèvre.

**CHÈVREFEUILLE**, *s. m.* Arbrisseau à fleurs odoriférantes.

**CHEVRETTE**, *s. f.* Femelle du chevreuil ; espèce de chenet pour un poêle ; triangle de fer à trois pieds pour mettre sur un réchaud.

**CHEVREUIL**, *s. m.* Quadrupède du genre du cerf.

**CHEVRIER**, *s. m.* Celui qui fait paître les chèvres.

**CHEVRON**, *s. m.* Pièce de bois qui entre dans la confection du toit d'un édifice ; galons que porte un soldat pour marquer l'ancienneté de ses services.

**CHEVRONNÉ, ÉE**, *adj.* Orné de chevrons.

**CHEVROTEMENT**, *s. m.* Cadence formée avec une voix tremblante.

**CHEVROTER**, *v. n.* Mettre bas (en parlant de la chèvre); chanter en tremblant.

**CHEVROTIN**, *s. m.* Peau de chevreau corroyée.

**CHEVROTINE**, *s. f.* Balle de plomb pour la chasse.

**CHEZ**, *prép.* Au logis, à la maison; parmi; dans.

**CHICANE**, *s. f.* Contestation mal fondée.

**CHICANER**, *v. n.* Critiquer mal à propos; — (*part.* é, ée), *v. a.* Faire un procès.

**CHICANERIE**, *s. f.* Mauvaise objection.

**CHICANEUR, EUSE**, *s.* Celui ou Celle qui aime à chicaner.

**CHICANIER, IÈRE**, *s.* Celui ou Celle qui chicane pour des bagatelles; —, *adj.* Vétilleux, difficultueux.

**CHICHE**, *adj.* 2 *g.* Avare; chétif; *pois* —, sorte de pois gris.

**CHICHEMENT**, *adv.* D'une manière chiche.

**CHICON**, *s. m.* Laitue romaine.

**CHICORÉE**, *s. f.* Plante potagère.

**CHICOT**, *s. m.* Reste d'un arbre mort, d'une branche, d'une dent cassée.

**CHICOTER**, *v. n.* Contester sur des choses sans valeur.

**CHICOTIN**, *s. m.* Suc amer.

**CHIEN, CHIENNE**, *s.* Animal domestique; *chien*, *s. m.* Constellation; pièce de la batterie d'une arme à feu.

**CHIENDENT**, *s. m.* Herbe vivace que les chiens recherchent.

**CHIENNER**, *v. n.* Mettre bas (en parlant de la chienne).

**CHIFFE**, *s. f.* Étoffe faible et mauvaise.

**CHIFFON**, *s. m.* Mauvais morceau d'étoffe; objet sans valeur.

**CHIFFONNER** (*part.* é, ée), *v. a.* Froisser une étoffe, du papier, etc.

**CHIFFONNIER, IÈRE**, *s.* Celui ou Celle qui ramasse des chiffons; meuble pour serrer du linge.

**CHIFFRE**, *s. m.* Caractère qui représente un nombre.

**CHIFFRER** (*part.* é, ée), *v. a.* Marquer, compter par des chiffres; —, *v. n.* Écrire en chiffres.

**CHIFFREUR**, *s. m.* Celui qui chiffre.

**CHIGNON**, *s. m.* Le derrière du cou, des cheveux.

**CHIMÈRE**, *s. f.* Monstre fabuleux; illusion, idée folle.

**CHIMÉRIQUE**, *adj.* 2 *g.* Visionnaire, dénué de fondement.

**CHIMIE**, *s. f.* Science qui a pour objet l'analyse et la décomposition des corps.

**CHIMIQUE**, *adj.* 2 *g.* Qui appartient à la chimie.

**CHIMISTE**, *s. m.* Celui qui sait ou exerce la chimie.

**CHINCHILLA**, *s. m.* Animal du Pérou dont la fourrure est recherchée.

**CHINE**, vaste empire en Asie.

**CHINER** (*part.* é, ée), *v. a.* Disposer les fils d'une étoffe que l'on fabrique, de manière à former des dessins irréguliers.

**CHINOIS, E**, *s.* et *adj.* Qui est de la Chine; fait à la manière des Chinois.

**CHINON**, chef-lieu d'arr. du dép. d'Indre-et-Loire.

**CHIOURME**, *s. f.* Troupe de forçats sur une galère.

**CHIPOTER**, *v. n.* Faire quelque chose à contre-cœur, lentement, en chicanant.

**CHIPOTIER, ÈRE**, *s.* Celui ou Celle qui chipote.

**CHIQUE**, *s. f.* Ciron qui pénètre dans la chair; tabac à mâcher; petite boule pour jouer.

**CHIQUENAUDE**, *s. f.* Coup donné avec le doigt du milieu plié, roidi et détendu avec effort.

**CHIQUER** (*part.* é, ée), *v. a.* Mâcher (du tabac).

**CHIQUET**, *s. m.* Petite parcelle.

**CHIROMANCIE**, *s. f.* (*pronon. ki*). Divination, art prétendu de deviner l'avenir par l'inspection des mains.

**CHIROMANCIEN, ENNE**, *s.* (*pron. ki*). Celui ou Celle qui exerce la chiromancie.

**CHIRURGICAL, E**, *adj.* Qui a rapport à la chirurgie.

**CHIRURGIE**, *s. f.* Art de pratiquer sur le corps de l'homme des opérations manuelles pour guérir les blessures, les plaies, etc.

**CHIRURGIEN**, *s. m.* Celui qui exerce la chirurgie.

**CHIRURGIQUE**, *adj.* 2 *g.* Chirurgical.

**CHIURE**, *s. f.* Excrément d'insectes.

**CHLORE** ou **CHLORURE**, *s. m.* Acide muriatique oxygéné.

**CHOC**, *s. m.* Rencontre de deux corps qui se heurtent.

**CHOCOLAT**, *s. m.* Pâte solide formée principalement de cacao et de sucre; dissolution de cette pâte dans du lait ou de l'eau.

**CHOCOLATIER**, *s. m.* Celui qui fait et vend du chocolat.

**CHOCOLATIÈRE**, *s. f.* Vase pour faire le chocolat.

**CHOEUR**, *s. m.* Troupe de musiciens chantant ensemble; partie d'une église la plus voisine du maître autel.

**CHOIR**, *v. n.* Tomber. (Il est usité seulement à l'infinitif.)

**CHOISIR** (*part.* i, ie), *v. a.* Préférer, élire, faire un choix.

**CHOIX**, *s. m.* Action de choisir, préférence.

**CHOLÉRA-MORBUS** ou **CHOLÉRA**, *s. m.* Sorte de maladie; épanchement subit de bile.

**CHOLÉRIQUE**, *adj.* 2 *g.* Qui appartient au choléra; atteint du choléra.

**CHÔMABLE**, *adj.* 2 *g.* Qu'on doit chômer.

**CHÔMAGE**, *s. m.* Durée du temps pendant lequel on chôme.

**CHÔMER** (*part.* é, ée), *v. a.* Fêter, célébrer; —, *v. n.* Ne rien faire.

**CHOPINE**, *s. f.* Demi-pinte, environ un demi-litre (ancienne mesure).

**CHOPINER**, *v. n.* Boire souvent.

**CHOPPER**, *v. n.* Faire un faux pas en heurtant du pied.

**CHOQUANT, E**, *adj.* Offensant, désagréable.

**CHOQUER** (*part.* é, ée), *v. a.* Heurter, offenser.

**CHORÉGRAPHIE**, *s. f.* Art de composer des ballets.

**CHORÉGRAPHIQUE**, *adj.* 2 *g.* Qui a rapport à la chorégraphie.

**CHORISTE**, *s. m.* Celui qui chante dans les chœurs.

**CHOROGRAPHIE**, *s. f.* Représentation d'un pays.

**CHOROGRAPHIQUE**, *adj.* 2 *g.* Qui a rapport à la chorographie.

**CHORUS**, *s. m.* Chœur; *faire* —, chanter en chœur.

**CHOSE**, *s. f.* Ce qui est. (Chose est un mot vague dont la signification est déterminée par le sens du discours.)

**CHOU** (*au pl. choux*), *s. m.* Plante potagère.

**CHOUAN**, *s. m.* Nom donné aux insurgés des départements de l'Ouest.

**CHOUCROUTE**, *s. f.* Chou fermenté.

**CHOUETTE**, *s. f.* Oiseau de nuit.

**CHOU-FLEUR** (*au pl. choux-fleurs*), *s. m.* Espèce de chou.

**CHOYER** (*part.* é, ée; se conj. sur *Employer*), *v. a.* Conserver avec soin; ménager; *se* —, *v. pr.* S'occuper beaucoup de soi.

**CHRÊME** (*h* ne se pron. pas), *s. m.* Huile sacrée.

**CHRESTOMATHIE** (*h* ne se prononce pas), *s. f.* Livre composé de morceaux instructifs.

**CHRÉTIEN, ENNE** (*h* ne se pron. pas), *s.* et *adj.* Qui professe la foi de Jésus-Christ; qui appartient à la religion des chrétiens.

**CHRÉTIENNEMENT**, *adv.* En bon chrétien.

**CHRÉTIENTÉ**, *s. f.* Tous les pays où la religion chrétienne est professée.

**CHRIST** (*s* et *t* se prononcent), *s. m.* Le Messie.

**CHRISTIANISME** (*h* ne se pron. pas), *s. m.* Religion chrétienne.

**CHROMATIQUE**, *adj.* 2 *g.* et *s. m.* Qui procède par demi-tons, *t. de mus.*; coloré, *t. d'optique.*

**CHROME**, *s. m.* Substance métallique.

**CHRONICITÉ**, *s. f.* Qualité de ce qui est chronique.

**CHRONIQUE** (*h* ne se prononce pas), *s. f.* Histoire présentée suivant l'ordre des temps; —, *adj.* 2 *g.* Qui est de longue durée (en parlant d'une maladie).

**CHRONIQUEUR**, *s. m.* Auteur de chroniques.

**CHRONOLOGIE**, *s. f.* Science des époques.

**CHRONOLOGIQUE**, *adj. 2 g.* Qui est suivant l'ordre des temps; qui a rapport à la chronologie.

**CHRONOLOGISTE**, *s. m.* Celui qui sait ou enseigne la chronologie, qui écrit sur cette science.

**CHRONOMÈTRE**, *s. m.* Instrument pour mesurer le temps.

**CHRYSALIDE**, *s. f.* État de la chenille renfermée dans une coque sous la forme d'une fève, avant de passer à l'état de papillon.

**CHRYSANTHÈME**, *s. m.* Plante de jardin.

**CHRYSOCALE**, *s. m.* Composition métallique qui imite l'or.

**CHUCHOTEMENT**, *s. m.* Chuchoterie.

**CHUCHOTER**, *v. n.* Parler bas; —, *v. a.* Dire quelque chose à l'oreille.

**CHUCHOTERIE**, *s. f.* Action de chuchoter.

**CHUCHOTEUR, EUSE**, *s.* Celui ou Celle qui a coutume de chuchoter.

**CHUT** (*t* se prononce), *interj.* Silence!

**CHUTE**, *s. f.* Action de tomber; disgrâce; malheur; fin, ce qui termine.

**CHYLE**, *s. m.* Suc blanc que forment les aliments digérés et qui se mêle au sang.

**CI**, *adv. de lieu.* Ici.

**CIBLE**, *s. f.* But contre lequel on tire.

**CIBOIRE**, *s. m.* Vase où se mettent les hosties consacrées.

**CIBOULE**, *s. f.* Plante potagère, espèce de petit oignon.

**CIBOULETTE**, *s. f.* Petite ciboule; civette.

**CICATRICE**, *s. f.* Marque laissée par une plaie, un ulcère après guérison.

**CICATRISER** (*part.* é, ée), *v. a.* Faire des cicatrices; *se* —, *v. pr.* Commencer à former cicatrice.

**CICÉRO**, *s. m.* Caractère d'imprimerie.

**CICÉRONE**, *s. m.* Celui qui accompagne les étrangers dans une ville pour leur expliquer ce qu'il y a de curieux.

**CICÉRONIEN, ENNE**, *adj.* Dans le genre de Cicéron; imité de Cicéron.

**CIDRE**, *s. m.* Boisson faite de jus de pomme.

**CIEL** (*au pl. cieux*), *s. m.* Partie du monde dans laquelle se meuvent les astres; air; climat; séjour des bienheureux; la Providence; représentation de l'air dans un tableau; le haut d'un lit. (Dans ces deux derniers sens le pl. est *ciels.*)

**CIERGE**, *s. m.* Grande chandelle de cire pour les églises.

**CIGALE**, *s. f.* Insecte dont les ailes sont à moitié revêtues d'étuis et dont le bec en suçoir paraît sortir du cou.

**CIGARE**, *s. m.* Feuilles de tabac en rouleau pour fumer.

**CIGARETTE**, *s. f.* Petit cigare composé de tabac roulé dans une petite feuille de papier.

**CICOGNE**, *s. f.* Gros oiseau de passage, au plumage blanc et noir et au bec long et rouge.

**CIGUË**, *s. f.* Plante vénéneuse.

**CIL**, *s. m.* Poil des paupières.

**CILICE**, *s. m.* Tissu rude et grossier que l'on porte sur la peau par esprit de pénitence.

**CILLEMENT**, *s. m.* Action de ciller.

**CILLER** (*part.* é, ée), *v. a.* Fermer et rouvrir les yeux sans cesse.

**CIME**, *s. f.* Le sommet; l'extrémité; le point le plus élevé.

**CIMENT**, *s. m.* Sorte de mortier.

**CIMENTER** (*part.* é, ée), *v. a.* Lier avec du ciment; *fig.* Confirmer, affermir.

**CIMETERRE**, *s. m.* Sabre à lame courte et recourbée.

**CIMETIÈRE**, *s. m.* Lieu où l'on enterre les morts.

**CIMIER**, *s. m.* Ornement au haut du casque.

**CINABRE**, *s. m.* Minéral rouge composé de soufre et de mercure.

**CINÉRAIRE**, *adj. 2 g. Urne* —, qui renferme les cendres d'un corps brûlé après la mort; —, *s. f.* Genre de plantes d'agrément.

**CINÉRATION**, *s. f.* Réduction en cendres par le feu.

**CINGLAGE**, *s. m.* Chemin que fait un vaisseau en vingt-quatre heures.

**CINGLER**, *v. n.* Naviguer à pleines voiles ; — (*part.* é, ée), *v. a.* Frapper avec quelque chose de délié, de flexible.

**CINQ**, *adj. num.* 2 *g.* Nombre cardinal entre quatre et six; —, *s. m.* Chiffre (5).

**CINQUANTAINE**, *s. f.* Nombre de cinquante.

**CINQUANTE**, *adj. num.* 2 *g.* Cinq dizaines.

**CINQUANTIÈME**, *adj.* 2 *g.* Nombre ordinal de cinquante ; —, *s. m.* La cinquantième partie d'un tout.

**CINQUIÈME**, *adj.* 2 *g.* Nombre ordinal de cinq ; —, *s. m.* La cinquième partie d'un tout ; —, *s. f.* La cinquième classe d'un collége.

**CINQUIÈMEMENT**, *adv.* En cinquième lieu.

**CINTRE**, *s. m.* Figure formée en arcade, en courbure.

**CINTRER** (*part.* é, ée), *v. a.* Faire un cintre.

**CIPPE**, *s. m.* Demi-colonne sans chapiteau.

**CIRAGE**, *s. m.* Action de cirer ; effet de cette action; composition pour cirer.

**CIRCONCISION**, *s. f.* Fête de l'Église catholique.

**CIRCONFÉRENCE**, *s. f.* Le tour d'un cercle, enceinte, contour.

**CIRCONFLEXE**, *adj.* 2 *g.*, se dit en parlant de l'accent qui a cette forme (^).

**CIRCONLOCUTION**, *s. f.* Tour de phrase pour désigner une chose qu'on ne veut pas nommer.

**CIRCONSCRIPTION**, *s. f.* Action de circonscrire; ce qui limite la circonférence.

**CIRCONSCRIRE** (*part.* it, e), *v. a.* Limiter, borner.

**CIRCONSPECT**, **E**, *adj.* Qui a de la circonspection.

**CIRCONSPECTION**, *s. f.* Prudence, discrétion.

**CIRCONSTANCE**, *s. f.* Particularité; occasion ; conjoncture ; —, *au plur.* Ce qui environne.

**CIRCONSTANCIER** (*part.* é, ée), *v. a.* Indiquer les circonstances.

**CIRCONVALLATION**, *s. f.* Fortification autour d'un camp.

**CIRCONVENIR**, *v. a.* Tromper avec artifice. ( Il se conj. sur *Venir.*)

**CIRCONVOISIN**, **E**, *adj.* Qui est auprès, autour.

**CIRCONVOLUTION**, *s. f.* Plusieurs tours faits autour d'un centre commun.

**CIRCUIT**, *s. m.* Enceinte ; tour.

**CIRCULAIRE**, *adj.* 2 *g.* Qui est en rond, qui a rapport au cercle ; *lettre* —, par laquelle plusieurs personnes sont informées d'une même chose. Il s'emploie aussi comme *s. f.* dans le même sens.

**CIRCULAIREMENT**, *adv.* D'une manière circulaire.

**CIRCULANT**, **E**, *adj.* Qui circule.

**CIRCULATION**, *s. f.* Mouvement de ce qui circule.

**CIRCULATOIRE**, *adj.* 2 *g.* Qui a rapport à la circulation.

**CIRCULER**, *v. n.* Se mouvoir circulairement ; passer de main en main.

**CIRE**, *s. f.* Matière molle et jaunâtre qui provient du travail des abeilles ; bougie ; — *à cacheter*, composition qui sert à cacheter les lettres.

**CIRER** (*part.* é, ée), *v. a.* Enduire de cire ou de cirage.

**CIRIER**, *s. m.* Ouvrier en cire; arbre d'Amérique.

**CIRON**, *s. m.* Petit insecte presque imperceptible.

**CIRQUE**, *s. m.* Lieu circulaire destiné aux jeux publics chez les anciens.

**CIRURE**, *s. f.* Enduit de cire.

**CISAILLER**, *v. a.* Couper avec les cisailles.

**CISAILLES**, *s. f. pl.* Gros ciseaux pour couper du métal en feuilles.

**CISALPIN**, **E**, *adj.* Qui est situé en deçà des Alpes.

**CISEAU**, *s. m.* Instrument plat, en fer et tranchant par un bout, servant à travailler le fer, la pierre, le bois, etc.; — *au pl.* Instrument de fer ou d'acier, composé de deux branches tranchantes en dedans et réunies au centre par un clou rivé.

**CISELER** (*part.* é, ée), *v. a.* Travailler avec le ciseau.

**CISELET**, *s. m.* Petit ciseau.

**CISELEUR**, *s. m.* Ouvrier qui cisèle.

**CISELURE**, *s. f.* Travail fait au ciseau ; art du ciseleur.

**CISOIR**, *s. m.*, ou **CISOIRES**, *s. f. pl.* Gros ciseaux montés sur pied, à demeure, pour couper les métaux.

**CITADELLE**, *s. f.* Forteresse construite dans une ville.

**CITADIN**, **E**, *s.* Bourgeois ; habitant d'une ville.

**CITATEUR**, *s. m.* Celui qui fait des citations.

**CITATION**, *s. f.* Ordre de comparaître devant un juge ; allégation ; morceau tiré d'un ouvrage.

**CITÉ**, *s. f.* Ville entourée de murailles.

**CITER** (*part.* é, ée), *v. a.* Donner une citation ; alléguer.

**CITÉRIEUR**, **E**, *adj.* Qui est en deçà, plus près de nous.

**CITERNE**, *s. f.* Réservoir souterrain pour l'eau de pluie.

**CITERNEAU**, *s. m.* Petit réservoir où l'eau s'épure avant de se rendre dans la citerne.

**CITOYEN**, **ENNE**, *s.* et *adj.* Habitant d'une cité.

**CITRATE**, *s. m.* Nom générique des sels formés par la combinaison de l'acide citrique avec différentes bases.

**CITRIN**, **E**, *adj.* Qui est de couleur de citron.

**CITRIQUE**, *adj. m.*, se dit d'un acide qui se trouve particulièrement dans le citron.

**CITRON**, *s. m.* Fruit du citronnier ; couleur de ce fruit, c.-à-d. jaune pâle.

**CITRONNÉ**, **ÉE**, *adj.* Qui sent le citron.

**CITRONNELLE**, *s. f.* Liqueur faite avec de l'eau-de-vie et du citron ; arbuste dont la feuille a l'odeur du citron.

**CITRONNIER**, *s. m.* Arbre toujours vert qui porte le citron.

**CITROUILLE**, *s. f.* Plante potagère ; son fruit.

**CIVE** ou **CIVETTE**, *s. f.* Plante potagère qui a le goût de la ciboule.

**CIVET**, *s. m.* Ragoût de lièvre ou de lapin.

**CIVETTE**, *s. f.* Quadrupède qui ressemble au renard. Voy. *Cive*.

**CIVIÈRE**, *s. f.* Espèce de brancard pour porter à bras.

**CIVIL**, **E**, *adj.* Qui concerne les citoyens ; honnête, poli.

**CIVILEMENT**, *adv.* En matière civile (*t. de jurisprudence*) ; d'une manière honnête.

**CIVILISATION**, *s. f.* Action de civiliser, ses effets ; état de ce qui est civilisé ; sociabilité.

**CIVILISER** (*part.* é, ée), *v. a.* Rendre honnête, polir les mœurs.

**CIVILITÉ**, *s. f.* Politesse ; compliment.

**CIVIQUE**, *adj.* 2 *g.* Qui concerne le citoyen ; *couronne* —, récompense nationale.

**CIVISME**, *s. m.* Dévouement patriotique.

**CIVRAY**, chef-lieu d'arr. du dép. de la Vienne.

**CLABAUD**, *s. m.* Chien de chasse qui aboie hors de propos.

**CLABAUDAGE**, *s. m.* Action de clabauder.

**CLABAUDER**, *v. n.* Aboyer fréquemment ; faire du bruit sans motif.

**CLABAUDERIE**, *s. f.* Criaillerie importune, non fondée.

**CLABAUDEUR**, **EUSE**, *s.* Celui ou Celle qui criaille sans motif.

**CLAIE**, *s. f.* Ouvrage à claire-voie, fait en brins d'osier.

**CLAIR**, **E**, *adj.* Qui jette de la lumière, ou qui en reçoit ; brillant ; peu épais ; évident, manifeste.

**CLAIR**, *s. m.* Clarté, lumière ; *clair*, *adv.* Clairement.

**CLAIREMENT**, *adv.* D'une manière claire.

**CLAIRET**, **ETTE**, *adj.* Un peu clair.

**CLAIRE-VOIE** (*au pl.* *claires-voies*), *s. f.* Ouverture à jour ; *à* —, *loc. adv.* À distance.

**CLAIRIÈRE**, *s. f.* Endroit dégarni d'arbres dans une forêt.

**CLAIR-OBSCUR**, *s. m.* Combinaison de la lumière et des ombres dans un tableau.

**CLAIRON**, *s. m.* Sorte de trompette.

**CLAIR-SEMÉ**, ÉE, *adj*. Qui n'est pas serré, rare.

**CLAIRVOYANCE**, *s. f*. Sagacité; pénétration.

**CLAIRVOYANT**, E, *adj*. Qui a de la sagacité.

**CLAMECY**, chef-lieu d'arr. du dép. de la Nièvre.

**CLAMEUR**, *s. f*. Grand cri; cri public.

**CLAN**, *s. m*. Tribu (en Écosse et en Irlande).

**CLANDESTIN**, E, *adj*. Secret, caché.

**CLANDESTINEMENT**, *adv*. En secret.

**CLANDESTINITÉ**, *s. f*. Chose faite en secret.

**CLAPET**, *s. m*. Petite soupape.

**CLAPIER**, *s. m*. Trou ou Cabane à lapins.

**CLAPIR**, *v. n*. Crier (en parlant du lapin); *se* — (*part*. i, ie), *v. pr*. Se blottir dans un trou (en parlant d'un lapin).

**CLAPOTAGE** ou **CLAPOTIS**, *s. m*. Action de l'eau qui clapote.

**CLAPOTER**, *v. n*., se dit de l'eau qui s'agite en des sens opposés.

**CLAPOTEUSE**, *adj. f*., se dit de la mer qui clapote.

**CLAQUE**, *s. f*. Coup donné avec le plat de la main; troupe de claqueurs dans un théâtre; sorte de chaussure qu'on met par-dessus les souliers; —, *s. m*. Chapeau plat à porter sous le bras.

**CLAQUEMENT**, *s. m*. Bruit fait avec les dents, avec les mains, ou avec un fouet.

**CLAQUEMURER** (*part*. é, ée), *v. a*. Renfermer, resserrer.

**CLAQUER** (*part*. é, ée), *v. a*. Donner des claques; — *v. n*. Faire un bruit aigu.

**CLAQUET** ou **CLIQUET**, *s. m*. Petite latte qui bat sur la trémie d'un moulin.

**CLAQUETER**, *v. n*. Crier (en parlant de la cigale).

**CLAQUETTE**, *s. f*. Instrument de bois avec lequel on annonce la levée des lettres aux bureaux de poste.

**CLAQUEUR**, *s. m*. Celui qui applaudit en claquant; applaudisseur à gages.

**CLARIFICATION**, *s. f*. Action de clarifier.

**CLARIFIER** (*part*. é, ée), *v. a*. Rendre clair un liquide qui est trouble.

**CLARINETTE**, *s. f*. Instrument de musique à vent; celui qui en joue.

**CLARTÉ**, *s. f*. Lumière vive; netteté de l'esprit.

**CLASSE**, *s. f*. Ordre, rang; école, salle de collége.

**CLASSEMENT**, *s. m*. État de ce qui est classé.

**CLASSER** (*part*. é, ée), *v. a*. Ranger par classes.

**CLASSIFICATION**, *s. f*. Distribution par classes; action de classer.

**CLASSIQUE**, *adj*. 2 *g*. Qui a rapport aux classes; qui est en usage dans les écoles; qui sert de modèle.

**CLAUDICATION**, *s. f*. Infirmité qui fait boiter.

**CLAUSE**, *s. f*. Disposition d'un acte public ou particulier; article d'une convention.

**CLAUSTRAL**, E, *adj*. Appartenant au cloître.

**CLAVEAU**, *s. m*. Maladie contagieuse des brebis et des moutons.

**CLAVECIN**, *s. m*. Instrument de musique.

**CLAVELÉ**, ÉE, *adj*. Qui a le claveau.

**CLAVELÉE**, *s. f*. Claveau.

**CLAVETTE**, *s. f*. Sorte de clou plat.

**CLAVICULE**, *s. f*. Chacun des deux os qui joignent la poitrine aux épaules.

**CLAVIER**, *s. m*. Rangée de touches d'un clavecin, d'un jeu d'orgues; anneau servant à réunir des clefs.

**CLAYON**, *s. m*. Petite claie pour faire égoutter le fromage.

**CLEF**, *s. f*. Instrument pour ouvrir ou fermer une serrure; — *de voûte*, pierre du milieu qui ferme la voûte; —, *t. de musique*, indique l'intonation des notes.

**CLÉMATITE**, *s. f*. Plante grimpante, sarmenteuse et à fleurs odoriférantes.

**CLÉMENCE**, *s. f*. Vertu qui porte un supérieur à pardonner les offenses.

**CLÉMENT**, E, *adj*. Qui a de la clémence.

**CLERC**, *s. m.* Ecclésiastique; celui qui travaille dans une étude de notaire, d'avoué, d'huissier; il se dit aussi de tout homme gradué dans les facultés, ou lettré.

**CLERGÉ**, *s. m.* Le corps des ecclésiastiques.

**CLÉRICAL**, **E**, *adj.* Qui appartient à l'ordre ecclésiastique.

**CLÉRICALEMENT**, *adv.* D'une manière cléricale.

**CLÉRICAT**, *s. m.* Office de clerc.

**CLÉRICATURE**, *s. f.* État, condition du clerc.

**CLERMONT**, chef-lieu du dép. du Puy-de-Dôme.

**CLICHAGE**, *s. m.* Action de clicher, son effet.

**CLICHÉ**, *s. m.* Planche de métal portant l'empreinte de caractères d'imprimerie.

**CLICHER** (*part.* é, ée), *v. a.* Former une planche d'impression solide, en enfonçant un texte de caractères mobiles dans une masse de plomb fondu.

**CLICHEUR**, *s. m.* Ouvrier qui cliche.

**CLIENT**, **E**, *s.* Celui ou Celle que défend un avocat; protégé.

**CLIENTÈLE**, *s. f.* Les clients d'un homme de loi; protection d'un patron.

**CLIGNEMENT**, *s. m*, Action de cligner.

**CLIGNE-MUSETTE**, *s. f.* Jeu d'enfants, dont l'un ferme les yeux pendant que les autres se cachent.

**CLIGNER** (*part.* é, ée), *v. a.* Fermer involontairement les yeux à demi.

**CLIGNOTANT**, **E**, *adj.* Qui clignote.

**CLIGNOTEMENT**, *s. m.* Action de clignoter.

**CLIGNOTER**, *v. n.* Remuer continuellement les paupières.

**CLIMAT**, *s. m.* Région; pays; température.

**CLIMATÉRIQUE**, *adj* 2 *g.* et *s. f.* Chaque septième année de la vie.

**CLIN**, *s. m.* Mouvement de la paupière levée et abaissée au même instant.

**CLINIQUE**, *s. f.* et *adj.* 2 *g.*, se dit de la médecine exercée au lit des malades.

**CLINQUANT**, *s. m.* Petite lame de cuivre doré ou argenté; éclat trompeur.

**CLIQUART**, *s. m.* Pierre à bâtir d'une espèce très-recherchée.

**CLIQUE**, *s. f.* Société de gens qui cabalent ensemble.

**CLIQUET**. Voy. *Claquet.*

**CLIQUETER**, *v. n.* Imiter le bruit d'un cliquet.

**CLIQUETIS**, *s. m.* Bruit d'armes qui se choquent.

**CLIQUETTE**, *s. f.* Sorte de castagnette.

**CLISSE**, *s. f.* Clayon; petite bande de bois ou de fer-blanc pour maintenir les os fracturés.

**CLISSER** (*part.* é, ée), *v. a.* Garnir de clisses.

**CLOAQUE**, *s. f.* Conduit souterrain pour faire écouler les eaux et les immondices d'une ville; —, *s. m.* Lieu destiné à recevoir des immondices.

**CLOCHE**, *s. f.* Instrument de métal pour sonner; ampoule sur la peau; vase de verre, en forme de cloche, pour préserver du froid certaines plantes, pour couvrir certains objets.

**CLOCHEMENT**, *s. m.* Action de clocher.

**CLOCHE-PIED** (à), *loc. adv.* En sautant sur un pied.

**CLOCHER**, *s. m.* Bâtiment élevé où sont placées les cloches d'une église.

**CLOCHER**, *v. n.* Boiter en marchant.

**CLOCHETTE**, *s. f.* Petite cloche.

**CLOISON**, *s. f.* Séparation en charpente et en maçonnerie.

**CLOISONNAGE**, *s. m.* Ouvrage de cloison.

**CLOÎTRE**, *s. m.* Monastère.

**CLOÎTRER** (*part.* é, ée), *v. a.* Enfermer dans un cloître.

**CLOPIN-CLOPANT**, *adv.* En clopinant; *fam.*

**CLOPINER**, *v. n.* Marcher avec peine; *fam.*

**CLOPORTE**, *s. m.* Insecte à quatorze pattes qui s'engendre sous les pierres.

**CLOQUE**, *s. f.* Maladie des feuilles du pêcher.

**CLORE** (*Ind. pr.* je clos, tu clos, il clôt; *fut.* je clorai; *cond.* je clorais; *p. p.* clos, close. Ce verbe est inusité aux autres temps et aux autres personnes.), *v. a.* Fermer; achever; entourer; —, *v. n.* Rester fermé.

**CLOS**, *s. m.* Espace de terre entouré de murs ou de haies.

**CLOSEAU**, *s. m.* Petit jardin clos de haies.

**CLOSERIE**, *s. f.* Propriété rurale qui comporte une faible étendue.

**CLÔTURE**, *s. f.* Action de clore, de terminer; enceinte.

**CLOU** (*au pl. clous*), *s. m.* Morceau de métal ayant une tête et une pointe, qui sert à suspendre ou à attacher quelque chose; furoncle; — *d'épingle*, clou long et mince; — *de girofle*, sorte d'épicerie qui a la forme d'un clou.

**CLOUER** (*part.* é, ée), *v. a.* Attacher avec des clous.

**CLOUTERIE**, *s. f.* Fabrique de clous.

**CLOUTIER**, *s. m.* Celui qui fait ou qui vend des clous.

**CLOYÈRE**, *s. f.* Panier d'huîtres ou de poisson de mer.

**CLUB**, *s. m.* Assemblée politique.

**CLUBISTE**, *s. m.* Celui qui fait partie d'un club.

**CLYSTÈRE**, *s. m.* Lavement, remède.

**COACCUSÉ**, *s. m.* Accusé avec d'autres.

**COACTIF, IVE**, *adj.* Qui a droit de contraindre.

**COACTION**, *s. f.* Contrainte.

**COADJUTEUR, TRICE**, *s.* Celui ou Celle qui est adjoint.

**COADJUTORERIE**, *s. f.* Charge du coadjuteur.

**COAGULATION**, *s. f.* Action de coaguler.

**COAGULER** (*part.* é, ée), *v. a.* Figer, cailler, épaissir.

**se COALISER** (*part.* é, ée), *v. pr.* Se liguer.

**COALITION**, *s. f.* Ligue, union.

**COASSEMENT**, *s. m.* Cri des grenouilles.

**COASSER**, *v. n.* Crier (en parlant des grenouilles).

**COASSOCIÉ, ÉE**, *s.* et *adj.* Associé avec quelqu'un.

**COBALT**, *s. m.* Substance minérale blanche, dure et cassante, dont on tire l'arsenic.

**COCAGNE**, *s. f.* Mât fort élevé et glissant, au haut duquel il faut grimper pour gagner un prix; fête publique.

**COCARDE**, *s. f.* Nœud de rubans ou morceau d'étoffe de certaine couleur, taillé en rond, qui se porte au chapeau.

**COCASSE**, *adj.* 2 *g.* Plaisant, risible.

**COCHE**, *s. m.* Chariot couvert; bateau.

**COCHE**, *s. f.* Entaille; truie.

**COCHENILLE**, *s. f.* Petit insecte d'Amérique dont on tire la couleur écarlate.

**COCHENILLER**, *v. a.* Teindre avec la cochenille.

**COCHER**, *s. m.* Celui qui conduit un carrosse.

**COCHÈRE**, *adj. f. Porte* —, par laquelle une voiture peut passer.

**COCHET**, *s. m.* Petit coq.

**COCHLÉARIA**, *s. m.* Plante antiscorbutique.

**COCHON**, *s. m.* Porc, animal domestique; — *d'Inde*, animal plus petit qu'un lapin.

**COCHONNER**, *v. n.* Mettre bas (en parlant d'une truie; — (*part.* é, ée), *v. a.* Faire un ouvrage salement.

**COCHONNERIE**, *s. f.* Malpropreté.

**COCHONNET**, *s. m.* Petite boule qui sert de but au jeu de boules.

**COCO**, *s. m.* Fruit du cocotier; boisson faite avec de la réglisse et du citron.

**COCON**, *s. m.* Coque dans laquelle le ver à soie se trouve renfermé après avoir filé.

**COCOTIER**, *s. m.* Espèce de palmier dont les feuilles sont longues de trois à cinq mètres, et larges d'un mètre.

**COCTION**, *s. f.* Cuisson; digestion.

**CODE**, *s. m.* Recueil de lois.

**CODEX**, *s. m.* Recueil officiel des formules médicales.

**CODICILLE**, *s. m.* Addition, changement aux dispositions d'un testament.

**COERCIBLE**, *adj. 2 g.* Qui peut être contraint, renfermé dans certaines limites.

**COERCITIF, IVE**, *adj.* Qui a le droit de contraindre.

**COERCITION**, *s. f.* Pouvoir, droit, action de contraindre.

**COÉTERNEL, ELLE**, *adj.* Éternel avec un autre.

**CŒUR**, *s. m.* Corps musculeux, principal organe de la circulation du sang et principe de la vie; *fig.* Conscience; force; courage; affection; milieu; *par cœur, adv.* De mémoire.

**COEXISTANT, E**, *adj.* Qui coexiste.

**COEXISTENCE**, *s. f.* Existence simultanée.

**COEXISTER**, *v. n.* Exister en même temps.

**COFFRE**, *s. m.* Espèce de caisse pour serrer des effets.

**COFFRE-FORT**, *s. m.* Meuble pour serrer des objets précieux.

**COFFRER** (*part.* é, ée), *v. a.* Mettre en prison; *fam.*

**COFFRET**, *s. m.* Petit coffre.

**COFFRETIER**, *s. m.* Faiseur de coffres.

**COGNAC**, chef-lieu d'arr. du dép. de la Charente.

**COGNASSE**, *s. f.* Coin sauvage.

**COGNASSIER**, *s. m.* Arbre qui porte les cognasses.

**COGNÉE**, *s. f.* Sorte de hache à l'usage des bûcherons.

**COGNER** (*part.* é, ée), *v. a.* Frapper sur quelque chose.

**COHABITATION**, *s. f.* Action de cohabiter.

**COHABITER**, *v. n.* Habiter ensemble (en parlant des époux).

**COHÉRENCE**, *s. f.* Union; liaison.

**COHÉRENT, E**, *adj.* Qui est lié; annexé.

**COHÉRITER**, *v. n.* Hériter ensemble.

**COHÉRITIER, IÈRE**, *s.* Celui ou Celle qui hérite avec un autre.

**COHÉSION**, *s. f.* Adhérence; ce qui unit, ce qui rend compacte.

**COHORTE**, *s. f.* Troupe armée.

**COHUE**, *s. f.* Assemblée tumultueuse.

**COI**, *adj. m.* **COITE**, *f.* Tranquille, paisible.

**COIFFE**, *s. f.* Ajustement pour mettre sur la tête.

**COIFFER** (*part.* é, ée), *v. a.* Couvrir, orner la tête.

**COIFFEUR, EUSE**, *s.* Celui ou Celle qui coiffe.

**COIFFURE**, *s. f.* Ornement de la tête; arrangement des cheveux.

**COIN**, *s. m.* Angle; petit endroit retiré; outil de fer pour fendre du bois.

**COÏNCIDENCE**, *s. f.* État de choses qui coïncident.

**COÏNCIDENT, E**, *adj.* Qui coïncide.

**COÏNCIDER**, *v. n.* S'ajuster l'un sur l'autre; arriver ensemble.

**COING**, *s. m.* Espèce de poire très-odorante et de couleur jaune.

**COÏNTÉRESSÉ, ÉE**, *adj.* Intéressé avec d'autres personnes dans une affaire.

**COKE**, *s. m.* Charbon de houille pour le chauffage.

**COL** ou **COU**, *s. m.* Partie du corps qui joint la tête aux épaules; *col*, partie du vêtement qui entoure le cou; passage; canal.

**COLBACK**, *s. m.* Sorte de bonnet militaire.

**COLÉGATAIRE**, *s. m.* Celui qui a une part dans un legs.

**COLÉOPTÈRE**, *adj.* et *s. m.* Insecte ovipare à ailes couvertes de fourreaux solides.

**COLÈRE**, *s. f.* Excessive irritabilité qui porte à la violence; emportement; —, *adj.* 2 *g.* Sujet à se mettre en colère.

**COLÉRIQUE**, *adj.* 2 *g.* Enclin à la colère.

**COLIBRI**, *s. m.* Oiseau d'Amérique très-petit.

**COLIFICHET**, *s. m.* Bagatelle, objet futile; sorte de gâteau sec pour les oiseaux.

**COLIMAÇON**, *s. m.* Limaçon à coquille.

**COLIN-MAILLARD**, *s. m.* Jeu dans lequel un des joueurs a les yeux bandés

**COLIQUE**, *s. f.* Douleurs dans le bas-ventre.

**COLIS**, *s. m.* Ballot.

**COLISÉE**, *s. m.* Amphithéâtre, sorte de salle de spectacle à Rome.

**COLLABORATEUR, TRICE**, *s.* Celui ou Celle qui travaille de concert avec un autre.

**COLLABORATION**, *s. f.* Travail du collaborateur.

**COLLAGE**, *s. m.* Action de coller.

**COLLANT, E**, *adj.* Gluant.

**COLLATÉRAL, E** (*au pl. m.* —*aux*), *adj.* Qui est en dehors de la ligne directe; —, *s. m.* Parent collatéral.

**COLLATION**, *s. f.* Action de comparer, de conférer; repas léger.

**COLLATIONNER** (*part.* é, ée), *v. a.* comparer une copie à l'original; —, *v. n.* Faire le repas appelé collation.

**COLLE**, *s. f.* Matière gluante et tenace pour coller.

**COLLECTE**, *s. f.* Levée des impôts; quête.

**COLLECTEUR**, *s. m.* Celui qui recueille les impôts.

**COLLECTIF, IVE**, *adj.* Qui représente plusieurs personnes ou plusieurs choses.

**COLLECTION**, *s. f.* Recueil de plusieurs choses qui ont rapport entre elles.

**COLLECTIVEMENT**, *adv.* D'une manière collective.

**COLLÉGE**, *s. m.* Lieu destiné à l'enseignement; assemblée; corps de personnes.

**COLLÉGIAL, E**, *adj.* et *s.* D'un collége; d'un chapitre.

**COLLÉGIEN**, *s. m.* Celui qui suit les cours d'un collége.

**COLLÈGUE**, *s. m.* Compagnon en dignité, en fonctions.

**COLLER** (*part.* é, ée), *v. a.* Faire tenir avec de la colle, enduire de colle; — *le vin*, le clarifier.

**COLLERETTE**, *s. f.* Grand collet de linge dont les femmes couvrent leurs épaules.

**COLLET**, *s. m.* Partie de l'habillement qui est autour du cou; rabat; lacs pour prendre le gibier.

**COLLETER** (*part.* é, ée), *v. a.* Prendre au collet; —, *v. n.* Tendre des collets pour prendre du gibier.

**COLLEUR**, *s. m.* Ouvrier qui colle le papier.

**COLLIER**, *s. m.* Ornement du cou; partie du harnais qui se place au cou des bêtes de somme.

**COLLINE**, *s. f.* Petite montagne.

**COLLISION**, *s. f.* Choc de deux corps.

**COLLOCATION**, *s. f.* Action de ranger des créanciers dans l'ordre où ils doivent être payés; ordre dans lequel les créanciers sont rangés.

**COLLOQUE**, *s. m.* Entretien, conférence.

**COLLOQUER** (*part.* é, ée), *v. a.* Placer.

**COLLUSION**, *s. f.* Intelligence entre plusieurs personnes au préjudice d'un tiers.

**COLLUSOIRE**, *adj.* 2 *g.* Ce qui se fait par collusion.

**COLLUSOIREMENT**, *adv.* Par collusion.

**COLLYRE**, *s. m.* Remède extérieur pour les yeux.

**COLMAR**, chef-lieu du dép. du Haut-Rhin.

**COLOMBAGE**, *s. m.* Rang de solives dans une construction en pans de bois.

**COLOMBE**, *s. f.* Espèce de pigeon; femelle du pigeon.

**COLOMBIER**, *s. m.* Pigeonnier; papier d'un grand format.

**COLOMBIN, E**, *adj.* Qui est de la couleur de gorge de pigeon.

**COLOMBINE**, *s. f.* Fiente de pigeon.

**COLON**, *s. m.* Habitant des colonies, cultivateur.

**COLONEL**, *s. m.* Officier qui commande un régiment.

**COLONIAL, E**, *adj.* Relatif aux colonies; qui vient des colonies.

**COLONIE**, *s. f.* Troupe d'hommes et de femmes qui passent d'un pays dans un autre; lieu où ils sont établis.

**COLONISATION**, *s. f.* Action de coloniser.

**COLONISER** (*part.* é, ée), *v. a.* Former une colonie.

**COLONNADE**, *s. f.* Rangée de colonnes.

**COLONNE**, *s. f.* Pilier rond pour

soutenir ou orner un édifice; sorte de monument; division des pages d'un livre; division d'une armée.

**COLOPHANE**, *s. f.* Sorte de résine.

**COLOQUINTE**, *s. f.* Sorte de petite citrouille.

**COLORANT, E**, *adj.* Qui colore.

**COLORER** (*part.* é, ée), *v. a.* Donner de la couleur; *se* —, *v. pr.* Prendre de la couleur.

**COLORIER** (*part.* é, ée), *v. a.* Mettre les couleurs à une gravure.

**COLORIS**, *s. m.* Résultat du mélange et de l'emploi des couleurs.

**COLORISTE**, *s. m.* Peintre qui entend bien le coloris.

**COLOSSAL, E**, *adj.* Qui est de grandeur démesurée. (Le pl. f. est seul usité.)

**COLOSSE**, *s. m.* Statue gigantesque; *fig.* Personne de haute stature.

**COLPORTAGE**, *s. m.* Action de colporter.

**COLPORTER** (*part.* é, ée), *v. a.* Porter de côté et d'autre des marchandises pour les vendre.

**COLPORTEUR**, *s. m.* Marchand qui colporte.

**COLURE**, *s. m.* Chacun des cercles de la sphère qui coupent l'équateur à angles droits.

**COLZA**, *s. m.* Chou sauvage.

**COMBAT**, *s. m.* Action de combattre; trouble, dispute, contestation.

**COMBATTANT**, *s. m.* Celui qui combat.

**COMBATTRE** (*part.* u, ue), *v. a.* Attaquer ou Se défendre; disputer; contester.

**COMBIEN**, *adv. de quantité.* Quel nombre, quelle durée, quel prix; à quel point.

**COMBINAISON**, *s. f.* Assemblage et disposition de plusieurs choses.

**COMBINER** (*part.* é, ée), *v. a.* Faire une combinaison.

**COMBLE**, *s. m.* Le faîte d'une maison; ce qui dépasse une mesure; *fig.* Le plus haut degré; *de fond en* —, entièrement; *pour* —, pour surcroît; —, *adj.* 2 *g.* Rempli jusque par-dessus les bords.

**COMBLEMENT**, *s. m.* Action de combler.

**COMBLER** (*part.* é, ée), *v. a.* Remplir.

**COMBUSTIBLE**, *adj.* 2 *g.* Qui peut brûler; —, *s. m.* Tout ce qui sert à faire du feu.

**COMBUSTION**, *s. f.* Action de brûler; *fig.* Tumulte et grand désordre.

**COMÉDIE**, *s. f.* Pièce de théâtre représentant quelque action de la vie commune; lieu où jouent des acteurs.

**COMÉDIEN, ENNE**, *s.* Celui ou Celle qui joue la comédie.

**COMESTIBLE**, *adj.* 2 *g.* et *s. m.* Qui peut se manger.

**COMÈTE**, *s. f.* Corps céleste, espèce de planète.

**COMICES**, *s. m. pl.* Assemblées du peuple romain pour les élections.

**COMIQUE**, *adj.* 2 *g.* Qui appartient à la comédie, plaisant, ridicule; *genre comique*, qui a rapport à la comédie; *auteur comique*, qui travaille dans le genre comique; *acteur comique*, qui joue habituellement dans la comédie, qui se charge des rôles bouffons; —, *s. m.* Le genre comique.

**COMIQUEMENT**, *adv.* D'une manière comique.

**COMITÉ**, *s. m* Réunion de gens commis ou délégués pour discuter une affaire.

**COMMANDANT**, *s. m.* et *adj.* Celui qui commande des troupes; *commandante*, *s. f.* La femme du commandant.

**COMMANDE**, *s. f.* Ouvrage commandé.

**COMMANDEMENT**, *s. m.* Autorité, pouvoir, manière de commander; précepte.

**COMMANDER** (*part.* é, ée), *v. a.* Ordonner, prescrire; —, *v. n.* Avoir autorité.

**COMMANDERIE**, *s. f.* Bénéfice affecté à un ordre militaire.

**COMMANDEUR**, *s. m.* Titre honorifique dans un ordre de chevalerie.

**COMMANDITAIRE**, *s. m.* Celui qui a une commandite.

**COMMANDITE**, *s. f.* Société commerciale.

**COMME**, *adv. de comparaison et de temps.* Ainsi que; au moment où.

**COMMÉMORATIF, IVE**, *adj.* Qui rappelle le souvenir de.

**COMMÉMORATION**, *s. f.* Mention, souvenir.

**COMMENÇANT, E**, *s.* Celui ou Celle qui commence.

**COMMENCEMENT**, *s. m.* La première partie; principe.

**COMMENCER** (*part.* é, ée), *v. a.* Entreprendre; —, *v. n.* Prendre commencement.

**COMMENSAL** (*au pl.* aux), *s. m.* Celui qui mange à la même table que d'autres.

**COMMENSURABLE**, *adj.* 2 *g.*, se dit de deux grandeurs qui ont une mesure commune.

**COMMENT**, *adv.* De quelle manière.

**COMMENTAIRE**, *s. m.* Interprétation, remarque.

**COMMENTATEUR**, *s. m.* Celui qui commente.

**COMMENTER** (*part.* é, ée), *v. a.* Interpréter.

**COMMÉRAGE**, *s. m.* Propos, caquets.

**COMMERÇABLE**, *adj.* 2 *g.* Négociable, qui peut être l'objet d'un commerce.

**COMMERÇANT, E**, *s.* et *adj.* Qui fait le commerce.

**COMMERCE**, *s. m.* Négoce de marchandises.

**COMMERCER**, *v. n.* Faire le commerce.

**COMMERCI**, chef-lieu d'arr. du dép. de la Meuse.

**COMMERCIAL, E**, *adj.* Qui a rapport au commerce.

**COMMÈRE**, *s. f.* Celle qui a tenu un enfant sur les fonts de baptême; femme curieuse et bavarde.

**COMMETTANT**, *s. m.* Celui qui a confié une affaire à quelqu'un.

**COMMETTRE**, *v. a. irr.* (se conj. sur *Mettre*). Faire une faute; charger quelqu'un d'une affaire; compromettre.

**COMMINATOIRE**, *adj.* 2 *g.* Qui contient une menace.

**COMMIS**, *s. m.* Celui qui est chargé d'un emploi, d'une mission.

**COMMISÉRATION**, *s. f.* Pitié.

**COMMISSAIRE**, *s. m.* Officier, juge commis pour exercer une fonction.

**COMMISSARIAT**, *s. m.* Fonction, emploi du commissaire.

**COMMISSION**, *s. f.* Charge; message; charge d'acheter; droit de courtage.

**COMMISSIONNAIRE**, *s. m.* Celui qui fait des commissions, des messages.

**COMMISSIONNER** (*part.* é, ée), *v. a.* Donner une commission.

**COMMODE**, *s. f.* Meuble à tiroirs.

**COMMODE**, *adj.* 2 *g.* Qui est d'un usage utile et facile; trop indulgent.

**COMMODÉMENT**, *adv.* D'une manière commode.

**COMMODITÉ**, *s. f.* Chose ou Situation commode; *au pl.* Toutes les choses nécessaires à la vie; lieux d'aisances.

**COMMOTION**, *s. f.* Secousse.

**COMMUABLE**, *adj.* 2 *g.* Qui peut être changé.

**COMMUER** (*part.* é, ée), *v. a.* Changer.

**COMMUN, E**, *adj.* Propre à tout le monde, d'un usage universel; qui se trouve en abondance; de peu de valeur.

**COMMUN**, *s. m.* Ce qui est en communauté, ce qui appartient à plusieurs personnes; *en* —, *loc. adv.* En société.

**COMMUNAL, E**, *adj.* Qui appartient à une ou à plusieurs communes.

**COMMUNAUTÉ**, *s. f.* Société; biens mis en commun.

**COMMUNAUX**, *s. m. pl.* Pâturages des communes.

**COMMUNE**, *s. f.* Corps d'habitants d'une ville, d'un village, etc.; lieu où ils s'assemblent.

**COMMUNÉMENT**, *adv.* Ordinairement.

**COMMUNIANT, E**, *s.* Celui ou Celle qui communie.

**COMMUNICABLE**, *adj.* 2 *g.* Qui peut se communiquer.

**COMMUNICATIF, IVE**, *adj.* Qui se communique aisément.

**COMMUNICATION**, *s. f.* Action de communiquer.

**COMMUNIER**, *v. n.* Recevoir l'Eucharistie.

**COMMUNION**, *s. f.* Union de plusieurs personnes dans une même foi; action de communier.

**COMMUNIQUER** (*part.* é, ée), *v. a.* Rendre commun à; faire part de; donner communication.

**COMMUTATION**, *s. f.* Changement.

**COMPACITÉ**, *s. f.* Qualité de ce qui est compacte.

**COMPACTE**, *adj.* 2 *g.* Serré, condensé.

**COMPAGNE**, *s. f.* Femme qui accompagne, qui travaille avec une autre; femme par rapport au mari.

**COMPAGNIE**, *s. f.* Réunion de personnes; troupe sous les ordres d'un capitaine.

**COMPAGNON**, *s. m.* Camarade; ouvrier qui travaille chez un maître.

**COMPAGNONNAGE**, *s. m.* Le temps qu'on est compagnon dans un métier; association d'ouvriers.

**COMPARABLE**, *adj.* 2 *g.* Qui peut être comparé.

**COMPARAISON**, *s. f.* Action de comparer; résultat de cette action.

**COMPARAÎTRE** (se conj. sur *Paraître*), *v. n.* Se présenter devant des juges.

**COMPARANT**, **E**, *s.* Celui ou Celle qui comparaît.

**COMPARATIF**, **IVE**, *adj.* Qui sert à comparer; —, *s. m.* (*t. de grammaire*). Le second degré de comparaison.

**COMPARATIVEMENT**, *adv.* Par comparaison.

**COMPARER** (*part.* é, ée), *v. a.* Examiner ou Établir le rapport qui existe entre plusieurs choses.

**COMPAROIR**, *v. n.* Comparaître en justice. (Il n'est usité qu'à l'infinitif, aux autres temps et aux autres modes on se sert du v. *Comparaître.*)

**COMPARSE**, *s. f.* Entrée de quadrilles; —, *s. m.* Personnage muet qui figure sur la scène.

**COMPARTIMENT**, *s. m.* Assemblage ou Séparation symétrique de plusieurs choses; case, division.

**COMPARUTION**, *s. f.* Action de comparaître.

**COMPAS**, *s. m.* Instrument de mathématiques pour mesurer.

**COMPASSEMENT**, *s. m.* Action de compasser; chose compassée.

**COMPASSER** (*part.* é, ée), *v. a.* Mesurer au compas; *fig.* Régler ses actions minutieusement.

**COMPASSION**, *s. f.* Commisération.

**COMPATIBILITÉ**, *s. f.* Qualité de ce qui est compatible; harmonie, convenance.

**COMPATIBLE**, *adj.* 2 *g.* Qui convient, qui s'accorde.

**COMPATISSANT**, **E**, *adj.* Porté à la compassion.

**COMPATRIOTE**, *s.* 2 *g.* Celui ou Celle qui est du même pays.

**COMPENDIUM**, *s. m.* Abrégé.

**COMPENSATION**, *s. f.* Dédommagement.

**COMPENSER** (*part.* é, ée), *v. a.* Dédommager.

**COMPÉRAGE**, *s. m.* Relation entre le parrain ou la marraine et les père et mère d'un enfant.

**COMPÈRE**, *s. m.* Celui qui tient un enfant sur les fonts; celui qui aide à tromper dans les jeux; *bon compère*, *joyeux compère*, homme d'humeur gaie, enjouée.

**COMPÉTENCE**, *s. f.* Droit de connaître, de juger.

**COMPÉTENT**, **E**, *adj.* Qui est dû, qui appartient.

**COMPÉTER**, *v. n.* Être de la compétence de.

**COMPÉTITEUR**, *s. m.* Concurrent.

**COMPIÈGNE**, chef-lieu d'arr. du dép. de l'Oise.

**COMPILATEUR**, *s. m.* Écrivain qui compile.

**COMPILATION**, *s. f.* Recueil de morceaux tirés de différents auteurs.

**COMPILER** (*part.* é, ée), *v. a.* Faire une compilation.

**COMPLAINTE**, *s. f.* Chanson plaintive; lamentation.

**COMPLAIRE** (se conj. sur *Plaire*), *v. n.* Se conformer au goût de quelqu'un; *se* —, prendre plaisir à.

**COMPLAISAMMENT**, *adv.* Avec complaisance.

**COMPLAISANCE**, *s. f.* Douceur de caractère; déférence; condescendance.

**COMPLAISANT**, **E**, *adj.* Obligeant. (Il s'emploie comme substantif en mauvaise part.)

**COMPLANT**, *s. m.* Pièces de terre plantées de vignes et d'arbres.

**COMPLÉMENT**, *s. m.* Ce qui rend complet.

**COMPLÉMENTAIRE**, *adj.* 2 *g.* Qui sert à compléter.

**COMPLET, ÈTE**, *adj.* Entier, parfait.

**COMPLET**, *s. m.* Complément.

**COMPLÈTEMENT**, *s. m.* Action de compléter; —, *adv.* D'une manière complète.

**COMPLÉTER** (*part.* é, ée), *v. a.* Rendre complet.

**COMPLÉTIF, IVE**, *adj.* Qui a le caractère d'un complément.

**COMPLEXE**, *adj.* 2 *g.* Qui n'est pas simple, qui embrasse plusieurs choses.

**COMPLEXION**, *s. f.* Tempérament.

**COMPLEXITÉ**, *s. f.* Qualité de ce qui est complexe.

**COMPLICATION**, *s. f.* Concours de choses de diverses natures.

**COMPLICE**, *s.* et *adj.* 2 *g.* Qui partage un crime.

**COMPLICITÉ**, *s. f.* Participation au crime d'un autre.

**COMPLIES**, *s. f. pl.* Partie de l'office divin qui suit les vêpres.

**COMPLIMENT**, *s. m.* Paroles civiles, affectueuses.

**COMPLIMENTER** (*part.* é, ée), *v. a.* Faire compliment.

**COMPLIMENTEUR, EUSE**, *s.* Celui ou Celle qui aime à complimenter.

**COMPLIQUÉ, ÉE**, *adj.* Mêlé avec d'autres; embrouillé.

**COMPLIQUER** (*part.* é, ée), *v. a.* Mêler, réunir, embrouiller (les affaires); *se* —, *v. pr.* Devenir confus, embrouillé.

**COMPLOT**, *s. m.* Mauvais dessein formé entre plusieurs personnes.

**COMPLOTER** (*part.* é, ée), *v. a.* Faire un complot.

**COMPONCTION**, *s. f.* Douleur d'avoir offensé Dieu.

**COMPORTER**, *v. a.* Permettre, supporter; *se* —, *v. pr.* Se conduire.

**COMPOSÉ, ÉE**, *adj.* Formé de plusieurs parties; qui affecte un air grave; —, *s. m.* Corps formé de parties mixtes.

**COMPOSER** (*part.* é, ée), *v. a.* Faire un tout de plusieurs parties; créer, inventer; —, *v. n.* Capituler.

**COMPOSITE**, *s. m.* Ordre d'architecture composé de plusieurs ordres; —, *adj.* 2 *g.* Qui appartient à cet ordre.

**COMPOSITEUR**, *s. m.* Celui qui compose.

**COMPOSITION**, *s. f.* Action de composer; préparation pour imiter un métal; accommodement.

**COMPOTE**, *s. f.* Fruits cuits.

**COMPOTIER**, *s. m.* Vase pour mettre les compotes.

**COMPRÉHENSIBLE**, *adj.* 2 *g.* Qu'on peut comprendre; intelligible.

**COMPRÉHENSION**, *s. f.* Intelligence.

**COMPRENDRE** (se conj. sur *Prendre*), *v. a.* Contenir, renfermer, concevoir.

**COMPRESSE**, *s. f.* Linge qu'on applique sur une plaie.

**COMPRESSIBILITÉ**, *s. f.* Qualité de ce qui est compressible.

**COMPRESSIBLE**, *adj.* 2 *g.* Qui peut être comprimé.

**COMPRESSIF, IVE**, *adj.* Qui sert à comprimer.

**COMPRESSION**, *s. f.* Action de comprimer; effet de la pression.

**COMPRIMER** (*part.* é, ée), *v. a.* Presser, resserrer.

**COMPROMETTRE** (se conj. sur *Mettre*), *v. a.* Exposer quelqu'un à quelque désagrément; *se* —, *v. pr.* Exposer son crédit, sa réputation.

**COMPROMIS**, *s. m.* Convention.

**COMPTABILITÉ**, *s. f.* État du comptable; ordre qu'on met dans les comptes.

**COMPTABLE**, *adj.* 2 *g.* et *s. m.* Assujetti à rendre compte.

**COMPTANT**, *adj. m.* *Argent* , argent en espèces monnayées; —, *adv.* *Payer comptant*, Payer en achetant.

**COMPTE**, *s. m.* Calcul; état de recettes ou de dépenses, profit; *à compte*, en déduction de; *au bout du* —, enfin, après tout.

**COMPTER** (*part.* é, ée), *v. a.* Calculer, payer; —, *v. n.* Croire, se fier; être au nombre de.

**COMPTOIR**, *s. m.* Table à tiroir des marchands; bureau.

**COMPULSER** (*part.* é, ée), *v. a.* Parcourir (un registre, un livre).

**COMPUT**, *s. m.* Supputation des temps pour le calendrier de l'Église.

**COMTAT**, *s. m.* Comté.

**COMTE, ESSE**, *s.* Titre de noblesse.

**CONCASSER** (*part.* é, ée), *v. a.* Briser et réduire en petits morceaux.

**CONCAVE**, *adj.* 2 *g.* et *s. m.* Creux, sphérique, l'opposé de convexe.

**CONCAVITÉ**, *s. f.* État de ce qui est concave.

**CONCÉDER** (*part.* é, ée), *v. a.* Accorder, octroyer, céder.

**CONCENTRATION**, *s. f.* Action de concentrer.

**CONCENTRER** (*part.* é, ée), *v. a.* Réunir à un centre; *fig.* Renfermer en soi, cacher (un sentiment).

**CONCEPTION**, *s. f.* Faculté de concevoir, de comprendre; intelligence; fête de l'Église catholique.

**CONCERNANT**, *prép.* Sur, touchant.

**CONCERNER** (*part.* é, ée), *v. a.* Avoir rapport à. (Ce verbe ne s'emploie pas au passif).

**CONCERT**, *s. m.* Harmonie de voix et d'instruments de musique, assemblée de musiciens; lieu où ils sont réunis; union, accord; *de* —, d'intelligence.

**CONCERTANT, E**, *s.* Celui ou Celle qui fait sa partie dans un concert.

**CONCERTER** (*part.* é, ée), *v. a.* Répéter ensemble un morceau de musique; conférer pour l'exécution d'un projet; *se* —, *v. pr.* S'entendre avec quelqu'un.

**CONCERTO**, *s. m.* Pièce de symphonie.

**CONCESSION**, *s. f.* Don; droit, privilége concédé; terrain cédé à quelqu'un pour être défriché.

**CONCESSIONNAIRE**, *s. m.* Celui qui a obtenu une concession.

**CONCETTI**, *s. m. pl.* Pensées brillantes, mais fausses.

**CONCEVABLE**, *adj.* 2 *g.* Qui peut se comprendre.

**CONCEVOIR** (*part.* conçu, ue; se conj. sur *Recevoir*), *v. a.* Comprendre; entendre bien; ressentir.

**CONCHYLIOLOGIE** (*ch* se prononce comme *k*), *s. f.* Science qui traite des coquillages.

**CONCHYLIOLOGISTE**, *s. m.* Celui qui s'occupe de conchyliologie.

**CONCIERGE**, *s.* 2 *g.* Gardien d'un édifice, d'un hôtel; portier.

**CONCIERGERIE**, *s. f.* Fonction ou Logement du concierge; prison.

**CONCILE**, *s. m.* Assemblée solennelle d'évêques.

**CONCILIABLE**, *adj.* 2 *g.* Qui peut se concilier.

**CONCILIABULE**, *s. m.* Assemblée illégale, clandestine.

**CONCILIANT, E**, *adj.* Propre à la conciliation.

**CONCILIATEUR, TRICE**, *s. et adj.* Qui concilie.

**CONCILIATION**, *s. f.* Action de concilier.

**CONCILIER** (*part.* é, ée), *v. a.* Accorder ce qui paraît contraire; attirer.

**CONCIS, E**, *adj.* Court, resserré (en parlant du style).

**CONCISION**, *s. f.* Qualité de ce qui est concis.

**CONCITOYEN, ENNE**, *s.* Citoyen de la même ville.

**CONCLAVE**, *s. m.* Assemblée de cardinaux pour l'élection d'un pape.

**CONCLAVISTE**, *s. m.* Celui qui s'enferme dans le conclave avec un cardinal.

**CONCLUANT, E**, *adj.* Qui conclut; qui prouve.

**CONCLURE** (*Ind. pr.* je conclus, tu conclus, il conclut, nous concluons, etc.; *imp.* je concluais, etc.; *p. déf.* je conclus, etc.; *fut.* je conclurai, etc.; *cond.* je conclurais, etc.; *impér.* conclus, etc.; *subj. pr.* que je conclue, etc.; que nous concluions, etc.; *imp. subj.* que je conclusse, etc.; *p. pr.* concluant; *p. p.* conclu, ue), *v. a.* Achever; —, *v. n.* Tirer une conclusion.

**CONCLUSIF, IVE**, *adj.* Qui conclut.

**CONCLUSION**, *s. f.* Fin, résumé, action de conclure.

**CONCOMBRE**, *s. m.* Plante potagère

**CONCORDANCE**, *s. f.* Convenance, rapport.

**CONCORDAT**, *s. m.* Traité, convention, transaction.

**CONCORDE**, *s. f.* Conformité de volontés, bonne intelligence.

**CONCORDER**, *v. n.* Être d'accord.

**CONCOURIR** (se conj. sur *Courir*), *v. n.* Agir conjointement, être en concurrence.

**CONCOURS**, *s. m.* Action de concourir; affluence de monde.

**CONCRET, ÈTE**, *adj.* Joint, composé, coagulé; l'opposé d'abstrait.

**CONCRÉTION**, *s. f.* Amas de parties réunies en une masse et devenues solides.

**CONCUPISCENCE**, *s. f.* Désir déréglé, appétit des sens.

**CONCURREMMENT**, *adv.* Conjointement, par concurrence.

**CONCURRENCE**, *s. f.* Prétention de plusieurs au même but.

**CONCURRENT, E**, *s.* Celui ou Celle qui poursuit une même chose en même temps qu'une autre personne.

**CONCUSSION**, *s. f.* Action d'un officier public qui exige plus qu'il ne lui est dû.

**CONCUSSIONNAIRE**, *s. m.* Celui qui fait des concussions.

**CONDAMNABLE**, *adj. 2 g.* Qui doit être condamné.

**CONDAMNATION**, *s. f.* Jugement qui condamne; ce à quoi on est condamné.

**CONDAMNÉ, ÉE**, *s.* Celui ou Celle qui a subi une condamnation.

**CONDAMNER** (*part.* é, ée), *v. a.* Rendre un jugement contre; blâmer; — *une porte, une fenêtre*, en interdire l'usage.

**CONDENSATEUR**, *s. m.* Appareil pour condenser.

**CONDENSATION**, *s. f.* Action de condenser.

**CONDENSER** (*part.* é, ée), *v. a.* Rendre plus serré, plus compacte.

**CONDESCENDANCE**, *s. f.* Complaisance.

**CONDESCENDANT, E**, *adj.* Qui a de la condescendance.

**CONDESCENDRE**, *v. n.* Avoir de la condescendance.

**CONDIMENT**, *s. m.* Assaisonnement.

**CONDISCIPLE**, *s. m.* Compagnon d'étude.

**CONDITION**, *s. f.* Nature, état, qualité d'une chose ou d'une personne; profession, charge; convention; état de domesticité.

**CONDITIONNÉ, ÉE**, *adj.* Qui a les qualités requises.

**CONDITIONNEL, ELLE**, *adj.* Subordonné à certaines conditions.

**CONDITIONNELLEMENT**, *adv.* Sous une condition.

**CONDITIONNER** (*part.* é, ée), *v. a.* Donner les qualités requises.

**CONDOLÉANCE**, *s. f.* Part que l'on témoigne prendre à la douleur d'autrui.

**CONDOM**, chef-lieu d'arr. du dép. du Gers.

**CONDOR**, *s. m.* Sorte de vautour du Pérou.

**CONDUCTEUR, TRICE**, *s.* Celui ou Celle qui conduit.

**CONDUIRE** (*part.* conduit, e; se conjugue sur *Détruire*), *v. a.* Mener; guider; accompagner par politesse; avoir la direction de; *se* —, *v. pr.* Agir (de telle ou telle façon).

**CONDUIT**, *s. m.* Canal, tuyau.

**CONDUITE**, *s. f.* Action de conduire, d'accompagner; manière d'agir; suite de tuyaux.

**CÔNE**, *s. m.* Pyramide qui a communément la forme d'un pain de sucre; moule de forme conique.

**CONFECTION**, *s. f.* Achèvement; action de confectionner.

**CONFECTIONNER** (*part.* é, ée), *v. a.* Fabriquer, achever.

**CONFÉDÉRATIF, IVE**, *adj.* Qui appartient à une confédération.

**CONFÉDÉRATION**, *s. f.* Alliance entre peuples, ligue.

**CONFÉDÉRÉ, ÉE**, *adj.* et *s.* Uni par une confédération.

se **CONFÉDÉRER**, *v. pr.* Se liguer ensemble.

**CONFÉRENCE**, *s. f.* Entretien de plusieurs personnes sur quelque affaire.

**CONFÉRER** (*part.* é, ée), *v. a.* Donner, accorder; comparer; —, *v. n.* S'entretenir d'affaires.

**CONFESSE**, *s.* qui n'a ni genre ni nombre et qui s'emploie sans article après les prépositions *à* ou *de* *Aller à* — ; *Revenir de* —, aller se confesser, revenir de se confesser.

CONFESSER (*part.* é, ée), *v. a.* Avouer ; entendre une confession ; *se* —, *v. pr.* Dire ses péchés à un prêtre.

CONFESSEUR, *s. m.* Prêtre qui confesse.

CONFESSION, *s. f.* Déclaration qu'on fait de quelque chose ; aveu de ses péchés.

CONFESSIONNAL, *s. m.* Sorte de cabinet du confesseur.

CONFIANCE, *s. f.* Espérance ; assurance, sécurité.

CONFIANT, E, *adj.* Disposé à la confiance ; présomptueux.

CONFIDEMMENT, *adv.* En confidence.

CONFIDENCE, *s. f.* Communication d'un secret.

CONFIDENT, E, *s.* Celui ou Celle à qui l'on confie ses secrets.

CONFIDENTIEL, ELLE, *adj.* Fait ou Dit en confidence.

CONFIDENTIELLEMENT, *adv.* D'une manière confidentielle.

CONFIER (*part.* é, ée), *v. a.* Commettre au soin, à la fidélité de ; *se* —, *v. pr.* Prendre confiance.

CONFIGURATION, *s. f.* Forme extérieure.

CONFIGURER (*part.* é, ée), *v. a.* Figurer l'ensemble.

CONFINER, *v. n.* Toucher aux limites d'une contrée ; — (*part.* é, ée), *v. a.* Reléguer dans un lieu.

CONFINS, *s. m. pl.* Limites.

CONFIRE (*Ind. pr.* je confis, tu confis, il confit, nous confisons, vous confisez, ils confisent, etc. ; *imp.* je confisais, etc. ; *p. déf.* je confis, tu confis, il confit, nous confîmes, etc. ; *fut.* je confirai, etc. ; *cond.* je confirais, etc. ; *impér.* confis, etc. ; *subj. pr.* que je confise, etc. ; *imp. subj.* que je confisse, que tu confisses, qu'il confît, que nous confissions, etc. ; *p. pr.* confisant ; *p. p.* confit, e), *v. a.* Assaisonner des fruits, des légumes dans le sucre, le vinaigre ou l'eau-de-vie, pour les conserver.

CONFIRMATIF, IVE, *adj.* Qui confirme.

CONFIRMATION, *s. f.* Ce qui rend une chose plus certaine ; un des sept sacrements de l'Eglise.

CONFIRMER (*part.* é, ée), *v. a.* Rendre plus certain ; sanctionner ; conférer le sacrement de confirmation.

CONFISCABLE, *adj.* 2 *g.* Qui peut être confisqué.

CONFISCATION, *s. f.* Action de confisquer.

CONFISEUR, EUSE, *s.* Celui ou Celle qui fait et qui vend des confitures, des bonbons, etc.

CONFISQUER (*part.* é, ée), *v. a.* S'emparer de quelque chose pour punir le possesseur.

CONFITEOR, *s. m.* Prière qu'on fait avant de se confesser.

CONFITURE, *s. f.* Fruits confits dans le sucre.

CONFITURIER, IÈRE, *s.* Celui ou Celle qui vend des confitures.

CONFLAGRATION, *s. f.* Embrasement général.

CONFLIT, *s. m.* Choc, combat, contestation.

CONFLUENT, *s. m.* Jonction de deux rivières ; lieu où se fait cette jonction.

CONFLUENT, ENTE, *adj.* Qui se confond avec un autre.

CONFLUER, *v. n.* Se réunir (en parlant de deux cours d'eau).

CONFOLENS, chef-lieu d'arr. du dép. de la Charente.

CONFONDRE (se conj. sur *Fondre*), *v. a.* Mêler, brouiller les choses ensemble ; couvrir de honte ; réduire à ne pouvoir répondre.

CONFORMATION, *s. f.* Manière dont un corps organisé est formé.

CONFORME, *adj.* 2 *g.* Semblable.

CONFORMÉMENT, *adv.* D'une manière conforme.

CONFORMER (*part.* é, ée), *v. a.* Rendre conforme, mettre d'accord avec ; *se* —, *v. pr.* Se soumettre à.

CONFORMITÉ, *s. f.* Rapport ; ressemblance.

CONFORT, *s. m.* Secours, assistance ; commodités, bien-être.

CONFORTABLE, *adj.* 2 *g.* Qui procure le bien-être ; —, *s. m.* Aises, commodités.

CONFORTANT, E, et CONFORTATIF, IVE, *adj.* Qui fortifie.

**CONFORTATION**, *s. f.* Action de fortifier.

**CONFORTER** (*part.* é, ée), *v. a.* Fortifier, encourager.

**CONFRATERNITÉ**, *s. f.* Rapport entre confrères.

**CONFRÈRE**, *s. m.* Membre d'une même société.

**CONFRÉRIE**, *s. f.* Association religieuse.

**CONFRONTATION**, *s. f.* Action de confronter.

**CONFRONTER** (*part.* é, ée), *v. a.* Mettre en présence plusieurs personnes pour les interroger.

**CONFUS**, **E**, *adj.* Confondu, honteux.

**CONFUSÉMENT**, *adv.* D'une manière confuse.

**CONFUSION**, *s. f.* Mélange; désordre; honte, embarras; abondance de choses, affluence de personnes.

**CONGÉ**, *s. m.* Permission de s'absenter; cessation de location; exemption d'aller en classe; permis de transport; *donner — à un domestique*, le renvoyer.

**CONGÉDIER** (*part.* é, ée), *v. a.* Renvoyer.

**CONGÉLATION**, *s. f.* Action du froid qui durcit les liquides en les gelant.

**CONGELER** (*part.* é, ée), *v. a.* Convertir en glace; figer.

**CONGESTION**, *s. f.* Amas d'humeurs dans quelque organe.

**CONGLUTINANT**, **E**, *adj.* Qui colle; qui réunit en collant.

**CONGLUTINER** (*part.* é, ée), *v. a.* Rendre gluant; coller.

**CONGRATULATION**, *s. f.* Félicitations.

**CONGRATULER** (*part.* é, ée), *v. a.* Féliciter.

**CONGRE**, *s. m.* Poisson de mer qui ressemble à l'anguille.

**CONGRÉGANISTE**, *s.* 2 *g.* Membre d'une congrégation.

**CONGRÉGATION**, *s. f.* Société religieuse.

**CONGRÈS**, *s. m.* Assemblée diplomatique de souverains ou d'ambassadeurs; réunion solennelle d'un ordre de personnes.

**CONGRU**, **UE**, *adj.* Suffisant, convenable.

**CONGRÛMENT**, *adv.* Convenablement.

**CONIFÈRE**, *adj.* 2 *g.* Dont le fruit ou la fleur est conique.

**CONIQUE**, *adj.* 2 *g.* Qui a la forme d'un cône.

**CONJECTURAL**, **E**, *adj.* Fondé sur des conjectures.

**CONJECTURALEMENT**, *adv.* Par conjecture.

**CONJECTURE**, *s. f.* Opinion établie sur des probabilités.

**CONJECTURER** (*part.* é, ée), *v. a.* Faire des conjectures.

**CONJOINDRE** (se conj. sur *Joindre*), *v. a.* Joindre ensemble.

**CONJOINT**, **E**, *adj.* et *s.* Uni en mariage.

**CONJOINTEMENT**, *adv.* Ensemble.

**CONJONCTIF**, *s. m.* Subjonctif, mode accompagné d'une conjonction.

**CONJONCTIF**, **IVE**, *adj.* Qui a la force de conjoindre.

**CONJONCTION**, *s. f.* Union; partie du discours; rencontre apparente de deux planètes.

**CONJONCTURE**, *s. f.* Occasion; circonstance.

**CONJUGAISON**, *s. f.* Classement des verbes suivant leur nature et la terminaison de leurs principaux temps; manière de conjuguer.

**CONJUGAL**, **E**, *adj.* Qui est relatif à l'union du mari et de la femme.

**CONJUGALEMENT**, *adv.* Comme mari et femme.

**CONJUGUER** (*part.* é, ée), *v. a.* Assembler les différentes terminaisons d'un verbe à ses temps et à ses modes, selon les règles de la grammaire.

**CONJURATEUR**, *s. m.* Celui qui conspire.

**CONJURATION**, *s. f.* Complot, conspiration.

**CONJURÉ**, *s. m.* Membre d'une conspiration.

**CONJURER** (*part.* é, ée), *v. a.* Supplier; chasser ou détourner à l'aide de certaines formules; faire une conjuration.

**CONNAISSANCE**, *s. f.* Idée; notion; relation sociale; *au pl.* Instruction.

**CONNAISSEMENT**, *s. m.* Reconnaissance contenant la déclaration de la charge d'un vaisseau, de sa destination, etc.

**CONNAISSEUR, EUSE**, *s.* Celui ou Celle qui a des connaissances particulières en certaine matière.

**CONNAÎTRE** (*Ind. pr.* je connais, etc.; *imp.* je connaissais, etc.; *p. déf.* je connus, etc.; *fut.* je connaîtrai, etc.; *cond.* je connaîtrais, etc.; *impér.* connais, etc.; *subj. pr.* que je connaisse, etc.; *imp. subj.* que je connusse, etc.; *p. pr.* connaissant; *p. p.* connu, ue), *v. a.* Avoir connaissance de; être en état de juger de; avoir des relations avec quelqu'un.

**CONNÉTABLE**, *s. m.* Ancienne dignité; chef des écuries royales; chef des armées.

**CONNEXE**, *adj.* 2 *g.*, se dit des choses qui ont de la liaison entre elles.

**CONNEXION**, *s. f.* Rapport entre deux choses.

**CONNEXITÉ**, *s. f.* Liaison, rapport.

**CONNIVENCE**, *s. f.* Complicité.

**CONNIVER**, *v. n.* Participer au mal qu'on devrait empêcher.

**CONQUE**, *s. f.* Coquille concave; cavité externe de l'oreille.

**CONQUÉRANT**, *s. m.* Celui qui fait ou qui a fait des conquêtes.

**CONQUÉRIR** (*part.* conquis, ise), *v. a.* Acquérir par les armes; gagner l'affection. (Il se conj. sur *Acquérir*, et n'est guère usité qu'à l'inf., au p. déf. et aux temps composés.)

**CONQUÊT**, *s. m.* Bien acquis en communauté d'époux.

**CONQUÊTE**, *s. f.* Action de conquérir; chose conquise.

**CONSACRANT**, *adj. m.* et *s. m.* Celui qui sacre un évêque.

**CONSACRER** (*part.* é, ée), *v. a.* Dévouer à Dieu; dédier; destiner.

**CONSANGUIN, E**, *adj.* Qui est du même sang; parent du côté du père.

**CONSANGUINITÉ**, *s. f.* Parenté du côté du père.

**CONSCIENCE**, *s. f.* Sentiment intérieur du bien et du mal; *en* —, en vérité.

**CONSCIENCIEUSEMENT**, *adv.* De bonne foi.

**CONSCIENCIEUX, EUSE**, *adj.* Qui a la conscience délicate.

**CONSCRIPTION**, *s. f.* Appel des jeunes Français au service militaire.

**CONSCRIT**, *s. m.* Celui que le sort désigne pour le service militaire.

**CONSÉCRATEUR**, *s. m.* Celui qui consacre.

**CONSÉCRATION**, *s. f.* Action de consacrer.

**CONSÉCUTIF, IVE**, *adj.* Qui se suit sans interruption.

**CONSÉCUTIVEMENT**, *adv.* Sans interruption.

**CONSEIL**, *s. m.* Avis donné ou demandé; celui qui donne un avis; assemblée de personnes qui délibèrent; lieu des séances de cette assemblée.

**CONSEILLER** (*part.* é, ée), *v. a.* Donner un avis, un conseil.

**CONSEILLER**, *s. m.* Membre d'un conseil; juge dans certaines cours.

**CONSEILLER, ÈRE**, *s.* Celui ou Celle qui donne conseil.

**CONSENTANT, E**, *adj.* Qui consent.

**CONSENTEMENT**, *s. m.* Action de consentir, acquiescement.

**CONSENTIR** (se conj. sur *Sentir*), *v. n.* Adhérer à, trouver bon.

**CONSÉQUEMMENT**, *adv.* Par conséquent, logiquement.

**CONSÉQUENCE**, *s. f.* Ce qui résulte d'un discours, d'une action, d'un fait; importance.

**CONSÉQUENT**, *s. m.* Terme d'un rapport, ce qui en est la conséquence; *par* —, *loc. adv.* Ainsi; donc.

**CONSÉQUENT, E**, *adj.* Celui qui parle ou agit conséquemment.

**CONSERVATEUR, TRICE**, *s.* Celui ou Celle qui conserve, qui aime à conserver.

**CONSERVATION**, *s. f.* Action de conserver.

**CONSERVATOIRE**, *s. m.* École gratuite de musique.

**CONSERVATOIRE**, *adj.* 2 *g.* Qui conserve.

**CONSERVE**, *s. f.* Confitures; *au pl.* Lunettes pour ménager la vue.

**CONSERVER** (*part.* é, ée), *v. a.* Garder avec soin; *se* —, *v. pr.* Ne pas se gâter; ménager sa santé.

**CONSIDÉRABLE**, *adj.* 2 *g.* Nombreux, important.

**CONSIDÉRABLEMENT**, *adv.* Beaucoup.

**CONSIDÉRANT**, *s. m.* Motif, énoncé d'un jugement.

**CONSIDÉRATION**, *s. f.* Action d'examiner; raison, motif; sentiment d'estime ou de respect.

**CONSIDÉRER** (*part.* é, ée), *v. a.* Regarder, examiner avec attention; estimer; faire cas; avoir égard à.

**CONSIGNATAIRE**, *s. m.* Dépositaire.

**CONSIGNATION**, *s. f.* Dépôt d'argent ou de marchandises.

**CONSIGNE**, *s. f.* Ordre donné à un soldat en faction; punition militaire; défense de sortir.

**CONSIGNER** (*part.* é, ée), *v. a.* Faire une consignation; donner une consigne; défendre que quelqu'un n'entre ou ne sorte; citer un fait dans un rapport.

**CONSISTANCE**, *s. f.* Épaississement d'un fluide; état de stabilité.

**CONSISTANT, E**, *adj.* Qui consiste en; solide, fixe.

**CONSISTER**, *v. n.* Être composé de.

**CONSISTOIRE**, *s. m.* Assemblée ecclésiastique; local où elle se réunit.

**CONSISTORIAL, E**, *adj.* Qui a rapport au consistoire.

**CONSISTORIALEMENT**, *adv.* En consistoire.

**CONSOLABLE**, *adj.* 2 *g.* Qui peut être consolé.

**CONSOLANT, E**, *adj.* Qui console.

**CONSOLATEUR, TRICE**, *s.* Celui ou Celle qui console.

**CONSOLATION**, *s. f.* Soulagement apporté à la douleur.

**CONSOLE**, *s. f.* Sorte de meuble.

**CONSOLER** (*part.* é, ée), *v. a.* Soulager l'affliction de quelqu'un.

**CONSOLIDANT**, *adj.* et *s. m.* Propre à affermir, à cicatriser.

**CONSOLIDATION**, *s. f.* Action de consolider; état d'une chose consolidée.

**CONSOLIDÉ**, *s. m.* Sorte de rente.

**CONSOLIDER** (*part.* é, ée), *v. a.* Affermir, rendre solide; *se* —, *v. pr.* Devenir solide.

**CONSOMMATEUR, TRICE**, *s.* Celui ou Celle qui consomme.

**CONSOMMATION**, *s. f.* Accomplissement; usage de certaines denrées.

**CONSOMMÉ**, *s. m.* Bouillon succulent.

**CONSOMMER** (*part.* é, ée), *v. a.* Achever; faire usage de toutes sortes de provisions.

**CONSOMPTION**, *s. f.* Dépérissement; état des choses qui se consument.

**CONSONNANCE**, *s. f.* Accord, ressemblance de son.

**CONSONNANT, E**, *adj.* Qui produit une consonnance (en parlant de terminaisons semblables).

**CONSONNE**, *s. f.* Lettre de l'alphabet qui n'a de son qu'autant qu'elle est jointe à une voyelle.

**CONSORTS**, *s. m. pl.* Intéressés dans une même affaire.

**CONSPIRATEUR, TRICE**, *s.* Celui ou Celle qui conspire contre l'État.

**CONSPIRATION**, *s. f.* Complot contre le gouvernement.

**CONSPIRER** (*part.* é, ée), *v. a.* Faire une conspiration; —, *v. n.* Agir de concert.

**CONSPUER** (*part.* é, ée), *v. a.* Mépriser; cracher sur quelque chose.

**CONSTABLE**, *s. m.* Nom donné à certains officiers de police en Angleterre.

**CONSTAMMENT**, *adv.* Avec constance.

**CONSTANCE**, *s. f.* Persévérance; fermeté d'âme.

**CONSTANT, E**, *adj.* Qui a de la constance; qui est hors de doute; invariable.

**CONSTANTINOPLE**, capitale de l'empire turc.

**CONSTATER** (*part.* é, ée), *v. a.* Établir la vérité d'un fait.

**CONSTELLATION**, *s. f.* Assemblage d'étoiles désignées sous un même nom.

**CONSTERNATION**, *s. f.* Étonnement mêlé de découragement.

**CONSTERNER** (*part.* é, ée), *v. a.* Frapper de consternation.

**CONSTIPATION**, *s. f.* Rétention des matières fécales dans les intestins.

**CONSTIPER** (*part.* é, ée), *v. a.* Causer la constipation.

**CONSTITUANT**, **E**, *adj*. Qui constitue ou sert à constituer.

**CONSTITUÉ**, **ÉE**, *adj*. *Bien* —, qui est de bonne complexion.

**CONSTITUER** (*part*. é, ée), *v. a.* Composer (un tout); établir; créer.

**CONSTITUTIF**, **IVE**, *adj*. Qui constitue essentiellement une chose.

**CONSTITUTION**, *s. f.* Organisation, loi fondamentale d'un État; création d'une rente; tempérament de l'homme; état de l'atmosphère.

**CONSTITUTIONNEL**, **ELLE**, *adj*. Conforme à la constitution; —, *s. m.* Partisan de la constitution.

**CONSTITUTIONNELLEMENT**, *adv*. Selon la constitution.

**CONSTRUCTEUR**, *s. m.* Celui qui est versé dans l'art de construire.

**CONSTRUCTION**, *s. f.* Action de construire; disposition des parties d'un tout; arrangement des mots dans le discours.

**CONSTRUIRE** (*Ind. pr.* je construis, tu construis, il construit, nous construisons, vous construisez, ils construisent; *imp*. je construisais, etc.; *p. déf.* je construisis, etc.; *fut*. je construirai, etc.; *cond*. je construirais, etc.; *impér*. construis, construisons, construisez; *subj. pr.* que je construise, etc.; *imp. subj.* que je construisisse, etc.; *p. pr.* construisant; *p. p.* construit, te), *v. a.* Bâtir, élever; arranger.

**CONSUBSTANTIALITÉ**, *s. f.* Unité et identité de substance de la Trinité.

**CONSUBSTANTIEL**, **ELLE**, *adj*. Qui est d'une seule et même nature.

**CONSUBSTANTIELLEMENT**, *adv*. D'une manière consubstantielle.

**CONSUL**, *s. m.* Premier magistrat de la république romaine; magistrat envoyé d'un État dans un autre pour protéger ses compatriotes; *au pl.* Juges du commerce.

**CONSULAIRE**, *adj*. 2 *g*. Qui appartient au consul ou aux consuls.

**CONSULAIREMENT**, *adv*. A la manière des juges nommés consuls.

**CONSULAT**, *s. m.* Dignité de consul; résidence d'un consul.

**CONSULTANT**, *adj*. et *s. m.* Qui donne des consultations.

**CONSULTATIF**, **IVE**, *adj*. Que l'on consulte.

**CONSULTATION**, *s. f.* Conférence pour consulter; avis d'un consultant.

**CONSULTER** (*part*. é, ée), *v. a.* Prendre conseil, avis de quelqu'un; —, *v. n.* Délibérer.

**CONSUMANT**, **E**, *adj*. Qui consume.

**CONSUMER** (*part*. é, ée), *v. a.* Dissiper, détruire, user.

**CONTACT**, *s. m.* Attouchement de deux corps.

**CONTAGIEUX**, **EUSE**, *adj*. Qui se communique par le contact.

**CONTAGION**, *s. f.* Communication du mal par le contact.

**CONTE**, *s. m.* Récit fabuleux.

**CONTEMPLATEUR**, **TRICE**, *s.* Celui ou Celle qui comtemple.

**CONTEMPLATIF**, **IVE**, *adj*. Qui aime à vivre en contemplation.

**CONTEMPLATION**, *s. f.* Action de regarder, de méditer.

**CONTEMPLER** (*part*. é, ée), *v. a.* Considérer, admirer, méditer.

**CONTEMPORAIN**, **E**, *adj*. et *s.* Qui est du même temps.

**CONTEMPTEUR**, *s. m.* Celui qui méprise.

**CONTENANCE**, *s. f.* Capacité, étendue; maintien, attitude.

**CONTENANT**, *s.* et *adj. m.* Qui contient.

**CONTENDANT**, **E**, *adj*. Concurrent; —, *s. m.* Compétiteur.

**CONTENIR** (se conj. sur *Tenir*), *v. a.* Comprendre dans une certaine étendue; retenir dans certaines bornes; réprimer; *se* —, *v. pr.* Se modérer.

**CONTENT**, **E**, *adj*. Satisfait.

**CONTENTEMENT**, *s. m.* Satisfaction, plaisir à.

**CONTENTER** (*part*. é, ée), *v. a.* Satisfaire, plaire.

**CONTENTIEUX**, **EUSE**, *adj*. Qui est ou peut être contesté; —, *s. m.* Objet de contestation; administration qui s'occupe des contestations.

**CONTENTION**, *s. f.* Débat, dispute; application d'esprit.

**CONTENU**, *s. m.* Ce qui est renfermé, compris dans quelque chose.

**CONTER** (*part*. é, ée), *v. a.* Narrer, faire un conte.

**CONTESTABLE**, *adj.* 2 *g.* Qu'on peut contester.

**CONTESTANT**, **E**, *adj.* et *s.* Qui conteste.

**CONTESTATION**, *s. f.* Dispute, débat.

**CONTESTER** (*part.* é, ée), *v. a.* Disputer, débattre.

**CONTEUR**, **EUSE**, *s.* Celui ou Celle qui conte.

**CONTEXTE**, *s. m.* L'ensemble d'un texte.

**CONTEXTURE**, *s. f.* Enchaînement des parties qui composent un tout.

**CONTIGU**, **UË**, *adj.* Qui touche immédiatement.

**CONTIGUÏTÉ**, *s. f.* État de choses qui sont contiguës.

**CONTINENCE**, *s. f.* Chasteté.

**CONTINENT**, *s. m.* Grande étendue de pays ; terre ferme.

**CONTINENT**, **E**, *adj.* Chaste.

**CONTINENTAL**, **E**, *adj.* Qui a rapport au continent.

**CONTINGENT**, *s. m.* La part que chacun doit recevoir ou fournir.

**CONTINGENT**, **E**, *adj.* Éventuel.

**CONTINU**, **E**, *adj.* Non interrompu.

**CONTINUATEUR**, *s. m.* Celui qui continue l'ouvrage d'un autre.

**CONTINUATION**, *s. f.* Action de continuer, chose continuée.

**CONTINUE (À LA)**, *loc. adv.* En continuant.

**CONTINUEL**, **ELLE**, *adj.* Qui se fait ou a lieu sans interruption.

**CONTINUELLEMENT**, *adv.* Sans cesse.

**CONTINUER** (*part.* é, ée), *v. a.* Prolonger; persévérer dans une habitude; —, *v. n.* Ne pas cesser.

**CONTINUITÉ**, *s. f.* Suite, durée non interrompue.

**CONTINÛMENT**, *adv.* Sans interruption.

**CONTONDANT**, **E**, *adj.* Qui fait ou peut faire des contusions.

**CONTORSION**, *s. f.* Attitude forcée; grimace.

**CONTOUR**, *s. m.* Circuit; ligne qui entoure.

**CONTOURNÉ**, **ÉE**, *adj.* Qui est de travers.

**CONTOURNER** (*part.* é, ée), *v. a.* Marquer les contours; déformer.

**CONTRACTANT**, **E**, *adj.* et *s.* Qui contracte.

**CONTRACTER** (*part.* é, ée), *v. a.* Faire un contrat, une convention, prendre un engagement; gagner (une maladie); prendre (une qualité); resserrer; raccourcir; réduire deux syllabes en une; *se* —, *v. pr.* Se raccourcir.

**CONTRACTION**, *s. f.* Mouvement des nerfs qui se raccourcissent; réduction de deux syllabes en une.

**CONTRACTUEL**, **ELLE**, *adj.* Stipulé par un contrat.

**CONTRADICTEUR**, *s. m.* Celui qui contredit.

**CONTRADICTION**, *s. f.* Action de contredire, opposition d'opinions.

**CONTRADICTOIRE**, *adj.* 2 *g.* Qui est en contradiction, tout à fait opposé.

**CONTRADICTOIREMENT**, *adv.* D'une manière contradictoire.

**CONTRAIGNABLE**, *adj.* 2 *g.* Qui peut être contraint.

**CONTRAINDRE** (se conj. sur *Craindre*), *v. a.* Forcer quelqu'un à faire une chose; *se* —, *v. pr.* Se gêner.

**CONTRAINT**, **E**, *adj.* Forcé, gêné.

**CONTRAINTE**, *s. f.* Violence exercée contre quelqu'un; gêne; acte judiciaire.

**CONTRAIRE**, *adj.* 2 *g.* Opposé; nuisible; ennemi; *le* —, *s. m.* L'opposé.

**CONTRAIREMENT**, *adv.* En opposition.

**CONTRALTO**, *s. m.* Voix de femme donnant les sons les plus graves.

**CONTRARIANT**, **E**, *adj.* Qui aime à contrarier.

**CONTRARIER** (se conj. sur *Prier*), *v. a.* Contredire, s'opposer; *se* —, *v. pr.* Se contredire.

**CONTRARIÉTÉ**, *s. f.* Opposition; difficulté; empêchement.

**CONTRASTE**, *s. m.* Opposition; différence.

**CONTRASTER**, *v. n.* Être en opposition; — (*part.* é, ée), *v. a.* Faire des contrastes.

**CONTRAT**, *s. m.* Convention écrite.

**CONTRAVENTION**, *s. f.* Infraction à une loi, à une convention.

**CONTRE**, *prép.* En opposition à;

près, non loin de; —, *s. m.* Ce qui est contraire.

CONTRE-ALLÉE (*au pl. contre-allées*), *s. f.* Allée parallèle à une allée principale.

CONTRE-AMIRAL (*au pl. contre-amiraux*), *s. m.* Officier supérieur de marine.

CONTRE-APPEL (*au pl. contre-appels*), *s. m.* Second appel.

CONTRE-BALANCER (*part.* é, ée), *v. a.* Compenser.

CONTREBANDE, *s. f.* Commerce en fraude; marchandise prohibée.

CONTREBANDIER, IÈRE, *s.* Celui ou Celle qui fait la contrebande.

CONTRE-BAS (EN), *loc. adv.* qui indique une direction de haut en bas.

CONTRE-BASSE (*au pl. contre-basses*), *s. f.* Instrument de musique; voix d'homme la plus basse.

CONTRE-BATTERIE (*au pl. contre-batteries*), *s. f.* Batterie de canons opposée à une autre.

CONTRE-BOUTANT (*au pl. contre-boutants*, *s. m.* Pilier pour contre-bouter.

CONTRE-BOUTER (*part.* é, ée), *v. a.* Mettre un pilier pour étayer.

CONTRECARRER (*part.* é, ée), *v. a.* S'opposer à quelqu'un, à ses projets.

CONTRE-COEUR, *s. m.* Plaque de cheminée.

CONTRE-COEUR (À), *loc. adv.* Malgré soi.

CONTRE-COUP (*au pl. contre-coups*), *s. m.* Répercussion d'un corps sur un autre; effet d'un coup sur une partie opposée à celle qui a été frappée.

CONTRE-DANSE (*au pl. contre-danses*), *s. f.* Danse vive exécutée par plusieurs personnes ensemble.

CONTREDIRE (se conj. sur *Dire*, excepté qu'à l'ind. il fait *vous contredisez*, et à l'impér. *contredisez*), *v. a.* Énoncer un sentiment contraire.

CONTREDISANT, E, *adj.* Qui aime à contredire.

CONTREDIT, *s. m.* Réponse à ce qui a été dit; *sans* —, *loc. adv.* Certainement.

CONTRÉE, *s. f.* Certaine étendue de pays.

CONTRE-ÉCHANGE, *s. m.* Échange mutuel.

CONTRE-ENQUÊTE, *s. f.* Enquête faite par opposition à une précédente enquête.

CONTRE-ÉPREUVE (*au pl. contre-épreuves*), *s. f.* Estampe ou dessin qu'on tire sur une estampe fraîchement imprimée ou sur un dessin.

CONTRE-ESPALIER (*au pl. contre-espaliers*), *s. m.* Espalier placé vis-à-vis d'un autre.

CONTREFAÇON, *s. f.* Fraude qui consiste à fabriquer une chose qu'on n'a pas le droit de fabriquer; chose contrefaite.

CONTREFACTEUR, *s. m.* Celui qui est coupable de contrefaçon.

CONTREFACTION, *s. f.* Action de contrefaire.

CONTREFAIRE (se conj. sur *Faire*), *v. a.* Représenter en imitant; déguiser; défigurer.

CONTREFAISEUR, *s. m.* Celui qui contrefait en imitant.

CONTREFAIT, E, *adj.* Difforme, mal fait; falsifié.

CONTRE-FORT (*au pl. contre-forts*), *s. m.* Mur servant d'appui à un autre.

CONTRE-INDICATION (*au pl. contre-indications*), *s. f.* Indication contraire aux autres indications.

CONTRE-JOUR, *s. m.* (inv.). Endroit opposé au grand jour.

CONTRE-LETTRE (*au pl. contre-lettres*), *s. f.* Acte secret par lequel on déroge à un acte public.

CONTRE-MAÎTRE (*au pl. contre-maîtres*), *s. m.* Officier de marine qui commande sous le maître; chef d'atelier.

CONTREMANDER (*part.* é, ée), *v. a.* Révoquer un ordre.

CONTRE-MARCHE (*au pl. contre-marches*), *s. f.* Marche opposée, rétrograde.

CONTRE-MARQUE (*au pl. contre-marques*), *s. f.* Seconde marque mise sur les marchandises; billet donné au spectacle pour sortir et pour rentrer.

CONTRE-MARQUER (*part.* é, ée), *v. a.* Apposer une contre-marque.

CONTRE-MINE (*au pl. contre-mines*),

*s. f.* Travail souterrain qui a pour objet d'annuler l'effet d'une mine.

**CONTRE-MINER**, *v. a.* Faire une contre-mine.

**CONTRE-MUR** (*au pl. contre-murs*), *s. m.* Second mur pour consolider.

**CONTRE-MURER** (*part.* é, ée), *v. a.* Faire un contre-mur.

**CONTRE-ORDRE** (*au pl. contre-ordres*), *s. m.* Révocation d'un ordre.

**CONTRE-PARTIE** (*au pl. contre-parties*), *s. f.* Opinion contraire; seconde partie de jeu; partie opposée à une autre.

**CONTRE-PIED**, *s. m.* Le contraire d'une chose. (Il est inusité au pl.)

**CONTRE-POIDS**, *s. m.* (inv.). Poids qui en contre-balance d'autres; balancier de danseur de corde.

**CONTRE-POIL**, *s. m.* Le rebours du poil. (Il est inusité au pl.)

**CONTRE-POINT** (*au pl. contre-points*), *s. m.* Point opposé à un autre; accord de chants différents.

**CONTRE-POINTER** (*part.* é, ée), *v. a.* Piquer une étoffe des deux côtés; contredire.

**CONTRE-POISON** (*au pl. contre-poisons*), *s. m.* Remède contre le poison.

**CONTRE-PORTE** (*au pl. contre-portes*), *s. f.* Seconde porte.

**CONTRE-RÉVOLUTION** (*au pl. contre-révolutions*), *s. f.* Révolution opposée à une précédente.

**CONTRE-RÉVOLUTIONNAIRE**, *s. m.* et *adj.* 2 *g.* Partisan ou agent d'une contre-révolution.

**CONTRE-RUSE** (*au pl. contre-ruses*), *s. f.* Ruse opposée à d'autres ruses.

**CONTRE-SANGLON**, *s. m.* Courroie qui tient la boucle de la sangle de la selle.

**CONTRESCARPE**, *s. f.* Pente intérieure du mur d'une fortification en dehors du fossé.

**CONTRE-SCEL**, *s. m.* Petit sceau apposé à côté du grand sceau.

**CONTRE-SCELLER** (*part.* é, ée), *v. a.* Apposer le contre-scel.

**CONTRE-SEING**, *s. m.* Signature pour contre-signer.

**CONTRE-SENS**, *s. m.* (inv.) Sens contraire au sens naturel ou d'usage; *à* —, *loc. adv.* En sens contraire.

**CONTRE-SIGNER** (*part.* é, ée), *v. a.* Signer comme secrétaire.

**CONTRE-TEMPS**, *s. m.* (inv.). Accident inopiné; *à* —, *loc. adv.* Mal à propos.

**CONTRE-TIRER** (*part.* é, ée), *v. a.* Calquer, faire une contre-épreuve.

**CONTREVENANT, E**, *s.* Celui ou Celle qui contrevient.

**CONTREVENIR** (se conj. sur *Venir*), *v. n.* Agir contre ce qui est prescrit.

**CONTREVENT**, *s. m.* Volet extérieur.

**CONTRE-VÉRITÉ** (*au pl. contre-vérités*), *s. f.* Ce qui est contraire au sens naturel.

**CONTRIBUABLE**, *s. m.* Celui qui est soumis aux contributions.

**CONTRIBUER**, *v. n.* Payer les contributions; aider à l'exécution de quelque chose.

**CONTRIBUTION**, *s. f.* Impôt.

**CONTRISTER** (*part.* é, ée), *v. a.* Affliger.

**CONTRIT, E**, *adj.* Affligé de ses fautes.

**CONTRITION**, *s. f.* Regret d'avoir offensé Dieu.

**CONTRÔLE**, *s. m.* Registre de vérification; timbre de l'or et de l'argent travaillés; critique.

**CONTRÔLER** (*part.* é, ée), *v. a.* Faire le contrôle.

**CONTRÔLEUR**, *s. m.* Celui qui est préposé au contrôle; celui qui aime à censurer.

**CONTROUVER** (*part.* é, ée), *v. a.* Inventer une fausseté pour nuire.

**CONTROVERSE**, *s. f.* Contestation, débat.

**CONTROVERSÉ, ÉE**, *adj.* Discuté, débattu.

**CONTROVERSISTE**, *s. m.* Celui qui s'occupe de controverse.

**CONTUMACE**, *s. f.* Défaut de comparaître en justice.

**CONTUMACE** ou **CONTUMAX**, *s.* et *adj.* 2 *g.* Accusé qui ne comparaît point.

**CONTUS, E**, *adj.* Meurtri.

**CONTUSION**, *s. f.* Meurtrissure.

**CONVAINCANT, E**, *adj.* Qui porte la conviction.

**CONVAINCRE** (se conj. sur *Vain*

*ere*), *v. a.* Persuader par le raisonnement.

**CONVALESCENCE**, *s. f.* État d'une personne qui relève de maladie; temps qu'elle met à se rétablir.

**CONVALESCENT, E**, *adj.* Qui relève de maladie.

**CONVENABLE**, *adj. 2 g.* Propre à, qui convient.

**CONVENABLEMENT**, *adv.* D'une manière convenable.

**CONVENANCE**, *s. f.* Rapport, conformité; bienséance.

**CONVENANT, E**, *adj.* Conforme à la bienséance.

**CONVENIR** (se conj. sur *Venir*), *v. n.* Être conforme, avoir du rapport; être convenable; consentir; plaire, agréer; *convenu, ue*, *part. p.* *Chose convenue*, c.-à-d. sur laquelle on est d'accord; —, *v. imp.* Être expédient, à propos.

**CONVENTION**, *s. f.* Accord, pacte; chose convenue; nom de certaines assemblées politiques.

**CONVENTIONNEL**, *s. m.* Membre de la Convention de 1792.

**CONVENTIONNEL, ELLE**, *adj.* Qui est le résultat d'une convention.

**CONVENTIONNELLEMENT**, *adv.* Par convention.

**CONVERGENCE**, *s. f.* Position de lignes qui convergent.

**CONVERGENT, E**, *adj.* Qui converge.

**CONVERGER**, *v. n.* Tendre vers un point et s'y réunir.

**CONVERS, E**, *adj.* Employé aux œuvres serviles dans un couvent.

**CONVERSATION**, *s. f.* Entretien familier.

**CONVERSER**, *v. n.* S'entretenir familièrement.

**CONVERSION**, *s. f.* Changement de croyance ou de mœurs de mal en bien; manœuvre militaire.

**CONVERTI, IE**, *adj.* et *s.* Celui ou Celle qui a réformé sa conduite ou changé de religion.

**CONVERTIR** (*part.* i, ie), *v. a.* Changer; faire changer de croyance.

**CONVERTISSEMENT**, *s. m.* Changement.

**CONVERTISSEUR**, *s. m.* Celui qui convertit.

**CONVEXE**, *adj. 2 g.* Dont la surface extérieure est ronde. (*Convexe* est l'opposé de *concave*.)

**CONVEXITÉ**, *s. f.* Courbure extérieure.

**CONVICTION**, *s. f.* Effet de l'évidence; preuve indubitable d'un fait.

**CONVIÉ**, *s. m.* Celui qui est prié à un festin.

**CONVIER** (*part.* é, ée), *v. a.* Inviter.

**CONVIVE**, *s. 2 g.* Celui qui assiste à un repas avec d'autres personnes.

**CONVOCATION**, *s. f.* Action de convoquer.

**CONVOI**, *s. m.* Cortége qui accompagne un corps mort à la sépulture; transport de voyageurs, de marchandises, de provisions; escorte militaire qui accompagne les approvisionnements.

**CONVOITER** (*part.* é, ée), *v. a.* Désirer avec avidité.

**CONVOITISE**, *s. f.* Cupidité.

**CONVOLER**, *v. n.* Se marier en secondes noces.

**CONVOQUER** (*part.* é, ée), *v. a.* Faire assembler les membres d'un corps.

**CONVOYER** (*part.* é, ée; se conj. sur *Ployer*), *v. a.* Escorter un convoi.

**CONVULSIF, IVE**, *adj.* Qui cause des convulsions.

**CONVULSION**, *s. f.* Contraction des muscles.

**CONVULSIONNAIRE**, *adj.* et *s. 2 g.* Qui a des convulsions.

**COOPÉRATEUR, TRICE**, *s.* Celui ou Celle qui coopère.

**COOPÉRATION**, *s. f.* Action de coopérer.

**COOPÉRER**, *v. n.* Opérer avec quelqu'un.

**COORDINATION**, *s. f.* Action de coordonner.

**COORDONNÉES**, *s. f. pl.* (*t. de géométrie*). Abscisses et ordonnées d'une courbe.

**COORDONNER** (*part.* é, ée), *v. a.* Combiner.

**COPAHU**, *s. m.* Baume qu'on tire d'un arbre de Brésil.

**COPAL**, *s. m.* Gomme qu'on tire de certains arbres.

**COPARTAGEANT, E**, *adj.* et *s.* Qui partage avec d'autres.

**COPAYER**, *s. m.* Arbre dont on tire le copahu.

**COPEAU**, *s. m.* Éclat de bois.

**COPENHAGUE**, capitale du royaume de Danemark.

**COPHTE** ou **COPTE**, *s. m.* Nom des chrétiens originaires d'Égypte.

**COPIE**, *s. f.* Écrit fait d'après un autre; imitation.

**COPIER** (*part.* é, ée), *v. a.* Faire une copie; imiter.

**COPIEUSEMENT**, *adv.* En abondance.

**COPIEUX, EUSE**, *adj.* Abondant.

**COPISTE**, *s. m.* Celui qui copie.

**COPROPRIÉTAIRE**, *s. 2 g.* Celui ou Celle qui possède avec un autre.

**COPTE.** Voy. *Cophte.*

**COPULATIF, IVE**, *adj.* Qui lie les mots.

**COQ**, *s. m.* Mâle de la poule, de la perdrix et d'autres oiseaux; *coq d'Inde*, dindon.

**COQ**, *s. m.* Cuisinier (sur un vaisseau).

**COQ-À-L'ÂNE**, *s. m.* (inv.) Discours sans suite.

**COQUE**, *s. f.* Enveloppe de l'œuf, de certains fruits, de certaines semences.

**COQUECIGRUE**, *s. f.* Baliverne.

**COQUELICOT**, *s. m.* Fleur des champs, espèce de pavot.

**COQUELUCHE**, *s. f.* Sorte de rhume contagieux.

**COQUEMAR**, *s. m.* Vase pour faire bouillir de l'eau.

**COQUERICO**, mot qui imite le chant du coq.

**COQUET, ETTE**, *adj.* et *s.* Qui a de la coquetterie.

**COQUETER**, *v. n.* Être coquet.

**COQUETIER**, *s. m.* Marchand d'œufs; vase dont on se sert pour manger des œufs à la coque.

**COQUETTERIE**, *s. f.* Désir et dessein de plaire; amour de la parure.

**COQUILLAGE**, *s. m.* Coquille; poisson à coquillage.

**COQUILLE**, *s. f.* Enveloppe dure des limaçons, des œufs, des noix; petit foyer portatif.

**COQUILLIER**, *s. m.* Collection de coquilles.

**COQUILLIER, IÈRE**, *adj.* Qui contient des coquilles fossiles.

**COQUIN, E**, *s.* Personne sans honneur; fripon.

**COQUINERIE**, *s. f.* Action de coquin.

**COR**, *s. m.* Instrument de musique à vent; durillon au pied.

**CORAIL** (*au pl.* *coraux*), *s. m.* Sorte d'arbrisseau marin qui durcit à l'air et qui est le plus communément d'un rouge éclatant.

**CORAILLEUR**, *s. m.* Celui qui se livre à la pêche du corail.

**CORAN**, *s. m.* Livre qui renferme la loi de Mahomet.

**CORBEAU**, *s. m.* Oiseau carnassier à plumage noir; morceau de fer pour accrocher.

**CORBEIL**, chef-lieu d'arrond. du dép. de Seine-et-Oise.

**CORBEILLE**, *s. f.* Panier léger ordinairement en osier; espace rond ou ovale, garni de fleurs.

**CORBILLARD**, *s. m.* Chariot pour transporter les morts.

**CORBILLON**, *s. m.* Petite corbeille; sorte de jeu.

**CORBIN**, *s. m.* Voy. *Bec.*

**CORDAGE**, *s. m.* Assemblage de cordes; mesurage du bois à brûler.

**CORDE**, *s. f.* Fils tortillés de chanvre, de laine, etc.; supplice de la potence; fil de boyau ou de métal pour les instruments de musique; ancienne mesure pour le bois de chauffage.

**CORDEAU**, *s. m.* Corde pour aligner.

**CORDELIER**, *s. m.* Religieux de l'ordre de Saint-François qui portait une corde en ceinture.

**CORDELIÈRE**, *s. f.* Corde à nœuds, tresse.

**CORDELLE**, *s. f.* Corde pour le halage.

**CORDER** (*part.* é, ée), *v. a.* Faire de la corde; lier avec des cordes; mesurer (du bois).

**CORDERIE**, *s. f.* Lieu où l'on fait la corde.

**CORDIAL, E** (*au pl. m.* *cordiaux*), *adj.* Qui réconforte le cœur; affectueux; *cordial*, s. m. Breuvage propre à fortifier.

**CORDIALEMENT**, *adv.* Affectueusement.

**CORDIALITÉ**, *s. f.* Affection sincère.

**CORDIER**, *s. m.* Celui qui fait et vend des cordes.

**CORDON**, *s. m.* Ruban qui sert à attacher; brin d'une corde; *cordon bleu*, habile cuisinière, *fam.*

**CORDONNER** (*part.* é, ée), *v. a.* Tortiller en corde.

**CORDONNERIE**, *s. f.* Commerce ou Métier de cordonnier.

**CORDONNET**, *s. m.* Petit cordon; sorte de fil de soie.

**CORDONNIER, IÈRE**, *s.* Celui ou Celle qui fait et vend des chaussures.

**CORELIGIONNAIRE**, *s. 2 g.* Celui qui professe la même religion que d'autres.

**CORIACE**, *adj. 2 g.* Dur comme du cuir (en parlant des aliments); *fig.* Avare, dur.

**CORIANDRE**, *s. f.* Plante aromatique.

**CORINTHIEN, ENNE**, *adj.* Qui est de Corinthe; *ordre corinthien*, un des quatre ordres d'architecture.

**CORME** ou **SORBE**, *s. f.* Fruit du cormier en forme de petite poire.

**CORMIER** ou **SORBIER**, *s. m.* Arbre qui porte les cormes.

**CORMORAN**, *s. m.* Oiseau aquatique qui se nourrit de poissons.

**CORNAC**, *s. m.* Conducteur d'éléphant.

**CORNALINE**, *s. f.* Pierre précieuse rouge et transparente.

**CORNE**, *s. f.* Excroissance dure qui surmonte la tête de quelques animaux; partie dure qui constitue le sabot du cheval, de l'âne et de quelques animaux; ongles de l'homme, etc.; sorte d'instrument à vent dont se servent les vachers; pointe; angle.

**CORNÉE**, *s. f.* Première tunique de l'œil; le blanc de l'œil.

**CORNEILLE**, *s. f.* Oiseau du genre du corbeau, mais plus petit.

**CORNEMUSE**, *s. f.* Instrument à vent composé de deux tuyaux et d'une outre que l'on gonfle et que l'on presse sous le bras.

**CORNER**, *v. n.* Sonner d'un cornet; — (*part.* é, ée), *v. a.* Publier.

**CORNET**, *s. m.* Petit cor; papier roulé en forme de cône; petit vase de corne ou de cuir pour agiter les dés.

**CORNETTE**, *s. f.* Coiffe de femme.

**CORNEUR**, *s. m.* Celui qui corne; *adj.* *Cheval corneur*, dont la respiration est accompagnée d'une espèce de sifflement.

**CORNICHE**, *s. f.* Ornement en saillie.

**CORNICHON**, *s. m.* Espèce de petit concombre à confire dans le vinaigre.

**CORNOUILLE**, *s. f.* Fruit du cornouiller; il est rouge, de la forme et de la grosseur d'une olive.

**CORNOUILLER**, *s. m.* Arbre qui porte les cornouilles.

**CORNU, E**, *adj.* Qui a des cornes.

**CORNUE** ou **RETORTE**, *s. f.* Vase pour distiller.

**COROLLAIRE**, *s. m.* Conséquence tirée d'une proposition démontrée.

**COROLLE**, *s. f.* Partie la plus apparente des fleurs.

**CORPORAL**, *s. m.* Linge bénit sur lequel on pose le calice.

**CORPORALIER**, *s. m.* Étui du corporal.

**CORPORATION**, *s. f.* Association autorisée.

**CORPOREL, ELLE**, *adj.* Qui a un corps; qui concerne le corps.

**CORPORELLEMENT**, *adv.* D'une manière corporelle.

**CORPS**, *s. m.* Substance simple ou composée, animée ou inanimée; assemblage de parties formant un tout; principale partie; société; portion d'une armée; épaisseur, solidité; cadavre; *corps de garde*, poste militaire; — *de logis*, portion d'un bâtiment.

**CORPULENCE**, *s. f.* Grosseur du corps humain.

**CORPULENT, E**, *adj.* Gros, gras.

**CORPUSCULAIRE**, *adj. 2 g.* Qui a rapport aux corpuscules.

**CORPUSCULE**, *s. m.* Petit corps, atome.

**CORRECT, E**, *adj.* Exact, où il n'y a point de faute.

**CORRECTEMENT**, *adv.* D'une manière correcte.

**CORRECTEUR**, *s. m.* Celui qui corrige.

**CORRECTIF**, *s. m.* Ce qui corrige.

**CORRECTION**, *s. f.* Action de corriger; qualité de ce qui est correct; châtiment.

**CORRECTIONNEL, ELLE**, *adj.* Qui a rapport à la punition des délits; qui punit les délits.

**CORRÉLATIF, IVE**, *adj.* Qui marque la corrélation.

**CORRÉLATION**, *s. f.* Relation réciproque.

**CORRESPONDANCE**, *s. f.* Entretien par lettres; relations commerciales; rapport entre plusieurs objets.

**CORRESPONDANT**, *s. m.* Celui avec qui on est en correspondance habituelle.

**CORRESPONDANT, E**, *adj.* Qui a du rapport à.

**CORRESPONDRE** (se conj. sur *Répondre*), *v. n.* Avoir une correspondance avec quelqu'un; convenir, être conforme; *se —*, *v. réc.* Se rapporter.

**CORRÈZE**, dép. formé d'une partie de l'ancien Limousin.

**CORRIDOR**, *s. m.* Galerie servant de passage.

**CORRIGER** (*part.* é, ée), *v. a.* Rendre correct, réformer ce qui est défectueux; châtier; adoucir; *se—*, *v. pr.* Devenir meilleur.

**CORRIGIBLE**, *adj.* 2 *g.* Qui peut être corrigé.

**CORROBORANT, E**, *adj.* Qui fortifie; —, *s. m.* Breuvage qui donne du ton.

**CORROBORATIF, IVE**, *adj.* Corroborant.

**CORROBORATION**, *s. f.* Action de corroborer; effet de cette action.

**CORROBORER** (*part.* é, ée), *v. a.* Fortifier, donner des forces.

**CORRODANT, E**, *adj.* Qui ronge.

**CORRODER** (*part.* é, ée), *v. a.* Ronger peu à peu.

**CORROI**, *s. m.* Apprêt du cuir.

**CORROMPRE** (se conj. sur *Rompre*), *v. a.* Vicier; altérer; dépraver.

**CORROMPU, E**, *adj.* Gâté, vicié.

**CORROSIF, IVE**, *adj.* Qui corrode.

**CORROSION**, *s. f.* État des choses corrodées; effet d'un corrosif.

**CORROYER** (*part.* é, ée), *v. a.* Apprêter le cuir; aplanir; battre, pétrir.

**CORROYEUR**, *s. m.* Celui qui corroie.

**CORRUPTEUR, TRICE**, *s.* Celui ou Celle qui corrompt.

**CORRUPTIBILITÉ**, *s. f.* Qualité de ce qui est corruptible.

**CORRUPTIBLE**, *adj.* 2 *g.* Qui peut se corrompre.

**CORRUPTION**, *s. f.* Altération; dépravation; moyens employés pour corrompre.

**CORS**, *s. m. pl.* Cornes du cerf.

**CORSAGE**, *s. m.* Partie du corps qui va depuis les épaules jusqu'aux hanches; vêtement de femme qui couvre cette partie du corps.

**CORSAIRE**, *s. m.* Pirate; vaisseau armé en course; homme dur, impitoyable.

**CORSE**, île de la Méditerranée, formant un dép. dont Ajaccio est le chef-lieu; —, *adj.* 2 *g.* et *s.* Qui est habitant ou originaire de la Corse.

**CORSELET**, *s. m.* Cuirasse légère, espèce de corsage.

**CORSET**, *s. m.* Sorte de corsage pour soutenir la taille des femmes.

**CORTE**, chef-lieu d'arr. du dép. de la Corse.

**CORTÉGE**, *s. m.* Suite de personnes qui accompagnent en cérémonie.

**CORTICAL, E**, *adj.* Qui a rapport à l'écorce, à l'enveloppe extérieure.

**CORVÉABLE**, *adj.* 2 *g.* Soumis à des corvées.

**CORVÉE**, *s. f.* Travail gratuit et forcé dû à l'État; occupation pénible et ingrate.

**CORVETTE**, *s. f.* Petit bâtiment de guerre.

**CORYPHÉE**, *s. m.* Chef de parti, de secte.

**COSAQUES**, *s. m. pl.* Peuplade et milice russe. (On dit aussi au singulier *un cosaque* pour désigner un individu de cette peuplade.)

**COSMÉTIQUE**, *adj.* 2 *g.* Qui est

préparé pour embellir la peau ; —, *s. m.* Préparation pour conserver la beauté ; —, *s. f.* Art de préparer les cosmétiques.

**COSMOGONIE**, *s. f.* Science de la formation de l'univers.

**COSMOGONIQUE**, *adj. 2 g.* Qui a rapport à la cosmogonie.

**COSMOGRAPHE**, *s. m.* Celui qui sait la cosmographie.

**COSMOGRAPHIE**, *s. f.* Description du monde physique.

**COSMOGRAPHIQUE**, *adj. 2 g.* Qui a rapport à la cosmographie.

**COSMOLOGIE**, *s. f.* Connaissance des lois du monde physique.

**COSMOLOGIQUE**, *adj. 2 g.* Qui a rapport à la cosmologie.

**COSMOPOLITE**, *s. m.* Celui qui n'adopte pas de patrie.

**COSMORAMA**, *s. m.* Tableau du monde.

**COSNE**, chef-lieu d'arr. du dép. de la Nièvre.

**COSSE**, *s. f.* Enveloppe de certains légumes ; fruit de quelques arbustes.

**COSSER**, *v. n.* Donner des coups de tête (en parlant du bélier).

**COSSON**, *s. m.* Charançon qui ronge le blé ; sarment qui croît sur la vigne après la taille.

**COSSU**, **E**, *adj.* Abondant en cosses ; *fig.* Riche.

**COSTAL**, **E**, *adj.* Qui a rapport aux côtes.

**COSTUME**, *s. m.* Habillement, déguisement.

**COSTUMER** (*part.* é, ée), *v. a.* Habiller, revêtir d'un costume.

**COSTUMIER**, *s. m.* Celui qui fait, vend ou loue des costumes.

**COTE**, *s. f.* Part d'impôt ; marque numérale pour mettre en ordre des pièces de procédure.

**CÔTE**, *s. f.* Chacun des os courbés et plats qui s'étendent de l'épine du dos à la poitrine ; terre qui s'étend le long du bord de la mer ; penchant d'une colline.

**CÔTÉ**, *s. m.* Partie gauche ou droite du corps ; face ; aspect.

**COTEAU**, *s. m.* Penchant d'une colline.

**CÔTE-D'OR**, départ. formé d'une partie de la Bourgogne (chef-lieu, Dijon).

**CÔTELETTE**, *s. f.* Petite côte de mouton, de veau, etc., séparée du corps de l'animal.

**COTER** (*part.* é, ée), *v. a.* Numéroter ; marquer.

**COTERIE**, *s. f.* Société, compagnie ; société où l'on cabale.

**CÔTES-DU-NORD**, départ. formé d'une partie de la Bretagne (chef-lieu, Saint-Brieuc).

**COTHURNE**, *s. m.* Chaussure d'acteur tragique.

**CÔTIER**, *s. m.* et *adj.* Pilote qui connaît les côtes.

**CÔTIÈRE**, *s. f.* Suite de côtes de mer.

**COTIGNAC**, *s. m.* Confiture ou boisson faite avec des coings.

**COTILLON**, *s. m.* Jupe de dessous.

**COTISATION**, *s. f.* Action de cotiser ; somme qui en provient.

**COTISER** (*part.* é, ée), *v. a.* Régler la part que chacun doit payer ; *se* —, *v. pr.* Contribuer chacun pour une part.

**COTON**, *s. m.* Duvet qui enveloppe les semences du cotonnier.

**COTONNADE**, *s. f.* Étoffe de coton.

se **COTONNER**, *v. pr.* Se couvrir de duvet.

**COTONNEUX**, **EUSE**, *adj.* Mou et spongieux, recouvert de duvet.

**COTONNIER**, *s. m.* Arbuste qui produit le coton.

**CÔTOYER** (*part.* é, ée), *v. a.* Aller le long d'une côte ; aller côte à côte.

**COTRET**, *s. m.* Fagot de bois court et menu.

**COTTE**, *s. f.* Jupe des paysannes ; *cotte d'armes*, *cotte de mailles*, ancienne casaque militaire.

**COTUTEUR**, *s. m.* Celui qui est tuteur avec un autre.

**COU**, *s. m.* Partie du corps qui joint la tête au tronc.

**COUARD**, *s. m.* Poltron.

**COUARDISE**, *s. f.* Poltronnerie.

**COUCHAGE**, *s. m.* Literie.

**COUCHANT**, *s. m.* L'occident, l'endroit du ciel où le soleil semble se coucher ; —, *adj. m.* Qui se couche.

**COUCHE**, *s. f.* Lit ; linge qui enveloppe les enfants au maillot; arrangement par lit; enduit de couleur, etc.; lit de fumier préparé pour activer la germination de certaines plantes.

**COUCHÉE**, *s. f.* Lieu où l'on couche en voyageant.

**COUCHER** (*part.* é, ée), *v. a.* Mettre au lit; étendre à terre; poser de son long, incliner; mettre en écrit; —, *v. n.* Loger, passer la nuit; *se* —, *v. pr.* Se mettre au lit.

**COUCHER**, *s. m.* Action de se coucher; l'instant de se coucher; lit avec sa garniture.

**COUCHETTE**, *s. f.* Bois de lit.

**COUCHEUR**, **EUSE**, *s. Bon, mauvais* —, bon, mauvais camarade.

**COUCI-COUCI**, *loc. adv.* A peu près.

**COUCOU** (*au pl. coucous*), *s. m.* Oiseau du genre des pies.

**COUDE**, *s. m.* Partie extérieure du bras à l'endroit où il se plie; angle extérieur que forme un chemin, une rivière, etc.

**COUDÉE**, *s. f.* L'étendue du bras depuis le coude jusqu'au bout des doigts; mesure de longueur égale à 50 centimètres.

**COU-DE-PIED**, *s. m.* Partie supérieure du pied qui se joint à la jambe.

**COUDER** (*part.* é, ée), *v. a.* Plier en forme de coude.

**COUDOYER** (*part.* é, ée), *v. a.* Heurter du coude.

**COUDRAIE** ou **COUDRETTE**, *s. f.* Lieu planté de coudriers.

**COUDRE**, *s. m.* Coudrier.

**COUDRE** (*Ind. pr.* je couds, tu couds, il coud, nous cousons, vous cousez, ils cousent; *imp.* je cousais, etc.; *p. déf.* je cousis, etc.; nous cousîmes, vous cousîtes, ils cousirent; *fut.* je coudrai, etc.; *cond.* je coudrais, etc.; *impér.* couds, cousons, cousez; *subj. pr.* que je couse, etc., que nous cousions, etc.; *imp. subj.* que je cousisse, etc.; *p. pr.* cousant; *p. p.* cousu, ue), *v. a.* Joindre par une couture; attacher, réunir.

**COUDRETTE**. Voy. *Coudraie*.

**COUDRIER**, *s. m.* Noisetier.

**COUENNE**, *s. f.* Peau du cochon dépourvue des soies.

**COUENNEUX**, **EUSE**, *adj.* Qui est de la nature de la couenne.

**COUETTE**, *s. f.* Lit de plume.

**COULAGE**, *s. m.* Perte de liquide par l'écoulement.

**COULAMMENT**, *adv.* D'une manière coulante.

**COULANT, E**, *adj.* Qui coule bien; —, *s. m.* Anneau mobile pour serrer et desserrer.

**COULÉE**, *s. f.* et *adj.* Sorte d'écriture penchée.

**COULER**, *v. n.* Suivre sa pente, tomber en glissant; s'échapper (en parlant d'un fluide); *couler bas*, s'enfoncer dans l'eau, être submergé (*part.* é, ée), *v. a.* Passer un liquide à travers un linge.

**COULEUR**, *s. f.* Impression que fait sur l'œil la lumière réfléchie par les corps; lumière colorée; matière colorante; *fig.* Apparence, prétexte.

**COULEUVRE**, *s. f.* Reptile sans venin, du genre des serpents.

**COULEVRINE**, *s. f.* Canon très-long.

**COULIS**, *s. m.* Suc d'une viande bien cuite; sorte de purée; —, *adj. Vent* —, qui se glisse par une fente.

**COULISSE**, *s. f.* Rainure pour faire mouvoir un châssis; décoration mobile de théâtre; *au pl.* La partie d'un théâtre où se tiennent les acteurs quand ils ne sont pas en scène.

**COULOIR**, *s. m.* Passage d'un appartement à un autre.

**COULOIRE**, *s. f.* Vase pour passer les liquides.

**COULOMMIERS**, chef-lieu d'arr. du dép. de Seine-et-Marne.

**COULURE**, *s. f.* Accident qui fait périr les fruits au moment où ils se nouent.

**COUP**, *s. m.* Choc, mouvement, impression d'un corps sur un autre; bruit du tonnerre; décharge d'arme à feu; une fois; *à coup sûr*, certainement; *après coup*, trop tard.

**COUPABLE**, *s.* et *adj.* 2 *g.* Qui a commis une faute, un crime.

**COUPANT, E**, *adj.* Qui coupe.

**COUPE**, *s. f.* Action ou Manière de couper; séparation du jeu de cartes après qu'on l'a coupé; vase plus large que profond.

**COUPÉ**, *s. m.* Espèce de voiture à quatre roues et à deux places.

**COUPE-GORGE**, *s. m.* (inv.). Lieu dangereux.

**COUPE-JARRET** (*au pl. coupe-jarrets*), *s. m.* Meurtrier.

**COUPE-PAILLE**, *s. m.* (inv.). Instrument pour hacher la paille.

**COUPE-PÂTE**, *s. m.* (inv.). Emporte-pièce pour la pâte.

**COUPER** (*part.* é, ée), *v. a.* Trancher, diviser, séparer; *se* —, *v. pr.* Se contredire.

**COUPERET**, *s. m.* Couteau large pour la cuisine.

**COUPEROSE**, *s. f.* Nom donné à différents sulfates métalliques; maladie au visage caractérisée par des pustules rosées.

**COUPEROSÉ, ÉE**, *adj.* Bourgeonné, affecté de couperose.

**COUPEUR, EUSE**, *s.* Celui ou Celle qui coupe.

**COUPLE**, *s. f.* Deux choses de même espèce réunies; le lien qui les retient; —, *s. m.* Deux personnes unies par mariage.

**COUPLER** (*part.* é, ée), *v. a.* Attacher les chiens de chasse avec la couple.

**COUPLET**, *s. m.* Stance d'une chanson.

**COUPOIR**, *s. m.* Outil pour couper.

**COUPOLE**, *s. f.* Partie intérieure d'un dôme.

**COUPON**, *s. m.* Reste d'étoffe; papier représentant une valeur monétaire.

**COUPURE**, *s. f.* Blessure faite en coupant; séparation.

**COUR**, *s. f.* Place découverte, entourée de murs ou de bâtiments; résidence d'un souverain; siége de justice; *fig.* Assiduités.

**COURAGE**, *s. m.* Disposition qui porte à braver les dangers; fermeté, hardiesse; —! *interj.* pour exhorter.

**COURAGEUSEMENT**, *adv.* Avec courage.

**COURAGEUX, EUSE**, *adj.* Qui a du courage.

**COURAMMENT**, *adv.* Rapidement, facilement.

**COURANT, E**, *adj.* Qui court; qui a cours; —, *s. m.* Le fil de l'eau; le cours des affaires, etc.

**COURANTE**, *s. f.* Espèce de danse; écriture cursive; diarrhée.

**COURBATU, E**, *adj.* Harassé.

**COURBATURE**, *s. f.* Lassitude douloureuse.

**COURBE**, *adj.* 2 *g.* Qui a la forme d'un arc; —, *s. f.* Une ligne courbe.

**COURBER** (*part.* é, ée), *v. a.* Incliner, rendre courbe; —, *v. n.* Plier sous le faix; *se* —, *v. pr.* S'incliner.

**COURBETTE**, *s. f.* Salutation humble; mouvement du cheval qui se cabre.

**COURBURE**, *s. f.* État d'une chose courbée.

**COUREUR**, *s. m.* Celui qui est léger à la course; flâneur.

**COURIR** (*Ind. pr.* je cours, tu cours, il court, nous courons, vous courez, ils courent; *imp.* je courais, etc.; *p. déf.* je courus, etc.; *fut.* je courrai, etc.; *cond.* je courrais, etc.; *impér.* cours, courons, courez; *subj. pr.* que je coure, etc., que nous courions, etc.; *imp. subj.* que je courusse, etc., que nous courussions, etc.; *p. pr.* courant; *p. p.* couru, ue), *v. n.* Aller avec vitesse; poursuivre; voyager; rouler, s'écouler; *être couru*, être en vogue.

**COURLIS** ou **COURLIEU**, *s. m.* Oiseau aquatique, bon à manger.

**COURONNE**, *s. f.* Ornement qui entoure la tête; souveraineté, prééminence; anneau lumineux autour des astres.

**COURONNEMENT**, *s. m.* Cérémonie pour couronner un souverain; partie supérieure d'un édifice; accomplissement.

**COURONNER** (*part.* é, ée), *v. a.* Mettre une couronne, récompenser; mettre la dernière main à quelque chose; environner; *se* —, *v. pr.* S'embellir; se blesser au genou (en parlant d'un cheval qui s'abat).

**COURRE**, *v. a.* (*t. de chasse*). Courir; *chasse à courre*, chasse dans laquelle on force à la course, le cerf, le daim, le lièvre; —, *s. m.* Lieu où l'on met les lévriers à la poursuite du sanglier, du loup, du renard.

**COURRIER**, *s. m.* Celui qui porte les nouvelles; celui qui court la poste à cheval.

**COURROIE**, *s. f.* Lien de cuir.

**COURROUCER** (*part.* é, ée), *v. a.* Irriter, mettre en courroux.

**COURROUX**, *s. m.* Colère.

**COURS**, *s. m.* Mouvement des eaux courantes, des astres; leçons publiques, temps qu'elles durent; marche suivie des affaires; lieu de promenade à l'extérieur d'une ville.

**COURSE**, *s. f.* Action de courir; espace à parcourir; voyage.

**COURSIER**, *s. m.* Cheval de prix.

**COURSON**, *s. m.* Branche de vigne ou d'arbre taillée et raccourcie.

**COURT**, **E**, *adj.* Qui est sans longueur, sans étendue, sans durée; *court*, *adv.* Brusquement; *couper court*, abréger; *rester court*, manquer de mémoire en récitant, rester sans réplique.

**COURTAGE**, *s. m.* Profession ou Salaire du courtier.

**COURTAUD**, **E**, *adj.* Qui est de taille courte et ramassée; —, *s. m.* Garçon de boutique, *t. de mépris.*

**COURT-BOUILLON**, *s. m.* Mélange d'ingrédients pour faire cuire le poisson.

**COURTE-PAILLE**, *s. f.* Manière de tirer au sort avec des pailles inégales.

**COURTE-POINTE** (*au pl. courtes-pointes*), *s. f.* Dessus de lit.

**COURTIER**, *s. m.* Celui qui s'entremet pour l'achat et la vente des marchandises, moyennant un certain droit.

**COURTILIÈRE**, *s. f.* Insecte très-commun qui vit sous terre et qui dévaste les jardins.

**COURTINE**, *s. f.* Rideau de lit; — (*t. de fortification*), mur qui est entre deux bastions.

**COURTISAN**, *s. m.* Homme de la cour; celui qui rend des assiduités par intérêt.

**COURTISER** (*part.* é, ée), *v. a.* Faire sa cour par intérêt.

**COURTOIS**, **E**, *adj.* Civil, gracieux.

**COURTOISEMENT**, *adv.* Avec courtoisie.

**COURTOISIE**, *s. f.* Manières civiles, gracieuses.

**COUSEUSE**, *s. f.* Femme qui coud les livres.

**COUSIN**, **E**, *s.* Ceux ou Celles qui sont issus de frères ou de sœurs; —, *s. m.* Sorte de moucheron incommode par ses piqûres.

**COUSINAGE**, *s. m.* Parenté entre cousins.

**COUSINER** (*part.* é, ée), *v. a.* Appeler quelqu'un cousin; —, *v. n.* Vivre aux dépens de parents vrais ou prétendus.

**COUSINIÈRE**, *s. f.* Rideau dont un lit est entouré pour écarter les cousins.

**COUSSIN**, *s. m.* Sac rembourré pour s'asseoir.

**COUSSINET**, *s. m.* Petit coussin.

**COUT**, *s. m.* Le prix d'une chose.

**COUTANCES**, chef-lieu d'arr. du dép. de la Manche.

**COÛTANT**, *adj. m. Prix* —, ce qu'une chose a coûté.

**COUTEAU**, *s. m.* Instrument tranchant.

**COUTELAS**, *s. m.* Épée courte, large et plate, à un seul tranchant.

**COUTELIER**, **IÈRE**, *s.* Celui ou Celle qui fait et vend des couteaux; *coutelière*, *s. f.* Boite à couteaux.

**COUTELLERIE**, *s. f.* Ouvrage ou Atelier du coutelier.

**COUTER**, *v. n.* Être acheté un certain prix; *fig.* Être difficile à faire, pénible à dire.

**COUTEUX**, **EUSE**, *adj.* Qui nécessite de la dépense.

**COUTIL**, *s. m.* Toile très-forte.

**COUTRE**, *s. m.* Fer tranchant d'une charrue.

**COUTUME**, *s. f.* Habitude; usage; manières; pratique fréquente.

**COUTUMIER**, **IÈRE**, *adj.* Qui a coutume de faire.

**COUTURE**, *s. f.* Art de coudre; assemblage de choses cousues; rangée de points à l'aiguille; cicatrice d'une blessure.

**COUTURÉ**, **ÉE**, *adj.* Cicatrisé.

**COUTURIÈRE**, *s. f.* Ouvrière en couture.

**COUVAIN**, *s. m. coll.*, se dit des œufs de certains insectes.

**COUVAISON**, *s. f.* Saison où couvent les oiseaux de basse-cour; action de couver.

**COUVÉ**, *adj. m. Œuf* —, à demi gâté.

**COUVÉE**, *s. f.* Tous les œufs qu'un oiseau couve à la fois; les petits qui en naissent.

**COUVENT**, *s. m.* Maison religieuse.

**COUVER** (*part.* é, ée), *v. a.*, se dit des oiseaux qui se tiennent sur les œufs pour les faire éclore; —, *v. n.* Se tenir caché.

**COUVERCLE**, *s. m.* Ce qui ferme en couvrant.

**COUVERT**, *s. m.* Ce qui couvre une table à manger; ce qui sert à chacun des convives; la cuillère et la fourchette de table; toit, abri; enveloppe d'un paquet; lieu couvert d'arbres; *à* —, *loc. adv.* En sûreté.

**COUVERT, E**, *adj.* Vêtu; caché; obscur; boisé.

**COUVERTURE**, *s. f.* Ce qui sert à couvrir; enveloppe; garantie.

**COUVERTURIER**, *s. m.* Marchand ou Fabricant de couvertures.

**COUVET**, *s. m.* Pot où l'on met du feu et qui sert de chaufferette.

**COUVEUSE**, *s. f.* Poule qui couve ou qui est choisie pour couver.

**COUVI**, *adj. m.* Gâté (en parlant d'un œuf qui est tourné).

**COUVRE-CHEF**, *s. m.* (inv.). Coiffe pour envelopper la tête.

**COUVRE-FEU**, *s. m.* (inv.). Ustensile pour couvrir le feu; signal pour éteindre les feux.

**COUVRE-PIED** (*au pl. couvre-pieds*), *s. m.* Petite couverture.

**COUVREUR**, *s. m.* Ouvrier qui couvre les maisons.

**COUVRIR** (se conj. sur *Ouvrir*), *v. a.* Mettre une chose sur une autre; revêtir.

**CRABE**, *s. m.* Crustacé amphibie, animal de mer.

**CRAC**, *s. m.* Mot imitant le bruit qui résulte de la rupture d'un corps dur; — ! *interj.* Soudainement.

**CRACHAT**, *s. m.* Salive; croix ou étoile qu'on porte sur l'habit.

**CRACHEMENT**, *s. m.* Action de cracher.

**CRACHER** (*part.* é, ée), *v. a.* et *v. n.* Rejeter quelque chose de la bouche.

**CRACHEUR, EUSE**, *s.* Celui ou Celle qui crache souvent.

**CRACHOIR**, *s. m.* Vase où l'on crache.

**CRACHOTEMENT**, *s. m.* Action de crachoter.

**CRACHOTER**, *v. n.* Cracher souvent et peu à la fois.

**CRAIE**, *s. f.* Pierre tendre et blanche.

**CRAINDRE** (*Ind. pr.* je crains, tu crains, il craint, nous craignons, vous craignez, ils craignent; *imp.* je craignais, etc.; *p. déf.* je craignis, etc.; *fut.* je craindrai, etc.; *cond.* je craindrais, etc.; *impér.* crains, craignons, craignez; *subj. pr.* que je craigne, etc., que nous craignions, etc.; *imp. subj.* que je craignisse, etc., que nous craignissions, etc.; *p. pr.* craignant; *p. p.* craint, e), *v. a.* Avoir peur de, redouter; révérer.

**CRAINTE**, *s. f.* Peur; appréhension; respect.

**CRAINTIF, IVE**, *adj.* Timide, peureux.

**CRAINTIVEMENT**, *adv.* Avec crainte.

**CRAMOISI, IE**, *adj.* Teint en rouge foncé; — *s. m.* Couleur rouge foncé.

**CRAMPE**, *s. f.* Contraction involontaire et spontanée d'un muscle de la jambe.

**CRAMPON**, *s. m.* Morceau de fer recourbé pour fixer, pour attacher fortement.

**CRAMPONNER** (*part.* é, ée), *v. a.* Attacher avec un crampon; *se* —, *v. pr.* S'attacher fortement à.

**CRAN**, *s. m.* Entaille pour accrocher ou arrêter quelque chose, ou pour servir de marque.

**CRÂNE**, *s. m.* Partie de la tête qui contient le cerveau.

**CRÂNE**, *s.* et *adj m.* Fou, écervelé.

**CRÂNERIE**, *s. f.* Action de fou.

**CRAPAUD**, *s. m.* Animal amphibie qui ressemble à la grenouille; *fig.* Homme laid.

**CRAPAUDIÈRE**, *s. f.* Lieu bas et humide, infesté de crapauds.

**CRAPAUDINE**, *s. f.* Morceau de fer creux où entre le gond d'une porte; —, *t. de cuisine*, manière d'apprêter des pigeons.

**CRAPULE**, *s. f.* Débauche habituelle; personne qui vit dans la débauche.

**CRAPULER**, *v. n.* Vivre dans la crapule.

**CRAPULEUX**, **EUSE**, *adj.* Qui vit dans la crapule.

**CRAQUEMENT**, *s. m.* Son de ce qui craque.

**CRAQUER**, *v. n.* Faire du bruit en se rompant; *fig.* Mentir, *pop.*

**CRAQUERIE**, *s. f.* Menterie, *pop.*

**CRAQUETER**, *v. n.* Crier (en parlant de la cigogne et de la grue).

**CRAQUEUR**, **EUSE**, *s.* Hâbleur, *pop.*

**CRASSANE.** Voy. *Cresane.*

**CRASSE**, *s. f.* Ordure, saleté; avarice sordide; —, *adj. Ignorance* —, grossière.

**CRASSEUX**, **EUSE**, *adj.* Couvert de crasse; avare.

**CRATÈRE**, *s. m.* Ouverture d'un volcan.

**CRAVACHE**, *s. f.* Sorte de fouet dont se servent les cavaliers.

**CRAVATE**, *s. m.* Soldat d'un ancien corps de cavalerie légère.

**CRAVATE**, *s. f.* Fichu plié que les hommes portent autour du cou.

**CRAYON**, *s. m.* Substance pierreuse ou minérale pour dessiner.

**CRAYONNER** (*part.* é, ée), *v. a.* Tracer avec un crayon; dessiner.

**CRAYONNEUR**, *s. m.* Celui qui crayonne.

**CRAYONNEUX**, **EUSE**, *adj.* Qui est de la nature du crayon.

**CRÉANCE**, *s. f.* Dette active; confiance; croyance.

**CRÉANCIER**, **IÈRE**, *s.* Celui ou Celle à qui l'on doit de l'argent.

**CRÉATEUR**, **TRICE**, *s.* et *adj.* Celui ou Celle qui crée, qui tire du néant; inventeur.

**CRÉATION**, *s. f.* Action de créer; ensemble des choses créées, l'univers.

**CRÉATURE**, *s. f.* Être créé; individu de l'espèce humaine.

**CRÉCELLE**, *s. f.* Moulinet de bois qui remplace la sonnette dans les églises, les jeudi et vendredi saints.

**CRÈCHE**, *s. f.* Mangeoire des bestiaux.

**CRÉDENCE**, *s. f.* Buffet; lieu où le panetier conserve ses provisions.

**CRÉDENCIER**, *s. m.* Panetier.

**CRÉDIT**, *s. m.* Réputation de solvabilité; délai pour payer; pouvoir, autorité, influence.

**CRÉDITER** (*part.* é, ée), *v. a.* Porter un article au crédit d'un compte.

**CRÉDITEUR**, *s. m.* Créancier.

**CRÉDO**, *s. m.* (inv.). Symbole des apôtres.

**CRÉDULE**, *adj.* 2 *g.* Qui a de la crédulité.

**CRÉDULEMENT**, *adv.* Avec crédulité.

**CRÉDULITÉ**, *s. f.* Facilité à croire sans examen.

**CRÉER** (*part.* é, ée), *v. a.* Tirer du néant; inventer, établir.

**CRÉMAILLÈRE**, *s. f.* Ustensile de cuisine servant à tenir un vase suspendu au-dessus du feu, au fond de la cheminée; tasseau à crans.

**CRÈME**, *s. f.* Partie épaisse et grasse du lait; mets composé de lait et d'œufs; *fig.* Le meilleur d'une chose.

**CRÉMENT**, *s. m.* Augmentation des syllabes d'un mot; accroissement de terrain sur un rivage.

**CRÉMER**, *v. n.* Se former en crème (en parlant du lait).

**CRÉMIER**, **IÈRE**, *s.* Celui ou Celle qui vend de la crème.

**CRÉNEAU**, *s. m.* Vides égaux par intervalles au haut des anciens châteaux.

**CRÉNELER** (*part.* é, ée), *v. a.* Faire des créneaux.

**CRÉNELURE**, *s. f.* Dentelure faite en créneaux.

**CRÉOLE**, *s.* 2 *g.* Personne née d'un père européen, dans les colonies d'Amérique.

**CRÊPE**, *s. m.* Sorte d'étoffe légère; —, *s. f.* Pâte cuite à la poêle.

**CRÊPER** (*part.* é, ée), *v. a.* Donner à une étoffe l'apparence du crêpe; friser les cheveux.

CRÉPI, *s. m.* Enduit de plâtre ou de mortier sur un mur.

CRÉPIN (SAINT-), *s. m.* Sac d'outils du cordonnier ambulant.

CRÉPINE, *s. f.* Sorte de frange.

CRÉPIR (*part.* i, ie), *v. a.* Faire un crépi.

CRÉPISSURE, *s. f.* Action de crépir.

CRÉPON, *s. m.* Sorte de gros crêpe.

CRÉPU, E, *adj.* Dont les cheveux sont frisés naturellement.

CRÉPUSCULAIRE, *adj.* 2 *g.* Qui a rapport au crépuscule.

CRÉPUSCULE, *s. m.* Lumière faible qui précède le lever du soleil et succède à son coucher.

CRESANE, *s. f.* Sorte de poire.

CRESCENDO, *adv.* En augmentant le son.

CRESSON, *s. m.* Herbe antiscorbutique.

CRESSONNIÈRE, *s. f.* Lieu où croît le cresson.

CRÉSUS, *s. m.* Homme très-riche.

CRÊTE, *s. f.* Excroissance rouge sur la tête des coqs, des poulets, etc.; cime d'un mont, d'un rocher; *au pl.* Arêtières de plâtre pour sceller les tuiles sur le faîte d'un toit.

CRÊTÉ, ÉE, *adj.* Qui a une crête.

CRÉTELER (se conj. sur *Appeler*), *v. n.* Crier (en parlant de la poule qui vient de pondre).

CRÉTIN, *s. m.* Goîtreux; individu idiot, stupide.

CRÉTINISME, *s. f.* État, infirmité du crétin.

CRETONNE, *s. f.* Toile de Normandie.

CRETONS, *s. m. pl.* Résidu des suifs fondus.

CREUSE, nom d'un dép. dont Guéret est le chef-lieu.

CREUSEMENT, *s. m.* Action de creuser.

CREUSER (*part.* é, ée), *v. a.* Rendre creux; *fig.* Approfondir.

CREUSET, *s. m.* Vase pour fondre les métaux.

CREUX, EUSE, *adj.* Vide, profond; *creux*, *s. m.* Cavité; —, *adv.* D'une manière creuse.

CREVASSE, *s. f.* Fente.

CREVASSER (*part.* é, ée), *v. a.* Faire des crevasses; *se* —, *v. pr.* Se fendre.

CREVÉ, *s. m.* Ouverture ou Fausses ouvertures aux manches des robes, aux anciens costumes des hommes.

CRÈVE-COEUR, *s. m.* (inv.). Grand déplaisir; grande mortification.

CREVER (*part.* é, ée), *v. a.* Rompre avec effort; fatiguer à l'excès; —, *v. n.* Éclater, se rompre avec violence; mourir (en parlant des animaux); *se* —, *v. p.* Se fatiguer excessivement; manger avec excès.

CREVETTE, *s. f.* Petite écrevisse de mer.

CRI, *s. m.* Émission forcée de la voix; clameur; plainte; gémissement.

CRIAILLER, *v. n.* Crier sans cesse pour peu de chose.

CRIAILLERIE, *s. f.* Action de criailler.

CRIAILLEUR, EUSE, *s.* Celui ou Celle qui criaille.

CRIANT, E, *adj.* Qui excite à se plaindre.

CRIARD, E, *adj.* et *s.* Qui crie souvent sans motif; aigre, discordant.

CRIBLE, *s. m.* Instrument pour nettoyer le grain.

CRIBLER (*part.* é, ée), *v. a.* Passer par le crible; percer comme un crible.

CRIBLEUR, *s. m.* Celui qui crible.

CRIBLURE, *s. f.* Reste du grain criblé.

CRIC, *s. m.* Machine pour soulever un fardeau.

CRIC CRAC, mots qui reproduisent le bruit d'une chose qui se déchire.

CRIÉE, *s. f.* Publication judiciaire pour une vente.

CRIER (se conj. sur *Prier*), *v. n.* Jeter des cris; se plaindre; annoncer à très-haute voix; réprimander hautement; —, *v. a.* Dire tout haut; répéter sans cesse; vendre à la criée.

CRIERIE, *s. f.* Bruit qu'on fait en criant.

CRIEUR, EUSE, *s.* Celui ou Celle qui a l'habitude de crier ou qui crie des marchandises dans la rue.

CRIME, *s. m.* Action méchante et punissable; faute énorme.

**CRIMINALISER** (*part.* é, ée), *v. a.* Convertir un procès civil en procès criminel.

**CRIMINALISTE**, *s. m.* Celui qui est versé dans les matières criminelles.

**CRIMINALITÉ**, *s. f.* Qualité de ce qui est criminel.

**CRIMINEL, ELLE**, *adj.* Qui a rapport au crime, contraire aux lois; —, *s. m.* Coupable, convaincu d'un crime; procédure contre le coupable.

**CRIMINELLEMENT**, *adv.* D'une manière criminelle; au criminel.

**CRIN**, *s. m.* Poil long et rude de la queue et du cou des chevaux et d'autres animaux.

**CRINCRIN**, *s. m.* Mauvais violon.

**CRINIER**, *s. m.* Ouvrier qui prépare le crin.

**CRINIÈRE**, *s. f.* Tout le crin du cou du cheval ou du lion.

**CRIQUE**, *s. f.* Petite baie.

**CRIQUET**, *s. m.* Mauvais cheval.

**CRISE**, *s. f.* Moment décisif et périlleux d'une affaire, d'une maladie.

**CRISPATION**, *s. f.* Contraction.

**CRISPER** (*part.* é, ée), *v. a.* Causer des crispations, tourmenter; *se* —, *v. pr.* Se contracter.

**CRISSER**, *v. n.* Produire un son aigu en grinçant les dents.

**CRISTAL**, *s. m.* Pierre transparente et dure; verre fin.

**CRISTALLERIE**, *s. f.* Art de fabriquer les cristaux; lieu où on les fabrique.

**CRISTALLIN, E**, *adj.* Transparent comme le cristal; —, *s. m.* Humeur de l'œil.

**CRISTALLISATION**, *s. f.* Opération par laquelle des matières se cristallisent; chose cristallisée.

**CRISTALLISER** (*part.* é, ée), *v. a.* Réduire en cristal.

**CRITÉRIUM**, *s. m.* Marque à laquelle on reconnaît la vérité.

**CRITIQUABLE**, *adj.* 2 *g.* Qui peut être critiqué.

**CRITIQUE**, *s. f.* Examen d'un ouvrage d'esprit ou d'érudition, des productions d'un artiste; censure; —, *s. m.* Celui qui examine un ouvrage d'esprit; celui qui trouve à redire à tout; —, *adj.* 2 *g.* Qui a rapport à la critique; disposé à critiquer; difficile; qui amène une crise.

**CRITIQUER** (*part.* é, ée), *v. a.* Examiner; censurer; blâmer.

**CROASSEMENT**, *s. m.* Cri du corbeau.

**CROASSER**, *v. n.* Crier (en parlant du corbeau).

**CROATE**, *s. m.* Voy. *Cravate, s. m.*

**CROC**, *s. m.* Instrument pour accrocher; dents de certains animaux; harpon.

**CROC**, mot qui exprime le bruit d'une chose que la dent brise.

**CROC-EN-JAMBE** (*au pl. crocs-en-jambe*), *s. m.* Tour de lutteur pour renverser son adversaire.

**CROCHE**, *adj.* 2 *g.* Courbé; tortu; —, *s. f.* Note de musique.

**CROCHET**, *s. m.* Petit croc; boucle de cheveux; machine de portefaix; instrument de serrurier.

**CROCHETER** (*part.* é, ée), *v. a.* Ouvrir avec un crochet (en parlant d'une serrure, d'un cadenas, etc.).

**CROCHETEUR**, *s. m.* Portefaix.

**CROCHU, E**, *adj.* Tortu.

**CROCODILE**, *s. m.* Quadrupède amphibie très-vorace, ayant la forme du lézard, mais beaucoup plus grand.

**CROIRE** (*Ind. pr.* je crois, tu crois, il croit, nous croyons, vous croyez, ils croient; *imp.* je croyais, etc.; *p. déf.* je crus, etc., nous crûmes, etc.; *fut.* je croirai, etc.; *cond.* je croirais, etc.; *impér.* crois, croyons, croyez; *subj. pr.* que je croie, que tu croies, qu'il croie, que nous croyions, que vous croyiez, qu'ils croient; *imp. subj.* que je crusse, etc., que nous crussions, etc.; *p. pr.* croyant; *p. p.* cru, crue), *v. a.* et *v. n.* Penser, présumer, avoir une opinion; tenir une chose pour vraie, ajouter foi; donner sa confiance; —, *v. n.* Avoir la foi.

**CROISADE**, *s. f.* Expédition des chrétiens pour conquérir la Terre-Sainte.

**CROISÉ, ÉE**, *adj.* Qui a la forme d'une croix; —, *s. m.* Soldat qui allait combattre dans la Terre-Sainte.

**CROISÉE**, *s. f.* Fenêtre; châssis qui sert à fermer la fenêtre.

**CROISEMENT**, *s. m.* Action de deux corps qui se croisent.

**CROISER** (*part.* é, ée), *v. a.* Disposer en croix; entrelacer; traverser; *fig.* Contrarier; —, *v. n.* Être disposé de telle sorte que les fils passent l'un sur l'autre (en parlant des étoffes); faire des courses en mer; *se* —, *v. récipr.* Se traverser; se rencontrer.

**CROISEUR**, *s. m.* Vaisseau en croisière; capitaine d'un vaisseau qui croise.

**CROISIÈRE**, *s. f.* Espace de mer dans lequel on croise.

**CROISILLON**, *s. m.* La traverse d'une croix, d'une croisée.

**CROISSANCE**, *s. f.* Action de croître.

**CROISSANT**, *s. m.* Figure de la nouvelle lune jusqu'à son premier quartier; ce qui en a la forme; instrument de fer pour émonder les arbres.

**CROISSANT**, **E**, *adj.* Qui croît.

**CROISURE**, *s. f.* Tissu d'une étoffe croisée.

**CROÎT**, *s. m.* Augmentation du bétail.

**CROÎTRE** (*Ind. pr.* je croîs, tu croîs, il croît, nous croissons, vous croissez, ils croissent; *imp.* je croissais, etc.; *p. déf.* je crûs, tu crûs, il crût, nous crûmes, vous crûtes, ils crûrent; *fut.* je croîtrai, etc.; *cond.* je croîtrais, etc., nous croîtrions, etc.; *impér.* croîs, croissons, croissez; *sub. pr.* que je croisse, etc.; *imp. subj.* que je crusse, etc.; *p. pr.* croissant; *p. p.* crû, crue), *v. n.* Augmenter, devenir plus grand, plus nombreux; pousser; —, *v. a.* Accroître.

**CROIX**, *s. f.* Lignes croisées formant quatre angles; décoration; sorte de gibet; *fig.* Peine, affliction.

**CROQUANT**, *s. m.* Homme de rien, misérable.

**CROQUANT**, **E**, *adj.* Qui croque sous la dent.

**CROQUE-AU-SEL (À LA)**, *loc. adv.* Sans autre assaisonnement que du sel.

**CROQUE-MORT**, *s. m.* Celui qui transporte les morts au cimetière.

**CROQUE-NOTE**, *s. m.* Mauvais musicien.

**CROQUER** (*part.* é, ée), *v. a.* Manger des choses qui croquent; manger avidement; dessiner, peindre à la hâte; —, *v. n.* Faire du bruit sous la dent.

**CROQUET**, *s. m.* Pain d'épice sec et mince.

**CROQUETTE**, *s. f.* Boulette frite qui se mange.

**CROQUIGNOLE**, *s. f.* Pâtisserie croquante; chiquenaude.

**CROQUIS**, *s. m.* Esquisse d'un dessin; ouvrage imparfait.

**CROSSE**, *s. f.* Bâton pastoral d'évêque; partie du fusil qu'on appuie contre l'épaule en tirant; bâton courbé.

**CROSSER**, *v. n.* Pousser une pierre, etc., avec une crosse; —, (*part.* é, ée), *v. a.* Maltraiter.

**CROSSETTE**, *s. f.* Branche de vigne où il reste du vieux bois.

**CROTTE**, *s. f.* Boue des rues; fiente de certains animaux.

**CROTTER** (*part.* é, ée), *v. a.* Salir de boue.

**CROTTIN**, *s. m.* Excrément des chevaux, des moutons et de plusieurs autres animaux.

**CROULANT**, **E**, *adj.* Qui croule.

**CROULEMENT**, *s. m.* Éboulement, démolition.

**CROULER**, *v. n.* Tomber en s'affaissant.

**CROUP**, *s. m.* Maladie du larynx qui attaque surtout les enfants.

**CROUPE**, *s. f.* Partie postérieure du corps de l'homme ou des animaux de monture; cime d'une montagne.

**CROUPETONS (À)**, *loc. adv.* En s'accroupissant.

**CROUPIER**, *s. m.* Associé au jeu.

**CROUPIÈRE**, *s. f.* Partie du harnais qui passe sous la queue du cheval.

**CROUPION**, *s. m.* Bas de l'échine; partie où tiennent les plumes de la queue de l'oiseau.

**CROUPIR**, *v. n.* Se corrompre faute de mouvement.

**CROUPISSANT**, **E**, *adj.* Qui croupit.

**CROUSTILLE**, *s. f.* Petite croûte.

**CROUSTILLER**, *v. n.* Manger des croustilles pour prolonger le repas.

**CROUSTILLEUSEMENT**, *adv.* Plaisamment.

**CROUSTILLEUX, EUSE**, *adj.* Plaisant; libre.

**CROÛTE**, *s. f.* Partie extérieure et solide du pain, d'un pâté.

**CROÛTELETTE**, *s. f.* Croustille.

**CROÛTON**, *s. m.* Morceau de pain entouré de croûte; *fig.* Peintre sans talent.

**CROYABLE**, *adj.* 2 *g.* Qui peut être cru.

**CROYANCE**, *s. f.* Conviction, sentiment; opinion religieuse.

**CROYANT, E**, *s.* Celui ou Celle qui croit ce que sa religion enseigne.

**CRU**, *s. m.* Terroir où croît quelque chose; accroissement (des plantes).

**CRU, E**, *adj.* Qui n'est pas cuit.

**CRUAUTÉ**, *s. f.* Inhumanité, insensibilité; action cruelle; dommage, chose fâcheuse.

**CRUCHE**, *s. f.* Vase de terre ou de grès à anse; *fig.* Personne stupide.

**CRUCHÉE**, *s. f.* La contenance d'une cruche.

**CRUCHON**, *s. m.* Petite cruche.

**CRUCIAL, E**, *adj.* Fait en croix.

**CRUCIFIEMENT** ou **CRUCIFÎMENT**, *s. m.* Action de crucifier; supplice de la croix.

**CRUCIFIER** (*part.* é, ée; se conj. sur *Prier*), *v. a.* Attacher à une croix.

**CRUCIFIX**, *s. m.* Représentation de J. C. en croix.

**CRUDITÉ**, *s. f.* Qualité de ce qui est cru.

**CRUE**, *s. f.* Augmentation de volume, croissance.

**CRUEL, ELLE**, *adj.* Qui a de la cruauté, inhumain; douloureux, insupportable.

**CRUELLEMENT**, *adv.* D'une manière cruelle.

**CRÛMENT**, *adv.* Sans ménagement, durement.

**CRURAL, E**, *adj.* Qui appartient à la jambe, à la cuisse.

**CRUSTACÉ, ÉE**, *adj.* Couvert d'une enveloppe dure mais flexible; —, *s. m.* Animal de la famille du homard, de l'écrevisse; genre d'insectes.

**CRYPTE**, *s. f.* Partie souterraine d'une église où on enterre certains morts.

**CUBAGE**, *s. m.* Action de cuber; résultat de cette opération.

**CUBE**, *s. m.* (*t. de géométrie*). Solide à six faces carrées égales; (*t. d'arithm.*) produit du carré d'un nombre multiplié par ce nombre; —, *adj.* *Mètre cube*, mesure pour les corps solides.

**CUBER** (*part.* é, ée), *v. a.* Évaluer un solide en mesures cubiques; multiplier deux fois un nombre par lui-même pour en avoir le cube.

**CUBIQUE**, *adj.* 2 *g.* Qui a rapport au cube.

**CUBITAL, E**, *adj.* Qui a rapport au coude.

**CUCURBITACÉE**, *adj.* et *s. f.* Plante de la forme du melon, du potiron, de la courge, etc.

**CUCURBITE**, *s. f.* Vaisseau pour distiller.

**CUEILLETTE** (ll m.), *s. f.* Récolte annuelle; produit d'une quête.

**CUEILLIR** (ll m.; *ind. pr.* je cueille, etc., n. cueillons, etc.; *imp.* je cueillais, etc., n. cueillions, etc.; *p. déf.* je cueillis, etc., n. cueillîmes, etc.; *fut.* je cueillerai, etc.; *cond.* je cueillerais, etc.; *impér.* cueille, cueillons, cueillez; *subj. pr.* que je cueille, etc.; *imp. subj.* que je cueillisse, etc.; *p. pr.* cueillant; *p. p.* cueilli, ie), *v. a.* Détacher des fruits, des fleurs, etc., de leurs branches ou de leurs tiges.

**CUEILLOIR** (ll m.), *s. m.* Panier ou instrument pour cueillir des fruits.

**CUILLER** ou **CUILLÈRE** (ll m.), *s. f.* Ustensile de table pour manger le potage et les mets liquides.

**CUILLERÉE** (ll m.), *s. f.* Plein une cuiller.

**CUILLERON** (ll m.), *s. m.* Partie creuse d'une cuiller.

**CUIR**, *s. m.* Peau d'animal séparée de la chair et corroyée; vice de langage; — *bouilli*, cuir préparé pour faire quelque ustensile.

**CUIRASSE**, *s. f.* Armure de fer qui couvre le corps.

**CUIRASSÉ, ÉE**, *adj.* Qui porte la cuirasse; *fig.* Préparé à tout.

**CUIRASSER** (*part.* é, ée), *v. a.* Revêtir d'une cuirasse.

**CUIRASSIER**, *s. m.* Cavalier armé d'une cuirasse.

**CUIRE** (*ind. pr.* je cuis, tu cuis, il cuit, nous cuisons, vous cuisez, ils cuisent; *imp.* je cuisais, etc., nous cuisions, etc.; *p. déf.* je cuisis, etc., nous cuisîmes, etc.; *fut.* je cuirai, etc., nous cuirons, etc.; *cond.* je cuirais, etc., nous cuirions, etc.; *impér.* cuis, cuisons, cuisez; *subj. pr.* que je cuise, etc., que nous cuisions, etc.; *imp. subj.* que je cuisisse, etc., que nous cuisissions, etc.; *p. pr.* cuisant; *p. p.* cuit, e), *v. a.* Préparer les aliments ou certaines choses par le moyen du feu; —, *v. n.* Être préparé au feu; causer une douleur aiguë.

**CUISANT**, **E**, *adj.* Apre, aigu, piquant.

**CUISINE**, *s. f.* Art ou Manière d'apprêter les mets; lieu ou on les apprête.

**CUISINER**, *v. n.* Faire la cuisine.

**CUISINIER**, **IÈRE**, *s.* Celui ou Celle qui fait la cuisine; *cuisinière*, *s. f.* Ustensile pour faire rôtir la viande.

**CUISSARD**, *s. m.* Armure pour protéger la cuisse.

**CUISSE**, *s. f.* Partie du corps entre la hanche et le genou.

**CUISSE-MADAME** (*au pl. cuisses-madame*), *s. f.* Sorte de poire.

**CUISSON**, *s. f.* Action de cuire ou de faire cuire; douleur d'un mal qui cuit.

**CUISSOT**, *s. m.* Cuisse de bête fauve.

**CUISTRE**, *s. m.* Pédant grossier.

**CUITE**, *s. f.* Cuisson des briques, de la chaux, etc.

**CUIVRE**, *s. m.* Métal rougeâtre, sonore, dur, ductile, fusible et malléable.

**CUIVRÉ**, **ÉE**, *adj.* Qui est de la couleur du cuivre.

**CUL**, *s. m.* Le derrière de l'homme et de quelques animaux (terme à éviter; on se sert plutôt des mots *derrière, postérieur, fondement, anus*); fond, base, extrémité d'une chose; *cul de basse-fosse*, cachot souterrain.

**CULASSE**, *s. f.* Le fond d'une arme à feu.

**CULBUTE**, *s. f.* Saut qu'on fait en mettant la tête en bas et les jambes en l'air; chute involontaire.

**CULBUTER** (*part.* é, ée), *v. a.* Renverser; —, *v. n.* Faire la culbute.

**CULBUTIS**, *s. m.* Amas de choses culbutées.

**CUL-DE-JATTE** (*au pl. culs-de-jatte*), *s. m.* Personne impotente, qui ne peut se servir de ses jambes.

**CUL-DE-LAMPE** (*au pl. culs-de-lampe*), *s. m.* Fleuron, ornement.

**CUL-DE-SAC** (*au pl. culs-de-sac*), *s. m.* Rue sans issue; impasse.

**CULÉE**, *s. f.* Masse de pierre qui soutient la dernière arche d'un pont.

**CULIÈRE**, *s. f.* Sangle attachée au derrière du cheval, pour empêcher la selle de remonter; pierre plate creusée pour recevoir l'eau d'un tuyau de descente.

**CULINAIRE**, *adj.* 2 *g.* Qui a rapport à la cuisine.

**CULMINANT**, *adj. m.* *Point* — (*t. d'astronomie*), point où un astre est à sa plus grande élévation.

**CULOT**, *s. m.* Le dernier né, dernier éclos d'une couvée.

**CULOTTE**, *s. f.* Vêtement qui couvre le corps depuis la ceinture jusqu'aux genoux; pièce de bœuf prise sur le quartier de derrière.

**CULOTTER** (*part.* é, ée), *v. a.* Mettre en culottes; *se* —, *v. pr.* Mettre sa culotte.

**CULOTTIER**, *s. m.* Celui qui fait ou vend des culottes.

**CULPABILITÉ**, *s. f.* État d'une personne coupable.

**CULTE**, *s. m.* Honneur rendu à Dieu; vénération; attachement excessif.

**CULTIVABLE**, *adj.* 2 *g.* Propre à la culture.

**CULTIVATEUR**, *s. m.* Celui qui exerce l'agriculture, qui cultive la terre.

**CULTIVER** (*part.* é, ée), *v. a.* Faire les travaux nécessaires pour rendre la terre fertile; *fig.* Exercer, entretenir ou développer les facultés intellectuelles; avoir des relations suivies avec quelqu'un.

**CULTURE**, *s. f.* Travaux pour fertiliser la terre, pour exercer les facultés intellectuelles.

**CUMUL**, *s. m.* Action de cumuler.

**CUMULATIF, IVE**, *adj.* Qui se fait par accumulation.

**CUMULATIVEMENT**, *adv.* Par accumulation.

**CUMULER** (*part.* é, ée), *v. a.* Réunir, assembler; jouir de plusieurs emplois à la fois.

**CUPIDE**, *adj.* 2 *g.* Avide.

**CUPIDITÉ**, *s. f.* Convoitise, désir immodéré des richesses.

**CUPIDON**, *s. m.* L'Amour, divinité des anciens.

**CURABLE**, *adj.* 2 *g.* Qui peut être guéri.

**CURAÇAO**, *s. m.* Sorte de liqueur spiritueuse.

**CURAGE**, *s. m.* Action de curer; résultat de cette action.

**CURATELLE**, *s. f.* Charge et fonction de curateur.

**CURATEUR, TRICE**, *s.* Celui ou Celle qui administre les biens d'un mineur.

**CURATIF, IVE**, *adj.* Propre à guérir.

**CURE**, *s. f.* Traitement, guérison d'une maladie; fonctions du curé, lieu où il habite.

**CURÉ**, *s. m.* Prêtre chargé de la conduite spirituelle d'une paroisse.

**CURE-DENT** (*au pl. cure-dents*), *s. m.* Instrument pour curer les dents.

**CURÉE**, *s. f.* Pâture des chiens de chasse.

**CURE-OREILLE** (*au pl. cure-oreilles*), *s. m.* Instrument pour curer les oreilles.

**CURE-PIED** (*au pl. cure-pieds*), *s. m.* Instrument pour curer le dedans du pied d'un cheval.

**CURER** (*part.* é, ée), *v. a.* Nettoyer quelque chose de creux.

**CUREUR**, *s. m.* Ouvrier qui cure les puits.

**CURIAL, E**, *adj.* Qui concerne une cure.

**CURIE**, *s. f.* Subdivision de la tribu chez les Romains.

**CURIEUSEMENT**, *adv.* Avec soin, avec curiosité.

**CURIEUX, EUSE**, *adj.* Qui a de la curiosité; soigneux; rare, extraordinaire; — *s. m.* Celui qui recherche des objets de curiosité.

**CURIOSITÉ**, *s. f.* Envie de connaître, d'apprendre; désir indiscret de savoir les secrets d'autrui; *au pl.* Choses rares.

**CUROIR**, *s. m.* Bâton pour nettoyer la boue de la charrue.

**CURSIVE**, *adj.* et *s. f.* *Lettre* —, courante.

**CURULE**, *adj.* 2 *g.* *Chaise* —, siége des anciens magistrats romains.

**CURVILIGNE**, *adj.* 2 *g.* Formé par des lignes courbes.

**CUTANÉ, ÉE**, *adj.* Qui appartient à la peau.

**CUTTER**, *s. m.* Petit navire à une voile.

**CUVE**, *s. f.* Grand vaisseau pour faire le vin, la bière; vaisseau pour faire la lessive.

**CUVEAU**, *s. m.* Petite cuve.

**CUVÉE**, *s. f.* Contenu d'une cuve.

**CUVER**, *v. n.*, se dit du vin qui se fait dans la cuve; — (*part.* é, ée), *v. a.* Dormir après avoir bu outre mesure.

**CUVETTE**, *s. f.* Sorte de vase pour se laver.

**CUVIER**, *s. m.* Petite cuve pour la lessive.

**CYCLE**, *s. m.* Période, cercle; — *lunaire*, révolution de dix-neuf années lunaires; — *solaire*, révolution de vingt-huit années solaires; — *de l'indiction romaine*, période de quinze années.

**CYCLOPE**, *s. m.* Personnage fabuleux qui n'avait qu'un œil au milieu du front.

**CYGNE**, *s. m.* Oiseau aquatique du genre de l'oie, mais plus gros.

**CYLINDRE**, *s. m.* Gros et long rouleau d'égale grosseur partout.

**CYLINDRIQUE**, *adj.* 2 *g.* Qui a la forme d'un cylindre.

**CYMAISE**, *s. f.* Partie supérieure d'un entablement.

**CYMBALE**, *s. f.* Instrument de musique composé de deux plateaux de cuivre que l'on frappe l'un contre l'autre.

**CYNIQUE**, *adj.* 2 *g.* Impudent, qui n'a pas de pudeur.

**CYNISME**, *s. m.* Doctrine des philosophes cyniques; impudence.

**CYPRÈS**, *s. m.* Arbre résineux toujours vert.

**CYTISE**, *s. m.* Arbrisseau à fleurs disposées en grappes; ébénier des Alpes.

**CZAR**, *s. m.* Souverain de la Russie.

**CZARIENNE**, *adj. f. Sa majesté* —, le czar.

**CZARINE**, *s. f.* Femme du czar.

**CZAROWITZ**, *s. m.* Fils du czar.

## D.

**D**, *s. m.* Troisième consonne, quatrième lettre de l'alphabet; se prononce *dé*, selon l'appellation ancienne et usuelle, et *de* selon la méthode nouvelle.

**DA**, particule qui se joint à un terme d'affirmation ou de négation pour lui donner de la force; —, *interj.* Certainement.

**D'ABORD**, *loc. adv.* Voy. *Abord.*

**DACTYLE**, *s. m.* Nom d'un pied de vers grec ou latin composé d'une longue et de deux brèves.

**DADA**, *s. m.* Cheval (mot d'enfant).

**DADAIS**, *s. m.* Nigaud, niais.

**DAGUE**, *s. f.* Épée courte et large qui n'est plus en usage; corde dont on frappe les matelots.

**DAGUER** (*part.* é, ée), *v. a.* Frapper avec la dague.

**DAHLIA**, *s. m.* Plante d'ornement qui forme de belles touffes.

**DAIGNER**, *v. n.* Avoir pour agréable, vouloir bien, condescendre à, faire la faveur de.

**DAIM**, *s. m.* Bête fauve du genre du cerf, mais plus petite.

**DAINE**, *s. f.* Femelle du daim.

**DAIS**, *s. m.* Tenture ou Boiserie qui domine une estrade, etc.; poêle soutenu de quatre colonnes, sous lequel on porte le saint sacrement dans les processions.

**DALLE**, *s. f.* Tablette de pierre propre au pavage.

**DALLER** (*part.* é, ée), *v. a.* Paver avec des dalles.

**DALMATIQUE**, *s. f.* Tunique de diacre et de sous-diacre.

**DALOT**, *s. m.* Canal pour faire écouler l'eau d'un navire.

**DAM**, *s. m.* Dommage.

**DAMAS**, *s. m.* Sorte d'étoffe de soie à fleurs ou à personnages; linge ouvré; espèce de prune; acier très-fin.

**DAMASQUINER** (*part.* é, ée), *v. a.* Incruster de l'or ou de l'argent dans l'acier.

**DAMASQUINERIE**, *s. f.* Art de damasquiner.

**DAMASQUINEUR**, *s. m.* Ouvrier qui damasquine.

**DAMASQUINURE**, *s. f.* Ouvrage damasquiné.

**DAMASSÉ**, *s. m.* Linge damassé.

**DAMASSER** (*part.* é, ée), *v. a.* Fabriquer du linge en façon de damas.

**DAMASSURE**, *s. f.* Ouvrage damassé.

**DAME**, *s. f.* Femme mariée; petit morceau de bois ou d'ivoire, plat, rond, blanc ou noir, qui sert pour jouer; la deuxième pièce du jeu d'échecs; la seconde figure du jeu de cartes; —! *interj.* qui marque la surprise.

**DAME-JEANNE** (*au pl. dames-jeannes*), *s. f.* Grosse bouteille entourée d'osier.

**DAMER** (*part.* é, ée), *v. a.* Mettre une dame sur une autre au jeu de dames.

**DAMERET**, *s. m.* Homme efféminé, qui fait le beau.

**DAMIER**, *s. m.* Échiquier; table divisée par carrés noirs et blancs.

**DAMNABLE**, *adj.* 2 *g.* Qui emporte la damnation; pernicieux, méchant.

**DAMNABLEMENT**, *adv.* D'une manière damnable.

**DAMNATION**, *s. f.* Condamnation à l'enfer; peine des damnés.

**DAMNÉ**, *s. m.* Celui qui souffre les tourments de l'enfer.

**DAMNER** (*part.* é, ée), *v. a.* Punir de l'enfer; causer la damnation; *faire* —, tourmenter à l'excès; *se* —, *v. pr.* S'exposer à être damné.

**DAMOISEAU** ou **DAMOISEL**, *s. m.* Jeune efféminé qui fait le beau.

**DAMOISELLE**, *s. f.* Voy. *Demoiselle.*

**DANDIN**, *s. m.* Niais, nigaud.

**DANDINEMENT**, *s. m.* Action de se dandiner.

**DANDINER**, *v. n.* et **SE DANDINER**, *v. pr.* Balancer son corps de côté et d'autre.

**DANGER**, *s. m.* Situation de celui qui est menacé d'un malheur, d'un dommage; péril, inconvénient.

**DANGEREUSEMENT**, *adv.* Avec danger.

**DANGEREUX**, **EUSE**, *adj.* Qui met en danger; *homme* —, à qui l'on ne peut se fier.

**DANOIS**, **E**, *adj.* Originaire du Danemark; —, *s. m.* Chien d'origine danoise.

**DANS**, *prép.* de lieu et de temps qui marque le rapport d'une chose à une autre qui la contient ou qui la reçoit.

**DANSE**, *s. f.* Mouvement du corps cadencé et à pas mesurés.

**DANSER**, *v. n.* Mouvoir le corps en cadence et à pas mesurés; — (*part.* é, ée), *v. a.* Exécuter telle ou telle danse.

**DANSEUR**, **EUSE**, *s.* Celui ou Celle qui danse ou qui aime à danser.

**DARD**, *s. m.* Bâton ferré qu'on lance avec la main; poisson d'eau douce.

**DARDER** (*part.* é, ée), *v. a.* Lancer un dard, blesser avec un dard.

**DARIOLE**, *s. f.* Sorte de pâtisserie à la crème.

**DARTRE**, *s. f.* Maladie de la peau.

**DARTREUX**, **EUSE**, *adj.* Qui a des dartres; qui est de la nature de la dartre.

**DATE**, *s. f.* Époque; chiffre qui indique l'époque.

**DATER** (*part.* é, ée), *v. a.* Mettre la date.

**DATIF**, *s. m.* Le cas attributif (dans les déclinaisons).

**DATIF**, **IVE**, *adj.*, se dit de la tutelle déférée par la justice.

**DATTE**, *s. f.* Fruit du dattier.

**DATTIER**, *s. m.* Sorte de palmier.

**DAUBE**, *s. f.* Sorte de ragoût de volaille.

**DAUBER** (*part.* é, ée), *v. a.* Battre à coups de poing; *fig.* Railler.

**DAUPHIN**, *s. m.* Poisson de la famille des cétacés; ancien nom du fils aîné des rois de France.

**DAUPHINÉ**, nom d'une ancienne province qui forme les départ. de l'Isère, de la Drôme et des Hautes-Alpes.

**DAVANTAGE**, *adv.* Plus; plus longtemps.

**DAVIER**, *s. m.* Instrument pour arracher les dents.

**DAX**, chef-lieu d'arr. du dép. des Landes.

**DE**, *prép.* servant à marquer différents rapports: Depuis, pendant, par, sur, etc.

**DÉ**, *s. m.* Petit cylindre creux dont on se garnit le doigt pour coudre; petit morceau d'os ou d'ivoire à six faces dont chacune est marquée d'un certain nombre de points et qui sert à jouer.

**DÉBÂCLAGE**, *s. m.* Travail de ceux qui débâclent.

**DÉBÂCLE**, *s. f.* Rupture subite et écoulement des glaces d'une rivière qui était gelée.

**DÉBÂCLEMENT**, *s. m.* Moment de la débâcle; action de débâcler les vaisseaux.

**DÉBÂCLER** (*part.* é, ée), *v. a.* Ouvrir, débarrasser un port; —, *v. n.* Se débarrasser des glaces, dégeler (en parlant d'une rivière).

**DÉBALLAGE**, *s. m.* Action de déballer.

**DÉBALLER** (*part.* é, ée), *v. a.* Ouvrir (un ballot).

**DÉBANDADE**, *s. f.* Désordre, confusion; *à la* —, *loc. adv.* Confusément, sans ordre.

**DÉBANDEMENT**, *s. m.* Action de se débander.

**DÉBANDER** (*part.* é, ée), *v. a.* Détendre; ôter une bande, un bandeau; *se* —, *v. pr.* Se détendre; se répandre en désordre.

**DÉBAPTISER** (*part.* é, ée), *v. a.* Changer le nom de quelqu'un.

**DÉBARBOUILLER** (*part.* é, ée), *v. a.* Laver le visage d'une personne barbouillée; *se* —, *v. pr.* Se laver le visage.

**DÉBARCADÈRE**, *s. m.* Lieu où l'on s'embarque en partant pour un voyage, où l'on débarque en arrivant.

**DÉBARDAGE**, *s. m.* Action de débarder.

**DÉBARDER** (*part.* é, ée), *v. a.* Décharger un bateau; enlever le bois du taillis où il a été coupé.

**DÉBARDEUR**, *s. m.* Homme de peine qui décharge les bateaux.

**DÉBARQUÉ**, *s. m.* Provincial, étranger nouvellement arrivé.

**DÉBARQUEMENT**, *s. m.* Action de débarquer.

**DÉBARQUER** (*part.* é, ée), *v. a.* Faire sortir d'un vaisseau ce qui y était embarqué; —, *v. n.* Sortir d'un vaisseau.

**DÉBARQUER**, *s. m.* *Au* —, au moment du débarquement.

**DÉBARRAS**, *s. m.* Délivrance de ce qui embarrasse.

**DÉBARRASSER** (*part.* é, ée), *v. a.* Tirer d'embarras; délivrer de ce qui embarrasse; *se* —, *v. pr.* Se délivrer de ce qui gêne.

**DÉBARRER** (*part.* é, ée), *v. a.* Ôter la barre.

**DÉBAT**, *s. m.* Différend, contestation; discussion politique, contestation judiciaire.

**DÉBÂTER** (*part.* é, ée), *v. a.* Ôter le bât d'une bête de somme.

**DÉBATTRE** (se conj. sur *Battre*), *v. a.* Contester, discuter; *se* —, *v. pr.* Se démener, se tourmenter.

**DÉBAUCHE**, *s. f.* Dérèglement de mœurs; excès dans le boire et le manger; désordre.

**DÉBAUCHÉ**, **ÉE**, *s.* et *adj.* Livré à la débauche.

**DÉBAUCHER** (*part.* é, ée), *v. a.* Jeter dans la débauche; corrompre la vertu, la fidélité de; détourner du travail, du devoir; *se* —, *v. pr.* Se jeter dans la débauche.

**DÉBAUCHEUR**, **EUSE**, *s.* Celui ou Celle qui pousse à la débauche.

**DÉBET** (*au pl. débets*), *s. m.* Ce qui est dû par arrêté de compte.

**DÉBILE**, *adj.* 2 *g.* Faible, affaibli, malade.

**DÉBILEMENT**, *adv.* D'une manière débile.

**DÉBILITATION**, *s. f.* Affaiblissement.

**DÉBILITÉ**, *s. f.* Faiblesse.

**DÉBILITER** (*part.* é, ée), *v. a.* Affaiblir.

**DÉBILLER** (ll m.; *part.* é, ée), *v. a.* Détacher les chevaux de trait.

**DÉBIT**, *s. m.* Vente en détail; vente prompte et facile; exploitation du bois; manière de parler plus ou moins facile.

**DÉBITANT**, **E**, *s.* Marchand en détail.

**DÉBITER** (*part.* é, ée), *v. a.* Vendre en détail; exploiter (les bois, la pierre); répandre (des nouvelles).

**DÉBITEUR**, **EUSE**, *s.* Celui ou Celle qui débite.

**DÉBITEUR**, **TRICE**, *s.* Celui ou Celle qui doit.

**DÉBLAI**, *s. m.* Enlèvement de terres.

**DÉBLATÉRER**, *v. n.* Déclamer avec violence contre quelqu'un.

**DÉBLAYER** (*part.* é, ée; se conj. sur *Payer*), *v. a.* Débarrasser.

**DÉBLOQUER** (*part.* é, ée), *v. a.* Lever ou Faire lever le blocus d'une ville.

**DÉBOIRE**, *s. m.* Saveur désagréable; *fig.* Chagrin, dégoût.

**DÉBOÎTEMENT**, *s. m.* Dislocation des os.

**DÉBOÎTER** (*part.* é, ée), *v. a.* Disloquer un os, le faire sortir de sa place naturelle; *fig.* Disjoindre.

**DÉBONDER** (*part.* é, ée), *v. a.* Ôter la bonde (d'un tonneau, d'un étang, etc.); —, *v. n.* Sortir avec impétuosité.

**DÉBONDONNER** (*part.* é, ée), *v. a.* Ôter le bondon.

**DÉBONNAIRE**, *adj.* 2 *g.* Bon par faiblesse; trop bon.

**DÉBONNAIREMENT**, *adv.* Avec bonté, avec douceur.

**DÉBONNAIRETÉ**, *s. f.* Bonté, douceur.

**DÉBORDÉ**, **ÉE**, *adj.* Déréglé, dissolu; privé de bordure.

**DÉBORDEMENT**, *s. m.* Action de sortir de ses bords (en parlant d'une rivière); écoulement d'humeurs; dissolution, excès.

**DÉBORDER** (*part.* é, ée), *v. a.*

ôter la bordure, le bord de quelque chose; —, *v. n.* Sortir hors de ses bords (en parlant d'une rivière).

**DÉBOTTER** (*part.* é, ée), *v. a.* Ôter les bottes; *se—*, *v. pr.* Ôter ses bottes.

**DÉBOUCHÉ**, *s. m.* Issue d'un défilé; *fig.* Moyen de se défaire de ses marchandises; expédient pour se tirer d'affaire.

**DÉBOUCHEMENT**, *s. m.* Action de déboucher.

**DÉBOUCHER** (*part.* é, ée), *v. a.* Ôter ce qui bouche; —, *v. n.* Sortir d'un défilé.

**DÉBOUCLER** (*part.* é, ée), *v. a.* Défaire les boucles.

**DÉBOUILLI**, *s. m.* Épreuve que fait le teinturier pour connaître la qualité du teint d'une étoffe ou pour la blanchir.

**DÉBOUILLIR** (*part.* i, ie), *v. a.* Faire bouillir une étoffe dans une eau préparée pour un débouilli.

**DÉBOURBER** (*part.* é, ée), *v. a.* Ôter la bourbe.

**DÉBOURRER** (*part.* é, ée), *v. a.* Ôter la bourre (d'un fusil).

**DÉBOURS** et **DÉBOURSÉ**, *s. m.* Argent déboursé pour quelqu'un.

**DÉBOURSEMENT**, *s. m.* Action de débourser.

**DÉBOURSER** (*part.* é, ée), *v. a.* Tirer de sa bourse pour payer.

**DEBOUT**, *adv.* Sur pied.

**DÉBOUTER** (*part.* é, ée), *v. a.* Déclarer déchu d'une demande en justice.

**DÉBOUTONNER** (*part.* é, ée), *v. a.* Faire sortir les boutons des boutonnières.

se **DÉBRAILLER** (*part.* é, ée), *v. pr.* Se découvrir la poitrine avec indécence.

**DÉBRIDER** (*part.* é, ée), *v. a.* Ôter la bride (à un cheval); *sans*—, sans interruption.

**DÉBRIS**, *s. m.* Restes d'une chose ruinée ou brisée; restes d'un repas.

**DÉBROUILLEMENT**, *s. m.* Action de débrouiller.

**DÉBROUILLER** (*part.* é, ée), *v. a.* Démêler, remettre en ordre; *fig.* Éclaircir (une affaire, une question, etc.).

**DÉBRUTIR** (*part.* i, ie), *v. a.* Dégrossir, commencer à polir une surface brute.

**DÉBRUTISSEMENT**, *s. m.* Action de débrutir.

**DÉBUCHER**, *v. n.* Sortir du bois (en parlant des bêtes fauves); —, *s. m.* Sortie du bois; son du cor qui annonce la sortie du gibier.

**DÉBUSQUEMENT**, *s. m.* Action de débusquer.

**DÉBUSQUER** (*part.* é, ée), *v. a.* Chasser d'un poste avantageux.

**DÉBUT**, *s. m.* Le premier coup au billard, à la boule, etc.; *fig.* Le commencement d'un discours; les premiers actes, les premiers pas dans une carrière.

**DÉBUTANT**, **E**, *s.* Celui ou Celle qui débute.

**DÉBUTER** (*part.* é, ée), *v. a.* Oter (la boule) du but; —, *v. n.* Jouer le premier coup; *fig.* Commencer une entreprise, etc.

**DEÇÀ**, *prép.* De ce côté-ci, par opposition à *Delà; en — de*, de ce côté-ci de.

**DÉCACHETER** (*part.* é, ée), *v. a.* Rompre le cachet, ouvrir ce qui est cacheté.

**DÉCADE**, *s. f.* Espace de dix jours.

**DÉCADENCE**, *s. f.* Disposition à la ruine, à la destruction.

**DÉCAGONE**, *adj.* 2 *g.* et *s. m.* (Figure) qui a dix angles et dix côtés.

**DÉCAGRAMME**, *s. m.* Dix grammes (mesure de poids).

**DÉCAISSER** (*part.* é, ée), *v. a.* Tirer d'une caisse.

**DÉCALITRE**, *s. m.* Dix litres (mesure de capacité).

**DÉCALOGUE**, *s. m.* Les dix commandements de Dieu.

**DÉCALQUER** (*part.* é, ée), *v. a.* Tirer une contre-épreuve d'un dessin.

**DÉCAMÈTRE**, *s. m.* Dix mètres (mesure de longueur).

**DÉCAMPEMENT**, *s. m.* Levée d'un camp.

**DÉCAMPER**, *v. n.* Lever le camp; s'enfuir.

**DÉCANAL**, **E**, *adj.* Qui appartient au décanat.

**DÉCANAT**, *s. m.* Dignité de doyen; exercice des fonctions de doyen.

**DÉCANTATION**, *s. f.* Action de décanter.

**DÉCANTER** (*part. é, ée*), *v. a.* Transvaser doucement un liquide qui a fait un dépôt.

**DÉCAPER** (*part. é, ée*), *v. a.* Enlever le vert-de-gris du cuivre; dérouiller.

**DÉCAPITATION**, *s. f.* Action de décapiter.

**DÉCAPITER** (*part. é, ée*), *v. a.* Couper la tête.

**DÉCARRELER** (*part. é, ée*), *v. a.* Ôter les carreaux d'un plancher.

**DÉCASTÈRE**, *s. m.* Dix stères ou cinq voies de bois.

**DÉCATIR** (*part.* i, ie), *v. a.* Délustrer; ôter le cati.

**DÉCATISSAGE**, *s. m.* Opération pour délustrer; son effet.

**DÉCATISSEUR**, *s. m.* Ouvrier qui décatit.

**DÉCÉDER**, *v. n.* Mourir de mort naturelle.

**DÉCÈLEMENT**, *s. m.* Action de déceler.

**DÉCELER** (*part. é, ée*), *v. a.* Découvrir ce qui est caché.

**DÉCEMBRE**, *s. m.* Dernier mois de l'année.

**DÉCEMMENT**, *adv.* D'une manière décente.

**DÉCEMVIR**, *s. m.* Un des dix magistrats chargés de rédiger un corps de lois pour la république romaine.

**DÉCEMVIRAL, E**, *adj.* Qui appartient aux décemvirs.

**DÉCEMVIRAT**, *s. m.* Dignité des décemvirs; durée de leur pouvoir.

**DÉCENCE**, *s. f.* Bienséance, honnêté extérieure.

**DÉCENNAL, E** (*au pl. m. décennaux*), *adj.* Qui dure dix ans, qui revient de dix ans en dix ans.

**DÉCENT, E**, *adj.* Conforme à la décence.

**DÉCEPTION**, *s. f.* Tromperie.

**DÉCERNER** (*part. é, ée*), *v. a.* Ordonner par autorité; accorder en public.

**DÉCÈS**, *s. m.* Mort naturelle d'une personne.

**DÉCEVANT, E**, *adj.* Trompeur.

**DÉCEVOIR** (*part.* déçu, ue), *v. a.* Tromper, séduire par des apparences.

**DÉCHAÎNEMENT**, *s. m.* Emportement violent.

**DÉCHAÎNER** (*part. é, ée*), *v. a.* Ôter de la chaîne; *fig.* Exciter, irriter contre quelqu'un.

**DÉCHANTER**, *v. n.* Chanter mal; *fig.* Changer d'avis; rabattre de ses prétentions.

**DÉCHARGE**, *s. f.* Action de décharger (une voiture, un bateau, etc.); acte par lequel on acquitte quelqu'un d'une obligation; coups simultanés d'armes à feu; déposition en faveur d'un accusé; lieu où l'on serre ce qui n'est pas d'usage habituel; endroit par lequel s'écoule l'eau d'une fontaine, d'un canal, etc.

**DÉCHARGEMENT**, *s. m.* Action de décharger.

**DÉCHARGER** (*part. é, ée*), *v. a.* Ôter la charge; soulager en allégeant; déclarer quitte d'une dette; tirer une arme à feu; déposer en faveur d'un accusé; *se* —, *v. pr.* Se débarrasser.

**DÉCHARGEUR**, *s. m.* Celui qui décharge.

**DÉCHARNÉ, ÉE**, *adj.* Très-maigre, qui n'a pas de chair.

**DÉCHARNER** (*part. é, ée*), *v. a.* Ôter la chair des os; amaigrir.

**DÉCHASSER** (*part. é, ée*), *v. a.* Faire sortir de force une cheville; —, *v. n.* Faire un chassé à droite après en avoir fait un à gauche (*t. de danse*).

**DÉCHAUMER** (*part. é, ée*), *v. a.* Labourer un chaume.

**DÉCHAUSSEMENT**, *s. m.* Labour au pied des arbres.

**DÉCHAUSSER** (*part. é, ée*), *v. a.* Ôter la chaussure; dégarnir le pied, la base; *se* —, *v. pr.* Ôter sa chaussure.

**DÉCHÉANCE**, *s. f.* Perte d'un droit ou d'une dignité.

**DÉCHET**, *s. m.* Diminution d'une chose en qualité, en quantité ou en valeur; perte.

**DÉCHEVELER** (*part. é, ée*), *v. a.* Mettre les cheveux en désordre.

**DÉCHIFFRABLE**, *adj.* 2 *g.* Qu'on peut déchiffrer.

**DÉCHIFFREMENT**, *s. m.* Action de déchiffrer; chose déchiffrée.

**DÉCHIFFRER** (*part.* é, ée), *v. a.* Expliquer ce qui est écrit en chiffres; lire une écriture difficile.

**DÉCHIFFREUR**, *s. m.* Celui qui déchiffre.

**DÉCHIQUETER** (*part.* é, ée), *v. a.* Découper en petits morceaux.

**DÉCHIQUETURE**, *s. f.* Découpure.

**DÉCHIRAGE**, *s. m.* Action de déchirer.

**DÉCHIRANT, E**, *adj.* Qui déchire.

**DÉCHIREMENT**, *s. m.* Action de déchirer; *fig.* Douleur vive.

**DÉCHIRER** (*part.* é, ée), *v. a.* Rompre, mettre en pièces; *fig.* Tourmenter, émouvoir fortement; outrager par des médisances; *se* —, *v. pr.* S'arracher; s'en aller en morceaux; —, *v. récipr.* Médire les uns des autres.

**DÉCHIRURE**, *s. f.* Rupture faite en déchirant.

**DÉCHOIR** (*Ind. pr.* je déchois, etc., nous déchoyons, etc., ils déchoient; *p. déf.* je déchus, etc., nous déchûmes, etc.; *fut.* je décherrai, etc., nous décherrons, etc., *cond.* je décherrais, etc., nous décherrions, etc.; *impér.* déchois, déchoyons, déchoyez; *subj. pr.* que je déchoie, etc., que nous déchoyions, etc.; *imp. subj.* que je déchusse, etc., que nous déchussions, etc.; *part. p.* déchu, ue; pas d'imparfait ni de participe présent), *v. n.* Tomber dans un état inférieur à celui où l'on était.

**DÉCIARE**, *s. m.* Dixième partie de l'are (mesure de superficie).

**DÉCIDÉ, ÉE**, *adj.* Résolu, qui est d'un caractère ferme.

**DÉCIDÉMENT**, *adv.* D'une manière décidée.

**DÉCIDER** (*part.* é, ée), *v. a.* Résoudre (une question, une difficulté); déterminer quelqu'un; —, *v. n.* Ordonner, disposer; *se* —, *v. pr.* Prendre une résolution; se prononcer, se déclarer.

**DÉCIGRAMME**, *s. m.* Dixième partie du gramme (mesure de poids).

**DÉCILITRE**, *s. m.* Dixième partie du litre (mesure de capacité).

**DÉCIMABLE**, *adj.* 2 *g.* Soumis à la dîme.

**DÉCIMAL, E**, *adj.* (Calcul) qui procède par dixième; *décimale*, *s. f.* Fraction décimale, partie décimale, c'est-à-dire fraction de l'unité.

**DÉCIMATION**, *s. f.* Action de décimer.

**DÉCIME**, *s. m.* Dixième partie du franc.

**DÉCIMER** (*part.* é, ée), *v. a.* Punir de la mort un individu désigné par le sort sur chaque dizaine d'une masse réputée coupable.

**DÉCIMÈTRE**, *s. m.* Dixième partie du mètre (mesure de longueur).

**DÉCISIF, IVE**, *adj.* Qui décide, qui détermine.

**DÉCISION**, *s. f.* Action de décider; résolution, jugement.

**DÉCISIVEMENT**, *adv.* D'une manière décisive.

**DÉCISTÈRE**, *s. m.* Dixième partie du stère.

**DÉCLAMATEUR**, *s. m.* Celui qui déclame, qui exagère.

**DÉCLAMATION**, *s. f.* Prononciation et action de celui qui déclame; invective.

**DÉCLAMATOIRE**, *adj.* 2 *g.* Qui ne renferme que des déclamations.

**DÉCLAMER** (*part.* é, ée), *v. a.* et *v. n.* Réciter à haute voix d'un ton oratoire; —, *v. n.* Invectiver.

**DÉCLARATIF, IVE**, *adj.* Qui porte déclaration (en parlant d'un acte).

**DÉCLARATION**, *s. f.* Action de déclarer; discours pour déclarer; déposition; plainte; aveu.

**DÉCLARER** (*part.* é, ée), *v. a.* Manifester ses intentions; révéler; *se* —, *v. pr.* S'expliquer.

**DÉCLIN**, *s. m.* État d'une chose qui décline; décadence.

**DÉCLINABLE**, *adj.* 2 *g.* Qui peut être décliné.

**DÉCLINAISON**, *s. f.* Action ou Manière de décliner, *t. de grammaire;* mesure de la hauteur des astres.

**DÉCLINATOIRE**, *s. m.* Acte par lequel on décline une juridiction.

**DÉCLINER**, *v. n.* Déchoir; — (*part.* é, ée), *v. a. Décliner son nom*, se faire connaître; — *une juridiction*, ne pas la reconnaître; — (*t. de gramm.*), faire passer les terminaisons d'un nom ou d'un adjectif par diverses formes, selon l'ordre des cas.

**DÉCLIVE**, *adj.* 2 *g.* Qui va en pente.

**DÉCLIVITÉ**, *s. f.* Situation d'un terrain en pente.

**DÉCLORE**, *v. a.* Enlever la clôture.

**DÉCLOUER** (*part.* é, ée), *v. a.* Ôter les clous.

**DÉCOCHEMENT**, *s. m.* Action de décocher.

**DÉCOCHER** (*part.* é, ée), *v. a.* Lancer un trait avec l'arc.

**DÉCOCTION**, *s. f.* Bouillon de plantes et de drogues.

**DÉCOIFFER** (*part.* é, ée), *v. a.* Défaire la coiffure, déranger les cheveux.

**DÉCOLLATION**, *s. f.* Action de couper le cou.

**DÉCOLLEMENT**, *s. m.* Action de décoller ce qui est collé.

**DÉCOLLER** (*part.* é, ée), *v. a.* Couper le cou; détacher ce qui est collé.

**DÉCOLLETER** (*part.* é, ée), *v. a.* Découvrir le cou et les épaules.

**DÉCOLORATION**, *s. f.* Perte de la couleur naturelle.

**DÉCOLORER** (*part.* é, ée), *v. a.* Effacer la couleur; *se* —, *v. pr.* Perdre sa couleur, se ternir.

**DÉCOMBRER** (*part.* é, ée), *v. a.* Ôter les décombres.

**DÉCOMBRES**, *s. m. pl.* Plâtras, débris d'une démolition.

**DÉCOMMANDER** (*part.* é, ée), *v. a.* Contremander une chose.

**DÉCOMPOSER** (*part.* é, ée), *v. a.* Séparer les parties qui composent un corps; analyser.

**DÉCOMPOSITION**, *s. f.* Action de décomposer; état d'un corps décomposé.

**DÉCOMPTE**, *s. m.* Déduction sur ce qui reste à payer; erreur dans un calcul.

**DÉCOMPTER** (*part.* é, ée), *v. a.* Faire un décompte; —, *v. n.* Rabattre de l'opinion qu'on avait de quelqu'un; diminuer ses prétentions.

**DÉCONCERTER** (*part.* é, ée), *v. a.* Troubler, interdire; faire perdre contenance à quelqu'un; rompre les mesures prises.

**DÉCONFIRE** (se conj. sur *Confire*), *v. a.* Mettre en déroute; réduire quelqu'un à ne savoir plus que dire.

**DÉCONFITURE**, *s. f.* Déroute générale; banqueroute.

**DÉCONFORT**, *s. m.* Découragement.

**DÉCONFORTER** (*part.* é, ée), *v. a.* Décourager; *se* —, *v. pr.* Se décourager.

**DÉCONSEILLER** (*part.* é, ée), *v. a.* Détourner de quelque projet.

**DÉCONSIDÉRÉ, ÉE**, *adj.* Qui a perdu l'estime, la considération.

**DÉCONSIDÉRER** (*part.* é, ée), *v. a.* Faire perdre la considération, l'estime.

**DÉCONTENANCER** (*part.* é, ée), *v. a.* Faire perdre contenance.

**DÉCONVENUE**, *s. f.* Malheur, mauvais succès.

**DÉCOR**, *s. m.* Ce qui sert à décorer; ensemble des décorations d'un théâtre.

**DÉCORATEUR**, *s. m.* Artiste qui fait des décorations pour les théâtres, les bâtiments, etc.

**DÉCORATION**, *s. f.* Embellissement, ornement; marque de dignité, d'honneur.

**DÉCORDER** (*part.* é, ée), *v. a.* Défaire une corde.

**DÉCORER** (*part.* é, ée), *v. a.* Orner; donner à quelqu'un une marque de dignité.

**DÉCORTICATION**, *s. f.* Action d'enlever l'écorce du bois, des graines.

**DÉCORUM**, *s. m.* Bienséance.

**DÉCOUCHER**, *v. n.* Coucher hors de chez soi, hors de son lit; —, *v. a.* Faire quitter le lit.

**DÉCOUDRE** (se conj. sur *Coudre*), *v. a.* Défaire ce qui est cousu; *en* —, *v. n.* En venir aux mains; *se* —, *v. pr.* Se défaire (en parlant d'une couture).

**DÉCOULEMENT**, *s. m.* Mouvement lent de ce qui découle.

**DÉCOULER**, *v. n.* Tomber goutte à goutte; *fig.* Émaner.

**DÉCOUPER** (*part.* é, ée), *v. a.* Couper par morceaux; — *une image*, la séparer du fond.

**DÉCOUPEUR, EUSE**, *s.* Ouvrier qui découpe.

**DÉCOUPLÉ, ÉE**, *adj.* Qui est de belle taille.

**DÉCOUPLER**, *v. a.* Détacher les chiens couplés.

**DÉCOUPOIR**, *s. m.* Ciseaux pour découper.

**DÉCOUPURE**, *s. f.* Taillade faite pour ornement ; objet découpé ; action de découper.

**DÉCOURAGEANT, E**, *adj.* Qui décourage.

**DÉCOURAGEMENT**, *s. m.* Abattement de cœur.

**DÉCOURAGER** (*part.* *é*, *ée*), *v. a.* Abattre le courage ; faire perdre la volonté ; *se—*, *v. pr.* Perdre courage.

**DÉCOURS**, *s. m.* Déclin ; décroissement.

**DÉCOUSU, UE**, *adj.* Qui n'a pas de suite, de liaison. (Le masculin s'emploie aussi comme substantif dans le même sens.)

**DÉCOUSURE**, *s. f.* Couture défaite.

**DÉCOUVERT, E**, *adj.* Qui n'est pas couvert ; qu'on a inventé ; *à —*, *loc. adv.* Sans être couvert.

**DÉCOUVERTE**, *s. f.* Action de découvrir ; chose trouvée à force de recherches ; invention.

**DÉCOUVRIR** (se conj. sur *Couvrir*), *v. a.* Ôter ce qui couvre ; parvenir à trouver ; faire connaître ce qui était ignoré ; apercevoir de loin ; *se —*, *v. pr.* Ôter ce dont on est couvert.

**DÉCRASSER** (*part.* *é*, *ée*), *v. a.* Ôter la crasse.

**DÉCRÉDITEMENT**, *s. m.* Action de décréditer.

**DÉCRÉDITER** (*part.* *é*, *ée*), *v. a.* Faire perdre le crédit, la considération ; *se —*, *v. pr.* Perdre son crédit.

**DÉCRÉPIT, E**, *adj.* Vieux et cassé.

**DÉCRÉPITUDE**, *s. f.* Vieillesse extrême, infirmité.

**DÉCRET**, *s. m.* Ordonnance, jugement, loi.

**DÉCRÉTALE**, *s. f.* Épître réglementaire des anciens papes.

**DÉCRÉTER** (*part.* *é*, *ée*), *v. a.* Ordonner par un décret ; *— v. n.* Faire un décret.

**DÉCRI**, *s. m.* Perte de crédit, de réputation, de valeur pécuniaire.

**DÉCRIER** (*part.* *é*, *ée*), *v. a.* Attaquer la réputation, décréditer.

**DÉCRIRE** (se conj. sur *Écrire*), *v. a.* Dépeindre par le discours.

**DÉCROCHER** (*part.* *é*, *ée*), *v. a.* Détacher ce qui est accroché.

**DÉCROISSEMENT**, *s. m.* Diminution.

**DÉCROÎTRE** (se conj. sur *Croître*), *v. n.* Diminuer.

**DÉCROTTER** (*part.* *é*, *ée*), *v. a.* Ôter la crotte.

**DÉCROTTEUR**, *s. m.* Celui qui décrotte.

**DÉCROTTOIR**, *s. m.* Lame de fer posée près d'une porte pour y décrotter ses souliers, etc.

**DÉCROTTOIRE**, *s. f.* Brosse pour décrotter.

**DÉCRUE**, *s. f.* Quantité dont une eau courante a décru.

**DÉCRUER** (*part.* *é*, *ée*), *v. a.* Lessiver du fil cru avant de le teindre.

**DÉCRÛMENT**, *s. m.* Action de décruer.

**DÉCRUSEMENT**, *s. m.* Action de décruser.

**DÉCRUSER** (*part.* *é*, *ée*), *v. a.* Mettre les cocons dans l'eau bouillante pour les dévider.

**DÉCUPLE**, *adj.* 2 *g.* Dix fois plus grand ; —, *s. m.* Dix fois autant.

**DÉCUPLER** (*part.* *é*, *ée*), *v. a.* Rendre dix fois plus grand.

**DÉCURIE**, *s. f.* Troupe de dix soldats, chez les Romains.

**DÉCURION**, *s. m.* Chef d'une décurie.

**DÉDAIGNER** (*part.* *é*, *ée*), *v. a.* Mépriser ; négliger une chose comme au-dessous de soi.

**DÉDAIGNEUSEMENT**, *adv.* Avec dédain.

**DÉDAIGNEUX, EUSE**, *adj.* Qui a du dédain.

**DÉDAIN**, *s. m.* Démonstration de mépris.

**DÉDALE**, *s. m.* Labyrinthe ; *fig.* Choses embrouillées.

**DEDANS**, *s. m.* La partie intérieure d'une chose ; —, *prép.* Dans ; —, *adv. de lieu.* Dans l'intérieur.

**DÉDICACE**, *s. f.* Consécration d'un monument ; hommage fait par écrit d'un ouvrage, etc.

**DÉDICATOIRE**, *adj.* 2 *g.* *Épître* —, par laquelle on dédie.

**DÉDIER** (*part.* é, ée), *v. a.* Consacrer; adresser par une dédicace.

**DÉDIRE** (se conj. sur *Dire*, excepté pour la seconde personne du pl. du présent de l'ind. et de l'impér., où il fait *dédisez*), *v. a.* Désavouer ce qu'une personne a fait ou dit pour nous; *se* —, *v. pr.* Se rétracter; ne pas tenir sa parole.

**DÉDIT**, *s. m.* Révocation d'une parole donnée; peine du dédit.

**DÉDOMMAGEMENT**, *s. m.* Réparation d'un dommage, compensation.

**DÉDOMMAGER** (*part.* é, ée), *v. a.* Réparer un dommage, indemniser.

**DÉDORER** (*part.* é, ée), *v. a.* Ôter la dorure.

**DÉDOUBLER** (*part.* é, ée), *v. a.* Ôter la doublure; séparer ce qui est double.

**DÉDUCTION**, *s. f.* Soustraction, rabais.

**DÉDUIRE** (se conj. sur *Détruire*), *v. a.* Rabattre d'une somme; énumérer; tirer une conséquence.

**DÉESSE**, *s. f.* Divinité féminine; *fig.* Belle personne.

se **DÉFÂCHER**, *v. pr.* S'apaiser après s'être fâché.

**DÉFAILLANCE**, *s. f.* État de faiblesse, évanouissement.

**DÉFAILLANT, E**, *adj.* Qui périt de faiblesse, qui s'éteint.

**DÉFAILLIR** (ll mouillés; il n'est usité qu'au pl. du *pr. de l'indic.* nous défaillons, vous défaillez, ils défaillent; *à l'imp.*, je défaillais; *au passé*, je défaillis, j'ai défailli; *et à l'inf.* défaillir), *v. n.* Manquer; dépérir; tomber en faiblesse.

**DÉFAIRE** (se conj. sur *Faire*), *v. a.* Détruire ce qui est fait; mettre en déroute; débarrasser; *se* —, *v. pr.* Se débarrasser de.

**DÉFAITE**, *s. f.* Déroute d'une armée; débit facile; mauvaise excuse.

**DÉFALCATION**, *s. f.* Déduction, retranchement.

**DÉFALQUER** (*part.* é, ée), *v. a.* Déduire, rabattre d'une somme.

**DÉFAUT**, *s. m.* Imperfection; manque, absence.

**DÉFAVEUR**, *s. f.* Cessation de faveur.

**DÉFAVORABLE**, *adj.* 2 *g.* Qui est préjudiciable.

**DÉFAVORABLEMENT**, *adv.* D'une manière défavorable.

**DÉFECTIF, IVE**, *adj.*, se dit des verbes qui n'ont pas tous leurs temps, toutes leurs personnes.

**DÉFECTION**, *s. f.* Désertion, abandonnement d'un parti.

**DÉFECTUEUSEMENT**, *adv.* D'une manière défectueuse.

**DÉFECTUEUX, EUSE**, *adj.* Qui a des défauts; qui manque des formes requises.

**DÉFECTUOSITÉ**, *s. f.* Imperfection d'une chose.

**DÉFENDABLE**, *adj.* 2 *g.* Qu'on peut défendre.

**DÉFENDEUR, DERESSE**, *s.* Celui ou Celle qui se défend en justice.

**DÉFENDRE** (se conj. sur *Rendre*), *v. a.* Donner secours, protection; garantir; prohiber, interdire; enjoindre de ne pas faire; *se* —, *v. pr.* Repousser la force par la force; s'excuser.

**DÉFENSE**, *s. f.* Protection, soutien; apologie, justification; action de se défendre soi-même; ordre de ne pas faire, de ne pas dire; réponse en justice; résistance contre l'attaque; *au pl.* Dents extérieures du sanglier.

**DÉFENSEUR**, *s. m.* Celui qui défend, qui protége, qui soutient.

**DÉFENSIF, IVE**, *adj.* Fait pour défendre; *être sur la* —, ne faire que se défendre.

**DÉFÉRANT, E**, *adj.* Qui cède par condescendance.

**DÉFÉRENCE**, *s. f.* Condescendance, égard, respect.

**DÉFÉRER** (*part.* é, ée), *v. a.* Donner, décerner; dénoncer en justice; —, *v. n.* Condescendre; céder par égard.

**DÉFERRER** (*part.* é, ée), *v. a.* Ôter les fers d'un cheval; *se* —, *v. pr.* Perdre son fer (en parlant d'un cheval); *fig.* Se déconcerter.

**DÉFET**, *s. m.* Feuilles dépareillées d'un ouvrage imprimé.

**DÉFI**, *s. m.* Provocation, appel à un combat singulier.

**DÉFIANCE**, *s. f.* Soupçon, manque de confiance.

**DÉFIANT, E**, *adj.* Soupçonneux; qui craint d'être trompé.

**DÉFICIT**, *s. m.* (inv.). Ce qui manque.

**DÉFIER** (*part.* é, ée), *v. a.* Provoquer, braver; faire un défi; *se* —, *v. pr.* Avoir de la défiance; suspecter; prévoir.

**DÉFIGURER** (*part.* é, ée), *v. a.* Rendre difforme; changer, gâter la forme.

**DÉFILÉ**, *s. m.* Passage étroit; *fig.* Situation embarrassante.

**DÉFILER** (*part.* é, ée), *v. a.* Ôter le fil, le cordon passé dans quelque chose; —, *v. n.* Aller à la file; *se* —, *v. pr.* Se découdre.

**DÉFINIR** (*part.* i, ie), *v. a.* Expliquer clairement la nature d'une chose; faire connaître, dépeindre; décider.

**DÉFINITIF, IVE**, *adj.* Qui décide; *en définitive, loc. adv.* Enfin.

**DÉFINITION**, *s. f.* Explication, détail précis et clair de la nature d'une chose, etc.

**DÉFINITIVEMENT**, *adv.* Enfin; en jugement définitif.

**DÉFLEURIR** (*part.* i, ie), *v. a.* Ôter la fleur, le velouté; —, *v. n.* Perdre sa fleur.

**DÉFONCEMENT**, *s. m.* Action de défoncer.

**DÉFONCER** (*part.* é, ée), *v. a.* Ôter le fond; fouiller (un terrain); *se* —, *v. pr.* Perdre son fond.

**DÉFORMATION**, *s. f.* Altération de la forme.

**DÉFORMER** (*part.* é, ée), *v. a.* Gâter la forme d'une chose.

**DÉFOURNER** (*part.* é, ée), *v. a.* Ôter du four.

**DÉFRAYER** (se conj. sur *Payer*), *v. a.* Payer la dépense; dédommager d'une perte.

**DÉFRICHEMENT**, *s. m.* Action de défricher; terrain défriché.

**DÉFRICHER** (*part.* é, ée), *v. a.* Cultiver un terrain inculte.

**DÉFRICHEUR**, *s. m.* Celui qui défriche.

**DÉFRISER** (*part.* é, ée), *v. a.* Défaire la frisure.

**DÉFRONCER** (*part.* é, ée), *v. a.* Défaire les plis qui froncent.

**DÉFROQUE**, *s. f.* Dépouille d'un mort; effets dont on profite.

**DÉFROQUER** (*part.* é, ée), *v. a.* Faire quitter le froc; *se* —, *v. pr.* Quitter le froc.

**DÉFUNT, E**, *adj.* et *s.* Celui qui est mort, celle qui est morte.

**DÉGAGÉ, ÉE**, *adj.* Libre, aisé.

**DÉGAGEMENT**, *s. m.* Action de dégager; issue dérobée.

**DÉGAGER** (*part.* é, ée), *v. a.* Retirer ce qui est engagé; débarrasser; délivrer.

**DÉGAINE**, *s. f.* Démarche, tournure (en mauvaise part).

**DÉGAINER** (*part.* é, ée), *v. a.* Tirer de la gaîne; —, *v. n.* Tirer l'épée.

**DÉGANTER** (*part.* é, ée), *v. a.* Ôter les gants; *se* —, *v. pr.* Ôter ses gants.

**DÉGARNIR** (*part.* i, ie), *v. a.* Ôter ce qui garnit, ce qui meuble; *se* —, *v. pr.* Se vêtir plus légèrement; perdre sa garniture.

**DÉGÂT**, *s. m.* Ravage, ruine; destruction violente; désordre.

**DÉGAUCHIR** (*part.* i, ie), *v. a.* Redresser; rendre moins gauche.

**DÉGAUCHISSEMENT**, *s. m.* Action de dégauchir.

**DÉGEL**, *s. m.* Fonte de la glace et de la neige.

**DÉGELER** (*part.* é, ée), *v. a.* Fondre la glace, la neige; —, *v. n.* Cesser d'être gelé.

**DÉGÉNÉRATION**, *s. f.* Dépérissement; état de ce qui dégénère.

**DÉGÉNÉRER** (*part.* é, ée), *v. n.* S'abâtardir; perdre de ses qualités primitives.

**DÉGÉNÉRESCENCE**, *s. f.* Dégénération.

**DÉGINGANDÉ, ÉE**, *adj.* Disloqué; qui manque de contenance.

**DÉGLUER**, *v. a.* Ôter la glu.

**DÉGLUTITION**, *s. f.* Action d'avaler.

**DÉGOISER** *v. a.* et *v. n.* Chanter (en parlant des oiseaux); parler ou dire indiscrètement.

**DÉGONDER** (*part.* é, ée), *v. a.* Ôter une porte de dessus ses gonds.

**DÉGONFLEMENT**, *s. m.* Action de dégonfler.

**DÉGONFLER** (*part.* é, ée), *v. a.* Faire cesser le gonflement.

**DÉGORGEMENT**, *s. m.* Action de dégorger ; débordement.

**DÉGORGER** (*part.* é, ée), *v. a.* Déboucher, débarrasser un passage ; —, *v. n.* Se déboucher, se déborder ; *se* —, *v. pr.* S'écouler.

**DÉGOTER** (*part.* é, ée), *v. a.* Déplacer quelqu'un ; l'emporter sur lui.

**DÉGOURDIR** (*part.* i, ie), *v. a.* Réchauffer ; ôter l'engourdissement ; *fig.* Donner des manières moins timides.

**DÉGOURDISSEMENT**, *s. m.* Cessation d'engourdissement.

**DÉGOÛT**, *s. m.* Manque de goût, d'appétit ; *fig.* Aversion, répugnance, déplaisir, chagrin.

**DÉGOUTANT**, E, *adj.* Qui dégoûte.

**DÉGOÛTÉ, ÉE**, *adj.* Difficile, délicat.

**DÉGOÛTER** (*part.* é, ée), *v. a.* Ôter le goût, l'appétit ; *fig.* Donner du dégoût ; *se* —, *v. pr.* Prendre du dégoût.

**DÉGOUTTANT**, E, *adj.* Qui coule goutte à goutte.

**DÉGOUTTER**, *v. n.* Couler goutte à goutte.

**DÉGRADATION**, *s. f.* Action de dégrader ; dégâts ; dépérissement ; avilissement.

**DÉGRADER** (*part.* é, ée), *v. a.* Démettre d'un grade avec ignominie ; déshonorer, avilir ; causer du dégât.

**DÉGRAFER** (*part.* é, ée), *v. a.* Détacher une agrafe.

**DÉGRAISSAGE** et **DÉGRAISSEMENT**, *s. m.* Action de dégraisser la laine, etc.

**DÉGRAISSER** (*part.* é, ée), *v. a.* Ôter la graisse, les taches de graisse.

**DÉGRAISSEUR**, *s. m.* Celui qui dégraisse.

**DÉGRAISSOIR**, *s. m.* Instrument pour dégraisser.

**DÉGRAS**, *s. m.* Huile de poisson qui a servi aux chamoiseurs.

**DÉGRAVOIEMENT** ou **DÉGRAVOIMENT**, *s. m.* Effet de l'eau qui dégrade un mur, etc.

**DÉGRAVOYER** (*part.* é, ée), *v. a.* Déchausser, dégrader un mur, etc., en ôtant le gravois.

**DEGRÉ**, *s. m.* Escalier, marche d'un escalier ; portion d'un cercle ; grade, moyen d'élévation ; *fig.* Proximité en parenté.

**DÉGRÉER** (*part.* é, ée), *v. a.* Ôter les agrès (d'un vaisseau).

**DÉGRÈVEMENT**, *s. m.* Action de dégréver.

**DÉGRÉVER** (*part.* é, ée), *v. a.* Exempter de payer partie d'un impôt.

**DÉGRINGOLADE**, *s. f.* Chute rapide.

**DÉGRINGOLER** (*part.* é, ée), *v. n.* Descendre trop vite.

**DÉGRISER** (*part.* é, ée), *v. a.* Faire passer l'ivresse ; *fig.* Faire cesser l'étonnement, l'illusion.

**DÉGROSSIR** (*part.* i, ie), *v. a.* Ôter le plus gros ; *fig.* Débrouiller, éclaircir.

**DÉGUENILLÉ, ÉE**, *adj.* Qui a des habits en lambeaux.

**DÉGUERPIR** (*part.* i, ie), *v. n.* Abandonner un lieu par force, par crainte.

**DÉGUERPISSEMENT**, *s. m.* Action de déguerpir.

**DÉGUIGNONNER** (*part.* é, ée) *v. a.* Ôter le guignon, le malheur.

**DÉGUISEMENT**, *s. m.* État d'une personne déguisée, travestissement ; *fig.* Dissimulation.

**DÉGUISER** (*part.* é, ée), *v. a.* Rendre méconnaissable ; cacher sous des formes trompeuses, travestir ; *se* —, *v. pr.* Se travestir ; feindre, se cacher.

**DÉGUSTATEUR**, *s. m.* Expert qui vérifie la qualité des boissons.

**DÉGUSTATION**, *s. f.* Action de déguster.

**DÉGUSTER** (*part.* é, ée), *v. a.* Goûter une boisson pour en connaître sa qualité.

**DÉHÂLER** (*part.* é, ée), *v. a.* Ôter l'impression du hâle sur la peau.

**DÉHANCHÉ, ÉE**, *adj.* Qui a les hanches disloquées.

**DÉHARNACHEMENT**, *s. m.* Action de déharnacher.

**DÉHARNACHER** (*part.* é, ée), *v. a.* Ôter les harnais.

**DÉHONTÉ, ÉE**, *adj.* Insensible à la honte ; effronté.

**DEHORS**, *s. m.* La partie extérieure; apparence; —, *adv. de lieu*, Hors d'un lieu, d'une chose.

**DÉIFICATION**, *s. f.* Action de déifier.

**DÉIFIER** (*part.* é, ée), *v. a.* Mettre au rang des dieux.

**DÉISME**, *s. m.* Système du déiste.

**DÉISTE**, *s.* et *adj.* 2 *g.* Celui qui reconnaît un Dieu et rejette la révélation.

**DÉITÉ**, *s. f.* Divinité.

**DÉJÀ**, *adv. de temps.* Dès cette heure.

**DÉJECTION**, *s. f.* Évacuation d'excréments.

se **DÉJETER** (*part.* é, ée), *v. pr.* Se courber (en parlant du bois).

**DÉJEUNÉ** ou **DÉJEUNER**, *s. m.* Repas du matin.

**DÉJEUNER**, *v. n.* Faire le repas du matin.

**DÉJOINDRE** (se conj. sur *Joindre*), *v. a.* Séparer ce qui était joint.

**DÉJOUER** (*part.* é, ée), *v. a.* Faire échouer un projet, des prétentions, des intrigues.

**DÉJUCHER** (*part.* é, ée), *v. a.* Faire descendre les poules du juchoir; —, *v. n.* Quitter le perchoir (en parlant des poules).

**DELÀ**, *prép.* De l'autre côté de (opposé à *Deçà*); *au* —, Plus loin; en outre, davantage.

**DÉLABREMENT**, *s. m.* État d'une chose délabrée.

**DÉLABRER** (*part.* é, ée), *v. a.* Déchirer, mettre en lambeaux, en désordre.

**DÉLACER** (*part.* é, ée), *v. a.* Défaire, ôter un lacet.

**DÉLAI**, *s. m.* Retardement, remise.

**DÉLAISSEMENT**, *s. m.* Manque de secours; abandon.

**DÉLAISSER** (*part.* é, ée), *v. a.* Laisser sans secours, abandonner.

**DÉLASSEMENT**, *s. m.* Repos.

**DÉLASSER** (*part.* é, ée), *v. a.* Ôter la lassitude; récréer; *se* —, *v. pr.* Prendre du repos.

**DÉLATEUR**, **TRICE**, *s.* Dénonciateur.

**DÉLATION**, *s. f.* Dénonciation.

**DÉLATTER**, *v. a.* Enlever les lattes (d'un toit).

**DÉLAYANT**, *s. m.* et *adj.* Remède qui délaye les humeurs.

**DÉLAYEMENT**, *s. m.* Action de délayer.

**DÉLAYER** (*part.* é, ée; se conj. sur *Payer*), *v. a.* Détremper avec un liquide.

**DÉLECTABLE**, *adj.* 2 *g.* Très-agréable; qui plaît.

**DÉLECTATION**, *s. f.* Plaisir savouré avec réflexion.

**DÉLECTER** (*part.* é, ée), *v. a.* Réjouir, charmer; *se* —, *v. pr.* Prendre plaisir à.

**DÉLÉGATAIRE**, *s. m.* Celui qui a une délégation.

**DÉLÉGATION**, *s. f.* Commission pour agir au nom d'un autre.

**DÉLÉGUÉ**, *s. m.* Député, porteur d'une délégation.

**DÉLÉGUER** (*part.* é, ée), *v. a.* Députer, envoyer quelqu'un avec une délégation.

**DÉLESTER** (*part.* é, ée), *v. a.* Ôter le lest.

**DÉLÉTÈRE**, *adj.* 2 *g.* Qui cause la mort.

**DÉLIBÉRANT**, **E**, *adj.* Qui délibère.

**DÉLIBÉRATIF**, **IVE**, *adj.* *Genre délibératif*, qui persuade ou dissuade; *voix délibérative*, droit de suffrage.

**DÉLIBÉRATION**, *s. f.* Discussion entre plusieurs personnes pour prendre une résolution.

**DÉLIBÉRÉ**, *s. m.* Résultat d'une délibération.

**DÉLIBÉRÉ**, **ÉE**, *adj.* Résolu; *de propos* —, à dessein.

**DÉLIBÉRÉMENT**, *adv.* Hardiment, résolûment.

**DÉLIBÉRER**, *v. n.* Examiner, mettre en délibération; résoudre.

**DÉLICAT**, **E**, *adj.* Agréable au goût; exquis; sensible; difficile à contenter; aisé à blesser, prompt à s'alarmer, susceptible; faible; fin, délié; qui juge finement des choses.

**DÉLICATEMENT**, *adv.* Avec délicatesse.

**DÉLICATER** (*part.* é, ée), *v. a.* Habituer à la mollesse.

**DÉLICATESSE**, *s. f.* Qualité d'une chose ou d'une personne délicate;

légèreté, adresse, finesse de tact; susceptibilité.

**DÉLICE**, *s.* (*m.* au *sing.* et *f.* au *pl.*). Plaisir, volupté.

**DÉLICIEUSEMENT**, *adv.* Avec délices.

**DÉLICIEUX, EUSE**, *adj.* Extrêmement agréable.

se **DÉLICOTER**, *v. pr.* Défaire son licou.

**DÉLIÉ, ÉE**, *adj.* Mince, menu; *fig.* Subtil, pénétrant.

**DÉLIÉ**, *s. m.* (*t. de calligraphie*). Trait (opposé à *plein*).

**DÉLIER** (*part.* é, ée), *v. a.* Défaire ce qui lie; *fig.* Absoudre; dégager (d'un serment).

**DÉLIMITATION**, *s. f.* Action de délimiter.

**DÉLIMITER** (*part.* é, ée), *v. a.* Marquer les limites.

**DÉLINÉATION**, *s. f.* Représentation avec des lignes; dessin au trait.

**DÉLINQUANT**, *s. m.* Celui qui est coupable d'un délit; le *f. délinquante* est peu usité.

**DÉLIRANT, E**, *adj.* Qui a le délire.

**DÉLIRE**, *s. m.* Égarement d'esprit accidentel.

**DÉLIRER**, *v. n.* Être en délire.

**DÉLIT**, *s. m.* Contravention aux lois; côté d'une pierre opposé à son lit.

**DÉLITER** (*part.* é, ée), *v. a.* Poser (une pierre) en délit.

**DÉLIVRANCE**, *s. f.* Action de mettre en liberté; affranchissement.

**DÉLIVRER** (*part.* é, ée), *v. a.* Mettre quelqu'un en liberté; livrer (de la marchandise); *se* —, *v. pr.* Se tirer de, se débarrasser.

**DÉLOGEMENT**, *s. m.* Action de déloger.

**DÉLOGER** (*part.* é, ée), *v. a.* Faire quitter un logement; chasser d'un poste; —, *v. n.* Déménager.

**DÉLOYAL, E**, *adj.* Perfide, sans loyauté.

**DÉLOYALEMENT**, *adv.* D'une manière déloyale.

**DÉLOYAUTÉ**, *s. f.* Infidélité, perfidie.

**DÉLUGE**, *s. m.* Débordement universel des eaux; grande inondation.

**DÉLUSTRER** (*part.* é, ée), *v. a.* Ôter le lustre (du drap).

**DÉMAGOGIE**, *s. f.* Domination par le peuple; ambition d'exercer le pouvoir par l'influence du peuple; opinions politiques à l'aide desquelles on recherche cette influence.

**DÉMAGOGIQUE**, *adj.* 2 *g.* Qui a rapport à la démagogie.

**DÉMAGOGUE**, *s. m.* Chef ou Membre d'une faction populaire.

**DÉMAIGRIR**, *v. n.* Devenir moins maigre.

**DÉMAILLOTER** (*part.* é, ée), *v. a.* Ôter un enfant du maillot.

**DEMAIN**, *adv. de temps.* Le jour qui doit suivre celui où l'on est.

**DÉMANCHEMENT**, *s. m.* Action de démancher; état d'un outil qui n'a plus de manche.

**DÉMANCHER** (*part.* é, ée), *v. a.* Ôter le manche d'un outil; *se* —, *v. pr.* Se donner beaucoup de peine pour obtenir quelque chose.

**DEMANDE**, *s. f.* Action de demander; chose demandée.

**DEMANDER** (*part.* é, ée), *v. a.* Prier quelqu'un d'accorder quelque chose; solliciter; interroger; questionner.

**DEMANDEUR, EUSE**, *s.* Celui ou Celle qui demande, qui importune en demandant; *en t. de proc.* (au *fém. Demanderesse*). Celui ou Celle qui introduit une instance.

**DÉMANGEAISON**, *s. f.* Picotement entre cuir et chair; *fig.* Envie.

**DÉMANGER**, *v. n.* Éprouver une démangeaison. (*Il n'est usité qu'à l'infinitif et aux troisièmes personnes.*)

**DÉMANTÈLEMENT**, *s. m.* Action de démanteler; état d'une ville démantelée.

**DÉMANTELER** (*part.* é, ée), *v. a.* Abattre les fortifications d'une ville.

**DÉMANTIBULER** (*part.* é, ée), *v. a.* Rompre, briser.

**DÉMARCATION**, *s. f.* Ligne qui marque les limites, qui sépare.

**DÉMARCHE**, *s. f.* Façon de marcher; *fig.* Manière d'agir, procédé.

**DÉMARIER** (*part.* é, ée), *v. a.* Séparer deux époux par jugement.

**DÉMARQUER** (*part.* é, ée), *v. a.* Ôter la marque.

**DÉMARRAGE**, *s. m.* Action d'ôter, de rompre des amarres.

**DÉMARRER** (*part.* é, ée), *v. a.* Défaire un amarrage ; —, *v. n.* Rompre ses amarrages ; lever l'ancre ; *fig.* Changer de place.

**DÉMASQUER** (*part.* é, ée), *v. a.* Ôter le masque à quelqu'un ; *se* —, *v. pr.* Découvrir ses propres défauts ou ses projets.

**DÉMÂTAGE**, *s. m.* Action de démâter.

**DÉMÂTER** (*part.* é, ée), *v. a.* Abattre ou Rompre les mâts.

**DÉMÊLÉ**, *s. m.* Querelle, contestation.

**DÉMÊLER** (*part.* é, ée), *v. a.* Séparer ce qui est mêlé ; *fig.* Distinguer ; débrouiller, éclaircir ; *se* —, *v. pr.* Se débrouiller.

**DÉMÊLOIR**, *s. m.* Peigne à démêler les cheveux.

**DÉMEMBREMENT**, *s. m.* Division, partage.

**DÉMEMBRER** (*part.* é, ée), *v. a.* Séparer, arracher les membres d'un corps ; *fig.* Diviser.

**DÉMÉNAGEMENT**, *s. m.* Transport de meubles d'un lieu à un autre.

**DÉMÉNAGER** (*part.* é, ée), *v. a.* Transporter des meubles d'un lieu dans un autre ; —, *v. n.* Changer de logement.

**DÉMENCE**, *s. f.* Folie, aliénation d'esprit.

**se DÉMENER**, *v. pr.* S'agiter, se remuer.

**DÉMENTI**, *s. m.* Action de nier ce qui a été dit par quelqu'un.

**DÉMENTIR**, *v. a.* Dire à quelqu'un qu'une chose qu'il a dite n'est pas vraie ; *fig.* N'être pas conforme à ou digne de ; *se* —, *v. pr.* Se contredire soi-même ; se dédire.

**DÉMÉRITE**, *s. m.* Ce qui attire l'improbation, ce qui fait perdre l'estime.

**DÉMÉRITER**, *v. n.* Agir de manière à perdre l'estime d'autrui.

**DÉMESURÉ, ÉE**, *adj.* Excessif, extrême.

**DÉMESURÉMENT**, *adv.* Avec excès.

**DÉMETTRE** (se conj. sur *Mettre*), *v. a.* Disloquer, ôter un os de sa place ; *se* —, *v. pr.* Sortir de sa place (en parlant d'un os) ; abandonner un emploi.

**DÉMEUBLEMENT**, *s. m.* Action de démeubler.

**DÉMEUBLER** (*part.* é, ée), *v. a.* Dégarnir de meubles.

**DEMEURANT, E**, *adj.* Qui demeure ; *au* —, *loc. adv.* Au reste.

**DEMEURE**, *s. f.* Habitation ; lieu que l'on habite.

**DEMEURER**, *v. n.* Faire sa demeure ; rester ; s'arrêter.

**DEMI, E**, *adj. sing.* Qui fait la moitié d'un tout ; *à demi*, *loc. adv.* A moitié.

**DEMI-CERCLE** (*au pl. demi-cercles*), *s. m.* Instrument de mathématiques, moitié du cercle.

**DEMI-DIEU** (*au pl. demi-dieux*), *s. m.* Être qui, selon la mythologie, participait de la nature divine.

**DEMI-FORTUNE**, *s. f.* Carrosse à quatre roues, attelé d'un seul cheval.

**DEMI-LUNE** (*au pl. demi-lunes*), *s. f.* Ouvrage fortifié destiné à couvrir certaines parties d'une place forte.

**DEMI-SAVANT** (*au pl. demi-savants*), *s. m.* Celui qui ne sait qu'à demi.

**DEMI-SAVOIR** (*sans pl.*), *s. m.* Science superficielle.

**DEMI-SCIENCE** (*sans plur.*), *s. f.* Science incomplète.

**DEMI-SETIER** (*au pl. demi-setiers*), *s. m.* Quart de pinte (ancienne mesure pour les liquides).

**DEMI-SOLDE** (*sans plur.*), *s. f.* Moitié de la solde.

**DÉMISSION**, *s. f.* Acte par lequel on se démet d'une charge.

**DÉMISSIONNAIRE**, *adj.* 2 *g.* Qui se démet d'un emploi ; —, *s.* Celui qui donne sa démission.

**DÉMOCRATE**, *s. m.* Partisan de la démocratie.

**DÉMOCRATIE**, *s. f.* Souveraineté du peuple.

**DÉMOCRATIQUE**, *adj.* 2 *g.* Qui a rapport à la démocratie.

**DÉMOCRATIQUEMENT**, *adv.* D'une manière démocratique.

**DEMOISELLE**, *s. f.* Fille bien élevée et non mariée ; instrument pour enfoncer les pavés; insecte du genre des mouches.

**DÉMOLIR** (*part.* i, ie; se conj. sur *Finir*), *v. a.* Détruire, abattre.

**DÉMOLITION**, *s. f.* Action de démolir; décombres.

**DÉMON**, *s. m.* Diable, esprit infernal.

**DÉMONÉTISATION**, *s. f.* Action de démonétiser; effet de cette action.

**DÉMONÉTISER** (*part.* é, ée), *v. a.* Retirer de la circulation des espèces monnayées, ou un papier monnaie.

**DÉMONIAQUE**, *adj.* et *s.* 2 *g.* Possédé du démon; emporté, colère.

**DÉMONSTRATEUR**, *s. m.* Celui qui démontre.

**DÉMONSTRATIF, IVE**, *adj.* Qui démontre; qui témoigne du zèle ou de la bienveillance, empressé; *genre* — (*t. de rhét.*), genre d'éloquence qui a pour objet la louange ou le blâme; *pronom, adjectif* —, pronom, adjectif servant à indiquer.

**DÉMONSTRATION**, *s. f.* Preuve évidente; marque, témoignage extérieur.

**DÉMONSTRATIVEMENT**, *adv.* D'une manière évidente.

**DÉMONTER** (*part.* é, ée), *v. a.* Ôter la monture; désassembler les parties d'un tout; *fig.* Mettre en désordre; déconcerter; ôter le commandement à un capitaine de navire.

**DÉMONTRABLE**, *adj.* 2 *g.* Qui peut être démontré.

**DÉMONTRER** (*part.* é, ée), *v. a.* Prouver d'une manière évidente; témoigner par des marques extérieures.

**DÉMORDRE**, *v. n.* Lâcher ce qu'on tient avec les dents; *fig.* Se départir de.

**DÉMUNIR** (*part.* i, ie), *v. a.* Ôter les munitions; *se* —, *v. pr.* Se priver en donnant.

**DÉMURER** (*part.* é, ée), *v. a.* Ouvrir ce qui était muré.

**DÉNAIRE**, *adj.* 2 *g.* Qui a rapport au nombre dix.

se **DÉNANTIR** (*part.* i, ie), *v. pr.* Abandonner un nantissement, se dépouiller de ce qu'on a.

**DÉNATTER** (*part.* é, ée), *v. a.* Défaire une natte.

**DÉNATURÉ, ÉE**, *adj.* Contraire à la nature.

**DÉNATURER** (*part.* é, ée), *v. a.* Changer la nature d'une chose, l'acception d'un mot.

**DÉNÉGATION**, *s. f.* Action de nier.

**DÉNI**, *s. m.* Refus d'une chose due.

**DÉNIAISER**, (*part.* é, ée), *v. a.* Rendre quelqu'un moins niais.

**DÉNICHER** (*part.* é, ée), *v. a.* Ôter du nid; *fig.* Découvrir avec difficulté; — *v. n.* S'enfuir, s'évader.

**DÉNICHEUR**, *s. m.* Celui qui déniche.

**DENIER**, *s. m.* Ancienne monnaie de cuivre (le douzième d'un sou); — *à Dieu*, arrhes d'un marché.

**DÉNIER** (*part.* é, ée), *v. a.* Nier; refuser.

**DÉNIGREMENT**, *s. m.* Action de dénigrer.

**DÉNIGRER** (*part.* é, ée), *v. a.* Noircir la réputation de quelqu'un; rabaisser le prix d'une chose.

**DENIS** (SAINT-), chef-lieu d'arr. du dép. de la Seine.

**DÉNOMBREMENT**, *s. m.* Compte détaillé, énumération.

**DÉNOMBRER** (*part.* é, ée), *v. a.* Faire un dénombrement.

**DÉNOMINATEUR**, *s. m.* (*t. d'arithmétique*). Celui des deux termes d'une fraction qui marque en combien de parties l'entier est divisé.

**DÉNOMINATIF, IVE**, *adj.* Qui dénomme.

**DÉNOMINATION**, *s. f.* Désignation par un nom.

**DÉNOMMER** (*part.* é, ée), *v. a.* Désigner par un nom.

**DÉNONCER** (*part.* é, ée), *v. a.* Déclarer, faire connaître, publier.

**DÉNONCIATEUR, TRICE**, *s.* Celui ou Celle qui dénonce, qui accuse.

**DÉNONCIATION**, *s. f.* Délation; accusation en justice; déclaration publique.

**DÉNOTER** (*part.* é, ée), *v. a.* Désigner, indiquer.

**DÉNOUER** (*part.* é, ée), *v. a.* Défaire un nœud; *fig.* Démêler (une affaire).

**DÉNOÛMENT**, *s. m.* Solution, conclusion.

**DENRÉE**, *s. f.* Ce qui se vend pour la nourriture.

**DENSE**, *adj.* 2 *g.* Épais, compacte.

**DENSITÉ**, *s. f.* Qualité de ce qui est dense.

**DENT**, *s. f.* Petit os de la mâchoire qui sert à broyer les aliments, à mordre, etc.; brèche au tranchant d'une lame.

**DENTAIRE**, *adj.* 2 *g.* Qui a rapport aux dents.

**DENTALE**, *adj. f. Consonne* —, qui se prononce à l'aide des dents.

**DENTÉ, ÉE**, *adj.* Qui a des dents.

**DENTÉE**, *s. f.* Coup de dents.

**DENTELÉ, ÉE**, *adj.* Garni de dents.

**DENTELER** (*part.* é, ée), *v. a.* Faire des entailles en forme de dents.

**DENTELLE**, *s. f.* Ouvrage à jour, de fil, de soie, etc., fait avec des fuseaux.

**DENTELURE**, *s. f.* Ouvrage découpé ou Découpures en forme de dents.

**DENTIER**, *s. m.* Rang de dents artificielles.

**DENTIFRICE**, *adj.* 2 *g.* et *s. m.* Qui sert à nettoyer les dents.

**DENTISTE**, *s. m.* Praticien qui fait profession de soigner les dents, de les arracher.

**DENTITION**, *s. f.* Sortie naturelle des dents.

**DENTURE**, *s. f.* Ordre des dents.

**DÉNUÉ, ÉE**, *adj.* Dépourvu; privé de ressources.

**DÉNUER** (*part.* é, ée), *v. a.* Priver des choses nécessaires.

**DÉNÛMENT**, *s. m.* Dépouillement, privation; gêne, pauvreté.

**DÉPAQUETER** (*part.* é, ée), *v. a.* Défaire un paquet.

**DÉPAREILLER** (*ll* m.; *part.* é, ée), *v. a.* Séparer des choses pareilles; lier les voiles d'un vaisseau.

**DÉPARER**, (*part.* é, ée), *v. a.* Ôter ce qui pare.

**DÉPARIER** (*part.* é, ée); se conj. sur *Prier*), *v. a.* Ôter l'une des deux choses qui font la paire.

**DÉPARLER**, *v. n.* Cesser de parler.

**DÉPART**, *s. m.* Action de partir.

**DÉPARTAGER**, *v. a.* Faire cesser partage égal des suffrages.

**DÉPARTEMENT**, *s. m.* Branche d'administration; division administrative de la France; hôtel où réside le préfet.

**DÉPARTEMENTAL**, **E**, *adj.* Qui a rapport au département.

**DÉPARTIR** (*part.* i, ie), *v. a.* Partager, distribuer, accorder; *se* —, *v. pr.* Se désister.

**DÉPASSER** (*part.* é, ée), *v. a.* Retirer ce qui est passé dans un anneau, etc.; aller au delà de; devancer quelqu'un.

**DÉPAVER** (*part.* é, ée), *v. a.* Ôter le pavé.

**DÉPAYSER** (*part.* é, ée), *v. a.* Faire changer de pays; *fig.* Donner le change.

**DÉPÈCEMENT**, *s. m.* Action de dépecer.

**DÉPECER** (*Ind. pr.* je dépèce, tu dépèces, etc.; *fut.* je dépècerai, tu dépèceras, etc.; *part.* dépecé, ée), *v. a.* Mettre en morceaux.

**DÉPÊCHE**, *s. f.* Lettre administrative; lettre commerciale.

**DÉPÊCHER** (*part.* é, ée), *v. a.* Expédier; faire promptement; *se*—, *v. pr.* Se hâter.

**DÉPEINDRE** (se conj. sur *Peindre*), *v. a.* Décrire et représenter par le discours.

**DÉPENAILLÉ, ÉE**, *adj.* Déguenillé, mis négligemment.

**DÉPENAILLEMENT**, *s. m.* État d'une personne dépenaillée.

**DÉPENDAMMENT**, *adv.* Avec dépendance.

**DÉPENDANCE**, *s. f.* Sujétion, subordination; partie accessoire d'une propriété.

**DÉPENDANT, E**, *adj.* Qui est sous la dépendance.

**DÉPENDRE** (*part.* u, ue), *v. a.* Détacher ce qui est pendu; —, *v. n.* Être dans la dépendance.

**DÉPENS**, *s. m. pl.* Frais, déboursés.

**DÉPENSE**, *s. f.* Emploi d'argent; état de ce qui a été ou doit être l'objet d'une dépense; lieu où l'on serre tout ce qui a rapport à la table.

**DÉPENSER** (*part.* é, ée), *v. a.* Faire une dépense; *fig.* Détruire, consommer.

**DÉPENSIER, IÈRE**, *adj.* Qui aime la dépense; —, *s.* Celui ou Celle qui aime la dépense ou qui a charge de faire la dépense d'une maison.

**DÉPERDITION**, *s. f.* Perte; diminution.

**DÉPÉRIR** (se conj. sur *Finir*), *v. a.* S'affaiblir, diminuer, se détériorer.

**DÉPÉRISSEMENT**, *s. m.* Altération; état de décadence.

**DÉPÊTRER** (*part.* é, ée), *v. a.* Dégager, délivrer, débarrasser.

**DÉPEUPLEMENT**, *s. m.* Action de dépeupler; état d'un pays dépeuplé.

**DÉPEUPLER** (*part.* é, ée), *v. a.* Dégarnir un pays d'habitants, en diminuer le nombre.

**DÉPIÉCER** (*part.* é, ée), *v. a.* Démembrer.

**DÉPILATION**, *s. f.* Action de dépiler.

**DÉPILATIF, IVE**, *adj.* Qui a la propriété de faire tomber le poil.

**DÉPILATOIRE**, *s. m.* Drogue pour dépiler.

se **DÉPILER** (*part.* é, ée), *v. pr.* Perdre son poil (en parlant d'un animal).

**DÉPIQUER** (*part.* é, ée), *v. a.* Défaire les piqûres d'une étoffe.

**DÉPISTER** (*part.* é, ée), *v. a.* Découvrir (le gibier) à la piste.

**DÉPIT**, *s. m.* Chagrin accompagné de colère; fâcherie, impatience.

**DÉPITER** (*part.* é, ée), *v. a.* Causer du dépit; *se* —, *v. pr.* Se mutiner, se fâcher.

**DÉPLACÉ, ÉE**, *adj.* Qui n'est pas à sa place; *fig.* Inconvenant.

**DÉPLACEMENT**, *s. m.* Action de déplacer.

**DÉPLACER** (*part.* é, ée), *v. a.* Ôter une personne ou une chose de sa place; transporter.

**DÉPLAIRE** (se conj. sur *Plaire*), *v. n.* Être désagréable; fâcher; donner du chagrin; *se* —, s'ennuyer.

**DÉPLAISANCE**, *s. f.* Répugnance, dégoût.

**DÉPLAISANT, E**, *adj.* Qui déplaît.

**DÉPLAISIR**, *s. m.* Chagrin, affliction.

**DÉPLANTER** (*part.* é, ée), *v. a.* Ôter une plante d'un endroit pour la replanter ailleurs.

**DÉPLANTOIR**, *s. m.* Outil pour déplanter.

**DÉPLÂTRER** (*part.* é, ée), *v. a.* Ôter le plâtre.

**DÉPLIER** (*part.* é, ée), *v. a.* Étendre ce qui est plié.

**DÉPLISSER** (*part.* é, ée), *v. a.* Défaire les plis d'une étoffe.

**DÉPLOIEMENT**, *s. m.* Action de déployer; état d'une chose déployée.

**DÉPLORABLE**, *adj.* 2 *g.* Digne de pitié.

**DÉPLORABLEMENT**, *adv.* D'une manière déplorable.

**DÉPLORER** (*part.* é, ée), *v. a.* Plaindre beaucoup; avoir pitié de.

**DÉPLOYER** (*part.* é, ée; se conj. sur *Ployer*), *v. a.* Développer, étendre; montrer.

**DÉPLUMÉ, ÉE**, *adj.* Qui n'a plus de plumes.

**DÉPLUMER** (*part.* é, ée), *v. a.* Ôter les plumes.

**DÉPOLIR** (*part.* i, ie), *v. a.* Ôter le poli.

**DÉPOPULARISER** (*part.* é, ée), *v. a.* Faire perdre la popularité.

**DÉPOPULATION**, *s. f.* État d'un pays dépeuplé.

**DÉPORTATION**, *s. f.* Bannissement perpétuel dans un lieu fixé.

**DÉPORTEMENT**, *s. m.* Conduite blâmable.

**DÉPORTER** (*part.* é, ée), *v. a.* Bannir; *se* —, *v. pr.* Se désister.

**DÉPOSANT, E**, *adj.* et *s.* Qui dépose en justice.

**DÉPOSER** (*part.* é, ée), *v. a.* Mettre en dépôt, confier; ôter une dignité, destituer d'un emploi; —, *v. n.* Dire en témoignage; former un sédiment.

**DÉPOSITAIRE**, *s.* 2 *g.* Celui ou Celle à qui on a confié un dépôt.

**DÉPOSITION**, *s. f.* Destitution d'un emploi; témoignage en justice.

**DÉPOSSÉDER** (*part.* é, ée), *v. a.* Ôter la possession.

**DÉPOSSESSION**, *s. f.* Action de déposséder.

**DÉPOSTER** (*part.* é, ée), *v. a.* Chasser d'un poste.

**DÉPÔT**, *s. m.* Action de déposer; ce qui est mis à la garde de quelqu'un; lieu où l'on dépose; sédiment d'une liqueur trouble.

**DÉPOTER** (*part.* é, ée), *v. a.* Ôter une plante d'un pot.

**DÉPOUILLE** (*ll* m.), *s. f.* Peau de certains animaux; butin; hardes.

**DÉPOUILLEMENT**, *s. m.* État de celui qui est dépouillé de biens; action de dépouiller; extrait d'un compte, supputation des votes.

**DÉPOUILLER** (*part.* é, ée), *v. a.* Ôter l'habit, la peau, etc.; faire un extrait d'un compte; compter les votes écrits d'un scrutin; priver; *se* —, *v. pr.* Se priver de.

**DÉPOURVOIR** (se conj. sur *Pourvoir* et n'est guère d'usage qu'à l'*inf.* et au *passé déf.*), *v. a.* Dégarnir de ce qui est nécessaire.

**DÉPRAVATION**, *s. f.* Corruption des mœurs, du goût.

**DÉPRAVER** (*part.* é, ée), *v. a.* Corrompre, pervertir.

**DÉPRÉCIATION**, *s. f.* Action de déprécier; état d'une chose dépréciée.

**DÉPRÉCIER** (*part.* é, ée), *v. a.* Mettre au-dessous de son prix.

**DÉPRÉDATEUR**, *s. m.* Celui qui fait ou laisse faire des déprédations.

**DÉPRÉDATION**, *s. f.* Vol, pillage fait par ceux qui ont charge de conserver.

**DÉPRENDRE** (se conj. sur *Prendre*), *v. a.* Séparer, détacher; *se* —, *v. pr.* Se détacher.

**DÉPRESSION**, *s. f.* Abaissement, enfoncement.

**DÉPRIER** (*part.* é, ée), *v. a.* Révoquer une invitation; contremander.

**DÉPRIMER** (*part.* é, ée), *v. a.* Abaisser, enfoncer; *fig.* Rabaisser, avilir.

**DÉPRISER** (*part.* é, ée), *v. a.* Priser au-dessous de la valeur; *se* —, *v. pr.* S'estimer moins qu'on ne vaut.

**DEPUIS**, *prép. de temps, de lieu et d'ordre.* A partir de, à compter ou à dater de; — *que*, dès le moment où; —, *adv. de temps.* Après cela, ensuite.

**DÉPURATIF, IVE**, *adj.* Qui dépure le sang.

**DÉPURATION**, *s. f.* Action de rendre pur.

**DÉPURATOIRE**, *adj.* 2 *g.* Qui sert à rendre pur.

**DÉPURER** (*part.* é, ée), *v. a.* Rendre pur, clarifier.

**DÉPUTATION**, *s. f.* Envoi de députés; réunion de députés.

**DÉPUTÉ**, *s. m.* Celui qui est envoyé par un corps constitué pour traiter d'une affaire; membre de la chambre des députés.

**DÉPUTER** (*part.* é, ée), *v. a.* Envoyer comme député; —, *v. n.* Envoyer des députés.

**DÉRACINEMENT**, *s. m.* Action de déraciner; état de ce qui est déraciné.

**DÉRACINER** (*part.* é, ée), *v. a.* Arracher de terre avec les racines; *fig.* Extirper, guérir (un mal).

**DÉRAISON**, *s. f.* Défaut de raison; opinion déraisonnable.

**DÉRAISONNABLE**, *adj.* 2 *g.* Contraire à la raison.

**DÉRAISONNABLEMENT**, *adv.* Sans raison.

**DÉRAISONNER**, *v. n.* Tenir des discours dénués de raison.

**DÉRANGEMENT**, *s. m.* Désordre; état de choses dérangées.

**DÉRANGER** (*part.* é, ée), *v. a.* Ôter de son rang; déplacer; mettre en désordre; incommoder; *se* —, *v. pr.* Sortir du lieu où l'on est; cesser d'avoir une bonne conduite.

**DÉRATÉ, ÉE**, *s.* Personne alerte, qui court vite.

**DÉRATER** (*part.* é, ée), *v. a.* Ôter la rate.

**DERECHEF**, *adv.* De nouveau.

**DÉRÉGLÉ, ÉE**, *adj.* Contraire aux règles.

**DÉRÈGLEMENT**, *s. m.* Désordre, inconduite.

**DÉRÉGLÉMENT**, *adv.* D'une manière déréglée.

**DÉRÉGLER** (*part.* é, ée), *v. a.* Mettre hors de la règle; troubler; *se* —, *v. pr.* Se déranger.

**DÉRIDER** (*part.* é, ée), *v. a.* Effacer les rides; réjouir; *se* —, *v. pr.* Quitter son air sérieux.

**DÉRISION**, *s. f.* Moquerie amère.

**DÉRISOIRE**, *adj.* 2 *g.* Fait par dérision.

**DÉRIVATIF, IVE**, *adj.* Qui a pour effet de dériver. (Le masc. s'emploie subst.)

**DÉRIVATION**, *s. f.* Détour que l'on fait prendre à une eau courante; origine d'un mot tiré d'un autre.

**DÉRIVE**, *s. f.* Déviation au gré du vent et du courant de l'eau.

**DÉRIVÉ**, *s. m.* Mot tiré d'un autre.

**DÉRIVER**, *v. n.* S'écarter du bord, de la route; venir, provenir; — (*part.* é, ée), *v. a.* Détourner (les eaux).

**DERNIER, IÈRE**, *adj.* Qui vient après tous les autres.

**DERNIÈREMENT**, *adv.* Depuis peu.

**DÉROBÉE (À LA)**, *loc. adv.* En cachette.

**DÉROBER** (*part.* é, ée), *v. a.* Prendre en cachette; soustraire; ôter l'enveloppe des fèves de marais; *se* —, *v. pr.* Se soustraire; cesser d'être en vue.

**DÉROGATION**, *s. f.* Action de déroger; acte qui opère la dérogation.

**DÉROGATOIRE**, *adj.* 2 *g.* et *s. m.* Qui déroge à un acte.

**DÉROGEANT, E**, *adj.* Qui déroge.

**DÉROGER**, *v. n.* Faire quelque chose de contraire à une loi, à une convention; manquer à ce qu'on doit à son caractère, à sa dignité.

**DÉROIDIR** (*part.* i, ie), *v. a.* Ôter la roideur; — *v. n.*, et *se* —, *v. pr.* Perdre de sa roideur.

**DÉROUGIR** (*part.* i, ie), *v. a.* Ôter la rougeur; —, *v. n.* et *se* —, *v. pr.* Devenir moins rouge.

**DÉROUILLER** (*ll m.*; *part.* é, ée), *v. a.* Ôter la rouille; polir; *se* —, *v. pr.* Se polir.

**DÉROULEMENT**, *s. m.* Action de dérouler.

**DÉROULER** (*part.* é, ée), *v. a.* Étendre ce qui est roulé.

**DÉROUTE**, *s. f.* Fuite d'une armée vaincue; désordre dans les affaires.

**DÉROUTER** (*part.* é, ée), *v. a.* Détourner quelqu'un de sa route; *fig.* Déconcerter.

**DERRIÈRE**, *s. m.* Partie postérieure; —, *prép.* Après; —, *adv.* En arrière.

**DERVICHE** ou **DERVIS**, *s. m.* Moine turc.

**DES**, mot contracté pour de les. (Il signifie souvent : Quelques, plusieurs.)

**DÈS**, *prép. de temps et de lieu*, Depuis; — *lors*, depuis ce temps-là.

**DÉSABUSER** (*part.* é, ée), *v. a.* Détromper; *se* —, *v. pr.* Sortir d'erreur.

**DÉSACCORD**, *s. m.* Manque d'accord; désunion; différence d'opinions.

**DÉSACCORDER** (*part.* é, ée), *v. a.* Détruire l'accord.

**DÉSACCOUPLER** (*part.* é, ée), *v. a.* Séparer des choses accouplées.

**DÉSACCOUTUMER** (*part.* é, ée), *v. a.* Faire perdre une habitude; *se* —, *v. pr.* Quitter une habitude.

**DÉSACHALANDER** (*part.* é, ée), *v. a.* Éloigner les chalands d'une boutique.

**DÉSAGRÉABLE**, *adj.* 2 *g.* Qui déplaît.

**DÉSAGRÉABLEMENT**, *adv.* D'une manière désagréable.

**DÉSAGRÉER**, *v. n.* Ne pas agréer; — (*part.* é, ée), *v. a.* Ôter les agrès (d'un vaisseau).

**DÉSAGRÉMENT**, *s. m.* Chose désagréable; sujet de chagrin; défaut.

**DÉSAJUSTER** (*part.* é, ée), *v. a.* Déranger ce qui est ajusté.

**DÉSALTÉRER** (*part.* é, ée), *v. a.* Apaiser la soif.

**DÉSANCRER**, *v. n.* Lever l'ancre.

**DÉSAPPAREILLER** (*part.* é, ée), *v. a.* Dépareiller.

**DÉSAPPARIER** (*part.* é, ée), *v. a.* Séparer deux oiseaux appariés.

**DÉSAPPOINTEMENT**, *s. m.* Contretemps; déception.

**DÉSAPPOINTER** (*part.* é, ée), *v. a.* Manquer de parole à, tromper l'espoir de.

**DÉSAPPRENDRE** (se conj. sur *Prendre*), *v. a.* Oublier ce qu'on a appris.

**DÉSAPPROBATEUR, TRICE**, *s.* et *adj.* Celui ou Celle qui désapprouve.

**DÉSAPPROBATION**, *s. f.* Action de désapprouver.

**DÉSAPPROUVER** (*part.* é, ée), *v. a.* Blâmer.

**DÉSARÇONNER** (*part.* é, ée), *v. a.* Mettre hors des arçons; *fig.* Confondre, mettre hors d'état de discuter.

**DÉSARGENTER** (*part.* é, ée), *v. a.* Ôter l'argent d'une chose argentée.

**DÉSARMEMENT**, *s. m.* Action de désarmer; licenciement de troupes.

**DÉSARMER** (*part.* é, ée), *v. a.* Ôter les armes à quelqu'un; *fig.* Apaiser la colère, adoucir; —, *v. n.* Poser les armes, cesser la guerre, congédier ses troupes.

**DÉSARROI**, *s. m.* Ruine, désordre, confusion.

**DÉSASSEMBLER** (*part.* é, ée), *v. a.* Séparer ce qui était assemblé.

**DÉSASSORTIR** (*part.* i, ie), *v. a.* Séparer des choses assorties.

**DÉSASTRE**, *s. m.* Grand malheur.

**DÉSASTREUSEMENT**, *adv.* D'une manière désastreuse.

**DÉSASTREUX, EUSE**, *adj.* Funeste, malheureux.

**DÉSAVANTAGE**, *s. m.* Infériorité, préjudice, dommage.

**DÉSAVANTAGEUSEMENT**, *adv.* Avec désavantage.

**DÉSAVANTAGEUX, EUSE**, *adj.* Qui cause du dommage, de la perte.

**DÉSAVEU**, *s. m.* Action par laquelle on désavoue.

**DÉSAVEUGLER** (*part.* é, ée), *v. a.* Détromper.

**DÉSAVOUER** (*part.* é, ée), *v. a.* Nier; méconnaître; déclarer qu'on n'a pas donné mission.

**DESCELLER** (*part.* é, ée), *v. a.* Arracher une chose qui est scellée; ôter le sceau.

**DESCENDANCE**, *s. f.* Descendants.

**DESCENDANT, E**, *adj.* Qui descend; —, *s.* Celui ou Celle qui tire son origine de; *descendants, s. m. pl.* Postérité.

**DESCENDRE** (*part.* u, ue), *v. n.* Aller de haut en bas; *fig.* S'abaisser; être issu; —, *v. a.* Transporter de haut en bas, abaisser.

**DESCENTE**, *s. f.* Action de descendre; pente par laquelle on descend; irruption hostile; visite judiciaire; hernie.

**DESCRIPTIF, IVE**, *adj.* Qui sert à décrire.

**DESCRIPTION**, *s. f.* Discours par lequel on décrit; définition; inventaire détaillé.

**DÉSEMBALLAGE**, *s. m.* Action de désemballer.

**DÉSEMBALLER** (*part.* é, ée), *v. a.* Défaire un ballot.

**DÉSEMBARQUEMENT**, *s. m.* Action de désembarquer.

**DÉSEMBARQUER** (*part.* é, ée), *v. a.* Tirer hors du navire.

**DÉSEMBOURBER** (*part.* é, ée), *v. a.* Tirer hors de la bourbe.

**DÉSEMPARER**, *v. n.* Quitter le lieu où l'on est; — (*part.* é, ée), *v. a.* Rompre les mâts d'un vaisseau.

**DÉSEMPESER** (*part.* é, ée), *v. a.* Ôter l'empois du linge.

**DÉSEMPLIR** (*part.* i, ie), *v. a.* Vider en partie; *se* —, *v. pr.* Devenir moins plein.

**DÉSENCHANTEMENT**, *s. m.* Action de désenchanter; ce qui désenchante.

**DÉSENCHANTER** (*part.* é, ée), *v. a.* Dissiper l'enchantement.

**DÉSENCLOUER** (*part.* é, ée), *v. a.* Tirer un clou du pied d'un cheval ou de la lumière d'un canon.

**DÉSENFILER** (*part.* é, ée), *v. a.* Ôter le fil d'une aiguille enfilée.

**DÉSENFLER** (*part.* é, ée), *v. a.* Faire cesser l'enflure; — *v. n.* Cesser d'être enflé.

**DÉSENFLURE**, *s. f.* Cessation d'enflure.

**DÉSENIVRER** (*part.* é, ée), *v. a.* Faire cesser l'ivresse; —, *v. n.* Cesser d'être ivre.

**DÉSENNUYER** (*part.* é, ée), *v. a.* Dissiper l'ennui; *se* —, *v. pr.* Se divertir.

**DÉSENRAYER** (*part.* é, ée; se conj. sur *Payer*), *v. a.* Ôter ce qui enraye.

**DÉSENRHUMER** (*part.* é, ée), *v. a.* Faire cesser le rhume.

**DÉSENROUER** (*part.* é, ée), *v. a.* Ôter l'enrouement.

**DÉSENSEVELIR** (*part.* i, ie), *v. a.* Tirer un mort de son linceul.

**DÉSENSORCELER** (*part.* é, ée; se conj. sur *Appeler*), *v. a.* Délivrer de l'ensorcellement.

**DÉSENSORCELLEMENT**, *s. m.* Action de désensorceler.

**DÉSENTÊTER** (*part.* é, ée), *v. a.* Faire cesser l'entêtement.

**DÉSERT**, *s. m.* Pays inhabité, terre inculte; solitude, retraite.

**DÉSERT**, E, *adj.* Inhabité, dépeuplé.

**DÉSERTER** (*part.* é, ée), *v. a.* Abandonner un lieu; —, *v. n.* Quitter le service militaire sans congé.

**DÉSERTEUR**, *s. m.* Celui qui déserte.

**DÉSERTION**, *s. f.* Action de déserter.

**DÉSESPÉRANT**, E, *adj.* Qui plonge dans le désespoir.

**DÉSESPÉRÉ**, ÉE, *adj.* Dont on n'espère plus rien; —, *s.* Personne sans espoir, un furieux.

**DÉSESPÉRÉMENT**, *adv.* En désespéré.

**DÉSESPÉRER** (*part.* é, ée), *v. a.* Tourmenter, affliger vivement; —, *v. n.* Perdre l'espérance; *se* —, *v. pr.* S'abandonner au désespoir.

**DÉSESPOIR**, *s. m.* Perte de toute espérance; découragement, abattement; chagrin violent.

**DÉSHABILLÉ**, *s. m.* Habillement du matin.

**DÉSHABILLER** (*part.* é, ée), *v. a.* Ôter les habits; *se* —, *v. pr.* Ôter ses habits.

**DÉSHABITUER** (*part.* é, ée), *v. a.* Faire perdre une habitude.

**DÉSHÉRENCE**, *s. f.* État d'une succession vacante.

**DÉSHÉRITER** (*part.* é, ée), *v. a.* Priver de sa succession.

**DÉSHEURER** (*part.* é, ée), *v. a.* Déranger les heures, les occupations habituelles de quelqu'un.

**DESHONNÊTE**, *adj.* 2 *g.* Contraire à la pudeur, à la bienséance.

**DÉSHONNÊTEMENT**, *adv.* D'une manière déshonnête.

**DÉSHONNÊTETÉ**, *s. f.* Vice de ce qui est déshonnête.

**DÉSHONNEUR**, *s. m.* Honte, opprobre, infamie.

**DÉSHONORABLE**, *adj.* 2 *g.* Qui cause du déshonneur.

**DÉSHONORANT**, E, *adj.* Qui déshonore.

**DÉSHONORER** (*part.* é, ée), *v. a.* Perdre d'honneur et de réputation; diffamer; *se* —, *v. pr.* Se perdre d'honneur.

**DÉSIGNATION**, *s. f.* Action de désigner.

**DÉSIGNER** (*part.* é, ée), *v. a.* Faire connaître d'une manière précise.

**DÉSINENCE**, *s. f.* Terminaison des mots.

**DÉSINFECTER** (*part.* é, ée), *v. a.* Ôter l'infection.

**DÉSINFECTION**, *s. f.* Action d'ôter l'infection.

**DÉSINTÉRESSÉ**, ÉE, *adj.* Qui a du désintéressement.

**DÉSINTÉRESSEMENT**, *s. m.* Oubli, sacrifice de son propre intérêt.

**DÉSINTÉRESSÉMENT**, *adv.* Sans vue d'intérêt.

**DÉSINTÉRESSER** (*part.* é, ée), *v. a.* Mettre hors d'intérêt.

**DÉSIR**, *s. m.* Souhait; mouvement de la volonté vers un bien qu'on n'a pas.

**DÉSIRABLE**, *adj.* 2 *g.* Digne d'être désiré.

**DÉSIRER** (*part.* é, ée), *v. a.* Souhaiter; former des vœux.

**DÉSIREUX**, EUSE, *adj.* Qui désire.

**DÉSISTEMENT**, *s. m.* Action de se désister.

se **DÉSISTER**, *v. pr.* Se départir, renoncer à.

**DÉSOBÉIR** (*part.* i, ie), *v. n.* Refuser d'obéir.

**DÉSOBÉISSANCE**, *s. f.* Défaut d'obéissance.

**DÉSOBÉISSANT**, E, *adj.* Qui désobéit.

**DÉSOBLIGEAMMENT**, *adv.* D'une manière désobligeante.

**DÉSOBLIGEANCE**, *s. f.* Disposition à désobliger.

**DÉSOBLIGEANT**, E, *adj.* Qui désoblige.

**DÉSOBLIGER** (*part.* é, ée), *v. a.* Faire du déplaisir, de la peine.

**DÉSOBSTRUER** (*part.* é, ée), *v. a.* Ôter ce qui embarrasse; détruire les obstructions.

**DÉSOCCUPATION**, *s. f.* État d'une personne désoccupée, désœuvrée.

**DÉSOCCUPÉ**, ÉE, *adj.* Qui est sans occupation, désœuvré.

**DÉSŒUVRÉ**, ÉE, *adj.* Qui ne fait rien.

**DÉSŒUVREMENT**, *s. m.* État d'une personne désœuvrée.

**DÉSOLANT, E**, *adj.* Qui désole, qui afflige.

**DÉSOLATEUR**, *s. m.* Celui qui désole, qui ravage, qui détruit.

**DÉSOLATION**, *s. f.* Affliction extrême, ruine entière; action de ravager (un pays).

**DÉSOLÉ, ÉE**, *adj.* Triste, affligé; ravagé.

**DÉSOLER** (*part.* é, ée), *v. a.* Affliger quelqu'un, lui causer une grande peine; ruiner, ravager, détruire; *se —*, *v. pr.* S'attrister.

**DÉSOPILATIF, IVE**, *adj.* Propre à désopiler.

**DÉSOPILER** (*part.* é, ée), *v. a.* Faire cesser les obstructions; — *la rate*, faire rire.

**DÉSORDONNÉ, ÉE**, *adj.* Déréglé.

**DÉSORDONNÉMENT**, *adv.* Avec désordre.

**DÉSORDONNER** (*part.* é, ée), *v. a.* Mettre en désordre.

**DÉSORDRE**, *s. m.* Défaut d'ordre, dérangement, confusion, tumulte, trouble, agitation; déréglement de mœurs.

**DÉSORGANISATION**, *s. f.* Action de désorganiser; état de ce qui est désorganisé.

**DÉSORGANISER** (*part.* é, ée), *v. a.* Détruire l'organisation, troubler l'ordre.

**DÉSORIENTER** (*part.* é, ée), *v. a.* Faire perdre la connaissance du lieu où l'on est; *fig.* Dérouter, déconcerter.

**DÉSORMAIS**, *adv.* A l'avenir.

**DÉSOSSEMENT**, *s. m.* Action de désosser.

**DÉSOSSER** (*part.* é, ée), *v. a.* Ôter les os.

**DESPOTE**, *s. m.* Celui qui gouverne arbitrairement; celui qui tyrannise ceux qui l'environnent.

**DESPOTIQUE**, *adj.* 2 *g.* Absolu, arbitraire.

**DESPOTIQUEMENT**, *adv.* D'une manière despotique.

**DESPOTISME**, *s. m.* Pouvoir absolu, arbitraire; tyrannie.

**se DESSAISIR** (*part.* i, ie), *v. pr.* Relâcher, abandonner.

**DESSAISISSEMENT**, *s. m.* Action de se dessaisir.

**DESSAISONNER** (*part.* é, ée), *v. a.* Changer l'ordre annuel de la culture de la terre.

**DESSALER** (*part.* é, ée), *v. a.* Ôter la salure; rendre moins salé.

**DESSANGLER** (*part.* é, ée), *v. a.* Lâcher les sangles.

**DESSÉCHANT, E**, *adj.* Qui dessèche.

**DESSÉCHEMENT**, *s. m.* Action de dessécher; état d'une chose desséchée.

**DESSÉCHER** (*part.* é, ée), *v. a.* Rendre sec; mettre à sec.

**DESSEIN**, *s. m.* Intention, projet, résolution; *à —*, *loc. adv.* Avec intention.

**DESSELLER** (*part.* é, ée), *v. a.* Enlever la selle de dessus un cheval.

**DESSERRE**, *s. f.* *Dur à la —*, qui a de la peine à donner de l'argent.

**DESSERRER** (*part.* é, ée), *v. a.* Lâcher ce qui est trop serré.

**DESSERT**, *s. m.* Le fruit et tout ce qu'on sert sur la table à la fin d'un repas.

**DESSERTE**, *s. f.* Mets ôtés de dessus la table.

**DESSERVANT**, *s. m.* Prêtre qui dessert une cure à la place du titulaire.

**DESSERVIR** (*part.* i, ie; se conj. sur *Servir*), *v. a.* Enlever les plats de dessus la table; nuire à quelqu'un; faire le service d'une cure.

**DESSICCATIF, IVE**, *adj.* Qui dessèche.

**DESSICCATION**, *s. f.* Action de dessécher.

**DESSILLER** (ll m.; *part.* é, ée), *v. a.* Ouvrir les yeux de quelqu'un; *fig.* Désabuser.

**DESSIN**, *s. m.* Art de dessiner; représentation au crayon de figures, de paysages, de morceaux d'architecture, etc.; plan.

**DESSINATEUR**, *s. m.* Celui qui dessine par profession.

**DESSINER** (*part.* é, ée), *v. a.* Imiter par des traits la forme des objets.

**DESSOLER** (*part.* é, ée), *v. a.* Changer l'ordre des cultures; ôter la sole d'un cheval.

**DESSOUDER** (*part.* é, ée), *v. a.* Ôter la soudure.

**DESSOÛLER** (*part.* é, ée), *t. bas et trivial*, *v. a.* Faire cesser l'ivresse; —, *v. n.* Cesser d'être ivre.

**DESSOUS**, *s. m.* Partie inférieure d'une chose; désavantage; —, *adv.* et *prép.* Sous, plus bas; *au* —, plus bas; d'une valeur moindre.

**DESSUS**, *s. m.* Partie supérieure d'une chose; avantage; —, *t. de musique*, la partie la plus haute; —, *adv.* et *prép.* Sur; *au* —, plus haut, d'une valeur plus grande; *par* —, au delà; en outre de.

**DESTIN**, *s. m.* Fatalité; causes, enchaînement des événements; sort.

**DESTINATAIRE**, *s. 2 g.* Celui ou Celle à qui une lettre ou un colis est adressé.

**DESTINATION**, *s. f.* Emploi déterminé d'une personne ou d'une chose; lieu où l'on se rend, où l'on expédie des marchandises.

**DESTINÉE**, *s. f.* Destin, effet du destin; vie.

**DESTINER** (*part.* é, ée), *v. a.* Fixer la destination de quelqu'un ou de quelque chose; —, *v. n.* Projeter; *se*—, *v. pr.* Se préparer à telle destination.

**DESTITUABLE**, *adj. 2 g.* Qui peut être destitué.

**DESTITUÉ, ÉE**, *adj.* Privé de son emploi; dénué.

**DESTITUER** (*part.* é, ée), *v. a.* Priver quelqu'un de son emploi.

**DESTITUTION**, *s. f.* Privation d'un emploi.

**DESTRUCTEUR**, *s. m.* Celui qui détruit.

**DESTRUCTIF, IVE**, *adj.* Qui cause la destruction.

**DESTRUCTION**, *s. f.* Ruine totale.

**DÉSUÉTUDE**, *s. f.* Cessation d'un usage, abolition d'une loi par le défaut d'observation.

**DÉSUNION**, *s. f.* Séparation des parties d'un tout; *fig.* Mésintelligence.

**DÉSUNIR** (*part.* i, ie), *v. a.* Séparer ce qui était uni; *fig.* Rompre la bonne intelligence.

**DÉTACHEMENT**, *s. m.* Dégagement de tout ce qui attache l'âme; troupe de soldats détachés d'un corps.

**DÉTACHER** (*part.* é, ée), *v. a.* Ôter les taches.

**DÉTACHER** (*part.* é, ée), *v. a.* Séparer ce qui est attaché; ôter, défaire; envoyer en détachement; *se*—, *v. pr.* Se débarrasser de son attache, se dénouer; *fig.* S'affranchir de.

**DÉTAIL**, *s. m.* Division par petites parties; particularités, circonstances d'un fait; *en* —, *loc. adv.* Par petites mesures.

**DÉTAILLANT** (ll m.), *adj.* et *s. m.* Marchand qui vend en détail.

**DÉTAILLER** (ll m.; *part.* é, ée), *v. a.* Faire un récit circonstancié; vendre en détail.

**DÉTAILLEUR**, *s. m.* Détaillant.

**DÉTALAGE**, *s. m.* Action de détaler.

**DÉTALER** (*part.* é, ée), *v. a.* Ôter l'étalage; —, *v. n.* Fuir.

**DÉTEINDRE** (se conj. sur *Teindre*), *v. a.* Faire perdre la couleur; —, *v. n.* et *se* —, *v. pr.* Perdre sa couleur.

**DÉTELER** (*part.* é, ée), *v. a.* Détacher (des bêtes attelées).

**DÉTENDRE** (*part.* u, ue), *v. a.* Relâcher ce qui est tendu.

**DÉTENIR** (se conj. sur *Tenir*), *v. a.* Retenir (le bien d'autrui); tenir prisonnier.

**DÉTENTE**, *s. f.* Pièce du ressort d'un fusil.

**DÉTENTEUR, TRICE**, *s.* Celui ou Celle qui possède indûment, qui retient un bien.

**DÉTENTION**, *s. f.* Emprisonnement; état d'une chose saisie judiciairement.

**DÉTENU, UE**, *s.* Prisonnier, prisonnière.

**DÉTÉRIORATION**, *s. f.* Action de détériorer; effet de cette action.

**DÉTÉRIORER** (*part.* é, ée), *v. a.* Dégrader; rendre pire; *se* —, *v. pr.* Se dégrader.

**DÉTERMINANT, E**, *adj.* Qui sert à déterminer.

**DÉTERMINATIF, IVE**, *adj.* Qui détermine, qui précise; —, *s. m.* Ce qui sert à préciser.

**DÉTERMINATION**, *s. f.* Résolution; application précise d'un mot.

**DÉTERMINÉ, ÉE**, *adj.* Résolu;

hardi; fixe, fixé; —, *s. m.* Homme méchant, emporté.

**DÉTERMINÉMENT**, *adv.* Absolument; courageusement.

**DÉTERMINER** (*part.* é, ée), *v. a.* Fixer les bornes, les limites; fixer la signification des mots, fixer; faire prendre une résolution; *se* —, *v. pr.* Prendre une résolution, se décider.

**DÉTERRER** (*part.* é, ée), *v. a.* Tirer de terre; *fig.* Découvrir.

**DÉTESTABLE**, *adj.* 2 *g.* Abominable; très-mauvais.

**DÉTESTABLEMENT**, *adv.* D'une manière détestable.

**DÉTESTATION**, *s. f.* Horreur pour une chose.

**DÉTESTER** (*part.* é, ée), *v. a.* Avoir en horreur.

**DÉTIRER** (*part.* é, ée), *v. a.* Étendre en tirant.

**DÉTISER** (*part.* é, ée), *v. a.* Écarter les tisons du feu.

**DÉTISSER** (*part.* é, ée), *v. a.* Défaire un tissu.

**DÉTONATION**, *s. f.* Action de détoner; inflammation subite avec explosion.

**DÉTONER**, *v. n.* S'enflammer subitement en faisant explosion.

**DÉTONNER** (*part.* é, ée), *v. n.* Sortir du ton, *t. de musique.*

**DÉTORDRE** (se conj. sur *Tordre*), *v. a.* Défaire ce qui est tordu.

**DÉTORS, E**, *adj.* Qui n'est plus tors.

**DÉTORTILLER** (*part.* é, ée), *v. a.* Défaire ce qui est tortillé.

**DÉTOUR**, *s. m.* Sinuosité, chemin qui va en tournant; *fig.* Subtilité, subterfuge.

**DÉTOURNER** (*part.* é, ée), *v. a.* Écarter; éloigner; soustraire; dissuader; —, *v. n.* Quitter le droit chemin; *se* —, *v. pr.* Se tourner d'un autre côté, prendre une autre route.

**DÉTRACTER** (*part.* é, ée), *v. a.* et *v. n.* Rabaisser le mérite de quelqu'un.

**DÉTRACTEUR**, *s.* et *adj. m.* Celui qui détracte.

**DÉTRACTION**, *s. f.* Action de détracter.

**DÉTRAQUER** (*part.* é, ée), *v. a.* Mettre en désordre; déranger; *se* — *v. pr.* Se déranger.

**DÉTREMPE**, *s. f.* Couleur délayée dans l'eau; peinture faite avec cette couleur.

**DÉTREMPER** (*part.* é, ée), *v. a.* Délayer dans un liquide; ôter la trempe de l'acier.

**DÉTRESSE**, *s. f.* Peine d'esprit, angoisse; grand besoin; danger extrême.

**DÉTRIMENT**, *s. m.* Dommage; préjudice.

**DÉTRITUS**, *s. m.* Débris d'une substance quelconque.

**DÉTROIT**, *s. m.* Bras de mer étroit entre deux terres.

**DÉTROMPER** (*part.* é, ée), *v. a.* Tirer d'erreur; *se* —, *v. pr.* Se désabuser.

**DÉTRÔNER** (*part.* é, ée), *v. a* Chasser du trône.

**DÉTROUSSER** (*part.* é, ée), *v. a* Faire retomber ce qui était troussé; *fig.* Voler sur la voie publique.

**DÉTROUSSEUR**, *s. m.* Voleur qui détrousse les passants.

**DÉTRUIRE** (*Ind. pr.* je détruis, tu détruis, il détruit, nous détruisons, vous détruisez, ils détruisent; *imp.* je détruisais, etc., nous détruisions, etc.; *p. déf.* je détruisis, etc., nous détruisîmes, etc.; *fut.* je détruirai, etc., nous détruirons, etc.; *cond.* je détruirais, etc., nous détruirions, etc.; *impér.* détruis, détruisons, etc.; *subj. pr.* que je détruise, etc., que nous détruisions, etc.; *imp. subj.* que je détruisisse, etc., que nous détruisissions, etc.; *p. pr.* détruisant; *p. p.* détruit, te), *v. a.* Renverser; anéantir; *se* —, *v. pr.* Se ruiner, s'altérer; se donner la mort.

**DETTE**, *s. f.* Ce qui est dû.

**DEUIL**, *s. m.* Douleur qu'on ressent de la mort de quelqu'un; habits qu'on porte en signe de douleur pour la mort d'un parent.

**DEUTÉRONOME**, *s. m.* Nom donné au cinquième livre du *Pentateuque.*

**DEUX**, *adj.* 2 *g.* et *s. m.* Nombre cardinal double de l'unité.

**DEUXIÈME**, *adj.* 2 *g.* Nombre ordinal de deux.

**DEUXIÈMEMENT**, *adv.* En second lieu.

**DEUX-SÈVRES**, nom du départ. formé d'une partie du Poitou, de la Saintonge et de l'Aunis (Niort, chef-lieu).

**DÉVALISER** (*part.* é, ée), *v. a.* Dérober à quelqu'un ses effets.

**DEVANCER** (*part.* é, ée), *v. a.* Précéder, prendre le devant; *fig.* Surpasser en mérite.

**DEVANCIER**, **IÈRE**, *s.* Prédécesseur dans un emploi, etc.; *au pl. m.* Ancêtres, aïeux.

**DEVANT**, *s. m.* Partie antérieure; —, *prép.* et *adv.* Vis-à-vis, en présence; *au* —, à la rencontre de; *par* —, en présence de.

**DEVANTIÈRE**, *s. f.* Long tablier de femme pour monter à cheval.

**DEVANTURE**, *s. f.* Partie extérieure d'une boutique.

**DÉVASTATEUR**, **TRICE**, *s.* Celui ou Celle qui dévaste.

**DÉVASTATION**, *s. f.* Action de dévaster; état d'un lieu dévasté.

**DÉVASTER** (*part.* é, ée), *v. a.* Détruire avec fureur, ravager.

**DÉVELOPPEMENT**, *s. m.* Action de développer; ses effets.

**DÉVELOPPER** (*part.* é, ée), *v. a.* Ôter l'enveloppe; déployer une chose enveloppée; éclaircir; débrouiller; donner de l'accroissement; *se* —, *v. pr.* Prendre de l'accroissement.

**DEVENIR** (*part.* u, ue; se conj. sur *Venir*), *v. n.* Commencer à être ce qu'on n'était pas.

**DÉVERGONDAGE**, *s. m.* Libertinage éhonté.

**DÉVERGONDÉ**, **ÉE**, *adj.* et *s.* Qui n'a point de pudeur, point de honte.

**DEVERS**, *prép.* Du côté de; *par*—, en la possession de.

**DÉVERSER**, *v. n.* Pencher, incliner; — (*part.* é, ée), *v. a.* Pencher, incliner quelque chose; jeter, répandre.

**DÉVERSOIR**, *s. m.* Décharge d'eau d'un moulin.

se **DÉVÊTIR** (se conj. sur *Vêtir*), *v. pr.* Se dégarnir d'habits.

**DÉVIATION**, *s. f.* Action de dévier; écart; détour.

**DÉVIDAGE**, *s. m.* Action de dévider.

**DÉVIDER** (*part.* é, ée), *v. a.* Mettre du fil, etc., en peloton.

**DÉVIDEUR**, **EUSE**, *s.* Celui ou Celle qui dévide.

**DÉVIDOIR**, *s. m.* Instrument pour dévider.

**DÉVIER** (se conj. sur *Prier*), *v. n.* Se détourner, être détourné de sa route.

**DEVIN**, *s. m.* Celui qui prétend deviner l'avenir.

**DEVINER** (*part.* é, ée), *v. a.* Juger par conjecture; prédire; découvrir ce qui est caché.

**DEVINERESSE**, *s. f.* Femme qui prétend connaître l'avenir.

**DEVINEUR**, **EUSE**, *s.* Celui ou Celle qui se croit habile à deviner.

**DEVIS**, *s. m.* État détaillé de ce que doivent coûter des travaux d'architecture; état de dépenses à faire.

**DÉVISAGER** (*part.* é, ée), *v. a.* Déchirer le visage en égratignant; considérer attentivement.

**DEVISE**, *s. f.* Figure allégorique; sentence.

**DEVISER**, *v. n.* Causer familièrement.

**DÉVISSER** (*part.* é, ée), *v. a.* Ôter les vis.

**DÉVOIEMENT**, *s. m.* Flux de ventre.

**DÉVOILEMENT**, *s. m.* Action de dévoiler.

**DÉVOILER** (*part.* é, ée), *v. a.* Ôter le voile; *fig.* Découvrir ce qui est caché; *se* —, *v. pr.* Cesser d'être secret.

**DEVOIR** (*Ind. pr.* je dois, tu dois, il doit, nous devons, vous devez, ils doivent; *imp.* je devais, etc., nous devions, etc.; *p. déf.* je dus, etc., nous dûmes, etc.; *fut.* je devrai, etc., nous devrons, etc.; *cond.* je devrais, etc., nous devrions, etc.; *impér.* dois, devons, devez; *subj. pr.* que je doive, etc., que nous devions, etc.; *imp. subj.* que je dusse, etc., que nous dussions, etc.; *p. pr.* devant; *p. p.* dû, due), *v. a.* Être obligé à, être redevable de. (Ce verbe sert encore à marquer l'intention qu'on a de faire une chose et à indiquer la probabilité d'une chose.)

**DEVOIR**, *s. m.* Ce à quoi on est obligé.

**DÉVOLU, E**, *adj.* Échu par droit.

**DÉVOLUTION**, *s. f.* Ce qui est dévolu.

**DÉVORANT, E**, *adj.* Qui dévore.

**DÉVORER** (*part.* é, ée), *v. a.* Déchirer avec les dents; manger avidement; *fig.* Consumer, détruire.

**DÉVOT, E**, *adj.* Qui a de la dévotion; —, *s.* Celui ou Celle qui a une fausse dévotion.

**DÉVOTEMENT**, *adv.* Avec dévotion.

**DÉVOTIEUSEMENT**, *adv.* Dévotement.

**DÉVOTIEUX, EUSE**, *adj.* Dévot.

**DÉVOTION**, *s. f.* Piété; attachement au culte de Dieu; dévouement à quelqu'un.

**DÉVOUEMENT**, *s. m.* Sacrifice de soi-même, de sa propre volonté, aux intérêts, aux volontés d'un autre.

**DÉVOUER** (*part.* é, ée), *v. a.* Consacrer; donner sans réserve; *se* —, *v. pr.* Se consacrer entièrement.

**DÉVOYER** (*part.* é, ée), *v. a.* Éloigner de la bonne voie; donner le dévoiement.

**DEXTÉRITÉ**, *s. f.* Adresse des mains, de l'esprit.

**DEXTRE**, *s. f.* Main droite.

**DEY**, *s. m.* Chef de l'ancien gouvernement d'Alger.

**DIA !** *interj.* employée par les charretiers pour faire tourner les chevaux à gauche.

**DIABLE**, *s. m.* Esprit malin qui nous tente et nous porte au mal; —! *interj.*

**DIABLEMENT**, *adv.* Excessivement.

**DIABLERIE**, *s. f.* Mauvais effet dont on ne connaît pas la cause.

**DIABLESSE**, *s. f.* Méchante femme.

**DIABLOTIN**, *s. m.* Petit diable; enfant vif et méchant; sorte de bonbons.

**DIABOLIQUE**, *adj.* 2 *g.* Qui tient du diable; méchant.

**DIABOLIQUEMENT**, *adv.* D'une manière méchante.

**DIACONAL, E**, *adj.* Qui appartient au diacre.

**DIACONAT**, *s. m.* Le second des ordres sacrés.

**DIACRE**, *s. m.* Celui qui est promu au diaconat.

**DIADÈME**, *s. m.* Bandeau royal.

**DIAGNOSTIC**, *s. m.* Science qui a pour objet de reconnaître les maladies.

**DIAGNOSTIQUE**, *adj.* 2 *g.* Qui a rapport au diagnostic.

**DIAGONAL, E**, *adj.* Qui a le caractère de la diagonale.

**DIAGONALE**, *s. f.* Ligne qui va de l'un des angles d'une figure rectiligne à l'angle opposé.

**DIAGONALEMENT**, *adv.* D'une manière diagonale.

**DIALECTE**, *s. m.* Idiome; langage propre aux habitants d'une partie d'un pays.

**DIALECTICIEN**, *s. m.* Celui qui enseigne la dialectique; celui qui raisonne bien.

**DIALECTIQUE**, *s. f.* Art de raisonner avec justesse.

**DIALECTIQUEMENT**, *adv.* Selon les règles de la dialectique.

**DIALOGUE**, *s. m.* Entretien de plusieurs personnes.

**DIALOGUER**, *v. n.* Converser; — (*part.* é, ée), *v. a.* Mettre en dialogue.

**DIAMANT**, *s. m.* Pierre précieuse.

**DIAMÉTRAL, E**, *adj.* Qui a rapport au diamètre.

**DIAMÉTRALEMENT**, *adv.* D'un bout du diamètre à l'autre; *fig.* En sens tout à fait contraire.

**DIAMÈTRE**, *s. m.* Ligne qui coupe un cercle en deux parties égales.

**DIANE**, *s. f.* Réveil militaire battu par le tambour au point du jour; nom d'une déesse.

**DIANTRE**, *interj.* pour marquer l'étonnement ou la colère.

**DIAPASON**, *s. m.* Étendue des sons d'une voix ou d'un instrument.

**DIAPHANE**, *adj.* 2 *g.* Transparent.

**DIAPHRAGME**, *s. m.* Muscle qui sépare la poitrine de l'abdomen.

**DIAPRÉ, ÉE**, *adj.* Qui est de couleurs variées.

**DIAPRER** (*part.* é, ée), *v. a.* Varier de plusieurs couleurs.

**DIARRHÉE**, *s. f.* Flux de ventre; dévoiement.

**DIATONIQUE**, *adj.* 2 *g.* Qui procède par les tons naturels de la gamme.

**DIATONIQUEMENT**, *adv.* Dans l'ordre diatonique.

**DIATRIBE**, *s. f.* Critique amère et violente; pamphlet.

**DICTATEUR**, *s. m.* Magistrat suprême de l'ancienne Rome.

**DICTATORIAL, E**, *adj.* Qui a rapport au dictateur.

**DICTATURE**, *s. f.* Dignité, autorité de dictateur.

**DICTÉE**, *s. f.* Action de dicter; ce qu'on dicte.

**DICTER** (*part.* é, ée), *v. a.* Lire à haute voix pour faire écrire; *fig.* Suggérer, inspirer.

**DICTION**, *s. f.* Choix et arrangement des mots.

**DICTIONNAIRE**, *s. m.* Recueil alphabétique des mots d'une langue, des termes d'une science.

**DICTON**, *s. m.* Mot sentencieux passé en proverbe; raillerie.

**DIDACTIQUE**, *adj.* 2 *g.* Propre à l'enseignement; —, *s. f.* Art d'enseigner.

**DIE**, chef-lieu d'arr. du dép. de la Drôme.

**DIEPPE**, chef-lieu d'arr. du dép. de la Seine-Inférieure.

**DIÈSE**, *s. m.* Signe musical pour faire élever le son d'un demi-ton.

**DIÉSÉ, ÉE**, *adj.* Marqué d'un dièse.

**DIÉSER** (*part.* é, ée), *v. a.* Marquer d'un dièse.

**DIÈTE**, *s. f.* Régime de vie, nourriture réglée; abstinence de nourriture; nom donné à certaines assemblées délibérantes.

**DIÉTÉTIQUE**, *adj.* 2 *g.* Qui est relatif à la diète, au régime.

**DIEU**, *s. m.* Le souverain être qui a créé et gouverne tout; une divinité païenne.

**DIFFAMANT, E**, *adj.* Qui tend à diffamer.

**DIFFAMATEUR**, *s. m.* Celui qui diffame.

**DIFFAMATION**, *s. f.* Action de diffamer; propos diffamants.

**DIFFAMATOIRE**, *adj.* 2 *g.* Qui diffame.

**DIFFAMER** (*part.* é, ée), *v. a.* Déshonorer, perdre de réputation.

**DIFFÉREMMENT**, *adv.* D'une manière différente.

**DIFFÉRENCE**, *s. f.* Diversité, dissemblance.

**DIFFÉRENCIER** (*part.* é, ée), *v. a.* Marquer la différence.

**DIFFÉREND**, *s. m.* Débat, contestation.

**DIFFÉRENT, E**, *adj.* Dissemblable, divers.

**DIFFÉRENTIEL, ELLE**, *adj.* Qui procède par différences.

**DIFFÉRER** (*part.* é, ée), *v. a.* Retarder, remettre à un autre temps; —, *v. n.* Être différent; n'être pas du même avis.

**DIFFICILE**, *adj.* 2 *g.* Qui présente des difficultés; peu facile à contenter.

**DIFFICILEMENT**, *adv.* Avec difficulté.

**DIFFICULTÉ**, *s. f.* Chose difficile; obstacle, embarras; contestation.

**DIFFICULTUEUX, EUSE**, *adj.* Qui se rend difficile sur tout; qui fait des difficultés sur tout.

**DIFFORME**, *adj.* 2 *g.* Laid, défiguré.

**DIFFORMITÉ**, *adj.* 2 *g.* Défaut dans la forme, dans les proportions, etc.

**DIFFUS, E**, *adj.* Verbeux, prolixe.

**DIFFUSÉMENT**, *adv.* D'une manière diffuse.

**DIFFUSION**, *s. f.* Action par laquelle un fluide se répand; abondance excessive de paroles.

**DIGÉRER** (*part.* é, ée), *v. a.* Faire la digestion; *fig.* Souffrir patiemment; examiner une affaire avec soin.

**DIGESTE**, *s. m.* Recueil des lois romaines.

**DIGESTEUR**, *s. m.* Vase de métal hermétiquement fermé, pour élever l'eau à une haute température sans la faire bouillir.

**DIGESTIF, IVE**, *adj.* Qui fait digérer.

**DIGESTION**, *s. f.* Coction des aliments dans l'estomac ; action de digérer.

**DIGITAL, E**, *adj.* Qui appartient aux doigts.

**DIGITALE**, *s. f.* Genre de plantes dont la fleur a la forme d'un dé à coudre.

**DIGNE**, chef-lieu du dép. des Basses-Alpes.

**DIGNE**, *adj.* 2 *g.* Qui mérite; distingué par son mérite.

**DIGNEMENT**, *adv.* Selon ce qu'on mérite ; très-bien.

**DIGNITAIRE**, *s. m.* Celui qui est revêtu d'une dignité.

**DIGNITÉ**, *s. f.* Mérite ; importance ; charge éminente ; gravité dans les manières, etc.

**DIGRESSION**, *s. f.* Ce qui, dans un discours, sort du sujet principal.

**DIGUE**, *s. f.* Chaussée pour contenir les eaux ; *fig.* Obstacle, frein.

**DIJON**, chef-lieu du dép. de la Côte-d'Or.

**DILACÉRATION**, *s. f.* Action de dilacérer.

**DILACÉRER** (*part.* é, ée), *v. a.* Mettre en pièces avec violence.

**DILAPIDATEUR, TRICE**, *s.* et *adj.* Celui ou Celle qui dilapide.

**DILAPIDATION**, *s. f.* Dépense folle et désordonnée ; vol des deniers publics.

**DILAPIDER** (*part.* é, ée), *v. a.* Dépenser follement ; voler les deniers publics.

**DILATABILITÉ**, *s. f.* Propriété de ce qui est dilatable.

**DILATABLE**, *adj.* 2 *g.* Susceptible d'être dilaté.

**DILATATION**, *s. f.* Extension, augmentation.

**DILATER** (*part.* é, ée), *v. a.* Élargir, étendre ; *se* —, *v. pr.* S'étendre.

**DILATOIRE**, *adj.* 2 *g.* Qui tend à retarder.

**DILECTION**, *s. f.* Amour, charité.

**DILEMME**, *s. m.* Argument composé de deux propositions différentes ou contraires.

**DILIGEMMENT**, *adv.* Promptement.

**DILIGENCE**, *s. f.* Activité, promptitude ; voiture publique pour voyager.

**DILIGENT, E**, *adj.* Vigilant, prompt, laborieux.

**DILIGENTER** (*part.* é, ée), *v. a.* et *v. n.* Faire ou Agir avec célérité ; *se* —, *v. pr.* Se presser.

**DILUVIEN, ENNE**, *adj.* Qui a rapport au déluge.

**DIMANCHE**, *s. m.* Jour de la semaine consacré aux pratiques de la religion chrétienne.

**DÎME**, *s. f.* Tribut imposé autrefois au profit de l'Église et des seigneurs.

**DIMENSION**, *s. f.* Étendue d'un corps susceptible d'être mesuré ; *au pl.* Précautions prises pour la réussite de quelque chose.

**DIMINUER** (*part.* é, ée), *v. a.* Amoindrir, rendre plus petit ; —, *v. n.* Décroître.

**DIMINUTIF, IVE**, *adj.* Qui diminue la force d'un mot ; —, *s. m.* Chose qui est en petit ce qu'une autre est en grand ; mot qui a une signification plus faible que celui dont il est formé.

**DIMINUTION**, *s. f.* Amoindrissement, retranchement, rabais.

**DINAN**, chef-lieu d'arr. du dép. des Côtes-du-Nord.

**DINDE**, *s. f.* Poule d'Inde.

**DINDON**, *s. m.* Coq d'Inde.

**DINDONNEAU**, *s. m.* Petit dindon.

**DINDONNIER, IÈRE**, *s.* Celui ou Celle qui garde les dindons.

**DÎNÉE**, *s. f.* Dépense du dîner ; lieu où l'on dîne en voyage.

**DÎNER** ou **DÎNÉ**, *s. m.* Repas fait au milieu du jour ; mets qui composent ce repas.

**DÎNER**, *v. n.* Prendre le repas du milieu du jour.

**DÎNETTE**, *s. f.* Petit dîner d'enfant.

**DÎNEUR**, *s. m.* Celui qui assiste à un dîner ou qui aime à bien dîner.

**DIOCÉSAIN, E**, *s.* Celui ou Celle qui est du diocèse ; —, *adj.* Relatif au diocèse.

**DIOCÈSE**, *s. m.* Territoire soumis à la juridiction d'un évêque.

**DIPHTHONGUE**, *s. f.* Réunion de deux voyelles en une syllabe ne formant qu'un son (Exemples : *feu*, *fou*).

**DIPLOMATE**, *s. m.* Celui qui s'occupe de diplomatie.

**DIPLOMATIE**, *s. f.* Science des intérêts respectifs des États.

**DIPLOMATIQUE**, *adj.* 2 *g.* Qui a rapport à la diplomatie; —, *s. f.* Art de reconnaître les diplômes authentiques.

**DIPLÔME**, *s. m.* Acte qui permet l'exercice d'une profession; titre d'agrégation à une société.

**DIRE** (*Ind. pr.* je dis, tu dis, il dit, nous disons, vous dites, ils disent; *imp.* je disais, etc., nous disions, etc.; *p. déf.* je dis, etc., nous dîmes, etc.; *fut.* je dirai, etc., nous dirons, etc.; *cond.* je dirais, etc., nous dirions, etc.; *impér.* dis, disons, dites; *subj. pr.* que je dise, etc., que nous disions, etc.; *imp. subj.* que je disse, etc., que nous dissions, etc.; *p. pr.* disant; *p. p.* dit, dite), *v. a.* Exprimer; faire connaître; raconter, réciter; croire, penser; indiquer, signifier; prédire; prétendre; *c'est-à-dire*, cela signifie; *se*—, *v. réfl.* Dire à soi-même.

**DIRE**, *s. m.* Ce qu'on dit; rapport; assertion.

**DIRECT**, **E**, *adj.* Droit, qui est sans détour.

**DIRECTEMENT**, *adv.* En ligne droite.

**DIRECTEUR**, **TRICE**, *s.* Celui ou Celle qui dirige, qui conduit.

**DIRECTION**, *s. f.* Fonction de directeur; conduite; administration; tendance.

**DIRECTOIRE**, *s. m.* Corps des magistrats investis du pouvoir exécutif par la constitution de 1795.

**DIRECTORIAL**, **E**, *adj.* Qui appartient au directoire.

**DIRIGEANT**, **E**, *adj.* Qui dirige.

**DIRIGER** (*part.* é, ée), *v. a.* Conduire, régler; tourner vers; *se* —, *v. pr.* Marcher vers.

**DIRIMANT**, **E**, *adj.* Qui emporte la nullité d'un mariage.

**DISCERNEMENT**, *s. m.* Faculté de discerner; justesse d'esprit; distinction.

**DISCERNER** (*part.* é, ée), *v. a.* Distinguer une chose d'une autre.

**DISCIPLE**, *s. m.* Écolier; celui qui suit la doctrine d'un maître.

**DISCIPLINABLE**, *adj.* 2 *g.* Susceptible d'être discipliné.

**DISCIPLINAIRE**, *adj.* 2 *g.* Qui a rapport à la discipline.

**DISCIPLINE**, *s. f.* Instruction, éducation; règle de vie, conduite; instrument de pénitence.

**DISCIPLINER** (*part.* é, ée), *v. a.* Instruire, régler; donner la discipline.

**DISCONTINUATION**, *s. f.* Interruption, cessation momentanée.

**DISCONTINUER** (*part.* é, ée), *v. a.* Interrompre pour un temps; —, *v. n.* Cesser.

**DISCONVENANCE**, *s. f.* Différence, inégalité.

**DISCONVENIR** (se conj. sur *Venir*), *v. n.* Ne pas être d'accord sur une chose.

**DISCORD**, *s. m.* Désaccord; —, *adj. m.* Qui n'est pas d'accord.

**DISCORDANCE**, *s. f.* Qualité de ce qui est discordant.

**DISCORDANT**, **E**, *adj.* Qui n'est pas d'accord.

**DISCORDE**, *s. f.* Dissension.

**DISCORDER**, *v. n.* Être discordant.

**DISCOUREUR**, **EUSE**, *s.* Celui ou Celle qui parle beaucoup.

**DISCOURIR** (se conj. sur *Courir*), *v. n.* Parler avec étendue sur un sujet; ne dire que des choses frivoles.

**DISCOURS**, *s. m.* Harangue; entretien; composition oratoire en vers ou en prose.

**DISCOURTOIS**, **E**, *adj.* Qui manque de courtoisie.

**DISCOURTOISIE**, *s. f.* Manque de courtoisie.

**DISCRÉDIT**, *s. m.* Perte du crédit.

**DISCRÉDITER** (*part.* é, ée), *v. a.* Faire perdre le crédit, la considération.

**DISCRET**, **ÈTE**, *adj.* Prudent; judicieux; qui a de la retenue.

**DISCRÈTEMENT**, *adv.* Avec discrétion.

**DISCRÉTION**, *s. f.* Circonspection, sagesse, prudence; conduite discrète; *à* —, *loc. adv.* Autant qu'on veut.

**DISCRÉTIONNAIRE**, *adj.* 2 *g.* *Pouvoir* —, faculté d'agir selon sa volonté particulière.

**DISCULPER** (*part.* é, ée), *v. a.* Justifier; *se —*, *v. pr.* Se justifier d'une faute, etc.

**DISCUSSION**, *s. f.* Examen; recherche; contestation.

**DISCUTER** (*part.* é, ée), *v. a.* Considérer avec attention; contester.

**DISERT**, **E**, *adj.* Qui parle avec élégance.

**DISERTEMENT**, *adv.* D'une manière diserte.

**DISETTE**, *s. f.* Pénurie, manque de choses nécessaires.

**DISEUR**, **EUSE**, *s.* Celui ou Celle qui dit; *diseur de bonne aventure*, celui qui prétend annoncer l'avenir.

**DISGRÂCE**, *s. f.* Perte des bonnes grâces; infortune.

**DISGRACIÉ**, **ÉE**, *adj.* Qui n'est plus en faveur; qui est difforme.

**DISGRACIER** (*part.* é, ée), *v. a.* Cesser de favoriser, priver de sa protection.

**DISGRACIEUSEMENT**, *adv.* D'une manière disgracieuse.

**DISGRACIEUX**, **EUSE**, *adj.* Désagréable.

**DISJOINDRE** (se conj. sur *Joindre*), *v. a.* Séparer ce qui est joint.

**DISJONCTION**, *s. f.* Séparation.

**DISLOCATION**, *s. f.* Déboîtement d'un os; *fig.* Division, séparation.

**DISLOQUER** (*part.* é, ée), *v. a.* Déboîter les os; *fig.* Diviser, éparpiller.

**DISPARAÎTRE** (*part.* disparu, ue; se conj. sur *Paraître*), *v. n.* Cesser de paraître; se retirer de quelque endroit; cesser d'exister.

**DISPARATE**, *s. f.* Manque d'accord, de rapport, etc.; —, *adj.* 2 *g.* Opposé, qui forme contraste.

**DISPARITÉ**, *s. f.* Inégalité, différence.

**DISPARITION**, *s. f.* Action de disparaître.

**DISPENDIEUX**, **EUSE**, *adj.* Coûteux.

**DISPENSAIRE**, *s. m.* Lieu où l'on donne gratuitement des consultations et des médicaments aux malades indigents.

**DISPENSATEUR**, **TRICE**, *s.* Celui ou Celle qui distribue.

**DISPENSATION**, *s. f.* Distribution.

**DISPENSE**, *s. f.* Exemption; permission.

**DISPENSER** (*part.* é, ée), *v. a.* Exempter de la règle ordinaire; distribuer; *se —*, *v. pr.* Prendre sur soi de ne pas faire une chose.

**DISPERSER** (*part.* é, ée), *v. a.* Répandre çà et là; dissiper, mettre en désordre.

**DISPERSION**, *s. f.* Action de disperser; effets de cette action.

**DISPONIBILITÉ**, *s. f.* État de ce qui est disponible.

**DISPONIBLE**, *adj.* 2 *g.* Dont on peut disposer.

**DISPOS**, *adj. m.* Léger, agile.

**DISPOSER** (*part.* é, ée), *v. a.* Arranger; préparer; — *de*, *v. n.* Donner; vendre; *se —*, *v. pr.* S'apprêter.

**DISPOSITIF**, *s. m.* Énoncé d'une sentence.

**DISPOSITION**, *s. f.* Arrangement, préparation; convention; penchant; aptitude.

**DISPROPORTION**, *s. f.* Défaut de proportion, inégalité.

**DISPROPORTIONNÉ**, **ÉE**, *adj.* Qui manque de proportion.

**DISPUTABLE**, *adj.* 2 *g.* Qui peut être disputé.

**DISPUTAILLER** (ll m.), *v. n.* Disputer souvent et pour des riens.

**DISPUTE**, *s. f.* Débat; contestation; querelle; exercice scolastique.

**DISPUTER**, *v. n.* Être en dispute; — (*part.* é, ée), *v. a.* Contester la possession de quelque chose; *le — à*, rivaliser avec.

**DISPUTEUR**, *s. m.* Celui qui aime à disputer.

**DISQUE**, *s. m.* Palet; rondeur apparente des astres.

**DISSECTION**, *s. f.* Action de disséquer; état d'un corps disséqué.

**DISSEMBLABLE**, *adj.* 2 *g.* Différent.

**DISSEMBLANCE**, *s. f.* Différence.

**DISSÉMINATION**, *s. f.* Semis naturel des graines.

**DISSÉMINER** (*part.* é, ée), *v. a.* Répandre çà et là; éparpiller.

**DISSENSION**, *s. f.* Discorde, querelle.

**DISSENTIMENT**, *s. m.* Opinion contraire.

**DISSÉQUER** (*part.* é, ée), *v. a.* Faire l'anatomie d'un corps; *fig.* Analyser.

**DISSERTATEUR**, *s. m.* Celui qui disserte.

**DISSERTATION**, *s. f.* Examen attentif d'une question.

**DISSERTER**, *v. n.* Faire une dissertation.

**DISSIDENCE**, *s. f.* Scission.

**DISSIDENT, E**, *adj.* Qui fait scission; —, *s. m.* Sectaire qui rejette la religion dominante.

**DISSIMULATEUR**, *s. m.* Celui qui dissimule.

**DISSIMULATION**, *s. f.* Action de dissimuler.

**DISSIMULÉ, ÉE**, *adj.* Artificieux.

**DISSIMULER** (*part.* é, ée), *v. a.* Cacher (sa pensée), feindre.

**DISSIPATEUR, TRICE**, *s.* Personne prodigue, dépensière.

**DISSIPATION**, *s. f.* Action de dissiper; état de celui qui mène une vie dissipée; distraction d'esprit.

**DISSIPER** (*part.* é, ée), *v. a.* Éparpiller; disperser; détourner l'esprit de; *se* —, *v. pr.* Disparaître; se distraire.

**DISSOLU, E**, *adj.* Qui a de mauvaises mœurs, débauché.

**DISSOLUBLE**, *adj.* 2 *g.* Qui peut être dissous.

**DISSOLUMENT**, *adv.* D'une manière dissolue.

**DISSOLUTIF, IVE**, *adj.* Dissolvant.

**DISSOLUTION**, *s. f.* Séparation des parties d'un corps qui se dissout; rupture; déréglement de mœurs.

**DISSOLVANT, E**, *adj.* Propre à dissoudre; —, *s. m.* Substance qui dissout.

**DISSONANCE**, *s. f.* Faux accord.

**DISSONANT, E**, *adj.* Qui n'est pas d'accord.

**DISSOUDRE** (se conj. sur *Absoudre*), *v. a.* Décomposer, détruire, abolir, rompre.

**DISSUADER** (*part.* é, ée), *v. a.* Détourner par la persuasion.

**DISSYLLABE**, *adj.* 2 *g.* Qui est de deux syllabes; —, *s. m.* Mot de deux syllabes.

**DISTANCE**, *s. f.* Espace qui sépare; éloignement.

**DISTANT, E**, *adj.* Éloigné.

**DISTENDRE** (se conj. sur *Tendre*), *v. a.* Causer une tension violente; *se* —, *v. pr.* S'étendre, se gonfler.

**DISTENSION**, *s. f.* État des nerfs trop tendus.

**DISTILLATEUR**, *s. m.* Celui qui distille.

**DISTILLATION**, *s. f.* Art de distiller; chose distillée.

**DISTILLATOIRE**, *adj.* 2 *g.* Qui sert à distiller.

**DISTILLER** (*part.* é, ée), *v. a.* Extraire le suc, l'esprit, avec l'alambic; —, *v. n.* Couler goutte à goutte.

**DISTILLERIE**, *s. f.* Lieu où l'on distille.

**DISTINCT, E**, *adj.* Différent, séparé d'un autre; clair, net; exempt de confusion.

**DISTINCTEMENT**, *adv.* D'une manière distincte.

**DISTINCTIF, IVE**, *adj.* Qui distingue.

**DISTINCTION**, *s. f.* Différence; division, séparation, marque qui sert à distinguer; égard, préférence; prérogative; mérite, supériorité.

**DISTINGUÉ, ÉE**, *adj.* Éminent, honorable.

**DISTINGUER** (*part.* é, ée), *v. a.* Discerner; marquer la différence; traiter avec distinction; *se* —, *v. pr.* Se signaler; ne pas ressembler à.

**DISTIQUE**, *s. m.* Réunion de deux vers formant un sens.

**DISTRACTION**, *s. f.* Inapplication, inattention momentanée; moyen de se distraire; démembrement.

**DISTRAIRE** (se conj. sur *Traire*), *v. a.* Séparer; détourner; divertir; *se* —, *v. pr.* Se divertir.

**DISTRAIT, E**, *adj.* Détourné au profit de quelqu'un; inattentif; —, *s.* Personne inattentive.

**DISTRIBUER** (*part.* é, ée), *v. a.* Partager, diviser; disposer, mettre en ordre.

**DISTRIBUTEUR, TRICE**, *s.* Celui ou Celle qui distribue.

**DISTRIBUTIF, IVE**, *adj.* Qui marque la distribution.

**DISTRIBUTION**, *s. f.* Action de distribuer; effets de cette action; disposition, arrangement.

**DISTRIBUTIVEMENT**, *adv.* Dans un sens distributif.

**DISTRICT**, *s. m.* Étendue de juridiction; *fig.* Compétence.

**DIT**, *s. m.* Parole, bon mot, sentence.

**DIT, DITE**, *adj.* Conclu, décidé; surnommé.

**DITHYRAMBE**, *s. m.* Sorte de poëme lyrique.

**DITHYRAMBIQUE**, *adj.* 2 *g.* Qui appartient au dithyrambe.

**DITO** (*t. de commerce*). Idem.

**DIURÉTIQUE**, *adj.* 2 *g.* Qui fait uriner.

**DIURNE**, *adj.* 2 *g.* Qui dure un jour; qui a rapport à la durée d'un jour.

**DIVAGATION**, *s. f.* Action de divaguer.

**DIVAGUER**, *v. n.* S'éloigner d'une question que l'on discute.

**DIVAN**, *s. m.* Canapé sans dossier; conseil d'État chez les Turcs.

**DIVERGENCE**, *s. f.* État de deux lignes qui divergent.

**DIVERGENT**, **E**, *adj.* Qui diverge.

**DIVERGER**, *v. n.* S'écarter; s'éloigner.

**DIVERS**, **E**, *adj.* Différent; dissemblable; *au pl.* Plusieurs.

**DIVERSEMENT**, *adv.* Différemment.

**DIVERSIFIER** (se conj. sur *Prier*), *v. a.* Varier, changer.

**DIVERSION**, *s. f.* Action par laquelle on détourne.

**DIVERSITÉ**, *s. f.* Variété, différence.

**DIVERTIR** (*part.* i, ie), *v. a.* Détourner, distraire; réjouir, désennuyer; *se* —, *v. pr.* S'amuser.

**DIVERTISSANT**, **E**, *adj.* Qui réjouit.

**DIVERTISSEMENT**, *s. m.* Récréation; amusement; action de détourner à son profit.

**DIVIDENDE**, *s. m.* Quantité à diviser; produit d'une répartition.

**DIVIN**, **E**, *adj.* Qui appartient à Dieu; excellent, extraordinaire.

**DIVINATION**, *s. f.* Art prétendu de prédire l'avenir.

**DIVINATOIRE**, *adj.* 2 *g.* Qui a rapport à la divination.

**DIVINEMENT**, *adv.* Par la puissance divine; parfaitement.

**DIVINISER** (*part.* é, ée), *v. a.* Reconnaître pour divin; exalter.

**DIVINITÉ**, *s. f.* Essence, nature divine; Dieu même.

**DIVISER** (*part.* é, ée), *v. a.* Séparer par parties; désunir; *se* —, *v. pr.* Se partager, cesser d'être unis.

**DIVISEUR**, *s. m.* Nombre par lequel on en divise un autre.

**DIVISIBILITÉ**, *s. f.* Qualité de ce qui peut être divisé.

**DIVISIBLE**, *adj.* 2 *g.* Qui peut être divisé.

**DIVISION**, *s. f.* Séparation, partage; désunion, discorde; partie d'une armée.

**DIVISIONNAIRE**, *adj. m.* De division.

**DIVORCE**, *s. m.* Rupture légale d'un mariage; *fig.* Séparation.

**DIVORCER** (*part.* é, ée), *v. n.* Faire divorce.

**DIVULGATION**, *s. f.* Action de divulguer; effets de cette action.

**DIVULGUER** (*part.* é, ée), *v. a.* Rendre public ce qui était secret.

**DIX**, *adj. numéral* 2 *g.* Nombre pair composé de deux fois cinq. (Lorsque ce mot est suivi d'une voyelle, l'*x* se prononce comme *z*.)

**DIXIÈME** (l'*x* se pron. comme *z*), *adj.* 2 *g.* Nombre ordinal de dix; —, *s. m.* La dixième partie.

**DIXIÈMEMENT**, *adv.* En dixième lieu.

**DIZAIN**, *s. m.* Chapelet de dix grains.

**DIZAINE**, *s. f.* Total composé de dix.

**DIZEAU**, *s. m.* Tas de dix gerbes ou de dix bottes de foin.

**DOCILE**, *adj.* 2 *g.* Doux, soumis, qui est d'un caractère facile.

**DOCILEMENT**, *adv.* Avec docilité.

**DOCILITÉ**, *s. f.* Disposition naturelle à la douceur, à la soumission.

**DOCTE**, *adj.* et *s. m.* Savant.

**DOCTEMENT**, *adv.* Savamment.

**DOCTEUR**, *s. m.* Celui qui a été promu au doctorat; homme habile, savant.

**DOCTORAL**, **E**, *adj.* De docteur; *air*, *ton* —, air, ton tranchant.

**DOCTORAT**, *s. m.* Degré, grade de docteur.

**DOCTRINAIRE**, *s. m.* Membre de la corporation de la Doctrine chrétienne.

**DOCTRINE**, *s. f.* Système, enseignement, érudition; point de doctrine.

**DOCUMENT**, *s. m.* Preuve par écrit; renseignement.

se **DODINER**, *v. pr.* Se dorloter.

**DODO**, *s. m.* (*terme d'enfant*). *Faire* —, dormir.

**DODU**, **E**, *adj.* Gras, potelé.

**DOGE**, *s. m.* Chef de l'ancienne république de Venise.

**DOGMATIQUE**, *adj.* 2 *g.* Sentencieux; qui a rapport au dogme.

**DOGMATIQUEMENT**, *adv.* D'une manière dogmatique.

**DOGMATISER**, *v. n.* Enseigner une doctrine fausse ou dangereuse; régenter.

**DOGMATISEUR**, *s. m.* Celui qui prend un ton solennel.

**DOGMATISTE**, *s. m.* Celui qui dogmatise.

**DOGME**, *s. m.* Point de doctrine.

**DOGUE**, *s. m.* Chien à tête large.

**DOGUIN**, **E**, *s.* Petit dogue.

**DOIGT**, *s. m.* Partie longue et mobile de la main et du pied.

**DOIGTER**, *v. n.* Faire agir ses doigts sur les touches d'un instrument; —, *s. m.* Manière de doigter.

**DOIGTIER**, *s. m.* Ce qui sert à couvrir un doigt.

**DOIT**, *s. m.* (*t. de commerce*). Ce qui est dû.

**DOL**, *s. m.* Fraude.

**DÔLE**, chef-lieu d'arr. du dép. du Jura.

**DOLÉANCE**, *s. f.* Plainte; *au pl.* Représentations.

**DOLEMMENT**, *adv.* D'une manière dolente.

**DOLENT**, **E**, *adj.* Triste, plaintif.

**DOLER** (*part.* é, ée), *v. a.* Aplanir un morceau de bois avec la doloire.

**DOLMAN**, *s. m.* Veste de hussard.

**DOLOIRE**, *s. f.* Instrument de tonnelier pour unir du bois.

**DOMAINE**, *s. m.* Biens héréditaires; biens-fonds.

**DOMANIAL**, **E** (*au pl. m. domaniaux*), *adj.* Qui est du domaine de l'État.

**DÔME**, *s. m.* Voûte demi-sphérique au-dessus d'un édifice.

**DOMESTICITÉ**, *s. f.* État du domestique; tous les domestiques d'une maison.

**DOMESTIQUE**, *s.* 2 *g.* Serviteur, servante; —, *s. m.* L'intérieur de la maison, le ménage; —, *adj.* 2 *g.* Qui est de la maison, de la famille; apprivoisé.

**DOMESTIQUEMENT**, *adv.* En domestique.

**DOMFRONT**, chef-lieu d'arr. du dép. de l'Orne.

**DOMICILE**, *s. m.* Lieu d'habitation ordinaire, résidence.

**DOMICILIAIRE**, *adj.* 2 g. Qui a rapport au domicile.

se **DOMICILIER** (*part.* é, ée), *v. pr.* Se fixer dans un domicile. (Il n'est usité qu'aux temps formés du participe.)

**DOMINANT**, **E**, *adj.* Qui domine.

**DOMINATEUR, TRICE**, *s.* Celui ou Celle qui domine, qui exerce un empire suprême.

**DOMINATION**, *s. f.* Puissance; autorité suprême.

**DOMINER**, *v. n.* Avoir autorité sur; — (*part.* é, ée), *v. a.* Être au-dessus, être plus élevé.

**DOMINICAIN**, **E**, *s.* Religieux ou Religieuse de l'ordre de Saint-Dominique.

**DOMINICAL**, **E**, *adj.* Du Seigneur; du dimanche.

**DOMINO**, *s. m.* Sorte de jeu; vêtement composé d'une robe longue garnie d'une pèlerine et d'un capuchon.

**DOMMAGE**, *s. m.* Perte, préjudice, dégât.

**DOMMAGEABLE**, *adj.* 2 *g.* Qui cause du dommage.

**DOMPTABLE**, *adj.* 2 *g.* Qu'on peut dompter. (On prononce comme s'il y avait *domtable*.)

**DOMPTER** (*part.* é, ée), *v. a.* Vaincre, surmonter; réduire à l'obéissance.

**DOMPTEUR**, *s. m.* Celui qui dompte.

**DON**, *s. m.* Présent, donation, libéralité; avantage naturel.

**DONATAIRE**, *s. 2 g.* Celui ou Celle à qui on fait une donation.

**DONATEUR, TRICE**, *s.* Celui ou Celle qui fait une donation.

**DONATION**, *s. f.* Don fait par acte public; l'acte même.

**DONC**, *conjonct.* Par conséquent, ainsi.

**DONDON**, *s. f.* Femme ou Fille grosse et fraîche; *fam.*

**DONJON**, *s. m.* Tour élevée d'un château.

**DONNANT, E**, *adj.* Qui aime à donner.

**DONNE**, *s. f.* Distribution des cartes au jeu.

**DONNÉE**, *s. f.* Base, aperçu d'une chose; probabilité.

**DONNER** (*part.* é, ée), *v. a.* Faire don; accorder; causer, procurer; attribuer; —, *v. n.* Heurter; faire une charge (à la guerre); avoir vue sur; *se* —, *v. pr.* S'attacher, s'appliquer à.

**DONNEUR, EUSE**, *s.* Celui ou Celle qui donne.

**DONT**, *pron. rel.* pour *de qui*, *duquel*, *de laquelle*, *desquels*, *desquelles*, *de quoi*.

**DONZELLE**, *s. f.* Fille ou Femme qu'on estime peu.

**DORDOGNE**, rivière qui a sa source au mont d'Or et son embouchure dans la Garonne, près de Bordeaux: elle donne son nom à un département dont Périgueux est le chef-lieu.

**DORÉNAVANT**, *adv.* A l'avenir.

**DORER** (*part.* é, ée), *v. a.* Couvrir d'or; donner une couleur d'or; *se* —, *v. pr.* Jaunir (en parlant des moissons).

**DOREUR, EUSE**, *s.* Artisan qui dore les métaux.

**DORIEN**, *adj. m.* Propre à la Doride, petite contrée de la Grèce ancienne; *mode* —, un des modes de la musique des anciens; —, *s. m.* Le dialecte propre à la Doride.

**DORIQUE**, *adj. 2 g.* Dorien; *ordre* —, un des cinq ordres d'architecture; —, *s. m.* L'ordre dorique.

**DORLOTER** (*part.* é, ée), *v. a.* Traiter délicatement; *se* —, *v. pr.* Avoir grand soin de soi.

**DORMANT, E**, *adj.* Qui dort; *fig.* Qui est fixe, à demeure.

**DORMEUR, EUSE**, *s.* Celui ou Celle qui aime à dormir.

**DORMEUSE**, *s. f.* Voiture ou Siége où l'on peut s'étendre pour dormir.

**DORMIR** (*Ind. pr.* je dors, tu dors, il dort, nous dormons, vous dormez, ils dorment; *imp.* je dormais, etc., nous dormions, etc.; *p. déf.* je dormis, etc., nous dormîmes, etc.; *p. indéf.* j'ai dormi, etc.; *fut.* je dormirai, etc., nous dormirons, etc.; *cond.* je dormirais, etc., nous dormirions, etc.; *impér.* dors, dormons, dormez; *subj. pr.* que je dorme, etc., que nous dormions, etc.; *imp. subj.* que je dormisse, etc., que nous dormissions, etc.; *p. pr.* dormant), *v. n.* Être dans le sommeil, dans le repos; —, *s. m.* *Perdre le* —, perdre le sommeil.

**DORMITIF, IVE**, *adj.* Qui fait dormir.

**DORSAL, E**, *adj.* Qui appartient au dos.

**DORTOIR**, *s. m.* Salle où il y a plusieurs lits.

**DORURE**, *s. f.* Art de dorer; or appliqué; couleur dorée.

**DOS**, *s. m.* Partie postérieure du corps depuis les épaules jusqu'aux reins; le derrière, le revers d'une chose; — *d'âne*, ce qui forme talus des deux côtés.

**DOSE**, *s. f.* Certaine quantité, certaine mesure.

**DOSER** (*part.* é, ée), *v. a.* Régler les doses.

**DOSSIER**, *s. m.* Partie d'un siége contre laquelle on appuie le dos; papiers en liasse sous la même étiquette.

**DOSSIÈRE**, *s. f.* Partie du harnais qui porte sur le dos.

**DOT** (le *t* se prononce), *s. f.* Bien qu'apporte une femme en mariage.

**DOTATION**, *s. f.* Action de doter.

**DOTER** (*part.* é, ée), *v. a.* Donner une dot.

**DOUAI**, chef-lieu d'arr. du dép. du Nord.

**DOUAIRE**, *s. m.* Biens assurés à la femme en cas de survie.

**DOUAIRIÈRE**, *s. f.* Veuve qui jouit d'un douaire.

**DOUANE**, *s. f.* Droit sur les marchandises ; lieu où se paye ce droit.

**DOUANIER**, *s. m.* Commis de la douane.

**DOUBLAGE**, *s. m.* Revêtement appliqué à la coque des navires qui doivent faire des voyages de long cours.

**DOUBLE**, *adj.* 2 *g.* Qui vaut deux fois le simple ; — *croche*, note de musique qui vaut la moitié d'une croche ; *fig.* Traître, dissimulé ; —, *s. m.* Deux fois autant ; la copie d'un écrit.

**DOUBLEMENT**, *s. m.* Action de doubler ; —, *adv.* De deux manières.

**DOUBLER** (*part.* é, ée), *v. a.* Mettre le double ; augmenter du double ; mettre une doublure.

**DOUBLURE**, *s. f.* Étoffe employée pour en doubler une autre.

**DOUBS**, rivière qui donne son nom au dép. dont Besançon est le chef-lieu.

**DOUCEÂTRE**, *adj.* 2 *g.* Qui est d'une douceur fade.

**DOUCEMENT**, *adv.* D'une manière douce, délicatement, sans bruit.

**DOUCEREUX**, **EUSE**, *adj.* Fade ; qui est d'une douceur affectée.

**DOUCET**, **ETTE**, *adj.* Diminutif de *Doux*.

**DOUCETTE**, *s. f.* Sorte de mâche.

**DOUCETTEMENT**, *adv.* Tout doucement.

**DOUCEUR**, *s. f.* Saveur douce ; qualité de ce qui est doux ; égalité d'humeur ; *au pl.* Cajoleries ; friandises.

**DOUCHE**, *s. f.* Eau qu'on fait jaillir d'une certaine hauteur sur une partie malade.

**DOUCHER** (*part.* é, ée), *v. a.* Donner une douche.

**DOUER** (*part.* é, ée), *v. a.* Avantager, favoriser ; assigner un douaire.

**DOUILLE**, *s. f.* Partie creuse d'une bêche, qui sert à retenir le manche, ou d'une baïonnette qui sert à l'adapter au fusil.

**DOUILLET**, **ETTE**, *adj.* et *s.* Tendre et délicat.

**DOUILLETTE** (ll m.), *s. f.* Vêtement ouaté.

**DOUILLETTEMENT**, *adv.* D'une manière douillette.

**DOULENS**, chef-lieu d'arr. du dép. de la Somme.

**DOULEUR**, *s. f.* Souffrance du corps ; peine d'esprit ou de cœur.

**DOULOUREUSEMENT**, *adv.* Avec douleur.

**DOULOUREUX**, **EUSE**, *adj.* Qui cause de la douleur, du chagrin ; qui marque de la douleur.

**DOUTE**, *s. m.* Irrésolution, crainte, appréhension ; *sans* —, *loc. adv.* Assurément.

**DOUTER**, *v. n.* Être dans le doute ; ne point croire ; *se* —, soupçonner.

**DOUTEUSEMENT**, *adv.* Avec doute.

**DOUTEUX**, **EUSE**, *adj.* Incertain, ambigu.

**DOUVE**, *s. f.* Planche d'un tonneau ; fossé d'un château fort ; mur latéral d'un canal.

**DOUX**, **DOUCE**, *adj.* Qui est d'une saveur agréable ; *fig.* Paisible, affable, humain ; tempéré.

**DOUZAINE**, *s. f.* Nombre de douze.

**DOUZE**, *adj. numéral* 2 *g.* Nombre composé de deux fois six ; douzième.

**DOUZIÈME**, *adj.* 2 *g.* Nombre ordinal de douze ; —, *s. m.* La douzième partie.

**DOUZIÈMEMENT**, *adv.* En douzième lieu.

**DOYEN**, *s. m.* Le plus ancien de réception ou d'âge dans un corps ; chef d'une compagnie.

**DOYENNÉ**, *s. m.* Sorte de poire ; dignité de doyen.

**DRACHME**, *s. f.* Mesure de pesanteur, huitième partie de l'once ; ancienne monnaie grecque.

**DRAGÉE**, *s. f.* Amande recouverte de sucre ; petit plomb pour la chasse.

**DRAGEON**, *s. m.* Bourgeon qui pousse au pied d'un arbre.

**DRAGEONNER**, *v. n.* Pousser des drageons.

**DRAGON**, *s. m.* Soldat qui combat à pied et à cheval ; monstre fabuleux.

**DRAGONNADE**, *s. f.* Persécutions exercées par des dragons contre les protestants des Cévennes sous Louis XIV.

**DRAGONNE**, *s. f.* Ornement de la poignée d'une épée.

**DRAGUE**, *s. f.* Sorte de pelle recourbée pour creuser les rivières et curer les puits.

**DRAGUER** (*part.* é, ée), *v. a.* Curer avec la drague.

**DRAGUEUR**, *adj.* et *s. m.* (Bateau) pour creuser les rivières.

**DRAGUIGNAN**, chef-lieu du dép. du Var.

**DRAMATIQUE**, *adj.* 2 *g.* Fait pour le théâtre.

**DRAMATURGE**, *s.* 2 *g.* Auteur de drames.

**DRAME**, *s. m.* Pièce de théâtre dont les personnages sont pris dans la classe bourgeoise.

**DRAP**, *s. m.* Étoffe de laine, etc., pour faire des vêtements; pièce de toile pour garnir un lit.

**DRAPEAU**, *s. m.* Enseigne de régiment; morceau d'étoffe; haillon.

**DRAPER** (*part.* é, ée), *v. a.* Couvrir de drap; disposer (une étoffe) avec symétrie; *fig.* Railler.

**DRAPERIE**, *s. f.* Commerce ou Fabrication des draps; ornements de tapisserie.

**DRAPIER**, *s. m.* Marchand ou Fabricant de draps.

**DRÈCHE**, *s. f.* Marc de l'orge moulu pour la bière.

**DRESSER** (*part.* é, ée), *v. a.* Faire tenir droit; ériger; préparer; *fig.* Instruire; *se* —, *v. pr.* Se lever.

**DREUX**, chef-lieu d'arr. du dép. d'Eure-et-Loir.

**DRILLE** (ll m.), *s. m.* Bon compagnon; —, *s. f.* Chiffon pour faire du papier.

**DROGMAN**, *s. m.* Interprète d'un ambassadeur européen dans le Levant.

**DROGUE**, *s. f.* Épicerie; médicament; sorte de jeu de cartes des soldats.

**DROGUER** (*part.* é, ée), *v. a.* Médicamenter.

**DROGUERIE**, *s. f.* Toute sorte de drogues.

**DROGUET**, *s. m.* Sorte d'étoffe de laine et fil ou de soie.

**DROGUEUR**, *s. m.* Celui qui aime à droguer.

**DROGUISTE**, *s. m.* Marchand de drogues.

**DROIT**, *s. m.* Ce qui est juste; autorité, prérogative; lois, législation; taxe.

**DROIT**, **E**, *adj.* Qui n'est pas courbé; qui est debout, perpendiculaire; opposé à gauche; juste, sincère; *droite*, *s. f.* La main droite; *droit*, *adv.* Directement.

**DROITEMENT**, *adv.* Équitablement; judicieusement.

**DROITIER**, **IÈRE**, *adj.* Qui ne se sert que de la main droite.

**DROITURE**, *s. f.* Équité; *en* —, *loc. adv.* Directement.

**DRÔLE**, *adj.* 2 *g.* Plaisant, original; —, *s. m.* Mauvais sujet.

**DRÔLEMENT**, *adv.* D'une manière plaisante.

**DRÔLERIE**, *s. f.* Chose plaisante.

**DROMADAIRE**, *s. m.* Espèce de chameau qui a deux bosses sur le dos.

**DRÔME**, rivière qui prend sa source aux Alpes et va se jeter dans le Rhône : elle donne son nom à un dép. dont Valence est le chef-lieu.

**DRU**, **E**, *adj.* Fort; vif; gai; *dru*, *adv.* En grande quantité.

**DRUIDE**, *s. m.* Ancien prêtre gaulois.

**DRUIDESSE**, *s. f.* Prêtresse gauloise.

**DRUIDIQUE**, *adj.* 2 *g.* Qui a rapport aux druides.

**DRUIDISME**, *s. m.* Culte druidique.

**DRYADE**, *s. f.* Nymphe des bois.

**DU**, mot contracte formé de la préposition *de* et de l'article *le*.

**DU**, *s. m.* Ce qui est dû; obligation, devoir.

**DUBITATIF**, **IVE**, *adj.* Exprimant le doute.

**DUC**, *s. m.* Titre de noblesse; oiseau de proie.

**DUCAL**, **E**, *adj.* Qui a rapport au duché.

**DUCAT**, *s. m.* Monnaie étrangère.

**DUCHÉ**, *s. m.* Terre à laquelle est attaché le titre de duc.

**DUCHESSE**, *s. f.* Femme d'un duc.

**DUCTILE**, *adj.* 2 *g.* Qui s'étend sous le marteau, malléable.

**DUCTILITÉ**, *s. f.* Propriété des corps ductiles.

**DUÈGNE**, *s. f.* Vieille gouvernante.

**DUEL**, *s. m.* Combat singulier devant témoins.

**DUELLISTE**, *s. m.* Celui qui se bat souvent en duel, ferrailleur.

**DULCIFICATION**, *s. f.* Action de rendre doux.

**DULCIFIER** (*part.* é, ée), *v. a.* Tempérer un acide, le rendre doux.

**DÛMENT**, *adv.* Convenablement.

**DUNE**, *s. f.* Colline sablonneuse le long de la mer.

**DUNETTE**, *s. f.* L'étage le plus élevé de la poupe.

**DUNKERQUE**, chef-lieu d'arr. du dép. du Nord.

**DUO** (*au pl. duos*), *s. m.* Morceau de musique exécuté à deux voix.

**DUPE**, *s. f.* Personne qui a été trompée ou qu'on trompe aisément.

**DUPER** (*part.* é, ée), *v. a.* Tromper habilement.

**DUPERIE**, *s. f.* Tromperie, sottise qu'on fait à ses dépens.

**DUPEUR**, *s. m.* Celui qui dupe.

**DUPLICATA**, *s. m.* (inv.) Double, copie d'un acte.

**DUPLICITÉ**, *s. f.* État de ce qui est double et devrait être simple; *fig.* Mauvaise foi, imposture.

**DUPLIQUE**, *s. f.* Réponse à une réplique.

**DUQUEL**, mot contracté formé de la préposition *de* et du relatif *lequel*.

**DUR**, **E**, *adj.* Ferme, solide, difficile à entamer; âpre; pénible; inhumain, insensible. *Dure*, *s. f.* La terre, le sol nu.

**DURABLE**, *adj.* 2 *g.* Qui doit durer.

**DURABLEMENT**, *adv.* D'une manière durable.

**DURANCE**, rivière qui se forme aux Alpes Cottiennes et se jette dans le Rhône au-dessous d'Avignon.

**DURANT**, *prép.* Pendant.

**DURCIR** (*part.* i, ie), *v. a.* Rendre dur; —, *v. n.* Devenir dur.

**DURCISSEMENT**, *s. m.* État de ce qui est durci.

**DURÉE**, *s. f.* Temps qu'une chose dure.

**DUREMENT**, *adv.* D'une manière dure.

**DURER**, *v. n.* Continuer d'être; être d'un long usage.

**DURET**, **ETTE**, *adj.* Un peu dur.

**DURETÉ**, *s. f.* Qualité de ce qui est dur, ferme; rudesse, inhumanité; parole dure.

**DURILLON**, *s. m.* Petit calus de la peau.

**DURIUSCULE**, *adj.* 2 *g.* Un peu dur.

**DUVET**, *s. m.* Menue plume; coton qui vient sur la peau des fruits.

**DUVETEUX**, **EUSE**, *adj.* Qui a du duvet.

**DYNASTIE**, *s. f.* Suite de rois de la même famille.

**DYSSENTERIE**, *s. f.* Sorte de diarrhée.

**DYSSENTÉRIQUE**, *adj.* 2 *g.* Qui a le caractère de la dyssenterie.

## E.

**E**, *s. m.* Cinquième lettre de l'alphabet et la seconde des voyelles.

**EAU**, *s. f.* Élément liquide; pluie, rivière, lac, mer, fontaine; sueur, urine; lustre brillant des pierres précieuses.

**EAU-DE-VIE** (*au pl. eaux-de-vie*), *s. f.* Liqueur spiritueuse extraite du vin, des grains.

**EAU-FORTE** (*au pl. eaux-fortes*), *s. f.* Acide nitreux ou sulfurique; estampe gravée avec cet acide.

**S'ÉBAHIR** (*part.* i, ie), *v. pr.* S'étonner.

**ÉBAHISSEMENT**, *s. m.* Surprise, étonnement.

**ÉBARBER** (*part.* é, ée), *v. a.* Couper les inégalités (du papier, d'une étoffe).

**ÉBAT**, *s. m.* Divertissement. (*Il est plus usité au pl.*)

**S'ÉBATTRE** (se conj. sur *Battre*), *v. pr.* Se divertir.

**ÉBAUBI**, **E**, *adj.* Étonné, surpris.

**ÉBAUCHE**, *s. f.* Esquisse; préparation générale d'un ouvrage dont les différentes parties ne sont qu'indiquées.

**ÉBAUCHER** (*part.* é, ée), *v. a.* Faire une ébauche.

**ÉBAUCHOIR**, *s. m.* Outil à l'usage des sculpteurs pour modeler.

**S'ÉBAUDIR**, *v. pr.* Se réjouir avec excès.

**ÉBÈNE**, *s. f.* Bois de l'ébénier.

**ÉBÉNER** (*part.* é, ée), *v. a.* Donner au bois la couleur de l'ébène.

**ÉBÉNIER**, *s. m.* Arbre des Indes dont le bois est très-dur et noir.

**ÉBÉNISTE**, *s. m.* Ouvrier qui travaille l'ébène et les autres bois précieux.

**ÉBÉNISTERIE**, *s. f.* Métier, ouvrage d'ébéniste.

**ÉBLOUIR** (*part.* i, ie), *v. a.* Aveugler, surprendre par une lumière trop vive; *fig.* Tenter, séduire.

**ÉBLOUISSANT, E**, *adj.* Qui éblouit.

**ÉBLOUISSEMENT**, *s. m.* Difficulté de voir, causée par trop de lumière; état de l'œil ébloui.

**ÉBORGNER** (*part.* é, ée), *v. a.* Rendre borgne, priver d'un œil.

**ÉBOULEMENT**, *s. m.* Chute de ce qui s'éboule.

**ÉBOULER**, *v. n.* et **S'ÉBOULER** (*part.* é, ée), *v. pr.* Tomber en s'affaissant (en parlant des terres, des bâtiments).

**ÉBOULIS**, *s. m.* Amas de choses éboulées.

**ÉBOURGEONNEMENT**, *s. m.* Action d'ébourgeonner.

**ÉBOURGEONNER** (*part.* é, ée), *v. a.* Ôter les bourgeons inutiles des arbres.

**ÉBOURIFFÉ, ÉE**, *adj.* Qui a les cheveux en désordre.

**ÉBRANCHEMENT**, *s. m.* Action d'ébrancher.

**ÉBRANCHER** (*part.* é, ée), *v. a.* Ôter les branches.

**ÉBRANLEMENT**, *s. m.* Secousse.

**ÉBRANLER** (*part.* é, ée), *v. a.* Donner des secousses à une chose, la rendre moins solide; *fig.* Émouvoir.

**ÉBRASEMENT**, *s. m.* Élargissement d'une baie, *t. d'arch.*

**ÉBRASER** (*part.* é, ée), *v. a.* Élargir la baie d'une porte ou d'une fenêtre.

**ÉBRÉCHER** (*part.* é, ée), *v. a.* Faire une brèche.

**ÉBROUEMENT**, *s. m.* Ronflement d'un cheval qui a peur.

**ÉBROUER** (*part.* é, ée), *v. a.* Laver; *s'*—, *v. pr.* Ronfler de frayeur (en parlant du cheval).

**ÉBRUITER** (*part.* é, ée), *v. a.* Rendre public; *s'*—, *v. pr.* Devenir public.

**ÉBULLITION**, *s. f.* Action de bouillir; boutons qui viennent sur la peau.

**ÉCAILLE** (ll m.), *s. f.* Membrane transparente et dure, coquille qui couvre la peau des poissons, des testacés, etc.

**ÉCAILLÉ, ÉE** (ll m.), *adj.* Privé de ses écailles; couvert d'écailles.

**ÉCAILLER, ÈRE** (ll m.), *s.* Celui ou Celle qui vend et ouvre des huîtres.

**ÉCAILLER** (ll m.; *part.* é, ée), *v. a.* Ôter les écailles; *s'* —, *v. pr.* Se lever par écailles.

**ÉCAILLEUX, EUSE** (ll m.), *adj.* Qui se lève par écailles.

**ÉCALE**, *s. f.* Coque de certains fruits, des œufs, etc.

**ÉCALER** (*part.* é, ée), *v. a.* Ôter l'écale; *s'* —, *v. pr.* Perdre son écale.

**ÉCARBOUILLER** (*part.* é, ée), *v. a.* Écraser.

**ÉCARLATE**, *s. f.* Couleur rouge fort vive; étoffe de cette couleur.

**ÉCARQUILLEMENT** (ll m.), *s. m.* Action d'écarquiller.

**ÉCARQUILLER** (ll m.; *part.* é, ée), *v. a.* Écarter trop (les jambes); ouvrir trop (les yeux).

**ÉCART**, *s. m.* Action de s'écarter, de s'éloigner; *au jeu*, cartes écartées; *à l'* —, *loc. adv.* À part.

**ÉCARTÉ**, *s. m.* Espèce de jeu de cartes.

**ÉCARTÉ, ÉE**, *adj.* Qui est à l'écart, reculé, isolé.

**ÉCARTÈLEMENT**, *s. m.* Action d'écarteler.

**ÉCARTELER** (*part.* é, ée; se conj. sur *Appeler*), *v. a.* Tirer à quatre chevaux.

**ÉCARTEMENT**, *s. m.* Séparation

de deux choses qui doivent être jointes.

**ÉCARTER** (*part.* é, ée), *v. a.* Séparer; faire éloigner; détourner; ôter une carte de son jeu; *s'—, v. pr.* S'éloigner.

**ECCHYMOSE**, *s. f.* Extravasation du sang dans les tissus.

**ECCLÉSIASTE**, *s. m.* Nom de l'un des livres de l'Ancien Testament.

**ECCLÉSIASTIQUE**, *adj.* 2 *g.* Qui appartient au corps du clergé; —, *s. m.* Membre du clergé; nom de l'un des livres de l'Ancien Testament.

**ECCLÉSIASTIQUEMENT**, *adv.* En ecclésiastique.

**ÉCERVELÉ, ÉE**, *adj.* Étourdi, qui n'a pas de jugement.

**ÉCHAFAUD**, *s. m.* Espèce d'amphithéâtre en charpente formant plancher.

**ÉCHAFAUDAGE**, *s. m.* Assemblage d'échafauds pour bâtir, etc.

**ÉCHAFAUDER** (*part.* é, ée), *v. n.* Dresser des échafauds pour bâtir.

**ÉCHALAS**, *s. m.* Bâton enfoncé en terre pour soutenir la vigne.

**ÉCHALASSEMENT**, *s. m.* La pose des échalas.

**ÉCHALASSER** (*part.* é, ée), *v. a.* Garnir (une vigne) d'échalas.

**ÉCHALIER**, *s. m.* Clôture de branches qui interdit l'entrée d'un champ aux bestiaux.

**ÉCHALOTE**, *s. f.* Plante potagère.

**ÉCHANCRER** (*part.* é, ée), *v. a.* Couper en dedans en forme de demi-cercle.

**ÉCHANCRURE**, *s. f.* Coupure en demi-cercle.

**ÉCHANGE**, *s. m.* Troc d'une chose contre une autre; *en —, loc. adv.* En place de.

**ÉCHANGEABLE**, *adj.* 2 *g.* Qui peut être échangé.

**ÉCHANGER** (*part.* é, ée), *v. a.* Changer une chose pour une autre.

**ÉCHANSON**, *s. m.* Celui qui sert à boire.

**ÉCHANTILLON** (ll m.), *s. m.* Modèle; portion d'une chose pour la faire connaître.

**ÉCHANTILLONNER** (ll m.; *part.* é, ée), *v. a.* Couper des échantillons).

**ÉCHANVRER** (*part.* é, ée), *v. a.* Ôter les plus grosses chènevottes de la filasse.

**ÉCHAPPATOIRE**, *s. f.* Subterfuge.

**ÉCHAPPÉE**, *s. f.* Action imprudente, étourdie; — *de vue*, vue resserrée entre divers objets.

**ÉCHAPPEMENT**, *s. m.* Mécanisme qui sert à régulariser le mouvement d'une machine.

**ÉCHAPPER** (*part.* é, ée), *v. n.* Éviter un danger; se sauver de prison; n'être pas découvert; se perdre, se dissiper; *s' —, v. pr.* S'évader; s'emporter.

**ÉCHARDE**, *s. f.* Éclat de bois qui entre dans la chair; piquant de chardon.

**ÉCHARDONNER** (*part.* é, ée), *v. a.* Ôter les chardons d'un champ.

**ÉCHARPE**, *s. f.* Large bande d'étoffe en baudrier ou en ceinture; bandage pour soutenir un bras blessé; parure que les femmes portent en sautoir.

**ÉCHARPER** (*part.* é, ée), *v. a.* Faire de graves blessures; tailler en pièces.

**ÉCHASSES**, *s. f. pl.* Longs bâtons avec étriers ou fourchons pour marcher.

**ÉCHASSIER**, *s. m.* Nom donné aux oiseaux à longues jambes.

**ÉCHAUBOULÉ, ÉE**, *adj.* Qui a des échauboulures.

**ÉCHAUBOULURE**, *s. f.* Élevure rouge sur la peau.

**ÉCHAUDÉ**, *s. m.* Sorte de pâtisserie.

**ÉCHAUDER** (*part.* é, ée), *v. a.* Passer une chose à l'eau chaude ou bouillante.

**ÉCHAUDOIR**, *s. m.* Vase pour échauder.

**ÉCHAUFFAISON**, *s. f.* Légère éruption (à la peau) causée par une vive chaleur.

**ÉCHAUFFANT, E**, *adj.* Qui échauffe.

**ÉCHAUFFEMENT**, *s. m.* Action d'échauffer; effet qui en résulte.

**ÉCHAUFFER** (*part.* é, ée), *v. a.* Donner de la chaleur; *fig.* Enflammer, exciter; impatienter; *s'—, v. pr.* S'enflammer; s'exciter.

**ÉCHAUFFOURÉE**, *s. f.* Entreprise mal concertée et qui échoue.

**ÉCHAUFFURE**, *s. f.* Petite rougeur sur la peau.

**ÉCHAULER** (*part.* é, ée), *v. a.* Chauler.

**ÉCHÉANCE**, *s. f.* Époque de payement.

**ÉCHEC**, *s. m.* Revers, perte considérable; *au pl.* Sorte de jeu.

**ÉCHELETTE**, *s. f.* Petite échelle.

**ÉCHELLE**, *s. f.* Machine composée de deux montants de bois traversés par des bâtons pour monter et descendre; ligne divisée par parties égales et proportionnelles pour mesurer.

**ÉCHELON**, *s. m.* Bâton de l'échelle.

**ÉCHELONNER** (*part.* é, ée), *v. a.* Ranger par échelons.

**ÉCHENILLAGE** (ll m.), *s. m.* Action d'écheniller.

**ÉCHENILLER** (ll m.; *part.* é, ée), *v. a.* Détruire les chenilles.

**ÉCHENILLOIR** (ll m.), *s. m.* Instrument pour écheniller.

**ÉCHEVEAU**, *s. m.* Fil plié en plusieurs tours.

**ÉCHEVELÉ, ÉE**, *adj.* Qui a les cheveux en désordre.

**ÉCHEVIN**, *s. m.* Ancien officier municipal.

**ÉCHINE**, *s. f.* Épine du dos, partie qui s'étend depuis le cou jusqu'au croupion.

**ÉCHINÉE**, *s. f.* Morceau du dos d'un cochon.

**ÉCHINER** (*part.* é, ée), *v. a.* Rompre l'échine; assommer.

**ÉCHIQUIER**, *s. m.* Damier sur lequel on joue aux échecs.

**ÉCHO**, *s. m.* Son réfléchi ou renvoyé par un corps et qui frappe de nouveau l'oreille; répétition de sons; lieu où elle est produite.

**ÉCHOIR** (A l'*ind. pr.* ce verbe n'est usité qu'à la troisième personne du sing., *il échoit*, que l'on prononce *il échet*. Pas d'*imp.*; *p. déf.* j'échus, etc., nous échûmes, etc.; *fut.* j'écherrai, etc., nous écherrons, etc.; *cond.* j'écherrais, etc., nous écherrions, etc.; *imp. subj.* que j'échusse, etc., que nous échussions, etc.; *p. pr.* échéant; *p. p.* échu, ue), *v. n.* Arriver par hasard; être obtenu par succession.

**ÉCHOPPE**, *s. f.* Petite boutique.

**ÉCHOUAGE**, *s. m.* État d'un navire qui porte sur le fond de l'eau.

**ÉCHOUEMENT**, *s. m.* Choc d'un vaisseau contre un banc de sable.

**ÉCHOUER** (*part.* é, ée), *v. n.* Être poussé sur le sable, sur un écueil; *fig.* Ne pas réussir; —, *v. a.* Faire échouer.

**ÉCLABOUSSEMENT**, *s. m.* Action d'éclabousser.

**ÉCLABOUSSER** (*part.* é, ée), *v. a.* Faire jaillir de la boue sur.

**ÉCLABOUSSURE**, *s. f.* Boue que l'on fait rejaillir.

**ÉCLAIR**, *s. m.* Éclat de lumière subit et passager qui précède le bruit du tonnerre; lumière étincelante.

**ÉCLAIRAGE**, *s. m.* Action d'éclairer; effets de cette action.

**ÉCLAIRCIE**, *s. f.* Intervalle de lumière dans un ciel couvert; endroit clair dans une forêt.

**ÉCLAIRCIR** (*part.* i, ie), *v. a.* Rendre clair, évident; donner des renseignements; diminuer le nombre; rendre brillant.

**ÉCLAIRCISSEMENT**, *s. m.* Explication.

**ÉCLAIRÉ, ÉE**, *adj.* Qui a de l'instruction, de l'expérience.

**ÉCLAIRER** (*part.* é, ée), *v. a.* Illuminer, répandre de la clarté; *fig.* Donner de l'instruction; épier, observer; —, *v. n.* Apporter de la lumière; étinceler; —, *v. impers.* Faire des éclairs.

**ÉCLAIREUR**, *s. m.* Soldat qui va à la découverte.

**ÉCLANCHE**, *s. f.* Cuisse de mouton ou gigot.

**ÉCLAT**, *s. m.* Morceau de bois brisé; vive clarté; gloire, magnificence; grand bruit; rumeur, scandale.

**ÉCLATANT, E**, *adj.* Qui brille; qui fait du fracas.

**ÉCLATER** (*part.* é, ée), *v. n.* Se briser par éclats; briller; faire un grand bruit; s'emporter.

**ÉCLECTIQUE**, *adj.* 2 *g.* Qui emprunte ses opinions à divers systèmes.

**ÉCLECTISME**, *s. m.* Philosophie éclectique.

**ÉCLIPSE**, *s. f.* Obscurcissement passager, total ou partiel, d'un astre par l'interposition d'un autre; *fig.* Disparition momentanée.

**ÉCLIPSER** (*part.* é, ée), *v. a.* Intercepter la lumière d'un astre; *fig.* Surpasser; *s'—*, *v. pr.* Disparaître.

**ÉCLIPTIQUE**, *s. f.* Ligne qui partage le zodiaque en deux parties égales et que le soleil ne quitte pas; —, *adj.* 2 *g.* Qui a rapport aux éclipses.

**ÉCLISSE**, *s. f.* Bâton plat et mince pour soutenir la fracture des os.

**ÉCLISSER** (*part.* é, ée), *v. a.* Mettre des éclisses.

**ÉCLOPPÉ, ÉE**, *adj.* Boiteux, estropié; qui marche avec peine.

**ÉCLORE**, *v. n.* Naître. (Il n'est usité qu'aux temps suivants: *Ind. pr.* il éclôt, ils éclosent; *fut.* il éclora, ils écloront; *cond.* il éclorait, ils écloraient; *subj. pr.* qu'il éclose, qu'ils éclosent; *p. p.* éclos, ose. Il prend les deux verbes auxiliaires *être* et *avoir*.)

**ÉCLOSION**, *s. f.* Action d'éclore.

**ÉCLUSE**, *s. f.* Construction de pierre ou de bois, qui sert sur un canal à retenir ou à chasser l'eau; porte qui ferme l'écluse.

**ÉCLUSÉE**, *s. f.* Eau d'une écluse lâchée.

**ÉCLUSIER**, *s. m.* Celui qui gouverne une écluse.

**ÉCOBUAGE**, *s. m.* Action d'écobuer; effets de cette action.

**ÉCOBUE**, *s. f.* Pioche recourbée comme une houe.

**ÉCOBUER** (*part.* é, ée), *v. a.* Enlever l'herbe d'un terrain, la brûler et en répandre les cendres sur le sol.

**ÉCOLE**, *s. f.* Lieu où se réunissent des écoliers pour s'instruire; secte, doctrine particulière; faute, étourderie.

**ÉCOLIER, IÈRE**, *s.* Celui ou Celle qui prend des leçons à l'école ou avec un maître; personne peu habile dans son art.

**ÉCONDUIRE** (se conj. sur *Conduire*), *v. a.* Refuser à quelqu'un ce qu'il demande; éloigner adroitement un importun.

**ÉCONOMAT**, *s. m.* Emploi d'économe.

**ÉCONOME**, *adj.* 2 *g.* Ménager, qui épargne la dépense; —, *s. m.* Celui qui est chargé de la dépense d'une maison.

**ÉCONOMIE**, *s. f.* Ordre dans la dépense d'une maison, dans la conduite d'un ménage; épargne; harmonie entre les diverses parties d'un tout; plan, règle.

**ÉCONOMIQUE**, *adj.* 2 *g.* Qui concerne l'économie.

**ÉCONOMIQUEMENT**, *adv.* Avec économie.

**ÉCONOMISER** (*part.* é, ée), *v. a.* Administrer avec économie; faire des économies; épargner, ménager.

**ÉCONOMISTE**, *s. m.* Celui qui s'occupe de l'économie politique.

**ÉCORCE**, *s. f.* Enveloppe d'un arbre ou d'une plante boiseuse; *fig.* Apparence.

**ÉCORCER** (*part.* é, ée), *v. a.* Ôter l'écorce.

**ÉCORCHER** (*part.* é, ée), *v. a.* Ôter la peau d'un animal; *fig.* Faire payer trop cher; —, *une langue*, la parler mal; *s'—*, *v. pr.* S'enlever la peau.

**ÉCORCHERIE**, *s. f.* Lieu où l'on écorche les bêtes.

**ÉCORCHEUR**, *s. m.* Celui qui écorche les bêtes; *fig.* Celui qui fait payer trop cher.

**ÉCORCHURE**, *s. f.* Enlèvement de la peau; endroit écorché.

**ÉCORNER** (*part.* é, ée), *v. a.* Rompre une corne; casser les angles; *fig.* Diminuer.

**ÉCORNIFLER** (*part.* é, ée), *v. a.* Manger aux dépens d'autrui.

**ÉCORNIFLEUR, EUSE**, *s.* Parasite.

**ÉCORNURE**, *s. f.* Éclat brisé d'un angle.

**ÉCOSSAIS, E**, *adj.* Qui est d'Écosse.

**ÉCOSSE**, partie septentrionale de la Grande-Bretagne.

**ÉCOSSER** (*part.* é, ée), *v. a.* Tirer de la cosse.

**ÉCOSSEUR, EUSE**, *s.* Celui ou Celle qui écosse.

**ÉCOT**, *s. m.* Dépense de chacun dans un repas commun.

**ÉCOULEMENT**, *s. m.* Mouvement de ce qui s'écoule.

**s'ÉCOULER** (*part.* é, ée), *v. pr.* Couler d'un lieu dans un autre; *fig.* Se dissiper, diminuer.

**ÉCOURTER** (*part.* é, ée), *v. a.* Couper trop court; *fig.* Abréger à l'excès.

**ÉCOUTE**, *s. f.* Lieu d'où l'on écoute sans être vu; cordage pour déployer une voile.

**ÉCOUTER** (*part.* é, ée), *v. a.* Prêter l'oreille avec attention; accueillir favorablement; suivre un avis; entendre raison; *s'—*, *v. pr.* Avoir trop de soin de soi; faire attention à ce qu'on dit.

**ÉCOUTEUR**, *s. m.* Celui qui écoute indiscrètement.

**ÉCOUTILLE** (ll m.), *s. f.* Espèce de trappe pour descendre dans l'intérieur d'un vaisseau.

**ÉCOUVILLON** (ll m.), *s. m.* Outil pour nettoyer un four, un canon.

**ÉCOUVILLONNER** (ll m.; *part.* é, ée), *v. a.* Nettoyer avec l'écouvillon.

**ÉCRAN**, *s. m.* Meuble pour se garantir de l'ardeur du feu.

**ÉCRASER** (*part.* é, ée), *v. a.* Aplatir; briser; anéantir.

**ÉCRÉMER** (*part.* é, ée), *v. a.* Enlever la crème; *fig.* Prendre le meilleur.

**ÉCRÊTER** (*part.* é, ée), *v. a.* Enlever la crête (d'un mur).

**ÉCREVISSE**, *s. f.* Sorte de poisson; signe du zodiaque.

**s'ÉCRIER**, *v. pr.* Faire un grand cri.

**ÉCRILLE** (ll m.), *s. f.* Claie pour retenir le poisson à la décharge d'un étang.

**ÉCRIN**, *s. m.* Coffret où l'on met des bijoux.

**ÉCRIRE** (*Ind. pr.* j'écris, etc., nous écrivons, vous écrivez, ils écrivent; *imp.* j'écrivais, etc., nous écrivions, etc.; *pass. déf.* j'écrivis, etc., nous écrivîmes, etc.; *fut.* j'écrirai, etc., nous écrirons, etc.; *cond.* j'écrirais, etc., nous écririons, etc.; *impér.* écris, écrivons, écrivez; *subj. pr.* que j'écrive, etc., que nous écrivions, etc.; *imp. subj.* que j'écrivisse, etc., que nous écrivissions, etc.; *p. pr.* écrivant; *p. p.* écrit, ite), *v. a.* et *v. n.* Tracer des lettres; orthographier; faire une lettre missive; composer (un ouvrage).

**ÉCRIT, ITE**, *adj.* Couvert d'écriture; marqué, empreint; —, *s. m.* Ce qui est écrit; ouvrage de littérature; *mettre par écrit* ou *en écrit*, prendre note de.

**ÉCRITEAU**, *s. m.* Inscription, avis public.

**ÉCRITOIRE**, *s. f.* Ustensile contenant les choses nécessaires pour écrire; encrier.

**ÉCRITURE**, *s. f.* Caractères écrits; manière de les former; — *sainte*, l'Ancien et le Nouveau Testament; *au pl.* Tenue des livres des maisons de commerce.

**ÉCRIVAILLEUR** (ll m.), *s. m.* Auteur fécond et mauvais.

**ÉCRIVAIN**, *s. m.* Celui qui fait métier d'écrire; auteur.

**ÉCRIVASSIER**, *s. m.* Écrivailleur.

**ÉCROU**, *s. m.* Trou dans lequel tourne une vis; acte qui constate l'emprisonnement d'une personne.

**ÉCROUELLES**, *s. f. pl.* Tumeurs à la gorge.

**ÉCROUER** (*part.* é, ée), *v. a.* Inscrire un prisonnier sur le registre des emprisonnements.

**ÉCROULEMENT**, *s. m.* Action de s'écrouler; éboulement.

**s'ÉCROULER** (*part.* é, ée), *v. pr.* Tomber en s'affaissant.

**ÉCROÛTER** (*part.* é, ée), *v. a.* Ôter la croûte (du pain).

**ÉCRU, E**, *adj.* Qui n'a pas été lavé.

**ÉCU**, *s. m.* Pièce de monnaie d'or ou d'argent; ancien bouclier.

**ÉCUEIL** (l m.), *s. m.* Rocher dans la mer; *fig.* Chose dangereuse.

**ÉCUELLE**, *s. f.* Pièce de vaisselle pour mettre du potage, etc.

**ÉCUELLÉE**, *s. f.* Plein une écuelle.

**ÉCULER** (*part.* é, ée), *v. a.* Plier en dedans les quartiers des souliers.

**ÉCUMANT, E**, *adj.* Qui écume.

**ÉCUME**, *s. f.* Mousse blanchâtre sur un liquide; bave de quelques animaux en colère ou échauffés.

**ÉCUMER**, *v. n.* Jeter de l'écume; — (*part.* é, ée), *v. a.* Ôter l'écume.

**ÉCUMEUR**, *s. m.* — *de mer*, corsaire; — *de marmites*, parasite.

**ÉCUMEUX, EUSE**, *adj.* Couvert d'écume.

**ÉCUMOIRE**, *s. f.* Ustensile pour écumer.

**ÉCURER** (*part.* é, ée), *v. a.* Nettoyer (la batterie de cuisine).

**ÉCUREUIL** (*ll m.*), *s. m.* Petit quadrupède fort vif.

**ÉCUREUR, EUSE**, *s.* Celui ou Celle qui écure.

**ÉCURIE**, *s. f.* Lieu où on loge les chevaux et autres bêtes de somme.

**ÉCUSSON**, *s. m.* Plaque de métal; armoiries; morceau d'écorce avec un œil pour greffer.

**ÉCUSSONNER** (*part.* é, ée), *v. a.* Greffer en écusson.

**ÉCUSSONNOIR**, *s. m.* Outil pour écussonner.

**ÉCUYER**, *s. m.* Celui qui a l'intendance des écuries; celui qui enseigne le manége; ancien titre de noblesse.

**ÉDEN**, *s. m.* Paradis terrestre.

**ÉDENTÉ, ÉE**, *adj.* Qui n'a plus de dents.

**ÉDENTER** (*part.* é, ée), *v. a.* Briser les dents.

**ÉDIFIANT, E**, *adj.* Qui porte à la vertu par l'exemple ou les discours.

**ÉDIFICATION**, *s. f.* Action de bâtir; *fig.* Sentiment de piété et de vertu; fruit du bon exemple.

**ÉDIFICE**, *s. m.* Grand bâtiment; *fig.* Assemblage de choses qui se soutiennent mutuellement.

**ÉDIFIER** (*part.* é, ée), *v. a.* Bâtir; *fig.* Porter à la vertu.

**ÉDILE**, *s. m.* Magistrat qui chez les Romains avait la surveillance des édifices publics.

**ÉDILITÉ**, *s. f.* Fonctions d'édile.

**ÉDIT**, *s. m.* Loi, ordonnance de l'autorité souveraine.

**ÉDITEUR**, *s. m.* Celui qui publie les ouvrages d'un autre.

**ÉDITION**, *s. f.* Impression et publication d'un livre.

**ÉDREDON**, *s. m.* Duvet très-léger d'un oiseau du Nord.

**ÉDUCATION**, *s. f.* Art ou Action de développer les facultés physiques, intellectuelles et morales de l'homme; politesse; usage du monde.

**ÉDULCORATION**, *s. f.* Action d'édulcorer.

**ÉDULCORER** (*part.* é, ée), *v. a.* Adoucir avec du sucre.

**ÉFAUFILER** (*part.* é, ée), *v. a.* Tirer les fils d'un tissu.

**EFFAÇABLE**, *adj.* 2 *g.* Qui peut être effacé.

**EFFACER** (*part.* é, ée), *v. a.* Faire disparaître; rayer, raturer; *fig.* Surpasser; *s'*—, *v. pr.* Disparaître.

**EFFAÇURE**, *s. f.* Ce qui est effacé.

**EFFANER** (*part.* é, ée), *v. a.* Ôter la fane des blés; effeuiller.

**EFFARER** (*part.* é, ée), *v. a.* Troubler quelqu'un.

**EFFAROUCHER** (*part.* é, ée), *v. a.* Effrayer, intimider; faire fuir; *s'*—, *v. pr.* S'effrayer.

**EFFECTIF, IVE**, *adj.* Qui est réellement et de fait.

**EFFECTIVEMENT**, *adv.* En effet.

**EFFECTUER** (*part.* é, ée), *v. a.* Mettre à exécution; réaliser.

**EFFÉMINÉ, ÉE**, *adj.* Faible, mou comme une femme.

**EFFÉMINER** (*part.* é, ée), *v. a.* Rendre faible comme une femme.

**EFFERVESCENCE**, *s. f.* Bouillonnement; ébullition d'une liqueur; *fig.* Émotion.

**EFFERVESCENT, E**, *adj.* Qui est ou Qui est susceptible d'être en effervescence.

**EFFET**, *s. m.* Résultat d'une cause; exécution, réalisation; billet représentant une somme d'argent; *en* —, *loc. adv.* En réalité; car.

**EFFEUILLAISON** (*ll m.*), *s. f.* Action d'effeuiller une plante.

**EFFEUILLER** (*ll m.*; *part.* é, ée), *v. a.* Dépouiller de feuilles; *s'* —, *v. pr.* Perdre ses feuilles.

**EFFICACE**, *adj.* 2 *g.* Qui produit son effet; —, *s. f.* Efficacité.

**EFFICACEMENT**, *adv.* Avec efficacité.

**EFFICACITÉ**, *s. f.* Force, pouvoir.

**EFFICIENT, E**, *adj.* Qui produit certain effet.

**EFFIGIE**, *s. f.* Représentation figurée d'une personne.

**EFFILÉ**, *s. m.* Petite frange.

**EFFILÉ, ÉE**, *adj.* Étroit, mince, délié.

**EFFILER** (*part.* é, ée), *v. a.* Défaire un tissu fil à fil.

**EFFLANQUER** (*part.* é, ée), *v. a.* Rendre maigre.

**EFFLEURER** (*part.* é, ée), *v. a.* N'enlever que la superficie; *fig.* Toucher légèrement.

**EFFONDREMENT**, *s. m.* Action d'effondrer.

**EFFONDRER** (*part.* é, ée), *v. a.* Fouiller profondément la terre; enfoncer, rompre.

**s'EFFORCER**, *v. pr.* Faire effort; employer toute sa force, son industrie.

**EFFORT**, *s. m.* Action faite en s'efforçant; tension violente.

**EFFRACTION**, *s. f.* Rupture faite par un voleur.

**EFFRAYANT, E**, *adj.* Qui effraye.

**EFFRAYER** (*part.* é, ée), *v. a.* Causer de la frayeur; épouvanter; *s'—*, *v. pr.* Avoir peur.

**EFFRÉNÉ, ÉE**, *adj.* Qui est sans frein, sans retenue.

**EFFRITER** (*part.* é, ée), *v. a.* Épuiser (une terre).

**EFFROI**, *s. m.* Épouvante; crainte mêlée d'horreur.

**EFFRONTÉ, ÉE**, *adj.* et *s.* Qui n'a honte de rien.

**EFFRONTÉMENT**, *adv.* Impudemment.

**EFFRONTERIE**, *s. f.* Vice de l'effronté, impudence.

**EFFROYABLE**, *adj.* 2 *g.* Qui cause de l'effroi; très-difforme; excessif.

**EFFROYABLEMENT**, *adv.* D'une manière effroyable; avec excès.

**EFFUSION**, *s. f.* Épanchement; *fig.* Vive et sincère démonstration.

**ÉGAL, E** (*au pl. m. égaux*), *adj.* Pareil, semblable; uniforme; uni; indifférent; qui est toujours le même; *à l'— de*, autant que.

**ÉGALEMENT**, *adv.* D'une manière égale.

**ÉGALER** (*part.* é, ée), *v. a.* Rendre égal; rendre uni; être égal à.

**ÉGALISATION**, *s. f.* Action d'égaliser

**ÉGALISER** (*part.* é, ée), *v. a.* Rendre égal, uni.

**ÉGALITÉ**, *s. f.* Uniformité; conformité; rapport entre des choses égales.

**ÉGARD**, *s. m.* Déférence, marque d'estime, de considération; ménagements; *avoir égard à*, tenir compte de; *à l'égard de*, *loc. prép.* Relativement à.

**ÉGAREMENT**, *s. m.* Écart; erreur; aliénation d'esprit; désordre.

**ÉGARER** (*part.* é, ée), *v. a.* Détourner du droit chemin; fourvoyer; perdre momentanément; *s'—*, *v. pr.* S'écarter de son chemin; se tromper.

**ÉGAYER** (*part.* é, ée), *v. a.* Rendre gai; *s'—*, *v. pr.* Se distraire.

**ÉGIDE**, *s. f.* Bouclier de Pallas; *fig.* Protection, défense.

**ÉGLANTIER**, *s. m.* Rosier sauvage.

**ÉGLANTINE**, *s. f.* Fleur de l'églantier.

**ÉGLISE**, *s. f.* Temple chrétien; assemblée des fidèles.

**ÉGLOGUE**, *s. f.* Poëme champêtre.

**ÉGOÏSME**, *s. m.* Défaut qui consiste à rapporter tout à soi.

**ÉGOÏSTE**, *s.* et *adj.* 2 *g.* Qui a de l'égoïsme.

**ÉGORGER** (*part.* é, ée), *v. a.* Tuer, couper la gorge.

**s'ÉGOSILLER** (ll m.), *v. pr.* Se faire mal au gosier à force de crier; chanter beaucoup et très-haut.

**ÉGOUT**, *s. m.* Écoulement des eaux; conduit; cloaque.

**ÉGOUTTER**, *v. n.* Tomber goutte à goutte; — (*part.* é, ée), *v. a.* Faire écouler l'eau; *s'—*, *v. pr.* Se ressuyer.

**ÉGOUTTOIR**, *s. m.* Ustensile de cuisine pour faire égoutter la vaisselle.

**ÉGOUTTURE**, *s. f.* Dernières gouttes qui tombent de ce qu'on fait égoutter.

**ÉGRAPPER** (*part.* é, ée), *v. a.* Détacher le raisin de la grappe.

**ÉGRATIGNER** (*part.* é, ée), *v. a.* Déchirer la peau avec les ongles.

**ÉGRATIGNURE**, *s. f.* Légère blessure faite en égratignant.

**ÉGRENER** (*part.* é, ée), *v. a.* Faire sortir la graine des plantes; détacher les grains d'une grappe.

**ÉGRILLARD, E** (ll m.), *adj.* et *s.* Vif, éveillé.

**ÉGRUGEOIR**, *s. m.* Ustensile de bois pour écraser le sel.

**ÉGRUGER** (*part. é, ée*), *v. a.* Pulvériser dans l'égrugeoir.

**ÉGUEULER** (*part. é, ée*), *v. a.* Casser le goulot ou le bord d'un vase.

**ÉGYPTE**, grande contrée d'Afrique.

**ÉGYPTIEN, ENNE**, *adj.* Qui est d'Égypte.

**EH!** *interj.* qui marque la surprise.

**ÉHONTÉ, ÉE**, *adj.* Qui n'a pas de honte.

**ÉLABORATION**, *s. f.* Action d'élaborer.

**ÉLABORER** (*part. é, ée*), *v. a.* Préparer avec soin, par degrés; perfectionner.

**ÉLAGAGE**, *s. m.* Action d'élaguer.

**ÉLAGUER** (*part. é, ée*), *v. a.* Retrancher d'un arbre les branches nuisibles.

**ÉLAGUEUR**, *s. m.* Ouvrier qui élague.

**ÉLAN**, *s. m.* Mouvement subit avec effort; action de s'élancer; espèce de cerf.

**ÉLANCÉ, ÉE**, *adj.* Efflanqué, haut et mince.

**ÉLANCEMENT**, *s. m.* Action de s'élancer; douleur subite et passagère.

**ÉLANCER** (*part. é, ée*), *v. a.* Lancer en avant; —, *v. n.* Produire des élancements; *s'* —, *v. pr.* Se jeter en avant avec précipitation.

**ÉLARGIR** (*part. i, ie*), *v. a.* Rendre plus large; mettre hors de prison; *s'* —, *v. pr.* Devenir plus large; s'étendre.

**ÉLARGISSEMENT**, *s. m.* Action d'élargir; augmentation de largeur.

**ÉLARGISSURE**, *s. f.* Ce qu'on ajoute à un objet pour le rendre plus ample.

**ÉLASTICITÉ**, *s. f.* Qualité de ce qui est élastique.

**ÉLASTIQUE**, *adj.* 2 *g.* Qui a du ressort.

**ÉLECTEUR**, *s. m.* Celui qui élit; membre d'un collége électoral; prince d'Allemagne qui prenait part à l'élection de l'empereur.

**ÉLECTIF, IVE**, *adj.* Qui se fait par élection.

**ÉLECTION**, *s. f.* Action d'élire, choix d'une personne fait au concours des suffrages.

**ÉLECTORAL, E**, *adj.* Qui a rapport aux électeurs.

**ÉLECTORAT**, *s. m.* Dignité, qualité d'électeur.

**ÉLECTRICITÉ**, *s. f.* Fluide invisible et impondérable qui se manifeste par le frottement.

**ÉLECTRIQUE**, *adj.* 2 *g.* Qui a rapport à l'électricité.

**ÉLECTRISATION**, *s. f.* Action d'électriser; état de ce qui est électrisé.

**ÉLECTRISER** (*part. é, ée*), *v. a.* Communiquer l'électricité; *fig.* Animer, enflammer.

**ÉLÉGAMMENT**, *adv.* Avec élégance.

**ÉLÉGANCE**, *s. f.* Délicatesse, politesse du langage; recherche, grâces dans les manières, la parure, etc.

**ÉLÉGANT, E**, *adj.* et *s.* Qui a de l'élégance.

**ÉLÉGIAQUE**, *adj.* 2 *g.* Qui appartient à l'élégie.

**ÉLÉGIE**, *s. f.* Poésie triste et tendre.

**ÉLÉMENT**, *s. m.* Corps simple qui entre dans la composition des corps mixtes; *au pl.* Principes d'un art, d'une science.

**ÉLÉMENTAIRE**, *adj.* 2 *g.* Qui appartient à un élément; qui contient les éléments (d'une science).

**ÉLÉPHANT**, *s. m.* Le plus grand, le plus gros et le plus intelligent des quadrupèdes.

**ÉLÉVATION**, *s. f.* Exhaussement; *fig.* Dignité, puissance; grandeur d'âme, de courage; supériorité d'esprit; noblesse de style; mouvement de l'âme vers Dieu.

**ÉLÈVE**, *s.* 2 *g.* Disciple, écolier.

**ÉLEVER** (*part. é, ée*), *v. a.* Hausser, faire monter plus haut; construire, ériger; nourrir; instruire; *s'* —, *v. pr.* Monter plus haut; se former, se produire; s'emporter.

**ÉLEVURE**, *s. f.* Petite bube.

**ÉLIDER** (*part. é, ée*), *v. a.* Faire une élision; *s'*—, *v. pr.* Souffrir une élision.

**ÉLIGIBILITÉ**, *s. f.* Capacité d'être élu.

**ÉLIGIBLE**, *adj.* 2 *g.* et *s. m.* Qui peut être élu.

**s'ÉLIMER** (*part.* é, ée), *v. pr.* S'user à force d'être porté.

**ÉLIMINATION**, *s. f.* Action d'éliminer.

**ÉLIMINER** (*part.* é, ée), *v. a.* Expulser.

**ÉLIRE** (se conj. sur *Lire*), *v. a.* Choisir; faire une élection.

**ÉLISION**, *s. f.* Suppression d'une lettre.

**ÉLITE**, *s. f.* Ce qu'il y a de mieux dans son genre.

**ÉLIXIR**, *s. m.* Liqueur spiritueuse.

**ELLE** (*au pl.* *elles*), *pron. pers. f.* de la troisième personne.

**ELLÉBORE**, *s. m.* Plante médicinale.

**ELLIPSE**, *s. f.* Suppression d'un mot dans une phrase; (*t. de géom.*) courbe formée en coupant obliquement un cône droit par un plan qui le traverse.

**ELLIPTIQUE**, *adj.* 2 *g.* Qui tient de l'ellipse.

**ELME** (SAINT-). *Feu Saint-Elme*, feux électriques qui voltigent sur la surface des eaux après une tempête.

**ÉLOCUTION**, *s. f.* Manière de s'exprimer; partie de la rhétorique relative au choix et à l'arrangement des mots.

**ÉLOGE**, *s. m.* Louange; panégyrique.

**ÉLOIGNEMENT**, *s. m.* Action d'éloigner ou de s'éloigner; antipathie, aversion; absence; distance de temps ou de lieu.

**ÉLOIGNER** (*part.* é, ée), *v. a.* Écarter; retarder; différer; *s'*—, *v. pr.* S'absenter, s'écarter; avoir de la répugnance pour.

**ÉLOQUEMMENT**, *adv.* Avec éloquence.

**ÉLOQUENCE**, *s. f.* Talent de bien dire, d'émouvoir, de persuader.

**ÉLOQUENT**, E, *adj.* Qui a de l'éloquence.

**ÉLU**, E, *adj.* et *s.* Prédestiné à la vie éternelle; choisi par élection.

**ÉLUCUBRATION**, *s. f.* Travail produit à force de veilles.

**ÉLUDER** (*part.* é, ée), *v. a.* Éviter avec adresse.

**ÉLYSÉE**, *s. m.* Séjour des héros et des hommes vertueux après leur mort (suivant la mythologie); —, *fig.* Lieu délicieux.

**ÉMAIL** (l m.; *au pl.* *émaux*), *s. m.* Composition particulière du verre combiné avec certains métaux.

**ÉMAILLER** (ll m.; *part.* é, ée), *v. a.* Travailler en émail; *fig.* Orner, embellir.

**ÉMAILLEUR** (ll m.), *s. m.* Ouvrier en émail.

**ÉMAILLURE** (ll m.), *s. f.* Application de l'émail.

**ÉMANATION**, *s. f.* Action d'émaner; ce qui émane; exhalaison.

**ÉMANCIPATION**, *s. f.* Acte qui émancipe.

**ÉMANCIPER** (*part.* é, ée), *v. a.* Mettre hors de tutelle; *s'*—, *v. pr.* Prendre trop de liberté.

**ÉMANER** (*part.* é, ée), *v. n.* Découler, provenir.

**ÉMARGEMENT**, *s. m.* Action d'émarger.

**ÉMARGER** (*part.* é, ée), *v. a.* Porter, écrire en marge; couper la marge.

**EMBALLAGE**, *s. m.* Action d'emballer; ce qui sert à emballer.

**EMBALLER** (*part.* é, ée), *v. a.* Empaqueter, mettre dans une balle.

**EMBALLEUR**, *s. m.* Ouvrier qui emballe.

**EMBARCADÈRE**, *s. m.* Débarcadère.

**EMBARCATION**, *s. f.* Petit navire, barque, chaloupe.

**EMBARGO**, *s. m.* Défense faite à des vaisseaux de sortir d'un port.

**EMBARQUEMENT**, *s. m.* Action d'embarquer une chose ou de s'embarquer.

**EMBARQUER** (*part.* é, ée), *v. a.* Mettre dans un navire, dans une barque; *s'*—, *v. pr.* Entrer dans un navire; *fig.* S'engager dans.

**EMBARRAS**, *s. m.* Obstacle; confusion; perplexité; irrésolution.

**EMBARRASSANT**, E, *adj.* Qui embarrasse.

**EMBARRASSER** (*part.* é, ée), *v. a.* Causer de l'embarras; *fig.* Mettre en peine, donner de l'irrésolution; *s'*—, *v. pr.* Se mettre dans une situation difficile; s'inquiéter; s'engorger.

**EMBÂTER** (*part.* é, ée), *v. a.* Charger d'un bât (une bête de somme); *fig.* Charger d'une chose incommode.

**EMBAUCHAGE**, *s. m.* Action d'embaucher.

**EMBAUCHER** (*part.* é, ée), *v. a.* Enrôler par adresse.

**EMBAUCHEUR**, *s. m.* Celui qui embauche.

**EMBAUCHOIR**, *s. m.* Pièce de bois en forme de pied et de jambe pour mettre dans les bottes.

**EMBAUMEMENT**, *s. m.* Action d'embaumer (un corps).

**EMBAUMER** (*part.* é, ée), *v. a.* Remplir un corps mort de baume ou d'une préparation chimique pour le préserver de la corruption; parfumer.

**EMBÉGUINER** (*part.* é, ée), *v. a.* Envelopper la tête d'un béguin; *fig.* Mettre dans l'esprit; *s'*—, *v. pr.* Se mettre en tête.

**EMBELLIR** (*part.* i, ie), *v. a.* Rendre beau, orner; —, *v. n.* Devenir beau.

**EMBELLISSEMENT**, *s. m.* Action d'embellir; ce qui embellit.

**EMBLAVER** (*part.* é, ée), *v. a.* Semer en blé.

**EMBLAVURE**, *s. f.* Terre semée en blé.

**EMBLÉE** (D'), *loc. adv.* Tout d'un coup; du premier effort.

**EMBLÉMATIQUE**, *adj.* 2 *g.* Qui tient de l'emblème.

**EMBLÈME**, *s. m.* Figure symbolique accompagnée de paroles sentencieuses.

**s'EMBOIRE** (se conj. sur *Boire*), *v. pr.* S'imbiber.

**EMBOÎTEMENT**, *s. m.* Action d'emboîter.

**EMBOÎTER** (*part.* é, ée), *v. a.* Enchâsser une chose dans une autre; *s'*—, *v. pr.* S'enchâsser dans; *s'*—, *v. réc.* S'enchâsser l'un dans l'autre.

**EMBOÎTURE**, *s. f.* Endroit où une chose s'emboîte dans une autre.

**EMBONPOINT**, *s. m.* État d'une personne un peu grasse.

**EMBOSSAGE**, *s. m.* État d'un vaisseau embossé.

**EMBOSSER** (*part.* é, ée), *v. a.* Amarrer un navire, le fixer contre le vent et contre le courant.

**EMBOUCHER** (*part.* é, ée), *v. a.* Mettre à sa bouche; donner à un cheval le mors convenable; *fig.* Instruire quelqu'un de ce qu'il a à dire.

**EMBOUCHOIR**, *s. m.* Bout par lequel on souffle; embauchoir.

**EMBOUCHURE**, *s. f.* Partie du mors qui est dans la bouche; ouverture d'un canon; entrée d'une rivière dans une autre rivière ou dans la mer.

**EMBOURBER** (*part.* é, ée), *v. a.* Mettre dans un bourbier; *fig.* Engager dans une mauvaise affaire.

**EMBOURRER**. V. *Rembourrer*.

**EMBOURSER** (*part.* é, ée), *v. a.* Mettre en bourse.

**EMBRANCHEMENT**, *s. m.* Point où plusieurs chemins se réunissent; nœud de soudure des tuyaux.

**EMBRASEMENT**, *s. m.* Grand incendie; *fig.* Combustion, désordre.

**EMBRASER** (*part.* é, ée), *v. a.* Mettre en feu; *s'* —, *v. pr.* Prendre feu.

**EMBRASSADE**, *s. f.* Action de deux personnes qui s'embrassent.

**EMBRASSEMENT**, *s. m.* Action d'embrasser.

**EMBRASSER** (*part.* é, ée), *v. a.* Serrer dans ses bras; ceindre; environner; *s'*—, *v. réc.* Se presser dans les bras l'un de l'autre.

**EMBRASURE**, *s. f.* Ouverture dans un mur pour tirer le canon; ouverture d'une fenêtre, d'une porte.

**EMBROCHER** (*part.* é, ée), *v. a.* Mettre à la broche.

**EMBROUILLEMENT** (ll m.), *s. m.* Action d'embrouiller; embarras; confusion.

**EMBROUILLER** (ll m., *part.* é, ée), *v. a.* Mettre de la confusion, de l'obscurité; *s'*—, *v. pr.* S'embarrasser.

**EMBRUMÉ**, ÉE, *adj.* Chargé de brouillard.

**EMBRUN**, chef-lieu d'arr. du dép. des Hautes-Alpes.

**EMBÛCHE**, *s. f.* Piége; entreprise secrète pour nuire.

**EMBUSCADE**, *s. f.* Embûche dans un lieu couvert.

**EMBUSQUER** (*part.* é, ée), *v. a.* Mettre en embuscade; *s'*—, *v. pr.* Se cacher pour surprendre.

**ÉMERAUDE**, *s. f.* Pierre précieuse verte.

**ÉMERI**, *s. m.* Mine de fer pour polir les métaux.

**ÉMERILLON** (ll m.), *s. m.* Oiseau de proie petit et très-vif.

**ÉMERILLONNÉ, ÉE** (ll m.), *adj.* Vif, éveillé comme l'émerillon.

**ÉMÉRITE**, *adj. m.* *Professeur* —, pensionné après trente ans de service.

**ÉMERVEILLER** (ll m.; *part.* é, ée), *v. a.* Causer de l'admiration, étonner; *s'*—, *v. pr.* S'étonner.

**ÉMÉTIQUE**, *adj.* 2 *g.* Qui provoque les vomissements; —, *s. m.* Vomitif.

**ÉMÉTISER** (*part.* é, ée), *v. a.* Mettre de l'émétique dans un breuvage.

**ÉMETTRE** (se conj. sur *Mettre*), *v. a.* Produire au dehors, mettre en circulation; exprimer (une opinion).

**ÉMEUTE**, *s. f.* Tumulte séditieux.

**ÉMIETTER** (*part.* é, ée), *v. a.* Réduire en miettes.

**ÉMIGRANT, E**, *adj.* et *s.* Qui émigre.

**ÉMIGRATION**, *s. f.* Action d'émigrer.

**ÉMIGRÉ, ÉE**, *s.* Celui ou Celle qui a émigré.

**ÉMIGRER** (*part.* é, ée), *v. n.* Abandonner sa patrie pour aller s'établir ailleurs.

**ÉMINCÉ**, *s. m.* Ragoût de tranches de viande très-minces.

**ÉMINCER** (*part.* é, ée), *v. a.* Couper par tranches minces.

**ÉMINEMMENT**, *adv.* Avec excellence, au plus haut degré.

**ÉMINENCE**, *s. f.* Petite élévation; titre donné aux cardinaux.

**ÉMINENT, E**, *adj.* Élevé, supérieur.

**ÉMINENTISSIME**, *adj.* Très-éminent (titre qu'on donne aux cardinaux).

**ÉMISSAIRE**, *s. m.* Envoyé secret.

**ÉMISSION**, *s. f.* Action d'émettre, de pousser au dehors.

**EMMAGASINAGE**, *s. m.* Action d'emmagasiner; temps pendant lequel on garde une chose en magasin.

**EMMAGASINER** (*part.* é, ée), *v. a.* Mettre en magasin.

**EMMAILLOTTER** (ll m.; *part.* é, ée), *v. a.* Mettre en maillot.

**EMMANCHER** (*part.* é, ée), *v. a.* Mettre un manche.

**EMMANCHEUR**, *s. m.* Ouvrier qui emmanche.

**EMMANCHURE**, *s. f.* Ouverture d'une robe, d'un habit, pour y mettre des manches.

**EMMANNEQUINER** (*part.* é, ée), *v. a.* Mettre (un arbuste) dans un mannequin.

**EMMÉNAGEMENT**, *s. m.* Action de s'emménager.

**EMMÉNAGER**, *v. n.*, et **S'EMMÉNAGER** (*part.* é, ée), *v. pr.* Ranger ses meubles dans un nouveau logement; acheter des meubles.

**EMMENER** (*part.* é, ée), *v. a.* Mener quelqu'un du lieu où l'on est en quelque autre lieu.

**EMMENOTTER** (*part.* é, ée), *v. a.* Mettre des menottes aux mains.

**EMMIELLER** (*part.* é, ée), *v. a.* Enduire de miel.

**EMMIELLURE**, *s. f.* Cataplasme pour les chevaux.

**EMMITOUFLER** (*part.* é, ée), *v. a.* Envelopper de vêtements chauds.

**EMMUSELER** (*part.* é, ée), *v. a.* Mettre une muselière.

**ÉMOI**, *s. m.* Émotion, inquiétude.

**ÉMOLLIENT, E**, *adj.* Qui amollit, qui adoucit; —, *s. m.* Remède qui amollit.

**ÉMOLUMENT**, *s. m.* Profit, avantage.

**ÉMONDAGE**, *s. m.* Action d'émonder.

**ÉMONDER** (*part.* é, ée), *v. a.* Couper les branches superflues d'un arbre.

**ÉMONDES**, *s. f. pl.* Branches émondées.

**ÉMOTION**, *s. f.* Altération; agitation de l'âme.

**ÉMOTTER** (*part.* é, ée), *v. a.* Briser les mottes d'un champ.

**ÉMOUCHER** (*part.* é, ée), *v. a.* Chasser les mouches.

**ÉMOUCHET**, *s. m.* Oiseau de proie, mâle de l'épervier.

**ÉMOUCHETTE**, *s. f.* Réseau pour garantir les chevaux des mouches.

**ÉMOUCHOIR**, *s. m.* Queue de cheval pour émoucher.

**ÉMOUDRE** (se conj. sur *Moudre*), *v. a.* Aiguiser sur la meule.

**ÉMOULEUR**, *s. m.* Celui qui aiguise sur la meule les instruments tranchants.

**ÉMOUSSER** (*part.* é, ée), *v. a.* Ôter le tranchant, etc.; *fig.* Énerver.

**ÉMOUSSER** (*part.* é, ée), *v. a.* Dégarnir de mousse.

**ÉMOUSTILLER** (ll m.; *part.* é, ée), *v. a.* Donner de la vivacité.

**ÉMOUVOIR** (se conj. sur *Mouvoir*), *v. a.* Causer de l'émotion, toucher vivement; mettre en mouvement.

**EMPAILLAGE**, *s. m.* Art d'empailler.

**EMPAILLER** (ll m.; *part.* é, ée), *v. a.* Garnir de paille; envelopper de paille.

**EMPAILLEUR** (ll m.), *s. m.* Celui qui empaille.

**EMPALEMENT**, *s. m.* Action d'empaler, supplice en usage chez les Turcs.

**EMPALER** (*part.* é, ée), *v. a.* Ficher un pal aigu dans le fondement et le faire sortir entre les épaules.

**EMPANACHER** (*part.* é, ée), *v. a.* Garnir d'un panache.

**EMPAQUETER** (*part.* é, ée; se conj. sur *Jeter*), *v. a.* Mettre en paquet; *s'*—, *v. pr.* S'envelopper.

**S'EMPARER**, *v. pr.* Se saisir d'une chose, s'en rendre maître.

**EMPÂTEMENT**, *s. m.* État de ce qui est pâteux ou empâté.

**EMPÂTER** (*part.* é, ée), *v. a.* Remplir de pâte, rendre pâteux; engraisser (la volaille).

**EMPAUMER** (*part.* é, ée), *v. a.* Recevoir une balle avec la paume de la main; *fig.* S'emparer de l'esprit de quelqu'un.

**EMPÊCHEMENT**, *s. m.* Obstacle, opposition.

**EMPÊCHER** (*part.* é, ée), *v. a.* Apporter de l'opposition; faire obstacle; *s'* —, *v. pr.* S'abstenir.

**EMPEIGNE**, *s. f.* Le dessus et les côtés du soulier.

**EMPENNER** (*part.* é, ée), *v. a.* Garnir une flèche de plumes.

**EMPEREUR**, *s. m.* Chef d'un empire.

**EMPESAGE**, *s. m.* Action ou Façon d'empeser.

**EMPESÉ, ÉE**, *adj.* Guindé; apprêté.

**EMPESER** (*part.* é, ée), *v. a.* Accommoder le linge avec de l'empois.

**EMPESEUR, EUSE**, *s.* Celui ou Celle qui empèse.

**EMPESTER** (*part.* é, ée), *v. a.* Répandre la peste; infecter de mauvaise odeur.

**EMPÊTRER** (*part.* é, ée), *v. a.* Embarrasser; *s'*—, *v. pr.* S'embarrasser le pied.

**EMPHASE**, *s. f.* Affectation dans les discours, dans les manières.

**EMPHATIQUE**, *adj.* 2 *g.* Qui a de l'emphase.

**EMPHATIQUEMENT**, *adv.* Avec emphase.

**EMPHYTÉOSE**, *s. f.* Bail à longues années.

**EMPHYTÉOTE**, *s.* 2 *g.* Celui ou Celle qui jouit de l'emphytéose.

**EMPHYTÉOTIQUE**, *adj.* 2 *g.* Qui appartient à l'emphytéose.

**EMPIÉTEMENT**, *s. m.* Action d'empiéter.

**EMPIÉTER** (*part.* é, ée), *v. a.* et *v. n.* Usurper les droits d'autrui.

**EMPIFFRER** (*part.* é, ée), *v. a.* Faire manger avec excès; *s'*—, *v. pr.* Manger gloutonnement.

**EMPILEMENT**, *s. m.* Action d'empiler.

**EMPILER** (*part.* é, ée), *v. a.* Mettre en pile.

**EMPIRE**, *s. m.* Commandement, puissance, autorité; pays soumis à un empereur; durée du règne d'un empereur.

**EMPIRER** (*part.* é, ée), *v. a.* Rendre pire; —, *v. n.* Devenir pire.

**EMPIRIQUE**, *s. m.* Charlatan; —, *adj.* 2 *g.* Qui n'a que l'expérience sans la méthode.

**EMPIRISME**, *s. m.* Art de guérir fondé sur la pratique seule.
**EMPLACEMENT**, *s. m.* Place propre à bâtir, à planter, etc.
**EMPLÂTRE**, *s. m.* Onguent étendu sur du linge; *fig.* Personne incapable d'agir.
**EMPLETTE**, *s. f.* Achat de marchandises; chose achetée.
**EMPLIR** (*part.* i, ie; se conj. sur *Finir*), *v. a.* Rendre plein; *s'—*, *v. pr.* Devenir plein.
**EMPLOI**, *s. m.* Application d'une chose à un usage; mention d'une somme dans un compte; fonction.
**EMPLOYÉ**, *s. m.* Celui qui a un emploi; commis d'un bureau.
**EMPLOYER** (*part.* é, ée; se conj. sur *Ployer*), *v. a.* Mettre en usage; donner de l'occupation; *s'—*, *v. pr.* S'appliquer à.
**EMPLUMER** (*part.* é, ée), *v. a.* Garnir de plumes.
**EMPOCHER** (*part.* é, ée), *v. a.* Mettre en poche avec avidité.
**EMPOIGNER** (*part.* é, ée), *v. a.* Prendre et serrer avec la main en fermant le poing.
**EMPOIS**, *s. m.* Colle d'amidon.
**EMPOISONNEMENT**, *s. m.* Action d'empoisonner; effets du poison.
**EMPOISONNER** (*part.* é, ée), *v. a.* Donner du poison à dessein de faire mourir; *fig.* Corrompre; —, *v. n.* Exhaler une mauvaise odeur; *s'—*, *v. pr.* Prendre du poison pour se faire mourir.
**EMPOISONNEUR**, **EUSE**, *s.* Celui ou Celle qui empoisonne; mauvais cuisinier.
**EMPOISSER** (*part.* é, ée), *v. a.* Enduire de poix.
**EMPOISSONNEMENT**, *s. m.* Action d'empoissonner.
**EMPOISSONNER** (*part.* é, ée), *v. a.* Peupler un étang de poissons.
**EMPORTÉ**, **ÉE**, *adj.* Violent, irritable; transporté de colère.
**EMPORTEMENT**, *s. m.* Colère; mouvement violent causé par une passion.
**EMPORTE-PIÈCE**, *s. m.* (inv.) Instrument pour découper.
**EMPORTER** (*part.* é, ée), *v. a.* Ôter d'un lieu, enlever; prendre une chose et la porter avec soi dehors; gagner; obtenir; entraîner; *l'emporter sur*, avoir le dessus, surpasser; *s'—*, *v. pr.* Se fâcher.
**EMPOTER** (*part.* é, ée), *v. a.* Mettre en pot.
**EMPREINDRE** (se conj. sur *Feindre*), *v. a.* Imprimer.
**EMPREINTE**, *s. f.* Marque; figure de ce qui est empreint.
**EMPRESSÉ**, **ÉE**, *adj.* et *s.* Qui agit avec ardeur; prévenant.
**EMPRESSEMENT**, *s. m.* Action de s'empresser; hâte de faire ou de dire; attention, soins.
**S'EMPRESSER** (*part.* é, ée), *v. pr.* Agir avec ardeur; s'agiter, s'inquiéter; chercher à plaire par des soins, des prévenances.
**EMPRISONNEMENT**, *s. m.* Action d'emprisonner; état du prisonnier.
**EMPRISONNER** (*part.* é, ée), *v. a.* Mettre en prison
**EMPRUNT**, *s. m.* Action d'emprunter; chose empruntée.
**EMPRUNTÉ**, **ÉE**, *adj.* Contraint, embarrassé; faux, déguisé.
**EMPRUNTER** (*part.* é, ée), *v. a.* Demander et recevoir en prêt; se servir de ce qui est à un autre.
**EMPRUNTEUR**, **EUSE**, *s.* Celui ou Celle qui emprunte.
**EMPUANTIR** (*part.* i, ie), *v. a.* Répandre une odeur infecte; *s'—*, *v. pr.* Commencer à puer.
**EMPUANTISSEMENT**, *s. m.* Action d'empuantir; état d'une chose qui s'empuantit.
**EMPYRÉE**, *s. m.* La partie la plus élevée des cieux; le séjour des bienheureux.
**ÉMULATEUR**, *s. m.* Celui qui est animé d'émulation.
**ÉMULATION**, *s. f.* Désir d'égaler ou de surpasser quelqu'un dans une chose louable; noble rivalité.
**ÉMULE**, *s. 2 g.* Concurrent, rival.
**ÉMULSION**, *s. f.* Potion rafraîchissante.
**ÉMULSIONNER** (*part.* é, ée), *v. a.* Faire une émulsion.
**EN**, *prép.* qui marque un rapport de lieu, de temps, de manière d'être, et signifie Dans, durant, pendant, avec.

**EN**, *pron. relatif sing. et pl.* De lui, d'elle, d'eux, d'elles, de cela; il remplace quelquefois les *pron. poss.* Son, sa, ses, leur, leurs.

**ENCÂBLURE**, *s. f.* Distance de cent vingt brasses.

**ENCADREMENT**, *s. m.* Action d'encadrer; état d'une chose encadrée.

**ENCADRER** (*part.* é, ée), *v. a.* Mettre dans un cadre, entourer.

**ENCAGER** (*part.* é, ée), *v. a.* Mettre en cage.

**ENCAISSÉ, ÉE**, *adj.* Dont les bords sont escarpés (en parlant d'une rivière).

**ENCAISSEMENT**, *s. m.* Action d'encaisser.

**ENCAISSER** (*part.* é, ée), *v. a.* Mettre en caisse.

**ENCAN**, *s. m.* Cri public pour vendre à l'enchère.

**s'ENCANAILLER** (ll m.; *part.* é, ée), *v. pr.* Hanter la canaille.

**s'ENCAPUCHONNER** (*part.* é, ée), *v. pr.* Se couvrir la tête d'un capuchon.

**ENCAQUER** (*part.* é, ée), *v. a.* Mettre dans une caque; entasser.

**ENCAQUEUR**, *s. m.* Celui qui met les harengs en caque.

**ENCASTRER** (*part.* é, ée), *v. a.* Enchâsser.

**ENCAUSTIQUE**, *s. f.* Enduit de cire dissoute; —, *adj.* Dont les couleurs sont préparées avec de la cire.

**ENCAVEMENT**, *s. m.* Action d'encaver.

**ENCAVER** (*part.* é, ée), *v. a.* Mettre et arranger dans une cave.

**ENCAVEUR**, *s. m.* Celui qui encave.

**ENCEINDRE** (se conj. sur *Feindre*), *v. a.* Entourer, enfermer.

**ENCEINTE**, *s. f.* Circonférence, tour, clôture; —, *adj. Femme enceinte*, femme grosse.

**ENCENS**, *s. m.* Parfum, gomme aromatique; *fig.* Louange, flatterie.

**ENCENSEMENT**, *s. m.* Action d'encenser.

**ENCENSER** (*part.* é, ée), *v. a.* Donner de l'encens; *fig.* Flatter.

**ENCENSEUR**, *s. m.* Celui qui encense.

**ENCENSOIR**, *s. m.* Cassolette pour encenser.

**ENCHAÎNEMENT**, *s. m.* Liaison, suite de plusieurs choses de même nature.

**ENCHAÎNER** (*part.* é, ée), *v. a.* Attacher avec une chaîne; *fig.* Captiver; réunir; lier.

**ENCHAÎNURE**, *s. f.* Enchaînement d'objets (d'art).

**ENCHANTÉ, ÉE**, *adj.* Fait par enchantement; merveilleux, admirable.

**ENCHANTEMENT**, *s. m.* Action d'enchanter; ravissement.

**ENCHANTER** (*part.* é, ée), *v. a.* Ensorceler par des opérations ou des formules magiques; charmer, séduire; ravir en admiration.

**ENCHANTEUR, TERESSE**, *s.* et *adj.* Celui ou Celle qui enchante, qui séduit.

**ENCHÂSSER** (*part.* é, ée), *v. a.* Mettre dans du bois, dans de l'or, etc.; *fig.* Insérer.

**ENCHÂSSURE**, *s. f.* Action d'enchâsser; chose enchâssée.

**ENCHAUSSER** (*part.* é, ée), *v. a.* Couvrir les légumes de fumier pour les préserver de la gelée.

**ENCHÈRE**, *s. f.* Offre d'un prix supérieur à celui qu'un autre proposé.

**ENCHÉRIR** (*part.* i, ie), *v. a.* Mettre une enchère; —, *v. n.* Devenir plus cher.

**ENCHÉRISSEMENT**, *s. m.* Hausse de prix.

**ENCHÉRISSEUR**, *s. m.* Celui qui met une enchère.

**ENCHEVÊTRER** (*part.* é, ée), *v. a.* Embarrasser, embrouiller; s'—, *v. pr.* Se mettre dans l'embarras.

**ENCHEVÊTRURE**, *s. f.* Assemblage de solives près du foyer d'une cheminée.

**ENCHIFRÈNEMENT**, *s. m.* Embarras dans le nez, produit par un rhume.

**ENCHIFRENER** (*part.* é, ée), *v. a.* Causer l'enchifrènement.

**ENCLAVE**, *s. f.* Terre qui avance dans une autre.

**ENCLAVEMENT**, *s. m.* Action d'enclaver; chose enclavée.

**ENCLAVER** (*part.* é, ée), *v. a.* Enfermer une chose dans une autre.

**ENCLIN, E**, *adj.* Porté naturellement à.

**ENCLORE** (se conj. sur *Clore*), *v. a.* Fermer d'une clôture.

**ENCLOS**, *s. m.* Espace clos.

**ENCLOUER** (*part.* é, ée), *v. a.* Piquer jusqu'au vif un cheval en le ferrant ; enfoncer un clou dans la lumière d'un canon pour l'empêcher de servir.

**ENCLOUURE**, *s. f.* État d'un cheval encloué ; *fig.* Empêchement, obstacle.

**ENCLUME**, *s. f.* Masse de fer sur laquelle on bat les métaux.

**ENCLUMEAU** ou **ENCLUMOT**, *s. m.* Petite enclume portative.

**ENCOCHER** (*part.* é, ée), *v. a.* Mettre la corde de l'arc dans la coche de la flèche.

**ENCOFFRER** (*part.* é, ée), *v. a.* Renfermer dans un coffre avec avarice ; *fig.* Mettre en prison.

**ENCOIGNURE**, *s. f.* Angle de deux murs, coin.

**ENCOLLAGE**, *s. m.* Couche de colle.

**ENCOLLER** (*part.* é, ée), *v. a.* Enduire de colle.

**ENCOLURE**, *s. f.* Partie du corps du cheval, depuis la tête jusqu'aux épaules ; *fig.* Air, apparence.

**ENCOMBRE**, *s. m.* Obstacle, embarras.

**ENCOMBREMENT**, *s. m.* Action d'encombrer ; effets de cette action.

**ENCOMBRER** (*part.* é, ée), *v. a.* Embarrasser.

**ENCONTRE** (**À L'**), *loc. adv.* et *prép.* Contre, en opposition avec.

**ENCORE**, *adv. de temps.* De plus ; jusqu'à présent ; du moins ; — *que*, bien que, quoique.

**ENCORNÉ, ÉE**, *adj.* Qui a des cornes.

**ENCOURAGEANT, E**, *adj.* Qui encourage.

**ENCOURAGEMENT**, *s. m.* Ce qui encourage.

**ENCOURAGER** (*part.* é, ée), *v. a.* Donner du courage ; exciter.

**ENCOURIR** (se conj. sur *Courir*), *v. a.* Attirer sur soi ; mériter.

**ENCRASSER** (*part.* é, ée), *v. a.* Rendre crasseux ; *s'*—, *v. pr.* Devenir crasseux.

**ENCRE**, *s. f.* Liqueur noire qui sert pour écrire.

**ENCRIER**, *s. m.* Vase où l'on met l'encre.

**ENCROÛTER** (*part.* é, ée), *v. a.* Revêtir d'un enduit ; *s'*—, *v. pr.* Se couvrir d'une croûte.

**s'ENCUIRASSER** (*part.* é, ée), *v. pr.* S'encrasser.

**ENCUVER** (*part.* é, ée), *v. a.* Mettre en cuve.

**ENCYCLIQUE**, *adj.* 2 *g.* (Lettre) circulaire.

**ENCYCLOPÉDIE**, *s. f.* Science universelle ; livre qui traite de toutes les sciences.

**ENCYCLOPÉDIQUE**, *adj.* 2 *g.* Qui embrasse toutes les sciences.

**ENCYCLOPÉDISTE**, *s. m.* Auteur encyclopédique.

**ENDÉMIQUE**, *adj.* 2 *g.* Particulier à un peuple.

**ENDENTÉ, ÉE**, *adj.* Garni de dents.

**ENDENTER** (*part.* é, ée), *v. a.* Mettre des dents (à une machine).

**ENDETTER** (*part.* é, ée), *v. a.* Charger de dettes ; *s'*—, *v. pr.* Faire des dettes.

**ENDÊVÉ, ÉE**, *adj.* Mutin ; emporté.

**ENDÊVER**, *v. n.* Avoir du dépit ; *faire* —, faire enrager.

**ENDIABLÉ, ÉE**, *adj.* et *s.* Furieux, méchant.

**ENDIABLER**, *v. n.* Être furieux, *faire* —, tourmenter.

**s'ENDIMANCHER** (*part.* é, ée), *v. pr.* Mettre ses beaux habits.

**ENDIVE**, *s. f.* Plante potagère ; sorte de chicorée.

**ENDOCTRINER** (*part.* é, ée), *v. a.* Instruire.

**ENDOLORI, E**, *adj.* Qui ressent de la douleur.

**ENDOMMAGER** (*part.* é, ée), *v. a.* Causer du dommage à.

**ENDORMEUR**, *s. m.* Flatteur, enjôleur.

**ENDORMI, E**, *adj.* Engourdi ; *fig.* Qui manque d'énergie.

**ENDORMIR** (*part.* i, ie ; se conj.

sur *Dormir*), *v. a.* Faire dormir; *fig.* Tromper; *s'—*, *v. pr.* Commencer à dormir; *fig.* Rester dans l'indolence.

**ENDOSSE**, *s. f.* La peine, l'embarras d'une chose.

**ENDOSSEMENT**, *s. m.* Signature au dos d'un billet.

**ENDOSSER** (*part.* é, ée), *v. a.* Mettre sur son dos; mettre sa signature au dos d'un billet.

**ENDOSSEUR**, *s. m.* Celui qui endosse un billet.

**ENDROIT**, *s. m.* Lieu, place; le beau côté d'une étoffe, opposé à *envers*.

**ENDUIRE** (*part.* uit, uite; se conj. sur *Conduire*), *v. a.* Couvrir d'un enduit.

**ENDUIT**, *s. m.* Couche de chaux, de plâtre, etc.

**ENDURANT**, **E**, *adj.* Patient, qui souffre aisément les injures.

**ENDURCIR** (*part.* i, ie; se conj. sur *Finir*), *v. a.* Rendre dur; rendre fort; accoutumer à ce qui est dur ou pénible; *s'—*, *v. pr.* Devenir dur; *fig.* Devenir insensible; s'accoutumer à la souffrance.

**ENDURCISSEMENT**, *s. m.* Dureté; *fig.* Opiniâtreté.

**ENDURER** (*part.* é, ée), *v. a.* Supporter avec patience.

**ÉNERGIE**, *s. f.* Force, courage, vertu.

**ÉNERGIQUE**, *adj.* 2 *g.* Qui a de l'énergie.

**ÉNERGIQUEMENT**, *adv.* Avec énergie.

**ÉNERGUMÈNE**, *s.* 2 *g.* Possédé du démon; personne enthousiaste, ou colère à l'excès.

**ÉNERVER** (*part.* é, ée), *v. a.* Affaiblir, amollir.

**ENFAÎTEAU**, *s. m.* Tuile creuse qu'on met sur le faîte d'une maison.

**ENFAÎTEMENT**, *s. m.* Table de plomb sur le faîte des maisons couvertes d'ardoises.

**ENFAÎTER** (*part.* é, ée), *v. a.* Couvrir le faîte d'une maison.

**ENFANCE**, *s. f.* Première partie de la vie, jusqu'à douze ans environ; les enfants; *fig.* Puérilité.

**ENFANT**, *s.* 2 *g.* Celui qui est dans l'enfance; fils ou fille; — *de chœur*, enfant qui chante à l'église.

**ENFANTEMENT**, *s. m.* Action d'enfanter.

**ENFANTER** (*part.* é, ée), *v. a.* Mettre au jour, produire.

**ENFANTILLAGE** (ll m.), *s. m.* Puérilité; discours, manières qui ne conviennent qu'à un enfant.

**ENFANTIN**, **E**, *adj.* D'enfant.

**ENFARINER** (*part.* é, ée), *v. a.* Poudrer de farine.

**ENFER**, *s. m.* Séjour des damnés; *fig.* Lieu de douleur.

**ENFERMER** (*part.* é, ée), *v. a.* Clore, entourer; serrer, mettre sous clef; *fig.* Contenir.

**ENFERRER** (*part.* é, ée), *v. a.* Percer avec un fer; *s'—*, *v. pr.* Se jeter sur le fer de son ennemi; *fig.* Se nuire à soi-même.

**ENFILADE**, *s. f.* Longue suite de choses placées à la file.

**ENFILER** (*part.* é, ée), *v. a.* Passer un fil par un trou; traverser.

**ENFIN**, *adv.* Après tout, en un mot.

**ENFLAMMER** (*part.* é, ée), *v. a.* Allumer; *fig.* Échauffer; mettre en feu; exciter; irriter; *s'—*, *v. pr.* Prendre feu; *fig.* S'animer, s'échauffer.

**ENFLER** (*part.* é, ée), *v. a.* Gonfler; grossir en remplissant de vent, de fluide, etc.; *fig.* Enorgueillir; accroître; —, *v. n.* et *s'—*, *v. pr.* Devenir plus gros, se boursoufler; *fig.* S'enorgueillir.

**ENFLURE**, *s. f.* Tumeur, grosseur; *fig.* Orgueil, vanité.

**ENFONCEMENT**, *s. m.* Action d'enfoncer; endroit reculé, éloigné.

**ENFONCER** (*part.* é, ée), *v. a.* Pousser au fond; briser en poussant; renverser; —, *v. n.* Aller au fond.

**ENFONCEUR**, *s. m.* Celui qui enfonce; — *de portes ouvertes*, faux brave.

**ENFONÇURE**, *s. f.* Creux, cavité.

**ENFORCIR** (*part.* i, ie), *v. a.* Rendre plus fort; —, *v. n.* et *s'—*, *v. pr.* Devenir plus fort.

**ENFOUIR** (*part.* i, ie), *v. a.* Cacher en terre; *fig.* Laisser inutile.

**ENFOUISSEMENT**, *s. m.* Action d'enfouir.

**ENFOURCHER** (*part.* é, ée), *v. a.* Monter à cheval, jambe deçà, jambe delà.

**ENFOURNER** (*part.* é, ée), *v. a.* Mettre au four.

**ENFREINDRE** (se conj. sur *Teindre*), *v. a.* Contrevenir, transgresser.

**s'ENFUIR** (*part.* enfui, ie), *v. pr.* Fuir; s'écouler; s'en aller.

**ENFUMER** (*part.* é, ée), *v. a.* Noircir à la fumée; incommoder avec de la fumée; remplir de fumée.

**ENGAGEANT, E**, *adj.* Qui engage; qui attire.

**ENGAGEMENT**, *s. m.* Action d'engager; obligation, lien.

**ENGAGER** (*part.* é, ée), *v. a.* Mettre ou Donner en gage; lier par une obligation; embarrasser, empêtrer; inviter; déterminer quelqu'un à quelque chose; provoquer; *s'* —, *v. pr.* S'obliger à; s'enrôler.

**ENGAINER** (*part.* é, ée), *v. a.* Mettre dans une gaîne.

**ENGEANCE**, *s. f.* Race.

**ENGELURE**, *s. f.* Enflure aux pieds et aux mains causée par le froid.

**ENGENDRER** (*part.* é, ée), *v. a.* Produire; être cause de.

**ENGERBER** (*part.* é, ée), *v. a.* Entasser en gerbes.

**ENGIN**, *s. m.* Machine pour soulever des fardeaux.

**ENGLOBER** (*part.* é, ée), *v. a.* Réunir plusieurs choses en une seule.

**ENGLOUTIR** (*part.* i, ie), *v. a.* Absorber; avaler avec avidité; *s'*—, *v. pr.* Se perdre.

**ENGLUER** (*part.* é, ée), *v. a.* Enduire de glu.

**ENGONCER** (*part.* é, ée), *v. a.* Donner un air gauche.

**ENGORGEMENT**, *s. m.* Embarras dans un conduit.

**ENGORGER** (*part.* é, ée), *v. a.* Obstruer (un conduit); *s'*—, *v. pr.* S'obstruer.

**ENGOUEMENT**, *s. m.* Enthousiasme irréfléchi; prévention favorable à quelqu'un.

**s'ENGOUER** (*part.* é, ée), *v. pr.* S'enthousiasmer pour quelqu'un. (Ce terme s'emploie en mauvaise part).

**s'ENGOUFFRER** (*part.* é, ée), *v. pr.* Se perdre dans un gouffre.

**ENGOURDIR** (*part.* i, ie), *v. a.* Rendre perclus, lourd, pesant.

**ENGOURDISSEMENT**, *s. m.* Pesanteur (d'un membre), difficulté de se mouvoir.

**ENGRAIS**, *s. m.* Substance pour engraisser les terres; gras pâturages pour les bestiaux; pâture pour les volailles.

**ENGRAISSEMENT**, *s. m.* Action d'engraisser.

**ENGRAISSER** (*part.* é, ée), *v. a.* Rendre gras; —, *v. n.* Devenir gras; *s'*—, *v. pr.* S'enrichir.

**ENGRANGER** (*part.* é, ée), *v. a.* Rentrer les grains en grange.

**ENGRAVEMENT**, *s. m.* État d'un bateau engravé.

**ENGRAVER** (*part.* é, ée), *v. a.* Engager (un bateau) dans le gravier, le sable, la vase, etc.

**ENGRÊLURE**, *s. f.* Petit point très-étroit à une dentelle.

**ENGRENAGE**, *s. m.* Disposition des roues qui s'engrènent.

**ENGRENER** (*part.* é, ée), *v. a.* Mettre le blé dans la trémie du moulin pour moudre; nourrir de grain; —, *v. n.* Former un engrenage; *s'*—, *v. pr.* Entrer l'un dans l'autre; s'agencer.

**ENGRENURE**, *s. f.* Dents de deux roues qui engrènent.

**s'ENGRUMELER** (*part.* é, ée), *v. pr.* Se mettre en grumeaux.

**ENHARDIR** (*h* aspirée; *part.* i, ie), *v. a.* Encourager; rendre hardi.

**ENHARMONIQUE**, *adj.* 2 g. (*t. de musique*). Qui procède par intervalles moindres que le semi-ton.

**ENHARNACHER** (*h* aspirée; *part.* é, ée), *v. a.* Mettre le harnais à.

**ÉNIGMATIQUE**, *adj.* 2 g. Qui tient de l'énigme.

**ÉNIGMATIQUEMENT**, *adv.* D'une manière énigmatique.

**ÉNIGME**, *s. f.* Chose difficile à comprendre, à deviner.

**ENIVRANT, E**, *adj.* Qui enivre.

**ENIVREMENT**, *s. m.* Transport, enthousiasme.

**ENIVRER** (*part.* é, ée), *v. a.* Rendre ivre; *fig.* Troubler la raison; *s'*—, *v. pr.* Devenir ivre.

**ENJAMBÉE**, *s. f.* Espace qu'on enjambe; pas que l'on fait en enjambant.

**ENJAMBEMENT**, *s. m.* Sens suspendu d'un vers à un autre.

**ENJAMBER** (*part.* é, ée), *v. a.* Franchir en faisant un grand pas; —, *v. n.* Empiéter.

**ENJAVELER** (*part.* é, ée), *v. a.* Mettre en javelle.

**ENJEU**, *s. m.* Mise faite au jeu.

**ENJOINDRE** (se conj. sur *Joindre*), *v. a.* Donner ordre.

**ENJÔLER** (*part.* é, ée), *v. a.* Surprendre la confiance par des flatteries.

**ENJÔLEUR, EUSE**, *s.* Celui ou Celle qui enjôle.

**ENJOLIVEMENT**, *s. m.* Ornement.

**ENJOLIVER** (*part.* é, ée), *v. a.* Orner, rendre joli.

**ENJOLIVEUR**, *s. m.* Celui qui enjolive.

**ENJOLIVURE**, *s. f.* Ornement de peu de valeur.

**ENJOUÉ, ÉE**, *adj.* Qui est gai, d'une humeur agréable.

**ENJOUEMENT**, *s. m.* Gaieté, badinage.

**ENLACEMENT**, *s. m.* Action d'enlacer; effets de cette action.

**ENLACER** (*part.* é, ée), *v. a.* Passer des lacets; entremêler; serrer; *s'*—, *v. pr.* Se serrer autour de; s'enchevêtrer.

**ENLAIDIR** (*part.* i, ie), *v. a.* Rendre laid; —, *v. n.* Devenir laid.

**ENLAIDISSEMENT**, *s. m.* Action d'enlaidir; effet de cette action.

**ENLÈVEMENT**, *s. m.* Action d'enlever; rapt.

**ENLEVER** (*part.* é, ée), *v. a.* Soulever, hausser; ravir; emporter, faire disparaître; charmer; *s'*—, *v. pr.* Se détacher; prendre son essor.

**ENLIGNER** (*part.* é, ée), *v. a.* Aligner; mettre sur la même ligne.

**ENLUMINER** (*part.* é, ée), *v. a.* Colorier; *s'*—, *v. pr.* Se farder.

**ENLUMINEUR, EUSE**, *s.* Celui ou Celle qui enlumine.

**ENLUMINURE**, *s. f.* Art d'enluminer; estampe enluminée.

**ENNEMI, IE**, *s.* Personne hostile, qui veut du mal; celui qui cherche à nuire; —, *adj.* Qui est contraire; avec qui l'on est en guerre.

**ENNOBLIR** (*part.* i, ie), *v. a.* Rendre plus éclatant, plus noble.

**ENNUI**, *s. m.* Langueur, souci, déplaisir.

**ENNUYANT, E**, *adj.* Qui cause de l'ennui accidentellement.

**ENNUYER** (*part.* é, ée), *v. a.* Causer de l'ennui; *s'*—, *v. pr.* Éprouver de l'ennui.

**ENNUYEUSEMENT**, *adv.* D'une manière ennuyeuse.

**ENNUYEUX, EUSE**, *adj.* Qui ennuie habituellement.

**ÉNONCÉ**, *s. m.* Chose énoncée.

**ÉNONCER** (*part.* é, ée), *v. a.* Avancer un fait sans développement; *s'*—, *v. pr.* S'exprimer.

**ÉNONCIATION**, *s. f.* Expression; manière de s'exprimer.

**ENORGUEILLIR** (ll m.; *part.* i, ie), *v. a.* Rendre orgueilleux; *s'*—, *v. pr.* Devenir orgueilleux.

**ÉNORME**, *adj.* 2 g. Excessif, qui dépasse la mesure.

**ÉNORMÉMENT**, *adv.* Excessivement.

**ÉNORMITÉ**, *s. f.* Grandeur, grosseur excessive; *fig.* Atrocité.

**s'ENQUÉRIR** (se conj. sur *Acquérir*), *v. pr.* S'informer.

**ENQUÊTE**, *s. f.* Recherche judiciaire; information minutieuse.

**s'ENQUÊTER**, *v. pr.* S'enquérir.

**ENQUÊTEUR**, *s. m.* Celui qui s'enquête.

**ENRACINER**, *v. a.*, et **s'ENRACINER** (*part.* é, ée), *v. pr.* Prendre racine.

**ENRAGÉ, ÉE**, *adj.* et *s.* Qui a la rage; *fig.* Violent, fougueux.

**ENRAGEANT, E**, *adj.* Qui cause un chagrin violent.

**ENRAGER** (*part.* é, ée), *v. n.* Être saisi de la rage; *fig.* Éprouver une douleur, une colère violente.

**ENRAYER** (*part.* é, ée; se conj. sur *Payer*), *v. a.* Arrêter une roue afin qu'elle ne tourne pas; —, *v. n.* S'arrêter.

**ENRAYURE**, *s. f.* Ce qui sert à enrayer.

**ENRÉGIMENTER** (*part.* é, ée), *v. a.* Faire entrer dans un régiment.

**ENREGISTREMENT**, *s. m.* Action d'enregistrer; acte qui constate la transcription sur les registres.

**ENREGISTRER** (*part.* é, ée), *v. a.* Inscrire sur un registre.

**ENRHUMER** (*part.* é, ée), *v. a.* Causer du rhume; *s'—*, *v. pr.* Gagner du rhume.

**ENRICHIR** (*part.* i, ie), *v. a.* Rendre riche; *s'—*, *v. pr.* Devenir riche.

**ENRICHISSEMENT**, *s. m.* Augmentation de richesse; ornement.

**ENRÔLEMENT**, *s. m.* Action d'enrôler ou de s'enrôler; acte par lequel on s'enrôle.

**ENRÔLER** (*part.* é, ée), *v. a.* Inscrire sur un rôle; engager au service militaire; *s'—*, *v. pr.* Se faire soldat.

**ENRÔLEUR**, *s. m.* Celui qui enrôle.

**ENROUEMENT**, *s. m.* État de celui qui est enroué.

**ENROUER** (*part.* é, ée), *v. a.* Rendre la voix rauque; *s'—*, *v. pr.* Perdre la netteté de sa voix.

**ENROUILLER** (ll. m.; *part.* é, ée), *v. a.* Former de la rouille; *s'—*, *v. pr.* Devenir rouillé.

**ENROULEMENT**, *s. m.* Action d'enrouler, de s'enrouler.

**ENROULER** (*part.* é, ée), *v. a.* Rouler une chose plusieurs fois.

**ENSABLEMENT**, *s. m.* Amas de sable.

**ENSABLER** (*part.* é, ée), *v. a.* Faire échouer sur le sable; *s'—*, *v. pr.* Échouer.

**ENSACHER** (*part.* é, ée), *v. a.* Mettre dans un sac.

**ENSAISINEMENT**, *s. m.* Prise de possession.

**ENSAISINER** (*part.* é, ée), *v. a.* Mettre en possession.

**ENSANGLANTER** (*part.* é, ée), *v. a.* Tacher de sang.

**ENSEIGNE**, *s. f.* Marque, indice; tableau suspendu à la porte des marchands; drapeau; —, *s. m.* Celui qui porte un drapeau.

**ENSEIGNEMENT**, *s. m.* Instruction; précepte; action d'enseigner.

**ENSEIGNER** (*part.* é, ée), *v. a.* Instruire; donner des leçons; indiquer; faire connaître.

**ENSEMBLE**, *adv.* L'un avec l'autre; —, *s. m.* Résultat de l'union des parties d'un tout.

**ENSEMENCEMENT**, *s. m.* Action d'ensemencer.

**ENSEMENCER** (*part.* é, ée), *v. a.* Jeter la semence en terre.

**ENSERRER** (*part.* é, ée), *v. a.* Enfermer; enclore; mettre dans une serre.

**ENSEVELIR** (*part.* i, ie), *v. a.* Envelopper un corps dans un linceul; *s'—*, *v. pr.* Se cacher, disparaître.

**ENSEVELISSEMENT**, *s. m.* Action d'ensevelir.

**ENSORCELER** (*part.* é, ée; se conj. sur *Appeler*), *v. a.* Causer une maladie, des chagrins, par de prétendus sortiléges.

**ENSORCELEUR, EUSE**, *s.* Celui ou Celle qui ensorcelle, qui enchante.

**ENSORCELLEMENT**, *s. m.* Action d'ensorceler; effet de cette action.

**ENSOUFRER** (*part.* é, ée), *v. a.* Enduire de soufre.

**ENSUITE**, *adv.* Après; à la suite; *ensuite de*, *loc. prép.* Par suite.

**S'ENSUIVRE** (se conj. sur *Suivre*), *v. pr.* et *impers.* Suivre; procéder; dériver.

**ENTABLEMENT**, *s. m.* Saillie au haut des murs pour soutenir le toit.

**ENTACHER** (*part.* é, ée), *v. a.* Tacher, gâter.

**ENTAILLE** (ll m.), *s. f.* Incision, coupure.

**ENTAILLER** (ll m.; *part.* é, ée), *v. a.* Faire une entaille à.

**ENTAILLURE** (ll m.), *s. f.* Entaille.

**ENTAME**, *s. f.* Premier morceau coupé du pain.

**ENTAMER** (*part.* é, ée), *v. a.* Faire une entame; *fig.* Commencer.

**ENTAMURE**, *s. f.* Entame; incision.

**ENTASSEMENT**, *s. m.* Amas de choses entassées.

**ENTASSER** (*part.* é, ée), *v. a.* Mettre en tas; *fig.* Accumuler.

**ENTE**, *s. f.* Greffe; arbre greffé;

morceau de bois qui sert de manche au pinceau.

**ENTENDEMENT**, *s. m.* Faculté d'entendre, de concevoir; sens, jugement, raisonnement.

**ENTENDEUR**, *s. m.* Celui qui entend, qui conçoit bien.

**ENTENDRE** (*part.* u, ue), *v. a.* Ouïr, écouter; comprendre; consentir à, approuver; vouloir, avoir dessein de; *s'*—, *v. pr.* Être d'intelligence avec quelqu'un. *Bien entendu*, assurément, sans doute; *bien entendu que*, à condition que.

**ENTENDU, E**, *adj.* Intelligent; bien ordonné.

**ENTENTE**, *s. f.* Interprétation donnée à un mot qui a plus d'un sens; intelligence (en parlant de l'art du dessin); bon accord.

**ENTER** (*part.* é, ée), *v. a.* Greffer, faire une ente; assembler deux pièces de bois.

**ENTÉRINEMENT**, *s. m.* Action d'entériner; homologation.

**ENTÉRINER** (*part.* é, ée), *v. a.* Ratifier légalement.

**ENTERREMENT**, *s. m.* Funérailles, inhumation.

**ENTERRER** (*part.* é, ée), *v. a.* Mettre en terre, inhumer; enfouir.

**ENTÊTÉ, ÉE**, *adj.* et *s.* Têtu, opiniâtre.

**ENTÊTEMENT**, *s. m.* Attachement opiniâtre à une opinion, à un goût.

**ENTÊTER** (*part.* é, ée), *v. a.* et *v. n.* Porter à la tête (en parlant des odeurs, des vapeurs); *fig.* Préoccuper, prévenir en faveur de; *s'* —, *v. pr.* S'opiniâtrer.

**ENTHOUSIASME**, *s. m.* Émotion extraordinaire de l'âme; admiration excessive; exaltation.

**ENTHOUSIASMER** (*part.* é, ée), *v. a.* Ravir en admiration; *s'*—, *v. pr.* Concevoir de l'engouement.

**ENTHOUSIASTE**, *s.* et *adj.* 2 *g.* Admirateur outré, fanatique.

**ENTICHÉ, ÉE**, *adj.* Opiniâtrément attaché à.

**ENTICHER** (*part.* é, ée), *v. a.* Faire adopter une opinion; *s'*—, *v. pr.* Adopter fortement une opinion (en mauvaise part).

**ENTIER, ÈRE**, *adj.* Complet; *fig.* Obstiné; *entier*, *s. m.* Tout, unité mathématique; *en* —, *loc. adv.* Totalement.

**ENTIÈREMENT**, *adv.* En entier.

**ENTOILAGE**, *s. m.* Toile ou Réseau qui imite la dentelle; action d'entoiler.

**ENTOILER** (*part.* é, ée), *v. a.* Mettre de l'entoilage; coller sur une toile.

**ENTOMOLOGIE**, *s. f.* Traité des insectes.

**ENTOMOLOGIQUE**, *adj.* 2 *g.* Qui a rapport à l'entomologie.

**ENTOMOLOGISTE**, *s. m.* Celui qui s'occupe d'entomologie.

**ENTONNER** (*part.* é, ée), *v. a.* Mettre dans un tonneau; *fig.* Boire avec excès; *s'*—, *v. pr.* S'engouffrer.

**ENTONNER** (*part.* é, ée), *v. a.* Chanter le commencement d'un air.

**ENTONNOIR**, *s. m.* Vase pour verser un liquide dans un tonneau, etc.

**ENTORSE**, *s. f.* Extension violente d'un muscle dans une articulation; *fig.* Extension forcée donnée au sens d'un texte.

**ENTORTILLEMENT** (ll m.), *s. m.* Action d'entortiller; effet de cette action; *fig.* Embarras.

**ENTORTILLER** (ll m.; *part.* é, ée), *v. a.* Envelopper en tournant autour; *s'*—, *v. pr.* S'embarrasser.

**ENTOUR**, *s. m.* Circuit; *à l'*—, *loc. adv.* Autour.

**ENTOURAGE**, *s. m.* Ce qui entoure.

**ENTOURER** (*part.* é, ée), *v. a.* Environner; mettre autour; *s'*—, *v. pr.* Réunir autour de soi.

**ENTOURNURE**, *s. f.* Échancrure d'une manche près de l'épaule.

**S'ENTR'ACCORDER**, *v. récipr.* Se mettre d'accord, vivre en bon accord.

**S'ENTR'ACCUSER**, *v. récipr.* S'accuser l'un l'autre.

**ENTR'ACTE**, *s. m.* Intervalle entre les actes d'une pièce de théâtre.

**S'ENTR'AIDER**, *v. récipr.* S'aider mutuellement.

**ENTRAILLES** (ll m.), *s. f. pl.* Intestins, boyaux; *fig.* Sentiments de tendresse, d'humanité.

**S'ENTR'AIMER**, *v. récipr.* S'aimer l'un l'autre.

**ENTRAÎNANT**, **E**, *adj.* Qui entraîne.

**ENTRAÎNEMENT**, *s. m.* Action d'entraîner; force qui entraîne.

**ENTRAÎNER** (*part.* é, ée), *v. a.* Traîner avec soi; *fig.* Occasionner.

**ENTRANT**, *s. m.* Celui qui entre.

**S'ENTR'APPELER** (se conj. sur *Appeler*), *v. récipr.* S'appeler l'un l'autre.

**ENTRAVER** (*part.* é, ée), *v. a.* Mettre des entraves, des obstacles.

**S'ENTR'AVERTIR**, *v. récipr.* S'avertir mutuellement.

**ENTRAVES**, *s. f. pl.* Liens mis aux pieds des chevaux; *fig.* Empêchement, obstacle.

**ENTRE**, *prép. de lieu.* Au milieu; parmi; dans; en.

**ENTRE-BÂILLER** (*part.* é, ée), *v. a.* Entr'ouvrir légèrement.

**S'ENTRE-BAISER**, *v. récipr.* Se baiser l'un l'autre.

**ENTRECHAT**, *s. m.* Pas de danse.

**S'ENTRE-CHOQUER**, *v. récipr.* Se choquer mutuellement.

**ENTRE-COLONNE** ou **ENTRE-COLONNEMENT**, *s. m.* Espace entre deux colonnes.

**ENTRE-CÔTE** (*au pl. entre-côtes*), *s. m.* Morceau de viande coupé entre deux côtes.

**ENTRECOUPER** (*part.* é, ée), *v. a.* Couper en divers endroits; *fig.* Interrompre, suspendre.

**S'ENTRE-CROISER**, *v. récipr.* Se croiser l'un l'autre.

**S'ENTRE-DÉCHIRER**, *v. récipr.* Se déchirer mutuellement.

**S'ENTRE-DÉTRUIRE**, *v. récipr.* Se détruire l'un l'autre.

**ENTRE-DEUX**, *s. m.* (inv.) Partie qui se trouve entre deux choses.

**S'ENTRE-DÉVORER**, *v. récipr.* Se dévorer l'un l'autre.

**S'ENTRE-DONNER**, *v. récipr.* Se donner mutuellement quelque chose.

**ENTRÉE**, *s. f.* Lieu par où on entre; ouverture; action d'entrer; réception; droit de séance; impôt que payent certains objets en entrant dans une ville, etc.; partie du service dans un repas.

**ENTREFAITES**, *s. f. pl.* *Dans* ou *Sur ces* —, Pendant ce temps-là.

**S'ENTRE-FRAPPER**, *v. récipr.* Se frapper l'un l'autre.

**ENTREGENT**, *s. m.* Manière adroite de se conduire.

**S'ENTR'ÉGORGER**, *v. récipr.* S'égorger l'un l'autre.

**ENTRELACEMENT**, *s. m.* État de choses entrelacées.

**ENTRELACER** (*part.* é, ée), *v. a.* Entremêler, enlacer.

**ENTRELACS**, *s. m.* (inv.) Moulures ou Chiffres entrelacés.

**ENTRELARDER** (*part.* é, ée), *v. a.* Piquer une viande avec du lard.

**ENTRE-LIGNE** (*au pl. entre-lignes*), *s. m.* Interligne.

**ENTRE-LUIRE** (se conj. sur *Luire*), *v. n.* Luire à demi.

**S'ENTRE-MANGER**, *v. récipr.* Se manger l'un l'autre.

**ENTREMÊLER** (*part.* é, ée), *v. a.* Mêler une chose avec d'autres; *s'*—, *v. pr.* S'entremettre.

**ENTREMETS**, *s. m.* Partie du service dans un repas.

**ENTREMETTEUR**, **EUSE**, *s.* Celui ou Celle qui s'entremet.

**S'ENTREMETTRE** (*part.* entremis, ise; se conj. sur *Mettre*), *v. pr.* Se mêler d'une affaire étrangère à ses propres intérêts.

**ENTREMISE**, *s. f.* Médiation; aide; bons offices.

**ENTRE-NOEUD** (*au pl. entre-nœuds*), *s. m.* Espace entre deux nœuds.

**S'ENTRE-NUIRE** (se conj. sur *Nuire*), *v. récipr.* Se nuire l'un à l'autre.

**S'ENTRE-PERCER**, *v. récipr.* Se percer l'un l'autre.

**ENTRE-PONT** (*au pl. entre-ponts*), *s. m.* Intervalle qui sépare deux ponts d'un vaisseau.

**ENTREPOSER** (*part.* é, ée), *v. a.* Déposer dans un entrepôt.

**ENTREPOSEUR**, *s. m.* Celui qui est commis à l'entrepôt.

**ENTREPÔT**, *s. m.* Lieu de dépôt momentané pour les marchandises.

**S'ENTRE-POUSSER**, *v. récipr.* Se pousser l'un l'autre.

**ENTREPRENANT**, **E**, *adj.* Hardi; téméraire.

**ENTREPRENDRE** (se conj. sur *Prendre*), *v. a.* Commencer; prendre une résolution ; se charger de l'exécution d'une chose ; attaquer ; railler ; usurper.

**ENTREPRENEUR, EUSE**, *s.* Celui ou Celle qui entreprend un ouvrage.

**ENTREPRIS, E**, *adj.* Embarrassé.

**ENTREPRISE**, *s. f.* Dessein formé ; usurpation ; violence.

**s'ENTRE-QUERELLER**, *v. récipr.* Se quereller l'un l'autre.

**ENTRER** (*part.* é, ée), *v. n.* Passer du dehors au dedans ; pénétrer quelque part.

**s'ENTRE-RÉPONDRE**, *v. récipr.* Se répondre l'un à l'autre.

**s'ENTRE-SECOURIR** (se conj. sur *Courir*), *v. récipr.* Se secourir mutuellement.

**ENTRE-SOL** (*au pl. entre-sols*), *s. m.* Étage entre le rez-de-chaussée et le premier.

**s'ENTRE-SUIVRE**, *v. récipr.* Se suivre sans interruption.

**ENTRE-TEMPS**, *s. m.* (inv.). Intervalle de temps.

**ENTRETENIR** (se conj. sur *Tenir*), *v. a.* Tenir en bon état ; fournir les choses nécessaires à la vie ; parler à quelqu'un ; *s'—*, *v. pr.* Causer ensemble ; se conserver.

**ENTRETIEN**, *s. m.* Subsistance ; conversation ; conservation.

**ENTREVOIR** (se conj. sur *Voir*), *v. a.* Voir imparfaitement ; *s'—*, *v. pr.* Avoir une entrevue.

**ENTREVUE**, *s. f.* Rencontre ; visite.

**ENTR'OUVERTURE**, *s. f.* Demi-ouverture.

**ENTR'OUVRIR** (se conj. sur *Ouvrir*), *v. a.* Ouvrir un peu.

**ENTURE**, *s. f.* Partie où l'on ente ; espèce d'échelon.

**ÉNUMÉRATEUR**, *s. m.* Celui qui énumère.

**ÉNUMÉRATIF, IVE**, *adj.* Qui a rapport à l'énumération.

**ÉNUMÉRATION**, *s. f.* Dénombrement.

**ÉNUMÉRER** (*part.* é, ée), *v. a.* Dénombrer.

**ENVAHIR** (*part.* i, ie), *v. a.* Usurper, prendre injustement.

**ENVAHISSEMENT**, *s. m.* Action d'envahir.

**ENVAHISSEUR**, *s. m.* Celui qui envahit.

**ENVELOPPE**, *s. f.* Ce qui sert à envelopper ; *fig.* Dehors, apparences.

**ENVELOPPER** (*part.* é, ée), *v. a.* Mettre dans une enveloppe ; environner ; *fig.* Cacher ; déguiser.

**ENVENIMER** (*part.* é, ée), *v. a.* Communiquer un venin ; *fig.* Aigrir, irriter ; donner une interprétation odieuse.

**ENVERGER** (*part.* é, ée), *v. a.* Garnir de petites branches d'osier.

**ENVERGUER** (*part.* é, ée), *v. a.* Attacher les voiles d'un vaisseau aux vergues.

**ENVERGURE**, *s. f.* Manière d'enverguer ; étendue des ailes déployées d'un oiseau.

**ENVERS**, *s. m.* Côté le moins beau d'une étoffe, d'un ouvrage à la main ou au métier ; *à l'—*, *loc. adv.* En sens contraire ; sens dessus dessous.

**ENVI** (**À L'**), *loc. adv.* Avec émulation.

**ENVIE**, *s. f.* Chagrin qu'on a du bonheur d'autrui ; cupidité ; jalousie ; désir démesuré ; marque naturelle sur le corps.

**ENVIEILLI, IE**, *adj.* Invétéré.

**ENVIEILLIR** (*part.* i, ie), *v. a.* Faire paraître vieux.

**ENVIER** (*part.* é, ée), *v. a.* Avoir de l'envie ; être attristé du bien d'autrui ; désirer.

**ENVIEUX, EUSE**, *adj.* Qui a de l'envie ; jaloux.

**ENVIRON**, *adv.* A peu près ; presque.

**ENVIRONNER** (*part.* é, ée), *v. a.* Entourer, enfermer.

**ENVIRONS**, *s. m. pl.* Lieux d'alentour.

**ENVISAGER** (*part.* é, ée), *v. a.* Regarder au visage ; *fig.* Examiner ; considérer.

**ENVOI**, *s. m.* Action d'envoyer ; chose envoyée.

**ENVOISINÉ, ÉE**, *adj.* Qui a des voisins.

**s'ENVOLER** (*part.* é, ée), *v. pr.* Fuir en volant ; prendre son vol ; *fig.* Passer rapidement.

**ENVOYÉ**, *s. m.* Député ; chargé d'affaires en pays étranger.

**ENVOYER** (*part.* é, ée), *v. a.* Faire partir ; faire porter. (Il se conj. sur *Ployer*, excepté au fut. qui fait *j'enverrai*, et au cond. *j'enverrais*).

**ÉPACTE**, *s. f.* Supplément de jours ajoutés à l'année lunaire pour la rendre égale à l'année solaire. (On se sert de l'épacte pour connaître l'âge de la lune et pour trouver le jour de Pâques.)

**ÉPAGNEUL, E**, *s.* Chien de chasse à long poil, de race espagnole.

**ÉPAIS, AISSE**, *adj.* Qui a de l'épaisseur, de la consistance; *fig.* Pesant, lourd; *épais*, *s. m.* Épaisseur; —, *adv.* Avec épaisseur.

**ÉPAISSEUR**, *s. f.* Profondeur; solidité; densité.

**ÉPAISSIR** (*part.* i, ie), *v. a.* Rendre épais ; —, *v. n.* Devenir épais.

**ÉPAISSISSEMENT**, *s. m.* État de ce qui devient ou est devenu épais.

**ÉPAMPREMENT**, *s. m.* Action d'épamprer.

**ÉPAMPRER** (*part.* é, ée), *v. a.* Ôter les pampres (feuilles inutiles) de la vigne.

**ÉPANCHEMENT**, *s. m.* Écoulement; *fig.* Effusion.

**ÉPANCHER** (*part.* é, ée), *v. a.* Verser doucement ; *s'*—, *v. pr.* Parler sans réserve.

**ÉPANDRE** (se conj. sur *Répandre*), *v. a.* Répandre, disperser, éparpiller ; *s'*—, *v. pr.* Se répandre.

**ÉPANOUIR** (*part.* i, ie), *v. a.* Réjouir ; *s'*—, *v. pr.* S'étendre, s'ouvrir ; se développer; se dévider.

**ÉPANOUISSEMENT**, *s. m.* Action de s'épanouir.

**ÉPARCET**, *s. m.* Sorte de foin dont la graine tient lieu d'avoine.

**ÉPARGNANT, E**, *adj.* Qui use de beaucoup d'épargne.

**ÉPARGNE**, *s. f.* Économie; parcimonie.

**ÉPARGNER** (*part.* é, ée), *v. a.* Ménager ; économiser ; employer avec réserve; traiter avec indulgence ; *s'*—, *v. pr.* Ne pas prodiguer ses soins ou sa peine; *s'*—, *v. récipr.* Se ménager l'un l'autre.

**ÉPARPILLEMENT** (ll m.), *s. m.* Action d'éparpiller ; état de ce qui est éparpillé.

**ÉPARPILLER** (ll m. ; *part.* é, ée), *v. a.* Répandre çà et là ; *s'*—, *v. pr.* Se disperser, se dissiper.

**ÉPARS, E**, *adj.* Dispersé, répandu çà et là.

**ÉPARVIN**, *s. m.* Maladie du cheval.

**ÉPATÉ, ÉE**, *adj.* Large et court (en parlant d'un nez); qui a le pied cassé (en parlant d'un verre).

**ÉPATER** (*part.* é, ée), *v. a.* Briser le pied (d'un verre).

**ÉPAULE**, *s. f.* Partie du corps qui joint le cou au bras chez l'homme, et le cou à la jambe de devant chez les quadrupèdes.

**ÉPAULÉE**, *s. f.* Effort fait avec l'épaule.

**ÉPAULEMENT**, *s. m.* Rempart de terre.

**ÉPAULER** (*part.* é, ée), *v. a.* Rompre l'épaule; prêter assistance ; protéger par un épaulement.

**ÉPAULETTE**, *s. f.* Partie de l'uniforme d'un militaire qui se porte sur l'épaule ; partie du corps d'une jupe qui pose sur l'épaule.

**ÉPAVE**, *s. f.* Chose égarée, objet que la mer rejette.

**ÉPEAUTRE**, *s. m.* Sorte de blé-froment ; seigle blanc.

**ÉPÉE**, *s. f.* Arme aiguë à lame longue et droite, qui se porte au côté.

**ÉPELER** (*part.* é, ée ; se conj. sur *Appeler*), *v. a.* Nommer les lettres d'un mot l'une après l'autre.

**ÉPELLATION**, *s. f.* Action ou Manière d'épeler.

**ÉPERDU, UE**, *adj.* Étonné; troublé; hors de soi.

**ÉPERDUMENT**, *adv.* Passionnément.

**ÉPERLAN**, *s. m.* Petit poisson de mer.

**ÉPERNAY**, chef-lieu d'arr. du dép. de la Marne.

**ÉPERON**, *s. m.* Branche de métal armée de pointes aiguës pour piquer le cheval ; ergot des coqs, des chiens, etc.; angle saillant ; rides au coin de l'œil.

**ÉPERONNÉ, ÉE**, *adj.* Qui a des éperons.

**ÉPERONNER** (*part.* é, ée), *v. a.* Donner de l'éperon.

**ÉPERONNIER**, *s. m.* Celui qui fait ou vend des éperons.

**ÉPERVIER**, *s. m.* Oiseau de proie.

**ÉPHÉMÈRE**, *adj.* 2 *g.* Qui ne vit qu'un jour, de peu de durée; —, *s. m.* Insecte qui ne vit que quelques heures.

**ÉPHÉMÉRIDES**, *s. f. pl.* Tables astronomiques; livre qui contient les événements de chaque jour.

**ÉPHORE**, *s. m.* Magistrat lacédémonien.

**ÉPI**, *s. m.* Tête du tuyau de blé où se trouve le grain.

**ÉPICE**, *s. f.* Drogue aromatique.

**ÉPICER** (*part.* é, ée), *v. a.* Assaisonner avec des épices.

**ÉPICERIE**, *s. f. coll.* Commerce d'épices.

**ÉPICIER**, **IÈRE**, *s.* Celui ou Celle qui vend des épices.

**ÉPICURIEN**, *s. m.* Sectateur d'Épicure; —*enne*, *adj.* Qui appartient au système d'Épicure.

**ÉPICURISME**, *s. m.* Système ou Morale d'Épicure.

**ÉPIDÉMIE**, *s. f.* Maladie qui attaque à la fois un grand nombre de personnes.

**ÉPIDÉMIQUE**, *adj.* 2 *g.* Qui tient de l'épidémie.

**ÉPIDERME**, *s. m.* La première peau.

**ÉPIER** (*part.* é, ée), *v. a.* Observer, surveiller, guetter.

**ÉPIER** (*part.* é, ée), *v. n.* Monter en épi.

**ÉPIERRER** (*part.* é, ée), *v. a.* Ôter les pierres d'un terrain.

**ÉPIEU**, *s. m.* Espèce de hallebarde pour la chasse.

**ÉPIGASTRE**, *s. m.* Partie supérieure du bas-ventre.

**ÉPIGLOTTE**, *s. f.* Luette, cartilage élastique situé à l'entrée de la gorge.

**ÉPIGRAMMATIQUE**, *adj.* 2 *g.* Qui appartient à l'épigramme.

**ÉPIGRAMMATISTE**, *s. m.* Celui qui fait des épigrammes.

**ÉPIGRAMME**, *s. f.* Trait piquant.

**ÉPIGRAPHE**, *s. f.* Inscription; devise en tête d'un livre.

**ÉPILATOIRE**, *adj.* 2 *g.* Qui sert à épiler.

**ÉPILEPSIE**, *s. f.* Mal caduc, haut mal.

**ÉPILEPTIQUE**, *adj.* 2 *g.* Qui a rapport à l'épilepsie; sujet à l'épilepsie; —, *s.* Personne sujette à l'épilepsie.

**ÉPILER** (*part.* é, ée), *v. a.* Arracher, faire tomber le poil.

**ÉPILOGUE**, *s. m.* Fin; conclusion.

**ÉPILOGUER** (*part.* é, ée), *v. a.* et *v. n.* Critiquer, censurer.

**ÉPILOGUEUR**, *s. m.* Celui qui aime à critiquer.

**ÉPINAL**, chef-lieu du dép. des Vosges.

**ÉPINARD**, *s. m.* Sorte d'herbe qui se mange cuite. (Il ne s'emploie guère qu'au pluriel.)

**ÉPINE**, *s. f.* Espèce d'arbre garni de piquants; suite des vertèbres qui règnent le long du dos; *fig.* Embarras, chagrins.

**ÉPINETTE**, *s. f.* Ancien instrument de musique à clavier; cage pour engraisser les volailles.

**ÉPINEUX**, **EUSE**, *adj.* Qui a des épines; *fig.* Plein de difficultés, d'embarras.

**ÉPINE-VINETTE** (*au pl. épines-vinettes*), *s. f.* Arbrisseau épineux à fruits rouges.

**ÉPINGLE**, *s. f.* Bout de fil de métal aigu d'un côté, et de l'autre garni d'une tête ronde, servant à attacher; *au pl.* Don fait à la femme d'un vendeur.

**ÉPINGLETTE**, *s. f.* Grosse épingle servant à déboucher la lumière d'un fusil.

**ÉPINGLIER**, **IÈRE**, *s.* Celui ou Celle qui fait ou vend des épingles.

**ÉPINIÈRE**, *adj. f.* Qui appartient à l'épine du dos.

**ÉPINIERS**, *s. m. pl.* Bois fourrés d'épines.

**ÉPIPHANIE**, *s. f.* Fête catholique, le jour des Rois.

**ÉPIPLOON**, *s. m.* Membrane très-mince et graisseuse qui couvre une partie des intestins.

**ÉPIQUE**, *adj.* 2 *g.* Qui a rapport ou Qui appartient à l'épopée; *poëme* —, épopée.

**ÉPISCOPAL**, **E**, *adj.* Qui appartient à l'évêque.

**ÉPISCOPAT**, *s. m.* Dignité d'évêque; durée de cette dignité; corps des évêques.

**ÉPISODE**, *s. m.* Action incidente, rattachée au sujet principal.

**ÉPISODIQUE**, *adj.* 2 *g.* Accessoire; qui tient de l'épisode.

**ÉPISTOLAIRE**, *adj.* 2 *g.* Qui a rapport aux lettres, aux épîtres.

**ÉPISTOLOGRAPHE**, *s. m.* Auteur de lettres.

**ÉPISTYLE**, *s. f.* Pièce qui pose sur le chapiteau d'une colonne.

**ÉPITAPHE**, *s. f.* Inscription mise sur un tombeau.

**ÉPITHALAME**, *s. m.* Pièce de poésie à l'occasion d'un mariage.

**ÉPITHÈTE**, *s. f.* Terme qui désigne une qualité.

**ÉPITOGE**, *s. f.* Sorte de chaperon qui fait partie du costume de certains magistrats.

**ÉPITOME**, *s. m.* Abrégé.

**ÉPÎTRE**, *s. f.* Lettre missive; leçon tirée de l'Écriture sainte.

**ÉPIZOOTIE**, *s. f.* Maladie contagieuse des bestiaux.

**ÉPIZOOTIQUE**, *adj.* 2 *g.* Qui tient de l'épizootie.

**ÉPLORÉ, ÉE**, *adj.* Tout en pleurs.

**ÉPLOYÉ, ÉE**, *adj.* Qui a les ailes étendues.

**ÉPLUCHAGE** ou **ÉPLUCHEMENT**, *s. m.* Action d'éplucher.

**ÉPLUCHER** (*part.* é, ée), *v. a.* Nettoyer avec la main; *fig.* Rechercher avec soin.

**ÉPLUCHEUR, EUSE**, *s.* Celui ou Celle qui épluche.

**ÉPLUCHOIR**, *s. m.* Petit couteau pour éplucher.

**ÉPLUCHURE**, *s. f.* (*plus usité au plur.*) Ordure ôtée en épluchant.

**ÉPOINTÉ, ÉE**, *adj.* Dont la pointe est émoussée.

**ÉPOINTER** (*part.* é, ée), *v. a.* Ôter la pointe; *s'*—, *v. pr.* S'émousser.

**ÉPONGE**, *s. f.* Production marine, légère, molle, poreuse.

**ÉPONGER** (*part.* é, ée), *v. a.* Nettoyer avec une éponge.

**ÉPOPÉE**, *s. f.* Récit en vers d'une action mémorable.

**ÉPOQUE**, *s. f.* Point marqué dans l'histoire par un grand événement.

**ÉPOUDRER** (*part.* é, ée), *v. a.* Ôter la poussière de dessus les hardes.

**s'ÉPOUFFER** (*part.* é, ée), *v. pr.* S'esquiver.

**ÉPOUILLER** (ll m.; *part.* é, ée), *v. a.* Ôter les poux.

**ÉPOUMONER** (*part.* é, ée), *v. a.* Fatiguer les poumons; *s'*—, *v. pr.* Se fatiguer à parler, à crier.

**ÉPOUSAILLES**, *s. f. pl.* Célébration du mariage.

**ÉPOUSE**, *s. f.* Femme mariée.

**ÉPOUSÉE**, *s. f.* Nouvelle mariée.

**ÉPOUSER** (*part.* é, ée), *v. a.* Prendre en mariage; *fig.* S'attacher par choix; *s'*—, *v. récip.* Se marier ensemble.

**ÉPOUSEUR**, *s. m.* Celui qui se propose d'épouser.

**ÉPOUSSETER** (*part.* é, ée), *v. a.* Nettoyer, ôter la poussière.

**ÉPOUVANTABLE**, *adj.* 2 *g.* Qui épouvante, qui effraye.

**ÉPOUVANTABLEMENT**, *adv.* D'une manière épouvantable.

**ÉPOUVANTAIL** (l m.; *au pl. épouvantails*), *s. m.* Haillon suspendu au bout d'un bâton pour effrayer les oiseaux.

**ÉPOUVANTE**, *s. f.* Terreur soudaine.

**ÉPOUVANTER** (*part.* é, ée), *v. a.* Causer de l'épouvante; *s'*—, *v. pr.* Prendre l'épouvante.

**ÉPOUX, OUSE**, *s.* Celui ou Celle qui est uni par mariage à une autre personne.

**ÉPREINDRE** (se conj. sur *Feindre*), *v. a.* Presser une chose pour en exprimer le jus.

**s'ÉPRENDRE** (se conj. sur *Prendre*), *v. pr.* Se laisser surprendre par une passion. (Il n'est guère usité qu'au *p. p. épris*, *e.*)

**ÉPREUVE**, *s. f.* Essai, expérience; feuille imprimée sur laquelle on corrige les fautes.

**ÉPROUVER** (*part.* é, ée), *v. a.* Faire expérience; mettre à l'épreuve; ressentir.

**ÉPROUVETTE**, *s. f.* Instrument pour éprouver.

**ÉPUCER** (*part.* é, ée), *v. a.* Chasser les puces.

**ÉPUISABLE**, *adj.* 2 *g.* Qui peut être épuisé.

**ÉPUISEMENT**, *s. m.* État de ce qui est épuisé ; perte de forces.

**ÉPUISER** (*part.* é, ée), *v. a.* Tarir, mettre à sec ; causer de l'épuisement.

**ÉPURATION**, *s. f.* Action d'épurer.

**ÉPURE**, *s. f.* Dessin en grand d'un édifice.

**ÉPURER** (*part.* é, ée), *v. a.* Rendre plus pur ; *s'* —, *v. pr.* Devenir plus pur ; se perfectionner.

**ÉQUARRIR** (*part.* i, ie), *v. a.* Tailler à angles droits.

**ÉQUARRISSAGE**, *s. m.* État de ce qui est équarri ; action d'écorcher les chevaux, etc.

**ÉQUARRISSEMENT**, *s. m.* Action d'équarrir.

**ÉQUARRISSEUR**, *s. m.* Celui qui tue et qui écorche les chevaux.

**ÉQUATEUR** (*pron. écouateur*), *s. m.* Grand cercle de la sphère qui la divise en deux parties égales.

**ÉQUATION** (*pron. écouation*), *s. f.* (*t. d'astronomie*). Différence entre l'heure moyenne et l'heure vraie ; (*t. d'algèbre*) formule indiquant égalité de valeur entre des quantités différemment exprimées.

**ÉQUERRE**, *s. f.* Instrument pour tracer et mesurer des angles droits.

**ÉQUESTRE**, *adj.* 2 *g.* *Statue* —, d'une personne à cheval ; *ordre* —, de chevaliers.

**ÉQUIANGLE**, *adj.* 2 *g.*, se dit d'une figure de géométrie dont les angles sont égaux à ceux d'une autre figure.

**ÉQUILATÉRAL**, E (*au pl. m.* —*aux*), *adj.* (Triangle) à côtés égaux.

**ÉQUILATÈRE**, *adj.* 2 *g.* (Figure) à côtés égaux.

**ÉQUILIBRE**, *s. m.* Égalité de poids ; *fig.* Égalité d'importance.

**ÉQUINOXE**, *s. m.* Temps de l'année où les jours sont égaux aux nuits.

**ÉQUINOXIAL**, E (*au pl. m.* —*aux*), *adj.* Qui a rapport à l'équinoxe.

**ÉQUIPAGE**, *s. m.* Suite de valets, de chevaux, de voitures ; train d'artillerie ; ceux qui montent un vaisseau ; hardes, costume extérieur.

**ÉQUIPÉE**, *s. f.* Entreprise téméraire avortée.

**ÉQUIPEMENT**, *s. m.* Action d'équiper ; l'ensemble des objets servant à équiper.

**ÉQUIPER** (*part.* é, ée), *v. a.* Pourvoir des choses nécessaires ; *s'* —, *v. pr.* Se fournir des objets nécessaires.

**ÉQUIPOLLENCE**, *s. f.* Qualité de ce qui est équivalent.

**ÉQUIPOLLENT**, E, *adj.* Qui vaut autant que ; *à l'* —, *loc. adv.* A proportion.

**ÉQUIPOLLER** (*part.* é, ée), *v. a.* et *v. n.* Valoir autant que ; compenser.

**ÉQUITABLE**, *adj.* 2 *g.* Qui a de l'équité ; conforme à l'équité.

**ÉQUITABLEMENT**, *adv.* Avec équité.

**ÉQUITATION**, *s. f.* Art de monter à cheval.

**ÉQUITÉ**, *s. f.* Droiture, justice.

**ÉQUIVALENT**, E, *adj.* Qui équivaut.

**ÉQUIVALOIR** (se conj. sur *Valoir*), *v. n.* Avoir la même valeur que.

**ÉQUIVOQUE**, *adj.* 2 *g.* Qui a un double sens ; —, *s. f.* Mot à double sens.

**ÉQUIVOQUER** (*part.* é, ée), *v. n.* Faire une équivoque.

**ÉRABLE**, *s. m.* Grand et bel arbre forestier qui ne porte point de fruits.

**ÉRAFLER** (*part.* é, ée), *v. a.* Écorcher légèrement ; effleurer.

**ÉRAFLURE**, *s. f.* Écorchure légère.

**ÉRAILLER** (ll m. ; *part.* é, ée), *v. a.* Séparer les fils d'un tissu ; *œil éraillé*, dans lequel sont des filets rouges.

**ÉRAILLURE** (ll m.), *s. f.* Chose éraillée.

**ÉRATER** (*part.* é, ée), *v. a.* Ôter la rate.

**ÈRE**, *s. f.* Point fixe d'où l'on compte les années.

**ÉRECTION**, *s. f.* Action d'élever ; établissement ; institution.

**ÉREINTER** (*part.* é, ée), *v. a.* Rompre les reins ; fatiguer.

**ÉRÉSIPÈLE**, *s. m.* Tumeur inflammatoire de la peau.

**ERGOT**, *s. m.* Ongle de quelques animaux ; maladie du seigle.

**ERGOTÉ**, ÉE, *adj.* Qui a des ergots ou l'ergot.

**ERGOTER**, *v. n.* Chicaner, disputer sur tout.

**ERGOTEUR, EUSE**, *s.* Celui ou Celle qui conteste mal à propos.

**ÉRIDAN**, *s. m.* Nom d'une constellation.

**ÉRIGER** (*part. é, ée*), *v. a.* Élever; instituer; *s'—*, *v. pr.* S'attribuer (un droit qu'on n'a pas).

**ERMINETTE** ou **HERMINETTE**, *s. f.* Sorte de hache à l'usage des tonneliers.

**ERMITAGE** ou **HERMITAGE**, *s. m.* Habitation d'un ermite; maison écartée et solitaire.

**ERMITE** ou **HERMITE**, *s. m.* Celui qui vit dans la retraite.

**ÉROSION**, *s. f.* Action d'une substance qui ronge.

**ÉROTIQUE**, *adj. 2 g. Vers* ou *Poëmes érotiques*, légers, badins.

**ERRANT, E**, *adj.* Vagabond; qui erre de côté et d'autre.

**ERRATA**, *s. m.* (inv.) Liste des fautes d'impression dans un livre. (*Erratum* se dit d'une seule faute.)

**ERRE**, *s. f.* Train, allure; *au pl.* Traces du cerf.

**ERREMENTS**, *s. m. pl.* Traces, voies (en parlant d'affaires).

**ERRER**, *v. n.* Aller à l'aventure; *fig.* Se tromper.

**ERREUR**, *s. f.* Fausse opinion; faute; méprise.

**ERRONÉ, ÉE**, *adj.* Qui contient des erreurs.

**ÉRUDIT, E**, *adj.* Savant, qui a de l'érudition; —, *s. m.* Homme instruit.

**ÉRUDITION**, *s. f.* Vaste savoir, connaissances étendues.

**ÉRUGINEUX, EUSE**, *adj.* Qui tient de la rouille de cuivre.

**ÉRUPTION**, *s. f.* Sortie subite avec effort; formation de boutons sur la peau.

**ÉRYSIPÈLE.** V. *Érésipèle.*

**ÈS**, mot formé par contraction de la prép. *en* et de l'article *les*.

**ESCABEAU**, *s. m.*, et **ESCABELLE**, *s. f.* Siége de bois sans bras ni dossier.

**ESCADRE**, *s. f.* Réunion de vaisseaux de guerre sous un même chef.

**ESCADRON**, *s. m.* Portion d'un régiment de cavalerie, composée de plusieurs compagnies.

**ESCADRONNER**, *v. n.* Se ranger en escadron.

**ESCALADE**, *s. f.* Action d'escalader.

**ESCALADER** (*part. é, ée*), *v. a.* Monter avec une échelle par-dessus les murailles.

**ESCALE**, *s. f. Faire —*, relâcher dans un port.

**ESCALIER**, *s. m.* Degré; partie du bâtiment qui sert à monter et à descendre.

**ESCAMOTAGE**, *s. m.* Art ou Action d'escamoter.

**ESCAMOTER** (*part. é, ée*), *v. a.* Faire disparaître adroitement; dérober.

**ESCAMOTEUR**, *s. m.* Celui qui escamote.

**ESCAMPER**, *v. n.* S'enfuir avec précipitation.

**ESCAMPETTE**, *s. f. Prendre de la poudre d'—*, s'enfuir.

**ESCAPADE**, *s. f.* Échappée.

**ESCAPE**, *s. f.* Partie inférieure d'une colonne.

**ESCARBOT**, *s. m.* Espèce de limaçon à coquille.

**ESCARBOUCLE**, *s. f.* Pierre précieuse d'un rouge foncé.

**ESCARCELLE**, *s. f.* Sorte de grande bourse.

**ESCARGOT**, *s. m.* Limaçon à coquille.

**ESCARMOUCHE**, *s. f.* Combat de deux troupes ennemies en petit nombre.

**ESCARMOUCHER**, *v. n.* Combattre par escarmouches.

**ESCARMOUCHEUR**, *s. m.* Celui qui va à l'escarmouche.

**ESCAROLE**, *s. f.* Plante potagère, espèce de chicorée.

**ESCARPE**, *s. f.* Pente du fossé du côté d'une place forte.

**ESCARPÉ, ÉE**, *adj.* Qui a une pente rapide.

**ESCARPEMENT**, *s. m.* Pente rapide, talus roide.

**ESCARPER** (*part. é, ée*), *v. a.* Couper droit de haut en bas.

**ESCARPIN**, *s. m.* Soulier à semelle mince.

**ESCARPOLETTE**, *s. f.* Siége suspendu par des cordes pour se balancer.

**ESCARRE**, *s. f.* Croûte noire que produit sur la peau l'application des caustiques.

**ESCIENT**, *s. m.* Connaissance de ce qu'on fait; *à bon* —, *loc. adv.* Sciemment; tout de bon.

**ESCLANDRE**, *s. m.* Insulte avec scandale.

**ESCLAVAGE**, *s. m.* Servitude; état d'un esclave; assujettissement.

**ESCLAVE**, *s.* et *adj.* 2 *g.* Celui ou Celle qui a perdu sa liberté, qui est en captivité.

**ESCOBARDER**, *v. n.* User de réticences, de restrictions mentales pour tromper.

**ESCOBARDERIE**, *s. f.* Mensonge adroit, subterfuge.

**ESCOGRIFFE**, *s. m.* Celui qui prend sans demander; grand homme mal fait.

**ESCOMPTE**, *s. m.* Remise faite à celui qui paye un billet à ordre avant son échéance.

**ESCOMPTER** (*part.* é, ée), *v. a.* Faire l'escompte.

**ESCOPE**, *s. f.* Sorte de pelle de bois pour enlever l'eau d'un bateau.

**ESCOPETTE**, *s. f.* Espèce de carabine.

**ESCORTE**, *s. f.* Troupe armée qui accompagne; vaisseau de guerre qui escorte d'autres navires.

**ESCORTER** (*part.* é, ée), *v. a.* Accompagner, protéger.

**ESCOUADE**, *s. f.* Détachement de soldats commandés par un sous-officier.

**ESCOURGÉE**, *s. f.* Fouet fait avec des courroies de cuir.

**ESCOURGEON**, *s. m.* Sorte d'orge hâtive qu'on coupe en vert pour les chevaux; courroie de cuir.

**ESCOUSSE**, *s. f.* Mouvement ou Course pour mieux sauter.

**ESCRIME**, *s. f.* Art de faire des armes.

**ESCRIMER**, *v. n.* Faire des armes; *s'*—, *v. pr.* S'appliquer avec ardeur à une chose.

**ESCRIMEUR**, *s. m.* Celui qui sait l'escrime.

**ESCROC**, *s. m.* Fripon.

**ESCROQUER** (*part.* é, ée), *v. a.* Voler avec fourberie.

**ESCROQUERIE**, *s. f.* Action d'escroquer.

**ESCROQUEUR, EUSE**, *s.* Celui ou Celle qui escroque.

**ESPACE**, *s. m.* Étendue de lieu, de temps; intervalle; étendue illimitée, immensité.

**ESPACEMENT**, *s. m.* Distance entre des corps séparés.

**ESPACER** (*part.* é, ée), *v. a.* Ranger en séparant par des intervalles.

**ESPADON**, *s. m.* Épée large.

**ESPAGNE**, royaume d'Europe, au sud de la France.

**ESPAGNOL, E**, *adj.* Qui est d'Espagne.

**ESPAGNOLETTE**, *s. f.* Ferrure de fenêtre à crochet et à bascule pour fermer.

**ESPALIER**, *s. m.* Arbres rangés contre un mur.

**ESPARCETTE**, *s. f.* Sainfoin.

**ESPÈCE**, *s. f.* Division du genre, contenant plusieurs individus; sorte, qualité; état, condition; cas particulier; *au pl.* Argent monnoyé; fortune.

**ESPÉRANCE**, *s. f.* Attente de ce qu'on désire; objet même de l'espérance; jouissance idéale de l'avenir.

**ESPÉRER** (*part.* é, ée), *v. a.* et *v. n.* Avoir espérance; être dans l'attente d'un bien.

**ESPIÈGLE**, *adj.* et *s.* 2 *g.* Fin, vif et malin.

**ESPIÈGLERIE**, *s. f.* Malice d'enfant.

**ESPINGOLE**, *s. f.* Fusil dont le canon est évasé.

**ESPION**, *s. m.* Celui qui épie, qui observe pour redire.

**ESPIONNAGE**, *s. m.* Action ou Métier d'espion.

**ESPIONNER** (*part.* é, ée), *v. a.* Épier, observer en espion; —, *v. n.* Servir d'espion.

**ESPLANADE**, *s. f.* Espace uni et découvert.

**ESPOIR**, *s. m.* (*sans pl.*) Espérance.

**ESPONTON**, *s. m.* Demi-pique (arme ancienne).

**ESPRIT**, *s. m.* Être incorporel; ange; âme de l'homme; imagination; sagacité; jugement; principe de conduite; signification; fluide subtil.

**ESPRIT-DE-VIN** (*au pl. esprits-de-vin*), *s. m.* Liquide spiritueux provenant de la distillation.

**ESQUIF**, *s. m.* Petit canot.

**ESQUILLE** (ll m.), *s. f.* Petit éclat de bois; éclat d'un os fracturé.

**ESQUIMAUX**, *s. m. pl.* Peuple de l'Amérique septentrionale.

**ESQUINANCIE**, *s. f.* Inflammation du gosier.

**ESQUIPOT**, *s. m.* Sorte de tirelire.

**ESQUISSE**, *s. f.* Ébauche d'un tableau, d'une statue, etc.

**ESQUISSER** (*part.* é, ée), *v. a.* Faire une esquisse.

**ESQUIVER** (*part.* é, ée), *v. a.* Éviter adroitement; *s'*—, *v. pr.* Sortir adroitement d'embarras.

**ESSAI**, *s. m.* Expérience; épreuve faite d'une chose; échantillon.

**ESSAIM**, *s. m.* Volée de jeunes abeilles; *fig.* Multitude.

**ESSAIMER**, *v. n.*, se dit des ruches d'où sort un essaim.

**ESSANGER** (*part.* é, ée), *v. a.* Laver le linge sale avant de le mettre à la lessive.

**ESSARTEMENT**, *s. m.* Action d'essarter.

**ESSARTER** (*part.* é, ée), *v. a.* Défricher un terrain.

**ESSAYER** (*part.* é, ée; se conj. sur *Payer*), *v. a.* Éprouver une chose, la mettre à l'épreuve; s'efforcer; —, *v. n.* Faire un essai; *s'*—, *v. pr.* Faire l'épreuve de ses forces.

**ESSAYEUR**, *s. m.* Celui qui est préposé à l'essai des métaux.

**ESSE**, *s. f.* Cheville de fer en forme de S.

**ESSENCE**, *s. f.* Nature d'une chose; huile aromatique.

**ESSENTIEL, ELLE**, *adj.* Qui appartient à l'essence; nécessaire; *essentiel, s. m.* Le point essentiel.

**ESSENTIELLEMENT**, *adv.* Par son essence; solidement.

**ESSEULÉ, ÉE**, *adj.* Seul, délaissé.

**ESSIEU**, *s. m.* Pièce qui traverse le moyeu des roues.

**ESSOR**, *s. m.* Vol de l'oiseau qui s'élève; *fig.* Action d'essayer ses forces.

**ESSORER** (*part.* é, ée), *v. a.* Faire sécher à l'air.

**ESSORILLER** (ll m.; *part.* é, ée), *v. a.* Couper les oreilles.

**ESSOUFFLEMENT**, *s. m.* État de celui qui est essoufflé.

**ESSOUFFLER** (*part.* é, ée), *v. a.* Mettre hors d'haleine.

**ESSUI**, *s. m.* Lieu pour faire sécher.

**ESSUIE-MAIN** (*au pl. essuie-mains*), *s. m.* Linge pour essuyer les mains.

**ESSUYER** (*part.* é, ée), *v. a.* Frotter pour ôter l'eau, la poussière, etc.; sécher; *fig.* Supporter, souffrir.

**EST**, *s. m.* Orient; un des quatre points cardinaux.

**ESTACADE**, *s. f.* Digue de pieux ou de chaînes pour fermer un port, pour détourner l'eau.

**ESTAFETTE**, *s. f.* Courrier qui va d'une poste à l'autre.

**ESTAFIER**, *s. m.* Domestique armé (se dit en mauvaise part).

**ESTAFILADE**, *s. f.* Balafre, coupure au visage.

**ESTAFILADER** (*part.* é, ée), *v. a.* Faire une estafilade.

**ESTAME**, *s. f.* Laine tricotée à l'aiguille.

**ESTAMINET**, *s. m.* Lieu de réunion de fumeurs et de buveurs.

**ESTAMPE**, *s. f.* Image imprimée avec une planche gravée; outil de serrurier pour estamper.

**ESTAMPER** (*part.* é, ée), *v. a.* Faire une estampe, une empreinte.

**ESTAMPILLE** (ll m.), *s. f.* Sorte de timbre avec signature; instrument pour estampiller.

**ESTAMPILLER** (ll m.; *part.* é, ée), *v. a.* Marquer avec l'estampille.

**ESTER**, *v. n.* Comparaître en justice. (Il n'est usité qu'à l'infinitif.)

**ESTHÉTIQUE**, *s. f.* Science qui détermine les caractères du beau.

**ESTIMABLE**, *adj. 2 g.* Digne d'estime.

**ESTIMATEUR**, *s. m.* Celui qui apprécie et détermine la valeur d'une chose.

**ESTIMATIF, IVE**, *adj.* (Acte) qui

fixe le prix d'un travail ; *valeur estimative*, valeur appréciée.

**ESTIMATION**, *s. f.* Évaluation.

**ESTIME**, *s. f.* Opinion favorable qu'on a d'une personne ou d'une chose.

**ESTIMER** (*part.* é, ée), *v. a.* Priser ; fixer la valeur de ; faire cas de quelqu'un ; —, *v. n.* Présumer, croire.

**ESTIVAL, E**, *adj.*, se dit des plantes d'été.

**ESTOC**, *s. m.* Ancienne épée ; pointe de l'épée ; *brin d'—*, bâton ferré.

**ESTOCADE**, *s. f.* Coup d'épée.

**ESTOMAC**, *s. m.* Partie intérieure du corps qui reçoit et digère les aliments ; partie extérieure qui répond à la poitrine et à l'estomac.

**S'ESTOMAQUER** (*part.* é, ée), *v. pr.* S'offenser (*fam.*).

**ESTOMPE**, *s. f.* Rouleau de papier ou de peau coupé en pointe pour estomper.

**ESTOMPER** (*part.* é, ée), *v. a.* Étendre le crayon avec une estompe.

**ESTRADE**, *s. f.* Lieu élevé sur un plancher ; chemin.

**ESTRAGON**, *s. m.* Herbe potagère, odorante.

**ESTRAPADE**, *s. f.* Nom donné à un supplice qui avait pour effet de briser les os du patient.

**ESTROPIER** (*part.* é, ée), *v. a.* Ôter l'usage d'un membre ; mutiler ; altérer ; blesser.

**ESTURGEON**, *s. m.* Poisson de mer.

**ET** (*pron.* é), *conj.* qui lie les parties du discours et les membres d'une phrase ; *et cætera* (le *t* de *et* se prononce), et le reste.

**ÉTABLAGE**, *s. m.* Droit de séjour dans une étable, dans une écurie.

**ÉTABLE**, *s. f.* Lieu où l'on renferme les bestiaux.

**ÉTABLER** (*part.* é, ée), *v. a.* Mettre dans l'étable.

**ÉTABLI**, *s. m.* Grosse table des menuisiers, des serruriers, etc.

**ÉTABLIR** (*part.* i, ie), *v. a.* Rendre stable, fixer ; mettre en bon état ; former, composer ; *s'—*, *v. pr.* Se fixer, former un établissement.

**ÉTABLISSEMENT**, *s. m.* Action d'établir ou de s'établir ; institution ; commencement.

**ÉTAGE**, *s. m.* Espace entre deux planchers dans un bâtiment ; *fig.* Degré d'élévation ; état ; condition.

**ÉTAGER** (*part.* é, ée), *v. a.* Ranger par étages.

**ÉTAI**, *s. m.* Pièce de bois pour soutenir un mur qui menace ruine.

**ÉTAIM**, *s. m.* Partie la plus fine de la laine cardée.

**ÉTAIN**, *s. m.* Métal blanc très-fusible.

**ÉTAL** (*au pl.* *étaux*), *s. m.* Table, boutique de boucher.

**ÉTALAGE**, *s. m.* Exposition de marchandises à vendre ; action de montrer avec ostentation.

**ÉTALAGISTE**, *adj.* et *s. m.* Marchand qui étale en plein air.

**ÉTALER** (*part.* é, ée), *v. a.* Exposer en vente ; montrer ; étendre ; faire parade de.

**ÉTALIER**, *adj.* et *s. m.* Qui tient un étal.

**ÉTALON**, *s. m.* Cheval entier ; modèle de poids et de mesures.

**ÉTALONNAGE** ou **ÉTALONNEMENT**, *s. m.* Action d'étalonner les poids, les mesures.

**ÉTALONNER** (*part.* é, ée), *v. a.* Marquer un poids, après vérification sur l'étalon.

**ÉTALONNEUR**, *s. m.* Commis chargé d'étalonner.

**ÉTAMAGE**, *s. m.* Action ou Art d'étamer.

**ÉTAMER** (*part.* é, ée), *v. a.* Enduire le cuivre, le fer, etc., avec de l'étain fondu ; mettre le tain à une glace.

**ÉTAMEUR**, *s. m.* Ouvrier qui étame.

**ÉTAMINE**, *s. f.* Tissu léger pour passer une poudre, une liqueur ; étoffe non croisée ; *au pl.* Petits filets qui s'élèvent du centre des fleurs.

**ÉTAMINIER**, *s. m.* Celui qui fait de l'étamine.

**ÉTAMPER** (*part.* é, ée), *v. a.* Percer un fer de cheval.

**ÉTAMPES**, chef-lieu d'arr. du dép. de Seine-et-Oise.

**ÉTAMURE**, *s. f.* Étain pour étamer.

**ÉTANCHEMENT**, *s. m.* Action d'étancher ; effets de cette action.

**ÉTANCHER** (*part.* é, ée), *v. a.* Arrêter l'écoulement d'un liquide ; — *la soif*, l'apaiser.

**ÉTANÇON**, *s. m.* Pièce de bois pour soutenir un mur ou des terres.

**ÉTANÇONNER** (*part.* é, ée), *v. a.* Soutenir avec des étançons.

**ÉTANG**, *s. m.* Amas d'eau stagnante ; réservoir où l'on nourrit du poisson.

**ÉTAPE**, *s. f.* Distribution de vivres aux troupes en marche ; lieu où on les distribue.

**ÉTAT**, *s. m.* Disposition d'une personne ou d'une chose ; condition ; gouvernement ; pays placés sous une même domination ; liste, registre ; inventaire ; dépense ; *être en* —, dans une disposition convenable ; *faire état de*, estimer.

**ÉTAT-MAJOR** (*au pl. états-majors*), *s. m.* Corps des principaux officiers.

**ÉTATS-UNIS**, république de l'Amérique septentrionale.

**ÉTAU** (*au pl. étaux*), *s. m.* Instrument de serrurier pour presser les pièces que l'on travaille.

**ÉTAYEMENT**, *s. m.* Action d'étayer ; état de ce qui est étayé.

**ÉTAYER** (*part.* é, ée), *v. a.* Soutenir avec des étais.

**ÉTÉ**, *s. m.* Saison la plus chaude de l'année (de juin à septembre).

**ÉTEIGNOIR**, *s. m.* Instrument en forme d'entonnoir pour éteindre une lumière.

**ÉTEINDRE** (se conj. sur *Teindre*), *v. a.* Faire cesser l'action du feu ; tempérer ; abolir ; *s'*—, *v. pr.* Cesser de brûler ; mourir lentement.

**ÉTENDAGE**, *s. m.* Perches ou Cordes pour étendre.

**ÉTENDARD**, *s. m.* Drapeau de cavalerie.

**ÉTENDOIR**, *s. m.* Instrument pour étendre ; lieu où l'on étend.

**ÉTENDRE** (se conj. sur *Tendre*), *v. a.* Déployer en long et en large ; suspendre ; augmenter ; agrandir ; *s'*—, *v. pr.* Se coucher tout de son long.

**ÉTENDUE** (*sans pl.*), *s. f.* Dimension.

**ÉTERNEL**, **ELLE**, *adj.* Qui n'a ni commencement ni fin ; l'*Éternel*, Dieu, l'Être suprême ; *éternelle*, *s. f.* Sorte d'étoffe ; plante (l'immortelle blanche).

**ÉTERNELLEMENT**, *adv.* D'une manière éternelle.

**ÉTERNISER** (*part.* é, ée), *v. a.* Rendre éternel ; *s'*—, *v. pr.* Se prolonger.

**ÉTERNITÉ**, *s. f.* Durée sans commencement ni fin.

**ÉTERNUER**, *v. n.* Faire un éternument.

**ÉTERNUMENT**, *s. m.* Mouvement subit et convulsif des muscles du nez.

**ÉTÉSIENS**, *adj.* et *s. m. pl.* *Vents* —, vents réguliers qui soufflent chaque année pendant plusieurs jours.

**ÉTÊTEMENT**, *s. m.* Action d'étêter un arbre.

**ÉTÊTER** (*part.* é, ée), *v. a.* Couper la tête d'un arbre.

**ÉTHER**, *s. m.* Fluide très-subtil qu'on supposait au-dessus de l'atmosphère ; liqueur spiritueuse très-volatile.

**ÉTHÉRÉ**, **ÉE**, *adj.* Qui appartient à l'éther.

**ÉTHIQUE**, *s. f.* Science des mœurs ; morale.

**ETHNOGRAPHE**, *s. m.* Celui qui s'occupe d'ethnographie.

**ETHNOGRAPHIE**, *s. f.* Science qui a pour but la description des divers peuples.

**ETHNOGRAPHIQUE**, *adj.* 2 *g.* Qui a rapport à l'ethnographie.

**ÉTIAGE**, *s. m.* Le point le plus abaissé de eaux.

**ETIER**, *s. m.* Canal qui conduit l'eau de la mer dans les marais salants.

**ÉTINCELANT**, **E**, *adj.* Qui étincelle.

**ÉTINCELER**, *v. n.* Briller, jeter des éclats de lumière.

**ÉTINCELLE**, *s. f.* Petite parcelle de feu ; bluette qui jaillit d'un corps électrisé.

**ÉTINCELLEMENT**, *s. m.* Éclat de ce qui étincelle.

**ÉTIOLEMENT**, *s. m.* Altération des plantes qui s'étiolent.

**S'ÉTIOLER** (*part.* é, ée), *v. pr.* S'altérer (en parlant des plantes qui végètent à l'ombre).

**ÉTIQUE**, *adj.* 2 *g.* Maigre, décharné; attaqué d'une maladie qui dessèche le corps.

**ÉTIQUETER** (*part.* é, ée), *v. a.* Mettre une étiquette.

**ÉTIQUETTE**, *s. f.* Petit écriteau sur un sac, un paquet, etc.; cérémonial de cour; usages de la société.

**ÉTIRER** (*part.* é, ée), *v. a.* Étendre, allonger en tirant; *s'*—, *v. pr.* S'allonger en étendant les bras.

**ÉTISIE**, *s. f.* Maladie qui dessèche le corps.

**ÉTOFFE**, *s. f.* Tissu de laine, de soie, de fil, etc., pour les habits, les meubles, etc.; *fig.* Nature, qualité; capacité.

**ÉTOFFER** (*part.* é, ée), *v. a.* Mettre de l'étoffe en quantité suffisante; *étoffé*, *p.* Bien vêtu.

**ÉTOILE**, *s. f.* Corps céleste qui brille pendant la nuit; astérisque; *fig.* Sort, destinée.

**ÉTOILÉ**, **ÉE**, *adj.* Semé d'étoiles; fêlé en forme d'étoile.

**s'ÉTOILER** (*part.* é, ée), *v. pr.* Se fêler en étoile.

**ÉTOLE**, *s. f.* Bande d'étoffe, ornement de prêtre.

**ÉTONNAMMENT**, *adv.* D'une manière étonnante.

**ÉTONNANT**, **E**, *adj.* Qui étonne.

**ÉTONNEMENT**, *s. m.* Surprise que cause une chose inattendue; admiration.

**ÉTONNER** (*part.* é, ée), *v. a.* Causer de la surprise, de l'admiration; ébranler par une forte commotion; *s'*—, *v. pr.* Être étonné.

**ÉTOUFFANT**, **E**, *adj.* Qui fait que l'on étouffe, que l'on ne peut respirer.

**ÉTOUFFEMENT**, *s. m.* Difficulté de respirer; suffocation.

**ÉTOUFFER** (*part.* é, ée), *v. a.* Suffoquer, ôter la respiration; amortir (un son); *fig.* Dompter; —, *v. n.* Respirer avec peine.

**ÉTOUFFOIR**, *s. m.* Boîte pour étouffer le charbon; petite soupape destinée à étouffer les sons du piano.

**ÉTOUPE**, *s. f.* Rebut de filasse, de lin, etc.

**ÉTOUPER** (*part.* é, ée), *v. a.* Boucher, garnir avec de l'étoupe.

**ÉTOUPILLE** (ll m.), *s. f.* Mèche imbibée d'eau-de-vie et roulée dans de la poudre.

**ÉTOURDERIE**, *s. f.* Action ou Caractère de l'étourdi.

**ÉTOURDI**, **IE**, *adj.* et *s.* Imprudent, qui agit sans réflexion.

**ÉTOURDIMENT**, *adv.* D'une manière étourdie.

**ÉTOURDIR** (*part.* i, ie), *v. a.* Causer dans le cerveau un ébranlement qui en dérange les fonctions; *fig.* Étonner, surprendre; importuner; calmer (la douleur); *s'*—, *v. pr.* S'empêcher de réfléchir; se distraire d'un chagrin.

**ÉTOURDISSANT**, **E**, *adj.* Qui étourdit.

**ÉTOURDISSEMENT**, *s. m.* Ébranlement du cerveau; *fig.* Trouble, inquiétude.

**ÉTOURNEAU**, *s. m.* Sansonnet; *fig.* Jeune homme présomptueux.

**ÉTRANGE**, *adj.* 2 *g.* Contraire à l'ordre, à l'usage commun; étonnant, bizarre.

**ÉTRANGEMENT**, *adv.* D'une manière étrange.

**ÉTRANGER**, **ÈRE**, *adj.* et *s.* Qui est d'une autre nation; qui n'est pas de la famille; qui n'a aucun rapport à une chose.

**ÉTRANGETÉ**, *s. f.* Caractère étrange; bizarrerie.

**ÉTRANGLEMENT**, *s. m.* Resserrement excessif.

**ÉTRANGLER** (*part.* é, ée), *v. a.* Faire perdre la respiration et la vie en pressant ou en bouchant le gosier; resserrer à l'excès; *s'*—, *v. pr.* S'ôter la respiration; —, *v. n.* Suffoquer.

**ÉTRAPE**, *s. f.* Faucille pour couper le chaume.

**ÉTRAPER** (*part.* é, ée), *v. a.* Couper avec l'étrape.

**ÊTRE**, *s. m.* Ce qui est; existence; *au pl.* Disposition intérieure d'une maison.

**ÊTRE** (*Ind. pr.* je suis, tu es, il est, nous sommes, vous êtes, ils sont; *imparf.* j'étais, etc., nous étions, etc.; *p. déf.* je fus, etc., nous fûmes, etc.; *fut.* je serai, etc., nous serons, etc.; *cond.* je serais, etc.;

nous serions, etc.; *impér.* sois, soyez; *subj. pr.* que je sois, que tu sois, qu'il soit, que nous soyons, que vous soyez, qu'ils soient; *imp. du subj.* que je fusse, etc., que nous fussions, etc.; *p. pr.* étant; *p. p.* été.), *et subst.* Exister; avoir telle qualité; se trouver, séjourner; *être à*, appartenir à; *être de*, tirer son origine de; *impers.* Il *est*, il y a. (Ce verbe s'emploie pour former les verbes passifs; il sert aussi à former les temps composés de quelques verbes neutres et ceux des verbes qui s'emploient avec le pronom personnel. Enfin il sert à conjuguer, dans quelques-uns de leurs temps, les verbes actifs qu'on emploie impersonnellement avec le pronom réfléchi. Il se conjugue avec l'auxiliaire *avoir* et ces deux verbes réunis se prennent quelquefois dans le sens de *aller.*)

**ÉTRÉCIR** (*part.* i, ie), *v. a.* Rendre étroit; *s'—*, *v. pr.* Devenir étroit.

**ÉTRÉCISSEMENT**, *s. m.* Action d'étrécir; état de ce qui est étréci.

**ÉTREINDRE** (se conj. sur *Peindre*), *v. a.* Serrer fortement en liant.

**ÉTREINTE**, *s. f.* Action d'étreindre, serrement.

**ÉTRENNE**, *s. f.* Présent à l'occasion du nouvel an; première recette du jour; premier usage d'une chose.

**ÉTRENNER** (*part.* é, ée), *v. a.* Donner des étrennes; acheter le premier à un marchand; se servir le premier d'une chose; —, *v. n.* Recevoir le premier argent de la vente du jour.

**ÉTRÉSILLON**, *s. m.* Pièce de bois placée en travers pour soutenir d'autres pièces.

**ÉTRIER**, *s. m.* Sorte d'anneau pendant à la selle et qui sert d'appui aux pieds du cavalier.

**ÉTRILLE** (ll m.), *s. f.* Instrument de fer pour nettoyer le poil des chevaux.

**ÉTRILLER** (ll m.; *part.* é, ée), *v. a.* Frotter avec l'étrille; *fig.* Battre; faire payer trop cher.

**ÉTRIPER** (*part.* é, ée), *v. a.* Ôter les tripes.

**ÉTRIQUÉ**, **ÉE**, *adj.* Qui n'a pas d'ampleur.

**ÉTRIVIÈRE**, *s. f.* Courroie qui tient l'étrier; *au pl.* Coups donnés avec cette courroie.

**ÉTROIT**, **E**, *adj.* Qui a peu de largeur; borné; *fig.* Intime; strict.

**ÉTROITEMENT**, *adv.* À l'étroit; *fig.* A la rigueur; intimement.

**ÉTRONÇONNER** (*part.* é, ée), *v. a.* Couper un arbre jusqu'au tronc.

**ÉTUDE**, *s. f.* Action d'étudier, application d'esprit; essai de peinture; cabinet d'homme d'affaires; *au pl.* Connaissances acquises, éducation.

**ÉTUDIANT**, *s. m.* Écolier, celui qui étudie.

**ÉTUDIÉ**, **ÉE**, *adj.* Affecté; fait avec soin, fini; feint.

**ÉTUDIER** (*part.* é, ée), *v. a.* S'appliquer pour apprendre; méditer; observer; *s'—*, *v. pr.* S'appliquer, s'exercer à.

**ÉTUI**, *s. m.* Petite boîte longue et étroite pour mettre des aiguilles; sorte de boîte ajustée à la forme de l'objet que l'on veut y enfermer.

**ÉTUVE**, *s. f.* Lieu qu'on échauffe pour y faire sécher certains objets; lieu où l'on prend des bains de vapeur.

**ÉTUVÉE**, *s. f.* Manière de préparer les viandes.

**ÉTUVEMENT**, *s. m.* Action d'étuver.

**ÉTUVER** (*part.* é, ée), *v. a.* Laver doucement à l'étuve.

**ÉTUVISTE**, *s. m.* Celui qui tient des bains, baigneur.

**ÉTYMOLOGIE**, *s. f.* Origine d'un mot.

**ÉTYMOLOGIQUE**, *adj.* 2 g. Qui a rapport à l'étymologie.

**ÉTYMOLOGISTE**, *s. m.* Celui qui connaît l'origine des mots.

**EUCHARISTIE**, *s. f.* Sacrement du corps et du sang de J. C. sous les espèces du pain et du vin.

**EUCHARISTIQUE**, *adj.* 2 g. Qui a rapport à l'eucharistie.

**EUCOLOGE**, *s. m.* Livre de prières.

**EUMÉNIDES**, *s. f. pl.* Furies, divinités infernales des anciens.

**EUPHÉMISME**, *s. m.* Figure de rhétorique qui consiste à déguiser des idées désagréables sous des termes choisis.

**EUPHONIE**, *s. f.* Son de voix agréable.

**EUPHONIQUE**, *adj. 2 g.* Qui a rapport à l'euphonie.

**EUPHORBE**, *s. m.* Sorte de plante douée d'un suc laiteux et corrosif.

**EURE**, rivière qui prend sa source dans le dép. de l'Orne et se jette dans la Seine; nom d'un département (chef-lieu, Évreux).

**EURE-ET-LOIR**, dép. dont Chartres est le chef-lieu.

**EUROPE**, l'une des cinq grandes parties du monde.

**EUROPÉEN, ENNE**, *adj.* Qui est d'Europe.

**EUSTACHE**, *s. m.* Couteau grossier à manche de bois.

**EUX**, *pron. pers. m. pl. de Lui.*

**ÉVACUANT, E**, *adj.* et *s. m.* Qui fait évacuer.

**ÉVACUATION**, *s. f.* Action d'évacuer.

**ÉVACUER** (*part.* é, ée), *v. a.* Vider, faire sortir; quitter (un lieu).

**s'ÉVADER** (*part.* é, ée), *v. pr.* S'enfuir furtivement.

**ÉVALUATION**, *s. f.* Appréciation des choses.

**ÉVALUER** (*part.* é, ée), *v. a.* Estimer une chose suivant sa valeur.

**ÉVANGÉLIQUE**, *adj. 2 g.* Qui est conforme à l'Évangile.

**ÉVANGÉLIQUEMENT**, *adv.* D'une manière évangélique.

**ÉVANGÉLISER** (*part.* é, ée), *v. a.* et *v. n.* Prêcher l'Évangile.

**ÉVANGÉLISTE**, *s. m.* Chacun des quatre écrivains sacrés qui ont écrit l'Évangile.

**ÉVANGILE**, *s. m.* Doctrine de J. C.; livre qui la contient.

**s'ÉVANOUIR** (*part.* i, ie; se conj. sur *Finir*), *v. pr.* Tomber en défaillance; disparaître.

**ÉVANOUISSEMENT**, *s. m.* Défaillance.

**ÉVAPORATION**, *s. f.* Exhalaison de l'humidité, de vapeurs; *fig.* Légèreté d'esprit.

**ÉVAPORÉ, ÉE**, *adj.* et *s.* Dissipé, étourdi.

**s'ÉVAPORER** (*part.* é, ée), *v. pr.* Se résoudre en vapeur; se dissiper; *évaporer, v. a.* — *son chagrin*, le soulager.

**ÉVASEMENT**, *s. m.* État de ce qui est évasé.

**ÉVASER** (*part.* é, ée), *v. a.* Agrandir une ouverture; *s'—, v. pr.* S'élargir.

**ÉVASIF, IVE**, *adj.* Qui sert à éluder.

**ÉVASION**, *s. f.* Fuite secrète; action de s'évader.

**ÉVÊCHÉ**, *s. m.* Diocèse d'un évêque; maison qu'il habite.

**ÉVEIL** (l m.), *s. m.* Alerte; avis donné à quelqu'un sur une chose qui l'intéresse et à laquelle il ne pensait pas.

**ÉVEILLÉ, ÉE** (ll m.), *adj.* Vif, espiègle.

**ÉVEILLER** (ll m.; *part.* é, ée), *v. a.* Faire cesser le sommeil; donner de la gaieté; *s'—, v. pr.* Cesser de dormir.

**ÉVÉNEMENT**, *s. m.* Issue d'une chose, dénoûment; aventure, incident remarquable.

**ÉVENT**, *s. m.* Altération des aliments ou des liqueurs; *tête à l'—*, étourdi.

**ÉVENTAIL** (l m.; *au pl. éventails*), *s. m.* Instrument pour agiter l'air et avec lequel on s'évente.

**ÉVENTAILLISTE** (ll m.), *s. m.* Fabricant d'éventails.

**ÉVENTAIRE**, *s. m.* Plateau d'osier que portent les marchandes ambulantes.

**ÉVENTÉ, ÉE**, *adj.* Évaporé, léger.

**ÉVENTER** (*part.* é, ée), *v. a.* Donner du vent en agitant l'air; exposer au vent; *s'—, v. pr.* Se donner de l'air; se gâter à l'air.

**ÉVENTOIR**, *s. m.* Éventail grossier pour allumer les charbons.

**ÉVENTRER** (*part.* é, ée), *v. a.* Fendre le ventre, en tirer les intestins.

**ÉVENTUALITÉ**, *s. f.* Qualité de ce qui est éventuel.

**ÉVENTUEL, ELLE**, *adj.* Fondé sur un événement incertain.

**ÉVENTUELLEMENT**, *adv.* D'une manière éventuelle.

**ÉVÊQUE**, *s. m.* Chef d'un diocèse; — *in partibus*, dont le diocèse est au pouvoir des infidèles.

**ÉVERSION**, *s. f.* Renversement, ruine.

**s'ÉVERTUER**, *v. pr.* S'efforcer.

**ÉVICTION**, *s. f.* Action d'évincer.

**ÉVIDEMMENT**, *adv.* D'une manière évidente.

**ÉVIDENCE**, *s. f.* Certitude manifeste; qualité de ce qui est évident.

**ÉVIDENT, E**, *adj.* Manifeste, clair, visible, démontré.

**ÉVIDER** (*part.* é, ée), *v. a.* Faire une cannelure, un vide; échancrer.

**ÉVIDOIR**, *s. m.* Outil pour évider.

**ÉVIER**, *s. m.* Pierre creusée où on lave la vaisselle.

**ÉVINCER** (*part.* é, ée), *v. a.* Déposséder juridiquement; renvoyer.

**ÉVITABLE**, *adj.* 2 *g.* Qui peut être évité.

**ÉVITER** (*part.* é, ée), *v. a.* Fuir ce qui déplaît; se garantir de; *s'*—, *v. récipr.* Se fuir mutuellement.

**ÉVOCABLE**, *adj.* 2 *g.* Qu'on peut évoquer.

**ÉVOCATION**, *s. f.* Action d'évoquer.

**ÉVOCATOIRE**, *adj.* 2 *g.* Qui sert à évoquer.

**ÉVOLUTION**, *s. f.* Mouvement exécuté par des troupes pour changer de position.

**ÉVOQUER** (*part.* é, ée), *v. a.* Appeler, faire apparaître (les démons, etc.); attirer à soi la connaissance d'une affaire (en parlant d'un tribunal).

**ÉVREUX**, chef-lieu du dép. de l'Eure.

**EX**, *prép.* Ci-devant.

**EXACT, E**, *adj.* Qui a de l'exactitude; régulier, ponctuel.

**EXACTEMENT**, *adv.* Avec exactitude.

**EXACTEUR**, *s. m.* Celui qui est coupable d'exaction.

**EXACTION**, *s. f.* Action d'exiger plus qu'il n'est dû, ou ce qui n'est pas dû.

**EXACTITUDE**, *s. f.* Attention ponctuelle; précision, justesse.

**EXAGÉRATEUR, TRICE**, *s.* Celui ou Celle qui exagère.

**EXAGÉRATIF, IVE**, *adj.* Qui tient de l'exagération

**EXAGÉRATION**, *s. f.* Action d'exagérer, chose exagérée.

**EXAGÉRER** (*part.* é, ée), *v. a.* Amplifier à l'excès les choses dont on parle.

**EXALTATION**, *s. f.* Élévation du pape au pontificat; fougue d'imagination, enthousiasme.

**EXALTER** (*part.* é, ée), *v. a.* Louer, vanter à l'excès; *s'*—, *v. pr.* S'enthousiasmer.

**EXAMEN**, *s. m.* Recherche, observation; épreuve pour juger de la capacité.

**EXAMINATEUR**, *s. m.* Celui qui est chargé d'examiner.

**EXAMINER** (*part.* é, ée), *v. a.* Faire l'examen de; regarder attentivement; *s'*—, *v. pr.* Examiner sa conscience.

**EXASPÉRATION**, *s. f.* Action d'exaspérer; état d'une personne exaspérée.

**EXASPÉRER** (*part.* é, ée), *v. a.* Aigrir, irriter à l'excès.

**EXAUCER** (*part.* é, ée), *v. a.* Écouter favorablement (une prière); accorder (une demande).

**EXCAVATION**, *s. f.* Action de creuser; creux dans un terrain.

**EXCÉDANT, E**, *adj.* Qui excède; —, *s. m.* Ce qui excède.

**EXCÉDER** (*part.* é, ée), *v. a.* Outrepasser, aller au delà; importuner; fatiguer; *s'*—, *v. pr.* Se fatiguer, s'exténuer.

**EXCELLEMMENT**, *adv.* D'une manière excellente.

**EXCELLENCE**, *s. f.* Degré éminent de perfection; titre d'honneur; *par* —, *loc. adv.* A merveille.

**EXCELLENT, E**, *adj.* Qui est d'une bonté, d'une perfection supérieure.

**EXCELLER**, *v. n.* Avoir un degré éminent de perfection; surpasser, avoir la supériorité.

**EXCENTRICITÉ**, *s. f.* Intervalle qui est entre le centre d'une ellipse et son foyer; *fig.* Étrangeté.

**EXCENTRIQUE**, *adj.* 2 *g.* Relatif à l'excentricité; *fig.* Étrange, bizarre.

**EXCEPTÉ**, *prép.* A la réserve de.

**EXCEPTER** (*part.* é, ée), *v. a.* Ne pas comprendre dans un nombre.

**EXCEPTION**, *s. f.* Action d'excepter; ce qui doit être excepté.

**EXCEPTIONNEL, ELLE**, *adj.* Qui renferme une exception.

**EXCÈS**, *s. m.* Ce qui passe les bornes, de la raison, de la justice, etc.; dérèglement; violence.

**EXCESSIF, IVE**, *adj.* Qui excède les bornes raisonnables.

**EXCESSIVEMENT**, *adv.* Avec excès.

**EXCIPER**, *v. n.* Se prévaloir d'une exception.

**EXCITANT, E**, *adj.* Qui excite; —, *s. m.* Médicament tonique et stimulant.

**EXCITATION**, *s. f.* Action d'exciter.

**EXCITER** (*part.* é, ée), *v. a.* Provoquer; émouvoir; animer; causer, occasionner; *s'*—, *v. récipr.* S'encourager réciproquement.

**EXCLAMATION**, *s. f.* Cri de joie, de surprise, d'indignation; *point d'*—, signe orthographique qui se met après une exclamation.

**EXCLURE** (se conj. sur *Conclure*), *v. a.* Écarter, éloigner, repousser.

**EXCLUSIF, IVE**, *adj.* Qui a la force d'exclure, qui exclut toute autre chose.

**EXCLUSION**, *s. f.* Action d'exclure; acte qui exclut.

**EXCLUSIVEMENT**, *adv.* En excluant.

**EXCOMMUNICATION**, *s. f.* Action d'excommunier; acte par lequel on excommunie.

**EXCOMMUNIER** (*part.* é, ée), *v. a.* Retrancher de la communion de l'Église.

**EXCORIATION**, *s. f.* Écorchure de la peau.

**EXCORIER** (*part.* é, ée), *v. a.* Écorcher la peau.

**EXCRÉMENT**, *s. m.* Sécrétion; ce qui sort du corps de l'animal; matières fécales.

**EXCRÉTION**, *s. f.* Sortie des humeurs; matières évacuées.

**EXCROISSANCE**, *s. f.* Tumeur, superfluité de chair, de matière.

**EXCURSION**, *s. f.* Irruption au loin; écart; digression.

**EXCUSABLE**, *adj.* 2 *g.* Qui peut être excusé.

**EXCUSE**, *s. f.* Raison pour s'excuser ou excuser les autres; prétexte.

**EXCUSER** (*part.* é, ée), *v. a.* Disculper quelqu'un; admettre une excuse; avoir de l'indulgence pour; *s'*—, *v. pr.* Se disculper; chercher à se dispenser de quelque chose.

**EXEAT**, *s. m.* (inv.). Permission de sortir; autorisation de changer de diocèse.

**EXÉCRABLE**, *adj.* 2 *g.* Détestable, horrible.

**EXÉCRABLEMENT**, *adv.* D'une manière exécrable.

**EXÉCRATION**, *s. f.* Horreur extrême; imprécation; profanation des choses saintes.

**EXÉCRER** (*part.* é, ée), *v. a.* Avoir en exécration; détester.

**EXÉCUTABLE**, *adj.* 2 *g.* Qui peut être exécuté.

**EXÉCUTANT**, *s. m.* Musicien concertant.

**EXÉCUTER** (*part.* é, ée), *v. a.* Effectuer, accomplir; mettre à exécution; faire vendre des biens par autorité de justice; mettre à mort; *s'*—, *v. pr.* Se soumettre, faire les sacrifices commandés par la nécessité.

**EXÉCUTEUR, TRICE**, *s.* Celui ou Celle qui exécute; *exécuteur des hautes œuvres*, bourreau.

**EXÉCUTIF, IVE**, *adj.* Qui fait exécuter.

**EXÉCUTION**, *s. f.* Action ou Manière d'exécuter; action de mettre à mort un condamné.

**EXÉCUTOIRE**, *adj.* 2 *g.* Qui donne pouvoir d'exécuter.

**EXEMPLAIRE**, *s. m.* Modèle; copie imprimée d'un ouvrage.

**EXEMPLAIRE**, *adj.* 2 *g.* Qui donne l'exemple.

**EXEMPLAIREMENT**, *adv.* D'une manière exemplaire.

**EXEMPLE**, *s. m.* Modèle; action à imiter ou à éviter; —, *s. f.* Modèle d'écriture.

**EXEMPT**, *s. m.* Nom qu'on donnait à certains officiers de police.

**EXEMPT, E**, *adj.* Qui n'est point sujet, point assujetti à.

**EXEMPTER** (*part.* é, ée), *v. a.* Rendre exempt, dispenser; *s'*—, *v. pr.* Se dispenser.

**EXEMPTION**, *s. f.* Dispense, grâce.

**EXERCER** (*part.* é, ée), *v. a.* Dresser, instruire, former à quelque chose; mettre en mouvement, en activité; pratiquer; user de; avoir, posséder; mettre à l'épreuve; —, *v. n.* Remplir une charge; *s'*—, *v. pr.* S'appliquer à; faire de l'exercice.

**EXERCICE**, *s. m.* Action par laquelle on s'exerce; fonctions actives; évolutions militaires.

**EXERGUE**, *s. m.* Espace réservé au bas d'une médaille pour y placer une date, une devise.

**EXHALAISON**, *s. f.* Émanation d'un corps; fumée, vapeur.

**EXHALATION**, *s. f.* Action d'exhaler.

**EXHALER** (*part.* é, ée), *v. a.* Pousser hors de soi des vapeurs, etc., s'évaporer; *fig.* Soulager, dissiper; *s'*—, *v. pr.* Se répandre au dehors.

**EXHAUSSEMENT**, *s. m.* Élévation.

**EXHAUSSER** (*part.* é, ée), *v. a.* Élever plus haut.

**EXHÉRÉDATION**, *s. f.* Action de déshériter.

**EXHÉRÉDER** (*part.* é, ée), *v. a.* Déshériter.

**EXHIBER** (*part.* é, ée), *v. a.* Représenter en justice.

**EXHIBITION**, *s. f.* Action d'exhiber.

**EXHORTATION**, *s. f.* Discours par lequel on exhorte.

**EXHORTER** (*part.* é, ée), *v. a.* Exciter, engager au bien par ses discours.

**EXHUMATION**, *s. f.* Action d'exhumer.

**EXHUMER** (*part.* é, ée), *v. a.* Déterrer un corps; *fig.* Tirer de l'oubli.

**EXIGEANT, E**, *adj.* Qui exige trop.

**EXIGENCE**, *s. f.* Action d'exiger; nécessité impérieuse.

**EXIGER** (*part.* é, ée), *v. a.* Demander par droit ou par force; obliger à.

**EXIGIBLE**, *adj.* 2 *g.* Qui peut être exigé.

**EXIGU, UË**, *adj.* Fort petit, insuffisant.

**EXIGUITÉ**, *s. f.* Modicité, petitesse.

**EXIL**, *s. m.* Bannissement; éloignement forcé.

**EXILÉ, ÉE**, *adj.* et *s.* Qui est en exil.

**EXILER** (*part.* é, ée), *v. a.* Envoyer en exil, bannir, éloigner; *s'*—, *v. pr.* Se retirer.

**EXISTANT, E**, *adj.* Qui existe.

**EXISTENCE**, *s. f.* État de ce qui existe; durée de la vie, manière de vivre.

**EXISTER**, *v. n.* Être réellement; vivre; —, *v. impers.* Il est, il y a.

**EXODE**, *s. m.* Deuxième livre du Pentateuque.

**EXORABLE**, *adj.* 2 *g.* Qui se laisse fléchir.

**EXORBITAMMENT**, *adv.* Avec excès.

**EXORBITANT, E**, *adj.* Excessif.

**EXORCISER** (*part.* é, ée), *v. a.* Chasser le démon.

**EXORCISME**, *s. m.* Cérémonie pour exorciser.

**EXORCISTE**, *s. m.* Celui qui a le droit d'exorciser.

**EXORDE**, *s. m.* Première partie, début (d'un discours).

**EXOTIQUE**, *adj.* 2 *g.* Étranger au pays.

**EXPANSIBILITÉ**, *s. f.* Faculté qu'ont les fluides de s'étendre.

**EXPANSIBLE**, *adj.* 2 *g.* Qui peut s'étendre.

**EXPANSIF, IVE**, *adj.* Qui épanche ses sentiments.

**EXPANSION**, *s. f.* Action de se dilater, de s'épancher.

**EXPATRIATION**, *s. f.* Action de s'expatrier; éloignement de la patrie.

**EXPATRIER** (*part.* é, ée), *v. a.* Forcer à quitter sa patrie; *s'*—, *v. pr.* Abandonner sa patrie.

**EXPECTANT, E**, *adj.* Qui attend.

**EXPECTATIF, IVE**, *adj.* Qui donne droit d'espérer, qui permet d'attendre.

**EXPECTATIVE**, *s. f.* Espérance, attente.

**EXPECTORANT, E**, *adj.* Qui fait expectorer.

**EXPECTORATION**, *s. f.* Action d'expectorer.

**EXPECTORER** (*part.* é, ée), *v. a.* Cracher.

**EXPÉDIENT**, *s. m.* Moyen de terminer une affaire.

**EXPÉDIER** (*part.* é, ée), *v. a.* Dépêcher, hâter l'exécution, terminer une affaire; — *des marchandises*, les faire partir.

**EXPÉDITEUR**, *s. m.* Celui qui expédie ou qui est chargé d'expédier des marchandises.

**EXPÉDITIF, IVE**, *adj.* Qui expédie promptement (les affaires).

**EXPÉDITION**, *s. f.* Action d'expédier; célérité d'exécution; entreprise de guerre; envoi de marchandises; copie d'un acte.

**EXPÉDITIONNAIRE**, *s. m.* Celui qui fait des copies officielles; copiste; —, *adj.* 2 *g.* Qui fait ou est chargé de faire une expédition.

**EXPÉRIENCE**, *s. f.* Connaissance acquise par l'usage; épreuve, essai.

**EXPÉRIMENTAL, E**, *adj.* Fondé sur l'expérience.

**EXPÉRIMENTÉ, ÉE**, *adj.* Qui a de l'expérience.

**EXPÉRIMENTER** (*part.* é, ée), *v. a.* Éprouver; faire expérience.

**EXPERT**, *s. m.* Celui qui est nommé pour faire un rapport d'estimation.

**EXPERT, E**, *adj.* Habile dans un art.

**EXPERTISE**, *s. f.* Opération d'expert; appréciation.

**EXPIATION**, *s. f.* Action d'expier.

**EXPIATOIRE**, *adj.* 2 *g.* Qui expie.

**EXPIER** (*part.* é, ée), *v. a.* Réparer un crime, une faute par un châtiment.

**EXPIRANT, E**, *adj.* Qui expire.

**EXPIRATION**, *s. f.* Action de rendre l'air qu'on a aspiré; fin d'un terme accordé; échéance.

**EXPIRER** (*part.* é, ée), *v. a.* Rendre l'air après l'avoir respiré; —, *v. n.* Mourir.

**EXPLICABLE**, *adj.* 2 *g.* Qui peut être expliqué.

**EXPLICATEUR**, *s. m.* Celui qui fait l'explication d'une chose exposée en public.

**EXPLICATIF, IVE**, *adj.* Qui explique le sens.

**EXPLICATION**, *s. f.* Interprétation, éclaircissement; action d'expliquer.

**EXPLICITE**, *adj.* 2 *g.* Formel clair, précis.

**EXPLICITEMENT**, *adv.* En termes formels.

**EXPLIQUER** (*part.* é, ée), *v. a.* Donner l'explication; *s'* —, *v. pr.* Avoir une explication avec quelqu'un; faire connaître sa pensée.

**EXPLOIT**, *s. m.* Action de guerre mémorable; assignation judiciaire.

**EXPLOITABLE**, *adj.* 2 *g.* Qui peut être exploité, cultivé.

**EXPLOITATION**, *s. f.* Action d'exploiter (des bois, des terres).

**EXPLOITER** (*part.* é, ée), *v. a.* Faire valoir, cultiver; —, *v. n.* Faire des exploits (en parlant d'un huissier).

**EXPLORATEUR**, *s. m.* Celui qui va à la découverte.

**EXPLORATION**, *s. f.* Action d'explorer.

**EXPLORER** (*part.* é, ée), *v. a.* Chercher, examiner.

**EXPLOSION**, *s. f.* Détonation; éclat; bruit subit; *fig.* Mouvement impétueux.

**EXPORTATION**, *s. f.* Action d'exporter; transport de marchandises.

**EXPORTER** (*part.* é, ée), *v. a.* Transporter des marchandises au dehors d'un pays.

**EXPOSANT, E**, *s.* Celui ou Celle qui expose un fait, ou ses prétentions en justice; fabricant, artiste qui fait figurer ses œuvres dans une exposition publique.

**EXPOSÉ**, *s. m.* Récit d'un fait.

**EXPOSER** (*part.* é, ée), *v. a.* Mettre en vue; placer, tourner vers; mettre en péril; raconter; abandonner; *s'* —, *v. pr.* Se hasarder.

**EXPOSITION**, *s. f.* Action d'exposer; état de la chose exposée; réunion des produits de l'industrie pour les soumettre à l'examen, au jugement du public; interprétation, explication; abandon (d'un enfant).

**EXPRÈS**, *adv.* A dessein.

**EXPRÈS, ESSE**, *adj.* Très-précis; formel; —, *s. m.* Messager envoyé pour porter une lettre, donner un ordre, etc.

**EXPRESSÉMENT**, *adv.* D'une manière expresse.

**EXPRESSIF, IVE**, *adj.* Énergique; plein d'expression.

**EXPRESSION**, *s. f.* Action d'exprimer le suc en pressant; manière d'exprimer la pensée, de la représenter.

**EXPRIMABLE**, *adj.* 2 *g.* Qui peut être exprimé.

**EXPRIMER** (*part.* é, ée), *v. a.* Tirer le jus en pressant; manifester ou expliquer (sa pensée, etc.); *s'* —, *v. pr.* Rendre sa pensée.

**EXPROPRIATION**, *s. f.* Exclusion, privation de la propriété.

**EXPROPRIER** (*part.* é, ée), *v. a.* Dépouiller de la propriété.

**EXPULSER** (*part.* é, ée), *v. a.* Chasser avec violence; déposséder.

**EXPULSION**, *s. f.* Action d'expulser.

**EXQUIS, E**, *adj.* Excellent, choisi avec soin.

**EXSUDATION**, *s. f.* Action de suer; suppuration.

**EXTASE**, *s. f.* Égarement, ravissement d'esprit.

**s'EXTASIER** (*part.* é, ée), *v. pr.* Être ravi en extase.

**EXTATIQUE**, *adj.* 2 *g.* Causé par l'extase.

**EXTENSEUR**, *adj. m. Muscle* —, qui sert à étendre.

**EXTENSIBILITÉ**, *s. f.* Qualité de ce qui peut s'étendre.

**EXTENSIBLE**, *adj.* 2 *g.* Qui peut s'étendre.

**EXTENSIF, IVE**, *adj.* Qui exprime une extension.

**EXTENSION**, *s. f.* Étendue; action de ce qui s'étend; *fig.* Augmentation.

**EXTÉNUATION**, *s. f.* Affaiblissement; diminution.

**EXTÉNUER** (*part.* é, ée), *v. a.* Affaiblir; diminuer; atténuer.

**EXTÉRIEUR, E**, *adj.* Qui est au dehors; —, *s. m.* Dehors; apparence.

**EXTÉRIEUREMENT**, *adv.* A l'extérieur.

**EXTERMINATEUR**, *s. m.* Celui qui extermine.

**EXTERMINATION**, *s. f.* Action d'exterminer; destruction entière.

**EXTERMINER** (*part.* é, ée), *v. a.* Détruire entièrement.

**EXTERNAT**, *s. m.* Pension composée d'élèves externes.

**EXTERNE**, *adj.* et *s.* 2 *g.* Qui est du dehors; élève d'un externat.

**EXTINCTION**, *s. f.* Action d'éteindre; *fig.* Cessation; abolition.

**EXTIRPATEUR**, *s. m.* Celui qui extirpe.

**EXTIRPATION**, *s. f.* Action d'extirper; destruction.

**EXTIRPER** (*part.* é, ée), *v. a.* Déraciner, détruire entièrement.

**EXTORQUER** (*part.* é, ée), *v. a.* Obtenir par force ou par menaces.

**EXTORSION**, *s. f.* Action d'extorquer.

**EXTRACTIF, IVE**, *adj.* Qui marque extraction.

**EXTRACTION**, *s. f.* Action de tirer, d'extraire; *fig.* Origine, naissance.

**EXTRADITION**, *s. f.* Action de livrer un transfuge, un criminel réfugié en pays étranger.

**EXTRAIRE** (se conj. sur *Traire*), *v. a.* Faire l'extraction; faire un extrait.

**EXTRAIT**, *s. m.* Produit d'une dissolution; ce qu'on extrait d'un livre; abrégé.

**EXTRAJUDICIAIRE**, *adj.* 2 *g.* Qui est en dehors des formes de la procédure.

**EXTRAJUDICIAIREMENT**, *adverbe.* Sans observer les formes judiciaires.

**EXTRAORDINAIRE**, *adj.* 2 *g.* Qui n'est pas selon l'usage; qui n'arrive pas ordinairement; —, *s. m.* Ce qui n'a pas lieu ordinairement; ce qui excède une dépense ordinaire.

**EXTRAORDINAIREMENT**, *adverbe.* D'une manière extraordinaire.

**EXTRAVAGAMMENT**, *adv.* D'une manière extravagante.

**EXTRAVAGANCE**, *s. f.* Folie, bizarrerie; caractère de celui qui ne suit que son caprice.

**EXTRAVAGANT, E**, *adj.* et *s.* Fou, bizarre.

**EXTRAVAGUER**, *v. n.* Parler sans raison.

**EXTRAVASATION** ou **EXTRAVASION**, *s. f.* Épanchement du sang, d'un liquide.

**s'EXTRAVASER** (*part.* é, ée), *v. pr.*

S'épancher hors des vaisseaux (en parlant du sang ou des humeurs).

**EXTRÊME**, *adj.* 2 *g.* Excessif ; qui dépasse la mesure ; — , *s. m.* L'opposé, le contraire.

**EXTRÊMEMENT**, *adv.* Beaucoup, au dernier point.

**EXTRÊME-ONCTION**, *s. f.* Sacrement conféré avant la mort.

**EXTREMIS (IN)**, *loc. adv. tirée du latin.* A l'extrémité.

**EXTRÉMITÉ**, *s. f.* Fin, bout ; excès ; derniers moments de la vie.

**EXTRINSÈQUE**, *adj.* 2 *g.* Qui vient du dehors.

**EXUBÉRANCE**, *s. f.* Surabondance.

**EXUBÉRANT**, **E**, *adj.* Superflu, surabondant.

**EXULCÉRER** (*part.* é, ée), *v. a.* Causer des ulcères ; *fig.* Blesser, piquer.

**EXUTOIRE**, *s. m.* Ulcère artificiel et momentané.

**EX-VOTO**, *s. m.* (inv.). Offrande à la Divinité ou à un saint en commémoration d'une protection spéciale.

## F.

**F**, *s. m.* Sixième lettre de l'alphabet, quatrième consonne : on la nomme *effe*, selon l'appellation ancienne et usuelle, et *fe*, selon la méthode nouvelle.

**FA**, *s. m.* Quatrième note de la gamme d'ut.

**FABLE**, *s. f.* Récit allégorique ; apologue ; fausseté, mensonge ; sujet, argument d'un poëme, etc. ; *être la fable*, la risée.

**FABLIAU**, *s. m.* Conte en vers.

**FABRICANT**, *s. m.* Celui qui tient une fabrique.

**FABRICATEUR**, *s. m.* Celui qui fabrique.

**FABRICATION**, *s. f.* Action de fabriquer.

**FABRICIEN** ou **FABRICIER**, *s. m.* Marguillier.

**FABRIQUE**, *s. f.* Manufacture ; revenus d'une église ; *au pl.* (*t. de peinture*). Édifices, ruines.

**FABRIQUER** (*part.* é, ée), *v. a.* Faire à la main certains ouvrages ; *fig.* Forger (un mensonge) ; inventer, controuver.

**FABULEUSEMENT**, *adv.* D'une manière fabuleuse.

**FABULEUX**, **EUSE**, *adj.* Inventé ; qui tient de la fable.

**FABULISTE**, *s. m.* Auteur de fables.

**FAÇADE**, *s. f.* Face d'un grand bâtiment du côté de l'entrée.

**FACE**, *s. f.* Visage ; superficie des corps ; façade ; *fig.* Situation, état ; point de vue ; *face à face*, l'un devant l'autre ; *en face*, vis-à-vis.

**FACÉTIE**, *s. f.* Plaisanterie, discours bouffon.

**FACÉTIEUSEMENT**, *adv.* Plaisamment.

**FACÉTIEUX**, **EUSE**, *adj.* Plaisant, qui fait rire.

**FACETTE**, *s. f.* Petite face (en parlant des pierres précieuses).

**FACETTER** (*part.* é, ée), *v. a.* Tailler à facettes (une pierre précieuse).

**FÂCHER** (*part.* é, ée), *v. a.* Mettre en colère, causer du déplaisir ; *se* —, *v. pr.* Prendre du chagrin, entrer en colère.

**FÂCHERIE**, *s. f.* Déplaisir, chagrin.

**FÂCHEUX**, **EUSE**, *adj.* Qui chagrine, incommode ; *fâcheux*, *s. m.* Importun.

**FACIAL**, **E**, *adj.* Qui a rapport au visage.

**FACILE**, *adj.* 2 *g.* Aisé, qui donne peu de peine ; commode, complaisant.

**FACILEMENT**, *adv.* Avec facilité.

**FACILITÉ**, *s. f.* Moyen ou Manière facile de dire, de faire, etc. ; aptitude d'esprit ; indulgence.

**FACILITER** (*part.* é, ée), *v. a.* Rendre facile.

**FAÇON**, *s. f.* Manière dont une chose est faite ; travail de l'artisan ; labour ; culture ; prix d'un ouvrage ; main-d'œuvre ; air, maintien ; manière de penser, d'agir ; *au pl.* Cérémonies, procédés.

**FACONDE**, *s. f.* Éloquence.

**FAÇONNER** (*part.* é, ée), *v. a.* Donner la façon, embellir ; labourer (la vigne); se —, v. pr. S'accoutumer; se policer.

**FAÇONNIER, IÈRE**, *adj.* Qui fait des façons, des cérémonies.

**FAC-SIMILE** (pron. *similé*), *s. m.* (inv.). Imitation parfaite d'une écriture.

**FACTEUR**, *s. m.* Faiseur d'instruments de musique; agent d'un marchand: employé qui porte les lettres.

**FACTICE**, *adj. 2 g.* Fait ou imité par art; qui n'est pas naturel.

**FACTIEUX, EUSE**, *adj.* et *s.* Appartenant à une faction; séditieux.

**FACTION**, *s. f.* Guet que fait une sentinelle; parti séditieux dans un État.

**FACTIONNAIRE**, *s. m.* Sentinelle.

**FACTORERIE** ou **FACTORIE**, *s. f.* Bureau des facteurs du commerce européen dans les Indes.

**FACTOTUM** ou **FACTOTON**, *s. m.* Celui qui se mêle de tout dans une maison.

**FACTUM** (*au pl. factums*), *s. m.* Exposé fait dans un mémoire imprimé.

**FACTURE**, *s. f.* Mémoire d'un marchand indiquant la quantité et le prix des marchandises vendues.

**FACULTATIF, IVE**, *adj.* Qui laisse la faculté de faire ou de ne pas faire; proportionné aux facultés.

**FACULTÉ**, *s. f.* Puissance de l'âme, de l'esprit; talent, facilité, pouvoir, moyen de faire une chose; propriété; assemblée de docteurs qui professent certaines sciences (on dit absolument *la faculté*, en parlant de la faculté de médecine); *au pl.* Biens; talents, connaissances.

**FADAISE**, *s. f.* Niaiserie, bagatelle.

**FADE**, *adj. 2 g.* Qui n'a point de saveur; *fig.* Qui n'a rien d'agréable, de piquant.

**FADEUR**, *s. f.* Qualité, état de ce qui est fade; *au pl.* Louanges fades.

**FAGOT**, *s. m.* Faisceau de menu bois; *fig.* Sornettes, fadaises.

**FAGOTAGE**, *s. m.* Travail d'un faiseur de fagots.

**FAGOTER** (*part. é, ée*), *v. a.* Mettre en fagots; mal arranger; *se—*, *v. pr.* s'habiller sans grâce.

**FAGOTEUR**, *s. m.* Celui qui fait des fagots.

**FAGOTIN**, *s. m.* Singe habillé; valet d'un charlatan.

**FAIBLE**, *adj. 2 g.* Débile, qui manque de force, de consistance, d'énergie; défectueux, médiocre; —, *s. m.* Ce qu'il y a de moins fort dans une chose; inclination, penchant.

**FAIBLEMENT**, *adv.* Avec faiblesse.

**FAIBLESSE**, *s. f.* Manque de forces, défaut d'énergie; évanouissement.

**FAIBLIR**, *v. n.* Perdre de sa force; céder.

**FAÏENCE**, *s. f.* Sorte de poterie de terre vernissée.

**FAÏENCERIE**, *s. f.* Commerce ou Fabrique de faïence.

**FAÏENCIER, IÈRE**, *s.* Celui ou Celle qui fait ou vend de la faïence.

**FAILLI** (ll m.), *s. m.* Celui qui a fait faillite.

**FAILLIBILITÉ** (ll m.), *s. f.* Possibilité de faillir, de se tromper.

**FAILLIBLE** (ll m.), *adj. 2 g.* Qui peut se tromper.

**FAILLIR** (ll m.), *v. n.* Être en faute; se tromper; faire faillite. (Il est usité aux temps composés et aux temps suivants: *p. déf.* je faillis, etc., nous faillîmes, etc.; *fut.* je faudrai, etc.; *p. pr.* faillant).

**FAILLITE** (ll m.), *s. f.* Banqueroute non frauduleuse.

**FAIM** (*sans pl.*), *s. f.* Désir et besoin de manger; *fig.* Avidité, désir ardent.

**FAÎNE**, *s. f.* Fruit du hêtre.

**FAINÉANT, E**, *adj.* et *s.* Paresseux, qui veut rester oisif.

**FAINÉANTER**, *v. n.* Être fainéant; perdre son temps.

**FAINÉANTISE**, *s. f.* Paresse, désœuvrement volontaire.

**FAIRE** (*Ind. pr.* je fais, tu fais, il fait, nous faisons, vous faites, ils font; *imp.* je faisais, etc., nous faisions, etc.; *p. déf.* je fis, tu fis, il fit, nous fîmes, vous fîtes, ils firent; *fut.* je ferai, etc., nous ferons, etc.; *cond.* je ferais, etc., nous ferions, etc.; *impér.* fais, faisons, faites; *subj. pr.* que je fasse, etc., que nous fassions, etc.; *imp. subj.* que je fisse, etc., que nous fissions, etc.; *p. pr.* faisant; *p. p.* fait, faite), *v. a.* Exécuter, former; produire, causer; créer, fabriquer; *être fait pour*, être en état de, être propre à; *ne faire que*, ne s'occuper qu'à; *ne faire que de*, venir de (faire une action); *n'avoir que faire de*, n'avoir pas besoin; —, *v. n.* Avoir de l'influence, du pouvoir; —, *v. impers.* Être dans tel état, dans telle disposition; *se* —, *v. pr.* Être fait; s'habituer.

**FAISABLE**, *adj.* 2 *g.* Possible, permis.

**FAISAN**, *s. m.* Coq sauvage dont la chair est très-estimée.

**FAISANCES**, *s. f. pl.* Redevances d'un fermier.

**FAISANDEAU**, *s. m.* Jeune faisan.

se **FAISANDER** (*part.* é, ée), *v. pr.* Prendre du fumet (en parlant du gibier).

**FAISANDERIE**, *s. f.* Lieu où on élève des faisans.

**FAISANDIER**, *s. m.* Celui qui soigne une faisanderie.

**FAISCEAU**, *s. m.* Assemblage de certaines choses liées ensemble.

**FAISEUR, EUSE**, *s.* Celui ou Celle qui fait.

**FAIT**, *s. m.* Action, événement; assertion; conduite; ce qui convient à; *être au fait*, avoir connaissance de; *mettre au fait*, instruire; *hauts faits*, exploits; *voies de fait*, violences; *au fait*, en réalité, tout bien examiné; *sur le fait*, au moment de l'exécution; *en fait de*, lorsqu'il s'agit de; *tout à fait*, entièrement, absolument; *si fait*, au contraire.

**FAÎTAGE**, *s. m.* L'ensemble du toit; pièce de bois soutenant la couverture d'un bâtiment.

**FAÎTE**, *s. m.* Comble d'un édifice; sommet d'un arbre; *fig.* Le plus haut point.

**FAÎTIÈRE**, *adj.* et *s.* (Tuile) courbée pour couvrir le faîte d'un toit.

**FAIX**, *s. m.* Charge, fardeau.

**FALAISE**, *s. f.* Terres et rochers escarpés le long des bords de la mer.

**FALAISE**, chef-lieu d'arr. du dép. du Calvados.

**FALBALA**, *s. m.* Bande d'étoffe plissée au bas des robes, des rideaux, etc.

**FALLACIEUSEMENT**, *adv.* En fraude.

**FALLACIEUX, EUSE**, *adj.* Trompeur, frauduleux.

**FALLOIR** (*Ind. pr.* il faut; *imp.* il fallait; *p. déf.* il fallut; *fut.* il faudra; *cond.* il faudrait; *subj. pr.* qu'il faille; *imp. subj.* qu'il fallût), *v. impers.* Être de nécessité, d'obligation; *il s'en faut de beaucoup*, cela est bien loin d'être ainsi.

**FALOT**, *s. m.* Fanal; grande lanterne.

**FALOURDE**, *s. f.* Fagot de gros bois.

**FALSIFICATEUR**, *s. m.* Celui qui falsifie.

**FALSIFICATION**, *s. f.* Action de falsifier; chose falsifiée.

**FALSIFIER** (*part.* é, ée), *v. a.* Contrefaire pour tromper; altérer.

**FAMÉ, ÉE**, *adj.* *Bien* —, *mal* —, Qui a bonne ou mauvaise réputation.

**FAMÉLIQUE**, *adj.* 2 *g.* et *s. m.* Pressé par la faim.

**FAMEUX, EUSE**, *adj.* Renommé, insigne dans son genre; grand, considérable.

**FAMILIARISER** (*part.* é, ée), *v. a.* Accoutumer à; *se* —, *v. pr.* Devenir familier avec; s'habituer à.

**FAMILIARITÉ**, *s. f.* Manière de vivre familièrement avec quelqu'un.

**FAMILIER, IÈRE**, *adj.* Qui vit dans l'intimité avec quelqu'un; trop libre; ordinaire, habituel; bien connu; —, *s. m.* Celui qui vit familièrement avec une personne qui lui est supérieure; officier de l'inquisition.

**FAMILIÈREMENT**, *adv.* D'une manière familière.

**FAMILLE** (ll m.), *s. f.* Toutes les personnes d'un même sang; race; maison.

**FAMINE**, *s. f.* Disette générale de vivres.

**FANAGE**, *s. m.* Action de faner; prix donné au faneur.

**FANAISON**, *s. f.* Temps où l'on fane.

**FANAL**, *s. m.* Grosse lanterne au mât d'un vaisseau; feu allumé au haut d'une tour sur les côtes.

**FANATIQUE**, *adj.* et *s.* 2 *g.* Animé

d'un zèle outré; extravagant, forcené.

**FANATISER** (*part.* é, ée), *v. a.* Rendre fanatique.

**FANATISME**, *s. m.* Emportement fanatique.

**FANDANGO**, *s. m.* Danse espagnole.

**FANE**, *s. f.* Feuille des plantes.

**FANER** (*part.* é, ée), *v. a.* Faire sécher l'herbe fauchée; *se* —, *v. pr.* Se flétrir (en parlant des fleurs, de la beauté).

**FANEUR, EUSE**, *s.* Celui ou Celle qui fane les foins.

**FANFAN**, *s. m.* Petit enfant.

**FANFARE**, *s. f.* Sonnerie de trompettes; air de chasse.

**FANFARON**, *adj.* et *s. m.* Qui fait le brave; qui se vante.

**FANFARONNADE**, *s. f.* Fausse bravoure; propos de fanfaron.

**FANFARONNERIE**, *s. f.* Acte ou Parole de fanfaron, de faux brave.

**FANFRELUCHE**, *s. f.* Ornement sans goût; bagatelle.

**FANGE**, *s. f.* Boue, bourbe; *fig.* Avilissement.

**FANGEUX, EUSE**, *adj.* Plein de fange.

**FANON**, *s. m.* Peau qui pend sous la gorge du taureau, du bœuf, etc.; barbes de baleine.

**FANTAISIE**, *s. f.* Esprit; idée; désir singulier; volonté passagère; caprice.

**FANTASMAGORIE**, *s. f.* Art de faire apparaître des fantômes par une illusion d'optique.

**FANTASMAGORIQUE**, *adj.* 2 *g.* Qui a rapport à la fantasmagorie.

**FANTASQUE**, *adj.* 2 *g.* Capricieux, brusque, bisarre.

**FANTASSIN**, *s. m.* Soldat d'infanterie.

**FANTASTIQUE**, *adj.* 2 *g.* Chimérique, imaginaire.

**FANTOCCINI**, *s. m. pl.* Marionnettes.

**FANTÔME**, *s. m.* Spectre; objet sans réalité, chimère de l'esprit.

**FAON** (*pron. fan*), *s. m.* Petit de la biche.

**FAONNER** (pron. *fanner*), *v. n.* Mettre bas (en parlant des biches, des chevrettes, etc.).

**FAQUIN**, *s. m.* Homme sans mérite ou qui fait des bassesses.

**FARANDOLE**, *s. f.* Danse provençale.

**FARCE**, *s. f.* Viande hachée avec divers ingrédients; chose ridicule; plaisanterie; pièce de théâtre remplie de bouffonnerie.

**FARCEUR**, *s. m.* Comédien qui ne joue que des farces; bouffon.

**FARCIN**, *s. m.* Sorte de gale des chevaux.

**FARCINEUX, EUSE**, *adj.* Qui a le farcin (en parlant des chevaux).

**FARCIR** (*part.* i, ie), *v. a.* Garnir de farce; *fig.* Remplir à l'excès; *se* —, *v. pr.* Se remplir.

**FARD**, *s. m.* Composition pour rendre la peau plus blanche, le teint plus beau; *fig.* Faux ornement.

**FARDEAU**, *s. m.* Charge; *fig.* Chose ou Personne incommode.

**FARDER** (*part.* é, ée), *v. a.* Mettre du fard; *fig.* Déguiser.

**FARFADET**, *s. m.* Esprit follet, homme frivole.

**FARFOUILLER** (*part.* é, ée), *v. a.* et *v. n.* Fouiller en brouillant.

**FARIBOLE**, *s. f.* Chose frivole.

**FARINE**, *s. f.* Grain réduit en poudre.

**FARINEUX, EUSE**, *adj.* Couvert de farine; qui est de la nature de la farine.

**FARINIER**, *s. m.* Marchand de farine.

**FAROUCHE**, *adj.* 2 *g.* Sauvage; insociable.

**FARRAGO**, *s. m.* Amas confus de choses diverses.

**FASCICULE**, *s. m.* Botte d'herbes; Livraison d'un ouvrage.

**FASCINAGE**, *s. m.* Ouvrage fait de fascines.

**FASCINATION**, *s. f.* Illusion qui empêche de voir les choses telles qu'elles sont.

**FASCINE**, *s. f.* Fagot de branchages.

**FASCINER** (*part.* é, ée), *v. a.* Causer une fascination; charmer; éblouir.

**FASTE**, *s. m.* (*sans pl.*) Ostentation.

**FASTES**, *s. m. pl.* Livre du calendrier des Romains ; registres historiques.

**FASTIDIEUSEMENT**, *adv.* D'une manière fastidieuse.

**FASTIDIEUX, EUSE**, *adj.* Qui cause de l'ennui.

**FASTUEUSEMENT**, *adv.* Avec faste.

**FASTUEUX, EUSE**, *adj.* Qui aime le faste.

**FAT** (*pron. le* t), *adj.* et *s. m.* Impertinent, plein de complaisance pour lui-même.

**FATAL, E**, *adj.* (*sans pl. m.*) Funeste, malheureux.

**FATALEMENT**, *adv.* Par fatalité.

**FATALISME**, *s. m.* Doctrine du fataliste.

**FATALISTE**, *s. m.* Celui qui attribue tout à la fatalité.

**FATALITÉ** (*sans pl.*), *s. f.* Destinée inévitable et malheureuse.

**FATIDIQUE**, *adj.* 2 *g.* Qui fait connaître la volonté du destin.

**FATIGANT, E**, *adj.* Qui cause de la fatigue ; qui importune.

**FATIGUE**, *s. f.* Lassitude ; travail pénible.

**FATIGUER** (*part.* é, ée), *v. a.* Causer de la fatigue, de l'ennui ; importuner ; —, *v. n.* et *se* —, *v. pr.* Se donner de la fatigue.

**FATRAS**, *s. m.* Amas confus de plusieurs choses.

**FATUITÉ**, *s. f.* Manières de fat.

**FAUBOURG**, *s. m.* Partie d'une ville en dehors de l'enceinte.

**FAUCHAGE**, *s. m.* Action de faucher.

**FAUCHAISON**, *s. f.* Temps où l'on fauche.

**FAUCHE**, *s. f.* Temps de faucher ; produit du fauchage.

**FAUCHÉE**, *s. f.* Ce qu'un faucheur peut faucher en un jour.

**FAUCHER** (*part.* é, ée), *v. a.* Couper avec la faux.

**FAUCHET**, *s. m.* Espèce de râteau à dents de bois.

**FAUCHEUR**, *s. m.* Celui qui fauche.

**FAUCHEUX**, *s. m.* Espèce d'araignée à longues pattes.

**FAUCILLE** (ll m.), *s. f.* Lame d'acier recourbée en demi-cercle, dentelée et emmanchée, dont on se sert pour scier les blés.

**FAUCILLON** (ll m.), *s. m.* Petite faucille.

**FAUCON**, *s. m.* Oiseau de proie.

**FAUCONNEAU**, *s. m.* Petite pièce d'artillerie.

**FAUCONNERIE**, *s. f.* Art de dresser les oiseaux de proie ; lieu où on les élève.

**FAUCONNIER**, *s. m.* Celui qui dresse des faucons.

**FAUCONNIÈRE**, *s. f.* Espèce de gibecière.

**FAUFILER** (*part.* é, ée), *v. a.* Faire une couture provisoire à longs points ; *se* —, *v. pr.* S'introduire adroitement.

**FAULX**. V. *Faux*.

**FAUNE**, *s. m.* Dieu champêtre chez les Romains ; espèce de papillon.

**FAUSSAIRE**, *s. m.* Celui qui fait de faux actes ou qui en altère de véritables.

**FAUSSEMENT**, *adv.* A faux.

**FAUSSER** (*part.* é, ée), *v. a.* Faire courber à faux ; *fig.* Enfreindre ; *se* —, *v. pr.* Devenir faux.

**FAUSSET**, *s. m.* Petite brochette de bois pour boucher les trous d'un tonneau ; voix de tête (*t. de musique*).

**FAUSSETÉ**, *s. f.* Qualité de ce qui est faux ; chose fausse ; duplicité.

**FAUTE**, *s. f.* Manquement contre le devoir ; maladresse ; imperfection ; absence ; *faute de*, par manque de ; *sans* —, *loc. adv.* Certainement.

**FAUTEUIL** (l m.), *s. m.* Chaise à bras et à dossier.

**FAUTEUR, TRICE**, *s.* Celui ou Celle qui favorise ; complice.

**FAUTIF, IVE**, *adj.* Sujet à faillir ; plein de fautes.

**FAUVE**, *adj.* 2 *g.* Qui est de couleur tirant sur le roux ; *bêtes fauves*, cerfs, daims, biches, etc.

**FAUVE**, *s. m.* La couleur fauve.

**FAUVETTE**, *s. f.* Petit oiseau de couleur fauve qui chante agréablement.

**FAUX**, *s. f.* Grande lame d'acier recourbée et emmanchée au bout d'un long bâton, dont on se sert pour faucher.

**FAUX**, *s. m.* L'opposé du vrai ; acte supposé ; altération d'un acte véritable; *à faux*, *loc. adv.* Faussement; d'un mauvais sens, autrement qu'il ne faut.

**FAUX, FAUSSE**, *adj.* Contraire à la vérité, à la raison; irrégulier, contrefait; altéré; infidèle; *faux frais*, petites dépenses, frais inutiles; *faux frère*, celui qui trahit en feignant de servir; *faux jour*, clarté indirecte, fausse lueur; *faux ourlet*, repli simple arrêté à l'aiguille; *faux pas*, pas mal assuré; faute (*au fig.*); *faux pli*, pli mal placé, couture pour imiter un pli; *faux semblant*, apparence trompeuse; *faux titre*, titre abrégé d'un livre, sur le feuillet qui précède le titre entier.

**FAUX-BOURDON**, *s. m.* Chant à plusieurs parties, note contre note.

**FAUX-FUYANT** (*au pl. faux-fuyants*), *s. m.* Endroit écarté; *fig.* Subterfuge; prétexte; détour.

**FAUX-MONNAYEUR** (*au pl. faux-monnayeurs*), *s. m.* Celui qui fait la fausse monnaie.

**FAVEUR**, *s. f.* Grâce; marque de protection, de bienveillance; crédit, pouvoir; ruban étroit; *en faveur de*, *loc. prép.* En considération de; *à la — de*, au moyen de.

**FAVORABLE**, *adj. 2 g.* Propice, qui favorise.

**FAVORABLEMENT**, *adv.* D'une manière favorable.

**FAVORI, ITE**, *adj.* Qui tient le premier rang dans les bonnes grâces; qui est préféré; —, *s.* Celui ou Celle qui est l'objet d'une préférence marquée; *favori*, *s. m.* Touffe de barbe sur le côté de la figure, de l'oreille au menton.

**FAVORISER** (*part.* é, ée), *v. a.* Traiter favorablement; seconder.

**FÉBRIFUGE**, *adj. 2 g.* et *s. m.* Qui chasse la fièvre.

**FÉBRILE**, *adj. 2 g.* Qui a rapport à la fièvre.

**FÉCALE**, *adj. f.* *Matière* —, excréments.

**FÉCOND, E**, *adj.* Fertile, abondant; qui produit beaucoup.

**FÉCONDANT, E**, *adj.* Qui féconde.

**FÉCONDATION**, *s. f.* Action de féconder.

**FÉCONDER** (*part.* é, ée), *v. a.* Rendre fécond.

**FÉCONDITÉ**, *s. f.* Abondance, fertilité; qualité de ce qui est fécond.

**FÉCULE**, *s. f.* Poudre blanche et farineuse; sédiment produit par une liqueur trouble.

**FÉCULENT, E**, *adj.* Qui dépose de la fécule.

**FÉDÉRAL, E**, *adj.* Fédératif.

**FÉDÉRATIF, IVE**, *adj.* Qui se rapporte à une fédération.

**FÉDÉRATION**, *s. f.* Union, alliance politique; confédération.

**FÉDÉRÉ, ÉE**, *adj.* Qui fait partie d'une fédération.

**FÉE**, *s. f.* Être imaginaire auquel on attribuait le don de connaître l'avenir et de faire des prodiges.

**FÉERIE**, *s. f.* Art des fées; enchantement, merveille.

**FEINDRE** (se conj. sur *Teindre*), *v. a.* Simuler, faire semblant.

**FEINTE**, *s. f.* Dissimulation; faux semblant.

**FÊLÉ, ÉE**, *adj.* Fendu; *fig.* *Tête* —, un peu folle.

**FÊLER** (*part.* é, ée), *v. a.* Fendre un vase sans que les parties se séparent; *se* —, *v. pr.* Se fendre.

**FÉLICITATION**, *s. f.* Compliment pour féliciter.

**FÉLICITÉ**, *s. f.* Bonheur, état heureux.

**FÉLICITER** (*part.* é, ée), *v. a.* Faire compliment à quelqu'un; *se* —, *v. pr.* S'applaudir, se réjouir.

**FÉLON, ONNE**, *adj.* Traître, rebelle; faux, méchant.

**FÉLONIE**, *s. f.* Trahison; cruauté.

**FELOUQUE**, *s. f.* Sorte de chaloupe; petit bâtiment de bas bord à voiles et à rames.

**FÊLURE**, *s. f.* Fente d'une chose fêlée.

**FEMELLE**, *s. f.* et *adj. 2 g.* Animal qui produit les petits.

**FÉMININ, E**, *adj.* Qui a rapport à la femme, à la femelle; *genre féminin* (*t. de gramm.*), genre opposé au masculin.

**FÉMINISER** (*part.* é, ée), *v. a.* Faire du genre féminin.

**FEMME**, *s. f.* La compagne de

l'homme ; épouse ; fille ; — *de chambre*, qui sert une dame à la chambre ; — *de charge*, qui est chargée des soins du ménage.

**FEMMELETTE**, *s. f.* Femme délicate.

**FÉMUR**, *s. m.* Os de la cuisse.

**FENAISON**, *s. f.* Action de couper les foins ; temps où on les coupe.

**FENDANT**, *s. m.* Coup du tranchant d'une épée, d'un sabre ; fanfaron.

**FENDEUR, EUSE**, *s.* Ouvrier qui fend.

se **FENDILLER** ( *part.* é, ée), *v. pr.* Se couvrir de petites fentes, de gerçures.

**FENDOIR**, *s. m.* Outil pour fendre.

**FENDRE** (*part.* fendu, ue), *v. a.* Diviser, séparer par force ; écarter, traverser ; —, *v. n.* *La tête me fend*, j'ai un violent mal de tête ; *se* —, *v. pr.* S'entr'ouvrir.

**FENÊTRAGE**, *s. m. coll.* L'ensemble des fenêtres d'une maison.

**FENÊTRE**, *s. f.* Ouverture pour donner du jour dans l'intérieur d'un bâtiment.

**FENIL** (l m.), *s. m.* Lieu où on serre le foin.

**FENOUIL** (l m.), *s. m.* Plante aromatique.

**FENOUILLET**, *s. m.* ou **FENOUILLETTE** (ll m.), *s. f.* Espèce de pomme qui a le goût du fenouil.

**FENTE**, *s. f.* Ouverture longue et étroite ; sorte de greffe.

**FÉODAL, E**, *adj.* Qui a rapport aux fiefs.

**FÉODALEMENT**, *adv.* En vertu d'un droit féodal.

**FÉODALITÉ**, *s. f.* Qualité de fief ; foi, hommage du vassal envers son seigneur ; système qui soumettait les vassaux aux suzerains.

**FER**, *s. m.* Métal très-dur, d'un gris noirâtre, dont on fait toutes sortes d'instruments et d'armes ; *fig.* Arme aiguë et tranchante ; *fers*, chaînes, captivité ; *fer de cheval*, fer qui garantit le pied du cheval.

**FER-BLANC** (*sans pl.*), *s. m.* Fer en lame mince recouvert d'étain.

**FERBLANTIER**, *s. m.* Celui qui travaille en fer-blanc.

**FÉRIAL, E**, *adj.* Qui concerne la férie.

**FÉRIE**, *s. f.* Jour consacré au repos.

**FÉRIÉ**, *adj. m.* *Jour* —, jour de fête, de repos.

**FÉRIR** (*part.* u, ue), *v. a.* Frapper. (Il n'est usité qu'à l'infinitif et au participe.)

**FERLER** (*part.* é, ée), *v. a.* Plier entièrement (les voiles d'un vaisseau).

**FERMAGE**, *s. m.* Revenu, loyer d'une ferme.

**FERMANT, E**, *adj.* Qui ferme.

**FERME**, *s. f.* Bien de campagne ; louage d'un bien ; maison du fermier.

**FERME**, *adj.* 2 *g.* Solide, qui tient fixement ; dur, compacte ; *fig.* Décidé ; —, *adv.* Fortement ; —, *interj.* Courage !

**FERMEMENT**, *adv.* Avec fermeté.

**FERMENT**, *s. m.* Levain.

**FERMENTATIF, IVE**, *adj.* Qui a la vertu de faire fermenter.

**FERMENTATION**, *s. f.* Mouvement interne d'un liquide qui se décompose ; *fig.* Agitation, effervescence des esprits.

**FERMENTER** (*part.* é, ée), *v. n.* Se décomposer, être agité par la fermentation ; *fig.* S'émouvoir.

**FERMER** (*part.* é, ée), *v. a.* Clore ce qui est ouvert ; terminer ; plier ; —, *v. n.* Être clos.

**FERMETÉ**, *s. f.* État d'un corps solide ; *fig.* Force d'esprit ; courage.

**FERMETURE**, *s. f.* Ce qui sert à fermer ; action de fermer.

**FERMIER, IÈRE**, *s.* Celui ou Celle qui prend à ferme.

**FERMOIR**, *s. m.* Attache pour tenir un livre fermé ; ressort, agrafe pour fermer.

**FÉROCE**, *adj.* 2 *g.* Cruel, farouche.

**FÉROCITÉ**, *s. f.* Caractère cruel ; action féroce.

**FERRAILLE** (ll m.), *s. f.* Morceaux de vieux fer.

**FERRAILLER** (ll m.), *v. n.* Faire un cliquetis d'épées ; se battre par habitude.

**FERRAILLEUR** (ll m.), *s. m.* Celui

qui aime à se battre; marchand de ferraille.

**FERRANDINIER**, *s. m.* Ouvrier qui travaille les étoffes de soie.

**FERRANT**, *adj.* 2 *g. Maréchal* —, qui ferre les chevaux.

**FERRÉ, ÉE**, *adj.* Garni de fer; *eau* —, imprégnée de parties ferrugineuses; *chemin* —, dont le fond est ferme et pierreux.

**FERREMENT**, *s. m.* Instrument, garniture de fer.

**FERRER** (*part.* é, ée), *v. a.* Garnir de fer; — *un chemin*, le garnir de pierres; — *un cheval*, lui clouer des fers aux pieds.

**FERRET**, *s. m.* Fer d'aiguillette, de lacet.

**FERRIÈRE**, *s. f.* Sac de maréchal ferrant.

**FERRONNERIE**, *s. f.* Fabrique de gros ouvrages en fer.

**FERRONNIER, IÈRE**, *s.* Celui ou Celle qui vend des ouvrages de fer.

**FERRUGINEUX, EUSE**, *adj.* Qui est de la nature du fer; qui contient du fer.

**FERRURE**, *s. f.* Garniture en fer; manière de ferrer un cheval.

**FERTILE**, *adj.* 2 *g.* Abondant, fécond, qui produit beaucoup.

**FERTILEMENT**, *adv.* Avec fertilité.

**FERTILISATION**, *s. f.* Action de fertiliser.

**FERTILISER** (*part.* é, ée), *v. a.* Rendre fertile.

**FERTILITÉ**, *s. f.* Qualité de ce qui est fertile.

**FÉRULE**, *s. f.* Palette de bois pour frapper dans la main des écoliers par punition; *fig.* Correction.

**FERVEMMENT**, *adv.* Avec ferveur.

**FERVENT, E**, *adj.* Plein de ferveur.

**FERVEUR**, *s. f.* Ardeur, zèle pour les choses de piété.

**FESSE**, *s. f.* Partie charnue du derrière.

**FESSÉE**, *s. f.* Coups sur les fesses.

**FESSE-MATHIEU**, *s. m.* (inv.) Usurier, prêteur sur gages.

**FESSER** (*part.* é, ée), *v. a.* Donner le fouet.

**FESSEUR, EUSE**, *s.* Fouetteur.

**FESSIER**, *s. m.* Les fesses · *fessier, ière*, *adj.* Qui a rapport aux fesses.

**FESTIN**, *s. m.* Banquet; repas splendide.

**FESTINER** (*part.* é, ée), *v. a.* et *v. n.* Faire festin.

**FESTON**, *s. m.* Faisceau de branches et de fleurs; découpure semi-circulaire.

**FESTONNER** (*part.* é, ée), *v. a.* Découper en festons.

**FÊTE**, *s. f.* Jour consacré au culte divin, à des réjouissances publiques ou particulières.

**FÊTE-DIEU**, *s. f.* Fête du Saint-Sacrement.

**FÊTER** (*part.* é, ée), *v. a.* Faire fête, bien accueillir; célébrer une fête.

**FÉTICHE**, *s. m.* Idole des nègres.

**FÉTICHISME**, *s. f.* Culte des fétiches.

**FÉTIDE**, *adj.* 2 *g.* Infect.

**FÉTIDITÉ**, *s. f.* État de ce qui est fétide.

**FÉTOYER** (*part.* é, ée; se conj. sur *Employer*), *v. a.* Accueillir, faire fête.

**FÉTU**, *s. m.* Brin de paille.

**FEU** (*au pl. feux*), *s. m.* Matière combustible allumée; chaleur qu'elle produit; cheminée; famille logée dans une maison; *fig.* Ardeur; brillant, éclat, vivacité; — *Saint-Elme*, feux volants qui s'attachent aux mâts des vaisseaux; — *follet*, exhalaison enflammée.

**FEU, E** (*sans pl.*), *adj.* Décédé récemment.

**FEUDATAIRE**, *s.* 2 *g.* Vassal.

**FEUILLAGE** (ll m.), *s. m.* Feuilles des arbres; branches chargées de feuilles.

**FEUILLAISON** (ll m.), *s. f.* Renouvellement annuel des feuilles.

**FEUILLARD**, *s. m.* Branche de châtaignier ou de saule fendue en deux pour faire des cercles de tonneaux.

**FEUILLE** (ll m.), *s. f.* Partie de la plante qui garnit les rameaux; lame mince de métal, de papier, etc.

**FEUILLÉ, ÉE** (ll m.), *adj.* Couvert de feuilles.

**FEUILLÉE** (ll m.), *s. f.* Abri en feuillage.

**FEUILLER** (ll m.), *s. m.* Manière de représenter le feuillage.

**FEUILLET** (ll m.), *s. m.* Partie d'une feuille de papier qui contient deux pages.

**FEUILLETAGE** (ll m.), *s. m.* Pâtisserie feuilletée; manière de faire cette pâtisserie.

**FEUILLETER** (ll m.; *part.* é, ée), *v. a.* Tourner des feuillets; consulter un livre; préparer la pâte pour qu'elle se lève comme par feuillets.

**FEUILLETON** (ll m.), *s. m.* Petite feuille; partie d'un journal imprimée au bas de la page.

**FEUILLETTE** (ll m.), *s. f.* Tonneau d'un demi-muid.

**FEUILLU, UE** (ll m.), *adj.* Qui a beaucoup de feuilles.

**FEUILLURE** (ll m.), *s. f.* Entaillure en long qui s'emboîte dans une rainure.

**FEURRE**, *s. m.* Paille pour rempailler.

**FEUTRAGE**, *s. m.* Action de feutrer.

**FEUTRE**, *s. m.* Étoffe de laine ou de poil foulés.

**FEUTRER** (*part.* é, ée), *v. a.* Façonner le feutre.

**FEUTRIER**, *s. m.* Ouvrier qui prépare le feutre.

**FÈVE**, *s. f.* Légume long et plat qui vient dans des gousses.

**FÉVEROLE**, *s. f.* Petite fève.

**FÉVRIER**, *s. m.* Second mois de l'année.

**FI**, *interj.* marquant le mépris, le dégoût.

**FIACRE**, *s. m.* Carrosse de place; cocher qui le mène.

**FIANÇAILLES** (ll m.), *s. f. pl.* Promesse de mariage faite en présence d'un prêtre.

**FIANCÉ, ÉE**, *s.* Celui ou Celle qui a fait ou reçu promesse de mariage.

**FIANCER** (*part.* é, ée), *v. a.* Faire des fiançailles.

**FIBRE**, *s. f.* Filament délié dans les chairs ou dans le tissu des végétaux.

**FIBREUX, EUSE**, *adj.* Qui est de la nature des fibres.

**FICELER** (*part.* é, ée), *v. a.* Lier avec de la ficelle.

**FICELLE**, *s. f.* Petite corde.

**FICELLIER**, *s. m.* Dévidoir sur lequel on met de la ficelle.

**FICHE**, *s. f.* Clou sans tête; cheville; morceau d'ivoire ou d'os qui sert de marque au jeu.

**FICHER** (*part.* é, ée), *v. a.* Faire entrer par la pointe.

**FICHET**, *s. m.* Morceau d'ivoire pour marquer au trictrac.

**FICHOIR**, *s. m.* Morceau de bois fendu pour fixer quelque chose sur une corde.

**FICHU**, *s. m.* Mouchoir de cou des femmes.

**FICHU, UE**, *adj.* (*t. trivial*). Mal fait, impertinent.

**FICTIF, IVE**, *adj.* Qui n'existe que par supposition.

**FICTION**, *s. f.* Invention fabuleuse; mensonge.

**FICTIVEMENT**, *adv.* Par fiction.

**FIDÉICOMMIS**, *s. m.* Legs fait à quelqu'un à condition de remettre à un autre l'objet légué.

**FIDÉICOMMISSAIRE**, *s. m.* et *adj.* 2 *g.* Chargé d'un fidéicommis.

**FIDÈLE**, *adj.* 2 *g.* Qui garde sa foi; qui remplit ses devoirs et ses engagements; exact, conforme à la vérité; qui professe la vraie religion; —, *s. m.* Celui qui a la vraie foi.

**FIDÈLEMENT**, *adv.* D'une manière fidèle.

**FIDÉLITÉ**, *s. f.* Attachement à ses devoirs; exactitude, vérité; loyauté.

**FIEF**, *s. m.* Ancienne dénomination d'un domaine noble qui relevait d'un autre.

**FIEFFÉ, ÉE**, *adj.* Qui a un défaut au suprême degré.

**FIEFFER** (*part.* é, ée), *v. a.* Donner en fief.

**FIEL**, *s. m.* Liqueur jaunâtre et amère sécrétée par le foie; *fig.* Haine; humeur caustique.

**FIENTE**, *s. f.* Excréments de certains animaux.

**FIENTER**, *v. n.* Rendre ses excréments.

**FIER** (*part.* é, ée), *v. a.* Confier; *se* —, *v. pr.* Avoir de la confiance en quelqu'un.

**FIER** (*le* r *se pron.*), **FIÈRE**, *adj.*

hautain; audacieux ; altier ; noble, élevé.

**FIER-À-BRAS**, *s. m.* Fanfaron.

**FIÈREMENT**, *adv.* Avec fierté.

**FIERTÉ**, *s. f.* Caractère de celui qui est fier ; vanité hautaine ; noblesse, élévation de sentiments.

**FIÈVRE**, *s. f.* Grande agitation du sang avec fréquence du pouls ; *fig.* Inquiétude, émotion violente.

**FIÉVREUX, EUSE**, *adj.* Qui cause la fièvre ; qui a la fièvre ; —, *s. m.* Malade atteint de la fièvre.

**FIFRE**, *s. m.* Petite flûte d'un son très-aigu ; celui qui en joue.

**FIGEAC**, chef-lieu d'arr. du dép. du Lot.

**FIGEMENT**, *s. m.* Épaississement, coagulation.

**FIGER** (*part.* é, ée), *v. a.* Épaissir par le froid ; *se* —, *v. pr.* Se coaguler.

**FIGUE**, *s. f.* Fruit du figuier ; *moitié figue, moitié raisin*, moitié de gré, moitié de force.

**FIGUERIE**, *s. f.* Lieu planté de figuiers.

**FIGUIER**, *s. m.* Arbre qui porte des figues.

**FIGURANT, E**, *s.* Acteur qui ne fait que figurer dans les pièces.

**FIGURATIF, IVE**, *adj.* Qui est le symbole de quelque chose.

**FIGURATIVEMENT**, *adv.* D'une manière figurative.

**FIGURE**, *s. f.* Forme extérieure des corps ; visage de l'homme ; représentation ; mine, apparence ; positions successives qu'on prend en dansant ; tour de mots ou de pensées, *en t. de gramm.*

**FIGURÉ, ÉE**, *adj.* Représenté ; employé dans un sens détourné du sens propre ; —, *s. m.* Plan, représentation d'une localité.

**FIGURÉMENT**, *adv.* Dans le sens figuré.

**FIGURER** (*part.* é, ée), *v. a.* Représenter la figure, la forme ; *se* —, S'imaginer, se faire une idée de ; —, *v. n.* Faire figure ; danser ; représenter sur la scène un personnage muet.

**FIGURINE**, *s. f.* Petite figure de plâtre ou de bronze.

**FIGURISTE**, *s. m.* Ouvrier qui coule des figures en plâtre.

**FIL**, *s. m.* Brin long et délié de soie, de chanvre, etc. ; substance filée par certains insectes ; tranchant d'un outil ; — *de l'eau*, le courant.

**FILAGE**, *s. m.* Manière de filer le lin, la laine, etc.

**FILAMENT**, *s. m.* Petit fil délié.

**FILAMENTEUX, EUSE**, *adj.* Qui a des filaments.

**FILANDIÈRE**, *s. f.* Celle qui file par état.

**FILANDRES**, *s. f. pl.* Longs filets dans les viandes, dans les fruits ; fils blancs qui voltigent dans l'air.

**FILANDREUX, EUSE**, *adj.* Rempli de filandres.

**FILANT, E**, *adj.* Qui file doucement ; *étoiles filantes*, météores qui courent dans la nuit et s'éteignent vite.

**FILASSE**, *s. f.* Filaments du lin, du chanvre, etc.

**FILASSIER, IÈRE**, *s.* Celui ou Celle qui façonne et vend les filasses.

**FILATEUR**, *s. m.* Chef d'une filature.

**FILATURE**, *s. f.* Lieu où l'on file le coton, la soie, etc.

**FILE**, *s. f.* Rangée de personnes ou de choses à la suite les unes des autres ; *chef de* —, celui qui est à la tête d'un rang de soldats ; *à la* —, *loc. adv.* Les uns derrière les autres.

**FILÉ**, *s. m.* Fil d'or ou d'argent appliqué sur un fil de soie.

**FILER** (*part.* é, ée), *v. a.* Faire du fil ; —, *v. n.* Aller de suite l'un après l'autre ; se retirer sans bruit ; couler lentement.

**FILERIE**, *s. f.* Lieu où l'on file le chanvre.

**FILET**, *s. m.* Petit fil délié ; ligament sous la langue ; tissu à mailles ; *fig.* Piéges.

**FILEUR, EUSE**, *s.* Celui ou Celle qui file.

**FILIAL, E**, *adj.* Qui est du devoir de fils.

**FILIALEMENT**, *adv.* D'une manière filiale.

**FILIATION**, *s. f.* Descendance des enfants à l'égard des pères ou aïeux.

**FILIÈRE**, *s. f.* Instrument d'acier pour réduire les métaux en fil; veine dans les carrières.

**FILIGRANE**, *s. m.* Ouvrage d'orfévrerie.

**FILLE** (ll m.), *s. f.* Enfant du sexe féminin par rapport à ses père et mère; femme non mariée; servante.

**FILLETTE** (ll m.), *s. f.* Petite fille; jeune fille peu sévère.

**FILLEUL, E** (ll m.), *s.* Celui ou Celle qu'on a tenus sur les fonts de baptême.

**FILON**, *s. m.* Veine métallique.

**FILOSELLE**, *s. f.* Grosse soie.

**FILOU** (*au pl. filous*), *s. m.* Celui qui vole avec adresse.

**FILOUTER** (*part.* é, ée), *v. a.* et *v. n.* Voler avec adresse.

**FILOUTERIE**, *s. f.* Action de filou.

**FILS**, *s. m.* Enfant mâle, relativement aux père et mère.

**FILTRANT, E**, *adj.* Qui sert à filtrer.

**FILTRATION**, *s. f.* Action de filtrer.

**FILTRE**, *s. m.* Ce qui sert à filtrer.

**FILTRER** (*part.* é, ée), *v. a.* Clarifier en passant par le filtre; —, *v. n.* et *se* —, *v. pr.* Passer par un filtre.

**FILURE**, *s. f.* Qualité de ce qui est filé.

**FIN**, *s. f.* Ce qui termine; but, raison d'agir; mort; *mettre* — *à*, terminer; *à la* —, *loc. adv.* Enfin.

**FIN, E**, *adj.* Délié, menu; *fig.* Excellent en son genre; spirituel, délicat; habile; rusé.

**FINAL, E**, *adj.* (*le m. n'a pas de pl.*). Qui finit, qui termine.

**FINALE**, *s. m.* Morceau d'ensemble qui termine un acte dans un opéra.

**FINALEMENT**, *adv.* A la fin.

**FINANCE**, *s. f.* Argent comptant; *au pl.* Le trésor public.

**FINANCER** (*part.* é, ée), *v. a.* et *v. n.* Payer.

**FINANCIER**, *s. m.* Celui qui s'occupe d'opérations financières.

**FINANCIÈRE**, *adj. f.* (Écriture) en lettres rondes.

**FINASSER**, *v. n.* User de mauvaises finesses.

**FINASSERIE**, *s. f.* Mauvaise finesse.

**FINAUD, E**, *adj.* et *s.* Rusé.

**FINEMENT**, *adv.* Avec finesse; ingénieusement.

**FINESSE**, *s. f.* Qualité de ce qui est fin; *fig.* Ruse; délicatesse; subtilité; pénétration.

**FINETTE**, *s. f.* Sorte d'étoffe de laine, de coton.

**FINI, E**, *adj.* Terminé, parfait; *le* —, *s. m.* La perfection.

**FINIR** (*part.* i, ie), *v. a.* Achever, terminer; perfectionner; *en* —, cesser; —, *v. n.* Se terminer; mourir.

**FINISTÈRE**, dép. formé d'une partie de l'ancienne Bretagne (chef-lieu Quimper).

**FINLANDAIS, AISE**, *adj.* Qui est de Finlande.

**FIOLE**, *s. f.* Petite bouteille de verre.

**FIRMAMENT**, *s. m.* Le ciel.

**FISC** (pr. l'*s* et le *c*), *s. m.* Le trésor public; les agents du trésor.

**FISCAL, E** (*au pl. m. fiscaux*), *adj.* Qui appartient au fisc.

**FISCALITÉ**, *s. f.* Qualité de ce qui est fiscal.

**FISSURE**, *s. f.* Petite crevasse.

**FISTULE**, *s. f.* Ulcère dont l'entrée est étroite et le fond large.

**FISTULEUX, EUSE**, *adj.* Qui est de la nature de la fistule.

**FIXATION**, *s. f.* Action de rendre fixe; action de déterminer un prix, une époque.

**FIXE**, *adj.* 2 *g.* Qui ne se meut ni ne varie; *fig.* Certain, arrêté, invariable; qui n'est pas casuel (en parlant d'un traitement, d'un revenu, et, dans ce dernier sens, il est aussi subst. masc.).

**FIXEMENT**, *adv.* D'une manière fixe.

**FIXER** (*part.* é, ée), *v. a.* Rendre fixe; arrêter; déterminer; rendre constant; *se* —, *v. pr.* S'arrêter; se déterminer à; établir sa résidence.

**FIXITÉ**, *s. f.* État fixe.

**FLACON**, *s. m.* Sorte de bouteille de verre ou de métal.

**FLAGELLATION**, *s. f.* Action de flageller.

**FLAGELLER** (*part.* é, ée), *v. a.* Fouetter.

**FLAGEOLER**, *v. n.* Trembler (en parlant des jambes).

**FLAGEOLET**, *s. m.* Petite flûte.
**FLAGORNER** (*part.* é, ée), *v. a.* et *v. n.* Flatter avec bassesse.
**FLAGORNERIE**, *s. f.* Basse adulation.
**FLAGORNEUR, EUSE**, *s.* Celui ou Celle qui flagorne.
**FLAGRANT, E**, *adj.* Évident; *en — délit*, Sur le fait.
**FLAIR**, *s. m.* Odorat du chien.
**FLAIRER** (*part.* é, ée), *v. a.* Sentir par l'odorat; *fig.* Pressentir.
**FLAIREUR**, *s. m.* Celui qui flaire.
**FLAMAND, E**, *adj.* Qui est de Flandre.
**FLAMBANT, E**, *adj.* Qui jette de la flamme.
**FLAMBEAU**, *s. m.* Torche de cire; bougie; chandelier; *fig.* Ce qui éclaire.
**FLAMBER** (*part.* é, ée), *v. a.* Passer sur le feu; —, *v. n.* Jeter des flammes; *fig.* au *p. p.* Perdu, ruiné.
**FLAMBERGE**, *s. f.* Épée.
**FLAMBOYANT, E**, *adj.* Qui flamboie.
**FLAMBOYER**, *v. n.* Briller, jeter de l'éclat.
**FLAMME**, *s. f.* Partie subtile et lumineuse du feu; banderole au haut des mâts; instrument pour saigner les chevaux; *fig.* Passion.
**FLAMMÈCHE**, *s. f.* Parcelle enflammée qui s'élève dans l'air.
**FLAN**, *s. m.* Gâteau à la crème.
**FLANC**, *s. m.* Partie du corps depuis les côtes jusqu'aux hanches; côté (d'un bastion, d'un vaisseau, etc.); *se battre les flancs*, faire beaucoup d'efforts inutiles.
**FLANDRIN**, *s. m.* Homme grand et fluet.
**FLANELLE**, *s. f.* Étoffe de laine.
**FLÂNER**, *v. n.* Niaiser; perdre son temps.
**FLÂNEUR, EUSE**, *s.* Celui ou Celle qui flâne.
**FLANQUER** (*part.* é, ée), *v. a.* Défendre; fortifier; garnir les flancs; lancer, appliquer (un coup); *se —*, *v. pr.* Se mettre maladroitement dans, se jeter contre.
**FLAQUE**, *s. f.* Petite mare d'eau croupie.
**FLAQUER** (*part.* é, ée), *v. a.* Jeter vivement.
**FLASQUE**, *adj.* 2 *g.* Mou et sans force.
**FLATTER** (*part.* é, ée), *v. a.* Louer avec excès; charmer, être agréable; faire espérer; caresser; *se —*, *v. pr.* Se vanter; *se flatter de*, se croire ou se dire capable de.
**FLATTERIE**, *s. f.* Louange donnée par intérêt.
**FLATTEUR, EUSE**, *adj.* Qui flatte; agréable, caressant; —, *s.* Celui ou Celle qui flatte.
**FLATTEUSEMENT**, *adv.* D'une manière flatteuse.
**FLATUOSITÉ**, *s. f.* Vent qui sort du corps.
**FLÉAU**, *s. m.* Instrument pour battre le blé; barre de fer pour fermer les portes cochères; verge de fer où sont suspendus les bassins d'une balance; *fig.* Grande calamité.
**FLÈCHE**, *s. f.* Trait qui se décoche avec un arc ou une arbalète; aiguille de clocher; pièce de bois qui joint le train de derrière d'un carrosse à celui de devant.
**FLÈCHE (LA)**, chef-lieu d'arr. du dép. de la Sarthe.
**FLÉCHIR** (*part.* i, ie), *v. a.* Ployer, courber (les genoux); *fig.* Attendrir, émouvoir; —, *v. n.* Se soumettre.
**FLÉCHISSEMENT**, *s. m.* Action de fléchir.
**FLEGMATIQUE**, *adj.* 2 *g.* Qui abonde en flegme; *fig.* Froid, insensible.
**FLEGME**, *s. m.* Partie aqueuse et froide du sang; *fig.* Sang-froid, patience.
**FLÉTRIR** (*part.* i, ie; se conj. sur *Finir*), *v. a.* Ternir, ôter la couleur, la fraîcheur; *fig.* Diffamer, déshonorer; *se —*, *v. pr.* Se faner.
**FLÉTRISSANT, E**, *adj.* Qui déshonore, qui flétrit.
**FLÉTRISSURE**, *s. f.* État d'une chose flétrie; condamnation qui déshonore.
**FLEUR**, *s. f.* Production des végétaux qui précède le fruit et contient la graine; espèce de velouté sur les fruits; *fig.* Élite, choix; ornement; *à fleur de*, *loc. prép.* Au niveau de.

**FLEURAISON**, *s. f.* Temps où les plantes fleurissent ; état des plantes en fleur.

**FLEURDELISÉ**, **ÉE**, *adj.* Orné de fleurs de lis.

**FLEURER**, *v. n.* Exhaler une odeur.

**FLEURET**, *s. m.* Espèce de tringle de fer, carrée et terminée par un bouton que l'on garnit de cuir pour se livrer à l'escrime.

**FLEURETTE**, *s. f.* Petite fleur; *fig.* Cajolerie.

**FLEURI**, **IE**, *adj.* Qui est en fleurs ; *style* —, orné.

**FLEURIR** (*part.* i, ie), *v. n.* Pousser des fleurs ; *fig.* Prospérer, croître ; —, *v. a.* Orner d'un bouquet.

**FLEURISSANT**, **E**, *adj.* Qui fleurit, qui donne, qui produit des fleurs.

**FLEURISTE**, *s. m.* Celui qui cultive les fleurs ; amateur de fleurs ; —, *s.* 2 *g.* Celui ou Celle qui fait et qui vend des fleurs artificielles.

**FLEURON**, *s. m.* Ornement qui imite les fleurs.

**FLEUVE**, *s. m.* Grande rivière qui se jette dans la mer.

**FLEXIBILITÉ**, *s. f.* Qualité de ce qui est flexible.

**FLEXIBLE**, *adj.* 2 *g.* Souple, qui se plie aisément.

**FLEXION**, *s. f.* État de ce qui est fléchi.

**FLIBUSTIER**, *s. m.* Pirate des mers d'Amérique.

**FLIC FLAC**, mot imitant le bruit des coups de fouet; *flicflac*, *s. m.* Pas de danse.

**FLOCON**, *s. m.* Petite touffe (de choses légères, telles que la laine, la soie, la neige).

**FLOCONNEUX**, **EUSE**, *adj.* Qui a rapport aux flocons.

**FLONFLON**, *s. m.* Refrain de chanson.

**FLORAC**, chef-lieu d'arr. du dép. de la Lozère.

**FLORAISON**, *s. f.* Fleuraison.

**FLORAL**, **E**, *adj.* Qui appartient à la fleur ; *jeux floraux*, jeux en l'honneur de Flore.

**FLORE**, *s. f.* Traité de botanique ; déesse des fleurs.

**FLORÉAL**, *s. m.* Huitième mois de l'ancienne année républicaine en France, du 21 avril au 21 mai.

**FLORENCE**, *s. f.* Ville d'Italie ; —, *s. m.* Sorte de taffetas que l'on tirait de Florence.

**FLORENTIN**, **E**, *adj.* et *s.* Qui est de Florence.

**FLORÈS** (*mot latin*). *Faire* —, faire grands frais pour briller ; réussir.

**FLORISSANT**, **E**, *adj.* Qui est dans un état brillant.

**FLOT**, *s. m.* Lame d'eau agitée; flux et reflux de la mer ; *au pl.* Foule ; abondance.

**FLOTTABLE**, *adj.* 2 *g.* *Eau* —, sur laquelle le bois peut flotter.

**FLOTTAGE**, *s. m.* Transport du bois flotté.

**FLOTTAISON**, *s. f.* Partie d'un bâtiment qui est à fleur d'eau.

**FLOTTANT**, **E**, *adj.* Qui flotte; *fig.* Irrésolu, indécis.

**FLOTTE**, *s. f.* Grand nombre de vaisseaux de guerre ou de commerce réunis.

**FLOTTÉ**, **ÉE**, *adj.* *Bois* —, livré au cours de l'eau.

**FLOTTER**, *v. n.* Être porté sur l'eau ; *fig.* Être agité ; balancer.

**FLOTTEUR**, *s. m.* Celui qui fait des trains de bois.

**FLOTTILLE** (ll m.), *s. f.* Petite flotte.

**FLOUR** (**SAINT-**), chef-lieu d'arr. du dép. du Cantal.

**FLUCTUATION**, *s. f.* Mouvement, variation, changement.

**FLUCTUEUX**, **EUSE**, *adj.* Agité de mouvements opposés.

**FLUER**, *v. n.* Couler, s'épancher.

**FLUET**, **ETTE**, *adj.* Mince et délicat.

**FLUIDE**, *adj.* 2 *g.* Qui coule ; —, *s. m.* Corps dont les parties n'étant pas adhérentes ont une grande facilité à se mouvoir entre elles.

**FLUIDITÉ**, *s. f.* Qualité de ce qui est fluide.

**FLUTE**, *s. f.* Instrument de musique à vent ; sorte de navire.

**FLÛTÉ**, **ÉE**, *adj.* *Son flûté*, *voix flûtée*, d'une grande douceur.

**FLÛTEAU**, *s. m.* Espèce de flûte pour amuser les enfants.

**FLÛTER**, *v. n.* Jouer de la flûte; *pop.* Boire.

**FLÛTEUR, EUSE**, *s.* Celui ou Celle qui joue de la flûte.

**FLUVIAL, E**, *adj.* Qui concerne les fleuves.

**FLUVIATILE**, *adj.* 2 *g.* Qui vient dans l'eau douce.

**FLUX**, *s. m.* Mouvement réglé d'élévation de la mer qui flue sur ses rivages; écoulement; diarrhée.

**FLUXION**, *s. f.* Écoulement d'humeurs sur une partie du corps; enflure qui en résulte.

**FLUXIONNAIRE**, *adj.* 2 *g.* Sujet aux fluxions.

**FOI**, *s. f.* Vertu théologale qui consiste à croire les vérités révélées; *article de* —, probité, fidélité; dogme de la religion.

**FOIE**, *s. m.* Viscère voisin de l'estomac.

**FOIN**, *s. m.* Herbe destinée à la nourriture des bestiaux, soit verte, soit fauchée et séchée.

**FOIN**, *interj.* qui marque le mépris ou la colère.

**FOIRE**, *s. f.* Grand marché public à époque fixe; cours de ventre (*t. bas*).

**FOIRER**, *v. n.* Avoir la diarrhée (*t. bas*).

**FOIREUX, EUSE**, *adj.* Qui a la diarrhée (*t. bas*).

**FOIS**, *s. f.* qui désigne le nombre, la quantité, le temps; *de fois à autre*, *loc. adv.* De temps en temps; *à la fois*, *loc. adv.* En même temps; *une — que*, lorsque, dès que.

**FOISON** (*s'emploie sans art. et au sing.*), *s. f.* Abondance, grande quantité; *à foison*, *loc. adv.* Abondamment.

**FOISONNER**, *v. n.* Abonder, multiplier.

**FOIX**, chef-lieu du dép. de l'Ariége.

**FOL.** Voy. *Fou.*

**FOLÂTRE**, *adj.* 2 *g.* Qui aime à folâtrer; enjoué.

**FOLÂTRER**, *v. n.* Badiner, dire et faire des choses plaisantes.

**FOLIACÉ, ÉE**, *adj.* Qui est de la nature des feuilles.

**FOLIAIRE**, *adj.* 2 *g.* Appartenant à la feuille.

**FOLICHON, ONNE**, *adj.* Un peu folâtre.

**FOLIE**, *s. f.* Aliénation d'esprit; défaut de jugement; passion excessive; écart de conduite.

**FOLIO**, *s. m.* Feuillet; numéro d'une page. Voy. *In-folio.*

**FOLLEMENT**, *adv.* D'une manière folle.

**FOLLET, ETTE**, *adj.* Un peu fou; *feu follet*, lueur fugitive.

**FOLLICULAIRE**, *s. m.* et *adj.* 2 *g.* Auteur de feuilles périodiques (*t. de mép.*).

**FOLLICULE**, *s. m.* Enveloppe des graines des plantes.

**FOMENTATION**, *s. f.* Remède extérieur pour adoucir, fortifier.

**FOMENTER** (*part.* é, ée), *v. a.* Appliquer une fomentation; *fig.* Entretenir, faire durer.

**FONCÉ, ÉE**, *adj.* Chargé (en parlant d'une couleur); riche; habile dans une science.

**FONCER** (*part.* é, ée), *v. a.* Mettre un fond (à un tonneau, etc.); —, *v. n.* Attaquer impétueusement.

**FONCIER, IÈRE**, *adj.* Qui concerne le fonds d'une terre.

**FONCIÈREMENT**, *adv.* Au fond; dans le fond.

**FONCTION**, *s. f.* Action des viscères; acte, devoir, obligation, charge.

**FONCTIONNAIRE**, *s. m.* Celui qui remplit une fonction publique.

**FONCTIONNER**, *v. n.* Faire sa fonction (*t. de médecine et d'arts mécaniques*).

**FOND**, *s. m.* L'endroit le plus bas d'une chose creuse; l'endroit le plus éloigné; *fig.* L'objet principal; la base; moyens, instruction; *faire fond*, compter sur; *à fond*, *loc. adv.* Tout à fait; *au* —, *dans le* —, à juger selon la réalité.

**FONDAMENTAL, E**, *adj.* Qui sert de fondement.

**FONDAMENTALEMENT**, *adv.* D'une manière fondamentale.

**FONDANT, E**, *adj.* Qui fond; qui a beaucoup de jus; qui sert à fondre.

**FONDATEUR, TRICE**, *s.* Celui ou Celle qui a fondé (un grand établissement).

**FONDATION**, *s. f.* Action de fonder; fondement d'un édifice; fonds légués pour un usage déterminé; commencement.

**FONDÉ, ÉE**, *adj.* Autorisé à; juste, raisonnable; —, *s. m.* Celui qui est muni d'une autorisation, d'un pouvoir.

**FONDEMENT**, *s. m.* Fossé fait pour commencer à bâtir; *fig.* Base, principal appui; motif; anus.

**FONDER** (*part.* é, ée), *v. a.* Faire une fondation; établir, appuyer; autoriser.

**FONDERIE**, *s. f.* Lieu où l'on fond les métaux.

**FONDEUR**, *s. m.* Celui qui fond les métaux.

**FONDOIR**, *s. m.* Lieu où l'on fond les graisses sortant des abattoirs.

**FONDRE** (*Ind. pr.* je fonds, tu fonds, il fond, nous fondons, etc.; *imp.* je fondais, etc.; *parf.* je fondis, etc.; *fut.* je fondrai, etc.; *cond.* je fondrais, etc.; *impér.* fonds, fondez, *subj. pr.* que je fonde, etc.; *imp. subj.* que je fondisse, etc.; *part. pr.* fondant; *part. p.* fondu, ue), *v. a.* Mettre en fusion; mêler; —, *v. n.* Devenir liquide; diminuer; maigrir; attaquer avec violence; s'écrouler; disparaître, se dissiper; se —, *v. pr.* Entrer en fusion.

**FONDRIÈRE**, *s. f.* Ouverture accidentelle sur la superficie de la terre; terrain marécageux.

**FONDS**, *s. m.* Sol d'une terre; capital d'un bien; marchandises et achalandage d'une boutique; *fig.* Abondance; source; savoir, capacité.

**FONTAINE**, *s. f.* Eau vive qui sort de terre; édifice pour distribuer les eaux; vase pour conserver l'eau.

**FONTAINEBLEAU**, chef-lieu d'arr. du dép. de Seine-et-Marne.

**FONTANGE**, *s. f.* Nœud de ruban qui se place sur la tête.

**FONTE**, *s. f.* Action de fondre, de résoudre en liqueur; métal fondu; *fontes*, *s. f. pl.* Fourreau de cuir adapté à une selle pour mettre des pistolets.

**FONTENAY**, chef-lieu d'arr. du dép. de la Vendée.

**FONTENIER**, *s. m.* Celui qui fait ou vend des fontaines.

**FONTS**, *s. m. pl.* — de *baptême*, grand vase sur lequel on baptise.

**FOR**, *s. m.* Tribunal; — *extérieur*, autorité de la justice; — *intérieur*, la conscience.

**FORAGE**, *s. m.* Action de forer; résultat de cette opération.

**FORAIN, E**, *adj.* Étranger, qui est du dehors.

**FORBAN**, *s. m.* Pirate.

**FORCALQUIER**, chef-lieu d'arr. du dép. des Basses-Alpes.

**FORÇAT**, *s. m.* Galérien.

**FORCE**, *s. f.* Vigueur, faculté naturelle d'agir vigoureusement; impétuosité; violence; énergie, courage; puissance; solidité; *au pl.* Troupes; —, *adv.* Beaucoup, en quantité; à — de, *loc. adv.* En employant beaucoup de, en faisant souvent; à *toute* —, par toute espèce de moyens; absolument parlant; à —, beaucoup; *de* — ou *par* —, en usant de violence, en forçant.

**FORCÉ, ÉE**, *adj.* Qui n'est pas naturel; contraint.

**FORCÉMENT**, *adv.* Par force.

**FORCENÉ, ÉE**, *adj.* et *s.* Furieux, qui est hors de sens.

**FORCER** (*part.* é, ée), *v. a.* Contraindre, violenter; prendre par force; vaincre; rompre avec violence.

**FORER** (*part.* é, ée), *v. a.* Percer.

**FORESTIER, IÈRE**, *adj.* Qui a rapport aux forêts; —, *adj.* et *s. m.* Celui qui est employé dans les forêts.

**FORET**, *s. m.* Instrument pour percer un tonneau; cheville pour boucher le trou fait avec le foret.

**FORÊT**, *s. f.* Bois d'une grande étendue.

**FORFAIRE** (se conj. sur *Faire*), *v. n.* Prévariquer.

**FORFAIT**, *s. m.* Crime atroce; marché à prix fixe.

**FORFAITURE**, *s. f.* Prévarication.

**FORFANTERIE**, *s. f.* Charlatanisme, fanfaronnade.

**FORGE**, *s. f.* Lieu où l'on forge le fer.

**FORGEABLE**, *adj.* 2 g. Qui peut être forgé.

**FORGER** (*part.* é, ée), *v. a.* Travailler le fer, lui donner la forme; *fig.* Inventer, supposer; *se* —, s'imaginer.

**FORGERON**, *s. m.* Ouvrier qui travaille aux forges.

**FORGEUR**, *s. m.* Celui qui forge.

se **FORMALISER** (*part.* é, ée), *v. pr.* S'offenser de, trouver mauvais.

**FORMALISTE**, *adj.* et *s.* 2 *g.* Attaché aux formalités, vétilleux.

**FORMALITÉ**, *s. f.* Formule de droit; manière de procéder en justice.

**FORMAT**, *s. m.* Dimension d'un livre.

**FORMATION**, *s. f.* Action ou manière de former, de se former.

**FORME**, *s. f.* Figure extérieure d'un corps; surface et contour des objets; manière d'agir, de parler, etc.; formalité; modèle en bois pour les chapeaux et les souliers; châssis d'imprimerie.

**FORMEL**, **ELLE**, *adj.* Exprès, précis.

**FORMELLEMENT**, *adv.* D'une manière précise.

**FORMER** (*part.* é, ée), *v. a.* Donner l'être et la forme; produire; contracter; concevoir dans l'esprit; instruire; façonner; *se* —, *v. pr.* Se façonner.

**FORMIDABLE**, *adj.* 2 *g.* Redoutable.

**FORMIER**, *s. m.* Celui qui fait et vend des formes de souliers.

**FORMULAIRE**, *s. m.* Recueil de formules.

**FORMULE**, *s. f.* Forme prescrite; modèle des actes.

**FORMULER** (*part.* é, ée), *v. a.* Rédiger dans les termes prescrits.

**FORS**, *prép.* Excepté, hormis, à la reserve de.

**FORT**, *s. m.* Forteresse; endroit le plus fort d'une chose.

**FORT**, *adv.* Avec force; vigoureusement.

**FORT**, **E**, *adj.* Robuste, vigoureux; plein d'énergie; gros, épais; touffu; rude, pénible; impétueux, violent; habile, expérimenté, courageux; *ville forte*, fortifiée; *terre* —, grasse, difficile à labourer; *odeur* —, désagréable; *fig. s. m.* Le plus haut degré, ce en quoi on excelle.

**FORTEMENT**, *adv.* Avec force, avec vigueur.

**FORTE-PIANO**, *s. m.* Piano.

**FORTERESSE**, *s. f.* Lieu fortifié.

**FORTIFIANT**, **E**, *adj.* Qui augmente les forces.

**FORTIFICATION**, *s. f.* Art de fortifier; ouvrages pour fortifier les villes de guerre.

**FORTIFIER** (*part.* é, ée; se conj. sur *Prier*), *v. a.* Rendre plus fort; entourer de fortifications; *se* —, *v. pr.* Devenir plus fort.

**FORTIN**, *s. m.* Petit fort.

**FORTRAITURE**, *s. f.* Fatigue outrée d'un cheval.

**FORTUIT**, **E**, *adj.* Qui arrive par hasard.

**FORTUITEMENT**, *adv.* Par cas fortuit.

**FORTUNE**, *s. f.* Cas fortuit, hasard; bonheur; richesse; état, condition.

**FORTUNÉ**, **ÉE**, *adj.* Heureux; riche.

**FORUM**, *s. m.* Place publique à Rome.

**FORURE**, *s. f.* Trou de la clef.

**FOSSE**, *s. f.* Grand creux dans la terre; trou fait pour enterrer les morts.

**FOSSÉ**, *s. m.* Fosse en long.

**FOSSET**, *s. m.* Cheville pour les tonneaux.

**FOSSETTE**, *s. f.* Petite fosse; petit creux au menton ou à la joue.

**FOSSILE**, *adj.* 2 *g.* et *s. m.* (Substance) tirée de la terre.

**FOSSOYAGE**, *s. m.* Travail du fossoyeur.

**FOSSOYER** (*part.* é, ée; se conj. sur *Ployer*), *v. a.* Faire des fossés; creuser la terre.

**FOSSOYEUR**, *s. m.* Celui qui creuse les fosses pour les morts.

**FOU**, **FOLLE** (*au pl. m. fous*), *adj.* et *s.* Qui a perdu le sens, l'esprit; qui agit sans raisonnement; gai, enjoué; *fou*, *s. m.* Pièce du jeu des échecs.

**FOUACE**, *s. f.* Sorte de gâteau.

**FOUAILLER** (ll m.; *part.* é, ée),

*v. a.* Donner souvent des coups de fouet.

**FOUDRE**, *s. f.* (quelquefois *masc.*). Fluide électrique enflammé qui sort de la nue avec détonation; *fig.* Colère divine; excommunication; —, *s. m. Foudre de guerre*, *d'éloquence*, grand général, orateur véhément.

**FOUDRE**, *s. m.* Grand tonneau.

**FOUDROIEMENT**, *s. m.* État d'une personne ou d'une chose foudroyée.

**FOUDROYANT, E**, *adj.* Qui foudroie.

**FOUDROYER** (*part.* é, ée; se conj. sur *Ployer*), *v. a.* Frapper de la foudre; battre à coups de canon.

**FOUET**, *s. m.* Corde ou Lanière de cuir attachée à un bâton pour fouetter.

**FOUETTER** (*part.* é, ée), *v. a.* Donner des coups de fouet; battre la crème pour la faire mousser; —, *v. n.* Souffler ou Frapper avec violence (en parlant du vent, de la pluie, de la grêle).

**FOUETTEUR**, *s. m.* Celui qui fouette, qui aime à fouetter.

**FOUGÈRE**, *s. f.* Plante des bois dont la cendre sert à la fabrication du verre.

**FOUGÈRES**, chef-lieu d'arr. du dép. d'Ille-et-Vilaine.

**FOUGON**, *s. m.* Cuisine de navire.

**FOUGUE**, *s. f.* Mouvement violent de colère; ardeur, emportement, enthousiasme.

**FOUGUEUX, EUSE**, *adj.* Sujet à entrer en fougue.

**FOUILLE** (ll m.), *s. f.* Le travail qu'on fait en fouillant la terre.

**FOUILLER** (ll m.; *part.* é, ée), *v. a.* et *v. n.* Creuser pour chercher soigneusement.

**FOUINE**, *s. f.* Petit quadrupède carnassier; espèce de grosse belette.

**FOUIR** (*part.* i, ie), *v. a.* Creuser.

**FOULAGE**, *s. m.* Action de fouler, de presser.

**FOULANT, E**, *adj.* Qui foule.

**FOULARD**, *s. m.* Étoffe de soie fabriquée aux Indes.

**FOULE**, *s. f.* Multitude de personnes qui s'entre-poussent; nombre considérable; *en* —, *loc. adv.* En grand nombre.

**FOULER** (*part.* é, ée), *v. a.* Presser, serrer; donner un apprêt aux étoffes; *fig.* Traiter avec mépris; surcharger; opprimer.

**FOULERIE**, *s. f.* Atelier où l'on foule les draps.

**FOULOIR**, *s. m.* Instrument pour fouler.

**FOULON**, *s. m.* Ouvrier qui foule les draps.

**FOULQUE**, *s. f.* Espèce de poule d'eau.

**FOULURE**, *s. f.* Contusion d'un membre; action de fouler; *au pl.* Marques du pied d'un cerf.

**FOUR**, *s. m.* Ouvrage de maçonnerie où l'on fait cuire le pain, le plâtre, la brique, etc.; l'endroit où il est situé; — *de campagne*, four portatif.

**FOURBE**, *adj.* 2 *g.* et *s. m.* Trompeur adroit; —, *s. f.* Tromperie.

**FOURBER** (*part.* é, ée), *v. a.* Tromper par fourberie.

**FOURBERIE**, *s. f.* Tromperie adroite.

**FOURBIR** (*part.* i, ie), *v. a.* Polir (des armes), rendre clair.

**FOURBISSEUR**, *s. m.* Celui qui fourbit les armes.

**FOURBISSURE**, *s. f.* Action de fourbir.

**FOURBU, UE**, *adj. Cheval* —, attaqué d'une fourbure.

**FOURBURE**, *s. f.* Maladie qui vient aux jambes du cheval.

**FOURCHE**, *s. f.* Instrument de bois ou de fer à deux ou trois branches pointues; *fig.* Endroit où un chemin se divise en deux ou trois branches.

**FOURCHER**, *v. n.*, et se **FOURCHER** (*part.* é, ée), *v. pr.* Se séparer en fourche.

**FOURCHETTE**, *s. f.* Espèce de petite fourche pour prendre les aliments; partie sous le pied du cheval.

**FOURCHON**, *s. m.* Branche d'une fourche, d'une fourchette.

**FOURCHU, UE**, *adj.* Qui a la forme d'une fourche.

**FOURCHURE**, *s. f.* Endroit où une chose fourche.

**FOURGON**, *s. m.* Chariot pour transporter les bagages; instrument pour remuer le feu dans le four.

**FOURGONNER**, *v. n.* Remuer le feu avec le fourgon; déranger le feu sans nécessité.

**FOURMI**, *s. f.* Petit insecte industrieux qui vit en société.

**FOURMILIER**, *s. m.* Petit quadrupède de l'Amérique qui vit de fourmis; genre d'oiseaux de la Guyane vivant de fourmis.

**FOURMILIÈRE**, *s. f.* Retraite des fourmis.

**FOURMI-LION**, *s. m.* Insecte qui, à l'état de larve, vit de fourmis.

**FOURMILLEMENT** (ll m.), *s. m.* Picotement sur la peau.

**FOURMILLER** (ll m.), *v. n.* Abonder; être couvert de; faire sentir un picotement entre cuir et chair.

**FOURNAGE**, *s. m.* Ce que l'on paye pour se servir d'un four.

**FOURNAISE**, *s. f.* Grand four; feu ardent.

**FOURNEAU**, *s. m.* Vaisseau pour contenir du feu; meuble de cuisine pour faire cuire les viandes, etc.

**FOURNÉE**, *s. f.* Le contenu d'un four.

**FOURNIER, IÈRE**, *s.* Celui ou Celle qui tient un four public.

**FOURNIL** (le *l* ne se pron. pas), *s. m.* Lieu où est le four, où l'on pétrit la pâte.

**FOURNIMENT**, *s. m.* Étui pour la poudre à tirer; armes d'un soldat.

**FOURNIR** (*part.* i, ie), *v. a.* Pourvoir; garnir; procurer, faire avoir, donner; produire; compléter, achever; —, *v. n.* Subvenir; contribuer; suffire.

**FOURNISSEMENT**, *s. m.* (*t. de commerce*). Apport de chaque associé.

**FOURNISSEUR**, *s. m.* Celui qui entreprend la fourniture de quelque marchandise.

**FOURNITURE**, *s. f.* Provision, ce qui est fourni; petites herbes qu'on met dans la salade.

**FOURRAGE**, *s. m.* Grain, paille, herbes, etc., pour la nourriture des bestiaux; action de couper les foins, les pailles.

**FOURRAGER**, *v. n.* Aller au fourrage; — (*part.* é, ée), *v. a.* Ravager.

**FOURRAGÈRE**, *adj. f.* (Plante) employée comme fourrage.

**FOURRAGEUR**, *s. m.* Celui qui va au fourrage; celui qui ravage.

**FOURRÉ**, *s. m.* L'endroit le plus épais d'un bois.

**FOURREAU**, *s. m.* Gaine; robe d'enfant; enveloppe.

**FOURRÉ, ÉE**, *adj.* *Pays fourré*, rempli de bois; *langue fourrée*, langue d'animal apprêtée; *coup fourré*, coup que l'on reçoit en même temps que l'on en donne un à son adversaire.

**FOURRER** (*part.* é, ée), *v. a.* Introduire, faire entrer; donner en cachette, mal à propos; garnir de fourrure; *se* —, *v. pr.* Se vêtir très-chaudement; s'introduire.

**FOURREUR**, *s. m.* Celui qui apprête et qui vend des fourrures.

**FOURRIER**, *s. m.* Sous-officier chargé de fonctions administratives.

**FOURRIÈRE**, *s. f.* Lieu où l'on retient les chevaux, le bétail en état de saisie.

**FOURRURE**, *s. f.* Peau de bête préparée et garnie de son poil pour fourrer; vêtement fourré.

**FOURVOIEMENT**, *s. m.* Erreur, égarement.

**FOURVOYER** (*part.* é, ée; se conj. sur *Ployer*), *v. a.* Égarer, tromper, détourner du chemin; *se* —, *v. pr.* S'égarer.

**FOYER**, *s. m.* Lieu où l'on fait le feu; dalle de pierre ou de marbre devant la cheminée; *au pl.* Domicile; patrie.

**FRAC**, *s. m.* Habit sans revers.

**FRACAS**, *s. m.* Bruit violent d'une chose qui se rompt; *fig.* Tumulte; désordre.

**FRACASSER** (*part.* é, ée), *v. a.* Briser, rompre; mettre en désordre; *se* —, *v. pr.* Se briser.

**FRACTION**, *s. f.* Action de rompre; partie de l'unité.

**FRACTIONNAIRE**, *adj.* 2 *g.* *Nombre* —, qui contient des fractions.

**FRACTURE**, *s. f.* Rupture; solution de continuité.

**FRACTURER** (*part.* é, ée), *v. a.* Faire une fracture; *se* —, *v. pr.* Se casser.

**FRAGILE**, *adj.* 2 *g.* Facile à briser; *fig.* Sujet à tomber en faute; peu stable.

**FRAGILITÉ**, *s. f.* Disposition à être facilement brisé; *fig.* Facilité à tomber en faute; instabilité.

**FRAGMENT**, *s. m.* Morceau d'une chose brisée; *fig.* Partie conservée d'un livre, etc.

**FRAI**, *s. m.* Multiplication des poissons, action de frayer; altération des monnaies par l'usage.

**FRAÎCHEMENT**, *adv.* Avec fraîcheur, au frais; récemment.

**FRAÎCHEUR**, *s. f.* Frais agréable; éclat (du teint, des fleurs); froid.

**FRAÎCHIR**, *v. n.* Devenir plus fort (en parlant du vent).

**FRAIRIE**, *s. f.* Divertissement, bonne chère.

**FRAIS, FRAÎCHE**, *adj.* Un peu froid; qui tempère la chaleur; récent; qui n'est pas fatigué; *beurre, poisson* —, qui n'a pas été salé; *tout frais*, tout récent; —, *s. m.* Air frais; *frais, fraîche*, *adverbialement*. Récemment.

**FRAIS**, *s. m. pl.* Dépenses, dépens.

**FRAISE**, *s. f.* Fruit du fraisier; espèce de collet plissé; certains boyaux de veau et d'agneau.

**FRAISER** (*part.* é, ée), *v. a.* Plisser comme une fraise; pétrir la pâte avec soin; garnir de pieux.

**FRAISIER**, *s. m.* Plante rampante à fruits rouges.

**FRAISIL** (le *l* ne se pron. pas), *s. m.* Cendres du charbon de terre.

**FRAMBOISE**, *s. f.* Fruit du framboisier.

**FRAMBOISER** (*part.* é, ée), *v. a.* Apprêter avec du jus ou du sirop de framboises.

**FRAMBOISIER**, *s. m.* Arbrisseau ronceux qui produit les framboises.

**FRANC**, *s. m.* Pièce de monnaie d'argent valant dix décimes.

**FRANC, FRANCHE**, *adj.* Libre, exempt de charges; loyal, sincère; vrai; entier, complet; *franc*, *adv.* Franchement.

**FRANÇAIS, E**, *adj.* et *s.* Qui est de France; *le français*, *s. m.* La langue française.

**FRANCATU**, *s. m.* Sorte de pomme qui se conserve longtemps.

**FRANC-COMTOIS, E**, *adj.* et *s.* Qui est de la Franche-Comté.

**FRANCE**, *s. f.* Grand royaume d'Europe.

**FRANCHE-COMTÉ**, *s. f.* Ancienne province de France formant aujourd'hui les départements du Doubs, de la Haute-Saône et du Jura.

**FRANCHEMENT**, *adv.* Avec franchise.

**FRANCHIR** (*part.* i, ie), *v. a.* Passer par dessus, par delà, à travers; *fig.* Surmonter (les obstacles).

**FRANCHISE**, *s. f.* Liberté, immunité; sincérité; candeur; véracité.

**FRANCISER** (*part.* é, ée), *v. a.* Donner une terminaison française à un mot étranger; *se* —, *v. pr.* Prendre les manières françaises.

**FRANC-MAÇON** (au *pl.* *francs-maçons*), *s. m.* Membre de la franc-maçonnerie.

**FRANC-MAÇONNERIE**, *s. f.* Société secrète dont les membres se reconnaissent à certains signes.

**FRANCO**, *adv.* Sans frais.

**FRANC-PARLER**, *s. m.* (*sans pl.*) Liberté de dire tout ce qu'on pense.

**FRANC-RÉAL**, *s. m.* Espèce de poire.

**FRANGE**, *s. f.* Tissu étroit à filets pendants pour orner les rideaux, les meubles, etc.

**FRANGER** (*part.* é, ée), *v. a.* Garnir de frange.

**FRANGIER**, *s. m.* Celui qui fait et vend de la frange.

**FRANGIPANE**, *s. f.* Pâtisserie de crème, d'amandes, etc.

**FRANQUE**, *adj. f.* *Langue* —, jargon mêlé de français, d'italien, d'espagnol, de provençal, etc., en usage dans le Levant.

**FRANQUETTE**, *s. f.* *A la bonne* —, *loc. adv.* Franchement, sans façons.

**FRAPPANT, E**, *adj.* Qui frappe, qui surprend.

**FRAPPE**, *s. f.* Empreinte du balancier sur la monnaie.

**FRAPPEMENT**, *s. m.*, se dit de l'action de Moïse frappant le rocher.

**FRAPPER** (*part.* é, ée), *v. a.* Donner un ou plusieurs coups; *fig.* Faire impression sur l'esprit, sur les sens, etc.; *se* —, *v. pr.* S'affecter.

**FRAPPEUR, EUSE**, *s.* Celui ou Celle qui frappe.

**FRASQUE**, *s. f.* Tour malin ; extravagance.

**FRATER**, *s. m.* Mauvais chirurgien ; barbier (militaire).

**FRATERNEL, ELLE**, *adj.* Qui est propre à des frères.

**FRATERNELLEMENT**, *adv.* En frère.

**FRATERNISER**, *v. n.* Vivre en frères, en bonne intelligence.

**FRATERNITÉ**, *s. f.* Relation de frère à frère ; amitié fraternelle.

**FRATRICIDE**, *s. m.* Meurtrier de son frère ; meurtre d'un frère.

**FRAUDE**, *s. f.* Tromperie ; mauvaise foi ; contrebande.

**FRAUDER** (*part.* é, ée), *v. a.* Tromper, frustrer par fraude.

**FRAUDEUR, EUSE**, *s.* Celui ou Celle qui fraude.

**FRAUDULEUSEMENT**, *adv.* Avec fraude.

**FRAUDULEUX, EUSE**, *adj.* Fait avec fraude ; enclin à la fraude.

**FRAYER** (*part.* é, ée ; se conj. sur *Payer*), *v. a.* Marquer un chemin, le tracer ; *fig.* Donner l'exemple ; —, *v. n.* Être en relations suivies avec quelqu'un ; s'accorder avec.

**FRAYEUR**, *s. f.* Épouvante, crainte, terreur subite.

**FREDAINE**, *s. f.* Folie de jeunesse.

**FREDON**, *s. m.* Tremblement cadencé dans la voix.

**FREDONNEMENT**, *s. m.* Action de fredonner.

**FREDONNER** (*part.* é, ée), *v. a.* et *v. n.* Chanter à demi-voix.

**FRÉGATE**, *s. f.* Vaisseau de guerre léger, au-dessous de 60 canons ; sorte d'oiseau de mer.

**FREIN**, *s. m.* Mors ; *fig.* Ce qui retient dans le devoir ; empêchement ; obstacle.

**FRELATAGE**, *s. m.* Altération des liquides.

**FRELATER** (*part.* é, ée), *v. a.* Falsifier ; altérer, déguiser.

**FRELATERIE**, *s. f.* Frelatage.

**FRELATEUR**, *s. m.* Celui qui frelate.

**FRÊLE**, *adj.* 2 *g.* Faible, fragile.

**FRELON**, *s. m.* Grosse mouche ; guêpe.

**FRELUQUET**, *s. m.* Homme léger, frivole.

**FRÉMIR**, *v. n.* Être ému et trembler d'agitation ; vibrer.

**FRÉMISSANT, E**, *adj.* Qui frémit.

**FRÉMISSEMENT**, *s. m.* Agitation de l'air ; émotion ; tremblement ; vibrations.

**FRÊNE**, *s. m.* Grand arbre à bois blanc et sans nœuds.

**FRÉNÉSIE**, *s. f.* Aliénation d'esprit accompagnée de fureur ; délire, excès de passion.

**FRÉNÉTIQUE**, *adj.* 2 *g.* et *s. m.* Atteint de frénésie.

**FRÉQUEMMENT**, *adv.* Souvent.

**FRÉQUENCE**, *s. f.* Réitération fréquente.

**FRÉQUENT, E**, *adj.* Qui arrive souvent.

**FRÉQUENTATIF, IVE**, *adj.* Qui exprime la répétition ; —, *s. m.* Verbe qui marque l'action répétée.

**FRÉQUENTATION**, *s. f.* Communication fréquente avec quelqu'un.

**FRÉQUENTER** (*part.* é, ée), *v. a.* Visiter souvent.

**FRERE**, *s. m.* Celui qui est né d'un même père, d'une même mère ; celui qui est de même origine ; membre d'une association ; — *de lait*, qui a eu la même nourrice.

**FRESQUE**, *s. f.* Sorte de peinture appliquée sur une muraille.

**FRESSURE**, *s. f.*, se dit de la réunion du cœur, de la rate, du foie et des poumons de quelques animaux.

**FRET**, *s. m.* Louage d'un vaisseau ; prix de ce louage ; cargaison.

**FRÉTER** (*part.* é, ée), *v. a.* Donner ou Prendre un vaisseau à louage.

**FRÉTEUR**, *s. m.* Celui qui donne ou qui prend un vaisseau à louage.

**FRÉTILLANT, E** (ll m.), *adj.* Qui frétille ; remuant ; vif.

**FRÉTILLEMENT** (ll m.), *s. m.* Mouvement de ce qui frétille.

**FRÉTILLER** (ll m.), *v. n.* S'agiter par des mouvements vifs et courts.

**FRETIN**, *s. m.* Menu poisson ; *fig.* Chose de peu de valeur.

**FRETTE**, *s. f.* Lien de fer autour du moyeu d'une roue.

**FREUX**, *s. m.* Oiseau de l'espèce du corbeau.

**FRIABILITÉ**, *s. f.* Qualité de ce qui est friable.

**FRIABLE**, *adj.* 2 *g.* Qui peut être aisément réduit en poudre.

**FRIAND**, **E**, *adj.* et *s.* Qui aime et connaît les mets délicats ; capable de tenter.

**FRIANDISE**, *s. f.* Goût pour la chère délicate ; sucreries, etc.

**FRICANDEAU**, *s. m.* Morceau de veau lardé.

**FRICASSÉE**, *s. f.* Viande fricassée ; sorte de danse.

**FRICASSER** (*part.* é, ée), *v. a.* Faire cuire de la viande par morceaux avec de l'assaisonnement ; *fig.* et *fam.* Dépenser follement.

**FRICASSEUR**, *s. m.* Mauvais cuisinier.

**FRICHE**, *s. f.* Terre inculte ; *en* —, *loc. adv.* Sans culture.

**FRICTION**, *s. f.* Frottement sur une partie du corps.

**FRICTIONNER** (*part.* é, ée), *v. a.* Faire des frictions.

**FRILEUX**, **EUSE**, *adj.* Très-sensible au froid.

**FRIMAIRE**, *s. m.* Troisième mois du calendrier républicain, du 21 novembre au 21 décembre.

**FRIMAS**, *s. m.* Grésil ; brouillard épais qui se glace.

**FRIME**, *s. f.* Semblant, mine, feinte.

**FRINGALE**, *s. f.* Faim subite et inattendue.

**FRINGANT**, **E**, *adj.* Alerte, éveillé.

**FRIPER** (*part.* é, ée), *v. a.* Chiffonner, user, gâter.

**FRIPERIE**, *s. f.* Négoce de vieux habits, de vieux meubles ; lieu où se fait ce négoce.

**FRIPIER**, **IÈRE**, *s.* Celui ou Celle qui vend et achète de vieux habits.

**FRIPON**, **ONNE**, *s.* Voleur adroit ; homme sans foi, qui trompe avec adresse ; —, *adj.* Qui a l'air éveillé, vif.

**FRIPONNEAU**, *s. m.* Petit fripon.

**FRIPONNER** (*part.* é, ée), *v. a.* Dérober, escroquer ; —, *v. n.* Faire des friponneries.

**FRIPONNERIE**, *s. f.* Escroquerie.

**FRIQUET**, *s. m.* Moineau de la plus petite espèce.

**FRIRE**, *v. a.* Faire cuire dans la friture ; —, *v. n.* Cuire dans la friture. ( Ce verbe n'est usité qu'aux temps et aux modes suivants et aux temps formés du *p. p.* frit, ite : *Ind. pr.* je fris, tu fris, il frit ; *fut.* je frirai, tu friras, il frira, nous frirons, vous frirez, ils friront ; *cond.* je frirais, tu frirais, il frirait, nous fririons, vous fririez, ils friraient ; *impér.* fris.)

**FRISE**, *s. f.* Toile fine de Frise ; étoffe de laine ; pièce d'architecture ; *cheval de* —, pièce de bois garnie de pieux ferrés.

**FRISER** (*part.* é, ée), *v. a.* Crêper, boucler les cheveux ; *fig.* Effleurer ; —, *v. n.* Être frisé.

**FRISOTTER** (*part.* é, ée), *v. a.* Friser souvent ; friser par petites boucles.

**FRISSON**, *s. m.* Tremblement ; frémissement ; émotion.

**FRISSONNEMENT**, *s. m.* Léger frisson.

**FRISSONNER**, *v. n.* Avoir le frisson ; éprouver une émotion forte.

**FRISURE**, *s. f.* Façon de friser ; état de ce qui est frisé.

**FRITURE**, *s. f.* Action ou Manière de frire ; chose frite ; ce qui sert à frire.

**FRIVOLE**, *adj.* 2 *g.* Vain, léger, qui n'a pas de solidité.

**FRIVOLITÉ**, *s. f.* Caractère de ce qui est frivole ; *au pl.* Choses frivoles.

**FROC** (pron. le c), *s. m.* Habit de moine.

**FROID**, *s. m.* Qualité opposée au chaud ; privation de chaleur ; froidure ; gelée ; *fig.* Sérieux, réserve ; indifférence ; refroidissement ; *à* —, *loc. adv.* Sans mettre au feu.

**FROID**, **E**, *adj.* Privé de chaleur ; qui ne préserve pas du froid ; *fig.* Flegmatique ; sérieux ; languissant.

**FROIDEMENT**, *adv.* De manière à ce qu'on sente le froid ; *fig.* Avec froideur.

**FROIDEUR**, *s. f.* État de ce qui est froid ; *fig.* Refroidissement d'affection.

**FROIDIR**, *v. n.*, et se **FROIDIR** (*part.* i, ie), *v. pr.* Devenir froid

**FROIDURE**, *s. f.* Froid de l'air; hiver.

**FROISSEMENT**, *s. m.* Action de froisser; effet de cette action.

**FROISSER** (*part.* é, ée), *v. a.* Meurtrir par une impression violente; frotter fortement; chiffonner; *fig.* Blesser, choquer.

**FROISSURE**, *s. f.* Impression produite par froissement.

**FRÔLEMENT**, *s. m.* Action de frôler; effet de cette action.

**FRÔLER** (*part.* é, ée), *v. a.* Toucher légèrement en passant.

**FROMAGE**, *s. m.* Lait caillé, égoutté et mis en moule.

**FROMAGER, ÈRE**, *s.* Celui ou Celle qui fait ou vend des fromages; *fromager*, *s. m.* Vase percé où s'égoutte le fromage.

**FROMAGERIE**, *s. f.* Lieu où l'on fait des fromages.

**FROMENT**, *s. m.* La meilleure espèce de blé.

**FRONCEMENT**, *s. m.* Action de froncer; état de ce qui est froncé.

**FRONCER** (*part.* é, ée), *v. a.* Rider le sourcil; plisser menu du linge, de l'étoffe, etc.; *se —*, *v. pr.* Se rider.

**FRONCIS**, *s. m.* Plis faits à une étoffe.

**FRONDE**, *s. f.* Tissu de cordes pour lancer des pierres; parti opposé à la cour sous la minorité de Louis XIV.

**FRONDER** (*part.* é, ée), *v. a.* Lancer avec une fronde; *fig.* Blâmer, critiquer hautement.

**FRONDEUR**, *s. m.* Celui qui se sert de la fronde; celui qui critique; celui qui était du parti de la Fronde.

**FRONT**, *s. m.* Le haut du visage; le visage; façade; *fig.* Audace, impudence; *de —*, *loc. adv.* Par devant; côte à côte.

**FRONTAL, E** (*au pl. m. frontaux*), *adj.* Qui a rapport au front.

**FRONTIÈRE**, *s. f.* Limites d'un état; *adj. f.* Limitrophe.

**FRONTIGNAN**, *s. m.* Vin muscat du terroir de Frontignan, près de Montpellier.

**FRONTISPICE**, *s. m.* Face principale d'un édifice; titre d'un livre.

**FRONTON**, *s. m.* Ornement d'architecture sur la partie la plus élevée du frontispice.

**FROTTAGE**, *s. m.* Travail de celui qui frotte.

**FROTTEMENT**, *s. m.* Action de frotter; action de deux choses qui se frottent.

**FROTTER** (*part.* é, ée), *v. a.* Faire des frictions; passer à plusieurs reprises un corps sur un autre; enduire; passer la cire et la brosse sur un plancher; battre, frapper; *se —*, *v. pr.* S'attaquer à quelqu'un; être en relations avec quelqu'un.

**FROTTEUR**, *s. m.* Celui qui frotte les planchers.

**FROTTOIR**, *s. m.* Linge pour se frotter, pour essuyer le rasoir.

**FROUER**, *v. n.* Imiter le cri du geai, de la chouette.

**FRUCTIDOR**, *s. m.* Douzième mois du calendrier républicain, du 18 août au 18 septembre.

**FRUCTIFÈRE**, *adj.* 2 *g.* Qui porte du fruit.

**FRUCTIFICATION**, *s. f.* Production des fruits; temps où les arbres produisent des fruits.

**FRUCTIFIER**, *v. n.* Rapporter du fruit; produire du bénéfice.

**FRUCTUEUSEMENT**, *adv.* Avec fruit, utilement.

**FRUCTUEUX, EUSE**, *adj.* Qui produit du fruit.

**FRUGAL, E** (*sans pl. m.*), *adj.* Qui a de la frugalité.

**FRUGALEMENT**, *adv.* Avec frugalité.

**FRUGALITÉ**, *s. f.* Sobriété, économie; simplicité dans les aliments.

**FRUGIVORE**, *adj.* 2 *g.* Qui vit de fruits.

**FRUIT**, *s. m.* Production de la terre, des arbres ou des plantes, pour la nourriture des hommes ou des animaux; dessert; *au pl.* Revenus d'une terre; *fig.* Utilité, profit.

**FRUITERIE**, *s. f.* Lieu où l'on conserve le fruit; commerce de fruitier.

**FRUITIER**, *adj. m.* Qui rapporte du fruit; —, *s. m.* Jardin, lieu où l'on recueille du fruit; *fruitier, ière*, *s.* Celui ou Celle qui vend du fruit.

**FRUSQUIN**, *s. m.* L'argent, les nippes d'un homme.

**FRUSTRER** (*part.* é, ée), *v. a.* Priver quelqu'un de ce qui lui est dû ; tromper l'attente.

**FUCUS**, *s. m.* Varech.

**FUGITIF**, **IVE**, *adj. et s.* Qui fuit ou Qui a fui hors de sa patrie ; qui passe vite.

**FUGUE**, *s. f.* Échappée, fuite ; morceau de musique dans lequel les parties se suivent en répétant le même thème.

**FUIE**, *s. f.* Espèce de petit colombier.

**FUIR** (*Ind. pr.* je fuis, tu fuis, il fuit, nous fuyons, vous fuyez, ils fuient ; *imp.* je fuyais, etc., nous fuyions, etc.; *p. déf.* je fuis, etc., nous fuîmes, etc.; *p. ind.* j'ai fui, etc.; *fut.* je fuirai, etc., nous fuirons, etc.; *cond.* je fuirais, etc., nous fuirions, etc.; *impér.* fuis, fuyons, fuyez ; *subj. pr.* que je fuie, etc., que nous fuyions, etc.; *imp. subj.* que je fuisse, etc., que nous fuissions, etc.; *p. pr.* fuyant), *v. n.* Se sauver ; couler par une fente ; *fig.* Passer vite ; — (*part.* i, ie), *v. a.* Éviter.

**FUITE**, *s. f.* Action de fuir ; *fig.* Action d'éviter, de s'échapper ; délai artificieux.

**FULMINANT**, **E**, *adj.* Qui fait grand bruit ; qui éclate avec détonation ; étincelant.

**FULMINATION**, *s. f.* Détonation subite ; l'acte par lequel une bulle est publiée.

**FULMINER** (*part.* é, ée), *v. a.* Publier une bulle avec certaines formalités ; —, *v. n.* S'emporter en invectives, en menaces contre quelqu'un ; éclater avec bruit.

**FUMANT**, **E**, *adj.* Qui fume, qui jette de la fumée.

**FUMÉE**, *s. f.* Vapeur plus ou moins épaisse qui sort des corps en état de combustion ; *fig.* Chose vaine, fugitive.

**FUMER** (*part.* é, ée), *v. a.* Exposer des viandes à la fumée pour les faire sécher ; répandre du fumier sur la terre ; prendre en fumée (du tabac, etc.) ; —, *v. n.* Jeter de la fumée ; prendre du tabac en fumée ; *fig.* Être de mauvaise humeur.

**FUMERON**, *s. m.* Charbon qui jette de la fumée.

**FUMET**, *s. m.* Vapeur agréable du vin, des mets, etc.

**FUMETERRE**, *s. f.* Plante médicinale.

**FUMEUR**, *s. m.* Celui qui fume du tabac.

**FUMEUX**, **EUSE**, *adj.* Qui envoie des vapeurs au cerveau (en parlant des boissons fermentées telles que le vin, la bière, etc.)

**FUMIER**, *s. m.* Litière des bestiaux qui sert pour amender la terre ; immondices ; *fig.* Choses viles.

**FUMIGATION**, *s. f.* Action d'exposer à la fumée, de brûler des aromates, des parfums pour produire de la fumée.

**FUMIGATOIRE**, *adj.* 2 *g.* Qui produit de la fumée ; *boîte* —, qui contient tous les objets pour secourir les noyés ; —, *s. m.* Appareil pour les fumigations.

**FUMIGER** (*part.* é, ée), *v. a.* Exposer à la fumée.

**FUMISTE**, *s. m.* Ouvrier qui empêche les cheminées de fumer.

**FUNAMBULE**, *s. m.* Danseur de corde.

**FUNÈBRE**, *adj.* 2 *g.* Qui a rapport aux funérailles ; lugubre, triste.

**FUNÉRAILLES** (ll m.), *s. f. pl.* Obsèques, cérémonies d'un enterrement.

**FUNÉRAIRE**, *adj.* 2 *g.* Qui concerne les funérailles.

**FUNESTE**, *adj.* 2 *g.* Malheureux, sinistre.

**FUNESTEMENT**, *adv.* D'une manière funeste.

**FUR**, *s. m.* *Au — et à mesure*, *loc. adv.* A mesure que.

**FURET**, *s. m.* Petit animal du genre des belettes, servant à prendre les lapins ; *fig.* Personne curieuse, qui s'enquiert de tout.

**FURETER**, *v. n.* Chasser au furet ; fouiller, chercher avec curiosité ; — (*part.* é, ée), *v. a.* Chercher avec curiosité.

**FURETEUR**, *s. m.* Celui qui chasse aux lapins ; *fig.* Curieux.

**FUREUR**, *s. f.* Rage, manie, frénésie; transport de colère; désir immodéré; violente agitation.

**FURIBOND, E**, *adj.* Furieux, sujet à de grands emportements.

**FURIE**, *s. f.* Emportement accompagné de fureur; impétuosité; ardeur aveugle; divinité fabuleuse.

**FURIEUSEMENT**, *adv.* Avec furie; excessivement.

**FURIEUX, EUSE**, *adj.* et *s.* Qui est en furie, transporté de fureur; prodigieux, extraordinaire.

**FURONCLE**, *s. m.* Tumeur enflammée et douloureuse sur la peau.

**FURTIF, IVE**, *adj.* Fait en cachette, à la dérobée.

**FURTIVEMENT**, *adv.* A la dérobée.

**FUSAIN**, *s. m.* Arbrisseau des haies; charbon fait des branches de cet arbrisseau et servant de crayon.

**FUSEAU**, *s. m.* Instrument pour filer et tordre le fil.

**FUSÉE**, *s. f.* Fil roulé autour du fuseau; pièce d'artifice.

**FUSELÉ, ÉE**, *adj.* Qui a la forme d'un fuseau.

**FUSER**, *v. n.* Se répandre (en parlant des sels que la chaleur rend liquides).

**FUSIBILITÉ**, *s. f.* Qualité de ce qui est fusible.

**FUSIBLE**, *adj.* 2 *g.* Qui peut être fondu.

**FUSIL**, *s. m.* Arme à feu; pièce d'acier pour battre le caillou et en tirer du feu; acier pour aiguiser.

**FUSILIER**, *s. m.* Fantassin armé d'un fusil.

**FUSILLADE** (ll m.), *s. f.* Plusieurs coups de fusil tirés à la fois; action de fusiller.

**FUSILLER** (ll m.; *part.* é, ée), *v. a.* Tuer à coups de fusil; *se* —, *v. récipr.* Se tirer réciproquement des coups de fusil.

**FUSION**, *s. f.* Fonte, état de ce qui est fondu par l'action du feu.

**FUSTIGATION**, *s. f.* Action de fustiger.

**FUSTIGER** (*part.* é, ée), *v. a.* Battre à coups de fouet ou de verges.

**FUT**, *s. m.* Bois qui supporte le canon d'une arme à feu; tonneau; partie d'une colonne entre la base et le chapiteau.

**FUTAIE**, *s. f.* Forêt composée de grands arbres.

**FUTAILLE**, *s. f.* Tonneau pour le vin, etc.

**FUTAINE**, *s. f.* Étoffe pelucheuse de coton et de fil.

**FUTÉ, ÉE**, *adj.* Fin, rusé.

**FUTÈE**, *s. f.* Sorte de mastic.

**FUTILE**, *adj.* 2 *g.* Vain, frivole.

**FUTILITÉ**, *s. f.* Caractère de ce qui est futile; chose inutile.

**FUTUR, E**, *adj.* Qui est à venir; que l'on doit épouser; —, *s. m.* Temps du verbe exprimant une action à venir; —, *s. m.* et *f.* Celui ou Celle que l'on doit épouser.

**FUYANT, E**, *adj.* (*t. de peint.*). Qui se perd dans le lointain.

**FUYARD, E**, *adj.* et *s.* Qui fuit; qui a coutume de s'enfuir.

## G.

**G**, *s. m.* Septième lettre de l'alphabet, cinquième consonne : on la nomme *gé*, selon l'appellation ancienne et usuelle, et *gue*, selon la méthode nouvelle.

**GABARE**, *s. f.* Bateau large et plat pour remonter les rivières; sorte de filet.

**GABARIER**, *s. m.* Conducteur d'une gabare.

**GABELLE**, *s. f.* Ancien impôt sur le sel.

**GABIER**, *s. m.* Matelot placé sur la hune pour faire le quart.

**GABION**, *s. m.* Panier rempli de terre, à l'abri duquel les soldats font les travaux de siége.

**GABIONNER** (*part.* é, ée), *v. a.* Couvrir avec des gabions.

**GÂCHE**, *s. f.* Pièce de fer qui reçoit le pêne d'une serrure.

**GÂCHER** (*part.* é, ée), *v. a.* Détremper, délayer (du plâtre); *fig.* Gâter (un ouvrage).

**GÂCHETTE**, *s. f.* Pièce d'une serrure qui se met sous le pêne; petite pièce de fer coudé sous la détente d'un fusil, pour faire partir le chien.

**GÂCHEUR**, *s. m.* Celui qui gâche; *fig.* Celui qui gâte ce qu'il fait.

**GÂCHEUX, EUSE**, *adj.* Bourbeux.

**GÂCHIS**, *s. m.* Saleté causée par de l'eau, etc.

**GADOUARD**, *s. m.* Vidangeur.

**GADOUE**, *s. f.* Matière fécale tirée d'une fosse.

**GAFFE**, *s. f.* Perche armée d'un croc de fer à deux branches, l'une droite, l'autre courbe.

**GAGE**, *s. m.* Ce qu'on livre à quelqu'un pour sûreté d'une dette; dépôt; assurance; preuve; chose consignée; chose déposée à certains jeux; *au pl.* Salaire des domestiques.

**GAGER** (*part.* é, ée), *v. a.* Donner des gages à un domestique; exposer en pari; —, *v. n.* Faire une gageure.

**GAGERIE**, *s. f. Saisie* —, saisie de meubles pour l'assurance d'une dette.

**GAGEUR, EUSE**, *s.* Celui ou Celle qui a l'habitude de gager.

**GAGEURE**, *s. f.* Promesse réciproque des personnes qui font un pari; chose gagée.

**GAGISTE**, *s. m.* Celui qui est gagé sans être domestique, qui reçoit des gages pour rendre certains services.

**GAGNAGE**, *s. m.* Pâturage; *au pl.* Fruit des terres emblavées.

**GAGNANT**, *s. m.* Celui qui gagne au jeu.

**GAGNE-DENIER** (*au pl. gagne-deniers*), *s. m.* Portefaix, homme de peine.

**GAGNE-PAIN**, *s. m.* (inv.) Ce qui fait gagner la vie à quelqu'un.

**GAGNE-PETIT**, *s. m.* (inv.) Remouleur ambulant.

**GAGNER** (*part.* é, ée), *v. a.* Tirer profit de, faire un gain; travailler pour vivre; avoir le gain au jeu; acquérir; venir à bout de; se rendre quelqu'un favorable; contracter (une maladie, un mal, etc.); —, *v. n.* Avancer, faire des progrès.

**GAI, GAIE**, *adj.* Joyeux; qui réjouit; *gai*, *adv.* et *interj.* Gaîment.

**GAÏAC**, *s. m.* Arbre médicinal d'Amérique.

**GAIEMENT** ou **GAÎMENT**, *adv.* Avec gaieté.

**GAIETÉ** ou **GAÎTÉ**, *s. f.* Joie expansive.

**GAILLAC** (ll m.), chef-lieu d'arr. du dép. du Tarn.

**GAILLARD** (ll m.), *s. m.* Élévation sur le tillac d'un vaisseau à la proue et à la poupe.

**GAILLARD, E** (ll m.), *adj.* et *s.* Joyeux et démonstratif; qui est entre deux vins; hardi; extraordinaire; *vent* —, vent froid.

**GAILLARDEMENT** (ll m.), *adv.* Joyeusement.

**GAILLARDISE** (ll m.), *s. f.* Gaieté un peu vive; *au pl.* Propos libres.

**GAÎMENT**. Voy. *Gaiement.*

**GAIN**, *s. m.* Profit, lucre; avantage.

**GAÎNE**, *s. f.* Étui de couteau.

**GAÎNIER**, *s. m.* Ouvrier qui fait des gaines.

**GAÎTÉ**, Voy. *Gaieté.*

**GALA**, *s. m.* Réjouissances accompagnées de festins.

**GALAMMENT**, *adv.* De bonne grâce, d'une manière galante; adroitement, habilement.

**GALANT, E**, *adj.* Agréable, bien ordonné; — *homme*, qui a de la probité; qui est de bonne compagnie; *homme* —, qui cherche à plaire aux dames.

**GALANTERIE**, *s. f.* Agrément, politesse dans l'esprit, dans les manières; soins empressés pour les femmes; petit présent.

**GALANTIN**, *s. m.* Homme d'une galanterie ridicule.

**GALANTINE**, *s. f.* Mets composé de viandes délicates.

**GALE**, *s. f.* Maladie contagieuse de la peau.

**GALÈRE**, *s. f.* Bâtiment long de bas bord, à voiles et à rames; *fig.* Travail pénible.

**GALERIE**, *s. f.* Longue pièce d'un bâtiment destinée à la promenade, à l'exposition de tableaux, etc.; suite de portraits; corridor de communication; réunion de personnes qui regardent jouer; sorte de balcon, dans les théâtres.

**GALÉRIEN**, *s. m.* Forçat condamné à ramer aux galères.

**GALERNE**, *s. f.* Vent froid du nord-ouest.

**GALET**, *s. m.* Cailloux ronds et plats sur la plage de la mer; jeu de palet.

**GALETAS**, *s. m.* Logement pauvre et mal en ordre.

**GALETTE**, *s. f.* Gâteau plat.

**GALEUX, EUSE**, *adj.* et *s.* Qui a la gale.

**GALIMAFRÉE**, *s. f.* Fricassée de restes de toutes sortes de viandes.

**GALIMATIAS**, *s. m.* Discours confus, qui ne signifie rien; *galimatias double*, ce que n'entendent ni le lecteur ni l'auteur.

**GALION**, *s. m.* Vaisseau qui servait pour apporter l'or et l'argent des Indes en Europe.

**GALIOTE**, *s. f.* Long bateau couvert pour voyager sur les rivières.

**GALIPOT**, *s. m.* Résine du pin.

**GALLE**, *s. f.* Excroissance de la séve des végétaux causée par la piqûre d'un insecte.

**GALLICAN, E**, *adj.* Qui concerne l'Église de France.

**GALLICISME**, *s. m.* Expression, locution propre à la langue française et consacrée par l'usage.

**GALLINACÉS**, *s. m. pl.* Oiseaux du genre des poules.

**GALLIQUE**, *adj. m.* Tiré de la noix de galle; —, *adj. 2 g.* Relatif aux anciens Gaulois.

**GALOCHE**, *s. f.* Sorte de chaussure à semelle de bois.

**GALON**, *s. m.* Tissu de soie, d'or, etc., en forme de ruban.

**GALONNER** (*part.* é, ée), *v. a.* Orner de galon.

**GALOP**, *s. m.* Allure rapide du cheval; sorte de danse.

**GALOPADE**, *s. f.* Action de galoper.

**GALOPER**, *v. n.* Aller le galop; — (*part.* é, ée), *v. a.* Mettre au galop; poursuivre au galop.

**GALOPIN**, *s. m.* Petit commissionnaire.

**GALOUBET**, *s. m.* Flûte à trois trous.

**GALUCHAT**, *s. m.* Peau de chien de mer.

**GALVANIQUE**, *adj. 2 g.* Qui a rapport au galvanisme.

**GALVANISME**, *s. m.* Nom donné à certains phénomènes électriques que l'on produit dans les substances animales; l'agent invisible qui produit ces phénomènes.

**GALVAUDER** (*part.* é, ée), *v. a.* Réprimander aigrement (*trivial*).

**GAMBADE**, *s. f.* Saut sans art ni cadence; *fig.* Mauvaise réponse à une question sérieuse.

**GAMBADER**, *v. n.* Faire des gambades.

**GAMBILLER** (ll m.), *v. n.* Remuer sans cesse les jambes.

**GAMELLE**, *s. f.* Grande écuelle de bois où mangent les soldats.

**GAMIN**, *s. m.* Enfant qui court les rues.

**GAMME**, *s. f.* Suite des notes de musique disposées selon l'ordre des tons naturels de l'octave.

**GANACHE**, *s. f.* Mâchoire inférieure du cheval; *fig.* Homme sans capacité.

**GANGRÈNE** (pron. *cangrène*), *s. f.* Décomposition extensive de quelque partie du corps; *fig.* Mal, désordre contagieux.

se **GANGRENER** (*part.* é, ée), *v. pr.* Se corrompre par la gangrène.

**GANGRÉNEUX, EUSE**, *adj.* Qui est de la nature de la gangrène.

**GANNAT**, chef-lieu d'arr. du dép. de l'Allier.

**GANSE**, *s. f.* Cordonnet de soie, etc.

**GANT**, *s. m.* Partie de l'habillement qui couvre la main.

**GANTELET**, *s. m.* Gant revêtu de fer.

**GANTER** (*part.* é, ée), *v. a.* Mettre des gants.

**GANTERIE**, *s. f.* Fabrique ou Commerce de gants.

**GANTIER, IÈRE**, *s.* Celui ou Celle qui fait et vend des gants.

**GAP**, chef-lieu du dép. des Hautes-Alpes.

**GARANCE**, *s. f.* Plante vivace dont la racine sert à teindre en rouge.

**GARANCER** (*part.* é, ée), *v. a.* Teindre en garance.

**GARANT**, *s. m.* Celui qui cautionne, qui se rend responsable; auteur, autorité qu'on cite à l'appui d'une assertion.

**GARANTIE**, *s. f.* Obligation de garantir; sûreté, cautionnement; protection.

**GARANTIR** (*part.* i, ie), *v. a.* Se rendre garant; préserver; affirmer; *se* —, *v. pr.* Se préserver de.

**GARBURE**, *s.* Potage épais, composé de pain, de seigle, de lard ou de cuisses d'oie, de choux et de diverses herbes.

**GARÇON**, *s. m.* Enfant mâle; célibataire; ouvrier qui travaille sous un maître.

**GARD** ou **GARDON**, rivière qui prend sa source dans le dép. de la Lozère et qui se jette dans le Rhône; elle donna son nom au dép. du Gard.

**GARDE**, *s. f.* Commission ou Action de garder; action d'observer ce qui se passe pour n'être pas surpris; gens de guerre qui occupent un poste; ce qui couvre la poignée d'une épée; *fig.* Protection; — *nationale*, corps de citoyens armés pour le maintien de l'ordre public; — *avancée*, corps de troupes posté en avant du gros de l'armée; *prendre* —, faire attention à; *se donner de* —, éviter; *être sur ses gardes*, se tenir en éveil.

**GARDE**, *s. m.* Celui qui a mission de garder, surveillant; — *champêtre*, garde qui veille sur les récoltes d'une commune; — *des sceaux*, ministre qui a la garde des sceaux; — *national*, citoyen qui fait partie de la garde nationale.

**GARDE-CHASSE**, *s. m.* (inv.) Garde qui veille à ce qu'on ne chasse pas sans permission.

**GARDE-CORPS**, *s. m.* (inv.) Garde-fou.

**GARDE-CÔTE** (*au pl. garde-côtes*), *s. m.* Celui qui garde les côtes.

**GARDE-FEU**, *s. m.* (inv.) Grille ou Plaque mobile que l'on met devant le feu.

**GARDE-FOU** (*au pl. garde-fous*), *s. m.* Parapet.

**GARDE-MALADE** (*au pl. garde-malades*), *s. 2 g.* Celui ou Celle qui a soin des malades.

**GARDE-MANGER**, *s. m.* (inv.) Lieu où l'on conserve les aliments.

**GARDE-MEUBLE** (*au pl. garde-meubles*), *s. m.* Lieu où l'on serre les meubles.

**GARDER** (*part.* é, ée), *v. a.* Conserver; garantir; protéger; défendre; —, *v. n.* Veiller, prendre garde, éviter; *se* —, *v. pr.* Prendre garde, se préserver de.

**GARDE-ROBE** (*au pl. garde-robes*), *s. f.* Vestiaire; lieux d'aisances.

**GARDEUR, EUSE**, *s.* Celui ou Celle qui garde les animaux.

**GARDE-VUE**, *s. m.* (inv.) Visière pour garantir les yeux de la lumière.

**GARDIEN, ENNE**, *s.* et *adj.* Celui ou Celle qui garde, qui protége; celui qui a reçu quelque chose en dépôt.

**GARDON**, *s. m.* Petit poisson blanc d'eau douce.

**GARE**, *interj.* Pour menacer ou pour avertir de se ranger.

**GARE**, *s. f.* Lieu disposé sur les rivières pour mettre les bateaux à l'abri des débâcles; lieu pour recevoir des marchandises ou des wagons aux débarcadères des chemins de fer.

**GARENNE**, *s. f.* Lieu où l'on conserve des lapins vivants.

**GARENNIER**, *s. m.* Celui qui a soin d'une garenne.

**GARER** (*part.* é, ée), *v. a.* Amarrer, arrêter, ranger dans une gare; *se* —, *v. pr.* Se préserver, se défendre.

**GARGARISER** (*part.* é, ée), *v. a.* et *se gargariser*, *v. pr.* Se laver la bouche et le gosier avec un liquide.

**GARGARISME**, *s. m.* Liquide pour se gargariser; action de se gargariser.

**GARGOTE**, *s. f.* Petit cabaret malpropre.

**GARGOTIER, IÈRE**, *s.* Celui ou Celle qui tient une gargote.

**GARGOUILLE** (ll m.), *s. f.* Endroit d'une gouttière par où l'eau tombe; gouttière de pierre.

**GARGOUILLEMENT** (ll m.), *s. m.* Bruit de l'eau dans la gorge, l'estomac et les entrailles.

**GARGOUILLER** (ll m.), *v. n.* Barboter dans l'eau.

**GARGOUSSE**, *s. f.* Charge de poudre pour un canon.

**GARNEMENT**, *s. m.* Vaurien.

**GARNIR** (*part.* i, ie), *v. a.* Pourvoir des choses nécessaires; assortir; meubler; ajuster; entourer.

**GARNISAIRE**, *s. m.* Homme mis en garnison chez les contribuables en retard.

**GARNISON**, *s. f.* Soldats mis dans une place pour la défendre; place où l'on met des soldats en garnison.

**GARNITURE**, *s. f.* Ce qui est mis pour garnir ou orner.

**GARONNE**, rivière qui a sa source dans les Pyrénées et qui se jette dans l'Océan après avoir pris le nom de GIRONDE; elle donne son nom aux dép. de la Haute-Garonne, de Lot-et-Garonne, de Tarn-et-Garonne et de la Gironde.

**GARROT**, *s. m.* Partie du cheval entre l'épaule et l'encolure; bâton court pour serrer une corde en la tordant.

**GARROTTER** (*part.* é, ée), *v. a.* Lier fortement.

**GARS**, *s. m.* Jeune garçon.

**GARUS**, *s. m.* Sorte d'élixir.

**GASCOGNE**, ancienne prov. formant aujourd'hui les départ. de la Haute-Garonne, des Hautes-Pyrénées, du Gers, de Lot-et-Garonne et des Landes.

**GASCON, ONNE**, *adj.* et *s.* Qui est de la Gascogne; *fig.* Fanfaron, hâbleur.

**GASCONNADE**, *s. f.* Fanfaronnade.

**GASCONNER**, *v. n.* Dire des gasconnades; avoir l'accent gascon.

**GASPILLAGE** (ll m.), *s. m.* Action de gaspiller; chose gaspillée.

**GASPILLER** (ll m.; *part.* é, ée), *v. a.* Dissiper; prodiguer inutilement; gâter.

**GASPILLEUR, EUSE** (ll m.), *s.* Celui ou Celle qui gaspille.

**GASTER** (le *r* se pron.), *s. m.* Le ventre, l'estomac (*t. de méd.*).

**GASTRALGIE**, *s. f.* Douleur d'estomac.

**GASTRIQUE**, *adj.* 2 *g.* Qui a rapport à l'estomac; qui sert à la digestion.

**GASTRITE**, *s. f.* Inflammation de l'estomac.

**GASTRONOME**, *s. m.* Celui qui aime à faire bonne chère, qui se connaît en bonne chère.

**GASTRONOMIE**, *s. f.* Art de faire bonne chère.

**GASTRONOMIQUE**, *adj.* 2 *g.* Qui a rapport à la gastronomie.

**GÂTÉ, ÉE**, *adj.* Détérioré; traité avec trop d'indulgence.

**GÂTEAU**, *s. m.* Sorte de pâtisserie; gaufre des ruches.

**GÂTE-ENFANT**, *s.* 2 *g.* (inv.) Celui ou Celle qui gâte un enfant.

**GÂTE-MÉTIER**, *s. m.* (inv.) Celui qui ne fait pas payer son travail assez cher.

**GÂTER** (*part.* é, ée), *v. a.* Endommager, mettre en mauvais état, détériorer; salir, tacher; avoir trop d'indulgence pour un enfant; *se* —, *v. pr.* Perdre de ses qualités.

**GATINAIS (LE)**, pays dépendant des anciens gouvernements de l'Ile-de-France et de l'Orléanais, et qui se trouve compris dans les départ. de Seine-et-Marne, du Loiret et de l'Yonne.

**GATTILIER**, *s. m.* Genre de plantes.

**GAUCHE**, *adj.* 2 *g.* Opposé à droit; *fig.* Ridicule, maladroit; mal fait, mal tourné; *à gauche*, *loc. adv.* Du côté gauche.

**GAUCHEMENT**, *adv.* D'une manière gauche.

**GAUCHER, ÈRE**, *adj.* et *s.* Qui se sert ordinairement de la main gauche.

**GAUCHERIE**, *s. f.* Action d'une personne gauche, maladresse.

**GAUCHIR**, *v. n.* Perdre sa forme, son niveau, biaiser.

**GAUCHISSEMENT**, *s. m.* Action de gauchir; effets de cette action.

**GAUDE**, *s. f.* Espèce de bouillie faite avec de la farine de maïs.

**GAUDRIOLE**, *s. f.* Propos gai.

**GAUFRE**, *s. f.* Gâteau de miel; pâtisserie cuite entre deux fers.

**GAUFRER** (*part.* é, ée), *v. a.* Imprimer des figures sur une étoffe avec des fers chauds, etc.

**GAUFREUR**, *s. m.* Celui qui gaufre les étoffes.

**GAUFRIER**, *s. m.* Ustensile pour cuire les gaufres.

**GAUFRURE**, *s. f.* Empreinte faite en gaufrant.

**GAULE**, ancien nom de la France.

**GAULE**, *s. f.* Grande perche.

**GAULER** (*part.* é, ée), *v. a.* Battre

un arbre avec une gaule pour en faire tomber le fruit.

**GAULOIS, E**, *adj.* et *s.* Qui est de la Gaule.

se **GAUSSER**, *v. pr.* Railler, se moquer.

**GAUSSERIE**, *s. f.* Raillerie, moquerie.

**GAUSSEUR, EUSE**, *s.* et *adj.* Railleur, moqueur.

**GAVOTTE**, *s. f.* Sorte de danse sur un air à deux temps; air de cette danse.

**GAZ**, *s. m.* Émanation invisible des substances; fluide aériforme; air inflammable.

**GAZE**, *s. f.* Étoffe très-claire et très-fine; *fig.* Voile.

**GAZELLE**, *s. f.* Bête fauve, espèce de petit daim.

**GAZER** (*part.* é, ée), *v. a.* Couvrir d'une gaze; *fig.* Adoucir, pallier.

**GAZETIER**, *s. m.* Celui qui rédige ou publie une gazette.

**GAZETTE**, *s. f.* Feuille volante qui contient les nouvelles; *fig.* Personne médisante, bavarde.

**GAZEUX, EUSE**, *adj.* Qui est de la nature du gaz.

**GAZIER**, *s. m.* Ouvrier en gaze.

**GAZON**, *s. m.* Terre couverte d'herbe courte et menue.

**GAZONNEMENT**, *s. m.* Action de couvrir de gazon.

**GAZONNER** (*part.* é, ée), *v. a.* Garnir de gazon.

**GAZONNEUX, EUSE**, *adj.* Qui imite le gazon.

**GAZOUILLEMENT** (ll m.), *s. m.* Chant des oiseaux; murmure des ruisseaux.

**GAZOUILLER** (ll m.), *v. n.* Faire un gazouillement.

**GEAI**, *s. m.* Oiseau du genre de la pie, au plumage bigarré.

**GÉANT, E**, *s.* Personne d'une grandeur extraordinaire.

**GÉHENNE**, *s. f.* L'enfer.

**GEINDRE** (il se conj. sur *Feindre*), *v. n.* Gémir pour peu de chose.

**GEINDRE**, *s. m.* Garçon boulanger qui pétrit la pâte.

**GÉLATINE**, *s. f.* Substance animale qui se tranforme en gelée.

**GÉLATINEUX, EUSE**, *adj.* Qui a la consistance de la gelée.

**GELÉE**, *s. f.* Grand froid qui glace; suc de viande congelé et clarifié; jus de fruits cuits avec du sucre, qui se congèle en refroidissant.

**GELER** (*part.* é, ée), *v. a.* Glacer, durcir par le froid; causer un grand froid; —, *v. n.* S'endurcir par le froid; se glacer; —, *v. impers.* Il fait froid.

**GELINOTTE**, *s. f.* Poule sauvage ressemblant à la perdrix.

**GÉMEAUX**, *s. m. pl.* Un des douze signes du zodiaque.

**GÉMIR**, *v. n.* Pousser des gémissements, exprimer sa douleur d'une voix plaintive; *fig.* Déplorer, regretter.

**GÉMISSANT, E**, *adj.* Qui gémit.

**GÉMISSEMENT**, *s. m.* Plainte douloureuse.

**GEMME**, *adj. m. Sel* —, sel fossile qui se tire des mines; *pierre* —, pierre précieuse.

**GÊNANT, E**, *adj.* Qui gêne, qui incommode.

**GENCIVE**, *s. f.* Chair dans laquelle les dents sont plantées.

**GENDARME**, *s. m.* Ancien homme d'armes; soldat d'un corps chargé de veiller à la sûreté publique; soldat de police.

se **GENDARMER** (*part.* é, ée), *v. pr.* Se fâcher pour peu de chose.

**GENDARMERIE**, *s. f.* Le corps des gendarmes.

**GENDRE**, *s. m.* Mari de la fille, par rapport au père et à la mère.

**GÊNE**, *s. f.* Torture; *fig.* Peine d'esprit; situation pénible; incommode; état violent; manque d'argent passager.

**GÉNÉALOGIE**, *s. f.* Dénombrement d'aïeux; tableau qui présente la suite des ancêtres.

**GÉNÉALOGIQUE**, *adj.* 2 *g.* Qui a rapport à la généalogie.

**GÉNÉALOGISTE**, *s. m.* Celui qui dresse des généalogies.

**GÊNER** (*part.* é, ée), *v. a.* Incommoder, contraindre les mouvements du corps; embarrasser; *se* — *v. pr.* Se contraindre.

**GÉNÉRAL, E**, *adj.* Universel,

commun à un grand nombre de personnes ou de choses ; *en* —, *loc. adv.* D'une manière générale.

**GÉNÉRAL**, *s. m.* Celui qui commande en chef une armée, une grande division, etc. ; supérieur d'un ordre monastique.

**GÉNÉRALAT**, *s. m.* Dignité de général dans un ordre religieux ; commandement d'une armée ; temps pendant lequel on est revêtu du titre de général.

**GÉNÉRALE**, *s. f.* Batterie de tambour qui donne le signal d'une prise d'armes générale.

**GÉNÉRALEMENT**, *adv.* Universellement ; vaguement.

**GÉNÉRALISATION**, *s. f.* Action de généraliser.

**GÉNÉRALISER** (*part.* é, ée), *v. a.* Rendre général ; donner une extension générale.

**GÉNÉRALISSIME**, *s. m.* Celui qui commande aux généraux.

**GÉNÉRALITÉ**, *s. f.* Qualité de ce qui est général.

**GÉNÉRATEUR, TRICE**, *adj.* Qui engendre.

**GÉNÉRATIF, IVE**, *adj.* Qui appartient à la génération.

**GÉNÉRATION**, *s. f.* Action d'engendrer ; postérité ; descendants ; peuple, nation ; espace de trente ans ; production (des plantes, des métaux).

**GÉNÉREUSEMENT**, *adv.* Avec générosité, avec noblesse ; vaillamment.

**GÉNÉREUX, EUSE**, *adj.* Magnanime ; libéral, bienfaisant.

**GÉNÉRIQUE**, *adj.* 2 *g.* Qui appartient au genre.

**GÉNÉROSITÉ**, *s. f.* Libéralité ; grandeur d'âme.

**GENÈSE**, *s. f.* Premier livre de la Bible, contenant l'histoire de la création et celle des patriarches.

**GENÊT**, *s. m.* Arbuste à fleurs jaunes.

**GENET**, *s. m.* Cheval d'Espagne.

**GENETTE**, *s. f.* Sorte de civette.

**GENEVOIS, E**, *adj.* et *s.* Qui est de Genève.

**GENÉVRIER**, *s. m.* Arbrisseau odoriférant et toujours vert.

**GÉNIE**, *s. m.* Esprit bon ou mauvais qui, suivant les anciens, accompagnait l'homme durant sa vie ; talent, supériorité d'esprit ; caractère propre et distinctif d'une langue, d'une nation ; art de fortifier et de défendre les places ; corps et troupes d'ingénieurs militaires.

**GENIÈVRE**, *s. m.* Genévrier ; graine du genévrier ; liqueur faite avec cette graine.

**GÉNISSE**, *s. f.* Jeune vache qui n'a point porté.

**GÉNITIF**, *s. m.* Le second cas dans les déclinaisons.

**GÉNITURE**, *s. f.* Enfants (par rapport au père et à la mère).

**GÉNOIS, E**, *adj.* et *s.* Qui est de Gênes.

**GENOU**, *s. m.* Partie du corps où s'emboîtent les os de la cuisse et de la jambe.

**GENOUILLÈRE** (ll *m.*), *s. f.* Partie de l'armure ou de la botte qui couvre le genou.

**GÉNOVÉFAIN**, *s. m.* Chanoine régulier de Sainte-Geneviève.

**GENRE**, *s. m.* Ce qui est commun à plusieurs espèces ; façon, manière ; style ; partie dans laquelle s'exercent un auteur, un artiste, etc. ; *en t. de gramm.* Propriété qu'ont les noms d'appliquer métaphysiquement aux objets la distinction du sexe masculin ou du sexe féminin ; *en t. d'hist. nat.* Réunion d'espèces qui ont toutes un caractère commun.

**GENS**, *s. pl.* (*fém.* après l'adj., *masc.* avant). Personnes d'un même parti, d'un même pays, sans désignation précise ; individus.

**GENT**, *s. f.* Espèce ; nation.

**GENTIANE**, *s. f.* Plante médicinale.

**GENTIL**, *adj.* et *s. m.* Païen, idolâtre.

**GENTIL, ILLE** (ll m), *adj.* Joli, agréable, gracieux, délicat ; qui plaît.

**GENTILHOMME** (*au pl. gentilshommes*), *s. m.* Homme de race noble.

**GENTILITÉ**, *s. f.* Idolâtrie des gentils.

**GENTILLÂTRE** (ll m. ; *t. de mépris*), *s. m.* Petit gentilhomme.

**GENTILLESSE** (ll m.), *s. f.* Agrément, grâce; délicatesse; badinage agréable; ouvrage délicat; *au pl.* Tours divertissants.

**GENTIMENT**, *adv.* Avec gentillesse.

**GÉNUFLEXION**, *s. f.* Action de fléchir le genou.

**GÉODÉSIE**, *s. f.* Partie de la géométrie qui enseigne à mesurer et à diviser les terres.

**GÉODÉSIQUE**, *adj.* 2 *g.* Qui a rapport à la géodésie.

**GÉOGRAPHE**, *s. m.* Celui qui sait la géographie, qui dresse des cartes de géographie.

**GÉOGRAPHIE**, *s. f.* Description de la terre; ouvrage qui renferme cette description.

**GÉOGRAPHIQUE**, *adj.* 2 *g.* Qui appartient à la géographie.

**GEÔLE**, *s. f.* Prison.

**GEÔLIER**, *s. m.* Celui qui garde les prisonniers; *geôlière*, *s. f.* Femme du geôlier.

**GÉOLOGIE**, *s. f.* Histoire naturelle du globe terrestre.

**GÉOLOGIQUE**, *adj.* 2 *g.* Qui a rapport à la géologie.

**GÉOLOGUE**, *s. m.* Savant versé dans la géologie.

**GÉOMÉTRAL**, **E**, *adj.* Qui se dit d'un dessin d'architecture ou d'un plan qui donne la dimension, la forme et la position respective des différentes parties d'un ouvrage, d'un domaine, etc.

**GÉOMÈTRE**, *s. m.* Celui qui sait la géométrie, qui la réduit en pratique.

**GÉOMÉTRIE**, *s. f.* Science des mesures, des lignes, des corps, etc.

**GÉOMÉTRIQUE**, *adj.* 2 *g.* Qui appartient à la géométrie.

**GÉOMÉTRIQUEMENT**, *adv.* D'une manière géométrique, c'est-à-dire exacte et rigoureuse.

**GÉORGIQUES**, *s. f. pl.* Ouvrage littéraire qui a rapport à la culture des terres.

**GÉRANIUM**, *s. m.* Plante de jardin, bec-de-grue.

**GÉRANT**, *s.* et *adj. m.* Celui qui gère, qui administre.

**GERBE**, *s. f.* Faisceau de blé coupé; — *d'eau*, — *de feu*, jets d'eau ou fusées réunis en forme de gerbe.

**GERBÉE**, *s. f.* Botte de paille où il reste encore quelques grains.

**GERBER** (*part.* é, ée), *v. a.* Mettre en gerbe; mettre dans une cave des pièces de vin les unes sur les autres.

**GERCER** (*part.* é, ée), *v. a.* Occasionner de petites crevasses; —, *v. n.* et *se* —, *v. pr.* Se crevasser.

**GERÇURE**, *s. f.* Petite crevasse à la peau, dans le bois, etc.

**GÉRER** (*part.* é, ée), *v. a.* Administrer, conduire.

**GERFAUT**, *s. m.* Sorte d'oiseau de proie.

**GERMAIN**, **E**, *adj.* et *s.* Qui est d'Allemagne.

**GERMAIN**, **E**, *adj.* Parent; qui est cousin ou cousine.

**GERMANIQUE**, *adj.* 2 *g.* Qui appartient aux Allemands.

**GERMANISME**, *s. m.* Locution propre à la langue allemande.

**GERME**, *s. m.* Partie de la semence dont le développement reproduit la plante ou l'animal d'où elle provient; première pointe de verdure; *fig.* Principe, cause, origine.

**GERMER** (*part.* é, ée), *v. n.* Pousser le germe au dehors; *fig.* Fructifier, se développer.

**GERMINAL**, *s. m.* Septième mois de l'année républicaine (du 21 mars au 20 avril).

**GERMINATION**, *s. f.* Premier développement du germe de la plante.

**GÉRONDIF** (*t. de gramm.*), *s. m.* Participe présent précédé de la préposition *en*.

**GERS**, rivière qui a sa source dans les Hautes-Pyrénées et se jette dans la Garonne; elle donne son nom à un département.

**GERZEAU**, *s. m.* Mauvaise herbe qui croît dans le blé.

**GÉSIER**, *s. m.* Second ventricule des oiseaux granivores.

**GÉSIR**, *v. n.* Voy. *Gît*.

**GESSE**, *s. f.* Genre de plante fourragère.

**GESTATION**, *s. f.* Temps de la portée des femelles.

**GESTE**, *s. m.* Action et mouvement du corps, surtout des bras et des mains; *au pl.* Exploits.

**GESTICULATEUR**, *s. m.* Celui qui gesticule.

**GESTICULATION**, *s. f.* Action de gesticuler.

**GESTICULER**, *v. n.* Faire trop de gestes en parlant.

**GESTION**, *s. f.* Administration; action de gérer.

**GEX**, chef-lieu d'arr. du dép. de l'Ain.

**GIBBOSITÉ**, *s. f.* Bosse.

**GIBECIÈRE**, *s. f.* Bourse de cuir où les chasseurs mettent le plomb, la poudre, etc.; sac à l'usage des escamoteurs.

**GIBELET**, *s. m.* Foret pour percer un tonneau; *fig. Avoir un coup de* —, un grain de folie.

**GIBELOTTE**, *s. f.* Fricassée de lapins, etc.

**GIBERNE**, *s. f.* Espèce de boîte où le soldat renferme les cartouches.

**GIBET**, *s. m.* Potence où l'on exécutait les criminels condamnés à être pendus.

**GIBIER**, *s. m.* Animaux pris à la chasse et bons à manger.

**GIBOULÉE**, *s. f.* Pluie soudaine, de peu de durée, quelquefois mêlée de grêle.

**GIBOYER**, *v. n.* Chasser du gibier.

**GIBOYEUR**, *s. m.* Celui qui chasse beaucoup.

**GIBOYEUX, EUSE**, *adj.* Abondant en gibier.

**GIEN**, chef-lieu d'arr. du dép. du Loiret.

**GIGANTESQUE**, *adj.* 2 *g.* Qui tient du géant; *fig.* Extraordinaire.

**GIGOT**, *s. m.* Cuisse de mouton préparée pour être mangée.

**GIGOTTER**, *v. n.* Remuer sans cesse les jambes.

**GIGUE**, *s. f.* Air de danse; jambe; fille dégingandée.

**GILET**, *s. m.* Sorte de veste courte qui se met sous l'habit.

**GILLE**, *s. m.* Niais, nigaud.

**GIMBLETTE**, *s. f.* Petite pâtisserie sèche et dure.

**GINGEMBRE**, *s. m.* Racine des Indes qui a le goût du poivre.

**GINGUET, ETTE**, *adj.* Qui est de peu de valeur.

**GIRAFE**, *s. f.* Quadrupède ruminant de l'intérieur de l'Afrique, qui a les jambes de derrière beaucoup plus courtes que celles de devant.

**GIRANDOLE**, *s. f.* Chandelier à plusieurs branches; pendants d'oreilles en diamants.

**GIRAUMONT** ou **GIRAUMON**, *s. m.* Espèce de courge; son fruit même.

**GIROFLE**, *s. m.* Fleur desséchée du giroflier.

**GIROFLÉE**, *s. f.* Plante à corolle ayant quatre pétales étalés en croix.

**GIROFLIER**, *s. m.* Arbre qui porte le girofle.

**GIRON**, *s. m.* Espace depuis la ceinture jusqu'aux genoux d'une personne assise; partie de la marche où l'on pose le pied.

**GIRONDE**, rivière qui donne son nom à un département. Voy. *Garonne*.

**GIROUETTE**, *s. f.* Plaque mobile sur une tige, que fait tourner le vent et qui en indique la direction; *fig.* Personne d'humeur changeante.

**GISANT, E**, *adj.* Couché; étendu.

**GISEMENT**, *s. m.* Position qu'affectent les masses de minéraux dans le sein de la terre.

**GÎT**, troisième personne du singulier de l'indicatif du *v. n. Gésir.* (Les autres formes usitées sont: *Ind. pr.* nous gisons, vous gisez, ils gisent; *imp.* je gisais, etc., nous gisions, etc.; *part. pr.* gisant.) Être couché; consister; *ci-gît*, ici repose (dans les épitaphes).

**GÎTE**, *s. m.* Lieu où l'on demeure, où l'on couche ordinairement; lieu où l'on couche en voyage; lieu où le lièvre repose.

**GÎTER** (*part.* é, ée), *v. n.* Demeurer, coucher.

**GIVRE**, *s. m.* Gelée blanche, frimas, qui s'attache aux arbres, etc.

**GLAÇANT, E**, *adj.* Qui glace.

**GLACE**, *s. f.* Liquide durci par le froid; cristal artificiel dont on fait des miroirs; liqueurs ou fruits glacés; *fig.* Insensibilité; sérieux repoussant.

**GLACER** (*part.* é, ée), *v. a.* Durcir par le froid; causer un froid très-vif; *fig.* Intimider, repousser par un accueil glacial; remplir d'effroi; revêtir d'un enduit luisant.

**GLACIAL, E**, *adj*. Glacé, qui glace.

**GLACIER**, *s. m*. Montagne de glace; limonadier qui prépare les glaces.

**GLACIÈRE**, *s. f*. Lieu où l'on conserve de la glace en été; endroit très-froid.

**GLACIS**, *s. m*. Talus, pente insensible; (*t. de peint.*) couleur légère et transparente.

**GLAÇON**, *s. m*. Morceau de glace.

**GLADIATEUR**, *s. m*. Homme armé qui se battait dans l'arène.

**GLAÏEUL**, *s. m*. Plante vivace dont les feuilles sont en forme d'épée.

**GLAIRE**, *s. f*. Humeur visqueuse; blanc d'œuf cru.

**GLAIREUX, EUSE**, *adj*. Qui a rapport aux glaires.

**GLAISE**, *s. f*. Argile impure; terre forte et grasse, presque impénétrable à l'eau.

**GLAISER** (*part*. é, ée), *v. a*. Enduire de glaise; engraisser (les terres maigres) avec de la glaise.

**GLAISEUX, EUSE**, *adj*. Qui est de la nature de la glaise.

**GLAISIÈRE**, *s. f*. Endroit d'où l'on tire de la glaise.

**GLAIVE**, *s. m*. Épée tranchante; *par ext*. Arme blanche quelconque.

**GLANAGE**, *s. m*. Action de glaner.

**GLAND**, *s. m*. Fruit du chêne; sorte d'ornement qui a la forme d'un gland.

**GLANDE**, *s. f*. Partie molle et spongieuse qui sert à la sécrétion des humeurs; tumeur.

**GLANDÉE**, *s. f*. Récolte de glands.

**GLANDULE**, *s. f*. Petite glande.

**GLANDULEUX, EUSE**, *adj*. Qui est de la nature des glandes.

**GLANE**, *s. f*. Poignée d'épis.

**GLANER** (*part*. é, ée), *v. a*. Ramasser les épis qui n'ont pas été enlevés après la moisson; *fig*. Faire de petits profits.

**GLANEUR, EUSE**, *s*. Celui ou Celle qui glane.

**GLANURE**, *s. f*. Ce qu'on recueille en glanant.

**GLAPIR**, *v. n*. Crier (en parlant du cri aigre des renards et des petits chiens).

**GLAPISSANT, E**, *adj*. Qui glapit.

**GLAPISSEMENT**, *s. m*. Cri aigu des petits chiens.

**GLAS**, *s. m*. Son funèbre d'une cloche qu'on tinte après la mort de quelqu'un.

**GLAUQUE**, *adj*. 2 *g*. Qui est de la couleur vert de mer.

**GLÈBE**, *s. f*. Le fonds, le sol; les serfs.

**GLISSADE**, *s. f*. Action de glisser involontairement.

**GLISSANT, E**, *adj*. Sur quoi l'on glisse facilement.

**GLISSÉ**, *s. m*. Pas de danse.

**GLISSEMENT**, *s. m*. Action de glisser.

**GLISSER**, *v. n*. Couler sur un corps gras ou uni; — (*part*. é, ée), *v. a*. Insinuer; passer légèrement; *se* —, *v. pr*. S'insinuer, s'introduire adroitement.

**GLISSEUR**, *s. m*. Celui qui glisse sur la glace.

**GLISSOIRE**, *s. f*. Chemin sur la glace pour glisser.

**GLOBE**, *s. m*. Corps sphérique, la masse de la terre et des eaux; la terre; le monde.

**GLOBULE**, *s. m*. Petit globe.

**GLOBULEUX, EUSE**, *adj*. Composé de globules.

**GLOIRE**, *s. f*. (*sans pl*.). Honneur éclatant, estime, bonne réputation méritée; renommée, célébrité; puissance; splendeur; hommage, témoignage d'estime; béatitude; (*t. de peint., avec un pl*.) Représentation du ciel ouvert.

**GLORIEUSEMENT**, *adv*. Avec gloire, avec honneur.

**GLORIEUX, EUSE**, *adj*. Qui a ou Qui donne de la gloire; —, *adj*. et *s*. Vain, orgueilleux.

**GLORIFICATION**, *s. f*. Élévation à la gloire céleste.

**GLORIFIER** (*part*. é, ée), *v. a*. Honorer, rendre honneur et gloire; *se* —, *v. pr*. Tirer vanité d'une chose.

**GLORIOLE**, *s. f*. Petite vanité, vaine gloire.

**GLOSE**, *s. f*. Commentaire; paraphrase.

**GLOSER** (*part*. é, ée), *v. a*. Faire

une glose; —, v. n. et v. a. Critiquer, censurer.

**GLOSEUR, EUSE**, s. Celui ou Celle qui glose.

**GLOSSAIRE**, s. m. Vocabulaire, dictionnaire.

**GLOSSATEUR**, s. m. Auteur qui a glosé un ouvrage.

**GLOTTE**, s. f. Fente du larynx par laquelle on respire.

**GLOUGLOU**, s. m. Bruit que fait une liqueur en sortant d'une bouteille.

**GLOUGLOUTER** ou **GLOUGOTER**, v. n. Terme qui exprime le cri du dindon.

**GLOUSSEMENT**, s. m. Cri de la poule qui veut couver ou qui appelle ses poussins.

**GLOUSSER**, v. n. Faire des gloussements.

**GLOUTERON**, s. m. Plante médicinale, bardane.

**GLOUTON, ONNE**, adj. et s. Qui mange avec avidité; goulu.

**GLOUTONNEMENT**, adv. D'une manière gloutonne.

**GLOUTONNERIE**, s. f. Vice du glouton.

**GLU**, s. f. Matière visqueuse et tenace.

**GLUANT, E**, adj. Visqueux; qui est de la nature de la glu.

**GLUAU**, s. m. Petit bâton enduit de glu pour prendre des oiseaux.

**GLUER** (part. é, ée), v. a. Enduire de glu; poisser.

**GLUI**, s. m. Grosse paille de seigle pour couvrir les toits.

**GLUTEN** (l'n se pron.), s. m. Matière glutineuse.

**GLUTINEUX, EUSE**, adj. Gluant, visqueux.

**GNOME**, s. m. Habitant imaginaire du globe terrestre; genre d'insectes.

**GNOMON**, s. m. Instrument qui marque les heures par la direction de l'ombre que projette un corps solide sur une surface.

**GNOMONIQUE**, s. f. Art de tracer des cadrans solaires, lunaires ou astraux.

**GO (TOUT DE)**, loc. adv. Sans façon; sans obstacle.

**GOBELET**, s. m. Vase pour boire, pour escamoter; *joueur de gobelets*, escamoteur.

**GOBELINS**, s. m. pl. Nom d'une célèbre manufacture de tapisseries à Paris.

**GOBELOTTER**, v. n. Boire souvent et par petits coups.

**GOBE-MOUCHES**, s. m. (inv.) Espèce de lézard; *fig.* Homme qui passe son temps à niaiser.

**GOBER** (part. é, ée), v. a. Avaler avidement; *fig.* Croire avec légèreté; surprendre.

se **GOBERGER**, v. pr. Se mettre à son aise; se moquer.

**GOBEUR, EUSE**, s. Celui ou Celle qui gobe.

**GOBET**, s. m. Grosse cerise à courte queue.

**GODAILLER**, v. n. Boire avec excès; *trivial*.

**GODELUREAU**, s. m. Jeune homme qui fait le galant.

**GODER**, v. n. Faire de faux plis.

**GODET**, s. m. Vase à boire qui n'a ni pied, ni anse.

**GODIVEAU**, s. m. Pâté de hachis de viandes, etc.

**GOËLAND**, s. m. Sorte d'oiseau de mer.

**GOËLETTE**, s. m. Bâtiment à deux mâts, du port de cinquante à cent tonneaux.

**GOËMON**, s. m. Sorte de varech.

**GOGO (À)**, loc. adv. Dans l'abondance; *fam.*

**GOGUENARD, E**, adj. et s. m. Mauvais plaisant, railleur.

**GOGUENARDER**, v. n. Railler.

**GOGUENARDERIE**, s. f. Mauvaise plaisanterie.

**GOGUETTES**, s. f. pl. Propos joyeux.

**GOINFRE**, s. m. Celui qui mange avidement et sans choix.

**GOINFRER**, v. n. Manger beaucoup et gloutonnement.

**GOINFRERIE**, s. f. Gourmandise outrée.

**GOITRE**, s. m. Tumeur grosse et spongieuse à la gorge.

**GOÎTREUX, EUSE**, adj. Qui est de la nature du goitre; —, s. Celui ou Celle qui a un goitre.

**GOLFE**, *s. m.* Étendue de mer qui s'avance dans les terres.

**GOMME**, *s. f.* Substance épaisse qui découle de certains arbres.

**GOMME-GUTTE**, *s. f.* Gomme-résine de couleur jaune qui s'emploie en médecine comme purgatif, et dans la peinture à l'eau.

**GOMMÉ**, **ÉE**, *adj.* Enduit de gomme.

**GOMMER** (*part.* é, ée), *v. a.* Enduire de gomme.

**GOMME-RÉSINE**, *s. f.* Suc composé de gomme et de résine.

**GOMMEUX**, **EUSE**, *adj.* Qui contient de la gomme.

**GOMMIER**, *s. m.* Arbre d'Amérique qui jette de la gomme.

**GOND**, *s. m.* Morceau de fer coudé et rond par le haut, qui soutient la penture d'une porte.

**GONDOLE**, *s. f.* Bateau plat et couvert; petit vase à boire; espèce de grande voiture.

**GONDOLIER**, *s. m.* Celui qui fait métier de conduire les gondoles.

**GONFALON**, *s. m.* Bannière d'église formée de quatre pièces pendantes.

**GONFALONIER**, *s. m.* Premier magistrat d'une république d'Italie.

**GONFLEMENT**, *s. m.* Enflure.

**GONFLER** (*part.* é, ée), *v. a.* Enfler; *fig.* Enorgueillir; —, *v. n.* et *se* —, *v. pr.* S'enfler.

**GORDIEN**, *adj. m.* *Nœud* —, difficulté insurmontable.

**GORET**, *s. m.* Petit porc; *fig.* Personne malpropre.

**GORGE**, *s. f.* Partie antérieure du cou; gosier; sein; passage étroit entre deux montagnes.

**GORGE-DE-PIGEON**, *s. m.* et *adj.* (inv.). Couleur mélangée et nuancée comme celle de la gorge de certains pigeons.

**GORGÉE**, *s. f.* Quantité de liquide qu'on peut avaler en une fois.

**GORGER** (*part.* é, ée), *v. a.* Donner à manger avec excès; *fig.* Combler, remplir; *se* —, *v. pr.* Manger gloutonnement.

**GORGERETTE**, *s. f.* Espèce de collerette.

**GORGERIN**, *s. m.* Pièce de l'armure qui protégeait la gorge.

**GORGONE**, *s. f.* Personnage fabuleux dont la vue pétrifiait.

**GOSIER**, *s. m.* Partie intérieure de la gorge par où les aliments passent de la bouche dans l'estomac; canal de la respiration.

**GOTHIQUE**, *adj.* 2 g. Qui vient des Goths; *fig.* Ancien; qui est hors de mode; —, *s. m.* Genre d'architecture.

**GOUACHE**, *s. f.* Peinture faite avec des couleurs détrempées dans de l'eau mêlée de gomme.

**GOUDRON**, *s. m.* Composition de gomme, de poix, d'huile de poisson, etc., pour calfater.

**GOUDRONNER** (*part.* é, ée), *v. a.* Enduire de goudron.

**GOUFFRE**, *s. m.* Trou large et profond; précipice; tournoiement d'eau causé par deux courants opposés; *fig.* Abîme.

**GOUGE**, *s. f.* Ciseau à biseau concave, dont se servent les maréchaux.

**GOUJAT**, *s. m.* Valet d'armée; homme sale, grossier.

**GOUJON**, *s. m.* Sorte de petit poisson.

**GOULÉE**, *s. f.* Grosse bouchée; *terme trivial.*

**GOULET**, *s. m.* Goulot.

**GOULOT**, *s. m.* Cou étroit d'un vase; entrée étroite d'un port.

**GOULOTTE**, *s. f.* Rigole pour l'écoulement des eaux.

**GOULU**, **E**, *adj.* et *s.* Qui mange avec avidité.

**GOULÛMENT**, *adv.* Avidement.

**GOUPILLE** (ll m.), *s. f.* Petite cheville; clou sans tête.

**GOUPILLER** (ll m.; *part.* é, ée), *v. a.* Mettre une goupille.

**GOUPILLON** (ll m.), *s. m.* Aspersoir pour l'eau bénite; espèce de brosse pour nettoyer les vases.

**GOURD**, **E**, *adj.* Engourdi par le froid.

**GOURDE**, *s. f.* Courge vide servant de bouteille.

**GOURDIN**, *s. m.* Bâton gros et court.

**GOURDON**, chef-lieu d'arr. du dép. du Lot.

**GOUREUR**, *s. m.* Celui qui trompe, qui dupe; *fam.*

**GOURGANE**, *s. f.* Petite fève de marais.

**GOURMADE**, *s. f.* Coup de poing.

**GOURMAND, E**, *adj.* et *s.* Qui prend plaisir à manger outre mesure des mets choisis.

**GOURMANDISE**, *s. f.* Vice du gourmand, intempérance dans le manger.

**GOURME**, *s. f.* Maladie des jeunes chevaux; maladie de peau des enfants.

**GOURMER** (*part.* é, ée), *v. a.* Mettre la gourmette à un cheval; battre à coups de poing.

**GOURMET**, *s. m.* Celui qui sait connaître et goûter le vin.

**GOURMETTE**, *s. f.* Chaînette de fer attachée à la branche de la bride, et qui passe sous la ganache du cheval.

**GOUSSE**, *s. f.* Enveloppe qui couvre certaines graines; —, *d'ail*, tête d'ail.

**GOUSSET**, *s. m.* Le creux de l'aisselle; morceau de toile qu'on met à la manche d'une chemise, sous l'aisselle; petite poche de culotte.

**GOÛT**, *s. m.* Celui des cinq sens qui discerne la saveur; saveur, odeur; discernement; penchant; sentiment; caractère particulier d'un auteur, d'un ouvrage.

**GOÛTER**, *s. m.* Repas entre le dîner et le souper.

**GOÛTER** (*part.* é, ée), *v. a.* Sentir, discerner par le goût; éprouver; approuver; se plaire à; —, *v. n.* Faire son goûter.

**GOUTTE**, *s. f.* Petite partie d'un liquide; maladie douloureuse des articulations; *goutte à goutte*, *loc. adv.* Peu à peu; *ne voir goutte*, ne pas voir du tout.

**GOUTTELETTE**, *s. f.* Petite goutte.

**GOUTTEUX, EUSE**, *adj.* et *s.* Sujet à la goutte.

**GOUTTIÈRE**, *s. f.* Canal, tuyau pour l'écoulement des eaux de pluie.

**GOUVERNAIL** (l m.), *s. m.* Pièce de bois à l'arrière d'un bateau, d'un vaisseau, servant à le gouverner au moyen d'un timon mobile; queue d'un moulin à vent.

**GOUVERNANTE**, *s. f.* La femme d'un gouverneur; institutrice qui réside dans une famille; femme qui prend soin d'un ménage.

**GOUVERNE**, *s. f.* Règle de conduite.

**GOUVERNEMENT**, *s. m.* Charge, juridiction, hôtel d'un gouverneur; manière de gouverner; ceux qui gouvernent; constitution politique d'un État; éducation; direction.

**GOUVERNER** (*part.* é, ée), *v. a.* Administrer; régir; élever; conduire; maîtriser; *se* —, *v. pr.* Se conduire.

**GOUVERNEUR**, *s. m.* Commandant; intendant; administrateur; précepteur.

**GOYAVE**, *s. f.* Fruit du goyavier.

**GOYAVIER**, *s. m.* Arbre d'Amérique.

**GRABAT**, *s. m.* Mauvais lit.

**GRABATAIRE**, *adj.* 2 *g.* Qui est habituellement malade.

**GRABUGE**, *s. m.* Querelle, désordre.

**GRÂCE**, *s. f.* Faveur; crédit; pardon; marque de bonté; bienveillance; agrément; manières agréables; *au pl.* Prière qu'on dit après le repas; *action de* —, remercîment; *les Grâces*, déesses de la Fable; *de grâce*, *loc. adv.* Par bonté.

**GRACIABLE**, *adj.* 2 *g.* Digne de pardon; excusable.

**GRACIER** (*part.* é, ée), *v. a.* Faire à un condamné la remise de la peine qu'il doit subir.

**GRACIEUSEMENT**, *adv.* D'une manière gracieuse.

**GRACIEUSETÉ**, *s. f.* Accueil gracieux; civilité; petit présent.

**GRACIEUX, EUSE**, *adj.* Agréable, plein de grâces; doux, bienveillant.

**GRACILITÉ**, *s. f.* État d'une voix grêle.

**GRADATION**, *s. f.* Augmentation graduelle.

**GRADE**, *s. m.* Dignité; distinction; élévation; degrés que l'on prend dans les universités.

**GRADÉ**, *adj. m.* Qui a un grade militaire.

**GRADIN**, *s. m.* Petit degré; *au pl.* Bancs élevés en amphithéâtre.

**GRADUATION**, *s. f.* Division en degrés.

**GRADUÉ, ÉE**, *adj.* Divisé en degrés; —, *s. m.* Celui qui a obtenu un degré dans une université.

**GRADUEL, ELLE**, *adj.* Qui va par degrés; *psaumes graduels*, qui se chantaient sur les marches du temple; *graduel*, *s. m.* Livre d'église; versets qui se disent entre l'épître et l'évangile.

**GRADUELLEMENT**, *adv.* Par degrés.

**GRADUER** (*part.* é, ée), *v. a.* Diviser, augmenter par degrés; conférer un grade.

**GRAILLEMENT** (ll m.), *s. m.* Son enroué de la voix.

**GRAILLON** (ll m.), *s. m.* Restes d'un repas; *goût*, *odeur de* —, de viande ou de graisse brûlée.

**GRAIN**, *s. m.* Fruit, semence du froment, du seigle, de l'orge, de l'avoine, etc.; fruit de certaines plantes et de certains arbrisseaux: petites aspérités sur la surface d'une étoffe, d'une pierre, etc.; petite parcelle; poids égal à la soixante-douzième partie d'un gros; (*t. de mar.*) coup de vent.

**GRAINE**, *s. f.* Semence de certaines plantes; pepin.

**GRAINETIER**. Voy. *Grènetier*.

**GRAINIER, IÈRE**, *s.* Celui ou Celle qui vend des graines.

**GRAISSAGE**, *s. m.* Action de graisser.

**GRAISSE**, *s. f.* Substance animale huileuse, inflammable, aisée à fondre.

**GRAISSER** (*part.* é, ée); *v. a.* Enduire, frotter de graisse; —, *v. n.* Devenir huileux (en parlant du vin).

**GRAISSEUX, EUSE**, *adj.* Qui est de la nature de la graisse.

**GRAMEN** (l'*n* se pron.), *s. m.* Genre de plantes fromentacées, graminées, comme le chiendent.

**GRAMINÉE**, *adj. f.* Qui est de la nature du gramen; —, *s. f.* Plante de la nature du gramen.

**GRAMMAIRE**, *s. f.* Art de parler et d'écrire correctement; livre qui renferme les règles d'une langue.

**GRAMMAIRIEN**, *s. m.* Celui qui sait et enseigne la grammaire.

**GRAMMATICAL, E**, *adj.* Qui appartient à la grammaire; qui est conforme aux règles de la grammaire.

**GRAMMATICALEMENT**, *adv.* Selon les règles de la grammaire.

**GRAMME**, *s. m.* Unité de poids des mesures métriques (environ 19 grains).

**GRAND, E**, *adj.* Qui a des dimensions très-étendues; ample, vaste, spacieux; de haute taille; nombreux; principal; remarquable, célèbre, illustre; puissant; excessif; généreux, magnanime.

**GRAND**, *s. m.* Grandeur, élévation d'âme, d'esprit; sublimité; homme titré; *en* —, *loc. adv.* De grandeur naturelle; *fig.* Sous des rapports étendus.

**GRANDELET, ETTE**, *adj.* Un peu grand.

**GRANDEMENT**, *adv.* Avec grandeur, avec magnificence, noblement.

**GRANDESSE**, *s. f.* Titre nobiliaire, dignité en Espagne.

**GRANDEUR**, *s. f.* Qualité de ce qui est grand; longueur, largeur, ampleur, hauteur; étendue, espace, capacité; quantité, nombre; élévation, supériorité; pouvoir; énormité; tout ce qui peut être augmenté ou diminué.

**GRANDIOSE**, *adj.* 2 *g.* Grand, sublime.

**GRANDIR** (*part.* i, ie), *v. n.* Devenir grand, croître en hauteur; *se* —, *v. pr.* Se hausser.

**GRANDISSIME**, *adj.* 2 *g.* Très-grand.

**GRAND'MÈRE** (*au pl. grand'mères*), *s. f.* Mère de la mère ou du père.

**GRAND'MESSE** (*au pl. grand'messes*), *s. f.* Messe chantée.

**GRAND-ONCLE** (*au pl. grands-oncles*), *s. m.* Oncle de l'oncle ou de la tante.

**GRAND-PÈRE** (*au pl. grands-pères*), *s. m.* Père du père ou de la mère.

**GRAND'TANTE** (*au pl. grand'tantes*), *s. f.* Tante de l'oncle ou de la tante.

**GRANGE**, *s. f.* Lieu où l'on serre et où l'on bat les blés en gerbes.

**GRANIT**, *s. m.* Pierre dure formée d'un assemblage naturel d'autres pierres.

**GRANITIQUE**, *adj.* 2 *g.* Formé de granit, qui contient du granit.

**GRANIVORE**, *adj.* 2 *g.* Qui vit de graines.

**GRANULATION**, *s. f.* Action de granuler.

**GRANULER** (*part.* é, ée), *v. a.* Réduire (un métal) en petits grains.

**GRANULEUX, EUSE**, *adj.* Divisé en petits grains.

**GRAPHIQUE**, *adj.* 2 *g.* *Description* —, rendue sensible par une figure.

**GRAPHIQUEMENT**, *adv.* D'une manière graphique.

**GRAPHOMÈTRE**, *s. m.* Instrument pour lever des plans.

**GRAPPE**, *s. f.* Grains en bouquets pendants; assemblage de fleurs ou de fruits disposés par étages sur une queue commune.

**GRAPPILLER** (ll m.; *part.* é, ée), *v. n.* et *v. a.* Cueillir ce qui reste de raisin après la vendange; *fig.* Faire un petit gain.

**GRAPPILLEUR, EUSE** (ll m.), *s. m.* Celui ou Celle qui grappille.

**GRAPPILLON** (ll m.), *s. m.* Petite grappe.

**GRAPPIN**, *s. m.* Ancre à quatre becs sans jas; crochet.

**GRAS, ASSE**, *adj.* Qui a beaucoup de graisse; potelé, replet; sali de graisse; trop épaissi; —, *s. m.* Graisse; endroit le plus charnu (de la jambe); mets gras.

**GRAS-DOUBLE** (*sans pl.*), *s. m.* Membrane de l'estomac du bœuf.

**GRASSE**, chef-lieu d'arr. du dép. du Var.

**GRASSEMENT**, *adv.* A son aise, commodément; généreusement.

**GRASSET, ETTE**, *adj.* Un peu gras.

**GRASSEYEMENT**, *s. m.* Prononciation de celui qui grasseye.

**GRASSEYER**, *v. n.* Prononcer avec embarras certaines consonnes, principalement la lettre *r*.

**GRASSEYEUR, EUSE**, *s.* Celui ou Celle qui grasseye.

**GRASSOUILLET, ETTE** (ll m.), *adj.* Un peu gras.

**GRATERON**, *s. m.* Plante rude au toucher et qui s'attache aux habits, au linge.

**GRATIFICATION**, *s. f.* Don, libéralité.

**GRATIFIER** (*part.* é, ée), *v. a.* Favoriser par des libéralités.

**GRATIN**, *s. m.* Partie de la bouillie, de la sauce, etc., qui s'attache au poêlon.

**GRATIS** (pron. l'*s*), *adv.* Sans frais, gratuitement.

**GRATITUDE**, *s. f.* Reconnaissance d'un bienfait reçu.

**GRATTE-CUL** (*au pl. gratte-culs*), *s. m.* Fruit du rosier, de l'églantier.

**GRATTELLE**, *s. f.* Petite gale.

**GRATTE-PAPIER**, *s. m.* Copiste ignorant.

**GRATTER** (*part.* é, ée), *v. a.* Racler avec les ongles, etc., l'endroit où il démange; ratisser; racler; *se* —, *v. pr.* Ratisser avec ses ongles quelque partie de son corps.

**GRATTOIR**, *s. m.* Outil pour gratter, pour nettoyer.

**GRATUIT, E**, *adj.* Fait ou Donné gratis ou sans qu'on y soit obligé; qui n'a pas de fondement.

**GRATUITÉ**, *s. f.* Caractère de ce qui est gratuit.

**GRATUITEMENT**, *adv.* D'une manière gratuite, gratis; sans fondement.

**GRAVATIER**, *s. m.* Charretier qui enlève les gravois.

**GRAVATS**, *s. m. pl.* Gravois.

**GRAVE**, *adj.* 2 *g.* Lourd; pesant; circonspect, sérieux; important; *accent* — (*t. de gramm.*), qui va de gauche à droite (`); —, *s. m.* Gravité, sérieux.

**GRAVELEUX, EUSE**, *adj.* Mêlé de gravier; attaqué de la gravelle; *propos* —, trop libre.

**GRAVELLE**, *s. f.* Petites pierres dans les reins.

**GRAVELURE**, *s. f.* Propos libre.

**GRAVEMENT**, *adv.* Avec gravité.

**GRAVER** (*part.* é, ée), *v. a.* Tracer quelque figure sur un corps dur en creusant; *fig.* Imprimer fortement (dans le cœur, l'esprit, la mémoire)

**GRAVEUR**, *s. m.* Artiste dont la profession est de graver.

**GRAVIER**, *s. m.* Gros sable mêlé de très-petits cailloux; sable dans l'urine.

**GRAVIR** (*part.* i, ie), *v. n.* et *v. a.* Monter difficilement par une pente escarpée.

**GRAVITATION**, *s. f.* Attraction, action de graviter.

**GRAVITÉ**, *s. f.* Extérieur grave, sérieux; pesanteur des corps, de la matière.

**GRAVITER**, *v. n.* Tendre et peser vers un point.

**GRAVOIS**, *s. m. pl.* Débris de démolition.

**GRAVURE**, *s. f.* Art et ouvrage du graveur; empreinte de planche gravée.

**GRAY**, chef-lieu d'arr. du dép. de la Haute-Saône.

**GRÉ**, *s. m.* Bonne volonté.

**GREC, GRECQUE**, *adj.* et *s.* Qui est de Grèce; qui a rapport à la Grèce; *fig.* Rusé; avare.

**GRÈCE**, *s. f.* Partie méridionale de la Turquie d'Europe, constituée en royaume.

**GREDIN, E**, *s.* Coquin, personne vile; *pop.*

**GREDINERIE**, *s. f.* Action de gredin; *trivial.*

**GRÉEMENT**, *s. m.* Ce qui sert à gréer un vaisseau.

**GRÉER** (*part.* é, ée), *v. a.* Équiper (un vaisseau).

**GRÉEUR**, *s. m.* Celui qui grée les navires.

**GREFFE**, *s. m.* Bureau où l'on expédie les jugements, où l'on garde les actes; —, *s. f.* Œil d'arbre enté dans un autre; opération par laquelle on greffe.

**GREFFER** (*part.* é, ée), *v. a.* Enter une branche d'arbre sur un autre arbre.

**GREFFEUR**, *s. m.* Celui qui greffe.

**GREFFOIR**, *s. m.* Instrument pour greffer.

**GRÉGE**, *adj. f.* *Soie* —, sortant de dessus le cocon.

**GRÉGEOIS**, *adj. m.* *Feu* —, qui brûle dans l'eau.

**GRÉGORIEN, ENNE**, *adj.* Institué par le pape saint Grégoire.

**GRÈGUE**, *s. f.* Culotte.

**GRÊLE**, *s. f.* Pluie congelée qui tombe par grains; *fig.* Grande quantité.

**GRÊLE**, *adj.* 2 *g.* Long et menu; fluet, délicat.

**GRÊLÉ, ÉE**, *adj.* Marqué de la petite vérole.

**GRÊLER** (*part.* é, ée), *v. a.* Frapper de la grêle; gâter, ravager par la grêle; —, *v. impers.* Il tombe de la grêle.

**GRELIN**, *s. m.* Cordage moins gros que le câble.

**GRÊLON**, *s. m.* Gros grain de grêle.

**GRELOT**, *s. m.* Petite sonnette de métal.

**GRELOTTER**, *v. n.* Trembler de froid.

**GRENADE**, *s. f.* Fruit du grenadier; petite bombe remplie de poudre à canon.

**GRENADIER**, *s. m.* Arbrisseau remarquable par ses belles fleurs rouges; soldat d'élite.

**GRENADINE**, *s. f.* Soie qui sert à fabriquer de la dentelle noire.

**GRENAILLE** (ll m.), *s. f.* Métal réduit en grains; rebut de graines pour les volailles.

**GRENAILLER** (*part.* é, ée), *v. a.* Réduire en grenaille.

**GRENAT**, *s. m.* Pierre précieuse rouge.

**GRENER**, *v. n.* Produire de la graine; — (*part.* é, ée), *v. a.* Réduire en grains.

**GRÈNETERIE**, *s. f.* Commerce du grènetier.

**GRÈNETIER, IÈRE**, *s.* Marchand de graines.

**GRENIER**, *s. m.* Lieu où l'on serre les grains; le plus haut étage d'une maison.

**GRENOBLE**, chef-lieu du dép. de l'Isère.

**GRENOUILLE** (ll m.), *s. f.* Petit animal qui vit dans les marais.

**GRENOUILLÈRE** (ll m.), *s. f.* Lieu marécageux où se tiennent les grenouilles.

**GRENU, E**, *adj.* Plein de grains.

**GRÈS**, *s. m.* Pierre formée de

grains de sable fin; poterie de glaise mêlée de grès.

GRÉSIL (l m.), *s. m.* Menue grêle.

GRÉSILLEMENT (ll m.), *s. m.* Action de grésiller; état de ce qui est grésillé.

GRÉSILLER (ll m.), *v. impers.*, se dit du grésil qui tombe; — (*part.* é, ée), *v. a.* Racornir, froncer.

GRESSERIE, *s. f.* Carrière de grès; poterie de grès.

GRÈVE, *s. f.* Plage unie et sablonneuse au bord de la mer.

GREVER (*part.* é, ée), *v. a.* Faire tort; léser; charger de contributions.

GRIBLETTE, *s. f.* Morceau de porc rôti sur le gril.

GRIBOUILLAGE (ll m.), *s. m.* Griffonnage; mauvaise peinture.

GRIBOUILLER (ll m.), *v. n.* Faire du gribouillage.

GRIBOUILLETTE (ll m.), *s. f.* Jeu d'enfants.

GRIÈCHE, *adj.* 2 *g.* *Pie* —, sorte de petite pie grise, et au *fig.* Femme querelleuse.

GRIEF, *s. m.* Tort; dommage; plainte.

GRIEF, ÈVE, *adj.* Fâcheux, grave; énorme.

GRIÈVEMENT, *adv.* D'une manière grièvе.

GRIÈVETÉ, *s. f.* Énormité.

GRIFFADE, *s. f.* Coup de griffe.

GRIFFE, *s. f.* Ongle crochu et pointu de certains animaux; empreinte d'une signature.

GRIFFER (*part.* é, ée), *v. a.* Égratigner, prendre avec la griffe.

GRIFFON, *s. m.* Sorte d'oiseau de proie; sorte de chien à moustaches.

GRIFFONNAGE, *s. m.* Écriture illisible.

GRIFFONNER (*part.* é, ée), *v. a.* et *v. n.* Écrire illisiblement.

GRIFFONNEUR, *s. m.* Celui qui écrit mal.

GRIGNON, *s. m.* Morceau de croûte de pain bien cuite.

GRIGNOTER (*part.* é, ée), *v. n.* et *v. a.* Manger doucement, en rongeant.

GRIGOU, *s. m.* Gueux; avare.

GRIL (*l* ne se pron. pas), *s. m.* Ustensile de cuisine pour faire griller ou rôtir la viande.

GRILLADE (ll m.), *s. f.* Viande grillée.

GRILLAGE (ll m.), *s. m.* Garniture de fils de fer ou de laiton qui s'entrelacent.

GRILLE (ll m.), *s. f.* Barreaux en bois ou en fer fermant une ouverture.

GRILLER (ll m.; *part.* é, ée), *v. a.* Faire rôtir sur le gril; brûler; fermer avec une grille; —, *v. n.* Rôtir sur le gril; *fig.* Désirer vivement.

GRILLON (ll m.), *s. m.* Cigale de nuit, petit insecte.

GRIMAÇANT, E, *adj.* Qui grimace.

GRIMACE, *s. f.* Contorsion du visage; *fig.* Feinte, dissimulation; boîte dont le dessus forme pelote; mauvais pli.

GRIMACER, *v. n.* Faire des grimaces.

GRIMACIER, IÈRE, *adj.* et *s.* Qui a l'habitude de faire des grimaces.

GRIMAUD, *s. m.* Écolier des basses classes; *t. de mépris.*

GRIME, *s. m.* Acteur qui joue les rôles à caricature.

se GRIMER (*part.* é, ée), *v. pr.* Se rider le visage pour jouer les rôles de grime.

GRIMOIRE, *s. m.* Livre contenant les formules de la magie; *fig.* Discours obscur; écriture illisible.

GRIMPANT, E, *adj.* Qui grimpe.

GRIMPER, *v. n.* Gravir, monter en s'aidant des pieds et des mains.

GRIMPEURS, *s. m. pl.* Ordre d'oiseaux qui grimpent le long des arbres.

GRINCEMENT, *s. m.* Action de grincer les dents.

GRINCER (*part.* é, ée), *v. a.* et *v. n.* *Grincer les dents* ou — *des dents*, serrer les dents en les frottant par un mouvement convulsif de rage ou de douleur.

GRINGOTTER, *v. n.* Fredonner (en parlant des oiseaux).

GRIOTTE, *s. f.* Espèce de cerise dont la chair est ferme et noirâtre; marbre brun et rouge.

GRIOTTIER, *s. m.* Arbre qui porte des griottes.

**GRIPPE**, *s. f.* Fantaisie, caprice; aversion; espèce de rhume épidémique.

**GRIPPER** (*part.* é, ée), *v. a.* Attraper subtilement; *se* —, *v. pr.* Se froncer (en parlant des étoffes); se prévenir contre quelqu'un.

**GRIPPE-SOU** (*au pl. grippe-sous*), *s. m.* Celui qui s'attache à des gains sordides.

**GRIS**, *s. m.* Couleur mélangée de noir et de blanc; — *de perle*, sorte de gris qui a l'éclat de la perle; — *de lin*, mêlé de rouge; *petit-gris*, fourrure de couleur grise; *vert-de-gris*, rouille sur le cuivre.

**GRIS**, **E**, *adj.* Qui est de couleur grise; *temps gris*, couvert et froid; *homme gris*, à demi ivre.

**GRISAILLE** (ll m.), *s. f.* Peinture avec deux couleurs, l'une claire et l'autre brune.

**GRISÂTRE**, *adj.* 2 *g.* Qui tire sur le gris.

**GRISER** (*part.* é, ée), *v. a.* Faire boire quelqu'un jusqu'à le rendre demi-ivre; —, *v. n.* Étourdir, porter à la tête; *se* —, *v. pr.* S'enivrer.

**GRISET**, *s. m.* Jeune chardonneret qui n'a pas encore pris ses couleurs distinctives.

**GRISOLLER**, *v. n.* Chanter (en parlant de l'alouette).

**GRISON**, **ONNE**, *adj.* Qui est gris, qui blanchit (en parlant de la barbe et des cheveux); —, *s.* Personne dont les cheveux ou la barbe blanchissent; —, *s. m.* Âne, ânon.

**GRISONNER**, *v. n.* Devenir grison.

**GRISOU**, *s.* et *adj.* Gaz inflammable dans les mines de houille.

**GRIVE**, *s. f.* Oiseau du genre du merle, bon à manger.

**GRIVOIS**, **E**, *adj.* et *s.* Éveillé, alerte, gai, vif.

**GROG**, *s. m.* Mélange d'eau-de-vie et d'eau qui sert de boisson aux marins.

**GROGNARD**, **E**, *adj.* et *s.* Qui a l'habitude de gronder.

**GROGNEMENT**, *s. m.* Action de grogner; cri des pourceaux.

**GROGNER**, *v. n.* Gronder en murmurant; crier (en parlant des pourceaux).

**GROGNEUR**, **EUSE**, *adj.* et *s.* Qui grogne souvent.

**GROGNON**, *adj.* et *s.* 2 *g.* Qui a l'habitude de grogner.

**GROIN**, *s. m.* Museau de cochon.

**GROMMELER**, *v. n.* Murmurer entre les dents.

**GRONDEMENT**, *s. m.* Bruit sourd.

**GRONDER** (*part.* é, ée), *v. a.* Adresser des réprimandes; —, *v. n.* Murmurer entre ses dents; faire un bruit sourd (en parlant du tonnerre, du vent, etc.).

**GRONDERIE**, *s. f.* Réprimande vive.

**GRONDEUR**, **EUSE**, *adj.* et *s.* Qui aime à gronder.

**GROS**, *s. m.* Ancienne mesure de poids, huitième partie de l'once.

**GROS**, *s. m.* La partie la plus forte, la plus épaisse d'une chose; le *gros*, la masse la plus considérable; *gros de Naples*, *gros de Tours*, étoffes de soie qui se fabriquent à Naples et à Tours; —, *adv.* Beaucoup; *en gros*, *loc. adv.* Sans entrer dans le détail.

**GROS**, **OSSE**, *adj.* Épais, volumineux; nombreux; qui a de l'embonpoint; qui n'est pas menu, peu délicat; opulent; *temps gros*, orageux; *mer grosse*, agitée.

**GROSEILLE** (ll m.), *s. f.* Petit fruit rouge ou blanc en grappes.

**GROSEILLIER** (ll m.), *s. m.* Arbrisseau épineux qui porte les groseilles.

**GROSSE**, *s. f.* Douze douzaines de certaines marchandises; rôle d'écritures; expédition d'un acte judiciaire ou notarié.

**GROSSESSE**, *s. f.* État d'une femme enceinte; durée de cet état.

**GROSSEUR**, *s. f.* État de ce qui est gros; tumeur.

**GROSSIER**, **IÈRE**, *adj.* et *s.* Épais, qui n'est pas délié; peu délicat; brut, mal travaillé; rude; *fig.* Peu civilisé.

**GROSSIÈREMENT**, *adv.* D'une manière grossière.

**GROSSIÈRETÉ**, *s. f.* Caractère de ce qui est grossier; *fig.* Manque de délicatesse; impolitesse; parole grossière, malhonnête.

**GROSSIR** (*part.* i, ie), *v. a.* Rendre gros ; faire paraître plus gros ; augmenter ; *fig.* Exagérer ; —, *v. n.* Devenir gros ; croître ; engraisser.

**GROSSISSEMENT**, *s. m.* Action de grossir, de faire paraître plus gros ; état de ce qui est grossi.

**GROSSOYER** (*part.* é, ée ; se conj. sur *Ployer*), *v. a.* Faire la grosse d'un acte.

**GROTESQUE**, *adj.* 2 *g.* et *s. m.* Ridicule, bizarre, extravagant.

**GROTESQUEMENT**, *adv.* D'une manière ridicule.

**GROTTE**, *s. f.* Caverne naturelle, ou faite de main d'homme.

**GROUILLANT, E** (ll m.), *adj.* Qui grouille.

**GROUILLEMENT** (ll m.), *s. m.* Mouvement et bruit de ce qui grouille.

**GROUILLER** (ll m.), *v. n.* Remuer, s'agiter ; fourmiller.

**GROUP**, *s. m.* Sac plein d'or ou d'argent expédié d'un lieu à un autre.

**GROUPE**, *s. m.* Assemblage d'objets tellement rapprochés que l'œil les embrasse à la fois ; réunion de plusieurs personnes.

**GROUPER** (*part.* é, ée), *v. a.* Mettre en groupe, réunir ; —, *v. n.* et *se* —, *v. pr.* Former un groupe.

**GRUAU**, *s. m.* Grain mondé.

**GRUE**, *s. f.* Gros oiseau de passage ; machine pour élever les pierres.

**GRUGER** (*part.* é, ée), *v. a.* Briser quelque chose de dur ou de sec avec les dents ; *fig.* Ruiner peu à peu.

**GRUME**, *s. f.* Bois coupé et encore couvert de son écorce.

**GRUMEAU**, *s. m.* Petite portion de lait ou de sang caillé.

se **GRUMELER** (*part.* é, ée), *v. pr.* Se prendre en grumeaux.

**GRUMELEUX, EUSE**, *adj.* Qui a de petites inégalités dures.

**GRUYÈRE**, *s. m.* Fromage suisse qui tire son nom du lieu où il se fabrique.

**GUADELOUPE (LA)**, île française des Antilles.

**GUÉ**, *s. m.* Endroit d'une rivière où l'on passe à pied.

**GUÉABLE**, *adj.* 2 *g.* Où l'on peut passer à gué.

**GUÉER** (*part.* é, ée), *v. a.* Baigner, laver dans l'eau.

**GUENILLE** (ll m.), *s. f.* Haillon ; chiffon ; vieilles hardes.

**GUENILLON** (ll m.), *s. m.* Petite guenille.

**GUENON**, *s. f.* Femelle du singe.

**GUENUCHE**, *s. f.* Petite guenon.

**GUÊPE**, *s. f.* Grosse mouche semblable à l'abeille.

**GUÊPIER**, *s. m.* Nid de guêpes.

**GUÈRE** ou **GUÈRES**, *adv.* Peu.

**GUÉRET**, *s. m.* Terre labourée, non ensemencée.

**GUÉRET**, chef-lieu du dép. de la Creuse.

**GUÉRIDON**, *s. m.* Petite table ronde à un seul pied ou à trois pieds.

**GUÉRIR** (*part.* i, ie), *v. a.* Délivrer de maladie ; rendre la santé ; *fig.* Désabuser, tirer d'erreur ; —, *v. n.* et *se* —, *v. pr.* Recouvrer la santé.

**GUÉRISON**, *s. f.* Retour à la santé.

**GUÉRISSABLE**, *adj.* 2 *g.* Qui peut être guéri.

**GUÉRITE**, *s. f.* Petite loge pour une sentinelle.

**GUERRE**, *s. f.* Contestation armée entre des puissances souveraines, des peuples, des partis, etc. ; débat, dissension, lutte.

**GUERRIER, IÈRE**, *adj.* Qui appartient à la guerre ; propre à la guerre ; *guerrier*, *s. m.* Celui qui fait ou qui a fait la guerre.

**GUERROYER**, *v. n.* Faire la guerre.

**GUERROYEUR**, *s. m.* Celui qui aime à faire la guerre.

**GUET**, *s. m.* Fonction d'un soldat mis en sentinelle ; ceux qui font le guet.

**GUET-APENS**, *s. m.* (inv.). Embûche ; dessein prémédité pour nuire.

**GUÊTRE**, *s. f.* Chaussure qui couvre la jambe et le dessus du pied.

**GUÊTRER** (*part.* é, ée), *v. a.* Mettre des guêtres.

**GUETTER** (*part.* é, ée), *v. a.* Faire le guet ; épier à dessein de surprendre.

**GUETTEUR**, *s. m.* Celui qui est chargé de guetter.

**GUEULARD, E**, *s.* Celui ou Celle qui parle haut et beaucoup ; *t. bas.*

**GUEULE**, *s. f.* Bouche des animaux ; large ouverture de certaines choses.

**GUEULÉE**, *s. f.* Grosse bouchée ; *t. trivial.*

**GUEULER**, *v. n.* Crier très-haut ; *t. bas.*

**GUEULES**, *s. f. pl.* La couleur rouge (dans le blason).

**GUEUSAILLER**, *v. n.* Gueuser.

**GUEUSARD**, *s. m.* Gueux ; *t. trivial.*

**GUEUSE**, *s. f.* Pièce de fer non purifié.

**GUEUSER**, *v. n.* Mendier, faire le métier de gueux.

**GUEUSERIE**, *s. f.* Indigence, misère.

**GUEUX, EUSE**, *adj.* Fripon ; mendiant.

**GUI**, *s. m.* Plante parasite.

**GUICHET**, *s. m.* Petite porte de prison ; fenêtre grillée.

**GUICHETIER**, *s. m.* Valet de geôlier qui ouvre et ferme les guichets.

**GUIDE**, *s. m.* Celui qui accompagne pour guider ; celui qui donne des avis, des instructions ; ce qui sert de modèle.

**GUIDE**, *s. f.* Longe de cuir pour conduire les chevaux.

**GUIDE-ÂNE** (*au pl. guide-ânes*), *s. m.* Ce qui est propre à guider sans effort d'intelligence.

**GUIDER** (*part.* é, ée), *v. a.* Conduire ; *fig.* Diriger.

**GUIDON**, *s. m.* Enseigne militaire.

**GUIENNE**, ancienne province qui forme aujourd'hui les dép. de la Gironde, de Lot-et-Garonne, de la Dordogne, du Lot et de l'Aveyron.

**GUIGNE**, *s. f.* Espèce de grosse cerise.

**GUIGNER**, *v. n.* Fermer à demi les yeux en regardant ; — (*part.* é, ée), *v. a.* Regarder sans faire semblant ; *fig.* Convoiter.

**GUIGNIER**, *s. m.* Arbre qui porte les guignes.

**GUIGNON**, *s. m.* Malheur.

**GUILÉE**, *s. f.* Giboulée.

**GUILLAUME** (ll m.), *s. m.* Sorte de rabot.

**GUILLEMET** (ll m.), *s. m.* Signe typographique pour indiquer les citations.

**GUILLEMETER** (*part.* é, ée), *v. a.* Marquer par des guillemets.

**GUILLERET, ETTE** (ll m.), *adj.* Gai, éveillé ; trop léger.

**GUILLERI**, *s. m.* Chant du moineau.

**GUILLOCHER** (ll m. ; *part.* é, ée), *v. a.* Faire du guillochis.

**GUILLOCHIS** (ll m.), *s. m.* Compartiments pour orner un ouvrage.

**GUILLOTINE** (ll m.), *s. f.* Instrument de supplice pour trancher la tête.

**GUILLOTINER** (ll m. ; *part.* é, ée), *v. a.* Trancher la tête avec la guillotine.

**GUIMAUVE**, *s. f.* Espèce de mauve employée en médecine.

**GUIMBARDE**, *s. f.* Long chariot couvert ; petit instrument de musique en acier.

**GUIMPE**, *s. f.* Vêtement pour couvrir le cou.

**GUINDER** (*part.* é, ée), *v. a.* Hausser au moyen d'une machine ; *se* —, *v. pr.* Affecter de l'élévation. (Au *part. p.* Contraint, gêné, affecté.)

**GUINÉE**, *s. f.* Monnaie d'or d'Angleterre qui vaut environ 25 francs ; sorte de mousseline.

**GUINGAN**, *s. m.* Toile de coton.

**GUINGAMP**, chef-lieu d'arr. du dép. des Côtes-du-Nord.

**GUINGOIS**, *s. m.* État de ce qui est de travers ; *de* —, *loc. adv.* De travers.

**GUINGUETTE**, *s. f.* Petit cabaret hors de la ville.

**GUIPURE**, *s. f.* Espèce de dentelle de fil ou de soie.

**GUIRLANDE**, *s. f.* Couronne, festons de fleurs.

**GUISE**, *s. f.* Habitude, manière, façon d'agir.

**GUITARE**, *s. f.* Instrument de musique à cinq ou six cordes.

**GUITARISTE**, *s. m.* Celui qui joue de la guitare.

**GUSTATIF, IVE**, *adj.* *Nerf* —, qui sert à l'organe du goût.

**GUSTATION**, *s. f.* Sensation du goût.

**GUTTE**. Voy. *Gomme-gutte*.

**GUTTURAL, E**, *adj.* et *s. f.* Qui appartient au gosier ; qui vient du gosier.

**GYMNASE**, *s. m.* Lieu d'exercice, chez les Grecs; école publique.

**GYMNASTIQUE**, *s. f.* Art d'exercer le corps; —, *adj.* 2 *g.* Qui a pour but d'exercer le corps.

**GYMNIQUE**, *s. f.* Art relatif aux exercices des athlètes; —, *adj.* 2 *g.* *Jeux gymniques*, combats d'athlètes nus.

**GYPSE**, *s. m.* Pierre calcaire; pierre à plâtre.

**GYPSEUX**, **EUSE**, *adj.* Qui est de la nature du gypse.

## H.

**H**, *s. m.* et *s. f.* Huitième lettre de l'alphabet : on prononce *ache* selon l'appellation ancienne et usuelle, alors ce nom est féminin; on prononce *he* selon la méthode nouvelle, et il est alors masculin.

**HA** (*h* asp.)! *interj.* qui marque la surprise, la douleur, etc.

**HABEAS-CORPUS**, *s. m.* Loi anglaise qui donne à un prisonnier le droit de rentrer en liberté sous caution.

**HABILE**, *adj.* 2 *g.* Capable, intelligent, adroit, savant.

**HABILEMENT**, *adv.* Avec habileté.

**HABILETÉ**, *s. f.* Capacité, intelligence, adresse.

**HABILITÉ**, *s. f.* Aptitude à succéder.

**HABILITER** (*part.* é, ée), *v. a.* Donner l'habilité.

**HABILLAGE**, *s. m.* Préparation des pièces qui doivent être cuites à la broche.

**HABILLEMENT** (ll m.), *s. m.* Habit, vêtement.

**HABILLER** (ll m.; *part.* é, ée), *v. a.* Vêtir; donner ou faire un habit; couvrir; envelopper; déguiser; —, *v. n.* Faire des vêtements; aller bien ou mal (en parlant des habits); *s'*—, *v. pr.* Mettre ses habits.

**HABIT**, *s. m.* Vêtement; ce qui sert à couvrir le corps.

**HABITABLE**, *adj.* 2 *g.* Qui peut être habité.

**HABITACLE**, *s. m.* Demeure, séjour.

**HABITANT**, **E**, *s.* et *adj.* Celui ou Celle qui habite ordinairement en quelque lieu.

**HABITATION**, *s. f.* Demeure; logis; lieu de domicile.

**HABITER** (*part.* é, ée), *v. a.* et *v. n.* Demeurer, loger; faire sa demeure, sa résidence.

**HABITUDE**, *s. f.* Coutume; pratique ordinaire; aisance; facilité.

**HABITUÉ**, *s. m.* Celui qui fréquente habituellement un lieu.

**HABITUEL**, **ELLE**, *adj.* Passé en habitude.

**HABITUELLEMENT**, *adv.* Par habitude.

**HABITUER** (*part.* é, ée), *v. a.* Accoutumer, faire prendre l'habitude; *s'*—, *v. pr.* S'accoutumer à.

**HÂBLER** (*h* asp.), *v. n.* Mentir, se vanter sans sujet.

**HÂBLERIE** (*h* asp.), *s. f.* Mensonge; jactance.

**HÂBLEUR**, **EUSE** (*h* asp.), *s.* Celui ou Celle qui a l'habitude de hâbler.

**HACHE** (*h* asp.), *s. f.* Instrument de fer tranchant pour fendre du bois; cognée; — *d'armes*, sorte d'arme offensive.

**HACHE-PAILLE** (*h* asp.) *s. m.* (inv.). Instrument pour couper la paille.

**HACHER** (*h* asp.; *part.* é, ée), *v. a.* Couper en petits morceaux.

**HACHEREAU** (*h* asp.), *s. m.* Petite cognée.

**HACHETTE** (*h* asp.), *s. f.* Petite hache; marteau tranchant d'un côté.

**HACHIS** (*h* asp.), *s. m.* Ragoût de viande hachée.

**HACHOIR** (*h* asp.), *s. m.* Table sur laquelle on hache les viandes; couteau pour hacher.

**HACHURES** (*h* asp.), *s. f. pl.* Lignes par lesquelles on figure les ombres et les demi-teintes dans un dessin.

**HAGARD**, **E** (*h* asp.), *adj.* Farouche, rude.

**HAGIOGRAPHE**, *adj.* 2 *g.* et *s. m.*, se dit de certains livres de la Bible ou des auteurs qui ont écrit sur ceux de ces livres qui ne sont ni de Moïse ni des prophètes.

**HAGIOLOGIQUE**, *adj.* 2 *g.* Qui a rapport aux saints.

**HAHA** (*h* asp.), *s. m.* Ouverture au mur d'un jardin, avec un fossé en dehors.

**HAIE** (*h* asp.), *s. f.* Clôture de ronces, d'épines; rangée de personnes ou de choses; pièce de la charrue.

**HAÏE** (*h* asp.), *interj.* Cri des charretiers, pour animer les chevaux.

**HAILLON** (*h* asp.; ll m.), *s. m.* Vieux lambeau d'étoffe.

**HAINE** (*h* asp.), *s. f.* Inimitié; aversion; répugnance.

**HAINEUX, EUSE** (*h* asp.), *adj.* Porté à la haine; rancunier.

**HAÏR** (*h* asp.; *ind. pr.* je hais, tu hais, il hait, nous haïssons, vous haïssez, ils haïssent; *part. p.* haï, ïe, etc.), *v. a.* Avoir de la haine, de l'aversion.

**HAIRE** (*h* asp.), *s. f.* Chemise de crin.

**HAÏSSABLE** (*h* asp.), *adj.* 2 *g.* Odieux; qui inspire la haine.

**HALAGE** (*h* asp.), *s. m.* Action de haler un bateau; *chemin de* —, voie réservée pour les chevaux qui tirent un bateau contre le courant.

**HALBRAN** (*h* asp.), *s. m.* Jeune canard sauvage.

**HÂLE** (*h* asp.), *s. m.* Ardeur du soleil; air qui dessèche, qui noircit le teint, qui flétrit les feuilles.

**HALEINE**, *s. f.* Air attiré et repoussé par les poumons; faculté de respirer; souffle; *en* —, *loc. adv.* En exercice.

**HALENÉE**, *s. f.* Air qui sort de la bouche en une seule respiration.

**HÂLER** (*h* asp.; *part.* é, ée), *v. a.* Brunir le teint par l'effet du soleil; flétrir.

**HALER** (*h* asp.; *part.* é, ée), *v. a.* Tirer un bateau avec une corde.

**HALETANT, E** (*h* asp.), *adj.* Essoufflé; qui est hors d'haleine.

**HALETER** (*h* asp.), *v. n.* Être hors d'haleine; respirer péniblement.

**HALEUR** (*h* asp.), *s. m.* Celui qui hale un bateau.

**HALLAGE** (*h* asp.), *s. m.* Droit sur les denrées qui sont amenées au marché.

**HALLALI**, *s. m.* Signal de chasse pour indiquer que le cerf est aux abois.

**HALLE** (*h* asp.), *s. f.* Place publique où se tient le marché.

**HALLEBARDE** (*h* asp.), *s. f.* Pique traversée d'un croissant.

**HALLEBARDIER** (*h* asp.), *s. m.* Homme armé d'une hallebarde.

**HALLIER** (*h* asp.), *s. m.* Buisson fort épais; gardien d'une halle; marchand des halles.

**HALLUCINATION**, *s. f.* Illusion des sens.

**HALO** (*h* asp.), *s. m.* Cercle lumineux autour des astres.

**HALOIR** (*h* asp.), *s. m.* Lieu où l'on sèche le chanvre.

**HALOT** (*h* asp.), *s. m.* Trou de lapins dans une garenne.

**HALTE** (*h* asp.), *s. f.* Pause; lieu où l'on s'arrête; repas pendant cette pause; *halte-là*, *interj.* pour arrêter.

**HAMAC** (*h* asp.), *s. m.* Lit suspendu.

**HAMADRYADE**, *s. f.* Nymphe des bois.

**HAMBOURGEOIS, E** (*h* asp.), *adj.* et *s.* Qui est de Hambourg.

**HAMEAU** (*h* asp.), *s. m.* Petit village.

**HAMEÇON**, *s. m.* Crochet pour prendre le poisson; *fig.* Appât.

**HAMPE** (*h* asp.), *s. f.* Bois d'une hallebarde, d'un épieu, d'un pinceau, d'un drapeau.

**HAN** (*h* asp.). Cri sourd et guttural d'un homme qui frappe avec effort.

**HANCHE** (*h* asp.), *s. f.* Partie du corps où s'emboîte le haut de la cuisse.

**HANGAR** (*h* asp.), *s. m.* Remise pour des chariots, etc.

**HANNETON** (*h* asp.), *s. m.* Sorte de scarabée; *fig.* Jeune étourdi.

**HANOVRIEN, ENNE** (*h* asp.), *adj.* Qui est du Hanovre.

**HANSE**, *s. f.* Voy. *Anse.*

**HANSÉATIQUE**, *adj.* 2 *g.* Voy. *Anséatique.*

**HANTER** (*h* asp.; *part.* é, ée), *v. a.* Fréquenter, visiter souvent les personnes, les lieux; se —, v. récipr. Se fréquenter réciproquement.

HANTISE (h asp.), s. f. Action de hanter.

HAPPE (h asp.), s. f. Cercle de fer qui garnit l'essieu.

HAPPER (h asp.; part. é, ée), v. a. Saisir avidement avec la gueule.

HAQUENÉE (h asp.), s. f. Petite jument.

HAQUET (h asp.), s. m. Charrette sans ridelles pour transporter les tonneaux.

HAQUETIER (h. asp.), s. m. Conducteur de haquet.

HARANGUE (h asp.), s. f. Discours d'apparat.

HARANGUER (h asp.; part. é, ée), v. a. Prononcer une harangue.

HARANGUEUR (h asp.), s. m. Celui qui harangue.

HARAS (h. asp.), s. m. Lieu destiné à propager la race des chevaux.

HARASSER (h asp.; part. é, ée), v. a. Fatiguer à l'excès.

HARCELER (h asp.; part. é, ée), v. a. Provoquer, importuner, tourmenter.

HARDE (h asp.), s. f. Troupe de bêtes fauves; lien pour attacher plusieurs chiens ensemble.

HARDER (h asp.; part. é, ée), v. a. Attacher les chiens avec une harde.

HARDES (h asp.), s. f. pl. Tout ce qui sert à l'habillement.

HARDI, IE (h asp.), adj. Courageux, entreprenant, téméraire, audacieux.

HARDIESSE (h asp.), s. f. Assurance, confiance, fermeté; bravoure, courage, intrépidité; élévation; présomption, témérité; effronterie; insolence.

HARDIMENT (h asp.), adv. Avec hardiesse.

HAREM (h asp.), s. m. Appartement des femmes en Turquie et en Perse.

HARENG (h asp.), s. m. Poisson de mer.

HARENGEAISON (h asp.), s. f. Pêche du hareng; temps où se fait cette pêche.

HARENGÈRE (h asp.), s. f. Marchande de poissons.

HARGNEUX, EUSE (h asp.), adj. Mécontent; qui est d'humeur chagrine, querelleuse.

HARICOT (h asp.), s. m. Plante légumineuse; son fruit; ragoût de mouton et de navets.

HARIDELLE (h asp.), s. f. Méchant cheval maigre.

HARMONICA, s. m. Instrument composé de verres dont on tire des sons harmonieux par le frottement.

HARMONIE, s. f. Accord de différents sons entendus ensemble; mesure et cadence; fig. Union, bonne intelligence.

HARMONIER (part. é, ée), v. a. Mettre en harmonie; s'—, v. pr. Former une harmonie.

HARMONIEUSEMENT, adv. Avec harmonie.

HARMONIEUX, EUSE, adj. Plein d'harmonie, mélodieux.

HARMONIQUE, adj. 2 g. Qui produit de l'harmonie.

HARMONIQUEMENT, adv. Avec harmonie.

HARMONISTE, s. m. Celui qui possède la science de l'harmonie.

HARNACHEMENT (h asp.), s. m. Action de harnacher; ce qui sert à harnacher.

HARNACHER (h asp.; part. é, ée), v. a. Mettre le harnais à un cheval.

HARNACHEUR (h asp.), s. m. Celui qui fait ou vend des harnais.

HARNAIS ou HARNOIS (h asp.), s. m. Équipage d'un cheval de trait ou de selle.

HARO (h asp.), s. m. Clameur pour faire arrêt sur quelqu'un ou quelque chose.

HARPE (h asp.), s. f. Instrument de musique; pierre d'attente en saillie.

HARPER (h asp.; part. é, ée), v. a. Prendre et serrer fortement avec les mains.

HARPIE (h asp.), s. f. Monstre fabuleux; fig. Homme avide; femme criarde et méchante.

HARPIN (h asp.), s. m. Croc de batelier.

**HARPISTE** (*h* asp.), *s.* 2 *g.* Celui ou Celle qui joue de la harpe.

**HARPON** (*h* asp.), *s. m.* Dard à deux crocs recourbés.

**HARPONNER** (*h* asp.; *part.* é, ée), *v. a.* Accrocher avec le harpon.

**HARPONNEUR** (*h* asp.), *s. m.* Celui qui lance le harpon.

**HART** (*h* asp.), *s. f.* Lien d'osier pour lier les fagots; corde pour pendre les criminels.

**HASARD** (*h* asp.), *s. m.* Fortune, cas fortuit, destin aveugle; chance, risque, péril; dangers.

**HASARDÉ, ÉE** (*h* asp.), *adj.* Mis au hasard; chanceux.

**HASARDER** (*h* asp.; *part.* é, ée), *v. a.* Exposer au hasard; essayer, éprouver; risquer, compromettre; *se* —, *v. pr.* Se mettre en péril.

**HASARDEUSEMENT** (*h* asp.), *adv.* Avec risque, péril.

**HASARDEUX, EUSE** (*h* asp.), *adj.* Périlleux; hardi; entreprenant.

**HASE** (*h* asp.), *s. f.* Femelle du lièvre ou du lapin.

**HÂTE** (*h* asp.), *s. f.* Promptitude, précipitation, diligence.

**HÂTER** (*h* asp.; *part.* é, ée), *v. a.* Presser, diligenter; faire dépêcher; *se* —, *v. pr.* Faire diligence.

**HÂTIER** (*h* asp.), *s. m.* Grand chenêt de cuisine armé de crochets superposés sur lesquels s'appuient des broches.

**HÂTIF, IVE** (*h* asp.), *adj.* Précoce.

**HÂTIVEMENT** (*h* asp.), *adv.* D'une manière hâtive.

**HÂTIVETÉ** (*h* asp.), *s. f.* Précocité des fruits, des fleurs, etc.

**HAUBANS** (*h* asp.), *s. m. pl.* Gros cordages en forme d'échelles qui tiennent les mâts d'un vaisseau.

**HAUBERT** (*h* asp.), *s. m.* Sorte de cuirasse ancienne.

**HAUSSE** (*h* asp.), *s. f.* Ce qui sert à hausser; *fig.* Augmentation de valeur.

**HAUSSE-COL** (*h* asp.; *au pl.* *hausse-cols*), *s. m.* Plaque de cuivre doré que porte au-dessous du cou un officier de service.

**HAUSSEMENT** (*h* asp.), *s. m.* Action de hausser.

**HAUSSER** (*h* asp.; *part.* é, ée), *v. a.* Rendre plus haut; élever, exhausser; augmenter la valeur; —, *v. n.* Devenir plus haut.

**HAUT, E** (*h* asp.), *adj.* Élevé (opposé *à bas*); bruyant; grand, éminent; illustre; fier, insolent; excessif en son genre; — *s. m.* Hauteur, élévation; —, *adv.* Hautement; dans une position élevée.

**HAUT-À-BAS** (*h* asp.) *s. m.* (inv.) Porteballe; marchand ambulant.

**HAUTAIN, E** (*h* asp.), *adj.* Orgueilleux, fier.

**HAUTAINEMENT** (*h* asp.), *adv.* Avec fierté.

**HAUTBOIS** (*h* asp.), *s. m.* Instrument à vent et à anche dont le son est très-clair; celui qui en joue.

**HAUT-DE-CHAUSSE** ou **HAUT-DE-CHAUSSES** (*h* asp.; *au pl.* *hauts-de-chausse* ou *hauts-de-chausses*), *s. m.* Culotte.

**HAUTE-CONTRE** (*h* asp.; *au pl.* *hautes-contre*), *s. f.* Voix entre la taille et le dessus.

**HAUTEMENT** (*h* asp.), *adv.* Hardiment, résolûment; avec hauteur; à voix haute.

**HAUTESSE** (*h* asp.), *s. f.* Titre qu'on donne au grand-seigneur.

**HAUTEUR** (*h* asp.), *s. f.* Éminence, étendue en élévation; *au fig.* Fermeté, fierté; sublimité.

**HAUT-LE-CORPS** (*h* asp.), *s. m.* (inv.). Saut; convulsion d'estomac.

**HÂVE** (*h* asp.), *adj.* 2 *g.* Pâle, maigre, défiguré.

**HAVRE** (*h* asp.), *s. m.* Port de mer fermé et sûr.

**HAVRE-DE-GRÂCE (LE)** (*h* asp.), chef-lieu d'arr. du dép. de la Seine-Infér.

**HAVRESAC** (*h* asp.), *s. m.* Sorte de sac que portent les soldats et les ouvriers.

**HAZEBROUCK** (*h* asp.), chef-lieu d'arr. du dép. du Nord.

**HÉ** (*h* asp.)! *interj.* qui sert à appeler, à marquer la douleur.

**HEAUME** (*h* asp.), *s. m.* Ancien casque.

**HEBDOMADAIRE**, *adj.* 2 *g.* Qui se renouvelle chaque semaine.

**HÉBERGER** (*part.* é, ée), *v. a.* Loger, recevoir chez soi.

**HÉBÉTÉ, ÉE**, *adj*. Stupide.

**HÉBÉTER** (*part*. é, ée), *v. a*. Rendre stupide; abrutir.

**HÉBRAÏQUE**, *adj*. 2 *g*. Qui concerne l'hébreu.

**HÉBRAÏSANT**, *s. m*. Homme savant en hébreu.

**HÉBRAÏSME**, *s. m*. Locution propre à la langue hébraïque.

**HÉBREU**, *adj*. et *s. sans fém*. Juif; —, *s. m*. La langue hébraïque.

**HÉCATOMBE**, *s. f*. Sacrifice de cent victimes.

**HECTARE**, *s. m*. Cent ares (nouvelle mesure de superficie).

**HECTOGRAMME**, *s. m*. Cent grammes.

**HECTOLITRE**, *s. m*. Cent litres.

**HECTOMÈTRE**, *s. m*. Cent mètres.

**HECTOSTÈRE**, *s. m*. Cent stères.

**HÉGIRE**, *s. f*. Ère des mahométans.

**HEIN** (*h* asp.), *interj*. pour interroger.

**HÉLAS**, *interj*. pour se plaindre.

**HÉLER** (*h* asp.; *part*. é, ée), *v. a*. Appeler avec un porte-voix.

**HÉLICE**, *s. f*. Ligne en forme de vis autour d'un cylindre.

**HÉLICON**, *s. m*. Montagne de Béotie qui était consacrée au culte d'Apollon et des Muses.

**HÉLIOTROPE**, *s. m*. Tournesol; sorte de pierre précieuse.

**HELLÈNE**, *s. m*. Grec.

**HELLÉNIQUE**, *adj*. 2 *g*. Qui appartient aux Hellènes.

**HELLÉNISME**, *s. m*. Locution grecque.

**HELLÉNISTE**, *s. m*. Savant versé dans la langue grecque.

**HELVÉTIE**, *s. f*. La Suisse, contrée voisine de la France.

**HELVÉTIEN, ENNE**, *adj*. et *s*. Qui est de l'Helvétie.

**HELVÉTIQUE**, *adj*. 2 *g*. Qui appartient aux Suisses.

**HEM** (*h* asp.)! *interj*. dont on se sert pour appeler.

**HÉMI**, mot inv. (*t. de sciences et d'arts*). Demi.

**HÉMICYCLE**, *s. m*. Demi-cercle.

**HÉMIPLÉGIE**, *s. f*. Paralysie de la moitié du corps.

**HÉMISPHÈRE**, *s. m*. Moitié de sphère; moitié du globe terrestre.

**HÉMISPHÉRIQUE**, *adj*. 2 *g*. Qui a la forme d'un hémisphère.

**HÉMISTICHE**, *s. m*. Moitié d'un vers alexandrin; les quatre premières syllabes d'un vers de dix syllabes.

**HÉMORRHAGIE**, *s. f*. Écoulement de sang.

**HÉMORRHOÏDES**, *s. f. pl*. Perte de sang par l'anus.

**HENDÉCAGONE**, *s. m*. et *adj*. Figure à onze côtés et onze angles.

**HENNIR** (*h* asp.; pron. *hanir*), *v. n*. Faire un hennissement.

**HENNISSEMENT** (*h* asp.; pron. *han-*), *s. m*. Cri naturel du cheval.

**HENRIADE** (*h* asp.; pron. *han-*), *s. f*. Poëme épique sur Henri IV.

**HÉPATIQUE**, *s. f*. Plante commune dans les terrains humides et qui ressemble à une marguerite; —, *adj*. 2 *g*. Qui concerne le foie.

**HÉPATITE**, *s. f*. Inflammation du foie; pierre précieuse.

**HEPTACORDE**, *s. m*. Lyre à sept cordes.

**HEPTAGONE**, *adj*. 2 *g*. et *s. m*. Qui a sept angles et sept côtés.

**HEPTATEUQUE**, *s. m*. Les sept premiers livres de l'Ancien Testament.

**HÉRALDIQUE**, *adj*. 2 *g*. Qui concerne le blason.

**HÉRAULT**, rivière qui a sa source dans les Cévennes et son embouchure dans la Méditerranée; elle donne son nom à un département.

**HÉRAUT** (*h* asp.), *s. m*. Officier public chargé de proclamer.

**HERBACÉ, ÉE**, *adj*. (Plante) dont la tige périt après la fructification.

**HERBAGE**, *s. m*. Herbe des prés; toutes sortes d'herbes.

**HERBE**, *s. f*. Plante annuelle ou vivace, non ligneuse, et dont la tige meurt pendant l'hiver; gazon; pâturage; verdure; *fig. Manger son blé en herbe*, son revenu par avance; *couper l'herbe sous le pied de quelqu'un*, le supplanter.

**HERBER** (*part*. é, ée), *v. a*. Exposer sur l'herbe.

**HERBETTE**, *s. f*. Gazon.

**HERBEUX, EUSE**, *adj*. Lieu où l'herbe croît facilement.

**HERBIER**, *s. m*. Collection de plantes desséchées.

**HERBIVORE**, *adj.* 2 *g.* Qui se nourrit d'herbes; —, *s. m.* Animal qui vit d'herbes.

**HERBORISATION**, *s. f.* Action d'herboriser.

**HERBORISER**, *v. n.* Chercher des herbes, des plantes.

**HERBORISEUR**, *s. m.* Celui qui herborise.

**HERBORISTE**, *s.* 2 *g.* Celui ou Celle qui connaît les propriétés des plantes médicinales, qui vend ces plantes.

**HERBU, UE**, *adj.* Couvert d'herbe.

**HERCULE**, *s. m.* Nom d'un demi-dieu de la Fable; *fig.* Homme robuste.

**HÈRE** (*h* asp.), *s. m.* *Pauvre* —, homme sans mérite, peu considéré; sorte de jeu de cartes.

**HÉRÉDITAIRE**, *adj.* 2 *g.* Qui vient des aïeux ou par succession.

**HÉRÉDITAIREMENT**, *adv.* Par droit ou Par voie d'hérédité.

**HÉRÉDITÉ**, *s. f.* Droit de succession, d'héritage.

**HÉRÉSIARQUE**, *s. m.* Auteur d'une hérésie.

**HÉRÉSIE**, *s. f.* Doctrine condamnée par l'Église; proposition fausse.

**HÉRÉTIQUE**, *adj.* et *s.* 2 *g.* Qui appartient à l'hérésie; partisan d'une hérésie.

**HÉRISSÉ, ÉE** (*h* asp.), *adj.* Qui a le poil droit et rude.

**HÉRISSER** (*h* asp.; *part.* é, ée), *v. a.* Faire dresser (les cheveux, le poil); *se* —, *v. pr.* Se dresser (en parlant des cheveux, des poils).

**HÉRISSON** (*h* asp.), *s. m.* Petit quadrupède mammifère hérissé de piquants.

**HÉRITAGE**, *s. m.* Ce qui vient par succession; patrimoine.

**HÉRITER**, *v. n.* Recueillir une succession; — (*part.* é, ée), *v. a.* Acquérir par héritage.

**HÉRITIER, IÈRE**, *s.* Celui ou Celle qui hérite.

**HERMÉTIQUE**, *adj.* Qui a rapport à la science de la transmutation des métaux.

**HERMÉTIQUEMENT**, *adv.* se dit d'un vase dont l'ouverture est scellée de manière à ne laisser aucun passage à l'air, et *par extension*, de tout ce qui est bien fermé.

**HERMINE**, *s. f.* Petit animal blanc à queue noire, du genre de la belette; fourrure.

**HERNIE** (*h* asp.), *s. f.* Déplacement de viscères.

**HÉROÏ-COMIQUE** (*h* asp.), *adj.* 2 *g.* Qui tient de l'héroïque et du comique.

**HÉROÏDE**, *s. f.* Épître en vers sous le nom d'un personnage fameux.

**HÉROÏNE**, *s. f.* Femme d'un courage au-dessus de son sexe.

**HÉROÏQUE**, *adj.* 2 *g.* Qui tient du héros; noble, élevé; *temps héroïques*, temps où vivaient les anciens héros.

**HÉROÏQUEMENT**, *adv.* D'une manière héroïque.

**HÉROÏSME**, *s. m.* Caractère du héros; action de héros; grandeur d'âme.

**HÉRON** (*h* asp.), *s. m.* Oiseau à long bec et monté sur de hautes jambes, vivant de poissons.

**HÉROS** (*h* asp.), *s. m.* Celui qui se distingue par une grande valeur, par des actions extraordinaires et honorables; principal personnage d'un poëme.

**HERSAGE** (*h* asp.), *s. m.* Action de herser.

**HERSE** (*h* asp.), *s. f.* Instrument de laboureur pour herser la terre; grille de fer pour défendre l'entrée d'une place forte.

**HERSER** (*h* asp.; *part.* é, ée), *v. a.* Passer la herse dans un champ.

**HERSEUR** (*h* asp.), *s. m.* Celui qui herse.

**HÉSITATION**, *s. f.* Incertitude, embarras.

**HÉSITER**, *v. n.* Être incertain, indécis, embarrassé.

**HÉTÉROCLITE**, *adj.* 2 *g.* Irrégulier; bizarre.

**HÉTÉRODOXE**, *adj.* 2 *g.* Contraire à la doctrine religieuse.

**HÉTÉRODOXIE**, *s. f.* Opposition aux sentiments orthodoxes.

**HÉTÉROGÈNE**, *adj.* 2 *g.* Qui est de différente nature.

**HÊTRE** (*h* asp.), *s. m.* Grand arbre forestier qui produit la faîne.

**HEUR**, *s. m.* Bonne fortune.

**HEURE**, *s. f.* Vingt-quatrième partie du jour; certain espace de temps; moment convenable; *d'heure en* —, *loc. adv.* De moment en moment; *à cette* —, *loc. adv.* Présentement; *à la bonne* —, c'est bien; soit; *heures*, *s. f. pl.* Livres de prières.

**HEUREUSEMENT**, *adv.* D'une manière heureuse, avantageuse.

**HEUREUX, EUSE**, *adj.* Qui jouit du bonheur; favorisé de la fortune; favorable, avantageux; propice; agréable.

**HEURT** (*h* asp.), *s. m.* Coup donné en heurtant.

**HEURTER** (*h* asp.; *part.* é, ée), *v. a.* Choquer, toucher rudement; *fig.* Blesser, contrarier, désobliger; —, *v. n.* Se frapper contre quelque chose; frapper à une porte.

**HEURTOIR** (*h* asp.), *s. m.* Marteau pour heurter à une porte.

**HEXAÈDRE**, *adj.* 2 *g.* Qui a six faces; —, *s. m.* Corps régulier à six faces carrées.

**HEXAGONE**, *adj.* 2 *g.* et *s. m.* (Figure) qui a six angles et six côtés.

**HIATUS**, *s. m.* Son désagréable produit par la rencontre de deux voyelles.

**HIBOU** (*h* asp.; *au pl. hiboux*), *s. m.* Oiseau de nuit, chat-huant; *fig.* Homme qui fuit la société.

**HIC** (*h* asp.), *s. m.* Principale difficulté.

**HIDALGO**, *s. m.* Noble espagnol de vieille race.

**HIDEUSEMENT** (*h* asp.), *adv.* D'une manière hideuse.

**HIDEUX, EUSE** (*h* asp.), *adj.* Difforme, désagréable à voir.

**HIE** (*h* asp.), *s. f.* Instrument pour enfoncer le pavé.

**HIÈBLE**, *s. f.* Sorte de sureau.

**HIER**, *adv.* Le jour qui a précédé immédiatement celui où l'on est.

**HIÉRARCHIE** (*h* asp.), *s. f.* Ordre, subordination de pouvoirs.

**HIÉRARCHIQUE** (*h* asp.), *adj.* 2 *g.* Qui a rapport à la hiérarchie.

**HIÉRARCHIQUEMENT** (*h* asp.), *adv.* Selon la hiérarchie.

**HIÉROGLYPHE**, *s. m.* Figure qui a un sens mystérieux.

**HIÉROGLYPHIQUE**, *adj.* 2 *g.* Qui appartient à l'hiéroglyphe.

**HILARITÉ**, *s. f.* Joie modérée.

**HIPPIATRIQUE**, *s. f.* Art de guérir les maladies des chevaux.

**HIPPODROME**, *s. m.* Cirque pour les courses de chevaux.

**HIPPOGRIFFE**, *s. m.* Animal fabuleux, cheval ailé, à tête de griffon.

**HIPPOPOTAME**, *s. m.* Cheval marin; animal qui tient du bœuf et du cheval.

**HIRONDELLE**, *s. f.* Oiseau de passage qui disparaît de notre climat à l'approche de l'hiver.

**HISSER** (*h* asp.; *part.* é, ée), *v. a.* Hausser.

**HISTOIRE**, *s. f.* Récit, narration de faits dignes de mémoire; livre qui les contient; embarras, difficulté.

**HISTORIEN**, *s. m.* Celui qui écrit l'histoire.

**HISTORIER** (*part.* é, ée), *v. a.* Enjoliver, orner.

**HISTORIETTE**, *s. f.* Petite histoire.

**HISTORIOGRAPHE**, *s. m.* Auteur désigné pour écrire l'histoire.

**HISTORIQUE**, *adj.* 2 *g.* Qui appartient à l'histoire, qui en a le caractère.

**HISTORIQUEMENT**, *adv.* D'une manière historique.

**HISTRION**, *s. m.* Bateleur, comédien; *t. de mépris.*

**HIVER**, *s. m.* Saison la plus froide de l'année (elle commence le 22 décembre et elle finit le 21 mars); *fig.* Vieillesse.

**HIVERNAGE**, *s. m.* Temps de relâche pour les navires pendant l'hiver; lieu abrité pour passer ce temps; labour d'hiver.

**HIVERNER** (*part.* é, ée), *v. n.* Passer l'hiver; *s'*—, *v. pr.* S'endurcir en s'exposant aux premiers froids.

**HO** (*h* asp.) ! *interj.* pour appeler, pour exprimer de l'étonnement, de l'indignation.

**HOBEREAU** (*h* asp.), *s. m.* Petit oiseau de proie; gentilhomme campagnard.

**HOCHE** (*h* asp.), *s. f.* Incision, entaillure.

**HOCHEMENT** (*h* asp.), *s. m.* Action de hocher la tête.

**HOCHEQUEUE** (*h* asp.), *s. m.* Petit oiseau qui remue sans cesse la queue.

**HOCHER** (*h* asp.; *part.* é, ée), *v. a.* Secouer.

**HOCHET** (*h* asp.), *s. m.* Jouet d'enfant; futilité.

**HOIR**, *s. m.* Héritier; *les hoirs*, les enfants; *t. de droit*.

**HOIRIE**, *s. f.* Héritage.

**HOLÀ** (*h* asp.)! *interj.* pour appeler; —, *adv.* Tout beau, c'est assez; —, *s. m.* (inv.). *Mettre le holà*, faire cesser.

**HOLLANDAIS, E** (*h* asp.), *adj.* et *s.* Qui est de Hollande.

**HOLOCAUSTE**, *s. m.* Sacrifice; victime sacrifiée.

**HOM** (*h* asp.)! exclamation qui exprime le doute, la méfiance.

**HOMARD** (*h* asp.), *s. m.* Grosse écrevisse de mer.

**HOMBRE**, *s. m.* Sorte de jeu de cartes.

**HOMÉLIE**, *s. f.* Discours sur des matières religieuses; leçon du bréviaire.

**HOMICIDE**, *s. m.* Meurtrier; meurtre involontaire ou prémédité; —, *adj.* 2 *g.* Qui donne la mort.

**HOMICIDER** (*part.* é, ée), *v. a.* Tuer par homicide.

**HOMMAGE**, *s. m.* Soumission, respect, déférence; *au pl.* Civilités, politesses.

**HOMMASSE**, *adj.* 2 *g.* Qui tient de l'homme.

**HOMME**, *s. m.* Animal raisonnable; l'espèce humaine; individu mâle; *homme à*, capable de.

**HOMOGÈNE**, *adj.* 2 *g.* Qui est de même nature.

**HOMOGÉNÉITÉ**, *s. f.* Qualité de ce qui est homogène.

**HOMOLOGATION**, *s. f.* Confirmation d'un acte par l'autorité publique ou judiciaire.

**HOMOLOGUER** (*part.* é, ée), *v. a.* Confirmer un acte en justice.

**HOMONYME**, *adj.* 2 *g.* et *s. m.*, se dit d'un mot qui, pareil à un autre, exprime des choses différentes.

**HOMONYMIE**, *s. f.* Qualité de ce qui est homonyme.

**HONCHETS** (*h* asp.), *s. m. pl.* Jonchets.

**HONGROYEUR** (*h* asp.), *s. m.* Ouvrier qui façonne le cuir de Hongrie.

**HONNÊTE**, *adj.* 2 *g.* Vertueux; conforme à l'honnêteté, à la bienséance, à la raison; civil, poli; —, *s. m.* Ce qui est honnête.

**HONNÊTEMENT**, *adv.* D'une manière honnête.

**HONNÊTETÉ**, *s. f.* Attachement à l'honneur, à la probité; bienséance, pudeur; modestie; civilité.

**HONNEUR**, *s. m.* Sentiment de la vertu; probité; estime qui suit les actions louables; réputation; tout ce qui honore; chasteté; charge, dignité; accueil honorable.

**HONNIR** (*h* asp.; *part.* i, ie), *v. a.* Couvrir de honte; vilipender.

**HONORABLE**, *adj.* 2 *g.* Qui fait honneur; qui mérite d'être honoré; splendide; libéral.

**HONORABLEMENT**, *adv.* D'une manière honorable.

**HONORAIRE**, *adj.* 2 *g.* Qui a les honneurs d'une charge sans l'exercer; *honoraires*, *s. m. pl.* Rétribution donnée aux personnes de professions libérales.

**HONORER** (*part.* é, ée), *v. a.* Rendre ou Faire honneur à; respecter; avoir de l'estime.

**HONORES** (*AD*) [on pron. le *s*], *adv.* A titre honorifique.

**HONORIFIQUE**, *adj.* 2 *g.* Qui consiste en honneurs rendus; *titre* —, sans charges ni émoluments.

**HONTE** (*h* asp.), *s. f.* Trouble de l'âme qui suit une mauvaise action; confusion; opprobre; ignominie; déshonneur; injure; avilissement.

**HONTEUSEMENT** (*h* asp.), *adv.* Avec honte.

**HONTEUX, EUSE** (*h* asp.), *adj.* Qui cause de la honte; qui a honte; timide, embarrassé.

**HÔPITAL**, *s. m.* Lieu de retraite où les malades, les indigents sont reçus et traités gratuitement.

**HOQUET** (*h* asp.), *s. m.* Mouvement convulsif de l'estomac.

**HOQUETON** (*h* asp.), *s. m.* Casaque.

**HORAIRE**, *adj.* 2 *g.* Qui a rapport aux heures ; qui marque les heures.

**HORDE** (*h* asp.), *s. f.* Peuplade errante ; troupe, multitude.

**HORION** (*h* asp.), *s. m.* Coup sur la tête ou sur les épaules.

**HORIZON**, *s. m.* Grand cercle qui coupe la sphère en deux parties ; limites de la vue à l'endroit où le ciel et la terre semblent se toucher.

**HORIZONTAL, E**, *adj.* Parallèle à l'horizon.

**HORIZONTALEMENT**, *adv.* Parallèlement à l'horizon.

**HORLOGE**, *s. f.* Machine qui marque et sonne les heures.

**HORLOGER**, *s. m.* Celui qui fait et vend des horloges ; *horlogère*, *s. f.* La femme d'un horloger.

**HORLOGERIE**, *s. f.* Art de faire des horloges ; ouvrage d'horlogerie.

**HORMIS**, *prép.* Excepté.

**HOROSCOPE**, *s. m.* Prédiction d'après l'inspection des astres.

**HORREUR** (pron. les deux *r*), *s. f.* Impression causée par quelque chose d'affreux, de révoltant ; haine violente ; aversion ; chose horrible, déshonorante.

**HORRIBLE**, *adj.* 2 *g.* Qui fait horreur ; extrême, excessif.

**HORRIBLEMENT**, *adv.* D'une manière horrible.

**HORS** (*h* asp.), *prép.* En dehors de ; excepté ; *hors d'œuvre*, en dehors de l'ordonnance principale, du cadre d'un sujet.

**HORS-D'ŒUVRE** (*h* asp.), *s. m.* (inv.) Pièce détachée, digression ; petits plats.

**HORTENSIA**, *s. m.* Rose du Japon.

**HORTICULTEUR**, *s. m.* Celui qui cultive les jardins.

**HORTICULTURE**, *s. f.* Art de cultiver les jardins ; soin du jardinage.

**HOSPICE**, *s. m.* Maison de retraite pour les vieillards, les indigents ou les étrangers ; asile.

**HOSPITALIER, IÈRE**, *adj.* Qui exerce l'hospitalité.

**HOSPITALITÉ**, *s. f.* Vertu qui consiste à loger et à nourrir gratuitement chez soi les étrangers, les voyageurs indigents.

**HOSPODAR**, *s. m.* Prince régnant vassal du Grand Seigneur.

**HOSTIE**, *s. f.* Victime offerte à Dieu ; pain consacré à Dieu ou destiné à l'être.

**HOSTILE**, *adj.* 2 *g.* Qui caractérise la guerre, l'inimitié, la haine.

**HOSTILEMENT**, *adv.* En ennemi.

**HOSTILITÉ**, *s. f.* Acte hostile.

**HÔTE, ESSE**, *s.* Celui ou Celle qui tient auberge, qui donne à loger et à manger pour de l'argent ; celui qui reçoit ou qui donne l'hospitalité.

**HÔTEL**, *s. m.* Grande maison ; auberge, maison garnie ; *hôtel de ville*, maison commune ; *Hôtel-Dieu* (*pl. hôtels-Dieu*), hôpital ; *maître d'—*, celui qui surveille le service de la table.

**HÔTELIER, IÈRE**, *s.* Celui ou Celle qui tient hôtellerie.

**HÔTELLERIE**, *s. f.* Auberge.

**HOTTE** (*h* asp.), *s. f.* Sorte de panier qu'on porte sur le dos ; — *de cheminée*, tuyau de cheminée en forme de hotte renversée.

**HOTTÉE** (*h* asp.), *s. f.* Plein une hotte.

**HOTTEUR, EUSE** (*h* asp.), *s.* Celui ou Celle qui porte la hotte.

**HOUBLON** (*h* asp.), *s. m.* Plante grimpante qui sert à faire de la bière.

**HOUBLONNER** (*h* asp. ; *part.* é, ée), *v. a.* Mettre du houblon dans.

**HOUBLONNIÈRE** (*h* asp.), *s. f.* Champ de houblon.

**HOUE** (*h* asp.), *s. f.* Instrument de fer large et recourbé pour remuer la terre.

**HOUER** (*h* asp. ; *part.* é, ée), *v. a.* et *v. n.* Labourer avec la houe.

**HOUILLE** (*h* asp. ; ll m.), *s. f.* Sorte de charbon de terre.

**HOUILLER** (*h* asp. ; ll m.), *adj. m.* (Terrain) où il y a des couches de houille.

**HOUILLÈRE** (*h* asp. ; ll m.), *s. f.* Mine de houille.

**HOUILLEUR** (*h* asp. ; ll m.), *s. m.* Ouvrier des mines de houille.

**HOUILLEUX, EUSE** (*h* asp.), *adj.* Qui contient de la houille (en parlant d'un terrain).

**HOULE** (*h* asp.), *s. f.* Vague qui se forme sur la mer après une tempête.

**HOULETTE** (*h* asp.), *s. f.* Bâton de berger.

**HOULEUX, EUSE** (*h* asp.), *adj.* Agité, bouillonnant (en parlant de la mer).

**HOUPER** (*h* asp.; *part.* é, ée), *v. a.* Appeler (un compagnon de chasse).

**HOUPPE** (*h* asp.), *s. f.* Touffe de fils en bouquet.

**HOUPPELANDE** (*h* asp.), *s. f.* Sorte de manteau à manches et à collets.

**HOUPPER** (*h* asp.; *part.* é, ée), *v. a.* Faire des houppes.

**HOURDAGE** (*h* asp.), *s. m.* Maçonnerie grossière.

**HOURDER** (*h* asp.; *part.* é, ée), *v. a.* Maçonner grossièrement.

**HOURDIS** (*h* asp.), *s. m.* Hourdage.

**HOURRA** (*h* asp), *s. m.* Cri de joie, acclamation *en* l'honneur de quelqu'un.

**HOURVARI** (*h* asp.), *s. m.* Grand bruit, tumulte; cri des chasseurs pour faire revenir les chiens en défaut.

**HOUSARD** (*h* asp.), *s. m.* Voy. *Hussard.*

**HOUSPILLER** (*h* asp.; ll m.; *part.* é, ée), *v. a.* Tirailler, secouer, battre, maltraiter.

**HOUSSAIE** (*h* asp.), *s. f.* Lieu planté de houx.

**HOUSSARD** (*h* asp.), *s. m.* Voy. *Hussard.*

**HOUSSE** (*h* asp.), *s. f.* Sorte de couverture.

**HOUSSER** (*h* asp.; *part.* é, ée), *v. a.* Nettoyer avec le houssoir.

**HOUSSINE** (*h* asp.), *s. f.* Baguette longue et flexible.

**HOUSSINER** (*h* asp.; *part.* é, ée), *v. a.* Frapper avec une houssine.

**HOUSSOIR** (*h* asp.), *s. m.* Sorte de balai de houx, de petites branches, ou de plumes.

**HOUX** (*h* asp.), *s. m.* Arbrisseau toujours vert, à feuilles armées de piquants, et qui produit un fruit rouge.

**HOYAU** (*h* asp.), *s. m.* Sorte de houe à deux fourchons.

**HUCHE** (*h* asp.), *s. f.* Coffre de bois pour pétrir et serrer le pain.

**HUE** (*h* asp.)! *exclamation*, cri de charretier pour faire aller les chevaux à droite.

**HUÉE** (*h* asp.), *s. f.* Cris nombreux de dérision.

**HUER** (*h* asp.; *part.* é, ée), *v. a.* Faire des huées.

**HUGUENOT, E** (*h* asp.), *s.* Calviniste.

**HUGUENOTE** (*h* asp.), *s. f.* Petit fourneau de terre; sorte de vase de terre sans pieds.

**HUGUENOTISME** (*h* asp.), *s. m.* Religion des huguenots.

**HUILE**, *s. f.* Liqueur grasse et onctueuse; *saintes huiles*, l'extrême-onction.

**HUILER** (*part.* é, ée), *v. a.* Frotter, assaisonner d'huile.

**HUILEUX, EUSE**, *adj.* Qui est de la nature de l'huile; frotté d'huile.

**HUILIER**, *s. m.* Vase à l'huile.

**HUISSERIE**, *s. f.* Pièces de bois qui forment l'ouverture d'une porte.

**HUISSIER**, *s. m.* Officier de justice; gardien des appartements.

**HUIT** (*h* asp.), *adj.* Nom de nombre; —, *s. m.* Chiffre qui exprime le nombre huit.

**HUITAIN** (*h* asp.), *s. m.* Petite pièce de poésie formée de huit vers.

**HUITAINE** (*h* asp.), *s. f.* Espace de huit jours; semaine.

**HUITIÈME** (*h* asp.), *adj.* 2 *g.* Nombre ordinal de huit; —, *s. m.* La huitième partie, le demi-quart.

**HUITIÈMEMENT** (*h* asp.), *adv.* En huitième lieu.

**HUÎTRE**, *s. f.* Espèce de poisson renfermé dans un coquillage marin.

**HULOTTE** (*h* asp.), *s. f.* Sorte de hibou.

**HUMAIN, E**, *adj.* Qui appartient à l'homme; sensible; affable; bienfaisant; *les humains*, *s. m. pl.* Les hommes.

**HUMAINEMENT**, *adv.* Avec humanité.

**HUMANISER** (*part.* é, ée), *v. a.* Rendre humain, traitable; *s'*—, *v. pr.* Devenir traitable.

**HUMANISTE**, *s. m.* Celui qui étudie ou qui enseigne les humanités.

**HUMANITÉ**, *s. f.* Nature humaine; bonté, sensibilité; *au pl.* Études supérieures jusqu'à la philosophie.

**HUMBLE**, *adj.* 2 *g.* Qui a de l'humilité; soumis, modeste.

**HUMBLEMENT**, *adv.* D'une manière humble.

**HUMECTANT, E**, *adj.* Qui humecte.

**HUMECTATION**, *s. f.* Action d'humecter.

**HUMECTER** (*part.* é, ée), *v. a.* Mouiller, rendre humide.

**HUMER** (*h* asp.; *part.* é, ée), *v. a.* Avaler, aspirer.

**HUMÉRUS**, *s. m.* Os du bras.

**HUMEUR**, *s. f.* Substance fluide qui se trouve dans les corps organisés; *fig.* Esprit, caractère; caprice; mécontentement.

**HUMIDE**, *adj.* 2 *g.* Mouillé, humecté; —, *s. m.* Ce qui est imprégné d'eau.

**HUMIDEMENT**, *adv.* Dans un lieu humide.

**HUMIDITÉ**, *s. f.* État de ce qui est humide; vapeur; exhalaison humide; moiteur.

**HUMILIANT, E**, *adj.* Qui humilie.

**HUMILIATION**, *s. f.* Action par laquelle on humilie; état d'une personne humiliée; chose qui humilie; confusion.

**HUMILIER** (*part.* é, ée), *v. a.* Donner de la confusion; mortifier; abaisser; *s'*—, *v. pr.* S'abaisser.

**HUMILITÉ**, *s. f.* Abaissement; déférence; soumission; sentiment intérieur de faiblesse; modestie.

**HUMORISTE**, *adj.* et *s.* 2 *g.* Qui a de l'humeur, des caprices.

**HUMUS** (pron. le *s*), *s. m.* Terre végétale ou terreau qui couvre une partie du globe.

**HUNE** (*h* asp.), *s. f.* Sorte de guérite au haut du mât d'un vaisseau; pièce de bois qui soutient une cloche.

**HUNIER** (*h* asp.), *s. m.* Voile du mât de hune.

**HUPPE** (*h* asp.), *s. f.* Touffe de plumes sur la tête de certains oiseaux; sorte d'oiseau.

**HUPPÉ, ÉE** (*h* asp.), *adj.* Qui a une huppe; *fig.* Riche, notable.

**HURE** (*h* asp.), *s. f.* Tête coupée de sanglier, de lion, de saumon, de brochet, de thon, etc.

**HURLEMENT** (*h* asp.), *s. m.* Cri sourd et prolongé.

**HURLER** (*h* asp.), *v. n.* Pousser des hurlements.

**HURLUBERLU**, *s. m.* et *adj.* 2 *g.* Étourdi, inconsidéré.

**HUSSARD** (*h* asp.), *s. m.* Soldat à cheval armé à la légère.

**HUTTE** (*h* asp.), *s. f.* Petite cabane.

se **HUTTER** (*h* asp.; *part.* é, ée), *v. pr.* Se loger dans une hutte.

**HYACINTHE**, *s. f.* Jacinthe; pierre précieuse jaune tirant sur le rouge.

**HYBRIDE**, *adj.* 2 *g.* Qui provient de deux espèces différentes.

**HYDRATE**, *s. m.* Nom générique des corps composés d'eau et d'un autre corps.

**HYDRATÉ, ÉE**, *adj.* Combiné avec de l'eau.

**HYDRAULIQUE**, *adj.* 2 *g.* Qui sert à élever l'eau; —, *s. f.* Science de diriger les eaux.

**HYDRE**, *s. f.* Sorte de serpent; monstre fabuleux à sept têtes.

**HYDROFUGE**, *adj.* 2 *g.* Qui préserve de l'humidité.

**HYDROGÈNE**, *s. m.* Gaz, principe de l'eau; air inflammable.

**HYDROGÉNÉ, ÉE**, *adj.* Combiné avec de l'hydrogène.

**HYDROGRAPHE**, *s. m.* Personne versée dans l'hydrographie.

**HYDROGRAPHIE**, *s. f.* Art de naviguer; description des mers.

**HYDROGRAPHIQUE**, *adj.* 2 *g.* Qui a rapport à l'hydrographie.

**HYDROMEL**, *s. m.* Boisson faite d'eau et de miel.

**HYDROMÈTRE**, *s. m.* Instrument pour peser les fluides.

**HYDROPHOBE**, *s.* et *adj.* 2 *g.* Attaqué de la rage.

**HYDROPHOBIE**, *s. f.* Rage.

**HYDROPIQUE**, *adj.* et *s.* 2 *g.* Atteint d'hydropisie.

**HYDROPISIE**, *s. f.* Tumeur aqueuse; épanchement d'eau dans une partie du corps.

**HYDROSTATIQUE**, *s. f.* Science de la pesanteur des liquides; —, *adj.* 2 *g.* Qui a rapport à cette science.

**HYÈNE**, *s. f.* Quadrupède carnivore, de la grandeur du loup.

**HYGIÈNE**, *s. f.* Partie de la médecine qui traite de la conservation de la santé.

**HYGIÉNIQUE**, *adj.* 2 *g.* Qui a rapport à l'hygiène.

**HYGROMÈTRE**, *s. m.* Instrument pour mesurer le degré d'humidité ou de sécheresse de l'air.

**HYMEN** (pron. le *n*) ou **HYMÉNÉE**, *s. m.* Divinité des païens qui présidait aux mariages ; mariage.

**HYMNE**, *s. m.* Poëme en l'honneur de la Divinité ; —, *s. f.* Cantique d'église.

**HYPALLAGE**, *s. f.* Inversion de mots ; *t. de gramm.*

**HYPERBOLE**, *s. f.* Exagération ; *t. de mathém.* Section conique.

**HYPERBOLIQUE**, *adj.* 2 *g.* Qui tient de l'hyperbole.

**HYPERBOLIQUEMENT**, *adv.* Par hyperbole.

**HYPERCRITIQUE**, *s. m.* Censeur sévère.

**HYPOCONDRE**, *s. m.* Parties latérales de la région supérieure du bas-ventre ; homme bizarre, mélancolique.

**HYPOCONDRIAQUE**, *adj.* 2 *g.* Atteint d'hypocondrie, mélancolique, capricieux.

**HYPOCONDRIE**, *s. f.* Tristesse habituelle ; maladie qui cause cette tristesse.

**HYPOCRAS**, *s. m.* Liqueur faite de vin, de sucre et de cannelle.

**HYPOCRISIE**, *s. f.* Déguisement, dissimulation.

**HYPOCRITE**, *adj.* et *s.* 2 *g.* Qui a de l'hypocrisie.

**HYPOTÉNUSE**, *s. f.* (*t. de géom.*). Côté opposé à l'angle droit dans un triangle rectangle.

**HYPOTHÉCAIRE**, *adj.* 2 *g.* Qui a droit d'hypothèque ; qui a rapport à l'hypothèque.

**HYPOTHÉCAIREMENT**, *adv.* Avec hypothèque.

**HYPOTHÈQUE**, *s. f.* Privilége d'un créancier sur les biens de son débiteur.

**HYPOTHÉQUER** (*part. é, ée*), *v. a.* Soumettre à l'hypothèque.

**HYPOTHÈSE**, *s. f.* Supposition ; système.

**HYPOTHÉTIQUE**, *adj.* 2 *g.* Fondé sur une hypothèse.

**HYPOTHÉTIQUEMENT**, *adv.* Par supposition.

**HYSOPE**, *s. f.* Plante aromatique.

**HYSTÉRIE**, *s. f.* Maladie nerveuse et chronique.

**HYSTÉRIQUE**, *adj.* et *s.* 2 *g.* Qui a rapport à l'hystérie ; qui est atteint d'hystérie.

## I.

**I**, *s. m.* Voyelle, neuvième lettre de l'alphabet.

**IAMBE**, *s. m.* Pied de vers grec ou latin composé d'une brève et d'une longue.

**IAMBIQUE**, *adj.* 2 *g.* Qui se compose d'iambes.

**IBIDEM**, *adv.* De même, au même lieu. (On écrit aussi par abréviation *Ibid.* et *Ib.*)

**IBIS**, *s. m.* Oiseau plus petit que la cigogne et qui dévore les serpents.

**ICELUI**, **ICELLE**, *pron. dém.* et *rel.*, qui désigne une personne, une chose dont on a parlé.

**ICHNEUMON**, *s. m.* Sorte de quadrupède qui détruit les serpents.

**ICHNOGRAPHIE**, *s. f.* Plan géométral d'un édifice.

**ICHNOGRAPHIQUE**, *adj.* 2 *g.* Qui a rapport à l'ichnographie.

**ICHTHYOLOGIE**, *s. f.* Partie de la zoologie qui traite des poissons.

**ICHTHYOLOGIQUE**, *adj.* 2 *g.* Qui a rapport à l'ichthyologie.

**ICHTHYOLOGISTE**, *s. m.* Celui qui se livre à l'étude de l'ichthyologie.

**ICHTHYOPHAGE**, *adj.* et *s.* 2 *g.* Qui se nourrit de poissons.

**ICI**, *adv. de lieu et de temps.* En ce lieu-ci, en cet endroit ; à ce moment.

**ICOGLAN**, *s. m.* Page du chef de l'empire turc.

**ICONOCLASTE**, *s. m.* Briseur d'images.

**ICONOGRAPHE**, *s. m.* Celui qui s'occupe d'iconographie.

**ICONOGRAPHIE**, *s. f.* Description des images, des monuments antiques.

**ICONOGRAPHIQUE**, *adj.* 2 *g.* Qui a rapport à l'iconographie.

**ICONOLÂTRE**, *s. m.* Adorateur d'images.

**ICONOLOGIE**, *s. f.* Explication des images des monuments antiques.

**ICOSAÈDRE**, *s. m.* Solide régulier à vingt triangles équilatéraux.

**IDÉAL**, **E**, *adj.* (*sans pl. m.*). Qui n'existe qu'en idée; —, *s. m.* Beauté ou Perfection idéale.

**IDÉE**, *s. f.* Perception de l'âme, notion que l'esprit se forme de quelque chose; opinion, pensée; esquisse d'un ouvrage.

**IDEM**, *s. m.* (*mot latin*). Le même (On écrit aussi *Id.* par abréviation.)

**IDENTIFIER** (*part.* é, ée), *v. a.* Comprendre deux choses sous une même idée; *s'*—, *v. pr.* Confondre son existence, sa pensée, avec celle d'un autre.

**IDENTIQUE**, *adj.* 2 *g.* Compris sous une même idée; qui ne fait qu'un avec un autre.

**IDENTIQUEMENT**, *adv.* D'une manière identique.

**IDENTITÉ**, *s. f.* Qualité de ce qui est identique; conformité; ressemblance.

**IDÉOLOGIE**, *s. f.* Science des idées, des facultés intellectuelles.

**IDÉOLOGIQUE**, *adj.* 2 *g.* Qui a rapport à l'idéologie.

**IDÉOLOGUE**, *s. m.* Celui qui s'occupe de l'idéologie.

**IDES**, *s. f. pl.* Le quinzième jour de mars, de mai, de juillet et d'octobre, et le treizième jour des autres mois chez les Romains.

**IDIOME**, *s. m.* Langage propre d'une nation; dialecte, patois.

**IDIOT**, **E**, *adj.* et *s.* Stupide, dépourvu d'intelligence.

**IDIOTISME**, *s. m.* Imbécillité qui caractérise l'idiot; locution propre à une langue, mais contraire aux règles générales de la grammaire.

**IDOLÂTRE**, *adj.* et *s.* 2 *g.* Qui adore les idoles; *fig.* Qui aime avec excès.

**IDOLÂTRER**, *v. n.* Adorer les idoles; — (*part.* é, ée), *v. a.* Aimer avec passion; *s'*—, *v. récipr.* Être idolâtre l'un de l'autre.

**IDOLÂTRIE**, *s. f.* Adoration des idoles; *fig.* Amour excessif.

**IDOLE**, *s. f.* Figure qu'on adore; *fig.* Objet d'une passion excessive.

**IDYLLE**, *s. f.* Petit poëme sur des sujets champêtres.

**IF**, *s. m.* Arbre à feuilles longues, étroites et toujours vertes; illumination en forme d'if.

**IGNAME**, *s. f.* Sorte de plante à racine farineuse.

**IGNARE**, *adj.* et *s.* 2 *g.* Très-ignorant.

**IGNÉ**, **ÉE**, *adj.* Qui est de la nature du feu. (Le *g* se prononce).

**IGNICOLE**, *adj.* 2 *g.* Adorateur du feu.

**IGNITION**, *s. f.* État d'un corps en combustion.

**IGNOBLE**, *adj.* 2 *g.* Bas, vil.

**IGNOBLEMENT**, *adv.* D'une manière ignoble.

**IGNOMINIE**, *s. f.* Infamie, gr déshonneur.

**IGNOMINIEUSEMENT**, *adv.* Avec ignominie.

**IGNOMINIEUX**, **EUSE**, *adj.* Qui porte ignominie.

**IGNORAMMENT**, *adv.* Avec ignorance.

**IGNORANCE**, *s. f.* Défaut de connaissance; manque de savoir; inexpérience, incapacité.

**IGNORANT**, **E**, *adj.* Qui n'a point de savoir; incapable; qui ignore une chose.

**IGNORANTIN**, *adj.* et *s. m.* Membre actif d'une association charitable qui enseignait des métiers aux enfants pauvres.

**IGNORER** (*part.* é, ée), *v. a.* Ne savoir pas, ne pas connaître.

**IL** (*au pl. ils*), *pron. m.* qui désigne la troisième personne.

**ÎLE**, *s. f.* Terre entourée d'eau.

**ÎLE-DE-FRANCE**, ancienne province comprise aujourd'hui dans les départements de la Seine, de Seine-et-Oise, de Seine-et-Marne, de l'Oise et de l'Aisne.

**ILIADE**, *s. f.* Poëme épique dans lequel est décrit le siége de Troie.

**ILLE-ET-VILAINE**, département formé d'une partie de l'ancienne Bretagne; chef-lieu, Rennes.

**ILLÉGAL, E**, *adj.* Contraire à la loi.

**ILLÉGALEMENT**, *adv.* D'une manière illégale.

**ILLÉGALITÉ**, *s. f.* Caractère de ce qui est illégal; acte illégal.

**ILLÉGITIME**, *adj.* 2 *g.* Qui n'a pas les conditions requises par la loi pour être légitime.

**ILLÉGITIMEMENT**, *adv.* Injustement.

**ILLÉGITIMITÉ**, *s. f.* Défaut de légitimité.

**ILLETTRÉ, ÉE**, *adj.* Qui n'a pas de connaissances en littérature.

**ILLICITE**, *adj.* 2 *g.* Qui n'est pas permis par la loi.

**ILLICITEMENT**, *adv.* D'une manière illicite.

**ILLIMITÉ, ÉE**, *adj.* Qui est sans limites, sans bornes.

**ILLISIBLE**, *adj.* 2 *g.* Qu'on ne peut lire.

**ILLUMINATEUR**, *s. m.* Celui qui fait des illuminations.

**ILLUMINATION**, *s. f.* Action d'illuminer, ses effets; quantité de lumières disposées pour une fête.

**ILLUMINÉ, ÉE**, *adj.* Éclairé; —, *s. m.* Visionnaire fanatique.

**ILLUMINER** (*part.* é, ée), *v. a.* Éclairer; répandre de la lumière; —, *v. n.* Faire des illuminations.

**ILLUMINISME**, *s. m.* Opinions des illuminés.

**ILLUSION**, *s. f.* Apparence qui trompe les yeux ou l'imagination; erreur.

**ILLUSOIRE**, *adj.* 2 *g.* Qui tend à tromper; captieux; imaginaire; qui ne produit pas d'effet.

**ILLUSOIREMENT**, *adv.* D'une manière illusoire.

**ILLUSTRATION**, *s. f.* Éclat, célébrité.

**ILLUSTRE**, *adj.* 2 *g.* Éclatant par le mérite, par les talents, etc.; renommé, distingué.

**ILLUSTRER** (*part.* é, ée), *v. a.* Rendre illustre, s'— *v. pr.* Devenir illustre.

**ILLUSTRISSIME**, *adj.* 2 *g.* Très-illustre.

**ÎLOT**, *s. m.* Petite île.

**ILOTE**, *s. m.* Esclave à Sparte.

**ILOTISME**, *s. m.* État des ilotes.

**IMAGE**, *s. f.* Représentation en sculpture, en peinture, en gravure; estampe grossière; ressemblance; description.

**IMAGER, ÈRE**, *s.* Celui ou Celle qui vend des images.

**IMAGINABLE**, *adj.* 2 *g.* Qu'on peut imaginer.

**IMAGINAIRE**, *adj.* 2 *g.* Qui n'est que dans l'imagination, chimérique.

**IMAGINATIF, IVE**, *adj.* Qui imagine aisément, intelligent; *imaginative*, *s. f.* (*t. fam.*). Faculté par laquelle on imagine.

**IMAGINATION**, *s. f.* Faculté d'imaginer, d'inventer; idée qu'on se forme d'une chose.

**IMAGINER** (*part.* é, ée), *v. a.* Se représenter une chose dans l'esprit; découvrir, inventer; *s'*—, croire.

**IMBÉCILE**, *adj.* et *s.* 2 *g.* Faible d'esprit, dépourvu de sens; stupide.

**IMBÉCILEMENT**, *adv.* Avec imbécillité.

**IMBÉCILLITÉ**, *s. f.* Faiblesse d'esprit, sottise, stupidité.

**IMBERBE**, *adj.* 2 *g.* Qui n'a pas de barbe.

**IMBIBER** (*part.* é, ée), *v. a.* Mouiller, pénétrer d'un liquide; *s'*—, *v. pr.* Devenir imbibé.

**IMBIBITION**, *s. f.* Action d'imbiber; effet de cette action.

**IMBROGLIO**, *s. m.* inv. (*mot ital.*) Confusion, embrouillement.

**IMBU, E**, *adj.* Pénétré, rempli.

**IMITABLE**, *adj.* 2 *g.* Qu'on peut, qu'on doit imiter.

**IMITATEUR, TRICE**, *adj.* et *s.* Qui imite.

**IMITATIF, IVE**, *adj.* Qui imite, qui a la faculté d'imiter.

**IMITATION**, *s. f.* Action par laquelle on imite; chose qui en imite une autre; *Imitation de J. C.* ou *l'Imitation*, titre d'un livre de piété; *à l'— de*, *loc. prép.* A l'exemple de.

**IMITER** (*part.* é, ée), *v. a.* Prendre pour exemple; suivre (un modèle).

**IMMACULÉ, ÉE**, *adj.* Qui est sans tache. (On pron. les deux *mm* dans ce mot et dans les suivants.)

**IMMANGEABLE**, *adj.* 2 *g.* Qu'on ne peut manger.

**IMMANQUABLE**, *adj.* 2 *g.* Qui ne peut manquer d'avoir lieu, infaillible, indubitable.

**IMMANQUABLEMENT**, *adv.* A coup sûr, infailliblement.

**IMMATÉRIALITÉ**, *s. f.* État de ce qui est immatériel.

**IMMATÉRIEL**, **ELLE**, *adj.* Qui est sans mélange de matière.

**IMMATÉRIELLEMENT**, *adv.* D'une manière immatérielle.

**IMMATRICULATION**, *s. f.* Action d'immatriculer.

**IMMATRICULE**, *s. f.* Inscription sur un registre public.

**IMMATRICULER** (*part.* é, ée), *v. a.* Inscrire sur un registre matricule.

**IMMÉDIAT**, **E**, *adj.* Qui agit, suit ou précède sans intermédiaire.

**IMMÉDIATEMENT**, *adv.* D'une manière immédiate; — *après*, aussitôt.

**IMMÉMORIAL**, **E**, *adj.* Si ancien qu'il n'en reste aucune mémoire.

**IMMENSE**, *adj.* 2 *g.* Illimité, infini, démesuré.

**IMMENSÉMENT**, *adv.* D'une manière immense.

**IMMENSITÉ**, *s. f.* Grandeur, étendue immense.

**IMMÉRITÉ**, **ÉE**, *adj.* Qu'on n'a pas mérité.

**IMMERSION**, *s. f.* Action de plonger dans un liquide.

**IMMEUBLE**, *adj.* 2 *g.* Qu'on ne peut pas transporter d'un lieu dans un autre; —, *s. m.* Bien-*fonds*.

**IMMINENCE**, *s. f.* État de ce qui est imminent.

**IMMINENT**, **E**, *adj.* Menaçant; qui est près de tomber sur.

**s'IMMISCER**, *v. pr.* S'entremettre, s'ingérer mal à propos.

**IMMIXTION**, *s. f.* Action de s'immiscer.

**IMMOBILE**, *adj.* 2 *g.* Qui ne se meut pas.

**IMMOBILIER**, **IÈRE**, *adj.* Qui concerne les immeubles.

**IMMOBILISATION**, *s. f.* Action d'immobiliser.

**IMMOBILISER** (*part.* é, ée), *v. a.* Convertir en immeubles.

**IMMOBILITÉ**, *s. f.* État d'une chose qui ne se meut pas; *fig.* Fermeté d'âme; apathie.

**IMMODÉRÉ**, **ÉE**, *adj.* Violent, excessif.

**IMMODÉRÉMENT**, *adv.* Sans modération.

**IMMODESTE**, *adj.* 2 *g.* Qui manque de modestie; contraire à la pudeur.

**IMMODESTEMENT**, *adv.* D'une manière immodeste.

**IMMODESTIE**, *s. f.* Manque de modestie, de pudeur.

**IMMOLATION**, *s. f.* Action d'immoler.

**IMMOLER** (*part.* é, ée), *v. a.* Offrir en sacrifice; *s'* —, *v. pr.* Se dévouer.

**IMMONDE**, *adj.* 2 *g.* Impur.

**IMMONDICE**, *s. f.* Boue, saleté, ordure des rues.

**IMMORAL**, **E**, *adj.* Contraire à la morale, aux mœurs.

**IMMORALITÉ**, *s. f.* Opposition aux principes de la morale.

**IMMORTALISER** (*part.* é, ée), *v. a.* Rendre immortel dans la mémoire des hommes; *s'*—, *v. pr.* Acquérir un nom immortel.

**IMMORTALITÉ**, *s. f.* Qualité de ce qui est immortel; espèce de vie perpétuelle dans le souvenir des hommes.

**IMMORTEL**, **ELLE**, *adj.* Qui n'est point sujet à la mort; *immortelle*, *s. f.* Plante dont les fleurs ne se fanent point.

**IMMUABLE**, *adj.* 2 *g.* Qui ne change point, qui ne peut changer.

**IMMUABLEMENT**, *adv.* D'une manière immuable.

**IMMUNITÉ**, *s. f.* Exemption d'impôts, de charges, etc.

**IMMUTABILITÉ**, *s. f.* État de ce qui est immuable.

**IMPAIR**, **E**, *adj.* *Nombre* —, qui ne peut être divisé en deux nombres égaux.

**IMPALPABLE**, *adj.* 2 *g.* Si fin, si délié, qu'il échappe au tact.

**IMPARDONNABLE**, *adj.* 2 *g.* Qu'on ne peut pardonner.

**IMPARFAIT**, **E**, *adj.* Qui n'est pas achevé, qui a des imperfections; *imparfait*, *s. m.* Temps des verbes qui suit le présent.

**IMPARFAITEMENT**, *adv.* D'une manière imparfaite.
**IMPARTAGEABLE**, *adj.* 2 *g.* Qu'on ne peut partager.
**IMPARTIAL, E**, *adj.* Exempt de partialité, égal pour tous.
**IMPARTIALEMENT**, *adv.* Sans partialité.
**IMPARTIALITÉ**, *s. f.* Qualité de celui qui est impartial.
**IMPASSE**, *s. f.* Cul-de-sac.
**IMPASSIBILITÉ**, *s. f.* Qualité de ce qui est impassible.
**IMPASSIBLE**, *adj.* 2 *g.* Qui est exempt de passion; insensible.
**IMPATIEMMENT**, *adv.* Avec impatience.
**IMPATIENCE**, *s. f.* Manque de patience; sentiment d'inquiétude causé par l'attente, la douleur, etc.
**IMPATIENT, E**, *adj.* Qui manque de patience.
**IMPATIENTANT, E**, *adj.* Qui impatiente.
**IMPATIENTER** (*part.* é, ée), *v. a.* Faire perdre patience; *s'—*, *v. pr.* Perdre patience.
**S'IMPATRONISER** (*part.* é, ée), *v. pr.* S'introduire dans une maison et finir par y dominer.
**IMPAYABLE**, *adj.* 2 *g.* Qu'on ne peut assez payer; inappréciable.
**IMPECCABILITÉ**, *s. f.* État de celui qui est incapable de pécher.
**IMPECCABLE**, *adj.* 2 *g.* Incapable de pécher, de faillir.
**IMPÉNÉTRABILITÉ**, *s. f.* État de ce qui est impénétrable.
**IMPÉNÉTRABLE**, *adj.* 2 *g.* Qu'on ne peut pénétrer.
**IMPÉNÉTRABLEMENT**, *adv.* D'une manière impénétrable.
**IMPÉNITENCE**, *s. f.* Obstination au mal, endurcissement de cœur.
**IMPÉNITENT, E**, *adj.* Endurci dans le péché, insensible aux remords.
**IMPÉRATIF, IVE**, *adj.* Impérieux, absolu; *impératif*, *s. m.* Mode du verbe qui exprime commandement.
**IMPÉRATIVEMENT**, *adv.* D'une manière impérative.
**IMPÉRATRICE**, *s. f.* Femme d'empereur; femme qui gouverne un empire.
**IMPERCEPTIBLE**, *adj.* 2 *g.* Qui ne peut être aperçu, qui échappe aux sens.
**IMPERCEPTIBLEMENT**, *adv.* D'une manière imperceptible; peu à peu.
**IMPERDABLE**, *adj.* 2 *g.* Qu'on ne peut perdre.
**IMPERFECTION**, *s. f.* Défaut qui empêche la perfection.
**IMPÉRIAL, E**, *adj.* Qui appartient à l'empire ou à l'empereur; *impériale*, *s. f.* Dessus d'un carrosse, d'une diligence; fleur liliacée; sorte de jeu de cartes.
**IMPÉRIEUSEMENT**, *adv.* D'une manière impérieuse.
**IMPÉRIEUX, EUSE**, *adj.* Altier, orgueilleux, absolu, impératif; auquel il faut obéir.
**IMPÉRISSABLE**, *adj.* 2 *g.* Qui ne peut périr.
**IMPÉRITIE**, *s. f.* Défaut d'habileté, d'expérience; inaptitude, maladresse.
**IMPERMÉABILITÉ**, *s. f.* Qualité de ce qui est imperméable.
**IMPERMÉABLE**, *adj.* 2 *g.* Impénétrable à un fluide.
**IMPERSONNEL, ELLE**, *adj.*, se dit des verbes qui ne se conjuguent qu'à la troisième personne du singulier.
**IMPERSONNELLEMENT**, *adv.* D'une manière impersonnelle.
**IMPERTINEMMENT**, *adv.* Avec impertinence.
**IMPERTINENCE**, *s. f.* Caractère d'une personne ou d'une chose impertinente; action ou parole contraire à la bienséance; ineptie.
**IMPERTINENT, E**, *adj.* Qui manque aux bienséances, au jugement; sot, absurde.
**IMPERTURBABILITÉ**, *s. f.* Sang-froid; fermeté.
**IMPERTURBABLE**, *adj.* 2 *g.* Qu'on ne peut troubler, émouvoir.
**IMPERTURBABLEMENT**, *adv.* D'une manière imperturbable.
**IMPÉTRANT, E**, *adj.* et *s.* Qui impètre, qui obtient.
**IMPÉTRATION**, *s. f.* Obtention.
**IMPÉTRER** (*part.* é, ée), *v. a.* Obtenir par requête, par supplique.
**IMPÉTUEUSEMENT**, *adv.* Avec impétuosité.

**IMPÉTUEUX, EUSE**, *adj.* Violent, véhément, rapide; vif, emporté.

**IMPÉTUOSITÉ**, *s. f.* Vivacité extrême, violence.

**IMPIE**, *adj.* et *s.* 2 *g.* Qui n'a point de religion, qui méprise la religion.

**IMPIÉTÉ**, *s. f.* Mépris pour les choses de la religion; action ou parole impie.

**IMPITOYABLE**, *adj.* 2 *g.* Insensible à la pitié, inflexible.

**IMPITOYABLEMENT**, *adv.* Sans aucune pitié.

**IMPLACABLE**, *adj.* 2 *g.* Que rien ne peut apaiser.

**IMPLANTATION**, *s. f.* Action d'implanter.

**IMPLANTER** (*part.* é, ée), *v. a.* Planter dans ou sur; insérer; *s'*—, *v. pr.* Adhérer, s'attacher à.

**IMPLICATION**, *s. f.* Engagement dans une affaire criminelle; contradiction.

**IMPLICITE**, *adj.* 2 *g.* Tiré par induction d'une proposition; qui n'est pas exprimé en termes formels.

**IMPLICITEMENT**, *adv.* D'une manière implicite.

**IMPLIQUER** (*part.* é, ée), *v. a.* Envelopper, comprendre dans une accusation; renfermer.

**IMPLORER** (*part.* é, ée), *v. a.* Demander humblement et avec ardeur; invoquer.

**IMPOLI, E**, *adj.* Qui manque de politesse; incivil, grossier.

**IMPOLIMENT**, *adv.* D'une manière impolie.

**IMPOLITESSE**, *s. f.* Action ou Discours opposé à la politesse; incivilité, grossièreté dans les manières.

**IMPOLITIQUE**, *adj.* 2 *g.* Contraire à la politique.

**IMPOLITIQUEMENT**, *adv.* D'une manière impolitique.

**IMPONDÉRABLE**, *adj.* 2 *g.* Dont on ne peut connaître la pesanteur.

**IMPOPULAIRE**, *adj.* 2 *g.* Qui n'est pas populaire.

**IMPOPULARITÉ**, *s. f.* Manque de popularité.

**IMPORTANCE**, *s. f.* Ce qui rend une chose, un homme important; grands moyens d'influence; grande fortune; *homme d'*—, de capacité.

**IMPORTANT, E**, *adj.* Qui importe, qui est de conséquence.

**IMPORTATION**, *s. f.* Action d'importer des marchandises, etc.; chose importée.

**IMPORTER** (*part.* é, ée), *v. a.* Faire entrer dans son pays des productions étrangères; —, *v. impers.* Il est d'importance.

**IMPORTUN, E**, *adj.* et *s.* Qui importune, qui cause de l'importunité.

**IMPORTUNÉMENT**, *adv.* D'une manière importune.

**IMPORTUNER** (*part.* é, ée), *v. a.* Fatiguer par des assiduités, des sollicitations.

**IMPORTUNITÉ**, *s. f.* Action d'importuner; défaut des importuns.

**IMPOSABLE**, *adj.* 2 *g.* Qui peut être imposé, sujet aux droits.

**IMPOSANT, E**, *adj.* Qui commande le respect, les égards; sérieux, grave.

**IMPOSER** (*part.* é, ée), *v. a.* Mettre dessus; *fig.* Soumettre à, assujettir; inspirer du respect, de la crainte; *en imposer*, mentir, abuser; *s'*—, se donner (une tâche), s'astreindre à.

**IMPOSITION**, *s. f.* Action d'imposer les mains, de mettre un impôt; l'impôt lui-même.

**IMPOSSIBILITÉ**, *s. f.* Empêchement invincible, obstacle insurmontable.

**IMPOSSIBLE**, *adj.* 2 *g.* et *s. m.* Qui ne peut se faire; très-difficile.

**IMPOSTE**, *s. f.* Dessus dormant et vitré d'une porte.

**IMPOSTEUR**, *s.* et *adj. m.* Trompeur, calomniateur, qui en impose.

**IMPOSTURE**, *s. f.* Action de tromper, d'en imposer; mensonge, calomnie; hypocrisie.

**IMPÔT**, *s. m.* Charge publique, taxe, droit imposé.

**IMPOTENCE**, *s. f.* État de celui qui est impotent.

**IMPOTENT, E**, *adj.* Privé de l'usage d'un membre.

**IMPRATICABLE**, *adj.* 2 *g.* Qui ne se peut faire; *chemin* —, où l'on ne peut passer.

**IMPRÉCATION**, *s. f.* Malédiction, souhait de malheur contre quelqu'un.

**IMPRÉGNER** (*part.* é, ée), *v. a.*

Imbiber, charger de particules étrangères; *fig.* Pénétrer dans l'esprit; *s'—*, *v. pr.* S'imbiber.

**IMPRENABLE**, *adj.* 2 *g.* Qui ne peut être pris.

**IMPRESCRIPTIBILITÉ**, *s. f.* État de ce qui est imprescriptible.

**IMPRESCRIPTIBLE**, *adj.* 2 *g.* Non sujet à prescription.

**IMPRESSION**, *s. f.* Action d'un corps sur un autre; effet produit sur les sens ou sur l'esprit; action d'imprimer (un livre); art d'imprimer.

**IMPRÉVOYANCE**, *s. f.* Défaut de prévoyance.

**IMPRÉVOYANT**, E, *adj.* Qui n'a pas de prévoyance.

**IMPRÉVU**, E, *adj.* Qu'on n'a pas prévu.

**IMPRIMÉ**, *s. m.* Livre, papier imprimé.

**IMPRIMER** (*part.* é, ée), *v. a.* Faire une empreinte; empreindre; marquer des lettres sur du papier avec des caractères fondus ou gravés; *fig.* Faire impression sur l'esprit, sur le cœur, etc.

**IMPRIMERIE**, *s. f.* Art d'imprimer; tout ce qui sert à imprimer; lieu où l'on imprime; commerce, talent de l'imprimeur.

**IMPRIMEUR**, *s. m.* Celui qui exerce l'art de l'imprimerie.

**IMPROBABLE**, *adj.* 2 *g.* Dénué de probabilité.

**IMPROBATEUR**, TRICE, *adj.* et *s.* Qui désapprouve; qui marque improbation.

**IMPROBATION**, *s. f.* Action d'improuver; blâme, censure.

**IMPROBITÉ**, *s. f.* Défaut de probité.

**IMPRODUCTIF**, IVE, *adj.* Qui ne produit rien.

**IMPROMPTU**, *s.* et *adj. m.* (inv.) Tout ce qui se fait sur-le-champ, sans préparation.

**IMPROPRE**, *adj.* 2 *g.* Qui ne convient pas, qui n'est pas propre, pas juste.

**IMPROPREMENT**, *adv.* D'une manière impropre.

**IMPROPRIÉTÉ**, *s. f.* Qualité de ce qui est impropre.

**IMPROUVER** (*part.* é, ée), *v. a.* Désapprouver, blâmer.

**IMPROVISATEUR**, TRICE, *s.* Celui ou Celle qui improvise.

**IMPROVISATION**, *s. f.* Action d'improviser; chose improvisée.

**IMPROVISER** (*part.* é, ée), *v. a.* et *v. n.* Faire et réciter sur-le-champ des vers sur un sujet donné.

**IMPROVISTE** (À L'), *loc. adv.* Subitement, lorsqu'on y pense le moins.

**IMPRUDEMMENT**, *adv.* Avec imprudence.

**IMPRUDENCE**, *s. f.* Manque de prudence; action imprudente.

**IMPRUDENT**, E, *adj.* et *s.* Qui manque de prudence; contraire à la prudence.

**IMPUBÈRE**, *s.* et *adj.* 2 *g.* Qui n'a pas atteint l'âge de puberté.

**IMPUDEMMENT**, *adv.* Avec impudence; effrontément.

**IMPUDENCE**, *s. f.* Effronterie; chose contraire à la pudeur.

**IMPUDENT**, E, *adj.* et *s.* Insolent, effronté, qui n'a pas de pudeur.

**IMPUDEUR**, *s. f.* Manque de pudeur.

**IMPUDICITÉ**, *s. f.* Chose contraire à la chasteté.

**IMPUDIQUE**, *adj.* et *s.* 2 *g.* Qui outrage la chasteté.

**IMPUDIQUEMENT**, *adv.* D'une manière impudique.

**IMPUISSANCE**, *s. f.* Défaut de puissance.

**IMPUISSANT**, E, *adj.* Privé de puissance.

**IMPULSIF**, IVE, *adj.* Qui agit par impulsion.

**IMPULSION**, *s. f.* Mouvement communiqué par le choc; *fig.* Instigation.

**IMPUNÉMENT**, *adv.* Avec impunité

**IMPUNI**, E, *adj.* Qui demeure sans punition.

**IMPUNITÉ**, *s. f.* Manque de punition.

**IMPUR**, E, *adj.* Qui n'est pas pur; altéré par un mélange; *fig.* Corrompu.

**IMPURETÉ**, *s. f.* Ce qu'il y a d'impur dans une chose; impudicité.

**IMPUTABLE**, *adj.* 2 *g.* Qui peut être imputé.

**IMPUTATION**, *s. f.* Accusation sans preuve.

**IMPUTER** (*part.* é, ée), *v. a.* Attribuer à quelqu'un (une chose digne de blâme); appliquer (un payement à une dette).

**INABORDABLE**, *adj.* 2 *g.* Qu'on ne peut aborder.

**INACCEPTABLE**, *adj.* 2 *g.* Qu'on ne doit pas accepter.

**INACCESSIBLE**, *adj.* 2 *g.* Dont on ne peut approcher.

**INACCORDABLE**, *adj.* 2 *g.* Qu'on ne peut accorder.

**INACCOUTUMÉ**, **ÉE**, *adj.* Insolite, inusité.

**INACHEVÉ**, **ÉE**, *adj.* Qui n'est pas achevé.

**INACTIF**, **IVE**, *adj.* Qui n'a pas d'activité.

**INACTION**, *s. f.* Repos, cessation de toute action.

**INACTIVITÉ**, *s. f.* Manque d'activité.

**INADMISSIBILITÉ**, *s. f.* Qualité de ce qui ne peut être admis.

**INADMISSIBLE**, *adj.* 2 *g.* Qu'on ne peut admettre.

**INADVERTANCE**, *s. f.* Défaut d'attention.

**INALIÉNABILITÉ**, *s. f.* Qualité de ce qui est inaliénable.

**INALIÉNABLE**, *adj.* 2 *g.* Qu'on ne peut aliéner.

**INALLIABLE**, *adj.* 2 *g.* Qu'on ne peut allier.

**INALTÉRABLE**, *adj.* 2 *g.* Qui ne peut être altéré.

**INAMOVIBILITÉ**, *s. f.* Qualité de ce qui est inamovible.

**INAMOVIBLE**, *adj.* 2 *g.* Qui ne peut être ôté, déplacé, destitué.

**INANIMÉ**, **ÉE**, *adj.* Qui n'est pas animé.

**INANITÉ**, *s. f.* Néant, inutilité d'une chose.

**INANITION**, *s. f.* Faiblesse causée par la privation de nourriture.

**INAPERCEVABLE**, *adj.* 2 *g.* Qui ne peut être aperçu.

**INAPERÇU**, **E**, *adj.* Qu'on n'a pas aperçu.

**INAPPLICABLE**, *adj.* 2 *g.* Qui ne peut être appliqué.

**INAPPLICATION**, *s. f.* Manque d'application.

**INAPPLIQUÉ**, **ÉE**, *adj.* Qui manque d'application.

**INAPPRÉCIABLE**, *adj.* 2 *g.* Qui ne peut être apprécié.

**INAPTITUDE**, *s. f.* Manque d'aptitude.

**INARTICULÉ**, **ÉE**, *adj.* Qui n'est pas articulé.

**INATTAQUABLE**, *adj.* 2 *g.* Qu'on ne peut attaquer.

**INATTENDU**, **E**, *adj.* Imprévu.

**INATTENTIF**, **IVE**, *adj.* Qui manque d'attention.

**INATTENTION**, *s. f.* Manque d'attention.

**INAUGURAL**, **E**, *adj.* Qui a rapport à l'inauguration.

**INAUGURATION**, *s. f.* Solennité religieuse à l'avénement au trône d'un nouveau souverain; consécration d'un monument; prise de possession d'un emploi avec solennité.

**INAUGURER** (*part.* é, ée), *v. a.* Faire une inauguration.

**INCALCULABLE**, *adj.* 2 *g.* Qu'on ne peut calculer.

**INCANDESCENCE**, *s. f.* État d'un corps échauffé jusqu'à devenir blanc.

**INCANDESCENT**, **E**, *adj.* Qui est en état d'incandescence.

**INCANTATION**, *s. f.* Enchantement, sortilége.

**INCAPABLE**, *adj.* 2 *g.* Qui n'est pas capable; inhabile.

**INCAPACITÉ**, *s. f.* Manque de capacité.

**INCARCÉRATION**, *s. f.* Emprisonnement.

**INCARCÉRER** (*part.* é, ée), *v. a.* Emprisonner.

**INCARNADIN**, **E**, *adj.* Qui est d'un faible incarnat; —, *s. m.* Couleur incarnadine.

**INCARNAT**, **E**, *adj.* et *s.* Couleur qui tient de celle de la cerise et de celle de la rose.

**INCARNATION**, *s. f.* Union du Fils de Dieu avec la nature humaine.

**INCARNÉ**, **ÉE**, *adj.* Qui domine dans la personne.

**S'INCARNER** (*part.* é, ée), *v. pr.* Se revêtir de chair.

**INCARTADE**, *s. f.* Insulte, impertinence, extravagance.

**INCENDIAIRE**, *s.* 2 *g.* Auteur volontaire d'un incendie; *fig.* Séditieux. (Dans ce dernier sens il est aussi adjectif.)

**INCENDIE**, *s. m.* Feu accidentel susceptible de produire l'embrasement; *fig.* Grands désordres.

**INCENDIER** (*part.* é, ée), *v. a.* Brûler, consumer.

**INCERTAIN**, **E**, *adj.* Douteux; irrésolu; variable.

**INCERTAINEMENT**, *adv.* Avec incertitude.

**INCERTITUDE**, *s. f.* Doute; indécision; inconstance.

**INCESSAMMENT**, *adv.* Sans cesse, sans interruption.

**INCESSIBLE**, *adj.* 2 *g.* Qui ne peut être cédé.

**INCESTE**, *s. m.* Union illicite, prohibée par la loi religieuse et la loi civile; celui qui s'est rendu coupable de ce crime.

**INCESTUEUSEMENT**, *adv.* Avec inceste.

**INCESTUEUX**, **EUSE**, *adj.* Coupable d'inceste.

**INCIDEMMENT**, *adv.* Par incident.

**INCIDENT**, *s. m.* Événement imprévu; difficulté.

**INCIDENT**, **E**, *adj.* Qui survient.

**INCIDENTER**, *v. n.* Faire naître un incident.

**INCINÉRATION**, *s. f.* Action de réduire en cendres; effets de cette action

**INCINÉRER** (*part.* é, ée), *v. a.* Réduire en cendres.

**INCISER** (*part.* é, ée), *v. a.* Faire une incision.

**INCISIF**, **IVE**, *adj.* (Remède) propre à diviser les humeurs; *dents incisives*, les dents de devant.

**INCISION**, *s. f.* Coupure, fente.

**INCITATION**, *s. f.* Instigation, impulsion.

**INCITER** (*part.* é, ée), *v. a.* Exciter, pousser.

**INCIVIL**, **E**, *adj.* Qui n'est pas civil.

**INCIVILEMENT**, *adv.* Avec incivilité.

**INCIVILITÉ**, *s. f.* Manque de civilité.

**INCIVIQUE**, *adj.* 2 *g.* Qui n'est pas civique.

**INCIVISME**, *s. m.* Défaut de civisme.

**INCLÉMENCE**, *s. f.* Rigueur; intempérie.

**INCLÉMENT**, **E**, *adj.* Qui n'a pas de clémence; rigoureux.

**INCLINAISON**, *s. f.* État de ce qui penche.

**INCLINATION**, *s. f.* Action de pencher; *fig.* Penchant, affection.

**INCLINER** (*part.* é, ée), *v. a.* Pencher, courber, baisser; —, *v. n.* Être porté à; *s'*—, *v. pr.* Se courber.

**INCLUS**, **E**, *p. p. du v. inclure, qui est inusité.* Enfermé, enveloppé.

**INCLUSIVEMENT**, *adv.* Y compris.

**INCOGNITO** (gn m.), *adv.* Sans être connu; —, *s. m. Garder l'*—, ne pas se faire connaître.

**INCOHÉRENCE**, *s. f.* Défaut de liaison entre différentes parties.

**INCOHÉRENT**, **E**, *adj.* Qui manque de liaison.

**INCOLORE**, *adj.* 2 *g.* Qui est sans couleur.

**INCOMBUSTIBILITÉ**, *s. f.* Qualité de ce qui est incombustible.

**INCOMBUSTIBLE**, *adj.* 2 *g.* Qui a la propriété de ne pas se consumer au feu.

**INCOMMENSURABILITÉ**, *s. f.* Caractère de ce qui est incommensurable.

**INCOMMENSURABLE**, *adj.* 2 *g.* Qu'on ne peut mesurer.

**INCOMMODE**, *adj.* 2 *g.* Qui cause de l'embarras, qui est à charge.

**INCOMMODÉMENT**, *adv.* D'une manière incommode.

**INCOMMODER** (*part.* é, ée), *v. a.* Causer quelque incommodité, quelque dommage.

**INCOMMODITÉ**, *s. f.* Embarras causé par une chose incommode; indisposition.

**INCOMMUNICABLE**, *adj.* 2 *g.* Qui n'est pas susceptible de se communiquer.

**INCOMPARABLE**, *adj.* 2 *g.* A quoi rien ne peut être comparé.

**INCOMPARABLEMENT**, *adv.* Sans comparaison.

**INCOMPATIBILITÉ**, *s. f.* Antipathie; impossibilité de posséder à la fois deux emplois.

**INCOMPATIBLE**, *adj.* 2 *g.* Non compatible.

**INCOMPATIBLEMENT**, *adv.* D'une manière incompatible.

**INCOMPÉTEMMENT**, *adv.* Sans compétence.

**INCOMPÉTENCE**, *s. f.* Manque de compétence.

**INCOMPÉTENT, E**, *adj.* Qui n'est pas compétent.

**INCOMPLET, ÈTE**, *adj.* Qui n'est pas complet.

**INCOMPLEXE**, *adj.* 2 *g.* Qui n'est pas complexe ; simple.

**INCOMPRÉHENSIBILITÉ**, *s. f.* État de ce qui ne peut être compris.

**INCOMPRÉHENSIBLE**, *adj.* 2 *g.* Qu'on ne peut comprendre.

**INCOMPRESSIBILITÉ**, *s. f.* État de ce qui est incompressible.

**INCOMPRESSIBLE**, *adj.* 2 *g.* Qui ne peut être comprimé.

**INCONCEVABLE**, *adj.* 2 *g.* Qu'on ne peut concevoir.

**INCONCILIABLE**, *adj.* 2 *g.* Qu'on ne peut concilier.

**INCONDUITE**, *s. f.* Mauvaise conduite.

**INCONGRU, E**, *adj.* Qui pèche contre les règles de la syntaxe, de la logique, ou contre les convenances.

**INCONGRUITÉ**, *s. f.* Chose incongrue.

**INCONGRÛMENT**, *adv.* D'une manière incongrue.

**INCONNU, E**, *adj.* Qui n'est pas connu.

**INCONSÉQUENCE**, *s. f.* Défaut de conséquence dans les discours ou les actions.

**INCONSÉQUENT, E**, *adj.* Qui agit d'une manière contraire à ses propres principes ; qui n'est pas conforme aux règles de la logique.

**INCONSIDÉRATION**, *s. f.* Imprudence.

**INCONSIDÉRÉ, ÉE**, *adj.* et *s.* Imprudent, étourdi.

**INCONSIDÉRÉMENT**, *adv.* D'une manière inconsidérée.

**INCONSOLABLE**, *adj.* 2 *g.* Qui ne peut se consoler.

**INCONSOLABLEMENT**, *adv.* D'une manière inconsolable.

**INCONSTAMMENT**, *adv.* Avec inconstance.

**INCONSTANCE**, *s. f.* Facilité à changer de conduite, d'opinion ; légèreté d'esprit.

**INCONSTANT, E**, *adj.* Léger ; sujet à changer.

**INCONSTITUTIONNEL, ELLE**, *adj.* Qui n'est pas constitutionnel.

**INCONTESTABLE**, *adj.* 2 *g.* Qu'on ne peut contester.

**INCONTESTABLEMENT**, *adv.* D'une manière incontestable.

**INCONTESTÉ, ÉE**, *adj.* Qui n'est pas contesté.

**INCONTINENCE**, *s. f.* Vice opposé à la chasteté ; — *d'urine*, écoulement involontaire de l'urine.

**INCONTINENT, E**, *adj.* Qui n'est pas chaste.

**INCONTINENT**, *adv.* Sur-le-champ.

**INCONVENANT, E**, *adj.* Qui manque de convenance.

**INCONVÉNIENT**, *s. m.* Incident fâcheux ; résultat désagréable.

**INCORPORATION**, *s. f.* Action d'incorporer ; effet de cette action.

**INCORPOREL, ELLE**, *adj.* Qui n'a pas de corps.

**INCORPORER** (*part.* é, ée), *v. a.* Réunir des parties diverses en un seul corps.

**INCORRECT, E**, *adj.* Qui n'est pas correct.

**INCORRECTION**, *s. f.* Défaut de correction.

**INCORRIGIBILITÉ**, *s. f.* Caractère de ce qui est incorrigible.

**INCORRIGIBLE**, *adj.* 2 *g.* Qu'on ne peut corriger.

**INCORRUPTIBILITÉ**, *s. f.* Intégrité ; qualité de ce qui est incorruptible.

**INCORRUPTIBLE**, *adj.* 2 *g.* Qui ne peut se corrompre.

**INCRÉDULE**, *adj.* et *s.* 2 *g.* Qui ne croit pas.

**INCRÉDULITÉ**, *s. f.* Répugnance à croire.

**INCRÉÉ, ÉE**, *adj.* Qui existe sans avoir été créé.

**INCRIMINER** (*part.* é, ée), *v. a.* Accuser d'un crime.

**INCROYABLE**, *adj.* 2 *g.* Qui n'est pas croyable.

**INCROYABLEMENT**, *adv.* D'une manière incroyable.

**INCRUSTATION**, *s. f.* Action d'incruster; résultats de cette action.

**INCRUSTER** (*part.* é, ée), *v. a.* Appliquer du marbre, de l'or, etc., sur une surface pour l'orner; *s'*—, *v. pr.* Adhérer avec force.

**INCUBATION**, *s. f.* Action des ovipares qui couvent des œufs.

**INCULPATION**, *s. f.* Attribution d'une faute à quelqu'un.

**INCULPER** (*part.* é, ée), *v. a.* Accuser.

**INCULQUER** (*part.* é, ée), *v. a.* Imprimer une chose dans l'esprit.

**INCULTE**, *adj.* 2 *g.* Qui n'est pas cultivé; *fig.* Sauvage.

**INCURABILITÉ**, *s. f.* État qu'on ne peut guérir.

**INCURABLE**, *adj.* 2 *g.* Qu'on ne peut guérir.

**INCURIE**, *s. f.* Négligence.

**INCURSION**, *s. f.* Irruption hostile.

**INDE**, *s. m.* Couleur bleue tirée de l'indigo.

**INDÉBROUILLABLE** (ll m.), *adj.* 2 *g.* Qu'on ne peut débrouiller.

**INDÉCEMMENT**, *adv.* Contre la décence.

**INDÉCENCE**, *s. f.* Manque de décence.

**INDÉCENT**, E, *adj.* Contraire à la décence, à la bienséance.

**INDÉCHIFFRABLE**, *adj.* 2 *g.* Qu'on ne peut déchiffrer.

**INDÉCIS**, E, *adj.* Irrésolu, qui n'est pas décidé.

**INDÉCISION**, *s. f.* Irrésolution.

**INDÉCLINABILITÉ**, *s. f.* État des mots indéclinables.

**INDÉCLINABLE**, *adj.* 2 *g.* Qui ne peut se décliner.

**INDÉCOMPOSABLE**, *adj.* 2 *g.* Qui ne peut être décomposé.

**INDÉCROTTABLE**, *adj.* 2 *g.* Qui ne peut se décrotter; *caractère* —, intraitable, grossier.

**INDÉFINI**, E, *adj.* Indéterminé, illimité; *prétérit* —, qui marque un temps passé non complètement écoulé.

**INDÉFINIMENT**, *adv.* D'une manière indéfinie.

**INDÉFINISSABLE**, *adj.* 2 *g.* Qu'on ne peut définir.

**INDÉLÉBILE**, *adj.* 2 *g.* Qui ne peut être effacé.

**INDÉLIBÉRÉ**, ÉE, *adj.* Non réfléchi.

**INDÉLICAT**, E, *adj.* Qui n'a pas de délicatesse de cœur.

**INDÉLICATESSE**, *s. f.* Manque de délicatesse, de procédés.

**INDEMNE**, *adj.* 2 *g.* Indemnisé.

**INDEMNISER** (*part.* é, ée), *v. a.* Dédommager; *s'*—, *v. pr.* Prendre un dédommagement.

**INDEMNITÉ**, *s. f.* Dédommagement en argent ou en nature.

**INDÉPENDAMMENT**, *adv.* D'une manière indépendante.

**INDÉPENDANCE**, *s. f.* État d'une personne dégagée de tout engagement, de tous liens.

**INDÉPENDANT**, E, *adj.* Qui est libre de toute dépendance.

**INDESTRUCTIBILITÉ**, *s. f.* Qualité de ce qui est indestructible.

**INDESTRUCTIBLE**, *adj.* 2 *g.* Qui ne peut être détruit.

**INDÉTERMINATION**, *s. f.* Irrésolution.

**INDÉTERMINÉ**, ÉE, *adj.* Irrésolu; illimité.

**INDÉTERMINÉMENT**, *adv.* D'une manière indéterminée.

**INDÉVOT**, E, *adj.* et *s.* Qui n'est pas dévot.

**INDÉVOTEMENT**, *adv.* D'une manière indévote.

**INDÉVOTION**, *s. f.* Manque de dévotion.

**INDEX** (*mot latin*), *s. m.* Table d'un livre; le doigt le plus proche du pouce.

**INDICATEUR**, *s.* et *adj. m.* Celui qui indique, qui fait connaître; index.

**INDICATIF**, *s.* et *adj. m.* Premier mode des verbes, indiquant qu'une personne ou qu'une chose est ou agit.

**INDICATIF**, IVE, *adj.* Qui indique.

**INDICATION**, *s. f.* Action d'indiquer; signe qui indique.

**INDICE**, *s. m.* Signe apparent et probable qu'une chose est.

**INDICIBLE**, *adj.* 2 *g.* Inexprimable.

**INDICTION**, *s. f.* (*t. de chron.*) Période de quinze ans.

**INDIEN, ENNE**, *adj.* et *s.* Qui est de l'Inde.

**INDIENNE**, *s. f.* Toile peinte.

**INDIFFÉREMMENT**, *adv.* Avec indifférence; sans faire de différence.

**INDIFFÉRENCE**, *s. f.* État d'une personne indifférente; froideur.

**INDIFFÉRENT, E**, *adj.* Ni bon ni mauvais en soi; dont on ne se soucie pas; qui n'aime rien, ne s'intéresse à rien; —, *s.* Personne froide, que rien n'émeut.

**INDIGENCE**, *s. f.* Grande pauvreté; absence d'une chose.

**INDIGÈNE**, *adj.* 2 *g.* Né dans un pays; naturel à un pays; *indigènes*, *s. m. pl.* Peuples établis de tout temps dans un pays.

**INDIGENT, E**, *adj.* et *s.* Qui est dans l'indigence.

**INDIGESTE**, *adj.* 2 *g.* Difficile à digérer; *fig.* Confus.

**INDIGESTION**, *s. f.* Mauvaise coction des aliments dans l'estomac.

**INDIGNATION**, *s. f.* Colère contre ce qui est injuste, honteux; aversion pour ceux qui font le mal.

**INDIGNE**, *adj.* 2 *g.* et *s.* Qui n'est pas digne, qui ne mérite pas; méchant, odieux, condamnable.

**INDIGNEMENT**, *adv.* D'une manière indigne.

**INDIGNER** (*part.* é, ée), *v. a.* Exciter l'indignation, la colère; *s'*—, *v. pr.* Concevoir de l'indignation.

**INDIGNITÉ**, *s. f.* Action indigne; outrage, affront.

**INDIGO**, *s. m.* Matière colorante qu'on tire de certaines plantes; plante dont les feuilles donnent la couleur de l'indigo; cette couleur (bleu foncé).

**INDIGOTERIE**, *s. f.* Plantation d'indigo; lieu où l'on prépare l'indigo.

**INDIGOTIER**, *s. m.* Plante d'où l'on extrait l'indigo.

**INDIQUER** (*part.* é, ée), *v. a.* Montrer, désigner; fixer.

**INDIRECT, E**, *adj.* Qui n'est pas direct; détourné.

**INDIRECTEMENT**, *adv.* D'une manière indirecte.

**INDISCIPLINABLE**, *adj.* 2 *g.* Qu'on ne peut discipliner.

**INDISCIPLINE**, *s. f.* Manque de discipline.

**INDISCIPLINÉ, ÉE**, *adj.* Qui n'est pas discipliné.

**INDISCRET, ÈTE**, *adj.* et *s.* Étourdi, imprudent, qui manque de discrétion; qui ne garde aucun secret.

**INDISCRÈTEMENT**, *adv.* D'une manière indiscrète.

**INDISCRÉTION**, *s. f.* Manque de discrétion; action indiscrète.

**INDISPENSABLE**, *adj.* 2 *g.* Dont on ne peut se dispenser.

**INDISPENSABLEMENT**, *adv.* Nécessairement.

**INDISPONIBLE**, *adj.* 2 *g.* Dont on ne peut disposer par testament.

**INDISPOSÉ, ÉE**, *adj.* Un peu malade; prévenu défavorablement; fâché.

**INDISPOSER** (*part.* é, ée), *v. a.* Fâcher, mettre dans une disposition peu favorable; rendre un peu malade.

**INDISPOSITION**, *s. f.* Légère altération dans la santé; prévention défavorable.

**INDISSOLUBILITÉ**, *s. f.* Qualité de ce qui est indissoluble.

**INDISSOLUBLE**, *adj.* 2 *g.* Qui ne peut se dissoudre.

**INDISSOLUBLEMENT**, *adv.* D'une manière indissoluble.

**INDISTINCT, E**, *adj.* Qui n'est pas distinct (en parlant des sons et des idées).

**INDISTINCTEMENT**, *adv.* Confusément; sans choix, sans préférence.

**INDIVIDU**, *s. m.* Être particulier de chaque espèce en général.

**INDIVIDUALISER** (*part.* é, ée), *v. a.* Considérer individuellement.

**INDIVIDUALITÉ**, *s. f.* Caractère, état de l'individu.

**INDIVIDUEL, ELLE**, *adj.* Qui a rapport à l'individu.

**INDIVIDUELLEMENT**, *adv.* D'une manière individuelle, abstraction faite de l'espèce.

**INDIVIS, E**, *adj.* Qui n'est pas divisé; *bien* —, possédé en commun.

**INDIVISÉMENT**, *adv.* Par indivis.

**INDIVISIBILITÉ**, *s. f.* Qualité de ce qui est indivisible.

**INDIVISIBLE**, *adj. 2 g.* Qu'on ne peut diviser.

**INDIVISIBLEMENT**, *adv.* D'une manière indivisible.

**INDIVISION**, *s. f.* État de ce qui est indivis.

**IN-DIX-HUIT**, *adj.* et *s. m.* (Livre) dont chaque feuille est pliée en dix-huit feuillets.

**INDOCILE**, *adj. 2 g.* Qui n'a pas de docilité.

**INDOCILITÉ**, *s. f.* Manque de docilité.

**INDOLENCE**, *s. f.* Nonchalance, insensibilité; apathie.

**INDOLENT, E**, *adj.* et *s.* Nonchalant, insensible à tout.

**INDOMPTABLE**, *adj. 2 g.* Qu'on ne peut dompter.

**INDOMPTÉ, ÉE**, *adj.* Qu'on n'a pu dompter; fougueux, sans frein.

**IN-DOUZE**, *adj.* et *s. m.* (Livre) dont les feuilles sont pliées en douze feuillets.

**INDRE**, nom d'une rivière qui prend sa source dans le dép. de la Creuse et se jette dans la Loire; elle donne son nom à un département, dont Châteauroux est le chef-lieu.

**INDRE-ET-LOIRE**, dép. formé de l'ancienne Touraine et dont Tours est le chef-lieu.

**INDU, E**, *adj.* Qui est contre la règle, contre l'usage.

**INDUBITABLE**, *adj. 2 g.* Dont on ne peut douter.

**INDUBITABLEMENT**, *adv.* Certainement, sans doute.

**INDUCTION**, *s. f.* Conséquence tirée.

**INDUIRE** (*part.* it, e), *v. a.* Porter, pousser à; inférer.

**INDULGENCE**, *s. f.* Facilité à excuser, à pardonner; *pl.* Rémission accordée par l'Église de la peine due aux péchés.

**INDULGENT, E**, *adj.* Qui a de l'indulgence.

**INDÛMENT**, *adv.* D'une manière indue.

**INDUSTRIE**, *s. f.* Dextérité, adresse à faire une chose; travail, commerce.

**INDUSTRIEL, ELLE**, *adj.* Qui est relatif à l'industrie; produit par l'industrie; —, *s. m.* Personne qui se livre à l'industrie.

**INDUSTRIEUSEMENT**, *adv.* Avec industrie.

**INDUSTRIEUX, EUSE**, *adj.* Qui a de l'industrie.

**INÉBRANLABLE**, *adj. 2 g.* Qu'on ne peut ébranler.

**INÉBRANLABLEMENT**, *adv.* D'une manière inébranlable.

**INÉDIT, E**, *adj.* Qui n'a point été imprimé, publié.

**INEFFABILITÉ**, *s. f.* Qualité d'une chose ineffable.

**INEFFABLE**, *adj. 2 g.* Qui ne peut être exprimé par la parole.

**INEFFAÇABLE**, *adj. 2 g.* Qui ne peut être effacé.

**INEFFICACE**, *adj. 2 g.* Qui est sans effet.

**INEFFICACITÉ**, *s. f.* Manque d'efficacité.

**INÉGAL, E**, *adj.* Qui n'est point égal, raboteux; *fig.* Bizarre.

**INÉGALEMENT**, *adv.* D'une manière inégale.

**INÉGALITÉ**, *s. f.* Défaut d'égalité.

**INÉLÉGANCE**, *s. f.* Défaut d'élégance.

**INÉLÉGANT, E**, *adj.* Qui manque d'élégance.

**INÉLIGIBLE**, *adj. 2 g.* Qui ne peut être élu.

**INÉNARRABLE**, *adj. 2 g.* Qui ne peut être raconté.

**INEPTE**, *adj. 2 g.* Qui n'a pas d'aptitude; absurde, impertinent.

**INEPTIE**, *s. f.* Absurdité, sottise, impertinence.

**INÉPUISABLE**, *adj. 2 g.* Qu'on ne peut épuiser.

**INERTE**, *adj. 2 g.* Qui est sans ressort, sans activité.

**INERTIE**, *s. f.* Manque d'activité, d'énergie.

**INESPÉRÉ, ÉE**, *adj.* Heureux et imprévu.

**INESPÉRÉMENT**, *adv.* Contre toute espérance.

**INESTIMABLE**, *adj. 2 g.* Qu'on ne peut assez estimer.

**INÉVITABLE**, *adj. 2 g.* Qu'on ne peut éviter.

**INÉVITABLEMENT**, *adv.* Nécessairement; sans qu'on puisse l'éviter.

**INEXACT, E**, *adj.* Qui manque d'exactitude; où il y a erreur.

**INEXACTEMENT**, *adv.* D'une manière inexacte.

**INEXACTITUDE**, *s. f.* Manque d'exactitude.

**INEXCUSABLE**, *adj.* 2 *g.* Qu'on ne peut excuser.

**INEXÉCUTABLE**, *adj.* 2 *g.* Qui ne peut être exécuté.

**INEXÉCUTION**, *s. f.* Manque d'exécution.

**INEXERCÉ, ÉE**, *adj.* Qui n'est pas exercé.

**INEXIGIBLE**, *adj.* 2 *g.* Qui ne peut être exigé.

**INEXORABLE**, *adj.* 2 *g.* Qu'on ne peut fléchir; sévère, dur.

**INEXORABLEMENT**, *adv.* D'une manière inexorable.

**INEXPÉRIENCE**, *s. f.* Manque d'expérience.

**INEXPÉRIMENTÉ, ÉE**, *adj.* Qui n'a pas d'expérience.

**INEXPIABLE**, *adj.* 2 *g.* Qui ne peut être expié.

**INEXPLICABLE**, *adj.* 2 *g.* Qu'on ne peut expliquer.

**INEXPRIMABLE**, *adj.* 2 *g.* Qu'on ne peut exprimer.

**INEXPUGNABLE**, *adj.* 2 *g.* Qui ne peut être forcé, pris d'assaut.

**INEXTINGUIBLE**, *adj.* 2 *g.* Qu'on ne peut éteindre.

**INEXTRICABLE**, *adj.* 2 *g.* Qui ne peut être démêlé.

**INFAILLIBILITÉ** (ll m.), *s. f.* Impossibilité de se tromper, d'être trompé.

**INFAILLIBLE** (ll m.); *adj.* 2 *g.* Certain, immanquable; qui ne peut ni tromper, ni errer.

**INFAILLIBLEMENT** (ll m.), *adv.* Immanquablement.

**INFAISABLE**, *adj.* 2 *g.* Qui ne peut être fait.

**INFAMANT, E**, *adj.* Qui porte infamie.

**INFÂME**, *adj.* et *s.* 2 *g.* Diffamé, flétri; honteux, déshonorant.

**INFAMIE**, *s. f.* Flétrissure imprimée à l'honneur, à la réputation, par la loi, l'opinion publique; action infâme.

**INFANT, E**, *s.* Enfant puîné du roi d'Espagne, de Portugal, de Naples.

**INFANTERIE**, *s. f.* Gens de guerre qui marchent et combattent à pied.

**INFANTICIDE**, *s. m.* Meurtre d'un enfant; —, *s.* et *adj.* 2 *g.* Celui ou Celle qui fait périr un enfant.

**INFATIGABLE**, *adj.* 2 *g.* Qu'on ne peut fatiguer.

**INFATIGABLEMENT**, *adv.* Sans se lasser.

**INFATUATION**, *s. f.* Entêtement.

**INFATUER** (*part.* é, ée), *v. a.* Prévenir excessivement en faveur de; *s'*—, *v. pr.* Se prévenir ridiculement en faveur de.

**INFÉCOND, E**, *adj.* Stérile.

**INFÉCONDITÉ**, *s. f.* Stérilité.

**INFECT, E**, *adj.* Puant, corrompu.

**INFECTER** (*part.* é, ée), *v. a.* Empuantir; *fig.* Corrompre.

**INFECTION**, *s. f.* Puanteur contagieuse; corruption.

**INFÉODER** (*part.* é, ée), *v. a.* Donner une terre en fief.

**INFÉRER** (*part.* é, ée), *v. a.* Tirer une conséquence.

**INFÉRIEUR, E**, *adj.* Placé au-dessous; qui n'est point égal en valeur, en qualité; —, *adj.* et *s. m.* Qui est au-dessous d'un autre en rang, en mérite, en dignité; subordonné.

**INFÉRIEUREMENT**, *adv.* Au-dessous.

**INFÉRIORITÉ**, *s. f.* Rang de l'inférieur relativement au supérieur; ce qui est inférieur.

**INFERNAL, E**, *adj.* Qui appartient à l'enfer; diabolique.

**INFERTILE**, *adj.* 2 *g.* Stérile.

**INFERTILITÉ**, *s. f.* Stérilité d'une terre.

**INFESTER** (*part.* é, ée), *v. a.* Ravager par des irruptions; incommoder, tourmenter.

**INFIDÈLE**, *adj.* 2 *g.* Qui manque de fidélité, d'exactitude; déloyal; peu sûr; —, *s. m.* Celui qui n'a pas la vraie foi.

**INFIDÈLEMENT**, *adv.* D'une manière infidèle.

**INFIDÉLITÉ**, *s. f.* Manque de fidélité; déloyauté; inexactitude.

**INFILTRATION**, *s. f.* Action d'un liquide qui s'infiltre.

**s'INFILTRER** (*part.* é, ée), *v. pr.* Passer comme par un filtre.

**INFIME**, *adj.* 2 *g.* Dernier, le plus bas.

**INFINI**, **E**, *adj.* Qui n'a pas de bornes ; —, *s. m.* Ce qui n'a pas de bornes ; *à l'*—, *loc. adv.* Sans fin.

**INFINIMENT**, *adv.* Sans bornes ; à l'infini.

**INFINITÉ**, *s. f.* Qualité de ce qui est infini ; grand nombre.

**INFINITÉSIMAL, E**, *adj. Calcul* —, calcul des infiniment petits.

**INFINITIF**, *s.* et *adj. m.* Mode du verbe qui ne marque ni nombre ni personne.

**INFIRMATIF, IVE**, *adj.* Qui infirme, qui annule.

**INFIRME**, *adj.* 2 *g.* Qui a quelque infirmité ; *fig.* Faible, fragile ; —, *s. m.* Malade.

**INFIRMER** (*part.* é, ée), *v. a.* Annuler.

**INFIRMERIE**, *s. f.* Lieu destiné aux malades, aux infirmes.

**INFIRMIER**, **IÈRE**, *s.* Celui ou Celle qui a soin des malades.

**INFIRMITÉ**, *s. f.* Maladie, faiblesse, vice d'organisation.

**INFLAMMABLE**, *adj.* 2 *g.* Qui s'enflamme aisément.

**INFLAMMATION**, *s. f.* Action qui enflamme ; état de ce qui est enflammé ; ardeur dans une partie du corps échauffée.

**INFLAMMATOIRE**, *adj.* 2 *g.* Qui cause l'inflammation.

**INFLEXIBILITÉ**, *s. f.* Qualité de ce qui est inflexible ; caractère inébranlable.

**INFLEXIBLE**, *adj.* 2 *g.* Qui ne se laisse pas fléchir, ébranler.

**INFLEXIBLEMENT**, *adv.* D'une manière inflexible.

**INFLEXION**, *s. f.* — *de voix*, changement de voix d'un ton à un autre.

**INFLIGER** (*part.* é, ée), *v. a.* Imposer (une peine, un châtiment).

**INFLUENCE**, *s. f.* Action supposée des astres sur les corps terrestres ; action d'une cause qui aide à produire un effet.

**INFLUENCER** (*part.* é, ée), *v. a.* Exercer une influence ; donner une direction à la volonté d'autrui.

**INFLUENT**, **E**, *adj.* Qui a de l'influence.

**INFLUER** (*part.* é, ée), *v. n.* Faire impression ; contribuer à ; agir par influence.

**IN-FOLIO** (inv.), *adj.* et *s. m.* (Livre) dont chaque feuille forme seulement deux feuillets.

**INFORMATION**, *s. f.* Action d'informer ; recherches ; enquête.

**INFORME**, *adj.* 2 *g.* Imparfait, incomplet ; qui n'a pas la forme qu'il devrait avoir.

**INFORMER** (*part.* é, ée), *v. a.* Avertir ; —, *v. n.* Faire une enquête ; *s'*—, *v. pr.* S'enquérir.

**INFORTUNE**, *s. f.* Malheur ; adversité.

**INFORTUNÉ, ÉE**, *adj.* Malheureux.

**INFRACTEUR**, *s. m.* Celui qui viole (une loi, un ordre).

**INFRACTION**, *s. f.* Contravention ; rupture d'un traité.

**INFRUCTUEUSEMENT**, *adv.* Sans fruit, sans utilité.

**INFRUCTUEUX**, **EUSE**, *adj.* Qui ne produit rien.

**INFUS**, **E**, *adj.* Donné par la nature.

**INFUSER** (*part.* é, ée), *v. a.* Faire tremper quelque chose dans un liquide.

**INFUSIBLE**, *adj.* 2 *g.* Qui n'est pas susceptible de fusion.

**INFUSION**, *s. f.* Action d'infuser ; chose infusée.

**INGAMBE**, *adj.* 2 *g.* Léger, alerte.

**s'INGÉNIER**, *v. pr.* Chercher dans son esprit des moyens de succès.

**INGÉNIEUR**, *s. m.* Celui qui trace et qui conduit les travaux relatifs à l'attaque et à la défense des places fortes, aux ponts, aux chemins, etc.

**INGÉNIEUSEMENT**, *adv.* D'une manière ingénieuse.

**INGÉNIEUX, EUSE**, *adj.* Plein d'esprit, d'adresse.

**INGÉNU**, **E**, *adj.* Naïf, franc.

**INGÉNUITÉ**, *s. f.* Naïveté, sincérité, simplicité.

**INGÉNUMENT**, *adv.* D'une manière ingénue.

**s'INGÉRER**, *v. pr.* Se mêler d'une

chose sans y être invité ou autorisé.

**INGRAT, E**, *adj.* Qui manque de reconnaissance ; stérile.

**INGRATITUDE**, *s. f.* Manque de reconnaissance ; oubli d'un bienfait reçu.

**INGRÉDIENT**, *s. m.* Ce qui entre dans un mélange, un assaisonnement, etc.

**INGUÉRISSABLE**, *adj.* 2 *g.* Qu'on ne peut guérir.

**INHABILE**, *adj.* 2 *g.* Incapable.

**INHABILETÉ**, *s. f.* Manque d'habileté.

**INHABILITÉ**, *s. f.* Incapacité.

**INHABITABLE**, *adj.* 2 *g.* Qu'on ne peut habiter.

**INHABITÉ, ÉE**, *adj.* Non habité.

**INHÉRENCE**, *s. f.* Union de choses inséparables.

**INHÉRENT, E**, *adj.* Joint inséparablement à.

**INHIBITION**, *s. f.* Défense.

**INHOSPITALIER, IÈRE**, *adj.* Qui n'aime pas à donner l'hospitalité.

**INHOSPITALITÉ**, *s. f.* Manque d'hospitalité.

**INHUMAIN, E**, *adj.* Qui n'a pas d'humanité.

**INHUMAINEMENT**, *adv.* D'une manière inhumaine.

**INHUMANITÉ**, *s. f.* Cruauté.

**INHUMATION**, *s. f.* Enterrement.

**INHUMER** (*part.* é, ée), *v. a.* Enterrer (un mort).

**INIMAGINABLE**, *adj.* 2 *g.* Qu'on ne peut imaginer.

**INIMITABLE**, *adj.* 2 *g.* Qu'on ne peut imiter.

**INIMITIÉ**, *s. f.* Haine, aversion, malveillance.

**ININTELLIGIBLE**, *adj.* 2 *g.* Qu'on ne peut comprendre.

**INIQUE**, *adj.* 2 *g.* Injuste.

**INIQUEMENT**, *adv.* D'une manière inique.

**INIQUITÉ**, *s. f.* Injustice ; action contraire aux lois ou à la probité ; prévarication.

**INITIAL, E**, *adj.* Qui commence.

**INITIATION**, *s. f.* Action d'initier, ou d'être initié.

**INITIATIVE**, *s. f.* Action de faire une proposition le premier.

**INITIER** (*part.* é, ée), *v. a.* Admettre, introduire (dans une société secrète) ; mettre au fait (d'un art, d'une science).

**INJONCTION**, *s. f.* Commandement.

**INJURE**, *s. f.* Insulte, outrage ; intempérie, rigueur (du temps).

**INJURIER** (se conj. sur *Prier*), *v. a.* Dire des injures ; *s'—*, *v. récipr.* Se dire mutuellement des injures.

**INJURIEUSEMENT**, *adv.* D'une manière injurieuse.

**INJURIEUX, EUSE**, *adj.* Outrageux, offensant.

**INJUSTE**, *adj.* 2 *g.* Contraire à la justice ; —, *s. m.* Ce qui n'est pas juste ; personne qui agit d'une manière opposée à la justice.

**INJUSTEMENT**, *adv.* D'une manière injuste.

**INJUSTICE**, *s. f.* Manque de justice ; action injuste.

**INLISIBLE.** Voy. *Illisible.*

**INNAVIGABLE**, *adj.* 2 *g.* Où la navigation est impossible (en parlant d'une mer).

**INNÉ, ÉE**, *adj.* Né avec nous.

**INNOCEMMENT**, *adv.* Avec innocence.

**INNOCENCE** (*sans pl.*), *s. f.* Naïveté, simplicité.

**INNOCENT, E**, *adj.* Non coupable ; pur ; simple ; —, *s. m.* Celui qui est exempt de crime.

**INNOCENTER** (*part.* é, ée), *v. a.* Déclarer innocent.

**INNOCUITÉ**, *s. f.* Qualité d'une chose qui n'est pas nuisible.

**INNOMBRABLE**, *adj.* Qu'on ne peut nombrer.

**INNOMBRABLEMENT**, *adv.* D'une manière innombrable.

**INNOVATEUR**, *s. m.* Celui qui innove.

**INNOVATION**, *s. f.* Introduction d'un usage nouveau.

**INNOVER** (*part.* é, ée), *v. a.* et *v. n.* Introduire des nouveautés.

**INOBSERVATION**, *s. f.* Manque d'observation (d'une loi, d'une promesse).

**INOCCUPÉ, ÉE**, *adj.* Qui est sans occupation.

**IN-OCTAVO** (inv.), *adj.* et *s. m.*

(Livre) dont chaque feuille pliée forme huit feuillets.

**INOCULATION**, *s. f.* Action d'inoculer.

**INOCULER** (*part.* é, ée), *v. a.* Communiquer artificiellement le virus de la petite vérole ; greffer.

**INODORE**, *adj.* 2 *g.* Qui n'a pas d'odeur.

**INOFFENSIF, IVE**, *adj.* Qui n'offense personne.

**INONDATION**, *s. f.* Débordement.

**INONDER** (*part.* é, ée), *v. a.* Déborder sur ; *fig.* Envahir.

**INOPINÉ, ÉE**, *adj.* Imprévu.

**INOPINÉMENT**, *adv.* D'une manière inopinée.

**INOPPORTUN, E**, *adj.* Qui n'est pas opportun.

**INOPPORTUNITÉ**, *s. f.* Chose faite hors de propos.

**INORGANIQUE**, *adj.* 2 *g.*, se dit des corps qui ne sont pas organisés.

**INOUÏ, E**, *adj.* Singulier, étrange, dont on n'avait pas entendu parler.

**IN-QUARTO** (inv.), *adj.* et *s. m.* (Livre) dont chaque feuille pliée forme quatre feuillets.

**INQUIET, IÈTE**, *adj.* Qui a de l'inquiétude ; agité.

**INQUIÉTANT, E**, *adj.* Qui cause de l'inquiétude.

**INQUIÉTER** (*part.* é, ée), *v. a.* Rendre inquiet ; troubler, faire de la peine ; *s —*, *v. pr.* Concevoir de l'inquiétude.

**INQUIÉTUDE**, *s. f.* Trouble, agitation d'esprit ; crainte ; incertitude ; impatience.

**INQUISITEUR**, *s. m.* Juge de l'inquisition.

**INQUISITION**, *s. f.* Recherche, enquête ; tribunal ecclésiastique établi en certains pays.

**INQUISITORIAL, E**, *adj.*, se dit de recherches arbitraires et rigoureuses.

**INSAISISSABLE**, *adj.* 2 *g.* Qu'on ne peut saisir.

**INSALUBRE**, *adj.* 2 *g.* Nuisible à la santé.

**INSALUBRITÉ**, *s. f.* Qualité de ce qui nuit à la santé.

**INSATIABILITÉ**, *s. f.* Avidité de manger qu'on ne peut rassasier.

**INSATIABLE**, *adj.* 2 *g.* Qu'on ne peut rassasier.

**INSATIABLEMENT**, *adv.* D'une manière insatiable.

**INSCRIPTION**, *s. f.* Ce qu'on écrit sur quelque édifice en mémoire d'un événement ; action d'inscrire ; devise, légende.

**INSCRIRE** (se conj. sur *Écrire*), *v. a.* Écrire sur ; *s'—*, *v. pr.* Écrire son nom sur un registre, sur une liste ; *s' — en faux*, affirmer qu'une chose est fausse.

**INSÇU.** Voy. *Insu*.

**INSECTE**, *s. m.* Classe d'animaux sans vertèbres, respirant par les trachées, dont le corps et les membres sont articulés.

**INSECTIVORE**, *adj.* et *s.* 2 *g.* Qui mange les insectes.

**IN-SEIZE** (inv.), *adj.* et *s. m.* (Livre) dont chaque feuille pliée forme seize feuillets.

**INSENSÉ, ÉE**, *adj.* et *s.* Qui a perdu l'esprit, fou ; contraire à la raison, au bon sens.

**INSENSIBILITÉ**, *s. f.* Manque de sensibilité.

**INSENSIBLE**, *adj.* 2 *g.* Qui n'est pas ému ; qui ne se sent pas touché ; imperceptible.

**INSENSIBLEMENT**, *adv.* Peu à peu ; d'une manière insensible.

**INSÉPARABLE**, *adj.* 2 *g.* Qu'on ne peut séparer.

**INSÉPARABLEMENT**, *adv.* D'une manière inséparable.

**INSÉRER** (*part.* é, ée), *v. a.* Mettre dans ; ajouter, faire entrer.

**INSERMENTÉ, ÉE**, *adj.* Qui n'a pas prêté le serment requis.

**INSERTION**, *s. f.* Action d'insérer ; addition.

**INSIDIEUSEMENT**, *adv.* D'une manière insidieuse.

**INSIDIEUX, EUSE**, *adj.* Artificieux, qui tend à tromper.

**INSIGNE**, *adj.* 2 *g.* Remarquable, signalé.

**INSIGNE**, *s. m.* Marque d'honneur. (Il s'emploie ordinairement au pluriel.)

**INSIGNIFIANCE**, *s. f.* Caractère de ce qui est insignifiant.

**INSIGNIFIANT, E**, *adj.* Qui est

sans caractère, qui ne signifie rien; insipide.

**INSINUANT, E,** *adj.* Qui insinue; qui sait s'insinuer.

**INSINUATIF, IVE,** *adj.* Propre à insinuer.

**INSINUATION,** *s. f.* Action de s'insinuer; discours adroit pour insinuer.

**INSINUER** (*part.* é, ée), *v. a.* Introduire doucement; *fig.* Faire entendre adroitement; *s'—*, *v. pr.* S'introduire avec adresse.

**INSIPIDE,** *adj.* 2 *g.* Qui est sans saveur, sans goût; fade.

**INSIPIDITÉ,** *s. f.* Qualité de ce qui est insipide.

**INSISTANCE,** *s. f.* Action d'insister.

**INSISTER,** *v. n.* Demander avec instance; appuyer sur un point.

**INSOCIABILITÉ,** *s. f.* Vice de celui qui est insociable.

**INSOCIABLE,** *adj.* 2 *g.* Qui ne peut vivre en société.

**INSOLEMMENT,** *adv.* Avec insolence.

**INSOLENCE,** *s. f.* Injure, offense, effronterie.

**INSOLENT, E,** *adj.* Effronté, injurieux, qui offense.

**INSOLITE,** *adj.* 2 *g.* Contraire à l'usage.

**INSOLUBILITÉ,** *s. f.* État de ce qui est insoluble.

**INSOLUBLE,** *adj.* 2 *g.* Qui ne peut se dissoudre; *fig.* Qu'on ne peut expliquer.

**INSOLVABILITÉ,** *s. f.* Impossibilité de payer.

**INSOLVABLE,** *adj.* 2 *g.* Qui n'a pas de quoi payer.

**INSOMNIE,** *s. f.* Privation de sommeil.

**INSOUCIANCE,** *s. f.* Caractère insouciant.

**INSOUCIANT, E,** *adj.* Qui n'a souci de rien.

**INSOUMIS, E,** *adj.* Non soumis.

**INSOUTENABLE,** *adj.* 2 *g.* Qui n'est pas soutenable; qui n'est pas supportable.

**INSPECTER** (*part.* é, ée), *v. a.* Examiner.

**INSPECTEUR, TRICE,** *s.* Celui, Celle qui sont chargés d'inspecter.

**INSPECTION,** *s. f.* Examen; fonction d'inspecteur.

**INSPIRATEUR, TRICE,** *adj.* Qui inspire.

**INSPIRATION,** *s. f.* Conseil, mouvement subit de l'âme; action par laquelle l'air entre dans les poumons.

**INSPIRÉ, ÉE,** *s.*, se dit d'une personne que l'on suppose recevoir les inspirations de la divinité.

**INSPIRER** (*part.* é, ée), *v. a.* Suggérer; conseiller.

**INSTABILITÉ,** *s. f.* Défaut de solidité, de stabilité.

**INSTALLATION,** *s. f.* Action d'installer.

**INSTALLER** (*part.* é, ée), *v. a.* Mettre en possession; *s'—*, *v. pr.* S'établir.

**INSTAMMENT,** *adv.* Avec instance.

**INSTANCE,** *s. f.* Demande réitérée et pressante; poursuite en justice.

**INSTANT,** *s. m.* Moment; *à l'—*, *loc. adv.* Sur-le-champ.

**INSTANT, E,** *adj.* Pressant, imminent.

**INSTANTANÉ, ÉE,** *adj.* Qui ne dure qu'un instant.

**INSTAR (A L'),** *loc. prép.* A l'exemple de.

**INSTIGATEUR, TRICE,** *s.* Celui ou Celle qui pousse, qui excite au mal.

**INSTIGATION,** *s. f.* Suggestion, incitation au mal.

**INSTINCT,** *s. m.* Sentiment naturel du bien et du mal; mouvement irréfléchi.

**INSTINCTIF, IVE,** *adj.* Qui se fait par instinct.

**INSTINCTIVEMENT,** *adv.* Par instinct.

**INSTITUER** (*part.* é, ée), *v. a.* Établir, commencer.

**INSTITUT,** *s. m.* Constitution, règle; établissement littéraire et scientifique.

**INSTITUTES,** *s. f. pl.* Éléments du droit romain.

**INSTITUTEUR, TRICE,** *s.* Celui ou Celle qui institue; personne qui instruit les enfants.

**INSTITUTION,** *s. f.* Action d'instituer, chose instituée; maison d'éducation.

**INSTRUCTEUR**, *s. m.* Celui qui instruit

**INSTRUCTIF**, **IVE**, *adj.* Qui instruit.

**INSTRUCTION**, *s. f.* Éducation, connaissances données ou acquises; ordre donné à un envoyé.

**INSTRUIRE** (*part.* it, e; se conj. sur *Construire*), *v. a.* Enseigner; informer; *s'—*, *v. pr.* S'éclairer, acquérir de l'instruction; *s'—*, *v. réc.* S'éclairer mutuellement.

**INSTRUIT, E**, *adj.* Qui a beaucoup d'instruction.

**INSTRUMENT**, *s. m.* Outil d'ouvrier ou d'artisan; tout ce qui sert à faire une chose; *instruments de mathématiques*, la règle, le compas, etc.; *instrument de musique*, fait pour rendre des sons harmonieux.

**INSTRUMENTAL**, **E**, *adj.* (*sans pl. m.*). Qui sert d'instrument; *musique instrumentale*, faite pour les instruments.

**INSTRUMENTATION**, *s. f.* Disposition de la partie instrumentale dans un morceau de musique.

**INSTRUMENTER** (*part.* é, ée), *v. a.* Dresser des actes de procédure.

**INSU**, *s. m.* Ignorance de quelque fait; *à l'—*, *loc. adv.* Sans qu'on le sache.

**INSUBORDINATION**, *s. f.* Défaut de subordination.

**INSUBORDONNÉ**, **ÉE**, *adj.* Qui manque à la subordination.

**INSUCCÈS**, *s. m.* Défaut de succès.

**INSUFFISAMMENT**, *adv.* D'une manière insuffisante.

**INSUFFISANCE**, *s. f.* Incapacité.

**INSUFFISANT, E**, *adj.* Qui ne suffit pas.

**INSULAIRE**, *adj.* et *s. 2 g.* Habitant d'une île.

**INSULTANT**, **E**, *adj.* Qui insulte.

**INSULTE**, *s. f.* Mauvais traitement de fait ou de parole, avec dessein d'offenser.

**INSULTER** (*part.* é, ée), *v. a.* Faire insulte, injurier; —, *v. n.* Manquer à ce qu'on doit aux personnes ou aux choses; *s'—*, *v. récipr.* Se faire insulte de part et d'autre.

**INSUPPORTABLE**, *adj. 2 g.* Qu'on ne peut supporter.

**INSUPPORTABLEMENT**, *adv.* D'une façon insupportable.

**INSURGÉ, ÉE**, *adj.* Qui est en état d'insurrection; —, *s. m.* Séditieux, rebelle.

**INSURGENTS**, *s. m. pl.* Ceux qui se soulèvent contre un gouvernement.

**S'INSURGER** (*part.* é, ée), *v. pr.* Se soulever contre un gouvernement.

**INSURMONTABLE**, *adj. 2 g.* Qui ne peut être surmonté.

**INSURRECTION**, *s. f.* Soulèvement contre un gouvernement.

**INSURRECTIONNEL**, **ELLE**, *adj.* Qui a l'insurrection pour but.

**INTACT**, **E**, *adj.* A quoi l'on n'a point touché; non altéré.

**INTARISSABLE**, *adj. 2 g.* Qui ne peut se tarir.

**INTÉGRAL**, **E**, *adj.* Total, entier; *calcul —*, par lequel on trouve une quantité finie dont on connaît la partie infiniment petite; *intégrale*, *s. f.* Partie finie.

**INTÉGRALEMENT**, *adv.* Entièrement.

**INTÉGRANT, E**, *adj.* Qui contribue à l'intégrité d'un tout.

**INTÉGRATION**, *s. f.* Action d'intégrer.

**INTÈGRE**, *adj. 2 g.* Qui est d'une probité incorruptible.

**INTÉGRER** (*part.* é, ée), *v. a.* Trouver l'intégrale d'une différentielle.

**INTÉGRITÉ**, *s. f.* Probité, vertu incorruptible; totalité, ensemble complet.

**INTELLECT**, *s. m.* Entendement.

**INTELLECTIF**, **IVE**, *adj.* Appartenant à l'intellect.

**INTELLECTUEL**, **ELLE**, *adj.* Qui a rapport à l'intellect; spirituel.

**INTELLIGENCE**, *s. f.* Faculté intellective; capacité de comprendre.

**INTELLIGENT**, **E**, *adj.* Pourvu de la faculté intellective; habile, versé en quelque matière.

**INTELLIGIBLE**, *adj. 2 g.* Facile à comprendre; qui peut être entendu aisément.

**INTELLIGIBLEMENT**, *adv.* D'une manière intelligible.

**INTEMPÉRANCE**, *s. f.* Vice opposé à la tempérance.

**INTEMPÉRANT**, **E**, *adj.* et *s.* Qui a de l'intempérance.

**INTEMPÉRÉ**, **ÉE**, *adj.* Déréglé dans ses passions.

**INTEMPÉRIE**, *s. f.* Mauvaise température, rigueur du temps.

**INTEMPESTIF**, **IVE**, *adj.* Qui est hors de saison; qui se fait à contre-sens.

**INTEMPESTIVEMENT**, *adv.* Hors de propos.

**INTENDANCE**, *s. f.* Administration de la maison d'un prince; fonction d'intendant.

**INTENDANT**, *s. m.* Homme préposé à la direction de certaines affaires; régisseur.

**INTENDANTE**, *s. f.* Femme d'un intendant.

**INTENSE**, *adj.* 2 *g.* Grand, fort, vif.

**INTENSITÉ**, *s. f.* Degré de force, d'activité.

**INTENTER** (*part.* é, ée), *v. a.* Commencer (un procès, une action contre quelqu'un).

**INTENTION**, *s. f.* Mouvement de l'âme vers une fin; projet, idée, volonté; motif.

**INTENTIONNÉ**, **ÉE**, *adj.* Qui a certaine intention.

**INTENTIONNEL**, **ELLE**, *adj.* Qui a rapport à l'intention.

**INTERCALAIRE**, *adj.* 2 *g.* Inséré dans; ajouté à.

**INTERCALATION**, *s. f.* Addition d'un jour au mois de février dans les années bissextiles; insertion.

**INTERCALER** (*part.* é, ée), *v. a.* Insérer, ajouter (une ligne dans un écrit, un article dans un compte, un jour dans un mois).

**INTERCÉDER**, *v. n.* Prier, solliciter pour quelqu'un.

**INTERCEPTER** (*part.* é, ée), *v. a.* S'emparer par surprise d'une chose envoyée; interrompre les communications.

**INTERCEPTION**, *s. f.* Interruption du cours direct.

**INTERCESSEUR**, *s. m.* Celui qui intercède.

**INTERCESSION**, *s. f.* Action d'intercéder.

**INTERDICTION**, *s. f.* Suspension de fonctions; action d'interdire un insensé; effet de cette action.

**INTERDIRE** (se conj. sur *Dire*, excepté à la 2e pers. du prés. de l'ind. et de l'impér. où l'on dit *interdisez*), *v. a.* Défendre une chose à quelqu'un; prononcer l'interdiction (contre un ecclésiastique, un officier de justice, etc.); ôter par sentence la gestion des biens à un insensé; *fig.* Troubler, déconcerter.

**INTERDIT**, *s. m.* Sentence qui suspend un prêtre de ses fonctions.

**INTERDIT**, **E**, *adj.* Déconcerté, confus.

**INTÉRESSANT**, **E**, *adj.* Qui intéresse.

**INTÉRESSÉ**, **ÉE**, *adj.* et *s.* Qui a intérêt à une chose; trop attaché à ses intérêts; qui craint la dépense.

**INTÉRESSER** (*part.* é, ée), *v. a.* Donner un intérêt, associer; faire prendre intérêt à; engager par intérêt; —, *v. n.* Inspirer de l'intérêt; *s'*—, *v. pr.* Prendre intérêt.

**INTÉRÊT**, *s. m.* Désir des richesses; avarice; attachement; bienveillance; ce qui émeut, ce qui touche l'âme.

**INTÉRIEUR**, **E**, *adj.* Qui se trouve au dedans; —, *s. m.* Le dedans; vie privée; conscience.

**INTÉRIEUREMENT**, *adv.* Au dedans.

**INTÉRIM**, *s. m.* Intervalle entre deux époques.

**INTERJECTION**, *s. f.* (*t. de gramm.*) Particule qui exprime un élan de l'âme.

**INTERJETER** (*part.* é, ée), *v. a.* Appeler d'un jugement.

**INTERLIGNE**, *s. m.* Espace entre deux lignes écrites ou imprimées.

**INTERLIGNER** (*part.* é, ée), *v. a.* Mettre des interlignes.

**INTERLINÉAIRE**, *adj.* Placé dans l'interligne.

**INTERLOCUTEUR**, **TRICE**, *s.* Personnage introduit dans un dialogue; personne qui s'entretient avec une autre.

**INTERLOCUTION**, *s. f.* Jugement par lequel on interloque.

**INTERLOCUTOIRE**, *adj.* 2 *g.* et *s. m.* (Arrêt) qui ordonne une instruction préalable.

**INTERLOPE**, *s. m.* et *adj.* Vaisseau qui trafique en fraude.

**INTERLOQUER** (*part.* é, ée), *v. a.* Rendre un jugement interlocutoire; interdire, embarrasser.

**INTERMÈDE**, *s. m.* Divertissements entre les actes d'une pièce de théâtre.

**INTERMÉDIAIRE**, *adj.* 2 *g.* et *s. m.* Qui est entre deux; qui s'interpose.

**INTERMINABLE**, *adj.* 2 *g.* Qu'on ne peut terminer.

**INTERMISSION**, *s. f.* Interruption, discontinuation.

**INTERMITTENCE**, *s. f.* Discontinuation.

**INTERMITTENT**, E, *adj.* Qui discontinue et reprend par intervalles.

**INTERNE**, *adj.* 2 *g.* Qui est au dedans.

**INTERNONCE**, *s. m.* Ministre chargé des affaires du pape au défaut d'un nonce; ambassadeur d'Autriche à Constantinople.

**INTERPELLATION**, *s. f.* Sommation de répondre.

**INTERPELLER** (*part.* é, ée), *v. a.* Sommer de répondre sur un fait; *fig.* Prendre à témoin.

**INTERPOLATEUR**, *s. m.* Celui qui interpole.

**INTERPOLATION**, *s. f.* Action d'interpoler.

**INTERPOLER** (*part.* é, ée), *v. a.* Insérer, intercaler.

**INTERPOSER** (*part.* é, ée), *v. a.* Mettre entre deux; *fig.* Faire intervenir; *s'—*, *v. pr.* Intervenir.

**INTERPOSITION**, *s. f.* Intervention d'une personne pour une autre.

**INTERPRÉTATIF**, IVE, *adj.* Qui sert à interpréter.

**INTERPRÉTATION**, *s. f.* Explication, action d'interpréter.

**INTERPRÈTE**, *s. m.* Celui qui traduit mot pour mot d'une langue dans une autre; celui qui éclaircit un texte.

**INTERPRÉTER** (*part.* é, ée), *v. a.* Traduire mot pour mot d'une langue dans une autre.

**INTERRÈGNE**, *s. m.* Intervalle de temps durant lequel un État est sans chef.

**INTERROGANT**, E, *adj.* Qui a la manie de questionner; *point —*, qui marque interrogation.

**INTERROGATEUR, TRICE**, *s.* Celui ou Celle qui interroge.

**INTERROGATIF**, IVE, *adj.* Qui sert à interroger.

**INTERROGATION**, *s. f.* Question faite à quelqu'un; *point d'—*, point qui marque l'interrogation.

**INTERROGATOIRE**, *s. m.* Questions du juge et réponses de l'accusé; procès-verbal qui les contient.

**INTERROGER** (*part.* é, ée), *v. a.* Faire une question à quelqu'un; faire subir un examen; faire des questions à un accusé; *s'—*, *v. pr.* Consulter sa conscience; *s'—*, *v. réc.* Se faire mutuellement des questions.

**INTERROMPRE** (se conj. sur *Rompre*), *v. a.* Suspendre, arrêter, mettre obstacle à la continuation; *s'—*, *v. pr.* Cesser.

**INTERRUPTEUR**, *s. m.* Celui qui interrompt.

**INTERRUPTION**, *s. f.* Action d'interrompre; état de ce qui est interrompu.

**INTERSECTION**, *s. f.* Point où deux lignes se coupent.

**INTERSTICE**, *s. m.* Intervalle, espace.

**INTERVALLE**, *s. m.* Distance d'un temps ou d'un lieu à un autre; délai, retard.

**INTERVENANT**, E, *adj.* et *s.* Qui intervient.

**INTERVENIR** (se conj. sur *Venir*), *v. n.* S'entremettre, s'interposer, se rendre médiateur.

**INTERVENTION**, *s. f.* Action d'intervenir.

**INTERVERSION**, *s. f.* Dérangement d'ordre; trouble.

**INTERVERTIR** (*part.* i, ie), *v. a.* Déranger, changer l'ordre.

**INTESTAT**, *adj.* 2 *g.* Qui n'a pas testé. *T.* de jurispr. emprunté au latin.

**INTESTIN**, *s. m.* Boyau.

**INTESTIN**, E, *adj.* Interne; *fig.* Intérieur.

**INTESTINAL**, E, *adj.* Qui appartient aux intestins.

**INTIMATION**, *s. f.* Acte par lequel on assigne en justice.

**INTIME**, *s.* et *adj.* 2 *g.* Avec qui on est lié étroitement, en qui on place toute confiance; intérieur et profond.

**INTIMÉ, ÉE**, *s.* Défendeur en cause d'appel.

**INTIMEMENT**, *adv.* Avec une affection particulière; profondément.

**INTIMER** (*part.* é, ée), *v. a.* Signifier avec autorité légale; appeler en jugement.

**INTIMIDER** (*part.* é, ée), *v. a.* Donner de la crainte, de l'appréhension.

**INTIMITÉ**, *s. f.* Liaison intime.

**INTITULÉ**, *s. m.* Titre d'un livre, d'un acte.

**INTITULER** (*part.* é, ée), *v. a.* Donner un titre (à un acte, à un livre).

**INTOLÉRABLE**, *adj.* 2 *g.* Qu'on ne peut tolérer.

**INTOLÉRANCE**, *s. f.* Défaut de tolérance; manque d'indulgence; rigueur inflexible.

**INTOLÉRANT, E**, *adj.* Qui manque de tolérance.

**INTONATION**, *s. f.* Manière d'entonner un chant; ton donné aux syllabes en parlant.

**INTRADUISIBLE**, *adj.* 2 *g.* Qu'on ne peut traduire.

**INTRAITABLE**, *adj.* 2 *g.* Rude, qui est d'un commerce difficile.

**INTRANSITIF, IVE**, *adj. Verbe* —, qui exprime l'action qui se passe dans le sujet; neutre.

**IN-TRENTE-DEUX**, *adj.* 2 *g.* et *s. m.* (Livre) dont chaque feuille est pliée en trente-deux feuillets.

**INTRÉPIDE**, *adj.* 2 *g.* Qui ne craint pas le danger.

**INTRÉPIDEMENT**, *adv.* D'une manière intrépide.

**INTRÉPIDITÉ**, *s. f.* Fermeté inébranlable dans le péril.

**INTRIGANT, E**, *adj.* et *s.* Qui se mêle d'intrigues.

**INTRIGUE**, *s. f.* Pratique secrète pour faire réussir ou manquer une affaire; embarras, incident fâcheux.

**INTRIGUER** (*part.* é, ée), *v. a.* Inquiéter, embarrasser; —, *v. n.* Se donner beaucoup de peine pour ou contre le succès; *s'*—, *v. pr.* Se donner de la peine pour réussir.

**INTRINSÈQUE**, *adj.* 2 *g.* Intérieur, qui est au dedans.

**INTRINSÈQUEMENT**, *adv.* D'une manière intrinsèque.

**INTRODUCTEUR, TRICE**, *s.* Celui ou Celle qui introduit.

**INTRODUCTIF, IVE**, *adj.* Préalable.

**INTRODUCTION**, *s. f.* Action d'introduire; acheminement; discours préliminaire; préface.

**INTRODUIRE** (*part.* it, ite), *v. a.* Faire entrer; mettre dedans; faire intervenir; *s'*—, *v. pr.* Entrer.

**INTROÏT**, *s. m.* Prières qui se disent au commencement de la messe.

**INTROMISSION**, *s. f.* Action par laquelle un corps est introduit dans un autre.

**INTRONISATION**, *s. f.* Action d'introniser.

**INTRONISER** (*part.* é, ée), *v. a.* Installer (un évêque).

**INTROUVABLE**, *adj.* 2 *g.* Qu'on ne peut trouver.

**INTRUS, E**, *adj.* Introduit par ruse; —, *s.* Possesseur injuste, usurpateur.

**INTRUSION**, *s. f.* Installation frauduleuse; possession illégale.

**INTUITIF, IVE**, *adj.* Qui a lieu par intuition; *vision — de Dieu*, telle que les bienheureux l'ont dans le ciel.

**INTUITION**, *s. f.* Perception de l'intelligence.

**INTUITIVEMENT**, *adv.* D'une manière intuitive.

**INUSITÉ, ÉE**, *adj.* Qui n'est pas usité.

**INUTILE**, *adj.* 2 *g.* Qui ne sert à rien, qui n'est d'aucune utilité.

**INUTILEMENT**, *adv.* En vain, sans utilité.

**INUTILITÉ**, *s. f.* Manque d'utilité; défaut d'emploi; *au pl.* Choses inutiles.

**INVAINCU, E**, *adj.* Qui n'a jamais été vaincu.

**INVALIDE**, *adj.* 2 *g.* et *s. m.* Infirme, estropié; qui n'est pas valide; qui n'est pas valable (en parlant d'un acte).

**INVALIDEMENT**, *adv.* Sans validité.

**INVALIDER** (*part.* é, ée), *v. a.* Rendre nul ; déclarer nul.

**INVALIDITÉ**, *s. f.* Nullité.

**INVARIABILITÉ**, *s. f.* Qualité de ce qui est invariable.

**INVARIABLE**, *adj.* 2 *g.* Qui ne change point.

**INVARIABLEMENT**, *adv.* D'une manière invariable.

**INVASION**, *s. f.* Irruption à main armée dans un pays.

**INVECTIVE**, *s. f.* Discours injurieux et violent.

**INVECTIVER**, *v. n.* Dire des invectives.

**INVENDABLE**, *adj.* 2 *g.* Qu'on ne peut pas vendre.

**INVENDU, E**, *adj.* Qui n'a pas été vendu.

**INVENTAIRE**, *s. m.* Dénombrement, par écrit et par articles, d'effets, meubles, etc.

**INVENTER** (*part.* é, ée), *v. a.* Créer, imaginer, découvrir quelque chose de nouveau ; supposer, controuver.

**INVENTEUR, TRICE**, *s.* Celui ou Celle qui invente.

**INVENTIF, IVE**, *adj.* Qui a le génie, le talent d'inventer.

**INVENTION**, *s. f.* Faculté ou Action d'inventer ; chose inventée.

**INVENTORIER** (*part.* é, ée), *v. a.* Faire un inventaire ; comprendre dans un inventaire.

**INVERSABLE**, *adj.* 2 *g.* Qui ne peut verser.

**INVERSE**, *adj.* 2 *g.* Pris dans un ordre renversé ; *à l'—, loc. adv.* D'une manière inverse.

**INVERSION**, *s. f.* Transposition de mots.

**INVERTÉBRÉ, ÉE**, *adj.* Qui n'a pas de vertèbres.

**INVESTIGATEUR, TRICE**, *s.* Celui ou Celle qui fait des investigations.

**INVESTIGATION**, *s. f.* Recherches constantes sur un objet.

**INVESTIR** (*part.* i, ie), *v. a.* Environner, assiéger (une place de guerre).

**INVESTISSEMENT**, *s. m.* Action d'investir une place pour l'assiéger.

**INVESTITURE**, *s. f.* Acte solennel de mise en possession.

**INVÉTÉRÉ, ÉE**, *adj.* Vieilli, enraciné.

**s'INVÉTÉRER** (*part.* é, ée), *v. pr.* Devenir vieux et difficile à guérir.

**INVINCIBLE**, *adj.* 2 *g.* Qu'on ne saurait vaincre.

**INVINCIBLEMENT**, *adv.* D'une manière invincible.

**INVIOLABILITÉ**, *s. f.* Qualité de ce qui est inviolable.

**INVIOLABLE**, *adj.* 2 *g.* Qu'on ne doit jamais violer, enfreindre ; vénérable.

**INVIOLABLEMENT**, *adv.* D'une manière inviolable.

**INVISIBILITÉ**, *s. f.* Qualité de l'être invisible.

**INVISIBLE**, *adj.* 2 *g.* Qui échappe à la vue, qui ne se laisse pas voir.

**INVISIBLEMENT**, *adv.* Sans être vu.

**INVITATION**, *s. f.* Action d'inviter.

**INVITER** (*part.* é, ée), *v. a.* Prier de se trouver, d'assister à ; exciter, porter à.

**INVOCATION**, *s. f.* Action d'invoquer ; acte par lequel on invoque.

**INVOLONTAIRE**, *adj.* 2 *g.* Indépendant de la volonté.

**INVOLONTAIREMENT**, *adv.* Sans le vouloir.

**INVOQUER** (*part.* é, ée), *v. a.* Appeler à son aide (une puissance surnaturelle) ; citer en sa faveur.

**INVRAISEMBLABLE**, *adj.* 2 *g.* Qui n'est pas vraisemblable.

**INVRAISEMBLABLEMENT**, *adv.* D'une manière invraisemblable.

**INVRAISEMBLANCE**, *s. f.* Défaut de vraisemblance.

**INVULNÉRABLE**, *adj.* 2 *g.* Qui ne peut être blessé ; *fig.* Qui est hors d'atteinte.

**IODE**, *s. m.* Substance simple, de couleur grise.

**IONIQUE**, *adj.* 2 *g.* Qui appartient au troisième ordre d'architecture.

**IOTA**, neuvième lettre de l'alphabet grec ; *fig. Pas un iota*, rien.

**IPÉCACUANA**, *s. m.* Racine purgative.

**IRASCIBLE**, *adj.* 2 *g.* Prompt à se mettre en colère.

**IRATO (AB)**, locution latine. Avec colère.

**IRE**, *s. f.* Colère.

**IRIS**, *s. m.* Arc-en-ciel ; cercle qui entoure la prunelle ; plante liliacée.

**IRISÉ, ÉE**, *adj.* Qui a les couleurs de l'arc-en-ciel.

**IRONIE**, *s. f.* Raillerie, moquerie.

**IRONIQUE**, *adj.* 2 *g.* Qui tient de l'ironie ; dérisoire.

**IRONIQUEMENT**, *adv.* D'une manière ironique.

**IROQUOIS, E**, *adj.* et *s.* Peuple de l'Amérique septentrionale ; *fig.* Homme bizarre, inepte.

**IRRACHETABLE**, *adj.* 2 *g.* Qu'on ne peut racheter.

**IRRADIATION**, *s. f.* Effusion des rayons d'un corps lumineux.

**IRRAISONNABLE**, *adj.* 2 *g.* Dénué de raison.

**IRRÉCONCILIABLE**, *adj.* 2 *g.* Qui ne peut se réconcilier.

**IRRÉCONCILIABLEMENT**, *adverbe.* D'une manière irréconciliable.

**IRRÉCUSABLE**, *adj.* 2 *g.* Qu'on ne peut récuser.

**IRRÉDUCTIBILITÉ**, *s. f.* Qualité de ce qui est irréductible.

**IRRÉDUCTIBLE**, *adj.* 2 *g.* Qui ne peut être réduit.

**IRRÉFLÉCHI, IE**, *adj.* Qui n'est point réfléchi ; non prémédité.

**IRRÉFLEXION**, *s. f.* Défaut de réflexion.

**IRRÉFORMABLE**, *adj.* 2 *g.* Qu'on ne peut réformer.

**IRRÉFRAGABLE**, *adj.* 2 *g.* Irrécusable.

**IRRÉGULARITÉ**, *s. f.* Manque de régularité.

**IRRÉGULIER, IÈRE**, *adj.* Non régulier ; inégal.

**IRRÉGULIÈREMENT**, *adv.* D'une manière irrégulière.

**IRRÉLIGIEUSEMENT**, *adv.* D'une manière irréligieuse.

**IRRÉLIGIEUX, EUSE**, *adj.* Contraire à la religion.

**IRRÉLIGION**, *s. f.* Manque de religion ; mépris de la religion.

**IRRÉMÉDIABLE**, *adj.* 2 *g.* A quoi on ne peut remédier.

**IRRÉMISSIBLE**, *adj.* 2 *g.* Qu'on ne peut pardonner.

**IRRÉMISSIBLEMENT**, *adv.* Sans rémission.

**IRRÉPARABLE**, *adj.* 2 *g.* Qui ne peut être réparé.

**IRRÉPARABLEMENT**, *adv.* D'une manière irréparable.

**IRRÉPRÉHENSIBLE**, *adj.* 2 *g.* Qui n'est pas répréhensible ; irréprochable.

**IRRÉPROCHABLE**, *adj.* 2 *g.* Exempt de reproche.

**IRRÉPROCHABLEMENT**, *adv.* D'une manière irréprochable.

**IRRÉSISTIBLE**, *adj.* 2 *g.* A quoi on ne peut résister.

**IRRÉSISTIBLEMENT**, *adv.* D'une manière irrésistible.

**IRRÉSOLU, E**, *adj.* Indécis, indéterminé.

**IRRÉSOLUMENT**, *adv.* D'une manière irrésolue.

**IRRÉSOLUTION**, *s. f.* Indécision, hésitation.

**IRRESPECTUEUX, EUSE**, *adj.* Qui n'est pas respectueux.

**IRRÉVÉREMMENT**, *adv.* Avec irrévérence.

**IRRÉVÉRENCE**, *s. f.* Manque de respect.

**IRRÉVÉRENT, E**, *adj.* Contraire au respect.

**IRRÉVOCABILITÉ**, *s. f.* Caractère de ce qui est irrévocable.

**IRRÉVOCABLE**, *adj.* 2 *g.* Qui ne peut être révoqué.

**IRRÉVOCABLEMENT**, *adv.* D'une manière irrévocable.

**IRRIGATION**, *s. f.* Arrosement des terres par des rigoles.

**IRRITABILITÉ**, *s. f.* Qualité de ce qui est irritable.

**IRRITABLE**, *adj.* 2 *g.* Qui s'irrite facilement.

**IRRITANT, E**, *adj.* et *s.* Qui détermine une irritation.

**IRRITATION**, *s. f.* Action de ce qui irrite ; état de ce qui est irrité.

**IRRITER** (*part.* é, ée), *v. a.* Exciter, mettre en colère ; aigrir ; causer de l'irritation ; rendre plus fort, plus violent ; *s'* —, *v. pr.* Éprouver de l'irritation ; se mettre en colère.

**IRRUPTION**, *s. f.* Invasion soudaine.

**ISABELLE**, *adj.* 2 *g.* et *s. m.* Couleur jaune blanchâtre.

**ISÈRE**, *s. f.* Rivière qui prend sa source en Savoie et qui se jette dans le Rhône au-dessus de Valence; elle donne son nom à un département formé d'une partie du Dauphiné.

**ISLAMISME**, *s. m.* Mahométisme.

**ISOCÈLE**, *adj.* 2 *g.* Qui a deux côtés égaux (en parlant d'un triangle).

**ISOLATION**, *s. f.* Action d'isoler les corps que l'on veut électriser.

**ISOLÉ, ÉE**, *adj.* Seul, abandonné, qui est dans la solitude.

**ISOLEMENT**, *s. m.* État de ce qui est isolé.

**ISOLÉMENT**, *adv.* D'une manière isolée.

**ISOLER** (*part.* é, ée), *v. a.* Séparer de tout, détacher, éloigner; *s'—*, *v. pr.* Se retirer de la société.

**ISOLOIR**, *s. m.* Appareil pour produire l'isolation.

**ISRAÉLITE**, *s. m.* Juif.

**ISSENGEAUX**, chef-lieu d'arr. du dép. de la Haute-Loire.

**ISSOIRE**, chef-lieu d'arr. du dép. du Puy-de-Dôme.

**ISSOUDUN**, chef-lieu d'arr. du dép. de l'Indre.

**ISSU, E**, *adj.* Venu, descendu.

**ISSUE**, *s. f.* Lieu par où l'on sort; événement; *à l'— de*, à la sortie de; *au pl.* Les extrémités et les entrailles des animaux de boucherie.

**ISTHME**, *s. m.* Langue de terre resserrée entre deux mers.

**ITALIANISME**, *s. m.* Locution propre à la langue italienne.

**ITALIEN, ENNE**, *adj.* Qui est d'Italie.

**ITALIQUE**, *adj.* 2 *g.* et *s. m.* Genre de caractère pour imprimer.

**ITEM**, *adv.* De plus; *s. m.* Article de compte.

**ITÉRATIF, IVE**, *adj.* Répété plusieurs fois.

**ITÉRATIVEMENT**, *adv.* D'une manière itérative.

**ITINÉRAIRE**, *s. m.* Chemin à suivre pour se rendre d'un endroit dans un autre; note des lieux où l'on passe en voyageant; —, *adj.* 2 *g.* *Mesure itinéraire*, qui sert à mesurer la longueur du chemin.

**IVOIRE**, *s. m.* Dent d'éléphant détachée.

**IVRAIE**, *s. f.* Mauvaise herbe qui croît parmi le froment.

**IVRE**, *adj.* 2 *g.* Troublé par les fumées du vin; *fig.* Troublé par les passions.

**IVRESSE**, *s. f.* État de celui qui est ivre; exaltation, délire.

**IVROGNE**, *adj.* et *s.* Qui boit avec excès.

**IVROGNER**, *v. n.* Boire avec excès.

**IVROGNERIE**, *s. f.* Habitude de s'enivrer.

**IVROGNESSE**, *s. f.* Femme qui s'enivre souvent.

## J.

**J**, *s. m.* Dixième lettre de l'alphabet, septième consonne : on l'appelle *ji*, selon la méthode ancienne et usuelle, et *je*, selon la méthode nouvelle.

**JABOT**, *s. m.* Espèce de poche au cou des oiseaux; mousseline qui garnit le devant d'une chemise d'homme.

**JABOTER**, *v. n.* Babiller.

**JACASSER**, *v. n.* Crier (en parlant de la pie).

**JACHÈRE**, *s. f.* Terre labourable qu'on laisse reposer.

**JACINTHE**, *s. f.* Plante bulbeuse qui fleurit au printemps.

**JACOBIN, INE**, *s.* Religieux ou Religieuse de l'ordre de Saint-Dominique.

**JACONAS**, *s. m.* Espèce de mousseline.

**JACTANCE**, *s. f.* Vanterie.

**JACULATOIRE**, *adj.* 2 *g.* *Oraison* —, c'est-à-dire fervente.

**JADIS**, *adv.* Autrefois.

**JAILLIR** (ll m.; se conj. sur *Finir*), *v. n.* Sortir impétueusement.

**JAILLISSANT, E** (ll m.), *adj.* Qui jaillit.

**JAILLISSEMENT** (ll m.), *s. m.* Action de jaillir.

**JAIS**, *s. m.* Substance bitumineuse, solide et d'un noir luisant.

**JALON**, *s. m.* Bâton planté en terre pour aligner.

**JALONNER** (*part.* é, ée), *v. a.* et *v. n.* Planter des jalons.

**JALONNEUR**, *s. m.* Homme qu'on place en guise de jalon.

**JALOUSER** (*part.* é, ée), *v. a.* Avoir de la jalousie; *se* —, *v. récipr.* Être jaloux l'un de l'autre.

**JALOUSIE**, *s. f.* Envie; inquiétude, crainte; sorte de volet à claire-voie.

**JALOUX, OUSE**, *adj.* et *s.* Qui a de la jalousie; envieux; soupçonneux.

**JAMAIS**, *adv.* En aucun temps; *à* —, toujours; —, *s. m.* Un temps sans fin.

**JAMBAGE**, *s. m.* Ligne droite (de certains caractères d'écriture); montant d'une porte; chaîne de pierres de taille ou de maçonnerie.

**JAMBE**, *s. f.* Partie du corps depuis le genou jusqu'au pied.

**JAMBÉ, ÉE**, *adj.* *Bien ou mal* —, qui a la jambe bien ou mal faite.

**JAMBON**, *s. m.* Cuisse ou Épaule de cochon salée.

**JAMBONNEAU**, *s. m.* Petit jambon.

**JANISSAIRE**, *s. m.* Soldat turc de l'ancienne garde des sultans.

**JANSÉNISME**, *s. m.* Doctrine de Jansénius.

**JANSÉNISTE**, *adj.* et *s.* 2 *g.* Partisan du jansénisme.

**JANTE**, *s. f.* Pièce de bois qui fait partie du cercle d'une roue.

**JANVIER**, *s. m.* Le premier mois de l'année.

**JAPPEMENT**, *s. m.* Action de japper.

**JAPPER**, *v. n.* Aboyer.

**JAQUETTE**, *s. f.* Habillement qui vient jusqu'aux genoux; robe d'enfant.

**JARDIN**, *s. m.* Terrain enclos pour la culture des fruits, des fleurs, etc.

**JARDINAGE**, *v. m.* Art de cultiver les jardins.

**JARDINER**, *v. n.* Cultiver un jardin.

**JARDINET**, *s. m.* Petit jardin.

**JARDINIER, IÈRE**, *s.* Celui ou ou Celle qui cultive un jardin; *jardinière*, *s. f.* Espèce de meuble pour mettre des fleurs.

**JARGON**, *s. m.* Langage corrompu, locutions bizarres.

**JARGONNER** (*part.* é, ée); *v. a.* et *v. n.* Parler un langage corrompu.

**JARRE**, *s. f.* Grand vase pour conserver de l'eau.

**JARRET**, *s. m.* Partie de la jambe derrière le genou.

**JARRETIÈRE**, *s. f.* Espèce de lien autour de la jambe pour retenir le bas.

**JARS**, *s. m.* Mâle de l'oie.

**JASER**, *v. n.* Causer, babiller.

**JASERIE**, *s. f.* Babil, causerie.

**JASEUR, EUSE**, *s.* Babillard.

**JASMIN**, *s. m.* Arbuste sarmenteux à fleur odorante.

**JASPE**, *s. m.* Pierre dure et opaque de couleurs variées.

**JASPER** (*part.* é, ée), *v. a.* Bigarrer en imitant le jaspe.

**JASPURE**, *s. f.* Action de jasper; chose jaspée.

**JATTE**, *s. f.* Vase rond et sans rebords.

**JATTÉE**, *s. f.* Plein une jatte.

**JAUGE**, *s. f.* Capacité que doit avoir un vaisseau qui sert à mesurer; mesure pour les futailles; action de jauger.

**JAUGEAGE**, *s. m.* Action ou Art de jauger; droit que font payer les jaugeurs.

**JAUGER** (*part.* é, ée), *v. a.* Mesurer avec la jauge.

**JAUGEUR**, *s. m.* Celui qui jauge.

**JAUNÂTRE**, *adj.* 2 *g.* Qui tire sur le jaune.

**JAUNE**, *s. m.* Couleur d'or, de citron, de safran; — *d'œuf*, partie de l'œuf qui forme une boule jaune; —, *adj.* 2 *g.* Qui est de couleur jaune.

**JAUNIR** (*part.* i, ie), *v. a.* Rendre jaune; —, *v. n.* Devenir jaune.

**JAUNISSANT, E**, *adj.* Qui jaunit.

**JAUNISSE**, *s. f.* Maladie bilieuse qui rend la peau jaune.

**JAVELER** (*part.* é, ée; se conj. sur *Appeler*), *v. a.* Mettre le blé en javelles.

**JAVELEUR**, *s. m.* Celui qui javelle.

**JAVELINE**, *s. f.* Dard qui se lançait à la main.

**JAVELLE**, *s. f.* Poignées de blé, de seigle, etc., étendues sur les sillons avant d'être liées en gerbes.

**JAVELOT**, *s. m.* Espèce de dard.

**JE**, *pron. pers.* de la première personne du sing. des 2 *g.* Moi.

**JÉRÉMIADE**, *s. f.* Plainte réitérée et importune.

**JÉSUITE**, *s. m.* Membre de la société de Jésus.

**JÉSUITIQUE**, *adj.* 2 *g.* Qui appartient aux jésuites.

**JÉSUITISME**, *s. m.* Caractère de jésuite; morale du jésuite.

**JÉSUS**, *s. m.* Sorte de papier.

**JET**, *s. m.* Action de jeter; portée d'une pierre lancée avec force; — *d'eau*, *s. m.* Eau qui jaillit hors d'un tuyau; — *de lumière*, rayon qui paraît subitement.

**JETÉ**, *s. m.* Pas de danse.

**JETÉE**, *s. f.* Amas de pierres à l'entrée d'un port pour rompre les vagues; chaussée.

**JETER** (*part.* é, ée; on redouble le *t* dans les cas où le verbe *Appeler* prend deux *l*), *v. a.* Lancer; abattre; renverser; répandre; semer; faire tomber; pousser dehors; produire; *se* —, *v. pr.* S'élancer.

**JETON**, *s. m.* Pièce de métal, d'os, d'ivoire, pour compter.

**JEU**, *s. m.* Amusement, récréation, divertissement, bagatelle; ce qu'on joue; ce qui sert à jouer; manière de jouer; — *de mots*, équivoque qui résulte d'une ressemblance de mots.

**JEUDI**, *s. m.* Cinquième jour de la semaine; — *gras*, jeudi qui précède le dimanche gras; — *saint*, jeudi de la semaine sainte.

**JEUN** (**À**), *loc. adv.* Sans avoir mangé.

**JEUNE**, *adj.* 2 *g.* Peu avancé en âge; qui a la force de la jeunesse; étourdi; cadet.

**JEÛNE**, *s. m.* Abstinence.

**JEÛNER**, *v. n.* Faire abstinence.

**JEUNESSE**, *s. f.* Partie de la vie entre l'enfance et l'adolescence; les jeunes gens.

**JEUNET**, **ETTE**, *adj.* Très-jeune.

**JEÛNEUR**, **EUSE**, *s.* Celui ou Celle qui a l'habitude de jeûner.

**JOAILLERIE** (ll m.), *s. f.* Commerce de joaillier; pierreries; art de fabriquer les joyaux.

**JOAILLIER**, **IÈRE** (ll m.), *s.* Celui ou Celle qui fabrique des joyaux, qui en vend.

**JOCKEY**, *s. m.* Postillon, valet de pied.

**JOCKO**, *s. m.* Espèce de singe.

**JOCRISSE**, *s. m.* Sot, niais.

**JOIE**, *s. f.* Satisfaction, réjouissance.

**JOIGNANT**, **E**, *adj.* Contigu; —, *prép.* Près, tout contre.

**JOIGNY**, chef-lieu d'arr. du dép. de l'Yonne.

**JOINDRE** (*Ind. pr.* je joins, tu joins, il joint; nous joignons, vous joignez, ils joignent; *imp.* je joignais, etc.; *p. déf.* je joignis, etc.; *fut.* je joindrai, etc.; *cond.* je joindrais, etc.; *impér.* joins, joignons, joignez; *subj. pr.* que je joigne, etc.; que nous joignions, que vous joigniez, qu'ils joignent; *imp. subj.* que je joignisse, etc.; *p. pr.* joignant; *p. p.* joint, e), *v. a.* Approcher; assembler; réunir; ajouter; atteindre; *se* —, *v. pr.* S'unir, se rencontrer.

**JOINT**, *s. m.* Point de jonction, articulation; assemblage.

**JOINTURE**, *s. f.* Point de contact; ce qui joint.

**JOLI**, **E**, *adj.* Agréable à l'œil, qui plaît.

**JOLIET**, **ETTE**, *adj.* Diminutif de joli.

**JOLIMENT**, *adv.* D'une manière jolie.

**JONC**, *s. m.* Plante aquatique; canne de jonc; bague.

**JONCHER** (*part.* é, ée), *v. a.* Parsemer.

**JONCHETS**, *s. m. pl.* Petits bâtons menus; sorte de jeu.

**JONCTION**, *s. f.* Action de joindre.

**JONGLERIE**, *s. f.* Charlatanerie; tour d'adresse.

**JONGLEUR**, *s. m.* Charlatan; faiseur de tours d'adresse.

**JONQUE**, *s. f.* Sorte de vaisseau chinois.

**JONQUILLE** (ll m.), *s. f.* Fleur jaune, odoriférante.

**JONZAC**, chef-lieu d'arrondissement du dép. de la Charente-Inférieure.

**JOSEPH**, *adj. m.*, se dit d'un papier très-mince.

**JOUAILLER** (ll m.), *v. n.* Jouer à petit jeu.

**JOUE**, *s. f.* Partie du visage entre l'œil, le menton, l'oreille et le nez; *coucher en* —, viser, ajuster.

**JOUER**, *v. n.* Se divertir; s'amuser; toucher un instrument de musique; — (*part.* é, ée), *v. a.* Représenter une pièce de théâtre; railler, se moquer; *se* —, *v. pr.* Se moquer de; décevoir, tromper.

**JOUET**, *s. m.* Bagatelle; ce qui sert à amuser.

**JOUEUR, EUSE**, *s.* Celui ou Celle qui joue, ou qui aime à jouer.

**JOUFFLU, E**, *adj.* Qui a de grosses joues.

**JOUG**, *s. m.* Pièce de bois servant à atteler les bœufs; *fig.* Servitude.

**JOUIR**, *v. n.* Posséder; éprouver un sentiment de jouissance.

**JOUISSANCE**, *s. f.* Possession; plaisir.

**JOUJOU** (*au pl.* joujoux), *s. m.* Jouet d'enfant.

**JOUR**, *s. m.* Clarté; lumière du soleil; espace de vingt-quatre heures; la vie; ouverture par laquelle arrive la lumière; passage.

**JOURNAL**, *s. m.* Relation, note de ce qui arrive; gazette; ancienne mesure agraire.

**JOURNALIER**, *s. m.* Ouvrier à la journée.

**JOURNALIER, IÈRE**, *adj.* Qui se fait chaque jour; capricieux.

**JOURNALISTE**, *s. m.* Celui qui travaille à un journal.

**JOURNÉE**, *s. f.* Jour; espace de temps depuis le lever jusqu'au coucher du soleil; travail, salaire d'un jour.

**JOURNELLEMENT**, *adv.* Tous les jours.

**JOUTE**, *s. f.* Combat d'homme à homme; lutte; dispute; débats.

**JOUTER**, *v. n.* Faire des joutes; disputer.

**JOUTEUR**, *s. m.* Celui qui joute.

**JOUVENCE**, *s. f.* Jeunesse.

**JOUVENCEAU**, *s. m.* Adolescent.

**JOUVENCELLE**, *s. f.* Jeune fille.

**JOVIAL, E** (*sans pl. masc.*), *adj.* Joyeux.

**JOYAU** (*au pl.* joyaux), *s. m.* Ornement précieux; bijou.

**JOYEUSEMENT**, *adv.* Avec joie.

**JOYEUSETÉ**, *s. f.* Plaisanterie.

**JOYEUX, EUSE**, *adj.* Qui est d'humeur enjouée.

**JUBÉ**, *s. m.* Sorte de galerie élevée, entre la nef et le chœur d'une église.

**JUBILAIRE**, *adj.* 2 *g.* Qui a rapport au jubilé.

**JUBILATION**, *s. f.* Réjouissance.

**JUBILÉ**, *s. m.* Solennité religieuse, époque d'indulgences accordées par le pape.

**JUCHER**, *v. n.* et se **JUCHER** (*part.* é, ée), *v. pr.* Se percher; se loger dans un lieu élevé.

**JUCHOIR**, *s. m.* Lieu où les poules juchent.

**JUDAÏQUE**, *adj.* 2 *g.* Qui appartient aux Juifs.

**JUDAÏSER**, *v. n.* Observer la loi juive.

**JUDAÏSME**, *s. m.* Religion juive.

**JUDAS**, *s. m.* Traître; petite ouverture au plancher pour voir et entendre au-dessous de soi.

**JUDICATURE**, *s. f.* Fonction, état de juge.

**JUDICIAIRE**, *s. f.* Faculté de juger; intelligence.

**JUDICIAIRE**, *adj.* 2 *g.* Fait en justice.

**JUDICIAIREMENT**, *adv.* En justice.

**JUDICIEUSEMENT**, *adv.* D'une manière judicieuse.

**JUDICIEUX, EUSE**, *adj.* Qui a du jugement; fait avec jugement.

**JUGE**, *s. m.* Magistrat qui juge les procès; arbitre.

**JUGEMENT**, *s. m.* Décision d'un juge; faculté de l'âme pour juger; avis, opinion.

**JUGER** (*part.* é, ée), *v. a.* Rendre la justice; décider; —, *v. n.* Prévoir, comprendre, penser, apprécier.

**JUGULAIRE**, *adj.* 2 *g.* Qui appartient ou Qui a rapport à la gorge; —, *s. f.* Veine de la gorge; espèce de bride des coiffures militaires qui passe sous le menton.

**JUIF, IVE**, *s.* et *adj.* Celui ou Celle qui professe le judaïsme ; qui prête à usure ; qui vend trop cher.

**JUILLET** (ll m.), *s. m.* Septième mois de l'année.

**JUIN**, *s. m.* Sixième mois de l'année.

**JUIVERIE**, *s. f.* Quartier des juifs dans une ville ; marché usuraire.

**JUJUBE**, *s. f.* Fruit du jujubier.

**JUJUBIER**, *s. m.* Arbre dont le fruit est pectoral.

**JULEP**, *s. m.* Potion médicinale.

**JULIEN, ENNE**, *adj.* Qui a rapport à l'époque de la réforme du calendrier par Jules César.

**JULIENNE**, *s. f.* Espèce de giroflée ; sorte de potage aux légumes.

**JUMEAU, JUMELLE**, *adj.* et *s.*, se dit d'un enfant né avec un autre ou avec plusieurs autres dans le même accouchement ; *fig.* Égal, parallèle.

**JUMELLES**, *s. f. pl.* Pièces de bois qui entrent dans la composition d'un pressoir ; lorgnette double.

**JUMENT**, *s. f.* Femelle du cheval.

**JUNON**, *s. f.* Planète ; déesse, épouse de Jupiter, suivant la Fable.

**JUNTE**, *s. f.* Conseil supérieur d'administration en Espagne.

**JUPE**, *s. f.* Partie de l'habillement des femmes, qui descend de la ceinture aux pieds.

**JUPITER**, *s. m.* Planète ; le maître des dieux, selon la Fable.

**JUPON**, *s. m.* Jupe de dessous.

**JURA (LE)**, chaîne de montagnes qui donne son nom à un dép. qui comprend la partie méridionale de la Franche-Comté.

**JURANDE**, *s. f.* Charge de juré d'un métier ; corps de jurés marchands.

**JURÉ**, *s. m.* Citoyen membre d'une commission judiciaire ; celui qui constate le délit ; celui qui fait partie d'une jurande ; — *crieur*, *s. m.* Officier de justice qui publie les ventes.

**JUREMENT**, *s. m.* Serment fait en vain ; *au pl.* Blasphèmes, imprécations.

**JURER** (*part.* é, ée), *v. a.* et *v. n.* Affirmer, promettre par serment ; menacer avec serment ; blasphémer ; —, *v. n.* Contraster désagréablement ; rendre un son aigre, discordant.

**JUREUR**, *s. m.* Celui qui jure sans nécessité.

**JURIDICTION**, *s. f.* Pouvoir du juge ; ressort, étendue de ce pouvoir.

**JURIDICTIONNEL, ELLE**, *adj.* Qui est relatif à la juridiction.

**JURIDIQUE**, *adj.* 2 *g.* Qui est selon les formes judiciaires.

**JURIDIQUEMENT**, *adv.* D'une manière juridique.

**JURISCONSULTE**, *s. m.* Celui qui fait profession de donner des conseils sur les affaires litigieuses.

**JURISPRUDENCE**, *s. f.* Science du droit ; principes de droit.

**JURISTE**, *s. m.* Celui qui écrit sur le droit.

**JURON**, *s. m.* Façon particulière de jurer.

**JURY**, *s. m.* Assemblée de jurés.

**JUS**, *s. m.* Suc tiré de quelque chose.

**JUSANT**, *s. m.* Reflux de la marée.

**JUSQUE, JUSQUES**, *prép. de temps et de lieu*, qui marque un terme au delà duquel on ne passe pas.

**JUSQUIAME**, *s. f.* Plante narcotique.

**JUSTAUCORPS**, *s. m.* Vêtement d'homme qui serre le corps.

**JUSTE**, *adj.* 2 *g.* Qui juge et agit selon la justice ; conforme au droit, à la raison ; légitime ; mérité ; —, *s. m.* Homme de bien, homme vertueux, qui observe les lois de l'équité, de la religion ; —, *adv.* Avec justesse ; précisément.

**JUSTEMENT**, *adv.* Avec justice, avec raison ; précisément.

**JUSTESSE**, *s. f.* Précision, exactitude.

**JUSTICE**, *s. f.* Vertu morale qui fait que l'on rend à chacun ce qui lui appartient ; bon droit ; raison ; droiture, probité ; exécution d'arrêt ou de sentence criminelle ; corps des magistrats qui rendent la justice.

**JUSTICIABLE**, *adj.* 2 *g.* Soumis à une juridiction.

**JUSTICIER**, *s. m.* Celui qui a droit de justice.

**JUSTICIER** (*part.* é, ée), *v. a.*

Punir corporellement en vertu d'un jugement.

**JUSTIFIABLE**, *adj.* 2 *g.* Qu'on peut justifier.

**JUSTIFIANT, E**, *adj.* Qui rend juste.

**JUSTIFICATIF, IVE**, *adj.* Qui sert à justifier un accusé, une réclamation, une assertion.

**JUSTIFICATION**, *s. f.* Action de se justifier ou de justifier ; effet de la grâce qui rend juste.

**JUSTIFIER** (*part.* é, ée), *v. a.* Montrer, prouver l'innocence ; prouver la vérité d'une chose ; légitimer ; se —, *v. pr.* Prouver son innocence.

**JUTEUX, EUSE**, *adj.* Qui a beaucoup de jus.

se **JUXTAPOSER** (*part.* é, ée), *v. pr.* Se joindre successivement à des parties agglomérées.

**JUXTAPOSITION**, *s. f.* Action des molécules qui se juxtaposent.

## K.

**K**, *s. m.* Onzième lettre de l'alphabet, huitième consonne. On l'appelle *ka* selon l'appellation ancienne et usuelle, et *ke* selon la méthode nouvelle.

**KAKATOÈS**, *s. m.* Sorte de perroquet.

**KALÉÏDOSCOPE**, *s. m.* Espèce de prisme disposé de manière à varier à l'infini l'aspect des objets que l'on considère.

**KAN**, *s. m.* Commandant tartare.

**KANGUROO** ou **KANGUROU**, *s. m.* Quadrupède de la Nouvelle-Hollande qui a les jambes de derrière beaucoup plus longues que celles de devant.

**KERMÈS**, *s. m.* Excroissance rouge sur le chêne.

**KERMESSE** ou **KARMESSE**, *s. f.* Nom donné à certaines foires annuelles en Hollande.

**KILOGRAMME**, *s. m.* Mille grammes.

**KILOLITRE**, *s. m.* Mille litres.

**KILOMÈTRE**, *s. m.* Mille mètres.

**KIOSQUE**, *s. m.* Pavillon sur une terrasse de jardin.

**KIRSCH-WASSER**, *s. m.* Eau-de-vie extraite de cerises sauvages.

**KNOUT**, *s. m.* Supplice de la bastonnade en Russie ; fouet.

**KOPECK**, *s. m.* Petite monnaie de cuivre de Russie.

**KORAN**, *s. m.* Voy. *Coran.*

**KREUTZER**, *s. m.* Pièce de monnaie allemande.

**KYRIELLE**, *s. f.* Succession sans fin de choses ennuyeuses ; ancienne poésie française avec un refrain.

## L.

**L**, *s. m.* et *f.* Douzième lettre de l'alphabet, neuvième consonne. On l'appelle *elle* selon la dénomination ancienne et usuelle, alors il est fém. ; et *le* selon la méthode nouvelle dans ce cas il est masc. : lettre numérale, 50.

**LA**, *article féminin* ; —, *pron. pers. fém.* Elle.

**LA**, *s. m.* Sixième note de la gamme.

**LÀ**, *adv. démonst.* qui détermine le lieu, la place, le temps, et qui s'oppose à *ici.*

**LABEUR**, *s. m.* Travail corporel, pénible.

**LABIAL, E**, *adj.* Qui a rapport aux lèvres ; *lettre labiale*, qui se prononce des lèvres.

**LABORATOIRE**, *s. m.* Lieu de travail des chimistes, des pharmaciens, etc.

**LABORIEUSEMENT**, *adv.* Avec beaucoup de peine et de travail.

**LABORIEUX, EUSE**, *adj.* Qui travaille beaucoup ; qui demande un travail pénible, qui donne de la peine.

**LABOUR**, *s. m.* Façon qu'on donne à la terre en labourant.

**LABOURABLE**, *adj.* 2 *g.* Propre à être labouré.

**LABOURAGE**, *s. m.* Art de labourer ; travail du laboureur.

**LABOURER** (*part.* é, ée), *v. a.* Retourner la terre avec la charrue, la houe, la bêche.

**LABOUREUR**, *s. m.* Celui qui fait métier de labourer la terre.

**LABYRINTHE**, *s. m.* Lieu dont l'intérieur est coupé d'allées qui s'entre-croisent et où il est facile de s'égarer; *fig.* Complication d'affaires embrouillées.

**LAC**, *s. m.* Grand amas d'eaux dormantes.

**LACER** (*part.* é, ée), *v. a.* Serrer avec un lacet.

**LACÉRATION**, *s. f.* Action de lacérer (un écrit).

**LACÉRER** (*part.* é, ée), *v. n.* Déchirer.

**LACERON**. Voy. *Laiteron.*

**LACERET**, *s. m.* Petite tarière.

**LACET**, *s. m.* Cordon ferré pour serrer les corsets ou les chaussures; lacs pour la chasse aux oiseaux.

**LA CHÂTRE**, chef-lieu d'arr. du dép. de l'Indre.

**LÂCHE**, *adj.* 2 *g.* Poltron, qui manque de courage; indolent; indigne, honteux; qui n'est pas tendu, pas serré; mou, sans vigueur; —, *s. m.* Homme sans courage.

**LÂCHEMENT**, *adv.* Mollement, avec nonchalance; sans courage, sans honneur.

**LÂCHER** (*part.* é, ée), *v. a.* Desserrer, détendre; laisser échapper; abandonner; renoncer à.

**LÂCHETÉ**, *s. f.* Paresse; mollesse; bassesse d'âme.

**LACONIQUE**, *adj.* 2 *g.* Concis; précis; bref.

**LACONIQUEMENT**, *adv.* D'une manière laconique.

**LACONISME**, *s. m.* Façon de parler laconique.

**LACRYMAL**, E, *adj.* Qui a rapport aux larmes.

**LACRYMATOIRE**, *s. m.* et *adj.* 2 *g.* Vase dans lequel les anciens Romains conservaient les essences que l'on répandait sur le bûcher.

**LACS**, *s. m. pl.* Cordons déliés; nœud coulant; *fig.* Piége; embarras.

**LACTÉ**, ÉE, *adj.* Qui ressemble au lait; *voie lactée*, trace blanche formée par un assemblage prodigieux d'étoiles.

**LACUNE**, *s. f.* Défaut de suite; ce qui manque dans un livre, dans un discours.

**LADRE**, *adj.* 2 *g.* Sordide; avare; attaqué de ladrerie.

**LADRERIE**, *s. f.* Avarice sordide; lèpre qui attaque les animaux.

**LAGUNE**, *s. f.* Petit lac, flaque d'eau dans les marécages.

**LAI**, *s. m.* Complainte; doléance.

**LAI**, E, *adj.* Laïque.

**LAID**, E, *adj.* et *s.* Difforme; désagréable à la vue; déshonnête; honteux.

**LAIDERON**, *s. f.* Femme laide.

**LAIDEUR**, *s. f.* Difformité, état de ce qui est laid.

**LAIE**, *s. f.* Femelle du sanglier; chemin étroit à travers une forêt.

**LAINAGE**, *s. m.* Marchandise de laine; façon donnée au drap.

**LAINE**, *s. f.* Le poil des moutons; — *bége*, laine rousse.

**LAINER** (*part.* é, ée), *v. a.* Donner le lainage au drap.

**LAINERIE**, *s. f.* Toute sorte de marchandises de laine.

**LAINEUX**, EUSE, *adj.* Couvert d'une laine épaisse; bien fourni de laine (en parlant d'un tissu).

**LAINIER**, *s. m.* Marchand de laine; ouvrier en laines.

**LAÏQUE**, *adj.* et *s.* 2 *g.* Qui n'est ni ecclésiastique, ni religieux.

**LAIS**, *s. m.* Jeune baliveau de réserve.

**LAISSE**, *s. f.* Cordon pour mener les chiens; cordon de chapeau.

**LAISSER** (*part.* é, ée), *v. a.* Quitter, oublier, ne pas emporter; mettre en dépôt; abandonner, céder; permettre; cesser.

**LAISSER-ALLER** (*sans pl.*), *s. m.* Abandon, négligence.

**LAIT**, *s. m.* Liqueur blanche qui se forme dans les mamelles; liqueur blanche des œufs frais, de certaines plantes.

**LAITAGE**, *s. m.* Ce qui est fait avec du lait.

**LAITANCE** ou **LAITE**, *s. f.* Substance blanche et molle dans les entrailles des poissons mâles.

**LAITÉ**, ÉE, *adj.* Qui a de la laite.

**LAITERIE**, *s. f.* Endroit où on conserve le lait, où se fait le laitage.

**LAITERON** ou **LACERON**, *s. m.*

Plante laiteuse bonne pour les lapins.

**LAITEUX, EUSE**, *adj*. Qui a un suc blanc semblable au lait.

**LAITIER, IÈRE**, *s*. Celui ou Celle qui vend du lait; — *adj*. *Vache laitière*, qui a beaucoup de lait.

**LAITON**, *s. m*. Cuivre rendu jaune par un mélange de calamine.

**LAITUE**, *s. f*. Herbe potagère.

**LAIZE**, *s. f*. Largeur d'une étoffe entre les lisières.

**LAMANAGE**, *s. m*. Travail des mariniers lamaneurs.

**LAMANEUR**, *s. m*. Pilote-côtier qui dirige les vaisseaux à l'entrée d'un port.

**LAMBEAU**, *s. m*. Morceau d'une étoffe déchirée; *fig*. Fragment détaché.

**LAMBIN, E**, *adj*. et *s*. Lent.

**LAMBINER**, *v. n*. Agir lentement.

**LAMBOURDE**, *s. f*. Pièce de bois qui soutient un plancher; espèce de pierre tendre.

**LAMBREQUINS**, *s. m. pl*. Découpures ornant le haut d'une tente, des rideaux, etc.

**LAMBRIS**, *s. m*. Revêtement des murs.

**LAMBRISSAGE**, *s. m*. Ouvrage lambrissé; action de lambrisser.

**LAMBRISSER** (*part*. é, ée), *v. a*. Faire un lambris.

**LAME**, *s. f*. Feuille de métal très-mince; fer d'un outil, d'un instrument tranchant ou aigu; vague de la mer.

**LAMÉ, ÉE**, *adj*. Orné de lames d'or ou d'argent.

**LAMENTABLE**, *adj*. 2 *g*. Déplorable, douloureux.

**LAMENTABLEMENT**, *adv*. D'un ton lamentable.

**LAMENTATION**, *s. f*. Plainte avec gémissements.

**LAMENTER** (*part*. é, ée), *v. a*. Déplorer, regretter; *se* —, *v. pr*. Se plaindre.

**LAMENTIN**, *s. m*. Sorte de gros poisson de mer.

**LAMINAGE**, *s. m*. Action de laminer.

**LAMINER** (*part*. é, ée), *v. a*. Donner à une lame de métal une épaisseur uniforme.

**LAMINEUR**, *s. m*. Ouvrier qui lamine.

**LAMINOIR**, *s. m*. Machine pour laminer.

**LAMPAS**, *s. m*. Étoffe épaisse de soie; tumeur au palais des chevaux.

**LAMPE**, *s. f*. Vase où on met de l'huile avec une mèche pour éclairer.

**LAMPÉE**, *s. f*. Grand verre de vin; *pop*.

**LAMPER** (*part*. é, ée), *v. a*. et *v. n*. Boire des lampées.

**LAMPERON**, *s. m*. Languette qui soutient la mèche d'une lampe.

**LAMPION**, *s. m*. Sorte de petite lampe qui sert aux illuminations.

**LAMPISTE**, *s. m*. Ouvrier qui fait, qui vend des lampes; homme de service qui entretient les lampes.

**LAMPROIE**, *s. f*. Poisson de mer qui ressemble à l'anguille et qui remonte les fleuves.

**LANCE**, *s. f*. Arme à long manche et à fer aigu; instrument de chirurgie.

**LANCER** (*part*. é, ée), *v. a*. Jeter avec force; darder; — *le cerf*, le faire sortir de sa retraite; — *un vaisseau*, le sortir du chantier pour le mettre à l'eau.

**LANCETTE**, *s. f*. Instrument de chirurgie.

**LANCIER**, *s. m*. Soldat armé d'une lance.

**LANDAU** (*au pl. landaus*), *s. m*. Voiture qui se découvre à volonté.

**LANDE**, *s. f*. Terre couverte de bruyères; *Landes*, contrée sablonneuse et marécageuse qui donne son nom à un département.

**LANDIER**, *s. m*. Gros chenet de fer pour la cuisine.

**LANDWEHR**, *s. f*. Sorte de milice en Allemagne.

**LANGAGE**, *s. m*. Idiome; manière d'exprimer ses pensées; discours; style; voix; cri; chant.

**LANGE**, *s. m*. Étoffe dont on enveloppe les enfants au maillot.

**LANGOUREUSEMENT**, *adv*. D'une manière langoureuse.

**LANGOUREUX, EUSE**, *adj*. Qui marque la langueur.

**LANGOUSTE**, *s. f.* Sorte d'écrevisse de mer à corselet épineux.

**LANGRES**, chef-lieu d'arr. du dép. de la Haute-Marne.

**LANGUE**, *s. f.* Partie charnue et mobile dans la bouche, le principal organe du goût et de la parole; ce qui en a la forme; idiome d'une nation; langage.

**LANGUEDOC**, ancienne province qui était divisée en Haut-Languedoc, Bas-Languedoc et Cévennes; elle forme aujourd'hui les dép. de l'Ardèche, de la Lozère, du Gard, de l'Aude, de l'Hérault et de la Haute-Garonne.

**LANGUEDOCIEN, ENNE**, *s.* et *adj.* Qui est du Languedoc.

**LANGUETTE**, *s. f.* Objet qui a la forme d'une petite langue; plaque mobile des instruments à vent.

**LANGUEUR**, *s. f.* Abattement; ennui; débilité; état de souffrance.

**LANGUEYER** (*part.* é, ée), *v. a.* Visiter la langue d'un porc.

**LANGUEYEUR**, *s. m.* Celui qui langueye les porcs.

**LANGUIER**, *s. m.* La langue et la gorge d'un porc fumées.

**LANGUIR**, *v. n.* S'affaiblir peu à peu; traîner en longueur.

**LANGUISSAMMENT**, *adv.* D'une manière languissante.

**LANGUISSANT, E**, *adj.* Qui languit; qui manque de vivacité.

**LANIÈRE**, *s. f.* Courroie longue et étroite.

**LANIFÈRE**, *adj.* 2 *g.* Qui porte laine.

**LANNION**, chef-lieu d'arr. du dép. des Côtes-du-Nord.

**LANSQUENET**, *s. m.* Sorte de jeu de cartes; nom ancien de fantassins allemands.

**LANTERNE**, *s. f.* Boîte pour renfermer une lumière; sorte de tourelle; — *magique*, sorte d'optique qui porte sur un plan extérieur des objets peints sur verre.

**LANTERNER**, *v. n.* Lambiner, perdre le temps; —, (*part.* é, ée), *v. a.* Amuser par de vaines paroles.

**LANTERNERIE**, *s. f.* Discours frivole.

**LANTERNIER**, *s. m.* Diseur de fadaises; homme irrésolu; allumeur de lanternes.

**LANUGINEUX, EUSE**, *adj.* Couvert de duvet.

**LAON**, chef-lieu du départ. de l'Aisne.

**LAPER** (*part.* é, ée), *v. a.* et *v. n.* Boire en tirant l'eau avec la langue.

**LAPEREAU**, *s. m.* Jeune lapin.

**LAPIDAIRE**, *s. m.* Celui qui vend, qui taille les pierres précieuses; —, *adj.* 2 *g.*, se dit des inscriptions sur la pierre, le marbre, etc.

**LAPIDATION**, *s. f.* Action de lapider.

**LAPIDER** (*part.* é, ée), *v. a.* Assommer à coups de pierres.

**LAPIN**, *s. m.* Petit quadrupède herbivore qui se loge sous terre; *lapine*, femelle du lapin.

**LAPIS**, *s. m.* Pierre précieuse bleue (on pron. l'*s*).

**LAPS**, *s. m.* Espace de temps.

**LAPS, E**, *adj.* Tombé.

**LAQUAIS**, *s. m.* Valet.

**LAQUE**, *s. m.* Vernis noir ou rouge de la Chine; meubles qui en sont revêtus; —, *s. f.* Sorte de gomme des Indes.

**LAQUELLE**, *pron. rel. f.* Voy. *Lequel.*

**LARCIN**, *s. m.* Vol; chose volée; action de voler.

**LARD**, *s. m.* Graisse du cochon et de quelques autres animaux.

**LARDER** (*part.* é, ée), *v. a.* Garnir, piquer avec du lard; *fig.* Percer de coups.

**LARDOIRE**, *s. f.* Instrument pour larder.

**LARDON**, *s. m.* Morceau, aiguillette de lard.

**LARE**, *s.* et *adj. m.* Dieu domestique chez les Romains.

**LARGE**, *adj.* 2 *g.* Qui a de la largeur; spacieux; —, *s. m.* Largeur; *au* —, *loc. adv.* A l'aise; en pleine mer.

**LARGEMENT**, *adv.* Abondamment.

**LARGESSE**, *s. f.* Libéralité.

**LARGEUR**, *s. f.* Dimension, étendue d'une chose d'un côté à l'autre.

**LARGO**, *adv. t. de mus.* Très-lentement.

**LARGUE**, *s. m.* La haute mer;

*adj. Vent* —, Vent de travers; *à la largue, loc. adv.* Loin du rivage ou des autres vaisseaux.

**LARGUER** (*part.* é, ée), *v. a.* Filer le cordage qui retient une voile par le bas; —, *v. n.* Porter plein et arriver.

**LARME**, *s. f.* Goutte d'eau qui sort de l'œil; goutte de liqueur.

**LARMIER**, *s. m.* (*t. d'archit.*) Partie saillante destinée à éloigner les eaux pluviales.

**LARMOIEMENT**, *s. m.* Écoulement involontaire de larmes.

**LARMOYANT, E**, *adj.* Qui fond en larmes; qui fait verser des larmes.

**LARMOYER** (il se conj. sur *Ployer*), *v. n.* Pleurer.

**LARRON, ONNESSE**, *s.* Celui ou Celle qui dérobe furtivement.

**LARRONNEAU**, *s. m.* Petit larron.

**LARVE**, *s. f.* Insecte dans l'état où il sort de l'œuf et qui doit subir des métamorphoses.

**LARYNX**, *s. m.* Partie supérieure de la trachée-artère.

**LAS!** *interj.* Hélas.

**LAS, LASSE**, *adj.* Fatigué; importuné; dégoûté.

**LASCIF, IVE**, *adj.* Porté à la luxure.

**LASCIVEMENT**, *adv.* D'une manière lascive.

**LASSANT, E**, *adj.* Qui fatigue.

**LASSER** (*part.* é, ée), *v. a.* Fatiguer; dégoûter; ennuyer.

**LASSITUDE**, *s. f.* Fatigue; abattement.

**LATANIER**, *s. m.* Sorte de palmier.

**LATENT, E**, *adj.* Caché.

**LATÉRAL, E**, *adj.* Qui appartient au côté.

**LATÉRALEMENT**, *adv.* D'une manière latérale.

**LATIN, E**, *adj.* Qui vient de la langue latine; originaire du pays latin; —, *s. m.* Langue latine.

**LATINISER** (*part.* é, ée), *v. a.* Donner une terminaison latine à un mot d'une autre langue.

**LATINISME**, *s. m.* Locution propre à la langue latine.

**LATINISTE**, *s. m.* Celui qui entend et parle le latin.

**LATINITÉ**, *s. f.* Langage latin.

**LATITUDE**, *s. f.* Espace, étendue; distance d'un lieu à l'équateur.

**LATRINES**, *s. f. pl.* Lieux d'aisances.

**LATTE**, *s. f.* Pièce de bois longue, étroite et mince; sabre long et droit de grosse cavalerie.

**LATTER** (*part.* é, ée), *v. a.* Garnir de lattes.

**LATTIS**, *s. m.* Arrangement de lattes.

**LAUDANUM**, *s. m.* Préparation d'opium.

**LAUDES**, *s. f. pl.* Partie de l'office après matines.

**LAURÉAT**, *s.* et *adj. m.* Celui qui a été couronné en public.

**LAURIER**, *s. m.* Arbre toujours vert; symbole de la victoire; *fig.* Gloire, triomphe; *laurier-rose*, arbuste toujours vert qui porte des fleurs ordinairement roses; *laurier-tin*, arbuste toujours vert qui porte des fleurs blanches et roses; *laurier-cerise*, arbre toujours vert qui porte un fruit rouge semblable à la cerise, mais qui ne se mange pas.

**LAVABO** (inv.), *s. m.* Linge pour essuyer les doigts; meuble qui porte ce dont on a besoin pour laver ses mains.

**LAVAGE**, *s. m.* Action de laver; breuvage où il y a trop d'eau.

**LAVAL**, chef-lieu du dép. de la Mayenne.

**LAVANDE**, *s. f.* Plante aromatique à fleurs bleues.

**LAVANDIER, IÈRE**, *s.* Celui ou Celle qui fait ou fait faire la lessive.

**LAVASSE**, *s. f.* Grande pluie subite; breuvage où il y a trop d'eau.

**LAVAUR**, chef-lieu d'arr. du dép. du Tarn.

**LAVE**, *s. f.* Matière fondue qui sort des volcans.

**LAVEMENT**, *s. m.* Action de laver; clystère.

**LAVER** (*part.* é, ée), *v. a.* Nettoyer avec un liquide; *fig.* Disculper; *t. de peint.* Étendre des couleurs; *se* —, *v. pr.* Se nettoyer; *fig.* Se disculper.

**LAVETTE**, *s. f.* Chiffon pour laver.

**LAVEUR, EUSE**, *s.* Celui ou Celle qui lave.

**LAVIS**, *s. m.* Manière de laver un dessin; dessin lavé.

**LAVOIR**, *s. m.* Lieu où on lave.

**LAVURE**, *s. f.* Action de laver; produit du lavage.

**LAXATIF, IVE**, *adj.* Qui lâche le ventre.

**LAYETIER**, *s. m.* Ouvrier qui fait des boîtes, des caisses.

**LAYETTE**, *s. f.* Petit coffret; linge pour un nouveau-né.

**LAZARET**, *s. m.* Lieu où l'on retient pendant un temps déterminé les personnes et les objets venant d'un pays infecté de maladie contagieuse.

**LAZARISTE**, *s. m.* Prêtre de Saint-Lazare.

**LAZZI** (inv.), *s. m.* Jeu muet d'un comédien; épigramme, bon mot.

**LE**, *art.* et *pron. pers. m. s.*, au fém. *la*, et au pl. des 2 g. *les*.

**LÉ**, *s. m.* Largeur d'un tissu.

**LEBLANC**, chef-lieu d'arr. du dép. de l'Indre.

**LÈCHEFRITE**, *s. f.* Ustensile de cuisine qu'on met sous une viande qui rôtit.

**LÉCHER** (*part.* é, ée), *v. a.* Passer la langue sur quelque chose; *fig.* Faire un travail avec un soin minutieux.

**LEÇON**, *s. f.* Instruction donnée ou reçue; précepte; avis.

**LECTEUR, TRICE**, *s.* Celui ou Celle qui lit.

**LECTOURE**, chef-lieu d'arr. du dép. du Gers.

**LECTURE**, *s. f.* Action de lire; ce qu'on lit.

**LÉGAL, E**, *adj.* Qui est selon la loi.

**LÉGALEMENT**, *adv.* D'une manière légale.

**LÉGALISATION**, *s. f.* Certification d'un acte, d'une signature, par l'autorité compétente.

**LÉGALISER** (*part.* é, ée), *v. a.* Donner un caractère d'authenticité.

**LÉGALITÉ**, *s. f.* Fidélité à la loi; qualité de ce qui est légal.

**LÉGAT**, *s. m.* Envoyé du pape.

**LÉGATAIRE**, *s.* 2 g. Celui ou Celle à qui on a fait un legs.

**LÉGATION**, *s. f.* Charge de légat; personnel d'ambassade; durée de l'ambassade.

**LÉGENDAIRE**, *s. m.* Auteur de légendes.

**LÉGENDE**, *s. f.* Vie des saints; liste ennuyeuse; inscription autour d'une médaille.

**LÉGER, ÈRE**, *adj.* Qui ne pèse guère; dispos et agile; subtil; mince; peu considérable; facile à supporter; inconstant, étourdi, inconsidéré.

**LÉGÈREMENT**, *adv.* Avec légèreté; inconsidérément; faiblement.

**LÉGÈRETÉ**, *s. f.* Qualité de ce qui est léger, peu pesant; inconstance, imprudence.

**LÉGION**, *s. f.* Corps militaire; — *d'honneur*, ordre civil et militaire français.

**LÉGIONNAIRE**, *adj.* et *s. m.* Soldat d'une légion; membre de la Légion d'honneur.

**LÉGISLATEUR, TRICE**, *s.* Celui ou Celle qui fait, qui donne des lois.

**LÉGISLATIF, IVE**, *adj.* Qui fait les lois, qui a caractère de loi.

**LÉGISLATION**, *s. f.* Droit de faire des lois; puissance législative; corps des lois.

**LÉGISLATURE**, *s. f.* Corps législatif en activité; durée de sa session.

**LÉGISTE**, *s. m.* Jurisconsulte.

**LÉGITIMATION**, *s. f.* Action de légitimer; acte par lequel on légitime.

**LÉGITIME**, *adj.* 2 *g.* Qui a les qualités requises par les lois; juste, équitable; —, *s. f.* Portion que la loi accorde aux enfants sur les biens de leurs père et mère à la mort de l'un d'eux.

**LÉGITIMEMENT**, *adv.* D'une manière légitime.

**LÉGITIMER** (*part.* é, ée), *v. a.* Rendre légitime, légal, authentique.

**LÉGITIMITÉ**, *s. f.* Qualité de ce qui est légitime, conforme aux lois.

**LEGS**, *s. m.* Don laissé par testament.

**LÉGUER** (*part.* é, ée), *v. a.* Donner par testament.

**LÉGUME**, *s. m.* Plante potagère.

**LÉGUMINEUX, EUSE**, *adj.* et *s.* Plante dont le fruit est une gousse.

**LENDEMAIN**, *s. m.* Le jour d'après celui dont on parle.

**LÉNIFIER** (*part.* é, ée), *v. a.* Adoucir.

**LÉNITIF, IVE**, *adj.* Qui relâche; —, *s. m.* Remède qui adoucit; adoucissement.

**LENT, E**, *adj.* Tardif, qui n'agit pas promptement.

**LENTE**, *s. f.* Œuf de pou.

**LENTEMENT**, *adv.* Avec lenteur.

**LENTEUR**, *s. f.* Manque d'activité, de célérité.

**LENTICULAIRE**, *adj.* 2 *g.* Qui a la forme d'une lentille.

**LENTILLE**, *s. f.* Sorte de légume; verre convexe des deux côtés; *au pl.* Taches sur la peau.

**LENTISQUE**, *s. m.* Sorte de pistachier dont on tire une résine.

**LÉOPARD**, *s. m.* Quadrupède carnassier, féroce, à peau marquetée.

**LÈPRE**, *s. f.* Ladrerie; croûte galeuse sur tout le corps; maladie des arbres.

**LÉPREUX, EUSE**, *adj.* et *s.* Qui a la lèpre.

**LÉPROSERIE**, *s. f.* Hôpital des lépreux.

**LEQUEL**, *laquelle*, *au pl.* lesquels, lesquelles, *pron. rel.* Celui, celle qui; *pron. interr.* Quel est celui, etc.

**LÉROT**, *s. m.* Espèce de petit loir gris.

**LES.** Voy. *Le.*

**LÈSE**, *adj. f.* Blessé; *crime de lèse-majesté*, contre la majesté royale.

**LÉSER** (*part.* é, ée), *v. a.* Faire tort.

**LÉSINE**, *s. f.* Épargne sordide et minutieuse.

**LÉSINER**, *v. n.* User de lésine.

**LÉSINERIE**, *s. f.* Acte de lésine.

**LÉSION**, *s. f.* Dommage, préjudice; altération dans l'économie animale.

**LESPARRE**, chef-lieu d'arr. du dép. de la Gironde.

**LESSIVE**, *s. f.* Eau de cendre pour blanchir le linge.

**LESSIVER** (*part.* é, ée), *v. a.* Nettoyer avec de la lessive; faire la lessive.

**LEST**, *s. m.* Poids placé au fond d'un vaisseau pour le tenir en équilibre.

**LESTAGE**, *s. m.* Action de lester un vaisseau.

**LESTE**, *adj.* 2 *g.* Léger dans ses mouvements; adroit; peu délicat sur les propos, les convenances, les manières; hardi, peu circonspect.

**LESTEMENT**, *adv.* D'une manière leste.

**LESTER** (*part.* é, ée), *v. a.* Garnir un vaisseau de lest.

**LESTEUR**, *s. m.* Navire qui porte le lest.

**LÉTHARGIE**, *s. f.* Assoupissement profond contre nature.

**LÉTHARGIQUE**, *adj.* Qui tient de la léthargie; *fig.* Apathique.

**LÉTHIFÈRE**, *adj.* 2 *g.* Qui cause la mort.

**LETTRE**, *s. f.* Caractère de l'alphabet; écriture; épître, missive; acte écrit; *au pl.* Science, doctrine; *belles-lettres*, la poésie, l'éloquence, la littérature; *à la lettre*, *loc. adv.* Littéralement.

**LETTRÉ, ÉE**, *s.* et *adj.* Qui a de l'érudition, du savoir.

**LEUDE**, *s. m.* Nom donné aux grands vassaux dans l'ancienne monarchie française.

**LEUR**, *pron. pers.* (*sans pl.*) A eux, à elles; *leur*, *pron. poss.* (*pl. leurs*) D'eux, d'elles.

**LEURRE**, *s. m.* Appât; attrait, amorce.

**LEURRER** (*part.* é, ée), *v. a.* Attirer par quelque espérance trompeuse.

**LEVAIN**, *s. m.* Substance qui fait fermenter; *fig.* Cause, principe, ferment.

**LEVANT**, *s. m.* Est, orient; partie du monde où le soleil se lève; —, *adj. m.* Qui se lève.

**LEVANTIN, E**, *adj.* et *s. m.* Qui est du Levant.

**LEVANTINE**, *s. f.* Étoffe de soie.

**LÈVE**, *s. f.* Espèce de cuiller de bois pour lever la boule au jeu de mail.

**LEVÉE**, *s. f.* Action de lever, de recueillir les impôts; collecte; recette; recrues; digue, chaussée.

**LEVER**, *s. m.* Temps où on se lève.

**LEVER** (*part.* é, ée), *v. a.* Hausser; enlever de place; faire qu'une chose soit plus haute; dresser ce qui est couché ou penché; enrôler; faire cesser; —, *v. n.* Pousser, sortir de terre; fermenter; *se* —, *v. pr.* Se mettre debout; sortir de son lit.

**LEVIER**, *s. m.* Barre de bois, de fer, pour soulever un fardeau.

**LEVIS**, *adj. m. Pont-levis*, qui se hausse et se baisse.

**LÉVITE**, *s. m.* Israélite de la tribu de Lévi; —, *s. f.* Sorte de robe.

**LÉVITIQUE**, *s. m.* Troisième livre du Pentateuque, qui décrit les cérémonies des lévites.

**LEVRAUT**, *s. m.* Jeune lièvre.

**LÈVRE**, *s. f.* Partie extérieure de la bouche.

**LEVRETTE**, *s. f.* Femelle du lévrier.

**LÉVRIER**, *s. m.* Chien de chasse pour les lièvres.

**LEVRON**, *s. m.* Petit lévrier.

**LEVÛRE**, *s. f.* Écume de la bière quand elle fermente.

**LEXICOGRAPHE**, *s. m.* Auteur d'un lexique.

**LEXICOGRAPHIE**, *s. f.* Art de composer des lexiques.

**LEXICOLOGIE**, *s. f.* Science des mots; traité sur les mots.

**LEXIQUE**, *s. m.* Dictionnaire.

**LEZ**, *adv.* A côté, proche de.

**LÉZARD**, *s. m.* Petit quadrupède ovipare à longue queue, très-vif.

**LÉZARDE**, *s. f.* Crevasse dans un mur.

**LÉZARDÉ, ÉE**, *adj.* Rempli de lézardes, crevassé.

**LIAIS**, *s. m.* Sorte de pierre dure d'un grain très-fin.

**LIAISON**, *s. f.* Ce qui lie; traits déliés qui lient les lettres; ingrédients qui lient une sauce; union, jonction de plusieurs corps; société.

**LIANE**, *s. f.* Nom générique des plantes sarmenteuses et grimpantes d'Amérique.

**LIANT, E**, *adj.* Souple, flexible; —, *s. m.* Douceur de caractère.

**LIARD**, *s. m.* Petite monnaie de cuivre; le quart d'un sou.

**LIARDER**, *v. n.* Lésiner.

**LIASSE**, *s. f.* Amas de papiers liés ensemble.

**LIBATION**, *s. f.* Effusion de liqueur en l'honneur des dieux.

**LIBELLE**, *s. m.* Écrit injurieux, diffamatoire.

**LIBELLER** (*part.* é, ée), *v. a.* Dresser, motiver selon les formes.

**LIBELLISTE**, *s. m.* Auteur de libelles.

**LIBERA**, *s. m.* (inv.) Prière pour les morts.

**LIBÉRAL, E**, *adj.* Qui aime à donner; digne d'une personne née libre; généreux; *arts libéraux*, où l'esprit a plus de part que la main; —, *adj.* et *s. m.* Qui professe des idées libérales.

**LIBÉRALEMENT**, *adv.* D'une manière libérale.

**LIBÉRALITÉ**, *s. f.* Vertu qui porte à donner; don fait par une personne libérale.

**LIBÉRATEUR, TRICE**, *s.* Celui ou Celle qui a délivré une personne, un peuple de la servitude, d'un grand péril, etc.

**LIBÉRATION**, *s. f.* Décharge d'une dette, d'une servitude; délivrance.

**LIBÉRER** (*part.* é, ée), *v. a.* Décharger de quelque obligation; rendre quitte; affranchir; *se* —, *v. pr.* Acquitter ses dettes.

**LIBERTÉ**, *s. f.* Pouvoir d'agir ou de n'agir pas; indépendance; état d'une personne libre; *au pl.* Immunités; excès de familiarité.

**LIBERTIN, E**, *adj.* et *s.* Déréglé dans ses mœurs; esprit fort; incrédule.

**LIBERTINAGE**, *s. m.* Mauvaise conduite; irréligion; incrédulité.

**LIBERTINER**, *v. n.* Mener une vie déréglée.

**LIBOURNE**, chef-lieu d'arr. du dép. de la Gironde.

**LIBRAIRE**, *s. m.* Marchand de livres.

**LIBRAIRIE**, *s. f.* Profession de libraire; commerce de livres; fonds du libraire.

**LIBRATION**, *s. f.* Balancement apparent; *t. d'astron.*

**LIBRE**, *adj. 2 g.* Qui a le pouvoir d'agir ou de n'agir pas; indépendant; délivré; exempt de; hardi; aisé, dégagé.

**LIBREMENT**, *adv.* Avec liberté, sans contrainte.

**LICE**, *s. f.* Lieu préparé pour les courses, les tournois; discussion, lutte publique; chienne de chasse.

**LICENCE**, *s. f.* Liberté excessive; dérèglement de mœurs; désordre; permission; temps consacré aux études dans les facultés; degré entre le baccalauréat et le doctorat; — *poétique*, incorrection permise en poésie.

**LICENCIÉ, ÉE**, *adj.* Congédié; —, *s. m.* Celui qui a pris ses degrés de licence dans une faculté.

**LICENCIEMENT**, *s. m.* Congé donné à des troupes dont on n'a plus besoin; réforme.

**LICENCIER** (*part.* é, ée), *v. a.* Congédier des troupes; conférer le degré de licence.

**LICENCIEUSEMENT**, *adv.* D'une manière licencieuse.

**LICENCIEUX, EUSE**, *adj.* Déréglé, désordonné.

**LICHEN**, *s. m.* Espèce de plante parasite.

**LICITATION**, *s. f.* Vente aux enchères d'un bien indivis.

**LICITE**, *adj.* 2 *g.* Qui n'est pas interdit par la loi.

**LICITEMENT**, *adv.* D'une manière licite.

**LICITER** (*part.* é, ée), *v. a.* Vendre par licitation.

**LICORNE**, *s. f.* Animal fabuleux auquel on donnait la forme du cheval avec une corne au front.

**LICOU** ou **LICOL**, *s. m.* Lien passé autour du cou du cheval, de l'âne, etc.

**LICTEUR**, *s. m.* Officier armé d'une hache entourée de faisceaux, qui précédait les premiers magistrats à Rome.

**LIE**, *s. f.* Dépôt d'une liqueur; *lie du peuple*, populace.

**LIE**, *adj.* 2 *g.* Joyeux; *faire chère lie*, faire bonne chère avec gaieté.

**LIÉGE**, *s. m.* Sorte de chêne vert dont l'écorce est spongieuse; écorce de cet arbre.

**LIEN**, *s. m.* Tout ce qui sert à lier; *au pl.* Chaîne; *fig.* Assujettissement.

**LIER** (*part.* é, ée), *v. a.* Attacher, serrer avec un lien; joindre, unir; astreindre; *se* —, *v. pr.* S'obliger; former une liaison.

**LIERRE**, *s. m.* Plante sarmenteuse grimpante.

**LIESSE**, *s. f.* Joie, gaieté; *vieux mot.*

**LIEU**, *s. m.* Espace qu'occupe un corps; endroit; pays; site; place, rang; temps convenable; occasion, moyen, origine; *au pl.* Pièces d'une maison; latrines; *au lieu de*, *loc. prép.* A la place de; *au lieu que*, *loc. conj.* Tandis que.

**LIEUE**, *s. f.* Mesure itinéraire de 2282 toises ou 2789 pas géométriques; *lieue marine*, de 2852 toises (*anciennes mesures*).

**LIEUR**, *s. m.* Celui qui lie les gerbes.

**LIEUTENANCE**, *s. f.* Office, grade de lieutenant.

**LIEUTENANT**, *s. m.* Officier qui est immédiatement au-dessous du capitaine; celui qui remplace le chef absent.

**LIÈVRE**, *s. m.* Animal vif et timide, à longues oreilles.

**LIGAMENT**, *s. m.* Fibres servant à attacher les diverses parties du corps.

**LIGAMENTEUX, EUSE**, *adj.* Qui est de la nature des ligaments.

**LIGATURE**, *s. f.* Bande de drap ou de linge, nœud de fil ou de soie pour arrêter l'écoulement du sang.

**LIGNAGE**, *s. m. coll.* Origine, parenté.

**LIGNAGER**, *s.* et *adj. m.* Qui est du même lignage.

**LIGNE**, *s. f.* Étendue en longueur, sans largeur ni profondeur; trait simple; suite de mots écrits ou imprimés en ligne droite; mesure, douzième partie du pouce; fil auquel est attaché un hameçon; descendance; *fig.* Limites; marche, conduite, route; *au pl.* Lettre missive; *à la ligne*, *loc. adv.* En commençant un nouveau paragraphe.

**LIGNÉE**, *s. f.* Race.

**LIGNETTE**, *s. f.* Petite ficelle.

**LIGNEUL**, *s. m.* Fil de cordonnier.

**LIGNEUX, EUSE**, *adj.* Qui est de la nature du bois.

**LIGUE**, *s. f.* Alliance formée entre des souverains, des États, des partis, des factions, pour exécuter une entreprise dans un intérêt commun; conspiration, intrigue, complot, cabale.

**LIGUER** (*part.* é, ée), *v. a.* Unir dans une même ligue; *se* —, *v. pr.* Former une ligue, une cabale.

**LIGUEUR**, **EUSE**, *s.* Partisan de la Ligue, du temps d'Henri III et d'Henri IV.

**LILAS**, *s. m.* Arbre qui fleurit au printemps et porte des fleurs par bouquets en pyramides et de couleur gris de lin; fleurs du lilas; couleur de ces fleurs.

**LILIACÉ**, **ÉE**, *adj.* Dont la fleur ressemble à celle du lis.

**LILLE**, chef-lieu du département du Nord.

**LIMACE**, *s. f.* Limaçon sans coquille.

**LIMAÇON**, *s. m.* Limace à coquille; insecte rampant; (*t. d'arts*) spirale.

**LIMAILLE**, *s. f.* Petite partie de métal que la lime fait tomber.

**LIMANDE**, *s. f.* Espèce de poisson de mer plat.

**LIMAS**, *s. m.* Limace.

**LIMBE**, *s. m.* Bord extérieur d'un astre; *au pl.* Lieu où étaient les âmes des justes avant la venue de J.-C. et où vont celles des enfants morts sans baptême.

**LIME**, *s. f.* Outil de fer ou d'acier pour limer.

**LIMER** (*part.* é, ée), *v. a.* Polir avec la lime; *fig.* Corriger, perfectionner.

**LIMIER**, *s. m.* Gros chien de chasse.

**LIMITATIF**, **IVE**, *adj.* Qui limite.

**LIMITATION**, *s. f.* Restriction; fixation.

**LIMITE**, *s. f.* Borne qui sépare un État, un territoire, de l'État ou du territoire voisin; *fig.* Bornes.

**LIMITER** (*part.* é, ée), *v. a.* Borner, donner des limites.

**LIMITROPHE**, *adj.* 2 *g.* Contigu, qui est sur les limites.

**LIMOGES**, chef-lieu du dép. de la Haute-Vienne.

**LIMON**, *s. m.* Boue déposée par des eaux courantes; terre détrempée; fruit plus petit que le citron et du même genre; branche de la limonière; pièce de bois qui soutient les marches d'un escalier; le devant du brancard d'une charrette, où l'on attache le cheval.

**LIMONADE**, *s. f.* Jus de limon ou de citron infusé dans l'eau avec du sucre.

**LIMONADIER**, **IÈRE**, *s.* Celui ou Celle qui vend de la limonade, des liqueurs, etc.

**LIMONEUX**, **EUSE**, *adj.* Bourbeux, vaseux.

**LIMONIER**, *s. m.* Cheval de limon; arbre qui porte les limons.

**LIMONIÈRE**, *s. f.* Brancard d'une voiture formé des deux limons.

**LIMOSIN**, anc. province qui était divisée en *Haut-Limosin* et *Bas-Limosin*, et qui forme aujourd'hui, avec la Marche, les dép. de la Haute-Vienne, de la Creuse et de la Corrèze. *Limosin*, *adj.* et *s.* Qui est de Limoges; nom donné aux maçons, parce que ces ouvriers viennent en général du Limosin.

**LIMOSINAGE**, *s. m.* Ouvrage de limosin.

**LIMOUX**, chef-lieu d'arr. du dép. de l'Aude.

**LIMPIDE**, *adj.* 2 *g.* Clair, net, transparent.

**LIMPIDITÉ**, *s. f.* Qualité de ce qui est limpide.

**LIMURE**, *s. f.* Action de limer; état d'une chose limée; limaille.

**LIN**, *s. m.* Plante dont la graine fournit de l'huile, et dont l'écorce sert à faire du fil; toile faite avec ce fil; *gris de* —, couleur gris blanchâtre.

**LINCEUL**, *s. m.* Drap pour ensevelir les morts.

**LINÉAIRE**, *adj.* 2 *g.* Qui a rapport aux lignes; qui se fait par des lignes.

**LINÉAMENT**, *s. m.* Trait du visage; ligne légèrement tracée.

**LINGE**, *s. m.* Toile mise en œuvre pour le corps, le ménage; chemises, draps, etc.; morceau de toile, chiffon, etc.

**LINGER**, **ÈRE**, *s.* Celui ou Celle

qui confectionne, qui vend du linge, qui travaille en linge.

**LINGERIE**, *s. f.* Commerce, magasin de linge; lieu où on le serre.

**LINGOT**, *s. m.* Or ou Argent en masse et non mis en œuvre; cylindre de métal pour charger un fusil.

**LINGOTIÈRE**, *s. f.* Moule pour réduire les métaux en lingots.

**LINGUAL, E**, *adj.* Qui a rapport à la langue.

**LINGUISTE**, *s. m.* Celui qui se livre à l'étude des langues.

**LINGUISTIQUE**, *s. f.* Science des langues.

**LINIÈRE**, *s. f.* Terre semée de lin.

**LINIMENT**, *s. m.* Médicament pour amollir, adoucir, etc.

**LINON**, *s. m.* Toile très-fine de lin.

**LINOT, OTTE**, *s.* Petit oiseau gris-brun du genre du pinson.

**LINTEAU**, *s. m.* Pièce de bois placée en travers au-dessus de l'ouverture d'une porte, d'une fenêtre, pour soutenir la maçonnerie.

**LION, ONNE**, *s.* Quadrupède carnivore, à poil roux, dont le mâle porte une crinière; *fig.* Homme courageux.

**LIONCEAU**, *s. m.* Le petit de la lionne.

**LIPPE**, *s. f.* Lèvre d'en bas trop grosse et trop avancée.

**LIPPÉE**, *s. f.* Bouchée; *franche* —, repas qui ne coûte rien.

**LIPPU, E**, *adj.* et *s.* Qui a une grosse lèvre.

**LIQUÉFACTION**, *s. f.* Changement d'un solide en liquide.

**LIQUÉFIER** (*part.* é, ée), *v. a.* Fondre; rendre liquide; *se* —, *v. pr.* Devenir liquide.

**LIQUEUR**, *s. f.* Substance liquide; boisson dont la base est l'eau-de-vie, l'esprit-de-vin, etc.

**LIQUIDATEUR**, *adj.* et *s. m.* Qui liquide un compte.

**LIQUIDATION**, *s. f.* Action de débrouiller, d'arrêter un compte; acte par lequel on liquide.

**LIQUIDE**, *adj.* 2 *g.* Dont les parties sont fluides; *fig.* Clair et net; consonne *liquide*, facile à prononcer; —, *s. m.* Aliment liquide.

**LIQUIDER** (*part.* é, ée), *v. a.* Rendre clair et certain ce qui était incertain et embrouillé.

**LIQUIDITÉ**, *s. f.* Qualité des corps liquides.

**LIQUOREUX, EUSE**, *adj.* Qui ressemble à de la liqueur.

**LIQUORISTE**, *s.* 2 *g.* Celui ou Celle qui fait ou qui vend des liqueurs.

**LIRE** (*Ind. pr.* je lis, tu lis, il lit, nous lisons, vous lisez, ils lisent; *imp.* je lisais, etc., nous lisions, etc.; *p. déf.* je lus, etc., nous lûmes, etc.; *fut.* je lirai, etc., nous lirons, etc.; *cond.* je lirais, etc., nous lirions, etc.; *impér.* lis, lisons, lisez; *subj. pr.* que je lise, etc., que nous lisions, etc.; *imp. subj.* que je lusse, etc., que nous lussions, etc.; *p. pr.* lisant; *p. p.* lu, lue), *v. a.* Parcourir des yeux les lettres d'un mot en les assemblant avec l'intelligence de leur valeur; prendre connaissance du contenu d'un livre; expliquer le sens d'un livre; interpréter; *fig.* Apercevoir, découvrir, pénétrer dans la connaissance de quelque chose d'obscur et de caché.

**LIRON**, *s. m.* Voy. *Lérot*.

**LIS**, *s. m.* Plante bulbeuse à fleurs blanches et odorantes; blancheur extrême.

**LISÉRÉ**, *s. m.* Cordonnet sur le bord d'une étoffe.

**LISÉRER** (*part.* é, ée) *v. a.* Broder, garnir d'un liséré.

**LISERON** ou **LISET**, *s. m.* Plante grimpante qui s'enroule autour d'autres plantes.

**LISEUR, EUSE**, *s.* Celui ou Celle qui aime à lire.

**LISIBLE**, *adj.* 2 *g.* Aisé à lire; agréable à lire.

**LISIBLEMENT**, *adv.* D'une manière lisible.

**LISIÈRE**, *s. f.* Extrémité de la largeur d'une étoffe; bord d'un champ; bretelles pour soutenir un enfant qui commence à marcher.

**LISIEUX**, chef-lieu d'arr. du dép. du Calvados.

**LISSE**, *adj.* 2 *g.* Uni, poli.

**LISSE**, *s. f.* Fils verticaux à mailles d'un métier à tisser.

**LISSER** (*part.* é, ée), *v. a.* Polir, rendre lisse.

**LISSOIR**, *s. m.* Instrument qui sert à lisser.

**LISTE**, *s. f.* Suite de noms, de mots, rangés les uns au dessous des autres; suite d'indications simples et courtes.

**LIT**, *s. m.* Meuble où l'on se couche; ce qui le compose; canal par où coule une rivière; couche d'une chose étendue sur une autre.

**LITANIES**, *s. f. pl.* Prière par laquelle on invoque Dieu, la Vierge et les saints; *fig.* Longue et fastidieuse énumération.

**LITEAU**, *s. m.* Raies colorées vers les extrémités de certaines serviettes.

**LITÉE**, *s. f.* Réunion de plusieurs animaux dans le même gîte.

**LITHARGE**, *s. f.* Oxyde de plomb demi-vitreux.

**LITHOCHROMIE**, *s. f.* Lithographie en couleurs.

**LITHOGRAPHE**, *s. m.* Dessinateur sur pierre.

**LITHOGRAPHIE**, *s. f.* Art d'imprimer avec des tables de pierre imprégnées de crayon ou d'une substance grasse; tables produites par ce procédé.

**LITHOGRAPHIER** (*part.* é, ée), *v. a.* Reproduire un dessin, une écriture, par les moyens lithographiques.

**LITHOGRAPHIQUE**, *adj.* 2 *g.* Qui appartient à la lithographie.

**LITIÈRE**, *s. f.* Paille sur laquelle se couchent les bestiaux; chaise couverte portée sur deux brancards.

**LITIGE**, *s. m.* Contestation en justice.

**LITIGIEUX**, **EUSE**, *adj.* Qui peut être contesté en justice.

**LITORNE**, *s. f.* Sorte de grive.

**LITOTE**, *s. f.* Figure de rhétorique qui consiste dans l'emploi d'une expression qui dit le moins pour faire entendre le plus.

**LITRE**, *s. m.* Unité de capacité des mesures métriques, un décimètre carré.

**LITRON**, *s. m.* Ancienne mesure de capacité, 36 pouces cubes.

**LITTÉRAIRE**, *adj.* 2 *g.* Qui appartient aux belles-lettres.

**LITTÉRAIREMENT**, *adv.* Sous le rapport littéraire.

**LITTÉRAL**, **E**, *adj.* Qui est selon la lettre, mot à mot.

**LITTÉRALEMENT**, *adv.* A la lettre.

**LITTÉRATEUR**, *s. m.* Homme versé dans la littérature.

**LITTÉRATURE**, *s. f.* Connaissance des ouvrages littéraires et des règles des divers genres; ensemble des productions littéraires d'une nation, d'une époque.

**LITTORAL**, **E**, *adj.* Qui appartient au rivage; —, *s. m.* Côtes, rivage.

**LITURGIE**, *s. f.* Ordre et cérémonies du service divin.

**LITURGIQUE**, *adj.* 2 *g.* Qui a rapport à la liturgie.

**LITURGISTE**, *s. m.* Celui qui est versé dans la science de la liturgie.

**LIVIDE**, *adj.* 2 *g.* Qui est de couleur plombée.

**LIVIDITÉ**, *s. f.* État de ce qui est livide.

**LIVRAISON**, *s. f.* Action de livrer une chose vendue; chose livrée; partie d'un ouvrage publiée séparément.

**LIVRE**, *s. m.* Feuilles de papier écrites ou imprimées, et formant un volume; ce que le livre contient; registre, papier-journal; *à — ouvert*, *loc. adv.* Sans avoir lu d'avance; sans préparation, sur-le-champ.

**LIVRE**, *s. f.* Poids de seize onces; ancienne monnaie valant un franc.

**LIVRÉE**, *s. f.* Habits de formes et de couleurs particulières que portent les domestiques; tout ce qui porte la livrée; *fig.* Marques extérieures, caractéristiques.

**LIVRER** (*part.* é, ée), *v. a.* Donner, abandonner; mettre une chose en la possession d'un autre; trahir; — *bataille*, engager le combat; *se* —, *v. pr.* S'adonner à.

**LIVRET**, *s. m.* Petit livre.

**LOBE**, *s. m.* Division d'une partie du corps formée par des sillons ou des échancrures; (*t. d'anat.*) bout inférieur de l'oreille; divisions larges et arrondies de certaines feuilles.

**LOCAL**, **E** (*au pl. m.* — *aux*), *adj.* Qui a rapport au lieu; —, *s. m.* Disposition d'un lieu, emplacement.

**LOCALITÉ**, *s. f.* Particularité, circonstance locale ; lieu.

**LOCATAIRE**, *s. 2 g.* Celui ou Celle qui tient à loyer tout ou partie d'une maison.

**LOCATIF, IVE**, *adj.* Qui regarde le locataire.

**LOCATION**, *s. f.* Action de donner ou de prendre à loyer ; prix du loyer.

**LOCATIS**, *s. m.* Cheval de louage de peu de valeur.

**LOCH**, *s. m.* Instrument qui sert à mesurer la vitesse d'un vaisseau.

**LOCHE**, *s. f.* Espèce de petit poisson.

**LOCHER**, *v. n.* Être près de tomber.

**LOCHES**, chef-lieu d'arr. du dép. d'Indre-et-Loire.

**LOCOMOTEUR, TRICE**, *adj.* Qui sert à la locomotion.

**LOCOMOTIF, IVE**, *adj.* Qui change, qui peut être changé de place ; *locomotive*, *s. f.* Machine mue par la vapeur pour imprimer le mouvement à un convoi de marchandises ou de voyageurs.

**LOCOMOTION**, *s. f.* Faculté de changer de place.

**LOCUTION**, *s. f.* Expression, manière de s'énoncer.

**LODÈVE**, chef-lieu d'arr. du dép. de l'Hérault.

**LOF**, *s. m.* Côté que le vaisseau présente au vent.

**LOGARITHME**, *s. m.* Nombre pris dans une progression arithmétique, répondant à un nombre d'une progression géométrique.

**LOGARITHMIQUE**, *adj. 2 g.* Relatif aux logarithmes ; —, *s. f. t. de math.*

**LOGE**, *s. f.* Petite butte ; petit réduit ; chambre où l'on renferme les aliénés ; cage pour les bêtes féroces ; espèce de petit cabinet ouvert par devant dans une salle de spectacle ; lieu d'assemblée des francs-maçons.

**LOGEABLE**, *adj. 2 g.* Habitable.

**LOGEMENT**, *s. m.* Lieu qui est ou peut être habité.

**LOGER** (*part.* é, ée), *v. a.* Donner un logis ; faire habiter ; —, *v. n.* Habiter ; *se* —, *v. pr.* Occuper un logement.

**LOGETTE**, *s. f.* Petite loge.

**LOGEUR, EUSE**, *s.* Celui ou Celle qui tient des logements garnis.

**LOGICIEN**, *s. m.* Celui qui sait la logique ; celui qui raisonne logiquement.

**LOGIQUE**, *s. f.* Art de penser et de raisonner juste ; science qui enseigne cet art ; classe où on l'enseigne ; —, *adj. 2 g.* Conforme aux règles de la logique.

**LOGIQUEMENT**, *adv.* Conformément à la logique.

**LOGIS**, *s. m.* Habitation, maison ; *corps de* —, partie principale d'un bâtiment.

**LOGOGRIPHE**, *s. m.* Sorte d'énigme, dont le mot se décompose en d'autres mots à deviner.

**LOI**, *s. f.* Règle invariable ; obligation naturelle ou civile ; puissance, autorité.

**LOIN**, *adv.* de lieu, de temps. A grande distance.

**LOINTAIN, E**, *adj.* Éloigné du lieu où l'on est, où l'on parle ; —, *s. m.* Éloignement.

**LOIR**, *s. m.* Petit quadrupède rongeur.

**LOIR (LE)**, rivière qui a sa source dans le dép. d'Eure-et-Loir et se jette dans la Sarthe près d'Angers.

**LOIR-ET-CHER**, dép. formé du Vendômois, du Blaisois et de la Sologne.

**LOIRE (LA)**, rivière qui prend sa source dans le dép. de l'Ardèche et se jette dans l'Océan ; dép. formé de l'ancien Forez ; *Haute-Loire*, dép. formé de l'ancien Velay, de parties du Forez, du Vivarais, du Gévaudan et de l'Auvergne ; *Loire-Inférieure*, dép. formé de la partie sud-est de l'anc. Bretagne.

**LOIRET (LE)**, rivière qui prend sa source dans le dép. auquel elle donne son nom et se jette dans la Loire ; dép. formé de la partie nord de l'ancien Orléanais.

**LOISIBLE**, *adj. 2 g.* Permis.

**LOISIR**, *s. m.* Temps de repos, désœuvrement ; temps dont on peut disposer ; *à* —, *loc. adv.* En prenant son temps, sans se presser.

**LOMBES**, *s. m. pl.* Partie inférieure du dos.

**LOMBEZ**, chef-lieu d'arr. du dép. du Gers.

**LONG**, *s. m.* Longueur; *au* —, amplement.

**LONG, GUE**, *adj.* Étendu en longueur; qui dure longtemps; lent; *note longue* ou *subst. Longue*, ancienne note de musique; *longue, s. f.* Syllabe longue; *à la longue, loc. adv.* Avec le temps; *tout du long, loc. adv.* D'un bout à l'autre.

**LONGANIMITÉ**, *s. f.* Clémence, patience.

**LONGE**, *s. f.* Lanière de cuir, corde attachée au licou des animaux; moitié de l'échine du veau.

**LONGER** (*part.* é, ée), *v. a.* Marcher ou s'étendre le long de.

**LONGÉVITÉ**, *s. f.* Longue durée de la vie.

**LONGITUDE**, *s. f.* Distance (*t. d'astron. et de géogr.*).

**LONGITUDINAL, E**, *adj.* Étendu en long.

**LONGITUDINALEMENT**, *adv.* En longueur.

**LONGTEMPS**, *adv.* Pendant un long espace de temps.

**LONGUEMENT**, *adv.* Durant un long temps.

**LONGUET, ETTE**, *adj.* Un peu long.

**LONGUEUR**, *s. f.* Dimension en long; étendue en long d'un bout à l'autre; lenteur; durée du temps; *en* —, *loc. adv.* Dans le sens de la longueur.

**LONS-LE-SAUNIER**, chef-lieu du dép. du Jura.

**LOOCH** ou **LOK**, *s. m.* Médicament liquide, adoucissant.

**LOPIN**, *s. m.* Morceau d'un objet quelconque.

**LOQUACE**, *adj.* 2 *g.* Qui parle beaucoup.

**LOQUACITÉ**, *s. f.* Habitude de parler beaucoup.

**LOQUE**, *s. f.* Lambeau, morceau.

**LOQUET**, *s. m.* Fermeture simple à bascule.

**LOQUETEAU**, *s. m.* Petit loquet.

**LORD**, *s. m.* Seigneur, en Angleterre.

**LORGNER** (*part.* é, ée), *v. a.* Regarder en tournant les yeux de côté; regarder avec une lorgnette.

**LORGNETTE**, *s. f.* Petite lunette pour voir de loin.

**LORGNEUR, EUSE**, *s.* Celui ou Celle qui lorgne.

**LORGNON**, *s. m.* Sorte de lorgnette.

**LORIENT**, chef-lieu d'arr. du dép. du Morbihan.

**LORIOT**, *s. m.* Oiseau jaune à ailes noires.

**LORRAIN, E**, *adj.* et *s.* Qui est de la Lorraine.

**LORRAINE**, ancien duché formant aujourd'hui les dép. de la Meuse, de la Moselle, de la Meurthe et des Vosges.

**LORS**, *adv.* Alors; *lors de*, *loc. prép.* Dans le temps de; *dès* —, *loc. adv.* Dès ce temps-là; ainsi.

**LORSQUE**, *conj.* Dans le temps que.

**LOSANGE**, *s. f.* Figure géométrique à quatre côtés égaux, deux angles aigus et deux obtus.

**LOT**, *s. m.* Portion; condition; sort.

**LOT**, rivière qui a sa source dans la Lozère et se jette dans la Garonne à Aiguillon; elle donne son nom à un dép.

**LOT-ET-GARONNE**, dép. formé de l'Agenois et de la Guyenne; chef-lieu, Agen.

**LOTERIE**, *s. f.* Sorte de banque où les lots sont tirés au sort.

**LOTION**, *s. f.* Lavage, ablution.

**LOTIR** (*part.* i, ie), *v. a.* Faire des lots; partager par lots.

**LOTISSEMENT**, *s. m.* Action de faire des lots.

**LOTO**, *s. m.* Sorte de jeu qui se joue avec des demi-boules et des cartons numérotés.

**LOTTE**, *s. f.* Poisson de rivière qui se distingue par plusieurs barbillons.

**LOUABLE**, *adj.* 2 *g.* Digne de louange.

**LOUABLEMENT**, *adv.* D'une manière louable.

**LOUAGE**, *s. m.* Transport de l'usage d'une chose pour un certain temps moyennant un certain prix.

**LOUANGE**, *s. f.* Éloge, discours par lequel on loue.

**LOUANGER** (*part. é, ée*), *v. a.* Donner des louanges outrées.

**LOUANGEUR, EUSE**, *adj.* et *s.* Qui loue sans cesse et sans discernement.

**LOUCHE**, *adj.* 2 *g.* Qui a la vue de travers; *fig.* Douteux, confus; —, *s. m.* Apparence équivoque.

**LOUCHER**, *v. n.* Avoir la vue de travers.

**LOUCHET**, *s. m.* Hoyau; petite bêche.

**LOUDÉAC**, chef-lieu d'arr. du dép. des Côtes-du-Nord.

**LOUDUN**, chef-lieu d'arr. du dép. de la Vienne.

**LOUER** (*part. é, ée*), *v. a.* Donner ou prendre à louage; donner des louanges; *se* —, *v. pr.* Servir pour de l'argent; faire son propre éloge.

**LOUEUR, EUSE**, *s.* Celui ou Celle qui donne à louage.

**LOUGRE**, *s. m.* Sorte de navire marchand.

**LOUHANS**, chef-lieu d'arr. du dép. de Saône-et-Loire.

**LOUIS**, *s. m.* Ancienne monnaie d'or, de 24 livres.

**LOUP**, *s. m.* Animal sauvage et carnassier, ressemblant au chien de berger.

**LOUP-CERVIER** (*au pl. loups-cerviers*), *s. m.* Quadrupède qui ressemble à un grand chat.

**LOUPE**, *s. f.* Tumeur sous la peau; excroissance charnue des plantes; lentille de verre qui grossit les objets.

**LOUP-GAROU** (*au pl. loups-garous*), *s. m.* Homme bourru et insociable.

**LOURD, E**, *adj.* Pesant, lent; *au fig.* Onéreux, grossier, stupide.

**LOURDAUD, E**, *adj.* et *s.* Grossier, maladroit.

**LOURDEMENT**, *adv.* Pesamment; *fig.* Grossièrement.

**LOURDERIE**, *s. f.* Bévue, maladresse.

**LOURDEUR**, *s. f.* Pesanteur.

**LOUTRE**, *s. f.* Petit quadrupède carnivore; —, *s. m.* Chapeau ou manchon fait de poils de loutre.

**LOUVE**, *s. f.* Femelle du loup.

**LOUVETEAU**, *s. m.* Jeune loup.

**LOUVETER**, *v. n.* Mettre bas (en parlant d'une louve).

**LOUVETERIE**, *s. f.* Équipage pour la chasse du loup.

**LOUVETIER**, *s. m.* Chef de la louveterie.

**LOUVIERS**, chef-lieu d'arr. du dép. de l'Eure; —, *s. m.* Sorte de drap fabriqué dans cette ville.

**LOUVOYER** (se conj. sur *Ployer*), *v. n.* Naviguer contre le vent; *fig.* Prendre des moyens détournés.

**LOUVRE**, *s. m.* Palais des rois de France à Paris.

**LOYAL, E**, *adj.* Qui a la condition requise par la loi; plein d'honneur et de probité.

**LOYALEMENT**, *adv.* De bonne foi.

**LOYAUTÉ**, *s. f.* Probité, franchise.

**LOYER**, *s. m.* Prix du louage d'une maison; salaire dû à un domestique.

**LOZÈRE** (**LA**), montagne qui donne son nom à un dép. formé de l'ancien Gévaudan.

**LUBIE**, *s. f.* Caprice, extravagance.

**LUBRICITÉ**, *s. f.* Lasciveté.

**LUBRIQUE**, *adj.* 2 *g.* Qui a rapport à la lubricité.

**LUCARNE**, *s. f.* Ouverture au toit pour éclairer le grenier.

**LUCIDE**, *adj.* 2 *g.* Qui jette de la lumière; clair, net; *intervalle* —, moment de raison.

**LUCIDITÉ**, *s. f.* Qualité de ce qui est lucide.

**LUCIFER**, *s. m.* Chef des démons; étoile de Vénus précédant le soleil.

**LUCRATIF, IVE**, *adj.* Qui rapporte du profit.

**LUCRE**, *s. m.* Gain, profit.

**LUETTE**, *s. f.* Substance glanduleuse dans le fond de la bouche, à l'entrée du gosier.

**LUEUR**, *s. f.* Faible clarté; *fig.* Faible apparence.

**LUGUBRE**, *adj.* 2 *g.* Funèbre; qui marque et inspire la douleur.

**LUGUBREMENT**, *adv.* D'une manière lugubre.

**LUI**, *pron. pers. masc. de la troisième personne.*

**LUIRE** (*Ind. pr.* je luis, tu luis, il luit, nous luisons, vous luisez, ils luisent; *imp.* je luisais, etc., nous luisions, etc.; *fut.* je luirai, etc., nous luirons, etc.; *cond.* je luirais, etc., nous luirions, etc.; *subj. pr.* que je luise, etc., que nous luisions, etc.; *p. pr.* luisant), *v. n.* Briller; jeter de la lumière, de l'éclat.

**LUISANT**, **E**, *adj.* Qui luit; —, *s. m.* Éclat.

**LUMBAGO**, *s. m.* Espèce de rhumatisme dans les reins.

**LUMIÈRE**, *s. f.* Fluide subtil qui rend les objets visibles; clarté, splendeur, ce qui éclaire; le jour, la vie; bougie, chandelle allumée; *au pl.* Intelligence, connaissances.

**LUMIGNON**, *s. m.* Bout de mèche de chandelle qui brûle.

**LUMINAIRE**, *s. m.* Cierges d'église.

**LUMINEUX**, **EUSE**, *adj.* Qui envoie, qui répand de la lumière.

**LUNAIRE**, *adj.* 2 *g.* Qui appartient à la lune.

**LUNAISON**, *s. f.* Temps qui s'écoule d'une lune à l'autre.

**LUNATIQUE**, *adj.* 2 *g.* et *s. m.* Fantasque, capricieux.

**LUNDI**, *s. m.* Le deuxième jour de la semaine.

**LUNE**, *s. f.* Planète satellite de la terre; *fig. Avoir des lunes*, des caprices.

**LUNEL**, chef-lieu de canton du dép. de l'Hérault, renommé par son vin muscat.

**LUNETTE**, *s. f.* Verre taillé pour soulager la vue, rendre la vision plus nette, rapprocher les objets; ouverture ronde des latrines.

**LUNETTIER**, *s. m.* Marchand, fabricant de lunettes.

**LUNÉVILLE**, chef-lieu d'arr. du dép. de la Meurthe.

**LUPERCALES**, *s. f. pl.* Fêtes annuelles en l'honneur du dieu Pan, chez les Romains.

**LUPIN**, *s. m.* Plante légumineuse.

**LURON**, **ONNE**, *s.* Homme sans souci; femme libre en ses allures.

**LUSTRAL**, **E**, *adj.* Qui a rapport ou Qui sert aux purifications.

**LUSTRATION**, *s. f.* Cérémonie pour purifier.

**LUSTRE**, *s. m.* Éclat naturel ou donné par l'art; composition pour donner du brillant aux étoffes; espèce de chandelier de cristal à plusieurs branches qu'on attache au plafond; espace de cinq ans.

**LUSTRER** (*part.* é, ée), *v. a.* Donner du lustre à une étoffe.

**LUSTRINE**, *s. f.* Espèce d'étoffe de soie.

**LUT**, *s. m.* Enduit dont on bouche un vase qu'on met sur le feu.

**LUTER** (*part.* é, ée), *v. a.* Enduire de lut.

**LUTH**, *s. m.* Instrument de musique à cordes.

**LUTHÉRANISME**, *s. m.* Doctrine de Luther.

**LUTHÉRIEN**, **ENNE**, *s.* Sectateur de Luther; —, *adj.* Conforme à la doctrine de Luther.

**LUTHIER**, *s. m.* Celui qui fait des instruments à cordes.

**LUTIN**, *s. m.* Esprit follet; enfant bruyant, espiègle.

**LUTINER** (*part.* é, ée), *v. a.* Tourmenter comme ferait un lutin; —, *v. n.* Faire le lutin.

**LUTRIN**, *s. m.* Pupitre d'église où on place les livres de chant.

**LUTTE**, *s. f.* Exercice gymnastique; combat corps à corps.

**LUTTER**, *v. n.* Combattre à la lutte; *fig.* Résister, tenir ferme.

**LUTTEUR**, *s. m.* Celui qui lutte.

**LUXATION**, *s. f.* Déboîtement, déplacement des os.

**LUXE**, *s. m.* Somptuosité excessive dans les habits, les meubles, etc.

**LUXER** (*part.* é, ée), *v. a.* Faire sortir un os de sa cavité.

**LUXURE**, *s. f.* Passion impure.

**LUXURIEUSEMENT**, *adv.* Avec luxure.

**LUXURIEUX**, **EUSE**, *adj.* Livré à la luxure.

**LUZERNE**, *s. f.* Plante légumineuse pour les bestiaux.

**LUZERNIÈRE**, *s. f.* Champ de luzerne.

**LYCÉE**, *s. m.* Collége subventionné par l'État.

**LYMPHATIQUE**, *adj.* 2 *g.* Qui concerne la lymphe.

**LYMPHE**, *s. f.* Humeur visqueuse

répandue dans le corps par de petits conduits.

**LYNX**, *s. m.* Chat sauvage qui a la vue perçante.

**LYON**, chef-lieu du département du Rhône.

**LYONNAIS (LE)**, ancienne province formant aujourd'hui les dép. de l'Ain, du Rhône et de la Loire.

**LYONNAIS, E**, *adj.* et *s.* Qui est de la ville de Lyon.

**LYRE**, *s. f.* Instrument de musique à cordes; *fig.* Talent de faire des vers.

**LYRIQUE**, *adj.* 2 *g.* Qui se chante avec accompagnement de la lyre; *poésie* —, propre à être mise en musique; —, *s. m.* Auteur de poésies lyriques.

**LYS (LA)**, rivière qui prend sa source près de Béthune, dans le Pas-de-Calais, et qui se jette dans l'Escaut à Gand.

## M.

**M.** Treizième lettre de l'alphabet, dixième consonne : on l'appelle *emme* suivant la méthode ancienne, et *me* suivant la méthode moderne.

**MA**, *pron. poss. f.* La mienne.

**MACAQUE**, *s. m.* Genre de singes.

**MACARON**, *s. m.* Sorte de pâtisserie croquante.

**MACARONI**, *s. m.* Pâte italienne qu'on assaisonne de fromage.

**MACARONIQUE**, *adj.* 2 *g.*, se dit de vers burlesques composés de mots auxquels on donne une terminaison latine.

**MACÉDOINE**, *s. f.* Ragoût de diverses viandes, de divers légumes mélangés; jeu de cartes; mélange.

**MACÉRATION**, *s. f.* Mortification du corps par des austérités; séjour d'une substance dans une liqueur.

**MACÉRER** (*part.* é, ée), *v. a.* Mortifier son corps par des austérités; faire tremper dans une liqueur.

**MACHABÉES**, *s. m. pl.* Nom donné aux deux derniers livres de l'Ancien Testament.

**MÂCHE**, *s. f.* Sorte d'herbe potagère.

**MÂCHECOULIS** ou **MÂCHICOULIS**, *s. m.* Ouverture dans la saillie des galeries des anciennes fortifications.

**MÂCHEFER**, *s. m.* Scorie qui sort du fer quand on le forge.

**MÂCHELIÈRE**, *adj.* et *s. f.* (Dent) qui sert à broyer les aliments.

**MÂCHER** (*part.* é, ée), *v. a.* Broyer avec les dents.

**MÂCHEUR, EUSE**, *s.* Celui ou Celle qui mâche; glouton.

**MACHIAVÉLIQUE**, *adj.* 2 *g.* Qui tient du machiavélisme.

**MACHIAVÉLISME**, *s. m.* Système politique attribué à Machiavel; *fig.* Conduite perfide.

**MACHIAVÉLISTE**, *s.* 2 *g.* Celui ou Celle qui met en pratique le machiavélisme.

**MÂCHICATOIRE**, *s. m.* Drogue qu'on mâche sans l'avaler.

**MÂCHICOULIS.** Voy. *Mâchecoulis.*

**MACHINAL, E**, *adj.* Qui tient de la machine; où la volonté n'a point de part.

**MACHINALEMENT**, *adv.* D'une manière machinale.

**MACHINATEUR**, *s. m.* Celui qui machine un complot.

**MACHINATION**, *s. f.* Action de machiner un complot, de dresser des embûches pour nuire.

**MACHINE**, *s. f.* Tout instrument pour faire mouvoir, tirer, lever, lancer quelque chose; assemblage combiné de ressorts mécaniques; *fig.* Adresse, intrigue, invention d'esprit pour réussir.

**MACHINER** (*part.* é, ée), *v. a.* Faire des menées secrètes; former des complots.

**MACHINISTE**, *s. m.* Celui qui invente, construit, dirige des machines.

**MÂCHOIRE**, *s. f.* Os dans lequel les dents sont emboîtées; *fig.* Homme inepte, borné.

**MÂCHONNER** (*part.* é, ée), *v. a.* Mâcher avec difficulté ou négligemment.

**MÂCON**, chef-lieu du dép. de Saône-et-Loire.

**MAÇON**, *s. m.* Artisan qui fait les

bâtiments à chaux, plâtre, ciment, etc.; *fig.* Ouvrier qui travaille grossièrement.

**MAÇONNAGE**, *s. m.* Travail du maçon.

**MAÇONNER** (*part.* é, ée), *v. a.* Travailler en pierres, plâtre, etc.; boucher avec du plâtre.

**MAÇONNERIE**, *s. f.* Ouvrage de maçon.

**MAÇONNIQUE**, *adj.* 2 *g.* Qui est relatif à la franc-maçonnerie.

**MACOUBA**, *s. m.* Sorte de tabac de la Martinique.

**MACREUSE**, *s. f.* Oiseau aquatique ressemblant au canard.

**MACULER** (*part.* é, ée), *v. a.* Tacher, noircir.

**MADAME** (*au pl. mesdames*), *s. f.* Titre qu'on donne aux femmes mariées, aux chanoinesses, à une maîtresse de maison.

**MADEMOISELLE** (*au pl. mesdemoiselles*), *s. f.* Titre qu'on donne aux femmes non mariées.

**MADONE**, *s. f.* Représentation de la Vierge.

**MADRAGUE**, *s. f.* Pêcherie pour prendre des thons.

**MADRAS**, *s. m.* Fichu de soie et de coton des Indes.

**MADRÉ, ÉE**, *adj.* Marbré, tacheté; *fig.* Rusé, adroit.

**MADRIER**, *s. m.* Planche de chêne fort épaisse.

**MADRIGAL** (*au pl. madrigaux*), *s. m.* Pensée ingénieuse renfermée en un petit nombre de vers.

**MAFFLÉ, ÉE**, *adj.* et *s.* Qui a de grosses joues.

**MAGASIN**, *s. m.* Lieu où l'on serre des marchandises; amas de certaines choses, de provisions.

**MAGASINAGE**, *s. m.* Temps du séjour en magasin.

**MAGASINIER**, *s. m.* Garde-magasin.

**MAGE**, *s. m.* Chef de la religion chez les anciens Perses.

**MAGICIEN, ENNE**, *s.* Celui ou Celle qui fait profession de magie.

**MAGIE**, *s. f.* Art chimérique de produire des effets surnaturels; *fig.* Illusion.

**MAGIQUE**, *adj.* 2 *g.* Qui appartient à la magie.

**MAGISTER**, *s. m.* Maître d'école de village.

**MAGISTÈRE**, *s. m.* Sorte de préparation médicale à laquelle on attribue une efficacité particulière.

**MAGISTRAL, E**, *adj.* Qui tient du maître.

**MAGISTRALEMENT**, *adv.* D'une manière magistrale.

**MAGISTRAT**, *s. m.* Officier de justice, de police, d'administration.

**MAGISTRATURE**, *s. f.* Dignité du magistrat; durée de cette dignité; ordre entier des magistrats.

**MAGNANIME**, *adj.* 2 *g.* Qui a l'âme grande, élevée.

**MAGNANIMEMENT**, *adv.* Avec magnanimité.

**MAGNANIMITÉ**, *s. f.* Vertu de l'homme magnanime; grandeur d'âme, élévation.

**MAGNÉSIE** (*t. de chimie*), *s. f.* Espèce de terre absorbante insoluble dans l'eau, mais soluble dans les acides.

**MAGNÉTIQUE**, *adj.* 2 *g.* Qui tient de l'aimant.

**MAGNÉTISER** (*part.* é, ée), *v. a.* Communiquer, développer le magnétisme animal par certains signes, ou par des attouchements.

**MAGNÉTISEUR**, *s. m.* Celui qui magnétise.

**MAGNÉTISME**, *s. m.* Propriétés de l'aimant; — *animal*, fluide qui, dit-on, se développe sous l'influence du magnétiseur et qui serait propre à guérir les malades.

**MAGNIFICENCE**, *s. f.* Qualité de celui qui est magnifique; somptuosité.

**MAGNIFIQUE**, *adj.* 2 *g.* Splendide; prodigue, qui aime l'éclat; éclatant, sublime.

**MAGNIFIQUEMENT**, *adv.* Avec magnificence.

**MAGNOLIER**, *s. m.* Arbre d'Amérique dont les fleurs sont d'une grande beauté.

**MAGOT**, *s. m.* Gros singe; figure grotesque de porcelaine; homme gauche, laid; amas d'argent caché.

**MAHOMÉTAN, E**, *s.* et *adj.* Celui ou Celle qui professe le mahométisme.

**MAHOMÉTISME**, *s. m.* Religion de Mahomet.

**MAI**, *s. m.* Cinquième mois de l'année; arbre orné de rubans, et planté devant une porte.

**MAIGRE**, *adj.* 2 *g.* Qui a peu de graisse; sec, décharné; *fig.* Aride; *jour* —, où l'on ne mange pas de viande.

**MAIGRELET, ETTE**, *adj.* Un peu maigre.

**MAIGREMENT**, *adv.* Petitement, d'une manière maigre.

**MAIGRET, ETTE**, *adj.* Un peu maigre.

**MAIGREUR**, *s. f.* État de ce qui est maigre.

**MAIGRIR** (*part.* i, ie), *v. n.* Devenir maigre.

**MAIL**, *s. m.* Maillet, sorte de jeu; lieu où l'on y joue.

**MAILLE** (ll m.), *s. f.* Anneau d'un filet, d'un réseau de divers tissus; sorte de petite monnaie; poids égal à la quatrième partie de l'once; taches sur les plumes du perdreau.

**MAILLER** (ll m.; *part.* é, ée), *v. a.* Faire des mailles; faire du treillage; *se* —, *v. pr.* se dit des perdreaux dont les plumes se couvrent de mailles.

**MAILLET** (ll m.), *s. m.* Sorte de marteau de bois; sorte de hache à marteau.

**MAILLOCHE** (ll m.), *s. f.* Gros maillet de bois.

**MAILLOT**, *s. m.* Langes dont on enveloppe un petit enfant; espèce de caleçon.

**MAIN**, *s. f.* Partie du corps humain qui est au bout du bras et qui a cinq doigts; écriture; *fig.* Puissance, force; dépendance; soin, secours; levée de cartes au jeu; — *de papier*, cahier de vingt-cinq feuilles; *de* — *en* —, d'une personne à une autre; *sous la* —, à portée; — *chaude*, sorte de jeu où l'on frappe dans la main; — *courante*, registre sur lequel on inscrit la dépense et la recette de chaque jour.

**MAIN-D'OEUVRE** (*sans pl.*), *s. f.* Travail de l'ouvrier; prix de ce travail.

**MAINE**, ancienne province entre la Normandie, l'Orléanais, la Touraine, l'Anjou et la Bretagne, formant aujourd'hui les dép. de la Mayenne et de la Sarthe.

**MAINE-ET-LOIRE**, dép. formé de la plus grande partie de l'Anjou et d'une portion du Saumurois.

**MAIN-FORTE** (*sans pl.*), *s. f.* Assistance donnée à quelqu'un.

**MAINLEVÉE**, *s. f.* Permission donnée en justice de disposer de ce qui avait été saisi.

**MAINT, E**, *adj. collectif.* Plusieurs.

**MAINTENANT**, *adv.* À présent.

**MAINTENIR** (se conj. sur *Tenir*), *v. a.* Tenir au même état; soutenir, conserver; affirmer; *se* —, *v. pr.* Se soutenir.

**MAINTIEN**, *s. m.* Conservation; contenance, air du visage.

**MAIRE**, *s. m.* Le chef du corps municipal, premier officier civil d'une commune.

**MAIRIE**, *s. f.* Charge, dignité de maire; durée de cette dignité; le local où est établie l'administration municipale.

**MAIS**, *conj. adversative* qui marque contrariété, exception, différence, augmentation, diminution, etc.; —, *adv.* *Je n'en puis mais*, je n'y peux rien; —, *s. m.* Obstacle, empêchement.

**MAÏS**, *s. m.* Blé de Turquie, d'Inde, d'Espagne; gros millet.

**MAISON**, *s. f.* Bâtiment pour loger; ceux qui l'habitent; les domestiques; race, famille; établissement de commerce; communauté religieuse; *petites-maisons*, *s. f. pl.* Hôpital des fous.

**MAISONNÉE**, *s. f.* Tous les habitants d'une maison membres de la même famille.

**MAISONNETTE**, *s. f.* Petite maison.

**MAÎTRE, ESSE**, *s.* Celui ou Celle qui a des sujets, des élèves, des domestiques, des esclaves; celui qui exerce la domination; celui qui possède en toute propriété; savant; expert; précepteur; professeur; titre donné aux avocats, aux notaires et aux avoués; —, *adj.* Premier, principal; — *d'hôtel*, *s. m.* Celui qui est chargé du service de la table; *petit-maître*, jeune étourdi.

**MAÎTRISE**, *s. f.* Qualité de maître (en parlant des arts et métiers).

**MAÎTRISER** (*part.* é, ée), *v. a.* Dominer, gouverner en maître.

**MAJESTÉ**, *s. f.* Grandeur suprême; titre donné aux souverains; ce qu'il y a de grand, de noble.

**MAJESTUEUSEMENT**, *adv.* Avec majesté.

**MAJESTUEUX**, **EUSE**, *adj.* Qui a de la majesté.

**MAJEUR**, **E**, *adj.* Qui a atteint la majorité; grave, important; *majeure*, *s. f.* Première proposition d'un syllogisme.

**MAJOR**, *s. m.* Officier chargé de l'administration d'un corps; *état-major*, corps des officiers; *chirurgien-major*, premier chirurgien militaire; *sergent-major*, premier sous-officier d'une compagnie.

**MAJORAT**, *s. m.* Biens-fonds inaliénables affectés à un titre de noblesse.

**MAJORDOME**, *s. m.* Maître d'hôtel.

**MAJORITÉ**, *s. f.* Age auquel on est hors de tutelle; le plus grand nombre.

**MAJUSCULE**, *s. f.* et *adj.* 2 *g.* Grande lettre.

**MAL** (*au pl. maux*), *s. m.* Ce qui est opposé au bien; défaut; vice; imperfection; mauvaise action; travail; peine; douleur; maladie; dommage; malheur; —, *adv.* De mauvaise manière.

**MALACHITE** (*pron. ki*), *s. f.* Pierre opaque d'un beau vert.

**MALADE**, *adj.* et *s.* Qui a une mauvaise santé.

**MALADIE**, *s. f.* Dérangement de la santé.

**MALADIF**, **IVE**, *adj.* Valétudinaire.

**MALADRESSE**, *s. f.* Défaut d'adresse.

**MALADROIT**, **E**, *adj.* et *s.* Qui manque d'adresse.

**MALADROITEMENT**, *adv.* Avec maladresse.

**MALAISE**, *s. m.* État incommode, fâcheux; détresse.

**MALAISÉ**, **ÉE**, *adj.* Difficile; incommode, gêné.

**MALAISÉMENT**, *adv.* Difficilement.

**MALART**, *s. m.* Mâle des canes sauvages.

**MALAVISÉ**, **ÉE**, *adj.* et *s.* Imprudent, indiscret.

**MALBÂTI**, **IE**, *adj.* Mal tourné; mal fait.

**MALCONTENT**, **E**, *adj.* Mécontent.

**MÂLE**, *s. m.* Être du sexe masculin; —, *adj.* 2 *g.* Opposé à femelle; fort, vigoureux; énergique.

**MALÉDICTION**, *s. f.* Imprécation, action de maudire; fatalité.

**MALÉFICE**, *s. m.* Action de nuire par de prétendues opérations magiques.

**MALENCONTRE**, *s. f.* Événement inattendu et malheureux.

**MALENCONTREUSEMENT**, *adv.* Par malencontre.

**MALENCONTREUX**, **EUSE**, *adj.* Malheureux, qui annonce ou qui cause du malheur.

**MALENTENDU**, *s. m.* Erreur; méprise; paroles mal interprétées.

**MALEPESTE**, *interj.* qui marque l'étonnement.

**MAL-ÊTRE** (*sans pl.*), *s. m.* Malaise général et indéfinissable.

**MALÉVOLE**, *adj.* 2 *g.* Malveillant.

**MALFAÇON**, *s. f.* Ce qu'il y a de mal fait dans un ouvrage.

**MALFAIRE** (usité seulement à l'inf.), *v. n.* Faire de mauvaises actions.

**MALFAISANCE**, *s. f.* Penchant à nuire à autrui.

**MALFAISANT**, **E**, *adj.* Qui fait mal; qui nuit.

**MALFAITEUR**, *s. m.* Celui qui commet de mauvaises actions, des crimes.

**MALFAMÉ**, **ÉE**, *adj.* Qui a mauvaise réputation.

**MALGRACIEUSEMENT**, *adv.* D'une manière malgracieuse.

**MALGRACIEUX**, **EUSE**, *adj.* Incivil.

**MALGRÉ**, *prép.* Contre le gré.

**MALHABILE**, *adj.* 2 *g.* Maladroit, peu capable; qui manque d'adresse.

**MALHABILEMENT**, *adv.* D'une manière malhabile.

**MALHABILETÉ**, *s. f.* Manque d'habileté; incapacité.

**MALHEUR**, *s. m.* Mauvaise fortune; désastre; revers; accident fâcheux; *par* —, *loc. adv.* Malheureusement.

**MALHEUREUSEMENT**, *adv.* D'une manière malheureuse.

**MALHEUREUX, EUSE**, *adj.* Qui est dans le malheur; infortuné; misérable; qui semble annoncer le malheur; —, *s.* Personne méprisable.

**MALHONNÊTE**, *adj.* 2 *g.* Contraire à l'honnêteté, à la probité; qui manque d'honnêteté; impoli.

**MALHONNÊTEMENT**, *adv.* D'une manière malhonnête.

**MALHONNÊTETÉ**, *s. f.* Manque d'honnêteté; incivilité.

**MALICE**, *s. f.* Penchant à nuire; action faite avec malignité; méchanceté; *au pl.* Tours de gaieté pour se divertir.

**MALICIEUSEMENT**, *adv.* Avec malice.

**MALICIEUX, EUSE**, *adj.* Qui a de la malice.

**MALIGNEMENT**, *adv.* Avec malignité.

**MALIGNITÉ**, *s. f.* Inclination à nuire par des discours ou des actions.

**MALIN, IGNE** (gn m.), *adj.* Qui aime à dire ou à faire des malices; nuisible.

**MALINE**, *s. f.* Temps des grandes marées à la nouvelle et à la pleine lune.

**MALINES**, *s. f.* Dentelle de Flandre.

**MALINGRE**, *adj.* 2 *g.* Qui est d'une complexion faible.

**MALINTENTIONNÉ, ÉE**, *adj.* Qui a de mauvaises intentions.

**MALITORNE.** Voy. *Maritorne.*

**MALLE**, *s. f.* Coffre pour porter des effets en voyage; *malle-poste*, *s. f.* Voiture de poste pour le transport des lettres.

**MALLÉABILITÉ**, *s. f.* Qualité de ce qui est malléable.

**MALLÉABLE**, *adj.* 2 *g.* Qui peut se battre, se forger, s'étendre sous le marteau.

**MALLETTE**, *s. f.* Petite malle.

**MALMENER** (*part.* é, ée), *v. a.* Réprimander; maltraiter.

**MALOTRU, E**, *adj.* et *s.* Misérable; malfait; méprisable; malélevé.

**MALPEIGNÉ**, *s. m.* Homme qui a les cheveux en désordre.

**MALPLAISANT, E**, *adj.* Qui déplaît; qui incommode.

**MALPROPRE**, *adj.* 2 *g.* Qui n'est pas propre.

**MALPROPREMENT**, *adv.* Avec malpropreté.

**MALPROPRETÉ**, *s. f.* Défaut de propreté; saleté.

**MALSAIN, E**, *adj.* Qui n'est pas sain; contraire à la santé.

**MALSÉANT, E**, *adj.* Contraire à la bienséance.

**MALSONNANT, E**, *adj.* Qui choque la raison.

**MALT** (pron. *l* et *t*), *s. m.* Orge préparée pour faire de la bière.

**MALTÔTE**, *s. f.* Exaction.

**MALTÔTIER**, *s. m.* Celui qui lève une maltôte.

**MALTRAITER** (*part.* é, ée), *v. a.* Offenser; outrager; traiter durement, injustement.

**MALVEILLANCE**, *s. f.* Aversion, haine, mauvaise volonté.

**MALVEILLANT, E**, *adj.* et *s.* Qui veut du mal.

**MALVERSATION**, *s. f.* Délit grave dans l'exercice d'une fonction publique.

**MALVERSER**, *v. n.* Commettre des malversations.

**MALVOISIE**, *s. f.* Vin grec fort doux; vin muscat.

**MAMAN**, *s. f.* Mère; *t. d'enfant.*

**MAMELLE**, *s. f.* Sein, partie charnue qui renferme le lait.

**MAMELON**, *s. m.* Le bout de la mamelle; protubérance arrondie; petite éminence.

**MAMELONNÉ, ÉE**, *adj.* Couvert de protubérances.

**MAMELOUCK** ou **MAMELUK**, *s. m.* Soldat de la milice égyptienne.

**MAMERS**, chef-lieu d'arr. du dép. de la Sarthe.

**MAMMIFÈRE**, *adj.* 2 *g.* et *s. m.* Qui a des mamelles.

**MANANT**, *s. m.* Paysan; homme grossier.

**MANCENILLIER**, *s. m.* Arbre vénéneux des Antilles.

**MANCHE**, *s. m.* Poignée d'un instrument, d'un outil; —, *s. f.* Partie du vêtement dans laquelle entre le bras; détroit.

**MANCHE (LA)**, détroit entre l'Angleterre et la France; dép. formé de parties de la Normandie et du Perche.

**MANCHETTE**, *s. f.* Ornement qui s'attache au poignet d'une manche.

**MANCHON**, *s. m.* Sorte de fourreau dans lequel on met les mains pour les préserver du froid.

**MANCHOT, E**, *adj.* et *s.* Privé d'un bras, d'une main.

**MANDANT**, *s. m.* Celui qui donne un mandat.

**MANDARIN**, *s. m.* Titre de dignité en Chine.

**MANDAT**, *s. m.* Pouvoir, procuration; ordre de payer; — *d'arrêt*, ordre d'arrêter.

**MANDATAIRE**, *s. m.* Celui qui est chargé d'une procuration.

**MANDEMENT**, *s. m.* Ordre par écrit; injonction.

**MANDER** (*part.* é, ée), *v. a.* Faire savoir; envoyer dire; faire venir.

**MANDIBULE**, *s. f.* Mâchoire.

**MANDILLE** (ll m.), *s. f.* Casaque.

**MANDOLINE**, *s. f.* Petite guitare.

**MANDORE**, *s. f.* Sorte de mandone.

**MANDRIN**, *s. m.* Outil de serrurier; sorte de moule.

**MANDUCATION**, *s. f.* Action de manger.

**MANÉGE**, *s. m.* Exercices pour dresser les chevaux; lieu où on les exerce; *fig.* Manières adroites et artificieuses.

**MÂNES**, *s. m. pl.* Ames des morts.

**MANGANÈSE**, *s. m.* Minéral; alliage naturel de fer, de cuivre et de terre calcaire; savon des verriers.

**MANGEABLE**, *adj.* 2 *g.* Bon à manger.

**MANGEAILLE** (ll m.), *s. f.* Nourriture de quelques animaux domestiques, des oiseaux; ce qu'on mange.

**MANGEANT, E**, *adj.* Qui mange.

**MANGEOIRE**, *s. f.* Auge où mangent les chevaux, les bœufs, les brebis, etc.

**MANGER** (*part.* é, ée), *v. a.* Mâcher et avaler des aliments; —, *v. n.* Prendre ses repas; —, *s. m.* Ce qu'on mange.

**MANGE-TOUT**, *s. m.* (inv.). Dissipateur.

**MANGEUR, EUSE**, *s.* Celui ou Celle qui mange beaucoup; *fig.* Dissipateur.

**MANGEURE** (pron. — *jûre*), *s. f.* Endroit mangé d'une étoffe, d'un pain, etc.

**MANGUE**, *s. f.* Fruit du manguier.

**MANGUIER**, *s. m.* Arbre du Brésil, à fruits savoureux.

**MANIABLE**, *adj.* 2 *g.* Aisé à manier.

**MANIAQUE**, *adj.* et *s.* 2 *g.* Possédé d'une manie.

**MANIE**, *s. f.* Aliénation d'esprit; habitude ridicule et invétérée; fantaisie.

**MANIEMENT**, *s. m.* Action de manier; *fig.* Manière de conduire.

**MANIER** (*part.* é, ée), *v. a.* Tâter; toucher; *fig.* Administrer; gérer; —, *s. m.* Toucher.

**MANIÈRE**, *s. f.* Façon; sorte; au *pl.* Façons d'agir; *de manière que, loc. conj.* De sorte que; *par — de, loc. prép.* En forme de.

**MANIÉRÉ, ÉE**, *adj.* Qui a des manières affectées.

**MANIFESTATION**, *s. f.* Action de manifester; chose manifestée.

**MANIFESTE**, *adj.* 2 *g.* Évident; —, *s. m.* Écrit apologétique d'un acte public.

**MANIFESTEMENT**, *adv.* Évidemment.

**MANIFESTER** (*part.* é, ée), *v. a.* Rendre manifeste; *se —, v. pr.* Se montrer.

**MANIGANCE**, *s. f.* Petites intrigues.

**MANIGANCER** (*part.* é, ée), *v. a.* Préparer des manigances.

**MANIOC**, *s. m.* Arbrisseau d'Amérique dont la racine sert à faire une espèce de pain.

**MANIPULATEUR**, *s. m.* Celui qui fait des manipulations.

**MANIPULATION**, *s. f.* Manière de mélanger les drogues.

**MANIPULER** (*part.* é, ée), *v. a.* Faire une manipulation.

**MANIQUE**, *s. f.* Morceau de peau dont les cordonniers se garnissent la main.

**MANIVELLE**, *s. f.* Pièce de fer ou de bois placée à l'extrémité d'un arbre ou d'un essieu et qui sert à le faire tourner.

**MANNE** (pron. *mâne*), *s. f* Nourriture que Dieu fit tomber du ciel; espèce de suc congelé.

**MANNE**, *s. f.* Sorte de grand panier.

**MANNEQUIN**, *s. m.* Panier long et étroit; figure d'homme faite de bois ou d'osier et à ressorts.

**MANŒUVRE**, *s. m.* Celui qui travaille de ses mains; —, *s. f.* Tous les cordages d'un vaisseau; action de régler les mouvements d'un navire; mouvements de troupes; *fig.* Conduite dans les affaires, intrigues.

**MANŒUVRER** (*part. é, ée*), *v. n.* et *v. a.* Faire la manœuvre; *fig.* Intriguer.

**MANOIR**, *s. m.* Demeure, maison.

**MANOUVRIER**, *s. m.* Celui qui travaille de ses mains et à la journée.

**MANQUE**, *s. m.* Défaut, absence de; *manque de*, *loc. prép.* Faute de; *de —*, *loc. adv.* De moins.

**MANQUEMENT**, *s. m.* Omission; manque de.

**MANQUER**, *v. n.* Tomber en faute; faire faillite; oublier; ne pas faire ce qu'on doit; défaillir; avoir faute de; ne pas faire feu (en parlant d'un fusil, etc.); — (*part. é, ée*), *v. a.* Laisser échapper, ne pas trouver.

**MANS (LE)**, chef-lieu du dép. de la Sarthe.

**MANSARDE**, *s. f.* Toit à comble plat; logement qu'il couvre.

**MANSUÉTUDE**, *s. f.* Douceur de caractère.

**MANTE**, *s. f.* Sorte de voile, d'écharpe, de manteau.

**MANTEAU**, *s. m.* Vêtement ample que l'on met par-dessus ses habits; partie saillante de la cheminée; *fig.* Prétexte, déguisement.

**MANTELET**, *s. m.* Espèce de petit manteau de femme.

**MANTES**, chef-lieu d'arr. du dép. de Seine-et-Oise.

**MANTILLE** (ll m.), *s. f.* Mantelet sans capuchon.

**MANUEL**, **ELLE**, *adj.* Qui se fait avec la main; —, *s. m.* Livre abrégé.

**MANUELLEMENT**, *adv.* De la main à la main.

**MANUFACTURE**, *s. f.* Fabrication à la main de certains ouvrages; le lieu où l'on fabrique.

**MANUFACTURER** (*part. é, ée*), *v. a.* Fabriquer en manufacture.

**MANUFACTURIER**, *s. m.* Maître, ouvrier d'une manufacture.

**MANUSCRIT**, **E**, *adj.* Qui est écrit à la main; —, *s. m.* Livre écrit à la main.

**MANUTENTION**, *s. f.* Action de maintenir, de surveiller, de confectionner.

**MAPPEMONDE**, *s. f.* Carte géographique des deux hémisphères.

**MAQUEREAU**, *s. m.* Poisson de mer sans écailles.

**MAQUETTE**, *s. f.* Modèle en petit d'un ouvrage de sculpture ou de peinture qui doit être exécuté en grand.

**MAQUIGNON**, *s. m.* Marchand de chevaux.

**MAQUIGNONNAGE**, *s. m.* Métier de maquignon; *fig.* Manœuvres frauduleuses.

**MAQUIGNONNER** (*part. é, ée*), *v. a.* User d'artifice pour cacher les vices d'un cheval; *fig.* Faire par intrigue.

**MARABOUT**, *s. m.* Oiseau de l'Inde dont les plumes servent à orner les chapeaux des femmes; cafetière du Levant; cafetière à gros ventre; prêtre turc.

**MARAÎCHER**, *s. m.* Jardinier qui cultive un marais, qui se livre à la culture des légumes.

**MARAIS**, *s. m.* Terres couvertes d'eaux dormantes; terrain où l'on fait venir des légumes.

**MARASME**, *s. m.* Maigreur, consomption.

**MARASQUIN**, *s. m.* Sorte de liqueur.

**MARÂTRE**, *s. f.* Belle-mère; mère dénaturée.

**MARAUD**, **E**, *s.* Fripon, coquin.

**MARAUDE**, *s. f.* Vol fait par des soldats en marche, par des vagabonds.

**MARAUDER** (*part.* é, ée), *v. n.* Aller en maraude.

**MARAUDEUR**, *s. m.* Celui qui maraude.

**MARBRE**, *s. m.* Sorte de pierre calcaire susceptible de prendre un beau poli.

**MARBRER** (*part.* é, ée), *v. a.* Peindre en imitant le marbre.

**MARBRERIE**, *s. f.* Art du marbrier; atelier de marbrier.

**MARBREUR**, *s. m.* Ouvrier qui fait de la marbreur.

**MARBRIER**, *s. m.* Celui qui travaille le marbre.

**MARBRIÈRE**, *s. f.* Carrière de marbre.

**MARBRURE**, *s. f.* Imitation du marbre.

**MARC**, *s. m.* Résidu des substances pressées, bouillies, etc.; poids d'une demi-livre (huit onces).

**MARCASSIN**, *s. m.* Le petit d'un sanglier.

**MARCHAND**, **E**, *s.* Celui ou Celle qui fait profession de vendre et d'acheter; —, *adj.* Dont on trouve facilement le débit; *marine marchande*, les bâtiments employés par le commerce.

**MARCHANDER** (*part.* é, ée), *v. a.* Demander et débattre le prix d'une chose; *fig.* Hésiter.

**MARCHANDISE**, *s. f.* Denrée; objet de trafic.

**MARCHE**, *s. f.* Mouvement de celui qui marche; action de marcher; degré de vitesse; chemin; *fig.* Conduite; progression; degré pour monter et descendre.

**MARCHE (LA)**, anc. province et gouvernement avec titre de comté, comprise aujourd'hui dans les dép. de la Creuse et de la Haute-Vienne.

**MARCHÉ**, *s. m.* Lieu public de vente et d'achat; vente; condition d'un achat.

**MARCHEPIED**, *s. m.* Petite estrade; banquette pour les pieds.

**MARCHER**, *v. n.* S'avancer par le mouvement des pieds; être en marche; *fig.* Procéder; agir; faire des progrès; — *droit*, se bien conduire.

**MARCHER**, *s. m.* Manière dont on marche.

**MARCHEUR**, **EUSE**, *s.* Celui ou Celle qui marche bien.

**MARCOTTE**, *s. f.* Branche couchée en terre pour prendre racine; rejeton d'œillet.

**MARCOTTER** (*part.* é, ée), *v. a.* Faire des marcottes.

**MARDI**, *s. m.* Le troisième jour de la semaine.

**MARE**, *s. f.* Amas d'eau dormante.

**MARÉCAGE**, *s. m.* Terre humide et bourbeuse des marais.

**MARÉCAGEUX**, **EUSE**, *adj.* Plein de marécages; humide, bourbeux.

**MARÉCHAL**, *s. m.* Artisan qui ferre les chevaux, et qui les traite lorsqu'ils sont malades; titre de divers officiers militaires; — *des logis*, sous-officier de cavalerie; — *de camp*, officier général; — *de France*, première dignité militaire.

**MARÉCHALLERIE**, *s. f.* Art du maréchal ferrant.

**MARÉCHAUSSÉE**, *s. f.* Gendarmerie; cavalerie chargée de la police.

**MARÉE**, *s. f.* Flux et reflux de la mer; poisson de mer non salé.

**MARELLE**, *s. f.* Espèce d'échelle tracée sur le sol, dans les compartiments de laquelle on saute à clochepied en poussant un galet (jeu d'enfants).

**MARENNES**, chef-lieu d'arr. du dép. de la Charente-Inférieure.

**MARGE**, *s. f.* Blanc autour d'une page imprimée ou écrite.

**MARGELLE**, *s. f.* Pierre qui entoure le bord d'un puits.

**MARGER** (*part.* é, ée), *v. a.* Compasser les marges d'une feuille, d'un livre.

**MARGINAL**, **E**, *adj.* Qui est en marge, au bord.

**MARGOUILLIS** (ll m.), *s. m.* Gâchis plein d'ordures; *fig.* Embarras d'une mauvaise affaire.

**MARGRAVE**, *s. m.* Prince souverain en Allemagne.

**MARGRAVIAT**, *s. m.* État, dignité d'un margrave.

**MARGUERITE**, *s. f.* Fleur blanche des champs; *reine* —, belle fleur venant de la Chine.

**MARGUILLERIE** (ll m.), *s. f.* Charge de marguillier.

**MARGUILLIER**, *s. m.* Administrateur de la fabrique d'une paroisse.

**MARI**, *s. m.* Epoux, celui qui est joint à une femme par mariage.

**MARIABLE**, *adj.* 2 *g.* Qui est en état, en âge d'être marié.

**MARIAGE**, *s. m.* Union légale d'un homme et d'une femme; cérémonie pour marier; noce; dot de la mariée.

**MARIÉ, ÉE**, *adj.* et *s.* Qui a contracté mariage.

**MARIER** (*part.* é, ée), *v. a.* Joindre par mariage; donner la bénédiction nuptiale; *fig.* Allier, assortir deux choses, etc.

**MARIEUR, EUSE**, *s.* Celui ou Celle qui aime à se mêler de mariage.

**MARIN, E**, *adj.* Qui est de mer, qui vient de la mer; —, *s. m.* Homme de mer.

**MARINADE**, *s. f.* Saumure qui sert à mariner; viande marinée.

**MARINE**, *s. f.* Science de la navigation; troupe de mer; matelots; vaisseaux; ce qui fait la puissance navale d'une nation; tableau représentant une vue de la mer ou d'objets qui ont rapport à la mer.

**MARINER** (*part.* é, ée), *v. a.* Assaisonner pour conserver dans l'huile ou dans le vinaigre.

**MARINIER**, *s. m.* Conducteur de bateaux sur les rivières.

**MARIONNETTE**, *s. f.* Petite figure qu'on fait mouvoir à l'aide de ressorts; *au pl.* Théâtre où l'on fait jouer les marionnettes.

**MARITAL, E**, *adj.* Qui appartient au mari.

**MARITALEMENT**, *adv.* En mari.

**MARITIME**, *adj.* 2 *g.* Voisin de la mer; relatif à la mer.

**MARITORNE**, *adj.* 2 *g.* Grossier, maladroit; —, *s. f.* Fille malpropre.

**MARIVAUDAGE**, *s. m.* Style prétentieux et vide de sens.

**MARJOLAINE**, *s. f.* Plante aromatique.

**MARJOLET**, *s. m.* Petit homme prétentieux.

**MARMAILLE** (ll m.), *s. f. coll.* Troupe de petits enfants.

**MARMANDE**, chef-lieu d'arr. du dép. de Lot-et-Garonne.

**MARMELADE**, *s. f.* Espèce de confiture; chose brisée en mille morceaux.

**MARMENTEAU**, *adj.* et *s. m.* Bois de haute futaie que l'on réserve pour l'ornement d'une terre.

**MARMITE**, *s. f.* Vase pour faire bouillir la viande et faire la soupe.

**MARMITON**, *s. m.* Valet de cuisine.

**MARMONNER** (*part.* é, ée), *v. a.* Murmurer tout bas.

**MARMOT**, *s. m.* Petite figure grotesque; petit garçon.

**MARMOTTE**, *s. f.* Sorte de gros rat qui dort tout l'hiver; espèce de coiffure de femme.

**MARMOTTER** (*part.* é, ée), *v. a.* Parler confusément et entre les dents.

**MARMOUSET**, *s. m.* Figure grotesque; homme mal fait.

**MARNAGE**, *s. m.* Action de marner.

**MARNE**, *s. f.* Terre calcaire propre à fertiliser le sol.

**MARNE**, rivière qui prend sa source près de Langres et se jette dans la Seine à Charenton; département formé de parties de la Champagne et de la Brie (chef-lieu, Châlons-sur-Marne); *Haute-Marne*, dép. dont Chaumont est le chef-lieu.

**MARNER** (*part.* é, ée), *v. a.* Répandre de la marne.

**MARNEUX, EUSE**, *adj.* Qui est de la nature de la marne; qui renferme de la marne.

**MARNIÈRE**, *s. f.* Carrière de marne.

**MAROQUIN**, *s. m.* Peau de bouc ou de chèvre apprêtée.

**MAROQUINER** (*part.* é, ée), *v. a.* Façonner (la peau de veau) en maroquin.

**MAROQUINERIE**, *s. f.* Atelier du maroquinier.

**MAROQUINIER**, *s. m.* Ouvrier qui façonne les peaux en maroquin.

**MAROTIQUE**, *adj.* 2 *g.* *Style* —, imité de Clément Marot.

**MAROTTE**, *s. f.* Sceptre de la Folie, terminé par une tête grotesque coiffée d'un bonnet et garnie de grelots; objet d'un goût passionné et ridicule.

**MAROUFLE**, *s. m.* Fripon, rustre; —, *s. f.* Espèce de colle pour les peintres.

**MAROUFLER** (*part.* é, ée), *v. a.* Coller (une toile) avec la maroufle.

**MARQUANT**, E, *adj.* Qui se fait remarquer; *t. de jeu*, qui donne des points.

**MARQUE**, *s. f.* Ce qui sert à reconnaître; empreinte, entaille; signe, indice, preuve, témoignage; instrument pour marquer.

**MARQUER** (*part.* é, ée), *v. a.* Mettre une marque, une empreinte; laisser des traces; indiquer; témoigner, prouver.

**MARQUETÉ**, ÉE, *adj.* Semé de taches.

**MARQUETER** (*part.* é, ée), *v. a.* Marquer de différentes taches.

**MARQUETERIE**, *s. f.* Ouvrage fait de pièces de rapport de diverses couleurs.

**MARQUETTE**, *s. f.* Pain de cire vierge.

**MARQUEUR**, *s.m.* Celui qui marque.

**MARQUIS**, *s. m.* Titre de noblesse inférieur à celui de duc et supérieur à celui de comte.

**MARQUISAT**, *s. m.* Domaine auquel est attaché le titre de marquis; tente d'officier.

**MARQUISE**, *s. f.* Femme d'un marquis.

**MARRAINE**, *s. f.* Celle qui tient un enfant sur les fonts de baptême.

**MARRI**, E, *adj.* Repentant.

**MARRON**, *s. m.* Espèce de grosse châtaigne bonne à manger; fruit du marronnier.

**MARRON**, ONNE, *adj.* Qui est de couleur rouge-brun; *courtier marron*, qui fait le courtage clandestinement; *nègre marron*, qui s'est enfui pour vivre en liberté.

**MARRONNIER**, *s. m.* Arbre des Indes; espèce de châtaignier dont le fruit est bon pour les chèvres.

**MARS**, *s. m.* Troisième mois de l'année; nom d'une planète; *au pl.* Menus grains qu'on sème au mois de mars.

**MARSEILLAIS**, E (ll m.), *adj.* et *s.* Qui est de Marseille.

**MARSEILLE** (ll m.), chef-lieu du dép. des Bouches-du-Rhône.

**MARSOUIN**, *s. m.* Pourceau de mer; personne mal bâtie.

**MARTEAU**, *s. m.* Outil de fer à manche pour frapper, pour forger; heurtoir aux portes; métal qui frappe sur le timbre pour indiquer les heures; tringle qui frappe les cordes d'un piano.

**MARTEL**, *s. m.* Marteau.

**MARTELAGE**, *s. m.* Marque faite au marteau sur les arbres à abattre.

**MARTELER** (*part.* é, ée), *v. a.* Frapper, travailler avec le marteau; marquer les arbres à abattre.

**MARTELET**, *s. m.* Petit marteau.

**MARTELEUR**, *s. m.* Celui qui dirige le marteau des grosses forges.

**MARTIAL**, E, *adj.* Guerrier, militaire.

**MARTIN-PÊCHEUR** (*au pl. martins-pêcheurs*), *s. m.* Oiseau bleu changeant qui se nourrit de poissons.

**MARTINET**, *s. m.* Espèce d'hirondelle; chandelier plat à manche; discipline formée de cordes attachées au bout d'un manche; espèce de gros marteau de forge.

**MARTINGALE**, *s. f.* Courroie qui fait partie du harnachement d'un cheval; suite de coups joués en doublant la mise.

**MARTIN-SEC** (*au pl. martin-secs*), *s. m.* Poire d'automne.

**MARTRE**, *s. f.* Sorte de fouine à gorge jaune; peau de martre employée en fourrure.

**MARTYR**, E, *s.* Celui ou Celle qui a souffert la mort pour la foi; *fig.* Personne qui souffre beaucoup.

**MARTYRE**, *s. m.* Mort ou Tourments endurés pour la foi; souffrances extrêmes.

**MARTYRISER** (*part.* é, ée), *v. a.* Faire souffrir le martyre; *par ext.* Tourmenter cruellement.

**MARTYROLOGE**, *s. m.* Catalogue des martyrs, des saints.

**MARVEJOLS**, chef-lieu d'arr. du dép. de la Lozère.

**MASCARADE**, *s. f.* Déguisement avec des masques; troupe de gens masqués.

**MASCARON**, *s. m.* Tête grotesque aux portes, aux fontaines.

**MASCULIN**, E, *adj.* Qui appartient aux mâles; qui est du genre masculin; , *s. m.* Le genre masculin; *t. de gr.*

**MASQUE**, *s. m.* Faux visage de carton peint dont on se couvre la figure pour se déguiser; personne masquée; *fig.* Déguisement, fausse apparence; dehors trompeurs.

**MASQUER** (*part.* é, ée), *v. a.* Mettre un masque; couvrir d'un masque; *fig.* Couvrir sous de fausses apparences; ôter la vue d'une chose.

**MASSACRANTE**, *adj. f. Humeur* —, bourrue, détestable.

**MASSACRE**, *s. m.* Tuerie, carnage d'hommes, de bêtes sans défense; mauvais ouvrier.

**MASSACRER** (*part.* é, ée), *v. a.* Tuer, assommer des hommes sans défense; gâter.

**MASSACREUR**, *s. m.* Celui qui massacre.

**MASSAGE**, *s. m.* Action de masser.

**MASSE**, *s. f.* Amas de parties quelconques qui font un corps; corps solide; corps informe; espèce de massue; fonds d'argent d'une société; totalité; *en* —, *loc. adv.* Tous ensemble.

**MASSEPAIN**, *s. m.* Sorte de pâtisserie.

**MASSER** (*part.* é, ée), *v. a.* Frotter le corps avec la main; (*t. d'arts*) disposer en masse.

**MASSICOT**, *s. m.* Oxyde jaune de plomb qui sert à vernisser la faïence.

**MASSIER**, *s. m.* Officier civil qui porte une masse en certaines cérémonies.

**MASSIF**, *s. m.* Construction pleine; plein bois.

**MASSIF, IVE**, *adj.* Plein et sans mélange, pesant, épais; *fig.* Grossier, lourd.

**MASSIVEMENT**, *adv.* D'une manière massive, lourde.

**MASSUE**, *s. f.* Bâton noueux plus gros d'un bout que de l'autre; *fig. Coup de* —, malheur imprévu.

**MASTIC**, *s. m.* Gomme du lentisque; certaines compositions servant à joindre, à boucher, etc.

**MASTICATION**, *s. f.* Action de mâcher.

**MASTICATOIRE**, *s. m.* Ingrédient que l'on mâche pour exciter l'excrétion de la salive.

**MASTIQUER** (*part.* é, ée), *v. a.* Boucher, coller avec du mastic.

**MASURE**, *s. f.* Bâtiment en ruine; méchante habitation.

**MAT**, *s. m.* Coup du jeu des échecs qui termine la partie.

**MAT, E**, *adj.* Qui n'a point d'éclat (en parlant des couleurs).

**MÂT**, *s. m.* Grosse et longue pièce de bois arrondie qui s'élève sur un vaisseau et sert à porter les voiles.

**MATADOR**, *s. m.* Celui qui, dans les combats de taureaux, est désigné pour mettre le taureau à mort; *fam.* Personne considérable.

**MATAMORE**, *s. m.* Fanfaron.

**MATELAS**, *s. m.* (inv.) Grand sac rempli de laine et piqué sur lequel on couche; coussin.

**MATELASSER** (*part.* é, ée), *v. a.* Garnir de laine, de coton, etc.

**MATELASSIER, IÈRE**, *s.* Celui ou Celle qui fait les matelas, qui les carde, etc.

**MATELOT**, *s. m.* Celui qui sert à la manœuvre sur un navire; marin.

**MATELOTE**, *s. f.* Mets de poissons; *à la* —, *loc. adv.* A la manière des matelots.

**MATER** (*part.* é, ée), *v. a.* Humilier, mortifier, abattre; rendre mat; faire mat (*t. du jeu d'échecs*).

**MÂTER** (*part.* é, ée), *v. a.* Garnir un navire de ses mâts.

**MÂTEREAU**, *s. m.* Petit mât.

**MATÉRIALISER** (*part.* é, ée), *v. a.* Rendre matériel; donner un corps.

**MATÉRIALISME**, *s. m.* Système dans lequel on n'admet pas d'autre substance que la matière.

**MATÉRIALISTE**, *s. m.* et *adj.* 2 *g.* Partisan du matérialisme.

**MATÉRIALITÉ**, *s. f.* Qualité de ce qui est matière.

**MATÉRIAUX**, *s. m. pl.* Matières différentes qui entrent dans la composition d'une chose.

**MATÉRIEL, ELLE**, *adj.* Composé de matière; —, *s. m.* Ensemble des objets qui servent à une exploitation, à une entreprise, etc.

**MATÉRIELLEMENT**, *adv.* D'une manière matérielle.

**MATERNEL, ELLE**, *adj.* Qui appartient à la mère; naturel à une mère; *langue* —, la langue du pays où l'on est né.

**MATERNELLEMENT**, *adv.* D'une manière maternelle.

**MATERNITÉ**, *s. f.* État, qualité de mère.

**MATHÉMATICIEN**, *s. m.* Celui qui pratique ou enseigne les mathématiques.

**MATHÉMATIQUE**, *adj.* 2 *g.* Qui appartient aux mathématiques.

**MATHÉMATIQUEMENT**, *adv.* Selon les règles des mathématiques.

**MATHÉMATIQUES**, *s. f. pl.* Science des grandeurs et de leurs propriétés.

**MATIÈRE**, *s. f.* Substance; objet, sujet; cause, motif; occasion; *en — de*, *loc. prép.* En fait de.

**MATIN**, *s. m.* Premières heures de la journée; —, *adv.* De bonne heure.

**MÂTIN**, *s. m.* Gros chien.

**MATINAL**, E, *adj.* Qui se lève matin.

**MÂTINEAU**, *s. m.* Petit mâtin.

**MATINÉE**, *s. f.* Premières heures du jour jusqu'à midi.

**MATINES**, *s. f. pl.* Partie de l'office divin qui se dit ordinairement la nuit.

**MATINEUX, EUSE**, *adj.* Qui a l'habitude de se lever matin.

**MATINIER, IÈRE**, *adj.* Qui appartient au matin.

**MATIR** (*part.* i, ie), *v. a.* Rendre mat (un métal).

**MATOIS**, E, *adj.* et *s.* Rusé.

**MATOISERIE**, *s. f.* Fourberie.

**MATOU**, *s. m.* Gros chat mâle.

**MATRAS**, *s. m.* Vase à long cou; outil de savonnier.

**MATRICE** (*t. de fondeur*), *s. f.* Moule; coin pour les monnaies; étalon des poids et mesures; registre original d'après lequel sont dressés les rôles des contributions.

**MATRICULE**, *s. f.* Registre où l'on inscrit des noms pour faire un dénombrement.

**MATRIMONIAL**, E, *adj.* Qui a rapport au mariage.

**MATRONE**, *s. f.* Sage-femme; femme d'un certain âge.

**MATURATION**, *s. f.* Progrès vers la maturité.

**MÂTURE**, *s. f.* Les mâts d'un vaisseau.

**MATURITÉ**, *s. f.* État, qualité de ce qui est mûr; *fig.* Prudence, circonspection.

**MATUTINAL**, E, *adj.* Qui a rapport au matin.

**MAUDIRE** (se conj. sur *Dire*, à l'exception du p. pr. *maudissant*, et des deux prem. pers. du pl. du pr. de l'ind. *nous maudissons*, *vous maudissez*), *v. a.* Accabler de sa malédiction.

**MAUDIT**, E, *adj.* Détestable; —, *s. m.* Celui qui est voué au feu éternel.

**MAUGRÉER**, *v. n.* Pester, jurer.

**MAULÉON**, chef-lieu d'arr. du dép. des Basses-Pyrénées.

**MAURIAC**, chef-lieu d'arr. du dép. du Cantal.

**MAUSOLÉE**, *s. m.* Tombeau érigé à grands frais.

**MAUSSADE**, *adj.* 2 *g.* Désagréable; qui a mauvaise grâce.

**MAUSSADEMENT**, *adv.* D'une manière maussade.

**MAUSSADERIE**, *s. f.* Façon maussade.

**MAUVAIS**, E, *adj.* et *s.* Méchant; qui n'est pas bon; nuisible; malin; *trouver mauvais*, désapprouver; *sentir mauvais*, avoir une odeur désagréable; *il fait mauvais*, il fait vilain temps; il est dangereux de.

**MAUVE**, *s. f.* Plante médicinale émolliente.

**MAUVIETTE**, *s. f.* Espèce d'alouette.

**MAUVIS**, *s. m.* Petite grive rousse.

**MAXILLAIRE**, *adj.* 2 g. Qui a rapport à la mâchoire.

**MAXIME**, *s. f.* Proposition générale qui sert de règle de conduite.

**MAXIMUM** (*sans pl.*), *s. m.* Le plus haut degré.

**MAYENNE**, rivière qui prend sa source au bourg de Prez-en-Pail, chef-lieu de canton du dép. de la Mayenne, et se jette dans la Loire au-dessous d'Angers; elle donne son nom à un dép. formé de la partie nord-ouest de l'anc. Maine; —, ville et chef-lieu d'arr. du dép. du même nom.

**MAZETTE**, *s. f.* Mauvais petit cheval; joueur maladroit.

**ME**, *pron. pers.* Je ou Moi (comme régime d'un verbe).

**MÉAUX**, chef-lieu d'arr. du dép. de Seine-et-Marne.

**MÉCANICIEN**, *s. m.* Celui qui exerce la mécanique.

**MÉCANIQUE**, *s. f.* Science des machines; —, *adj.* 2 *g.* Qui a rapport aux machines, au travail de la main.

**MÉCANIQUEMENT**, *adv.* D'une manière mécanique.

**MÉCANISME**, *s. m.* Structure d'un corps, disposition de ses diverses parties suivant les lois de la mécanique.

**MÉCHAMMENT**, *adv.* Avec méchanceté.

**MÉCHANCETÉ**, *s. f.* Action méchante; caractère méchant; indocilité.

**MÉCHANT, E**, *adj.* Mauvais; nuisible; qui n'a pas de probité.

**MÈCHE**, *s. f.* Cordon préparé pour prendre feu facilement; pointe de fer pour forer; spirale de tire-bouchon.

**MÉCHER** (*part.* é, ée), *v. a.* Introduire la vapeur du soufre dans un tonneau.

**MÉCOMPTE**, *s. m.* Erreur de calcul; espérance déçue.

se **MÉCOMPTER**, *v. pr.* Se tromper dans un calcul; être déçu dans son espérance.

**MÉCONNAISSABLE**, *adj.* 2 *g.* Non reconnaissable.

**MÉCONNAISSANCE**, *s. f.* Ingratitude.

**MÉCONNAISSANT, E**, *adj.* Ingrat.

**MÉCONNAÎTRE** (se conj. sur *Connaître*), *v. a.* Ne pas reconnaître; ne pas apprécier convenablement; *se* —, *v. pr.* Oublier ce qu'on est, ce à quoi on est tenu.

**MÉCONTENT, E**, *adj.* Qui n'est pas satisfait.

**MÉCONTENTEMENT**, *s. m.* Déplaisir; sujet, motif d'être mécontent.

**MÉCONTENTER** (*part.* é, ée), *v. a.* Donner du mécontentement.

**MÉCRÉANT**, *s. m.* Homme impie, incrédule.

**MÉDAILLE** (ll m.), *s. f.* Pièce de métal frappée en mémoire de quelque fait.

**MÉDAILLIER**, *s. m.* Cabinet, armoire où l'on conserve des médailles.

**MÉDAILLISTE**, *s. m.* Celui qui recherche et étudie les médailles.

**MÉDAILLON**, *s. m.* Grande médaille.

**MÉDECIN**, *s. m.* Celui qui exerce la médecine.

**MÉDECINE**, *s. f.* Art de conserver la santé, de guérir les maladies; potion, breuvage.

**MÉDECINER** (*part.* é, ée), *v. a.* Administrer des médecines.

**MÉDIAN, E**, *adj.* Qui occupe le milieu.

**MÉDIAT, E**, *adj.* Opposé à immédiat.

**MÉDIATEMENT**, *adv.* D'une manière médiate.

**MÉDIATEUR, TRICE**, *s.* Conciliateur.

**MÉDIATION**, *s. f.* Entremise.

**MÉDICAL, E**, *adj.* Qui a rapport à la médecine; qui a la vertu de guérir.

**MÉDICAMENT**, *s. m.* Remède; *au pl.* Drogues.

**MÉDICAMENTER** (*part.* é, ée), *v. a.* Donner des médicaments.

**MÉDICAMENTEUX, EUSE**, *adj.* Qui a les propriétés d'un médicament.

**MÉDICINAL, E**, *adj.* Qui sert de remède.

**MÉDIOCRE**, *adj.* 2 *g.* et *s. m.* Ni grand ni petit; ni bon ni mauvais; ni trop ni trop peu.

**MÉDIOCREMENT**, *adv.* D'une façon médiocre.

**MÉDIOCRITÉ**, *s. f.* État, qualité de ce qui est médiocre.

**MÉDIRE** (se conj. sur *Dire*, excepté à la deuxième pers. du pl. de l'ind. pr. *v. médisez*), *v. n.* Dire du mal de quelqu'un.

**MÉDISANCE**, *s. f.* Discours, propos défavorable à quelqu'un.

**MÉDISANT, E**, *adj.* et *s.* Qui médit.

**MÉDITATIF, IVE**, *adj.* Qui aime à méditer.

**MÉDITATION**, *s. f.* Action de réfléchir profondément; ouvrage religieux ou philosophique.

**MÉDITER** (*part.* é, ée), *v. a.* Examiner; approfondir; —, *v. n.* Délibérer; réfléchir; avoir dessein de.

**MÉDITERRANÉ, ÉE**, *adj.* Qui est au milieu des terres; *Méditerranée*, *s. f.* La mer qui communique avec l'Océan par le détroit de Gibraltar.

**MÉDIUM**, *s. m.* Milieu; terme moyen; (*t. de mus.*), voix entre le grave et l'aigu.

**MÉDOC**, *s. m.* Sorte de caillou brillant; vin du canton de Médoc, dans le dép. de la Gironde.

**MÉFAIRE**, *v. n.* Faire le mal.

**MÉFAIT**, *s. m.* Action mauvaise, criminelle.

**MÉFIANCE**, *s. f.* Défaut de confiance; soupçon, crainte.

**MÉFIANT, E**, *adj.* Qui a de la méfiance.

se **MÉFIER**, *v. pr.* Ne pas se fier à; soupçonner.

**MÉGARDE (PAR)**, *loc. adv.* Par inattention.

**MÉGÈRE**, *s. f.* Furie; femme méchante.

**MÉGIE**, *s. f.* Art de préparer les peaux de mouton en blanc.

**MÉGISSERIE**, *s. f.* Commerce du mégissier.

**MÉGISSIER**, *s. m.* Ouvrier qui apprête les peaux de mouton et de veau.

**MEILLEUR, E** (comparatif de *Bon*), *adj.* Qui vaut mieux; *le* —, *s. m.* Ce qu'il y a de mieux.

**MÉLANCOLIE**, *s. f.* Maladie qui porte à la tristesse; chagrin.

**MÉLANCOLIQUE**, *adj.* 2 *g.* Qui a de la mélancolie.

**MÉLANCOLIQUEMENT**, *adv.* D'une manière mélancolique.

**MÉLANGE**, *s. m.* Résultat de choses mêlées; *au pl.* Recueil de pièces littéraires.

**MÉLANGER** (*part.* é, ée), *v. a.* Mêler ensemble.

**MÉLASSE**, *s. f.* Sirop mielleux que forme le résidu du sucre raffiné.

**MÊLÉE**, *s. f.* Combat opiniâtre entre plusieurs personnes.

**MÊLER** (*part.* é, ée), *v. a.* Brouiller; mélanger; embrouiller; — *les cartes*, les battre; — *une serrure*, fausser quelque ressort; *fig.* Joindre, unir; *se* —, *v. pr.* S'occuper de.

**MÉLÈZE**, *s. m.* Arbre résineux.

**MÉLILOT**, *s. m.* Plante légumineuse qui ressemble au trèfle.

**MÉLISSE**, *s. f.* Herbe médicinale qui sent le citron.

**MELLE**, chef-lieu d'arr. du dép. des Deux-Sèvres.

**MELLIFÈRES**, *s. m. pl.* Nom des insectes qui recueillent la poussière des étamines des fleurs.

**MÉLODIE**, *s. f.* Suite de sons d'où résulte un chant agréable.

**MÉLODIEUSEMENT**, *adv.* Avec mélodie.

**MÉLODIEUX, EUSE**, *adj.* Plein de mélodie.

**MÉLODRAME**, *s. m.* Drame mêlé de chant, de musique, de danse.

**MÉLOMANE**, *s.* 2 *g.* Personne possédée par la mélomanie.

**MÉLOMANIE**, *s. f.* Passion excessive pour la musique.

**MELON**, *s. m.* Plante annuelle dont le fruit, à chair sucrée, présente beaucoup de variétés; — *d'eau* ou *pastèque*, espèce de melon à chair rouge.

**MELONNIÈRE**, *s. f.* Endroit où l'on cultive les melons.

**MÉLOPÉE**, *s. f.* Déclamation notée; règles de la composition du chant.

**MÉLOPLASTE**, *s. m.* Tableau qui sert à enseigner la musique selon une méthode nouvelle.

**MELUN**, chef-lieu du dép. de Seine-et-Marne.

**MEMBRANE**, *s. f.* Partie mince et nerveuse servant d'enveloppe.

**MEMBRANEUX, EUSE**, *adj.* Qui est de la nature de la membrane.

**MEMBRE**, *s. m.* Partie extérieure et mobile du corps, la tête exceptée; *fig.* Partie d'un corps politique, d'une société.

**MEMBRÉ, ÉE**, *adj.* *Bien* —, bien fait.

**MEMBRU, E**, *adj.* Qui a de gros membres.

**MEMBRURE**, *s. f.* Pièce de menuiserie; mesure pour le bois à brûler.

**MÊME**, *adj.* 2 *g.* Qui n'est pas autre; —, *adv.* Aussi, encore; *de* —, *tout de* —, de la même manière; *être à* —, à portée de.

**MÊMEMENT**, *adv.* Même; de même.

**MÉMENTO** (*sans pl.*), *s. m.* Marque destinée à rappeler quelque chose.

**MÉMOIRE**, *s. m.* Écrit fait, soit pour conserver le souvenir de quelque chose, soit pour rendre compte d'une affaire, soit pour donner des instructions; liste d'objets vendus; facture; *au pl.* Relations historiques.

**MÉMOIRE** (*sans pl.*), *s. f.* Faculté de se souvenir; action, effet de cette faculté; réputation de quelqu'un après sa mort; commémoration.

**MÉMORABLE**, *adj.* 2 *g.* Digne d'être gravé dans la mémoire.

**MÉMORIAL**, **E**, *adj.* Qui rappelle le souvenir de; —, *s. m.* Mémoire; placet; registre; journal.

**MENAÇANT**, **E**, *adj.* Qui menace.

**MENACE**, *s. f.* Parole ou Geste dont on se sert pour faire craindre à quelqu'un le mal qu'on lui prépare.

**MENACER** (*part.* é, ée), *v. a.* Faire des menaces; pronostiquer.

**MÉNAGE**, *s. m.* Gouvernement domestique, et tout ce qui concerne la dépense et l'entretien d'une famille; meubles, ustensiles de ménage; économie dans l'administration de son bien.

**MÉNAGEMENT**, *s. m.* Circonspection, égard, réserve.

**MÉNAGER** (*part.* é, ée), *v. a.* User d'économie dans l'administration de son bien, dans sa dépense; user modérément de; conserver avec soin; *se* —, *v. pr.* Avoir soin de soi.

**MÉNAGER**, **ÈRE**, *adj.* et *s.* Économe; qui entend le ménage, l'économie.

**MÉNAGÈRE**, *s. f.* Celle qui a soin du ménage, qui le régit; bonne femme de ménage.

**MÉNAGERIE**, *s. f.* Lieu où l'on nourrit des animaux rares et étrangers; lieu où l'on élève des bestiaux, des volailles.

**MENDE**, chef-lieu du dép. de la Lozère.

**MENDIANT**, **E**, *s.* et *adj.* Celui ou celle qui mendie, qui fait profession de mendier; *quatre mendiants*, fruits secs (raisins, figues, noisettes et amandes).

**MENDICITÉ**, *s. f.* État du mendiant; excès d'indigence qui force à mendier.

**MENDIER** (*part.* é, ée), *v. a.* et *v. n.* Demander l'aumône; solliciter avec une sorte de bassesse.

**MENÉE**, *s. f.* Intrigue secrète et peu honorable pour faire réussir.

**MENEHOULD** (Ste-), chef-lieu d'arr. du dép. de la Marne.

**MENER** (*part.* é, ée), *v. a.* Conduire, guider; voiturer; introduire; conduire par force en quelque endroit; *fig.* Diriger, gouverner; déterminer.

**MÉNESTREL**, *s. m.* Ancien poëte et musicien ambulant.

**MÉNÉTRIER**, *s. m.* Celui qui joue du violon dans les bals.

**MENEUR**, **EUSE**, *s.* Celui ou Celle qui mène; chef de parti, celui qui donne l'impulsion.

**MÉNIPPÉE**, *s. f.* *Satire* —, mêlée de vers et de prose.

**MENOTTE**, *s. f.* Petite main d'enfant.

**MENOTTES**, *s. f. pl.* Liens pour lier les poignets.

**MENSONGE**, *s. m.* Discours contraire à la vérité et tenu avec le dessein de tromper; action de mentir; erreur, illusion.

**MENSONGER**, **ÈRE**, *adj.* Faux, trompeur.

**MENSUEL**, **ELLE**, *adj.* Qu'on fait chaque mois.

**MENTAL**, **E**, *adj.* Qui a rapport à l'esprit seul, qui se fait en esprit seulement; *restriction* —, tacite, qu'on fait au dedans de soi-même.

**MENTALEMENT**, *adv.* Par la pensée.

**MENTERIE**, *s. f.* Mensonge léger.

**MENTEUR**, **EUSE**, *s.* Celui ou Celle qui ment, qui a l'habitude de mentir.

**MENTHE**, *s. f.* Plante aromatique.

**MENTION**, *s. f.* Commémoration; mémoire de.

**MENTIONNER** (*part.* é, ée), *v. a.* Faire mention de.

**MENTIR**, *v. n.* Dire un mensonge;

avancer comme vrai ce qu'on sait être faux.

**MENTON**, *s. m.* Partie du visage au-dessous de la bouche; dessous de la lèvre inférieure du cheval, du bouc, de la chèvre.

**MENTONNIÈRE**, *s. f.* Bande qui couvre le bas d'un masque.

**MENTOR**, *s. m.* Guide, conseil, gouverneur.

**MENU**, *s. m.* Détail d'un repas.

**MENU, E**, *adj.* Délié, peu gros; *menue monnaie*, monnaie de billon; *fig.* Qui est de peu de conséquence; *menu*, *adv.* En petits morceaux.

**MENUAILLE**, *s. f.* Quantité de petites choses de rebut; fretin.

**MENUET**, *s. m.* Danse grave; air de cette danse.

**MENUISER** (*part.* é, ée), *v. a.* et *v. n.* Travailler en menuiserie.

**MENUISERIE**, *s. f.* Art et ouvrage du menuisier.

**MENUISIER**, *s. m.* Artisan qui travaille en bois pour l'intérieur des maisons.

**MÉPHITIQUE**, *adj.* 2 *g.* Qui a une qualité malfaisante et souvent meurtrière.

**MÉPHITISME**, *s. m.* Exhalaison pernicieuse.

se **MÉPRENDRE** (se conjugue sur *Prendre*), *v. pr.* Prendre une chose pour une autre; se tromper.

**MÉPRIS**, *s. m.* Sentiment par lequel on juge une personne, une chose indigne d'estime, d'égard, d'attention; dédain.

**MÉPRISABLE**, *adj.* 2 *g.* Digne de mépris.

**MÉPRISANT, E**, *adj.* Qui marque du mépris.

**MÉPRISE**, *s. f.* Erreur, inadvertance; faute de celui qui se méprend.

**MÉPRISER** (*part.* é, ée), *v. a.* Avoir du mépris; n'attacher aucun prix à une chose; ne pas craindre.

**MER**, *s. f.* Amas des eaux salées qui environnent la terre; certaine étendue d'eau salée; abîme; *c'est la mer à boire*, c'est une chose d'une exécution difficile.

**MERCANTILE**, *adj.* 2 *g.* Qui concerne le commerce (se prend en mauvaise part).

**MERCENAIRE**, *adj.* 2 *g.* Intéressé, facile à corrompre; *travail —*, qui se fait pour de l'argent; —, *s.* Celui qui travaille pour de l'argent; au *pl.* Soldats étrangers qui servent pour de l'argent.

**MERCENAIREMENT**, *adv.* D'une manière mercenaire.

**MERCERIE**, *s. f.* Marchandise, commerce du mercier.

**MERCI**, *s. m.* Remerciement; —, *adv.* Je vous rends grâce; *Dieu —*, grâce à Dieu.

**MERCI**, *s. f.* Miséricorde; *crier —*, demander grâce; *à la — de*, *loc. prép.* A la discrétion de.

**MERCIER, IÈRE**, *s.* Marchand de petites étoffes, de fil, de soie, et autres menues marchandises.

**MERCREDI**, *s. m.* Quatrième jour de la semaine.

**MERCURE**, *s. m.* Substance métallique blanche et fluide, vif-argent; le messager des dieux, selon la Fable; planète la plus proche du soleil.

**MERCURIALE**, *s. f.* Réprimande; plante médicinale; prix des grains au marché.

**MERCURIEL, ELLE**, *adj.* Qui contient du mercure.

**MÈRE**, *s. f.* Femme qui a mis un enfant au monde; femelle qui a des petits; *fig.* Cause principale; *adj.* Principal, plus fort, plus important.

**MÉRELLE**. Voy. *Marelle*.

**MÉRIDIEN**, *s. m.* Grand cercle de la sphère qui passe par les pôles.

**MÉRIDIENNE**, *adj.* et *s. f.* Ligne dans le plan du méridien; sommeil après dîner.

**MÉRIDIONAL, E**, *adj.* Qui est du midi.

**MERINGUE**, *s. f.* Pâtisserie légère garnie de crème.

**MÉRINOS**, *s. m.* Mouton d'Espagne ou de race espagnole; étoffe faite avec la laine de ce mouton.

**MERISE**, *s. f.* Fruit du merisier.

**MERISIER**, *s. m.* Cerisier sauvage.

**MÉRITANT, E**, *adj.* Qui a beaucoup de mérite.

**MÉRITE**, *s. m.* Ce qui rend digne d'estime.

**MÉRITER** (*part.* é, ée), *v. a.* Être digne, se rendre digne de; encourir; — *confirmation*, avoir besoin d'être confirmé; —, *v. n.* Se mettre dans le cas de; *bien mériter de*, avoir rendu de grands services à.

**MÉRITOIRE**, *adj.* 2 *g.* Digne de récompense.

**MÉRITOIREMENT**, *adv.* D'une manière méritoire.

**MERLAN**, *s. m.* Poisson de mer.

**MERLE**, *s. m.* Genre d'oiseaux chanteurs dont une espèce très-commune est noire et à bec jaune.

**MERLIN**, *s. m.* Grosse massue de boucher; instrument pour fendre du bois.

**MERLUCHE**, *s. f.* Morue sèche.

**MÉROVINGIEN**, **ENNE**, *adj.* Qui est de la race de Mérovée.

**MERRAIN**, *s. m.* Bois de chêne fendu en planches.

**MERVEILLE**, *s. f.* Chose rare, extraordinaire, prodige; *à* —, *loc. adv.* Parfaitement bien.

**MERVEILLEUSEMENT**, *adv.* A merveille; d'une façon merveilleuse.

**MERVEILLEUX**, *s. m.* Ce qu'il y a d'étonnant, ce qui tient du prodige; intervention supposée des dieux, des génies; petit-maître.

**MERVEILLEUX**, **EUSE**, *adj.* Admirable, étonnant, excellent.

**MES**, *pron. poss. pl.* 2 *g.* Les miens, les miennes.

**MÉSAISE**, *s. m.* Malaise.

**MÉSALLIANCE**, *s. f.* Alliance, mariage avec une personne d'une condition inférieure.

**MÉSALLIER** (*part.* é, ée), *v. a.* Marier à une personne d'un rang inférieur; *se* —, *v. pr.* Épouser une personne qui est au-dessous de soi; fréquenter des inférieurs.

**MÉSANGE**, *s. f.* Petit oiseau de l'ordre des passereaux.

**MÉSARRIVER**, *v. imp.* Avoir une issue fâcheuse.

**MÉSAVENTURE**, *s. f.* Accident fâcheux.

**MÉSENTÈRE**, *s. m.* Membrane qui longe les intestins.

**MÉSESTIMER** (*part.* é, ée), *v. a.* N'avoir pas ou N'avoir plus d'estime; avoir mauvaise opinion de; estimer (une chose) au-dessous de sa juste valeur.

**MÉSINTELLIGENCE**, *s. f.* Défaut d'union entre personnes qui devraient être en bonne intelligence.

**MESMÉRISME**, *s. m.* Doctrine de Mesmer sur le magnétisme animal.

**MÉSOFFRIR**, *v. n.* Offrir au-dessous de la valeur.

**MESQUIN**, **E**, *adj.* Chiche, qui dépense moins qu'il ne devrait (en parlant des personnes); maigre, pauvre, de mauvais goût (en parlant des choses).

**MESQUINEMENT**, *adv.* D'une façon mesquine, sordide.

**MESQUINERIE**, *s. f.* Épargne sordide.

**MESSAGE**, *s. m.* Commission de dire ou de porter quelque chose; ce qu'on porte; communication officielle.

**MESSAGER**, **ÈRE**, *s.* Celui ou Celle qui fait un message; celui dont l'emploi est de porter les messages d'une ville à une autre.

**MESSAGERIE**, *s. f.* Office de messager public; entreprise de voitures publiques; lieu où elle est établie.

**MESSE**, *s. f.* Sacrifice du corps et du sang de J. C.; prières, cérémonies qui l'accompagnent.

**MESSÉANCE**, *s. f.* Défaut de bienséance.

**MESSÉANT**, **E**, *adj.* Contraire à la bienséance.

**MESSEOIR**, *v. n.* N'être pas convenable. (Il s'emploie dans les mêmes temps que le v. *Seoir.*)

**MESSER**, *s. m.* Messire.

**MESSIDOR**, *s. m.* Dixième mois de l'an républicain.

**MESSIE**, *s. m.* Le Christ promis dans l'Ancien Testament.

**MESSIER**, *s. m.* Gardien des fruits de la terre quand ils commencent à mûrir.

**MESSIEURS.** Voy. *Monsieur.*

**MESSIN (LE)**, ancienne province répartie entre les dép. de la Moselle, de la Meuse et des Ardennes; —, **E**, *adj.* Qui est de Metz.

**MESSIRE**, *s. m.* Ancien titre d'honneur qui était donné dans les actes publics aux personnes de distinction ; *poire de messire Jean*, sorte de poire cassante.

**MESTRE DE CAMP** (*au pl. mestres de camp*), *s. m.* Ancien nom du colonel d'un régiment de cavalerie.

**MESURABLE**, *adj.* 2 *g.* Qui peut se mesurer.

**MESURAGE**, *s. m.* Action de mesurer ; salaire, droit de celui qui mesure.

**MESURE**, *s. f.* Règle pour déterminer une quantité, une dimension ; ce que contient un vaisseau qui sert de mesure ; *fig.* Modération, retenue ; sentiment des convenances ; *outre mesure*, *sans* —, *loc. adv.* Avec excès.

**MESURÉ, ÉE**, *adj.* Modéré ; circonspect.

**MESURER** (*part.* é, ée), *v. a.* Déterminer une quantité, une dimension au moyen d'une mesure ; emplir une mesure, jauger, peser, toiser, arpenter ; *fig.* Examiner, comparer ; dire ou faire avec circonspection ; *se* —, *v. pr.* Essayer ses forces avec quelqu'un.

**MESUREUR**, *s. m.* Celui qui mesure.

**MÉSUSER**, *v. n.* Abuser, user mal.

**MÉTACARPE**, *s. m.* Deuxième partie de la main, entre les doigts et le poignet.

**MÉTACHRONISME**, *s. m.* Anachronisme par anticipation de date.

**MÉTAIRIE**, *s. f.* Bien de campagne confié à un métayer ; bâtiment pour son exploitation.

**MÉTAL**, *s. m.* Corps minéral, tantôt ductile, et tantôt malléable, fusible.

**MÉTALLIQUE**, *adj.* 2 *g.* Qui est de la nature du métal.

**MÉTALLISER** (*part.* é, ée), *v. a.* Faire prendre la forme métallique à un oxyde.

**MÉTALLURGIE**, *s. f.* Art de tirer les métaux des mines et de les travailler.

**MÉTALLURGIQUE**, *adj.* 2 *g.* Qui concerne la métallurgie.

**MÉTALLURGISTE**, *s. m.* Celui qui s'occupe de métallurgie.

**MÉTAMORPHOSE**, *s. f.* Changement d'une forme en une autre ; *fig.* Changement extraordinaire dans la fortune, les mœurs, etc.

**MÉTAMORPHOSER** (*part.* é, ée), *v. a.* Changer d'une forme en une autre ; *se* —, *v. pr.* Faire toutes sortes de personnages.

**MÉTAPHORE**, *s. f.* Figure de rhétorique.

**MÉTAPHORIQUE**, *adj.* 2 *g.* Qui tient de la métaphore.

**MÉTAPHORIQUEMENT**, *adv.* Par métaphore.

**MÉTAPHYSICIEN**, *s. m.* Celui qui étudie la métaphysique, qui en applique les principes.

**MÉTAPHYSIQUE**, *s. f.* Science des idées universelles ; art d'abstraire les idées ; application du raisonnement aux faits ; —, *adj.* 2 *g.* Qui appartient à la métaphysique.

**MÉTAPHYSIQUEMENT**, *adv.* D'une manière métaphysique.

**MÉTAPLASME**, *s. m.* Altération, changement dans un mot, autorisé par l'usage.

**MÉTATARSE**, *s. m.* Partie du pied entre le cou-de-pied et les orteils.

**MÉTAYER, ÈRE**, *s.* Celui ou Celle qui cultive une métairie en partageant les produits avec le propriétaire du fonds.

**MÉTEIL**, *s. m.* Froment et seigle mêlés.

**MÉTEMPSYCOSE**, *s. f.* Passage présumé de l'âme dans un autre corps après la mort.

**MÉTÉORE**, *s. m.* Phénomène qui se forme et apparaît dans l'air.

**MÉTÉORIQUE**, *adj.* 2 *g.* Qui a rapport au météore.

**MÉTÉOROLOGIE**, *s. f.* Science des météores.

**MÉTÉOROLOGIQUE**, *adj.* 2 *g.* Qui concerne les météores.

**MÉTHODE**, *s. f.* Ordre suivi pour dire, faire ou enseigner une chose ; usage, coutume, habitude ; livre élémentaire.

**MÉTHODIQUE**, *adj.* 2 *g.* Qui a de la méthode ; fait avec méthode.

**MÉTHODIQUEMENT**, *adv.* Avec méthode.

**MÉTHODISME**, *s. m.* Nom d'une secte religieuse qui affecte des principes très-austères; principes de cette secte.

**MÉTHODISTE**, *s. m.* Celui qui professe le méthodisme.

**MÉTICULEUX, EUSE**, *adj.* Scrupuleux jusque dans des minuties; pusillanime.

**MÉTIER**, *s. m.* Profession d'un art mécanique; tout travail habituel de la main dont on tire un salaire; machine pour manufacturer.

**MÉTIS, ISSE**, *adj.* et *s.* Né d'un Européen et d'une Indienne, et réciproquement; engendré de deux espèces différentes.

**MÉTONYMIE**, *s. f.* Nom d'une figure de rhétorique qui consiste à exprimer la cause pour l'effet, le sujet pour l'attribut, etc.

**MÈTRE**, *s. m.* Mesure de longueur égale à la dix-millionième partie de l'arc du méridien terrestre; mesure d'un vers.

**MÉTRIQUE**, *adj.* 2 *g.* Qui a rapport au mètre.

**MÉTROLOGIE**, *s. f.* Traité des mesures.

**MÉTROMANE**, *s. m.* Celui qui a la manie de faire des vers.

**MÉTROMANIE**, *s. f.* Fureur de faire des vers.

**MÉTROPOLE**, *s. f.* Ville mère, État par rapport à ses colonies; ville principale, ville archiépiscopale.

**MÉTROPOLITAIN, E**, *adj.* Épiscopal, archiépiscopal; —, *s. m.* Archevêque.

**METS**, *s. m.* Tout ce qu'on sert sur table pour manger.

**METTABLE**, *adj.* 2 *g.* Qu'on peut mettre.

**METTEUR**, *s. m.* *Metteur en œuvre*, Celui qui met en œuvre l'ouvrage d'autrui; *metteur en page*, l'ouvrier chargé de rassembler en pages et en feuilles la composition typographique.

**METTRE** (*Ind. pr.* je mets, tu mets, il met; nous mettons, vous mettez, ils mettent; *imp.* je mettais, etc., n. mettions, etc.; *p. déf.* je mis, etc., n. mîmes, v. mîtes, ils mirent; *fut.* je mettrai, etc.; n. mettrons, etc.; *cond.* je mettrais, etc.; nous mettrions, etc.; *impér.* mets, etc.; *subj. pr.* que je mette, etc.; que nous mettions, etc.; *imp. subj.* que je misse, que tu misses, qu'il mît, que nous missions, etc.; *p. pr.* mettant; *p. p.* mis, e), *v. a.* Placer dans un lieu; dans une certaine position; poser; revêtir, mettre sur soi; accommoder, apprêter; montrer, manifester; *se* —, *v. pr.* S'habiller; *se* — *à*, commencer à.

**METZ**, chef-lieu du dép. de la Moselle.

**MEUBLANT, E**, *adj.* Qui est destiné à meubler.

**MEUBLE**, *s. m.* Tout ce qui sert à meubler, à orner une maison, sans en faire partie.

**MEUBLE**, *adj.* 2 *g.* Qui se transporte aisément; *terre* —, aisée à remuer, à labourer.

**MEUBLER** (*part.* é, ée), *v. a.* Garnir une maison de meubles.

**MEUGLEMENT**, *s. m.* Beuglement.

**MEULE**, *s. f.* Corps solide, rond et plat, qui sert à broyer; roue de grès pour aiguiser; tas de blé, de fourrage en cône.

**MEULIÈRE**, *s. f.* Moellon de roche plein de trous et fort dur; carrière d'où on le tire; *pierre* —, dont on fait les roues des moulins.

**MEUNIER, IÈRE**. *s.* Celui ou Celle qui gouverne un moulin à blé; espèce de poisson.

**MEURTHE**, rivière qui a sa source dans les Vosges et se réunit à la Moselle dans le dép. de la Meurthe.

**MEURTRE**, *s. m.* Homicide commis avec violence.

**MEURTRIER, IÈRE**, *adj.* Qui cause la mort de beaucoup de monde; *meurtrier*, *s. m.* Celui qui est coupable de meurtre; *meurtrière*, *s. f.* Ouverture dans un mur pour tirer à couvert.

**MEURTRIR** (*part.* i, ie), *v. a.* Faire une meurtrissure, une contusion; froisser.

**MEURTRISSURE**, *s. f.* Contusion livide.

**MEUSE**, rivière qui prend sa source dans le dép. de la Haute-Marne et donne son nom à un dép. formé de l'ancien duché de Bar et de l'ancien évêché de Verdun; Bar-le-Duc, chef-lieu.

**MEUTE**, *s. f.* Troupe de chiens dressés pour la chasse.

**MEXICAIN, E**, *adj.* et *s.* Qui est du Mexique.

**MÉZIÈRES**, chef-lieu du dép. des Ardennes.

**MEZZO-TERMINE** (*mot italien*), *s. m.* Terme moyen, juste milieu. (Il est invariable au pluriel.)

**MI**, *mot inv.* Demi; la moitié, le milieu.

**MI**, *s. m.* Troisième note de musique.

**MIASME**, *s. m.* Exhalaison morbifique et contagieuse. (Il ne s'emploie qu'au pluriel.)

**MIAULEMENT**, *s. m.* Cri du chat.

**MIAULER**, *v. n.* Crier (en parlant du chat).

**MICHE**, *s. f.* Gros pain de douze livres; ancien pain d'une livre; gros morceau de mie.

**MICMAC**, *s. m.* Intrigue secrète à mauvaise intention.

**MICROGRAPHIE**, *s. f.* Description des objets vus au microscope.

**MICROSCOPE**, *s. m.* Instrument d'optique qui grossit les objets.

**MICROSCOPIQUE**, *adj.* 2 *g.* Qui a rapport au microscope; qu'on ne peut voir qu'à l'aide du microscope.

**MIDI** (*sans pl.*), *s. m.* Le milieu du jour; le moment où le soleil est au méridien; un des quatre points cardinaux; sud; *en plein* —, en plein jour.

**MIE**, *s. f.* Partie molle du pain; diminutif d'*amie*.

**MIEL**, *s. m.* Suc doux que l'abeille compose du suc des fleurs.

**MIELLEUX, EUSE**, *adj.* Qui tient du miel; *fig.* Fade, doucereux.

**MIEN, ENNE**, *pron. poss.* et *rel.* Qui est à moi.

**MIEN**, *s. m.* Ce qui est à moi; mon bien; *les miens*, tous les membres de ma famille.

**MIETTE**, *s. f.* Parcelle qui tombe du pain quand on le coupe; très-petit morceau d'une chose à manger.

**MIEUX** (comparatif de *bien*), *adv.* En meilleur état; préférablement; —, *s. m.* État meilleur; —, *adj.* Meilleur.

**MIGNARD, E**, *adj.* Mignon, délicat; mêlé de gentillesse et d'afféterie.

**MIGNARDEMENT**, *adv.* D'une manière mignarde; délicatement.

**MIGNARDER** (*part.* é, ée), *v. a.* Gâter (un enfant); affecter de la grâce.

**MIGNARDISE**, *s. f.* Délicatesse des traits; affectation de gentillesse; petits œillets frangés.

**MIGNON, ONNE**, *adj.* Délicat; préféré; chéri; gentil.

**MIGNONNEMENT**, *adv.* Avec délicatesse.

**MIGNONNETTE**, *s. f.* Dentelle légère; poivre concassé; espèce de petits œillets.

**MIGNOTER** (*part.* é, ée), *v. a.* Traiter délicatement; *se* —, *v. pr.* Avoir trop soin de soi.

**MIGRAINE**, *s. f.* Douleur violente qui affecte la tête.

**MIGRATION**, *s. f.* Action d'émigrer en grand nombre, de passer volontairement dans un autre pays pour s'y établir; voyages annuels ou irréguliers des animaux.

**MIJAURÉE**, *s. f.* Femme, fille à manières affectées et ridicules.

**MIJOTER** (*part.* é, ée), *v. a.* Faire cuire à petit feu.

**MIL** ou **MILLET** (ll m.), *s. m.* Plante graminée.

**MIL**. Voy. *Mille*. (On n'écrit *mil* que dans les dates où ce nombre est suivi d'autres nombres).

**MILAN**, *s. m.* Oiseau de proie.

**MILANAIS, AISE**, *adj.* et *s.* Qui est de la ville de Milan.

**MILHAU**, chef-lieu d'arr. du dép. de l'Aveyron.

**MILIAIRE**, *adj.* 2 *g.* Qui ressemble à des grains de mil.

**MILICE**, *s. f.* Troupe de gens de guerre; nouvelles recrues.

**MILICIEN**, *s. m.* Soldat de milice.

**MILIEU**, *s. m.* Point central, également éloigné des extrémités; moyen terme; (*t. de physique*), fluide environnant; *au* —, *loc. adv.* Au centre; *au — de*, *loc. prép.* Parmi.

**MILITAIRE**, *s. m.* Soldat, homme de guerre; —, *adj.* 2 *g.* Qui appartient à la guerre, aux gens de guerre; *heure* —, précise.

**MILITAIREMENT**, *adv.* D'une manière militaire.

**MILITANTE**, *adj. f. Église —*, assemblée des fidèles sur la terre.

**MILITER**, *v. n.* Combattre pour.

**MILLE**, *adj. numéral.* Dix fois cent; nombre indéterminé, mais considérable.

**MILLE**, *s. m.* Mesure itinéraire d'Angleterre, d'Allemagne et d'Italie, qui varie en étendue selon les pays; en France elle était de mille pas géométriques.

**MILLE-FEUILLE** (*au pl. mille-feuilles*), *s. f.* Plante vivace à petites feuilles découpées.

**MILLE-PERTUIS**, *s. m.* (inv.). Plante médicinale.

**MILLE-PIEDS**, *s. m.* (inv.). Insecte de la famille des cloportes.

**MILLÉSIME** (on fait sentir les ll), *s. m.* Date marquée sur une médaille, une pièce de monnaie, un livre, etc.

**MILLET** (ll m.), *s. m.* Mil.

**MILLIAIRE** (prononcez ce mot et les suivants comme s'il n'y avait qu'une l), *adj.* 2 *g.* et *s. m.* (Borne) qui marque les distances calculées par milles.

**MILLIARD**, *s. m.* Mille millions.

**MILLIASSE**, *s. f.* Un fort grand nombre, *fam.*

**MILLIÈME**, *adj.* 2 *g.* (Qui complète le nombre de mille); —, *s. m.* La millième partie.

**MILLIER**, *s. m.* Nombre de mille; mille livres pesant; *à milliers*, *loc. adv.* En grande quantité.

**MILLIMÈTRE**, *s. m.* Millième partie du mètre.

**MILLION**, *s. m.* Mille fois mille.

**MILLIONIÈME**, *adj. numéral*, 2 *g.* (Nombre) qui complète un million; —, *s. m.* La millionième partie.

**MILLIONNAIRE**, *adj.* et *s.* 2 *g.* Qui possède un million.

**MILORD**, *s. m.* Titre, dignité en Angleterre; homme riche.

**MIME**, *s. m.* Sorte de comédie; imitation comique; acteur qui jouait dans les mimes.

**MIMIQUE**, *adj.* 2 *g.* Qui a rapport au mime.

**MINAGE**, *s. m.* Droit exigé autrefois, sur les grains vendus au marché.

**MINARET**, *s. m.* Tour en forme de clocher sur les mosquées.

**MINAUDER**, *v. n.* Faire des minauderies.

**MINAUDERIE**, *s. f.* Manières affectées.

**MINAUDIER, IÈRE**, *s.* et *adj.* Celui ou Celle qui a l'habitude de minauder.

**MINCE**, *adj.* 2 *g.* Qui a peu d'épaisseur; modique; médiocre.

**MINE**, *s. f.* Air du visage; contenance; apparence; geste; grimace; lieu où se forment les minéraux, les métaux, et d'où on les extrait; terre métallique; cavité souterraine chargée de poudre pour faire sauter un rempart, etc.; moitié de setier; contenu de cette mesure.

**MINER** (*part.* é, ée), *v. a.* Creuser une mine sous; *fig.* Détruire peu à peu.

**MINERAI**, *s. m.* Métal mêlé avec la terre de la mine.

**MINÉRAL** (*au pl.* —*aux*), *s. m.* Corps solide que l'on tire des mines.

**MINÉRAL, E**, *adj.* Qui tient des minéraux.

**MINÉRALOGIE**, *s. f.* Connaissance des minéraux.

**MINÉRALOGIQUE**, *adj.* 2 *g.* Qui concerne la minéralogie.

**MINÉRALOGISTE**, *s. m.* Celui qui est versé dans la minéralogie.

**MINET, ETTE**, *s.* Petit chat; *fam.*

**MINEUR**, *s. m.* Ouvrier d'une mine.

**MINEUR, E**, *adj.* et *s.* Qui n'a pas atteint sa majorité; plus petit; *mineure*, *s. f.* Deuxième proposition d'un syllogisme.

**MINIATURE**, *s. f.* Sorte de peinture avec des couleurs très-fines délayées à la gomme.

**MINIÈRE**, *s. f.* Mine, exploitation de minerai; tourbière.

**MINIME**, *adj.* 2 *g.* Très-petit; le plus petit.

**MINIME**, *s. m.* Religieux de l'ordre de saint François de Paule.

**MINIMUM**, *s. m.* Le plus petit degré de réduction.

**MINISTÈRE**, *s. m.* Emploi, charge

de ministre; hôtel du ministre; le corps des ministres; entremise; — *public*, les procureurs impériaux, les avocats généraux.

**MINISTÉRIEL, ELLE**, *adj.* Relatif au ministère ou au ministre.

**MINISTÉRIELLEMENT**, *adv.* Dans la forme ministérielle.

**MINISTRE**, *s. m.* Celui qui est chargé de l'administration des affaires de l'État ou d'une mission politique; agent; prêtre; celui qui fait le prêche.

**MINIUM**, *s. m.* Matière rouge employée en peinture.

**MINOIS**, *s. m.* Visage; mine; physionomie.

**MINON**, *s. m.* Chat; *fam.*

**MINORITÉ**, *s. f.* État d'une personne mineure; durée de cet état; la partie la moins nombreuse (d'une réunion délibérante).

**MINOT**, *s. m.* Mesure, moitié de la mine; son contenu.

**MINOTAURE**, *s. m.* Monstre fabuleux, moitié homme, moitié taureau; constellation.

**MINUIT** (inv.), *s. m.* Milieu de la nuit.

**MINUSCULE**, *s. f.* et *adj.* 2 *g.* *Lettre* —, petite lettre.

**MINUTE**, *s. f.* La soixantième partie de l'heure; petite portion de temps; brouillon, original d'une lettre, d'un acte.

**MINUTER** (*part.* é, ée), *v. a.* Faire la minute, le brouillon d'un écrit.

**MINUTIE**, *s. f.* Bagatelle, frivolité.

**MINUTIEUSEMENT**, *adv.* Avec minutie.

**MINUTIEUX, EUSE**, *adj.* Qui donne trop d'attention aux minuties.

**MI-PARTI, E**, *adj.* Composé de deux parties égales.

**MIRABELLE**, *s. f.* Petite prune jaune.

**MIRACLE**, *s. m.* Acte de la puissance divine en dehors des lois connues de la nature; prodige; chose extraordinaire.

**MIRACULEUSEMENT**, *adv.* Par miracle.

**MIRACULEUX, EUSE**, *adj.* Qui tient du miracle; merveilleux.

**MIRAGE**, *s. m.* Phénomène d'optique qui se produit sur mer et dans les déserts sablonneux.

**MIRANDE**, chef-lieu d'arr. du dép. du Gers.

**MIRE**, *s. f.* Espèce de petit bouton sur le canon d'un fusil pour mirer; point de mire; visée.

**MIRECOURT**, chef-lieu d'arr. du dép. des Vosges.

**MIRER** (*part.* é, ée), *v. a.* Viser; regarder avec attention; *se* —, *v. pr.* Se regarder avec complaisance.

**MIRLIFLORE**, *s. m.* Jeune fat.

**MIRLITON**, *s. m.* Roseau garni de pelure d'oignon (jouet d'enfant).

**MIRMIDON**, *s. m.* Homme de très-petite taille; *fig.* Homme sans moyens.

**MIROIR**, *s. m.* Glace de verre étamé; métal poli qui rend l'image des objets qu'on lui présente; *fig.* Ce qui représente.

**MIROITERIE**, *s. f.* Commerce de miroirs.

**MIROITIER**, *s. m.* Celui qui fait et vend des miroirs.

**MIROTON**, *s. m.* Mets composé de viandes réchauffées avec un certain assaisonnement.

**MISAINE**, *s. f.* Mât entre le beaupré et le grand mât d'un vaisseau.

**MISANTHROPE**, *s. m.* Celui qui hait les hommes; —, *s.* et *adj.* Bourru, personne insociable.

**MISANTHROPIE**, *s. f.* Caractère du misanthrope.

**MISANTHROPIQUE**, *adj.* 2 *g.* Qui tient de la misanthropie.

**MISE**, *s. f.* Somme exposée au jeu, dans une entreprise, etc.; offre, enchère; manière de s'habiller; *être de* —, être valable ou être de mode.

**MISÉRABLE**, *adj.* et *s.* 2 *g.* Malheureux; qui est dans la misère; méchant; mauvais; déshonoré.

**MISÉRABLEMENT**, *adv.* D'une manière misérable.

**MISÈRE**, *s. f.* Pauvreté; indigence; calamité; incommodité; bagatelle.

**MISÉRÉRÉ**, *s. m.* Colique violente; psaume qui commence par le mot *Miserere.*

**MISÉRICORDE**, *s. f.* Vertu qui porte à pardonner; pardon.

**MISÉRICORDIEUSEMENT**, *adv.* Avec miséricorde.

**MISÉRICORDIEUX, EUSE**, *adj.* Qui a de la miséricorde.

**MISSEL**, *s. m.* Livre contenant les prières de la messe.

**MISSION**, *s. f.* Envoi de quelqu'un avec pouvoir de faire une chose; prédication de l'Évangile.

**MISSIONNAIRE**, *s. m.* Prêtre envoyé en mission.

**MISSIVE**, *adj.* et *s. f.* (lettre) à envoyer ou envoyée.

**MISTRAL**, *s. m.* Vent du nord-ouest sur la Méditerranée.

**MITAINE**, *s. f.* Gant sans doigtiers.

**MITE**, *s. f.* Insecte très-petit.

**MITIGATION**, *s. f.* Adoucissement.

**MITIGER** (*part.* é, ée), *v. a.* Adoucir.

**MITON**, *s. m.* Gant pour couvrir l'avant-bras.

**MITONNER** (*part.* é, ée), *v. n.* Faire tremper longtemps sur le feu en bouillonnant; *fig.* et *fam.* Prendre grand soin de; préparer adroitement.

**MITOYEN, ENNE**, *adj.* Qui sépare, qui est entre deux.

**MITOYENNETÉ**, *s. f.* État de ce qui est mitoyen.

**MITRAILLADE** (ll m.), *s. f.* Décharge de mitraille.

**MITRAILLE** (ll m.), *s. f.* Vieille ferraille; morceaux de fer pour charger les canons.

**MITRAILLER** (ll m.; *part.* é, ée), *v. a.* et *v. n.* Tirer le canon chargé à mitraille.

**MITRE**, *s. f.* Coiffure d'évêque; tuiles disposées en forme de mitre au-dessus des cheminées.

**MITRÉ, ÉE**, *adj.* Qui a droit de porter la mitre.

**MITRON**, *s. m.* Garçon boulanger.

**MIXTE**, *adj.* 2 *g.* Mélangé; —, *s. m.* Corps composé.

**MIXTION**, *s. f.* Mélange.

**MIXTIONNER** (*part.* é, ée), *v. a.* Faire une mixtion.

**MIXTURE**, *s. f.* Médicament composé.

**MNÉMONIQUE**, *s. f.* Art d'aider la mémoire; —, *adj.* 2 *g.* Qui a rapport à cet art.

**MNÉMOTECHNIE**, *s. f.* Art de fortifier la mémoire.

**MOBILE**, *adj.* 2 *g.* Qui se meut; qui peut être mû; qui fait mouvoir; changeant; —, *s. m.* Force motrice; *fig.* Motif, cause, principe.

**MOBILIAIRE**. Voy. *Mobilier*.

**MOBILIER, IÈRE**, *adj.* Qui concerne les meubles; —, *s. m.* Les meubles.

**MOBILISATION**, *s. f.* Action de mobiliser.

**MOBILISER** (*part.* é, ée), *v. a.* Rendre meuble; mettre en campagne (un corps armé sédentaire).

**MOBILITÉ**, *s. f.* Facilité à être mû; caractère changeant.

**MODALITÉ**, *s. f.* Manière d'être.

**MODE**, *s. m.* Manière d'être; manière de conjuguer les verbes; ton dans lequel un morceau de musique est écrit.

**MODE**, *s. f.* Usage; coutume; *au pl.* Parures.

**MODELAGE**, *s. m.* Œuvre du sculpteur qui modèle avec de la terre détrempée ou de la cire molle.

**MODÈLE**, *s. m.* Exemple, patron; objet d'imitation; essai en petit.

**MODELER** (*part.* é, ée), *v. a.* Donner la forme extérieure; *se* —, *v. pr.* Prendre pour modèle.

**MODÉRATEUR, TRICE**, *s.* Celui ou Celle qui règle, dirige, modère.

**MODÉRATION**, *s. f.* Sage retenue; diminution de prix.

**MODÉRÉ, ÉE**, *adj.* Qui n'est pas excessif; sage; retenu.

**MODÉRÉMENT**, *adv.* Avec modération.

**MODÉRER** (*part.* é, ée), *v. a.* Adoucir; tempérer; diminuer; *se* —, *v. pr.* Se contenir.

**MODERNE**, *adj.* 2 *g.* Nouveau; récent; — (opposé à *ancien*), *s. m.* Auteur des derniers siècles, depuis l'époque de la renaissance des lettres, des arts et des sciences en Europe.

**MODESTE**, *adj.* 2 *g.* Qui a de la modestie; qui en annonce.

**MODESTEMENT**, *adv.* Avec modestie.

**MODESTIE**, *s. f.* Sage retenue dans

la conduite, dans les discours; pudeur.

**MODICITÉ**, *s. f.* Petite quantité; exiguité.

**MODIFICATIF**, **IVE**, *adj.* et *s. m.* Qui modifie.

**MODIFICATION**, *s. f.* Restriction; adoucissement; action de modifier.

**MODIFIER** (*part.* é, ée), *v. a.* Modérer, adoucir, restreindre; *se* —, *v. pr.* Être ou Pouvoir être modifié.

**MODILLON**, *s. m.* Sorte d'ornement d'architecture.

**MODIQUE**, *adj.* 2 *g.* Médiocre; de peu de valeur.

**MODIQUEMENT**, *adv.* Avec modicité.

**MODISTE**, *s.* 2 *g.* Celui ou Celle qui travaille en modes.

**MODULATION**, *s. f.* Chant varié et noté; transition harmonique.

**MODULE**, *s. m.* Mesure de proportions; diamètre d'une colonne, d'une médaille.

**MODULER** (*part.* é, ée), *v. a.* Former un chant suivant les règles de l'art musical.

**MOELLE**, *s. f.* Substance molle et grasse dans les os, dans l'intérieur du bois.

**MOELLEUSEMENT**, *adv.* D'une manière moelleuse.

**MOELLEUX**, **EUSE**, *adj.* Rempli de moelle; *fig.* Souple; doux; agréable.

**MOELLON**, *s. m.* Pierre à bâtir.

**MOEURS**, *s. f. pl.* Habitudes; inclinations; naturel; caractère; coutumes.

**MOI**, *pron. pers. sing.* 2 *g. de la première pers.* Je, me; *à moi!* à mon secours!

**MOIGNON**, *s. m.* Reste d'un membre coupé.

**MOINDRE**, *adj. comparatif* 2 *g.* Plus petit; moins considérable; inférieur.

**MOINE**, *s. m.* Religieux séparé du monde; ustensile pour chauffer un lit.

**MOINEAU**, *s. m.* Petit oiseau très-commun, de plumage gris, qui niche dans les trous des murailles.

**MOINS**, *adv.* de comparaison opposé à *plus.* En plus petite quantité; pas autant; *à moins de ou que*, *loc. conj.* Si ce n'est que; *au* —, *du* —, *loc. adv.* Pour le moins, en tout cas, cependant; *en — de*, *loc. adv.* Dans un moindre espace de temps; *n'être rien — que*, être tout le contraire de.

**MOINS**, *s. m.* Moindre étendue, moindre nombre, moindre quantité; la moindre chose; (*en t. d'algèbre*) signe de soustraction.

**MOIRE**, *s. f.* Étoffe de soie ondée et serrée.

**MOIRÉ**, *s. m.* *Moiré métallique*, fer-blanc auquel on a donné une apparence analogue à la moire.

**MOIRER** (*part.* é, ée), *v. a.* Donner l'apparence de la moire.

**MOIS** (inv.), *s. m.* Douzième partie de l'année; espace de trente jours; prix convenu pour un mois.

**MOISI**, *s. m.* Chose moisie; moisissure.

**MOISIR** (*part.* i, ie), *v. a.* Causer la moisissure; —, *v. n.* et *se* —, *v. pr.* Devenir moisi; se chancir.

**MOISISSURE**, *s. f.* Altération d'une chose qui se moisit.

**MOISSAC**, chef-lieu d'arr. du dép. de Tarn-et-Garonne.

**MOISSON**, *s. f.* Récolte des grains; temps ou durée de cette récolte; *fig.* Grand nombre.

**MOISSONNER** (*part.* é, ée), *v. a.* et *v. n.* Faire la moisson; *fig.* Enlever, anéantir.

**MOISSONNEUR**, **EUSE**, *s.* Celui ou Celle qui fait la moisson.

**MOITE**, *adj.* 2 *g.* Un peu humide.

**MOITEUR**, *s. f.* État de ce qui est moite.

**MOITIÉ**, *s. f.* Une des deux parties égales d'un tout; *fig.* Femme (à l'égard du mari); *à* —, *loc. adv.* A demi, en partie.

**MOKA**, *s. m.* Café du territoire de ce nom en Arabie.

**MOL**, **OLLE**. Voy. **Mou**.

**MOLAIRE**, *adj.* et *s. f.*, se dit des grosses dents qui servent à broyer.

**MÔLE**, *s. m.* Jetée à l'entrée d'un port.

**MOLÉCULAIRE**, *adj.* 2 *g.* Qui a rapport aux molécules.

**MOLÉCULE**, *s. f.* Très-petite partie d'un corps.

**MOLESTER** (*part.* é, ée), *v. a.* Tourmenter, inquiéter.

**MOLETTE**, *s. f.* Partie de l'éperon garnie de pointes pour piquer le cheval ; tumeur molle à la jambe des chevaux ; morceau de marbre en cône pour broyer les couleurs.

**MOLLASSE**, *adj.* 2 *g.* Trop mou.

**MOLLEMENT**, *adv.* D'une manière molle ; *fig.* Sans roideur ; nonchalamment ; lâchement.

**MOLLESSE**, *s. f.* État de ce qui est mou ; faiblesse.

**MOLLET**, *s. m.* Le gras de la jambe ; petite frange qu'on met aux lits.

**MOLLET, ETTE**, *adj.* Un peu mou ; *pain mollet*, sorte de pain blanc et léger.

**MOLLETON**, *s. m.* Étoffe de laine douce.

**MOLLIR**, *v. n.* Devenir mou ; *fig.* Fléchir ; céder.

**MOLLUSQUE**, *s. m.* Animal sans articulations ni vertèbres, ayant un cerveau, des nerfs et des vaisseaux.

**MOMENT**, *s. m.* Instant ; court espace de temps ; *à tout —, loc. adv.* Sans cesse ; *dans le —, loc. adv.* Sur-le-champ ; *du — que, loc. conj.* Dès que.

**MOMENTANÉ, ÉE**, *adj.* Qui ne dure qu'un moment.

**MOMENTANÉMENT**, *adv.* Pour un moment.

**MOMERIE**, *s. f.* Affectation ridicule ; plaisanterie ; tromperie.

**MOMIE**, *s. f.* Corps embaumé chez les anciens Égyptiens.

**MON** (au fém. *Ma* ; au pl. 2 g. *Mes*), *adj. possess. m.* Le mien.

**MONACAL, E** (*sans pl. m.*), *adj.* Qui est relatif aux moines.

**MONACALEMENT**, *adv.* D'une manière monacale.

**MONARCHIE**, *s. f.* État régi par un seul chef.

**MONARCHIQUE**, *adj.* 2 *g.* Qui a rapport à la monarchie.

**MONARCHIQUEMENT**, *adv.* D'une manière monarchique.

**MONARQUE**, *s. m.* Celui qui exerce seul l'autorité souveraine.

**MONASTÈRE**, *s. m.* Couvent.

**MONASTIQUE**, *adj.* 2 *g.* Qui concerne les moines.

**MONCEAU**, *s. m.* Tas, amas.

**MONDAIN, E**, *adj.* et *s.* Attaché aux vanités du monde.

**MONDAINEMENT**, *adv.* D'une manière mondaine.

**MONDANITÉ**, *s. f.* Les vanités du monde.

**MONDE**, *s. m.* L'univers ; l'ensemble de tout ce qui existe ; gens, personnes ; la plupart des hommes ; la société.

**MONDER** (*part.* é, ée), *v. a.* Nettoyer.

**MONÉTAIRE**, *adj.* 2 *g.* Qui concerne les monnaies.

**MONITEUR**, *s. m.* Celui qui avertit, qui conseille ; chef de classe dans une école mutuelle ; journal officiel.

**MONITION**, *s. f.* Avertissement.

**MONITOIRE**, *s. m.* et *adj.* 2 *g.* Ordre donné par un juge ecclésiastique.

**MONITORIAL, E**, *adj.* Qui est en forme de monitoire.

**MONNAIE**, *s. f.* Pièce de métal ; lieu où l'on frappe la monnaie.

**MONNAYAGE**, *s. m.* Fabrication de la monnaie.

**MONNAYER** (*part.* é, ée), *v. a.* Faire la monnaie.

**MONNAYEUR**, *s. m.* Ouvrier employé à la fabrication de la monnaie ; *faux —*, celui qui fait de la fausse monnaie.

**MONOGRAMME**, *s. m.* Chiffre formé des lettres d'un nom entrelacées.

**MONOGRAPHIE**, *s. f.* Description d'un seul genre, d'une seule espèce.

**MONOLITHE**, *s. m.* et *adj.* 2 g. (Monument) fait d'une seule pierre.

**MONOLOGUE**, *s. m.* Discours d'un acteur qui se trouve seul en scène.

**MONOMANE**, *adj.* et *s.* 2 *g.* Atteint de monomanie.

**MONOMANIE**, *s. f.* Espèce d'aliénation mentale.

**MONOPOLE**, *s. m.* Privilége exclusif pour la vente de certaines marchandises ; conventions entre marchands pour faire hausser le prix d'une denrée ; impôt onéreux sur des marchandises.

**MONOPOLEUR**, *s. m.* Celui qui fait le monopole.

**MONOSYLLABE**, *s. m.* et *adj.* 2 *g.* Mot d'une syllabe.

**MONOSYLLABIQUE**, *adj.* 2 *g.* Qui est d'une seule syllabe ; composé de mots d'une seule syllabe.

**MONOTONE**, *adj.* 2 *g.* Qui est toujours sur le même ton.

**MONOTONIE**, *s. f.* Uniformité fatigante de ton.

**MONS** (on pron. le *s*), *s. m.* Abréviation du mot monsieur.

**MONSEIGNEUR** (*au pl. messeigneurs, nosseigneurs*), *s. m.* Titre d'honneur.

**MONSEIGNEURISER** (*part.* é, ée), *v. a.* Donner le titre de monseigneur.

**MONSIEUR** (*au pl. messieurs*), *s. m.* Titre donné par civilité à un homme.

**MONSTRE**, *s. m.* Être animé qui a une conformation extraordinaire ; *fig.* Personne dénaturée, cruelle.

**MONSTRUEUSEMENT**, *adv.* Prodigieusement.

**MONSTRUEUX, EUSE**, *adj.* Qui tient du monstre ; prodigieux.

**MONSTRUOSITÉ**, *s. f.* Chose monstrueuse.

**MONT**, *s. m.* Masse de terre élevée.

**MONTAGE**, *s. m.* Action de porter de bas en haut.

**MONTAGNARD, E**, *adj.* et *s.* Habitant des montagnes.

**MONTAGNE**, *s. f.* Masse de terre ou de rochers.

**MONTAGNEUX, EUSE**, *adj.* Où il y a beaucoup de montagnes.

**MONTANT**, *s. m.* Pièce de bois ou de fer posée perpendiculairement ; total d'un compte.

**MONTANT, E**, *adj.* Qui monte.

**MONTARGIS**, chef-lieu d'arr. du dép. du Loiret.

**MONTAUBAN**, chef-lieu du dép. de Tarn-et-Garonne.

**MONTBÉLIARD**, chef-lieu d'arr. du dép. du Doubs.

**MONTBRISON**, chef-lieu d'arr. du dép. de la Loire.

**MONT-DE-MARSAN**, chef-lieu du dép. des Landes.

**MONT-DE-PIÉTÉ** (*au pl. monts-de-piété*), *s. m.* Lieu où l'on prête sur gages.

**MONT-DIDIER**, chef-lieu d'arr. du dép. de la Somme.

**MONTÉE**, *s. f.* Petit escalier ; marche, degré d'un escalier ; action de monter, endroit par où on monte ; chemin montant un peu roide.

**MONTÉLIMART**, chef-lieu d'arr. du dép. de la Drôme.

**MONTER** (*part.* é, ée), *v. n.* Se transporter en un lieu plus haut que celui où l'on est (il prend *avoir* ou *être* suivant qu'il exprime une action ou un état) ; s'élever ; s'accroître ; hausser de prix ; croître ; —, *v. a.* Porter en haut, élever ; gravir ; ajuster (les pièces d'un ouvrage) ; mettre en état de servir ; *monter une horloge, un instrument de musique*, en tendre les ressorts, les cordes ; *se —, v. pr.* Se procurer les choses dont on a besoin ; *se — à*, former un total de ; *se — en*, se pourvoir de.

**MONTEUR**, *s.* Ouvrier qui monte des machines ou des pierreries.

**MONTFORT-SUR-MEU**, chef-lieu d'arr. du dép. d'Ille-et-Vilaine.

**MONTGOLFIÈRE**, *s. f.* Sorte d'aérostat (ainsi nommé du nom de l'inventeur *Montgolfier*).

**MONTICULE**, *s. m.* Petite élévation de terrain.

**MONT-JOIE.** Ancien cri de guerre des Français ; ancien titre du premier roi d'armes de France ; —, *s. f.* Amas de pierres fait soit pour indiquer un chemin, soit en signe de quelque événement.

**MONTLUÇON**, chef-lieu d'arr. du dép. de l'Allier.

**MONTMÉDY**, chef-lieu d'arr. du dép. de la Meuse.

**MONTMORILLON**, chef-lieu d'arr. du dép. de la Vienne.

**MONTOIR**, *s. m.* Pierre ou Billot de bois dont on se sert pour monter à cheval ; *côté du montoir*, côté gauche du cheval.

**MONTPELLIER**, chef-lieu du dép. de l'Hérault.

**MONTRE**, *s. f.* Échantillon ; marchandises exposées à la vue des passants ; boîte vitrée où elles sont renfermées ; *fig.* Apparence ; étalage.

**MONTRE**, *s. f.* Petite horloge portative

**MONTRER** (*part.* é, ée), *v. a.* Faire ou Laisser voir; indiquer; manifester; prouver; enseigner; *se montrer*, *v. pr.* Se faire voir; faire preuve (de telle qualité, tel défaut).

**MONTREUIL**, chef-lieu d'arr. du dép. du Pas-de-Calais.

**MONTUEUX, EUSE**, *adj.* Coupé de montagnes.

**MONTURE**, *s. f.* Bête sur laquelle on monte pour aller d'un lieu à un autre; travail du monteur; matière sur laquelle un objet est monté.

**MONUMENT**, *s. m.* Marque publique pour transmettre à la postérité la mémoire d'une personne illustre, d'un fait glorieux; édifice public; tombeau.

**MONUMENTAL, E**, *adj.* Qui a rapport aux monuments.

se **MOQUER** (*part.* é, ée), *v. pr.* Railler; tourner en ridicule; braver; n'avoir point d'égard à; mépriser.

**MOQUERIE**, *s. f.* Action par laquelle on se moque; impertinence.

**MOQUETTE**, *s. f.* Sorte d'étoffe veloutée.

**MOQUEUR, EUSE**, *adj.* et *s.* Qui a l'habitude de se moquer.

**MORAILLES** (ll m.), *s. f. pl.* Tenailles pour serrer le nez d'un cheval.

**MORAILLON**, *s. m.* Pièce de fer avec un anneau qui entre dans la serrure pour recevoir le pêne.

**MORAL, E** (*au pl. m. moraux*), *adj.* Qui regarde les mœurs; conforme aux bonnes mœurs; *certitude morale*, fondée sur de fortes probabilités.

**MORAL**, *s. m.* Disposition naturelle; faculté intellectuelle.

**MORALE**, *s. f.* Science, doctrine des mœurs; traité de morale; sens moral; remontrance.

**MORALEMENT**, *adv.* Suivant les règles de la morale; avec une certitude morale.

**MORALISER**, *v. n.* Faire des réflexions morales; —(*part.* é, ée), *v. a.* Faire des remontrances.

**MORALISEUR**, *s. m.* Celui qui affecte de moraliser.

**MORALISTE**, *s. m.* Écrivain qui traite de la morale.

**MORALITÉ**, *s. f.* Réflexion morale; sens moral d'une fable; rapport des actions humaines avec les principes de la morale.

**MORBIDE**, *adj.* 2 g. Qui tient à l'état de maladie, qui en est l'effet; *t. de peint.*, *chair*—, vive et délicate.

**MORBIDESSE**, *s. f.* Délicatesse animée des chairs.

**MORBIFIQUE**, *adj.* 2 g. Qui cause la maladie.

**MORBIHAN**, dép. formé de la partie sud de l'ancienne Bretagne.

**MORCEAU**, *s. m.* Partie séparée d'un corps, d'un ouvrage; portion d'une chose bonne à manger; mets.

**MORCELER** (*part.* é, ée), *v. a.* Diviser par morceaux.

**MORCELLEMENT**, *s. m.* Action de morceler; effet de cette action.

**MORDANT, E**, *adj.* Qui mord, qui corrode; *fig.* Piquant, original; —, *s. m.* Substance qui sert à fixer les couleurs.

**MORDICUS**, *adv.* Avec ténacité, avec obstination.

**MORDIENNE**, *s. f.* *A la grosse* —, *loc. adv.* Sans façon, sans finesse.

**MORDILLER** (ll m.; *part.* é, ée), *v. a.* Mordre légèrement et à plusieurs reprises.

**MORDORÉ, ÉE**, *adj.* et *s. m.* Qui est de couleur brune mêlée de rouge.

**MORDRE** (*Ind. pr.* je mords, tu mords, il mord, nous mordons, vous mordez, ils mordent; *imp.* je mordais, etc., nous mordions, etc.; *p. déf.* je mordis, etc., nous mordîmes, vous mordîtes, ils mordirent; *fut.* je mordrai, etc., nous mordrons, etc.; *cond.* je mordrais, etc., nous mordrions, etc.; *impér.* mords, mordons, mordez; *subj. pr.* que je morde, etc., que nous mordions, etc.; *imp. subj.* que je mordisse, etc., que nous mordissions, etc.; *p. pr.* mordant; *p. p.* mordu, e), *v. a.* Serrer avec les dents; —, *v. n.* Médire; critiquer, blâmer.

**MORE**, *s. m.* Africain des États barbaresques.

**MORELLE**, *s. f.* Sorte de plante vénéneuse.

**MORESQUE**, *adj.* Qui a rapport aux coutumes des Mores.

**MORFIL**, *s. m.* Petits filaments d'acier au tranchant d'un instrument qui vient d'être passé sur la meule; dents d'éléphants non travaillées.

**MORFONDRE** (se conj. sur *Fondre*), *v. a.* Causer un froid qui pénètre; *se —, v. pr.* Se refroidir; perdre du temps à attendre.

**MORFONDURE**, *s. f.* Maladie des chevaux saisis de froid après avoir eu chaud.

**MORGUE**, *s. f.* Contenance grave et méprisante; arrogance; lieu où l'on expose les cadavres inconnus.

**MORIBOND**, **E**, *adj.* et *s.* Qui va mourir.

**MORICAUD**, **E**, *adj.* et *s.* Qui a le visage d'une couleur brune.

**MORIGÉNER** (*part.* é, ée), *v. a.* Former les mœurs; corriger, faire rentrer dans le devoir.

**MORILLE** (ll m.), *s. f.* Sorte de champignon.

**MORILLON** (ll m.), *s. m.* Sorte de raisin noir.

**MORION**, *s. m.* Sorte de casque léger.

**MORLAIX**, chef-lieu d'arr. du dép. du Finistère.

**MORNE**, *adj.* 2 *g.* Triste, sombre.

**MORNE**, *s. m.* Petite montagne (en Amérique).

**MORNIFLE**, *s. f.* Coup de la main au visage.

**MOROSE**, *adj.* 2 *g.* Chagrin, bizarre.

**MOROSITÉ**, *s. f.* Caractère morose.

**MORPHINE**, *s. f.* Principe narcotique de l'opium.

**MORS**, *s. m.* Partie de la bride qui entre dans la bouche du cheval; *prendre le mors aux dents*, s'emporter.

**MORSURE**, *s. f.* Plaie, marque faite en mordant.

**MORT**, *s. f.* Fin, cessation de la vie; peine, douleur extrême; —, *s. m.* Corps mort; —, **E**, *adj.* Qui a cessé de vivre.

**MORTAGNE**, chef-lieu d'arr. du dép. de l'Orne.

**MORTAIN**, chef-lieu d'arr. du dép. de la Manche.

**MORTAISE**, *s. f.* Entaillure dans une pièce de bois pour recevoir le tenon.

**MORTALITÉ**, *s. f.* Condition de ce qui est sujet à la mort; mort de quantité d'hommes ou d'animaux enlevés par une même maladie.

**MORTEL**, *s. m.* Homme.

**MORTEL**, **ELLE**, *adj.* Sujet à la mort; qui la cause; *fig.* Extrême, excessif dans son genre.

**MORTELLEMENT**, *adv.* A mort; *fig.* Excessivement.

**MORTE-SAISON** (*au pl. mortes-saisons*), *s. f.* Temps où l'ouvrier est sans ouvrage.

**MORTIER**, *s. m.* Vase pour piler certaines choses; pièce d'artillerie pour lancer des bombes; mélange de terre, de sable ou de ciment, avec de l'eau ou de la chaux éteinte

**MORTIFÈRE**, *adj.* 2 *g.* Qui cause la mort.

**MORTIFIANT**, **E**, *adj.* Qui cause de la confusion, du chagrin.

**MORTIFICATION**, *s. f.* Action de mortifier (son corps, ses sens); chagrin causé par quelque chose d'humiliant; accident fâcheux; état des chairs près de se gangrener.

**MORTIFIER** (*part.* é, ée), *v. a.* Faire que la viande devienne plus tendre; *fig.* Chagriner, humilier; *se —, v. pr.* Affliger son corps par des austérités.

**MORTUAIRE**, *adj.* 2 *g.* Qui concerne les morts.

**MORUE**, *s. f.* Poisson de mer.

**MORVE**, *s. f.* Humeur visqueuse qui sort des narines; maladie contagieuse des chevaux.

**MORVEUX**, **EUSE**, *adj.* et *s.* Qui a de la morve au nez; atteint de la morve.

**MOSAÏQUE**, *s. f.* Ouvrage composé de pièces de pierre, d'émail, etc., dont les couleurs variées forment des figures, des dessins.

**MOSAÏQUE**, *adj.* 2 *g.* Qui vient de Moïse.

**MOSCOVITE**, *adj.* et *s.* 2 *g.* Russe.

**MOSELLE**, rivière qui prend sa source dans les Vosges et se jette dans le Rhin à Coblentz; elle donne son nom à un dép. formé de la partie nord-est de l'ancienne Lorraine et de l'ancien Messin.

**MOSQUÉE**, *s. f.* Temple des musulmans.

**MOT**, *s. m.* Assemblage de lettres en une ou plusieurs syllabes pour exprimer une idée; ce qu'on dit ou ce qu'on écrit en peu de paroles; sentence; parole, remarque; *mot à —, mot pour —, loc. adv.* Littéralement; *mot d'ordre*, mot de convention pour se reconnaître.

**MOTET**, *s. m.* Psaume, paroles de dévotion mises en musique.

**MOTEUR, TRICE**, *adj.* Qui imprime le mouvement (*au propre et au figuré*); —, *s. m.* Celui qui donne le mouvement.

**MOTIF**, *s. m.* Ce qui meut et porte à faire une chose.

**MOTION**, *s. f.* Proposition faite dans une assemblée.

**MOTIVER** (*part.* é, ée), *v. a.* Alléguer les motifs (d'un avis, d'un arrêt).

**MOTTE**, *s. f.* Morceau de terre détaché du champ par la bêche ou la charrue; portion de terre adhérente aux racines d'un arbre déplanté; masse de vieux tan, ronde et aplatie, bonne à brûler.

se **MOTTER**, *v. pr.*, se dit de la perdrix qui se cache derrière une motte de terre.

**MOTUS**, *interj.* Paix! silence!

**MOU**, *s. m.* Poumon de bœuf, de veau ou d'agneau.

**MOU**, *adj. m.*, **MOLLE**, *au f.* Qui cède facilement au toucher; qui reçoit facilement l'impression des autres corps; *fig.* Qui a peu de vigueur. (On dit quelquefois *mol* au masculin.)

**MOUCHARD**, *s. m.* Espion de police.

**MOUCHE**, *s. f.* Petit insecte à ailes transparentes; espion.

**MOUCHER** (*part.* é, ée), *v. a.* Presser les narines pour en faire sortir les humeurs; ôter le bout du lumignon d'une chandelle.

**MOUCHERON**, *s. m.* Sorte de petite mouche; bout de mèche qui brûle.

**MOUCHETER** (*part.* é, ée), *v. a.* Faire de petites marques rondes sur une étoffe.

**MOUCHETTES**, *s. f. pl.* Instrument pour moucher les chandelles.

**MOUCHETURE**, *s. f.* Petites marques; petites taches sur la peau.

**MOUCHEUR**, *s. m.* Celui qui mouche les chandelles au théâtre.

**MOUCHOIR**, *s. m.* Linge pour se moucher.

**MOUCHURE**, *s. f.* Lumignon coupé d'une chandelle.

**MOUDRE** (*Ind. pr.* je mouds, tu mouds, il moud, nous moulons, vous moulez, ils moulent; *imp.* je moulais, etc., nous moulions, etc.; *p. déf.* je moulus, etc., nous moulûmes, vous moulûtes, ils moulurent; *fut.* je moudrai, etc., nous moudrons, etc.; *cond.* je moudrais, etc., nous moudrions, etc.; *impér.* mouds, moulez; *subj. pr.* que je moule, etc., que nous moulions, etc.; *imp. subj.* que je moulusse, etc., que nous moulussions, etc.; *p. pr.* moulant; *p. p.* moulu, e), *v. a.* Broyer; réduire en poudre; *fig.* Accabler.

**MOUE**, *s. f.* Grimace de mécontentement.

**MOUETTE**, *s. f.* Oiseau de mer.

**MOUFLE**, *s. f.* Machine composée de poulies assemblées pour élever ou descendre des fardeaux très-pesants; gant sans doigts, excepté pour le pouce.

**MOUFLE**, *s. m.* Vaisseau pour exposer des corps à l'action du feu, sans que la flamme y touche.

**MOUILLAGE** (ll m.), *s. m.* Fond propre pour jeter l'ancre.

**MOUILLE-BOUCHE** (ll m.), *s. f.* Poire fondante.

**MOUILLER** (ll m.; *part.* é, ée), *v. a.* Tremper, humecter; — *l'ancre*, et simplement *mouiller* (*t. de mar.*), jeter l'ancre.

**MOUILLETTE** (ll m.), *s. f.* Morceau de pain long et mince.

**MOUILLOIR** (ll m.), *s. m.* Vase où l'on trempe le bout des doigts en filant.

**MOUILLURE** (ll m.), *s. f.* Action de mouiller; état de ce qui est mouillé.

**MOULAGE**, *s. m.* Action de mouler, de jeter en moule.

**MOULE**, *s. m.* Matière creusée et préparée pour donner une forme précise au métal fondu, au plâtre liquide, etc.; petit morceau de bois rond et plat, percé au centre, qu'on recouvre d'étoffe pour servir de bouton; —, *s. f.* Petit coquillage qui renferme un animal bon à manger.

**MOULER** (*part.* é, ée), *v. a.* Jeter en moule; donner la forme dans un moule.

**MOULEUR**, *s. m.* Ouvrier qui jette en moule.

**MOULIN**, *s. m.* Machine pour moudre, broyer, fouler, etc.

**MOULINAGE**, *s. m.* Façon donnée à la soie en la passant au moulin.

**MOULINER** (*part.* é, ée), *v. a.* Passer la soie au moulin; creuser (en parlant des vers).

**MOULINET**, *s. m.* Petit moulin; petite roue d'un moulin; tourniquet appliqué à certaines machines; machine pour la monnaie; espèce de broche de fer employée par les tireurs d'or; *faire le* —, manier en rond et rapidement autour de soi (une épée, un bâton, etc.).

**MOULINEUR** ou **MOULINIER**, *s. m.* Ouvrier qui fait le moulinage.

**MOULINS**, chef-lieu du dép. de l'Allier.

**MOULT** (*vieux mot*), *adv.* Beaucoup.

**MOULURE**, *s. f.* Ornement d'architecture.

**MOURANT**, **E**, *adj.* Expirant; qui annonce la mort; *fig.* Languissant; —, *s.* Celui ou Celle qui se meurt.

**MOURIR** (*Ind. pr.* je meurs, tu meurs, il meurt, nous mourons, vous mourez, ils meurent; *imp.* je mourais, etc., nous mourions, etc.; *p. déf.* je mourus, etc.; *fut.* je mourrai, etc.; *cond.* je mourrais, etc.; *impér.* meurs, mourons, mourez; *subj. pr.* que je meure, etc., que nous mourions, etc.; *imp. subj.* que je mourusse, etc., que nous mourussions, etc.; *p. pr.* mourant; *p. p.* mort, e), — *v. n.* qui prend le verbe *être* dans les temps composés. Perdre la vie, cesser d'exister; s'éteindre, finir; — *de*, souffrir à l'excès (d'un malaise), éprouver vivement (un désir); *se* —, *v. pr.* Être près de mourir.

**MOURON**, *s. m.* Petite plante annuelle à fleur rosacée.

**MOURRE**, *s. f.* Sorte de jeu qui consiste à lever un certain nombre de doigts.

**MOUSQUET**, *s. m.* Ancienne arme à feu; fusil de munition.

**MOUSQUETADE**, *s. f.* Décharge de mousquets.

**MOUSQUETAIRE**, *s. m.* Fantassin armé d'un mousquet; militaire d'une compagnie des anciens gardes du corps du roi.

**MOUSQUETERIE**, *s. f.* Décharge simultanée de mousquets.

**MOUSQUETON**, *s. m.* Sorte de fusi. pour la cavalerie.

**MOUSSE**, *s. m.* Jeune matelot.

**MOUSSE**, *s. f.* Écume qui se forme sur les liquides; nom générique d'une famille de plantes rampantes qui offre un grand nombre de variétés.

**MOUSSELINE**, *s. f.* Toile de coton très-fine et très-claire.

**MOUSSER** (*part.* é, ée), *v. n.*, se dit des liqueurs sur lesquelles il se forme de la mousse; *fig. Faire* —, faire valoir.

**MOUSSERON**, *s. m.* Petit champignon.

**MOUSSEUX, EUSE**, *adj.* Qui mousse.

**MOUSSOIR**, *s. m.* Cylindre de bois pour délayer de la pâte, du lait caillé, etc., pour faire mousser le chocolat.

**MOUSSON**, *s. f.* Vents périodiques de la mer des Indes; saison dans laquelle soufflent ces vents.

**MOUSSU**, **E**, *adj.* Couvert de mousse.

**MOUSTACHE**, *s. f.* Barbe sur la lèvre supérieure; poils autour de la gueule de quelques animaux.

**MOUSTIQUAIRE**, *s. m.* Rideau qui préserve des moustiques.

**MOUSTIQUE**, *s. f.* Petit insecte d'Afrique et d'Amérique dont la piqûre est douloureuse.

**MOÛT**, *s. m.* Vin doux qui n'a pas encore fermenté.

**MOUTARDE**, *s. f.* Graine de sénevé; cette graine réduite en poudre et délayée avec du moût ou du vinaigre.

**MOUTARDIER**, *s. m.* Fabricant ou Marchand de moutarde; petit vase pour mettre la moutarde.

**MOUTIER**, *s. m.* Monastère, couvent; *vieux mot.*

**MOUTON**, *s. m.* Genre de quadrupèdes ruminants; bélier, brebis, agneau; chair de mouton; *fig.* Personne douce; gros billot pour enfoncer les pieux; *au pl.* Vagues blanchissantes.

**MOUTONNER** (*part.* é, ée), *v. a.* Friser comme la laine des moutons; —, *v. n.*, et *se* —, *v. pr.* Se crêper (en parlant des cheveux); blanchir (en parlant des ondes).

**MOUTONNIER, IÈRE**, *adj.* Qui est de la nature des moutons; qui fait ce qu'il voit faire.

**MOUTURE**, *s. f.* Action de moudre le blé; salaire du meunier; mélange de froment, de seigle et d'orge.

**MOUVANT, E**, *adj.* Qui a la force de mouvoir; qui se meut, qui est mobile.

**MOUVEMENT**, *s. m.* Transport d'un corps d'un lieu à un autre; action du corps qui change de place; marche; agitation, *au propre et au fig.*; exercice; ressort d'une horloge; *fig.* Fermentation dans les esprits.

**MOUVER** (*part.* é, ée), *v. a.* Remuer (la terre d'un pot).

**MOUVOIR** (*Ind. pr.* je meus, tu meus, il meut, nous mouvons, vous mouvez, ils meuvent; *imp.* je mouvais, etc.; *p. déf.* je mus, etc.; *fut.* je mouvrai, etc.; *cond.* je mouvrais, etc.; *impér.* meus, mouvez; *subj. pr.* que je meuve, etc., que nous mouvions, etc.; *imp. subj.* que je musse, etc.; *p. pr.* mouvant; *p. p.* mû, mue), *v. a.* Remuer; faire changer de place; agiter; *se* —, *v. pr.* Agir, se donner du mouvement.

**MOXA**, *s. m.* Substance caustique employée comme remède.

**MOYEN**, *s. m.* Voie, expédient; faculté; *au pl.* Richesses, facultés naturelles; *au* — *de*, *loc. prép.* A l'aide de.

**MOYEN, ENNE**, *adj.* Ni grand ni petit; médiocre; intermédiaire; qui est entre deux extrémités.

**MOYENNANT**, *prép.* Au moyen de; *moyennant que*, *loc. conj.* A condition que.

**MOYENNEMENT**, *adv.* Médiocrement.

**MOYEU**, *s. m.* Partie centrale de la roue où s'emboîtent les rais et dans le creux de laquelle entre l'essieu; jaune d'œuf; espèce de prune confite.

**MOZARABE**, *s. m.* Chrétien d'Espagne descendant des Mores et des Sarrasins; — *adj.* 2 *g.* Qui appartient aux Mozarabes.

**MUABLE**, *adj.* 2 *g.* Sujet au changement.

**MUANCE**, *s. f.* Changement d'une note en une autre.

**MUCILAGE**, *s. m.* Substance muqueuse.

**MUCILAGINEUX, EUSE**, *adj.* Qui est de la nature du mucilage; qui contient ou répand du mucilage.

**MUCOSITÉ**, *s. f.* Humeur épaisse, visqueuse.

**MUCUS**, *s. m.* Mucosité.

**MUE**, *s. f.* Changement de plumage dans les oiseaux, de peau dans les reptiles, de poil dans les quadrupèdes, de bois dans les cerfs; dépouilles d'un animal qui a mué; temps de la mue; lieu obscur où on enferme la volaille pour l'engraisser.

**MUÉ, ÉE**, *adj.* Qui a mué.

**MUER**, *v. n.* Changer de plumage, de peau, de poil, de bois, de voix.

**MUET, ETTE**, *adj.* Qui ne parle point; qui ne peut parler; silencieux, taciturne; *en t. de gramm.* Qui se prononce peu ou ne se prononce point.

**MUETTE**, *s. f.* Maison de chasse pour garder les mues des cerfs, les oiseaux de fauconnerie en mue.

**MUFLE**, *s. m.* Extrémité du museau.

**MUFTI**, *s. m.* Chef de la religion mahométane, le souverain interprète de la loi.

**MUGE**, *s. m.* Espèce de poisson de mer.

**MUGIR**, *v. n.* Crier (en parlant des taureaux, des bœufs et des vaches; et, au *fig.*, en parlant des vents et des flots, d'une personne qui a une voix retentissante).

**MUGISSANT, E**, *adj.* Qui mugit.

**MUGISSEMENT**, *s. m.* Cri de l'animal qui mugit; *fig.* Bruit des flots; cris d'une personne en colère.

**MUGUET**, *s. m.* Plante printanière, à fleur odoriférante; homme recherché dans sa parure.

**MUGUETER** (*part.* é, ée), *v. a.* et *v. n.* Faire le muguet, le galant.

**MUID**, *s. m.* Mesure de deux cent quatre-vingt-huit pintes pour les liquides; mesure pour les grains, le sel, etc.

**MULÂTRE**, *adj.* et *s.* 2 *g.* Né d'un blanc et d'une négresse, ou d'un nègre et d'une blanche. (On dit aussi au féminin *Mulâtresse.*)

**MULE**, *s. f.* Femelle du mulet; espèce de chaussure; pantoufle du pape; *fig. Ferrer la mule*, profiter sur les achats faits pour un autre.

**MULET**, *s. m.* Bête de somme engendrée d'un cheval et d'une ânesse, ou d'un âne et d'une jument; tout animal provenu de deux animaux de différentes espèces.

**MULETIER**, *s. m.* Conducteur de mulets.

**MULOT**, *s. m.* Souris des champs, quadrupède rongeur.

**MULTIFLORE**, *adj.* 2 *g.* Qui a un grand nombre de fleurs.

**MULTIFORME**, *adj.* 2 *g.* Qui a plusieurs formes (opposé à *uniforme*).

**MULTIPLE**, *adj.* 2 *g.* et *s. m.*, se dit d'un nombre qui en contient exactement un autre plusieurs fois.

**MULTIPLIABLE**, *adj.* 2 *g.* Qui peut être multiplié.

**MULTIPLICANDE**, *s. m.* Nombre à multiplier par un autre.

**MULTIPLICATEUR**, *s. m.* Nombre par lequel on en multiplie un autre.

**MULTIPLICATION**, *s. f.* Augmentation en nombre; opération d'arithmétique consistant à répéter un nombre autant de fois qu'il y a d'unités dans un autre nombre donné.

**MULTIPLICITÉ**, *s. f.* Nombre considérable, illimité.

**MULTIPLIER** (*part.* é, ée; se conj. sur *Prier*), *v. a.* Augmenter un nombre, une quantité; faire une multiplication; —, *v. n.* Croître en nombre; *se* —, *v. pr.* Faire plusieurs choses en même temps; agir avec célérité.

**MULTITUDE**, *s. f.* Grand nombre de personnes ou de choses; le vulgaire.

**MULTIVALVE**, *adj.* 2 *g.* et *s. f.* (Coquille) composée de plusieurs pièces.

**MUNICIPAL**, **E** (*au pl. m.* — *aux*), *adj.* Qui appartient à une municipalité; —, *s. m.* Membre d'une municipalité.

**MUNICIPALITÉ**, *s. f.* Circonscription de territoire administrée par des municipaux; corps des municipaux; lieu de leurs séances.

**MUNIFICENCE**, *s. f.* Penchant à faire de grandes largesses.

**MUNIR** (*part.* i, ie), *v. a.* Pourvoir, garnir, fournir de; fortifier; *se* —, *v. pr.* Se pourvoir, s'armer de.

**MUNITION**, *s. f.* Provision; *au pl.* Provisions de guerre.

**MUNITIONNAIRE**, *s. m.* Celui qui fournit les munitions.

**MUQUEUX**, **EUSE**, *adj.* Qui a de la mucosité.

**MUR**, *s. m.* Ouvrage de maçonnerie qui renferme un espace, ou le sépare d'un autre; *mettre au pied du* —, *prov.* Forcer à prendre un parti.

**MUR**, **E**, *adj.* Parvenu à sa maturité; *fig.* Réfléchi, posé.

**MURAILLE** (ll m.), *s. f.* Enceinte de pierres qui couvre, défend, fortifie.

**MURAL**, **E**, *adj.* *Couronne murale*, que les Romains donnaient à celui qui était monté le premier à l'assaut; *plante* —, qui croît sur les murs.

**MURAT**, chef-lieu d'arr. du dép. du Cantal.

**MÛRE**, *s. f.* Fruit du mûrier.

**MÛREMENT**, *adv.* Avec attention; avec réflexion.

**MURÈNE**, *s. f.* Sorte de poisson qui ressemble à l'anguille.

**MURER** (*part.* é, ée), *v. a.* Entourer, fermer de murs, boucher (une ouverture) avec de la maçonnerie.

**MURET**, chef-lieu d'arr. du dép. de la Haute-Garonne.

**MUREX**, *s. m.* Coquille hérissée de pointes.

**MURIATE**, *s. m.* Nom générique

des sels formés par la combinaison de l'acide muriatique avec différentes bases.

**MURIATIQUE**, *adj. m. Acide* —, qui, avec la soude, constitue le sel marin.

**MÛRIER**, *s. m.* Arbre qui porte les mûres et dont la feuille sert à la nourriture des vers à soie.

**MURIR** (*part.* i, ie), *v. a.* Rendre mûr; —, *v. n.* Devenir mûr.

**MURMURE**, *s. m.* Bruit sourd et confus; plaintes.

**MURMURER** (*part.* é, ée), *v. n.* et *v. a.* Se plaindre sourdement, faiblement; faire un bruit sourd.

**MUSARAIGNE**, *s. f.* Espèce de souris des champs.

**MUSARD**, **E**, *adj.* et *s.* Qui perd son temps à des riens.

**MUSC**, *s. m.* Quadrupède ruminant du genre du chevreuil; parfum qu'il produit.

**MUSCADE**, *s. f.* Noix aromatique du muscadier. (On dit aussi *adj. Noix muscade.*)

**MUSCADET**, *s. m.* Sorte de vin muscat.

**MUSCADIER**, *s. m.* Arbre des Indes qui porte la muscade et qui ressemble assez au pêcher.

**MUSCADIN**, *s. m.* Petite pastille musquée; petit-maître.

**MUSCAT**, *adj.* et *s. m.* (Raisin ou Vin) parfumé.

**MUSCLE**, *s. m.* Partie charnue et fibreuse qui est l'organe des mouvements de l'animal.

**MUSCLÉ**, **ÉE**, *adj.* Qui a les muscles bien marqués.

**MUSCOSITÉ**, *s. f.* Sorte de mousse ou de velouté qui se trouve dans le ventricule des ruminants.

**MUSCULAIRE**, *adj.* 2 *g.* Qui concerne les muscles.

**MUSCULEUX**, **EUSE**, *adj.* Plein de muscles; qui est de la nature des muscles; *partie musculeuse*, vigoureuse et charnue.

**MUSE**, *s. f.* Chacune des neuf déesses qui, suivant la Fable, présidaient aux arts libéraux; *au pl.* Poésie, belles-lettres; *fig.* Génie inspirateur, talent poétique.

**MUSEAU**, *s. m.* Partie de la tête de quelques animaux, qui comprend la gueule et le nez.

**MUSÉE**, *s. m.* Lieu où sont rassemblés des monuments relatifs aux arts, aux sciences et aux lettres; lieu destiné à l'étude de ces monuments.

**MUSELER** (*part.* é, ée), *v. a.* Mettre une muselière.

**MUSELIÈRE**, *s. f.* Liens dans lesquels on enferme le museau ou le mufle de quelques animaux, pour les empêcher de mordre ou de paître.

**MUSER**, *v. n.* S'amuser à des riens.

**MUSEROLLE**, *s. f.* Partie de la bride du cheval qui se met au dessus du nez.

**MUSETTE**, *s. f.* Instrument de musique à vent; air fait pour cet instrument.

**MUSÉUM**, *s. m.* Musée.

**MUSICAL**, **E**, *adj.* Qui appartient, qui a rapport à la musique.

**MUSICALEMENT**, *adv.* Selon les règles de la musique.

**MUSICIEN**, **ENNE**, *s.* Celui ou Celle qui sait, qui enseigne la musique, qui fait profession de composer ou d'exécuter de la musique.

**MUSIQUE**, *s. f.* Science du rapport et de l'accord des sons; art de composer des chants, des airs; concert de voix ou d'instruments; compagnie de musiciens.

**MUSQUER** (*part.* é, ée), *v. a.* Parfumer avec du musc.

**MUSULMAN**, **E**, *s.* et *adj.* Mahométan.

**MUTABILITÉ**, *s. f.* Qualité de ce qui est sujet à changer.

**MUTATION**, *s. f.* Changement; révolution; remplacement d'un objet par un autre.

**MUTILATION**, *s. f.* Retranchement d'un membre; action de mutiler.

**MUTILER** (*part.* é, ée), *v. a.* Retrancher un ou plusieurs membres; briser, détruire; *se* —, *v. pr.* S'estropier.

**MUTIN**, **E**, *adj.* et *s.* Obstiné, querelleur; séditieux.

se **MUTINER** (*part.* é, ée), *v. pr.* S'obstiner; se révolter.

**MUTINERIE**, *s. f.* Opiniâtreté; obstination; révolte; sédition.

**MUTISME**, *s. m.* État de celui qui est muet.

**MUTUEL, ELLE**, *adj.* Réciproque entre deux ou plusieurs personnes (Ce mot emporte l'idée d'échange libre, volontaire; *réciproque* entraîne l'idée d'un retour dû ou exigé). *Enseignement* —, par lequel les enfants s'instruisent les uns les autres.

**MUTUELLEMENT**, *adv.* D'une manière mutuelle.

**MYOGRAPHIE**, *s. f.* Description des muscles.

**MYOLOGIE**, *s. f.* Traité des muscles.

**MYOPE**, *adj.* et *s.* 2 *g.* Qui a la vue courte.

**MYOPIE**, *s. f.* Vue courte.

**MYOSOTIS**, *s. m.* Plante que l'on appelle communément *ne m'oubliez pas.*

**MYOTOMIE**, *s. f.* Traité de la dissection des muscles.

**MYRIADE**, *s. f.* Nombre de dix mille; *fig.* Nombre infini.

**MYRIAMÈTRE**, *s. m.* Mesure itinéraire, dix mille mètres, environ deux lieues anciennes.

**MYRRHE**, *s. f.* Gomme-résine odorante.

**MYRRHIS**, *s. m.* Cerfeuil musqué, ou cicutaire odorante.

**MYRTE**, *s. m.* Arbrisseau toujours vert, à fleurs rosacées.

**MYSTÈRE**, *s. m.* Ce qui est caché, inaccessible à la raison humaine; chose incompréhensible; secret; représentation de drames pieux dans l'enfance de l'art dramatique.

**MYSTÉRIEUSEMENT**, *adv.* D'une façon mystérieuse.

**MYSTÉRIEUX, EUSE**, *adj.* Qui contient quelque secret, quelque sens caché; (personne) qui cache quelque chose.

**MYSTICITÉ**, *s. f.* Raffinement de dévotion.

**MYSTIFICATEUR**, *s. m.* Celui qui aime, qui cherche à mystifier.

**MYSTIFICATION**, *s. f.* Action de mystifier; chose qui mystifie.

**MYSTIFIER** (*part.* é, ée; se conj. sur *Prier*), *v. a.* Abuser de la crédulité de quelqu'un pour le rendre ridicule.

**MYSTIQUE**, *adj.* 2 *g.* Figuré, allégorique; —, *s. m.* Dévot contemplatif.

**MYSTIQUEMENT**, *adv.* Dans le sens allégorique.

**MYTHE**, *s. m.* Trait de l'histoire des temps fabuleux; fable.

**MYTHOLOGIE**, *s. f.* Histoire fabuleuse des dieux, des demi-dieux et des héros de l'antiquité; science de la religion païenne.

**MYTHOLOGIQUE**, *adj.* 2 *g.* Qui a rapport à la mythologie.

**MYTHOLOGISTE** ou **MYTHOLOGUE**, *s. m.* Celui qui explique les allégories de la Fable.

## N.

**N.** Quatorzième lettre de l'alphabet, onzième consonne : on l'appelle *enne* suivant la méthode ancienne, et *ne* suivant la méthode moderne.

**NABAB**, *s. m.* Prince de l'Inde musulmane.

**NABOT, E**, *s.* Personne de très-petite taille.

**NACARAT**, *s. m.* et *adj. inv.* Couleur d'un rouge clair, entre le cerise et le rose.

**NACELLE**, *s. f.* Petit bateau.

**NACRE**, *s. f.* Coquillage des Indes orientales, partie brillante de l'écaille, d'une couleur argentée et d'un rouge tendre; l'écaille elle-même.

**NACRÉ, ÉE**, *adj.* Qui a l'apparence de la nacre.

**NADIR** (*t. d'astr.*), *s. m.* Point du ciel directement opposé au zénith, ou point vertical.

**NAGE**, *s. f. A la* —, en nageant; *en* —, en sueur.

**NAGEANT, E**, *adj.* Étendu sur l'eau.

**NAGÉE**, *s. f.* Espace parcouru en nageant.

**NAGEOIRE**, *s. f.* Membrane des poissons qui leur sert à nager; calebasse adaptée sous les bras pour se soutenir sur l'eau quand on apprend à nager; plateau de bois flottant sur les seaux des porteurs d'eau.

**NAGER**, *v. n.* Se soutenir sur l'eau;

flotter sur l'eau sans aller à fond; ramer (*t. de batelier*); *fig.* Être inondé de.

**NAGEUR, EUSE**, *s.* Celui ou Celle qui nage, qui sait nager.

**NAGUÈRE** ou **NAGUÈRES**, *adv.* Récemment, il n'y a pas longtemps.

**NAÏADE**, *s. f.* Nymphe des eaux.

**NAÏF, IVE**, *adj.* Naturel; simple, ingénu; —, *s. m.* Le genre naïf (en littérature).

**NAIN, E**, *adj.* et *s.* Qui est d'une taille beaucoup au-dessous de la taille ordinaire.

**NAISSANCE**, *s. f.* Commencement de la vie; origine, extraction; race noble.

**NAISSANT, E**, *adj.* Qui naît, qui commence.

**NAÎTRE** (*Ind. pr.* je nais, tu nais, il naît, nous naissons, vous naissez, ils naissent; *imp.* je naissais, etc., nous naissions, etc.; *p. déf.* je naquis, etc., nous naquîmes, vous naquîtes, ils naquirent; *fut.* je naîtrai, etc., nous naîtrons, etc.; *cond.* je naîtrais, etc., nous naîtrions, etc.; *subj. pr.* que je naisse, etc., que nous naissions, etc.; *imp. subj.* que je naquisse, etc., que nous naquissions, etc.; *p. pr.* naissant, *p. p.* né, ée), *v. n.* Qui prend le verbe *être* dans les temps composés. Prendre naissance; *fig.* Commencer.

**NAÏVEMENT**, *adv.* Avec naïveté.

**NAÏVETÉ**, *s. f.* Ingénuité, simplicité, grâce naturelle.

**NANAN**, *s. m.* Friandise, *t. d'enfants.*

**NANCY**, chef-lieu du dép. de la Meurthe.

**NANKIN**, *s. m.* Étoffe de coton de la Chine.

**NANTAIS, E**, *adj.* et *s.* Qui est de Nantes.

**NANTES**, chef-lieu du dép. de la Loire-Inférieure.

**NANTIR** (*part.* i, ie), *v. a.* Donner des gages pour assurance d'une dette; *se* —, *v. pr.* Se saisir d'une chose en garantie.

**NANTISSEMENT**, *s. m.* Ce qu'on donne en garantie.

**NANTUA**, chef-lieu d'arr. du dép. de l'Ain.

**NAPOLÉON**, *s. m.* Pièce d'or française de 20 et de 40 francs, à l'effigie de Napoléon.

**NAPOLÉON-VENDÉE**, chef-lieu du dép. de la Vendée.

**NAPOLÉON-VILLE**, chf-lieu d'arr du dép. du Morbihan.

**NAPOLITAIN, E**, *adj.* et *s.* Qui est de Naples.

**NAPPE**, *s. f.* Linge dont on couvre la table à manger; linge qui couvre l'autel; — *d'eau*, chute d'eau qui tombe en manière de nappe.

**NARBONNE**, chef-lieu d'arr. du dép. de l'Aude.

**NARCISSE**, *s. m.* Plante bulbeuse; fleur de cette plante; *fig.* Homme amoureux de sa personne.

**NARCOTIQUE**, *adj. 2 g.* Qui assoupit; —, *s. m.* Breuvage assoupissant.

**NARD**, *s. m.* Plante aromatique.

**NARGUE**, *s.* Terme de mépris qui marque qu'on fait peu de cas d'une personne ou d'une chose; *il n'admet ni article ni épithète.*

**NARGUER** (*part.* é, ée), *v. a.* Faire nargue; braver avec mépris.

**NARINE**, *s. f.* Chacune des deux ouvertures du nez de l'homme et de certains animaux.

**NARQUOIS, E**, *s.* Personne fine, rusée.

**NARRATEUR**, *s. m.* Celui qui narre, qui raconte.

**NARRATIF, IVE**, *adj.* Qui appartient à la narration.

**NARRATION**, *s. f.* Récit historique, oratoire, ou poétique; exposition de faits.

**NARRÉ**, *s. m.* Récit, discours pour raconter.

**NARRER** (*part.* é, ée), *v. a.* Raconter, faire un récit détaillé.

**NASAL, E** (*au pl. m. nasaux*), *adj.* Qui appartient au nez; *t. de gramm. Son* —, modifié par le nez.

**NASALEMENT**, *adv.* D'un son nasal.

**NASALITÉ**, *s. f.* Qualité du son nasal.

**NASEAU**, *s. m.* Narine (des animaux).

**NASILLARD, E** (ll. m.), *adj.* Qui vient du nez; — *s.* Celui ou Celle qui nasille, qui parle du nez.

**NASILLER** (ll m.), *v. n.* Parler du nez.

**NASILLEUR, EUSE**, *s.* Celui ou Celle qui parle du nez.

**NASILLONNER**, *v. n.* Nasiller un peu.

**NASSE**, *s. f.* Espèce de panier d'osier servant à prendre du poisson.

**NATAL, E** (*sans pl. m.*), *adj.* Où l'on est né.

**NATATION**, *s. f.* Action ou Art de nager; *école de* —, où l'on apprend à nager.

**NATIF, IVE**, *adj.* Né (dans tel pays); apporté en naissant.

**NATION**, *s. f.* Tous les habitants d'un même État, d'un même pays, qui vivent sous les mêmes lois, parlent la même langue; peuple.

**NATIONAL, E**, *adj.* Qui concerne toute une nation; qui est de la nation.

**NATIONALEMENT**, *adv.* D'une manière nationale.

**NATIONALITÉ**, *s. f.* Caractère national.

**NATIONAUX**, *s. m. pl.* Les naturels du pays (par opposition à *étrangers*).

**NATIVITÉ**, *s. f.* Terme consacré pour la naissance de N. S., de la Ste-Vierge, et de quelques saints.

**NATTE**, *s. f.* Tissu de paille et de jonc; tresse de fil, etc.

**NATTER** (*part.* é, ée), *v. a.* Couvrir de nattes; tresser en natte.

**NATTIER**, *s. m.* Celui qui fait et vend des nattes.

**NATURALISATION**, *s. f.* Action de naturaliser; effet des lettres de naturalité.

**NATURALISER** (*part.* é, ée), *v. a.* Donner à un étranger les droits des naturels d'un pays; — (*t. de gramm.*), faire passer un mot d'une langue dans une autre.

**NATURALISME**, *s. m.* Qualité de ce qui est produit par une cause naturelle.

**NATURALISTE**, *s. m.* Celui qui se livre à l'étude de l'histoire naturelle.

**NATURALITÉ**, *s. f.* État de celui qui est né dans le pays qu'il habite.

**NATURE**, *s. f.* L'universalité des choses créées; l'ordre, les lois qui les gouvernent; inclination, penchant, caractère, complexion.

**NATUREL**, *s. m.* Propriété qui tient à la nature de la chose; inclination, humeur naturelle; sentiment d'affection, humanité, compassion; au *pl.* Habitants originaires d'un pays.

**NATUREL, ELLE**, *adj.* Qui appartient à la nature; qui n'est point déguisé, point fardé; facile, exempt de contrainte.

**NATURELLEMENT**, *adv.* Par l'impulsion; par la force de la nature; d'une manière naïve, naturelle; avec franchise.

**NAUFRAGE**, *s. m.* Submersion, perte d'un vaisseau; *fig.* Ruine, malheur, destruction.

**NAUFRAGÉ, ÉE**, *adj.* Qui a péri, qui s'est perdu dans un naufrage; qui a souffert un naufrage.

**NAULAGE**, *s. m.* Fret que l'on paye au patron d'un vaisseau, d'une barque.

**NAUSÉABOND, E**, *adj.* Qui cause des nausées; *fig.* Qui déplaît, rebutant.

**NAUSÉE**, *s. f.* Envie de vomir.

**NAUTIQUE**, *adj. 2 g.* Qui appartient, qui a rapport à la navigation.

**NAUTONIER**, *s. m.* Celui qui conduit un navire, une barque.

**NAVAL, E**, *adj.* (*sans pl. m.*) Qui concerne les vaisseaux, la navigation.

**NAVÉE**, *s. f.* Charge d'un bateau.

**NAVET**, *s. m.* Espèce de racine blanche bonne à manger.

**NAVETTE**, *s. f.* Navet sauvage dont on tire de l'huile; instrument de tisserand pour faire courir le fil de la trame; petit vase en forme de navire où l'on conserve l'encens dans les églises.

**NAVIGABLE**, *adj. 2 g.* Où l'on peut naviguer.

**NAVIGATEUR**, *s. m.* Celui qui fait sur mer des voyages de long cours.

**NAVIGATION**, *s. f.* Voyage sur mer, sur les grandes rivières; art de naviguer.

**NAVIGUER**, *v. n.* Aller sur mer,

sur les grands fleuves conduire un vaisseau.

**NAVILLE** (ll m.), *s. f.* Petit canal qui conduit les eaux pour féconder les terres.

**NAVIRE**, *s. m.* Bâtiment pour aller sur mer.

**NAVRANT, E**, *adj.* Qui navre.

**NAVRER** (*part.* é, ée), *v. a.* Affliger extrêmement.

**NE**, particule négative.

**NÉ, ÉE**, *adj.*, *s.* et *p. p.* du v. *Naître*. *Bien né*, *adj.* D'une famille honorable; *mal né, ée*, *adj.* Qui a de mauvais penchants; *mort-né, ée* (*au pl. mort-nés*), *adj.* Mort avant d'être né; *nouveau-né*, *ée* (*au pl. nouveau-nés*), *adj.* et *s.* Qui vient de naître; *premier-né*, *s.* et *adj. m.* Le premier enfant mâle.

**NÉANMOINS**, *adv.* Toutefois, pourtant, cependant.

**NÉANT**, *s. m.* Rien; non-existence; condition de ce qui est périssable; *fig.* Manque de valeur.

**NÉBULEUX, EUSE**, *adj.* Obscurci par les nuages; *nébuleuses*, *s. f. pl.* Étoiles dont la lumière est faible et terne.

**NÉCESSAIRE** *s. m.* (*sans pl.*) Ce qui est essentiel, indispensable; boîte qui renferme différentes choses utiles en voyage (en ce sens il a un pluriel).

**NÉCESSAIRE**, *adj.* 2 *g.* Dont on ne peut se passer.

**NÉCESSAIREMENT**, *adv.* Par nécessité; infailliblement.

**NÉCESSITÉ**, *s. f.* Tout ce qui est nécessaire, indispensable; besoin pressant; indigence; *au pl.* Les choses nécessaires à la vie; les besoins naturels.

**NÉCESSITER** (*part.* é, ée), *v. a.* Contraindre, réduire à la nécessité de.

**NÉCESSITEUX, EUSE**, *adj.* Pauvre, indigent.

**NÉCROLOGE**, *s. m.* Livre où l'on inscrit les noms des morts.

**NÉCROLOGIE**, *s. f.* Notice historique sur un mort.

**NÉCROLOGIQUE**, *adj.* 2 *g.* Relatif à la nécrologie.

**NÉCROMANCE**; **NÉCROMANCIE**, *s. f.* Art prétendu d'évoquer les morts pour connaître l'avenir.

**NÉCROMANCIEN, ENNE**, *s.* Celui ou Celle qui pratique la nécromancie; magicien.

**NECTAIRE**, *s. m.* (*t. de bot.*) Réservoir des fleurs contenant le suc dont les abeilles font leur miel.

**NECTAR**, *s. m.* Liqueur, vin délicieux.

**NEF**, *s. f.* Partie d'une église depuis la grande porte jusqu'au chœur; navire.

**NÉFASTE**, *adj.* 2 *g.* *Jour* —, jour de tristesse et de deuil en mémoire d'un désastre.

**NÈFLE**, *s. f.* Fruit du néflier.

**NÉFLIER**, *s. m.* Arbre qui produit les nèfles.

**NÉGATIF, IVE**, *adj.* Qui nie; qui exprime une négation.

**NÉGATION**, *s. f.* Action de nier; particule qui sert à nier.

**NÉGATIVE**, *s. f.* Proposition qui nie.

**NÉGATIVEMENT**, *adv.* D'une manière négative.

**NÉGLIGÉ**, *s. m.* Costume d'une personne qui n'est point parée.

**NÉGLIGEMENT**, *s. m.* Action de négliger.

**NÉGLIGEMMENT**, *adv.* Avec négligence.

**NÉGLIGENCE**, *s. f.* Manque de soin, d'application; nonchalance.

**NÉGLIGENT, E**, *adj.* Nonchalant, qui a peu de soin.

**NÉGLIGER** (*part.* é, ée), *v. a.* Ne pas soigner comme on devrait; omettre par insouciance; *se* —, *v. pr.* N'avoir pas soin de soi; remplir moins exactement son devoir.

**NÉGOCE**, *s. m.* Commerce en gros; échange, trafic.

**NÉGOCIABLE**, *adj.* 2 *g.* Qui peut se négocier.

**NÉGOCIANT**, *s. m.* Celui qui fait le négoce, le commerce en grand.

**NÉGOCIATEUR, TRICE**, *s.* Celui ou Celle qui négocie quelque affaire générale ou particulière.

**NÉGOCIATION**, *s. f.* Art ou Action de négocier; affaire qu'on négocie.

**NÉGOCIER**, *v. n.* Faire négoce;

trafiquer ; — (*part.* é, ée), *v. a.* Traiter une affaire avec quelqu'un.

**NÈGRE, NÉGRESSE**, *s.* Habitant de l'Afrique dont la peau est naturellement noire ; esclave noir employé aux travaux des colonies.

**NÉGRIER**, *s.* et *adj. m.* Vaisseau qui sert à la traite des nègres.

**NÉGRILLON, ONNE**, *s.* Petit nègre, petite négresse.

**NEIGE**, *s. f.* Eau condensée qui retombe en flocons blancs.

**NEIGER**, *v. impers.*, se dit de la neige qui tombe.

**NEIGEUX, EUSE**, *adj.* Chargé de neige.

**NENNI**, *partic. négat.* Non.

**NÉNUFAR**, *s. m.* Plante aquatique qui porte de grandes fleurs en forme de roses.

**NÉOGRAPHE**, *s.* et *adj.* 2 *g.* Novateur en orthographe.

**NÉOGRAPHISME**, *s. m.* Manière d'orthographier contraire à l'usage.

**NÉOLOGIE**, *s. f.* Emploi de mots nouveaux ou d'anciens mots dans un sens nouveau.

**NÉOLOGIQUE**, *adj.* 2 *g.* Qui a rapport à la néologie.

**NÉOLOGISME**, *s. m.* Abus de néologie.

**NÉOLOGUE**, *s. m.* Celui qui affecte l'emploi de mots nouveaux.

**NÉOPHYTE**, *s.* 2 *g.* Nouveau converti à la religion catholique ; personne nouvellement baptisée.

**NÉPHRÉTIQUE**, *adj.* 2 *g.* Qui appartient aux reins ; propre à guérir les maladies des reins ; —, *s. f.* Coliques dans les reins ; —, *s. m.* Celui qui est atteint de la néphrétique ; remède qui guérit la néphrétique.

**NÉPOTISME**, *s. m.* Influence exercée par la parenté sur un homme haut placé.

**NEPTUNE**, *s. m.* Dieu de la mer.

**NÉRAC**, chef-lieu d'arr. du dép. de Lot-et-Garonne.

**NÉRÉIDE**, *s. f.* Divinité de la mer.

**NERF**, *s. m.* Tendon des muscles ; cordons blanchâtres, organe général des sensations ; cordelettes au dos d'un livre ; *fig.* Force, vigueur.

**NÉROLI**, *s. m.* Essence tirée de la fleur d'oranger.

**NERPRUN**, *s. m.* Arbrisseau à baies purgatives.

**NERVEUX, EUSE**, *adj.* Plein de nerfs ; fort, vigoureux ; dont les nerfs sont attaqués.

**NERVURE**, *s. f.* Partie saillante sur le dos d'un livre relié, sur certaines parties d'une construction ; filets saillants sur la surface inférieure des feuilles, etc.

**NESTOR**, *s. m.* Vieillard sage et expérimenté.

**NET, ETTE**, *adj.* Propre ; clair, uni, sans tache ; qui n'offre pas d'embarras, d'ambiguïté ; *mettre au net*, faire une copie correcte ; *net*, *adv.* Tout d'un coup ; franchement.

**NETTEMENT**, *adv.* Avec netteté ; d'une manière claire, intelligible ; franchement.

**NETTETÉ**, *s. f.* Propreté ; qualité de ce qui est net.

**NETTOIEMENT**, *s. m.* Action de nettoyer.

**NETTOYAGE**, *s. m.* Nettoiement.

**NETTOYER** (*part.* é, ée ; se conj. sur *Ployer*), *v. a.* Rendre net ; ôter les taches, les ordures.

**NEUF, NEUVE**, *adj.* Fait depuis peu, nouveau ; malhabile ; *bois neuf*, non flotté ; — *s. m.* Ce qui est nouveau, chose nouvelle.

**NEUF**, *nom de nombre* 2 *g.*, qui suit immédiatement huit ; —, *s. m.* Le chiffre neuf ; le neuvième jour (du mois) ; —, *adj.* Neuvième.

**NEUFCHÂTEAU**, chef-lieu d'arr. du dép. des Vosges.

**NEUFCHÂTEL**, chef-lieu d'arr. du dép. de la Seine-Inférieure.

**NEUTRALEMENT**, *adv.* (*t. de gramm.*) Dans un sens neutre ; d'une manière neutre.

**NEUTRALISATION**, *s. f.* Action de neutraliser ; effets de cette action.

**NEUTRALISER** (*part.* é, ée), *v. a.* Rendre neutre ; annuler ; mitiger l'effet d'un principe.

**NEUTRALITÉ**, *s. f.* État de celui qui reste neutre.

**NEUTRE**, *adj.* 2 *g.* Qui ne prend pas de parti entre deux États ou deux personnes dont les intérêts sont opposés; (*t. de gramm.*) *nom* —, qui n'est ni féminin ni masculin; *verbe* —, qui n'a pas de régime direct.

**NEUVAINE**, *s. m.* Prières, dévotions faites neuf jours de suite.

**NEUVIÈME**, *adj.* 2 *g.* Qui occupe le rang entre le huitième et le dixième; —, *s. m.* La neuvième partie.

**NEUVIÈMEMENT**, *adv.* En neuvième lieu.

**NEVERS**, chef-lieu du dép. de la Nièvre.

**NEVEU** (*au pl. neveux*), *s. m.* Fils du frère ou de la sœur.

**NEZ**, *s. m.* Partie éminente du visage entre le front et la bouche; organe de l'odorat; partie de l'avant du vaisseau.

**NI**, particule conjonctive et négative.

**NIABLE**, *adj.* 2 *g.* Qui peut être nié.

**NIAIS**, E, *adj.* et *s.* Simple, qui n'a pas d'expérience, d'usage du monde.

**NIAISEMENT**, *adv.* D'une façon niaise.

**NIAISER**, *v. n.* S'amuser à des niaiseries.

**NIAISERIE**, *s. f.* Bagatelle, frivolité; caractère de celui qui est niais.

**NICHE**, *s. f.* Enfoncement dans l'épaisseur d'un mur pour y placer une statue; espièglerie.

**NICHÉE**, *s. f.* Couvée d'oiseaux encore dans le nid.

**NICHER** (*part.* é, ée), *v. a.* Placer en quelque endroit élevé; — (*part.* é, ée), *v. n.* Faire son nid (en parlant des oiseaux); *se* —, *v. pr.* Se loger.

**NICHET**, *s. m.* Œuf mis dans un nid pour attirer les poules et les y faire pondre.

**NICHOIR**, *s. m.* Cage disposée pour faire couver des serins.

**NICKEL**, *s. m.* Métal gris, grenu, dur et peu ductile.

**NICODÈME**, *s. m.* Grand niais.

**NICOTIANE**, *s. f.* Tabac.

**NID**, *s. m.* Petit logement où l'oiseau pond, fait éclore ses petits et les élève.

**NIÈCE**, *s. f.* Fille du frère ou de la sœur.

**NIELLE**, *s. f.* Maladie des plantes qui convertit les grains en poussière noire; plante parasite qui pousse dans les blés et dont la graine est noire; —, *s. m.* Dessin gravé en creux sur un ouvrage d'orfèvrerie et dont les traits sont émaillés.

**NIELLER** (*part.* é, ée), *v. a.* Gâter par la nielle; orner de nielles.

**NIER** (*part.* é, ée), *v. a.* et *v. n.* Dire qu'une chose n'est pas vraie; n'en pas reconnaître la réalité.

**NIÈVRE** (LA), petite rivière qui se jette dans la Loire à Nevers et qui donne son nom au dép. formé de l'ancien Nivernais.

**NIGAUD**, E, *adj.* et *s.* Sot, niais; —, *s. m.* Petit oiseau de l'espèce du cormoran.

**NIGAUDER**, *v. n.* Faire des nigauderies.

**NIGAUDERIE**, *s. f.* Niaiserie.

**NIMBE**, *s. m.* Auréole autour de la tête des saints.

**NÎMES**, chef-lieu du dép. du Gard.

**NIONS**, chef-lieu d'arr. du dép. de la Drôme.

**NIORT**, chef-lieu du dép. des Deux-Sèvres.

**NIPPE**, *s. f.* Habits, meubles; tout ce qui sert à l'ajustement. (Il ne s'emploie guère qu'au pluriel.)

**NIPPER** (*part.* é, ée), *v. a.* Fournir de nippes.

**NIQUE**, *s. f.* Signe de mépris, de moquerie.

**NITÉE**, *s. f.* Nichée.

**NITOUCHE**, *s. f. Faire la sainte* —, feindre de ne pas désirer ce qu'on souhaite vivement; affecter un faux air de douceur.

**NITRATE**, *s. m.* Nom générique des sels formés par la combinaison de l'acide nitrique avec une autre substance.

**NITRE**, *s. m.* Sel formé par la combinaison de l'acide nitrique et de la potasse.

**NITREUX**, EUSE, *adj.* Qui tient du nitre.

**NITRIÈRE**, *s. f.* Lieu où se forme le nitre.

**NITRIQUE**, *adj.* 2 *g.* Qui a rapport au nitre.

**NIVEAU**, *s. m.* Instrument pour connaître si un plan est horizontal; *fig.* Parité de rang, de mérite.

**NIVELER** (*part.* é, ée), *v. a.* Mesurer avec le niveau; mettre de niveau.

**NIVELEUR**, *s. m.* Celui qui nivelle; partisan de l'égalité.

**NIVELLEMENT**, *s. m.* Action de niveler.

**NIVERNAIS**, ancien gouvernement formant aujourd'hui le dép. de la Nièvre.

**NIVÔSE**, *s. m.* Quatrième mois de l'année républicaine, du 21 décembre au 19 janvier.

**NOBILIAIRE**, *s. m.* Registre des familles nobles; —, *adj.* 2 *g.* Appartenant à la noblesse.

**NOBILISSIME**, *adj.* 2 *g.* Très-noble.

**NOBLE**, *adj.* 2 *g.* Placé par son rang, par sa naissance, au-dessus des autres hommes; illustre, distingué; —, *s. m.* Celui qui appartient au corps de la noblesse.

**NOBLEMENT**, *adv.* Avec noblesse.

**NOBLESSE**, *s. f.* Qualité par laquelle on est noble; le corps des nobles; *fig.* Élévation de sentiments, de pensées.

**NOCE**, *s. f.* Mariage; festin, réjouissances qui accompagnent un mariage; assemblée de personnes qui s'y trouvent.

**NOCHER**, *s. m.* Celui qui conduit une barque, un navire.

**NOCTURNE**, *adj.* 2 *g.* Qui arrive durant la nuit; qui veille la nuit; —, *s. m.* Partie de l'office de la nuit; sorte de morceau de musique.

**NODOSITÉ**, *s. f.* État de ce qui est couvert de nœuds; les nœuds mêmes.

**NOËL**, *s. m.* Fête de la nativité de J. C.; cantique sur cette nativité.

**NŒUD**, *s. m.* Enlacement d'une chose pliante (ruban, fil, etc.); *fig.* Difficulté, point essentiel d'une affaire; attachement, union conjugale; partie plus dure dans le cœur du bois.

**NOGENT-LE-ROTROU**, chef-lieu d'arr. du dép. d'Eure-et-Loir.

**NOGENT-SUR-SEINE**, chef-lieu d'arr. du dép. de l'Aube.

**NOIR**, **E**, *adj.* Qui est de la couleur la plus obscure; livide, meurtri; sale, crasseux; triste, mélancolique; *noir*, *s. m.* Couleur noire; nègre.

**NOIRÂTRE**, *adj.* 2 *g.* Tirant sur le noir.

**NOIRAUD**, **E**, *adj.* Qui a les cheveux noirs et le teint brun.

**NOIRCEUR**, *s. f.* Qualité de ce qui est noir; *fig.* Action infâme, atrocité; malignité criminelle.

**NOIRCIR** (*part.* i, ie), *v. a.* Rendre noir; *fig.* Diffamer, faire passer pour méchant, pour infâme; —, *v. n.* Devenir noir.

**NOIRCISSURE**, *s. f.* Tache de noir.

**NOIRE**, *s. f.* Note de musique qui vaut la moitié d'une blanche.

**NOISE**, *s. f.* Querelle, dispute.

**NOISETIER**, *s. m.* Coudrier, arbre qui produit les noisettes.

**NOISETTE**, *s. f.* Fruit du noisetier; sorte de petite noix.

**NOIX**, *s. f.* Fruit du noyer, du cocotier, etc.

**NOLIS**, **NOLISSEMENT** ou **NAULAGE**, *s. m.* Fret, ou louage d'un vaisseau, etc.

**NOLISER** (*part.* é, ée), *v. a.* Fréter.

**NOM**, *s. m.* Terme qui sert à désigner une personne ou une chose; dénomination; titre; réputation bonne ou mauvaise; naissance; qualité en vertu de laquelle on agit.

**NOMADE**, *adj.* et *s.* 2 *g.* Errant, qui n'a pas d'habitation fixe.

**NOMBRE**, *s. m.* Collection d'unités; quantité, multitude; *t. de gramm.* Terminaison qui, à l'idée principale d'un mot, ajoute l'idée accessoire de quantité.

**NOMBRER** (*part.* é, ée), *v. a.* Compter, calculer, supputer les unités d'une quantité.

**NOMBREUX**, **EUSE**, *adj.* Qui est en grand nombre.

**NOMBRIL**, *s. m.* Creux qui se trouve au milieu du ventre de l'homme; cavité dans les fruits opposée à la queue.

**NOMENCLATEUR**, *s. m.* Celui qui

se livre à l'étude d'une nomenclature.

**NOMENCLATURE**, *s. f.* Collection des mots propres aux différentes parties d'une science, d'un art; méthode pour les classer.

**NOMINAL, E**, *adj.* *Appel nominal*, action d'appeler successivement par leurs noms les membres d'une assemblée; *valeur nominale*, exprimée par le nom de certaines pièces de monnaie. Voy. *Nominaux*.

**NOMINATIF**, *s. m.* Le sujet du verbe.

**NOMINATIF, IVE**, *adj.* Qui contient des noms.

**NOMINATION**, *s. f.* Droit ou Action de nommer à une charge; effets de cette action.

**NOMINATIVEMENT**, *adv.* En désignant le nom.

**NOMINAUX**, *s. m. pl.* Nom donné aux anciens scolastiques, par opposition aux réalistes.

**NOMMÉMENT**, *adv.* Avec désignation par le nom.

**NOMMER** (*part.* é, ée), *v. a.* Donner, imposer un nom; dire le nom d'une personne, d'une chose; choisir, désigner pour un emploi; *à point nommé*, précisément, fort à propos; *se nommer*, *v. pr.* Dire son nom; avoir tel ou tel nom.

**NON**, particule négative.

**NONAGÉNAIRE**, *adj.* 2 *g.* Agé de quatre-vingt-dix ans.

**NONANTE**, *adj. numér.* Neuf fois dix.

**NONANTIÈME**, *adj.* 2 *g.* Quatre-vingt-dixième.

**NONCE**, *s. m.* Ambassadeur du pape.

**NONCHALAMMENT**, *adv.* Avec nonchalance.

**NONCHALANCE**, *s. f.* Manque de soin; lenteur, indolence.

**NONCHALANT, E**, *adj.* Qui a de la nonchalance; négligent.

**NONCIATURE**, *s. f.* Charge de nonce; durée de cette charge.

**NONE**, *s. f.* Heure canoniale après sexte; *au pl.* chez les Romains, tantôt le cinquième, tantôt le septième du mois, et toujours le huitième jour avant les ides.

**NONNE** ou **NONNAIN**, *s. f.* Jeune religieuse.

**NONNETTE**, *s. f.* Jeune nonne; petit rond de pain d'épice.

**NONOBSTANT**, *prép.* Malgré, sans avoir égard à.

**NONPAREIL, EILLE**, *adj.* Qui est sans pareil, sans égal.

**NON-PAYEMENT**, *s. m.* Défaut de payement.

**NON-SENS**, *s. m.* (inv.) Défaut de sens.

**NONTRON**, chef-lieu d'arr. du dép. de la Dordogne.

**NON-USAGE**, *s. m.* Cessation d'usage.

**NON-VALEUR**, *s. f.* Défaut de produit; créance sans valeur.

**NOPAL**, *s. m.* Cactier (genre de plante grasse) qui porte la cochenille.

**NORD**, *s. m.* Septentrion; pôle arctique; dép. formé d'une partie de la Flandre, du Hainaut et du Cambrésis.

**NORMAL, E**, *adj.* Qui règle, qui dirige; *école normale*, où l'on apprend l'art d'enseigner.

**NORMAND, E**, *adj.* et *s.* Qui est de Normandie.

**NORMANDIE (LA)**, ancienne province divisée en haute et basse, et comprise dans les dép. de la Seine-Inférieure, de la Manche, du Calvados et de l'Eure.

**NOS**, *pl. de Notre*.

**NOSTALGIE**, *s. f.* Maladie causée par le désir de retourner dans son pays.

**NOTA**, *s. m.* (inv.) Remarque, observation à la marge, ou au bas d'un écrit.

**NOTABLE**, *adj.* 2 *g.* Remarquable, considérable; —, *s. m.* Personne classée parmi les habitants les plus considérables d'un lieu.

**NOTABLEMENT**, *adv.* Considérablement, beaucoup.

**NOTAIRE**, *s. m.* Officier public qui rédige et passe les actes.

**NOTAMMENT**, *adv.* Nommément, spécialement.

**NOTARIAT**, *s. m.* Charge, fonction de notaire.

**NOTARIÉ, ÉE**, *adj.* *Acte* —, passé devant notaire.

**NOTATION**, *s. f.* Manière de noter par des signes de convention.

**NOTE**, *s. f.* Marque sur un écrit; remarque, observation, commentaire, petit extrait; caractère de musique indiquant les différents sons.

**NOTER** (*part.* é, ée), *v. a.* Marquer, remarquer; faire une note; exprimer un chant par des notes de musique sur le papier.

**NOTEUR**, *s. m.* Copiste de musique.

**NOTICE**, *s. f.* Extrait raisonné; compte rendu succinctement; relevé de titres de livres.

**NOTIFICATION**, *s. f.* Acte par lequel on notifie.

**NOTIFIER** (*part.* é, ée), *v. a.* Faire savoir dans les formes légales, juridiques.

**NOTION**, *s. f.* Connaissance, idée d'une chose.

**NOTOIRE**, *adj.* 2 *g.* Manifeste, évident, certain.

**NOTOIREMENT**, *adv.* D'une manière notoire.

**NOTORIÉTÉ**, *s. f.* Évidence d'un fait généralement reconnu; *acte de* —, acte notarié constatant un fait.

**NOTRE**, *adj. posses. des* 2 *g.* Qui est à nous; relatif à nous.

**NÔTRE**, *pr. possess. des* 2 *g.* et *s. m.* Ce qui est à nous, de notre parti, de notre famille; *les nôtres*, nos parents, nos alliés, nos amis, ceux qui sont de notre parti.

**NOTRE-DAME**, *s. f.* La sainte Vierge; sa fête.

**NOUE**, *s. f.* Tuile creuse pour égoutter l'eau; pré gras et humide, endroit noyé d'eau.

**NOUER** (*part.* é, ée), *v. a.* Lier en faisant un nœud; faire un nœud à quelque chose; *au p. p. Enfant noué*, rachitique; *fleur nouée*, passée à l'état de fruit.

**NOUEUX, EUSE**, *adj.* Qui a beaucoup de nœuds.

**NOUGAT**, *s. m.* Gâteau d'amandes au caramel.

**NOUILLES**, *s. f. pl.* Espèce de pâte composée de farine et d'œufs, semblable à de gros vermicelle.

**NOURRAIN**, *s. m.* Petit poisson qui sert à repeupler les étangs.

**NOURRICE**, *s. f.* Femme qui allaite un enfant.

**NOURRICIER**, *s. m.* Mari de la nourrice; — *ière*, *adj.* Qui a la propriété de nourrir.

**NOURRIR** (*part.* i, ie), *v. a.* Sustenter; servir d'aliments; entretenir d'aliments; allaiter; *se* —, *v. pr.* Prendre de la nourriture.

**NOURRISSAGE**, *s. m.* Manière d'élever les bestiaux.

**NOURRISSANT, E**, *adj.* Qui nourrit beaucoup.

**NOURRISSEUR**, *s. m.* Celui qui nourrit des bestiaux.

**NOURRISSON**, *s. m.* Enfant que l'on nourrit.

**NOURRITURE**, *s. f.* Aliments; ce qui nourrit; action de nourrir un enfant.

**NOUS**, *pronom des* 2 *g.* de la première personne, pluriel de *je* ou *moi*.

**NOUVEAU** ou **NOUVEL, ELLE**, *adj.* Neuf, récent; moderne; *fig.* Qui n'a pas d'expérience; —, *s. m.* Ce qui n'est pas ancien; chose qui surprend; *de nouveau*, *loc. adv.* Encore une fois; *nouveau, adv.* Nouvellement.

**NOUVEAU-NÉ, ÉE** (*au pl. nouveau-nés*, *nouveau-nées*), *adj.* Nouvellement né.

**NOUVEAUTÉ**, *s. f.* Qualité de ce qui est nouveau; chose nouvelle; innovation.

**NOUVEL**. Voy. *Nouveau*.

**NOUVELLE**, *s. f.* Premier avis d'une chose arrivée récemment; conte, historiette.

**NOUVELLEMENT**, *adv.* Depuis peu.

**NOUVELLISTE**, *s. m.* Celui qui recherche, qui colporte des nouvelles.

**NOVATEUR**, *s. m.* Celui qui introduit quelque nouveauté; partisan des innovations.

**NOVATION**, *s. f.* Changement de titre, mutation d'un contrat.

**NOVEMBRE**, *s. m.* Onzième mois de l'année.

**NOVICE**, *s.* 2 *g.* Celui ou Celle qui a pris nouvellement l'habit religieux; *t. de mar.* Apprenti matelot; —, *adj.* et *s.* Peu habile.

**NOVICIAT**, *s. m.* État des novices avant leur profession; apprentissage quelconque.

**NOYALE**, *s. f.* Toile de chanvre écru pour faire des voiles.

**NOYAU** (*au pl. aux*), *s. m.* Partie dure et ligneuse dans certains fruits, et qui renferme la semence.

**NOYÉ, ÉE**, *s.* Mort dans l'eau.

**NOYER**, *s. m.* Arbre qui produit les noix; bois de cet arbre.

**NOYER** (*part. é, ée*; *se conj. sur Ployer*), *v. a.* Faire mourir dans l'eau; inonder; *se —*, *v. pr.* Périr dans l'eau.

**NU, UE**, *adj.* Qui n'est point vêtu; mal vêtu; *fig.* Qui est sans déguisements, sans ornements; *à nu*, *loc. adv.* A découvert.

**NUAGE**, *s. m.* Amas de vapeurs élevées en l'air; *fig.* Tout ce qui offusque la vue.

**NUAGEUX, EUSE**, *adj.* Couvert de nuages.

**NUANCE**, *s. f.* Tons différents d'une même couleur; assortiment de couleurs.

**NUANCER** (*part. é, ée*), *v. a.* Assortir les couleurs.

**NUBILE**, *adj.* 2 *g.* Qui est en âge de se marier.

**NUBILITÉ**, *s. f.* État nubile.

**NUDITÉ**, *s. f.* État d'une personne nue.

**NUE**, *s. f.* Nuage.

**NUÉE**, *s. f.* Nuage épais; *fig.* Multitude, groupe serré de personnes, d'oiseaux, d'insectes, etc.

**NUER** (*part. é, ée*), *v. a.* Nuancer.

**NUIRE** (*Ind. pr.* je nuis, tu nuis, il nuit, nous nuisons, vous nuisez, ils nuisent; *imp.* je nuisais, etc.; *p. déf.* je nuisis, etc.; *p. indéf.* j'ai nui, etc.; *fut.* je nuirai, etc.; *cond.* je nuirais, etc.; *impér.* nuis, nuisons, nuisez, etc.; *subj. pr.* que je nuise, etc.; *imp. subj.* que je nuisisse, etc.; *p. pr.* nuisant), *v. n.* Faire tort à quelqu'un; empêcher, embarrasser.

**NUISIBLE**, *adj.* 2 *g.* Qui nuit.

**NUIT**, *s. f.* Espace de temps où le soleil est sous notre horizon; *de —*, *loc. adv.* Pendant la nuit.

**NUITAMMENT**, *adv.* De nuit.

**NUL, ULLE**, *adj.* Aucun, pas un; qui est sans effet, *sans valeur*, sans mérite; *nul*, *subst. m.* Personne.

**NULLEMENT**, *adv.* En aucune manière.

**NULLITÉ**, *s. f.* Vice, défaut qui rend un acte nul; absence de mérite.

**NÛMENT**, *adv.* Sans déguisement.

**NUMÉRAIRE**, *s. m.* Argent monnayé; *adj.* 2 *g.* Qui marque la valeur fictive des espèces.

**NUMÉRAL, E**, *adj.* Qui désigne un nombre.

**NUMÉRATEUR**, *s. m.* Nombre qui indique, dans une fraction, combien elle contient de parties de l'unité.

**NUMÉRATION**, *s. f.* Art de nombrer, de compter.

**NUMÉRIQUE**, *adj.* 2 *g.* Qui appartient aux nombres.

**NUMÉRIQUEMENT**, *adv.* En nombre exact.

**NUMÉRO**, *s. m.* Nombre qui sert à reconnaître ce qui est coté, étiqueté; nombre d'ordre.

**NUMÉROTAGE**, *s. m.* Action de numéroter.

**NUMÉROTER** (*part. é, ée*), *v. a.* Coter, mettre un numéro.

**NUMISMATE**, *s. m.* Celui qui est versé dans la connaissance des médailles.

**NUMISMATIQUE**, *adj.* 2 *g.* Qui a rapport aux médailles antiques; —, *s. f.* Science des médailles.

**NUPTIAL, E**, *adj.* Qui appartient aux noces, au mariage.

**NUQUE**, *s. f.* Partie postérieure du cou.

**NUTRITIF, IVE**, *adj.* Qui nourrit, qui sert d'aliment.

**NUTRITION**, *s. f.* Fonction naturelle par laquelle les sucs nourriciers se convertissent en notre substance.

**NYMPHE**, *s. f.* Divinité fabuleuse du second ordre; premier degré de la métamorphose des insectes.

## O.

**O**, *s. m.* Quinzième lettre de l'alphabet, quatrième voyelle.

**Ô**, *interj.* Sert à marquer la joie, la douleur.

OASIS, s. f. Espace de terre cultivé au milieu d'un désert.

OBÉDIENCE, s. f. Obéissance.

OBÉIR (part. i, ie), v. n. Se soumettre à la volonté, aux ordres de quelqu'un, les exécuter; fig. Céder, plier.

OBÉISSANCE, s. f. Action d'obéir; habitude d'obéir, soumission.

OBÉISSANT, E, adj. Qui obéit.

OBÉLISQUE, s. m. Monument quadrangulaire, souvent monolithe, et dont le sommet est plus étroit que la base.

OBÉRER (part. é, ée), v. a. Endetter; s'—, v. pr. S'endetter.

OBÉSITÉ, s. f. Embonpoint excessif.

OBJECTER (part. é, ée), v. a. Faire une objection.

OBJECTIF, IVE, adj. Verre objectif, et Objectif, s. m. Verre d'une lunette tourné vers l'objet que l'on considère.

OBJECTION, s. f. Difficulté qu'on oppose à une proposition.

OBJET, s. m. Tout ce qui s'offre à la vue; sujet d'un sentiment, d'une action; but, fin; matière d'un art, d'une science.

OBJURGATION, s. f. Reproche vif.

OBLATION, s. f. Action d'offrir à Dieu; chose offerte.

OBLIGATION, s. f. Engagement imposé par devoir; acte authentique par lequel on s'engage à payer une somme à époque fixe.

OBLIGATOIRE, adj. 2 g. Qui a la force d'obliger suivant la loi.

OBLIGÉ, ÉE, adj. Redevable d'un service rendu; prescrit; indispensable; —, s. m. Acte passé entre un apprenti et un maître.

OBLIGEAMMENT, adv. D'une manière obligeante.

OBLIGEANCE, s. f. Disposition, penchant à obliger.

OBLIGEANT, E, adj. Qui aime à obliger, à rendre service; poli, gracieux.

OBLIGER (part. é, ée), v. a. Imposer obligation, lier par un acte; forcer à; rendre service; engager un apprenti chez un maître; s'—, v. pr. Contracter une obligation.

OBLIQUE, adj. 2 g. Qui va de biais, incliné; fig. Détourné, rusé.

OBLIQUEMENT, adv. De biais.

OBLIQUITÉ, s. f. Inclinaison d'une ligne, d'une surface sur une autre; fig. Astuce.

OBLITÉRATION, s. f. Action d'oblitérer, effet de cette action.

OBLITÉRER (part. é, ée), v. a. Effacer peu à peu.

OBLONG, UE, adj. Plus long que large.

OBOLE, s. f. Ancienne monnaie de cuivre, moitié d'un denier tournois; poids de douze grains.

OBSCÈNE, adj. 2 g. Qui blesse la pudeur.

OBSCÉNITÉ, s. f. Chose obscène.

OBSCUR, E, adj. Sombre, qui n'est pas éclairé; peu connu; peu intelligible.

OBSCURCIR (part. i, ie), v. a. Rendre obscur; s'—, v. pr. Perdre sa clarté.

OBSCURCISSEMENT, s. m. Affaiblissement de lumière; état d'une chose obscurcie.

OBSCURÉMENT, adv. Avec obscurité.

OBSCURITÉ, s. f. Absence de lumière; fig. Défaut de clarté; vie cachée.

OBSÉCRATION, s. f. Prière pour apaiser les dieux (chez les anciens Romains).

OBSÉDER (part. é, ée), v. a. Être assidu auprès de quelqu'un pour s'emparer de son esprit; fatiguer, tourmenter.

OBSÈQUES, s. f. pl. Funérailles faites avec pompe.

OBSÉQUIEUSEMENT, adv. D'une manière obséquieuse.

OBSÉQUIEUX, EUSE, adj. Qui montre des égards excessifs, une complaisance servile.

OBSÉQUIOSITÉ, s. f. Caractère obséquieux; conduite obséquieuse.

OBSERVANCE, s. f. Action d'observer certaines règles.

OBSERVATEUR, TRICE, s. et adj. Celui ou Celle qui observe, qui considère attentivement, qui fait des remarques; celui qui accomplit ce qui est prescrit.

**OBSERVATION**, *s. f.* Examen des objets naturels; remarque qui en résulte; objection modérée; action d'observer ce qui est prescrit par une loi; note.

**OBSERVATOIRE**, *s. m.* Édifice consacré aux observations astronomiques.

**OBSERVER** (*part.* é, ée), *v. a.* Considérer avec application; remarquer; épier; accomplir ce que prescrit une loi; *s'* —, *v. pr.* Être très-circonspect, veiller sur soi-même; *s'* —, *v. récipr.* S'épier l'un l'autre.

**OBSESSION**, *s. f.* Action d'obséder; effet de cette action.

**OBSIDIONAL**, **E**, *adj. Couronne obsidionale*, que les anciens Romains décernaient à celui qui avait fait lever le siége d'une ville; *monnaie* —, frappée dans une ville assiégée.

**OBSTACLE**, *s. m.* Empêchement, opposition, embarras.

**OBSTINATION**, *s. f.* Opiniâtreté, attachement invincible à une opinion.

**OBSTINÉ**, **ÉE**, *adj.* et *s.* Opiniâtre; qui s'obstine.

**OBSTINÉMENT**, *adv.* Avec obstination.

**OBSTINER** (*part.* é, ée), *v. a.* Rendre opiniâtre; *s'* —, *v. pr.* S'opiniâtrer.

**OBSTRUCTION**, *s. f.* Engorgement, embarras dans les vaisseaux du corps animal.

**OBSTRUER** (*part.* é, ée), *v. a.* Causer de l'obstruction; boucher; faire obstacle.

**OBTEMPÉRER**, *v. n.* Obéir, déférer à.

**OBTENIR** (se conj. sur *Tenir*), *v. a.* Parvenir à un résultat qu'on désire.

**OBTENTION**, *s. f.* Action d'obtenir.

**OBTUS**, **E**, *adj.* Émoussé; *angle obtus*, plus grand qu'un angle droit; *fig. Esprit* —, peu pénétrant.

**OBUS**, *s. m.* Petite bombe sans anses.

**OBUSIER**, *s. m.* Mortier pour lancer des obus.

**OBVIER** *v. n.* Prendre les mesures nécessaires pour empêcher un mal, un accident.

**OCCASION**, *s. f.* Conjoncture propice, circonstance favorable et fortuite, ce qui donne lieu à.

**OCCASIONNEL**, **ELLE**, *adj.* Qui donne occasion.

**OCCASIONNELLEMENT**, *adv.* Par occasion.

**OCCASIONNER** (*part.* é, ée), *v. a.* Donner occasion; être cause de.

**OCCIDENT**, *s. m.* Point cardinal où le soleil se couche; partie du globe au couchant de notre hémisphère.

**OCCIDENTAL**, **E**, *adj.* Qui est à l'occident.

**OCCIPUT**, *s. m.* Le derrière de la tête.

**OCCIRE** (*part.* is, ise), *v. a.* Tuer; *vieux mot.*

**OCCULTE**, *adj.* 2 *g.* Dont la cause est inconnue; caché.

**OCCUPANT**, **E**, *adj.* et *s. m.* Qui occupe.

**OCCUPATION**, *s. f.* Affaire, emploi auquel on est occupé; action de s'emparer d'un pays.

**OCCUPER** (*part.* é, ée), *v. a.* Remplir un espace de lieu ou de temps; habiter; donner de l'occupation; se saisir, s'emparer de; *s'* —, *v. pr.* Travailler, s'appliquer à.

**OCCURRENCE**, *s. f.* Rencontre, événement fortuit.

**OCCURRENT**, **E**, *adj.* Qui survient par hasard.

**OCÉAN**, *s. m.* La grande mer qui baigne toutes les parties de la terre.

**OCÉANE**, *adj. f. Mer* —, l'Océan.

**OCRE**, *s. f.* Terre ferrugineuse d'un jaune pâle.

**OCREUX**, **EUSE**, *adj.* Qui est de la nature, de la couleur de l'ocre.

**OCTAÈDRE**, *s. m.* Figure de géométrie à huit faces.

**OCTANTE**, *adj. num.* Quatre-vingts.

**OCTANTIÈME**, *adj. num. d'ordre.* Quatre-vingtième.

**OCTAVE**, *s. f.* Huitaine pendant laquelle l'Église solennise une des principales fêtes de l'année; *t. de mus.* Ton éloigné d'un autre de huit degrés; les huit degrés de l'octave; stance de huit vers.

**OCTOBRE**, *s. m.* Dixième mois de l'année.

**OCTOGÉNAIRE**, *adj.* et *s.* 2 *g.* Agé de quatre-vingts ans.

**OCTOGONE**, *adj.* 2 *g.* et *s. m.* Qui a huit angles et huit côtés.

**OCTROI**, *s. m.* Concession; droit que payent certaines denrées en entrant dans une ville.

**OCTROYER** ( se conj. sur *Ployer; part.* é, ée), *v. a.* Concéder, accorder.

**OCTUPLE**, *adj.* 2 *g.* Qui contient huit fois.

**OCTUPLER** (*part.* é, ée), *v. a.* Répéter huit fois.

**OCULAIRE**, *adj.* 2 *g.* Qui concerne l'œil; *témoin* —, qui a vu ce dont il rend témoignage; —, *s. m.* Verre d'une lunette placé du côté de l'œil.

**OCULAIREMENT**, *adv.* Par le secours des yeux.

**OCULISTE**, *s. m.* Médecin qui traite spécialement les maladies de l'œil.

**ODALISQUE**, *s. f.* Femme du sérail.

**ODE**, *s. f.* Poëme lyrique divisé en stances.

**ODÉON**, *s. m.* Sorte de théâtre (chez les anciens).

**ODEUR**, *s. f.* Exhalaison odorante de certains corps; *au pl.* Parfums.

**ODIEUSEMENT**, *adv.* D'une manière odieuse.

**ODIEUX, EUSE**, *adj.* Qui excite l'aversion, l'indignation, la haine; *odieux*, *s. m.* Ce qu'il y a d'odieux.

**ODONTALGIE**, *s. f.* Douleur des dents.

**ODONTALGIQUE**, *adj.* 2 *g.* Propre à calmer l'odontalgie.

**ODONTOLOGIE**, *s. f.* Partie de l'anatomie qui traite des dents.

**ODORANT, E**, *adj.* Qui répand une odeur.

**ODORAT**, *s. m.* Sens par lequel on perçoit les odeurs.

**ODORIFÉRANT, E**, *adj.* Qui répand une bonne odeur.

**ODYSSÉE**, *s. f.* Poëme d'Homère dont Ulysse est le héros.

**OECUMÉNICITÉ**, *s. f.* Caractère œcuménique.

**OECUMÉNIQUE**, *adj.* 2 *g.* Universel.

**OECUMÉNIQUEMENT**, *adv.* D'une manière œcuménique.

**OEIL** ( *au pl. yeux* ), *s. m.* Organe de la vue; regard, aspect; ouverture dans certains outils et instruments; bourgeon; endroit d'où le bourgeon sort de la plante; lucarne ronde.

**OEILLADE**, *s. f.* Regard, coup d'œil.

**OEIL-DE-BOEUF** (*au pl. œils-de-bœuf*), *s. m.* Sorte de lucarne ronde.

**OEILLÈRE** (ll m.), *s. f.* Dent de la partie supérieure de la mâchoire; pièce de cuir à la têtière pour garantir l'œil du cheval; petit vase pour baigner les yeux.

**OEILLET** (ll m.), *s. m.* Fleur odoriférante; petit trou fait pour passer le lacet.

**OEILLETON** (ll m.), *s. m.* Marcotte d'œillet, d'artichaut.

**OEILLETTE**, *s. f.* Pavot dont on tire de l'huile.

**OENOLOGIE**, *s. f.* Art de faire le vin.

**OEUF** ( *f* ne se prononce pas dans *œuf frais*, *œuf dur*, ni au pl.), *s. m.* Corps organique renfermé dans une coquille ou dans une membrane que pondent les femelles des oiseaux, des poissons, de certains insectes, reptiles, etc., et qui sert à leur reproduction; ce qui a la forme d'un œuf.

**OEUVÉ, ÉE**, *adj.* Qui a des œufs (en parlant des poissons).

**OEUVRE**, *s. f.* Acte, action, ouvrage considérable; *au pl.* Productions d'un auteur; —, *s. m.* Recueil d'estampes d'un même graveur; ouvrages d'un musicien; corps d'un édifice.

**OFFENSANT, E**, *adj.* Choquant, injurieux.

**OFFENSE**, *s. f.* Injure de fait ou de paroles.

**OFFENSER** (*part.* é, ée), *v. a.* Faire une injure, une insulte; blesser; *s'* —, *v. pr.* Se fâcher.

**OFFENSEUR**, *s. m.* Celui qui offense, qui a offensé.

**OFFENSIF, IVE**, *adj.* Propre à attaquer.

**OFFENSIVE**, *s. f.* Attaque.

**OFFENSIVEMENT**, *adv.* D'une manière offensive.

**OFFERTE**, *s. f.* Oblation du pain et du vin dans le sacrifice de la messe.

**OFFERTOIRE**, *s. f.* Prière qui précède l'offerte.

**OFFICE**, *s. m.* Devoir, fonction; assistance, protection; prières publiques; — *s. f.* Lieu où l'on prépare tout ce qu'on met sur table au dessert.

**OFFICIAL**, *s. m.*, Juge ecclésiastique.

**OFFICIALITÉ**, *s. f.* Juridiction de l'official.

**OFFICIANT**, *s.* et *adj. m.* Prêtre célébrant.

**OFFICIEL**, **ELLE**, *adj.* Publié, déclaré par l'autorité.

**OFFICIELLEMENT**, *adv.* D'une manière officielle.

**OFFICIER**, *s. m.* Celui qui a un grade militaire, une charge, un office, un commandement; chef d'office dans une grande maison.

**OFFICIER**, *v. n.* Faire l'office divin à l'église; fonctionner.

**OFFICIEUSEMENT**, *adv.* D'une manière officieuse.

**OFFICIEUX**, **EUSE**, *adj.* Porté à rendre service; obligeant; —, *s. m.* Flatteur empressé.

**OFFICINAL**, **E**, *adj.* *Plantes officinales*, dont on se sert dans les préparations pharmaceutiques; *compositions* —, drogues qu'on trouve toutes prêtes chez les pharmaciens.

**OFFICINE**, *s. f.* Laboratoire de pharmacien.

**OFFRANDE**, *s. f.* Chose offerte; cérémonie de la messe où le prêtre reçoit les dons des fidèles.

**OFFRANT**, *s. m.* Celui qui offre.

**OFFRE**, *s. f.* Action d'offrir; ce que l'on offre; proposition de donner ou de faire.

**OFFRIR** (*Ind. pr.* j'offre, tu offres, il offre, nous offrons, vous offrez, ils offrent; *imp.* j'offrais, etc., nous offrions, etc.; *p. déf.* j'offris, etc., nous offrîmes, etc.; *fut.* j'offrirai, etc., nous offrirons, etc.; *cond.* j'offrirais, etc., nous offririons, etc.; *imp.* offre, offrez, etc.; *sub. pr.* que j'offre, etc., que nous offrions, etc.; *imp. sub.* que j'offrisse, que tu offrisses, qu'il offrît, que nous offrissions, etc.; *p. pr.* offrant; *p. p.* offert, e), *v. a.* Présenter en priant d'accepter; proposer.

**OFFUSQUER** (*part.* é, ée), *v. a.* Empêcher de voir ou d'être vu; éblouir; *fig.* Donner de l'ombrage; déplaire; choquer.

**OGIVE**, *s. f.* Arceau en forme d'arête sous une voûte.

**OGNON.** Voy. *Oignon.*

**OGRE**, **ESSE**, *s.* Monstre imaginaire, anthropophage; *fig.* Grand mangeur.

**OH!** *interj.* qui marque la surprise, l'admiration.

**OHO!** *interj.* qui marque l'étonnement.

**OIE**, *s. f.* Oiseau aquatique plus gros que la cane.

**OIGNON**, *s. m.* Plante potagère sphérique, bulbeuse; partie de la racine de quelques plantes; tumeur douloureuse aux pieds.

**OIGNONIÈRE**, *s. f.* Terre semée d'oignons.

**OINDRE** (se conj. sur *Joindre*), *v. a.* Enduire, frotter avec une substance onctueuse.

**OING**, *s. m.* Graisse de porc fondue.

**OISE**, rivière qui prend sa source dans les Ardennes et se jette dans la Seine au-dessous de Paris; départ. formé de l'Ile-de-France propre, du Valois, du Noyonnais, Soissonnais, Santerre, Amiénois (Picardie).

**OISEAU**, *s. m.* Animal à deux pieds, ayant un bec, des plumes et des ailes; *à vol d'*—, *adv.* En ligne droite.

**OISELER**, *v. n.* Tendre des filets pour prendre des oiseaux.

**OISELEUR**, *s. m.* Celui qui fait métier de prendre des oiseaux.

**OISELIER**, *s. m.* Celui qui élève et vend des oiseaux.

**OISELLERIE**, *s. f.* Art de prendre et d'élever des oiseaux; commerce d'oiseaux.

**OISEUX**, **EUSE**, *adj.* Oisif, inutile.

**OISIF**, **IVE**, *adj.* Qui ne fait rien, qui n'a point d'occupation.

**OISILLON** (ll m.), *s. m.* Petit oiseau.

**OISIVEMENT**, *adv.* D'une manière oisive.

**OISIVETÉ**, *s. f.* État, habitude d'inaction.

**OISON**, *s. m.* Petit de l'oie.

**OLÉAGINEUX, EUSE**, *adj.* Qui est de la nature de l'huile.

**OLÉRON**, chef-lieu d'arr. du dép. des Basses-Pyrénées.

**OLIBRIUS**, *s. m.* Fanfaron, pédant.

**OLIGARCHIE**, *s. f.* Gouvernement où l'autorité est entre les mains d'un petit nombre de personnes.

**OLIGARCHIQUE**, *adj. 2 g.* Qui appartient à l'oligarchie.

**OLIVAISON**, *s. f.* Saison de la récolte des olives.

**OLIVÂTRE**, *adj. 2 g.* Qui est de la couleur de l'olive; basané.

**OLIVE**, *s. f.* Fruit de l'olivier, charnu, ovale, à noyau très-dur, dont on tire de l'huile; couleur jaune-verdâtre.

**OLIVETTES**, *s. f. pl.* Espèce de danse à laquelle on se livre en Provence, après la récolte des olives.

**OLIVIER**, *s. m.* Arbre toujours vert qui produit les olives.

**OLOGRAPHE**, *adj. 2 g.* *Testament* —, écrit en entier de la main du testateur.

**OLYMPE**, *s. m.* Le ciel de la Fable.

**OLYMPIADE**, *s. f.* Espace de quatre ans entre la célébration des jeux Olympiques.

**OLYMPIENS**, *adj.* et *s. m. pl.* Les douze principales divinités du paganisme.

**OLYMPIQUE**, *adj. 2 g.* *Jeux* —, qui étaient célébrés tous les quatre ans près d'Olympie.

**OMBELLE** (*t. de bot.*), *s. f.* Petits rameaux qui partent d'une tige commune, s'étendent en forme de parasol, et se terminent par des amas de fleurs.

**OMBELLIFÈRE**, *adj. 2 g.* Qui porte des ombelles.

**OMBILIC**, *s. m.* Nombril.

**OMBILICAL, E**, *adj.* Qui a rapport à l'ombilic.

**OMBRAGE**, *s. m.* Amas des branches et des feuilles des arbres qui produit de l'ombre; *fig.* Défiance, soupçon.

**OMBRAGER** (*part.* é, ée), *v. a.* Faire ou Donner de l'ombre.

**OMBRAGEUX, EUSE**, *adj.* Soupçonneux, défiant.

**OMBRE**, *s. f.* Obscurité causée par un corps opaque opposé à la lumière; absence de lumière; obscurité; ombrage; *fig.* Apparence vaine; indice, vestige; mânes.

**OMBRELLE**, *s. f.* Petit parasol.

**OMBRER** (*part.* é, ée), *v. a.* Mettre des ombres à un tableau, à un dessin.

**OMÉGA**, *s. m.* Dernière lettre de l'alphabet grec.

**OMELETTE**, *s. f.* Œufs battus et cuits dans la poêle avec du beurre.

**OMER (SAINT-)**, chef-lieu d'arr. du départ. du Pas-de-Calais.

**OMETTRE** (se conj. sur *Mettre*), *v. a.* Manquer à faire, à dire ce qu'on pouvait ou ce qu'on devait faire ou dire; passer sous silence, oublier.

**OMISSION**, *s. f.* Manquement à une chose de devoir ou d'usage; oubli.

**OMNIBUS**, *s. m.* Nom donné à certaines voitures pour le transport en commun.

**OMOPLATE**, *s. f.* Os plat et large de l'épaule.

**ON**, *pron. pers. indéf.* Quelqu'un.

**ONAGRE**, *s. m.* Âne sauvage.

**ONC, ONCQUES**, *adv.* Jamais. (Il est vieux.)

**ONCE**, *s. f.* Poids de huit gros; quadrupède carnivore qui ressemble au léopard.

**ONCLE**, *s. m.* Frère du père ou de la mère.

**ONCTION**, *s. f.* Action d'oindre; *fig.* Paroles qui touchent le cœur et portent à la pitié.

**ONCTUEUSEMENT**, *adv.* Avec onction; d'une manière touchante.

**ONCTUEUX, EUSE**, *adj.* Huileux; *fig.* Rempli d'onction.

**ONCTUOSITÉ**, *s. f.* Qualité de ce qui est onctueux.

**ONDE**, *s. f.* Flot, soulèvement de l'eau agitée; l'eau, la mer; au *pl.* Ce qui a la forme de l'onde.

**ONDÉ, ÉE**, *adj.* Façonné en ondes.

**ONDÉE**, *s. f.* Pluie subite, abondante et passagère

**ONDOIEMENT**, *s. m.* Baptême où l'on n'observe que l'essentiel du sacrement.

**ONDOYANT, E**, *adj.* Qui a un mouvement analogue à celui des ondes.

**ONDOYER**, *v. n.* Flotter par ondes; — (*part.* é, ée), *v. a.* Baptiser sans les cérémonies de l'Église.

**ONDULATION**, *s. f.* Mouvement par ondes.

**ONDULATOIRE**, *adj.* 2 *g.* *Mouvement* —, ondulation.

**ONDULÉ, ÉE**, *adj.* Dont la surface présente des ondulations.

**ONDULER**, *v. n.* Avoir un mouvement d'ondulation.

**ONDULEUX, EUSE**, *adj.* Qui offre des ondulations.

**ONÉREUX, EUSE**, *adj.* Qui est à charge, coûteux.

**ONGLE**, *s. m.* Substance ferme et transparente qui couvre le dessus du bout des doigts; *au pl.* Griffes de plusieurs animaux.

**ONGLÉE**, *s. f.* Engourdissement douloureux au bout des doigts, causé par le froid.

**ONGLET**, *s. m.* Petit ongle; feuillet substitué à un autre qui était fautif; bande de papier destinée à recevoir des estampes dans un volume relié; assemblage à angles.

**ONGLETTE**, *s. f.* Poinçon de serrurier; échancrure dans une lame pour l'ouvrir avec l'ongle.

**ONGUENT**, *s. m.* Médicament mou, onctueux, pour appliquer à l'extérieur.

**ONOMATOPÉE**, *s. f.* Formation d'un mot imitatif.

**ONZE**, *adj.* 2 *g.* Nombre de dix et un; —, *s. m.* Le chiffre qui indique ce nombre.

**ONZIÈME**, *adj.* 2 *g.* Nombre d'ordre; —, *s. m.* Onzième partie d'un tout.

**ONZIÈMEMENT**, *adv.* En onzième lieu.

**OPACITÉ**, *s. f.* Qualité d'un corps opaque.

**OPALE**, *s. f.* Pierre précieuse, chatoyante, laiteuse, à reflets colorés.

**OPAQUE**, *adj.* 2 *g.* Qui n'est pas transparent.

**OPERA** (*au pl.* *opéras*), *s. m.* Pièce de théâtre en musique avec machines et danses; lieu où l'on représente ces pièces.

**OPÉRATEUR**, *s. m.* Celui qui fait les opérations chirurgicales; charlatan qui vend ses remèdes en place publique.

**OPÉRATION**, *s. f.* Action de ce qui opère; action méthodique du chirurgien sur quelque partie du corps; calcul arithmétique; mouvements militaires; action, effet d'un remède.

**OPÉRER** (*part.* é, ée), *v. a.* Faire une opération; produire quelque effet; —, *v. n.* Produire son effet (en parlant d'un remède).

**OPHICLÉIDE**, *s. m.* Serpent à clefs, instrument de musique.

**OPHTHALMIE**, *s. f.* Maladie des yeux.

**OPHTHALMIQUE**, *adj.* 2 *g.* Qui concerne les yeux.

**OPIAT**, *s. m.* Pâte pour nettoyer les dents.

**OPIMES**, *adj. f. pl.* *Dépouilles* —, que remportait un général romain qui avait tué de sa main le général ennemi.

**OPINANT**, *s. m.* Celui qui opine dans une délibération.

**OPINER**, *v. n.* Dire son avis dans une assemblée, sur un objet mis en délibération.

**OPINIÂTRE**, *adj.* 2 *g.* Entêté, obstiné; trop attaché à son opinion.

**OPINIÂTRÉMENT**, *adv.* Avec opiniâtreté, fermeté.

**OPINIÂTRER** (*part.* é, ée), *v. a.* Rendre opiniâtre; soutenir avec opiniâtreté; *s'*—, *v. pr.* S'obstiner.

**OPINIÂTRETÉ**, *s. f.* Obstination; trop grand attachement à sa volonté, à son opinion.

**OPINION**, *s. f.* Avis, sentiment de celui qui opine; jugement sur une personne ou une chose.

**OPIUM**, *s. m.* Suc de pavot blanc, narcotique et soporatif.

**OPPORTUN, E**, *adj.* Qui est ou se fait à propos, selon le temps et le lieu.

**OPPORTUNITÉ**, *s. f.* Qualité de ce qui est opportun; occasion favorable.

**OPPOSANT, E,** *adj.* et *s.* Qui s'oppose à l'exécution d'une sentence.

**OPPOSÉ,** *s. m.* Le contraire.

**OPPOSER** (*part.* é, ée), *v. a.* Mettre vis-à-vis, en parallèle, en contraste; *s'—, v. p.* Être contraire; ne point consentir.

**OPPOSITE,** *s. m.* Le contraire; *à l'—, loc. adv.* Vis-à-vis.

**OPPOSITION,** *s. f.* Empêchement, obstacle; protestation.

**OPPRESSER** (*part.* é, ée), *v. a.* Presser fortement; gêner la respiration.

**OPPRESSEUR,** *s. m.* Persécuteur, tyran.

**OPPRESSIF, IVE,** *adj.* Dont l'effet est d'opprimer.

**OPPRESSION,** *s. f.* État de celui qui est oppressé ou opprimé; étouffement, suffocation; action d'opprimer; persécution, tyrannie.

**OPPRIMÉ,** *s. m.* Celui qu'on opprime.

**OPPRIMER** (*part.* é, ée), *v. a.* Persécuter, tyranniser.

**OPPROBRE,** *s. m.* Ignominie, honte, état d'abjection.

**OPTATIF, IVE,** *adj.* Qui exprime le souhait; *t. de gramm. Mode* —, et *Optatif, s. m.* Mode qui sert à exprimer le souhait.

**OPTER,** *v. n.* Choisir entre plusieurs choses qu'on ne peut avoir ensemble.

**OPTICIEN,** *s. m.* Celui qui sait l'optique; celui qui fait et vend des instruments d'optique.

**OPTIMISME,** *s. m.* Système tendant à prouver que tout est pour le mieux.

**OPTIMISTE,** *s.* et *adj.* 2 *g.* Partisan de l'optimisme.

**OPTION,** *s. f.* Faculté ou Action d'opter.

**OPTIQUE,** *adj.* 2 *g.* Qui a rapport à la vision, qui sert à la vue; —, *s. f.* Science de la lumière et des lois de la vision; partie de la physique qui traite des propriétés de la lumière et des couleurs sans aucun rapport à la vision.

**OPULEMMENT,** *adv.* Avec opulence.

**OPULENCE,** *s. f.* Grande richesse, abondance de biens.

**OPULENT, E,** *adj.* Très-riche.

**OPUSCULE,** *s. m.* Petit ouvrage scientifique ou littéraire.

**OR,** *s. m.* Métal jaune, brillant, plus lourd que les autres métaux, à l'exception du platine; monnaie en or; richesses.

**OR,** *particule* qui sert à lier une proposition à une autre.

**ORACLE,** *s. m.* Réponse que les païens prétendaient recevoir de leurs dieux; divinité qui rendait de prétendus oracles; vérités qu'énoncent les saintes Écritures.

**ORAGE,** *s. m.* Tempête, vent impétueux, grosse pluie mêlée d'éclairs et de tonnerre; *fig.* Disgrâce, infortune subite.

**ORAGEUX, EUSE,** *adj.* Qui cause l'orage; sujet aux orages.

**ORAISON,** *s. f.* Discours d'apparat; assemblage de mots formant un sens complet; prière à Dieu ou aux saints.

**ORAL, E,** *adj.* Qui se transmet de bouche en bouche.

**ORANGE,** chef-lieu d'arr. du dép. de Vaucluse.

**ORANGE,** *s. f.* Fruit à pépin d'un jaune doré qui a beaucoup de jus; couleur de ce fruit.

**ORANGÉ, ÉE,** *adj.* Qui est de couleur d'orange.

**ORANGEADE,** *s. f.* Boisson faite avec du jus d'orange, de l'eau et du sucre.

**ORANGEAT,** *s. m.* Confitures sèches de morceaux d'écorce d'orange.

**ORANGER,** *s. m.* Arbre toujours vert qui produit les oranges.

**ORANGER, ÈRE,** *s.* Celui ou Celle qui vend des oranges.

**ORANGERIE,** *s. f.* Lieu où l'on cultive les orangers.

**ORANG-OUTANG** (*au pl. orangs-outangs*), *s. m.* Espèce de singe sans queue assez semblable à l'homme.

**ORATEUR,** *s. m.* Celui qui compose, qui prononce des harangues en public; celui qui a la parole dans une assemblée publique.

**ORATOIRE,** *adj.* 2 *g.* Qui appartient à l'orateur; —, *s. m.* Lieu destiné à la prière; congrégation d'ecclésiastiques.

**ORATOIREMENT**, *adv.* D'une manière oratoire.

**ORATORIEN**, *s. m.* et *adj.* Membre de la corporation de l'Oratoire.

**ORATORIO**, *s. m.* Drame religieux mis en musique.

**ORBE**, *s. m.* Espace que parcourt une planète dans son cours.

**ORBICULAIRE**, *adj.* 2 *g.* Rond, qui va en rond.

**ORBITE**, *s. f.* Chemin que décrit une planète par son mouvement propre; cavité dans laquelle l'œil est placé.

**ORCANÈTE**, *s. f.* Plante dont la racine produit une teinture rouge.

**ORCHESTRE**, *s. m.* Dans les théâtres grecs, lieu où l'on dansait; aux théâtres romains, place des sénateurs; aux théâtres modernes, place des musiciens; réunion de musiciens.

**ORDINAIRE**, *adj.* 2 *g.* Habituel; qui arrive communément; médiocre; —, *s. m.* Ce qu'on a coutume de servir pour le repas; ce qu'on a coutume de faire; *à l'*—, *loc. adv.* Suivant la coutume; *d'*—, *loc. adv.* Le plus souvent.

**ORDINAIREMENT**, *adv.* Pour l'ordinaire, d'ordinaire.

**ORDINAL**, *adj. m.* Qui détermine l'ordre.

**ORDINAND**, *s. m.* Candidat qui aspire à recevoir les ordres sacrés.

**ORDINANT**, *s. m.* L'évêque qui confère les ordres.

**ORDINATION**, *s. f.* Action de conférer les ordres sacrés.

**ORDONNANCE**, *s. f.* Disposition, arrangement; règlement pour l'exécution des lois; soldat en message, ou de garde chez un officier; mandement à un trésorier de payer une somme; prescription d'un médecin.

**ORDONNANCER** (*part.* é, ée), *v. a.* Donner un ordre, un mandement pour payer.

**ORDONNATEUR**, *s. m.* Celui qui ordonne, qui dispose; celui qui ordonnance les payements.

**ORDONNER** (*part.* é, ée), *v. a.* Ranger, disposer, mettre en ordre; commander, prescrire; conférer les ordres; donner une ordonnance (en parlant d'un médecin).

**ORDRE**, *s. m.* Disposition des choses mises en leur rang; arrangement, état de la fortune, des affaires; commandement; un des sept sacrements; compagnie de chevalerie; décoration; endossement (d'un effet de commerce); *mot d'ordre*, donné tous les jours à une garnison.

**ORDURE**, *s. f.* Excréments, impuretés du corps; chose malpropre; balayures; *fig.* Actions honteuses, obscènes.

**ORDURIER**, **IÈRE**, *adj.* Qui contient des choses obscènes; qui se plaît à en dire.

**OREILLE**, *s. f.* Organe de l'ouïe; *oreille-d'ours*, *s. f.* Plante vivace très-recherchée des fleuristes.

**OREILLER**, *s. m.* Coussin pou mettre sous la tête.

**OREILLETTE**, *s. f.* Cavité d cœur.

**OREILLONS** ou **ORILLONS**, *s. m. pl.* Tumeurs ou Glandes voisines de l'oreille.

**ORÉMUS**, *s. m.* Prière.

**ORFÈVRE**, *s. m.* Fabricant et marchand d'ouvrages, de vaisselle d'or et d'argent, etc.

**ORFÈVRERIE**, *s. f.* Ouvrages d'or, d'argent; commerce de ces ouvrages; art de l'orfèvre.

**ORFRAIE**, *s. f.* Oiseau de proie nocturne.

**ORGANDI**, *s. m.* Sorte de mousseline très-claire.

**ORGANE**, *s. m.* Partie du corps qui sert aux sensations, aux opérations de l'animal; la voix; *fig.* Moyen, instrument.

**ORGANIQUE**, *adj.* 2 *g.* Qui agit par le moyen des organes; qui concourt à l'organisation.

**ORGANISATION**, *s. f.* Manière dont un corps est organisé; arrangement de parties constitutives; constitution d'un État.

**ORGANISER** (*part.* é, ée), *v. a.* Donner aux parties d'un corps la disposition nécessaire pour les fonctions auxquelles il est destiné; régler (un corps politique, une administration, etc.).

**ORGANISME**, *s. m.* L'ensemble des fonctions des organes.

**ORGANISTE**, *s. 2 g.* Celui ou Celle qui joue de l'orgue.

**ORGANSIN**, *s. m.* Espèce de fil de soie très-fin.

**ORGANSINAGE**, *s. m.* Action d'organsiner.

**ORGANSINER** (*part.* é, ée), *v. a.* Tordre ensemble plusieurs brins de soie grége déjà apprêtés.

**ORGE**, *s. f.* Sorte de grain; la plante qui le porte. (Ce mot est *masc.* dans quelques locutions telles que *orge mondé*, *orge perlé*, etc.)

**ORGEAT**, *s. m.* Boisson rafraîchissante faite avec de l'eau d'orge, du sucre et des amandes.

**ORGIE**, *s. f.* Débauche de table.

**ORGUE**, *s. m.* au pl. *s. f.* Grand instrument de musique à vent; lieu de l'église où sont placées les orgues.

**ORGUEIL** (l m.), *s. m.* Opinion trop avantageuse de soi-même, avec mépris pour les autres; présomption.

**ORGUEILLEUSEMENT** (ll m.), *adv.* Avec orgueil.

**ORGUEILLEUX, EUSE** (ll m.), *adj.* Qui a de l'orgueil.

**ORIENT**, *s. m.* Point du ciel où le soleil se lève sur l'horizon, où il se lève à l'équinoxe; États de l'Asie orientale.

**ORIENTAL, E**, *adj.* Qui vient d'Orient; *Orientaux, s. m. pl.* Les peuples de l'Orient.

**ORIENTER** (*part.* é, ée), *v. a.* Disposer une chose en rapport avec les quatre parties du monde; *s'*—, reconnaître l'orient et les autres points cardinaux; *fig.* Reconnaître le lieu où l'on est, la conduite à tenir, les moyens de succès.

**ORIFICE**, *s. m.* Ouverture de certaines parties intérieures du corps, de certains objets.

**ORIFLAMME**, *s. f.* Étendard des anciens rois de France.

**ORIGINAIRE**, *adj. 2 g.* Qui tire son origine de.

**ORIGINAIREMENT**, *adv.* Dans l'origine; primitivement.

**ORIGINAL, E**, *adj.* (*au pl. m. originaux*). Qui a servi de modèle et qui n'en a pas eu; —, *s. m.* Personne dont on fait le portrait; auteur qui excelle en son genre; homme singulier, bizarre.

**ORIGINALEMENT**, *adv.* D'une manière originale.

**ORIGINALITÉ**, *s. f.* Caractère de ce qui est original; *au pl.* Bizarrerie; conduite singulière.

**ORIGINE**, *s. f.* Principe, commencement d'une chose; étymologie; point duquel on commence à décrire une courbe.

**ORIGINEL, ELLE**, *adj.* Qui remonte jusqu'à l'origine.

**ORIGINELLEMENT**, *adv.* Dès l'origine.

**ORILLON**, *s. m.* Pièce de bois qui accompagne le soc de la charrue pour verser en dehors la terre soulevée par le soc. Voy. *Oreillons*.

**ORIPEAU**, *s. m.* Lame de cuivre très-brillante; *fig.* Faux brillant.

**ORLÉANAIS**, ancienne province située entre l'Ile-de-France, la Champagne, la Bourgogne, le Berry, le Maine et la Touraine, et formant aujourd'hui les dép. de Loir-et-Cher, du Loiret et d'Eure-et-Loir.

**ORLÉANAIS, E**, *adj.* Qui est d'Orléans.

**ORLÉANS**, chef-lieu du dép. du Loiret.

**ORMAIE**. Voy. *Ormoie*.

**ORME**, *s. m.* Grand et bel arbre à feuilles dentées, dont le bois est employé par les charrons.

**ORMEAU**, *s. m.* Jeune orme.

**ORMILLE** (ll m.), *s. f.* Plant de jeunes ormes.

**ORMOIE** ou **ORMAIE**, *s. f.* Plant d'ormes.

**ORNE**, *s. m.* Arbre qui donne la manne.

**ORNE**, rivière qui prend sa source près de Séez et qui se jette dans la mer au-dessous de Caen; elle donne son nom au dép. formé de la partie sud de la Normandie, du Perche et du duché d'Alençon.

**ORNEMANISTE**, *s. m.* Ouvrier en ornements.

**ORNEMENT**, *s. m.* Ce qui orne; parure; embellissement.

**ORNER** (*part.* é, ée), *v. a.* Embellir; donner de l'éclat.

**ORNIÈRE**, *s. f.* Trace profonde des

roues d'une voiture dans les chemins qui ne sont pas ferrés.

**ORNITHOLOGIE**, *s. f.* Histoire naturelle des oiseaux.

**ORNITHOLOGISTE** ou **ORNITHOLOGUE**, *s. m.* Celui qui s'occupe d'ornithologie.

**ORPAILLEUR** (ll m.), *s. m.* Celui qui tire des paillettes d'or du sable des fleuves.

**ORPHELIN**, **E**, *s.* Enfant en bas âge qui a perdu son père et sa mère, ou l'un des deux.

**ORPIMENT**, *s. m.* Oxyde d'arsenic sulfuré.

**ORPIN**, *s. m.* Plante vivace qui croît sur les murs.

**ORT**, *s. m.* Brut; *t. de comm.*

**ORTEIL**, *s. m.* Doigt du pied, et surtout le gros doigt.

**ORTHEZ**, chef-lieu d'arr. du dép. des Basses-Pyrénées.

**ORTHODOXE**, *adj.* 2 *g.* Conforme à la saine doctrine en matière de religion; —, *s. m.* Celui qui professe l'orthodoxie.

**ORTHODOXIE**, *s. f.* Principes, croyances orthodoxes.

**ORTHOGONAL**, **E**, *adj.* Perpendiculaire.

**ORTHOGRAPHE**, *s. f.* Art d'écrire correctement les mots d'une langue.

**ORTHOGRAPHIER** (*part.* é, ée), *v. a.* Écrire les mots suivant les règles de l'orthographe.

**ORTHOGRAPHIQUE**, *adj.* 2 *g.* Qui appartient à l'orthographe.

**ORTHOPÉDIE**, *s. f.* Art de corriger ou de prévenir les difformités de la taille.

**ORTHOPÉDIQUE**, *adj.* 2 *g.* Qui a rapport à l'orthopédie.

**ORTIE**, *s. f.* Plante sauvage à feuilles piquantes; mèche qu'on insinue entre le cuir et la chair d'un cheval.

**ORTOLAN**, *s. m.* Petit oiseau de passage, d'un goût délicat.

**ORVIÉTAN**, *s. m.* Contre-poison vanté autrefois; *marchand d'*—, charlatan.

**OS**, *s. m.* Partie de l'animal, solide et dure, qui sert à attacher les autres parties du corps.

**OSCILLATION**, *s. f.* Mouvement d'un pendule ou d'un corps qui oscille.

**OSCILLATOIRE**, *adj.* 2 *g.* Qui est de la nature de l'oscillation.

**OSCILLER**, *v. n.* Se mouvoir alternativement en sens contraire.

**OSÉ**, **ÉE**, *adj.* Hardi, audacieux.

**OSEILLE** (ll m.), *s. f.* Plante potagère, acide.

**OSER** (*part.* é, ée), *v. a.* Entreprendre hardiment; —, *v. n.* Avoir la hardiesse, l'audace de.

**OSERAIE**, *s. f.* Lieu planté d'osiers.

**OSIER**, *s. m.* Arbrisseau à jets très-flexibles; ces jets eux-mêmes.

**OSMAZÔME**, *s. f.* Substance nutritive, base du bouillon.

**OSSELET**, *s. m.* Petit os; *au pl.* Petits os servant à un jeu pour les enfants.

**OSSEMENTS**, *s. m. pl.* Os décharnés des corps morts.

**OSSEUX**, **EUSE**, *adj.* Qui est de la nature des os.

**OSSIFICATION**, *s. f.* Changement des membranes et des cartilages en os.

**OSSIFIER** (*part.* é, ée), *v. a.* Changer en os; *s'* —, *v. pr.* Se convertir en os.

**OSTENSIBLE**, *adj.* 2 *g.* Qui peut être montré; évident.

**OSTENSIBLEMENT**, *adv.* D'une manière ostensible.

**OSTENSOIR** ou **OSTENSOIRE**, *s. m.* Pièce d'orfévrerie dans laquelle on expose l'hostie.

**OSTENTATION**, *s. f.* Action de montrer avec affectation.

**OSTÉOLOGIE**, *s. f.* Partie de l'anatomie qui a rapport aux os.

**OSTÉOTOMIE**, *s. f.* Traité de la dissection des os.

**OSTRACISME**, *s. m.* Loi de bannissement chez les Athéniens.

**OSTROGOT**, *s. m.* Goth oriental; *fam.* Homme qui ignore les usages, les bienséances.

**OTAGE**, *s. m.* Personne livrée ou gardée pour sûreté de l'exécution d'un traité.

**ÔTER** (*part.* é, ée), *v. a.* Tirer une chose de la place où elle est; prendre par force ou par autorité; reprendre ce qu'on a donné; *s'* —, *v. pr.* Quitter la place qu'on occupait.

**OTTOMAN**, *s. m.* Celui qui professe la religion ottomane; —, *e*, *adj.* Turc; *ottomane*, *s. f.* Sorte de canapé.

**OU**, conjonction alternative, qui se joint souvent à l'adverbe *Bien.* (Elle signifie quelquefois : Autrement.)

**OU**, *adv.* En quel lieu; à quoi; *d'où*, de quel endroit; *par où*, par quel lieu, par quel moyen.

**OUAILLE** (ll m.), *s. f.* Chrétien, par rapport à son pasteur.

**OUAIS**, *interj.* qui marque la surprise, l'ironie.

**OUATE**, *s. f.* Coton fin mis entre deux étoffes.

**OUATER** (*part.* é, ée), *v. a.* Mettre de la ouate entre une étoffe et la doublure.

**OUBLI**, *s. m.* Manque de souvenir.

**OUBLIE**, *s. f.* Pâtisserie fort mince.

**OUBLIER** (*part.* é, ée), *v. a.* Perdre le souvenir d'une chose; laisser par inadvertance; ne pas garder de ressentiment; —, *v. n.* Ne pas se souvenir; omettre de faire; *s'* —, *v. pr.* Se méconnaître; négliger ses intérêts; manquer à ses devoirs.

**OUBLIETTES**, *s. f. pl.* Cachot couvert d'une fausse trappe, dans lequel on faisait tomber ceux dont on voulait se défaire secrètement.

**OUBLIEUR**, *s. m.* Celui qui fait et vend des oublies.

**OUBLIEUX**, **EUSE**, *adj.* Celui ou Celle qui oublie aisément.

**OUEST**, *s. m.* Partie du monde qui est au soleil couchant.

**OUF!** *interj.* qui marque une douleur subite, l'étouffement, l'oppression.

**OUI**, particule d'affirmation.

**OUÏ-DIRE**, *s. m.* (inv.) Ce qu'on ne sait que par le dire d'autrui.

**OUÏE**, *s. f.* Sens par lequel on reçoit les sons; *au pl.* Organes de la respiration chez les poissons; ouvertures à la table supérieure d'un violon.

**OUÏR**, *v. a.* Entendre. (Ce verbe n'est usité qu'au passé déf. *j'ouïs*, etc.; à l'imp. du subj. *que j'ouïsse*, etc.; à l'inf. *ouïr* et dans les temps composés de l'auxiliaire *avoir* et du part. p. *ouï*, *ouïe*.

**OUISTITI**, *s. m.* Petit singe d'Amérique.

**OURAGAN**, *s. m.* Tempête violente accompagnée de tourbillons.

**OURDIR** (*part.* i, ie), *v. a.* Disposer les fils pour faire un tissu; *fig.* Tramer, machiner.

**OURDISSAGE**, *s. m.* Façon de l'ouvrage ourdi.

**OURDISSEUR**, **EUSE**, *s.* Ouvrier qui ourdit.

**OURDISSOIR**, *s. m.* Outil pour ourdir.

**OURLER** (*part.* é, ée), *v. a.* Faire un ourlet.

**OURLET**, *s. m.* Pli, rebord fait à du linge pour l'empêcher de s'effiler.

**OURS**, *s. m.* Quadrupède féroce à longs poils; *fig.* Homme qui fuit la société; — *mal léché*, rustre, brutal.

**OURSE**, *s. f.* Femelle de l'ours; *grande* —, *petite* —, constellations boréales.

**OURSIN**, *s. m.* Zoophyte dont la coquille est hérissée d'épines.

**OURSON**, *s. m.* Petit de l'ours.

**OUTARDE**, *s. f.* Oiseau de la grosse espèce.

**OUTARDEAU**, *s. m.* Petit de l'outarde.

**OUTIL**, *s. m.* Tout instrument de travail pour les artisans.

**OUTILLER** (ll m.; *part.* é, ée), *v. a.* Garnir d'outils.

**OUTRAGE**, *s. m.* Injure grave de fait ou de parole.

**OUTRAGEANT**, **E**, *adj.* Qui outrage; qui renferme des injures graves.

**OUTRAGER** (*part.* é, ée), *v. a.* Offenser cruellement, faire outrage.

**OUTRAGEUSEMENT**, *adv.* D'une manière outrageuse; à outrance.

**OUTRAGEUX**, **EUSE**, *adj.* Outrageant.

**OUTRANCE** (**A**), *loc. adv.* Jusqu'à l'excès.

**OUTRE**, *s. f.* Peau de bouc préparée pour contenir des liquides.

**OUTRE**, *prép.* et *adv.* Au delà; par-dessus; — *mesure*, *loc. adv.* A l'excès.

**OUTRÉ, ÉE**, *adj.* Exagéré; transporté de colère.

**OUTRECUIDANCE**, *s. f.* Présomption mêlée de fatuité.

**OUTRECUIDANT, E**, *adj.* Qui a de l'outrecuidance.

**OUTREMER**, *s. m.* Couleur bleu céleste.

**OUTRE-PASSER** (*part.* é, ée), *v. a.* Aller au delà.

**OUTRER** (*part.* é, ée), *v. a.* Porter à l'excès, exagérer; accabler de travail; offenser grièvement; pousser à bout; transporter de dépit, de colère.

**OUVERT, E**, *adj.* et *p. p.* du *v. ouvrir.* Qui n'est pas fermé; franc, sincère; *ville ouverte*, non fortifiée; *guerre ouverte*, déclarée; *à livre ouvert*, couramment.

**OUVERTEMENT**, *adv.* Franchement, sans déguisement.

**OUVERTURE**, *s. f.* Fente, trou, espace vide, solution de continuité; action par laquelle on ouvre; commencement; occasion; symphonie par où commence un opéra.

**OUVRABLE**, *adj.* 2 *g.* *Jour* —, où l'Église permet de travailler.

**OUVRAGE**, *s. m.* Ce qui est produit par l'ouvrier; travail pour exécuter une chose; production d'esprit.

**OUVRAGÉ, ÉE**, *adj.* Qui a demandé beaucoup de travail manuel.

**OUVRANT, E**, *adj.* Qui ouvre ou Qui s'ouvre.

**OUVRÉ, ÉE**, *adj.* Façonné.

**OUVREUR, EUSE**, *s.* Celui ou Celle qui ouvre.

**OUVRIER, IÈRE**, *s.* Celui ou Celle qui vit du travail journalier de ses mains, qui exerce un métier; —, *adj.* Ouvrable; *cheville ouvrière*, qui retient la flèche d'une voiture au train de devant.

**OUVRIR** (*Ind. pr.* j'ouvre, tu ouvres, il ouvre, nous ouvrons, vous ouvrez, ils ouvrent; *imp.* j'ouvrais, etc., nous ouvrions, etc.; *p. déf.* j'ouvris, etc., nous ouvrîmes, etc.; *fut.* j'ouvrirai, etc., nous ouvrirons, etc.; *cond.* j'ouvrirais, etc., nous ouvririons, etc.; *impér.* ouvre, ouvrons, ouvrez, etc.; *subj. pr.* que j'ouvre, etc., que nous ouvrions, etc.; *imp. subj.* que j'ouvrisse, etc.; que nous ouvrissions, etc.; *p. pr.* ouvrant; *p. p.* ouvert, e), *v. a.* Faire que ce qui était fermé, joint, uni, ne le soit plus; entamer, fendre, faire une incision; percer; commencer à creuser, à fouiller; *fig.* Commencer; —, *v. n.* Ouvrir la porte; *s'*—, *v. pr.* Cesser d'être fermé, etc.; s'élargir; *fig.* Parler avec confiance.

**OUVROIR**, *s. m.* Lieu où des ouvriers travaillent ensemble.

**OVAIRE**, *s. m.* Partie où se forment les œufs chez les femelles ovipares.

**OVALE**, *adj.* 2 *g.* Qui a la forme d'un œuf; —, *s. m.* Figure ronde et oblongue.

**OVATION**, *s. f.* Petit triomphe (chez les Romains).

**OVIPARE**, *adj.* 2 *g.* et *s. m.* Qui se reproduit par des œufs.

**OVOÏDE**, *adj.* 2 *g.* Qui a la forme d'un œuf.

**OXYDE**, *s. m.* Nom générique des corps unis à une portion d'oxygène trop faible pour les élever à l'état d'acide.

**OXYDER** (*part.* é, ée), *v. a.* Réduire à l'état d'oxyde; *s'*—, *v. pr.* Passer à l'état d'oxyde.

**OXYGÈNE**, *s. m.* Principe acidifiant; base de l'air vital, de l'eau.

**OXYGÉNER** (*part.* é, ée), *v. a.* Combiner avec l'oxygène.

## P.

**P**, *s. m.* Seizième lettre de l'alphabet. On prononce *pé* suivant l'appellation ancienne, *pe* selon les méthodes modernes.

**PACAGE**, *s. m.* Pâturage.

**PACAGER**, *v. n.* Faire paître.

**PACHA**, *s. m.* Gouverneur de quelque province chez les musulmans.

**PACHYDERME**, *s.* et *adj. m.* Nom générique des mammifères qui ont la peau très-épaisse, et les pieds terminés par plus de deux sabots.

**PACIFICATEUR**, *s. m.* Celui qui pacifie, qui concilie.

**PACIFICATION**, *s. f.* Rétablissement de la paix.

**PACIFIER** (*part.* é, ée; se conj. sur *Prier*), *v. a.* Apaiser, établir la paix.

**PACIFIQUE**, *adj.* 2 *g.* Paisible, tranquille; qui aime la paix.

**PACIFIQUEMENT**, *adv.* D'une manière pacifique.

**PACOTILLE** (ll m.), *s. f.* Bagage, paquet; marchandises que l'on embarque avec soi.

**PACTE**, *s. m.* Convention, accord, traité.

**PACTISER**, *v. n.* Faire un pacte.

**PACTOLE**, *s. m.* Fleuve qui, suivant les anciens, roulait sur du sable d'or; *fig.* Richesses.

**PADOU**, *s. m.* Sorte de ruban, moitié fil et moitié soie.

**PAGAIE**, *s. f.* Rame en usage chez les Indiens.

**PAGANISME**, *s. m.* Religion des païens; idolâtrie.

**PAGE**, *s. f.* Un des côtés d'un feuillet de papier; écriture contenue dans la page même.

**PAGE**, *s. m.* Jeune gentilhomme attaché au service d'un prince.

**PAGINATION**, *s. f.* Ordre des numéros des pages d'un livre.

**PAGINER** (*part.* é, ée), *v. a.* Numéroter les pages d'un livre.

**PAGNON**, *s. m.* Drap noir très-fin de Sedan.

**PAGODE**, *s. f.* Temple indien; monnaie d'or des Indes; petite figure de porcelaine à tête mobile.

**PAÏEN, ENNE**, *adj.* et *s. m.* Adorateur des faux dieux.

**PAILLASSE** (ll m.), *s. f.* Sorte de sac de toile rempli de paille pour garnir les lits; —, *s. m.* Bateleur.

**PAILLASSON** (ll m.), *s. m.* Natte de paille.

**PAILLE** (ll m.), *s. f.* Le tuyau et l'épi du blé, de l'orge, du seigle, etc., quand le grain est retiré; défaut dans les métaux, les diamants; *homme de* —, de néant, prête-nom.

**PAILLE-EN-QUEUE** (*au pl. pailles-en-queue*), *s. m.* Sorte d'oiseau de mer.

**PAILLER** (ll m.), *s. m.* Cour de ferme où il y a des pailles, des grains.

**PAILLET** (ll m.) *adj. m.* Peu chargé de couleur (en parlant du vin rouge).

**PAILLETTE** (ll m.), *s. f.* Petite lame de métal très-légère pour appliquer sur les étoffes.

**PAILLEUR, EUSE** (ll m.), *s.* Celui ou Celle qui vend, qui voiture de la paille.

**PAILLEUX** (ll m.), *adj. m.* Qui a des pailles (en parlant d'un métal).

**PAILLON**, *s. m.* Grosse paillette.

**PAIMBOEUF**, chef-lieu d'arr. du dép. de la Loire-Inférieure.

**PAIN**, *s. m.* Aliment fait de farine de blé, etc., pétrie, levée et cuite au four; nourriture, subsistance; *pain bénit*, que l'on distribue à la grand'messe dans les églises; — *à cacheter*, petite feuille de pâte cuite sans levain, pour cacheter les lettres; — *d'épices*, composé de miel, de fleur de seigle et d'épices.

**PAIR**, *adj. m.* Pareil, semblable; divisible en deux parties égales; —, *s. m.* Membre de la chambre haute; *le pair* (*t. de commerce*), valeur égale; *au pl.* Les égaux; *de pair*, *loc. adv.* D'égal à égal.

**PAIRE**, *s. f.* Couple d'animaux, d'oiseaux de la même espèce, mâle et femelle; deux choses de même espèces qui vont nécessairement ensemble.

**PAIRESSE**, *s. f.* Femme de pair; femme qui possède une pairie, en Angleterre.

**PAIRIE**, *s. f.* Dignité de pair; fief attaché au titre de pair.

**PAISIBLE**, *adj.* 2 *g.* Tranquille, pacifique.

**PAISIBLEMENT**, *adv.* D'une manière paisible.

**PAISSON**, *s. f.* Pâture dans les forêts.

**PAÎTRE** (*Ind. pr.* je pais, tu pais, il paît, nous paissons, etc.; *imp.* je paissais, etc.; *fut.* je paîtrai, etc.; *cond.* je paîtrais, etc.; *impér.* paissez, etc.; *sub. pr.* que je paisse, etc.; *p. pr.* paissant; les autres temps sont inusités), *v. a.* et *déf.* Brouter l'herbe sur pied; —, *v. n.* Manger; *se* —, *v. pr.* Se nourrir (en parlant des oiseaux carnassiers).

**PAIX**, *s. f.* État d'un peuple qui

n'est point en guerre; concorde; tranquillité, calme, silence, éloignement du bruit; patène que le prêtre donne à baiser à l'offrande; *paix! interj.* qui commande le silence.

**PAL** (*au pl. pals*), *s. m.* Long pieu aiguisé par le bout pour empaler.

**PALADIN**, *s m.* Grand seigneur du temps de Charlemagne; chevalier errant.

**PALAIS**, *s. m.* Édifice somptueux; habitation d'un roi ou d'un prince; lieu où l'on rend la justice; partie supérieure de l'intérieur de la bouche; *fig.* Le goût.

**PALAN**, *s. m.* Cordes, moufles, poulies pour enlever les fardeaux; *t. de mar.*

**PALANQUIN**, *s. m.* Espèce de lit de repos dans lequel les riches Indiens ou Chinois se font porter par leurs serviteurs.

**PALASTRE**, *s. m.* Boîte de fer qui recouvre l'ensemble des pièces d'une serrure.

**PALATALE**, *adj.* et *s. f. Consonne* —, produite par le mouvement de la langue qui touche au palais.

**PALATIN**, *s. m.* Titre de dignité dans quelques États du Nord; —, *e*, *adj. Électeur* —, qui a ses États sur le Rhin; qui a rapport au palais, *t. d'anat.*

**PALATINAT**, *s. m.* Dignité ou Province d'un palatin.

**PALATINE**, *s. f.* Fourrure que les femmes portent sur le cou et sur les épaules.

**PALE**, *s. f.* Carton carré couvert de toile qui couvre le calice; pièce de bois qui retient les eaux d'une écluse; bout plat d'une rame.

**PÂLE**, *adj.* 2 *g.* Blême, peu coloré; faible de couleur; *fig.* Qui manque de force.

**PALÉE**, *s. f.* Rang de pieux enfoncés pour soutenir une digue.

**PALEFRENIER**, *s. m.* Valet d'écurie.

**PALEFROI**, *s. m.* Cheval de parade.

**PALÉOGRAPHIE**, *s. f.* Connaissance des écritures anciennes.

**PALERON**, *s. m.* Partie plate et charnue de l'épaule de quelques animaux.

**PALET**, *s. m.* Morceau de pierre ou de métal plat et rond.

**PALETTE**, *s. f.* Petit battoir; planchette mince sur laquelle les peintres mêlent leurs couleurs; petit vase pour la saignée.

**PALÉTUVIER**, *s. m.* Arbre des Indes.

**PÂLEUR**, *s. f.* Manque absolu de teint.

**PÂLI**, *s. m.* Langue sacrée de l'île de Ceylan.

**PALIER**, *s. m.* Repos, plate-forme sur un escalier.

**PALINODIE**, *s. f.* Rétractation.

**PÂLIR** (*part.* i, ie), *v. a.* Rendre pâle; —, *v. n.* Devenir pâle.

**PALIS**, *s. m.* Pieu; palissade.

**PALISSADE**, *s. f.* Clôture de pieux; pieux d'une palissade.

**PALISSADER** (*part.* é, ée), *v. a.* Entourer de palissades.

**PALISSAGE**, *s. m.* Action de palisser.

**PALISSANDRE**, *s. m.* Espèce de bois employé dans l'ébénisterie.

**PÂLISSANT**, **E**, *adj.* Pâle, qui pâlit.

**PALISSE (LA)**, chef-lieu d'arr. du dép. de l'Allier.

**PALISSER** (*part.* é, ée), *v. a.* Attacher un treillage, les branches des arbres fruitiers contre un mur.

**PALLADIUM**, *s. m.* Statue de Pallas qui passait pour le gage de la conservation de la ville de Troie; *fig.* Appui, garantie; espèce de métal blanc qui fond difficilement.

**PALLAS**, *s. f.* Nom d'une planète.

**PALLIATIF, IVE**, *adj. Remède* —, qui pallie sans guérir; *fig.* Qui déguise, qui cache.

**PALLIATION**, *s. f.* Action de pallier; adoucissement d'une douleur.

**PALLIER** (*part.* é, ée), *v. a.* Ne guérir qu'en apparence; déguiser, excuser (une chose mauvaise).

**PALLIUM**, *s. m.* Ornement des archevêques.

**PALME**, *s. f.* Branche de palmier; —, *s. m.* Ancienne mesure grecque et romaine; mesure italienne de huit pouces trois lignes et demie.

**PALMÉ, ÉE**, *adj.*, se dit, en termes de botanique et de zoologie, de parties réunies en forme d'une main ouverte.

**PALMETTE**, *s. f.* Ornement en feuilles de palmier.

**PALMIER**, *s. m.* Arbre qui donne des dattes.

**PALMIPÈDE**, *s.* et *adj. m.*, se dit des oiseaux nageurs qui ont les doigts des pattes réunis par une membrane.

**PALMISTE**, *s. m.* Nom générique des palmiers.

**PALMITE**, *s. m.* Moelle du palmier, bonne à manger.

**PALOMBE**, *s. f.* Espèce de pigeon ramier.

**PALONNIER**, *s. m.* Pièce du train d'un carrosse qui tient les traits.

**PÂLOT, OTTE**, *adj.* Un peu pâle.

**PALPABLE**, *adj.* 2 *g.* Qui se sent au toucher; *fig.* Sensible, évident.

**PALPABLEMENT**, *adv.* D'une manière palpable.

**PALPER** (*part.* é, ée), *v. a.* Toucher avec la main.

**PALPITANT, E**, *adj.* Qui palpite.

**PALPITATION**, *s. f.* Battement déréglé et inégal du cœur.

**PALPITER**, *v. n.* Avoir des palpitations.

**PALUS**, *s. m.* Marais.

**PÂMER** (*part.* é, ée), *v. n.* et *se* —, *v. pr.* Tomber en pâmoison.

**PAMIERS**, chef-lieu d'arr. du dép. de l'Ariége.

**PÂMOISON**, *s. f.* Défaillance, évanouissement.

**PAMPE**, *s. f.* Feuille du blé, de l'orge, etc.

**PAMPHLET**, *s. m.* Brochure critique.

**PAMPHLÉTAIRE**, *s. m.* Auteur de pamphlets.

**PAMPLEMOUSSE**, *s. f.* Sorte d'oranger; fruit de cet oranger.

**PAMPRE**, *s. m.* Branche de vigne avec ses feuilles.

**PAN**, *s. m.* Partie considérable d'un vêtement, d'un mur; côté d'un ouvrage en menuiserie; pièce du bois de lit.

**PANACÉE**, *s. f.* Remède universel.

**PANACHE**, *s. m.* Assemblage de plumes flottantes pour orner un casque, un chapeau, etc.; partie supérieure d'une lampe d'église.

**PANACHER** (*part.* é, ée), *v. n.* et *se* —, *v. pr.* se dit des fleurs et des oiseaux qui prennent des couleurs variées.

**PANACHURE**, *s. f.* Tache blanche sur les feuilles des végétaux malades.

**PANADE**, *s. f.* Soupe au pain et au beurre.

se **PANADER**, *v. pr.* Se pavaner comme un paon.

**PANAGE**, *s. m.* Droit qu'on paye pour mettre des porcs dans une forêt, afin qu'ils s'y nourrissent de glands.

**PANAIS**, *s. m.* Plante potagère qui tient de la carotte, mais qui est blanche.

**PANARD**, *adj. m.* *Cheval* —, dont les pieds de devant sont tournés en dehors.

**PANARIS**, *s. m.* Tumeur au bout des doigts.

**PANCALIERS**, *s. m.* (inv.) Sorte de chou frisé.

**PANCARTE**, *s. f.* Placard affiché pour donner un avis au public.

**PANCRACE**, *s. m.* Exercice gymnique chez les anciens.

**PANDECTES**, *s. f. pl.* Recueil de lois compilées sous Justinien; le digeste.

**PANDOUR** ou **PANDOURE**, *s. m.* Soldat hongrois; *fig.* Homme brusque.

**PANÉGYRIQUE**, *s. m.* Éloge.

**PANÉGYRISTE**, *s. m.* Celui qui fait un panégyrique.

**PANER** (*part.* é, ée), *v. a.* Couvrir de pain émietté.

**PANERÉE**, *s. f.* Plein un panier.

**PANETERIE**, *s. f.* Lieu où l'on distribuait le pain chez le roi; les officiers qui servaient à la paneterie.

**PANETIER**, *s. m.* Celui qui est chargé de distribuer le pain; *grand* —, surintendant de la paneterie.

**PANETIÈRE**, *s. f.* Sac où les bergers mettent leur pain.

**PANIER**, *s. m.* Ustensile de jonc, d'osier, où l'on mettait autrefois du pain; manne, corbeille.

**PANIFICATION**, *s. f.* Conversion des matières farineuses en pain.

**PANIQUE**, *adj.* 2 *g.* *Terreur* —, et

*subst.* *Panique*, terreur subite et sans fondement.

PANNE, *s. f.* Étoffe imitant le velours ou la peluche; graisse qui tient à la peau du cochon et de quelques autres animaux; pièce de charpente sur laquelle posent les chevrons; *mettre en* —, disposer les voiles d'un vaisseau de manière à rester en place, *t. de mar.*

PANNEAU, *s. m.* Pièce de bois ou vitrage encadré; coussinet rembourré de chaque côté d'une selle; piége; filet pour prendre des lièvres.

PANNEAUTER, *v. n.* Tendre des panneaux.

PANNETON, *s. m.* Partie de la clef qui entre dans la serrure.

PANONCEAU, *s. m.* Écusson.

PANORAMA, *s. m.* Tableau circulaire fixé sur les murs d'une rotonde éclairée par en haut, et dont le spectateur occupe le centre.

PANSAGE, *s. m.* Action de panser un cheval.

PANSE, *s. f.* Ventre.

PANSEMENT, *s. m.* Action de panser une plaie.

PANSER (*part.* é, ée), *v. a.* Appliquer un remède sur une plaie; étriller, brosser un cheval.

PANSU, E, *adj.* et *s.* Qui a un gros ventre.

PANTALON, *s. m.* Culotte qui descend jusqu'à la cheville; personnage comique.

PANTALONNADE, *s. f.* Bouffonnerie; fausse démonstration de sentiments.

PANTELANT, E, *adj.* Haletant, palpitant.

PANTELER, *v. n.* Haleter, respirer avec peine et par secousses.

PANTHÉISME, *s. m.* Système de ceux qui n'admettent d'autre divinité que l'universalité des êtres existants.

PANTHÉON, *s. m.* Temple consacré à tous les dieux (chez les anciens); temple à la gloire des grands hommes.

PANTHÈRE, *s. f.* Quadrupède carnivore et féroce à peau mouchetée.

PANTIÈRE, *s. f.* Filet pour prendre des oiseaux.

PANTIN, *s. m.* Figure de carton qu'on fait mouvoir avec des fils; *fig.* Personne qu'on fait agir comme on veut.

PANTOGRAPHE, *s. m.* Instrument pour copier mécaniquement des dessins.

PANTOMÈTRE, *s. m.* Instrument pour mesurer toutes sortes de longueurs, de hauteurs, etc.

PANTOMIME, *s. m.* Acteur qui ne s'exprime que par des gestes; —, *s. f.* Art du pantomime; expression muette du visage et des gestes; —, *adj.* 2 *g.* *Ballet* —, où l'action s'exprime par des gestes.

PANTOUFLE, *s. f.* Chaussure pour la chambre.

PAON (l'*a* ne se pron. pas), *s. m.* Gros oiseau domestique portant aigrette et ayant une queue couverte de marques de différentes couleurs en forme d'yeux.

PAONNE (l'*a* ne se pron. pas), *s. f.* Femelle du paon.

PAONNEAU (l'*a* ne se pron. pas), *s. m.* Jeune paon.

PAPA, *s. m.* Père.

PAPAL, E, *adj.* Qui appartient au pape.

PAPAS, *s. m.* Prêtre chrétien en Arménie.

PAPAUTÉ, *s. f.* Dignité de pape.

PAPE, *s. m.* Le chef de l'Église catholique romaine.

PAPELARD, E, *s.* et *adj.* Hypocrite.

PAPELARDISE, *s. f.* Hypocrisie.

PAPERASSE, *s. f.* Papier, écrit inutile.

PAPERASSER, *v. n.* Arranger des paperasses; faire des écritures inutiles.

PAPERASSIER, *s. m.* Celui qui aime les paperasses.

PAPESSE, *s. f.* Nom d'un personnage imaginaire qui a occupé, dit-on, le trône pontifical.

PAPETERIE, *s. f.* Fabrique, commerce de papier.

PAPETIER, *s. m.* Fabricant, marchand de papier.

PAPIER, *s. m.* Feuille faite de pâte de vieux linge broyé, pour écrire, imprimer, etc.; journal, billet, lettre de change; *au pl.* Pièces officielles qui constatent l'état civil des personnes.

**PAPILLAIRE**, *adj.* 2 *g.* Qui a des papilles.

**PAPILLE** (ll m.), *s. f.* Petites éminences répandues sur la surface du corps et particulièrement sur la langue.

**PAPILLON** (ll m.), *s. m.* Insecte volant, provenant de chenille ou de ver.

**PAPILLONNER** (ll m.), *v. n.* Voltiger d'objets en objets.

**PAPILLOTAGE** (ll m.), *s. m.* Mouvement involontaire des yeux qui les empêche de se fixer sur les objets; ce qui produit cet effet.

**PAPILLOTE** (ll m.), *s. f.* Morceau de papier dont on enveloppe les cheveux pour les faire friser; dragée enfermée dans un morceau de papier frisé.

**PAPILLOTER** (ll m.; *part.* é, ée), *v. a.* Mettre les cheveux en papillotes; —, *v. n.* Éprouver ou faire éprouver du papillotage.

**PAPISME**, *s. m.* L'Église romaine (ainsi appelée par dénigrement).

**PAPISTE**, *s.* et *adj.* 2 *g.* Catholique romain.

**PAPYRUS**, *s. m.* Arbrisseau d'Égypte dont l'écorce intérieure servait de papier aux anciens.

**PÂQUE**, *s. f.* Fête annuelle des juifs en mémoire de leur sortie d'Égypte; *pâques*, *s. f. pl.* Fête solennelle de l'Église en mémoire de la résurrection de J. C.

**PAQUEBOT**, *s. m.* Navire qui porte des dépêches et des voyageurs.

**PÂQUERETTE**, *s. f.* Espèce de petite marguerite qui fleurit vers Pâques.

**PAQUET**, *s. m.* Assemblage de choses attachées ou enveloppées ensemble; missive sous enveloppe.

**PAR**, *prép.* de lieu, de temps, d'ordre, qui exprime la cause, le motif, le moyen, la manière, ou qui marque la relation, l'ensemble, la comparaison.

**PARABOLE**, *s. f.* Allégorie qui cache une vérité importante; ligne courbe.

**PARABOLIQUE**, *adj.* 2 *g.* Qui a rapport à la parabole; courbé en parabole, *t. de géom.*

**PARABOLIQUEMENT**, *adv.* Par parabole, en parabole.

**PARACHÈVEMENT**, *s. m.* Fin d'un ouvrage.

**PARACHEVER** (*part.* é, ée), *v. a.* Donner le dernier coup de main.

**PARACHRONISME**, *s. m.* Anachronisme qui consiste à reculer la date d'un fait.

**PARACHUTE**, *s. m.* Instrument à l'usage des aéronautes pour se soutenir en descendant.

**PARACLET**, *s. m.* Le Saint-Esprit consolateur.

**PARADE**, *s. f.* Étalage, vanité, ostentation; exercice, revue militaire; scène de bateleurs; imitation ridicule; action de parer un coup.

**PARADIGME**, *s. m.* (*t. de gramm.*) Exemple, modèle.

**PARADIS**, *s. m.* Séjour des bienheureux; *fig.* Lieu, pays agréable; espèce de pommier à basse tige; amphithéâtre au plus haut rang des loges (dans une salle de spectacle).

**PARADOXAL**, **E**, *adj.* Qui tient du paradoxe; qui aime le paradoxe.

**PARADOXE**, *s. m.* Proposition spécieuse, mais fausse.

**PARAFE** ou **PARAPHE**, *s. m.* Marque en traits de plume après la signature, ou qui en tient lieu.

**PARAFER** ou **PARAPHER** (*part.* é, ée), *v. a.* Apposer son parafe.

**PARAGE**, *s. m.* Extraction, naissance; espace de mer où se trouve un vaisseau; *au pl.* Bords, rives, contrées.

**PARAGRAPHE**, *s. m.* Petite section d'un discours, d'un chapitre; marque qui en indique le commencement (§).

**PARAÎTRE** (se conj. sur *Connaître*), *v. n.* Se faire voir, se montrer, se manifester; briller, éclater, se faire remarquer.

**PARALIPOMÈNES**, *s. m. pl.* Un des livres de la Bible, supplément au livre des Rois.

**PARALIPSE**, *s. f.* Figure de rhétorique qui fixe l'attention sur un objet en paraissant le négliger.

**PARALLÈLE**, *s. m.* Cercle parallèle à l'équateur; comparaison; —, *s. f.* Ligne parallèle à une autre; communication d'une tranchée à une autre; —, *adj.* 2 *g.* *Ligne*, *surface* —, également distante d'une autre dans toute son étendue.

**PARALLÈLEMENT**, *adv.* D'une manière parallèle.

**PARALLÉLIPIPÈDE**, *s. m.* Solide terminé par six parallélogrammes dont les opposés sont parallèles.

**PARALLÉLISME**, *s. m.* État de deux lignes, de deux plans parallèles.

**PARALLÉLOGRAMME**, *s. m.* Figure plane dont les côtés opposés sont parallèles.

**PARALLÉLOGRAPHE**, *s. m.* Instrument pour tirer des lignes parallèles.

**PARALOGISME**, *s. m.* Faux raisonnement.

**PARALYSER** (*part.* é, ée), *v. a.* Rendre paralytique; *fig.* Rendre inutile.

**PARALYSIE**, *s. f.* Privation, diminution considérable du mouvement volontaire.

**PARALYTIQUE**, *adj.* et *s.* 2 *g.* Attaqué de paralysie.

**PARANGON**, *s. m.* Modèle, patron.

**PARANT, E**, *adj.* Qui pare.

**PARAPET**, *s. m.* Élévation de terre ou de pierre au-dessus d'un rempart; muraille à hauteur d'appui au-dessus d'une terrasse, d'un pont, etc.

**PARAPHERNAUX**, *adj. m. pl.* (Biens) dont la femme s'est réservé l'administration et la jouissance; *t. de droit.*

**PARAPHRASE**, *s. f.* Explication étendue d'un texte; interprétation, amplification.

**PARAPHRASER** (*part.* é, ée), *v. a.* Faire des paraphrases; interpréter avec malice.

**PARAPHRASEUR, EUSE**, *s. m.* Celui ou Celle qui interprète avec malice.

**PARAPHRASTE**, *s. m.* Commentateur.

**PARAPLUIE**, *s. m.* Petit pavillon portatif pour se garantir de la pluie.

**PARASITE**, *s. m.* Écornifleur, qui fait métier d'aller manger à la table d'autrui; —, *adj.* 2 *g.* *Plante* —, qui végète sur une autre et se nourrit de sa substance.

**PARASOL**, *s. m.* Petit pavillon portatif pour se garantir du soleil.

**PARATONNERRE**, *s. m.* Conducteur, appareil qui, en soutirant l'électricité des nuages, garantit de la foudre.

**PARAVENT**, *s. m.* Châssis composé de feuilles mobiles et garnies de papier ou d'étoffe pour garantir du vent dans une chambre.

**PARC**, *s. m.* Grande étendue de terre entourée de murailles; pâtis où l'on met les bœufs pour les engraisser; clôture de claies où l'on enferme les moutons quand ils couchent dans les champs; lieu préparé pour mettre les huîtres sur la grève; lieu où sont réunies des pièces d'artillerie, des munitions de campagne, des vivres.

**PARCAGE**, *s. m.* Séjour des moutons parqués sur des terres à labourer.

**PARCELLAIRE**, *adj. m.* Fait par parcelles.

**PARCELLE**, *s. f.* Petite partie d'un tout matériel.

**PARCE QUE**, *loc. conj.* Attendu que.

**PARCHEMIN**, *s. m.* Peau de mouton préparée pour écrire.

**PARCHEMINERIE**, *s. f.* Lieu où l'on prépare le parchemin; art de préparer le parchemin; commerce de parchemin.

**PARCHEMINIER**, *s. m.* Celui qui prépare et vend le parchemin.

**PARCIMONIE**, *s. f.* Épargne excessive.

**PARCIMONIEUX, EUSE**, *adj.* et *s.* Économe à l'excès.

**PARCOURIR** (se conj. sur *Courir*), *v. a.* Visiter rapidement; courir çà et là; aller d'un bout à l'autre; passer légèrement sur.

**PARCOURS**, *s. m.* Droit de mener paître des moutons de canton en canton; trajet parcouru.

**PARDON**, *s. m.* Rémission d'une faute, d'une offense; *au pl.* Indulgences de l'Église.

**PARDONNABLE**, *adj.* 2 *g.* Qui mérite pardon.

**PARDONNER** (*part.* é, ée), *v. a.* et *v. n.* Accorder le pardon, faire grâce; supporter, tolérer une faute; épargner; excuser.

**PAREIL, EILLE**, *adj.* Égal, semblable; —, *s. m.* Semblable; *la pareille*, *s. f.* La même chose; *à la* —, *loc. adv.* De la même manière.

**PAREILLEMENT** (ll m.), *adv.* D'une manière pareille.

**PAREMENT**, *s. m.* Étoffe dont on pare le devant des autels; revers au bout des manches; gros bâton d'un fagot; colle de tisserand pour enduire la chaîne; côté d'une pierre qui paraît en dehors d'un mur; grosses pierres qui bordent un chemin pavé.

**PARENT, E**, *s.* Celui ou Celle qui est de la même famille, de même sang; *au pl.* Le père, la mère, les ancêtres.

**PARENTAGE**, *s. m.* Parenté.

**PARENTÉ**, *s. f.* Tous les parents d'une personne; qualité de parent.

**PARENTHÈSE**, *s. f.* Phrase formant un sens séparé au milieu d'une phrase; marque qui sert à l'indiquer [(...)].

**PARER** (*part.* é, ée), *v. a.* Orner, embellir; servir de parure; garantir, préserver de; apprêter, préparer; *se* —, *v. pr.* Faire toilette; *fig.* Faire parade.

**PARESSE**, *s. f.* Négligence d'un devoir; nonchalance; humeur paisible, calme d'esprit.

**PARESSER**, *v. n.* Se laisser aller à la paresse.

**PARESSEUX, EUSE**, *adj.* et *s.* Qui a le défaut de la paresse; nonchalant; qui évite le travail; *paresseux*, *s. m.* Sorte de quadrupède des tropiques.

**PARFAIRE** (se conj. sur *Faire*), *v. a.* Achever.

**PARFAIT, E**, *adj.* Accompli; —, *s. m.* La perfection; *t. de gramm.* Voy. *Prétérit*.

**PARFAITEMENT**, *adv.* D'une manière parfaite.

**PARFILAGE**, *s. m.* Action de parfiler; résultat de cette action.

**PARFILER** (*part.* é, ée), *v. a.* Décomposer (une étoffe) fil à fil.

**PARFOIS**, *adv. de temps.* Quelquefois, de temps à autre.

**PARFUM**, *s. m.* Senteur agréable; corps odoriférant.

**PARFUMER** (*part.* é, ée), *v. a.* Répandre, faire prendre une bonne odeur; *se* —, *v. pr.* Remplir ses habits, ses cheveux de bonnes odeurs.

**PARFUMEUR, EUSE**, *s.* Celui qui fait et vend des parfums.

**PARI**, *s. m.* Gageure; ce qu'on a gagé.

**PARIA**, *s. m.* Indien de la dernière caste.

**PARIER** (*part.* é, ée), *v. a.* et *v. n.* Faire un pari.

**PARIÉTAIRE**, *s. f.* Plante médicinale.

**PARIEUR**, *s. m.* Celui qui parie.

**PARIS**, capitale de la France, chef-lieu du dép. de la Seine.

**PARISIEN, ENNE**, *adj.* et *s.* Qui est de Paris.

**PARISIS**, *adj.* 2 *g.* Nom donné à une ancienne monnaie qui se frappait à Paris.

**PARITÉ**, *s. f.* Égalité, comparaison.

**PARJURE**, *s. m.* Faux serment; serment violé; —, *adj.* et *s.* 2 *g.* Qui fait un faux serment; qui viole son serment.

se **PARJURER**, *v. pr.* Faire un faux serment en justice; violer son serment.

**PARLAGE**, *s. m.* Verbiage.

**PARLANT, E**, *adj.* Qui parle; *portrait* —, très-ressemblant.

**PARLEMENT**, *s. m.* Assemblée des grands (en Angleterre), des pairs et des députés du royaume; haute cour de justice; juridiction de cette cour; durée de sa session.

**PARLEMENTAIRE**, *adj.* 2 *g.* Qui appartient au parlement; —, *s. m.* Celui qui est chargé de faire ou de recevoir des propositions.

**PARLEMENTER**, *v. n.* Faire et écouter des propositions d'accommodement.

**PARLER**, *s. m.* Langage, manière de parler.

**PARLER**, *v. n.* Prononcer des paroles; articuler; discourir, manifester ses pensées d'une manière quelconque ; — (*part.* é, ée), *v. a.* S'exprimer (dans telle ou telle langue).

**PARLERIE**, *s. f.* Babil importun.

**PARLEUR, EUSE**, *s.* Celui ou Celle qui parle beaucoup.

**PARLOIR**, *s. m.* Salon ouvert aux visiteurs dans les colléges, les hospices, les communautés.

**PARMESAN**, *s. m.* Fromage de Parme.

**PARMI**, *prép.* Entre, au milieu de.

**PARNASSE**, *s. m.* Montagne de la Phocide consacrée aux muses ; *fig.* La poésie.

**PARODIE**, *s. f.* Imitation burlesque, maligne, d'un écrit sérieux, d'une pièce de théâtre.

**PARODIER** (*part.* é, ée), *v. a.* Faire une parodie.

**PARODISTE**, *s. m.* Auteur de parodies.

**PAROI**, *s. f.* Surface latérale d'un vase, d'un tube ; *au pl.* Membranes qui forment clôture.

**PAROISSE**, *s. f.* Territoire d'une cure ; les habitants ; l'église paroissiale.

**PAROISSIAL, E**, *adj.* Qui appartient à la paroisse.

**PAROISSIEN, ENNE**, *s.* Habitant d'une paroisse ; —, *s. m.* Livre de prières.

**PAROLE**, *s. f.* Faculté de parler ; mot prononcé ; ton de la voix ; sentence ; mot notable ; assurance, promesse verbale ; discours aigres, piquants ; mots d'une chanson ; *sur* —, *loc. adv.* Sur le témoignage d'autrui.

**PARONOMASE**, *s. f.* Figure de rhétorique qui consiste à rapprocher des mots qui ont la même consonnance avec un sens différent.

**PARONYME**, *s. m.* Mot qui a du rapport avec un autre par son étymologie ou par sa forme.

**PAROXYSME**, *s. m.* Moment où l'accès est dans toute sa violence.

**PARPAING**, *s. m.* Moellon qui tient toute l'épaisseur d'un mur.

**PARQUE**, *s. f.* Nom de chacune des trois déesses de la Fable qui tenaient le fil de la vie des hommes.

**PARQUER** (*part.* é, ée), *v. a.* Mettre dans une enceinte.

**PARQUET**, *s. m.* Pièces de bois qui couvrent un plancher ; planches sur lesquelles une glace est montée ; place des huissiers audienciers dans une cour de justice ; lieu où le ministère public donne audience ; magistrat qui la donne.

**PARQUETAGE**, *s. m.* Ouvrage de parquet.

**PARQUETER** (*part.* é, ée), *v. a.* Mettre du parquet (dans un appartement).

**PARQUETERIE**, *s. f.* Art de faire du parquet.

**PARQUETEUR**, *s. m.* Ouvrier qui fait du parquet.

**PARRAIN**, *s. m.* Celui qui tient un enfant sur les fonts de baptême ; celui qui nomme une cloche que l'on bénit.

**PARRICIDE**, *s. 2 g.* Celui ou Celle qui a tué son père ou sa mère ; —, *s. m.* Crime du parricide.

**PARSEMER** (*part.* é, ée), *v. a.* Semer, répandre çà et là.

**PART**, *s. f.* Chaque portion d'une chose divisée ; partage ; lot ; lieu ; endroit ; *à part*, *loc. adv.* Séparément ; excepté ; *de — en —*, *loc. adv.* D'un côté à l'autre.

**PARTAGE**, *s. m.* Division d'une chose entre plusieurs personnes ; acte qui consacre cette division ; portion ; lot.

**PARTAGEABLE**, *adj. 2 g.* Qui peut être facilement partagé.

**PARTAGEANT**, *s. m.* Celui à qui une part est dévolue.

**PARTAGER** (*part.* é, ée), *v. a.* Diviser en plusieurs parts ; donner en partage ; posséder en commun ; prendre part à.

**PARTANCE**, *s. f.* Départ d'un vaisseau, d'une flotte.

**PARTANT**, *adv.* Par conséquent.

**PARTENAIRE**, *s. 2 g.* Sociétaire au jeu.

**PARTERRE**, *s. m.* Partie d'un jardin plantée de fleurs, etc. ; partie d'une salle de spectacle entre l'orchestre et l'amphithéâtre ; auditeurs qui y sont placés.

**PARTHENAY**, chef-lieu d'arr. du dép. des Deux-Sèvres.

**PARTHÉNON**, *s. m.* Nom donné au temple de Minerve, à Athènes.

**PARTI**, *s. m.* Union de plusieurs personnes dans un intérêt commun; faction; résolution, détermination; conjuration; moyen, expédient; profession, emploi; troupe de gens de guerre; personne à marier.

**PARTIAIRE**, *adj. m.*, se dit du colon qui doit au propriétaire une partie des produits.

**PARTIAL**, E, *adj.* Qui favorise un parti au préjudice d'un autre.

**PARTIALEMENT**, *adv.* Avec partialité.

**PARTIALITÉ**, *s. f.* Préférence injuste.

**PARTIBUS** (IN), se dit d'un évêque dont le diocèse est au pouvoir des infidèles.

**PARTICIPANT**, E, *adj.* Qui participe.

**PARTICIPATION**, *s. f.* Action de participer à; connaissance d'une affaire, part qu'on y prend; consentement.

**PARTICIPE**, *s. m.* Modification du verbe qui tient de l'adjectif et le devient quelquefois.

**PARTICIPER**, *v. n.* Avoir part, prendre part, s'intéresser à; tenir de la nature de certaine chose.

**PARTICULARISER** (*part.* é, ée), *v. a.* Marquer le détail, les particularités (d'une affaire, d'un événement).

**PARTICULARITÉ**, *s. f.* Circonstance particulière; propriété spéciale.

**PARTICULE**, *s. f.* Parcelle; *t. de gramm.*, petite partie du discours (tels sont les mots *Si*, *Quand*, etc.).

**PARTICULIER**, IÈRE, *adj.* Qui appartient proprement à certaines choses, à certaines personnes; remarquable, rare; secret; —, *s. m.* Personne privée; intérieur du ménage.

**PARTICULIÈREMENT**, *adv.* D'une manière particulière.

**PARTIE**, *s. f.* Portion d'un tout; divertissement, jeu; entreprise; celui contre lequel on plaide ou on combat; *au pl.* Contractants; *en* —, *loc. adv.* Pas en totalité.

**PARTIEL**, ELLE, *adj.* Qui fait partie d'un tout.

**PARTIELLEMENT**, *adv.* Par parties.

**PARTIR** (*Ind. pr.* je pars, tu pars, il part, nous partons, etc.; *imp.* je partais, etc.; *p. déf.* je partis; *p. ind.* je suis ou j'ai parti, etc.; *part. p.* parti, ie), *v. n.* Se mettre en chemin, commencer un voyage; quitter un lieu; s'éloigner; prendre sa course, son vol; sortir avec impétuosité.

**PARTISAN**, *s. m.* Celui qui est attaché à un parti, à un ordre de choses, qui en prend la défense; chef d'expéditions militaires hardies.

**PARTITIF**, IVE, *adj.* Qui désigne une partie; *t. de gramm.*

**PARTITION**, *s. f.* Distribution, partage; *t. de mus.*, toutes les parties réunies d'une composition musicale.

**PARTOUT**, *adv.* En tout lieu.

**PARURE**, *s. f.* Ornement, ajustement.

**PARVENIR** (se conj. sur *Venir*), *v. n.* Arriver au terme avec difficulté; obtenir; faire fortune.

**PARVENU**, *s. m.* Homme obscur qui a fait fortune, qui est arrivé à de hauts emplois.

**PARVIS**, *s. m.* Place devant une église.

**PAS**, *s. m.* Mouvement du pied en avant pour marcher; espace d'un pied à l'autre en marchant; passage étroit et difficile dans une vallée; mesure précise de distance; mouvement de danse; *fig.* Conduite, démarche.

**PAS**, *particule négat.* Non, point.

**PASCAL**, E, *adj.* Qui appartient à la Pâque des Juifs ou à la fête de Pâques.

**PAS-DE-CALAIS** (LE), détroit entre la mer d'Allemagne et la Manche; dép. formé de la partie N. O. de la Picardie.

**PASQUIN**, *s. m.* Valet de comédie; railleur; bouffon.

**PASQUINADE**, *s. f.* Raillerie satirique.

**PASSABLE**, *adj.* 2 *g.* Supportable.

**PASSABLEMENT**, *adv.* D'une manière supportable.

**PASSADE**, *s. f.* Passage dans un lieu où l'on fait peu de séjour.

**PASSAGE**, *s. m.* Action, moment

de passer; chemin par où l'on passe; droit qu'on paye pour passer; endroit d'un auteur qu'on cite.

**PASSAGER, ÈRE**, *s.* Celui ou Celle qui s'embarque pour passer en quelque lieu; —, *adj.* Qui ne fait que passer; fugitif, éphémère.

**PASSAGÈREMENT**, *adv.* Pour peu de temps.

**PASSANT**, *s. m.* Celui qui passe en un lieu; *passant, e, adj.* Fréquenté; où il passe beaucoup de monde.

**PASSATION**, *s. f.* Action de passer un contrat.

**PASSAVANT**, *s. m.* Ordre écrit de laisser passer des marchandises à la douane.

**PASSE**, *s. f.* Action de passer, droit de passage; canal praticable entre deux écueils; somme payée pour le sac qui contient l'argent que l'on reçoit; petite somme pour compléter une grande; état, situation; certaine partie d'un bonnet, d'un chapeau de femme; point de broderie; mise au jeu; *être en — de*, en bonne position pour.

**PASSÉ, ÉE**, *adj.* Qui a été et qui n'est plus; fané, flétri, oublié; —, *s. m.* Temps écoulé; *t. de gramm.*, temps du verbe qui exprime l'action qui a été faite dans un temps écoulé.

**PASSE-CARREAU**, *s. m.* Morceau de bois pour repasser les coutures des tailleurs.

**PASSE-DEBOUT**, *s. m.* (inv.) Permission de passer sans payer de droits.

**PASSE-DROIT** (*au pl. passe-droits*), *s. m.* Grâce accordée contre l'usage ou au préjudice de quelqu'un.

**PASSEMENT**, *s. m.* Tissu plat et un peu large; ouvrage de passementier.

**PASSEMENTER** (*part.* é, ée), *v. a.* Orner de passements.

**PASSEMENTERIE**, *s. f.* Art, commerce du passementier.

**PASSEMENTIER, IÈRE**, *s.* Celui ou Celle qui fait, vend des galons, etc.

**PASSE-MÉTEIL**, *s. m.* Blé composé de deux parties de froment et d'une de seigle.

**PASSE-PARTOUT**, *s. m.* (inv.) Clef servant à ouvrir plusieurs portes, ou commune à plusieurs personnes pour une même porte; espèce d'encadrement pour les dessins.

**PASSE-PASSE**, *s. m.* Tours d'adresse, tromperie adroite.

**PASSE-POIL** (*au pl. passe-poils*), *s. m.* Bordures sur les coutures d'un vêtement et qui dépassent l'étoffe.

**PASSE-PORT** (*au pl. passe-ports*), *s. m.* Permission de passer librement.

**PASSER** (*part.* é, ée), *v. a.* Transporter d'un lieu à un autre; traverser; aller au delà, devancer, surmonter, dépasser; employer, consumer; pardonner; faire couler à travers une passoire; préparer, apprêter; omettre; approuver; allouer; —, *v. n.* Aller d'un lieu à un autre; s'écouler; cesser, finir; être admis; se faner, se flétrir; *passer pour*, être réputé; *passer par*, se soumettre à; *se —, v. pr.* S'écouler; s'abstenir; se contenter de; *en passant, loc. adv.* Chemin faisant; par occasion; *passe*, soit, à la bonne heure.

**PASSEREAU**, *s. m.* Moineau; *au plur.* L'ordre des oiseaux auquel appartient le passereau.

**PASSERELLE**, *s. f.* Pont étroit à l'usage exclusif des piétons.

**PASSE-ROSE** (*au pl. passe-roses*), *s. f.* Rose trémière.

**PASSE-TEMPS**, *s. m.* (inv.) Plaisir, divertissement.

**PASSEUR**, *s. m.* Celui qui mène un bac, un bateau pour passer d'un bord à l'autre.

**PASSIBILITÉ**, *s. f.* Qualité des corps passibles.

**PASSIBLE**, *adj.* 2 *g.* Capable de souffrir; qui doit subir (une peine).

**PASSIF, IVE**, *adj.* Qui souffre l'action; inactif; —, *s. m.* Sens passif d'un verbe; *t. de droit*, ce qu'on doit.

**PASSION**, *s. f.* Souffrances de N. S. J. C.; partie de l'Évangile où elles sont exposées; sermon sur ce sujet; mouvement impétueux de l'âme excité par quelque objet; affection violente pour quelque chose que ce soit; souffrance; maladie.

**PASSIONNÉMENT**, *adv.* Avec beaucoup de passion.

**PASSIONNER** (*part.* é, ée), *v. a.*

intéresser fortement; donner un caractère animé qui marque la passion; *se* —, *v. pr.* Se laisser aller à sa passion; s'affectionner vivement; s'animer.

**PASSIVEMENT**, *adv.* D'une manière passive.

**PASSOIRE**, *s. f.* Ustensile de cuisine percé de trous qui sert à passer.

**PASTEL**, *s. m.* Crayon de couleurs pulvérisées; dessin fait avec ce crayon; espèce de plante employée à quelques usages comme l'indigo.

**PASTÈQUE**, *s. f.* Melon d'eau.

**PASTEUR**, *s. m.* Berger; *fig.* Directeur des âmes, curé.

**PASTICHE**, *s. m.* Tableau qui n'est ni original ni copie, mais formé de différentes parties prises d'autres tableaux.

**PASTILLE** (ll m.), *s. f.* Espèce de bonbon.

**PASTORAL, E**, *adj.* Des pasteurs; *lettre pastorale*, de l'évêque; *pastoral*, *s. m.* Rituel à l'usage des évêques; *pastorale*, *s. f.* Pièce de théâtre dont les personnages représentent des bergers.

**PASTORALEMENT**, *adv.* En bon pasteur.

**PASTOUREAU, ELLE**, *s.* Petit berger, jeune bergère.

**PAT**, *s. inv.* (*t. du jeu des échecs*) Échec inévitable au roi s'il remue.

**PATACHE**, *s. f.* Vaisseau léger pour le service des navires; voiture publique incommode; bureau des douanes sur un bateau.

**PATARAFFE**, *s. f.* Écriture informe.

**PATATE**, *s. f.* Espèce de pomme de terre.

**PATATRAS**, mot qui exprime le bruit, la chute, la rupture.

**PATAUD, E**, *s.* et *adj.* Personne grossièrement faite, mal élevée; *pataud*, *s. m.* Jeune chien à grosses pattes.

**PATAUGER**, *v. n.* Marcher dans l'eau bourbeuse; *fig.* Se mettre dans l'embarras.

**PÂTE**, *s. f.* Farine détrempée et pétrie; *par ext.* Masse de choses broyées et détrempées.

**PÂTÉ**, *s. m.* Pièce de pâtisserie renfermant de la viande, du poisson, etc.; goutte d'encre tombée sur du papier.

**PÂTÉE**, *s. f.* Mélange d'aliments en pâte pour les oiseaux ou les animaux domestiques.

**PATELIN, INE**, *s.* et *adj.* Personne souple, artificieuse.

**PATELINAGE**, *s. m.* Manières souples du patelin.

**PATELINER**, *v. n.* Agir en patelin; — (*part.* é, ée), *v. a.* Ménager adroitement quelqu'un par intérêt; manier une affaire avec adresse.

**PATELINEUR, EUSE**, *s.* Personne pateline.

**PATÈNE**, *s. f.* Vase sacré en forme d'assiette pour couvrir le calice.

**PATENÔTRE**, *s. f.* Oraison dominicale; prière; grain de chapelet.

**PATENÔTRIER**, *s. m.* Celui qui fait ou vend des chapelets.

**PATENT, E**, *adj.* Scellé du grand sceau; évident.

**PATENTABLE**, *adj.* 2 *g.* Qui doit être soumis à la patente.

**PATENTE**, *s. f.* Sorte de brevet taxé pour les marchands.

**PATENTÉ, ÉE**, *adj.* Muni d'une patente.

**PATENTER** (*part.* é, ée), *v. a.* Soumettre à la patente; la délivrer.

**PATER** (l'*r* se pron.), *s. m.* Oraison dominicale; gros grain d'un chapelet sur lequel on dit le pater.

**PATÈRE**, *s. f.* Vase très-ouvert servant aux sacrifices chez les anciens; ornement qui y ressemble.

**PATERNE**, *adj.* 2 *g.* Paternel.

**PATERNEL, ELLE**, *adj.* Du père; qui est tel qu'il convient à un père.

**PATERNELLEMENT**, *adv.* En père.

**PATERNITÉ**, *s. f.* Titre, état, qualité de père.

**PÂTEUX, EUSE**, *adj.* Qui est de la nature de la pâte; empâté.

**PATHÉTIQUE**, *adj.* 2 *g.* Énergique, touchant; —, *s. m.* Véhémence d'élocution.

**PATHÉTIQUEMENT**, *adv.* D'une manière pathétique.

**PATHOLOGIE**, *s. f.* Traité des maladies, de leurs causes, de leurs symptômes et de leur classification.

**PATHOLOGIQUE**, *adj.* 2 *g.* Qui a rapport à la pathologie.

**PATHOS**, *s. m.* Chaleur de style affectée et déplacée.

**PATIBULAIRE**, *adj.* 2 *g.* Qui appartient au gibet.

**PATIEMMENT**, *adv.* Avec patience.

**PATIENCE**, *s. f.* Vertu qui fait supporter le mal sans murmurer; attente paisible; genre de plante appelée vulgairement racine de patience; — ! *interj.* Attendez!

**PATIENT, E**, *adj.* Qui a de la patience; —, *s. m.* Criminel condamné et livré à l'exécuteur; celui qui souffre ou qui va souffrir une opération chirurgicale.

**PATIENTER**, *v. n.* Prendre patience.

**PATIN**, *s. m.* Ancien soulier de femme très-élevé; sorte de chaussure garnie de fer pour glisser sur la glace.

**PATINER**, *v. n.* Glisser sur la glace avec des patins; — (*part. é., ée*), *v. a.* Manier.

**PATINEUR**, *s. m.* Celui qui patine.

**PÂTIR**, *v. n.* Souffrir.

**PÂTIS**, *s. m.* Lieu où paissent les bestiaux.

**PÂTISSER** (*part. é, ée*), *v. n.* Faire de la pâtisserie.

**PÂTISSERIE**, *s. f.* Pâte préparée, assaisonnée et cuite au four; commerce, art du pâtissier.

**PÂTISSIER, IÈRE**, *s.* Celui ou Celle qui fait et vend de la pâtisserie.

**PÂTISSOIRE**, *s. f.* Table à rebords sur laquelle on pâtisse.

**PATOIS**, *s. m.* Langage grossier, jargon particulier à chaque province.

**PÂTON**, *s. m.* Pâte en boulettes pour engraisser la volaille.

**PATRAQUE**, *s. f.* Machine détériorée; *fig.* Personne faible, débile.

**PÂTRE**, *s. m.* Gardien de troupeaux, particulièrement de gros bétail.

**PATRIARCAL, E** (*sans pl. m.*), *adj.* De patriarche.

**PATRIARCAT**, *s. m.* Dignité de patriarche.

**PATRIARCHE**, *s. m.* Saint personnage de l'Ancien Testament; le premier évêque grec; vieillard qui vit au milieu d'une nombreuse famille.

**PATRICE**, *s. m.* Titre de dignité dans l'empire romain; celui qui en était revêtu.

**PATRICIAT**, *s. m.* Dignité de patrice.

**PATRICIEN, ENNE**, *adj.* et *s.* Issu des premiers sénateurs institués par Romulus; noble.

**PATRIE**, *s. f.* Lieu, pays où l'on est né; pays de nos pères.

**PATRIMOINE**, *s. m.* Bien qui vient du père ou de la mère; bien de famille.

**PATRIMONIAL, E**, *adj.* Qui est de patrimoine, de succession.

**PATRIOTE**, *adj.* 2 *g.* et *s. m.* Qui aime sa patrie et cherche à lui être utile.

**PATRIOTIQUE**, *adj.* 2 *g.* Qui appartient au patriote.

**PATRIOTIQUEMENT**, *adv.* En patriote.

**PATRIOTISME**, *s. m.* Caractère du patriote; amour de la patrie; dévouement à la patrie.

**PATRON, ONNE**, *s.* 2 *g.* Protecteur, défenseur; saint ou sainte dont on porte le nom; maître de la maison; —, *s. m.* Celui qui commande aux matelots; modèle tracé dont on suit les contours.

**PATRONAGE**, *s. m.* Droit de nommer à un bénéfice; protection.

**PATRONAL, E** (*sans pl. m.*), *adj.* Qui appartient au patron.

**PATRONYMIQUE**, *adj. m. Nom* —, commun à tous les descendants d'une race.

**PATROUILLE** (ll m.), *s. f.* Marche de soldats pour la sûreté d'une ville, d'un camp, etc.; escouade qui fait la patrouille.

**PATROUILLER**, *v. n.* Faire la patrouille.

**PATTE**, *s. f.* Pied des animaux quadrupèdes qui ont des doigts, des ongles ou des griffes; pied des oiseaux, à l'exception des oiseaux de proie; *fig.* Main laide ou maladroite; morceau de fer ou de bois pour réunir deux parties ou pour consolider; petite bande d'étoffe sur le devant d'un vêtement.

PATTE-D'OIE (*au pl. pattes-d'oie*), *s. f.* Point où se réunissent plusieurs chemins divergents.

PATTU, E, *adj. Poule pattue, pigeon pattu*, qui a des plumes jusque sur les pattes.

PÂTURAGE, *s. m.* Lieu où les bestiaux vont paître; herbes des pâturages; droit de faire paître.

PÂTURE, *s. f.* Nourriture (en général); pacage.

PÂTURER, *v. n.* Paître.

PATURON, *s. m.* Partie du bas de la jambe du cheval entre le boulet et la couronne.

PAU, chef-lieu du dép. des Basses-Pyrénées.

PAUME, *s. f.* Le dedans de la main; espèce de jeu, lieu où il se joue.

PAUMELLE, *s. f.* Espèce d'orge.

PAUMIER, *s. m.* Maître d'un jeu de paume.

PAUPIÈRE, *s. f.* Peau mobile bordée de cils qui couvre l'œil.

PAUSE, *s. f.* Intermission, suspension, cessation d'action; *t. de mus.* Intervalle de temps, de silence.

PAUVRE, *adj.* 2 *g.* Qui manque du nécessaire; qui n'a pas de quoi vivre; chétif; —, *s. m.* Mendiant.

PAUVREMENT, *adv.* Dans l'indigence, la pauvreté.

PAUVRESSE, *s. f.* Femme pauvre qui mendie.

PAUVRET, ETTE, *adj.* Diminutif de *Pauvre*.

PAUVRETÉ, *s. f.* Indigence; chose basse ou méprisable.

PAVAGE, *s. m.* Ouvrage de paveur.

se PAVANER, *v. pr.* Marcher d'une manière fière, comme un paon.

PAVÉ, *s. m.* Grès taillé en cube; pierre dure qui sert à paver; chemin, lieu qui est pavé.

PAVEMENT, *s. m.* Action de paver; ouvrage du paveur.

PAVER (*part.* é, ée), *v. a.* et *v. n.* Couvrir, revêtir de pavés.

PAVEUR, *s. m.* Ouvrier qui pave.

PAVIE, *s. m.* Sorte de pêche.

PAVILLON (ll m.), *s. m.* Sorte de tente carrée, qui se termine en pointe par le haut; corps de bâtiment qui accompagne un grand corps de logis; étendard de vaisseau.

PAVOIS, *s. m.* Sorte de grand bouclier; sorte de toile qu'on étend sur les vaisseaux.

PAVOISER (*part.* é, ée), *v. a.* Garnir (un vaisseau) de pavois.

PAVOT, *s. m.* Plante soporifique.

PAYABLE, *adj.* 2 *g.* Qui doit être payé.

PAYANT, E, *adj.* Qui paye.

PAYE, *s. f.* Solde, salaire; action de payer; débiteur.

PAYEMENT, PAIEMENT ou PAIMENT, *s. m.* Ce qu'on donne pour acquitter une dette.

PAYEN. Voy. *Païen*.

PAYER (*Ind. pr.* je paye, tu payes, il paye ou il paie, nous payons, vous payez, ils payent ou ils paient; *imp.* je payais, nous payions, vous payiez, ils payaient; *p. déf.* je payai, nous payâmes; *p. ind.* j'ai payé; *fut.* je payerai ou je paierai ou je pairai; *cond.* je payerais, ou je paierais, ou je pairais; *impér.* paye, payez; *subj. pr.* que je paye, que nous payions, que vous payiez, qu'ils payent; *imp. subj.* que je payasse; *p. pr.* payant; *part. p.* payé, ée), *v. a.* Acquitter une dette; solder; récompenser; punir; expier; —, *v. n.* S'acquitter, donner ce est dû; *se* —, *v. pr.* Se contenter.

PAYEUR, EUSE, *s.* Celui ou Celle qui paye.

PAYS, *s. m.* Région, contrée, province, patrie; lieu de la naissance.

PAYS, E, *s.* Compatriote.

PAYSAGE, *s. m.* Étendue de pays qu'on voit d'un seul aspect; tableau qui la représente.

PAYSAGISTE, *s. m.* Peintre de paysages.

PAYSAN, ANNE, *s.* Homme, femme de campagne.

PÉAGE, *s. m.* Droit de passage; lieu où on le paye.

PÉAGER, *s. m.* Celui qui reçoit le péage.

PEAU, *s. f.* Partie extérieure de l'animal, qui enveloppe toutes les autres parties; cette partie détachée du corps de l'animal, et préparée pour différents usages; enveloppe des fruits, des végétaux; croûte légère à la superficie de certaines choses.

**PEAUSSERIE**, *s. f.* Commerce, marchandise de peaux.

**PEAUSSIER**, *s. m.* Celui qui prépare et vend des peaux.

**PEC**, *adj. m. Hareng* —, en caque et fraîchement salé.

**PECCABLE**, *adj.* 2 *g.* Capable de pécher.

**PECCADILLE** (ll m.), *s. f.* Faute légère.

**PÉCHÉ**, *s. m.* Transgression de la loi divine.

**PÊCHE**, *s. f.* Gros fruit à noyau.

**PÊCHE**, *s. f.* Art, exercice, action de pêcher; poisson qu'on a pêché.

**PÉCHER**, *v. n.* Commettre un péché; faillir.

**PÊCHER** (*part.* é, ée), *v. a.* Prendre du poisson; tirer de l'eau.

**PÊCHER**, *s. m.* Arbre qui produit la pêche.

**PÊCHERIE**, *s. f.* Lieu où l'on pêche.

**PÉCHEUR**, **ERESSE**, *s.* Celui ou Celle qui fait ou a fait un péché.

**PÊCHEUR**, *s. m.* Celui qui pêche, qui aime à pêcher.

**PÉCORE**, *s. f.* Animal, bête.

**PECTORAL**, **E**, *adj.* Bon pour la poitrine.

**PECTORAL**, *s. m.* Ornement que le grand prêtre chez des Juifs portait sur la poitrine.

**PÉCULAT**, *s. m.* Vol des deniers publics par ceux qui en ont l'administration.

**PÉCULE**, *s. m.* Épargne.

**PÉCUNE**, *s. f.* Argent comptant.

**PÉCUNIAIRE**, *adj.* 2 *g.* Qui consiste en argent comptant.

**PÉCUNIEUX**, **EUSE**, *adj.* Qui a beaucoup d'argent comptant.

**PÉDAGOGIE**, *s. f.* Art d'instruire, d'élever des enfants.

**PÉDAGOGIQUE**, *adj.* 2 *g.* Qui a rapport à la pédagogie.

**PÉDAGOGUE**, *s. m.* Celui qui s'occupe de l'éducation des enfants.

**PÉDALE**, *s. f.* Touche de certains instruments qu'on meut avec le pied.

**PÉDANT**, **E**, *s.* Celui ou Celle qui affecte de montrer de l'érudition, qui prend un ton de supériorité; —, *e*, *adj.* Qui tient du pédant.

**PÉDANTER**, *v. n.* Faire le métier de régent avec des formes de pédant.

**PÉDANTERIE**, *s. f.* Défaut du pédant; manières de pédant.

**PÉDANTESQUE**, *adj.* 2 *g.* Qui sent le pédant.

**PÉDANTESQUEMENT**, *adv.* D'une manière pédantesque.

**PÉDANTISER**, *v. n.* Faire le pédant.

**PÉDANTISME**, *s. m.* Pédanterie.

**PÉDESTRE**, *adj.* 2 *g. Statue* —, qui pose sur ses pieds; *voyage* —, qui se fait à pied.

**PÉDESTREMENT**, *adv.* A pied.

**PÉDICULE**, *s. m.* Queue (de certaines plantes).

**PÉDICURE**, *s.* et *adj. m.* Celui qui soigne les pieds, coupe les cors, etc.

**PÉDON**, *s. m.* Courrier à pied.

**PÉDONCULE**, *s. m.* Queue (d'une fleur, d'un fruit).

**PÉGASE**, *s. m.* Cheval ailé qui, suivant la Fable, habitait le Parnasse; *fig.* Génie poétique.

**PEIGNE** (gn m.), *s. m.* Instrument à dents pour démêler les cheveux, pour fixer les cheveux des femmes; instrument pour apprêter le chanvre, la laine, le lin; nom de plusieurs instruments à l'usage de divers artisans.

**PEIGNER** (gn m.; *part.* é, ée), *v. a.* Démêler, arranger, apprêter, préparer avec un peigne; *se* —, *v. pr.* Peigner ses cheveux; *fig.* Se battre.

**PEIGNIER** (gn m.), *s. m.* Celui qui fait et vend des peignes.

**PEIGNOIR** (gn m.), *s. m.* Espèce de manteau qu'on met pour faire sa toilette ou au sortir du bain.

**PEIGNURES** (gn m.), *s. f. pl.* Cheveux qui tombent en se peignant.

**PEINDRE** (se conj. sur *Teindre*), *v. a.* Enduire de couleur; représenter quelque objet par les traits, les couleurs; décrire et représenter par le discours; —, *v. n.* Étendre des couleurs.

**PEINE**, *s. f.* Douleur, souffrance; châtiment, punition; travail, fatigue; salaire d'un artisan; inquiétude d'esprit; *à* —, *loc. adv.* Aussitôt que; difficilement; presque pas.

**PEINER** (*part.* é, ée), *v. a.* Faire,

causer de la peine, du chagrin, de l'inquiétude; travailler beaucoup et difficilement; —, *v. n.* Avoir de la fatigue, du déplaisir; *se* —, *v. pr.* Se donner de chagrin.

**PEINTRE**, *s. m.* Celui qui exerce l'art de peindre.

**PEINTURAGE**, *s. m.* Action de peinturer; son effet.

**PEINTURE**, *s. f.* L'art de peindre; ouvrage de peinture; couleur (en général); *fig.* Description vive et animée de quelque chose.

**PEINTURER** (*part.* é, ée), *v. a.* Enduire d'une seule couleur.

**PEINTUREUR**, *s. m.* Celui qui peinture.

**PELAGE**, *s. m.* Couleur du poil des chevaux, des vaches, des cerfs.

**PELARD**, *adj. m. Bois* —, écorché sur pied pour faire du tan.

**PÊLE-MÊLE**, *adv.* Confusément; —, *s. m.* Désordre, confusion.

**PELER** (*part.* é, ée), *v. a.* Ôter le poil, la peau, l'écorce; —, *v. n.*, et *se* —, *v. pr.*, se dit des corps dont la peau s'enlève.

**PÈLERIN, E**, *s.* Celui ou Celle qui va en pèlerinage; *fig.* Personne fine, adroite, dissimulée; *pèlerine*, *s. f.* Ajustement que les femmes mettent sur les épaules.

**PÈLERINAGE**, *s. m.* Voyage entrepris par dévotion pour visiter les lieux saints.

**PÉLICAN**, *s. m.* Oiseau aquatique; instrument pour arracher les dents.

**PELISSE**, *s. f.* Manteau doublé de fourrure.

**PELLE**, *s. f.* Instrument de fer ou de bois, large et plat, à long manche.

**PELLÉE, PELLERÉE** ou **PELLETÉE**, *s. f.* Autant qu'il en peut tenir sur une pelle.

**PELLETERIE**, *s. f.* Art de préparer les peaux pour en faire des fourrures; commerce de ces peaux.

**PELLETIER, IÈRE**, *s.* Celui ou Celle qui prépare et vend des fourrures.

**PELLICULE**, *s. f.* Peau très-mince.

**PELOTE**, *s. f.* Boule formée en roulant sur eux-mêmes du fil, de la soie, etc.; coussinet pour ficher les épingles, les aiguilles; corps en boule, balle.

**PELOTER** (*part.* é, ée), *v. a.* Battre; —, *v. n.* Jouer à la paume.

**PELOTON**, *s. m.* Petite pelote; soldats rassemblés en petite troupe.

**PELOTONNER** (*part.* é, ée), *v. a.* Mettre en peloton.

**PELOUSE**, *s. f.* Terrain couvert d'une herbe épaisse et courte.

**PELU, E**, *adj.* Garni de poils.

**PELUCHE**, *s. f.* Étoffe à longs poils, à longues soies.

**PELUCHER**, *v. n.* Se garnir de poils, de peluche.

**PELURE**, *s. f.* Peau ôtée de dessus un fruit, un fromage, etc.

**PENAILLON**, *s. m.* Haillon.

**PÉNAL, E**, *adj.* (pas de pl. masc.) Qui assujettit à quelque peine; qui concerne les peines légales.

**PÉNALITÉ**, *s. f.* Système des peines édictées par les lois.

**PÉNATES**, *s.* et *adj. pl. m.* Dieux domestiques chez les païens; *fig.* Logis, demeure.

**PENAUD, E**, *adj.* Embarrassé, honteux.

**PENCHANT, E**, *adj.* Qui penche, qui est incliné; *fig.* Qui est sur son déclin; —, *s. m.* Pente, terrain qui va en baissant; *fig.* Propension, inclination.

**PENCHEMENT**, *s. m.* Action de se pencher; état d'un corps qui penche.

**PENCHER** (*part.* é, ée), *v. a.* Incliner, baisser de quelque côté; —, *v. n.* Être hors de son aplomb; *fig.* Être porté à une chose; *se* —, *v. pr.* S'incliner.

**PENDABLE**, *adj.* 2 *g.* Qui mérite la potence.

**PENDAISON**, *s. f.* Action de pendre.

**PENDANT, E**, *adj.* Qui pend; —, *s. m.* Ce qui pend; le pareil; au *pl.* Bijoux suspendus aux oreilles des femmes.

**PENDANT**, *prép.* Durant; — *que*, *loc. conj.* Tandis que.

**PENDARD, E**, *s.* Vaurien, fripon.

**PENDELOQUE**, *s. f.* Pierreries ajoutées à des boucles d'oreilles; cristaux d'un lustre.

**PENDILLER** (ll m.), *v. n.* Être suspendu en l'air et agité par le vent.

**PENDRE** (se conj. sur *Rendre*), *v. a.* Attacher une chose en haut de manière qu'elle ne touche pas en bas ; suspendre au gibet ; —, *v. n.* Être suspendu ; *se* —, *v. pr.* S'étrangler en se suspendant.

**PENDU**, *s. m.* Celui qui est pendu au gibet.

**PENDULE**, *s. m.* Balancier d'une horloge ; poids attaché à un fil, et susceptible d'oscillation ; —, *s. f.* Horloge.

**PÊNE**, *s. m.* Pièce de fer qui fait partie de la serrure et qui entre dans la gâche quand on ferme une porte.

**PÉNÉTRABILITÉ**, *s. f.* Qualité de ce qui est pénétrable.

**PÉNÉTRABLE**, *adj.* 2 *g.* Qu'on peut pénétrer ; où l'on peut pénétrer.

**PÉNÉTRANT**, E, *adj.* Qui pénètre ; *fig.* Qui a une grande perspicacité ; insinuant.

**PÉNÉTRATION**, *s. f.* Vertu ou Action de pénétrer ; *fig.* Sagacité, perspicacité.

**PÉNÉTRER** (*part.* é, ée), *v. a.* Percer, passer à travers ; entrer bien avant ; *fig.* Parvenir à connaître ; toucher l'âme.

**PÉNIBLE**, *adj.* 2 *g.* Qui donne de la peine ; difficile.

**PÉNIBLEMENT**, *adv.* Avec peine.

**PÉNICHE**, *s. f.* Petit bâtiment de transport.

**PÉNINSULE**, *s. f.* Presqu'île.

**PÉNITENCE**, *s. f.* Repentir, regret d'avoir offensé Dieu ; un des sept sacrements ; punition.

**PÉNITENCERIE**, *s. f.* Charge de pénitentier.

**PÉNITENCIER**, *s. m.* Prêtre à qui est dévolu le pouvoir d'absoudre les cas réservés.

**PÉNITENT**, E, *adj.* Qui a regret d'avoir offensé Dieu ; qui fait pénitence ; —, *s.* Celui ou Celle qui confesse ses péchés au prêtre.

**PÉNITENTIAIRE**, *adj.* 2 *g.*, se dit du régime adopté pour l'amélioration morale des détenus.

**PÉNITENTIAUX**, **IELLES**, *adj. pl.* Qui a rapport à la pénitence.

**PÉNITENTIEL**, *s. m.* Rituel de la pénitence.

**PENNAGE**, *s. m.* Plumage des oiseaux de proie ; ailes de tous les oiseaux.

**PENNE**, *s. f.* Grosse plume des oiseaux de proie ; plume d'une flèche.

**PENNON**, *s. m.* Bannière d'un chevalier qui avait vingt hommes à commander.

**PÉNOMBRE**, *s. f.* Demi-obscurité.

**PENSANT**, E, *adj.* Qui pense.

**PENSÉE**, *s. f.* Opération de l'intelligence ; action, faculté de penser ; chose pensée et exprimée ; maxime ; méditation ; petite fleur nuancée de violet et de jaune ; couleur de cette fleur.

**PENSER** (*part.* é, ée), *v. a.* Avoir dans l'esprit ; imaginer, croire, juger ; —, *v. n.* Former dans son esprit l'idée, l'image de quelque chose ; concevoir un dessein ; se souvenir de quelque chose ; —, *s. m.* Manière propre et distinctive de penser.

**PENSEUR**, *s. m.* Celui qui a l'habitude de réfléchir.

**PENSIF**, **IVE**, *adj.* Occupé fortement d'une pensée.

**PENSION**, *s. f.* Maison d'éducation ; maison où l'on est logé et nourri pour un certain prix ; ce prix même ; revenu annuel qu'on donne ou qu'on reçoit.

**PENSIONNAIRE**, *s.* 2 *g.* Celui ou Celle qui paye pension ; élève logé, nourri et instruit dans une pension ; celui à qui l'on paye une pension.

**PENSIONNAT**, *s. m.* Lieu où logent les pensionnaires d'un collége ; maison d'éducation où l'on prend des pensionnaires.

**PENSIONNER** (*part.* é, ée), *v. a.* Donner une pension.

**PENSUM** (*au pl. pensums*), *s. m.* Surcroît de travail imposé à un écolier pour le punir.

**PENTAGONE**, *adj.* 2 *g.* et *s. m.* Figure de géométrie qui a cinq angles et cinq côtés.

**PENTAMÈTRE**, *s.* et *adj. m.* Vers grec ou latin de cinq pieds.

**PENTATEUQUE**, *s. m.* Les cinq premiers livres de la Bible.

**PENTE**, *s. f.* Surface inclinée ; cours des eaux ; bande qui pend autour d'un ciel de lit, etc.; *fig.* Inclination, penchant.

**PENTECÔTE**, *s. f.* Fête solennelle, en mémoire de la descente du Saint-Esprit.

**PENTURE**, *s. f.* Bande de fer qui soutient les portes et les fenêtres sur les gonds.

**PÉNULTIÈME**, *adj.* 2 *g.* Avant-dernier.

**PÉNURIE**, *s. f.* Grande disette des choses nécessaires, extrême pauvreté.

**PÉPIE**, *s. f.* Pellicule qui vient au bout de la langue des oiseaux et qui les empêche de boire.

**PÉPIER**, *v. n.* Crier (en parlant des moineaux.)

**PEPIN**, *s. m.* Semence d'un fruit sans noyau.

**PÉPINIÈRE**, *s. f.* Plant de jeunes arbres destinés à être replantes.

**PÉPINIÉRISTE**, *s. m.* Jardinier qui cultive des pépinières.

**PERCALE**, *s. f.* Tissu de coton très-fin.

**PERCALINE**, *s. f.* Tissu de coton léger et lustré.

**PERÇANT**, **E**, *adj.* Qui perce, qui pénètre.

**PERCE (EN)**, *loc. adv.*, se dit d'un tonneau percé pour en tirer le liquide.

**PERCÉ**, **ÉE**, *adj.* Troué; qui est à jour.

**PERCE-BOIS**, *s. m.* (inv.) Insecte qui perce le bois.

**PERCÉE**, *s. f.* Ouverture dans un bois pour faire un chemin ou obtenir un point de vue.

**PERCEMENT**, *s. m.* Action de percer; ouverture faite en perçant.

**PERCE-NEIGE**, *s. f.* (inv.) Plante bulbeuse qui fleurit l'hiver dans les prairies.

**PERCE-OREILLE**, *s. m.* (inv.) Insecte armé de deux crochets semblables à une tenaille.

**PERCEPTEUR**, *s. m.* Fonctionnaire préposé à la recette des impôts.

**PERCEPTIBILITÉ**, *s. f.* Qualité de ce qui est perceptible.

**PERCEPTIBLE**, *adj.* 2 *g.* Qui peut être perçu, aperçu.

**PERCEPTION**, *s. f.* Recette, recouvrement de deniers, de revenus; sentiment, idée que produit l'impression d'un objet.

**PERCER** (*part.* é, ée), *v. a.* Faire une ouverture; passer à travers; —, *v. n.* Pénétrer; *fig.* Faire fortune; se déceler.

**PERCEVOIR** (se conj. sur *Recevoir*), *v. a.* Recevoir, recueillir (des revenus, etc.); recevoir par les sens l'impression des objets.

**PERCHE**, *s. f.* Poisson de mer et d'eau douce; ancienne mesure de surface de dix-huit, vingt ou vingt-deux pieds carrés; partie de terrain qui a cette mesure; pièce de bois longue et mince; *fam.* Personne grande et mince.

**PERCHE (LE)**, ancienne province formant aujourd'hui les départ. de l'Orne et de l'Eure.

**PERCHER** (*part.* é, ée), *v. a.* Mettre sur un lieu élevé; — (*part.* é, ée), *v. n.* Se mettre sur une perche, sur une branche d'arbre, etc. (en parlant des oiseaux); *se* —, *v. pr.* Se mettre sur quelque endroit élevé.

**PERCHOIR**, *s. m.* Lieu où les oiseaux de basse-cour se perchent.

**PERCLUS**, **E**, *adj.* Privé de l'usage de ses membres; impotent de tout le corps.

**PERÇOIR**, *s. m.* Foret pour percer des tonneaux.

**PERCUSSION**, *s. f.* Impression d'un corps qui en frappe un autre.

**PERDABLE**, *adj.* 2 *g.* Qui peut se perdre.

**PERDANT**, *s. m.* Celui qui perd au jeu.

**PERDITION**, *s. f.* État d'une personne qui est hors des voies du salut; dégât.

**PERDRE** (*Ind. pr.* je perds, tu perds, il perd; nous perdons, vous perdez, ils perdent; *imp.* je perdais, nous perdions; *p. déf.* je perdis, nous perdîmes; *fut.* je perdrai, nous perdrons; *cond.* je perdrais, nous perdrions; *impér.* perds; *subj. pr.* que je perde, que nous perdions; *imp.* que je perdisse, que n. perdissions; *part. pr.* perdant; *part. p.* perdu, ue), *v. a.* Cesser d'avoir; faire un mauvais emploi; gâter; égarer; abandonner;

corrompre; débaucher; —, *v. n.* Éprouver quelque perte; *se* —, *v. pr.* S'égarer; se dissiper; disparaître.

**PERDREAU**, *s. m.* Perdrix de l'année.

**PERDRIGON**, *s. m.* Sorte de prune.

**PERDRIX**, *s. f.* Oiseau de la grosseur d'un pigeon et dont la chair est très-estimée.

**PÈRE**, *s. m.* Celui qui a un ou plusieurs enfants; chef d'une longue suite de descendants; auteur, principe. Le *saint-père*, le pape; les *Pères de l'Église*, les saints docteurs dont la doctrine est adoptée par l'Église.

**PÉRÉGRINATION**, *s. f.* Voyage dans les pays lointains.

**PÉREMPTION**, *s. f.* Prescription qui annule une procédure.

**PÉREMPTOIRE**, *adj.* 2 *g.* Décisif, qui est sans réplique.

**PÉREMPTOIREMENT**, *adv.* D'une manière péremptoire.

**PERFECTIBILITÉ**, *s. f.* Qualité de ce qui est perfectible.

**PERFECTIBLE**, *adj.* 2 *g.* Susceptible de perfection.

**PERFECTION**, *s. f.* Qualité de ce qui est parfait en son genre; achèvement complet; excellente qualité de l'âme ou du corps.

**PERFECTIONNEMENT**, *s. m.* Action de perfectionner; effet de cette action.

**PERFECTIONNER** (*part.* é, ée), *v. a.* Rendre parfait, accompli; *se* —, *v. pr.* Devenir parfait; atteindre à la perfection.

**PERFIDE**, *adj.* 2 *g.* (et *s.* en parlant des personnes). Traître, déloyal.

**PERFIDEMENT**, *adv.* Avec perfidie.

**PERFIDIE**, *s. f.* Déloyauté, manquement de foi; trahison.

**PERFOLIÉ, ÉE**, *adj. Feuille* —, dont le disque entoure la tige par sa base non fendue.

**PERFORATION**, *s. f.* Action de perforer.

**PERFORER** (*part.* é, ée), *v. a.* Percer.

**PÉRICARDE**, *s. m.* Capsule membraneuse autour du cœur.

**PÉRICARPE**, *s. m.* Pellicule qui enveloppe le fruit d'une plante.

**PÉRICLITER**, *v. n.* Être en péril; menacer ruine.

**PÉRICRÂNE**, *s. m.* Membrane qui couvre le crâne.

**PÉRIGÉE**, *s.* et *adj. m.* Point où une planète se trouve à sa plus petite distance de la terre.

**PÉRIGORD** (**LE**), anc. province formant la plus grande partie du dép. de la Dordogne.

**PÉRIGOURDIN, E**, *adj.* et *s.* Qui est du Périgord.

**PÉRIGUEUX**, chef-lieu du dép. de la Dordogne; —, *s. m.* Pierre noire fort dure.

**PÉRIHÉLIE**, *s. m.* Point de l'orbite d'une planète où elle est le plus près du soleil.

**PÉRIL** (l m.), *s. m.* Risque, danger.

**PÉRILLEUSEMENT** (ll m.), *adv.* Avec péril.

**PÉRILLEUX, EUSE** (ll m.), *adj.* Où il y a du péril.

**PÉRIMER** (*part.* é, ée), *v. n.* Se perdre par la prescription.

**PÉRIMÈTRE**, *s. m.* Contour, circonférence.

**PÉRIODE**, *s. f.* Révolution d'un astre; époque, mesure de temps; révolution d'une fièvre qui revient en des temps réglés; phrase composée de plusieurs membres, dont la réunion forme un sens complet; —, *s. m.* Le plus haut point où une chose puisse arriver; espace de temps vague.

**PÉRIODICITÉ**, *s. f.* Qualité de ce qui est périodique.

**PÉRIODIQUE**, *adj.* 2 *g.* Qui a ses retours marqués; *ouvrage* —, qui paraît à époque fixe.

**PÉRIODIQUEMENT**, *adv.* D'une manière périodique.

**PÉRIPATÉTICIEN, ENNE**, *s.* et *adj.* Qui appartient à la doctrine d'Aristote.

**PÉRIPATÉTISME**, *s. m.* La doctrine péripatéticienne ou d'Aristote.

**PÉRIPÉTIE**, *s. f.* Changement subit et imprévu; dénoûment.

**PÉRIPHRASE**, *s. f.* Circonlocution, tour de phrase.

**PÉRIPHRASER**, *v. n.* Faire des périphrases.

**PÉRIR** (*part.* i, ie), *v. n.* Prendre fin; mourir de mort violente; tomber en ruine, en décadence; *fig.* — *d'ennui*, être excédé.

**PÉRISSABLE**, *adj.* 2 *g.* Peu durable; sujet à périr.

**PÉRISTYLE**, *s. m.* Suite de colonnes formant galerie autour d'un édifice.

**PÉRITOINE**, *s. m.* Membrane qui recouvre intérieurement la capacité du bas-ventre.

**PERLE**, *s. f.* Substance dure, blanche, ordinairement ronde, qui se forme dans certaines coquilles.

**PERLÉ, ÉE**, *adj.* Orné de perles; fait avec un soin extrême; brillant, délicat.

**PERMANENCE**, *s. f.* Durée constante d'une chose.

**PERMANENT, E**, *adj.* Stable, immuable.

**PERMÉABILITÉ**, *s. f.* Qualité de ce qui est perméable.

**PERMÉABLE**, *adj.* 2 *g.* Qui peut être traversé par un fluide.

**PERMESSE**, *s. m.* Nom d'une rivière de la Béotie qui était consacrée aux muses.

**PERMETTRE** (se conj. sur *Mettre*), *v. a.* Donner pouvoir de faire, de dire; autoriser; ne pas empêcher; *se* —, se donner la licence de.

**PERMIS, E**, *adj.* Licite; —, *s. m.* Permission.

**PERMISSION**, *s. f.* Liberté de faire, de dire une chose.

**PERMUTANT**, *s. m.* Celui qui permute.

**PERMUTATION**, *s. f.* Action de permuter.

**PERMUTER** (*part.* é, ée), *v. a.* Échanger.

**PERNICIEUSEMENT**, *adv.* D'une manière pernicieuse.

**PERNICIEUX, EUSE**, *adj.* Nuisible, dangereux.

**PÉRONNE**, chef-lieu d'arr. du dép. de la Somme.

**PÉRONNELLE**, *s. f.* Femme sotte et babillarde.

**PÉRORAISON**, *s. f.* Conclusion d'un discours d'apparat.

**PÉRORER**, *v. n.* Discourir, déclamer.

**PÉROREUR**, *s. m.* Celui qui a la manie de pérorer.

**PÉROU**, *s. m.* Nom d'une contrée de l'Amérique méridionale très-riche en mines d'or et d'argent, employé au figuré comme synonyme d'objet de grande valeur.

**PEROXYDE**, *s. m.* Oxyde qui contient la plus grande quantité possible d'oxygène.

**PERPENDICULAIRE**, *adj.* 2 *g.* Qui tombe à angles droits; —, *s. f.* Ligne verticale.

**PERPENDICULAIREMENT**, *adv.* D'une manière perpendiculaire.

**PERPENDICULARITÉ**, *s. f.* État de ce qui est perpendiculaire.

**PERPENDICULE**, *s. m.* Ligne qui tombe à plomb.

**PERPÉTUATION**, *s. f.* Action qui perpétue; effet de cette action.

**PERPÉTUEL, ELLE**, *adj.* Continuel, qui ne cesse point.

**PERPÉTUELLEMENT**, *adv.* A perpétuité, sans cesse.

**PERPÉTUER** (*part.* é, ée), *v. a.* Rendre perpétuel.

**PERPÉTUITÉ**, *s. f.* Durée sans interruption; *à* —, *loc. adv.* Pour toujours.

**PERPIGNAN**, chef-lieu du dép. des Pyrénées-Orientales.

**PERPLEXE**, *adj.* 2 *g.* Qui est dans la perplexité; qui cause de la perplexité.

**PERPLEXITÉ**, *s. f.* Irrésolution, incertitude pénible.

**PERQUISITION**, *s. f.* Recherche exacte et minutieuse.

**PERRON**, *s. m.* Escalier extérieur et découvert.

**PERROQUET**, *s. m.* Sorte d'oiseau qui apprend facilement à parler; petit mât arboré sur les hunes des grands mâts.

**PERRUCHE**, *s. f.* Femelle du perroquet.

**PERRUQUE**, *s. f.* Coiffure de faux cheveux couvrant toute la tête.

**PERRUQUIER**, *s. m.* Celui qui fait et vend des perruques; coiffeur.

**PERS, E**, *adj.* Dont la couleur est entre le bleu et le vert.

**PERSAN, E,** *adj.* et *s.* Qui est de Perse.

**PERSE,** *s. f.* Toile peinte de Perse.

**PERSÉCUTANT, E,** *adj.* Qui persécute.

**PERSÉCUTER** (*part.* é, ée), *v. a.* Inquiéter, tourmenter; vexer; importuner, harceler, excéder.

**PERSÉCUTEUR, TRICE,** *s.* Celui ou Celle qui persécute; importun.

**PERSÉCUTION,** *s. f.* Vexation; importunité.

**PERSÉVÉRAMMENT,** *adv.* Avec persévérance.

**PERSÉVÉRANCE,** *s. f.* Qualité de celui qui persévère; constance dans ce qui est bien.

**PERSÉVÉRANT, E,** *adj.* Qui persévère.

**PERSÉVÉRER,** *v. n.* Persister; continuer; demeurer ferme et constant dans un sentiment, une résolution.

**PERSICAIRE,** *s. f.* Plante aquatique.

**PERSIENNE,** *s. f.* Sorte de jalousie montée sur châssis.

**PERSIFLAGE,** *s. m.* Raillerie fine, adroite.

**PERSIFLER** (*part.* é, ée), *v. a.* Se moquer de quelqu'un en ayant l'air de le louer.

**PERSIFLEUR,** *s. m.* Celui qui persifle, qui a l'habitude de persifler.

**PERSIL,** *s. m.* Plante potagère.

**PERSILLADE** (ll m.), *s. f.* Bœuf froid assaisonné au persil.

**PERSILLÉ, ÉE** (ll m.), *adj.* *Fromage —*, qui a en dedans de petites taches verdâtres.

**PERSIQUE,** *adj.* et *s. m.* Ordre d'architecture; *golfe —*, entre la Perse et l'Arabie Heureuse; *— s. f.* Pêche très-grosse, rouge et pointue.

**PERSISTANCE,** *s. f.* Qualité de ce qui est persistant; action de persister.

**PERSISTANT, E,** *adj.*, se dit des feuilles qui ne tombent pas à l'automne.

**PERSISTER,** *v. n.* Demeurer ferme dans ses résolutions, dans son sentiment; ne point se départir.

**PERSONNAGE,** *s. m.* Personne remarquable, élevée en dignité, en fortune; personne que représente un acteur.

**PERSONNALITÉ,** *s. f.* Caractère, qualité de ce qui est personnel; égoïsme; trait piquant et personnel contre quelqu'un.

**PERSONNE,** *s. f.* Un homme, une femme; *au sing. et au masc.* Nul; aucun, quelqu'un.

**PERSONNEL, ELLE,** *adj.* Propre à chaque personne; égoïste; *pronom —*, qui marque les personnes; *—, s. m.* Personnes attachées à un service public.

**PERSONNELLEMENT,** *adv.* En propre personne.

**PERSONNIFICATION,** *s. f.* Action de personnifier; résultat de cette action.

**PERSONNIFIER** (*part.* é, ée), *v. a.* Attribuer à une chose inanimée les sentiments, le langage d'une personne.

**PERSPECTIF, IVE,** *adj.* Qui représente un objet en perspective.

**PERSPECTIVE,** *s. f.* Art de représenter les objets dans leur situation respective; aspect des objets vus de loin; *fig.* Espérances, craintes fondées; *en —*, *loc. adv.* Dans un certain éloignement; dans l'avenir.

**PERSPICACE,** *adj.* 2 *g.* Qui a de la perspicacité.

**PERSPICACITÉ,** *s. f.* Pénétration d'esprit.

**PERSPICUITÉ,** *s. f.* Clarté, netteté du style, des idées.

**PERSUADER** (*part.* é, ée), *v. a.* Porter, déterminer quelqu'un à croire, ou à faire; *se —*, s'imaginer, se figurer.

**PERSUASIF, IVE,** *adj.* Qui a le pouvoir de persuader.

**PERSUASION,** *s. f.* Art, action de persuader; ferme croyance.

**PERTE,** *s. f.* Privation d'un avantage; dommage, ruine; mauvais succès, événement désavantageux; *à —*, *loc. adv.* Avec perte; *en pure —*, *loc. adv.* Sans utilité.

**PERTINEMMENT,** *adv.* Ainsi qu'il convient; avec jugement.

**PERTINENCE,** *s. f.* Qualité de ce qui est pertinent.

**PERTINENT, E,** *adj.* Tel qu'il convient.

**PERTUIS**, *s. m.* Ouverture à une digue; sorte de détroit resserré entre deux terres.

**PERTUISANE**, *s. f.* Ancienne hallebarde.

**PERTURBATEUR, TRICE**, *s.* Celui ou Celle qui cause du trouble.

**PERTURBATION**, *s. f.* Trouble, émotion de l'âme; dérangement.

**PÉRUVIEN, ENNE**, *adj.* et *s.* Qui est du Pérou; *péruvienne*, *s. f.* Sorte d'étoffe de soie à deux chaînes.

**PERVENCHE**, *s. f.* Espèce de plante vivace; sa fleur.

**PERVERS, E**, *adj.* et *s.* Méchant, dépravé.

**PERVERSION**, *s. f.* Changement de bien en mal.

**PERVERSITÉ**, *s. f.* Méchanceté, dépravation.

**PERVERTIR** (*part.* i, ie), *v. a.* Faire changer de bien en mal.

**PESAMMENT**, *adv.* D'une manière pesante.

**PESANT, E**, *adj.* Qui pèse, lourd; onéreux; *fig.* Qui manque de vivacité.

**PESANTEUR**, *s. f.* Force en vertu de laquelle les corps tombent quand ils ne sont pas soutenus; qualité de ce qui est pesant; malaise, lourdeur; *fig.* Défaut de vivacité.

**PESÉE**, *s. f.* Action de peser; ce qu'on a pesé en une fois.

**PÈSE-LIQUEUR** (*au pl.* *pèse-liqueurs*), *s. m.* Instrument avec lequel on pèse les liqueurs.

**PESER** (*part.* é, ée; *fut.* je pèserai; *cond.* je pèserais), *v. a.* Déterminer la pesanteur avec des poids; *fig.* Examiner, juger une chose; —, *v. n.* Avoir un certain poids, une certaine valeur; *fig.* Être importun, embarrasser.

**PESEUR**, *s. m.* Celui qui pèse.

**PESON**, *s. m.* Instrument pour peser.

**PESSIMISTE**, *s. m.* Celui qui trouve que tout est mal.

**PESTE**, *s. f.* Maladie épidémique et contagieuse; *fig.* Personne ou chose qui peut nuire, funeste.

**PESTER**, *v. n.* Murmurer vivement; témoigner avec humeur son mécontentement.

**PESTIFÈRE**, *adj.* 2 *g.* Qui communique la peste.

**PESTIFÉRÉ, ÉE**, *adj.* (et *s.* en parlant des personnes). Infecté de la peste.

**PESTILENCE**, *s. f.* Peste répandue dans un pays.

**PESTILENT, E**, *adj.* Contagieux.

**PESTILENTIEL, ELLE**, *adj.* Infecté de peste.

**PÉTALE**, *s. m.* Nom donné aux différentes pièces qui forment la corolle d'une fleur.

**PÉTARD**, *s. m.* Pièce d'artifice.

**PÉTARDER** (*part.* é, ée), *v. a.* Faire jouer un pétard.

**PÉTARDIER**, *s. m.* Celui qui fait et applique les pétards.

**PÉTASE**, *s. m.* Sorte de chapeau rond à bords très-étroits.

**PÉTAUD**, *s. m.* *La cour du roi* —, lieu de confusion où tout le monde est maître.

**PÉTAUDIÈRE**, *s. f.* Assemblée sans ordre; lieu où chacun fait le maître.

**PÉTER**, *v. n.* Éclater avec bruit.

**PETILLANT, E** (ll m.), *adj.* Qui petille, qui brille avec éclat.

**PETILLEMENT** (ll m.), *s. m.* Action de petiller.

**PETILLER** (ll m.), *v. n.* Éclater avec un bruit réitéré par saccades; briller, jeter un grand éclat.

**PÉTIOLE**, *s. m.* Queue ou Support des feuilles.

**PÉTIOLÉ, ÉE**, *adj.* Porté par un pétiole.

**PETIT, E**, *adj.* Qui a peu d'étendue, de volume; qui a peu d'importance; *petite guerre*, exercice militaire pour imiter un combat; *petite vérole*, maladie cutanée, épidémique et dangereuse; *petit*, *s. m.* Animal nouvellement né; *en petit*, *loc. adv.* En raccourci; *petit à* —, *loc. adv.* Peu à peu.

**PETIT-FILS** (*au pl.* *petits-fils*), *s. m.* Fils du fils ou de la fille.

**PETIT-GRIS**, *s. m.* Fourrure faite de la peau d'un écureuil du Nord.

**PETITE-FILLE** (*au pl.* *petites-filles*), *s. f.* Fille du fils ou de la fille.

**PETITEMENT**, *adv.* En petite quantité; mesquinement.

**PETITE-NIÈCE** (*au pl. petites-nièces*), *s. f.* Fille du neveu ou de la nièce.

**PETITES-MAISONS**, *s. f. pl.* Ancien hôpital de fous à Paris.

**PETITESSE**, *s. f.* Peu d'étendue, de volume; exiguïté; *fig.* Bassesse de cœur; faiblesse d'esprit; action basse.

**PÉTITION**, *s. f.* Demande adressée à une autorité supérieure.

**PÉTITIONNAIRE**, *s. m.* Celui qui présente une pétition.

**PÉTITIONNER**, *v. n.* Adresser des pétitions.

**PETIT-LAIT**, *s. m.* Sérosité du lait.

**PETIT-NEVEU** (*au pl. petits-neveux*), *s. m.* Fils du neveu ou de la nièce.

**PETON**, *s. m.* Petit pied d'enfant.

**PÉTRÉE**, *adj. f. Arabie* —, couverte de rochers.

**PÉTRIFIANT, E**, *adj.* Qui a la faculté de pétrifier.

**PÉTRIFICATION**, *s. f.* Changement d'une substance animale ou végétale en matière pierreuse; chose pétrifiée.

**PÉTRIFIER** (*part.* é, ée), *v. a.* Convertir en pierre; *fig.* Rendre immobile d'étonnement; *se* —, *v. pr.* Devenir pierre.

**PÉTRIN**, *s. m.* Coffre dans lequel on pétrit le pain; huche.

**PÉTRIR** (*part.* i, ie), *v. a.* Détremper la farine avec de l'eau, la mêler et en faire de la pâte.

**PÉTRISSAGE**, *s. m.* Action de pétrir.

**PÉTRISSEUR**, *s. m.* Celui qui pétrit la pâte.

**PÉTROLE**, *s. m.* Bitume liquide et noir dont on tire une huile.

**PETTO (IN)**, *loc. adv.* En secret, dans le fond du cœur.

**PÉTULAMMENT**, *adv.* Avec pétulance.

**PÉTULANCE**, *s. f.* Vivacité impétueuse; brusquerie.

**PÉTULANT, E**, *adj.* Vif, impétueux, brusque.

**PEU**, *adv.* En petite quantité; pas beaucoup; *peu à peu*, *loc. adv.* Insensiblement; *à peu près*, *loc. adv.* Presque, environ.

**PEUPLADE**, *s. f.* Multitude d'habitants qui passent d'un pays dans un autre pour le peupler; peuple.

**PEUPLE**, *s. m.* Multitude d'hommes d'un même pays; nation.

**PEUPLER** (*part.* é, ée), *v. a.* Remplir d'habitants; habiter en grand nombre; *se* —, *v. pr.* Devenir habité.

**PEUPLIER**, *s. m.* Arbre élancé à bois blanc.

**PEUR**, *s. f.* Crainte, frayeur, appréhension.

**PEUREUX, EUSE**, *adj.* et *s.* Craintif, timide.

**PEUT-ÊTRE**, *adv. dubitatif.* Il se peut faire que.

**PHAÉTON**, *s. m.* Petit cabriolet à quatre roues, fort léger.

**PHALANGE**, *s. f.* Ancien corps d'infanterie; os des doigts de la main et du pied.

**PHALÈNE**, *s. f.* Nom générique donné aux papillons nocturnes.

**PHARAON**, *s. m.* Sorte de jeu de cartes.

**PHARE**, *s. m.* Grand fanal placé sur une haute tour, pour guider les vaisseaux à l'approche des côtes.

**PHARISIEN**, *s. m.* Sectaire juif, rigoriste outré; faux dévot.

**PHARMACEUTIQUE**, *adj.* 2 *g.* Qui est du ressort de la pharmacie; —, *s. f.* Traité de la composition des médicaments et de leur emploi.

**PHARMACIE**, *s. f.* Art de composer et de préparer les remèdes; lieu où on les prépare.

**PHARMACIEN**, *s. m.* Celui qui exerce la pharmacie.

**PHARMACOPÉE**, *s. f.* Traité de la préparation des remèdes.

**PHARYNX**, *s. m.* Orifice supérieur du gosier.

**PHASE**, *s. f.* Apparences diverses de quelques planètes; changements successifs dans certaines choses.

**PHÉBUS**, *s. m.* Le soleil; *fig.* Style obscur et ampoulé.

**PHÉNIX**, *s. m.* Oiseau fabuleux; *fig.* Objet rare dans son espèce.

**PHÉNOMÈNE**, *s. m.* Ce qui paraît extraordinaire dans la nature; ce qui est rare et nouveau.

**PHILANTHROPE**, *s. m.* Celui qui est porté à aimer tous les hommes.

**PHILANTHROPIE**, *s. f.* Affection pour tous les hommes.

**PHILANTHROPIQUE**, *adj.* 2 *g.* Qui a rapport à la philanthropie.

**PHILHARMONIQUE**, *adj.* et *s.* 2 *g.* Qui aime l'harmonie.

**PHILHELLÈNE**, *adj.* et *s.* 2 *g.* Ami des Grecs.

**PHILIPPIQUE**, *s. f.* Discours violent et satirique.

**PHILOLOGIE**, *s. f.* Science qui a pour objet la critique et la grammaire.

**PHILOLOGIQUE**, *adj.* 2 *g.* Qui appartient à la philologie.

**PHILOLOGUE**, *s. m.* Celui qui est versé dans la philologie.

**PHILOMATHIQUE**, *adj.* 2 *g.* Qui aime les sciences.

**PHILOMÈLE**, *s. f.* Rossignol.

**PHILOSOPHALE**, *adj. f. Pierre* —, moyen imaginaire de changer les métaux en or; *fig.* Chose impossible.

**PHILOSOPHE**, *s. m.* Ami de la sagesse; celui qui étudie, qui pratique la philosophie; celui qui s'élève au-dessus des passions; celui qui s'applique à l'étude des sciences, à la connaissance des effets par leurs causes et leurs principes; incrédule, esprit fort.

**PHILOSOPHER**, *v. n.* Traiter des matières de philosophie, raisonner sur la philosophie.

**PHILOSOPHIE**, *s. f.* Amour et pratique de la sagesse; élévation d'âme qui met l'homme au-dessus du malheur; connaissance des choses par leurs causes et par leurs effets; corps des opinions des philosophes célèbres; science qui comprend la logique, la morale, la physique et la métaphysique; classe où l'on étudie cette science.

**PHILOSOPHIQUE**, *adj.* 2 *g.* Qui appartient à la philosophie.

**PHILOSOPHIQUEMENT**, *adv.* D'une manière philosophique.

**PHILOSOPHISME**, *s. m.* Fausse philosophie.

**PHILOTECHNIQUE**, *adj.* 2 *g.* Qui a rapport à l'amour des arts.

**PHILTRE**, *s. m.* Sorte de breuvage qu'on suppose propre à provoquer une passion.

**PHONIQUE**, *adj.* 2 *g.* Qui a rapport à la voix, aux sons.

**PHOQUE**, *s. m.* Quadrupède amphibie.

**PHOSPHATE**, *s. m.* Nom générique des sels formés par la combinaison de l'acide phosphorique avec différentes bases.

**PHOSPHORE**, *s. m.* Substance que le contact de l'air enflamme et qui brille dans l'obscurité.

**PHOSPHORESCENCE**, *s. f.* Formation du phosphore; propriété qu'ont certains corps d'être lumineux dans l'obscurité.

**PHOSPHORESCENT**, **E**, *adj.*, se dit des corps lumineux dans l'obscurité.

**PHOSPHOREUX**, *adj. m. Acide* —, formé par la combustion lente du phosphore.

**PHOSPHORIQUE**, *adj.* 2 *g.* Qui appartient au phosphore, qui est de sa nature; *acide* —, formé par la combustion rapide et complète du phosphore.

**PHRASE**, *s. f.* Assemblage de mots formant un sens complet.

**PHRASÉOLOGIE**, *s. f.* Construction de phrase particulière à une nation, à un écrivain.

**PHRASER** (*part.* é, ée), *v. n.* et *v. a.* Faire des phrases.

**PHRASIER**, *s. m.* Faiseur de phrases.

**PHRÉNOLOGIE**, *s. f.* Connaissance de l'homme moral.

**PHTHISIE**, *s. f.* Consomption lente.

**PHTHISIQUE**, *adj.* et *s.* 2 *g.* Attaqué de phthisie.

**PHYSICIEN**, *s. m.* Celui qui s'occupe de la physique, qui la sait.

**PHYSICO-MATHÉMATIQUE**, *adj.* 2 *g.* Qui a rapport à la physique et aux mathématiques.

**PHYSIOGNOMONIE**, *s. f.* Art de juger le caractère, les inclinations, par les traits du visage.

**PHYSIOGNOMONIQUE**, *adj.* 2 *g.* Qui a rapport à la physiognomonie.

**PHYSIOGRAPHIE**, *s. f.* Description des productions de la nature.

**PHYSIOGRAPHIQUE**, *adj.* 2 *g.* Qui a rapport à la physiographie.

**PHYSIOLOGIE**, *s. f.* Traité des

principes de l'économie animale, de l'usage et du jeu des organes.

**PHYSIOLOGIQUE**, *adj*. 2 *g*. Qui appartient à la physiologie.

**PHYSIOLOGISTE**, *s. m.* Celui qui est versé dans la physiologie.

**PHYSIONOMIE**, *s. f.* Air, ensemble des traits du visage; aspect.

**PHYSIONOMISTE**, *s. m.* Celui qui se connaît en physionomie.

**PHYSIQUE**, *adj*. 2 *g*. Naturel, qui tient à la physique; —, *s. f.* Science des choses naturelles; classe où on l'enseigne; traité de physique; —, *s. m.* Constitution naturelle, apparente.

**PHYSIQUEMENT**, *adv.* D'une manière réelle et physique.

**PIAFFE**, *s. f.* Ostentation; faste; piétinement d'un cheval sur place.

**PIAFFER**, *v. n.* Faire piaffe (en parlant d'un cheval).

**PIAFFEUR**, *adj. m.* (Cheval) qui piaffe.

**PIAILLER** (ll m.), *v. n.* Criailler continuellement.

**PIAILLERIE** (ll m.), *s. f.* Criaillerie continuelle.

**PIAILLEUR, EUSE** (ll m.), *s.* Celui ou Celle qui ne fait que piailler.

**PIANISTE**, *s.* 2 *g*. Celui ou Celle qui touche du piano, qui est fort sur le piano.

**PIANO**, *adv.* (*t. de mus.*) Doux, doucement; *piano-forte*, ou *forte-piano*, ou *piano*, *s. m.* Instrument de musique à touches.

**PIASTRE**, *s. f.* Monnaie d'argent valant cinq francs quarante centimes en Espagne et tantôt plus tantôt moins dans d'autres pays.

**PIAULER**, *v. n.* Crier (en parlant des petits poulets); se plaindre en pleurant.

**PIC**, *s. m.* Instrument de fer courbé et pointu pour ouvrir la terre, casser les choses dures, etc.; montagne très-haute; oiseau qui perce l'écorce des arbres pour se nourrir des vers qu'il y trouve; coup du jeu de piquet; *à* —, *loc. adv.* Perpendiculairement.

**PICARD, E**, *adj.* et *s.* Qui est de Picardie.

**PICARDIE**, ancien gouvernement réparti entre les dép. de la Somme, de l'Oise et de l'Aisne.

**PICHOLINE**, *s. f.* Olive d'une petite espèce.

**PICORÉE**, *s. f.* Maraude.

**PICORER**, *v. n.* Marauder.

**PICOREUR**, *s. m.* Maraudeur.

**PICOT**, *s. m.* Petite engrêlure au bas des dentelles; dentelure qui reste à un morceau de bois qui a été cassé.

**PICOTEMENT**, *s. m.* Impression incommode qu'on sent sur la peau.

**PICOTER** (*part.* é, ée), *v. a.* Causer des picotements; faire de petites piqûres; *fig.* Attaquer malignement; *se* —, *v. réc.* S'agacer mutuellement.

**PICOTERIE**, *s. f.* Mots malins dits à dessein de fâcher; dispute pour des bagatelles.

**PICOTIN**, *s. m.* Mesure d'avoine pour les chevaux; ce qu'elle contient.

**PIE**, *s. f.* Oiseau noir et blanc; *fromage à la* —, blanc, écrémé; —, *adj.* 2 *g*. Noir et blanc.

**PIE**, *adj.* 2 *g*. Pieux.

**PIÈCE**, *s. f.* Partie, fragment, portion d'un tout; différentes parties d'un logement; valeur monnayée; chacun, chacune; tout complet; bouche à feu; malice; ouvrage dramatique; écriture; titre; tonneau.

**PIED**, *s. m.* Partie du corps de l'animal placée à l'extrémité de la jambe et qui lui sert à se soutenir et à marcher; ancienne mesure de douze pouces; partie inférieure; base; partie des meubles qui les soutient; partie du lit opposée au chevet; *de pied ferme*, *loc. adv.* Sans quitter la place; *pied plat* ou *plat pied*, homme méprisable.

**PIED-À-TERRE**, *s. m.* (inv.) Petit logement hors de la résidence ordinaire.

**PIED-D'ALOUETTE** (*au pl. pieds-d'alouette*), *s. m.* Plante de jardin à fleurs pyramidales.

**PIÉDESTAL** (*au pl. piédestaux*), *s. m.* Corps sur lequel pose une statue, une colonne.

**PIÉGE**, *s. m.* Machine pour attraper des animaux; *fig.* Embûche.

**PIE-GRIÈCHE** (*au pl. pies-grièches*)

s. f. Petite pie grise très-criarde; méchante femme.

PIERRAILLE (ll m.), s. f. Amas de petites pierres.

PIERRE, s. f. Corps dur et solide qui se forme dans la terre et qui sert à bâtir; caillou; gravier dans les fruits; — *de touche*, pierre pour éprouver l'or et l'argent; *fig.* Ce qui met à l'épreuve.

PIERRÉE, s. f. Conduit fait en terre, à pierres sèches, pour l'écoulement des eaux.

PIERRERIES, s. f. pl. Pierres précieuses.

PIERRETTE, s. f. Petite pierre.

PIERREUX, EUSE, adj. Plein de pierres.

PIERRIER, s. m. Sorte de pièce d'artillerie.

PIERROT, s. m. Moineau; personnage affublé d'une veste blanche à longues manches et qui joue les rôles de niais dans les parades.

PIÉTÉ, s. f. Dévotion, affection et respect pour les choses de la religion; sentiment religieux.

PIÉTER (*part.* é, ée), v. a. Disposer à la résistance; —, v. n. Tenir le pied au lieu marqué, *t. de jeu*; se —, v. pr. Ne pas céder.

PIÉTINEMENT, s. m. Action de piétiner; ses effets.

PIÉTINER (*part.* é, ée), v. a. Fouler avec les pieds; —, v. n. Remuer fréquemment les pieds.

PIÉTISTE, s. 2 g. Membre d'une secte chrétienne qui s'attache à la lettre de l'Évangile.

PIÉTON, ONNE, s. Celui ou Celle qui va ou qui aime à aller à pied.

PIÈTRE, adj. 2 g. Mesquin, de nulle valeur; vil, méprisable.

PIÈTREMENT, adv. Pauvrement.

PIÈTRERIE, s. f. Chose piètre.

PIETTE, s. f. Oiseau d'eau, nonnette blanche.

PIEU, s. m. Pièce de bois aiguisée et même ferrée par le bout.

PIEUSEMENT, adv. D'une manière pieuse, avec piété.

PIEUX, EUSE, adj. Attaché aux devoirs de la religion; qui a de la piété.

PIGEON, s. m. Oiseau domestique.

PIGEONNEAU, s. m. Jeune pigeon.

PIGEONNIER, s. m. Lieu où l'on élève des pigeons.

PIGNOCHER, v. n. Manger négligemment, sans appétit, et de très-petits morceaux.

PIGNON, s. m. Partie la plus élevée d'un mur sur laquelle porte le haut du faîtage; amande de la pomme de pin.

PILASTRE, s. m. Pilier, sorte de colonne.

PILAU, s. m. Ris cuit au jus de viande.

PILE, s. f. Amas de choses entassées avec ordre; maçonnerie qui soutient les arches d'un pont; côté d'une pièce de monnaie opposé à l'effigie.

PILER (*part.* é, ée), v. a. Broyer avec un pilon; *fig.* Écraser.

PILEUR, s. m. Celui qui pile.

PILIER, s. m. Ouvrage de maçonnerie servant à soutenir un édifice; support en bois.

PILLAGE (ll m.), s. m. Action de piller; dégât qui en est la suite.

PILLARD, E (ll m.), adj. et s. Qui aime à piller.

PILLER (ll m.; *part.* é, ée), v. a. Enlever avec violence; emporter à la hâte; s'approprier les productions d'un auteur, etc.

PILLERIE (ll m.), s. f. Action de piller, extorsion.

PILLEUR (ll m.), s. m. Celui qui pille.

PILON, s. m. Instrument pour piler dans un mortier.

PILORI, s. m. Poteau où l'on attache les personnes condamnées à l'exposition.

PILORIER (*part.* é, ée), v. a. Mettre au pilori; *fig.* Diffamer.

PILOTAGE, s. m. Ouvrage de pilotis; art de conduire un vaisseau; droits dus au pilote.

PILOTE, s. m. Celui qui gouverne un vaisseau; *fig.* Celui qui dirige les affaires.

PILOTER (*part.* é, ée), v. a. Conduire des vaisseaux hors des embouchures des rivières; —, v. n. et v. a. Enfoncer des pilotis pour bâtir dessus.

PILOTIS, s. m. Grosses pièces de

bois ferrées qu'on enfonce en terre, pour établir les fondations d'une construction dans l'eau, ou sur un sol sans consistance.

**PILULE**, *s. f.* Composition médicinale en pâte divisée par petites boules.

**PIMBÊCHE**, *s. f.* Femme impertinente qui fait la précieuse.

**PIMENT**, *s. m.* Poivre d'Inde à fruit rouge.

**PIMPANT, E**, *adj.* Élégant, recherché dans ses habits.

**PIMPRENELLE**, *s. f.* Herbe potagère aromatique.

**PIN**, *s. m.* Grand arbre toujours vert d'où l'on tire la résine.

**PINACLE**, *s. m.* Partie la plus élevée d'un édifice; *fig.* Grande élévation.

**PINASSE**, *s. f.* Bâtiment de transport à rames et à voiles.

**PINASTRE**, *s. m.* Espèce de pin sauvage.

**PINCE**, *s. f.* Bout du pied de quelques animaux; le devant d'un fer de cheval; grosse tenaille; levier de fer; pli d'une étoffe qui se termine en pointe; action de pincer.

**PINCEAU**, *s. m.* Tuyau de plume garni de poils déliés, pour étendre les couleurs.

**PINCÉE**, *s. f.* Quantité de certaines choses qu'on peut tenir entre deux ou trois doigts.

**PINCELIER**, *s. m.* Vase pour nettoyer les pinceaux.

**PINCE-MAILLE**, *s. m.* (inv.) Avare.

**PINCEMENT**, *s. m.* Action de pincer; *t. de jardinage.*

**PINCER** (*part.* é, ée), *v. a.* Serrer fort entre les doigts, entre deux corps qui se rapprochent; saisir en causant de la douleur; tirer des sons des instruments à cordes, en les touchant du bout des doigts.

**PINCETTE**, *s. f.* Instrument de fer à deux branches pour arranger le feu. (Il s'emploie ordinairement au pluriel.)

**PINCHINA**, *s. m.* Étoffe de laine, espèce de drap commun.

**PINÇON**, *s. m.* Marque qui reste sur la peau lorsqu'on l'a pincée.

**PINDARIQUE**, *adj.* 2 *g.* Qui est dans la manière de Pindare (célèbre poète lyrique).

**PINDARISER**, *v. n.* Parler avec affectation.

**PINDE**, *s. m.* Montagne de la Thessalie qui était consacrée à Apollon et aux Muses.

**PINEAU**, *s. m.* Raisin très-noir.

**PINGOUIN**, *s. m.* Sorte d'oiseau de mer.

**PINSON**, *s. m.* Sorte de petit oiseau.

**PINTADE**, *s. f.* Espèce de grosse poule.

**PINTE**, *s. f.* Mesure pour les liquides; son contenu.

**PINTER**, *v. n.* Boire avec excès.

**PIOCHE**, *s. f.* Outil pour creuser la terre.

**PIOCHER** (*part.* é, ée), *v. a.* Travailler, creuser avec la pioche; —, *v. n.* Travailler durement.

**PION**, *s. m.* Pièce du jeu des échecs et du jeu des dames.

**PIONNER**, *v. n.* Prendre des pions; *t. de jeu.*

**PIONNIER**, *s. m.* Travailleur militaire qui aplanit les chemins, remue les terres.

**PIPE**, *s. f.* Grande futaille contenant un muid et demi; tuyau avec un godet pour fumer le tabac.

**PIPEAU**, *s. m.* Flûte champêtre; *au pl.* Gluaux pour prendre les oiseaux.

**PIPÉE**, *s. f.* Chasse aux oiseaux avec des pipeaux.

**PIPER** (*part.* é, ée), *v. a.* Contrefaire le cri de la chouette pour prendre les oiseaux; *fig.* Tromper.

**PIPERIE**, *s. f.* Tromperie au jeu.

**PIPEUR**, *s. m.* Trompeur au jeu; escroc.

**PIQUANT, E**, *adj.* Qui pique; —, *s. m.* Ce qui pique, épine, aiguillon.

**PIQUE**, *s. f.* Fer long et pointu au bout d'un long manche de bois; brouillerie, petite querelle; —, *s. m.* Une des quatre couleurs du jeu de cartes.

**PIQUÉ**, *s. m.* Sorte d'étoffe en coton formée de deux tissus appliqués l'un sur l'autre.

**PIQUE-NIQUE** (*au pl. pique-niques*), *s. m.* Repas où chacun paye son écot.

**PIQUER** (*part.* é, ée), *v. a.* Percer,

entamer légèrement avec une pointe; larder de la viande; se faire sentir vivement au goût, au toucher, etc.; avoir une pointe aiguë; *fig.* Fâcher; aiguillonner; *se —*, *v. pr.* Tirer vanité de; s'opiniâtrer; se gâter.

**PIQUET**, *s. m.* Pieu fiché en terre; perche qu'on plante d'espace en espace pour prendre un alignement; certain nombre de soldats prêts à marcher; sorte de jeu de cartes.

**PIQUETTE**, *s. f.* Boisson faite d'eau et de marc de raisin; vin de médiocre qualité.

**PIQUEUR**, *s. m.* Homme qui conduit à cheval une meute, qui précède un équipage, qui monte les chevaux à vendre; celui qui larde les viandes.

**PIQURE**, *s. f.* Blessure que fait ce qui pique; morsure d'un reptile; ouvrage qui se fait en piquant une étoffe; trous que font les insectes sur les fruits, le bois, etc.

**PIRATE**, *s. m.* Celui qui, sans commission, court les mers pour piller.

**PIRATER**, *v. n.* Exercer la piraterie.

**PIRATERIE**, *s. f.* Métier de pirate; *fig.* Exaction.

**PIRE**, *adj. comparat.* 2 *g.* Plus mauvais, plus nuisible, plus fâcheux; —, *s. m.* Ce qu'il y a de plus mauvais.

**PIROGUE**, *s. f.* Bateau fait d'un seul arbre creusé.

**PIROUETTE**, *s. f.* Jouet d'enfant; tour qu'on fait sur soi-même en se tenant sur un pied; *fig.* Subterfuge.

**PIROUETTER**, *v. n.* Faire une pirouette.

**PIS**, *adv. comparatif de Mal.* Plus mal; *le —*, *s. m.* Ce qu'il y a de pire; *de mal en pis*, *de pis en pis*, *loc. adv.* De plus mal en plus mal.

**PIS**, *s. m.* Tétine de vache.

**PISCINE**, *s. f.* Vivier, réservoir d'eau; lieu dans les sacristies où l'on jette l'eau.

**PISÉ**, *s. m.* Sorte de maçonnerie en terre.

**PISSAT**, *s. m.* Urine des animaux.

**PISSENLIT**, *s. m.* Espèce de chicorée; petit enfant qui pisse au lit.

**PISSER**, *v. n.* Uriner (*terme trivial à éviter*).

**PISSOIR**, *s. m.* Lieu, vase pour uriner (*terme trivial à éviter*).

**PISTACHE**, *s. f.* Espèce de noisette; fruit qu'elle renferme.

**PISTACHIER**, *s. m.* Arbre qui porte les pistaches.

**PISTE**, *s. f.* Trace, vestige des animaux.

**PISTIL**, *s. m.* Organe femelle de la fructification des plantes.

**PISTOLE**, *s. f.* Monnaie de compte de dix francs.

**PISTOLET**, *s. m.* Arme à feu très-courte qu'on tire d'une main.

**PISTON**, *s. m.* Cylindre mobile qui joue dans le corps d'une pompe; cylindre en forme de marteau qui s'abat sur un grain de poudre fulminante pour faire partir la charge des armes à feu.

**PITANCE**, *s. f.* Portion de vivres et de boisson.

**PITEUSEMENT**, *adv.* D'une manière piteuse.

**PITEUX, EUSE**, *adj.* Digne de pitié.

**PITHIVIERS**, chef-lieu d'arrond. du Loiret.

**PITIÉ**, *s. f.* Compassion pour les douleurs d'autrui.

**PITON**, *s. m.* Clou à tête percée en anneau.

**PITOYABLE**, *adj.* 2 *g.* Qui excite la pitié; méprisable.

**PITOYABLEMENT**, *adv.* D'une manière pitoyable.

**PITTORESQUE**, *adj.* 2 *g.* Susceptible d'un grand effet en peinture; *fig.* Qui peint à l'esprit.

**PITTORESQUEMENT**, *adv.* D'une manière pittoresque.

**PITUITAIRE**, *adj.* 2 *g.* Qui a rapport à la pituite.

**PITUITE**, *s. f.* Humeur aqueuse que sécrètent les organes.

**PITUITEUX, EUSE**, *adj.* Qui abonde en pituite.

**PIVERT**, *s. m.* Oiseau jaune et vert, de la famille des pies.

**PIVOINE**, *s. f.* Grosse fleur; *s. m.* Bouvreuil.

**PIVOT**, *s. m.* Pièce d'appui sur laquelle tourne un corps solide; racine pivotante de certains arbres.

**PIVOTANT, E**, *adj. f. Racine* —, qui s'enfonce perpendiculairement dans la terre.

**PIVOTER**, *v. n.* Pousser une racine perpendiculaire; tourner sur un pivot.

**PLACAGE**, *s. m.* Bois précieux appliqué en feuilles sur d'autre bois de moindre prix.

**PLACARD**, *s. m.* Écrit ou Imprimé affiché dans les places, pour donner un avis au public; boiserie appliquée pour cacher un vide.

**PLACARDER** (*part.* é, ée), *v. a.* Mettre, afficher un placard.

**PLACE**, *s. f.* Lieu, endroit, espace; dignité, charge, emploi; lieu de commerce, de banque; ville de guerre; lieu public découvert et environné de bâtiments.

**PLACEMENT**, *s. m.* Action de placer de l'argent; argent placé.

**PLACER** (*part.* é, ée), *v. a.* Mettre, poser dans un lieu; assigner une place; donner un emploi; *se* —, *v. pr.* Prendre une place; se procurer un emploi.

**PLACET**, *s. m.* Demande par écrit pour obtenir justice, grâce, faveur.

**PLAFOND**, *s. m.* Partie supérieure dans l'intérieur d'une construction.

**PLAFONNAGE**, *s. m.* Action de plafonner.

**PLAFONNER** (*part.* é, ée), *v. a.* Faire un plafond, l'enduire de plâtre.

**PLAFONNEUR**, *s. m.* Ouvrier qui fait des plafonds.

**PLAGE**, *s. f.* Rivage de mer plat et découvert; contrée.

**PLAGIAIRE**, *adj.* 2 *g.* et *s. m.* Qui s'approprie l'œuvre d'autrui; qui fait un plagiat.

**PLAGIAT**, *s. m.* Vol littéraire.

**PLAID**, *s. m.* Manteau des montagnards écossais; plaidoirie.

**PLAIDANT, E**, *adj.* Qui plaide.

**PLAIDER**, *v. n.* Contester en justice, de vive voix; — (*part.* é, ée), *v. a.* Défendre, soutenir une cause, une opinion.

**PLAIDEUR, EUSE**, *s.* Celui ou Celle qui plaide, qui aime à plaider.

**PLAIDOIRIE**, *s. f.* Art, ou Action de plaider.

**PLAIDOYER**, *s. m.* Discours prononcé à l'audience pour défendre une cause.

**PLAIE**, *s. f.* Solution de continuité dans une partie molle du corps; blessure; *fig.* Affliction, fléau.

**PLAIGNANT, E**, *adj.* et *s.* Qui se plaint en justice.

**PLAIN, E**, *adj.* Uni, plat; *de plain-pied*, *loc. adv.* Au même étage et de niveau.

**PLAIN-CHANT**, *s. m.* Chant d'église.

**PLAINDRE** (se conj. sur *Teindre*), *v. a.* Avoir compassion; faire une chose à regret; *se* —, *v. pr.* Se lamenter; témoigner du mécontentement.

**PLAINE**, *s. f.* Pays plat, uni.

**PLAINTE**, *s. f.* Gémissement, lamentation; mécontentement; exposé d'un grief en justice; demande en réparation.

**PLAINTIF, IVE**, *adj.* Dolent; qui se plaint.

**PLAINTIVEMENT**, *adv.* D'un ton plaintif.

**PLAIRE** (se conj. sur *Taire*), *v. n.* Être au gré; —, *v. impers.* Avoir pour agréable; *se* —, Prendre plaisir à.

**PLAISAMMENT**, *adv.* D'une manière plaisante.

**PLAISANCE**, *s. f.* Agrément.

**PLAISANT, E**, *adj.* Agréable, qui plaît, comique; impertinent, ridicule; —, *s. m.* Celui qui cherche à faire rire; *le* —, ce qu'il y a de plaisant dans une chose.

**PLAISANTER** (*part.* é, ée), *v. a.* Railler, se moquer; —, *v. n.* Dire ou Faire quelque chose pour exciter le rire; ne pas parler sérieusement.

**PLAISANTERIE**, *s. f.* Chose dite ou faite pour divertir; action ou habitude de plaisanter; dérision.

**PLAISIR**, *s. m.* Joie, contentement; satisfaction; divertissement.

**PLAN, E**, *adj.* Plat et uni; —, *s. m.* Surface plane, superficie plate et unie; sa représentation; projet.

**PLANCHE**, *s. f.* Morceau de bois scié en long, plus large qu'épais; ce ce qui en a la forme.

**PLANCHÉIER** (*part.* é, ée), *v. a.*

Garnir de planches le sol d'un appartement.

**PLANCHER**, *s. m.* Séparation entre les étages d'une maison; plafond ou sol d'un appartement.

**PLANCHETTE**, *s. f.* Petite planche.

**PLANÇON** ou **PLANTARD**, *s. m.* Branche d'arbre ou d'arbuste pour faire des boutures.

**PLANE**, *s. f.* Outil tranchant à deux poignées.

**PLANER** (*part.* é, ée), *v. a.* Unir, polir avec la plane; —, *v. n.*, se dit d'un oiseau qui se soutient en l'air sans paraître remuer ses ailes; considérer de haut.

**PLANÉTAIRE**, *adj.* 2 *g.* Qui concerne les planètes; —, *s. m.* Représentation en plan du système des planètes.

**PLANÈTE**, *s. f.* Astre qui réfléchit la lumière du soleil et tourne autour de lui.

**PLANISPHÈRE**, *s. m.* Carte qui représente sur un plan les deux hémisphères célestes ou terrestres.

**PLANT**, *s. m.* Scion qu'on tire de certains arbres pour le planter; lieu où on a fait de nouvelles plantations.

**PLANTAGE**, *s. m.* Action de planter; ce qu'on a planté.

**PLANTAIN**, *s. m.* Plante commune portant de petites graines en épi.

**PLANTARD.** Voy. *Plançon.*

**PLANTATION**, *s. f.* Action de planter, plant; établissement de culture dans les colonies.

**PLANTE**, *s. f.* Production végétale non ligneuse, annuelle ou vivace; — *du pied*, le dessous du pied.

**PLANTER** (*part.* é, ée), *v. a.* Mettre une plante ou certaines semences en terre; enfoncer en terre; faire pénétrer; *se* —, *v. pr.* Se placer.

**PLANTEUR**, *s. m.* Celui qui plante des arbres; celui qui dans les colonies cultive des plantations.

**PLANTIGRADES**, *s. m. pl.* Mammifères carnassiers qui, en marchant, appuient la plante entière des pieds à terre.

**PLANTOIR**, *s. m.* Outil pour faire des trous dans la terre où l'on veut mettre certaines semences ou repiquer des plantes.

**PLANTUREUX, EUSE**, *adj.* Abondant, copieux.

**PLANURE**, *s. f.* Bois enlevé avec la plane.

**PLAQUE**, *s. f.* Table de métal; partie plate.

**PLAQUÉ**, *s. m.* Ouvrage en métal revêtu d'une feuille mince d'or ou d'argent.

**PLAQUEMINIER**, *s. m.* Sorte d'arbre dont le fruit sert à composer une boisson.

**PLAQUER** (*part.* é, ée), *v. a.* Appliquer une chose plate sur une autre; enduire.

**PLAQUETTE**, *s. f.* Petit volume peu épais.

**PLAQUEUR**, *s. m.* Ouvrier en placage, en plaqué.

**PLASTIQUE**, *adj.* 2 *g.* *Art* —, et *La* —, *s. f.* Art de modeler en terre, en plâtre, etc.

**PLASTRON**, *s. m.* Pièce de devant de la cuirasse; pièce qui garantit la poitrine.

se **PLASTRONNER** (*part.* é, ée), *v. pr.* Se couvrir d'un plastron.

**PLAT**, *s. m.* Partie plate; pièce de vaisselle; son contenu.

**PLAT, E**, *adj.* Dont la surface est unie; *fig.* Qui est sans saveur, sans élégance, sans élévation de sentiments; *à plat*, *loc. adv.* Entièrement.

**PLATANE**, *s. m.* Grand et bel arbre à feuilles découpées.

**PLAT-BORD** (*au pl. plats-bords*), *s. m.* Garde-fou; *t. de mar.*

**PLATEAU**, *s. m.* Terrain élevé et plat; espèce de plat.

**PLATE-BANDE** (*au pl. plates-bandes*), *s. f.* Planche de terre ornée de fleurs qui règne le long d'un parterre.

**PLATÉE**, *s. f.* Plat trop plein.

**PLATE-FORME** (*au pl. plates-formes*), *s. f.* Toit en terrasse; ouvrage de terre, élevé et plat par le haut pour placer une batterie.

**PLATE-LONGE** (*au pl. plates-longes*), *s. f.* Longe qu'on met aux chevaux pour les empêcher de ruer.

**PLATEMENT**, *adv.* Avec platitude.

**PLATINE**, *s. m.* Or blanc, le plus pesant, le plus inaltérable de tous les métaux; —, *s. f.* Pièce où sont fixées toutes celles qui servent à faire partir une arme à feu.

**PLATITUDE**, *s. f.* Défaut de ce qui est plat; action sotte, basse.

**PLATONICIEN**, *s. m.* Disciple de Platon; —, *enne, adj.* Qui a rapport à la philosophie de Platon.

**PLATONIQUE**, *adj. 2 g.* Qui a rapport au platonisme.

**PLATONISME**, *s. m.* Système philosophique de Platon.

**PLÂTRAGE**, *s. m.* Ouvrage en plâtre.

**PLÂTRAS**, *s. m.* Débris de murs de plâtre.

**PLÂTRE**, *s. m.* Pierre calcaire cuite et mise en poudre pour bâtir, etc.

**PLÂTRÉ, ÉE**, *adj.* Enduit de plâtre; *fig.* Peu sincère.

**PLÂTRER** (*part. é*, ée), *v. a.* Couvrir, enduire de plâtre; *fig.* Cacher quelque défectuosité sous des apparences trompeuses.

**PLÂTREUX, EUSE**, *adj.* Mêlé de craie.

**PLÂTRIER**, *s. m.* Ouvrier qui fait le plâtre; marchand qui le vend.

**PLÂTRIÈRE**, *s. f.* Carrière d'où l'on tire le plâtre; lieu où on le fait.

**PLAUSIBILITÉ**, *s. f.* Qualité de ce qui est plausible.

**PLAUSIBLE**, *adj. 2 g.* Qui a une apparence spécieuse.

**PLAUSIBLEMENT**, *adv.* D'une manière plausible.

**PLÉBÉIEN, ENNE**, *adj.* et *s.* Qui est de l'ordre ou appartient à l'ordre du peuple (chez les Romains).

**PLÉBISCITE**, *s. m.* Décret rendu par le peuple romain réuni en tribus.

**PLÉIADES**, *s. f. pl.* Groupe de six étoiles qui sont dans le signe du Taureau.

**PLEIN, E**, *adj.* Où il ne reste pas de vide; où il ne peut plus rien tenir; qui contient beaucoup; copieux, abondant; entier, absolu; *bête pleine*, qui porte des petits; *à pleines mains*, abondamment; *à pleines voiles*, toutes voiles déployées; — *s. m.* L'opposé de vide; milieu; largeur; massif; trait large de la plume opposé au délié; —, *adv.* Autant qu'il en peut contenir; *tout plein*, beaucoup.

**PLEINEMENT**, *adv.* Entièrement, tout à fait.

**PLÉNIÈRE**, *adj. f. Cour* —, assemblée solennelle; *indulgence* —, rémission entière des peines dues au péché.

**PLÉNIPOTENTIAIRE**, *s.* et *adj. m.* Ambassadeur muni de pleins pouvoirs.

**PLÉNITUDE**, *s. f.* Surabondance.

**PLÉONASME**, *s. m.* Addition de mots inutiles au sens de la phrase.

**PLÉTHORE**, *s. f.* Surabondance de sang, d'humeurs.

**PLEURANT, E**, *adj.* Qui pleure.

**PLEURARD**, *s. m.* Enfant qui pleure sans sujet.

**PLEURER**, *v. n.* Répandre des larmes; — (*part. é*, ée), *v. a.* Regretter beaucoup; témoigner du repentir.

**PLEURÉSIE**, *s. f.* Inflammation de la plèvre.

**PLEURÉTIQUE**, *adj. 2 g.* Atteint de pleurésie.

**PLEUREUR, EUSE**, *s.* Celui ou Celle qui pleure aisément; —, *adj. Saule* —, saule à branches pendantes.

**PLEUREUX, EUSE**, *adj.* Qui a pleuré ou Qui est prêt à pleurer.

**PLEURNICHER**, *v. n.* Feindre de pleurer.

**PLEURNICHEUR, EUSE**, *s.* Celui ou celle qui pleurniche.

**PLEURS**, *s. m. pl.* Larmes.

**PLEUTRE**, *s. m.* Homme sans capacité.

**PLEUVOIR** (*Ind. pr.* il pleut; *imp.* il pleuvait; *p. déf.* il plut; *p. indéf.* il a plu; *fut.* il pleuvra; *cond.* il pleuvrait; *subj. pr.* qu'il pleuve; *imp. subj.* qu'il plût), *v. n. impers.*, se dit de l'eau qui tombe du ciel; *au fig.* Affluer.

**PLÈVRE**, *s. f.* Membrane qui garnit intérieurement les côtes.

**PLEYON**, *s. m.* Brin d'osier pour lier la vigne.

**PLI**, *s. m.* Double fait à une étoffe; marque qui reste à une étoffe après qu'elle a été pliée; enveloppe de lettre; *fig.* Habitude; tournure que prend une affaire.

**PLIABLE**, *adj. 2 g.* Flexible.

**PLIAGE**, *s. m.* Action de plier.

**PLIANT**, **E**, *adj.* Facile à plier; —, *s. m.* Siége qui se plie.

**PLIE**, *s. f.* Poisson de mer.

**PLIER** (*part.* é, ée), *v. a.* Mettre une étoffe en un ou plusieurs doubles; courber, fléchir; —, *v. n.* Devenir courbé; se soumettre; *se* —, *v. pr.* S'accoutumer; céder.

**PLIEUR**, **EUSE**, *s.* Celui ou Celle qui plie.

**PLINTHE**, *s. f.* Sorte de plate-bande; *t. de menuiserie.*

**PLIOIR**, *s. m.* Sorte de couteau d'ivoire, etc., pour plier et couper le papier.

**PLISSEMENT**, *s. m.* Action de plisser.

**PLISSER** (*part.* é, ée), *v. a.* Faire des plis; —, *v. n.*, et *se* —, *v. pr.* Se marquer de plis.

**PLISSURE**, *s. f.* Manière de faire des plis.

**PLOËRMEL**, chef-lieu d'arr. du dép. du Morbihan.

**PLOMB**, *s. m.* Métal mou, très-pesant, très-fusible, d'un blanc bleuâtre; instrument pour élever une perpendiculaire; petite balle dont on charge les armes à feu; *à* —, *loc. adv.* Perpendiculairement.

**PLOMBAGE**, *s. m.* Action de plomber.

**PLOMBAGINE**, *s. f.* Mine de plomb.

**PLOMBÉ**, **ÉE**, *adj.* Qui est de couleur de plomb, livide.

**PLOMBER** (*part.* é, ée), *v. a.* Vernir de la vaisselle de terre avec du plomb; garnir de plomb.

**PLOMBERIE**, *s. f.* Art de fondre et de travailler le plomb.

**PLOMBEUR**, *s. m.* Celui qui plombe les marchandises.

**PLOMBIER**, *s. m.* Ouvrier qui travaille en plomb.

**PLONGEANT**, **E**, *adj.* Dont la direction est de haut en bas.

**PLONGEON**, *s. m.* Oiseau aquatique; action de plonger dans l'eau la tête devant.

**PLONGER** (*part.* é, ée), *v. a.* Enfoncer une chose dans l'eau pour la retirer ensuite; enfoncer (en général); —, *v. n.* S'enfoncer dans l'eau; *se* —, *v. pr.* S'enfoncer.

**PLONGEUR**, *s. m.* Celui qui plonge.

**PLOYER** (*Ind. pr.* je ploie, tu ploies, il ploie, nous ployons, vous ployez, ils ploient; *imp.* je ployais, etc., nous ployions, etc.; *p. déf.* je ployai, etc., nous ployâmes, etc.; *fut.* je ploierai, etc., nous ploierons, etc.; *cond.* je ploierais, etc., nous ploierions, etc.; *impér.* ploie, ployons, ployez; *subj. pr.* que je ploie, etc., que nous ployions, que vous ployiez, qu'ils ploient; *imp. s.* que je ployasse, etc., q. nous ployassions, etc.; *p. pr.* ployant; *part. p.* ployé, ée), *v. a.* Courber; —, *v. n.* Plier; *fig.* Fléchir; *se* —, *v. pr.* Céder.

**PLUIE**, *s. f.* Eau qui se détache des nuages et tombe par gouttes; ce qui tombe comme la pluie.

**PLUMAGE**, *s. m.* Toute la plume qui couvre le corps d'un oiseau.

**PLUMASSEAU**, *s. m.* Balai de plumes; houssoir.

**PLUMASSERIE**, *s. f.* Commerce de plumassier.

**PLUMASSIER**, *s. m.* Celui qui prépare et vend des plumes.

**PLUME**, *s. f.* Tuyau garni de barbe et de duvet qui couvre le corps des oiseaux; tuyau des grosses plumes qui sert à écrire.

**PLUMEAU**, *s. m.* Houssoir fait avec des plumes.

**PLUMÉE**, *s. f.* Plein la plume.

**PLUMER** (*part.* é, ée), *v. a.* Arracher les plumes d'un oiseau; *fig.* Dépouiller.

**PLUMET**, *s. m.* Plume ou Bouquet de plumes qui se porte sur la tête.

**PLUMETIS**, *s. m.* Sorte de broderie.

**PLUMITIF**, *s. m.* Minute originale d'un jugement.

**PLUPART (LA)**, *s. f.* La plus grande partie; *la — du temps,* le plus souvent.

**PLURALITÉ**, *s. f.* Le plus grand nombre; majorité relative de suffrages.

**PLURIEL**, **ELLE**, *adj.* Qui marque pluralité; —, *s. m.* Nombre pluriel.

**PLUS**, *s. m.* L'opposé de *Moins.*

**PLUS**, *adv.* Davantage, il exprime

aussi cessation d'action, d'existence; il indique comparaison; *au* —, *tout au* —, *loc. adv.* Si ce n'est moins, pas davantage; *qui* — *est*, *de* —, *bien* —, *loc. adv.* En outre; *d'autant* —, *loc. adv.* A plus forte raison.

**PLUSIEURS**, *s. m. pl.* Un certain nombre de personnes; —, *adj. pl.* 2 *g.* Un nombre indéfini.

**PLUS-QUE-PARFAIT**, *s. m.* Temps des verbes qui indique une action antérieure à une autre déjà passée.

**PLUTÔT**, *adv.* De préférence.

**PLUVIALE**, *adj. f. Eau* —, de pluie.

**PLUVIER**, *s. m.* Oiseau de passage de la grosseur du pigeon.

**PLUVIEUX, EUSE**, *adj.* Abondant en pluie; qui amène la pluie.

**PLUVIÔSE**, *s. m.* Cinquième mois de l'année républicaine.

**PNEUMATIQUE**, *s. f.* Science des lois et des propriétés de l'air; —, *adj.* 2 *g.* Qui a rapport à l'air; *machine* —, avec laquelle on fait le vide en pompant l'air.

**POCHADE**, *s. f.* Croquis, esquisse, ébauche légère.

**POCHE**, *s. f.* Espèce de petit sac qui tient à l'habillement et sert à mettre ce que l'on veut porter sur soi; faux pli d'une étoffe cousue; jabot des oiseaux; grande cuiller creuse à long manche; petit violon des maîtres à danser.

**POCHER** (*part.* é, ée), *v. a.* Meurtrir avec enflure.

**POCHETER** (*part.* é, ée), *v. a.* Serrer, porter quelque temps dans sa poche.

**POCHETTE**, *s. f.* Petite poche; petit violon.

**PODAGRE**, *adj.* 2 *g.* Qui a la goutte aux pieds; —, *s. f.* Goutte aux pieds.

**POÊLE**, *s. m.* Voile qu'on tient sur la tête des mariés pendant la bénédiction nuptiale; drap mortuaire; *poêle* ou *poile*, *s. m.* Fourneau de terre ou de fonte pour chauffer un appartement; *poêle*, *s. f.* Ustensile de cuisine pour frire.

**POÊLIER**, *s. m.* Celui qui fait et vend des poêles.

**POÊLON**, *s. m.* Sorte de casserole de cuivre, de terre, etc.

**POÊLONNÉE**, *s. f.* Contenu d'un poêlon.

**POÈME**, *s. m.* Ouvrage en vers d'une certaine étendue.

**POÉSIE**, *s. f.* Art de faire des vers; versification; ce qui caractérise les bons vers; *au pl.* Ouvrages en vers.

**POËTE**, *s. m.* Celui qui possède l'art de faire des vers ou qui a l'imagination poétique.

**POÉTEREAU**, *s. m.* Poëte sans talent.

**POÉTIQUE**, *adj.* 2 *g.* Qui concerne la poésie, qui lui est propre; —, *s. f.* Traité de l'art poétique.

**POÉTIQUEMENT**, *adv.* D'une manière poétique.

**POÉTISER**, *v. n.* Versifier.

**POIDS**, *s. m.* Pesanteur; mesure pour peser; *fig.* Force, solidité.

**POIGNANT, E**, *adj.* Piquant; qui fait souffrir.

**POIGNARD**, *s. m.* Arme courte pour frapper de la pointe.

**POIGNARDER** (*part.* é, ée), *v. a.* Frapper avec un poignard; *fig.* Causer une douleur extrême.

**POIGNÉE**, *s. f.* Autant que la main fermée peut contenir; ce qu'on empoigne avec la main; partie d'une chose par où on la tient à la main; *à* —, *loc. adv.* En quantité.

**POIGNET**, *s. m.* Partie du corps où le bras se joint à la main; le bas de la manche d'une chemise près du poignet.

**POIL**, *s. m.* Filet délié qui croît sur la peau; barbe, chevelure.

**POILE**. Voy. *Poêle.*

**POILU, E**, *adj.* Velu.

**POINÇON**, *s. m.* Outil de fer aigu pour graver, marquer, percer, etc.; tonneau contenant environ deux tiers du muid.

**POINDRE** (se conj. sur *Joindre*), *v. n.* Commencer à paraître, à pousser.

**POING**, *s. m.* Main fermée.

**POINT**, *s. m.* Piqûre faite avec l'aiguille enfilée; dénomination donnée à certains ouvrages de broderie, de tapisserie à l'aiguille, à certaines dentelles; douzième partie d'une ligne (ancienne mesure); la plus petite étendue imaginable; moment précis; petite marque qu'on met à la fin d'une phrase, *t. de gramm.*; signe musical; base; endroit fixe; difficulté, objet principal d'une affaire; degré; période; *de —, en —*, *loc. adv.* Sans rien omettre; *de tout —*, *loc. adv.* Entièrement; *au dernier —*, *loc. adv.* A l'excès; *à —*, *loc. adv.* Au moment convenable.

**POINT**, *adv.* qui marque négation, privation, non-existence.

**POINTAGE**, *s. m.* Désignation, sur une carte marine, du lieu où se trouve un vaisseau; action de pointer un canon.

**POINTE**, *s. f.* Bout aigu et piquant; *fig.* Entreprise, dessein; jeu d'esprit; pensée futile.

**POINTEMENT**, *s. m.* Action de pointer un canon.

**POINTER** (*part.* é, ée), *v. a.* Porter des coups de la pointe d'une épée; diriger un canon vers un point; —, *v. a.* et *v. n.* Faire de petits points; —, *v. n.* S'élever vers le ciel (en parlant des oiseaux).

**POINTEUR**, *s. m.* Celui qui pointe le canon.

**POINTILLAGE** (ll m.), *s. m.* Petits points d'une miniature.

**POINTILLÉ** (ll m.), *s. m.* Manière de dessiner, de graver en petits points.

**POINTILLER** (ll m.; *part.* é, ée), *v. a.* Piquer, dire des choses désobligeantes; —, *v. n.* Faire du pointillage; *fig.* Disputer sur des riens.

**POINTILLERIE** (ll m.), *s. f.* Contestation futile.

**POINTILLEUX, EUSE** (ll m.), *adj.* Qui dispute sur les moindres choses.

**POINTU, E**, *adj.* Qui a une pointe aiguë.

**POIRE**, *s. f.* Fruit à pepin de forme oblongue; — *à poudre*, poudrière en forme de poire aplatie.

**POIRÉ**, *s. m.* Cidre de poires.

**POIREAU**, *s. m.* Plante potagère; excroissance de chair sur la peau.

**POIRÉE**, *s. f.* Plante potagère.

**POIRIER**, *s. m.* Arbre qui porte des poires.

**POIS**, *s. m.* Légume qui vient en cosse.

**POISON**, *s. m.* Suc vénéneux; composition vénéneuse; ce qui peut causer un grand mal, ou la mort.

**POISSARD, E**, *adj. Style —*, où l'on imite le langage des halles; *poissarde*, *s. f.* Marchande de poisson, harengère.

**POISSER** (*part.* é, ée), *v. a.* Enduire, frotter de poix; salir avec quelque chose de gluant.

**POISSON**, *s. m.* Animal à sang rouge et froid, armé de nageoires, vivant dans l'eau et respirant par des branchies; petite mesure.

**POISSONNERIE**, *s. f.* Lieu où l'on vend le poisson.

**POISSONNEUX, EUSE**, *adj.* Qui abonde en poissons.

**POISSONNIER, IÈRE**, *s.* Marchand de poisson.

**POISSONNIÈRE**, *s. f.* Ustensile pour faire cuire le poisson.

**POITEVIN, E**, *adj.* et *s.* Du Poitou.

**POITIERS**, chef-lieu du dép. de la Vienne.

**POITOU**, ancien gouvernement divisé en *Haut-Poitou* et *Bas-Poitou*. Du premier on a formé le dép. de la Vienne et du second les Deux-Sèvres et la Vendée.

**POITRAIL** (l m.; *au pl. poitrails*), *s. m.* Partie de devant du corps d'un cheval; harnais qu'on met sur le poitrail.

**POITRINAIRE**, *adj.* et *s.* 2 g. Qui est malade de la poitrine.

**POITRINE**, *s. f.* Partie de l'animal contenant les poumons et le cœur; les parties contenues dans la poitrine; voix.

**POIVRADE**, *s. f.* Sauce de poivre, sel et vinaigre.

**POIVRE**, *s. m.* Fruit aromatique de certaines plantes des Indes.

**POIVRER** (*part.* é, ée), *v. a.* Assaisonner, saupoudrer de poivre.

**POIVRIER**, *s. m.* Arbrisseau qui porte le poivre.

**POIVRIÈRE**, *s. f.* Boîte pour le poivre.

**POIX**, *s. f.* Mélange de résine de pin ou de sapin brûlée et de suie.

**POL (SAINT-)**, chef-lieu d'arr. du dép. du Pas-de-Calais.

**POLACRE** ou **POLAQUE**, *s. f.* Bâtiment de la Méditerranée, qui va à voiles et à rames; —, *s. m.* Cavalier polonais.

**POLAIRE**, *adj.* 2 *g.* Voisin des pôles; situé au pôle.

**POLARISATION**, *s. f.* Modification de la lumière réfléchie latéralement.

**POLARISER** (*part. é, ée*), *v. a.* Produire la polarisation.

**POLARITÉ**, *s. f.* Propriété qu'a l'aimant de se diriger vers un point fixe de l'horizon.

**PÔLE**, *s. m.* Chacune des deux extrémités de l'axe immobile sur lequel tourne un corps sphérique, et particulièrement le globe terrestre.

**POLÉMIQUE**, *s. f.* Dispute par écrit; —, *adj.* 2 *g.* Qui appartient aux disputes par écrit.

**POLENTA**, *s. f.* Bouillie de farine de châtaignes.

**POLI, E**, *adj.* Qui a la surface unie et luisante; élégant, correct; doux, civil, complaisant; *poli*, *s. m.* Lustre, éclat de ce qui a été poli.

**POLICE**, *s. f.* Ordre, règlement pour la sûreté publique; ceux qui maintiennent cet ordre; administration qui exerce la police; contrat d'assurance.

**POLICER** (*part. é, ée*), *v. a.* Établir des lois sages, une bonne police dans un pays; civiliser; *se* —, *v. pr.* Se civiliser.

**POLICHINELLE**, *s. m.* Acteur de farces, bossu devant et derrière; *fig.* Mauvais bouffon.

**POLIGNY**, chef-lieu d'arr. du dép. du Jura.

**POLIMENT**, *adv.* Avec politesse.

**POLIMENT**, *s. m.* Action de polir.

**POLIR** (*part.* i, ie), *v. a.* Rendre uni et luisant à force de frotter; mettre la dernière main (à un ouvrage d'esprit).

**POLISSEUR, EUSE**, *s.* Ouvrier qui donne le poli.

**POLISSOIR**, *s. m.* Instrument pour polir.

**POLISSOIRE**, *s. f.* Décrottoire.

**POLISSON, ONNE**, *adj.* et *s.* Libre, libertin; malpropre et vagabond; homme sans considération.

**POLISSONNER**, *v. n.* Dire ou Faire des polissonneries.

**POLISSONNERIE**, *s. f.* Action, parole, tour de polisson; mauvaise plaisanterie, obscénité.

**POLISSURE**, *s. f.* Action de polir; effet de cette action.

**POLITESSE**, *s. f.* Civilité; manières, paroles civiles et honnêtes.

**POLITIQUE**, *adj.* 2 *g.* Qui concerne le gouvernement des États; —, *s. f.* Connaissance du droit public, des intérêts des nations, des souverains; art de gouverner; système particulier d'un gouvernement; conduite adroite; —, *s. m.* Savant versé dans l'art de gouverner; homme prudent et réservé.

**POLITIQUEMENT**, *adv.* Selon les règles de la politique; adroitement.

**POLITIQUER**, *v. n.* Raisonner sur les affaires politiques.

**POLLEN**, *s. m.* Poussière fécondante, *t. de bot.*; fleur de farine.

**POLLUER** (*part.* é, ée), *v. a.* Profaner.

**POLLUTION**, *s. f.* Profanation.

**POLTRON, ONNE**, *adj.* et *s.* Lâche, sans courage.

**POLTRONNERIE**, *s. f.* Lâcheté, manque de courage.

**POLYÈDRE**, *s. m.* Corps solide à plusieurs faces.

**POLYGAME**, *s.* 2 *g.* Mari qui a plusieurs femmes; femme qui a plusieurs maris.

**POLYGAMIE**, *s. f.* État du polygame.

**POLYGLOTTE**, *s. m.* Celui qui sait plusieurs langues; —, *adj.* 2 *g.* Écrit en plusieurs langues.

**POLYGONE**, *s. m.* et *adj.* 2 *g.* Surface solide qui a plusieurs angles et plusieurs côtés; —, *s. m.* Lieu destiné aux exercices d'artillerie.

**POLYGRAPHE**, *s. m.* Auteur qui a traité des sujets divers.

**POLYGRAPHIE**, *s. f.* Catalogue de polygraphes.

**POLYPE**, *s. m.* Espèce de ver aquatique; (*t. de méd.*) excroissance de chair.

**POLYSYLLABE**, *adj.* 2 *g.* et *s. m.* Composé de plusieurs syllabes.

**POLYTECHNIQUE**, *adj.* 2 *g.* Qui embrasse plusieurs arts, plusieurs sciences; *école* —, destinée à former des élèves pour l'artillerie, le génie, les mines, les ponts et chaussées, les constructions navales.

**POLYTHÉISME**, *s. m.* Système qui admet plusieurs dieux.

**POLYTHÉISTE**, *s. m.* Celui qui professe le polythéisme.

**POMMADE**, *s. f.* Composition de graisses épurées, de cire et de différents ingrédients avec ou sans parfum, pour la toilette.

**POMMADER** (*part.* é, ée), *v. a.* Enduire de pommade.

**POMME**, *s. f.* Fruit à pepin, bon à manger et à faire du cidre; ornement qui a la forme de ce fruit; tête de chou.

**POMMÉ, ÉE**, *adj.* Complet, achevé.

**POMMEAU**, *s. m.* Petite boule au haut de la poignée d'une épée, au haut de l'arçon du devant d'une selle.

**POMMELÉ, ÉE**, *adj.* Couvert de petits nuages rapprochés; marqué de gris et de blanc par ronds (en parlant d'un cheval).

se **POMMELER** (*part.* é, ée), *v. pr.* Se couvrir de nuages ronds, blancs et grisâtres (en parlant du ciel).

**POMMELLE**, *s. f.* Plaque en plomb, ronde et percée de petits trous, placée à l'ouverture d'un tuyau pour empêcher les ordures de l'obstruer.

**POMMER** (*part.* é, ée), *v. n.* Se former en pomme (en parlant des choux et des laitues).

**POMMERAIE**, *s. f.* Plantation de pommiers.

**POMMETTE**, *s. f.* Ornement en forme de pomme; partie de la joue au-dessous de l'œil.

**POMMIER**, *s. m.* Arbre qui porte les pommes; ustensile pour faire cuire les pommes.

**POMPE**, *s. f.* Appareil magnifique; somptuosité; machine pour élever l'eau; — *funèbre*, appareil d'un enterrement.

**POMPER** (*part.* é, ée), *v. a.* Épuiser l'eau avec une pompe; —, *v. n.* Faire agir la pompe.

**POMPEUSEMENT**, *adv.* Avec pompe.

**POMPEUX, EUSE**, *adj.* Qui a de la magnificence; *fig.* Noble, élevé.

**POMPIER**, *s. m.* Celui qui fabrique les pompes ou qui les fait agir.

**POMPON**, *s. m.* Ornement en laine de la coiffure militaire; ornement de peu de valeur.

**POMPONNER** (*part.* é, ée), *v. a.* Orner de pompons, parer, ajuster; *se* —, *v. pr.* Se parer avec recherche.

**PONANT**, *s. m.* Occident.

**PONCE**, *s. f.* Sachet rempli de charbon broyé pour calquer un dessin; —, ou *pierre* —, pierre sèche, poreuse et légère.

**PONCEAU**, *s. m.* Petit pont d'une seule arche; sorte de pavot; couleur d'un rouge vif et foncé; —, *adj.* 2 *g.* (inv.) Qui est de cette couleur.

**PONCER** (*part.* é, ée), *v. a.* Rendre mat, uni avec la pierre ponce; calquer un dessin avec la ponce.

**PONCIS**, *s. m.* Dessin piqué sur lequel on passe du charbon.

**PONCTION**, *s. f.* Ouverture faite dans une cavité du corps, pour en tirer les eaux qui y sont épanchées.

**PONCTUALITÉ**, *s. f.* Grande exactitude.

**PONCTUATION**, *s. f.* Art, action, manière de ponctuer; signes qu'on emploie pour ponctuer.

**PONCTUEL, ELLE**, *adj.* Exact.

**PONCTUELLEMENT**, *adv.* Avec ponctualité.

**PONCTUÉ, ÉE**, *adj.* Parsemé de taches; formé d'une suite de points.

**PONCTUER** (*part.* é, ée), *v. a.* Mettre les points et les virgules dans un discours écrit.

**PONDÉRABLE**, *adj.* 2 *g.* Qui peut être pesé.

**PONDÉRATION**, *s. f.* Science de l'équilibre des corps.

**PONDÉRER** (*part.* é, ée), *v. a.* Mettre en équilibre.

**PONDEUSE**, *s. f.* Femelle qui pond des œufs.

**PONDRE** (*part.* u, ue; se conj. sur *Fondre*), *v. a.* Faire ses œufs (en parlant des ovipares).

**PONGO**, *s. m.* Sorte de singe.

**PONT**, *s. m.* Ouvrage en pierre, en bois, en fer, élevé d'un bord à l'autre d'un cours ou d'une pièce d'eau pour les traverser; tillac, étage (d'un vaisseau).

**PONTARLIER**, chef-lieu d'arr. du dép. du Doubs.

**PONT-AUDEMER**, chef-lieu d'arr. du dép. de l'Eure.

**PONTE**, *s. f.* Action de pondre; temps où les oiseaux pondent.

**PONTÉ, ÉE**, *adj.* Qui a un pont (en parlant d'un vaisseau).

**PONTIFE**, *s. m.* Ministre supérieur des choses sacrées; prélat, évêque; *souverain* —, le pape.

**PONTIFICAL, E**, *adj.* Qui est relatif à la dignité de pontife; —, *s. m.* Livre qui contient certaines prières à l'usage de l'évêque.

**PONTIFICALEMENT**, *adv.* Avec les cérémonies et les habits pontificaux.

**PONTIFICAT**, *s. m.* Dignité de grand pontife; durée de cette dignité.

**PONTIVY.** Voy. *Napoléon-Ville.*

**PONT-L'ÉVÊQUE**, chef-lieu d'arr. du dép. du Calvados.

**PONT-LEVIS** (*au pl. ponts-levis*), *s. m.* Pont qui se lève et se baisse sur un fossé.

**PONTOISE**, chef-lieu d'arr. du dép. de Seine-et-Oise.

**PONT-NEUF** (*au pl. ponts-neufs*), *s. m.* Chanson populaire.

**PONTON**, *s. m.* Pont flottant; bateau de cuivre pour le passage des rivières; vaisseau qui sert de prison.

**PONTONAGE**, *s. m.* Droit de passage sur un pont ou sur un bac.

**PONTONNIER**, *s. m.* Celui qui perçoit le pontonage; soldat employé à la construction des pontons.

**POPE**, *s. m.* Prêtre du rite grec.

**POPELINE**, *s. f.* Étoffe légère en laine et soie.

**POPULACE**, *s. f.* Le bas peuple.

**POPULACIER, IÈRE**, *adj.* Qui est propre à la populace.

**POPULAIRE**, *adj. 2 g.* Qui appartient au peuple ou le concerne.

**POPULAIREMENT**, *adv.* D'une manière populaire.

**POPULARISER** (*part.* é, ée), *v. a.* Rendre populaire; *se* —, *v. pr.* Se concilier l'affection du peuple.

**POPULARITÉ**, *s. f.* Caractère ou actes propres à gagner la faveur du peuple; faveur populaire.

**POPULATION**, *s. f.* Nombre des habitants d'un pays, d'une ville, etc.

**POPULEUX, EUSE**, *adj.* Très-peuplé.

**PORC**, *s. m.* Cochon; — *frais*, cochon non salé.

**PORCELAINE**, *s. f.* Terre très-fine, préparée et cuite sous différentes formes; vase de cette terre.

**PORC-ÉPIC** (*au pl. porcs-épics*), *s. m.* Quadrupède rongeur dont le corps est armé de piquants qui se hérissent lorsque l'animal est attaqué.

**PORCHE**, *s. m.* Lieu couvert à l'entrée d'une église, portique.

**PORCHER, ÈRE**, *s. m.* Celui ou Celle qui garde les pourceaux.

**PORCHERIE**, *s. f.* Toit à porcs.

**PORE**, *s. m.* Ouverture naturelle et imperceptible dans la peau de l'animal, pour faciliter la transpiration; petits trous plus ou moins visibles dans un corps solide.

**POREUX, EUSE**, *adj.* Qui a des pores.

**POROSITÉ**, *s. f.* Qualité d'un corps poreux.

**PORPHYRE**, *s. m.* Marbre très-dur, d'un rouge pourpré ou vert tacheté de blanc.

**PORPHYRISATION**, *s. f.* Action de porphyriser.

**PORPHYRISER** (*part.* é, ée), *v. a.* Broyer une substance pour la réduire en poudre.

**PORT**, *s. m.* Lieu propre à recevoir les vaisseaux et à les tenir à l'abri des tempêtes; lieu où l'on débarque les marchandises; action de porter; droit payé pour le transport d'une chose; maintien, attitude; — *d'armes*, action ou droit de porter des armes.

**PORTABLE**, *adj. 2 g.* Qui peut être porté.

**PORTAGE**, *s. m.* Action de porter.

**PORTAIL** (l m.; *au pl. portails*), *s. m.* Façade principale d'une église.

**PORTANT, E**, *adj. Bien* —, *mal* —, qui se porte bien ou mal.

**PORTATIF, IVE**, *adj.* Aisé à porter.

**PORTE**, *s. f.* Ouverture pour entrer ou sortir d'un lieu fermé; ce qui sert à fermer cette ouverture; espèce d'anneau pour retenir un crochet, une agrafe, etc.; *fig.* Accès, issue.

**PORTEBALLE**, *s. m.* Mercier ambulant.

**PORTECHAPE**, *s. m.* Celui qui porte ordinairement la chape dans une église.

**PORTE-CLEFS**, *s. m.* (inv.) Guichetier qui porte les clefs.

**PORTECRAYON**, *s. m.* Instrument de métal dans lequel on met un crayon.

**PORTE-CROIX**, *s. m.* (inv.) Celui qui porte la croix dans les processions.

**PORTE-DRAPEAU**, *s. m.* (inv.) Officier qui porte le drapeau dans un régiment.

**PORTÉE**, *s. f.* Totalité des petits que les femelles des animaux mettent bas en une fois; distance où peuvent porter les armes à feu et de trait, où peuvent s'étendre la vue, la voix, la main; *fig.* Étendue, capacité d'esprit; (*t. de mus.*) les cinq lignes sur lesquelles et dans l'intervalle desquelles on pose les notes.

**PORTE-ENSEIGNE**, *s. m.* (inv.) Celui qui porte une enseigne.

**PORTE-ÉTENDARD**, *s. m.* (inv.) Celui qui porte l'étendard.

**PORTEFAIX**, *s. m.* Crocheteur.

**PORTEFEUILLE**, *s. m.* Espèce de carton portatif où l'on met des papiers, etc.; sorte de petit livre pour serrer des papiers, et les porter dans sa poche.

**PORTE-HACHE**, *s. m.* (inv.) Étui pour porter une hache.

**PORTE-MALHEUR**, *s. m.* (inv.) Chose que l'on suppose être un signe de malheur.

**PORTEMANTEAU**, *s. m.* Valise; espèce de crochet fixé au mur pour suspendre les habits.

**PORTEMENT**, *s. m.* — *de la croix*, tableau représentant J. C. portant sa croix.

**PORTE-MONTRE**, *s. m.* (inv.) Espèce de petit meuble auquel on suspend ou sur lequel on pose les montres.

**PORTE-MOUCHETTES**, *s. m.* (inv.) Plateau pour poser les mouchettes.

**PORTE-MOUSQUETON**, *s. m.* (inv.) Agrafe pour soutenir le mousqueton.

**PORTER** (*part.* é, ée), *v. a.* Soutenir une charge, un fardeau, un poids, *au propre et au fig.*; transporter; avoir avec soi, tenir à la main; pousser; appliquer; conduire; être cause; souffrir, subir; énoncer, inscrire; prescrire; produire; —, *v. n.* Poser sur; atteindre; *se* —, *v. pr.* Se rendre à; *se porter bien, mal*, être en bonne, en mauvaise santé; *se* — *pour*, se présenter à titre de.

**PORTE-RESPECT**, *s. m.* (inv.) Chose ou Personne qui intimide, qui porte au respect.

**PORTE-TAPISSERIE**, *s. m.* (inv.) Châssis sur lequel on applique une tapisserie, une tenture.

**PORTEUR, EUSE**, *s.* Celui ou Celle qui porte des fardeaux; commissionnaire; —, *s. m.* Cheval que monte le postillon.

**PORTE-VOIX**, *s. m.* (inv.) Instrument pour porter la voix au loin.

**PORTIER, IÈRE**, *s.* Celui ou Celle qui garde la porte d'une maison; —, *s. f.* Ouverture du carrosse par où l'on monte et l'on descend; porte de cette ouverture; tenture que l'on suspend devant les portes.

**PORTION**, *s. f.* Partie d'un tout; lot, part.

**PORTIQUE**, *s. m.* Galerie couverte dont le comble est soutenu par des colonnes ou des arcades.

**PORTRAIT**, *s. m.* Image, ressemblance; description d'une personne ou d'une chose.

**PORTUGAIS, E**, *adj.* et *s.* Qui est du Portugal.

**POSAGE**, *s. m.* Travail pour poser certains ouvrages; frais de ce travail.

**POSE**, *s. f.* Action de poser; travail pour poser les pierres; (*t. de peint.*) attitude.

**POSÉ, ÉE**, *adj.* Mis en place; modeste, grave.

**POSÉMENT**, *adv.* Doucement; sans se presser.

**POSER** (*part.* é, ée), *v. a.* Mettre une chose sur une autre; placer dans le lieu, dans la situation convenables; fixer sur une base; supposer; (*t. de peint.*) placer un modèle dans l'attitude convenable; *poser les armes*, les déposer; —, *v. n.* Être posé, être placé; porter sur quelque chose; *se* —, *v. pr.* Se mettre à une certaine place; se tenir en repos.

**POSEUR**, *s. m.* Celui qui dirige la pose des pierres ; — celui qui met une chose en place.

**POSITIF, IVE**, *adj.* Certain, constant, assuré ; —, *s. m.* Chose certaine ; premier degré dans les adjectifs qui admettent comparaison.

**POSITION**, *s. f.* Situation d'un lieu ; situation morale ; conjoncture ; attitude.

**POSITIVEMENT**, *adv.* D'une manière positive.

**POSSÉDÉ, ÉE**, *s.* Tourmenté du démon.

**POSSÉDER** (*part.* é, ée), *v. a.* Avoir la possession, la jouissance de ; avoir en son pouvoir, à sa disposition ; *se* —, *v. pr.* Être maître de soi.

**POSSESSEUR**, *s. m.* Celui qui possède un bien ; propriétaire.

**POSSESSIF, IVE**, *adj.* (*t. de gramm.*). Qui marque possession.

**POSSESSION**, *s. f.* Action de posséder ; jouissance d'un bien quelconque ; *au pl.* Fonds de terre, domaines.

**POSSESSOIRE**, *s. m.* Droit de posséder, possession ; —, *adj. f. Action possessoire*, qui tend à confirmer ou à rendre la possession.

**POSSIBILITÉ**, *s. f.* Qualité de ce qui est possible.

**POSSIBLE**, *adj.* 2 *g.* Qui peut être fait, qui peut se faire ; —, *adv.* Peut-être ; —, *s. m.* Ce qui peut exister, avoir lieu ; *au* —, *loc. adv.* Autant qu'il est possible.

**POSTCOMMUNION**, *s. f.* Oraison après la communion.

**POSTDATE**, *s. f.* Date postérieure à la véritable.

**POSTDATER** (*part.* é, ée), *v. a.* Dater une lettre, etc., d'un temps postérieur à celui où elle est écrite.

**POSTE**, *s. f.* Relais établi pour le service des voyageurs ; manière de voyager avec ces relais ; maison où sont ces relais ; distance entre deux relais ; bureau qui reçoit, envoie et distribue les lettres, journaux, etc. ; —, *s. m.* Lieu où l'on a posté des troupes ; troupes postées ; emploi, fonction, charge.

**POSTER** (*part.* é, ée), *v. a.* Placer dans un poste, dans un endroit quelconque, embusquer ; *se* —, *v. pr.* Se placer, prendre position.

**POSTÉRIEUR, E**, *adj.* Qui suit dans l'ordre des temps ; qui est derrière ; —, *s. m.* Le derrière.

**POSTÉRIEUREMENT**, *adv. de temps.* Après.

**POSTERIORI** (**A**), *locution latine.* D'après ce qui suit.

**POSTÉRIORITÉ**, *s. f.* État d'une chose postérieure à une autre.

**POSTÉRITÉ**, *s. f.* Suite de personnes ayant une origine commune ; les peuples à venir.

**POSTFACE**, *s. f.* Épilogue.

**POSTHUME**, *adj.* 2 *g. Enfant* —, né après la mort du père ; *ouvrage* —, publié après la mort de l'auteur.

**POSTICHE**, *adj.* 2 *g.* Fait et ajouté après coup ; suppléant.

**POSTILLON** (ll m.), *s. m.* Valet qui conduit ceux qui voyagent en poste ; valet monté sur un des chevaux d'un attelage.

**POST-SCRIPTUM**, *s. m.* (inv.) Ce qu'on ajoute à une lettre après la signature.

**POSTULANT, E**, *s.* Celui ou Celle qui demande, sollicite avec instance ; aspirant, candidat.

**POSTULER** (*part.* é, ée), *v. a.* Demander avec instance ; —, *v. n.* Faire les procédures dans une affaire.

**POSTURE**, *s. f.* Attitude ; manière dont on tient son corps, sa tête, etc. ; position.

**POT**, *s. m.* Vase de terre ou de métal ; marmite ; — *de chambre*, vase de nuit ; sorte de voiture des environs de Paris ; — *pourri*, mélange de viande, de légumes, etc. ; vase plein de fleurs et d'herbes odoriférantes ; récit en chanson sur une suite d'airs différents.

**POTABLE**, *adj.* 2 *g.* Qu'on peut boire.

**POTAGE**, *s. m.* Soupe.

**POTAGER**, *s. m.* Jardin réservé pour la culture des légumes.

**POTAGER, ÈRE**, *adj. Plantes potagères*, légumes de toute espèce.

**POTASSE**, *s. f.* Alcali tiré des cendres des végétaux.

**POTASSIUM**, *s. m.* Substance métallique, base de la potasse pure.

**POT-AU-FEU**, *s. m.* (inv.) Pot où l'on fait bouillir de la viande; viande à mettre au pot.

**POT-DE-VIN** (*au pl. pots-de-vin*), *s. m.* Somme en sus du prix, à titre de présent.

**POTEAU**, *s. m.* Grosse et longue pièce de bois, fixée debout et isolée.

**POTÉE**, *s. f.* Le contenu d'un pot; étain calciné pour polir.

**POTELÉ, ÉE**, *adj.* Gras et dodu.

**POTENCE**, *s. f.* Gibet; bâton d'appui; étai.

**POTENTAT**, *s. m.* Souverain d'un grand État.

**POTERIE**, *s. f.* Vaisselle de terre ou d'étain; lieu où elle se fait; art, commerce du potier.

**POTERNE**, *s. f.* Porte secrète dans les fortifications.

**POTIER**, *s. m.* Celui qui fait et vend des pots de terre ou d'étain.

**POTIN**, *s. m.* Cuivre jaune; mélange de ce cuivre avec l'étain, le plomb, la calamine.

**POTION**, *s. f.* Breuvage pour un malade.

**POTIRON**, *s. m.* Espèce de grosse citrouille.

**POU** (*au pl. poux*), *s. m.* Insecte ovipare qui s'attache aux cheveux ou à la peau des gens malpropres.

**POUACRE**, *adj.* et *s.* 2 *g.* Malpropre.

**POUAH!** *interj.* qui exprime le dégoût.

**POUCE**, *s. m.* Le gros doigt de la main et du pied; mesure de douze lignes; douzième partie du pied de roi, ancienne mesure.

**POUCETTES**, *s. f. pl.* Instrument pour attacher les pouces ensemble.

**POUCIER**, *s. m.* Espèce de dé que, dans certains états, les ouvriers mettent au pouce pour travailler.

**POU-DE-SOIE**, *s. m.* Étoffe de soie unie et sans lustre et à gros grains.

**POUDING**, *s. m.* Sorte de mets anglais.

**POUDINGUE**, *s. m.* Concrétion pierreuse.

**POUDRE**, *s. f.* Poussière; substance pulvérisée; composition de soufre, de salpêtre et de charbon, pour charger les armes à feu.

**POUDRER** (*part. é, ée*), *v. a.* Couvrir légèrement de poudre.

**POUDRETTE**, *s. f.* Excréments desséchés et mis en poudre pour servir d'engrais.

**POUDREUX, EUSE**, *adj.* Couvert de poussière.

**POUDRIER**, *s. m.* Celui qui fait de la poudre à canon; boîte où l'on met la poudre à sécher l'écriture.

**POUDRIÈRE**, *s. f.* Fabrique de poudre à canon; boîte à poudre.

**POUF**, mot qui exprime le bruit sourd d'un corps qui tombe.

**POUFFER**, *v. n.* — *de rire*, éclater de rire involontairement.

**POUILLER** (ll m.; *part. é, ée*), *v. a.* Faire des reproches à quelqu'un; *se* —, *v. réc.* Se disputer (*t. trivial*).

**POUILLES**, *s. f. pl.* Reproches accompagnés d'injures (*t. bas*).

**POUILLEUX, EUSE** (ll m.), *adj.* Qui a des poux.

**POULAILLER** (ll m.), *s. m.* Lieu où juchent les poules; petite voiture servant au transport des œufs ou de la volaille.

**POULAIN**, *s. m.* Jeune cheval au-dessous de trois ans.

**POULARDE**, *s. f.* Poule jeune et grasse.

**POULE**, *s. f.* Oiseau domestique, femelle du coq; mise au jeu.

**POULET**, *s. m.* Petit de la poule.

**POULETTE**, *s. f.* Jeune poule.

**POULICHE**, *s. f.* Jeune jument au-dessous de trois ans.

**POULIE**, *s. f.* Roue creusée dans l'épaisseur de sa circonférence et sur laquelle passe une corde pour élever et descendre des fardeaux.

**POULINER**, *v. n.* Mettre bas (en parlant de la cavale).

**POULINIÈRE**, *adj. f. Jument* —, propre à faire des poulains.

**POULIOT**, *s. m.* Sorte de plante aromatique.

**POULS**, *s. m.* Battement des artères; fig. *Tâter le* —, sonder les dispositions de.

**POUMON**, *s. m.* Partie interne, viscère mou, spongieux, principal organe de la respiration.

**POUPARD**, *s. m.* Enfant au maillot; grosse poupée.

**POUPART**, *s. m.* Espèce de crabe, bon à manger.

**POUPE**, *s. f.* Arrière du vaisseau.

**POUPÉE**, *s. f.* Petite figure humaine de bois, de carton, qui sert de jouet aux enfants; tête sur laquelle on monte les bonnets.

**POUPON**, **ONNE**, *s.* Petit enfant à visage potelé.

**POUR**, *prép.* et *conj.* En faveur, à cause de; afin de; au lieu de; quant à, envers; comme; pendant; moyennant; — *que*, *loc. conj.* Afin que; — *lors*, *loc. adv.* Alors.

**POURBOIRE**, *s. m.* (inv.) Petite libéralité, récompense au delà du prix convenu pour un service.

**POURCEAU**, *s. m.* Porc.

**POURCHASSER** (*part.* é, ée), *v. a.* Poursuivre obstinément.

**POURFENDEUR**, *s. m.* Fanfaron.

**POURFENDRE** (*part.* u, ue), *v. a.* Fendre un homme de haut en bas d'un coup de sabre.

**POURPARLER**, *s. m.* Conférence.

**POURPIER**, *s. m.* Plante potagère.

**POURPOINT**, *s. m.* Ancien vêtement qui couvrait le corps depuis le cou jusqu'à la ceinture.

**POURPRE**, *s. m.* Maladie maligne.

**POURPRE**, *s. m.* Rouge foncé tirant sur le violet; —, *s. f.* Teinture de cette couleur.

**POURPRÉ, ÉE**, *adj.* Qui est de couleur de pourpre.

**POURQUOI**, *conj.* Pour quel motif, à cause de quoi; —, *s. m.* La cause, la raison.

**POURRI**, *s. m.* Chose pourrie.

**POURRIR** (*part.* i, ie), *v. a.* Corrompre, gâter; —, *v. n.*, et *se* —, *v. pr.* Se gâter.

**POURRISSAGE**, *s. m.* Action de faire pourrir des chiffons pour faire du papier; nom d'une maladie particulière aux bêtes ovines.

**POURRISSOIR**, *s. m.* Endroit où l'on fait pourrir les chiffons.

**POURRITURE**, *s. f.* Altération, corruption.

**POURSUITE**, *s. f.* Action de poursuivre; recherche; soins; *au pl.* Procédure judiciaire.

**POURSUIVANT**, *s. m.* Celui qui poursuit un emploi; prétendant.

**POURSUIVRE** (se conj. sur *Suivre*), *v. a.* Suivre avec vitesse; courir après pour atteindre; rechercher; continuer; agir par voies de justice; *fig.* Obséder.

**POURTANT**, *adv.* Cependant, néanmoins.

**POURTOUR**, *s. m.* Le tour, le circuit.

**POURVOI**, *s. m.* Recours à un tribunal supérieur.

**POURVOIR** (se conj. sur le verbe *Voir*, excepté aux temps suivants : *p. déf.* je pourvus, etc., nous pourvûmes, etc.; *fut.* je pourvoirai, etc.; nous pourvoirons, etc.; *cond.* je pourvoirais, etc., nous pourvoirions, etc.; *imp. du subj.* que je pourvusse, etc., que nous pourvussions, etc.), *v. a.* Fournir; munir de, conférer à; —, *v. n.* Veiller à; suppléer à; *se* —, *v. pr.* Se munir, se prémunir; en appeler d'un jugement.

**POURVOYEUR**, *s. m.* Celui qui est chargé de fournir à une maison les provisions de bouche.

**POURVU**, *conj.* — *que*, en cas, à condition que.

**POUSSE**, *s. f.* Petites branches que les arbres et les arbustes poussent au printemps; maladie des chevaux qui affecte la respiration.

**POUSSÉE**, *s. f.* Action de pousser; effet de ce qui pousse; poursuite.

**POUSSER** (*part.* é, ée), *v. a.* Faire effort pour ôter quelqu'un ou quelque chose; imprimer un mouvement à un corps; faire entrer de force; aider; exciter; —, *v. a.* et *v. n.* Jeter des tiges (en parlant des végétaux); —, *v. n.* Être poussif; *se* —, *v. pr.* S'avancer.

**POUSSETTE**, *s. f.* Jeu d'enfant qui se joue avec des épingles.

**POUSSIER**, *s. m.* Poussière de charbon.

**POUSSIÈRE**, *s. f.* Terre réduite en poudre très-fine; *fig.* Néant; abjection.

**POUSSIF**, **IVE**, *adj.* et *s.* Qui a peine à respirer, qui a la pousse.

**POUSSIN**, *s. m.* Poulet qui vient d'éclore.

**POUSSINIÈRE**, *s. f.* Cage pour les poussins.

**POUTRE**, *s. f.* Grosse pièce de bois pour soutenir les solives.

**POUTRELLE**, *s. f.* Petite poutre.

**POUVOIR** (*Ind. pr.* je puis ou je peux, tu peux, il peut, nous pouvons, vous pouvez, ils peuvent; *imp.* je pouvais, etc., nous pouvions, etc.; *p. déf.* je pus, etc., nous pûmes, etc.; *p. ind.* j'ai pu, etc.; *fut.* je pourrai, etc., nous pourrons, etc.; *cond.* je pourrais, etc., nous pourrions, etc.; *pas d'impér.*; *subj. pr.* que je puisse, etc., que nous puissions, etc.; *imp. subj.* que je pusse, etc., que nous pussions, etc.; *p. pr.* pouvant), *v. n.* et quelquefois *v. a.* Avoir la faculté, la possibilité, l'autorité, le loisir de; *n'en pouvoir plus*, être accablé de fatigue; —, *v. imp. Il se peut que*, il est possible que.

**POUVOIR**, *s. m.* Autorité, puissance; droit; force; permission; procuration.

**POUZZOLANE**, *s. f.* Terre volcanique dont on se sert pour faire du mortier.

**PRAGMATIQUE**, *adj.* et *s. f. Pragmatique sanction*, règlement en matière ecclésiastique.

**PRAIRIAL**, *s. m.* Neuvième mois de l'année républicaine.

**PRAIRIE**, *s. f.* Étendue de terre où l'on recueille du fourrage.

**PRALINE**, *s. f.* Amande rissolée dans du sucre fondu.

**PRALINER** (*part.* é, ée), *v. a.* Griller avec du sucre.

**PRAME**, *s. f.* Petit navire à rames et à voiles, et à un seul pont.

**PRATICABLE**, *adj.* 2 *g.* Qu'on peut pratiquer, employer; *chemin* —, par lequel on peut passer.

**PRATICIEN**, *s. m.* Celui qui entend, qui suit les procédures; médecin, chirurgien opérateur expérimenté.

**PRATIQUE**, *s. f.* Ce qui se réduit en acte dans un art, dans une science (par opposition à *Théorie*); exécution, exercice, usage, coutume; fréquentation; expérience; chalands; papiers d'un procureur, d'un notaire; *au pl.* Intrigues.

**PRATIQUE**, *adj.* 2 *g.* Qui ne s'en tient pas à la théorie; qui exécute.

**PRATIQUEMENT**, *adv.* Dans la pratique.

**PRATIQUER** (*part.* é, ée), *v. a.* Mettre en pratique, exercer; fréquenter, hanter; — *des intelligences*, se les ménager.

**PRÉ**, *s. m.* Prairie.

**PRÉALABLE**, *adj.* 2 *g.* et *s. m.* Qui doit être dit, fait, examiné avant tout; *au* —, *loc. adv.* Avant tout.

**PRÉALABLEMENT**, *adv.* Au préalable.

**PRÉAMBULE**, *s. m.* Espèce d'avant-propos.

**PRÉAU**, *s. m.* Cour d'une prison, d'un cloître; petit pré.

**PRÉBENDE**, *s. f.* Revenu ecclésiastique attaché à un canonicat; le canonicat même.

**PRÉBENDÉ**, **ÉE**, *adj.* Qui a une prébende.

**PRÉBENDIER**, *s. m.* Ecclésiastique qui sert au chœur au-dessous des chanoines.

**PRÉCAIRE**, *adj.* 2 *g.* Dont on ne jouit que par tolérance, par emprunt, avec dépendance; incertain, amovible.

**PRÉCAIREMENT**, *adv.* D'une manière précaire.

**PRÉCAUTION**, *s. f.* Mesure prise par prévoyance; prudence, circonspection, ménagement.

**PRÉCAUTIONNÉ**, **ÉE**, *adj.* Prudent, avisé.

**PRÉCAUTIONNER** (*part.* é, ée), *v. a.* Prémunir contre; *se* —, *v. pr.* Prendre ses précautions.

**PRÉCÉDEMMENT**, *adv.* Auparavant.

**PRÉCÉDENT**, **E**, *adj.* Qui précède, antérieur; *s. m.* Usage déjà établi.

**PRÉCÉDER** (*part.* é, ée), *v. a.* Aller; marcher devant; être auparavant, avoir la priorité.

**PRÉCEINTE**, *s. f.* Bordages qui règnent autour d'un vaisseau.

**PRÉCEPTE**, *s. m.* Règle de conduite, maxime, leçon.

**PRÉCEPTEUR**, *s. m.* Celui qui est chargé de l'éducation d'un enfant.

**PRÉCEPTORAL**, **E**, *adj.* Qui appartient au précepteur.

**PRÉCEPTORAT**, *s. m.* État, fonction de précepteur.

**PRÉCESSION**, *s. f.* — *des équinoxes*, mouvement rétrograde des points équinoxiaux.

**PRÊCHE**, *s. m.* Sermon ou Temple protestant.

**PRÊCHER** (*part.* é, ée), *v. a.* et *v. n.* Annoncer en chaire la parole de Dieu; instruire par des sermons; sermonner, faire des remontrances; vanter.

**PRÊCHEUR, EUSE**, *s.* Prédicateur, sermonneur, faiseur de remontrances; *frères prêcheurs*, religieux de l'ordre de Saint-Dominique.

**PRÉCIEUSE**, *s. f.* Femme affectée dans son langage, ses manières.

**PRÉCIEUSEMENT**, *adv.* Avec grand soin.

**PRÉCIEUX, EUSE**, *adj.* Qui est de grande valeur; plein de recherche, affecté.

**PRÉCIPICE**, *s. m.* Espace vide, profond et escarpé; *fig.* Grand malheur.

**PRÉCIPITAMMENT**, *adv.* Avec précipitation.

**PRÉCIPITANT**, *s. m.* Ce qui opère la précipitation; *t. de chimie.*

**PRÉCIPITATION**, *s. f.* Extrême vitesse; trop grande hâte; vivacité excessive; (*t. de chimie*) action de précipiter un corps dissous dans un liquide.

**PRÉCIPITÉ**, *s. m.* Matière dissoute et tombée au fond d'un vase; *t. de chimie.*

**PRÉCIPITER** (*part.* é, ée), *v. a.* Jeter de haut en bas; presser, hâter; faire un précipité; *se* —, *v. pr.* Se jeter; s'élancer.

**PRÉCIPUT**, *s. m.* Prélèvement avant partage.

**PRÉCIS, E**, *adj.* Fixé; exact; concis; formel; —, *s. m.* Abrégé sommaire, narré succinct.

**PRÉCISÉMENT**, *adv.* Avec précision.

**PRÉCISER** (*part.* é, ée), *v. a.* Présenter d'une manière précise, fixer.

**PRÉCISION**, *s. f.* Exactitude dans le discours, clarté, justesse.

**PRÉCITÉ, ÉE**, *adj.* Déjà cité.

**PRÉCOCE**, *adj.* 2 *g.* Mûr avant la saison, avant le temps accoutumé.

**PRÉCOCITÉ**, *s. f.* Qualité de ce qui est précoce.

**PRÉCOMPTER**, *v. a.* Déduire d'un payement une somme comptée par avance.

**PRÉCONISATION**, *s. f.* Action de préconiser.

**PRÉCONISER** (*part.* é, ée), *v. a.* Déclarer en plein consistoire qu'un sujet nommé à un évêché a les qualités requises; *fig.* Louer à l'excès.

**PRÉCURSEUR**, *s. m.* Celui qui vient avant un autre, pour en annoncer la venue; *fig.* Chose qui ordinairement en précède d'autres.

**PRÉDÉCÉDÉ, ÉE**, *adj.* et *s.* Mort avant un autre.

**PRÉDÉCÉDER** (*part.* é, ée), *v. n.* Mourir avant un autre.

**PRÉDÉCÈS**, *s. m.* Décès antérieur à un autre décès.

**PRÉDÉCESSEUR**, *s. m.* Celui qui a précédé quelqu'un dans une charge; *au pl.* Ancêtres.

**PRÉDESTINATION**, *s. f.* Décret de Dieu en faveur des élus; arrangement immuable des événements futurs; fatalisme.

**PRÉDESTINÉ, ÉE**, *adj.* et *s.* Destiné à un avenir déterminé et inévitable.

**PRÉDESTINER** (*part.* é, ée), *v. a.* Destiner de toute éternité à la gloire éternelle, à faire de grandes choses.

**PRÉDÉTERMINANT, E**, *adj.* Qui prédétermine.

**PRÉDÉTERMINATION**, *s. f.* Action de Dieu sur la volonté humaine.

**PRÉDÉTERMINER** (*part.* é, ée), *v. a.* Déterminer la volonté humaine (en parlant de Dieu).

**PRÉDICANT**, *s. m.* Ministre protestant qui se livre à la prédication.

**PRÉDICATEUR**, *s. m.* Celui qui annonce en chaire la parole de Dieu.

**PRÉDICATION**, *s. f.* Action de prêcher; sermon.

**PRÉDICTION**, *s. f.* Action de prédire; chose prédite.

**PRÉDILECTION**, *s. f.* Préférence d'affection.

**PRÉDIRE** (se conj. sur *Dire*, excepté à la 2^e^ pers. du pl. de l'ind. pr. *v. prédisez*), *v. a.* Annoncer par avance ce qui doit arriver, prophétiser.

**PRÉDISPOSANTE**, *adj. f. Cause* —, qui prédispose.

**PRÉDISPOSER** (*part.* é, ée), *v. a.* Disposer à l'avance; amener une disposition.

**PRÉDISPOSITION**, *s. f.* Aptitude du corps à contracter une maladie sous certaines influences.

**PRÉDOMINANCE**, *s. f.* Effet de ce qui prédomine.

**PRÉDOMINANT**, E, *adj.* Qui prédomine.

**PRÉDOMINER**, *v. n.* Prévaloir, s'élever au-dessus.

**PRÉÉMINENCE**, *s. f.* Prérogative d'une dignité, d'un rang.

**PRÉÉMINENT**, E, *adj.* Qui est au-dessus des autres choses du même genre.

**PRÉÉTABLIR** (*part.* i, ie), *v. a.* Établir d'abord.

**PRÉEXISTANT**, E, *adj.* Qui préexiste.

**PRÉEXISTENCE**, *s. f.* Existence antérieure.

**PRÉEXISTER**, *v. n.* Exister avant, auparavant.

**PRÉFACE**, *s. f.* Avertissement mis en tête d'un livre; avant-propos.

**PRÉFECTURE**, *s. f.* Charge, juridiction, fonctions d'un préfet; lieu où il réside; étendue de sa juridiction.

**PRÉFÉRABLE**, *adj.* 2 *g* Digne de préférence.

**PRÉFÉRABLEMENT**, *adv.* Par préférence.

**PRÉFÉRENCE**, *s. f.* Choix fait après examen ou comparaison; marque de prédilection.

**PRÉFÉRER** (*part.* é, ée), *v. a.* Choisir une personne ou une chose plutôt qu'une autre; mettre au-dessus, faire plus de cas de, affectionner davantage.

**PRÉFET**, *s. m.* Magistrat qui était chargé d'administrer une province chez les anciens Romains; magistrat qui administre un département; — *des études*, surveillant dans un collége.

**PRÉFIX**, E, *adj.* Déterminé, fixé d'avance.

**PRÉFIXION**, *s. f.* Détermination de délai.

**PRÉJUDICE**, *s. m.* Tort, dommage, perte.

**PRÉJUDICIABLE**, *adj.* 2 *g.* Qui préjudicie.

**PRÉJUDICIEL**, ELLE, *adj.* Qui doit être jugé avant de passer outre.

**PRÉJUDICIER**, *v. n.* Causer du préjudice.

**PRÉJUGÉ**, *s. m.* Opinion adoptée sans examen; prévention, erreur; (*t. de droit*) ce qui a été jugé auparavant dans un cas semblable.

**PRÉJUGER** (*part.* é, ée), *v. a.* Juger par conjecture; rendre un jugement interlocutoire.

se **PRÉLASSER**, *v. pr.* Prendre un air hautain, dédaigneux.

**PRÉLAT**, *s. m.* Grand dignitaire ecclésiastique.

**PRÉLATURE**, *s. f.* Dignité de prélat.

**PRÊLE**, *s. f.* Sorte de fougère servant à polir.

**PRÉLEGS**, *s. m.* Legs à prélever sur la masse avant le partage.

**PRÉLÉGUER** (*part.* é, ée), *v. a.* Faire un prélegs.

**PRÉLÈVEMENT**, *s. m.* Action de prélever.

**PRÉLEVER** (*part.* é, ée), *v. a.* Lever préalablement une certaine portion sur un total, avant tout partage.

**PRÉLIMINAIRE**, *adj.* 2 *g.* et *s. m.* Qui précède, ou doit précéder l'examen d'une question; qui précède la matière principale.

**PRÉLIMINAIREMENT**, *adv.* Avant d'entrer en matière.

**PRÉLUDE**, *s. m.* Ce qu'on joue sur un instrument, pour se mettre dans le ton, pour voir s'il est d'accord; *fig.* Ce qui précède, ce qui prépare à.

**PRÉLUDER**, *v. n.* Faire des préludes; *fig.* Se préparer à.

**PRÉMATURÉ**, ÉE, *adj.* Mûr avant le temps; *fig.* Précoce, hâtif.

**PRÉMATURÉMENT**, *adv.* Avant le temps opportun.

**PRÉMATURITÉ**, *s. f.* Précocité.

**PRÉMÉDITATION**, *s. f.* Action de préméditer.

**PRÉMÉDITER** (*part.* é, ée), *v. a.* Méditer sur une chose avant de l'exécuter.

**PRÉMICES**, *s. f. pl.* Premiers fruits de la terre ou du bétail; *fig.* Commencement.

**PREMIER**, **IÈRE**, *adj.* Qui précède par rapport au temps, au lieu, à la situation, à l'ordre, etc.; nombre ordinal.

**PREMIER-NÉ** (*au pl. premiers-nés*), *s. m.* Celui qui est le premier, l'aîné.

**PREMIÈREMENT**, *adv.* En premier lieu.

**PRÉMISSES**, *s. f. pl.* Les deux premières propositions d'un syllogisme.

**PRÉMONTRÉS**, *s. m. pl.* Nom d'une corporation de chanoines réguliers dont le siége était à Prémontré.

**PRÉMUNIR** (*part.* i, ie), *v. a.* Munir d'avance; *se* —, *v. pr.* Se précautionner.

**PRENABLE**, *adj.* 2 *g.* Qui peut être pris.

**PRENANT**, **E**, *adj.* Qui prend; *partie prenante*, qui reçoit une somme.

**PRENDRE** (*Ind. pr.* je prends, tu prends, il prend, nous prenons, vous prenez, ils prennent; *imp.* je prenais, etc., nous prenions, etc.; *p. déf.* je pris, etc., nous prîmes, etc.; *fut.* je prendrai, etc., nous prendrons, etc.; *cond.* je prendrais, etc., nous prendrions, etc.; *impér.* prends, prenons, prenez; *subj. pr.* que je prenne, etc., que nous prenions, etc.; *imp. subj.* que je prisse, etc., que nous prissions, etc.; *p. pr.* prenant; *p. p.* pris, e. Il faut doubler la lettre *n* toutes les fois que cette lettre doit être suivie d'un *e* muet), *v. a.* Saisir, dérober, enlever, s'emparer de; recevoir, accepter, exiger; avaler, humer; gagner (une maladie); *à tout* —, *loc. adv.* En compensant le bien et le mal; —, *v. n.* S'enraciner; faire effet, impression; se geler (en parlant de l'eau); se cailler (en parlant du lait); *se* —, *v. pr.* Se coaguler; s'attacher à; commencer à.

**PRENEUR**, **EUSE**, *s.* Celui ou Celle qui prend.

**PRÉNOM**, *s. m.* Nom qui précède le nom de famille.

**PRÉNOTION**, *s. f.* Connaissance superficielle d'une chose non examinée.

**PRÉOCCUPATION**, *s. f.* Prévention, préjugé, état d'un esprit trop occupé d'un objet pour faire attention à aucun autre.

**PRÉOCCUPER** (*part.* é, ée), *v. a.* Absorber l'esprit; prévenir défavorablement l'esprit de quelqu'un; *se* —, *v. pr.* Concevoir des préventions.

**PRÉOPINANT**, *s. m.* Celui qui opine avant un autre.

**PRÉOPINER**, *v. n.* Opiner avant un autre.

**PRÉPARATIF**, *s. m.* Apprêt.

**PRÉPARATION**, *s. f.* Action de préparer ou de se préparer; apprêt; disposition; composition d'un remède.

**PRÉPARATOIRE**, *adj.* 2 *g.* Qui prépare.

**PRÉPARER** (*part.* é, ée), *v. a.* Apprêter, disposer; mélanger; *se* —, *v. pr.* Se disposer.

**PRÉPONDÉRANCE**, *s. f.* Supériorité d'autorité.

**PRÉPONDÉRANT**, **E**, *adj.* Qui a de la prépondérance.

**PRÉPOSÉ**, *s. m.* Commis.

**PRÉPOSER** (*part.* é, ée), *v. a.* Établir avec pouvoir de faire une chose, d'en prendre soin.

**PRÉPOSITIF**, **IVE**, *adj.* Qui a rapport à la préposition.

**PRÉPOSITION**, *s. f.* Particule invariable qui indique le rapport des mots entre eux.

**PRÉROGATIVE**, *s. f.* Privilége inhérent à certaines dignités.

**PRÈS**, *prép.* Auprès, proche; en comparaison de, sur le point de; *à peu* —, *loc. adv.* A peu de chose près; *à cela* —, *loc. adv.* Excepté cela, sans tenir compte de cela.

**PRÉSAGE**, *s. m.* Signe par lequel on juge de l'avenir; augure, conjecture.

**PRÉSAGER** (*part.* é, ée), *v. a.* Indiquer, annoncer ce qui doit arriver; conjecturer.

**PRESBYTE**, *s.* et *adj.* 2. *g.* Qui voit mieux de loin que de près. (Il s'oppose à *Myope*.)

**PRESBYTÉRAL**, E, *adj.* Qui appartient au presbytère.

**PRESBYTÈRE**, *s. m.* Maison du curé.

**PRESBYTÉRIANISME**, *s. m.* Secte des presbytériens.

**PRESBYTÉRIEN, ENNE**, *adj.* et *s.*, se dit en parlant des protestants d'Angleterre qui ne reconnaissent pas l'autorité épiscopale.

**PRESCIENCE**, *s. f.* Connaissance que Dieu a de l'avenir.

**PRESCRIPTIBLE**, *adj. 2 g.* Qui peut être frappé de prescription; *t. de droit*.

**PRESCRIPTION**, *s. f.* Manière d'acquérir la propriété d'une chose, ou d'exclure une demande en justice, par une possession non interrompue pendant un temps fixé par la loi; ordre.

**PRESCRIRE** (*part.* it, e), *v. a.* Ordonner; imposer une obligation; —, *v. n.* Acquérir la prescription; *se* —, *v. pr.* Se perdre par prescription.

**PRÉSÉANCE**, *s. f.* Droit de précéder, de prendre place au-dessus.

**PRÉSENCE**, *s. f.* Existence d'une personne dans un lieu marqué; assistance; aspect; — *d'esprit*, promptitude à dire ou à faire ce qu'il y a de mieux; *en* —, *loc. adv.* En face.

**PRÉSENT**, E, *adj.* Qui est dans le lieu dont on parle, qui n'est pas absent; —, *s. m.* Le temps actuel; le premier temps de chaque mode d'un verbe; *à* —, *loc. adv.* Maintenant.

**PRÉSENT**, *s. m.* Don.

**PRÉSENTABLE**, *adj. 2 g.* Qui peut se présenter ou être présenté.

**PRÉSENTATEUR, TRICE**, *s.* Celui ou Celle qui a droit de présenter à un bénéfice.

**PRÉSENTATION**, *s. f.* Action de présenter; — *de la Vierge*, fête en mémoire de ce que la sainte Vierge fut présentée au temple.

**PRÉSENTEMENT**, *adv.* Maintenant.

**PRÉSENTER** (*part.* é, ée), *v. a.* Offrir; introduire en la présence de; faire voir, désigner; *se* —, *v. pr.* Paraître devant quelqu'un; *fig.* Survenir.

**PRÉSERVATEUR, TRICE**, *adj.* Qui préserve.

**PRÉSERVATIF**, IVE, *adj.* Qui a la vertu de préserver; —, *s. m.* Remède qui préserve.

**PRÉSERVER** (*part.* é, ée), *v. a.* Garantir, détourner de.

**PRÉSIDENCE**, *s. f.* Droit de présider; fonction de président; durée de cette fonction.

**PRÉSIDENT**, *s. m.* Celui qui préside une assemblée.

**PRÉSIDENTE**, *s. f.* Femme d'un président; femme qui préside une assemblée.

**PRÉSIDER** (*part.* é, ée), *v. a.* et *v. n.* Occuper la première place dans une assemblée, avec droit de recueillir les voix et de prononcer la décision.

**PRÉSIDES**, *s. f. pl.* Lieu où les condamnés espagnols subissent la peine des travaux forcés.

**PRÉSIDIAL**, *s. m.* Ancienne cour de justice; local, ressort de cette cour; —, E, *adj.* Qui concerne un présidial.

**PRÉSOMPTIF**, IVE, *adj.* *Héritier* —, qui est présumé devoir hériter.

**PRÉSOMPTION**, *s. f.* Conjecture; vanité.

**PRÉSOMPTUEUSEMENT**, *adv.* Avec vanité.

**PRÉSOMPTUEUX**, EUSE, *adj.* Qui a ou Qui annonce de la présomption.

**PRESQUE**, *adv.* A peu près.

**PRESQU'ÎLE**, *s. f.* Péninsule, partie de terre presque entièrement environnée d'eau.

**PRESSANT**, E, *adj.* Qui presse, qui insiste; urgent.

**PRESSE**, *s. f.* Foule, multitude de personnes qui se poussent; machine pour presser, pour imprimer; enrôlement forcé de matelots (en Angleterre).

**PRESSÉ**, ÉE, *adj.* Qui a hâte; urgent.

**PRESSENTIMENT**, *s. m.* Sentiment secret de ce qui doit arriver.

**PRESSENTIR** (*part.* i, ie; se conj. sur *Sentir*), *v. a.* Avoir un pressentiment; sonder les dispositions de quelqu'un.

**PRESSER** (*part.* é, ée), *v. a.* Serrer, comprimer, mettre en presse;

poursuivre; pousser, hâter; *fig.* Solliciter avec instance; —, *v. n.* Ne pas souffrir de délai; *se* —, *v. pr.* Se hâter.

**PRESSIER**, *s. m.* Ouvrier d'imprimerie qui travaille à la presse.

**PRESSION**, *s. f.* Action de presser; effets de cette action.

**PRESSIS**, *s. m.* Jus de viande ou suc d'herbes pressées.

**PRESSOIR**, *s. m.* Machine qui sert à exprimer le jus du raisin, des fruits.

**PRESSURAGE**, *s. m.* Action de pressurer au pressoir; produit du marc pressuré.

**PRESSURER** (*part.* é, ée), *v. a.* Tirer, par le moyen de la pression ou du pressoir, la liqueur du raisin, etc.; *fam.* Épuiser.

**PRESSUREUR**, *s. m.* Celui qui conduit le pressoir.

**PRESTANCE**, *s. f.* Bonne mine accompagnée de dignité.

**PRESTATION**, *s. f.* Redevance en nature; — *de serment*, action de prêter serment.

**PRESTE**, *adj.* 2 *g.* Prompt, adroit, agile; —, *interj.* Vite, promptement.

**PRESTEMENT**, *adv.* Agilement, vivement.

**PRESTESSE**, *s. f.* Agilité; subtilité.

**PRESTIGE**, *s. m.* Fascination, illusions.

**PRESTIGIEUX**, **EUSE**, *adj.* Qui produit des prestiges.

**PRESTO**, **PRESTISSIMO**, *adv.* (pris de l'italien). Vite, très-vite; *t. de mus.*

**PRESTOLET**, *s. m.* Jeune ecclésiastique sans mérite et sans considération.

**PRÉSUMABLE**, *adj.* 2 *g.* Probable.

**PRÉSUMER** (*part.* é, ée), *v. a.* et *v. n.* Conjecturer juger par induction; avoir une bonne opinion de.

**PRÉSUPPOSER** (*part.* é, ée), *v. a.* Supposer préalablement.

**PRÉSUPPOSITION**, *s. f.* Supposition préalable.

**PRÉSURE**, *s. f.* Liqueur acide qu'on tire du ventricule des veaux, des agneaux, etc., et qui sert à faire cailler le lait.

**PRÊT**, *s. m.* Action de prêter; chose prêtée; paye du soldat.

**PRÊT**, **E**, *adj.* Qui est en état de; disposé, préparé à.

**PRETANTAINE**, *s. f.* *Courir la* —, courir çà et là sans sujet.

**PRÉTENDANT**, **E**, *s.* Celui ou Celle qui prétend à.

**PRÉTENDRE** (*part.* prétendu, ue; se conj. sur *Tendre*), *v. a.* Demander, réclamer; —, *v. n.* Avoir des prétentions à, aspirer à; soutenir que.

**PRÉTENDU**, **UE**, *part.* et *adj.* Faux, supposé; —, *s.* Celui, celle qui doivent s'épouser.

**PRÊTE-NOM**, *s. m.* (inv.) Celui qui prête son nom à quelqu'un pour quelque affaire, qui prend sous son nom l'ouvrage d'un autre.

**PRÉTENTIEUX**, **EUSE**, *adj.* Qui a ou Qui dénote des prétentions.

**PRÉTENTION**, *s. f.* Droit qu'on a ou qu'on croit avoir de prétendre à quelque chose; espérances, projets; désir de briller.

**PRÊTER** (*part.* é, ée), *v. a.* Donner à condition qu'on rendra; procurer, fournir; attribuer; — *le flanc*, donner prise sur soi; —, *v. n.* S'allonger; fournir matière à; donner prise; *se* —, *v. pr.* Favoriser, tolérer.

**PRÉTÉRIT**, *s. m.* Temps du verbe qui indique le passé.

**PRÉTÉRITION** ou **PRÉTERMISSION**, *s. f.* Figure de rhétorique par laquelle on feint d'omettre une chose dont on parle.

**PRÉTEUR**, *s. m.* Ancien magistrat romain; magistrat de quelques villes d'Allemagne.

**PRÊTEUR**, **EUSE**, *s.* et *adj.* Celui ou Celle qui prête.

**PRÉTEXTE**, *s. m.* Motif apparent; raison supposée; —, *s.* et *adj. f.* Robe bordée de pourpre que portaient les consuls romains et les enfants nobles.

**PRÉTEXTER** (*part.* é, ée), *v. a.* Prendre pour prétexte.

**PRETINTAILLE** (ll m.), *s. f.* Ornement en découpure sur les robes de femmes; accessoires peu importants.

**PRETINTAILLER** (*part.* é, ée), *v. a.* Mettre des pretintailles.

**PRÉTOIRE**, *s. m.* Lieu où le préteur et autres magistrats rendaient la justice.

**PRÉTORIEN, ENNE**, *adj.* Qui appartient au préteur, qui dépend de lui; *prétoriens, s. m. pl.* La garde prétorienne.

**PRÊTRE**, *s. m.* Ministre de la religion.

**PRÊTRESSE**, *s. f.* Femme attachée au service d'une divinité (chez les païens).

**PRÊTRISE**, *s. f.* Ordre sacré par lequel un homme est fait prêtre; sacerdoce.

**PRÉTURE**, *s. f.* Charge, dignité de préteur; durée de cette dignité.

**PREUVE**, *s. f.* Ce qui constate la vérité d'un fait; marque, témoignage; vérification.

**PREUX**, *adj.* et *s. m.* Brave, vaillant.

**PRÉVALOIR** (se conj. sur *Valoir*, excepté au *subj. pr.* que je prévale, etc., que nous prévalions, etc.), *v. n.* Avoir, remporter l'avantage sur; *se —*, tirer avantage de.

**PRÉVARICATEUR** *s. m.* Celui qui prévarique.

**PRÉVARICATION**, *s. f.* Action de prévariquer.

**PRÉVARIQUER**, *v. n.* Agir contre le devoir de sa charge; malverser.

**PRÉVENANCE**, *s. f.* Manière obligeante de prévenir.

**PRÉVENANT, E**, *adj.* Qui prévient, agréable, obligeant.

**PRÉVENIR** (*part. p.* u, ue; se conj. sur *Venir*), *v. a.* Devancer; faire le premier ce que voulait faire un autre; rendre de bons offices de soi-même et sans en être prié; anticiper; détourner; préparer l'esprit; instruire; informer; *se —*, *v. pr.* Se préoccuper; *se —*, *v. réc.* S'avertir mutuellement.

**PRÉVENTIF, IVE**, *adj.* Qui a pour but de prévenir.

**PRÉVENTION**, *s. f.* Opinion antérieure à tout examen; état d'un esprit prévenu pour ou contre; action de devancer l'exercice du droit d'un autre; état d'un prévenu.

**PRÉVENU**, *s. m.* Accusé.

**PRÉVISION**, *s. f.* Vue des choses futures; chose prévue.

**PRÉVOIR** (se conj. sur *Voir*, excepté au *fut.* et au *cond.* je prévoirai, je prévoirais, etc.), *v. a.* Juger par avance qu'une chose doit arriver.

**PRÉVÔT**, *s. m.* Titre de divers officiers chargés de diriger, de surveiller; *— de salle*, celui qui, en l'absence d'un maître d'armes, donne leçon aux écoliers.

**PRÉVÔTAL, E**, *adj.* Qui concerne le prévôt; *cour —*, qui jugeait au criminel et sans appel.

**PRÉVÔTALEMENT**, *adv.* En cour prévôtale.

**PRÉVÔTÉ**, *s. f.* Dignité, fonction, juridiction du prévôt; lieu où il réside.

**PRÉVOYANCE**, *s. f.* Action, faculté, habitude de prévoir, de se précautionner.

**PRÉVOYANT, E**, *adj.* Qui prévoit.

**PRIE-DIEU**, *s. m.* (inv.) Sorte de pupitre devant lequel on s'agenouille pour prier Dieu.

**PRIER** (*Ind. pr.* je prie, etc., nous prions, etc.; *imp.* je priais, nous priions, vous priiez, etc.; *p. déf.* je priai, etc., nous priâmes, etc.; *fut.* je prierai, etc., nous prierons, etc.; *cond.* je prierais, etc., nous prierions, etc.; *impér.* prie, prions, priez; *subj. p.* que je prie, etc., que nous priions, que vous priiez, etc.; *imp. subj.* que je priasse, etc., que nous priassions, etc.; *p. pr.* priant; *p. p.* prié, ée), *v. a.* Requérir, demander; intercéder; inviter, convier; adresser une prière à.

**PRIÈRE**, *s. f.* Action de demander comme une grâce; acte par lequel on prie.

**PRIEUR**, *s. m.* Supérieur d'un monastère.

**PRIEURE**, *s. f.* Supérieure d'un couvent de femmes.

**PRIEURÉ**, *s. m.* Monastère; maison du prieur.

**PRIMAIRE**, *adj.* 2 *g.* Qui est au premier degré; qui a rapport aux premiers degrés d'instruction.

**PRIMAT**, *s. m.* Prélat au-dessus des archevêques.

**PRIMATIAL, E**, *adj.* Qui appartient au primat.

**PRIMATIE**, *s. f.* Dignité du primat; sa juridiction.

**PRIMAUTÉ**, *s. f.* Prééminence, premier rang ; avantage d'être le premier à jouer.

**PRIME**, *s. f.* La première des heures canoniales ; jeu où l'on ne donne que quatre cartes ; prix d'une assurance pour des marchandises ; somme accordée pour l'encouragement de certain commerce ; laine d'Espagne de première qualité ; (*t. d'escrime*) la première des gardes ; pierre demi-transparente qui sert de base aux cristaux.

**PRIME ABORD (DE)**, *loc. adv.* Tout d'abord.

**PRIMER** (*part.* é, ée), *v. a.* Surpasser, devancer ; —, *v. n.* Tenir la première place ; *fig.* Avoir l'avantage sur.

**PRIME SAUT (DE)**, *loc. adv.* Tout d'un coup.

**PRIME-SAUTIER, IÈRE** (*au pl. prime-sautiers*, etc.), *adj.* Qui cède à l'influence d'une première idée.

**PRIMEUR**, *s. f.* Première saison des fruits, des légumes.

**PRIMEVÈRE**, *s. f.* Plante qui fleurit dès le commencement du printemps.

**PRIMITIF, IVE**, *adj.* Le premier, le plus ancien ; *mot* —, dont on forme les dérivés ou les composés.

**PRIMITIVEMENT**, *adv.* Originairement.

**PRIMO**, *adv.* (tiré du latin). Premièrement.

**PRIMOGÉNITURE**, *s. f.* Aînesse.

**PRIMORDIAL, E**, *adj.* Primitif.

**PRIMORDIALEMENT**, *adv.* Primitivement.

**PRINCE**, *s. m.* Souverain qui possède une principauté ; membre d'une maison souveraine ; le plus excellent, le premier.

**PRINCESSE**, *s. f.* Fille ou Femme d'un prince, souveraine de quelque État.

**PRINCIER, IÈRE**, *adj.* De prince.

**PRINCIPAL, E**, *adj.* L'essentiel, le premier, le plus considérable.

**PRINCIPAL**, *s. m.* Ce qu'il y a de plus important, de plus considérable ; somme d'argent qui produit un intérêt ; directeur d'un collége communal ; le fond d'une affaire, *t. de droit.*

**PRINCIPALAT**, *s. m.* Fonction de principal d'un collége ; durée de cette fonction.

**PRINCIPALEMENT**, *adv.* Surtout.

**PRINCIPALITÉ**, *s. f.* Principalat.

**PRINCIPAUTÉ**, *s. f.* Dignité de prince ; domaine qui donne le titre de prince ; territoire gouverné par un prince ; *au pl.* Un des neuf chœurs des anges.

**PRINCIPE**, *s. m.* Première cause, origine, source, commencement ; proposition non contestée ; maxime ; motif ; règle de la morale ; *au pl.* Premières règles d'une science, éléments d'un art.

**PRINTANIER, IÈRE**, *adj.* Qui est du printemps.

**PRINTEMPS**, *s. m.* Première saison de l'année qui commence le 21 mars ; *fig.* La jeunesse.

**PRIORI (A)**, *loc. adv.* (tirée du latin). *Argument à* —, tiré d'un principe antérieur et évident.

**PRIORITÉ**, *s. f.* Antériorité.

**PRISE**, *s. f.* Action de prendre ; chose prise, capture ; moyen, facilité de prendre ; dispute, querelle ; dose qu'on prend en une fois ; *être aux prises*, lutter ensemble ; *prise de corps*, arrestation en vertu d'un ordre judiciaire.

**PRISÉE**, *s. f.* Évaluation de ce qu'on doit vendre à l'enchère.

**PRISER** (*part.* é, ée), *v. a.* Faire l'estimation ; faire cas de ; —, *v. a.* et *v. n.* Prendre du tabac par le nez.

**PRISEUR**, *s. m.* Celui qui fait les prisées ; —, *euse*, *s.* Celui ou Celle qui prend du tabac par le nez.

**PRISMATIQUE**, *adj.* 2 *g.* Fait en prisme ; qu'on voit à travers un prisme.

**PRISME**, *s. m.* Polyèdre composé de deux bases égales et parallèles unies par des parallélogrammes ; prisme triangulaire de verre ou de cristal qui colore les objets.

**PRISON**, *s. f.* Lieu de détention.

**PRISONNIER, IÈRE**, *s.* Celui ou Celle qui est détenu en prison ou qui est arrêté pour y être mis.

**PRIVAS**, chef-lieu du dép. de l'Ardèche.

**PRIVATIF, IVE**, *adj.* Qui marque privation.

**PRIVATION**, *s. f.* Perte d'un bien qu'on avait, qu'on devait avoir; renonciation volontaire à ce dont on pourrait jouir.

**PRIVATIVEMENT**, *adv.* A l'exclusion de.

**PRIVAUTÉ**, *s. f.* Extrême familiarité.

**PRIVÉ, ÉE**, *adj.* Simple particulier; dépossédé, dénué; —, *s. m.* Latrines.

**PRIVÉMENT**, *adv.* Familièrement.

**PRIVER** (*part.* é, ée), *v. a.* Ôter à quelqu'un ce qu'il possède; apprivoiser; *se* —, *v. pr.* S'abstenir; s'apprivoiser.

**PRIVILÉGE**, *s. m.* Avantage exclusif accordé à quelqu'un; acte qui contient cette concession; droit, prérogative.

**PRIVILÉGIÉ, ÉE**, *adj.* et *s.* Qui jouit d'un privilége.

**PRIX**, *s. m.* Valeur; ce qu'on vend une chose; *fig.* Mérite, récompense proposée; *au prix de*, *loc. prép.* En comparaison de; *hors de prix*, *loc. adv.* Excessivement cher.

**PROBABILISME**, *s. m.* Doctrine des probabilités.

**PROBABILITÉ**, *s. f.* Vraisemblance, apparence de vérité.

**PROBABLE**, *adj.* 2 *g.* Vraisemblable, qui paraît fondé en raison.

**PROBABLEMENT**, *adv.* Vraisemblablement.

**PROBANTE**, *adj. f.* Authentique, convaincante.

**PROBATION**, *s. f.* Temps de noviciat; épreuve.

**PROBE**, *adj.* 2 *g.* Qui a de la probité.

**PROBITÉ**, *s. f.* Droiture de cœur.

**PROBLÉMATIQUE**, *adj.* 2 *g.* Douteux, équivoque.

**PROBLÉMATIQUEMENT**, *adj.* D'une manière problématique.

**PROBLÈME**, *s. m.* Question à résoudre; proposition problématique; chose difficile à concevoir.

**PROCÉDÉ**, *s. m.* Manière d'agir, de faire quelques opérations.

**PROCÉDER**, *v. n.* Tirer son origine; provenir; se comporter.

**PROCÉDURE**, *s. f.* Forme judiciaire; actes faits pour l'instruction d'un procès.

**PROCÈS**, *s. m.* Instance judiciaire sur un différend entre deux ou plusieurs parties.

**PROCESSIF, IVE**, *adj.* Qui aime les procès.

**PROCESSION**, *s. f.* Cérémonie religieuse où l'on marche en ordre, en chantant les louanges de Dieu; foule qui se succède dans un chemin.

**PROCESSIONNAL**, *s. m.* Livre d'église contenant les prières que l'on chante aux processions.

**PROCESSIONNELLEMENT**, *adv.* En procession.

**PROCÈS-VERBAL** (*au pl. procès-verbaux*), *s. m.* Relation écrite.

**PROCHAIN, E**, *adj.* Qui est proche; —, *s. m.* Chaque homme en particulier, et tous les hommes en général.

**PROCHAINEMENT**, *adv.* Bientôt.

**PROCHE**, *adj.* 2 *g.* Voisin, qui est près de; —, *s. m.* Parent; —, *prép.* et *adv.* Près, auprès; *de proche en proche*, *loc. adv.* Peu à peu; par degrés.

**PROCHRONISME**, *s. m.* Erreur de chronologie qui consiste à avancer la date d'un fait.

**PROCLAMATION**, *s. f.* Action de proclamer.

**PROCLAMER** (*part.* é, ée), *v. a.* Publier à haute voix et avec solennité.

**PROCONSUL**, *s. m.* Magistrat romain qui gouvernait certaines provinces avec une autorité de consul.

**PROCONSULAIRE**, *adj.* 2 *g.* Qui appartient au proconsul.

**PROCONSULAT**, *s. m.* Dignité de proconsul; durée de cette dignité.

**PROCRÉATION**, *s. f.* Génération.

**PROCRÉER** (*part.* é, ée), *v. a.* Engendrer.

**PROCURATEUR**, *s. m.* Titre de certains dignitaires à Venise et à Gênes.

**PROCURATION**, *s. f.* Pouvoir donné à un autre d'agir en notre nom.

**PROCURATRICE**, *s. f.* Celle qui a pouvoir d'agir pour une autre personne.

**PROCURER** (*part.* é, ée), *v. a.* Faire obtenir ; causer.

**PROCUREUR**, *s. m.* Celui qui a droit d'agir pour un autre; officier public qui agit en justice au nom d'un autre ; — *général*, magistrat chargé du ministère public près d'une cour supérieure ; — *impérial*, magistrat chargé des mêmes fonctions près d'un tribunal inférieur.

**PRODIGALITÉ**, *s. f.* Profusion, dépense folle, caractère prodigue.

**PRODIGE**, *s. m.* Effet contraire au cours de la nature; personne ou chose extraordinaire, surprenante.

**PRODIGIEUSEMENT**, *adv.* D'une manière prodigieuse.

**PRODIGIEUX, EUSE**, *adj.* Qui tient du prodige, excessif, qui passe l'imagination.

**PRODIGUE**, *adj.* et *s.* 2 *g.* Qui dissipe son bien en folles dépenses; *fig.* Qui ne ménage pas assez.

**PRODIGUER** (*part.* é, ée), *v. a.* Donner avec profusion; *fig.* Exposer sans ménagement.

**PRODROME**, *s. m.* Avant-propos ; malaise qui précède une maladie.

**PRODUCTEUR, TRICE**, *adj.* Qui produit ;—, *s. m.* Celui qui produit (par opposition à celui qui consomme).

**PRODUCTIF, IVE**, *adj.* Qui rapporte beaucoup.

**PRODUCTION**, *s. f.* Action de produire; ce qui est produit; titres qu'on produit dans un procès.

**PRODUIRE** (*part.* uit, e), *v. a.* Engendrer; donner naissance, rapporter; procurer, causer; exposer; faire connaître.

**PRODUIT**, *s. m.* Rapport, revenu; résultat d'une multiplication, d'une opération chimique.

**PROÉMINENCE**, *s. f.* État de ce qui est proéminent.

**PROÉMINENT, E**, *adj.* Qui fait saillie sur ce qui l'entoure.

**PROFANATEUR**, *s. m.* Celui qui profane les choses saintes.

**PROFANATION**, *s. f.* Action de profaner les choses saintes.

**PROFANE**, *adj.* et *s.* 2 *g.* Qui est contraire au respect dû aux choses saintes; qui n'est pas sacré; ignorant, grossier.

**PROFANER** (*part.* é, ée), *v. a.* Traiter avec irrévérence les choses saintes; *fig.* Faire mauvais usage d'une chose précieuse.

**PROFÉRER** (*part.* é, ée), *v. a.* Prononcer, dire.

**PROFÈS, ESSE**, *s.* et *adj.* Celui ou Celle qui a fait des vœux dans un ordre religieux.

**PROFESSER**, (*part.* é, ée), *v. a.* Avouer, reconnaître publiquement; exercer, pratiquer, enseigner.

**PROFESSEUR**, *s. m.* Maître qui enseigne.

**PROFESSION**, *s. f.* Déclaration, aveu; condition, état, métier; acte solennel par lequel on fait des vœux de religion.

**PROFESSO (EX)**, locution empruntée du latin. En homme expert.

**PROFESSORAL, E**, *adj.* Qui appartient au professeur.

**PROFESSORAT**, *s. m.* Emploi, qualité de professeur.

**PROFIL**, *s. m.* Délinéation du visage vu de côté (opposé à *face*); représentation d'un objet vu d'un de ses côtés (opposé à *plan*).

**PROFILER** (*part.* é, ée), *v. a.* Représenter un profil.

**PROFIT**, *s. m.* Gain, avantage; progrès; utilité, fruit.

**PROFITABLE**, *adj.* 2 *g.* Utile, avantageux.

**PROFITER**, *v. n.* Tirer un profit, un avantage; être utile, servir; faire des progrès; croître, se fortifier.

**PROFOND, E**, *adj.* Dont le fond est éloigné de la superficie; *fig.* Dont la connaissance est difficile; grand, extrême.

**PROFONDÉMENT**, *adv.* D'une manière profonde.

**PROFONDEUR**, *s. f.* Étendue d'une chose depuis la superficie jusqu'au fond; étendue en longueur; *fig.* Qualité de ce qui est difficile à comprendre; pénétration d'esprit.

**PROFUSÉMENT**, *adv.* Avec profusion.

**PROFUSION**, *s. f.* Excès de dépense.

**PROGÉNITURE**, *s. f.* Enfants; petits des animaux.

**PROGRAMME**, *s. m.* Plan, projet distribué au public.

**PROGRÈS**, *s. m.* Avancement, mouvement en avant; avantage, accroissement.

**PROGRESSIF**, **IVE**, *adj.* Qui avance; qui fait des progrès.

**PROGRESSION**, *s. f.* Mouvement en avant; suite de rapports égaux dont chaque terme est à la fois conséquent de celui qui précède et antécédent de celui qui suit; *t. de mathém.*

**PROGRESSIVEMENT**, *adv.* D'une manière progressive.

**PROHIBER** (*part.* é, ée), *v. a.* Défendre, interdire.

**PROHIBITIF, IVE**, *adj.* Qui défend.

**PROHIBITION**, *s. f.* Défense.

**PROIE**, *s. f.* Ce que l'animal carnassier enlève pour se nourrir; *fig.* Butin.

**PROJECTILE**, *s. m.* Corps lancé par une force quelconque, jeté en l'air et abandonné à l'action de la pesanteur; —, *adj.* 2 *g. Mouvement* —, de projection.

**PROJECTION**, *s. f.* Action de lancer; mouvement d'un projectile; — *de la sphère*, sa représentation sur une surface.

**PROJET**, *s. m.* Dessein, plan.

**PROJETER** (*part.* é, ée), *v. a.* Tracer une sphère sur une surface quelconque suivant certaines règles; —, *v. a.* et *v. n.* Former un projet; *se* —, *v. pr.* Faire saillie en avant.

**PROLÉGOMÈNES**, *s. m. pl.* Longue préface, introduction.

**PROLEPSE**, *s. f.* Figure de rhétorique qui consiste à prévenir les objections de son adversaire.

**PROLÉTAIRE**, *s. m.* Citoyen de la dernière classe à Rome; citoyen qui n'a aucune propriété.

**PROLIFÈRE**, *adj. f.*, se dit d'une fleur du disque de laquelle naissent d'autres fleurs.

**PROLIFIQUE**, *adj.* 2 *g.* Qui a la force, la vertu d'engendrer.

**PROLIXE**, *adj.* 2 *g.* Diffus.

**PROLIXEMENT**, *adv.* D'une manière prolixe.

**PROLIXITÉ**, *s. f.* Trop grande étendue dans le discours.

**PROLOGUE**, *s. m.* Avant-propos; introduction à une pièce dramatique.

**PROLONGATION**, *s. f.* Temps que l'on ajoute à la durée fixe d'une chose; action de prolonger.

**PROLONGE**, *s. f.* Cordage servant à la manœuvre des pièces d'artillerie.

**PROLONGEMENT**, *s. m.* Extension donnée à une étendue.

**PROLONGER** (*part.* é, ée), *v. a.* Faire durer plus longtemps; continuer; *se* —, *v. pr.* S'étendre.

**PROMENADE**, *s. f.* Action de se promener; lieu où l'on se promène.

**PROMENER** (*part.* é, ée), *v. a.* Mener, conduire çà et là; *se* —, *v. pr.* Aller à pied, à cheval, en voiture, etc., pour faire de l'exercice ou se distraire, etc.

**PROMENEUR**, **EUSE**, *s.* Celui ou Celle qui se promène, qui aime à se promener.

**PROMENOIR**, *s. m.* Lieu disposé pour la promenade.

**PROMESSE**, *s. f.* Action de promettre; assurance, engagement écrit ou verbal.

**PROMETTEUR**, **EUSE**, *s.* Celui ou Celle qui promet légèrement.

**PROMETTRE** (se conj. sur *Mettre*), *v. a.* Faire une promesse; faire concevoir de soi de grandes espérances, annoncer; *se* —, Espérer.

**PROMISSION**, *s. f.* *Terre de* —, terre promise.

**PROMONTOIRE**, *s. m.* Cap.

**PROMOTEUR**, *s. m.* Celui qui prend le soin particulier d'une affaire; procureur d'office dans une juridiction ecclésiastique; celui qui excite.

**PROMOTION**, *s. f.* Action par laquelle on élève ou l'on est élevé à une dignité.

**PROMOUVOIR** (se conj. sur *Mouvoir*), *v. a.* Élever à une dignité.

**PROMPT**, **E**, *adj.* Soudain, rapide; actif, diligent, vif.

**PROMPTEMENT**, *adv.* Avec promptitude.

**PROMPTITUDE**, *s. f.* Diligence, vivacité.

**PROMULGATION**, *s. f.* Publication solennelle des lois.

**PROMULGUER** (*part.* é, ée), *v. a*

Publier (une loi) avec les formalités requises.

**PRÔNE**, *s. m.* Instruction faite à l'église; remontrance.

**PRÔNER** (*part.* é, ée), *v. a.* Faire le prône; vanter, louer avec excès; —, *v. n.* Faire des remontrances.

**PRÔNEUR, EUSE**, *s.* Louangeur; celui ou celle qui aime à faire des remontrances.

**PRONOM**, *s. m.* Partie du discours qui tient lieu du nom.

**PRONOMINAL, E**, *adj.* Qui appartient au pronom; *verbes pronominaux*, qui se conjuguent avec deux pronoms de la même personne.

**PRONOMINALEMENT**, *adv.* Comme verbe pronominal.

**PRONONCÉ**, *s. m.* Ce que le juge a prononcé.

**PRONONCER** (*part.* é, ée), *v. a.* Articuler, réciter; *fig.* Déclarer, décider, ordonner; marquer fortement (les parties saillantes d'un corps); *se* —, *v. pr.* Faire connaître son intention, manifester sa volonté.

**PRONONCIATION**, *s. f.* Articulation, manière de prononcer, de réciter; action de prononcer.

**PRONOSTIC**, *s. m.* Jugement tiré de l'inspection des signes célestes; conjecture; signes d'après lesquels on conjecture.

**PRONOSTIQUER** (*part.* é, ée), *v. a.* Faire un pronostic.

**PRONOSTIQUEUR**, *s. m.* Celui qui pronostique.

**PROPAGANDE**, *s. f.* Association qui s'applique à propager certaines doctrines.

**PROPAGATEUR**, *s. m.* Celui qui propage.

**PROPAGATION**, *s. f.* Diffusion, multiplication; progrès, accroissement.

**PROPAGER** (*part.* é, ée), *v. a.* Augmenter, répandre; *se* —, *v. pr.* Se multiplier, se répandre.

**PROPENSION**, *s. f.* Pente naturelle d'un corps vers un point; *fig.* Inclination, penchant.

**PROPHÈTE, ESSE**, *s.* Celui ou Celle qui prédit l'avenir par inspiration divine.

**PROPHÉTIE**, *s. f.* Prédiction par inspiration divine.

**PROPHÉTIQUE**, *adj.* 2 *g.* Qui tient du prophète.

**PROPHÉTIQUEMENT**, *adv.* En prophète.

**PROPHÉTISER** (*part.* é, ée), *v. a.* Prédire l'avenir par inspiration divine.

**PROPICE**, *adj.* 2 *g.* Favorable.

**PROPITIATION**, *s. f.* Sacrifice pour l'expiation des péchés.

**PROPITIATOIRE**, *adj.* 2 *g.* Fait pour rendre propice.

**PROPOLIS**, *s. f.* Espèce de résine d'un brun rougeâtre avec laquelle les abeilles bouchent les fentes extérieures de leurs ruches.

**PROPORTION**, *s. f.* Convenance, rapport des parties entre elles et avec leur tout; égalité de deux rapports; convenance de choses quelconques; *à* —, *en* —, *par* —, *loc. prép.* Par rapport à, eu égard à.

**PROPORTIONNALITÉ**, *s. f.*, se dit des quantités qui sont proportionnelles entre elles.

**PROPORTIONNEL, ELLE**, *adj.*, se dit des grandeurs qui sont en proportion; *proportionnelle*, *s. f.* Grandeur en proportion avec d'autres.

**PROPORTIONNELLEMENT**, *adv.* Avec proportion.

**PROPORTIONNÉMENT**, *adv.* A proportion.

**PROPORTIONNER** (*part.* é, ée), *v. a.* Garder la proportion; mettre, réduire en proportion.

**PROPOS**, *s. m.* Discours tenu en conversation; paroles vaines; insinuation; résolution formée; *à tout* —, *loc. adv.* A tout instant; *de — délibéré*, *loc. adv.* Avec dessein formé; *à* —, *loc. adv.* En temps et lieu convenable; *fam.* Transition qui marque quelque rapport entre ce qu'on a dit et ce qu'on va dire; *hors de* —, *mal à* —, *loc. adv.* A contre-temps.

**PROPOSABLE**, *adj.* 2 *g.* Qu'on peut proposer.

**PROPOSER** (*part.* é, ée), *v. a.* Mettre une chose en avant pour l'examiner; offrir, promettre, dési gner; *se* —, Avoir dessein de; *se* —, *v. p.* Se présenter, s'offrir.

**PROPOSITION**, *s. f.* Discours qui affirme ou qui nie; ce qu'on propose; conditions; problème.

**PROPRE**, *adj.* 2 *g.* Qui appartient, qui convient exclusivement à; *nom* —, nom de famille; *sens* —, littéral, opposé au sens figuré; convenable, qui peut servir à, qui a de l'aptitude pour; net, qui n'est pas sale; bienséant, bien arrangé; *en* —, *loc. adv.* En propriété; —, *s. m.* Attribut essentiel; *au pl.* Biens immeubles échus en succession.

**PROPREMENT**, *adv.* Exactement, précisément, dans le sens propre; particulièrement; avec propreté; *à — parler, loc. adv.* En termes exacts.

**PROPRET**, **ETTE**, *adj.* et *s.* Propre jusqu'à la recherche.

**PROPRETÉ**, *s. f.* Netteté; manière bienséante d'être vêtu, meublé, etc.

**PROPRÉTEUR**, *s. m.* Celui qui avait été préteur pendant un an, ou qui commandait dans les provinces avec l'autorité de préteur (chez les anciens Romains).

**PROPRIÉTAIRE**, *s.* 2 *g.* Celui ou Celle qui possède quelque chose en propriété.

**PROPRIÉTÉ**, *s. f.* Droit par lequel une chose nous appartient en propre; domaine, héritage; qualité, vertu particulière d'une chose; ce qui appartient essentiellement à; sens propre.

**PRORATA**, *s. m.* (mot tiré du latin et inv.) *Au* —, *loc. adv.* A proportion.

**PROROGATIF**, **IVE**, *adj.* Qui proroge.

**PROROGATION**, *s. f.* Ajournement.

**PROROGER** (*part.* é, ée), *v. a.* Prolonger le temps pris ou donné pour une chose; ajourner.

**PROSAÏQUE**, *adj.* 2 *g.* Qui tient trop de la prose.

**PROSAÏSME**, *s. m.* Locution prosaïque.

**PROSATEUR**, *s. m.* Celui qui écrit en prose.

**PROSCÉNIUM**, *s. m.* Avant-scène des théâtres chez les anciens.

**PROSCRIPTEUR**, *s. m.* Auteur de proscriptions.

**PROSCRIPTION**, *s. f.* Condamnation à mort sans forme judiciaire; *fig.* Abolition, destruction.

**PROSCRIRE** (*part.* it, ite), *v. a.* Condamner à mort sans forme judiciaire; éloigner, chasser; détruire; abolir.

**PROSCRIT**, **E**, *adj.* et *s.* Qui a été proscrit; *fig.* Banni de l'usage.

**PROSE**, *s. f.* Discours non assujetti à une certaine mesure; sorte de cantique latin rimé qu'on chante à la messe avant l'évangile.

**PROSECTEUR**, *s. m.* Celui qui fait des préparations anatomiques pour un professeur.

**PROSÉLYTE**, *s.* 2 *g.* Nouveau converti; celui qu'on a gagné à une secte, à une opinion.

**PROSÉLYTISME**, *s. m.* Zèle excessif à faire des prosélytes.

**PROSODIE**, *s. f.* Prononciation des mots conforme à l'accent et à la quantité.

**PROSODIQUE**, *adj.* 2 *g.* Qui appartient à la prosodie.

**PROSOPOPÉE**, *s. f.* Figure de rhétorique qui consiste à faire agir ou parler une personne feinte ou absente, une chose inanimée.

**PROSPECTUS**, *s. m.* (inv.). Programme.

**PROSPÈRE**, *adj.* 2 *g.* Heureux, favorable.

**PROSPÉRER**, *v. n.* Avoir la fortune favorable.

**PROSPÉRITÉ**, *s. f.* Bonheur, situation heureuse; *au pl.* Événements heureux.

**PROSTERNATION**, *s. f.* État de celui qui est prosterné.

**PROSTERNEMENT**, *s. m.* Action de se prosterner.

se **PROSTERNER** (*part.* é, ée), *v. pr.* S'abaisser en suppliant.

**PROSTITUER** (*part.* é, ée), *v. a.* Dégrader, déshonorer; *se* —, *v. pr.* S'avilir.

**PROSTITUTION**, *s. f.* Impudicité; dégradation.

**PROSTRATION**, *s. f.* Abattement, extrême faiblesse.

**PROTE**, *s. m.* Celui qui, sous la

conduite de l'imprimeur, dirige les travaux et corrige les épreuves.

**PROTECTEUR, TRICE**, *s.* et *adj.* Celui ou Celle qui protége.

**PROTECTION**, *s. f.* Action de protéger; appui.

**PROTECTORAT**, *s. m.* Dignité de protecteur.

**PROTÉE**, *s. m.* Personnage mythologique qui changeait sans cesse de forme.

**PROTÉGÉ, ÉE**, *s.* Celui ou Celle qu'un autre protége.

**PROTÉGER** (*part.* é, ée), *v. a.* Prendre la défense de; appuyer, s'intéresser à; garantir.

**PROTESTANT, E**, *s.* Nom donné aux luthériens, aux calvinistes et aux anglicans; —, *adj.* Qui appartient aux protestants.

**PROTESTANTISME**, *s. m.* Croyance des protestants.

**PROTESTATION**, *s. f.* Déclaration publique de sa volonté; acte par lequel on proteste contre quelque chose; promesse, assurance positive.

**PROTESTER** (*part.* é, ée), *v. a.* et *v. n.* Assurer, promettre; faire une protestation, un protêt.

**PROTÊT**, *s. m.* Acte de recours à défaut de payement d'une lettre de change ou d'un billet.

**PROTOCOLE**, *s. m.* Modèle sur lequel on dresse des actes publics; forme de rédaction.

**PROTONOTAIRE**, *s. m.* Officier de la cour de Rome chargé de recevoir et d'expédier les actes des consistoires publics.

**PROTOTYPE**, *s. m.* Original, modèle.

**PROTOXYDE**, *s. m.* Oxyde qui contient le moins d'oxygène.

**PROTUBÉRANCE**, *s. f.* Avance, éminence.

**PROTUTEUR**, *s. m.* Celui qui gère les affaires d'un mineur à la place du tuteur.

**PROU**, *adv.* Assez, beaucoup.

**PROUE**, *s. f.* Partie de l'avant d'un navire.

**PROUESSE**, *s. f.* Action de valeur; action folle.

**PROUVER** (*part.* é, ée), *v. a.* Établir la vérité d'une chose par le raisonnement, par des témoignages.

**PROVÉDITEUR**, *s. m.* Magistrat de Venise.

**PROVENANCE**, *s. f.*, se dit du lieu, du pays d'où proviennent certaines denrées.

**PROVENANT, E**, *adj.* Qui provient.

**PROVENCE (LA)**, ancien gouvernement divisé en *Haute-Provence* au nord et *Basse-Provence* au sud, formant les dép. des Basses-Alpes, des Bouches-du-Rhône, du Var, et une partie de Vaucluse.

**PROVENDE**, *s. f.* Approvisionnement de vivres; mélange de pois, d'avoine etc., que l'on donne aux bêtes ovines.

**PROVENIR** (se conj. sur *Tenir*), *v. n.* Procéder, dériver, émaner.

**PROVERBE**, *s. m.* Sentence vulgaire exprimée en peu de mots; petite comédie de société qui renferme le sens d'un proverbe.

**PROVERBIAL, E**, *adj.* Qui tient du proverbe.

**PROVERBIALEMENT**. *adv.* D'une manière proverbiale.

**PROVIDENCE**, *s. f.* Suprême sagesse.

**PROVIGNEMENT**, *s. m.* Action de provigner; *t. d'agricult.*

**PROVIGNER** (*part.* é, ée), *v. a.* Coucher en terre les brins d'un cep de vigne, afin qu'ils prennent racine; —, *v. n.* Multiplier.

**PROVIN**, *s. m.* Rejeton d'un cep de vigne provigné.

**PROVINCE**, *s. f.* Grande division d'un État; étendue de la juridiction d'une métropole; plusieurs monastères soumis à la direction d'un même provincial.

**PROVINCIAL, E**, *adj.* et *s.* Qui est de la province; qui a l'air gauche; —, *s. m.* Religieux qui gouverne une province de son ordre.

**PROVINCIALAT**, *s. m.* Charge de provincial chez les religieux; temps pendant lequel on l'exerce.

**PROVINS**, chef-lieu d'arr. du dép. de Seine-et-Marne.

**PROVISEUR**, *s. m.* Chef d'un lycée.

**PROVISION**, *s. f.* Amas de choses

nécessaires ou utiles; *fig.* Grande quantité; droit de pourvoir à un bénéfice; ce qu'on adjuge préalablement à une partie, en attendant le jugement définitif; *par* —, *loc. adv.* Préalablement (*t. de palais*).

**PROVISIONNEL, ELLE**, *adj.* Qui se fait par provision.

**PROVISIONNELLEMENT**, *adv.* Par provision.

**PROVISOIRE**, *adj.* 2 *g.* (Jugement) rendu par provision; temporaire; préalable.

**PROVISOIREMENT**, *adv.* Par provision; en attendant.

**PROVISORAT**, *s. m.*, ou **PROVISORERIE**, *s. f.* Emploi de proviseur; durée des fonctions de proviseur.

**PROVOCATEUR, TRICE**, *adj.* et *s.* Qui provoque.

**PROVOCATION**, *s. f.* Action de provoquer; ce qui provoque.

**PROVOQUER** (*part.* é, ée), *v. a.* Inciter, exciter à; causer.

**PROXIMITÉ**, *s. f.* Voisinage; parenté.

**PRUDE**, *adj.* 2 *g.* Qui affecte un air réglé, circonspect; —, *s. f.* Femme prude.

**PRUDEMMENT**, *adv.* Avec prudence.

**PRUDENCE**, *s. f.* Droite raison appliquée à la conduite; discernement.

**PRUDENT, E**, *adj.* Qui a de la prudence; conforme à la prudence.

**PRUDERIE**, *s. f.* Affectation de sagesse.

**PRUD'HOMIE**, *s. f.* Probité.

**PRUD'HOMME**, *s. m.* Probe et vaillant (*vieux en ce sens*); expert, *t. de prat.*

**PRUNE**, *s. f.* Fruit à noyau du prunier, à peau lisse et fleurie.

**PRUNEAU**, *s. m.* Prune sèche.

**PRUNELAIE**, *s. f.* Lieu planté de pruniers.

**PRUNELLE**, *s. f.* Prune sauvage; partie de l'œil qui occupe le milieu de cet organe, et par où passent les rayons; sorte d'étoffe.

**PRUNELLIER**, *s. m.* Arbrisseau qui porte les prunelles.

**PRUNIER**, *s. m.* Arbre qui porte les prunes.

**PRURIT**, *s. m.* Démangeaison.

**PRUSSIQUE**, *adj.* *Acide* —, obtenu par la distillation de différentes substances animales ou végétales, et qui, combiné avec le fer, donne le bleu de Prusse.

**PRYTANE**, *s. m.* Magistrat qui avait la préséance dans le sénat d'Athènes.

**PRYTANÉE**, *s. m.* Édifice public où s'assemblaient les prytanes en Grèce; collége.

**PSALLETTE**, *s. f.* Lieu où on élève les enfants de chœur.

**PSALMISTE**, *s. m.* Auteur de psaumes.

**PSALMODIE**, *s. f.* Manière de chanter, de réciter les psaumes.

**PSALMODIER**, *v. n.* Réciter des psaumes sans inflexion de voix.

**PSAUME**, *s. m.* Cantique sacré.

**PSAUTIER**, *s. m.* Recueil de psaumes.

**PSEUDONYME**, *adj.* 2 *g.*, se dit d'un auteur qui publie ses ouvrages sous un faux nom, et d'un ouvrage publié sous un faux nom.

**PSYCHÉ**, *s. f.* Espèce de glace mobile.

**PSYCHOLOGIE**, *s. f.* Traité sur l'âme; science de l'âme.

**PSYCHOLOGIQUE**, *adj.* 2 *g.* Qui est relatif à la psychologie.

**PSYCHOLOGISTE** ou **PSYCHOLOGUE**, *s. m.* Celui qui s'occupe de psychologie.

**PUAMMENT**, *adv.* Avec puanteur.

**PUANT, E**, *adj.* Qui pue; —, *s. m.* Homme grossier.

**PUANTEUR**, *s. f.* Mauvaise odeur.

**PUBÈRE**, *adj.* et *s.* 2 *g.* Qui a atteint l'âge de puberté.

**PUBERTÉ**, *s. f.* Âge auquel on est nubile; âge où la loi permet de se marier.

**PUBLIC, IQUE**, *adj.* Commun, qui concerne tout le peuple; connu de tout le monde; *personne publique*, revêtue de l'autorité publique; *en public, loc. adv.* Devant tout le monde.

**PUBLIC**, *s. m.* Tout le peuple en général; tout le monde.

**PUBLICAIN**, *s. m.* Fermier des deniers publics (chez les anciens Romains); homme d'affaires.

**PUBLICATION**, *s. f.* Action de publier.

**PUBLICISTE**, *s. m.* Celui qui écrit sur le droit public, qui l'enseigue.

**PUBLICITÉ**, *s. f.* Notoriété.

**PUBLIER** (*part.* é, ée), *v. a.* Rendre public.

**PUBLIQUEMENT**, *adv.* En public.

**PUCE**, *s. f.* Insecte qui s'attache surtout à la peau; —, *adj.* (Couleur) d'un brun semblable à celui de la puce.

**PUCELLE**, *s. f.* Jeune fille; *la — d'Orléans*, Jeanne d'Arc.

**PUCERON**, *s. m.* Genre d'insectes hémiptères qui vivent sur les plantes.

**PUDEUR**, *s. f.* Chasteté, honte honnête.

**PUDIBOND**, E, *adj.* Qui a de la pudeur naturelle.

**PUDICITÉ**, *s. f.* Chasteté.

**PUDIQUE**, *adj.* 2 *g.* Chaste, modeste.

**PUDIQUEMENT**, *adv.* D'une manière pudique.

**PUER** (n'est usité qu'au prés., à l'imp., au fut., au cond. et à l'infin.), *v. n.* Sentir mauvais, infecter.

**PUÉRIL**, E, *adj.* Qui appartient à l'enfance; frivole.

**PUÉRILEMENT**, *adv.* D'une manière puérile.

**PUÉRILITÉ**, *s. f.* Discours ou Action indigne d'un homme fait.

**PUGILAT**, *s. m.* Combat à coups de poings.

**PUÎNÉ**, ÉE, *adj.* et *s.* Né depuis un de ses frères ou une de ses sœurs.

**PUIS**, *adv. de temps.* Ensuite; *et* —, d'ailleurs, au reste.

**PUISAGE**, *s. m.* Action de puiser.

**PUISARD**, *s. m.* Puits pratiqué pour l'écoulement des eaux.

**PUISER** (*part.* é, ée), *v. a.* et *v. n.* Prendre, tirer de l'eau.

**PUISQUE**, *conj.* Parce que.

**PUISSAMMENT**, *adv.* D'une manière puissante.

**PUISSANCE**, *s. f.* Pouvoir, autorité, domination, empire; état souverain; force, faculté; *au pl.* Nom d'une des hiérarchies célestes.

**PUISSANT**, E, *adj.* Qui a beaucoup de pouvoir; très-riche; gros et gras; —, *s. m.* Personnage d'un haut rang.

**PUITS**, *s. m.* Trou profond creusé pour avoir de l'eau; creux pour éventer les mines des assiégeants; — *de science*, homme très-savant.

**PULLULER**, *v. n.* Multiplier en abondance et en peu de temps; *fig.* Se répandre avec rapidité.

**PULMONAIRE**, *adj.* 2 *g.* Qui appartient au poumon; —, *s. f.* Plante, mousse qui vient sur le tronc des chênes ou des hêtres.

**PULMONIE**, *s. f.* Maladie du poumon.

**PULMONIQUE**, *adj.* 2 *g.* et *s. m.* Malade attaqué de pulmonie.

**PULPE**, *s. f.* Substance charnue des fruits, des légumes.

**PULPER** (*part.* é, ée), *v. a.* Réduire en pulpe.

**PULPEUX**, EUSE, *adj.* Qui est de la nature de la pulpe.

**PULSATION**, *s. f.* Battement du pouls.

**PULVÉRIN**, *s. m.* Poudre à canon très-fine pour amorcer les armes à feu; espèce de poire où l'on met cette poudre.

**PULVÉRISATION**, *s. f.* Action de pulvériser; effets de cette action.

**PULVÉRISER** (*part.* é, ée), *v. a.* Réduire en poudre; *fig.* Détruire entièrement.

**PULVÉRULENT**, E, *adj.* Qui se réduit aisément en poudre; chargé d'un duvet qui ressemble à la poussière; *t. de bot.*

**PUNAIS**, E, *adj.* Qui rend par le nez une odeur infecte, et qui n'a presque pas d'odorat. (Il s'emploie subst. au masc.)

**PUNAISE**, *s. f.* Insecte qui sent très-mauvais et dont une espèce s'engendre dans les bois de lit.

**PUNAISIE**, *s. f.* Maladie du punais.

**PUNCH**, *s. m.* Boisson faite de jus de citron, d'eau-de-vie, de thé et de sucre.

**PUNIQUE**, *adj.* Des Carthaginois; *foi* —, mauvaise foi.

**PUNIR** (*part.* i, ie), *v. a.* Infliger à quelqu'un une punition, châtier.

**PUNISSABLE**, *adj.* 2 *g.* Qui mérite d'être puni.

**PUNITION**, *s. f.* Peine qu'on inflige pour une faute.

**PUPILLAIRE**, *adj.* 2 *g.* Qui appartient au pupille.

**PUPILLE**, *s. 2 g.* Enfant placé sous la conduite d'un tuteur; enfant, par rapport à son instituteur.

**PUPILLE**, *s. f.* Prunelle de l'œil.

**PUPITRE**, *s. m.* Meuble à dessus incliné pour lire ou écrire plus commodément.

**PUR, E**, *adj.* Qui est sans mélange, sans tache; chaste; *style pur*, châtié, correct; *en pure perte*, *loc. adv.* Inutilement.

**PURÉE**, *s. f.* Fécule exprimée des pois, des fèves, etc.

**PUREMENT**, *adv.* D'une manière pure.

**PURETÉ**, *s. f.* Qualité de ce qui est pur.

**PURGATIF, IVE**, *adj.* Qui purge; —, *s. m.* Remède qui purge.

**PURGATION**, *s. f.* Évacuation par le moyen d'un purgatif.

**PURGATOIRE**, *s. m.* Lieu où les âmes des justes expient les fautes dont ils n'ont pas fait pénitence suffisante en ce monde.

**PURGER** (*part.* é, ée), *v. a.* Nettoyer, rendre pur; *fig.* Délivrer; *se* —, *v. pr.* Prendre un purgatif; se justifier de.

**PURIFICATION**, *s. f.* Action de purifier; action du prêtre qui, après avoir bu le sang de J. C., prend du vin dans le calice.

**PURIFICATOIRE**, *s. m.* Linge avec lequel le prêtre essuie le calice après la communion.

**PURIFIER** (*part.* é, ée), *v. a.* Rendre pur; faire ce qui était ordonné pour les purifications légales.

**PURISME**, *s. m.* Défaut du puriste.

**PURISTE**, *s. m.* Celui qui affecte trop la pureté du langage.

**PURITAIN, E**, *s.* Presbytérien rigide d'Angleterre, des États-Unis.

**PURITANISME**, *s. m.* Doctrine des puritains.

**PURPURIN, E**, *adj.* Tirant sur le pourpre.

**PURULENCE**, *s. f.* Suppuration.

**PURULENT, E**, *adj.* Qui tient de la nature du pus.

**PUS**, *s. m.* Humeur blanchâtre qui sort des plaies où il y a inflammation.

**PUSILLANIME** *adj. 2 g.* Faible, dépourvu d'énergie.

**PUSILLANIMITÉ**, *s. f.* Faiblesse morale, manque d'énergie.

**PUSTULE**, *s. f.* Petite tumeur inflammatoire qui se termine par la suppuration.

**PUSTULEUX, EUSE**, *adj.* Qui a la forme d'une pustule.

**PUTATIF, IVE**, *adj.* Qui passe pour être ce qu'il n'est pas.

**PUTATIVEMENT**, *adv.* D'une manière putative.

**PUTOIS**, *s. m.* Petit quadrupède carnivore à poil noir, de la famille des martres, dont la peau sert à faire des fourrures.

**PUTRÉFACTION**, *s. f.* Altération des humeurs ou des os, etc.; état de ce qui est putréfié.

**PUTRÉFIER** (*part.* é, ée), *v. a.* Corrompre, faire pourrir; *se* —, *v. pr.* Se corrompre.

**PUTRIDE**, *adj. 2 g.* Pourri; occasionné par la corruption.

**PUTRIDITÉ**, *s. f.* Corruption.

**PUY (LE)**, chef-lieu du dép. de la Haute-Loire; *Puy-de-Dôme*, grande montagne de la basse Auvergne qui donne son nom au dép. formé de la plus grande partie de l'Auvergne.

**PYGMÉE**, *s. m.* Petit homme qui, suivant la Fable, n'avait qu'une coudée de haut; nain.

**PYLORE**, *s. m.* Orifice inférieur de l'estomac.

**PYLORIQUE**, *adj. 2 g.* Qui a rapport au pylore.

**PYRAMIDAL, E**, *adj.* Qui est en forme de pyramide.

**PYRAMIDALE**, *s. f.* Sorte de plante qui s'élève très-haut.

**PYRAMIDE**, *s. f.* Solide composé de triangles ayant un même plan pour base, et dont les sommets se réunissent en un même point; ouvrage qui a cette forme.

**PYRAMIDER**, *v. n.* S'élever en pyramide.

**PYRÉNÉES (LES)**, haute chaîne de montagnes qui séparent la France de l'Espagne, et qui donnent leur nom à trois départements, savoir: 1° *Basses-Pyrénées*, dép. formé du Béarn, des pays Basques, de Soule, Navarre et Labour; 2° *Hautes-Pyrénées*, dép. formé du Bigorre et des

Quatre-Vallées ; 3° *Pyrénées-Orientales*, formé du Roussillon, de la Cerdagne et d'une partie du Languedoc.

**PYRÈTHRE**, *s. m.* Espèce de camomille employée contre le mal de dents.

**PYRIQUE**, *adj.* 2 *g.* Qui concerne le feu.

**PYRITE**, *s. f.* Combinaison de soufre avec le fer ou le cuivre.

**PYRITEUX**, **EUSE**, *adj.* Qui est de la nature de la pyrite.

**PYROMÈTRE**, *s. m.* Instrument pour mesurer les effets du feu sur les corps solides.

**PYROTECHNIE**, *s. f.* Art de se servir du feu (surtout dans les feux d'artifice).

**PYROTECHNIQUE**, *adj.* 2 *g.* Qui appartient à la pyrotechnie.

**PYRRHIQUE**, *s. f.* et *adj.* 2 *g.* Danse militaire des anciens, inventée, dit-on, par Pyrrhus.

**PYRRHONIEN**, **ENNE**, *adj.* et *s.* Qui doute ou affecte de douter de tout.

**PYRRHONISME**, *s. m.* Doctrine de Pyrrhon, système qui consiste à douter de tout.

**PYTHAGORICIEN**, **ENNE**, *adj.* et *s.* Qui est de l'école de Pythagore.

**PYTHIE**, *s. f.* Prêtresse de l'oracle d'Apollon à Delphes.

**PYTHIEN**, *adj. m.* Épithète d'Apollon comme vainqueur du serpent Python.

**PYTHIQUES**, *adj. pl.* 2 *g.* *Jeux* —, qu'on célébrait tous les ans en l'honneur d'Apollon Pythien.

**PYTHONISSE**, *s. f.* Devineresse.

## Q.

**Q**, *s. m.* Treizième consonne, dix-septième lettre de l'alphabet.

**QUACRE**. Voy. *Quaker*.

**QUADRAGÉNAIRE** (pron. *koua*), *adj.* 2 *g.* et *s. m.* Agé de quarante ans; *nombre* —, qui contient quarante unités.

**QUADRAGÉSIMAL**, **E** (pron. *koua*), *adj.* Qui appartient au carême.

**QUADRAGÉSIME** (pron. *koua*), *s. f.* Le premier dimanche de carême.

**QUADRANGULAIRE** (pron. *koua*), *adj.* 2 *g.* Qui a quatre angles.

**QUADRATURE** (pron. *koua*), *s. f.* Réduction géométrique d'une figure curviligne à un carré; aspect de deux astres distants de quatre-vingt-dix degrés; assemblage de pièces qui font marcher les aiguilles d'un cadran, etc.

**QUADRIGE** (pr. *koua*), *s. m.* Char à deux roues, attelé de quatre chevaux de front.

**QUADRILATÈRE** (pr. *koua*), *s. m.* Figure à quatre côtés.

**QUADRILLE** (ll m.), *s. m.* Sorte de jeu d'hombre qu'on joue à quatre; contredanse; danseurs; —, *s. f.* Troupe de chevaliers d'un même parti.

**QUADRUMANE** (pr. *koua*), *adj.* 2 *g.* et *s. m.*, se dit des mammifères qui ont quatre pieds en forme de mains.

**QUADRUPÈDE** (pr. *koua*), *adj.* 2 *g.* et *s. m.* Qui a quatre pieds.

**QUADRUPLE** (pr. *koua*), *adj.* 2 *g.* Quatre fois aussi grand; —, *s. m.* Quatre fois autant; pièce de quatre louis.

**QUADRUPLER** (pr. *koua*; *part.* é, ée), *v. a.* Prendre quatre fois le même nombre; —, *v. n.* Être porté au quadruple.

**QUAI**, *s. m.* Chaussée faite le long d'une rivière pour empêcher les débordements; rivage pour charger et décharger les marchandises.

**QUAICHE**, *s. f.* Petit vaisseau à un pont.

**QUAKER**, **ERESSE** (pron. *kouacre*), *s.* Trembleur, nom d'une secte en Angleterre.

**QUALIFICATEUR**, *s. m.* Inquisiteur qui détermine la nature des crimes déférés au saint-office.

**QUALIFICATIF**, **IVE**, *adj.* Qui donne la qualification.

**QUALIFICATION**, *s. f.* Attribution d'une qualité, d'un titre.

**QUALIFIER** (*part.* é, ée), *v. a.* Désigner la qualité d'une personne ou d'une chose; donner une qualité; *se* —, *v. pr.* Prendre un titre, une qualité.

**QUALITÉ**, *s. f.* Ce qui modifie l'essence des choses; talent; disposition bonne ou mauvaise; titre, noblesse; *en — de*, *loc. prép.* En tant que, à titre de.

**QUAND**, *adv.* Lorsque; —, *conj.* Quoique.

**QUANT**, *adv. Quant à*, pour ce qui est de.

**QUANTES**, *adj. f. pl. Toutes et quantes fois*, toutes les fois que.

**QUANTIÈME**, *adj.* 2 *g.* qui désigne le rang, l'ordre numérique; — *s. m.* La date du jour.

**QUANTITÉ**, *s. f.* Ce qu'on peut mesurer ou nombrer; multitude, abondance; mesure des syllabes longues et brèves.

**QUARANTAINE**, *s. f.* Nombre de quarante; *faire —*, séjourner quelque temps dans un lazaret.

**QUARANTE**, *adj. numér.* 2 *g.* (inv.) Quatre fois dix.

**QUARANTIÈME**, *adj.* 2 *g.* Nombre d'ordre, qui est après le trente-neuvième; —, *s. m.* La quarantième partie d'un tout.

**QUART**, *s. m.* Quatrième partie; temps pendant lequel une partie de l'équipage d'un vaisseau fait un certain service que tous doivent faire tour à tour; *le tiers et le quart*, tout le monde; — *de cercle*, instrument de mathématiques.

**QUART, E**, *adj.* Quatrième; *fièvre quarte*, qui laisse au malade deux jours d'intervalle.

**QUARTANIER**, *s. m.* Sanglier de quatre ans.

**QUARTAUT**, *s. m.* Mesure qui contient le quart d'un muid.

**QUARTE**, *s. f.* Mesure de deux pintes; coup d'épée porté en tournant le poignet en dehors; (*t. de mus.*) intervalle de deux tons et demi; quatrième (au jeu de piquet).

**QUARTERON**, *s. m.* Quart d'un demi-kilogr.; quart d'un cent dans ce qui se vend par compte.

**QUARTERON, ONNE**, *s.* Enfant d'un blanc et d'une mulâtre, ou d'un mulâtre et d'une blanche.

**QUARTIER**, *s. m.* Quatrième partie de certaines choses; gros morceau; phase de la lune; certaine étendue d'une ville; voisinage; quart de l'an; chaque degré de succession dans une famille noble; campement d'un corps de troupes, ou le corps de troupes lui-même; vie sauve, grâce accordée à des ennemis vaincus; — *d'hiver*, intervalle de temps entre deux campagnes; — *de terre*, quart d'un arpent; — *de soulier*, pièce de cuir qui entoure le talon.

**QUARTIER-MAÎTRE** (*au pl. quartiers-maîtres*), *s. m.* Aide du maître ou du contre-maître d'un vaisseau; officier chargé de la comptabilité d'un régiment.

**QUARTO.** Voy. *In-quarto.*

**QUARTZ** (pr. *koua*), *s. m.* (inv.). Pierre très-dure dont la base est la silice, et qui étincelle sous le briquet.

**QUARTZEUX, EUSE** (pr. *koua*), *adj.* Qui est de la nature du quartz.

**QUASI**, *adv.* Presque; — *s. m.* Morceau de la cuisse du veau.

**QUASI-CONTRAT** (*au pl. quasi-contrats*), *s. m.* Contrat de fait et non écrit.

**QUASI-DÉLIT** (*au pl. quasi-délits*), *s. m.* Dommage causé à quelqu'un sans intention.

**QUASIMODO**, *s. f.* Le dimanche après Pâques.

**QUATERNAIRE** (pr. *koua*), *adj.* 2 *g.* Qui vaut quatre; divisible par quatre.

**QUATERNE** (pr. *koua*), *s. m.* Quatre numéros pris et sortis ensemble à la loterie.

**QUATORZE**, *adj. numéral*, 2 *g.* Dix et quatre; quatorzième; —, *s. m.* Le quatorzième jour du mois.

**QUATORZIÈME**, *adj.* 2 *g.* Nombre ordinal; —, *s. m.* La quatorzième partie; le quatorzième jour.

**QUATORZIÈMEMENT**, *adv.* En quatorzième lieu.

**QUATRAIN**, *s. m.* Stance de quatre vers.

**QUATRE**, *adj. numér.* 2 *g.* (inv.) Deux fois deux; quatrième; —, *s. m.* Chiffre qui exprime le nombre quatre; — *de chiffre*, piége pour prendre des rats.

**QUATRE-TEMPS**, *s. m. pl.* Les trois

iours de jeûne prescrits par l'Église pour chacune des quatre saisons.

**QUATRE-VINGTIÈME**, *adj.* 2 *g.* Nombre ordinal de quatre-vingts; —, *s. m.* La quatre-vingtième partie.

**QUATRE-VINGTS**, *adj. numéral* 2 *g.* (inv.). Quatre fois vingt. (On supprime l'*s* lorsqu'il est joint à un autre nombre : *quatre-vingt-un*, *quatre-vingt-dix*, etc.)

**QUATRIÈME**, *adj.* 2 *g.* Nombre ordinal de quatre; — *s. m.* La quatrième partie d'un tout; —, *s.* 2 *g.* Celui ou Celle qui occupe le quatrième rang; —, *s. f.* La quatrième classe (dans un collége).

**QUATRIÈMEMENT**, *adv.* En quatrième lieu.

**QUATRIENNAL**, **E**, *adj.*, se dit d'un office qui s'exerce de quatre années l'une, ou qui dure quatre ans.

**QUATUOR** (pr. *koua*), *s. m.* (inv.). Morceau à quatre parties.

**QUE**, *pr. rel. ou absolu, des* 2 *g. et des* 2 *nombres.* Lequel, laquelle; *conj.* et *adv.* Combien!

**QUEL**, **QUELLE**, *adj.* Qui sert à désigner la nature ou l'état d'une personne ou d'une chose.

**QUELCONQUE**, *adj.* 2 *g.* quel qu'il soit. (On l'emploie ordinairement avec une négation et après le substantif).

**QUELLEMENT**, *adv. Tellement* —, ni bien ni mal, plutôt mal que bien.

**QUELQUE**, *adj.* 2 *g.* Un ou une entre plusieurs; —, *adv.* Un peu; environ; à peu près.

**QUELQUEFOIS**, *adv.* De fois à autre.

**QUELQU'UN**, **E**, *s.* Un, une; une personne; *au pl. Quelques uns, quelques-unes*, plusieurs.

**QUÉMANDER**, *v. n.* Demander, mendier.

**QUÉMANDEUR**, **EUSE**, *s.* Celui ou Celle qui quémande.

**QU'EN-DIRA-T-ON**, *s. m.* (inv.). Propos que pourra tenir le public.

**QUENOTTE**, *s. f.* Dent de petit enfant.

**QUENOUILLE** (ll m.), *s. f.* Petit bâton entouré, vers le haut, de soie, de filasse, etc., pour filer; soie, filasse, etc., dont une quenouille est chargée.

**QUENOUILLÉE** (ll m.), *s. f.* Quantité de filasse, de soie, etc., nécessaire pour garnir une quenouille.

**QUERELLE**, *s. f.* Contestation, dispute aigre et vive.

**QUERELLER** (*part.* é, ée), *v. a.* et *v. n.* Faire querelle à, réprimander, gronder; *se* —, *v. récipr.* Se disputer.

**QUERELLEUR**, **EUSE**, *adj.* et *s.* Qui aime à quereller.

**QUÉRIR**, *v. a.* Chercher avec charge ou intention de ramener ou d'apporter. (Il n'est usité qu'à l'inf., avec *aller*, *envoyer*, *venir*.)

**QUESTEUR**, *s. m.* Magistrat de l'ancienne Rome qui avait la garde du trésor public; officier de l'ancienne université qui recevait les deniers communs; membre de la chambre des députés chargé de surveiller les dépenses.

**QUESTION**, *s. f.* Demande faite pour s'instruire d'une chose; proposition sur laquelle on discute; torture donnée à des accusés pour leur faire avouer la vérité.

**QUESTIONNAIRE**, *s. m.* Celui qui donnait la question aux accusés.

**QUESTIONNER** (*part.* é, ée), *v. a.* Interroger; —, *v. n.* Faire des questions.

**QUESTIONNEUR**, **EUSE**, *s.* Celui ou Celle qui importune par des questions.

**QUESTURE**, *s. f.* Charge de questeur.

**QUÊTE**, *s. f.* Action de chercher ou de quêter.

**QUÊTER** (*part.* é, ée), *v. a.* et *v. n.* Chercher; recueillir des aumônes pour les pauvres.

**QUÊTEUR**, **EUSE**, *s.* Celui ou Celle qui quête.

**QUEUE**, *s. f.* Extrémité (par derrière) du corps des quadrupèdes, des poissons, des reptiles, des oiseaux, des insectes; le bas des fleurs, des feuilles, des fruits (on dit par similitude la queue d'un *p*, d'un *g*, d'une comète, d'une poêle); extrémité d'une robe traînante; bout, fin; les derniers rangs, l'extrémité d'une file de personnes; mesure d'environ un muid et demi de vin; pierre à aiguiser.

**QUEUSSI-QUEUMI**, *loc. adv.* De même, pareillement.

**QUEUTER**, *v. n.* Pousser sur le billard deux billes à la fois d'un seul coup de queue.

**QUEUX**, *s. m.* Cuisinier; pierre à aiguiser.

**QUI**, *pron. rel. des 2 g. et des 2 nombres.* Lequel, laquelle, lesquels, celui qui, celle qui, quiconque.

**QUIA**, mot emprunté du latin. *Être à* —, *loc. adv.* Ne savoir plus que faire.

**QUIBUS**, *s. m.* Argent, *t. pop.*

**QUICONQUE**, *pron. m. sing.* Qui que ce soit.

**QUIDAM**, *s. m.* (pr. *ki*). Personne dont on ignore ou dont on ne veut pas dire le nom.

**QUIÉTISME**, *s. m.* Sentiment des quiétistes.

**QUIÉTISTE**, *adj.* et *s.* *2 g.* Qui fait consister la perfection chrétienne dans l'inaction de l'âme, sans œuvres extérieures.

**QUIÉTUDE**, *s. f.* Tranquillité, repos.

**QUILLAGE** (ll m.), *s. m.* *Droit de* —, que paye un vaisseau la première fois qu'il entre dans un port.

**QUILLE** (ll m.), *s. f.* Morceau de bois long et arrondi qui sert à un jeu; pièce de bois qui va de la poupe à la proue d'un vaisseau et sur laquelle porte tout l'édifice.

**QUILLER** (ll m.), *v. n.* Tirer à qui jettera une quille le plus près de la boule pour voir qui jouera le premier.

**QUILLETTE** (ll m.), *s. f.* Brin d'osier qu'on plante.

**QUILLIER** (ll m.), *s. m.* Espace carré dans lequel on range les quilles; les neuf quilles nécessaires pour jouer.

**QUIMPER**, chef-lieu du dép. du Finistère.

**QUIMPERLÉ**, chef-lieu d'arr. du dép. du Finistère.

**QUINAUD**, **E**, *adj.* Confus.

**QUINCAILLE** (ll m.), *s. f.* Ustensiles de fer ou de cuivre.

**QUINCAILLERIE** (ll m.), *s. f.* Marchandise de quincaille.

**QUINCAILLIER** (ll m.), *s. m.* Marchand de quincaille.

**QUINCONCE**, *s. m.* Disposition d'arbres ou d'arbustes plantés en ligne droite et de manière à former des allées en différents sens.

**QUINDÉCAGONE**, *s. m.* Figure à quinze côtés.

**QUINE**, *s. m.* Deux cinq, *t. de trictrac;* cinq numéros pris et sortis ensemble à la loterie.

**QUININE**, *s. f.* Substance alcaline et amère extraite du quinquina.

**QUINQUAGÉNAIRE** (pron. *kuinkoua*), *adj.* *2 g.* et *s. m.* Âgé de cinquante ans.

**QUINQUAGÉSIME** (pron. *kuinkoua*), *s. f.* Dimanche qui précède le carême.

**QUINQUENNAL**, **E** (*au pl. m. quinquennaux*), *adj.* Qui dure cinq ans; qui se fait tous les cinq ans.

**QUINQUET**, *s. m.* Lampe à courant d'air.

**QUINQUINA**, *s. m.* Écorce d'un arbre du Pérou, spécifique contre les fièvres intermittentes.

**QUINT**, *s. m.* La cinquième partie; —, *adj.* Cinquième.

**QUINTAL**, *s. m.* Poids de cent livres, ancienne mesure.

**QUINTE**, *s. f.* Intervalle de trois tons et demi, *t. de mus.;* espèce de grand violon; (*au piquet*) suite de cinq cartes d'une même couleur; (*t. d'escrime*) la cinquième garde; toux violente qui prend par redoublement; *fig.* Caprice, mauvaise humeur.

**QUINTEFEUILLE**, *s. f.* Sorte de plante rosacée.

**QUINTESSENCE**, *s. f.* Le principal, l'essentiel, ce qu'il y a de meilleur.

**QUINTESSENCIER** (*part.* é, ée), *v. a.* Raffiner, subtiliser.

**QUINTETTO** (*au pl. quintetti*), *s. m.* Morceau de musique à cinq parties.

**QUINTEUX**, **EUSE**, *adj.* Sujet à des quintes; fantasque.

**QUINTUPLE**, *adj.* *2 g.* Qui vaut cinq fois autant; —, *s. m.* Cinq fois autant.

**QUINTUPLER** (*part.* é, ée), *v.*

Répéter cinq fois; multiplier par cinq.

**QUINZAINE**, *s. f.* Quinze unités; espace de quinze jours.

**QUINZE**, *adj. numéral* 2 *g.* (inv.) Trois fois cinq; quinzième; —, *s. m.* Le quinzième jour du mois; *les Quinze-Vingts*, hôpital fondé par saint Louis pour trois cents aveugles.

**QUINZIÈME**, *adj.* 2 *g.* Nombre ordinal qui suit le quatorzième; —, *s. m.* La quinzième partie.

**QUINZIÈMEMENT**, *adv.* En quinzième lieu.

**QUIPROQUO**, *s. m.* (inv.) Méprise.

**QUITTANCE**, *s. f.* Acte par lequel le créancier reconnaît avoir reçu ce qui lui était dû.

**QUITTANCER** (*part.* é, ée), *v. a.* Donner quittance.

**QUITTE**, *adj.* 2 *g.* Libéré, délivré, débarrassé de.

**QUITTER** (*part.* é, ée), *v. a.* Abandonner, laisser aller; renoncer à, céder; exempter de.

**QUITUS**, *s. m.* Arrêté définitif et décharge d'un compte.

**QUOI**, *pron. relatif.* Quelle chose; lequel, laquelle; —! *interj.* qui marque l'étonnement, l'indignation.

**QUOIQUE**, *conj.* qui régit le subj. Encore que.

**QUOLIBET**, *s. m.* Plaisanterie triviale.

**QUOTE**, *adj. f. Quote-part*, part de chacun dans un partage cu une contribution.

**QUOTIDIEN, ENNE**, *adj.* De chaque jour.

**QUOTIENT**, *s. m.* Résultat d'une division.

**QUOTITÉ**, *s. f.* Somme fixe à laquelle monte chaque quote-part; partie aliquote.

## R.

R, *s. f.* (lorsqu'on dit *erre*, suivant la méthode ancienne), et *s. m.* (quand on dit *re*, suivant la méthode moderne), quatorzième consonne, dix-huitième lettre de l'alphabet.

**RABÂCHAGE**, *s. m.* Discours de celui qui rabâche.

**RABÂCHER** (*part.* é, ée), *v. a.* et *v. n.* Revenir souvent et inutilement sur ce qu'on a dit.

**RABÂCHERIE**, *s. f.* Répétition fatigante, inutile.

**RABÂCHEUR, EUSE**, *s.* Celui ou Celle qui rabâche.

**RABAIS**, *s. m.* Diminution de prix, de valeur.

**RABAISSEMENT**, *s. m.* Diminution de prix, de valeur; discrédit.

**RABAISSER** (*part.* é, ée), *v. a.* Mettre au plus bas; diminuer; déprécier, humilier.

**RABAT**, *s. m.* Ornement de toile que les gens de robe et les ecclésiastiques portent attaché sous le menton.

**RABAT-JOIE**, *s. m.* (inv.) Ce qui ou Celui qui vient troubler la joie.

**RABATTRE** (*part.* é, ée; se conj. sur *Battre*), *v. a.* et *v. n.* Rabaisser, faire descendre; diminuer le prix de; *se*—, *v. pr.* Changer tout à coup de chemin, de propos.

**RABBIN**, *s. m.* Docteur juif.

**RABBINIQUE**, *adj.* 2 *g.* Propre aux rabbins.

**RABBINISME**, *s. m.* Doctrine des rabbins.

**RABÊTIR** (*part.* i, ie), *v. a.* Rendre bête; —, *v. n.* Devenir bête.

**RÂBLE**, *s. m.* Partie de plusieurs quadrupèdes depuis les épaules jusqu'à la queue.

**RÂBLU, E**, *adj.* Qui a le râble épais.

**RABONNIR** (*part.* i, ie), *v. a.* Rendre meilleur; —, *v. n.* Devenir meilleur.

**RABOT**, *s. m.* Outil de menuisier pour aplanir et polir le bois; nom de divers outils.

**RABOTER** (*part.* é, ée), *v. a.* Polir avec le rabot.

**RABOTEUR**, *s. m.* Ouvrier qui se sert du rabot.

**RABOTEUX, EUSE**, *adj.* Mal poli, inégal.

**RABOUGRIR** (*part.* i, ie), *v. n.* Ne pas parvenir au degré présumable de croissance.

**RABOUILLÈRE**, *s. f.* Terrier que

font les lapines pour déposer leurs petits.

**RABOUTIR** (*part.* i, ie), *v. a.* Mettre bout à bout des morceaux d'étoffe.

**RABROUER** (*part.* é, ée), *v. a.* Rebuter quelqu'un; *fam.*

**RACAILLE** (ll m.), *s. f.* Lie, rebut du peuple.

**RACCOMMODAGE**, *s. m.* Travail de celui qui raccommode; chose raccommodée.

**RACCOMMODEMENT**, *s. m.* Réconciliation.

**RACCOMMODER** (*part.* é, ée), *v. a.* Rajuster, réparer; mettre d'accord des personnes brouillées; *se* —, *v. pr.* et *v. réc.* Se réconcilier.

**RACCOMMODEUR**, **EUSE**, *s.* Ouvrier, ouvrière qui raccommode.

**RACCORD**, *s. m.* Réunion de deux superficies à un même niveau, d'un vieil ouvrage à un neuf.

**RACCORDEMENT**, *s. m.* Action de raccorder.

**RACCORDER** (*part.* é, ée), *v. a.* Faire un raccordement.

**RACCOURCIR** (*part.* i, ie), *v. a.* Rendre plus court; —, *v. n.* Devenir plus court; *fig.* Diminuer; *à bras raccourci*, de toute sa force; *en* —, *loc. adv.* En abrégé; *raccourci*, *s. m.* Effet de perspective par lequel les objets vus de face semblent plus courts qu'ils ne sont.

**RACCOURCISSEMENT**, *s. m.* Action de raccourcir; effet de cette action.

se **RACCOUTUMER**, *v. pr.* Reprendre son habitude.

**RACCROC**, *s. m.* Coup de hasard, où il y a plus de bonheur que d'adresse; *t. de jeu.*

**RACCROCHER** (*part.* é, ée), *v. a.* Accrocher de nouveau; *se* —, *v. pr.* Regagner les avantages qu'on avait perdus.

**RACE**, *s. f.* Lignée, origine.

**RACHAT**, *s. m.* Action de racheter; rançon, délivrance.

**RACHETABLE**, *adj.* 2 *g.* Qu'on peut racheter.

**RACHETER** (*part.* é, ée), *v. a.* Acheter ce qu'on avait vendu, une chose à la place d'une autre; délivrer à prix d'argent, compenser; *se* —, *v. pron.* Se faire exempter de quelque chose en payant.

**RACHITIQUE**, *adj.* 2 *g.* Attaqué du rachitisme.

**RACHITIS**, *s. m.* Courbure maladive de l'épine du dos et de la plupart des os longs.

**RACHITISME**, *s. m.* Maladie du blé qui rend sa tige basse, tortue et nouée; rachitis.

**RACINAGE**, *s. m.* Décoction de feuilles de noyer et de brou de noix pour la teinture.

**RACINE**, *s. f.* Partie de la plante qui tient à la terre et en tire sa nourriture; plante dont la partie bonne à manger est celle qui vient en terre; *fig.* Origine, principe; (*t. de gramm.*) mot primitif duquel d'autres dérivent; — *carrée d'un nombre*, nombre multiplié par lui-même; — *cube* ou *cubique*, nombre qui, multiplié par son carré, produit le nombre proposé.

**RACK**, *s. m.* Liqueur spiritueuse tirée du riz fermenté; tafia.

**RACLER** (*part.* é, ée), *v. a.* Enlever, gratter la superficie.

**RACLEUR**, *s. m.* Mauvais joueur de violon.

**RACLOIR**, *s. m.* Instrument pour racler.

**RACLOIRE**, *s. f.* Planchette pour racler le dessus d'une mesure de grains.

**RACLURE**, *s. f.* Petites parties qu'on enlève en raclant.

**RACOLAGE**, *s. m.* Métier de racoleur; action de racoler.

**RACOLER** (*part.* é, ée), *v. a.* Engager, de gré ou par astuce, des hommes pour le service militaire.

**RACOLEUR**, *s. m.* Celui qui racole.

**RACONTER** (*part.* é, ée), *v. a.* Narrer.

**RACONTEUR**, **EUSE**, *s.* Celui ou Celle qui a la manie de raconter.

**RACORNIR** (*part.* i, ie), *v. a.* Rendre dur, coriace comme de la corne; *se* —, *v. pr.* Devenir coriace; se replier.

**RACORNISSEMENT**, *s. m.* État de ce qui est racorni.

**RACQUITTER** (*part.* é, ée), *v. a.* Dédommager d'une perte; *se* —, *v. pr.* Regagner ce qu'on avait perdu.

**RADE**, *s. f.* Espace de mer enfoncé dans les terres, où les vaisseaux sont à l'abri de certains vents.

**RADEAU**, *s. m.* Espèce de plancher formé sur l'eau avec des pièces de bois liées ensemble.

**RADER** (*part.* é, ée), *v. a.* Passer une règle sur une mesure pleine de grain, pour faire tomber l'excédant.

**RADEUR**, *s. m.* Mesureur de sel.

**RADIATION**, *s. f.* Action de rayer, rature; émission des rayons lancés par un corps lumineux.

**RADICAL**, **E** (*au pl. m. radicaux*), *adj.* Qui est comme la racine, le principe d'une chose; qui naît ou dépend d'une racine, *bot.*; se dit, en Angleterre, des opinions libérales les plus exagérées. (Dans ce dernier sens, il s'emploie aussi substantivement.) *Vice radical*, qui en produit d'autres; *guérison radicale*, complète; *lettres radicales*, qui sont dans le mot primitif et se conservent dans les dérivés; *signe radical*, qu'on met devant les quantités dont on veut extraire la racine; *quantité radicale*, précédée du signe radical, *t. d'alg.*

**RADICALEMENT**, *adv.* Essentiellement, dans le principe.

**RADICULE**, *s. f.* Petite racine; partie fibreuse d'une racine.

**RADIÉ**, **ÉE**, *adj.* Composé de rayons, de fleurons, de demi-fleurons.

**RADIEUX, EUSE**, *adj.* Rayonnant, brillant; *visage* —, qui annonce la santé et le contentement.

**RADIS**, *s. m.* Sorte de raifort cultivé.

**RADOTAGE**, *s. m.* Discours sans suite et dénué de sens.

**RADOTER**, *v. n.* Déraisonner, faire des radotages.

**RADOTERIE**, *s. f.* Extravagances qu'on dit en radotant.

**RADOTEUR**, **EUSE**, *s.* Celui ou Celle qui radote.

**RADOUB** (pr. le *b*), *s. m.* Réparation qu'on fait au corps d'un vaisseau.

**RADOUBER** (*part.* é, ée), *v. a.* Réparer le corps d'un vaisseau.

**RADOUCIR** (*part.* i, ie), *v. a.* Rendre plus doux, apaiser; *se* —, *v. pr.* Devenir plus doux.

**RADOUCISSEMENT**, *s. m.* Diminution du froid ou du chaud; *fig.* Amélioration.

**RAFALE**, *s. f.* Coup de vent de terre à l'approche des montagnes.

**RAFFERMIR** (*part.* i, ie), *v. a.* Rendre plus ferme; *se* —, *v. pr.* Devenir plus ferme.

**RAFFERMISSEMENT**, *s. m.* Ce qui remet une chose dans l'état de fermeté, de sûreté où elle était.

**RAFFINAGE**, *s. m.* Action de raffiner.

**RAFFINEMENT**, *s. m.* Subtilité; recherche.

**RAFFINER**, *v. a.* Rendre plus fin; —, *v. n.* Subtiliser; *se* —, *v. pr.* Devenir plus fin, plus pur.

**RAFFINERIE**, *s. f.* Lieu où l'on raffine le sucre.

**RAFFINEUR**, *s. m.* Celui qui raffine.

**RAFFOLER**, *v. n.* Être passionné follement pour.

**RAFLE**, *s. f.* Grappe de raisin qui n'a plus de grains; support long et mince, le long duquel sont attachées des fleurs qui forment un épi; *au jeu de dés*, coup où les trois dés amènent le même point; *faire* —, enlever tout sans rien laisser.

**RAFLER** (*part.* é, ée), *v. a.* Faire rafle.

**RAFRAÎCHIR** (*part.* i, ie), *v. a.* Rendre frais, réparer; renouveler; calmer; —, *v. n.* Devenir frais; *se* —, *v. pr.* Boire un coup; faire collation.

**RAFRAÎCHISSANT**, **E**, *adj.* Qui calme, qui rafraîchit le sang; —, *s. m.* Breuvage qui rafraîchit.

**RAFRAÎCHISSEMENT**, *s. m.* Ce qui rafraîchit; effet de ce qui rafraîchit; *fig.* Recouvrement des forces par le repos, etc.

**RAGAILLARDIR** (ll m.; *part.* i, ie), *v. a.* Redonner de la gaieté.

**RAGE**, *s. f.* Hydrophobie; délire, transport furieux; *fig.* Douleur, passion violente.

**RAGOT**, **E**, *adj.* et *s.* Court et gros.

**RAGOÛT**, *s. m.* Mets préparé avec des ingrédients propres à exciter l'appétit ; *fig.* Ce qui excite les désirs.

RAGOÛTANT, E, *adj.* Qui ragoûte; *fam.* Agréable; qui réveille le désir.

RAGOÛTER (*part.* é, ée), *v. a.* Remettre en appétit; *fig.* Réveiller le désir.

RAGRAFER (*part.* é, ée), *v. a.* Agrafer de nouveau.

RAGRANDIR (*part.* i, ie), *v. a.* Rendre plus grand.

RAGRÉER (*part.* é, ée), *v. a.* Unir les parements d'un mur en y repassant le marteau; mettre la dernière main; rajuster, réparer; *se* —, *v. pr.* (*t. de mar.*) Se pourvoir de ce qui manque.

RAGRÉMENT, *s. m.* Action de ragréer; effet de cette action.

RAÏA, *s. m.* Sujet turc qui paye la capitation.

RAIDE, etc. Voy. *Roide*, etc.

RAIE, *s. f.* Trait tiré de long avec une plume, etc.; toute sorte de ligne; poisson de mer plat et cartilagineux.

RAIFORT, *s. m.* Sorte de rave très-piquante.

RAILLER (ll m.; *part.* é, ée), *v. a.* Plaisanter quelqu'un, le tourner en ridicule; —, *v. n.* Badiner; *se* —, *v. pr.* Se moquer.

RAILLERIE (ll m.), *s. f.* Action de railler, plaisanterie; — *à part*, *loc. adv.* Sérieusement.

RAILLEUR, EUSE (ll m.), *adj.* et *s.* Porté à la raillerie.

RAINE, *s. f.* Grenouille.

RAINETTE, *s. f.* Pomme marquetée de rouge et de gris; espèce de grenouille.

RAINURE, *s. f.* Entaillure en long dans un morceau de bois, pour y assembler une autre pièce ou servir à une coulisse.

RAIPONCE, *s. f.* Plante dont la racine se mange en salade.

RAIRE ou RÉER, *v. n.* Crier (en parlant du cerf).

RAIS, *s. m.* Rayon, trait de lumière; rayon d'une roue.

RAISIN, *s. m.* Fruit de la vigne; sorte de papier.

RAISINÉ, *s. m.* Confiture liquide de raisins et de poires.

RAISON, *s. f.* Faculté intellectuelle qui distingue l'homme de la bête; bon sens; usage de la raison; droit, devoir, justice; satisfaction sur ce qu'on demande; compte, rapport; preuve; motif, prétexte; excuse; sujet; rapport, *t. de math.*; dans une société de commerce, nom de celui des associés sous lequel la société se fait connaître; *à — de*, *en — de*, *loc. prép.* A proportion, sur le pied de; *en — de*, *loc. prép.* En tenant compte de.

RAISONNABLE, *adj.* 2 g. Doué de la faculté de raisonner; conforme à la raison; convenable.

RAISONNABLEMENT, *adv.* Conformément à la raison; convenablement.

RAISONNÉ, ÉE, *adj.* Appuyé de raisons, de preuves.

RAISONNEMENT, *s. m.* Faculté ou Action de raisonner; argument, raison qu'on apporte.

RAISONNER, *v. n.* Faire usage de sa raison pour connaître, pour apprécier; chercher des raisons à l'appui d'une opinion; répliquer; — (*part.* é, ée), *v. a.* Appliquer le raisonnement à.

RAISONNEUR, EUSE, *s.* et *adj.* Celui ou Celle qui fatigue par de longs ou de mauvais raisonnements; celui ou celle qui réplique.

RAJAH ou RAJA, *s. m.* Prince indien.

RAJEUNIR, *v. n.* Redevenir jeune; *fig.* Se renouveler; — (*part.* i, ie), *v. a.* Rendre l'air, la vigueur de la jeunesse; *se* —, *v. pr.* Se donner l'air jeune; se dire plus jeune qu'on n'est.

RAJEUNISSEMENT, *s. m.* Action de rajeunir; état de ce qui est rajeuni.

RAJUSTEMENT, *s. m.* Action de rajuster; effet de cette action.

RAJUSTER (*part.* é, ée), *v. a.* Ajuster de nouveau, raccommoder; *fig.* Réconcilier; *se* —, *v. pr.* Réparer le désordre de sa toilette.

RÂLE, *s. m.* Oiseau bon à manger.

RÂLE ou RÂLEMENT, *s. m.* Action de râler; bruit qu'on fait en râlant.

**RALENTIR** (*part.* i, ie), *v. a.* Rendre plus lent; *se —*, *v. pr.* Devenir plus lent.

**RALENTISSEMENT**, *s. m.* Diminution de mouvement, d'activité.

**RÂLER**, *v. n.* Rendre un son enroué causé par la difficulté de la respiration.

**RALINGUE**, *s. f.* Corde cousue autour des voiles ou au bord des filets, pour les renforcer.

**RALINGUER** (*part.* é, ée), *v. a.* Garnir une voile de ralingues.

**RALLIEMENT**, *s. m.* Action de se rallier; *mot de —*, au moyen duquel on se rallie; *point de —*, endroit marqué pour se rallier.

**RALLIER** (*part.* é, ée), *v. a.* Rassembler des troupes qui étaient en déroute; *— un navire au vent*, le mettre au vent; *se —*, *v. réc.* Se réunir après une déroute; *se — à terre*, s'en approcher, *t. de mar.*

**RALLONGE**, *s. f.* Portion ajoutée à un objet trop court.

**RALLONGEMENT**, *s. m.* Augmentation en longueur.

**RALLONGER** (*part.* é, ée), *v. a.* Rendre plus long en ajoutant.

**RALLUMER** (*part.* é, ée), *v. a.* Allumer de nouveau; *fig.* Rendre plus ardent; *se —*, *v. pr.* Prendre feu de nouveau; devenir plus vif.

**RAMADAN**, ou **RAMAZAN**, *s. m.* Mois consacré au jeûne chez les mahométans.

**RAMAGE**, *s. m.* Chant des petits oiseaux; représentation de branchages et de fleurs sur une étoffe.

**RAMAGER**, *v. n.* Chanter (en parlant des oiseaux).

**RAMAIGRIR** (*part.* i, ie), *v. a.* Rendre maigre de nouveau; —, *v. n.* Redevenir maigre.

**RAMAS**, *s. m.* Assemblage sans ordre de personnes ou de choses de peu de valeur.

**RAMASSE**, *s. f.* Traîneau pour descendre des montagnes couvertes de neige.

**RAMASSÉ**, **ÉE**, *adj.* Trapu, vigoureux.

**RAMASSER** (*part.* é, ée), *v. a.* Faire un assemblage, une collection de; réunir; relever de terre; *se —*, *v. pr.* Se relever; se réunir, se pelotonner.

**RAMASSEUR**, *s. m.* Celui qui conduit une ramasse.

**RAMASSIS**, *s. m.* Assemblage sans choix.

**RAMBOUILLET**, chef-lieu d'arr. du dép. de Seine-et-Oise.

**RAMBOUR**, *s. m.* *Pomme de —*, grosse pomme un peu acide.

**RAME**, *s. f.* Longue pièce de bois aplatie par un bout pour conduire un bateau, aviron; menue branche fichée en terre pour soutenir des plantes grimpantes; vingt mains de papier.

**RAMEAU**, *s. m.* Division d'une tige principale; petite branche d'arbre; *le dimanche des Rameaux*, le dernier dimanche du carême.

**RAMÉE**, *s. f.* Branches coupées avec leurs feuilles vertes.

**RAMENER** (*part.* é, ée), *v. a.* Amener une seconde fois; faire revenir avec soi, amener avec soi au retour d'un voyage; rétablir.

**RAMER** (*part.* é, ée), *v. a.* Soutenir des plantes grimpantes avec des rames.

**RAMER**, *v. n.* Tirer à la rame; *fig.* Avoir beaucoup de fatigue.

**RAMEREAU**, *s. m.* Jeune ramier.

**RAMEUR**, *s. m.* Celui qui tire à la rame.

**RAMEUX**, **EUSE**, *adj.* Qui jette beaucoup de branches.

**RAMIER**, *s. m.* Pigeon sauvage.

**RAMIFICATION**, *s. f.* Distribution en rameaux, en branches.

se **RAMIFIER** (*part.* é, ée), *v. pr.* Se partager en plusieurs branches.

**RAMILLES**, *s. f. pl.* Menus rameaux.

**RAMOITIR** (*part.* i, ie), *v. a.* Rendre moite; *se —*, *v. pr.* Devenir moite.

**RAMOLLIR** (*part.* i, ie), *v. a.* Rendre mou et maniable; *se —*, *v. pr.* Devenir plus mou.

**RAMOLLISSANT**, **E**, *adj.* Qui relâche; —, *s. m.* Remède qui relâche.

**RAMONAGE**, *s. m.* Action de ramoner.

**RAMONER** (*part.* é, ée), *v. a.* Faire tomber la suie d'un tuyau de cheminée.

**RAMONEUR**, *s. m.* Celui qui ramone les cheminées.

**RAMPANT, E**, *adj.* Qui rampe; —, *s. m.* Surface inclinée ; *t. d'architect.*

**RAMPE**, *s. f.* Balustrade à hauteur d'appui qui règne le long des escaliers; plan incliné qui tient lieu d'escalier; rangée de lumières qui borde la scène.

**RAMPEMENT**, *s. m.* Action de ramper.

**RAMPER**, *v. n.* Se traîner sur le ventre; s'étendre sur terre, ou s'attacher aux arbres (en parlant des plantes; *fig.* S'abaisser.

**RAMURE**, *s. f.* Bois d'un cerf, d'un daim; toutes les branches d'un arbre.

**RANCE**, *adj.* 2 *g.* Qui commence à se gâter; —, *s. m.* Odeur, goût rance.

**RANCHER**, *s. m.* Pièce de bois garnie de chevilles formant échelons.

**RANCIDITÉ** ou **RANCISSURE**, *s. f.* Qualité de ce qui est rance.

**RANCIR** (*part.* i, ie), *v. n.* Devenir rance.

**RANÇON**, *s. f.* Prix demandé ou donné pour la délivrance d'un captif.

**RANÇONNEMENT**, *s. m.* Action de rançonner; *fig.* Exaction.

**RANÇONNER** (*part.* é, ée), *v. a.* Mettre à rançon; *fig.* Exiger plus qu'il ne faut.

**RANÇONNEUR, EUSE**, *s.* Celui ou Celle qui rançonne.

**RANCUNE**, *s. f.* Ressentiment, souvenir d'une offense.

**RANCUNIER, IÈRE**, *adj.* et *s.* Qui garde rancune.

**RANG**, *s. m.* Disposition sur une même ligne; ordre déterminé; place d'une personne ou d'une chose dans l'opinion publique; dignité, degré d'honneur.

**RANGÉE**, *s. f.* Suite de choses placées sur la même ligne.

**RANGER** (*part.* é, ée), *v. a.* Mettre dans un certain ordre; mettre au rang de; mettre de côté pour débarrasser; — *la côte*, naviguer en côtoyant le rivage; — *un pays sous ses lois*, le soumettre; *se* —, *v. pr.* Se placer, se mettre; s'écarter pour faire place; mener une vie plus réglée.

**RANIMER** (*part.* é, ée), *v. a.* Rendre la vie, rendre la vigueur; exciter de nouveau.

**RANZ**, *s. m.* *Le* — *des vaches*, air très-connu dans les montagnes de la Suisse.

**RAPACE**, *adj.* 2 g. Qui cherche avidement une proie; *fig.* Avide.

**RAPACITÉ** *s. f.* Avidité tenace.

**RAPATRIAGE**, **RAPATRIEMENT**, *s. m.* Réconciliation.

**RAPATRIER** (*part.* é, ée), *v. a.* Réconcilier des personnes brouillées.

**RÂPE**, *s. f.* Espèce de lime pour râper; grappe de raisin dépourvue de ses grains.

**RÂPE**, *s. m.* Grappes de raisin qu'on met dans un tonneau de vin gâté pour le bonifier.

**RÂPÉ, ÉE**, *adj.* Usé.

**RÂPER** (*part.* é, ée), *v. a.* Mettre en poudre avec la râpe; user par le frottement.

**RAPETASSER** (*part.* é, ée), *v. a.* Raccommoder grossièrement.

**RAPETISSER** (*part.* é, ée), *v. a.* Rendre plus petit; —, *v. n.*, et *se* —, *v. pr.* Devenir plus petit.

**RAPIDE**, *adj.* 2 *g.* Qui se meut, qui se fait avec vitesse; vif; —, *s. m.* Courant rapide.

**RAPIDEMENT**, *adv.* Avec rapidité.

**RAPIDITÉ**, *s. f.* Célérité, promptitude.

**RAPIÉCER** ou **RAPIÉCETER** (*part.* é, ée), *v. a.* Mettre des pièces à des hardes.

**RAPIÉCETAGE**, *s. m.* Action de rapiéceter; hardes rapiécetées.

**RAPIÈRE**, *s. f.* Vieille et longue épée.

**RAPINE**, *s. f.* Action de ravir par violence; larcin, pillage; concussion.

**RAPINER** (*part.* é, ée), *v. a*, et *v. n.* Exercer des rapines.

**RAPPAREILLER** (ll m.; *part.* é, ée), *v. a.* Remettre avec son pareil.

**RAPPARIER** (*part.* é, ée), *v. a.*

Rassembler deux choses faisant la paire.

**RAPPEL**, *s. m.* Action par laquelle on rappelle; manière de battre le tambour pour faire venir les soldats au drapeau; disposition d'un testateur qui rappelle à sa succession ceux qui en seraient naturellement exclus.

**RAPPELER** (*part.* *é, ée*), *v. a.* Appeler de nouveau, faire revenir; appeler à sa succession; battre le rappel; — *une chose dans sa mémoire*, se représenter une chose passée; — *quelqu'un à son devoir*, l'y faire rentrer; *se* —, se souvenir de.

**RAPPORT**, *s. m.* Revenu, produit; récit, témoignage, compte rendu; action de rapporter à la masse d'une succession les sommes qu'on a reçues; vapeurs de l'estomac; convenance, conformité; relation, communication; relation que deux grandeurs ont l'une avec l'autre; *par* — *à*, *loc. prép.* Pour ce qui est de; par comparaison avec.

**RAPPORTABLE**, *adj.* 2 *g.* Qui doit être rapporté à la succession.

**RAPPORTER** (*part.* *é, ée*), *v. a.* Remettre une chose au lieu où elle était; apporter au retour d'un voyage; redire; alléguer, exposer, citer; attribuer, référer; produire; *se* —, *v. pr.* Avoir de la conformité, de la convenance, de la relation à; s'en remettre à la décision de quelqu'un.

**RAPPORTEUR, EUSE**, *s.* Celui ou Celle qui répète ce qu'il a vu ou entendu; —, *s. m.* Celui qui fait un rapport; instrument de géométrie pour prendre des angles et lever des plans.

**RAPPRENDRE** (se conj. sur *Prendre*), *v. a.* Apprendre de nouveau.

**RAPPROCHEMENT**, *s. m.* Action de rapprocher; effet de cette action.

**RAPPROCHER** (*part.* *é, ée*), *v. a.* Approcher de nouveau ou de plus près; opérer un rapprochement, une réconciliation.

**RAPSODE**, *s. m.* Celui qui, chez les anciens Grecs, allait de ville en ville chantant des morceaux détachés des poëmes d'Homère.

**RAPSODIE**, *s. f.* Morceau détaché des poëmes d'Homère; *fig.* Mauvais ramas de vers et de prose.

**RAPSODISTE**, *s. m.* Celui qui ne fait que de mauvaises compilations.

**RAPT**, *s. m.* Enlèvement d'une personne par violence ou par séduction.

**RÂPURE**, *s. f.* Ce qu'on enlève en râpant.

**RAQUETTE**, *s. f.* Instrument pour jouer à la paume, au volant.

**RAQUETTIER**, *s. m.* Ouvrier qui fait des raquettes.

**RARE**, *adj.* 2 *g.* Qui arrive ou Qu'on trouve peu souvent; singulier, extraordinaire, excellent.

**RARÉFACTIF, IVE**, *adj.* Qui a la propriété de raréfier.

**RARÉFACTION**, *s. f.* Action de raréfier; état de ce qui est raréfié.

**RARÉFIANT, E**, *adj.* Qui dilate, qui raréfie.

**RARÉFIER** (*part.* *é, ée*), *v. a.* Dilater, augmenter le volume d'un corps sans ajouter à sa matière propre ni à son poids.

**RAREMENT**, *adv.* Peu souvent.

**RARETÉ**, *s. f.* Disette; singularité; *au pl.* Choses rares.

**RARISSIME**, *adj.* 2 *g.* Très-rare.

**RAS**, *s. m.* Étoffe croisée dont le poil ne paraît pas.

**RAS, E**, *adj.* Qui a le poil fort court, plat, uni; *mesure rase*, pleine de grains, mais sans en excéder la hauteur; *au ras de*, au niveau de.

**RASADE**, *s. f.* Verre plein jusqu'aux bords.

**RASEMENT**, *s. m.* Action de raser une place; résultat de cette action.

**RASER** (*part.* *é, ée*), *v. a.* Couper le poil, surtout la barbe, tout près de la peau avec un rasoir; *fig.* Passer rapidement tout près d'une personne ou d'une chose; effleurer; abattre rez terre (un édifice); *se* —, *v. pr.* Se faire ou Se faire faire la barbe.

**RASIBUS**, *prép.* Tout contre, tout près; *t. trivial.*

**RASOIR**, *s. m.* Espèce de couteau d'acier à tranchant très-fin, qui sert pour raser la barbe.

**RASSADE**, *s. f.* Grains de verre

ou d'émail de différentes couleurs.

**RASSASIANT, E,** *adj.* Qui rassasie.

**RASSASIEMENT,** *s. m.* État d'une personne rassasiée ; *fig.* Satiété.

**RASSASIER** (*part.* é, ée), *v. a.* Apaiser la faim, satisfaire l'appétit ; *se* —, *v. pr.* Apaiser sa faim, se satisfaire jusqu'à satiété.

**RASSEMBLEMENT,** *s. m.* Action de rassembler ; attroupement.

**RASSEMBLER** (*part.* é, ée), *v. a.* Mettre ensemble ; amonceler, réunir, mettre en ordre ; *se* —, *v. pr.* Se réunir, s'attrouper.

**RASSEOIR** (se conj. sur *Asseoir*), *v. a.* Asseoir de nouveau, replacer ; *fig.* Calmer, reposer ; —, *v. n.* S'épurer en se reposant ; *se* —, *v. pr.* S'asseoir de nouveau ; *fig.* S'apaiser.

**RASSÉRÉNER** (*part.* é, ée), *v. a.* Rendre serein ; *se* —, *v. pr.* Devenir serein.

**RASSIS, E,** *p. p.* de *Rasseoir* et *adj.* *Pain rassis*, qui n'est plus tendre ; *esprit* —, posé, réfléchi.

**RASSURANT, E,** *adj.* Qui rend la confiance.

**RASSURER** (*part.* é, ée), *v. a.* Raffermir, mettre en état de sûreté ; redonner l'assurance, la confiance ; *se* —, *v. pr.* Se remettre de quelque trouble.

**RAT,** *s. m.* Petit quadrupède rongeur, à pattes courtes et à longue queue, qui vit de grains, etc.

**RATAFIA,** *s. m.* Liqueur composée d'eau-de-vie, de sucre et du jus de certains fruits.

se **RATATINER** (*part.* é, ée), *v. pr.* Se raccourcir, se resserrer.

**RATE,** *s. f.* Viscère mou, situé dans l'hypocondre gauche.

**RÂTEAU,** *s. m.* Instrument d'agriculture et de jardinage pour râteler ; pièce de bois garnie de dents.

**RÂTELÉE,** *s. f.* Ce qu'on peut ramasser en un coup de râteau.

**RÂTELER** (*part.* é, ée), *v. a.* Amasser ou Nettoyer avec le râteau.

**RÂTELEUR,** *s. m.* Celui qui ratèle.

**RÂTELIER,** *s. m.* Sorte d'échelle qu'on suspend en travers dans les écuries au-dessus de la mangeoire, pour y mettre le foin et la paille ; pièce de bois où l'on pose des fusils, des sacs, etc. ; *fig.* et *fam.* Deux rangées de fausses dents.

**RATER** (*part.* é, ée), *v. a.* et *v. n.* Manquer, ne pas réussir.

**RATIÈRE,** *s. f.* Machine à prendre les rats.

**RATIFICATION,** *s. f.* Action de ratifier ; acte qui contient la ratification.

**RATIFIER** (*part.* é, ée), *v. a.* Confirmer authentiquement ce qui a été fait ou promis.

**RATINE,** *s. f.* Étoffe de laine.

**RATINER** (*part.* é, ée), *v. a.* Rendre semblable à la ratine.

**RATION,** *s. f.* Portion de vivres de fourrage, qu'on distribue aux troupes.

**RATIONNEL, ELLE,** *adj.* Qui se conçoit par la raison ; qui est confirmé par le raisonnement ; *horizon rationnel*, grand cercle qui coupe le ciel et la terre en deux hémisphères.

**RATISSAGE,** *s. m.* Action de ratisser.

**RATISSER** (*part.* é, ée), *v. a.* Emporter en raclant la superficie d'une chose, ou l'ordure qui y est attachée.

**RATISSOIRE,** *s. f.* Instrument pour ratisser.

**RATISSURE,** *s. f.* Ce qu'on ôte en ratissant.

**RATON,** *s. m.* Pièce de pâtisserie faite avec du fromage mou ; petit rat ; petit quadrupède carnassier de l'Amérique méridionale, de la famille des ours.

**RATTACHER** (*part.* é, ée), *v. a.* Attacher de nouveau ; attacher ; *se* —, *v. pr.* Être attaché ; *fig.* Se rallier à.

**RATTEINDRE** (se conj. sur *Teindre*), *v. a.* Rattraper.

**RATTRAPER** (*part.* é, ée), *v. a.* Rejoindre quelqu'un qui s'était enfui ou qui avait pris les devants ; attraper de nouveau à un piége ; recouvrer ce qu'on avait perdu.

**RATURE,** *s. f.* Trait de plume pour effacer.

**RATURER** (*part.* é, ée), *v. a.* Effacer par des traits de plume ce qu'on a écrit.

**RAUQUE,** *adj.* 2 *g.* Rude et comme enroué (en parlant de la voix).

**RAVAGE,** *s. m.* Désordre violent et rapide, produit par des causes physiques ou morales.

**RAVAGER** (*part.* é, ée), *v. a.* Faire du ravage.

**RAVAGEUR,** *s. m.* Celui qui ravage.

**RAVALEMENT,** *s. m.* Crépi fait à un mur de haut en bas; *fig.* Abaissement.

**RAVALER** (*part.* é, ée), *v. a.* Avaler de nouveau; *fam.* Retenir une chose au moment de la dire; — *un mur*, le crépir du haut en bas; *fig.* Avilir; *se* —, *v. pr.* S'avilir.

**RAVAUDAGE,** *s. m.* Raccommodage de vieilleries fait à l'aiguille.

**RAVAUDER** (*part.* é, ée), *v. a.* et *v. n.* Faire des ravaudages; *fig.* et *fam.* Importuner par de sots discours.

**RAVAUDERIE,** *s. f.* Discours plein de niaiseries.

**RAVAUDEUR, EUSE,** *s.* Celui ou Celle qui raccommode des bas, des hardes; *fig.* Celui ou Celle qui ne dit que des balivernes.

**RAVE,** *s. f.* Plante potagère.

**RAVIGOTE,** *s. f.* Sauce verte avec de l'échalotte et autres ingrédients.

**RAVIGOTER** (*part.* é, ée), *v. a.* Remettre en vigueur une personne, un animal affaibli.

**RAVILIR** (*part.* i, ie), *v. a.* Rabaisser, rendre méprisable.

**RAVIN,** *s. m.* Chemin creusé par la ravine.

**RAVINE,** *s. f.* Débordement d'eaux de pluie.

**RAVIR** (*part.* i, ie), *v. a.* Enlever de force; *fig.* Transporter d'admiration ou de joie; *à* —, *loc. adv.* Admirablement bien.

se **RAVISER** (*part.* é, ée), *v. pr.* Changer d'avis.

**RAVISSANT, E,** *adj.* Qui enlève de force; *fig.* Qui charme l'esprit et les sens.

**RAVISSEMENT,** *s. m.* Enlèvement; *fig.* Transport de joie, d'admiration.

**RAVISSEUR,** *s. m.* Celui qui enlève par force.

**RAVITAILLEMENT** (ll m.), *s. m.* Action de ravitailler.

**RAVITAILLER** (ll m.; *part.* é, ée), *v. a.* Introduire des vivres, des munitions dans une place forte.

**RAVIVER** (*part.* é, ée), *v. a.* Rendre plus vif; *se* —, *v. pr.* Se ranimer.

**RAVOIR** (ne se dit qu'à l'inf.), *v. a.* Avoir de nouveau; retirer des mains de quelqu'un; *se* —, *v. pr.* Recouvrer ses forces.

**RAYER** (*part.* é, ée; se conj. sur *Payer*), *v. a.* Faire des raies; effacer par des ratures.

**RAYON,** *s. m.* Trait de lumière, surtout du soleil; *rayons visuels*, qui partent des objets, ou par le moyen desquels on voit les objets; demi-diamètre du cercle, *t. de géom.*; rais qui vont du moyeu de la roue jusqu'aux jantes; sillon qu'on trace en labourant; tablettes de bibliothèque; — *de miel*, gâteau de cire divisé par petites cellules où les abeilles se retirent et font leur miel; partie externe d'une corolle composée, *t. de bot.*

**RAYONNANT, E,** *adj.* Qui rayonne; *fig.* Brillant.

**RAYONNÉ, ÉE,** *adj.* Disposé en rayons.

**RAYONNEMENT,** *s. m.* Action de rayonner.

**RAYONNER,** *v. n.* Jeter des rayons.

**RAYURE,** *s. f.* Manière dont une étoffe est rayée.

**RE** ou **RÉ,** *particule* qui entre dans la composition des mots, auxquels elle donne un sens itératif ou augmentatif.

**RÉ,** *s. m.* Seconde note de la gamme.

**RÉACTIF, IVE,** *adj.* Qui opère réaction; —, *s. m.* Toute substance qui réagit, *t. de chimie.*

**RÉACTION,** *s. f.* Résistance du corps frappé à l'action du corps qui frappe; *fig.* Vengeance.

**RÉADMISSION,** *s. f.* Nouvelle admission.

**RÉAGIR,** *v. n.* Agir à son tour sur ce dont on vient d'éprouver l'action.

**RÉAL** (*au pl. réaux*), *s. m.* Monnaie d'Espagne (25 centimes).

**RÉALISATION**, *s. f.* Action de réaliser.

**RÉALISER** (*part.* é, ée), *v. a.* Rendre réel; effectuer; *se* —, *v. pr.* Devenir effectif.

**RÉALISTES**, *s. m. pl.* Ceux qui regardent les êtres abstraits comme des êtres réels.

**RÉALITÉ**, *s. f.* Chose réelle; *en* —, *loc. adv.* Réellement.

**RÉAPPARITION**, *s. f.* Nouvelle apparition.

**RÉAPPEL**, *s. m.* Second appel qui suit immédiatement le premier.

**RÉAPPELER** (*part.* é, ée), *v. a.* Faire un réappel.

**RÉAPPOSER** (*part.* é, ée), *v. a.* Apposer de nouveau.

**RÉAPPOSITION**, *s. f.* Action de réapposer.

**RÉASSIGNATION**, *s. f.* Nouvelle assignation.

**RÉASSIGNER** (*part.* é, ée), *v. a.* Assigner de nouveau.

**RÉATTELER** (*part.* é, ée), *v. a.* Atteler de nouveau.

**REBAISSER** (*part.* é, ée), *v. a.* Baisser de nouveau.

**REBANDER** (*part.* é, ée), *v. a.* Remettre des bandes sur une plaie.

**REBAPTISER** (*part.* é, ée), *v. a.* Baptiser une seconde fois.

**RÉBARBATIF, IVE**, *adj.* Rude, rebutant.

**REBÂTIR** (*part.* i, ie), *v. a.* Bâtir de nouveau, reconstruire.

**REBATTRE** (se conj. sur *Battre*), *v. a.* Battre de nouveau; *fig.* Répéter inutilement et d'une manière ennuyeuse.

**REBELLE**, *s.* et *adj.* 2 *g.* Qui refuse d'obéir à l'autorité légitime.

se **REBELLER** (*part.* é, ée), *v. pr.* Se révolter.

**RÉBELLION**, *s. f.* Révolte.

**REBÉNIR** (*part.* i, ie), *v. a.* Bénir une seconde fois.

se **REBÉQUER**, *v. pr.* Répondre avec fierté (à son supérieur).

**REBLANCHIR** (*part.* i, ie), *v. a.* Blanchir de nouveau.

**REBONDI, IE**, *adj.* Arrondi par embonpoint.

**REBONDIR**, *v. n.* Faire un ou plusieurs bonds.

**REBONDISSEMENT**, *s. m.* Action d'un corps qui rebondit.

**REBORD**, *s. m.* Bord élevé, replié en saillie.

**REBORDER** (*part.* é, ée), *v. a.* Border de nouveau, mettre un nouveau bord.

se **REBOTTER** (*part.* é, ée), *v. pr.* Remettre ses bottes.

**REBOUCHER** (*part.* é, ée), *v. a.* Boucher de nouveau; *se* —, *v. pr.* Se remplir de soi-même (en parlant d'un trou).

**REBOUILLIR** (ll m.), *v. n.* Bouillir de nouveau.

**REBOUISAGE**, *s. m.* Action de rebouiser.

**REBOUISER** (*part.* é, ée), *v. a.* Battre un chapeau et lui donner un nouveau lustre.

**REBOURS**, *s. m.* Sens contraire de ce qui est ou de ce qui doit être; *à* —, *au* —, *loc. adv.* En sens contraire; *fig.* A contre-sens.

**REBOUTEUR, EUSE**, *s.* Celui ou Celle qui remet les os cassés.

**REBOUTONNER** (*part.* é, ée), *v. a.* Boutonner de nouveau; *se* —, *v. pr.* Reboutonner son vêtement.

**REBRIDER** (*part.* é, ée), *v. a.* Brider de nouveau.

**REBROCHER** (*part.* é, ée), *v. a.* Brocher de nouveau.

**REBRODER** (*part.* é, ée), *v. a.* Broder sur ce qui est déjà brodé.

**REBROUSSE-POIL** (À), *loc. adv.* A contre-poil; *fig.* A contre-sens.

**REBROUSSER** (*part.* é, ée), *v. a.* Relever en sens contraire; — *chemin*, ou —, *v. n.* Retourner, revenir sur ses pas.

**REBUFFADE**, *s. f.* Mauvais accueil, refus mortifiant.

**RÉBUS**, *s. m.* Jeu d'esprit; mauvais jeu de mots.

**REBUT**, *s. m.* Action de rebuter; chose rebutée.

**REBUTANT, E**, *adj.* Qui rebute; déplaisant.

**REBUTER** (*part.* é, ée), *v. a.* Rejeter avec dureté, refuser; décourager, dégoûter; choquer, déplaire à; *se* —, *v. pr.* Se décourager.

**RECACHETER** (*part.* é, ée), *v. a.* Cacheter de nouveau.

**RÉCALCITRANT, E**, *adj.* Obstiné, rétif.

**RÉCALCITRER**, *v. n.* Regimber; *fig.* Résister avec opiniâtreté.

**RÉCAPITULATION**, *s. f.* Répétition sommaire; résumé.

**RÉCAPITULER** (*part.* é, ée), *v. a.* Faire la récapitulation.

**RECARDER** (*part.* é, ée), *v. a.* Carder de nouveau.

**RECASSER** (*part.* é, ée), *v. a.* Casser de nouveau.

**RECÉDER** (*part.* é, ée), *v. a.* Céder à quelqu'un ce qu'il avait déjà cédé; céder ce qu'on avait acquis pour soi-même.

**RECELÉ**, *s. m.* Recèlement d'effets.

**RECÈLEMENT**, *s. m.* Action de receler.

**RECÉLER** (*part.* é, ée), *v. a.* Garder et cacher des objets volés; donner retraite à des gens qui se cachent; renfermer, contenir.

**RECÉLEUR, EUSE**, *s.* Celui ou Celle qui recèle des objets volés.

**RÉCEMMENT**, *adv.* Nouvellement, depuis peu.

**RECENSEMENT**, *s. m.* Dénombrement, vérification.

**RECENSER** (*part.* é, ée), *v. a.* Faire un recensement.

**RÉCENT, E**, *adj.* Nouveau.

**RECEPAGE**, *s. m.* Action de receper; effet de cette action.

**RECEPÉE**, *s. f.* Partie d'un bois qui a été recepée.

**RECEPER** (*part.* é, ée), *v. a.* Tailler un arbre, une vigne jusqu'au pied.

**RÉCÉPISSÉ**, *s. m.* Reçu de papiers, de pièces, etc.; quittance.

**RÉCEPTACLE**, *s. m.* Lieu de rassemblement (en mauvaise part).

**RÉCEPTION**, *s. f.* Action ou Manière de recevoir; accueil.

**RECERCLER** (*part.* é, ée), *v. a.* Cercler de nouveau.

**RECETTE**, *s. f.* Ce qui est reçu; action de recouvrer ce qui est dû; composition de certains remèdes.

**RECEVABLE**, *adj.* 2 *g.* Qui peut être admis, qui doit être reçu.

**RECEVEUR, EUSE**, *s.* Celui ou Celle qui a charge de faire une recette.

**RECEVOIR** (*Ind. pr.* je reçois, tu reçois, il reçoit, nous recevons, vous recevez, ils reçoivent; *imp.* je recevais, etc.; *p. déf.* je reçus, etc., nous reçûmes, etc.; *fut.* je recevrai; *cond.* je recevrais; *impér.* reçois, recevez; *subj. pr.* que je reçoive; *imp. subj.* que je reçusse; *p. pr.* recevant; *p. p.* reçu, ue), *v. a.* Accepter, prendre ce qui est donné ou offert; subir; retenir; toucher ce qui est dû; commencer d'avoir; ressentir; accueillir; être susceptible de; admettre.

**RECHANGE**, *s. m.* Objet en réserve; droit de change.

**RÉCHAPPER** (*part.* é, ée), *v. n.* Être délivré, se tirer d'un grand péril.

**RECHARGEMENT**, *s. m.* Action de recharger.

**RECHARGER** (*part.* é, ée), *v. a.* et *v. n.* Imposer une nouvelle charge; charger de nouveau une arme à feu; attaquer de nouveau.

**RECHASSER** (*part.* é, ée), *v. a.* Expulser de nouveau.

**RÉCHAUD**, *s. m.* Ustensile pour contenir du feu.

**RÉCHAUFFEMENT**, *s. m.* Fumier neuf qui sert à réchauffer les couches refroidies.

**RÉCHAUFFER** (*part.* é, ée), *v. a.* Chauffer ce qui était refroidi; *fig.* Ranimer; *se* — *v. pr.* Faire en sorte de cesser d'avoir froid.

**RÉCHAUFFOIR**, *s. m.* Espèce de fourneau pour réchauffer les mets placés sur les plats.

**RECHAUSSER** (*part.* é, ée), *v. a.* Chausser de nouveau; — *un arbre*, remettre de la terre au pied; *se* — *v. pr.* Remettre ses chaussures.

**RÊCHE**, *adj.* 2 *g.* Âpre, rude.

**RECHERCHE**, *s. f.* Action de rechercher, perquisition; chose recherchée avec soin; poursuite; *fig.* Affectation, raffinement.

**RECHERCHÉ, ÉE**, *adj.* Raffiné, affecté.

**RECHERCHER** (*part.* é, ée), *v. a.* Chercher de nouveau, chercher avec soin; faire une enquête sur; tâcher d'obtenir; briguer.

**RECHIGNER** (*part.* é, ée), *v. n.* Témoigner de la répugnance, de l'humeur.

**RECHUTE**, *s. f.* Nouvelle chute; *fig.* Retour d'une maladie.

**RÉCIDIVE**, *s. f.* Rechute dans une faute, dans un délit.

**RÉCIDIVER**, *v. n.* Retomber dans la même faute.

**RÉCIF**, *s. m.* Chaîne de rochers à fleur d'eau.

**RÉCIPIENDAIRE**, *s. m.* Celui qui se présente pour être reçu dans une compagnie.

**RÉCIPIENT**, *s. m.* Vase pour recevoir les produits d'une distillation; (dans une machine pneumatique) vaisseau où l'on renferme le corps qu'on veut mettre dans le vide.

**RÉCIPROCITÉ**, *s. f.* État ou Caractère de ce qui est réciproque.

**RÉCIPROQUE**, *adj.* 2 *g.* Mutuel; *verbe* —, qui exprime l'action de plusieurs sujets les uns sur les autres; —, *s. m.* la pareille.

**RÉCIPROQUEMENT**, *adv.* Mutuellement.

**RÉCIT**, *s. m.* Narration; ce que chante une voix seule ou qu'exécute un instrument seul dans certains passages d'un morceau d'ensemble; *t. de mus.*

**RÉCITANT, E**, *adj.* (Voix ou Instrument) qui chante ou qui exécute seul dans certains passages d'un morceau de musique.

**RÉCITATEUR**, *s. m.* Celui qui récite par cœur.

**RÉCITATIF**, *s. m.* Chant récité, qui n'est pas astreint à la mesure.

**RÉCITATION**, *s. f.* Action de réciter.

**RÉCITER** (*part.* é, ée), *v. a.* Dire de mémoire; raconter.

**RÉCLAMATION**, *s. f.* Action de réclamer.

**RÉCLAME**, *s. f.* Mot qu'on met au-dessous de la dernière ligne ou d'une page, et qui commence la ligne ou la page suivante.

**RÉCLAMER** (*part.* é, ée), *v. a.* Implorer, revendiquer; —, *v. n.* Contredire, s'opposer de paroles; revenir contre un acte; *se — de quelqu'un*, déclarer qu'on en est connu.

**RECLOUER** (*part.* é, ée), *v. a.* Clouer une seconde fois.

**RECLURE**, *v. a.* Renfermer dans une clôture étroite et rigoureuse. (Il est usité seulement à l'inf. et aux temps composés du *p. p. reclus, e.*)

**RECLUS, E**, *adj.* et *s.* Étroitement renfermé.

**RECLUSION**, *s. f.* Détention.

**RECOGNER** (*part.* é, ée), *v. a.* Coguer de nouveau.

**RECOIFFER** (*part.* é, ée), *v. a.* Coiffer de nouveau; *se* —, *v. pr.* Rajuster sa coiffure.

**RECOIN**, *s. m.* Coin plus caché.

**RÉCOLEMENT**, *s. m.* Action de récoler; vérification.

**RÉCOLER** (*part.* é, ée), *v. a.* Lire aux témoins leurs dépositions pour voir s'ils y persistent; vérifier.

**RÉCOLLECTION**, *s. f.* Recueillement d'esprit.

**RECOLLER** (*part.* é, ée), *v. a.* Coller de nouveau.

**RÉCOLLETS**, *s. m. pl.* Nom des religieux réformés de l'ordre de Saint-François; *Récollettes*, *s. f. pl.* Religieuses du même ordre.

**RÉCOLTE**, *s. f.* Action de recueillir les biens de la terre; fruits qu'on recueille.

**RÉCOLTER** (*part.* é, ée), *v. a.* Faire une récolte.

**RECOMMANDABLE**, *adj.* 2 *g.* Estimable.

**RECOMMANDATION**, *s. f.* Action de recommander quelqu'un; choses dites ou écrites pour recommander; opposition à la mise en liberté d'un prisonnier.

**RECOMMANDER** (*part.* é, ée), *v. a.* Prier d'être favorable à, de prendre soin de; inviter ou exhorter à; charger de faire, enjoindre; rendre recommandable; faire écrouer de nouveau un prisonnier; *se* —, *v. pr.* Demander l'appui, invoquer la protection de.

**RECOMMENCER** (*part.* é, ée), *v. n.* Commencer de nouveau.

**RÉCOMPENSE**, *s. f.* Prix d'une bonne action, d'un service; dédommagement; châtiment, peine; *en* —, *loc. adv.* En revanche.

**RÉCOMPENSER** (*part.* é, ée), *v. a.* Donner une récompense; dédommager; punir; *se* —, *v. pr.* Se dédommager.

**RECOMPOSER** (*part.* é, ée), *v. a.* Composer de nouveau.

**RECOMPOSITION**, *s. f.* Action de recomposer un corps; effets de cette action; *t. de chim.*

**RECOMPTER** (*part.* é, ée), *v. a.* Compter une seconde fois.

**RÉCONCILIABLE**, *adj.* 2 *g.* Qui peut être réconcilié.

**RÉCONCILIATEUR, TRICE**, *s.* Celui ou Celle qui réconcilie.

**RÉCONCILIATION**, *s. f.* Action de réconcilier.

**RÉCONCILIER** (*part.* é, ée), *v. a.* Raccommoder des personnes brouillées; *se* —, *v. pr.* et *v. réc.* Se raccommoder; rentrer en bonne intelligence.

**RECONDUIRE** (se conj. sur *Détruire*), *v. a.* Accompagner par civilité quelqu'un dont on a reçu visite; ramener quelqu'un au lieu d'où il est venu.

**RECONDUITE**, *s. f.* Action de reconduire quelqu'un.

**RÉCONFORT**, *s. m.* Consolation.

**RÉCONFORTATION**, *s. f.* Action de réconforter.

**RÉCONFORTER** (*part.* é, ée), *v. a.* Fortifier, consoler.

**RECONNAISSABLE**, *adj.* 2 *g.* Facile à reconnaître.

**RECONNAISSANCE**, *s. f.* Action de reconnaître; gratitude, récompense pour un service, un bon office; aveu d'une faute; examen détaillé; écrit pour reconnaître qu'on a reçu une chose, qu'on est obligé à un devoir.

**RECONNAISSANT, E**, *adj.* Qui a de la gratitude.

**RECONNAÎTRE** (se conj. sur *Connaître*), *v. a.* Se remettre dans l'esprit l'idée d'une personne ou d'une chose, quand on vient à la revoir; découvrir; remarquer; avouer; établir, déclarer; récompenser; *se* —, *v. pr.* Trouver sa ressemblance (dans un miroir, etc.); retrouver ses sentiments (dans quelqu'un); rentrer en soi-même, se repentir; reprendre ses sens.

**RECONQUÉRIR** (se conj. sur *Acquérir*), *v. a.* Conquérir de nouveau.

**RECONSTITUTION**, *s. f.* Constitution d'une rente avec l'argent provenant du remboursement d'une autre rente.

**RECONSTRUCTION**, *s. f.* Action de reconstruire.

**RECONSTRUIRE** (se conj. sur *Construire*), *v. a.* Rebâtir, rétablir un édifice.

**RECOPIER** (*part.* é, ée), *v. a* Transcrire de nouveau.

**RECOQUILLEMENT** (ll m.), *s. m.* État de ce qui est recoquillé.

**RECOQUILLER** (ll m.; *part.* é, ée), *v. a.* Retrousser en forme de coquille.

**RECORDER** (*part.* é, ée), *v. a.* Répéter une chose pour l'apprendre par cœur; *se* —, se rappeler ce qu'on a à dire ou à faire; *se — avec quelqu'un*, se concerter avec lui.

**RECORRIGER** (*part.* é, ée), *v. a.* Corriger de nouveau.

**RECORS**, *s. m.* Celui qui suit un huissier comme témoin dans les exploits d'exécution, et qui lui prête main-forte au besoin.

**RECOUCHER** (*part.* é, ée), *v. a.* Remettre au lit.

**RECOUDRE** (se conj. sur *Coudre*), *v. a.* Coudre ce qui est déchiré ou décousu.

**RECOUPE**, *s. f.* Débris de pierres; farine tirée du son remis au moulin.

**RECOUPER** (*part.* é, ée), *v. a.* Couper une seconde fois.

**RECOUPETTE**, *s. f.* Troisième farine tirée des recoupes.

**RECOURBER** (*part.* é, ée), *v. a.* Courber en rond par le bout.

**RECOURIR** (se conj. sur *Courir*), *v. n.* Courir de nouveau; *fig.* Avoir recours à.

**RECOURS**, *s. m.* Action de rechercher du secours, de l'assistance; refuge; action en dédommagement par voie légale.

**RECOUSSE**, *s. f.* Délivrance, reprise d'une personne ou d'une chose enlevée par force.

**RECOUVRABLE**, *adj.* 2 *g.* Qui peut se recouvrer.

**RECOUVRANCE**, *s. f.* Recouvrement.

**RECOUVREMENT**, *s. m.* Action de recouvrer ce qui est perdu; rétablissement de la santé; recette de deniers; deniers reçus; sorte de rebord qui recouvre.

**RECOUVRER** (*part.* é, ée), *v. a.* Rentrer en possession de; percevoir (des impôts).

**RECOUVRIR** (se conj. sur *Ouvrir*; *part. recouvert*, *e*), *v. a.* Couvrir de nouveau; *fig.* Cacher sous des apparences louables.

**RECRACHER** (*part.* é, ée), *v. a.* Rejeter ce qu'on a pris dans la bouche.

**RÉCRÉATIF, IVE**, *adj.* Qui récrée.

**RÉCRÉATION**, *s. f.* Divertissement, amusement.

**RECRÉER** (*part.* é, ée), *v. a.* Créer de nouveau; rétablir.

**RÉCRÉER** (*part.* é, ée), *v. a.* Divertir; *se* —, *v. pr.* Se divertir, se distraire.

**RECRÉPIR** (*part.* i, ie), *v. a.* Crépir de nouveau.

se **RÉCRIER**, *v. pr.* Faire une exclamation sur une chose qui surprend ou qui choque.

**RÉCRIMINATION**, *s. f.* Action de récriminer.

**RÉCRIMINER**, *v. n.* Répondre à des reproches par d'autres reproches.

**RÉCRIRE** (se conj. sur *Écrire*), *v. a.* Écrire de nouveau.

**RECROÎTRE** (*part.* recrû, ue; se conj. sur *Croître*), *v. n.* Prendre une nouvelle croissance.

se **RECROQUEVILLER** (ll m.; *part.* é, ée), *v. pr.*, se dit du parchemin qui se replie près du feu, et des feuilles desséchées par le soleil.

**RECRU, UE**, *adj.* Fatigué à l'excès.

**RECRUE**, *s. f.* Nouvelle levée de gens de guerre; jeune soldat; gens qui surviennent dans une société sans y être attendus.

**RECRUTEMENT**, *s. m.* Action de recruter.

**RECRUTER** (*part.* é, ée), *v. a.* Faire des recrues.

**RECRUTEUR**, *s. m.* Celui qui recrute.

**RECTA**, *adv.* (tiré du latin). Ponctuellement.

**RECTANGLE**, *adj.* 2 *g.* et *s. m.*, se dit d'un triangle qui a un angle droit et d'un parallélogramme qui a quatre angles droits.

**RECTANGULAIRE**, *adj.* 2 *g.* Qui a un angle ou quatre angles droits.

**RECTEUR**, *s. m.* Chef d'une académie universitaire; curé.

**RECTIFICATION**, *s. f.* Action de rectifier.

**RECTIFIER** (*part.* é, ée), *v. a.* Redresser une chose défectueuse; la corriger; — *des liqueurs*, les distiller une seconde fois; — *une courbe*, trouver une droite qui l'égale en longueur.

**RECTILIGNE**, *adj.* 2 *g.*, se dit d'une figure terminée par des lignes droites.

**RECTITUDE**, *s. f.* Conformité à la raison.

**RECTO**, *s. m.* (inv.) Première page d'un feuillet.

**RECTORAL, E**, *adj.* De recteur.

**RECTORAT**, *s. m.* Charge de recteur; temps pendant lequel on exerce cette charge.

**RECTUM**, *s. m.* Le dernier des trois gros intestins.

**REÇU**, *s. m.* Quittance sous seing privé.

**RECUEIL** (l m.), *s. m.* Réunion d'actes, d'écrits, de pièces.

**RECUEILLEMENT** (ll m.), *s. m.* Action par laquelle on se recueille.

**RECUEILLIR** (ll m.; se conj. sur *Cueillir*), *v. a.* Récolter, ramasser les fruits d'une terre; recevoir chez soi; *fig.* Tirer (de l'utilité, du profit); ramasser plusieurs choses dispersées; compiler; tirer quelque induction de; — *ses esprits*, ou *se* —, *v. pr.* Rappeler son attention pour s'occuper d'une chose.

**RECUIRE** (se conj. sur *Cuire*), *v. a.* Cuire de nouveau.

**RECUIT**, *s. m.*, ou **RECUITE**, *s. f.* Opération de recuire.

**RECUL**, *s. m.* Mouvement en arrière que fait le canon, le fusil qu'on décharge.

**RECULADE**, *s. f.* Action d'une voiture qui recule; *fam.* Action de reculer après s'être mis en avant.

**RECULÉ, ÉE**, *adj.* Lointain, éloigné, retiré.

**RECULÉE**, *s. f.* *Feu de* —, grand feu qui oblige à se reculer; *fam.*

**RECULEMENT**, *s. m.* Action de reculer; pièce du harnais du cheval qui le soutient quand il recule.

**RECULER** (*part.* é, ée), *v. a.* Tirer, porter, pousser en arrière; éloigner, retarder; —, *v. n.* Aller en arrière; différer.

**RECULONS** (À), *loc. adv.* En reculant.

**RÉCUPÉRER** (*part.* é, ée), *v. a.* Recouvrer; *se* —, *v. pr.* Se dédommager d'une perte.

**RÉCURER**. Voy. *Écurer*.

**RÉCUSABLE**, *adj.* 2 *g.* Qui peut être récusé; à qui ou à quoi on ne peut ajouter foi.

**RÉCUSATION**, *s. f.* Action par laquelle on récuse.

**RÉCUSER** (*part.* é, ée), *v. a.* Alléguer des raisons pour ne pas se soumettre à la décision d'un juge, pour rejeter un témoin.

**RÉDACTEUR**, *s. m.* Celui qui rédige.

**RÉDACTION**, *s. f.* Action ou Manière de rédiger.

**REDDITION**, *s. f.* Action de rendre une place aux assiégeants; compte présenté pour être vérifié et arrêté.

**REDÉFAIRE** (se conj. sur *Faire*), *v. a.* Défaire de nouveau.

**REDEMANDER** (*part.* é, ée), *v. a.* Demander une seconde fois; demander ce qu'on a prêté ou donné.

**RÉDEMPTEUR**, *s. m.* Celui qui rachète (en parlant de Jésus-Christ).

**RÉDEMPTION**, *s. f.* Rachat du genre humain par Jésus-Christ: rachat des captifs chrétiens au pouvoir des infidèles.

**REDESCENDRE** (*part.* du, ue), *v. a.* et *v. n.* Descendre de nouveau.

**REDEVABLE**, *adj.* 2 *g.* Reliquataire et débiteur après un compte rendu; qui a obligation à quelqu'un.

**REDEVANCE**, *s. f.* Rente ou autre charge qu'on doit annuellement.

**REDEVANCIER, IÈRE**, *s.* Celui ou Celle qui est obligé à des redevances.

**REDEVENIR** (se conj. sur *Venir*), *v. n.* Recommencer à être ce qu'on était d'abord.

**REDEVOIR** (se conj. sur *Devoir*), *v. a.* Être en reste, devoir après un compte fait.

**RÉDHIBITION**, *s. f.* Action pour faire annuler la vente d'un objet défectueux.

**RÉDHIBITOIRE**, *adj.* 2 *g.* Qui donne droit à la rédhibition.

**RÉDIGER** (*part.* é, ée), *v. a.* Mettre par écrit, résumer.

se **RÉDIMER** (*part.* é, ée), *v. pr.* Se racheter.

**REDINGOTE**, *s. f.* Espèce de surtout.

**REDIRE** (se conj. sur *Dire*), *v. a.* Répéter, dire de nouveau; révéler; *trouver à* —, blâmer.

**REDISEUR, EUSE**, *s. m.* Celui ou Celle qui répète ce qu'il a dit.

**REDITE**, *s. f.* Répétition fréquente.

**REDON**, chef-lieu d'arr. du dép. d'Ille-et-Vilaine.

**RÉDONDANCE**, *s. f.* Superfluité de paroles dans un discours.

**RÉDONDANT, E**, *adj.* Qui rédonde.

**RÉDONDER**, *v. n.* Surabonder.

**REDONNER** (*part.* é, ée), *v. a.* Donner la même chose une seconde fois; rendre; —, *v. n.* Revenir à ce qu'on avait abandonné; revenir à la charge; *se* —, *v. pr.* Se livrer de nouveau.

**REDORER** (*part.* é, ée), *v. a.* Dorer de nouveau.

**REDOUBLEMENT**, *s. m.* Accroissement, augmentation.

**REDOUBLER** (*part.* é, ée), *v. a.* Réitérer avec augmentation; remettre une doublure; —, *v. n.* Augmenter.

**REDOUTABLE**, *adj.* 2 *g.* Fort à craindre.

**REDOUTE**, *s. f.* Partie de fortification détachée; bal public.

**REDOUTER** (*part.* é, ée), *v. a.* Craindre fort.

**REDRESSEMENT**, *s. m.* Action de redresser; effet de cette action.

**REDRESSER** (*part.* é, ée), *v. a.* Rendre droit; remettre dans le droit chemin, *au prop. et au fig.*; — *les torts*, les réparer; *se* —, *v. pr.* Se tenir droit.

**REDRESSEUR**, *s. m.* Celui qui redresse les torts; *t. de chevalerie.*

**RÉDUCTIBLE**, *adj.* 2 *g.* Qu'on peut réduire.

**RÉDUCTIF, IVE**, *adj.* Qui réduit.

**RÉDUCTION**, *s. f.* Action de réduire; effet de cette action; évaluation des monnaies, des mesures, les unes par rapport aux autres; (*t. de géom.*) opération par laquelle on change une figure en une autre semblable, mais plus petite; diminution de dépenses, de revenus; (*t. de chir.*) opération par laquelle on remet à leur place les os luxés ou fracturés.

**RÉDUIRE** (se conj. sur *Détruire*), *v. a.* Restreindre, diminuer, amoindrir; copier en petit dans les mêmes proportions; contraindre, obliger; soumettre; détruire; évaluer les monnaies les unes par rapport aux autres; résumer; (*t. de chir.*) faire l'opération de la réduction; *se —*, *v. pr.* Aboutir à.

**RÉDUIT**, *s. m.* Retraite, petit logement.

**RÉDUPLICATIF, IVE**, *adj.* Qui marque le redoublement; *t. de gramm.*

**RÉDUPLICATION**, *s. f.* Répétition d'une lettre, d'une syllabe.

**RÉÉDIFICATION**, *s. f.* Action de réédifier.

**RÉÉDIFIER** (*part.* é, ée), *v. a.* Rebâtir.

**RÉEL, ELLE**, *adj.* Qui est véritablement; —, *s. m.* Ce qui est réel.

**RÉÉLECTION**, *s. f.* Action de réélire.

**RÉÉLIRE** (se conj. sur *Lire*), *v. a.* Élire de nouveau.

**RÉELLEMENT**, *adv.* En effet.

**RÉEXPORTATION**, *s. f.* Action de réexporter.

**RÉEXPORTER** (*part.* é, ée), *v. a.* Exporter les marchandises importées.

**REFAIRE** (se conj. sur *Faire*), *v. a.* Faire de nouveau la même chose; réparer, raccommoder; recommencer; remettre en vigueur; *se —*, *v. pr.* Reprendre de la vigueur.

**REFAUCHER** (*part.* é, ée), *v. a.* Faucher de nouveau.

**RÉFECTION**, *s. f.* Réparation (d'un bâtiment); repas.

**RÉFECTOIRE**, *s. m.* Lieu où l'on prend ses repas en commun.

**REFEND**, *s. m.* Mur qui fait des séparations dans l'intérieur d'un bâtiment; *bois de —*, scié de long.

**REFENDRE**, *v. a.* Fendre de nouveau; scier en long.

**RÉFÉRÉ**, *s. m.* Rapport que fait un juge sur quelque incident d'un procès.

**RÉFÉRENDAIRE**, *s. m.* Officier rapporteur de chancellerie; rapporteur à la cour des comptes.

**RÉFÉRER** (*part.* é, ée), *v. a.* Rapporter, attribuer; —, *v. n.* Faire rapport; *se —*, *v. pr.* Avoir rapport; s'en rapporter à.

**REFERMER** (*part.* é, ée), *v. a.* Fermer de nouveau.

**REFERRER** (*part.* é, ée), *v. a.* Ferrer de nouveau (un cheval).

**RÉFLÉCHI, IE**, *adj.* Fait, dit avec réflexion; qui a l'habitude de réfléchir; *verbe réfléchi*, qui exprime l'action d'un sujet sur lui-même.

**RÉFLÉCHIR** (*part.* i, ie), *v. a.* Repousser, renvoyer (en parlant d'un corps frappé par un autre); —, *v. n.* Rejaillir, être renvoyé; méditer.

**RÉFLÉCHISSEMENT**, *s. m.* Réverbération.

**RÉFLECTEUR**, *s. m.* Corps qui réfléchit la lumière.

**REFLET**, *s. m.* Réflexion de la lumière, de la couleur d'un corps sur un autre.

**REFLÉTER** (*part.* é, ée), *v. a.* Faire un reflet; *se —*, *v. pr.* Envoyer un reflet.

**REFLEURIR** (*part.* i, ie), *v. n.* Fleurir de nouveau; *fig.* Rentrer en estime, en vogue. (Dans le sens propre, ce verbe est régulier; dans le sens figuré, il fait à l'imparfait de l'ind. *il florissait*, et au p. pr. *florissant.*)

**RÉFLEXION**, *s. f.* Rejaillissement, réverbération; méditation, pensée.

**REFLUER**, *v. n.*, se dit des eaux qui retournent vers le lieu d'où elles ont coulé.

**REFLUX**, *s. m.* Mouvement de la mer qui se retire après le flux; *fig.* Vicissitude des choses humaines.

**REFONDRE** (*part.* du, ue), *v. a.* Mettre à la fonte une seconde fois; *fig.* Refaire.

**REFONTE**, *s. f.* Action de refondre les monnaies, pour en refaire de nouvelles espèces.

**RÉFORMABLE**, *adj.* 2 *g.* Qui peut ou Qui doit être réformé.

**RÉFORMATEUR**, **TRICE**, *s.* Celui ou Celle qui réforme les abus.

**RÉFORMATION**, *s. f.* Action de réformer, de corriger, de rétablir dans une meilleure forme.

**RÉFORME**, *s. f.* Rétablissement dans l'ancienne forme, suppression des abus; changement fait par les protestants du XVI^e^ siècle au culte et au dogme de l'Église; licenciement des troupes; régularité dans les mœurs; réduction des dépenses.

**RÉFORMÉ**, **ÉE**, *adj.* et *s.* Qui professe les dogmes de la réforme; qui est relatif à ces dogmes.

**REFORMER** (*part.* é, ée), *v. a.* Former de nouveau.

**RÉFORMER** (*part.* é, ée), *v. a.* Rétablir dans une autre forme, ou en donner une meilleure; retrancher ce qui est nuisible; réduire à un plus petit nombre.

**REFOULEMENT**, *s. m.* Action de refouler; effet de cette action.

**REFOULER** (*part.* é, ée), *v. a.* Fouler de nouveau; faire refluer; bourrer une pièce de canon avec le refouloir.

**REFOULOIR**, *s. m.* Bâton qui sert à bourrer les pièces de canon.

**RÉFRACTAIRE**, *adj.* 2 *g.* et *s. m.* Rebelle, désobéissant.

**RÉFRACTER** (*part.* é, ée), *v. a.* Produire la réfraction.

**RÉFRACTIF**, **IVE**, *adj.* Qui produit la réfraction.

**RÉFRACTION**, *s. f.* Changement de direction d'un rayon de lumière qui passe par des milieux différents.

**REFRAIN**, *s. m.* Mots qu'on répète à la fin de chaque couplet d'une chanson.

**REFRANCHIR** (*part.* i, ie), *v. a.* Franchir de nouveau.

**RÉFRANGIBILITÉ**, *s. f.* Propriété de la lumière en tant que réfrangible.

**RÉFRANGIBLE**, *adj.* 2 *g.* Susceptible de réfraction.

**REFRAPPER** (*part.* é, ée), *v. a.* Frapper de nouveau.

**REFRÉNER** (*part.* é, ée), *v. a.* Réprimer.

**RÉFRIGÉRANT**, **E**, *adj.* Qui rafraîchit; —, *s. m.* Vase préparé pour rafraîchir et condenser les vapeurs.

**RÉFRIGÉRATIF**, **IVE**, *adj.* Qui a la propriété de rafraîchir.

**RÉFRIGÉRATION**, *s. f.* Refroidissement.

**REFROGNEMENT**, ou **RENFROGNEMENT**, *s. m.* Action de se refrogner.

se **REFROGNER**, ou se **RENFROGNER** (*part.* é, ée), *v. pr.* Plisser le front en signe de mécontentement.

**REFROIDIR** (*part.* i, ie), *v. a.* Rendre froid; *fig.* Ralentir; —, *v. n.*, et *se* —, *v. pr.* Devenir froid; *fig.* Perdre de son ardeur.

**REFROIDISSEMENT**, *s. m.* Diminution de chaleur; *fig.* Diminution d'amitié.

**REFUGE**, *s. m.* Asile; prétexte.

se **RÉFUGIER** (*part.* é, ée), *v. pr.* Se retirer en un lieu de sûreté.

**REFUITE**, *s. f.* Ruse (d'une bête qu'on chasse).

**REFUS**, *s. m.* Action de refuser; chose refusée.

**REFUSER** (*part.* é, ée), *v. a.* Ne pas accepter; ne pas accorder; *se — une chose*, s'en priver; *se* — (*à*), *v. pr.* Ne pas vouloir faire une chose; ne pas permettre.

**RÉFUTATION**, *s. f.* Réponse à des objections.

**RÉFUTER** (*part.* é, ée), *v. a.* Combattre par des raisons ce qu'un autre a avancé; argumenter contradictoirement.

**REGAGNER** (*part.* é, ée), *v. a.* Recouvrer ce qu'on avait perdu; retourner à.

**REGAIN**, *s. m.* Herbe qui revient dans un pré fauché.

**RÉGAL** (*au pl. régals*), *s. m.* Grand repas.

**RÉGALADE**, *s. f.* Action de régaler; *boire à la* —, la tête renversée et en versant la boisson dans sa bouche.

**RÉGALANT**, **E**, *adj.* Amusant.

**RÉGALE**, *s. m.* Un des jeux de l'orgue; —, *s. f.* Droit qu'avait le roi de recueillir les fruits des évêchés vacants, et de pourvoir, pendant ce temps, aux bénéfices qui étaient à la collation de l'évêque; —, *adj. f. Eau* —, acide nitro-muriatique, qui dissout l'or.

**RÉGALEMENT**, *s. m.* Action d'aplanir la superficie d'un terrain.

**RÉGALER** (*part.* é, ée), *v. a.* Donner un régal, divertir; mettre (un terrain) de niveau.

**RÉGALIEN**, *adj. m. Droit* —, droit attaché à la souveraineté.

**REGARD**, *s. m.* Action par laquelle on regarde; ouverture pratiquée pour visiter un aqueduc; *en* —, *loc. adv.* Vis-à-vis.

**REGARDANT**, *s. m.* Spectateur.

**REGARDANT**, **E**, *adj.* Qui regarde de trop près; qui lésine.

**REGARDER** (*part.* é, ée), *v. a.* Jeter la vue sur; examiner avec attention; concerner; être vis-à-vis de.

**REGARNIR** (*part.* i, ie), *v. a.* Garnir de nouveau.

**RÉGENCE**, *s. f.* Dignité qui donne pouvoir de gouverner un État pendant l'absence ou la minorité du souverain; temps que dure la régence; emploi de régent dans un collége; gouvernement de certains petits États.

**RÉGÉNÉRATEUR**, **TRICE**, *s.* Celui ou Celle qui régénère.

**RÉGÉNÉRATION**, *s. f.* Reproduction, renaissance.

**RÉGÉNÉRER** (*part.* é, ée), *v. a.* Faire renaître, améliorer; *se* —, *v. pr.* Se reproduire; s'améliorer.

**RÉGENT**, **E**, *adj.* et *s.* Celui ou Celle qui exerce la régence; —, *s. m.* Celui qui enseigne dans un collége.

**RÉGENTER** (*part.* é, ée), *v. a.* et *v. n.* Professer dans un collége; *fig.* Aimer à faire prévaloir son avis.

**RÉGICIDE**, *s. m.* Assassinat d'un roi; assassin d'un roi.

**RÉGIE**, *s. f.* Administration de biens, à la charge d'en rendre compte; administration chargée de la recette des impôts indirects.

**REGIMBER**, *v. n.* Ruer des pieds de derrière; *fig.* Refuser d'obéir.

**RÉGIME**, *s. m.* Règle, manière de vivre, par rapport à la santé; administration, gouvernement des États; (*t. de gramm.*) mot qui dépend immédiatement d'un verbe ou d'une préposition; grappe de fruits à l'extrémité d'une branche.

**RÉGIMENT**, *s. m.* Corps de gens de guerre commandé par un colonel; *fig.* Grand nombre.

**RÉGIMENTAIRE**, *adj.* 2 *g.* Qui appartient au régiment.

**RÉGION**, *s. f.* Grande étendue; espace dans le ciel, dans l'air ou sur la terre.

**RÉGIR** (*part.* i, ie), *v. a.* Gouverner, administrer; (*t. de gramm.*) avoir pour régime.

**RÉGISSEUR**, *s. m.* Celui qui régit à charge de rendre compte.

**REGISTRE**, *s. m.* Livre où l'on écrit les actes, les affaires de chaque jour.

**REGISTRER** (*part.* é, ée), *v. a.* Enregistrer.

**RÈGLE**, *s. f.* Instrument qui sert à tirer des lignes droites; *fig.* Maxime, enseignement; modèle; coutume; principe; opération d'arithmétique; statuts; bon ordre.

**RÉGLÉ**, **ÉE**, *adj.* Conforme aux règles; sage, régulier.

**RÈGLEMENT**, *s. m.* Action de régler; ordonnance, statut.

**RÉGLÉMENT**, *adv.* Avec règle.

**RÉGLEMENTAIRE**, *adj.* 2 *g.* Qui concerne les règléments.

**RÉGLEMENTER**, *v. n.* Faire des règlements.

**RÉGLER** (*part.* é, ée), *v. a.* Tirer des lignes sur du papier; diriger suivant certaines règles; déterminer; mettre en bon ordre; *se* —, *v. pr.* Prendre pour règle.

**RÉGLET**, *s. m.*, et **RÉGLETTE**, *s. f.* Petite règle.

**RÉGLEUR**, *s. m.* Celui qui règle le papier.

**RÉGLISSE**, *s. f.* Plante légumineuse dont la racine sucrée est employée en médecine.

**RÉGNANT**, **E**, *adj.* Qui règne; *fig.* Qui domine.

**RÈGNE**, *s. m.* Gouvernement d'un État; *fig.* Pouvoir, empire; *règne animal*, *végétal*, *minéral*, les animaux, les végétaux, les minéraux; — *organique*, les animaux et les végétaux; — *inorganique*, les minéraux.

**RÉGNER**, *v. n.* Gouverner un royaume, un État en souverain ; *fig.* Dominer, être en vogue ; s'étendre le long de.

**REGNICOLE**, *adj.* et *s.* 2 *g.* Habitant naturel d'un royaume.

**REGONFLER** (*part.* é, ée), *v. a.* et *v. n.* Gonfler de nouveau.

**REGORGEMENT**, *s. m.* Action de ce qui regorge.

**REGORGER**, *v. n.* Déborder, s'épancher hors de ses bornes ; *fig.* Avoir en abondance.

**REGRATTER** (*part.* é, ée), *v. a.* Gratter de nouveau ; racler les murailles d'un vieux bâtiment ; —, *v. n.* Faire des réductions sur les plus petits articles d'un compte.

**REGRATTERIE**, *s. f.* Commerce du regrattier ; objet de ce commerce.

**REGRATTIER**, **IÈRE**, *s.* Celui ou Celle qui vend des marchandises diverses à petite mesure ; celui qui regratte dans un compte considérable.

**REGRET**, *s. m.* Déplaisir d'avoir perdu ce qu'on possédait, d'avoir manqué ce qu'on pouvait acquérir ; repentir ; *au pl.* Plaintes, doléances ; à —, *loc. adv.* Avec répugnance.

**REGRETTABLE**, *adj.* 2 *g.* Digne d'être regretté.

**REGRETTER** (*part.* é, ée), *v. a.* Avoir regret.

**RÉGULARISATION**, *s. f.* Action de régulariser.

**RÉGULARISER** (*part.* é, ée), *v. a.* Rendre régulier.

**RÉGULARITÉ**, *s. f.* Ordre naturel ou de convention ; observation exacte des devoirs, des règles ; juste proportion.

**RÉGULATEUR**, *s. m.* Appareil servant à régler le mouvement d'une machine.

**RÉGULATEUR**, **TRICE**, *adj.* Qui sert de règle.

**RÉGULIER**, **IÈRE**, *adj.* Qui a de la régularité, exact, ponctuel ; bien proportionné ; (religieux) engagé par des vœux dans une communauté.

**RÉGULIÈREMENT**, *adv.* D'une manière régulière.

**RÉHABILITATION**, *s. f.* Action de réhabiliter.

**RÉHABILITER** (*part.* é, ée), *v. a.* Rétablir dans un état, dans un droit dont on était déchu ; *fig.* Rendre la réputation ; *se* —, *v. pr.* Regagner l'estime.

**RÉHABITUER** (*part.* é, ée), *v. a.* Faire reprendre une habitude.

**REHAUSSEMENT**, *s. m.* Action de rehausser ; augmentation de valeur.

**REHAUSSER** (*part.* é, ée), *v. a.* Hausser davantage ; *fig.* Mettre en relief.

**RÉIMPORTER** (*part.* é, ée), *v. a.* Importer de nouveau.

**RÉIMPOSER** (*part.* é, ée), *v. a.* Faire une nouvelle imposition pour compléter une taxe.

**RÉIMPOSITION**, *s. f.* Action de réimposer ; imposition nouvelle.

**RÉIMPRESSION**, *s. f.* Nouvelle impression d'un ouvrage.

**RÉIMPRIMER** (*part.* é, ée), *v. a.* Imprimer de nouveau.

**REIMS**, chef-lieu d'arr. du dép. de la Marne.

**REIN**, *s. m.* Viscère destiné à la sécrétion de l'urine ; *au pl.* Le bas de l'épine du dos.

**REINE**, *s. f.* Femme de roi ; femme qui de son chef possède un royaume ; *fig.* Celle qui est la première dans son genre.

**REINE-CLAUDE** (*au pl.* *reines-claude*), *s. f.* Sorte de prune.

**REINETTE**, *s. f.* Sorte de pomme très-recherchée.

**RÉINSTALLATION**, *s. f.* Action de réinstaller.

**RÉINSTALLER** (*part.* é, ée), *v. a.* Installer de nouveau.

**REINTÉ**, **ÉE**, *adj.* Qui a les reins forts.

**RÉINTÉGRATION**, *s. f.* Action de réintégrer.

**RÉINTÉGRER** (*part.* é, ée), *v. a.* Remettre en possession.

**RÉITÉRATION**, *s. f.* Action de réitérer.

**RÉITÉRER** (*part.* é, ée), *v. a.* Faire de nouveau ce qu'on a déjà fait.

**REÎTRE**, *s. m.* Ancien cavalier allemand.

**REJAILLIR** (ll m.), *v. n.* Sortir avec impétuosité (en parlant des liquides) ; être réfléchi (en parlant des solides) ; *fig.* Retomber sur.

**REJAILLISSEMENT** (ll m.), *s. m.* Action, mouvement de ce qui rejaillit.

**REJET**, *s. m.* Action par laquelle une chose est rejetée; nouvelle pousse d'une plante.

**REJETABLE**, *adj.* 2 *g.* Qui doit être rejeté.

**REJETER** (*part.* é, ée), *v. a.* Jeter une seconde fois; repousser; jeter dehors; renvoyer à un autre article (dans un compte); — *une faute sur quelqu'un*, l'accuser pour se disculper; *fig.* Rebuter, refuser; —, *v. a.* et *v. n.* Repousser après avoir été coupé (en parlant d'un arbre).

**REJETON**, *s. m.* Nouveau jet que donne le tronc ou la tige de tout végétal; *fig.* Descendant.

**REJOINDRE** (se conj. sur *Joindre*), *v. a.* Réunir des parties séparées; ratteindre des gens qui avaient pris les devants; *se* —, *v. pr.* et *v. récipr.* Se réunir.

**REJOUER** (*part.* é, ée), *v. a.* et *v. n.* Jouer de nouveau.

**RÉJOUI**, **IE**, *adj.* Gai, enjoué; —, *s.* Personne de bonne humeur.

**RÉJOUIR** (*part.* i, ie), *v. a.* Donner de la joie, du plaisir; *se* —, *v. pr.* Se divertir, se féliciter.

**RÉJOUISSANCE**, *s. f.* Démonstration de joie; basse viande qu'il fallait prendre avec la bonne et payer le même prix.

**RÉJOUISSANT**, **E**, *adj.* Qui réjouit.

**RELÂCHANT**, **E**, *adj.* Qui relâche, qui amollit; —, *s. m.* Remède qui relâche.

**RELÂCHE**, *s. m.* Interruption; repos; —, *s. f.* (*t. de mar.*). Lieu propre à relâcher; action de relâcher.

**RELÂCHÉ**, **ÉE**, *adj.* Peu sévère, peu scrupuleux.

**RELÂCHEMENT**, *s. m.* Diminution de tension; délassement; *fig.* Ralentissement d'ardeur.

**RELÂCHER** (*part.* é, ée), *v. a.* Détendre; remettre en liberté; céder; —, *v. n.* Se ralentir, diminuer; s'arrêter en quelque endroit, *t. de mar.*; *se* —, *v. pr.* Céder de ses droits; *fig.* Se ralentir.

**RELAIS**, *s. m.* Chevaux frais qui remplacent ceux que l'on quitte; meute de chiens qu'on poste sur différents points pour la chasse du cerf et du sanglier; lieu où l'on met les relais; terrains que la mer abandonne.

**RELANCER** (*part.* é, ée), *v. a.* Lancer une seconde fois; — *quelqu'un*, *fam.* L'aller trouver pour l'engager à quelque chose; lui répondre avec force et dureté.

**RELAPS**, **E**, *adj.* et *s.* Qui est retombé dans l'hérésie.

**RÉLARGIR** (*part.* i, ie), *v. a.* Rendre plus large.

**RELATER** (*part.* é, ée), *v. a.* Raconter, mentionner.

**RELATIF**, **IVE**, *adj.* Qui a rapport à.

**RELATION**, *s. f.* Rapport d'une chose à une autre; liaison, commerce; récit.

**RELATIVEMENT**, *adv.* D'une manière relative; — à, par rapport à.

**RELAVER** (*part.* é, ée), *v. a.* Laver de nouveau.

**RELAXER** (*part.* é, ée), *v. a.* Remettre en liberté, relâcher.

**RELAYER** (se conj. sur *Payer*; *part.* é, ée), *v. a.* Occuper les ouvriers les uns après les autres; —, *v. n.* Prendre des chevaux de relais; *se* —, *v. récipr.* Travailler alternativement.

**RELÉGATION**, *s. f.* Bannissement dans un lieu fixé.

**RELÉGUER** (*part.* é, ée), *v. a.* Exiler dans un lieu fixé; *se* —, *v. pr.* Se retirer.

**RELENT**, *s. m.* Mauvais goût que prend une viande dans un lieu humide.

**RELEVAILLES** (ll m.), *s. f. pl.* Cérémonie qui se fait à l'église la première fois qu'une femme y vient après ses couches.

**RELEVÉ**, **ÉE**, *adj.* Remis debout; ranimé; remplacé; *pensée relevée*, sublime; —, *s. m.* *Relevé de compte*, extrait des articles qui regardent le même objet; *relevée*, *s. f.* L'après midi; *t. de pratique*.

**RELÈVEMENT**, *s. m.* Action de relever; énumération exacte; parties d'un vaisseau plus élevées que les autres.

**RELEVER** (*part.* é, ée), *v. a.* Remettre debout ce qui était tombé ou couché; rétablir ce qui était en ruine; hausser; *fig.* Remettre dans son ancien état; ranimer; critiquer; remplacer; délier, libérer, donner du relief; vanter; —, *v. n.* Dépendre de, ressortir à; *se* —, *v. pr.* Se remettre debout; se redresser; sortir du lit où l'on vient d'entrer; *fig.* Se remettre (d'une perte, d'une maladie).

**RELIAGE**, *s. m.* Action de relier des tonneaux.

**RELIEF**, *s. m.* Ouvrage relevé en bosse; saillie apparente; *fig.* Distinction, éclat; *au pl.* Restes des mets qu'on a servis.

**RELIER** (*part.* é, ée), *v. a.* Lier de nouveau; assembler les feuilles d'un livre et y mettre une couverture; mettre des cercles à un tonneau.

**RELIEUR**, *s. m.* Celui qui relie les livres.

**RELIGIEUSEMENT**, *adv.* Avec religion; scrupuleusement.

**RELIGIEUX, EUSE**, *adj.* Qui a rapport à la religion ou à un ordre monastique; pieux; exact, ponctuel; —, *s.* Celui ou Celle qui a fait des vœux dans un couvent.

**RELIGION**, *s. f.* Culte rendu à la divinité; piété, dévotion; conscience (d'un juge, etc.); *surprendre la* —, tromper par un faux exposé.

**RELIGIONNAIRE**, *adj.* 2 *g.* Celui ou Celle qui fait profession de la religion réformée.

**RELIQUAIRE**, *s. m.* Boîte où l'on enchâsse des reliques.

**RELIQUAT**, *s. m.* Reste de compte.

**RELIQUATAIRE**, *s.* 2 *g.* Celui ou Celle qui redoit après compte rendu.

**RELIQUE**, *s. f.* Partie du corps d'un saint, ou chose qui lui a appartenue; *au pl.* Restes.

**RELIRE** (se conj. sur *Lire*), *v. a.* Lire de nouveau.

**RELIURE**, *s. f.* Manière dont un livre est relié; ouvrage d'un relieur.

**RELOUER** (*part.* é, ée), *v. a.* Sous-louer; louer de nouveau.

**RELUIRE** (se conj. sur *Luire*), *v. n.* Luire par réflexion; *fig.* Paraître avec éclat.

**RELUISANT, E**, *adj.* Qui reluit.

**RELUQUER** (*part.* é, ée), *v. a.* Regarder curieusement du coin de l'œil.

**REMÂCHER** (*part.* é, ée), *v. a.* Mâcher une seconde fois; *fam.* Repasser plusieurs fois dans son esprit.

**REMANIEMENT** ou **REMANÎMENT**, *s. m.* Action de remanier; effet de cette action.

**REMANIER** (*part.* é, ée), *v. a.* Manier de nouveau; modifier, refaire.

**REMARIER** (*part.* é, ée), *v. a.* Faire passer à de secondes noces; *se* —, *v. pr.* Contracter un nouveau mariage.

**REMARQUABLE**, *adj.* 2 *g.* Qui se fait remarquer, digne d'être remarqué.

**REMARQUABLEMENT**, *adv.* D'une manière remarquable.

**REMARQUE**, *s. f.* Observation, note.

**REMARQUER** (*part.* é, ée), *v. a.* Marquer une seconde fois; faire attention à; distinguer.

**REMBALLER** (*part.* é, ée), *v. a.* Emballer de nouveau.

**REMBARQUEMENT**, *s. m.* Action de rembarquer ou de se rembarquer.

**REMBARQUER** (*part.* é, ée), *v. a.* Embarquer de nouveau; *se* —, *v. pr.* Se remettre sur mer; *fig.* S'engager de nouveau dans une affaire.

**REMBARRER** (*part.* é, ée), *v. a.* Repousser énergiquement; *fig.* Rejeter avec indignation.

**REMBLAI**, *s. m.* Terre rapportée pour combler, élever ou niveler un terrain.

**REMBLAYER** (*part.* é, ée), *v. a.* Apporter des remblais.

**REMBOÎTEMENT**, *s. m.* Action de remboîter; effet de cette action.

**REMBOÎTER** (*part.* é, ée), *v. a.* Remettre en sa place ce qui était déboîté.

**REMBOURREMENT**, *s. m.* Action de rembourrer; effet de cette action.

**REMBOURRER** (*part.* é, ée), *v. a.* Garnir de bourre.

**REMBOURSABLE**, *adj.* 2 *g.* Qui peut être remboursé.

**REMBOURSEMENT**, *s. m.* Payement d'une somme due.

**REMBOURSER** (*part.* é, ée), *v. a.* Rendre les déboursés ; rendre le capital d'une rente.

**REMBRUNIR** (*part.* i, ie), *v. a.* Rendre brun, plus brun ; *fig.* Rendre sombre et triste ; *se* —, *v. pr.* S'assombrir.

**REMBRUNISSEMENT**, *s. m.* Qualité, état de ce qui est rembruni.

se **REMBUCHER** (*part.* é, ée), *v. pr.* Rentrer au bois (en parlant des bêtes sauvages).

**REMÈDE**, *s. m.* Ce qu'on emploie pour prévenir ou pour guérir un mal ; lavement.

**REMÉDIER**, *v. n.* Apporter remède.

**REMÊLER** (*part.* é, ée), *v. a.* Mêler de nouveau.

**REMEMBRANCE**, *s. f.* Souvenir.

**REMÉMORATIF, IVE**, *adj.* Qui fait ressouvenir.

**REMÉMORER** (*part.* é, ée), *v. a.* Faire ressouvenir ; *se* —, rappeler dans sa mémoire.

**REMENER** (*part.* é, ée), *v. a.* Conduire, voiturer des personnes, des animaux ou des choses au lieu où elles étaient auparavant.

**REMERCIER** (*part.* é, ée), *v. a.* Rendre grâces ; refuser d'accepter ; destituer.

**REMERCÎMENT** ou **REMERCIEMENT**, *s. m.* Action de grâces, action de remercier.

**RÉMÉRÉ**, *s. m.* Droit de racheter dans un certain temps ce qu'on vend.

**REMETTRE** (se conj. sur *Mettre*), *v. a.* Mettre une chose à l'endroit où elle était auparavant ; rétablir, raccommoder ; rendre les forces ; rassurer ; rendre une chose à qui elle appartient, à qui elle est adressée ; différer ; pardonner, faire grâce de ; mettre en dépôt ; reconnaître ; *se* —, *v. pr.* Recouvrer la santé ; se rassurer ; s'en rapporter à.

**REMEUBLER** (*part.* é, ée), *v. a.* Regarnir de meubles.

**RÉMINISCENCE**, *s. f.* Renouvellement d'une idée presque effacée.

**REMIREMONT**, chef-lieu d'arr. du dép. des Vosges.

**REMISE**, *s. f.* Action de remettre, de livrer ; lieu pour mettre une voiture à couvert ; taillis où se retire le gibier ; délai, retardement ; argent qu'un négociant fait remettre à ses correspondants ; grâce ; somme qu'on abandonne à celui qui est chargé d'une recette ; —, *s. m.* Carrosse de louage au jour ou au mois.

**REMISER** (*part.* é, ée), *v. a.* Placer (une voiture) sous une remise.

**RÉMISSIBLE**, *adj.* 2 *g.* Pardonnable.

**RÉMISSION**, *s. f.* Pardon, grâce accordée à un criminel ; diminution ; (*t. de méd.*) relâchement.

**RÉMITTENT, E**, *adj.*, se dit des maladies qui ont des rémissions.

**REMMENER** (*part.* é, ée), *v. a.* Emmener la personne qu'on avait amenée.

**RÉMOLADE** ou **RÉMOULADE**, *s. f.* Espèce de sauce piquante.

**REMONTAGE**, *s. m.* Action de remonter (des bottes) ; ouvrage qui en résulte.

**REMONTE**, *s. f.* Chevaux pour remonter des cavaliers.

**REMONTER** (*part.* é, ée), *v. a.* Monter de nouveau ; donner des chevaux de remonte ; remettre en état, raccommoder, remettre à neuf ; — (*part.* é, ée), *v. n.* Monter une seconde fois ; retourner d'où l'on est descendu ; *fig.* Reprendre les choses de plus loin, dès l'origine.

**REMONTRANCE**, *s. f.* Réprimande, avis d'un supérieur.

**REMONTRER** (*part.* é, ée), *v. a.* Faire des remontrances, donner des avis.

**RÉMORA**, *s. m.* Sorte de poisson ; *fig.* Obstacle.

**REMORDRE** (se conj. sur *Mordre*), *v. a.* et *v. n.* Mordre de nouveau —, *v. n.* Attaquer de nouveau.

**REMORDS**, *s. m.* Reproche que fait la conscience.

**REMORQUE**, *s. f.* Action de remorquer.

**REMORQUER** (*part.* é, ée), *v. a.* Tirer un vaisseau, une voiture, par le moyen d'un ou plusieurs navires, ou d'une machine à vapeur.

**REMORQUEUR**, *s. m.* Vaisseau ou Machine pour remorquer.

**REMOUDRE** (se conj. sur *Moudre*), *v. a.* Moudre une seconde fois.

**RÉMOUDRE** (se conj. sur *Moudre*), *v. a.* Émoudre une seconde fois.

**RÉMOULADE.** Voy. *Rémolade.*

**RÉMOULEUR**, *s. m.* Celui qui repasse des instruments tranchants sur la meule.

**REMOUS**, *s. m.* Tournoiement d'eau.

**REMPAILLER** (ll m.; *part.* é, ée), *v. a.* Garnir d'une nouvelle paille.

**REMPAILLEUR, EUSE** (ll m.), *s.* Celui ou Celle qui regarnit des siéges de paille.

se **REMPARER** (*part.* é, ée), *v. pr.* S'emparer de nouveau.

**REMPART**, *s. m.* Levée de terre et de maçonnerie qui environne et défend une place; *fig.* Ce qui sert de défense.

**REMPLAÇANT**, *s. m.* Celui qui remplace un conscrit; suppléant.

**REMPLACEMENT**, *s. m.* Action de remplacer; emploi utile du prix d'une vente; substitution d'un homme de bonne volonté à un conscrit.

**REMPLACER** (*part.* é, ée), *v. a.* Faire un remplacement; remplir la place de quelqu'un; tenir lieu de.

**REMPLI**, *s. m.* Pli fait à une étoffe.

**REMPLIER** (*part.* é, ée), *v. a.* Faire un rempli.

**REMPLIR** (*part.* i, ie), *v. a.* Emplir de nouveau; combler, boucher; achever de remplir; — *une place*, l'occuper; — *son devoir*, s'en acquitter; — *les espérances*, *l'attente*, y répondre; *se*—, *v. pr.* Devenir plein; se gorger.

**REMPLISSAGE**, *s. m.* Action de remplir; chose dont on remplit.

**REMPLISSEUSE**, *s. f.* Ouvrière qui raccommode les dentelles.

**REMPLOI**, *s. m.* Remplacement, nouvel emploi de deniers.

**REMPLOYER** (*part.* é, ée; se conj. sur *Ployer*), *v. a.* Employer de nouveau.

**REMPLUMER** (*part.* é, ée), *v. a.* Regarnir de plumes; *se* —, *v. pr.*, se dit des oiseaux à qui les plumes reviennent; *fig.* Rétablir ses affaires.

**REMPOCHER** (*part.* é, ée), *v. a.* Remettre dans sa poche.

**REMPOISSONNEMENT**, *s. m.* Action de rempoissonner; résultat de cette action.

**REMPOISSONNER** (*part.* é, ée), *v. a.* Remettre du poisson dans une pièce d'eau.

**REMPORTER** (*part.* é, ée), *v. a.* Enlever d'un lieu ce qu'on y avait apporté; emporter; *fig.* Gagner.

**REMPOTAGE**, *s. m.* Action de rempoter.

**REMPOTER** (*part.* é, ée), *v. a.* Remettre une plante dans un pot.

**REMUAGE**, *s. m.* Action de remuer une chose.

**REMUANT, E**, *adj.* Qui remue sans cesse; *fig.* Brouillon, propre à exciter des troubles.

**REMUE-MÉNAGE**, *s. m.* (inv.). Dérangement, trouble, désordre.

**REMUEMENT** ou **REMÛMENT**, *s. m.* Action de ce qui remue; transport d'un lieu à un autre; mouvement; troubles.

**REMUER** (*part.* é, ée), *v. a.* Déplacer, mouvoir; *fig.* Émouvoir; —, *v. n.* Changer de place; *se*—, *v. pr.* Se mouvoir; *fig.* Se donner du mouvement pour réussir.

**REMUEUSE**, *s. f.* Femme chargée de changer un enfant de langes.

**RÉMUNÉRATEUR**, *s.* et *adj. m.* Celui qui récompense.

**RÉMUNÉRATION**, *s. f.* Récompense.

**RÉMUNÉRATOIRE**, *adj.* 2 *g.* Qui tient lieu de récompense.

**RÉMUNÉRER** (*part.* é, ée), *v. a.* Récompenser.

**RENÂCLER**, *v. n.* Faire certain bruit en retirant son haleine par le nez; *fig.* Refuser.

**RENAISSANCE**, *s. f.* Seconde naissance; renouvellement.

**RENAISSANT, E**, *adj.* Qui renaît.

**RENAÎTRE** (se conj. sur *Naître*), *v. n.* Naître de nouveau.

**RENARD**, *s. m.* Quadrupède carnivore très-rusé; *fig.* Homme fin et rusé.

**RENARDE**, *s. f.* Femelle du renard.

**RENARDEAU**, *s. m.* Petit renard.

**RENARDIER**, *s. m.* Celui qui fait la chasse aux renards.

**RENARDIÈRE**, *s. f.* Tanière du renard.

**RENCAISSAGE**, *s. m.* Action de changer une plante de caisse.

**RENCAISSER** (*part.* é, ée), *v. a.* Remettre dans une caisse.

**RENCHÉRI, IE**, *s. Faire le* —, le difficile.

**RENCHÉRIR** (*part.* i, ie), *v. a.* Faire hausser le prix; —, *v. n.* Devenir plus cher, augmenter de prix.

**RENCHÉRISSEMENT**, *s. m.* Enchérissement.

**RENCOGNER** (*part.* é, ée), *v. a.* Pousser, serrer dans un coin.

**RENCONTRE**, *s. f.* Circonstance fortuite par laquelle on trouve une personne, une chose; concours; conjonction des corps par art ou par nature; trait d'esprit, bon mot; choc de deux corps de troupes, lorsqu'il se fait par hasard; duel; occasion, conjoncture.

**RENCONTRER** (*part.* é, ée), *v. a.* Trouver une personne ou une chose, soit qu'on la cherche ou non; *se* —, *v. réc.* Venir en présence l'un de l'autre; avoir les mêmes pensées qu'un autre sur le même sujet; *se* —, *v. impers.* Exister; se produire.

**RENCORSER** (*part.* é, ée), *v. a.* Mettre un corsage neuf (à une robe).

**RENDEZ-VOUS**, *s. m.* Désignation d'un lieu où l'on doit se trouver à heure et à jour fixe; ce lieu même.

**RENDORMIR** (*part.* i, ie), *v. a.* Faire dormir de nouveau; *se* —, *v. pr.* S'endormir de nouveau.

**RENDOUBLER** (*part.* é, ée), *v. a.* Remplier un vêtement pour le raccourcir.

**RENDRE** (*Ind. pr.* je rends, tu rends, il rend, nous rendons, vous rendez, ils rendent; *imp.* je rendais, etc.; *p. déf.* je rendis, etc.; *fut.* je rendrai; *cond.* je rendrais; *impér.* rends, rendez; *subj. p.* que je rende, etc., que nous rendions, etc.; *imp. subj.* que je rendisse, etc.; *p. pr.* rendant; *p. p.* rendu, ue), *v. a.* Remettre à sa destination, restituer; s'acquitter de; faire devenir; produire, rapporter; livrer; traduire; répéter; rejeter par les voies naturelles; — *l'âme,* mourir; — *raison d'une chose,* en expliquer la cause; *se* —, *v. pr.* Se transporter; se soumettre.

**RENDU**, *s. m.* Tour joué à quelqu'un pour se venger d'un autre tour.

**RENDURCIR** (*part.* i, ie), *v. a.* Rendre plus dur.

**RÊNE**, *s. f.* Courroie de la bride d'un cheval; *fig.* Direction, gouvernement.

**RENÉGAT, E**, *s.* Celui ou Celle qui a renié sa religion, son opinion.

**RENFAÎTAGE**, *s. m.* Action de renfaîter.

**RENFAÎTER** (*part.* é, ée), *v. a.* Raccommoder le faîte d'un toit.

**RENFERMER** (*part.* é, ée), *v. a.* Enfermer une seconde fois; contenir; restreindre; réduire dans de certaines bornes; *se* —, *v. pr.* S'en tenir, se borner à.

**RENFLEMENT**, *s. m.* Augmentation de volume.

**RENFLER** (*part.* é, ée), *v. n.* Augmenter de grosseur.

**RENFONCEMENT**, *s. m.* Profondeur, partie reculée.

**RENFONCER** (*part.* é, ée), *v. a.* Enfoncer de nouveau ou plus avant.

**RENFORCEMENT**, *s. m.* Action de renforcer; effet de cette action.

**RENFORCER** (*part.* é, ée), *v. a.* Rendre plus fort; *se* —, *v. pr.* Se fortifier.

**RENFORT**, *s. m.* Augmentation de forces.

**RENFROGNER.** Voy. *Refrogner.*

**RENGAGEMENT**, *s. m.* Action de se rengager.

**RENGAGER** (*part.* é, ée), *v. a.* Engager une autre fois; *se* —, *v. pr.* Prendre un nouvel engagement.

**RENGAINER** (*part.* é, ée), *v. a.* Remettre dans la gaîne, dans le fourreau; *fig.* Supprimer.

se **RENGORGER** (*part.* é, ée), *v. pr.* Affecter un air de fierté; faire l'important.

**RENGRAISSER** (*part.* é, ée), *v. a.* Faire redevenir gras; —, *v. n.* Redevenir gras.

**RENIABLE**, *adj.* 2 *g.* Qui est de nature à être renié.

**RENIEMENT** ou **RENÎMENT**, *s. m.* Action de renier.

**RENIER** (*part.* é, ée), *v. a.* Nier, désavouer, méconnaître; renoncer à.

**RENIEUR**, *s. m.* Celui qui renie.

**RENIFLEMENT**, *s. m.* Action de renifler.

**RENIFLER**, *v. n.* Retirer en respirant l'air qui est dans les narines.

**RENIFLEUR, EUSE**, *s.* Celui ou Celle qui renifle.

**RENNE**, *s. m.* Quadrupède de Laponie qui ressemble au cerf.

**RENNES**, chef-lieu du dép. d'Ille-et-Vilaine.

**RENOM**, *s. m.* Réputation bonne ou mauvaise.

**RENOMMÉ, ÉE**, *adj.* Fameux.

**RENOMMÉE**, *s. f.* Réputation, célébrité; bruit public; divinité allégorique chez les poëtes.

**RENOMMER** (*part.* é, ée), *v. a.* Nommer une seconde fois; nommer avec éloge.

**RENONCEMENT**, *s. m.* Action de renoncer.

**RENONCER**, *v. n.* Se désister, abandonner;—(*part.* é, ée), *v. a.* Renier, désavouer.

**RENONCIATION**, *s. f.* Acte par lequel on renonce à.

**RENONCULE**, *s. f.* Plante à racines en griffe, d'un grand nombre d'espèces; fleur de cette plante.

**RENOUÉE**, *s. f.* Sorte de plante qui a beaucoup de nœuds.

**RENOUEMENT** ou **RENOÛMENT**, *s. m.* Renouvellement (d'amitié).

**RENOUER** (*part.* é, ée), *v. a.* Nouer une chose dénouée; *fig.* Renouveler.

**RENOUEUR, EUSE**, *s.* Celui ou Celle qui remet les membres disloqués.

**RENOUVELER** (*part.* é, ée), *v. a.* Rendre nouveau; recommencer, réitérer, faire reparaître; contracter de nouveau; *se* —, *v. pr.* Avoir lieu de nouveau.

**RENOUVELLEMENT**, *s. m.* Rétablissement d'une chose dans son premier état ou dans un meilleur état; réitération; accroissement.

**RÉNOVATION**, *s. f.* Renouvellement.

**RENSEIGNEMENT**, *s. m.* Indice qui sert à faire reconnaître une chose; document.

**RENSEIGNER** (*part.* é, ée), *v. a.* Enseigner de nouveau; donner des renseignements.

**RENTE**, *s. f.* Revenu annuel en argent ou en nature.

**RENTÉ, ÉE**, *adj.* Qui a des rentes.

**RENTER** (*part.* é, ée), *v. a.* Assigner un revenu.

**RENTIER, IÈRE**, *s.* Celui ou Celle qui a des rentes.

**RENTOILAGE**, *s. m.* Action de rentoiler.

**RENTOILER** (*part.* é, ée), *v. a.* Regarnir de toile; remettre un vieux tableau sur une toile neuve.

**RENTRAIRE** (se conj. sur *Traire*), *v. a.* Rejoindre deux morceaux de drap, en sorte que la couture ne paraisse pas.

**RENTRAITURE**, *s. f.* Couture de ce qui est rentrait.

**RENTRANT**, *adj. m.* (Angle) dont l'ouverture est en dehors.

**RENTRAYEUR, EUSE**, *s.* Celui ou Celle qui sait rentraire.

**RENTRÉE**, *s. f.* Action de rentrer; retour.

**RENTRER** (*part.* é, ée), *v. n.* Entrer de nouveau; obtenir de nouveau; — *en soi-même*, faire réflexion sur soi-même; — (*part.* é, ée), *v. a.* Entrer ce qui avait été mis dehors.

**RENVERSE** (À LA), *loc. adv.* Sur le dos, le visage en haut.

**RENVERSÉ, ÉE**, *adj.* Jeté à la renverse; détruit; qui est en désordre; qui est en sens contraire du support, *t. de bot.*

**RENVERSEMENT**, *s. m.* Action de renverser; état d'une chose renversée; *fig.* Bouleversement, destruction.

**RENVERSER** (*part.* é, ée), *v. a.* Jeter par terre; abattre; *fig.* Troubler, détruire.

**RENVOI**, *s. m.* Envoi d'une chose à la personne qui l'avait envoyée; congé donné à des troupes, à des serviteurs; répercussion d'un corps par un autre; jugement qui renvoie des parties devant les juges qui doivent connaître de leurs différends; marque, signe qui renvoie à un autre signe dans un livre.

**RENVOYER** (*part.* é, ée; se conj. sur *Ployer*), *v. a.* Envoyer une seconde fois; faire reporter à quelqu'un ce qu'il avait envoyé; congédier; différer; répercuter, refléter.

**RÉOLE (LA)**, chef-lieu d'arr. du dép. de la Gironde.

**RÉORGANISATION**, *s. f.* Organisation nouvelle.

**RÉORGANISER** (*part.* é, ée), *v. a.* Organiser de nouveau.

**RÉOUVERTURE**, *s. f.* Action de rouvrir.

**REPAIRE**, *s. m.* Retraite des bêtes féroces, des malfaiteurs.

**REPAÎTRE** (*part.* repu, ue; se conj. sur *Paître*, excepté qu'il a un *prét. déf.* je repus, et un *prét. indéf.* j'ai repu), *v. n.* Manger; —, *v. a.* Nourrir; *se* —, *v. pr.* Se nourrir.

**RÉPANDRE** (*part.* du, ue), *v. a.* Verser, épancher, distribuer, étendre; *se* —, *v. pr.* S'étendre; *fig.* Se propager.

**RÉPARABLE**, *adj.* 2 *g.* Qu'on peut réparer.

**REPARAÎTRE** (se conj. sur *Connaître*), *v. n.* Paraître de nouveau.

**RÉPARATEUR**, *s. m.* Celui qui répare.

**RÉPARATION**, *s. f.* Ouvrage fait ou à faire pour réparer; *fig.* Satisfaction d'une injure.

**RÉPARER** (*part.* é, ée), *v. a.* Rétablir, raccommoder; effacer; faire réparation; rétablir.

**REPARLER**, *v. n.* Parler de nouveau.

**REPARTIE**, *s. f.* Réplique.

**REPARTIR** (*part.* i, ie; se conj. sur *Partir*), *v. n.* Partir de nouveau; — (*part.* i, ie), *v. a.* et *v. n.* Répliquer.

**RÉPARTIR** (*Ind. pr.* je répartis, tu répartis, il répartit, nous répartissons, vous répartissez, ils répartissent; *imp.* je répartissais, nous répartissions; *p. déf.* je répartis, etc., nous répartîmes, etc.; *fut.* je répartirai, etc., nous répartirons, etc.; *cond.* je répartirais, etc.; *impér.* répartis, répartissez, etc.; *subj.* que je répartisse, etc., que nous répartissions, etc.; *p. pr.* répartissant; *p. p.* réparti, ie), *v. a.* Partager, distribuer.

**RÉPARTITEUR**, *s. m.* Celui qui fait une répartition.

**RÉPARTITION**, *s. f.* Distribution, partage.

**REPAS**, *s. m.* Nourriture prise à des heures réglées.

**REPASSAGE**, *s. m.* Action de repasser (du linge, des couteaux).

**REPASSER**, *v. n.* Passer une autre fois; — (*part.* é, ée), *v. a.* Traverser ou Transporter de nouveau; — *des couteaux*, les aiguiser; — *du linge*, le rendre plus uni en passant dessus un fer chaud; — *sa leçon*, la répéter seul, après l'avoir apprise, pour être plus sûr de sa mémoire.

**REPASSEUSE**, *s. f.* Celle dont le métier est de repasser le linge.

**REPAVER** (*part.* é, ée), *v. a.* Paver de nouveau.

**REPÊCHER** (*part.* é, ée), *v. a.* Retirer de l'eau ce qui y était tombé.

**REPEINDRE** (se conj. sur *Peindre*), *v. a.* Peindre de nouveau.

**REPENSER**, *v. n.* Penser de nouveau.

**REPENTANCE**, *s. f.* Regret qu'on a de ses péchés.

**REPENTANT, E**, *adj.* Qui se repent.

**REPENTIR**, *s. m.* Regret d'avoir fait ou de n'avoir pas fait une chose.

se **REPENTIR**, *v. pr.* Avoir de la douleur, du regret.

**REPERCER** (*part.* é, ée), *v. a.* Percer de nouveau.

**RÉPERCUSSIF, IVE**, *adj.*, se dit des remèdes qui ont la propriété de répercuter. (Le masculin s'emploie substantivement.)

**RÉPERCUSSION**, *s. f.* Action par laquelle les humeurs en mouvement pour sortir sont repoussées au dedans; réflexion de la lumière, du son.

**RÉPERCUTER** (*part.* é, ée), *v. a.* Faire rentrer les humeurs au dedans; réfléchir le son, la lumière.

**REPERDRE** (*part.* du, ue; se conj. sur *Perdre*), *v. a.* Perdre une seconde fois.

**REPÈRE**, *s. m.* Marque que l'on fait à diverses pièces d'assemblage afin de pouvoir les ajuster exactement; point marqué sur le terrain pour tracer un alignement ou pour niveler.

**RÉPERTOIRE**, *s. m.* Recueil où les choses sont rangées par ordre; liste des pièces restées au théâtre, ou qu'on doit jouer pendant la semaine.

**RÉPÉTAILLER** (il m.; *part.* é, ée), *v. a.* Répéter la même chose jusqu'à satiété.

**RÉPÉTER** (*part.* é, ée), *v. a.* Dire ce qu'on a déjà dit; réciter; exercer des élèves en particulier; recommencer; *se* —, *v. pr.* Dire ou Faire ce qu'on a déjà dit ou fait.

**RÉPÉTITEUR**, *s. m.* Celui qui répète des écoliers.

**RÉPÉTITION**, *s. f.* Redite; figure de rhétorique qui consiste dans l'emploi des mêmes mots, des mêmes tours; exercice des écoliers qu'on répète; essai fait en particulier d'une pièce qu'on doit jouer en public; action de revendiquer en justice.

**REPEUPLEMENT**, *s. m.* Action de repeupler.

**REPEUPLER** (*part.* é, ée), *v. a.* Peupler de nouveau; *se* —, *v. pr.* Recevoir de nouveaux habitants.

**REPIC**, *s. m.* Nom d'un coup du jeu de piquet.

**REPIQUER** (*part.* é, ée), *v. a.* Piquer de nouveau; mettre en terre des plantes que l'on a fait lever dans un endroit préparé.

**RÉPIT**, *s. m.* Relâche, délai.

**REPLACER** (*part.* é, ée), *v. a.* Remettre en place.

**REPLANTER** (*part.* é, ée), *v. a.* Planter de nouveau.

**REPLÂTRAGE**, *s. m.* Réparation superficielle faite avec du plâtre; *fig.* Mauvais moyen employé pour réparer une faute.

**REPLÂTRER** (*part.* é, ée), *v. a.* Faire un replâtrage.

**REPLET, ÈTE**, *adj.* Trop gras (en parlant d'une personne).

**RÉPLÉTION**, *s. f.* Plénitude.

**REPLI**, *s. m.* Pli redoublé; *fig.* Ce qu'il y a de plus caché; *au pl.* Manière dont se meuvent les reptiles.

**REPLIER** (*part.* é, ée), *v. a.* Plier ce qui a été déplié; *se* —, *v. pr.* Faire plusieurs plis (en parlant des reptiles); faire un mouvement en arrière et en bon ordre.

**RÉPLIQUE**, *s. f.* Ce qu'on objecte à une réponse; réponse à ce qui a été dit ou écrit; répétition des octaves, *t. de mus.*

**RÉPLIQUER** (*part.* é, ée), *v. a.* et *v. n.* Faire une réplique.

**REPLONGER** (*part.* é, ée), *v. a.* Plonger de nouveau; —, *v. n.*, et *se* —, *v. pr.* S'enfoncer de nouveau (dans l'eau, etc.).

**REPOLIR** (*part.* i, ie), *v. a.* Polir de nouveau.

**RÉPONDANT**, *s. m.* Celui qui subit un examen, qui soutient une thèse; celui qui répond la messe; caution, garant.

**RÉPONDRE** (se conj. sur *Fondre*), *v. a.* et *v. n.* Repartir à quelqu'un sur ce qu'il a dit, écrit, ou demandé; —, *v. n.* Réfuter; avoir rapport à; être en proportion, en conformité; rendre la pareille; se montrer reconnaissant; se faire sentir par communication; aboutir; être caution.

**RÉPONS**, *s. m.* Ce qu'on chante après les leçons dans l'office divin.

**RÉPONSE**, *s. f.* Ce qu'on répond; réfutation; lettre écrite pour répondre à une autre lettre.

**REPORT**, *s. m.* Total d'une somme portée d'une colonne de chiffres à une autre lettre.

**REPORTER** (*part.* é, ée), *v. a.* Porter une chose à l'endroit où elle était; redire ce qu'on a vu et entendu; transporter d'un endroit à un autre, du bas d'une page au haut de la page suivante; *se* —, *v. pr.* Se transporter par la pensée.

**REPOS**, *s. m.* Cessation de mouvement, de travail; tranquillité d'esprit; césure (d'un vers); palier d'escalier; état d'une arme à feu dont le chien n'est ni abattu ni bandé.

**REPOSÉ, ÉE**, *adj.* Qui a pris du repos; *à tête reposée*, *loc. adv.* Avec réflexion.

**REPOSER** (*part.* é, ée), *v. a.* Mettre dans une situation tranquille; *fig.* Procurer du calme; —, *v. n.* Être dans un état de repos; *se* —, *v. pr.*

Cesser de travailler; *se — sur quelqu'un*, s'en rapporter à lui.

**REPOSOIR**, *s. m.* Autel qu'on prépare dans les lieux où passe la procession de la Fête-Dieu, pour y faire reposer le saint sacrement.

**REPOUSSANT, E**, *adj.* Qui inspire du dégoût.

**REPOUSSEMENT**, *s. m.* Action de repousser.

**REPOUSSER** (*part. é, ée*), *v. a.* Rejeter, renvoyer; faire reculer en poussant; réfuter; —, *v. n.* Pousser de nouveau (en parlant des végétaux, etc.).

**REPOUSSOIR**, *s. m.* Cheville de fer qui sert à en faire sortir une autre; instrument de dentiste; effets vigoureux de couleurs sur le premier plan d'un tableau, pour faire paraître plus éloignés les objets placés sur les autres plans.

**RÉPRÉHENSIBLE**, *adj.* 2 *g.* Digne de blâme.

**RÉPRÉHENSION**, *s. f.* Réprimande; blâme.

**REPRENDRE** (se conj. sur *Prendre*), *v. a.* Prendre de nouveau; continuer ce qui avait été interrompu; répliquer; blâmer, réprimander; rétablir; —, *v. n.* Prendre de nouveau racine (en parlant d'un arbre transplanté); *se* —, *v. pr.* S'interrompre en parlant pour s'exprimer différemment; *se* —, *v. réc.* Se rejoindre (en parlant de chairs coupées).

**REPRÉSAILLE** (ll m.), *s. f.* Traitement qu'on fait à l'ennemi pour s'indemniser du dommage qu'il nous a causé; *user de représailles*, repousser une injure par une autre. (Il s'emploie surtout au pluriel.)

**REPRÉSENTANT**, *s. m.* Celui qui agit en vertu d'un mandat privé ou politique.

**REPRÉSENTATIF, IVE**, *adj.* Qui représente; *gouvernement* —, où une partie de l'autorité législative est exercée par des représentants élus par la nation.

**REPRÉSENTATION**, *s. f.* Exhibition, ce qu'on représente; action de représenter; objection; remontrance; droit à une succession, du chef d'une personne qu'on représente; état que tient une personne.

**REPRÉSENTER** (*part. é, ée*), *v. a.* Présenter de nouveau; exposer devant les yeux; rappeler le souvenir de; figurer aux yeux et à l'esprit; jouer en public (une pièce de théâtre); agir au nom de quelqu'un; faire des remontrances; faire une grande dépense; *se* —, se rappeler le souvenir de; se figurer; —, *v. n.* Faire respecter sa personne, sa position, par la dignité de sa tenue, de sa conduite; *se* —, *v. pr.* Se présenter de nouveau.

**RÉPRESSIF, IVE**, *adj.* Qui réprime.

**RÉPRESSION**, *s. f.* Action de réprimer.

**RÉPRIMABLE**, *adj.* 2 *g.* Qui peut ou doit être réprimé.

**RÉPRIMANDE**, *s. f.* Répréhension, reproche, blâme.

**RÉPRIMANDER** (*part. é, ée*), *v. a.* Reprocher à quelqu'un sa faute avec autorité.

**RÉPRIMANT, E**, *adj.* Qui réprime.

**RÉPRIMER** (*part. é, ée*), *v. a.* Contenir; arrêter les progrès.

**REPRISE**, *s. f.* Action de reprendre; continuation de ce qui a été interrompu; seconde partie d'un air, d'une chanson; réparation d'un mur repris en sous-œuvre; raccommodage d'une étoffe, d'une dentelle; somme que l'on a droit de reprendre dans une succession.

**RÉPROBATEUR, TRICE**, *adj.* Qui marque la réprobation, le blâme.

**RÉPROBATION**, *s. f.* Action de réprouver, de rejeter; blâme.

**REPROCHABLE**, *adj.* 2 *g.* Qui mérite reproche; récusable.

**REPROCHE**, *s. m.* Ce qu'on objecte à quelqu'un en le blâmant; *au pl.* Raisons qu'on produit pour récuser des témoins; *sans* —, *loc. adv.* Sans vouloir faire de reproche.

**REPROCHER** (*part. é, ée*), *v. a.* Objecter à quelqu'un une chose qu'on croit devoir lui faire honte; — *un bienfait*, accuser d'ingratitude.

**REPRODUCTIBILITÉ**, *s. f.* Faculté d'être reproduit.

**REPRODUCTIBLE**, *adj.* 2 *g.* Susceptible d'être reproduit.

**REPRODUCTION**, *s. f.* Nouvelles tiges que poussent les plantes; renouvellement des plantes par les semences.

**REPRODUIRE** (*part.* it, ite), *v. a.* Produire de nouveau; *se—*, *v. pr.* Repousser (en parlant d'une plante); se représenter; *se — dans le monde*, le fréquenter de nouveau.

**RÉPROUVÉ**, *s. m.* Celui que Dieu a maudit.

**REPROUVER** (*part.* é, ée), *v. a.* Prouver de nouveau.

**RÉPROUVER** (*part.* é, ée), *v. a.* Désapprouver, condamner.

**REPS**, *s. m.* Étoffe de soie très-forte.

**REPTILE**, *adj.* 2 *g.* Qui rampe; —, *s. m.* Animal qui rampe, comme les serpents et les vers, ou qui a les pieds si courts qu'il semble ramper, comme les lézards.

**RÉPUBLICAIN**, **E**, *adj.* Qui appartient à la république; —, *s. m.* Partisan de la république.

**RÉPUBLICANISME**, *s. m.* Affection pour le gouvernement républicain; opinion du républicain.

**RÉPUBLIQUE**, *s. f.* État gouverné par plusieurs; la chose publique; *fig. La — des lettres*, les gens de lettres considérés comme s'ils formaient une nation.

**RÉPUDIATION**, *s. f.* Action de répudier.

**RÉPUDIER** (*part.* é, ée), *v. a.* Divorcer avec; *fig.* Renoncer à; rejeter.

**RÉPUGNANCE**, *s. f.* Aversion, dégoût.

**RÉPUGNANT**, **E**, *adj.* Contraire, opposé.

**RÉPUGNER**, *v. n.* Être opposé; avoir ou causer de la répugnance.

**RÉPULLULER**, *v. n.* Renaître en grande quantité.

**RÉPULSIF**, **IVE**, *adj.* Qui repousse.

**RÉPULSION**, *s. f.* Action de ce qui repousse; état de ce qui est repoussé. (Il s'oppose à *Attraction*.)

**RÉPUTATION**, *s. f.* Renom, estime; opinion publique.

**RÉPUTER** (*part.* é, ée), *v. a.* Estimer, présumer, croire, compter pour, regarder comme.

**REQUÉRABLE**, *adj.* 2 *g.* Qui doit être requis.

**REQUÉRANT**, **E**, *adj.* et *s.* Qui demande, qui requiert en justice.

**REQUÉRIR** (se conj. sur *Acquérir*), *v. a.* Prier, demander; exiger.

**REQUÊTE**, *s. f.* Demande adressée aux tribunaux, etc.; demande verbale; *maître des requêtes*, magistrat qui rapporte les requêtes des parties au conseil d'État.

**REQUIEM** (*mot tiré du latin*), *s. m.* (inv.). Prière pour les morts.

**REQUIN**, *s. m.* Gros poisson de mer très-vorace.

se **REQUINQUER** (*part.* é, ée), *v. pr.* Se parer d'une manière affectée.

**RÉQUISITION**, *s. f.* Action de requérir; demande faite par autorité publique et qui met certaine chose à la disposition de l'État; levée de soldats.

**RÉQUISITOIRE**, *s. m.* Acte de réquisition fait par un officier public.

**RESCINDER** (*part.* é, ée), *v. a.* Annuler (un acte).

**RESCRIPTION**, *s. f.* Mandement par écrit pour toucher une somme.

**RESCRIT**, *s. m.* Décision des empereurs romains; bulle du pape sur un point de théologie.

**RÉSEAU**, *s. m.* Petits rets; tissu de fil, de soie, etc.; entrelacement (des vaisseaux sanguins, des fibres d'une plante).

**RÉSÉDA**, *s. m.* Plante annuelle odorante.

**RÉSERVATION**, *s. f.* Action de réserver ou de se réserver.

**RÉSERVE**, *s. f.* Action de réserver; choses réservées; troupes, vaisseaux qu'on réserve un jour de bataille, pour les faire combattre au besoin; discrétion, circonspection; *à la — de*, *loc. prép.* A l'exception de; *sans —*, *loc. adv.* Sans exception; *en —*, *loc. adv.* A part.

**RÉSERVÉ**, **ÉE**, *adj.* Discret, circonspect.

**RÉSERVER** (*part.* é, ée), *v. a.* Retenir quelque chose d'un total; garder pour un autre temps, pour un autre usage; *se* —, *v. pr.* Différer d'agir, attendre son moment.

**RÉSERVOIR**, *s. m.* Lieu où l'on conserve de l'eau.

**RÉSIDANT, E**, *adj.* Qui réside.

**RÉSIDENCE**, *s. f.* Demeure ordinaire, séjour actuel et habituel dans un lieu.

**RÉSIDENT**, *s. m.* Celui qui est envoyé pour résider auprès d'un gouvernement étranger.

**RÉSIDER**, *v. n.* Faire sa demeure en quelque endroit; *fig.* Consister dans.

**RÉSIDU**, *s. m.* Le restant; reste d'une division arithmétique; reste d'une substance qui a subi une opération.

**RÉSIGNATION**, *s. f.* Action de résigner un office, de se résigner.

**RÉSIGNER** (*part.* é, ée), *v. a.* Se démettre d'un emploi en faveur de quelqu'un; *se* —, *v. pr.* Se soumettre à son sort.

**RÉSILIATION**, *s. f.* Résolution d'un acte.

**RÉSILIER** (*part.* é, ée), *v. a.* Casser (un acte).

**RÉSILIMENT** ou **RÉSILIEMENT**, *s. m.* Résiliation.

**RÉSINE**, *s. f.* Matière inflammable et onctueuse qui suinte de la surface de certains végétaux.

**RÉSINEUX, EUSE**, *adj.* Qui produit la résine; qui a quelque qualité de la résine.

**RÉSIPISCENCE**, *s. f.* Reconnaissance et amendement de sa faute.

**RÉSISTANCE**, *s. f.* Qualité par laquelle une chose résiste à l'effet d'une autre; défense contre une attaque; opposition aux volontés d'un autre.

**RÉSISTER**, *v. n.* Ne pas céder au choc, à l'impression d'un corps; se défendre; s'opposer à; endurer.

**RÉSOLU, UE**, *adj.* et *s.* Hardi, déterminé; décidé, arrêté.

**RÉSOLUBLE**, *adj.* 2 *g.* Qui peut être résolu, décidé.

**RÉSOLUMENT**, *adv.* D'une manière résolue, hardie.

**RÉSOLUTIF, IVE**, *adj.*, se dit des remèdes qui résolvent les humeurs; —, *s. m.* Remède résolutif.

**RÉSOLUTION**, *s. f.* Cessation totale de consistance; réduction d'un corps en ses premiers principes; fermeté, courage; dessein qu'on forme; décision; solution d'une difficulté; cassation d'un acte.

**RÉSOLUTOIRE**, *ad.* 2 *g.* Qui emporte la résolution d'un acte.

**RÉSOLVANT, E**, *adj.* Qui résout, —, *s. m.* Remède qui résout.

**RÉSONNANCE**, *s. f.* Prolongement graduel du son.

**RÉSONNANT, E**, *adj.* Qui résonne.

**RÉSONNEMENT**, *s. m.* Retentissement.

**RÉSONNER**, *v. n.* Retentir.

**RÉSORPTION**, *s. f.* Action d'absorber une seconde fois.

**RÉSOUDRE** (*Ind. pr.* je résous, tu résous, il résout; n. résolvons, v. résolvez, ils résolvent; *imp.* je résolvais, etc., nous résolvions, etc.; *p. déf.* je résolus, etc., n. résolûmes, etc.; *fut.* je résoudrai, etc., nous résoudrons, etc.; *cond.* je résoudrais, etc., nous résoudrions, etc.; *impér.* résous, résolvons, résolvez; *subj. pr.* que je résolve, etc., q. n. résolvions, etc.; *imp. subj.* q. je résolusse, etc., q. n. résolussions, etc.; *p. pr.* résolvant; *p. p.* résolu, ue, voy. *Résous*), *v. a.* et *v. n.* Désagréger, dissoudre; réduire; déterminer à; arrêter, décider; donner une solution; *se* —, *v. pr.* Être dissous; se résigner à; prendre une décision.

**RÉSOUS**, *part. p.* de *Résoudre* (usité seulement au masc.). Converti, réduit en. (Dans tous les autres sens du verbe, on se sert du part. *Résolu.*)

**RESPECT**, *s. m.* Vénération, déférence; — *humain*, égard pour les jugements des hommes.

**RESPECTABLE**, *adj.* 2 *g.* Digne de respect.

**RESPECTER** (*part.* é, ée), *v. a.* Révérer, porter respect; épargner; *se* —, *v. pr.* Se conduire de manière à se faire respecter.

**RESPECTIF, IVE**, *adj.* Relatif, réciproque.

**RESPECTIVEMENT**, *adv.* D'une manière respective.

**RESPECTUEUSEMENT**, *adv.* Avec respect.

**RESPECTUEUX, EUSE**, *adj.* Qui témoigne, qui marque du respect.

**RESPIRABLE**, *adj.* 2 *g.* Qu'on peut respirer.

**RESPIRATION**, *s. f.* Action de respirer.

**RESPIRATOIRE**, *adj.* 2 *g.* Qui a rapport à la respiration.

**RESPIRER**, *v. n.* Attirer l'air dans la poitrine, et en rejeter une partie par le mouvement des poumons; vivre; *fig.* Prendre quelque relâche; — *après*, désirer ardemment; — (*part.* é, ée), *v. a.* Aspirer et rejeter (l'air); *fig.* Marquer, témoigner; désirer ardemment.

**RESPLENDIR**, *v. n.* Briller avec grand éclat.

**RESPLENDISSANT, E**, *adj.* Qui resplendit.

**RESPLENDISSEMENT**, *s. m.* Grand éclat formé par l'expansion de la lumière.

**RESPONSABILITÉ**, *s. f.* Obligation légale en garantie.

**RESPONSABLE**, *adj.* 2 *g.* Qui doit répondre, être garant de.

**RESSAIGNER** (*part.* é. ée), *v. a.* Tirer du sang une seconde fois; —, *v. n.* Répandre de nouveau son sang.

**RESSAISIR** (*part.* i, ie), *v. a.* Se remettre en possession d'une chose.

**RESSASSER** (*part.* é, ée), *v. a.* Sasser de nouveau; *fig.* Discuter, examiner de nouveau.

**RESSAUT**, *s. m.* Saillie d'une corniche ou d'une partie d'un édifice qui sort de la ligne droite.

**RESSAUTER** (*part.* é, ée), *v. a.* et *v. n.* Sauter de nouveau.

**RESSEMBLANCE**, *s. f.* Conformité, rapport physique ou moral entre des personnes ou des choses.

**RESSEMBLANT, E**, *adj.* Qui ressemble.

**RESSEMBLER**, *v. n.* Avoir de la ressemblance.

**RESSEMELAGE**, *s. m.* Action de ressemeler; résultat de cette action.

**RESSEMELER** (*part.* é, ée), *v. a.* Mettre de nouvelles semelles à une vieille chaussure.

**RESSEMER** (*part.* é, ée), *v. a.* Semer une seconde fois.

**RESSENTIMENT**, *s. m.* Faible renouvellement (d'un mal, d'une douleur); souvenir des injures; reconnaissance.

**RESSENTIR** (*part.* i, ie; se conj. sur *Sentir*), *v. a.* Sentir (au physique et au moral); *se* —, *v. pr.* Sentir quelque reste d'un mal qu'on a eu; avoir part à quelque événement heureux ou malheureux.

**RESSERREMENT**, *s. m.* Action par laquelle une chose est resserrée.

**RESSERRER** (*part.* é, ée), *v. a.* Serrer davantage ce qui s'est relâché; renfermer; constiper; *fig.* Abréger, rétrécir; *se* —, *v. pr.* Devenir moins étendu; *fam.* Retrancher de sa dépense.

**RESSORT**, *s. m.* Élasticité; morceau de métal qui se rétablit dans sa première situation quand il cesse d'être contraint; *fig.* Moyen dont on se sert pour réussir; étendue de juridiction de.

**RESSORTIR** (*part.* i, ie; se conj. sur *Sortir*), *v. n.* Sortir une seconde fois; *fig.* Être saillant, trancher.

**RESSORTIR** (*Ind. pr.* je ressortis, tu ressortis, il ressortit, nous ressortissons, vous ressortissez, ils ressortissent; *imp.* je ressortissais, etc.; *p. pr.* ressortissant), *v. n.* Être du ressort de. (Il se construit toujours avec la préposition *à*.)

**RESSORTISSANT, E**, *adj.* Qui est du ressort, de la juridiction de.

**RESSOUDER** (*part.* é, ée), *v. a.* Souder de nouveau.

**RESSOURCE**, *s. f.* Moyen pour sortir d'embarras; expédient.

**RESSOUVENIR**, *s. m.* Idée que l'on conserve d'une chose passée.

**se RESSOUVENIR**, *v. pr.* Conserver la mémoire d'une chose; —, *v. imp.* Il me souvient de.

**RESSUER**, *v. n.* Laisser sortir son humidité intérieure.

**RESSUSCITER** (*part.* é, ée), *v. a.* Ramener de la mort à la vie; *fig.* Renouveler; faire revivre; —, *v. n.* Revenir de la mort à la vie.

**RESSUYER** (*part.* é, ée), *v. n.*, et *se* —, *v. pr.* Sécher.

**RESTANT, E**, *adj.* Qui reste; —, *s. m.* Ce qui reste d'une plus grande quantité.

**RESTAURANT**, **E**, *adj.* Qui restaure; —, *s. m.* Consommé succulent; établissement de restaurateur.

**RESTAURATEUR**, **TRICE**, *s.* Qui répare, qui rétablit; —, *s. m.* Traiteur chez qui l'on trouve à toute heure des mets apprêtés.

**RESTAURATION**, *s. f.* Réparation, rétablissement.

**RESTAURER** (*part.* é, ée), *v. a.* Réparer, rétablir; *se*—, *v. pr.* Reprendre des forces en mangeant.

**RESTE**, *s. m.* Ce qui demeure d'un tout, d'une quantité, de ce qui a été entrepris; ce qu'on a refusé, abandonné; *au pl.* Cendres des morts; *au* —, *du* —, *loc. adv.* Au surplus, d'ailleurs; *de* —, *loc. adv.* Plus qu'il ne faut.

**RESTER** (*part.* é, ée), *v. n.* et *v. impers.* Être de reste; demeurer.

**RESTITUABLE**, *adj.* 2 *g.* Qui peut être restitué.

**RESTITUER** (*part.* é, ée), *v. a.* Rendre une chose prise ou possédée indûment; rétablir.

**RESTITUTION**, *s. f.* Action de restituer; rétablissement (d'un texte, d'un passage).

**RESTREINDRE** (se conj. sur *Teindre*), *v. a.* Resserrer, modifier; réduire, limiter; *se*—, *v. pr.* Se borner.

**RESTRICTIF**, **IVE**, *adj.* Qui restreint.

**RESTRICTION**, *s. f.* Modification.

**RÉSULTANT**, **E**, *adj.* Qui résulte.

**RÉSULTAT**, *s. m.* Ce qui résulte; conséquence, effet.

**RÉSULTER**, *v. n.* S'ensuivre. (Il se conj. avec le v. *Être* et avec le v. *Avoir*, et ne s'emploie qu'à l'infinitif et à la 3<sup></sup>e pers.)

**RÉSUMÉ**, *s. m.* Précis.

**RÉSUMER** (*part.* é, ée), *v. a.* Réduire en peu de mots; *se* —, *v. pr.* Reprendre en quelques mots ce qu'on a dit plus au long.

**RÉSURRECTION**, *s. f.* Retour de la mort à la vie; guérison inespérée.

**RETABLE**, *s. m.* Ornement d'architecture contre lequel l'autel est appuyé.

**RÉTABLIR** (*part.* i, ie), *v. a.* Remettre dans son premier état, en bon ou en meilleur état; remettre en vigueur; *se* —, *v. pr.* Recouvrer la santé.

**RÉTABLISSEMENT**, *s. m.* Action de rétablir; état de ce qui est rétabli; retour à la santé.

**RETAILLE** (ll m.) *s. f.* Ce qu'on retranche d'une chose que l'on façonne.

**RETAILLER** (ll m.; *part.* é, ée), *v. a.* Tailler de nouveau.

**RETAPER** (*part.* é, ée), *v. a.* Retrousser les bords d'un chapeau contre la forme.

**RETARD**, *s. m.* Retardement, délai.

**RETARDATAIRE**, *adj.* et *s.* 2 *g.* Qui est en retard.

**RETARDEMENT**, *s. m.* Délai, remise.

**RETARDER** (*part.* é, ée), *v. a.* Différer, reculer; empêcher d'avancer; —, *v. n.* Aller ou venir plus lentement, plus tard.

**RETEINDRE** (se conj. sur *Teindre*), *v. a.* Teindre de nouveau.

**RETENDRE** (*part.* du, ue; se conj. sur *Tendre*), *v. a.* Tendre de nouveau.

**RETENIR** (se conj. sur *Tenir*), *v. a.* Ravoir, tenir encore une fois; garder par devers soi ce qui est à un autre; ne pas laisser aller; empêcher de tomber; *fig.* Réserver; conserver; réprimer, modérer; garder dans sa mémoire; *se* —, *v. pr.* S'empêcher de tomber; contenir l'explosion de ses sentiments.

**RÉTENTION**, *s. f.* Action de retenir, de réserver; — *d'urine*, impossibilité d'uriner.

**RETENTIR**, *v. n.* Rendre un son éclatant.

**RETENTISSANT**, **E**, *adj.* Qui retentit.

**RETENTISSEMENT**, *s. m.* Bruit renvoyé avec éclat.

**RETENU**, **UE**, *adj.* Sage, circonspect.

**RETENUE**, *s. f.* Modération, discrétion, modestie; ce qu'on retient sur une somme; privation de sortie ou de récréation infligée à un élève.

**RETHEL**, chef-lieu d'arr. du dép. des Ardennes.

**RÉTICENCE**, *s. f.* Omission volontaire de ce qu'on devrait dire; figure de rhétorique par laquelle on fait entendre une chose sans la dire expressément.

**RÉTICULAIRE**, *adj.* 2 *g.* Qui ressemble à un réseau.

**RÉTICULÉ, ÉE**, *adj.* Marqué de nervures croisées en réseau.

**RÉTIF, IVE**, *adj.* Qui s'arrête au lieu d'avancer (en parlant des bêtes de monture ou de somme); *fig.* Difficile à conduire, à persuader.

**RÉTINE**, *s. f.* La membrane la plus interne de l'œil.

**RETIRÉ, ÉE**, *adj.* Peu fréquenté; qui vit dans la retraite.

**RETIREMENT**, *s. m.* Contraction, raccourcissement.

**RETIRER** (*part.* é, ée), *v. a.* Tirer une seconde fois; tirer à soi; *fig.* Percevoir, recueillir; donner asile, retraite; retraire; racheter; reprendre; *se* —, *v. pr.* S'en aller, s'éloigner; rentrer dans son lit (en parlant d'un rivière débordée); se raccourcir.

**RETOMBER** (*part.* é, ée), *v. n.* Tomber encore; *fig.* Être attaqué de nouveau d'une maladie dont on se croyait guéri; tomber (en parlant de ce qui avait été élevé).

**RETONDRE** (se conj. sur *Tondre*), *v. a.* Tondre de nouveau.

**RETORDEMENT**, *s. m.* Action de retordre la soie.

**RETORDRE** (se conj. sur *Tordre*), *v. a.* Tordre une seconde fois; tordre des fils, des ficelles ensemble.

**RÉTORQUER** (*part.* é, ée), *v. a.* Tourner contre son adversaire les arguments dont il s'est servi.

**RETORS, E**, *adj.* Retordu; *fig.* Rusé, artificieux; —, *s. m.* Homme artificieux.

**RÉTORSION**, *s. f.* Action de rétorquer.

**RETORTE**, *s. f.* Vaisseau à bec recourbé qui se joint au récipient; *t. de chim.*

**RETOUCHE**, *s. f.* Endroits d'un tableau qu'on a retouchés, changés.

**RETOUCHER** (*part.* é, ée), *v. a.* Toucher de nouveau; corriger, perfectionner.

**RETOUR**, *s. m.* Action de revenir, de retourner au lieu d'où l'on était parti; *fig.* Vicissitude; reconnaissance, sorte d'équivalent d'un bienfait reçu; ce qu'on ajoute pour rendre un troc égal; — *sur soi-même*, réflexion sur sa conduite; *au pl.* Tours contraires et multipliés.

**RETOURNE**, *s. f.* Carte qu'on retourne.

**RETOURNER** (*part.* é, ée), *v. a.* Tourner d'un autre sens; mettre le dessus dessous; —(*part.* é, ée), *v. n.* Aller de nouveau en un lieu; recommencer à faire les mêmes choses; *se* —, *v. pr.* Se tourner d'un autre sens; *fig.* Prendre d'autres mesures; *s'en* —, s'en aller.

**RETRACER** (*part.* é, ée), *v. a.* Tracer de nouveau (au propre et au fig.).

**RÉTRACTATION**, *s. f.* Action de se rétracter.

**RÉTRACTER** (*part.* é, ée), *v. a.* Déclarer qu'on a changé d'opinion; *se* —, *v. pr.* Se dédire.

**RÉTRACTILE**, *adj.* 2 *g.* Qui peut se retirer, rentrer en dedans.

**RÉTRACTION**, *s. f.* Raccourcissement; *t. de méd.*

**RETRAIRE** (se conj. sur *Traire*), *v. a.* Retirer un héritage vendu.

**RETRAIT**, *s. m.* Action de retirer; chose retirée.

**RETRAITE**, *s. f.* Action de se retirer; signal pour se retirer; marche de troupes qui se retirent; état de celui qui se retire du monde, des affaires; lieu où l'on se retire; pension qu'on donne en récompense de services rendus; diminution d'épaisseur donnée à un mur; diminution de volume dans un corps humide desséché au feu.

**RETRAITÉ, ÉE**, *adj.* Qui est à la retraite.

**RETRANCHEMENT**, *s. m.* Suppression; diminution; ouvrage pour se mettre à couvert des attaques de l'ennemi.

**RETRANCHER** (*part.* é, ée), *v. a.* Séparer une partie d'un tout; diminuer; supprimer les abus; fortifier; *se* —, *v. pr.* Réduire sa dépense; se restreindre à; faire des retranchements.

**RETRAVAILLER** (ll m.; *part.* é, ée), *v. a.* Travailler de nouveau.

**RÉTRÉCIR** (*part.* i, ie), *v. a.* Ren

dre plus étroit; —, *v. n.*, et *se* —, *v. pr.* Devenir plus étroit.

**RÉTRÉCISSEMENT**, *s. m.* Action par laquelle une chose est rétrécie.

**RETREMPER** (*part.* é, ée), *v. a.* Tremper de nouveau; *fig.* Rendre de la force; *se* —, *v. pr.* Reprendre de l'énergie.

**RÉTRIBUER** (*part.* é, ée), *v. a.* Donner une rétribution.

**RÉTRIBUTION**, *s. f.* Salaire, récompense.

**RÉTROACTIF, IVE**, *adj.* Qui agit sur le passé.

**RÉTROACTION**, *s. f.* Effet de ce qui est rétroactif.

**RÉTROACTIVITÉ**, *s. f.* Qualité de ce qui est rétroactif.

**RÉTROCÉDER** (*part.* é, ée), *v. a.* Rendre à quelqu'un ce qu'il nous avait cédé.

**RÉTROCESSION**, *s. f.* Acte par lequel on rétrocède.

**RÉTROGRADATION**, *s. f.* Mouvement apparent des planètes contre l'ordre des signes célestes.

**RÉTROGRADE**, *adj.* 2 *g.* Qui va en arrière.

**RÉTROGRADER**, *v. n.* Aller en arrière.

**RETROUSSEMENT**, *s. m.* Action de retrousser.

**RETROUSSER** (*part.* é, ée), *v. a.* Relever en haut ce qui était baissé; *se* —, *v. pr.* Relever son manteau, sa jupe, etc.

**RETROUSSIS**, *s. m.* Partie retroussée du bord d'un chapeau, des basques d'un habit.

**RETROUVER** (*part.* é, ée), *v. a.* Trouver une seconde fois, trouver ce qu'on avait perdu, oublié; aller une seconde fois vers quelqu'un; *fig.* Reconnaître; *se* —, *v. pr.* Être de nouveau dans un lieu, dans une situation; *se* —, *v. réc.* Se rejoindre.

**RETS**, *s. m.* Filet pour prendre des oiseaux, des poissons.

**RÉUNION**, *s. f.* Action de réunir ou de se réunir; assemblée; *fig.* Réconciliation.

**RÉUNIR** (*part.* i, ie), *v. a.* Rejoindre ce qui était épars, séparé; rassembler; *fig.* Réconcilier; *se* —, *v. pr.* Se rapprocher (en parlant des chairs); s'assembler; *fig.* S'entendre (sur un point).

**RÉUSSIR**, *v. n.* Avoir un succès heureux; venir bien (en parlant des plantes).

**RÉUSSITE**, *s. f.* Bon succès.

**REVALOIR** (se conj. sur *Valoir*), *v. a.* Rendre la pareille.

**REVANCHE**, *s. f.* Action de se revancher; seconde partie que joue le perdant pour se racquitter de la première; *en* —, *loc. adv.* En compensation.

**REVANCHER** (*part.* é, ée), *v. a.* Défendre quelqu'un qui est attaqué; *se* —, *v. pr.* Se défendre; rendre la pareille en bien ou en mal.

**REVANCHEUR**, *s. m.* Celui qui revanche.

**RÊVASSER**, *v. n.* Avoir diverses rêveries pendant un sommeil inquiet; penser vaguement.

**RÊVASSERIE**, *s. f.* Rêves sans suite pendant un sommeil agité.

**RÊVASSEUR**, *s. m.* Celui qui rêvasse.

**RÊVE**, *s. m.* Songe vague et sans suite; *fig.* Projet chimérique.

**REVÊCHE**, *adj.* 2 *g.* Rude, âpre au goût; *fig.* Peu traitable.

**RÉVEIL** (l m.), *s. m.* Cessation de sommeil.

**RÉVEIL-MATIN**, *s. m.* (inv.). Horloge à sonnerie pour éveiller à une certaine heure.

**RÉVEILLER** (ll m.; *part.* é, ée), *v. a.* Tirer du sommeil; éveiller de nouveau; *fig.* Exciter de nouveau, renouveler; *se* —, *v. pr.* S'éveiller; sortir de léthargie; *fig.* Se renouveler.

**RÉVEILLON** (ll m.), *s. m.* Repas extraordinaire fait au milieu de la nuit de Noël.

**RÉVÉLATEUR, TRICE**, *s.* Celui ou Celle qui fait une révélation.

**RÉVÉLATION**, *s. f.* Action de révéler; chose révélée.

**RÉVÉLER** (*part.* é, ée), *v. a.* Déclarer, découvrir ce qui était inconnu; *se* —, *v. pr.* Se découvrir, se manifester.

**REVENANT, E**, *adj.* Qui plaît, qui revient.

**REVENANT**, *s. m.* Spectre.

**REVENANT-BON** (*au pl. revenants-bons*), *s. m.* Profit éventuel.

**REVENDEUR, EUSE**, *s.* Celui ou Celle qui revend.

**REVENDICATION**, *s. f.* Action de revendiquer.

**REVENDIQUER** (*part.* é, ée), *v. a.* Réclamer ce qui nous appartient et qui est entre les mains d'un autre.

**REVENDRE** (se conj. sur *Vendre*), *v. a.* Vendre ce qu'on a acheté.

**REVENIR** (*part.* u, ue; se conj. sur *Venir*), *v. n.* Venir une autre fois; retourner au lieu d'où l'on était parti; rentrer; naître de nouveau; causer des rapports; recommencer à dire, à faire; réitérer; changer d'opinion; retirer sa parole; se rétablir, se remettre; coûter; plaire; — *à soi*, reprendre ses esprits; —, *v. n.* et *v. imp.* Il résulte; on rapporte que.

**REVENTE**, *s. f.* Seconde vente.

**REVENU**, *s. m.* Produit annuel.

**REVENUE**, *s. f.* Jeune bois qui revient sur une coupe de taillis.

**RÊVER**, *v. n.* Faire des songes; dire des extravagances; méditer; — (*part.* é, ée), *v. a.* Désirer ardemment.

**RÉVERBÉRATION**, *s. f.* Réfléchissement de la lumière, de la chaleur.

**RÉVERBÈRE**, *s. m.* Miroir de métal adapté à une lampe pour en augmenter la lumière; lanterne suspendue.

**RÉVERBÉRER** (*part.* é, ée), *v. a.* Renvoyer (la chaleur, la lumière).

**REVERDIR** (*part.* i, ie), *v. a.* Peindre de nouveau en vert; —, *v. n.* Redevenir vert.

**RÉVÉREMMENT**, *adv.* Avec respect.

**RÉVÉRENCE**, *s. f.* Respect, vénération; titre d'honneur; mouvement pour saluer.

**RÉVÉRENCIEUSEMENT**, *adv.* Avec respect.

**RÉVÉRENCIEUX, EUSE**, *adj.* Qui affecte de faire des révérences; cérémonieux.

**RÉVÉREND, E**, *adj.* et *s.* Digne d'être révéré; titre d'honneur.

**RÉVÉRENDISSIME**, *adj.* 2 *g.* Titre d'honneur qui s'emploie en parlant à des prélats, à des généraux d'ordre.

**RÉVÉRER** (*part.* é, ée), *v. a.* Respecter, honorer.

**RÊVERIE**, *s. f.* Pensée où se laisse aller l'imagination; idée extravagante; délire.

**REVERNIR** (*part.* i, ie), *v. a.* Vernir de nouveau.

**REVERS**, *s. m.* Côté opposé à celui qui s'offre d'abord; coup d'arrière-main; partie retroussée; sens contraire; côté d'une médaille opposé à celui où est l'empreinte de la figure; verso d'un feuillet; *fig.* Disgrâce, accident fâcheux.

**REVERSEMENT**, *s. m.* Transbordement; action de reverser une somme d'argent.

**REVERSER** (*part.* é, ée), *v. a.* Verser de nouveau; transporter, transposer.

**REVERSI** ou **REVERSIS**, *s. m.* Sorte de jeu de cartes.

**RÉVERSIBILITÉ**, *s. f.* Qualité de ce qui est réversible.

**RÉVERSIBLE**, *adj.* 2 *g.* Se dit des biens qui peuvent revenir à celui qui en a disposé.

**RÉVERSION**, *s. f.* Réunion d'un bien à un autre dont il avait été détaché.

**REVERSIS.** Voy. *Reversi.*

**REVÊTEMENT**, *s. m.* Espèce de placage qu'on fait à une construction; ouvrage qui sert à retenir les terres d'un fossé, etc.

**REVÊTIR** (se conj. sur *Vêtir*), *v. a.* Mettre, donner des habits; *se* —, *v. pr.* Se couvrir d'un habit; *fig.* S'attribuer une qualité.

**RÊVEUR, EUSE**, *s.* et *adj.* Celui ou Celle qui rêve, qui paraît absorbé dans des rêveries, qui dit des extravagances.

**REVIRADE**, *s. f.* Action de revirer.

**REVIREMENT**, *s. m.* Virement, action de revirer de bord; changement de parti.

**REVIRER** (*part.* é, ée), *v. n.* — *de bord*, tourner d'un autre côté, *t. de mar.*; *fam.* Changer de parti.

**REVISER** (*part.* é, ée), *v. a.* Revoir, examiner de nouveau.

**RÉVISEUR**, *s. m.* Celui qui revise

**RÉVISION**, *s. f.* Action de reviser ; nouvel examen.

**RÉVIVIFICATION**, *s. f.* Action de révivifier.

**RÉVIVIFIER** (*part.* é, ée), *v. a.* Vivifier de nouveau.

**REVIVRE** (se conj. sur *Vivre*), *v. n.* Ressusciter ; *fig.* Se ranimer, se renouveler, se rétablir.

**RÉVOCABLE**, *adj.* 2 g. Qui peut être révoqué.

**RÉVOCATION**, *s. f.* Action de révoquer ; acte qui révoque.

**RÉVOCATOIRE**, *adj.* 2 *g.* Qui révoque.

**REVOICI, REVOILÀ**, *prép.* Voici, voilà pour la seconde fois.

**REVOIR** (se conj. sur *Voir*), *v. a.* Voir, examiner de nouveau ; —, *s. m. Au* —, formule d'adieu.

**REVOLER**, *v. n.* Voler de nouveau (en parlant d'un oiseau).

**RÉVOLTANT, E**, *adj.* Qui révolte.

**RÉVOLTE**, *s. f.* Soulèvement, rébellion.

**RÉVOLTÉ**, *s. m.* Celui qui se révolte.

**RÉVOLTER** (*part.* é, ée), *v. a.* Porter à la révolte ; *fig.* Choquer, indigner ; *se* —, *v. pr.* Se soulever contre l'autorité.

**RÉVOLU, UE**, *adj.* Achevé, fini.

**RÉVOLUTION**, *s. f.* Retour d'un astre à son point de départ ; changement subit dans les opinions, dans les choses, dans les affaires publiques.

**RÉVOLUTIONNAIRE**, *adj.* 2 *g.* Conforme aux principes de la révolution ; —, *s. m.* Partisan de la révolution.

**REVOMIR** (*part.* i, ie), *v. a.* Vomir ce qu'on a avalé ; —, *v. n.* Vomir de nouveau.

**RÉVOQUER** (*part.* é, ée), *v. a.* Priver d'un emploi, ôter des pouvoirs qu'on avait donnés ; annuler.

**REVUE**, *s. f.* Recherche, examen, inspection ; écrit périodique.

**RÉVULSIF, IVE**, *adj.* Propre à opérer une révulsion ; —, *s. m.* Remède révulsif.

**RÉVULSION**, *s. f.* Action de détourner la cause d'un mal d'une partie du corps et de la porter sur une autre partie où elle peut être attaquée plus efficacement.

**REZ**, *prép.* Tout contre, joignant.

**REZ-DE-CHAUSSÉE**, *s. m.* (inv.). Niveau du terrain.

**RHABILLAGE** (ll m.), *s. m.* Raccommodage.

**RHABILLER** (ll m. ; *part.* é, ée), *v. a.* Habiller de nouveau ; fournir de nouveaux habits ; raccommoder ; rectifier ; *se* —, *v. pr.* Remettre ses habits.

**RHEIMS.** Voy. *Reims.*

**RHÉTEUR**, *s. m.* Celui qui enseigne l'éloquence, ou qui écrit sur la rhétorique ; orateur emphatique.

**RHÉTORICIEN**, *s. m.* Celui qui sait la rhétorique ; élève de rhétorique.

**RHÉTORIQUE**, *s. f.* Art de bien dire ; traité de cet art ; classe où on l'enseigne ; *fig.* et *fam.* Termes dont on se sert pour persuader quelqu'un.

**RHIN (LE)**, un des plus grands fleuves d'Europe, a trois sources dans les glaciers du Saint-Gothard, canton des Grisons ; il sépare l'Allemagne de la Suisse et de la France, et, parvenu en Hollande, il se divise en quatre branches, dont l'une, dite le *Vieux-Rhin*, se perd au-dessous de Leyde, dans les dunes de la mer d'Allemagne. Il donne son nom à deux départements, savoir : 1° le *Bas-Rhin*, formé de la partie septentrionale de l'Alsace ; 2° le *Haut-Rhin*, composé de l'Alsace méridionale.

**RHINGRAVE**, *s. f.* Sorte de haut-de-chausses.

**RHINOCÉROS**, *s. m.* Grand quadrupède mammifère qui a une corne sur le nez.

**RHODODENDRON**, *s. m.* Sorte d'arbrisseau toujours vert.

**RHÔNE (LE)**, fleuve le plus rapide de l'Europe, a sa source dans les glaciers du mont Furca, à l'est du Valais, en Suisse ; il sépare la France de la Savoie, et se jette dans la Méditerranée ; il donne son nom à un département formé du Lyonnais et du Beaujolais, borné au nord par Saône-et-Loire, à l'est par l'Isère, au sud et à l'ouest par la Loire.

**RHUBARBE**, *s. f.* Plante médicinale de la Chine.

**RHUM**, *s. m.* Eau-de-vie de sucre.

**RHUMATISMAL, E**, *adj.* Qui est de la nature du rhumatisme.

**RHUMATISME**, *s. f.* Douleur inflammatoire des muscles et des grandes articulations.

**RHUME**, *s. m.* Inflammation des fosses nasales ou de la gorge, qui excite la toux et rend la voix enrouée.

**RHYTHME**, *s. m.* Cadence, mesure, nombre.

**RHYTHMIQUE**, *adj.* 2 *g.* Qui appartient au rhythme.

**RIANT, E**, *adj.* Gracieux, qui marque de la gaieté; agréable à la vue.

**RIBAMBELLE**, *s. f.* Longue suite.

**RIBERAC**, chef-lieu d'arr. du dép. de la Dordogne.

**RIBOTE**, *s. f.* Action de boire et de manger avec excès.

**RIBOTER**, *v. n.* Faire ribote.

**RIBOTEUR, EUSE**, *s.* Celui ou Celle qui aime à riboter.

**RICANEMENT**, *s. m.* Action de ricaner.

**RICANER**, *v. n.* Rire à demi, par sottise ou par raillerie.

**RICANERIE**, *s. f.* Ris moqueur.

**RICANEUR, EUSE**, *s.* Celui ou Celle qui ricane.

**RIC-À-RIC**, *loc. adv.* Avec une rigoureuse exactitude.

**RICHARD**, *s. m.* Homme fort riche.

**RICHE**, *adj.* 2 *g.* Qui jouit d'une grande fortune; *fig.* Abondant, fertile; précieux, magnifique; —, *s. m.* Homme riche.

**RICHEMENT**, *adv.* D'une manière riche.

**RICHESSE**, *s. f.* Abondance de biens; opulence; *au pl.* Grands biens.

**RICHISSIME**, *adj. superl.* 2 *g.* Très-riche.

**RICIN**, *s. m.* Plante exotique qui fournit une huile employée en médecine.

**RICOCHER**, *v. n.* Faire des ricochets.

**RICOCHET**, *s. m.* Bond que fait une pierre plate jetée obliquement sur la surface de l'eau, ou un projectile lancé par une pièce d'artillerie; *fig.* Circuit.

**RIDE**, *s. f.* Pli sur le front, sur le visage, qui est l'effet de l'âge; *fig.* Pli sur la surface de l'eau.

**RIDEAU**, *s. m.* Morceau d'étoffe tendu sur une tringle, et qu'on tire pour cacher ou couvrir quelque chose; toile qui cache la scène; rangée d'arbres.

**RIDELLE**, *s. f.* Côté de la charrette fait en forme de râtelier.

**RIDER** (*part.* é, ée), *v. a.* Faire, causer des rides; *se* —, *v. pr.* Prendre des rides.

**RIDICULE**, *adj.* 2 *g.* Digne de risée; — *s. m.* Défaut qui prête à rire; sac dans lequel les femmes portent leur mouchoir, leur argent, etc.

**RIDICULEMENT**, *adv.* D'une manière ridicule.

**RIDICULISER** (*part.* é, ée), *v. a.* Rendre ridicule; tourner en ridicule.

**RIEN**, *s. m.* Néant, nulle chose; peu de chose; quelque chose; *au pl.* Bagatelles, frivolités; *en moins de* —, *loc. adv.* En un temps très-court; *comme si de — n'était*, *loc. adv.* Comme s'il n'était rien arrivé.

**RIEUR, EUSE**, *s.* Celui ou Celle qui aime à rire.

**RIFLARD**, *s. m.* Marteau à deux poignées pour dégrossir le bois; espèce de ciseau à l'usage des maçons.

**RIGIDE**, *adj.* 2 *g.* Sévère, austère.

**RIGIDEMENT**, *adv.* Avec rigidité.

**RIGIDITÉ**, *s. f.* Grande sévérité, exactitude, austérité.

**RIGODON**, *s. m.* Air à deux temps, très-animé; sorte de danse.

**RIGOLE**, *s. f.* Petite tranchée pour faire couler les eaux, pour planter des bordures de buis, de thym, ou des palissades, etc.

**RIGORISME**, *s. m.* Morale trop sévère.

**RIGORISTE**, *s.* et *adj.* 2 *g.* Celui ou Celle qui est trop sévère en morale.

**RIGOUREUSEMENT**, *adv.* Avec rigueur; incontestablement.

**RIGOUREUX, EUSE**, *adj.* Très-sévère, rude, âpre, fâcheux; incontestable.

**RIGUEUR**, *s. f.* Sévérité, dureté, austérité; *à la —, en —, loc. adv.* En toute sévérité; *à la —*, trop à la lettre; sans modification.

**RIMAILLER** (ll m.), *v. n.* Faire de mauvais vers.

**RIMAILLEUR** (ll m.), *s. m.* Mauvais versificateur.

**RIME**, *s. f.* Uniformité de son dans la terminaison de deux mots.

**RIMER**, *v. n.* Finir par le même son (en parlant des mots); faire des vers; — (*part.* é, ée), *v. a.* Mettre en vers.

**RIMEUR**, *s. m.* Versificateur (surtout en mauvaise part).

**RINCEAU**, *s. m.* Ornement d'architecture composé de branches ou de fruits sculptés.

**RINCER** (*part.* é, ée), *v. a.* Nettoyer en lavant.

**RINÇURE**, *s. f.* Eau qui a servi à rincer.

**RIOM**, chef-lieu d'arr. du dép. du Puy-de-Dôme.

**RIPAILLE** (ll m.), *s. f.* Excès de table.

**RIPOPÉE**, *s. f.* Mélange de différents restes de vins, de liqueurs, de sauces, etc.; *fig.* Mauvais discours mêlé de diverses choses qui ne font qu'un méchant composé.

**RIPOSTE**, *s. f.* Prompte repartie; coup porté en parant.

**RIPOSTER**, *v. n.* Repartir vivement; repousser une injure; parer et porter un coup du même mouvement.

**RIPUAIRE**, *adj.* 2 *g.*, se dit des anciens peuples des bords du Rhin et de la Meuse.

**RIRE** (*Ind. pr.* je ris, tu ris, il rit, nous rions, vous riez, ils rient; *imp.* je riais, etc., nous riions, etc.; *p. déf.* je ris, etc., nous rîmes, etc.; *p. indéf.* j'ai ri, etc.; *fut.* je rirai, etc., nous rirons, etc.; *cond.* je rirais, etc., nous ririons, etc.; *impér.* ris, rions, riez; *subj. pr.* que je rie, que tu ries, qu'il rie, que nous riions, que vous riiez, qu'ils rient; *imp. subj.* que je risse, etc., que nous rissions, etc.; *p. pr.* riant), *v. n.* Éprouver, dans les muscles du visage, un certain mouvement involontaire qui annonce la satisfaction; plaire; être agréable; se divertir, se réjouir; se soucier de; *se —*, se moquer de.

**RIRE** ou **RIS**, *s. m.* Action de rire.

**RIS**, *s. m.* Glandule sous la gorge du veau; *au pl.* Œillets qui sont à une voile. Voy. *Rire*, subst.

**RISÉE**, *s. f.* Éclat de rire, moquerie; objet dont on se moque.

**RISIBLE**, *adj.* 2 *g.* Digne de moquerie, propre à faire rire.

**RISQUABLE**, *adj.* 2 *g.* Qu'on peut risquer; hasardeux.

**RISQUE**, *s. m.* Péril, danger.

**RISQUER** (*part.* é, ée), *v. a.* Hasarder, mettre en danger; *se —*, *v. pr.* Courir la chance.

**RISSOLE**, *s. f.* Viande hachée dans la pâte et frite dans du saindoux.

**RISSOLER** (*part.* é, ée), *v. a.* Donner une couleur rousse en exposant au feu.

**RIT** ou **RITE**, *s. m.* Ordre prescrit des cérémonies religieuses.

**RITOURNELLE**, *s. f.* Petite symphonie qui précède ou qui suit un chant; *fam.* Retour fréquent des mêmes idées.

**RITUALISTE**, *s. m.* Auteur qui traite des divers rites.

**RITUEL**, *s. m.* Livre qui contient ce qui concerne les fonctions curiales.

**RIVAGE**, *s. m.* Bord de la mer, des rivières.

**RIVAL**, **E**, *s.* et *adj.* Concurrent.

**RIVALISER**, *v. n.* Disputer de talent, de mérite avec.

**RIVALITÉ**, *s. f.* Concurrence, émulation.

**RIVE**, *s. f.* Bord (d'un fleuve, d'un étang, d'un lac, de la mer).

**RIVER** (*part.* é, ée), *v. a.* Abattre et aplatir la pointe d'un clou sur l'autre côté de l'objet qu'il perce.

**RIVERAIN**, *s. m.* Celui qui habite le long d'une rivière; celui qui a une propriété le long d'une forêt; —, *e*, *adj.* Qui est situé, qui pousse le long d'une rivière.

**RIVET**, *s. m.* Pointe rivée d'un clou broché dans le pied d'un cheval.

**RIVIÈRE**, *s. f.* Cours d'eau qui coule dans un lit d'une étendue considérable.

**RIVURE**, *s. f.* Broche de fer qui entre dans les charnières des fiches.

**RIXE**, *s. f.* Querelle accompagnée d'injures ou de coups; débat, discussion orageuse.

**RIZ**, *s. m.* Plante annuelle des pays chauds; graine farineuse qu'elle produit.

**RIZIÈRE**, *s. f.* Terrain affecté à la culture du riz.

**ROANNE**, chef-lieu d'arr. du dép. de la Loire.

**ROBE**, *s. f.* Vêtement long que portent les femmes, les gens de justice, d'Église, etc.; profession ecclésiastique ou de judicature; enveloppe de certains légumes; poil des animaux.

**ROBIN**, *s. m.* Homme de robe; *t. de mépris.*

**ROBINET**, *s. m.* Tuyau qu'on applique à une fontaine, à un tonneau, pour faire écouler le liquide.

**ROBUSTE**, *adj.* 2 *g.* Fort, vigoureux.

**ROBUSTEMENT**, *adv.* D'une manière robuste.

**ROC**, *s. m.* Masse de pierres très-dures adhérant à la terre.

**ROCAILLE** (ll m.), *s. f.* Cailloux, coquillages qui ornent une grotte.

**ROCAILLEUR** (ll m.), *s. m.* Celui qui travaille en rocaille.

**ROCAILLEUX, EUSE** (ll m.), *adj.* plein de cailloux; *fig.* Dur.

**ROCAMBOLE**, *s. f.* Espèce d'ail, échalotte d'Espagne.

**ROCHE**, *s. f.* Roc (ordinairement isolé).

**ROCHECHOUART**, chef-lieu d'arr. du dép. de la Haute-Vienne.

**ROCHEFORT**, chef-lieu d'arr. du dép. de la Charente-Inférieure.

**ROCHELLE (LA)**, chef-lieu du dép. de la Charente-Inférieure.

**ROCHER**, *s. m.* Roc escarpé.

**ROCHET**, *s. m.* Surplis à manches droites des évêques et des abbés.

**ROCROY**, chef-lieu d'arr. du dép. des Ardennes.

**RÔDER**, *v. n.* Errer çà et là; tourner tout autour.

**RÔDEUR**, *s. m.* Celui qui rôde.

**RODEZ**, chef-lieu d'arr. du dép. de l'Aveyron.

**RODOMONT**, *s. m.* Fanfaron.

**RODOMONTADE**, *s. f.* Fanfaronnade.

**ROGATIONS**, *s. f. pl.* Prières publiques que l'Église fait pour les biens de la terre pendant les trois jours qui précèdent l'Ascension.

**ROGATOIRE**, *adj.* 2 *g.* *Commission* —, qu'un juge adresse à un autre pour faire une procédure dans l'étendue de son ressort.

**ROGATON**, *s. m.* Restes de viandes; mets réchauffés.

**ROGNE**, *s. f.* Gale invétérée.

**ROGNE-PIED**, *s. m.* (inv.). Outil de maréchal pour rogner la corne du cheval.

**ROGNER** (*part.* é, ée), *v. a.* Ôter, retrancher quelque chose des extrémités.

**ROGNEUR, EUSE**, *s.* Celui ou Celle qui rogne les pièces de monnaie.

**ROGNEUX, EUSE**, *adj.* et *s.* Qui a la rogne.

**ROGNON**, *s. m.* Reins de certains animaux bons à manger.

**ROGNONNER**, *v. n.* Gronder, murmurer entre les dents; *t. trivial.*

**ROGNURE**, *s. f.* Ce qui a été enlevé en rognant.

**ROGOMME**, *s. m.* Toute liqueur forte.

**ROGUE**, *adj.* 2 *g.* Fier, arrogant.

**ROI**, *s. m.* Monarque, prince souverain d'un royaume; principale pièce du jeu des échecs: première figure d'un jeu de cartes; *fig.* Le premier, le principal, le plus habile dans son genre.

**ROIDE**, *adj.* 2 *g.* Tendu, qui plie avec peine; ferme, dur; *chemin* —, difficile à monter; *fig.* Intraitable, inflexible; peu affable.

**ROIDEUR**, *s. f.* Tension, dureté, fermeté.

**ROIDILLON** (ll m.), *s. m.* Petite élévation qui se trouve dans un chemin.

**ROIDIR** (*part.* i, ie), *v. a.* Rendre roide; —, *v. n.*, et *se* —, *v. pr.* Devenir roide; *fig.* Ne pas se soumettre à.

**ROITELET**, *s. m.* Espèce d'oiseau très-petit; petit roi.

**RÔLE**, *s. m.* Liste, catalogue; ce que doit réciter un acteur dans une pièce de théâtre; personnage qu'il représente; (*t. de pratique*) deux pages d'écriture; *fig.* Personnage qu'on joue dans le monde; *à tour de —*, *loc. adv.* Chacun à son tour.

**RÔLER**, *v. n.* Faire des rôles d'écriture.

**RÔLET**, *s. m.* Petit rôle.

**ROMAIN, E**, *adj.* et *s.* Qui appartient à la ville de Rome; habitant de Rome; citoyen de l'ancienne république ou de l'ancien empire romain; *romain*, *s. m.* *Petit —*, caractère d'impression; *romaine*, *s. f.* Instrument pour peser avec un seul poids, qu'on place à différentes distances du point de suspension; espèce de laitue longue.

**ROMAN**, *s. m.* Récit fictif, où, dans un tissu d'aventures plus ou moins vraisemblables, on développe les passions humaines; *fig.* Récit sans vraisemblance.

**ROMAN, E**, *adj.* *Langue romane*, et *Roman*, *s. m.* Langue formée de la corruption du latin et qui a été en usage dans le midi de l'Europe du xe au xiiie siècle.

**ROMANCE**, *s. f.* Chanson dont le sujet est élégiaque.

**ROMANCIER**, *s. m.* Auteur de romans.

**ROMANESQUE**, *adj.* 2 *g.* Qui tient du roman; fabuleux; exalté, exagéré.

**ROMANESQUEMENT**, *adv.* D'une manière romanesque.

**ROMANTIQUE**, *adj.* 2 *g.* Qui rappelle le roman; qui s'affranchit des règles de composition suivies par les auteurs classiques; —, *s. m.* Le genre romantique (par opposition au genre classique); écrivain romantique.

**ROMARIN**, *s. m.* Arbuste aromatique toujours vert.

**ROMORANTIN**, chef-lieu d'arr. du dép. de Loir-et-Cher.

**ROMPRE** (*Ind. pr.* je romps, tu romps, il rompt, nous rompons, vous rompez, ils rompent; *imp.* je rompais, etc., nous rompions, etc.; *p. déf.* je rompis, etc., nous rompîmes, etc.; *fut.* je romprai, etc., nous romprons, etc.; *cond.* je romprais, etc., nous romprions, etc., *impér.* romps, rompons, rompez; *subj. pr.* que je rompe, etc., que nous rompions, etc.; *imp. subj.* que je rompisse, etc., que nous rompissions, etc.; *p. pr.* rompant; *p. p.* rompu, ue), *v. a.* Briser, casser, mettre en pièces; enfoncer, mettre en désordre; arrêter, détourner le mouvement droit d'une chose; *fig.* Détruire, faire cesser; dresser, exercer; *à tout —*, *loc. adv.* Avec transport; —, *v. n.* Se casser; se brouiller avec, renoncer à l'amitié de; *se —*, *v. pr.* Se briser.

**RONCE**, *s. f.* Arbuste épineux et rampant; *fig.* Grande difficulté.

**ROND**, *s. m.* Cercle; *en —*, *loc. adv.* Circulairement.

**ROND, E**, *adj.* Qui est de forme circulaire ou sphérique; *fig.* Qui est sans façon, sans détour; *compte —*, sans fraction.

**RONDACHE**, *s. f.* Grand bouclier rond.

**RONDE**, *s. f.* Chanson à refrain que l'on répète en dansant; sorte d'écriture; la plus longue des notes de musique; visite de nuit autour d'une place de guerre, dans un camp, etc.; troupe qui fait la ronde; *à la —*, *loc. adv.* Alentour; les uns après les autres.

**RONDEAU**, *s. m.* Petit poëme particulier aux Français; petite pièce de musique instrumentale.

**RONDELET, ETTE**, *adj.* Qui a un peu trop d'embonpoint.

**RONDELETTES**, *s. f. pl.* Toiles à voiles qu'on fabrique en Bretagne.

**RONDEMENT**, *adv.* Uniment, également; *fig.* Franchement, sans façon.

**RONDEUR**, *s. f.* Figure de ce qui est rond; *fig.* Bonhomie, franchise.

**RONDIN**, *s. m.* Bûche ronde; gros bâton.

**RONDINER** (*part.* é, ée), *v. a.* Donner des coups de rondin.

**ROND-POINT** (*au pl. ronds-points*), *s. m.* Place demi-circulaire.

**RONFLANT, E,** *adj.* Sonore, bruyant.

**RONFLEMENT,** *s. m.* Bruit sourd qu'on fait en ronflant.

**RONFLER,** *v. n.* Faire un bruit sourd de la gorge et des narines, en respirant pendant le sommeil; faire entendre un bruit prolongé.

**RONFLEUR, EUSE,** *s.* Celui ou Celle qui ronfle.

**RONGER** (*part.* é, ée), *v. a.* Mâcher, couper avec les dents; *fig.* Tourmenter; miner.

**RONGEUR,** *adj. m.* Qui ronge; *fig. Ver* —, remords qui tourmente le coupable; *rongeurs, s. m. pl.* Ordre de quadrupèdes qui rongent leurs aliments.

**ROQUEFORT,** *s. m.* Fromage de lait de brebis.

**ROQUER,** *v. n.* Placer la tour à la case qui est à côté de celle du roi, et faire passer le roi de l'autre côté de la tour; *t. de jeu d'échecs.*

**ROQUET,** *s. m.* Petit chien; *fig.* Homme sans considération.

**ROQUETTE,** *s. f.* Sorte de plante qui se mange en salade.

**ROSACE,** *s. f.* Ornement des voûtes en forme de rose; *t. d'archit.*

**ROSACÉE,** *adj. f.* Dont la fleur est en forme de rose; *rosacées, s. f. pl.* Famille de plantes.

**ROSAIRE,** *s. m.* Chapelet de quinze dizaines d'*Ave*, précédées chacune d'un *Pater.*

**ROSAT,** *adj.* 2 *g.* Où il entre des roses.

**ROSBIF,** *s. m.* Bœuf rôti.

**ROSE,** *s. f.* Fleur odoriférante qui croît sur un arbuste épineux; sorte de poisson de rivière.

**ROSE,** *adj.* 2 *g.* Qui est de la couleur de la rose; —, *s. m.* Couleur de la rose ordinaire.

**ROSÉ, ÉE,** *adj.* Qui est d'un rouge faible.

**ROSEAU,** *s. m.* Plante aquatique; *fig.* Personne faible.

**ROSÉE,** *s. f.* Pluie fraîche et très-fine du matin; vapeurs qui s'élèvent de la terre.

**ROSÉRAIE,** *s. f.* Terrain planté de rosiers.

**ROSETTE,** *s. f.* Ornement ou Ruban en forme de petite rose; cuivre rouge.

**ROSIER,** *s. m.* Arbuste qui porte des roses.

**ROSIÈRE,** *s. f.* Jeune fille qui obtient le prix de vertu.

**ROSSE,** *s. f.* Cheval usé, sans vigueur.

**ROSSER** (*part.* é, ée), *v. a.* Battre violemment.

**ROSSIGNOL,** *s. m.* Petit oiseau de passage dont le chant est fort agréable; crochet pour ouvrir les serrures.

**ROSSIGNOLER,** *v. n.* Imiter le chant du rossignol.

**ROSSINANTE,** *s. f.* Rosse. (Ce mot est *m.* quand on parle du cheval de don Quichotte.)

**ROSSOLIS,** *s. m.* Liqueur faite d'eau-de-vie, de sucre et de parfums; sorte de plante.

**ROSTRALE,** *s. f. Colonne* ou *Couronne* —, ornée de proues de navires.

**ROT,** *s. m.* Vent qui sort avec bruit de l'estomac, par la bouche; rapport.

**RÔT,** *s. m.* Viande rôtie à la broche.

**ROTATION,** *s. f.* Mouvement circulaire d'un corps tournant sur lui-même; mouvement d'une planète autour de son axe; système d'assolement.

**ROTER,** *v. n.* Faire un rot.

**RÔTI,** *s. m.* Viande rôtie.

**RÔTIE,** *s. f.* Tranche de pain grillée.

**ROTIN,** *s. m.* Roseau des Indes.

**RÔTIR** (*part.* i, ie), *v. a.* Faire cuire à la broche, sur le gril, etc.; dessécher; —, *v. n.*, et *se* —, *v. pr.* Cuire à la broche, etc.; *se* —, *v. pr.* S'exposer à toute l'ardeur du feu, du soleil.

**RÔTISSERIE,** *s. f.* Établissement de rôtisseur.

**RÔTISSEUR, EUSE,** *s.* Celui ou Celle qui vend des viandes rôties ou prêtes à rôtir.

**RÔTISSOIRE,** *s. f.* Ustensile pour faire rôtir les viandes.

**ROTONDE,** *s. f.* Bâtiment rond par dedans et par dehors; caisse de derrière d'une diligence.

**ROTONDITÉ**, *s. f.* Rondeur, grosseur; embonpoint excessif.

**ROTULE**, *s. f.* Os placé sur le devant de l'articulation du genou.

**ROTURE**, *s. f.* État d'une personne ou d'un héritage qui n'est pas noble; les roturiers.

**ROTURIER, IÈRE**, *adj.* et *s.* Qui n'est pas noble; grossier.

**ROTURIÈREMENT**, *adv.* En roturier.

**ROUAGE**, *s. m.* Toutes les roues d'une machine.

**ROUAN**, *adj.* et *s. m. Cheval* —, à poil mêlé de gris, de blanc et de bai.

**ROUANNE**, *s. f.* Instrument pour marquer les tonneaux.

**ROUANNER** (*part.* é, ée), *v. a.* Marquer avec la rouanne.

**ROUBLE**, *s. m.* Monnaie de Russie, valant environ 4 fr.

**ROUCOULEMENT**, *s. m.* Bruit que fait le pigeon en roucoulant.

**ROUCOULER**, *v. n.*, se dit du bruit que les pigeons font avec le gosier; — (*part.* é, ée), *v. a.* Exprimer d'une manière tendre.

**ROUE**, *s. f.* Machine ronde et plate tournant sur un essieu; sorte de supplice qui n'est plus en usage.

**ROUÉ**, *s. m.* Criminel qui a été roué; homme sans principes, sans mœurs.

**ROUELLE**, *s. f.* Tranche coupée en rond.

**ROUEN**, chef-lieu du dép. de la Seine-Inférieure.

**ROUENNAIS, E**, *adj.* et *s.* Qui est de Rouen.

**ROUENNERIE**, *s. f.* Étoffes de Rouen.

**ROUER** (*part.* é, ée), *v. a.* Punir du supplice de la roue; — *de coups*, battre excessivement.

**ROUERIE**, *s. f.* Tour de roué, action de roué.

**ROUET**, *s. m.* Machine à roue qui sert à filer; petite roue d'acier des anciennes armes à feu.

**ROUETTES**, *s. f. pl.* Longues et menues branches d'osier qu'on fait tremper dans l'eau pour les rendre flexibles.

**ROUGE**, *adj.* 2 *g.* Dont la couleur ressemble à celle du feu, du sang; rougi au feu; roux; —, *s. m.* Couleur rouge; fard.

**ROUGE**, *s. m.* Sorte d'oiseau de rivière.

**ROUGEÂTRE**, *adj.* 2 *g.* Tirant sur le rouge.

**ROUGEAUD, E**, *adj.* et *s.* Qui a le visage rouge; haut en couleur.

**ROUGE-GORGE** (*au pl. rouges-gorges*), *s. m.* Petit oiseau, à gorge rouge, du genre des fauvettes.

**ROUGEOLE**, *s. f.* Maladie contagieuse qui cause des rougeurs par tout le corps.

**ROUGE-QUEUE** (*au pl. rouges-queues*), *s. m.* Sorte d'oiseau à bec fin.

**ROUGET**, *s. m.* Poisson de mer rouge, sans écailles.

**ROUGEUR**, *s. f.* Couleur rouge; *au pl.* Taches rouges sur la peau.

**ROUGIR** (*part.* i, ie), *v. a.* Rendre rouge; —, *v. n.* Devenir rouge.

**ROUILLE** (ll m.), *s. f.* Oxydation des métaux exposés à l'humidité; substance roussâtre qu'on voit quelquefois sur les tiges et les feuilles des graminées.

**ROUILLER** (ll m.; *part.* é, ée), *v. a.* Faire venir de la rouille; *se*—, *v. pr.* Contracter de la rouille.

**ROUILLURE** (ll m.), *s. f.* Effet de la rouille.

**ROUIR** (*part.* i, ie), *v. a.* Faire tremper le chanvre dans l'eau, pour le rendre plus propre à être brisé.

**ROUISSAGE**, *s. m.* Action de rouir le chanvre.

**ROULADE**, *s. f.* Action de rouler de haut en bas; (*t. de mus.*) suite modulée de tons rapides sur une même syllabe.

**ROULAGE**, *s. m.* Facilité de rouler; action de rouler; transport des marchandises sur des voitures à roues; établissement pour ce transport.

**ROULANT, E**, *adj.* Qui roule; sur lequel on roule aisément.

**ROULEAU**, *s. m.* Paquet de ce qui est roulé; cylindre de bois, de pierre, servant à divers usages; pièce de bois ronde sur laquelle on fait rouler des fardeaux.

**ROULEMENT**, *s. m.* Mouvement de ce qui roule; tons différents poussés d'une même haleine, en montant ou en descendant; batterie de tambour sans interruption.

**ROULER** (*part.* é, ée), *v. a.* Faire avancer en faisant tourner; plier en rouleau; — *carrosse*, *fam.* Avoir un carrosse à soi; —, *v. n.* Avancer en tournant; mener une vie errante; *fig.* — *sur*, avoir pour objet; *se* —, *v. pr.* Se tourner de côté et d'autre, quand on est couché; se vautrer.

**ROULETTE**, *s. f.* Petite roue; petite chaise à deux roues; jeu de hasard.

**ROULEUR**, *s. m.* Charançon de la vigne.

**ROULEUSE**, *s. f.* Chenille qui se roule dans les feuilles où elle subit sa métamorphose.

**ROULIER**, *s. m.* Charretier qui fait le roulage.

**ROULIS**, *s. m.* Agitation d'un vaisseau qui penche alternativement à droite et à gauche.

**ROULOIR**, *s. m.* Outil de cirier pour rouler les bougies sur une table.

**ROUPIE**, *s. f.* Goutte d'eau qui pend au nez; monnaie des Indes.

**ROUPIEUX**, **EUSE**, *adj.* Qui a souvent la roupie au nez.

**ROUPILLER** (ll m.), *v. n.* Sommeiller à demi; *fam.*

**ROUPILLEUR**, **EUSE** (ll m.), *s.* Celui ou Celle qui roupille toujours.

**ROUSSÂTRE**, *adj.* 2 *g.* Tirant sur le roux.

**ROUSSEAU**, *s.* et *adj. m.* Homme qui a les cheveux roux.

**ROUSSELET**, *s. m.* Sorte de petite poire musquée, à peau rougeâtre.

**ROUSSETTE**, *s. f.* Espèce de chien de mer; fauvette des bois.

**ROUSSEUR**, *s. f.* Qualité de ce qui est roux; *taches de* —, taches rousses sur la peau.

**ROUSSI**, *s. m.* Cuir de Russie teint en rouge, et qui a une odeur forte; odeur de ce qui brûle.

**ROUSSIN**, *s. m.* Cheval moyen et un peu épais.

**ROUSSIR** (*part.* i, ie), *v. a.* Rendre roux; —, *v. n.* Devenir roux.

**ROUTE**, *s. f.* Chemin; espace parcouru ou à parcourir; chemin et logement que l'on marque aux soldats qui marchent par étapes; *fig.* Conduite; moyen pour arriver à une fin.

**ROUTIER**, *s. m.* Livre qui marque les routes de mer, les caps, les mouillages, etc.; celui qui connaît bien les chemins; *vieux* —, homme devenu fin par une longue expérience.

**ROUTINE**, *s. f.* Capacité acquise par une longue habitude; usage depuis longtemps consacré. (Il se prend le plus souvent en mauvaise part.)

**ROUTINIER**, **IÈRE**, *s.* Celui ou Celle qui agit par routine.

**ROUTOIR**, *s. m.* Fosse où l'on fait rouir le chanvre.

**ROUVRE**, *s. m.* Espèce de chêne.

**ROUVRIR** (se conj. sur *Ouvrir*), *v. a.* Ouvrir de nouveau.

**ROUX**, *s. m.* Couleur rousse; sauce faite au beurre roussi.

**ROUX**, **OUSSE**, *adj.* Qui est d'une couleur entre le jaune et le rouge.

**ROYAL**, **E**, *adj.* Qui appartient, qui convient à un roi; émané de l'autorité royale; *fig.* Généreux, magnifique.

**ROYALE**, *s. f.* Bouquet de barbe qu'on laisse pousser sous la lèvre inférieure.

**ROYALEMENT**, *adv.* D'une manière royale.

**ROYALISME**, *s. m.* Zèle pour la royauté.

**ROYALISTE**, *adj.* et *s.* 2 *g.* Partisan du roi.

**ROYAUME**, *s. m.* État gouverné par un roi.

**ROYAUTÉ**, *s. f.* Dignité de roi.

**RU**, *s. m.* Canal alimenté par un ruisseau ou par des saignées faites à une rivière.

**RUADE**, *s. f.* Action de ruer.

**RUBAN**, *s. m.* Tissu de soie, de fil ou de laine, plat, mince et un peu large.

**RUBANERIE**, *s. f.* Profession du rubanier; assortiment de rubans.

**RUBANIER**, **IÈRE**, *s.* Celui ou Celle qui fait du ruban.

**RUBÉFIER** (*part.* é, ée), *v. a.*

Rendre la peau rouge par l'application de certains médicaments.

**RUBIACÉES**, *s. f. pl.* Famille de plantes.

**RUBICAN**, *adj. m.*, se dit d'un cheval noir, bai ou alezan, dont la robe est semée de poils blancs.

**RUBICOND**, **E**, *adj.* Rouge (en parlant du visage).

**RUBIS**, *s. m.* Pierre précieuse rouge et transparente; *pop.* Boutons rouges au visage.

**RUBRIQUE**, *s. f.* Ocre rouge; titre des livres de droit qu'on écrivait en rouge; indication du lieu où un livre a été publié, du lieu d'où est venue une nouvelle que publie un journal; *au pl.* Règles du bréviaire, du missel, sur la manière d'officier; *fam.* Ruse, détour, finesse, pratiques.

**RUCHE**, *s. f.* Panier en forme de cloche où l'on met des abeilles; espèce de garniture qu'on met à un fichu, à un bonnet de femme.

**RUCHER**, *s. m.* Endroit où sont placées les ruches.

**RUDE**, *adj.* 2 *g.* Apre au toucher, au goût; raboteux; pénible, difficile, fatigant; qui choque les yeux ou les oreilles; violent, impétueux; extrêmement sévère; redoutable.

**RUDEMENT**, *adv.* D'une manière rude.

**RUDESSE**, *s. f.* Qualité de ce qui est rude; *fig.* Humeur dure; rigide.

**RUDIMENT**, *s. m.* Livre qui contient les premiers principes de la langue latine; principes d'une connaissance quelconque; *au pl.* (*t. d'hist. nat.*). Organes non encore développés.

**RUDOYER** (*part.* é, ée; se conj. sur *Ployer*), *v. a.* Traiter rudement en paroles.

**RUE**, *s. f.* Chemin bordé de maisons, dans les villes et les villages; espèce de plante ligneuse.

**RUELLE**, *s. f.* Petite rue; espace qu'on laisse entre un des côtés du lit et la muraille.

**RUELLER** (*part.* é, ée), *v. a.* — *la vigne*, y faire un petit chemin entre les rangs de ceps.

**RUER** (*part.* é, ée), *v. a.* Jeter avec impétuosité; — *v. n.* Jeter violemment en l'air les deux pieds de derrière (en parlant d'un cheval); *se*—, *v. pr.* Se jeter impétueusement sur.

**RUEUR**, **EUSE**, *adj.* Qui a le défaut de ruer (en parlant d'un cheval).

**RUFFEC**, chef-lieu d'arr. du dép. de la Charente.

**RUGIR**, *v. n.* Crier (en parlant du lion).

**RUGISSANT**, **E**, *adj.* Qui rugit.

**RUGISSEMENT**, *s. m.* Cri du lion.

**RUGOSITÉ**, *s. f.* Rides.

**RUGUEUX**, **EUSE**, *adj.* Plein de rides.

**RUINE**, *s. f.* Dépérissement, destruction d'un bâtiment; *fig.* Perte de la fortune, de l'honneur, du crédit; *au pl.* Débris d'un édifice.

**RUINER** (*part.* é, ée), *v. a.* Abattre, démolir, détruire; ravager; *fig.* Causer la perte de.

**RUINEUX**, **EUSE**, *adj.* Qui menace ruine; qui cause des dommages par des dépenses excessives.

**RUISSEAU**, *s. m.* Courant d'eau trop faible pour former une rivière; canal par où l'eau coule; eau qui coule dans les rues.

**RUISSELANT**, **E**, *adj.* Qui ruisselle.

**RUISSELER**, *v. n.* Couler en manière de ruisseau.

**RUMEUR**, *s. f.* Bruit confus qu'excite un malheur, un événement surprenant; murmure de voix.

**RUMINANT**, **E**, *adj.* Qui rumine; *ruminants*, *s. m. pl.* Ordre de quadrupèdes dont l'estomac a quatre poches, et qui ont la faculté de faire revenir les aliments dans leur bouche, après les avoir avalés.

**RUMINATION**, *s. f.* Action de ruminer.

**RUMINER** (*part.* é, ée), *v. a.* et *v. n.* Remâcher (en parlant des bœufs), etc.; *fig.* Penser et repenser à.

**RUNIQUE**, *adj.* 2 *g.*, se dit de la langue, de la poésie et des monuments des anciens peuples du Nord.

**RUPTURE**, *s. f.* Action par laquelle une chose est rompue; division entre personnes unies par traité, par amitié; cassation d'un acte public ou particulier.

**RURAL, E**, *adj.* Qui appartient aux champs.

**RUSE**, *s. f.* Finesse, artifice, détours, moyen de tromper.

**RUSÉ, ÉE**, *adj.* et *s.* Fin, adroit, plein de ruses.

**RUSER**, *v. n.* User de ruses.

**RUSTAUD, E**, *adj.* et *s.* Grossier, qui tient du paysan.

**RUSTICITÉ**, *s. f.* Grossièreté, rudesse.

**RUSTIQUE**, *adj.* 2 *g.* Champêtre, inculte, sauvage; *fig.* Grossier, rude, peu poli; *ouvrage* —, composé de pierres brutes, naturelles ou imitées; *ordre* —, le plus dénué d'ornements, *t. d'archit.*

**RUSTIQUEMENT**, *adv.* D'une manière rustique.

**RUSTIQUER** (*part.* é, ée), *v. a.* Crépir une muraille, une façade, dans le genre rustique.

**RUSTRE**, *adj.* 2 *g.* et *s. m.* Grossier.

## S.

**S**, *s. f.* (quand on dit *esse*, suivant la méthode ancienne), et *s. m.* (quand on dit *se*, suivant la méthode moderne). Quinzième consonne, dixneuvième lettre de l'alphabet.

**SA**, *adj. poss.*, féminin de *Son.*

**SABBAT**, *s. m.* Jour de repos, dernier jour de la semaine chez les juifs; prétendue assemblée nocturne des sorciers; *fig.* Bruit, tumulte.

**SABBATIQUE**, *adj. f. Année* —, chaque septième année chez les juifs.

**SABÉEN**, *s.* et *adj. m.* Celui qui professe le sabéisme.

**SABÉISME** ou **SABISME**, *s. m.* Religion des mages, des adorateurs du feu, des astres.

**SABINE**, *s. f.* Espèce de genévrier, plante irritante et vermifuge.

**SABLE**, *s. m.* Sorte de terre menue et formée de petits grains de gravier; gravier qui forme la gravelle.

**SABLER** (*part.* é, ée), *v. a.* Couvrir de sable; *fam.* Avaler d'un trait.

**SABLES-D'OLONNE**, chef-lieu d'arr. du dép. de la Vendée.

**SABLEUX, EUSE**, *adj.* Mêlé de sable.

**SABLIER**, *s. m.* Sorte d'horloge où le temps se mesure par le sable qui s'écoule; vase où l'on conserve du sable pour mettre sur l'écriture.

**SABLIÈRE**, *s. f.* Lieu d'où l'on tire le sable; longue pièce de bois employée dans les combles.

**SABLON**, *s. m.* Sable très-fin.

**SABLONNER** (*part.* é, ée), *v. a.* Écurer avec du sablon.

**SABLONNEUX, EUSE**, *adj.* Où il y a beaucoup de sable.

**SABLONNIER**, *s. m.* Celui qui vend du sablon.

**SABLONNIÈRE**, *s. f.* Lieu d'où l'on tire du sablon.

**SABORD**, *s. m.* Embrasure faite à un vaisseau, par où l'on tire le canon.

**SABOT**, *s. m.* Chaussure de bois d'une seule pièce; corne du pied du cheval; jouet d'enfant que l'on fait pirouetter avec un fouet; ornement de cuivre qu'on met au bas des pieds de certains meubles.

**SABOTER**, *v. n.* Jouer au sabot; faire du bruit avec les sabots.

**SABOTIER**, *s. m.* Ouvrier qui fait des sabots; celui qui porte des sabots.

**SABOTIÈRE**, *s. f.* Danse exécutée par des gens en sabots

**SABOULER** (*part.* é, ée), *v. a.* Tourmenter, houspiller; *fam.*

**SABRE**, *s. m.* Arme, grand coutelas recourbé ou droit, qui ne tranche que d'un côté.

**SABRER** (*part.* é, ée), *v. a.* Frapper à coups de sabre; *fig.* Expédier précipitamment, sans examen.

**SABRETACHE**, *s. f.* Sorte de sac suspendu à la ceinture d'un hussard.

**SABREUR**, *s. m.* Militaire brave, mais qui connaît peu l'art de la guerre.

**SAC**, *s. m.* Poche de toile, etc., cousue par le bas et par les côtés, et n'ayant que le haut ouvert; habit de pénitence; pillage entier d'une ville par l'ennemi.

**SACCADE**, *s. f.* Brusque secousse; *fig.* Rude réprimande.

**SACCADÉ, ÉE**, *adj.* Brusque, irrégulier.

**SACCADER** (*part.* é, ée), *v. a.* Donner des saccades à un cheval, en lui tirant brusquement la bride.

**SACCAGE**, *s. m.* Bouleversement; amas confus.

**SACCAGEMENT**, *s. m.* Sac, pillage.

**SACCAGER** (*part.* é, ée), *v. a.* Mettre au pillage; bouleverser.

**SACCAGEUR**, *s. m.* Celui qui saccage.

**SACERDOCE**, *s. m.* Prêtrise; ordre des prêtres.

**SACERDOTAL, E**, *adj.* Qui appartient au sacerdoce.

**SACHÉE**, *s. f.* Ce que peut contenir un sac.

**SACHET**, *s. m.* Petit sac.

**SACOCHE**, *s. f.* Deux grandes bourses de cuir, de toile, etc., jointes ensemble.

**SACRAMENTAL, E**, ou **SACRAMENTEL, ELLE**, *adj.* Qui appartient à un sacrement; *mot sacramentel*, essentiel pour la conclusion d'une affaire.

**SACRAMENTALEMENT** ou **SACRAMENTELLEMENT**, *adv.* D'une manière sacramentelle.

**SACRE**, *s. m.* Action de sacrer (un roi, un évêque).

**SACRE**, *s. m.* Oiseau de proie, sorte de faucon.

**SACRÉ, ÉE**, *part. p.* et *adj.* Qui a reçu l'onction sainte; saint; qui mérite une vénération religieuse; respectable, inviolable. (Il s'oppose souvent à *Profane.*)

**SACREMENT**, *s. m.* Signe visible d'une grâce invisible, institué par Dieu pour la sanctification des hommes.

**SACRER** (*part.* é, ée), *v. a.* Conférer un caractère sacré; —, *v. n.* Jurer.

**SACRIFICATEUR**, *s. m.* Celui qui offre un sacrifice.

**SACRIFICATURE**, *s. f.* Dignité, fonction de sacrificateur.

**SACRIFICE**, *s. m.* Action d'offrir solennellement quelque chose à la Divinité; abandon volontaire de quelque chose; *le saint* —, le sacrifice de la messe.

**SACRIFIER** (*part.* é, ée), *v. a.* Offrir un sacrifice; immoler; *fig.* Se priver d'une chose; renoncer à une chose pour en acquérir ou en conserver une autre; — *quelqu'un*, le rendre victime de; *se* —, *v. pr.* Se dévouer entièrement.

**SACRILÉGE**, *s. m.* Action impie; celui qui s'en rend coupable; —, *adj.* 2 *g.* Souillé d'un sacrilége.

**SACRILÉGEMENT**, *adv.* D'une manière sacrilége.

**SACRIPANT**, *s. m.* Faux brave.

**SACRISTAIN**, *s. m.* Celui qui a soin d'une sacristie.

**SACRISTIE**, *s. f.* Lieu retiré où l'on serre les ornements d'église, où les prêtres s'habillent; ce que contient la sacristie.

**SACRISTINE**, *s. f.* Religieuse chargée du soin de la sacristie.

**SACRUM** (*mot latin*), *s. m.* Os placé à la base de la colonne vertébrale.

**SADUCÉENS**, *s. m. pl.* Secte fameuse chez les anciens Juifs.

**SADUCÉISME**, *s. m.* Doctrine des Saducéens.

**SAFRAN**, *s. m.* Plante bulbeuse; poudre jaune qu'on en tire.

**SAFRANER** (*part.* é, ée), *v. a.* Apprêter ou Jaunir avec du safran.

**SAFRE**, *adj.* 2 *g.* Goulu.

**SAGACE**, *adj.* 2 *g.* Plein de sagacité.

**SAGACITÉ**, *s. f.* Pénétration et justesse d'esprit.

**SAGE**, *adj.* 2 *g.* Prudent, circonspect; modéré, retenu; modeste; chaste; posé, qui n'est point turbulent; —, *s. m.* Celui qui est doué de sagesse.

**SAGE-FEMME** (*au pl*, *sages-femmes*), *s. f.* Celle dont la profession est d'aider les femmes en travail.

**SAGEMENT**, *adv.* D'une manière sage.

**SAGESSE**, *s. f.* Raison perfectionnée par l'éducation; prudence, modération; modestie, pudeur, chasteté; tranquillité, soumission.

**SAGITTAIRE**, *s. m.* L'un des douze signes du zodiaque.

**SAGITTÉ, ÉE**, *adj.* Qui a la forme d'une flèche; *t. de bot.*

**SAGOUIN**, *s. m.* Sorte de petit singe; —, *e*, *s.* Personne malpropre, dégoûtante.

**SAGOU**, *s. m.* Pâte végétale moelleuse en petits grains, qui se tire d'une espèce de palmier des Indes.

**SAGUM**, *s. m.*, ou **SAIE**, *s. f.* Vêtement de guerre des *Perses*, des Romains et des Gaulois.

**SAIGNANT**, **E**, *adj.* Qui dégoutte de sang.

**SAIGNÉE**, *s. f.* Ouverture d'un vaisseau sanguin pour en tirer du sang; sang tiré par cette ouverture; *fig.* Rigole.

**SAIGNEMENT**, *s. m.* Écoulement du sang, surtout par le nez.

**SAIGNER** (*part.* é, ée), *v. a.* Tirer du sang en ouvrant la veine; faire écouler par des rigoles les eaux d'un fossé, d'un marais; *fig.* Tirer de l'argent de quelqu'un par force ou par adresse; —, *v. n.* Perdre du sang; *fig.* Être affligé; *se* —, *v. pr.* Donner jusqu'à se gêner.

**SAIGNEUX**, **EUSE**, *adj.* Sanglant; taché de sang.

**SAILLANT**, **E** (ll m.), *adj.* Qui avance, qui sort en dehors; *fig.* Vif, brillant.

**SAILLIE** (ll m.), *s. f.* Sortie qui se fait avec impétuosité, mais avec interruption; *fig.* Emportement, boutade; trait d'esprit brillant et surprenant; (*t. d'archit.*) pièce qui avance hors du corps d'un bâtiment; éminence.

**SAILLIR** (ll m.), *v. n.* (Il n'est d'usage qu'aux troisièmes pers. du sing. et du plur. et à l'infinitif, et il se conj. sur *Finir : Ind. pr.* il saillit, etc.; *imp.* il saillissait, etc.; *p. déf.* il saillit, etc.; *p. indéf.* il a sailli, etc.; *fut.* il saillira, etc.; *cond.* il saillirait, etc.; *imp. inusité; subj. p.* qu'il saillisse, etc.; *imp. subj.* qu'il saillît, etc.). Sortir, s'élancer avec impétuosité et par secousses; dépasser, déborder. (Dans ce dernier sens, il n'est également usité qu'aux troisièmes pers. et à l'inf., et il se conjugue ainsi : *Ind. pr.* il saille, etc.; *imp.* il saillait, etc.; *p. déf.* il saillit, etc.; *cond.* il saillerait, etc.; *impér. inusité; subj. p.* qu'il saille, etc.; *imp. subj.* qu'il saillît, etc.; *p. pr.* saillant.)

**SAIN**, **E**, *adj.* Qui n'est pas sujet à être malade; qui est en bon état; judicieux; salubre, qui sert à la santé.

**SAINBOIS**, *s. m.* Écorce du garou.

**SAINDOUX**, *s. m.* Graisse de porc.

**SAINEMENT**, *adv.* D'une manière saine; *fig.* Judicieusement.

**SAINFOIN**, *s. m.* Plante vivace à fleurs pourprées qui donne un excellent fourrage.

**SAINT**, **E**, *adj.* Essentiellement pur, souverainement parfait; consacré à Dieu; *vie sainte*, conforme à la loi de Dieu; le *saint-père*, le pape; le *saint-siége*, le siége du pape; le *saint-office*, le tribunal de l'inquisition; —, *s.* Celui ou Celle qui mène une vie sainte.

**SAINT-AFFRIQUE**, chef-lieu d'arr. du dép. de l'Aveyron.

**SAINT-AMAND**, chef-lieu d'arr. du dép. du Cher.

**SAINT-BRIEUC**, chef-lieu du dép. des Côtes-du-Nord.

**SAINT-CALAIS**, chef-lieu d'arr. du dép. de la Sarthe.

**SAINT-CLAUDE**, chef-lieu d'arr. du dép. du Jura.

**SAINT-DENIS**, chef-lieu d'arr. du dép. de la Seine.

**SAINT-DIÉ**, chef-lieu d'arr. du dép. des Vosges.

**SAINTE-BARBE**, *s. f.* Magasin à poudre sur un vaisseau.

**SAINTEMENT**, *adv.* D'une manière sainte.

**SAINTE-MENEHOULD**, chef-lieu d'arr. du dép. de la Marne.

**SAINTES**, chef-lieu d'arr. du dép. de la Charente-Inférieure.

**SAINTETÉ**, *s. f.* Qualité de ce qui est saint; titre d'honneur donné au pape.

**SAINT-ÉTIENNE**, chef-lieu du dép. de la Loire.

**SAINT-FLOUR**, chef-lieu d'arr. du dép. du Cantal.

**SAINT-GAUDENS**, chef-lieu d'arr. du dép. de la Haute-Garonne.

**SAINT-GERMAIN**, *s. m.* Sorte de grosse poire fondante.

**SAINT-GIRONS**, chef-lieu d'arr. du dép. de l'Ariége.

**SAINT-JEAN-D'ANGÉLY**, chef-lieu d'arr. du dép. de la Charente-Inférieure.

**SAINT-LÔ**, chef-lieu du dép. de la Manche.

**SAINT-MALO**, chef-lieu d'arr. du dép. d'Ille-et-Vilaine.

**SAINT-MARCELLIN**, chef-lieu d'arr. du dép. de l'Isère.

**SAINT-OMER**, chef-lieu d'arr. du dép. du Pas-de-Calais.

**SAINTONGE (LA)**, ancienne province partagée entre le dép. de la Charente et celui de la Charente-Inférieure.

**SAINT-PÈRE**, *s. m.* Voy. *Saint.*

**SAINT-POL**, chef-lieu d'arr. du dép. du Pas-de-Calais.

**SAINT-PONS**, chef-lieu d'arr. du dép. de l'Hérault.

**SAINT-QUENTIN**, chef-lieu d'arr. du dép. de l'Aisne.

**SAINT-SEVER**, chef-lieu d'arr. du dép. des Landes.

**SAINT-SIÉGE**, *s. m.* Voy. *Saint.*

**SAINT-YRIEIX**, chef-lieu d'arr. du dép. de la Haute-Vienne.

**SAISI, IE**, *adj.* Arrêté; séquestré; muni, nanti; —, *s. m.* Le débiteur sur lequel on a saisi un bien.

**SAISIE**, *s. f.* Arrêt par ordre de justice sur les biens de quelqu'un.

**SAISIR** (*part.* i, ie), *v. a.* Prendre vivement et avec effort; s'emparer; *fig.* Comprendre aisément; attaquer; arrêter les biens d'un débiteur pour la sûreté du payement; soumettre à une juridiction; *fig.* — *le moment*, *l'occasion*, en profiter; *se* —, *v. pr.* Prendre subitement; s'emparer.

**SAISISSABLE**, *adj.* 2 *g.* Qui peut être saisi.

**SAISISSANT, E**, *adj.* Qui surprend tout d'un coup; —, *s. m.* Celui à la requête duquel on fait une saisie.

**SAISISSEMENT**, *s. m.* Impression subite et violente sur les sens ou sur l'esprit.

**SAISON**, *s. f.* L'une des quatre parties de l'année; temps où l'on a coutume de semer, de recueillir, etc.; *fig.* Temps propre à chaque chose.

**SALADE**, *s. f.* Herbes potagères assaisonnées ou destinées à être assaisonnées crues avec de l'huile, du vinaigre, du poivre et du sel; viandes servies avec cet assaisonnement; ancienne armure pour la tête.

**SALADIER**, *s. m.* Vase où l'on sert la salade.

**SALAGE**, *s. m.* Action de saler; effet de cette action.

**SALAIRE**, *s. m.* Prix d'un travail ou d'un service; *fig.* Récompense ou châtiment.

**SALAISON**, *s. f.* Action de saler; saison où l'on a coutume de saler; chair salée.

**SALAMALEC**, *s. m.* Révérence profonde.

**SALAMANDRE**, *s. f.* Reptile du genre des lézards.

**SALANT**, *adj. m.* *Marais, puits* —, d'où l'on tire du sel.

**SALARIER** (*part.* é, ée), *v. a.* Donner un salaire.

**SALAUD, E**, *adj.* Sale, malpropre; *t. bas.*

**SALE**, *adj.* 2 *g.* Malpropre; *fig.* Déshonnête.

**SALÉ**, *s. m.* Chair de porc salé; *petit* —, chair de cochon nouvellement salée.

**SALEMENT**, *adv.* Malproprement.

**SALEP**, *s. m.* Racine desséchée d'une espèce d'orchis.

**SALER** (*part.* é, ée), *v. a.* Assaisonner avec du sel; mettre du sel sur des viandes crues, pour les conserver; *fam.* Faire payer trop cher.

**SALERON**, *s. m.* Partie creuse d'une salière où l'on met le sel.

**SALETÉ**, *s. f.* État de ce qui est sale; chose sale.

**SALEUR**, *s. m.* Celui qui sale.

**SALICAIRE**, *s. f.* Genre et famille de plantes croissant parmi les saules.

**SALICOQUE**, *s. f.* Sorte d'écrevisse de mer.

**SALIENS**, *adj.* et *s. m. pl.* Prêtres de Mars à Rome; poëmes en l'honneur du dieu Mars.

**SALIÈRE**, *s. f.* Pièce de vaisselle pour servir le sel sur la table; coffret de bois pendu à la cheminée pour tenir le sel sèchement; creux qui paraît au-dessus des yeux, ou dans le haut de la poitrine.

**SALIFIABLE**, *adj.* 2 *g.* Qui peut former un sel neutre; *t. de chim.*

**SALIGAUD**, **E**, *adj.* et *s.* Sale, malpropre; *fam.*

**SALIGNON**, *s. m.* Pain de sel fait d'eau de fontaine salée.

**SALIN**, *s. m.* Alcali fixe végétal; potasse calcinée; saline.

**SALIN**, **E**, *adj.* Qui contient des parties de sel.

**SALINE**, *s. f.* Chair salée, poisson salé; lieu où l'on fait le sel; rocher ou mine d'où l'on tire le sel.

**SALIQUE**, *adj. f.*, se dit de la loi qui en France exclut les femmes du trône.

**SALIR** (*part.* i, ie), *v. a.* Rendre sale; *fig.* Ternir, souiller; *se* —, *v. pr.* Se souiller.

**SALISSANT**, **E**, *adj.* Qui salit; qui se salit aisément.

**SALISSON**, *s. f.* Petite fille malpropre.

**SALISSURE**, *s. f.* Ordure, souillure.

**SALIVAIRE**, *adj.* 2 *g.* Qui a rapport à la salive.

**SALIVATION**, *s. f.* Écoulement de la salive.

**SALIVE**, *s. f.* Humeur aqueuse qui humecte la bouche.

**SALIVER**, *v. n.* Rendre beaucoup de salive.

**SALLE**, *s. f.* Salon, pièce principale d'un appartement; lieu couvert destiné à des réunions publiques; grande galerie où sont les lits des malades dans les hôpitaux.

**SALMIGONDIS**, *s. m.* Ragoût de plusieurs viandes réchauffées; *fig.* Mélange confus.

**SALMIS**, *s. m.* Ragoût de pièces de gibier déjà cuites à la broche.

**SALOIR**, *s. m.* Vase pour saler les viandes ou conserver le sel.

**SALON**, *s. m.* Pièce d'un appartement destinée à recevoir les visites; galerie où l'on expose les ouvrages des peintres, des sculpteurs, etc.

**SALOPERIE**, *s. f.* Malpropreté; *t. bas.*

**SALORGE**, *s. m.* Amas de sel.

**SALPÊTRE**, *s. m.* Nitre ou nitrate de potasse; sel qu'on extrait des vieux murs; *fig. Ce n'est que* —, *c'est du* —, c'est une personne très-vive.

**SALPÊTRER** (*part.* é, ée), *v. a.* Mélanger de salpêtre; *se* —, *v. pr.* Se couvrir de salpêtre.

**SALPÊTRIER**, *s. m.* Ouvrier qui travaille au salpêtre.

**SALPÊTRIÈRE**, *s. f.* Lieu où se fait le salpêtre; nom d'un hôpital de femmes (à Paris).

**SALSEPAREILLE** (ll m.), *s. f.* Espèce de plante médicinale.

**SALSIFIS**, *s. m.* Sorte de racine bonne à manger.

**SALTATION**, *s. f.* Danse mimique des anciens.

**SALTIMBANQUE**, *s. m.* Bateleur, charlatan qui vend ses drogues sur des tréteaux; *fig.* Bouffon.

**SALUADE**, *s. f.* Salut révérencieux.

**SALUBRE**, *adj.* 2 *g.* Sain, qui contribue à la santé.

**SALUBRITÉ**, *s. f.* Qualité de ce qui est salubre.

**SALUER** (*part.* é, ée), *v. a.* Donner à quelqu'un une marque extérieure de civilité, de respect; faire ses compliments par lettres; proclamer.

**SALURE**, *s. f.* Qualité que le sel communique.

**SALUT**, *s. m.* Conservation dans le bien; préservation du mal; action de saluer; félicité éternelle; prières chantées le soir après l'office.

**SALUTAIRE**, *adj.* 2 *g.* Utile pour conserver la vie, la santé, l'honneur, etc.

**SALUTAIREMENT**, *adv.* D'une manière salutaire.

**SALUTATION**, *s. f.* Salut, action de saluer; *la — angélique*, l'*Ave Maria*.

**SALVAGE**, *s. m.* *Droit de* —, qui se perçoit sur ce qu'on a sauvé d'un navire.

**SALVE**, *s. f.* Décharge d'un gr nd nombre de canons ou de mousquets; explosion simultanée d'applaudissements.

**SALVÉ** (*mot latin*), *s. m.* Prière à la Vierge.

**SAMEDI**, *s. m.* Le septième jour de la semaine.

**SAN-BENITO**, *s. m.* (inv.) Vêtement jaune de ceux qu'a condamnés l'inquisition.

**SANCERRE**, chef-lieu d'arr. du dép. du Cher.

**SANCTIFIANT**, **E**, *adj*. Qui sanctifie.

**SANCTIFICATION**, *s. f.* Action ou Effet de la grâce qui sanctifie; célébration (des fêtes de l'Église).

**SANCTIFIER** (*part*. é, ée), *v. a.* Rendre saint; célébrer, fêter suivant la loi de l'Église.

**SANCTION**, *s. f.* Force, autorité donnée à une loi, à un règlement; confirmation donnée par une autorité supérieure à un acte émané d'une autorité inférieure; *fig*. Approbation.

**SANCTIONNER** (*part*. é, ée), *v. a.* Donner la sanction; confirmer.

**SANCTUAIRE**, *s. m.* Le lieu le plus saint du temple, où reposait l'arche (chez les juifs); l'endroit de l'église où est le maître autel (chez les chrétiens); *fig*. l'Église, le sacerdoce.

**SANDAL** ou **SANTAL**, *s. m.* Bois des Indes odoriférant.

**SANDALE**, *s. f.* Chaussure qui ne couvre qu'en partie le dessus du pied; semelle de bois mobile pour faire aller le soufflet d'un jeu d'orgue.

**SANDALIER**, *s. m.* Celui qui fait des sandales.

**SANDARAQUE**, *s. f.* Résine blanche qui coule du grand genévrier.

**SANG** *s. m.* (*sans pl.*). Liqueur rouge qui coule dans les veines et dans les artères; *fig*. Race, origine, extraction.

**SANG-DE-DRAGON** ou **SANG-DRAGON** (*au pl. sangs-de-dragon* ou *sangs-dragon*), *s. m.* Sorte de plante; liqueur médicinale qui découle d'un arbre des Indes.

**SANG-FROID**, *s. m.* (*sans pl.*) Tranquillité, présence d'esprit; *de* —, sans emportement, posément.

**SANGLADE**, *s. f.* Grand coup de fouet, de sangle.

**SANGLANT**, **E**, *adj*. Ensanglanté; taché, souillé de sang; qui cause une grande effusion de sang; *fig*. Outrageux, offensant.

**SANGLE**, *s. f.* Bande plate et large servant à ceindre, à serrer.

**SANGLER** (*part*. é, ée), *v. a.* Ceindre, serrer avec des sangles; appliquer un coup de fouet.

**SANGLIER**, *s. m.* Porc sauvage; poisson de mer.

**SANGLOT**, *s. m.* Soupir redoublé, poussé avec une voix entrecoupée.

**SANGLOTER**, *v. n.* Pousser des sanglots.

**SANGSUE**, *s. f.* Ver aquatique qui suce le sang des parties du corps où on l'applique; *fig*. Exacteur avide, injuste.

**SANGUIN**, **E**, *adj*. Qui appartient au sang; où le sang domine; qui est de couleur de sang.

**SANGUINAIRE**, *adj*. 2 *g*. Cruel; qui aime à répandre le sang.

**SANGUINE**, *s. f.* Mine de fer d'un rouge foncé.

**SANGUINOLENT**, **E**, *adj*. Teint de sang.

**SANHÉDRIN**, *s. m.* Principal tribunal chez les juifs.

**SANIE**, *s. f.* Pus séreux.

**SANITAIRE**, *adj*. 2 *g*. Qui a rapport à la conservation de la santé.

**SANS**, *prép. exclusive*. Avec privation de; *sans que*, *loc. conj*. Bien que ne.... pas; de manière que ne.... pas.

**SANSCRIT**, **ITE**, *adj*. Qui appartient aux anciens Indiens; —, *s. m.* Langue des anciens Indiens.

**SANS-DENT** (*au pl. sans-dents*), *s. f.* Vieille femme qui n'a plus de dents.

**SANSONNET**, *s. m.* Oiseau qui apprend à siffler et à parler; poisson de mer; petit maquereau.

**SANTAL**. Voy. *Sandal*.

**SANTÉ**, *s. f.* État de celui qui est sain, qui se porte bien; salutation qu'on se fait en buvant.

**SANTOLINE**, *s. f.* Sorte de plante amère et odorante.

**SANTON**, *s. m.* Moine mahométan.

**SAÔNE** (**LA**), rivière qui a sa source dans les Vosges et se jette dans le Rhône à Lyon; elle donne son nom à 2 dép., savoir: 1° *la Haute-Saône*, dép. formé de la partie septentrionale de la Franche-Comté, borné au N. par les Vosges, à l'E. par le Haut-Rhin, au S. par le Doubs, à l'O. par la Côte-d'Or et la Haute-Marne : Vesoul, chef-lieu ; 2° *Saône-et-Loire*, dép. formé de la Bourgogne propre et du Mâconnais, borné au N. par la Côte-d'Or, à l'E. par le Jura, au S. par l'Ain, le Rhône et la Loire, à l'O. par l'Allier et la Nièvre : Mâcon, chef-lieu.

**SAOUL, SAOULER**, etc. Voy. *Soûl, Soûler*, etc.

**SAPAJOU**, *s. m.* Petit singe.

**SAPE**, *s. f.* Action de saper; ouvrage fait en sapant.

**SAPER** (*part.* é, ée), *v. a.* Fouir sous les fondements d'un édifice, etc., pour le démolir; *fig.* Détruire, renverser.

**SAPEUR**, *s. m.* Celui qui est employé au travail de la sape.

**SAPHIQUE**, *adj.* et *s. m.* Vers de onze syllabes, qu'on croit avoir été inventé par Sapho.

**SAPHIR**, *s. m.* Pierre précieuse bleue et transparente.

**SAPIDE**, *adj.* 2 *g.* Qui a de la saveur.

**SAPIENCE**, *s. f.* Sagesse.

**SAPIENTIAUX**, *adj. m. pl.*, se dit de certains livres de l'Écriture, comme les Proverbes, l'Ecclésiaste.

**SAPIN**, *s. m.* Grand arbre résineux et toujours vert; son bois.

**SAPINE**, *s. f.* Solive de bois de sapin.

**SAPINIÈRE**, *s. f.* Lieu planté de sapins.

**SAPONAIRE**, *s. f.* Plante qui nettoie comme le savon.

**SARABANDE**, *s. f.* Danse espagnole à trois temps; air qui lui est propre.

**SARBACANE**, *s. f.* Long tuyau percé qui sert à jeter quelque chose en soufflant, à conduire la voix.

**SARBOTIÈRE**, *s. f.* Vase pour préparer les glaces.

**SARCASME**, *s. m.* Raillerie mordante.

**SARCASTIQUE**, *adj.* 2 *g.* Qui tient du sarcasme.

**SARCELLE**, *s. f.* Oiseau aquatique, sorte de petit canard.

**SARCLAGE**, *s. m.* Action de sarcler; résultat de cette action.

**SARCLER** (*part.* é, ée), *v. a.* Arracher les mauvaises herbes.

**SARCLEUR**, *s. m.* Celui qui sarcle.

**SARCLOIR**, *s. m.* Instrument pour sarcler.

**SARCLURE**, *s. f.* Ce qu'on arrache en sarclant.

**SARCOPHAGE**, *s. m.* Tombeau où les anciens mettaient les corps qu'ils ne voulaient pas brûler; cercueil, ou sa représentation, dans les cérémonies funèbres.

**SARDINE**, *s. f.* Poisson de mer, du genre du hareng.

**SARDOINE**, *s. f.* Sorte d'agate.

**SARDONIEN**, ou **SARDONIQUE**, *adj.* *Ris* —, rire convulsif, plein de malice.

**SARIGUE**, *s. m.* Sorte de quadrupède à queue prenante et ayant sous le ventre une poche musculeuse.

**SARLAT**, chef-lieu d'arr. du dép. de la Dordogne.

**SARMENT**, *s. m.* Rameau souple de la vigne et de toutes les plantes qui, en croissant, s'attachent aux supports qu'elles rencontrent.

**SARMENTEUX, EUSE**, *adj.* Qui produit beaucoup de sarments.

**SARRASIN**, *s.* et *adj. m.* Sorte de blé noir.

**SARRAU**, *s. m.* Espèce de blouse.

**SARREBOURG**, chef-lieu d'arr. du dép. de la Meurthe.

**SARREGUEMINES**, chef-lieu d'arr. du dép. de la Moselle.

**SARRIETTE**, *s. f.* Plante potagère aromatique.

**SARTÈNE**, chef-lieu d'arr. du dép. de la Corse.

**SARTHE (LA)**, rivière qui a sa source près Mortagne et se jette dans la Mayenne à Angers; elle donne son nom à un dép. formé d'une partie de l'Anjou et du Maine, borné au N. par l'Orne, à l'E. par Eure-et-Loir et Loir-et-Cher, au S. par Indre-et-Loire et Maine-et-Loire, à l'O. par la Mayenne : le Mans, chef-lieu.

**SAS**, *s. m.* Tissu de crin attaché à un cercle, et servant à passer de la farine, du plâtre, etc.; bassin fermé par une écluse.

**SASSAFRAS**, *s. m.* Grand arbre d'Amérique.

**SASSE**, *s. f.* Pelle creuse pour tirer l'eau d'un navire.

**SASSENAGE**, *s. m.* Fromage fait à Sassenage en Dauphiné.

**SASSER** (*part.* é, ée), *v. a.* Passer au sas; *fig. Sasser et ressasser*, examiner avec soin.

**SATAN**, *s. m.* Nom donné au démon dans l'Écriture.

**SATANIQUE**, *adj.* 2 *g.* De Satan, du démon.

**SATELLITE**, *s. m.* Homme armé qui est aux gages d'un autre pour être le ministre de ses violences; (*t. d'astron.*) petite planète qui tourne autour d'une plus grande.

**SATIÉTÉ**, *s. f.* Réplétion d'aliments qui va jusqu'au dégoût; *fig.* Dégoût produit par un usage immodéré.

**SATIN**, *s. m.* Étoffe de soie plate, douce, moelleuse et lustrée.

**SATINADE**, *s. f.* Étoffe très mince qui imite le satin.

**SATINAGE**, *s. m.* Action de satiner; étoffe ou papier satiné.

**SATINER** (*part.* é, ée), *v. a.* Donner à une étoffe, à un ruban, l'apprêt du satin; —, *v. n.* Avoir l'éclat du satin.

**SATIRE**, *s. f.* Ouvrage en prose ou en vers qui censure ou tourne en ridicule les vices, les sottises des hommes; écrit, discours piquant et médisant.

**SATIRIQUE**, *adj.* 2 *g.* Qui appartient à la satire; enclin à la médisance.

**SATIRIQUEMENT**, *adv.* D'une manière satirique.

**SATIRISER** (*part.* é, ée), *v. a.* Railler d'une manière piquante et satirique.

**SATISFACTION**, *s. f.* Contentement, réparation d'une offense; expiation d'une faute.

**SATISFACTOIRE**, *adj.* 2 *g.* Expiatoire.

**SATISFAIRE** (se conj. sur *Faire*), *v. a.* Contenter, donner sujet de contentement; payer; —, *v. n.* Faire ce qu'on doit; *se* —, *v. pr.* Contenter son désir; tirer vengeance.

**SATISFAISANT, E**, *adj.* Qui satisfait.

**SATRAPE**, *s. m.* Gouverneur de province (chez les anciens Perses).

**SATRAPIE**, *s. f.* Gouvernement d'un satrape.

**SATURATION**, *s. f.* État d'un corps saturé.

**SATURER** (*part.* é, ée), *v. a.* Mettre dans un liquide la quantité de matière qu'il peut dissoudre.

**SATURNALES**, *s. f. pl.* Fêtes en l'honneur de Saturne.

**SATURNE**, *s. m.* Le dieu du temps, chez les païens; une des planètes; (*t. de chim.*) le plomb.

**SATYRE**, *s. m.* Demi-dieu moitié homme et moitié bouc; genre de papillons; —, *s. f.* Poëme mordant dont les Satyres étaient les principaux personnages (chez les Grecs).

**SATYRIQUE**, *adj.* 2 *g.* Qui a rapport aux Satyres.

**SAUCE**, *s. f.* Assaisonnement liquide, où il entre du sel, des épices, etc.

**SAUCER** (*part.* é, ée), *v. a.* Tremper dans la sauce; *pop.* Gronder; mouiller.

**SAUCIÈRE**, *s. f.* Vase pour servir des sauces.

**SAUCISSE**, *s. f.* Boyau de porc ou d'autre animal, rempli de viande crue, hachée et assaisonnée; rouleau plein de poudre d'artifice.

**SAUCISSON**, *s. m.* Grosse saucisse de très-haut goût; charge de poudre mise en rouleau dans de la toile pour faire jouer une mine.

**SAUF, SAUVE**, *adj.* Qui n'est point endommagé, qui est hors de péril; *sauf*, *prép.* Sans blesser, sans donner atteinte à, sans préjudice de; excepté.

**SAUF-CONDUIT** (*au pl. sauf-conduits*), *s. m.* Permission donnée à quelqu'un, par l'autorité publique, d'aller, de séjourner un certain temps dans quelque endroit, et de s'en retourner librement.

**SAUGE**, *s. f.* Plante aromatique.

**SAUGRENU, UE**, *adj.* Absurde, ridicule.

**SAULE**, *s. m.* Arbre qui croît dans les lieux humides.

**SAUMÂTRE**, *adj.* 2 *g.* Qui est d'un goût approchant de celui de l'eau de mer.

**SAUMON**, *s. m.* Poisson de mer

dont la chair est rouge; masse de plomb ou d'étain telle qu'elle sort de la fonte.

**SAUMONÉ, ÉE**, *adj*. Dont la chair est rouge comme celle du saumon.

**SAUMONEAU**, *s. m*. Petit saumon.

**SAUMUR**, chef-lieu d'arr. du dép. de Maine-et-Loire.

**SAUMURE**, *s. f*. Liqueur formée du sel fondu et du suc de la viande salée.

**SAUNAGE**, *s. m*. Débit, trafic de sel.

**SAUNER**, *v. n*. Faire du sel.

**SAUNERIE**, *s. f*. Bâtiments, puits, instruments propres à la fabrication du sel.

**SAUNIER**, *s. m*. Celui qui fait et vend le sel.

**SAUNIÈRE**, *s. f*. Vase, coffre où l'on conserve le sel.

**SAUPIQUET**, *s. m*. Sauce piquante.

**SAUPOUDRER** (*part*. é, ée), *v. a*. Poudrer de sel, de farine, etc.

**SAURE**, *adj*. 2 *g*. De couleur jaune qui tire sur le brun; *hareng saure* ou *saur* (par contraction de *sauret*), hareng salé demi-séché à la fumée.

**SAURER** (*part*. é, ée), *v. a*. Faire sécher à la fumée.

**SAURET**. Voy. *Saure*.

**SAURIENS**, *s. m. pl*. Ordre de reptiles à pattes très-courtes et munies d'ongles, à longue queue, et à mâchoires garnies de dents enchâssées, comme le lézard.

**SAUSSAIE**, *s. f*. Lieu planté de saules.

**SAUT**, *s. m*. Action de sauter; chute d'eau dans le courant d'une rivière; *fig*. Chute; — *de loup*, fossé au bout d'une allée pour en défendre l'entrée sans ôter la vue.

**SAUTÉ**, *s*. et *adj. m*. Sorte de ragoût.

**SAUTELLE**, *s. f*. Sarment transplanté avec sa racine.

**SAUTER**, *v. n*. S'élancer d'un lieu à un autre; *fig*. Parvenir d'une place à une autre plus élevée, sans passer par les places intermédiaires; — *sur*, saisir brusquement; — *aux yeux*, être évident; *faire* —, renverser; détruire; — (*part*. é, ée), *v. a*. Franchir d'un saut; *fig*. Omettre.

**SAUTERELLE**, *s. f*. Insecte ailé qui ne s'avance qu'en sautant; équerre mobile.

**SAUTEUR, EUSE**, *s*. Celui ou Celle qui fait des sauts.

**SAUTILLANT, E**, *adj*. Qui sautille sans cesse.

**SAUTILLEMENT** (ll m.), *s. m*. Action de sautiller.

**SAUTILLER** (ll m.), *v. n*. Sauter à petits sauts.

**SAUTOIR**, *s. m*. Petit fichu qui se croise sur la poitrine; cliquet d'horloger; croix de saint André, *t. de blas*.

**SAUVAGE**, *adj*. 2 *g*. Farouche, féroce; qui n'est pas apprivoisé; désert, inculte; qui n'a pas d'habitation fixe; qui vient sans greffe ni culture; *fig*. Bizarre; farouche; —, *s*. 2 *g*. Homme ou Femme vivant dans les bois.

**SAUVAGEON**, *s. m*. Jeune arbre venu sans culture.

**SAUVAGERIE**, *s. f*. Crainte ou Dégoût de la société.

**SAUVAGIN, E**, *adj*., se dit du goût, de l'odeur de quelques oiseaux de mer ou d'étang.

**SAUVEGARDE**, *s. f*. Protection accordée pour garantir du pillage; écrit, placard, signe apparent pour préserver; *fig*. Ce qui sert de garantie, de défense.

**SAUVER** (*part*. é, ée), *v. a*. Garantir, tirer du péril; conserver; procurer le salut éternel; éviter, épargner; excuser; — *les apparences*, les garder, les observer; *se* —, *v. pr*. S'échapper; se réfugier en un lieu; se dédommager; faire son salut.

**SAUVETAGE**, *s. m*. Action de retirer des eaux les objets naufragés.

**SAUVEUR**, *s. m*. Celui qui sauve; *le* —, Jésus-Christ.

**SAVAMMENT**, *adv*. D'une manière savante.

**SAVANE**, *s. f*. Forêt d'arbres résineux (au Canada); pâturage inculte d'Amérique.

**SAVANT, E**, *adj*. Qui a beaucoup de science; bien informé; plein d'érudition.

**SAVANTASSE**, *s. m*. Celui qui affecte de paraître savant sans l'être.

**SAVATE**, *s. f.* Soulier fort usé.

**SAVATERIE**, *s. f.* Lieu où l'on vend de vieux souliers.

**SAVENAY**, chef-lieu d'arr. du dép. de la Loire-Inférieure.

**SAVERNE**, chef-lieu d'arr. du dép. du Bas-Rhin.

**SAVETER** (*part.* é, ée), *v. a.* Faire, raccommoder malproprement un ouvrage.

**SAVETIER**, *s. m.* Celui qui raccommode de vieux souliers; mauvais ouvrier.

**SAVEUR**, *s. f.* Qualité, impression sentie par le goût.

**SAVOIR** (*Ind. pr.* je sais, tu sais, il sait, nous savons, vous savez, ils savent; *imp.* je savais, etc., nous savions, etc.; *p. déf.* je sus, etc., nous sûmes, etc.; *fut.* je saurai, etc., nous saurons, etc.; *cond.* je saurais, etc., nous saurions, etc.; *impér.* sache, sachons, sachez; *subj. pr.* que je sache, etc., que nous sachions, etc.; *imp. subj.* que je susse, etc., que nous sussions, etc.; *p. pr.* sachant; *p. p.* su, sue), *v. a.* Connaître, être instruit de; avoir dans la mémoire, apprendre, être informé; avoir le pouvoir, le moyen de; *faire* —, informer; —, *v. n.* Avoir l'esprit orné; *à savoir*, *savoir*, locutions qui servent à spécifier ce dont il s'agit, qui expriment un doute, ou qui précèdent une énumération.

**SAVOIR**, *s. m.* Science, érudition.

**SAVOIR-FAIRE**, *s. m.* (*sans pl.*). Habileté, industrie.

**SAVOIR-VIVRE**, *s. m.* (*sans pl.*). Connaissance des usages du monde.

**SAVON**, *s. m.* Composition d'un corps gras avec un alcali, qui sert à dégraisser, à blanchir le linge, etc.

**SAVONNAGE**, *s. m.* Blanchissage par le savon.

**SAVONNER** (*part.* é, ée), *v. a.* Dégraisser, blanchir avec du savon; *fam.* Réprimander.

**SAVONNERIE**, *s. f.* Lieu où l'on fabrique le savon; nom d'une manufacture de tapis à Paris.

**SAVONNETTE**, *s. f.* Boule de savon préparé pour la barbe.

**SAVONNEUX**, **EUSE**, *adj.* Qui tient de la qualité du savon.

**SAVONNIER**, *s. m.* Petit arbre de la Nouvelle-Espagne dont le fruit rend l'eau blanche et écumeuse, et dont on se sert pour blanchir le linge.

**SAVOUREMENT**, *s. m.* Action de savourer.

**SAVOURER** (*part.* é, ée), *v. a.* Goûter avec attention et avec plaisir; *fig.* Jouir avec délices.

**SAVOUREUSEMENT**, *adv.* En savourant.

**SAVOUREUX**, **EUSE**, *adj.* Qui a bonne saveur.

**SAVOYARD**, **E**, *adj.* et *s.* Qui est de Savoie, né en Savoie.

**SAXATILE**, *adj.* Qui croît sur les rochers.

**SAXIFRAGE**, *s. f.* Sorte de plante grasse.

**SAYON**, *s. m.* Espèce de casaque que portaient autrefois les gens de guerre.

**SBIRE**, *s. m.* Archer, sergent (en divers pays, et surtout à Rome).

**SCABELLON**, *s. m.* Piédestal où l'on met des bustes, des girandoles.

**SCABIEUSE**, *s. f.* Plante médicinale qui compte un grand nombre de variétés.

**SCABIEUX**, **EUSE**, *adj.* Qui ressemble à la gale.

**SCABREUX**, **EUSE**, *adj.* Rude, raboteux; *fig.* Dangereux, difficile.

**SCALÈNE**, *adj. m.*, se dit d'un triangle dont les trois côtés sont inégaux, et d'un des muscles du cou.

**SCALPEL**, *s. m.* Instrument pour disséquer; *t. de chirurg.*

**SCALPER** (*part.* é, ée), *v. a.* Enlever la peau du crâne à un ennemi terrassé.

**SCANDALE**, *s. m.* Occasion de chute, de péché; parole, action honteuse; mauvais exemple donné publiquement.

**SCANDALEUSEMENT**, *adv.* D'une manière scandaleuse.

**SCANDALEUX**, **EUSE**, *adj.* Qui cause du scandale.

**SCANDALISER** (*part.* é, ée), *v. a.* Donner du scandale; *se* —, *v. pr.* S'offenser.

**SCANDER** (*part.* é, ée), *v. a.* Marquer, par la prononciation, la quantité des vers dans les langues anciennes, et le nombre de leurs syllabes dans les modernes.

**SCAPHANDRE**, *s. m.* Sorte de gilet de liége pour se soutenir sur l'eau.

**SCAPULAIRE**, *s. m.* Pièce d'étoffe qui fait partie de l'habit de certains religieux; morceaux d'étoffe bénite qu'on porte sur le corps.

**SCARABÉE**, *s. m.* Nom générique des insectes à ailes membraneuses renfermées dans des étuis écailleux.

**SCARAMOUCHE**, *s. m.* Personnage bouffon de l'ancienne comédie italienne.

**SCARE**, *s. m.* Sorte de poisson de mer.

**SCARIFICATEUR**, *s. m.* Instrument pour faire à la fois plusieurs scarifications.

**SCARIFICATION**, *s. f.* Incision faite sur la peau.

**SCARIFIER** (*part.* é, ée), *v. a.* Déchiqueter; faire des incisions sur la peau.

**SCARLATINE**, *s. f.* Fièvre accompagnée de rougeur à la peau.

**SCEAU**, *s. m.* Grand cachet; son empreinte; *fig.* Empreinte, marque.

**SCEAUX**, chef-lieu d'arr. du dép. de la Seine.

**SCEL**, *s. m.* Sceau.

**SCÉLÉRAT**, **E**, *adj.* et *s.* Coupable ou Capable de crimes.

**SCÉLÉRATESSE**, *s. f.* Méchanceté noire, crime affreux.

**SCELLÉ**, *s. m.* Sceau apposé par autorité de justice, pour empêcher l'ouverture d'un meuble, d'un appartement, etc.

**SCELLEMENT**, *s. m.* Action de sceller.

**SCELLER** (*part.* é, ée), *v. a.* Appliquer le sceau; attacher du bois, du fer dans un mur avec du plâtre ou du plomb; *fig.* Affermir, cimenter.

**SCELLEUR**, *s. m.* Officier qui appose le sceau.

**SCÈNE**, *s. f.* Partie du théâtre où jouent les acteurs; décors; lieu où se passe l'action qu'on représente; division du drame, marquée par l'entrée ou la sortie d'un acteur; *fig.* Le théâtre, l'art dramatique; toute action qui offre quelque chose d'animé; querelle, apostrophe brusque.

**SCÉNIQUE**, *adj.* 2 *g.* Qui a rapport à la scène.

**SCEPTICISME**, *s. m.* Doctrine des sceptiques.

**SCEPTIQUE**, *adj.* et *s.* 2 *g.* Qui fait profession de douter de tout; pyrrhonien.

**SCEPTRE**, *s. m.* Bâton de commandement, marque de royauté; *fig.* Pouvoir souverain, supériorité.

**SCHABRAQUE**, *s. f.* Espèce de housse sur la selle des chevaux de cavalerie.

**SCHAH** (*pron.* *châ*), *s. m.* Souverain de la Perse.

**SCHALL.** Voy. *Châle.*

**SCHÉLESTADT**, chef-lieu d'arr. du dép. du Bas-Rhin.

**SCHELLING**, *s. m.* Monnaie d'argent anglaise qui vaut 1 fr. 25 c.

**SCHISMATIQUE**, *adj.* et *s.* 2 *g.* Qui est dans le schisme.

**SCHISME**, *s. m.* Séparation du corps et de la communion d'une religion; scission entre des partis.

**SCHISTE**, *s. m.* Pierre qui se sépare par lames comme l'ardoise.

**SCHISTEUX**, **EUSE**, *adj.* Qui se divise en lames ou en feuilles.

**SCHLAGUE**, *s. f.* Coups de baguettes donnés aux soldats dans quelques pays du Nord.

**SCHOLAIRE**, etc. Voy. *Scolaire*, etc.

**SCIAGE**, *s. m.* Ouvrage, travail du scieur; *bois de* —, propre à être scié en long.

**SCIATIQUE**, *adj.* 2 *g.* Qui a rapport à la hanche; —, *s. f.* Douleur rhumatismale qui a son siége dans les hanches.

**SCIE**, *s. f.* Lame de fer longue, étroite, avec ou sans dents, pour couper le bois ou la pierre; *fig.* Peine, ennui.

**SCIE**, *s. f.* Grand poisson cartilagineux.

**SCIEMMENT**, *adv.* Avec connaissance de cause.

**SCIENCE**, *s. f.* Connaissance fondée sur des principes; système de règles, de principes ou de faits relatifs à un objet; instruction acquise; connaissance d'une chose.

**SCIENTIFIQUE**, *adj.* 2 *g.* Qui concerne les sciences abstraites.

**SCIENTIFIQUEMENT**, *adv.* D'une manière scientifique.

**SCIER** (*part.* é, ée), *v. a.* Couper avec une scie, avec une faucille; ramer à rebours, *t. de mar.*

**SCIERIE**, *s. f.* Lieu où l'on opère en grand le sciage du bois.

**SCIEUR**, *s. m.* Ouvrier qui scie.

**SCINDER** (*part.* é, ée), *v. a.* Retrancher.

**SCINTILLANT**, **E**, *adj.* Qui scintille.

**SCINTILLATION**, *s. f.* Étincellement.

**SCINTILLER**, *v. n.* Étinceler.

**SCION**, *s. m.* Petit rejeton flexible d'un arbre.

**SCISSILE**, *adj.* 2 *g.* Qui peut être fendu en lames.

**SCISSION**, *s. f.* Division, séparation, mésintelligence.

**SCISSIONNAIRE**, *adj.* et *s.* 2 *g.* Qui fait scission.

**SCISSURE**, *s. f.* Fente sur les os.

**SCIURE**, *s. f.* Ce qui tombe du bois quand on le scie.

**SCOLAIRE**, *adj.* 2 *g.* Qui a rapport aux écoles.

**SCOLASTIQUE**, *adj.* 2 *g.* Qui appartient à l'école; —, *s. f.* Théologie scolastique; —, *s. m.* Celui qui traite de la théologie scolastique.

**SCOLASTIQUEMENT**, *adv.* D'une manière scolastique.

**SCOLIASTE**, *s. m.* Commentateur d'un auteur grec.

**SCOLIE**, *s. f.* Note pour servir à l'intelligence d'un auteur classique; —, *s. m.* Remarque relative à une proposition précédente; *t. de géom.*

**SCOLOPENDRE**, *s. f.* Plante médicinale; insecte, sorte de mille-pieds.

**SCOMBRE**, *s. m.* Genre de poissons de mer.

**SCORBUT**, *s. m.* Maladie caractérisée par le gonflement sanguinolent des gencives.

**SCORBUTIQUE**, *s.* Celui ou Celle qui a le scorbut; —, *adj.* 2 *g.* Qui est de la nature du scorbut.

**SCORIE**, *s. f.* Substance vitrifiée qui nage sur la surface des métaux fondus.

**SCORIFICATION**, *s. f.* Action de réduire en scories.

**SCORIFIER** (*part.* é, ée), *v. a.* Réduire en scories.

**SCORPION**, *s. m.* Insecte venimeux; un des douze signes du zodiaque.

**SCORSONÈRE**, *s. f.* Salsifis noir.

**SCRIBE**, *s. m.* Docteur qui interprétait la loi juive; copiste, homme qui gagne sa vie à copier.

**SCROFULAIRE**, *s. f.* Plante médicinale.

**SCROFULES**, *s. f. pl.* Écrouelles.

**SCROFULEUX**, **EUSE**, *adj.* Affecté de scrofules; qui cause les écrouelles.

**SCRUPULE**, *s. m.* Inquiétude d'une conscience timorée; grande exactitude à remplir ses devoirs; difficultés qui restent après l'éclaircissement d'une question; poids de 24 grains; (*t. d'astron.*) petite partie de la minute.

**SCRUPULEUSEMENT**, *adv.* Avec scrupule.

**SCRUPULEUX**, **EUSE**, *adj.* et *s.* Qui a des scrupules; exact, minutieux.

**SCRUTATEUR**, *s. m.* Celui qui sonde les cœurs; observateur clairvoyant; vérificateur (d'un scrutin); —, *adj.* Pénétrant.

**SCRUTER** (*part.* é, ée), *v. a.* Sonder, examiner à fond.

**SCRUTIN**, *s. m.* Suffrage secret.

**SCULPTER** (*part.* é, ée), *v. a.* Tailler quelque figure en marbre, en pierre, en bois, etc.

**SCULPTEUR**, *s. m.* Celui qui travaille en sculpture.

**SCULPTURE**, *s. f.* Art de sculpter; ouvrage du sculpteur.

**SE**, *pron. de la* 3ᵉ *pers.* Soi, à soi.

**SÉANCE**, *s. f.* Droit de prendre place dans une assemblée, etc.; assemblée; durée d'une assemblée; temps passé à une chose.

**SÉANT**, *s. m.* Posture d'une personne assise dans son lit.

**SÉANT**, **E**, *adj.* Décent, convenable; siégeant.

**SEAU**, *s. m.* Vase propre à porter de l'eau; ce qu'il contient; mesure de douze pintes.

**SÉBILE**, *s. f.* Vase, écuelle de bois; ustensile de pressoir; jatte.

**SEC, SÈCHE**, *adj.* Qui a peu ou point d'humidité; qu'on a fait sécher; maigre; décharné; *fig.* Qui n'est point affable, peu gracieux; dépourvu d'ornements; *tout sec*, *loc. adv.* Sans rien de plus; *sec*, *s. m.* Sécheresse; fourrage sec; *sec*, *adv.* Sèchement; rudement.

**SÉCABLE**, *adj.* 2 *g.* Qu'on peut couper.

**SÉCANTE**, *s. f.* Ligne qui en coupe une autre; *t. de géom.*

**SÈCHE** ou **SEICHE**, *s. f.* Poisson qui distille autour de lui une liqueur noire et puante, lorsqu'il est poursuivi.

**SÈCHEMENT**, *adv.* En lieu sec; *fig.* D'une manière rude, incivile.

**SÉCHER** (*part.* é, ée), *v. a.* Rendre sec; mettre à sec; —, *v. n.* Devenir sec.

**SÉCHERESSE**, *s. f.* État, qualité de ce qui est sec; temps chaud sans pluie; *fig.* Manières peu affables; défaut de grâce dans le style.

**SÉCHOIR**, *s. m.* Endroit pour faire sécher.

**SECOND, E**, *adj.* Deuxième, qui suit immédiatement le premier; *eau seconde*, eau-forte étendue d'eau; —, *s.* Celui ou Celle qui tient le second rang; *second*, *s. m.* Celui qui soutient, qui aide un autre; celui qui sert sous un autre; le second étage d'une maison. Voy. *Seconde.*

**SECONDAIRE**, *adj.* 2 *g.* Accessoire, qui ne vient qu'en second; *planète*—, qui tourne autour d'une autre.

**SECONDAIREMENT**, *adv.* D'une manière secondaire.

**SECONDE**, *s. f.* Classe qui précède la rhétorique; soixantième partie d'une minute; (*t. de mus.*) intervalle d'un ton ou de deux demi-tons.

**SECONDEMENT**, *adv.* En second lieu.

**SECONDER** (*part.* é, ée), *v. a.* Aider, favoriser, servir.

**SECOUER** (*part.* é, ée), *v. a.* Remuer fortement; ébranler; agiter; *fig.* Exciter, réprimander; *se*—, *v. pr.* Sortir de son oisiveté; prendre de l'exercice.

**SECOÛMENT** ou **SECOUEMENT**, *s. m.* Action de secouer.

**SECOURABLE**, *adj.* 2 *g.* Qui aime à secourir; charitable.

**SECOURIR** (se conj. sur *Courir*), *v. a.* Aider, assister dans le danger.

**SECOURS**, *s. m.* Aide, assistance dans le danger, dans l'embarras; troupe qu'on envoie au secours d'une place, d'une armée; succursale; *au —! excl.* pour demander du secours.

**SECOUSSE**, *s. f.* Ébranlement de ce qui est secoué; agitation subite.

**SECRET, ÈTE**, *adj.* Connu de peu de personnes; mystérieux, impénétrable; qui n'est pas apparent; —, *s. m.* Ce qui est ou doit être tenu caché; ce qui est su de peu de personnes; procédé particulier, moyen; manière, ressort caché; (dans une prison) lieu séparé où l'on ne communique qu'avec le geôlier; *fig.* Silence; retraite, mystère; *en* —, *loc. adv.* Secrètement.

**SECRÉTAIRE**, *s. m.* Celui qui fait des lettres pour un autre dont il dépend; celui qui rédige par écrit les délibérations d'une assemblée; bureau où l'on écrit, où l'on renferme ses papiers; espèce de vautour d'Afrique.

**SECRÉTAIRERIE**, *s. f.* Bureau des secrétaires d'ambassade.

**SECRÉTARIAT**, *s. m.* Emploi, fonction, bureau du secrétaire.

**SECRÈTE**, *s. f.* Oraison que le prêtre dit tout bas à la messe.

**SECRÈTEMENT**, *adv.* D'une manière secrète; en cachette.

**SÉCRÉTER** (*part.* é, ée), *v. a.* Effectuer la sécrétion.

**SÉCRÉTION**, *s. f.* Filtration et séparation des humeurs; *au pl.* Matières qui sortent du corps.

**SÉCRÉTOIRE**, *adj.* 2 *g.*, se dit des vaisseaux qui servent à la sécrétion.

**SECTAIRE**, *s. m.* Celui qui est attaché à une secte.

**SECTATEUR**, *s. m.* Celui qui fait profession de suivre certaines opinions philosophiques ou religieuses; partisan.

**SECTE**, *s. f.* Réunion de personnes qui font profession d'une même doctrine; ceux qui suivent une opinion hérétique ou erronée.

**SECTEUR**, *s. m.* Partie d'un cercle comprise entre deux rayons et l'arc qu'ils interceptent.

**SECTION**, *s. f.* Subdivision d'un ouvrage, d'un corps militaire; *point de section*, endroit où deux lignes s'entre-coupent; (*t. de mathém.*) ligne qui marque la division d'un solide, faite sur sa surface; division d'une ville, etc.; action de couper.

**SÉCULAIRE**, *adj.* 2 *g.* Qui se fait de siècle en siècle; qui termine un siècle; âgé d'un siècle.

**SÉCULARISATION**, *s. f.* Action de séculariser.

**SÉCULARISER** (*part.* é, ée), *v. a.* Rendre séculier.

**SÉCULARITÉ**, *s. f.* Juridiction séculière.

**SÉCULIER, IÈRE**, *adj.* Qui vit dans le siècle, mondain; *prêtre* —, qui n'appartient pas à un ordre monastique; *séculier, s. m.* Laïque.

**SÉCULIÈREMENT**, *adv.* D'une manière séculière.

**SÉCURITÉ**, *s. f.* Confiance, tranquillité d'esprit.

**SEDAN**, chef-lieu d'arr. du dép. des Ardennes.

**SEDAN**, *s. m.* Drap fabriqué à Sedan.

**SÉDATIF, IVE**, *adj.* Calmant.

**SÉDENTAIRE**, *adj.* 2 *g.* Qui demeure ordinairement assis; qui se tient presque toujours chez lui; fixe; attaché à un lieu.

**SÉDIMENT**, *s. m.* Partie grossière d'une liqueur qui se précipite au fond d'un vase.

**SÉDITIEUSEMENT**, *adv.* D'une manière séditieuse.

**SÉDITIEUX, EUSE**, *adj.* Qui a part à une sédition; enclin à la sédition; qui tend à la sédition; —, *s. m.* Factieux.

**SÉDITION**, *s. f.* Révolte, soulèvement contre la puissance légitime.

**SÉDUCTEUR, TRICE**, *s.* et *adj.* Celui ou Celle qui séduit, qui corrompt.

**SÉDUCTION**, *s. f.* Action par laquelle on séduit.

**SÉDUIRE** (se conj. sur *Détruire*), *v. a.* Tromper, faire tomber dans l'erreur; corrompre; plaire; toucher.

**SÉDUISANT, E**, *adj.* Qui séduit, qui plaît.

**SEGMENT**, *s. m.* Partie d'un cercle comprise entre un arc et sa corde.

**SEGRÉ**, chef-lieu d'arr. du dép. de Maine-et-Loire.

**SÉGRÉGATION**, *s. f.* Action de mettre à part.

**SEICHE**. Voy. *Sèche*.

**SEIGLE**, *s. m.* Genre de graminée qui a du rapport avec le froment, mais qui est plus brune et plus allongée, et a des épis barbus.

**SEIGNEUR**, *s. m.* Maître, possesseur d'une terre, d'un État; celui de qui relève une terre, un fief que l'on possède; titre d'honneur; *le Seigneur*, Dieu; *Notre-Seigneur*, Jésus-Christ; *le Grand Seigneur*, l'empereur des Turcs.

**SEIGNEURIAL, E**, *adj.* Qui appartient à un seigneur; qui donne des droits de seigneur.

**SEIGNEURIE**, *s. f.* Droits, autorité de seigneur; terre seigneuriale.

**SEIN**, *s. m.* Partie extérieure de la poitrine; mamelles des femmes; *fig.* Le milieu; l'âme, le cœur.

**SEINE**, *s. f.* Filet qui se traîne sur les grèves.

**SEINE**, *s. f.* Fleuve qui prend sa source dans le dép. de la Côte-d'Or, et se jette dans la Manche entre Quillebœuf et Caudebec; il donne son nom à 4 départements, savoir : 1° *dép. de la Seine*, formé d'une partie de l'Ile-de-France, entouré par le dép. de Seine-et-Oise : Paris, chef-lieu; — 2° *Seine-Inférieure*, dép. formé des pays rouennais, de Caux et de Bray; borné au N. et à l'O. par la Manche; à l'E. par les dép. de la Somme et de l'Oise, et au S. par ceux du Calvados et de l'Eure : Rouen, chef-lieu; — 3° *Seine-et-Marne*, dép. formé de la partie S. E. de l'Ile-de-France, de la Brie et du Gâtinais, borné au N. par l'Oise et l'Aisne, à l'E. par la Marne et l'Aube, au S. par l'Yonne et le Loiret, à l'O. par Seine-et-Oise : Melun, chef-lieu; — 4° *Seine-et-Oise*, dép. formé de la partie sud de l'Ile-de-France et du Vexin, borné au N. par l'Oise, à l'E. par Seine-et-Marne, au S. par le Loiret, au S. O. par Eure-et-Loir, au N. O. par l'Eure : Versailles, chef-lieu.

**SEING**, *s. m.* Nom de quelqu'un signé par lui-même ; — *privé*, signature qui n'a point été faite en présence d'un officier public.

**SEIZE**, *adj. numéral* 2 *g.* (inv.) Dix et six ; —, *s. m.* Le seizième jour (du mois).

**SEIZIÈME**, *adj.* 2 *g.* Nombre ordinal qui suit immédiatement le quinzième ; —, *s. m.* La seizième partie.

**SEIZIÈMEMENT**, *adv.* En seizième lieu.

**SÉJOUR**, *s. m.* Temps qu'on demeure dans un lieu ; lieu où l'on séjourne.

**SÉJOURNER**, *v. n.* Demeurer quelque temps dans un lieu ; être stagnant (en parlant de l'eau).

**SEL**, *s. m.* Substance dure, friable, dissoluble, âcre au goût, tirée des eaux de la mer, des salines, et qui sert à l'assaisonnement des aliments ; substance formée par la combinaison d'un acide avec une base ; *fig.* Raillerie délicate ; causticité.

**SÉLÉNOGRAPHIE**, *s. f.* Description de la lune.

**SELLE**, *s. f.* Sorte de siége qu'on met sur le dos d'un cheval pour la commodité de celui qui monte dessus ; évacuation des excréments.

**SELLER** (*part.* é, ée), *v. a.* Mettre la selle sur le dos d'un cheval, etc.

se **SELLER** (*part.* é, ée), *v. pr.* Se serrer, s'endurcir ; *t. d'agric.*

**SELLERIE**, *s. f.* Lieu où l'on serre les selles, les harnais ; ouvrage, commerce du sellier.

**SELLETTE**, *s. f.* Petit siége de bois où l'on fait asseoir un accusé pendant qu'on le juge ; boîte des décrotteurs pour poser le pied.

**SELLIER**, *s. m.* Ouvrier qui fait des selles, des carrosses, etc.

**SELON**, *prép.* Suivant, eu égard, conformément à ; à proportion de.

**SEMAILLE** (ll m.), *s. f.* Action, temps de semer ; grains semés. (Il n'est guère usité qu'au pluriel.)

**SEMAINE**, *s. f.* Suite de sept jours ; travail d'une semaine ; salaire de la semaine ; fonctions dont on est chargé pendant une semaine ; — *sainte*, qui précède Pâques ; *prêter à la petite* —, pour un terme fort court et à un intérêt exorbitant.

**SEMAINIER, IÈRE**, *s.* Celui ou Celle qui est de semaine.

**SEMBLABLE**, *adj.* 2 *g.* et *s. m.* Qui est de même nature ou de même qualité ; qui ressemble.

**SEMBLABLEMENT**, *adv.* Pareillement.

**SEMBLANT**, *s. m.* Apparence ; *faire* —, feindre.

**SEMBLER**, *v. n.* Paraître, avoir une certaine qualité, une certaine manière d'être ; —, *v. imp.* Il y a apparence que ; il semble bon, il plaît, on est d'avis de.

**SEMELLE**, *s. f.* Pièce de cuir qui fait le dessous du soulier, etc. ; mesure de la longueur du pied ; pièce de bois dont on fortifie une poutre.

**SEMENCE**, *s. f.* Grains, noyaux, pepins qu'on sème ; ce qui produit, ce qui engendre ; *fig.* Principe, origine.

**SEMEN-CONTRA**, *s. m.* Graine pour détruire les vers des intestins.

**SEMER** (*part.* é, ée), *v. a.* Épandre sur une terre préparée de la graine pour la faire produire ; *fig.* Répandre ; susciter.

**SEMESTRE**, *adj.* 2 *g.* Qui est de service pendant six mois ; —, *s. m.* Espace de six mois ; congé de six mois.

**SEMESTRIEL, ELLE**, *adj.* Qui se fait chaque semestre.

**SEMESTRIER**, *s. m.* Militaire absent de son corps pour un semestre.

**SEMEUR**, *s. m.* Celui qui sème du grain ; *fig.* Celui qui sème la discorde, de faux bruits.

**SEMI**, mot latin qui se joint toujours à un autre mot : Demi.

**SÉMILLANT, E** (ll m.), *adj.* Remuant, très-vif.

**SÉMINAIRE**, *s. m.* Collége de jeunes séminaristes.

**SÉMINAL, E**, *adj.* Qui a rapport à la semence, à la graine.

**SÉMINARISTE**, *s. m.* Celui qui est élevé dans un séminaire.

**SEMIS**, *s. m.* Plant d'arbrisseaux, de fleurs ; lieu où l'on a semé ; art de faire lever les plantes.

**SÉMITIQUE**, *adj.* 2 *g.*, se dit des langues qu'on prétend avoir été parlées par les descendants de Sem.

**SEMOIR**, *s. m.* Instrument pour semer.

**SEMONCE**, *s. f.* Réprimande.

**SEMONCER** (*part.* é, ée), *v. a.* Faire une réprimande.

**SEMOULE**, *s. f.* Pâte faite avec la plus fine farine réduite en petits grains.

**SEMPITERNEL, ELLE**, *adj.* Qui dure toujours.

**SÉMUR**, chef-lieu d'arr. du dép. de la Côte-d'Or.

**SÉNAT**, *s. m.* Assemblée où réside la principale autorité; (en quelques pays) cour souveraine de justice.

**SÉNATEUR**, *s. m.* Membre d'un sénat.

**SÉNATORERIE**, *s. f.* Terre dont l'usufruit était affecté à un sénateur; fonctions de sénateur.

**SÉNATORIAL, E**, *adj.* Qui appartient à un sénateur.

**SÉNATORIEN, ENNE**, *adj.* Qui est de famille de sénateur.

**SÉNATRICE**, *s. f.* Femme d'un sénateur (en Pologne, en Suède, etc.).

**SÉNATUS-CONSULTE** (*au pl. sénatus-consultes*), *s. m.* Décision du sénat.

**SÉNÉ**, *s. m.* Plante rosacée médicinale.

**SÉNÉCHAL**, *s. m.* Chef de la justice dans certains ressorts; chef d'une justice subalterne et seigneuriale.

**SÉNÉCHALE**, *s. f.* Femme du sénéchal.

**SÉNÉCHAUSSÉE**, *s. f.* Juridiction d'un sénéchal.

**SENEÇON**, *s. m.* Plante qu'on donne aux petits oiseaux.

**SÉNESTRE**, *adj.* 2 *g.* Gauche.

**SÉNEVÉ**, *s. m.* Plante, graine dont on fait la moutarde.

**SÉNILE**, *adj.* 2 *g.* Qui a pour cause la vieillesse.

**SENLIS**, chef-lieu d'arr. du dép. de l'Oise.

**SENS** (*l's se prononce devant une voyelle*), *s. m.* Faculté de sentir, de recevoir des impressions; faculté de comprendre, de juger, de discerner; intelligence; signification d'un mot, d'un discours; opinion, sentiment; côté d'une chose; — *commun*, faculté de juger raisonnablement; *sens dessus dessous*, *loc. adv.* De telle façon que ce qui devrait être dessus ou en haut soit dessous ou en bas; — *devant derrière*, *loc. adv.* De façon que ce qui devrait être devant soit derrière.

**SENS**, chef-lieu d'arr. du dép. de l'Yonne.

**SENSATION**, *s. f.* Impression que l'âme reçoit par les sens; *fig. Faire* —, produire de l'impression.

**SENSÉ, ÉE**, *adj.* Qui a du jugement; conforme au bon sens.

**SENSÉMENT**, *adv.* D'une manière sensée.

**SENSIBILITÉ**, *s. f.* Qualité par laquelle on est sensible; compassion.

**SENSIBLE**, *adj.* 2 *g.* Qui a du sentiment; disposé à recevoir les impressions des objets; doué de sensibilité, compatissant; qui se fait sentir.

**SENSIBLEMENT**, *adv.* D'une manière sensible.

**SENSIBLERIE**, *s. f.* Exagération de sensibilité.

**SENSITIF, IVE**, *adj.* Qui a la faculté de sentir.

**SENSITIVE**, *s. f.* Plante qui replie ses feuilles quand on la touche.

**SENSUALITÉ**, *s. f.* Attachement aux plaisirs des sens; mollesse.

**SENSUEL, ELLE**, *adj.* et *s.* Attaché aux plaisirs des sens.

**SENSUELLEMENT**, *adv.* D'une manière sensuelle.

**SENTE**, *s. f.* Sentier.

**SENTENCE**, *s. f.* Maxime qui renferme un grand sens; jugement, décision des juges.

**SENTENCIER** (*part.* é, ée), *v. a.* Condamner par sentence.

**SENTENCIEUSEMENT**, *adv.* D'une manière sentencieuse.

**SENTENCIEUX, EUSE**, *adj.* Qui contient des sentences; qui ne parle que par sentences.

**SENTÈNE**, *s. f.* Voy. *Centaine.*

**SENTEUR**, *s. f.* Odeur, parfum.

**SENTIER**, *s. m.* Chemin étroit.

**SENTIMENT**, *s. m.* Perception des objets par le moyen des sens; faculté de sentir; sensibilité physique et morale; opinion; odorat (du chien).

**SENTIMENTAL, E**, *adj*. Où il entre une sensibilité excessive, affectée.

**SENTINE**, *s. f*. La partie la plus basse d'un navire, où s'écoulent les ordures.

**SENTINELLE**, *s. f*. Soldat qui fait le guet à un poste; sa fonction.

**SENTIR** (*Ind. pr*. je sens, tu sens, il sent, nous sentons, vous sentez, ils sentent; *imp*. je sentais, etc., nous sentions, etc.; *p. déf*. je sentis, etc., nous sentîmes, etc.; *fut*. je sentirai, etc., nous sentirons, etc.; *cond*. je sentirais, etc., nous sentirions, etc.; *impér*. sens, sentons, sentez, etc.; *subj. pr*. que je sente, etc., que nous sentions, etc.; *imp. subj*. que je sentisse, etc., que nous sentissions, etc.; *p. pr*. sentant; *p. p*. senti, ie), *v. a*. Recevoir une impression par les sens; ressentir, éprouver; apercevoir, connaître; exhaler (une odeur); avoir l'air, l'apparence de; —, *v. n*. Répandre une odeur; sentir mauvais; *se* —, *v. pr*. Sentir en quel état on est; *fig*. Bien connaître ses qualités, ses talents.

**SEOIR**, *v. n*. Être assis (Il est usité seulement au *part. pr*. séant, et au *part. p*, sis, sise.)

**SEOIR** (*Ind. pr*. il sied, ils siéent; *imp*. il seyait, ils seyaient; *fut*. il siéra, ils siéront; *cond*. il siérait, ils siéraient; inusité aux autres temps et aux autres personnes), *v. n*. Être convenable.

**SÉPARABLE**, *adj*. 2 *g*. Qui peut se séparer.

**SÉPARATION**, *s. f*. Action de séparer, de se séparer; chose qui sépare.

**SÉPARÉMENT**, *adv*. A part l'un de l'autre.

**SÉPARER** (*part*. é, ée), *v. a*. Désunir les parties d'un tout); démêler; tenir éloigné, isolé; diviser, partager; *se* —, *v. pr*. Se diviser en plusieurs parties; s'éloigner de, quitter; *se* —, *v. réc*. Se quitter.

**SÉPIA**, *s. f*. Sorte de liqueur brune employée en peinture.

**SEPT**, *adj. numéral* 2 *g*. (inv.). Nombre qui suit immédiatement six; —, *s. m*. Le chiffre qui représente le nombre sept; carte marquée de sept points; le septième jour (du mois).

**SEPTANTE**, *adj. numéral* 2 *g*. (inv.). Soixante et dix.

**SEPTANTIÈME**, *adj*. 2 *g*. et *s. m*. Soixante-dixième.

**SEPTEMBRE**, *s. m*. Neuvième mois de l'année.

**SEPTEMVIR**, *s. m*. Ancien magistrat romain.

**SEPTÉNAIRE**, *adj*. 2 *g*. Qui vaut ou contient sept; —, *s. m*. Espace de sept ans.

**SEPTENNAL, E**, *adj*. Qui arrive tous les sept ans.

**SEPTENNALITÉ**, *s. f*. Droit de siéger pendant sept ans.

**SEPTENTRION**, *s. m*. Le Nord.

**SEPTENTRIONAL, E**, *adj*. Qui est du côté du Nord.

**SEPTIÈME**, *adj*. 2 *g*. Nombre ordinal qui suit immédiatement le sixième; —, *s. m*. La septième partie d'un tout.

**SEPTIÈMEMENT**, *adv*. En septième lieu.

**SEPTUAGÉNAIRE**, *adj*. et *s*. 2 *g*. Agé de soixante et dix ans.

**SEPTUAGÉSIME**, *s. f*. Troisième dimanche avant le premier dimanche du carême.

**SEPTUPLE**, *adj*. 2 *g*. Qui vaut sept fois autant; —, *s. m*. Sept fois autant.

**SEPTUPLER** (*part*. é, ée), *v. a*. Répéter sept fois.

**SÉPULCRALE** (*au pl. m. sépulcraux*), *adj*. Qui a rapport au sépulcre; *voix sépulcrale*, sourde.

**SÉPULCRE**, *s. m*. Tombeau.

**SÉPULTURE**, *s. f*. Lieu où l'on enterre un corps mort; inhumation.

**SÉQUELLE**, *s. f*. Nombre de gens, de choses qui se suivent.

**SÉQUESTRATION**, *s. f*. Action de mettre en séquestre.

**SÉQUESTRE**, *s. m*. État d'une chose litigieuse provisoirement remise en main tierce; chose séquestrée; reclusion provisoire.

**SÉQUESTRER** (*part*. é, ée), *v. a*.

Mettre en séquestre; *fig.* Écarter, séparer; détourner; *se* —, *v. pr.* Se retirer du monde.

**SEQUIN**, *s. m.* Monnaie d'or des pays du Levant.

**SÉRAIL** (l m.; *au pl. sérails*), *s. m.* Palais des empereurs turcs; lieu où les princes mahométans renferment leurs femmes.

**SÉRANCOLIN**, *s. m.* Marbre des Pyrénées, tacheté de brun et de rouge.

**SÉRAPHIN**, *s. m.* Esprit céleste de la première hiérarchie des anges.

**SÉRAPHIQUE**, *adj.* 2 *g.* Qui appartient aux séraphins.

**SÉRASQUIER**, *s. m.* Général d'armée (chez les Turcs).

**SEREIN**, **E**, *adj.* Clair, doux et calme; —, *s. m.* Rosée qui tombe au coucher du soleil.

**SÉRÉNADE**, *s. f.* Concert de voix ou d'instruments donné le soir en plein air.

**SÉRÉNISSIME**, *adj.* 2 *g.* Titre qu'on donne à quelques princes.

**SÉRÉNITÉ**, *s. f.* État de ce qui est serein.

**SÉREUX**, **EUSE**, *adj.* Aqueux.

**SERF**, **SERVE**, *adj.* et *s.* Dont la personne ou les biens sont assujettis à des droits contraires à la liberté naturelle ou à la propriété.

**SERFOUETTE**, *s. f.* Instrument de fer à deux branches pour diviser la terre.

**SERFOUIR** (*part.* i, ie), *v. a.* Diviser la terre avec la serfouette.

**SERFOUISSAGE**, *s. m.* Action de serfouir.

**SERGE**, *s. f.* Étoffe légère de laine et de soie.

**SERGENT**, *s. m.* Ancien officier de justice; huissier; sous-officier dans une compagnie d'infanterie; — *de ville*, agent de la police municipale portant uniforme et épée.

**SERGER** ou **SERGIER**, *s. m.* Ouvrier qui fabrique des serges.

**SERGERIE**, *s. f.* Fabrique ou Commerce de serges.

**SÉRIE**, *s. f.* Succession d'idées; division d'objets classés; suite de choses.

**SÉRIEUSEMENT**, *adv.* Gravement; sans plaisanterie.

**SÉRIEUX**, **EUSE**, *adj.* Grave, qui n'est pas gai; important; vrai, sincère; qui peut avoir des suites fâcheuses; —, *s. m.* Gravité dans l'air, dans les manières.

**SERIN**, **E**, *s.* Petit oiseau dont le chant est très-agréable.

**SERINER** (*part.* é, ée), *v. a.* Apprendre à un oiseau à chanter avec la serinette; — *quelqu'un*, *fig.* et *fam.* Lui apprendre quelque chose à force de le lui répéter.

**SERINETTE**, *s. f.* Instrument pour apprendre à chanter aux serins.

**SERINGAT** ou **SYRINGA**, *s. m.* Arbrisseau.

**SERINGUE**, *s. f.* Petite pompe qui sert à attirer et à repousser l'air ou les liquides; instrument pour donner ou prendre les lavements.

**SERINGUER** (*part.* é, ée), *v. a.* Pousser (un liquide) avec une seringue.

**SERMENT**, *s. m.* Affirmation en prenant Dieu à témoin; promesse solennelle.

**SERMON**, *s. m.* Discours chrétien fait pour être prononcé en chaire; *fam.* Remontrance ennuyeuse.

**SERMONNAIRE**, *s. m.* Recueil de sermons; auteur de sermons; —, *adj.* 2 *g.* Qui convient aux sermons.

**SERMONNER** (*part.* é, ée), *v. a.* Faire d'ennuyeuses remontrances.

**SERMONNEUR**, *s. m.* Celui qui sermonne.

**SÉROSITÉ**, *s. f.* Partie aqueuse (du sang, des humeurs, etc.).

**SERPE**, *s. f.* Instrument pour couper du bois, pour tailler les arbres, etc.

**SERPENT**, *s. m.* Animal rampant; classe de reptiles qui comprend plusieurs genres, dont quelques-uns sont venimeux; instrument de musique religieuse; celui qui joue de cet instrument.

**SERPENTAIRE**, *s. m.* Constellation australe; —, *s. f.* Sorte de plantes.

**SERPENTEAU**, *s. m.* Petit serpent; fusée qui va en serpentant dans l'air.

**SERPENTER**, *v. n.* Avoir un cours tortueux, tournoyer.

**SERPENTINE**, *s. f.* Pierre fine tachetée comme la peau d'un serpent; espèce de couleuvre; plante rampante.

**SERPETTE**, *s. f.* Petite serpe.

**SERPILLIÈRE**, *s. f.* Grosse toile qui sert pour les emballages; sorte de tablier.

**SERPOLET**, *s. m.* Plante odoriférante; espèce de thym.

**SERRE**, *s. f.* Lieu où l'on serre les arbustes que l'on veut mettre à l'abri de la gelée; pieds des oiseaux de proie; action de serrer, de presser les fruits qu'on met au pressoir.

**SERRÉ**, *adv.* Bien fort.

**SERRÉ, ÉE**, *adj.* Très-rapproché; comprimé; abrité; enfermé; constipé; bref, succinct.

**SERRE-FILE** (*au pl. serre-files*), *s. m.* Soldat d'un bataillon qui est le dernier de sa file.

**SERREMENT**, *s. m.* Action de serrer, compression; *fig.* Saisissement.

**SERRE-PAPIERS**, *s. m.* (inv.). Cabinet où l'on range des papiers; tablette divisée en compartiments, où l'on serre des papiers.

**SERRE-POINT** (*au pl. serre-points*), *s. m.* Outil de bourrelier pour serrer les points.

**SERRER** (*part.* é, ée), *v. a.* Étreindre, presser; joindre, mettre près à près; mettre à couvert, enfermer; *se* —, *v. pr.* Se rétrécir, se retirer; —, *v. réc.* Se presser les uns contre les autres.

**SERRE-TÊTE**, *s. m.* (inv.). Ruban dont on se serre la tête; sorte de bonnet de nuit.

**SERRURE**, *s. f.* Machine qui sert à ouvrir et à fermer une porte, un coffre, etc., par le moyen d'une clef.

**SERRURERIE**, *s. f.* Art, ouvrage du serrurier.

**SERRURIER**, *s. m.* Ouvrier qui fait des serrures et autres ouvrages de fer.

**SERTIR** (*part.* i, ie), *v. a.* Enchâsser une pierre dans un chaton.

**SERTISSURE**, *s. f.* Manière dont une pierre est sertie.

**SÉRUM**, *s. m.* Sérosité.

**SERVAGE**, *s. m.* État de celui qui sert, esclavage.

**SERVANT**, *adj. m.* Qui a charge de servir.

**SERVANTE**, *s. f.* Femme ou Fille qui sert à gages; petite table sur laquelle on met divers objets nécessaires dans un repas; terme de civilité.

**SERVIABLE**, *adj.* 2 *g.* Disposé à rendre service.

**SERVICE**, *s. f.* État, fonction d'un domestique; service militaire; temps pendant lequel on a servi; usage qu'on tire de certains animaux, de certaines choses; assistance, bon office; célébration de l'office divin, des prières publiques; nombre de plats qu'on sert à la fois.

**SERVIETTE**, *s. f.* Linge dont on se sert à table, etc.

**SERVILE**, *adj.* 2 *g.* Qui appartient à l'état d'esclave, de valet; bas, rampant.

**SERVILEMENT**, *adv.* D'une manière servile.

**SERVILITÉ**, *s. f.* Esprit de servitude, bassesse; exactitude servile d'un traducteur.

**SERVIR** (*Ind. pr.* je sers, tu sers, il sert, nous servons, vous servez, ils servent; *imp.* je servais, etc., nous servions, etc.; *p. déf.* je servis, etc., nous servîmes, etc.; *fut.* je servirai, etc., nous servirons, etc.; *cond.* je servirais, etc., nous servirions, etc.; *impér.* sers, servons, servez, etc.; *subj. pr.* que je serve, etc., que nous servions, etc.; *imp. subj.* que je servisse, etc., que nous servissions, etc.; *p. pr.* servant; *p. p.* servi, ie), *v. a.* Être sous un maître comme domestique; mettre des mets sur une table; aider, assister, rendre des services; — *Dieu*, lui rendre le culte qui lui est dû; —, *v. n.* Être sous les drapeaux; jeter la balle, le volant, etc., à celui avec qui l'on joue; — *de*, tenir la place, faire l'office de; — *à*, être utile, propre à; *se* —, *v. pr.* User de, employer.

**SERVITEUR**, *s. m.* Domestique; personne disposée à rendre service (terme de civilité).

**SERVITUDE**, *s. f.* État de dépendance, de contrainte; assujettissement.

**SES**, *pl. de l'adj. poss. Son.*

**SÉSAME**, *s. m.* Plante qui produit une graine alimentaire dont on tire de l'huile à brûler.

**SESSILE**, *adj.* 2 *g.* Qui n'a pas de queue ; *t. de bot.*

**SESSION**, *s. f.* Temps pendant lequel un corps délibérant est assemblé.

**SESTERCE**, *s. m.* Monnaie d'argent des anciens Romains qui valait deux as et demi ; *grand* —, monnaie de compte qui valait mille petits sesterces.

**SETIER**, *s. m.* Mesure pour les grains ou les liqueurs, différente suivant les pays ; mesure de superficie.

**SÉTON**, *s. m.* Petit cordon de plusieurs fils de soie ou de coton qu'on passe à travers les chairs.

**SEUIL** (l m.), *s. m.* Pièce de bois ou de pierre, qui est au bas de l'ouverture d'une porte et qui la traverse.

**SEUL**, **E**, *adj.* Qui est sans compagnie ; unique ; simple ; *un* —, *s. m.* Une seule personne.

**SEULEMENT**, *adv.* Rien de plus, pas davantage ; uniquement.

**SEULET**, **ETTE**, *adj.* Diminutif de *Seul.*

**SÉVE**, *s. f.* Humeur nutritive des plantes ; *fig.* Force, vigueur.

**SÉVÈRE**, *adj.* 2 *g.* Rigide, qui exige une extrême régularité ; qui pardonne peu ou point, rigoureux ; *style* —, où l'on évite une élégance recherchée.

**SÉVÈREMENT**, *adv.* Avec sévérité.

**SÉVÉRITÉ**, *s. f.* Manière rigide de penser, de juger.

**SÉVICES**, *s. m. pl.* Mauvais traitements (d'un mari envers sa femme, de parents envers leurs enfants).

**SÉVIR**, *v. n.* Agir avec rigueur, punir sévèrement, maltraiter.

**SEVRAGE**, *s. m.* Action de sevrer ; temps où l'on sèvre.

**SÈVRE (LA)**, nom commun à deux rivières qui arrosent le dép. des Deux-Sèvres, savoir : la *Sèvre-Nantaise*, qui se jette dans la Loire près de Nantes, et la *Sèvre-Niortaise*, qui se jette dans l'Océan près de Marans ; le dép. des Deux-Sèvres est formé du Poitou, de l'Aunis et de la Saintonge ; il est borné au nord par Maine-et-Loire, à l'est par la Vienne, au sud par la Charente-Inférieure, au sud-est par la Charente, à l'ouest par la Vendée : Niort, chef-lieu.

**SEVRER** (*part.* é, ée), *v. a.* Ôter à un enfant, ou au petit d'un animal, l'usage du lait de sa nourrice, pour le faire passer à une nourriture plus solide ; *fig.* Priver, frustrer ; *se* —, *v. pr.* S'abstenir.

**SEVREUSE**, *s. f.* Femme qui sèvre un enfant.

**SEXAGÉNAIRE**, *adj.* et *s.* 2 *g.* Qui est âgé de soixante ans.

**SEXAGÉSIME**, *s. f.* Le dimanche qui précède le dimanche gras.

**SEXE**, *s. m.* Ce qui constitue la différence entre le mâle et la femelle ; *le beau* —, les femmes.

**SEXTANT**, *s. m.* Instrument qui contient la sixième partie du cercle, 60 degrés ; — *d'Uranie*, constellation australe, *t. d'ast.*

**SEXTE**, *s. f.* Une des heures canoniales.

**SEXTUPLE**, *adj.* 2 *g.* et *s. m.* Qui vaut six fois autant.

**SEXTUPLER** (*part.* é, ée), *v. a.* Répéter six fois.

**SEXUEL**, **ELLE**, *adj.* Qui caractérise le sexe.

**SHAKO**, *s. m.* Sorte de coiffure des soldats dans certains corps.

**SHÉRIF**, *s. m.* Officier municipal en Angleterre.

**SI**, *conj. condit.* En cas que, pourvu que ; à moins que ; tellement, à un tel point ; *particule affirmative*, s'oppose à *Non ; partic. dubitative*, Autant, aussi ; *si bien que*, *loc. adv.* De sorte que ; —, *s. m.* Des *si*, des *mais*, des suppositions, des restrictions.

**SI**, *s. m.* Septième note de la gamme.

**SIAMOISE**, *s. f.* Étoffe de coton.

**SIBYLLE**, *s. f.* Prophétesse (chez les anciens.)

**SIBYLLIN**, *adj. m.* Qui concerne les sibylles.

**SICAIRE**, *s. m.* Assassin.

**SICCATIF**, **IVE**, *adj.* Qui a la propriété de faire sécher ; —, *s. m.* Remède siccatif.

**SICCITÉ**, *s. f.* Qualité de ce qui est sec.

**SICILIEN, ENNE**, *adj.* et *s.* Qui est de Sicile.

**SICLE**, *s. m.* Monnaie des Hébreux.

**SIDÉRAL, E**, *adj.* *Année —*, temps de la révolution de la terre, d'une étoile à la même étoile.

**SIÈCLE**, *s. m.* Espace de cent ans; un des quatre âges du monde supposés par les poëtes (*le — d'or, d'argent, d'airain, de fer*); espace de temps indéterminé; *fam.* Temps trop long; *le — futur*, la vie future; *le —*, la vie mondaine.

**SIÉGE**, *s. m.* Meuble pour s'asseoir; banc de pierre, de marbre, élévation de gazon, endroit, place où l'on s'assied; partie du corps sur laquelle on s'assied; salle où l'on rend la justice; corps des juges, leur juridiction; évêché et sa juridiction; capitale d'un État; centre; opérations d'une armée pour prendre une place; *le saint-siége*, le siége apostolique de Rome.

**SIÉGER**, *v. n.* Occuper un siége; tenir séance; être établi.

**SIEN, ENNE**, *pr. poss. et relatif.* Qui est à lui, à elle; —, *s. m.* Son bien; *les siens*, ses parents, ceux de son parti; *faire des siennes*, faire des folies.

**SIESTE**, *s. f.* Repos pris après le dîner pendant la chaleur.

**SIEUR**, *s. m.* Diminutif de *Monsieur*.

**SIFFLABLE**, *adj.* 2 *g.* Qui mérite d'être sifflé.

**SIFFLANT, E**, *adj.* Qui siffle. (*J, ch, s, z*, sont des lettres sifflantes.)

**SIFFLEMENT**, *s. m.* Bruit perçant, son aigu.

**SIFFLER**, *v. n.* Former un son aigu en serrant les lèvres en rond et en poussant son haleine; produire un son aigu; faire entendre un sifflement (en parlant des serpents, des oies, du vent, d'une flèche, d'une balle, etc.); —, *v. a.* Chanter (un air) en sifflant; désapprouver en sifflant.

**SIFFLET**, *s. m.* Petit instrument avec lequel on siffle; conduit de la respiration.

**SIFFLEUR, EUSE**, *s.* Celui ou Celle qui siffle.

**SIGNAL**, *s. m.* Signe convenu pour avertir.

**SIGNALÉ, ÉE**, *part.* et *adj.* Remarquable.

**SIGNALEMENT**, *s. m.* Description de l'extérieur de quelqu'un que l'on veut faire reconnaître.

**SIGNALER** (*part.* é, ée), *v. a.* Faire, donner par écrit le signalement de quelqu'un; donner avis par des signaux; *fig.* Rendre remarquable; *se —*, *v. pr.* Se distinguer se faire remarquer.

**SIGNATAIRE**, *s.* 2 *g.* Celui ou Celle qui signe ou qui a signé.

**SIGNATURE**, *s. f.* Seing, action de signer; lettre ou chiffre qu'on met au bas d'une feuille imprimée.

**SIGNE**, *s. m.* Indice, marque; démonstration extérieure de ce qu'on pense, de ce qu'on veut; tache naturelle sur la peau; constellation; miracle, phénomène.

**SIGNER** (*part.* é, ée), *v. a.* Mettre son seing à un acte; *se —*, *v. pr.* Faire le signe de la croix.

**SIGNET**, *s. m.* Ruban attaché au haut d'un livre, pour marquer l'endroit où l'on cesse de lire.

**SIGNIFIANT, E**, *adj.* Qui signifie.

**SIGNIFICATIF, IVE**, *adj.* Qui rend bien la pensée; expressif.

**SIGNIFICATION**, *s. f.* Ce que signifie une chose; acception d'un mot; notification juridique.

**SIGNIFIER** (*part.* é, ée), *v. a.* Être le signe, l'indice de; marquer, déclarer, faire connaître; notifier.

**SILENCE**, *s. m.* État d'une personne qui s'abstient de parler; cessation de tout bruit.

**SILENCIEUSEMENT**, *adv.* En silence.

**SILENCIEUX, EUSE**, *adj.* Qui ne dit mot, taciturne.

**SILEX**, *s. m.* Caillou.

**SILHOUETTE**, *s. f.* Portrait tiré de profil sur un papier blanc, d'après l'ombre projetée.

**SILICE**, *s. f.* Substance siliceuse.

**SILICEUX, EUSE**, *adj.* Qui est de la nature du silex.

**SILICULE**, *s. f.* Petite silique.

**SILIQUE**, *s. f.* Enveloppe (de certains fruits).

**SILLAGE** (ll m.), *s. m.* Trace d'un vaisseau qui navigue.

**SILLE** (ll m.), *s. m.* Poëme satirique, chez les Grecs.

**SILLER** (ll m.), *v. n.*, se dit d'un vaisseau qui fend les flots en avançant.

**SILLET** (ll m.), *s. m.* Morceau d'ivoire appliqué au haut du manche d'un instrument de musique, et sur lequel portent les cordes.

**SILLON** (ll m.), *s. m.* Longue trace que fait dans la terre le soc de la charrue; *au pl.* Rides; anfractuosités sur la surface du cerveau et du cervelet.

**SILLONNÉ, ÉE** (ll m.), *adj.* Creusé en sillons.

**SILLONNER** (ll m.; *part.* é, ée), *v. a.* Faire des sillons; rider.

**SILO**, *s. m.* Espèce de cave pour conserver les grains.

**SILURE**, *s. m.* Sorte de gros poisson d'eau douce.

**SIMAGRÉE**, *s. f.* Faux-semblant, minauderies.

**SIMARRE**, *s. f.* Robe longue et traînante.

**SIMILAIRE**, *adj.* 2 *g.* Qui est de même nature, homogène.

**SIMILITUDE**, *s. f.* Ressemblance, comparaison.

**SIMILOR**, *s. m.* Alliage de cuivre et de zinc pour imiter l'or.

**SIMONIAQUE**, *adj.* 2 *g.* Où il entre de la simonie; —, *s. m.* Celui qui commet une simonie.

**SIMONIE**, *s. f.* Trafic illicite des choses saintes.

**SIMPLE**, *adj.* 2 *g.* Qui n'est point composé; seul, unique; dépourvu d'ornement; qui est sans malice; niais, facile à tromper.

**SIMPLE**, *s. m.* Nom général des plantes médicinales.

**SIMPLEMENT**, *adv.* Seulement; sans ornement; de bonne foi.

**SIMPLESSE**, *s. f.* Bonhomie, ingénuité.

**SIMPLICITÉ**, *s. f.* Qualité de ce qui est simple; trop grande facilité à croire; naïveté, bêtise.

**SIMPLIFICATION**, *s. f.* Action de simplifier; état de la chose simplifiée.

**SIMPLIFIER** (*part.* é, ée), *v. a.* Rendre simple, moins composé; *se* —, *v. pr.* Devenir plus simple.

**SIMULACRE**, *s. m.* Vaine représentation; spectre, fantôme.

**SIMULATION**, *s. f.* Déguisement, feinte.

**SIMULER** (*part.* é, ée), *v. a.* Feindre.

**SIMULTANÉ, ÉE**, *adj.* Qui se fait, qui a lieu au même instant.

**SIMULTANÉITÉ**, *s. f.* Existence simultanée de plusieurs choses.

**SIMULTANÉMENT**, *adv.* Au même instant.

**SINAPISÉ, ÉE**, *adj.* Où il entre de la farine de graine de moutarde.

**SINAPISME**, *s. m.* Topique dont la farine de moutarde est la base.

**SINCÈRE**, *adj.* 2 *g.* Franc, sans déguisement.

**SINCÈREMENT**, *adv.* Avec sincérité.

**SINCÉRITÉ**, *s. f.* Franchise.

**SINÉCURE**, *s. f.* Charge salariée sans fonctions.

**SINGE**, *s. m.* Celui de tous les animaux qui extérieurement ressemble le plus à l'homme; *fig.* Celui qui contrefait, qui imite les actions d'un autre.

**SINGER** (*part.* é, ée), *v. a.* Contrefaire, imiter.

**SINGERIE**, *s. f.* Grimace, tour de singe; imitation gauche, ridicule.

**SINGULARISER** (*part.* é, ée), *v. a.* Rendre singulier; *se* —, *v. pr.* Se faire remarquer par quelque singularité.

**SINGULARITÉ**, *s. f.* Ce qui rend une chose singulière; manière extraordinaire d'agir, de parler.

**SINGULIER, IÈRE**, *adj.* Particulier, qui ne ressemble point aux autres; rare, excellent; bizarre, capricieux; *combat* —, d'homme à homme; *nombre* —, ou *le* —, *s. m.* Nombre qui ne marque qu'une personne ou qu'une chose.

**SINGULIÈREMENT**, *adv.* Principalement; d'une manière bizarre.

**SINISTRE**, *adj.* 2 *g.* Malheureux, qui présage des malheurs; —, *s. m.*

Malheur imprévu; perte résultant de naufrage, d'incendie, etc.

**SINISTREMENT**, *adv.* D'une manière sinistre.

**SINON**, *conj.* Autrement, sans quoi; si ce n'est que.

**SINUÉ, ÉE**, *adj.* Qui a des échancrures arrondies; *t. de bot.*

**SINUEUX, EUSE**, *adj.* Qui fait plusieurs replis.

**SINUOSITÉ**, *s. f.* Détour que fait une chose sinueuse.

**SINUS**, *s. m.* Perpendiculaire menée de l'extrémité d'un arc sur le rayon; enfoncement formé au fond d'une plaie.

**SIPHON**, *s. m.* Tuyau recourbé propre à pomper une liqueur et à la faire passer d'un vase dans un autre.

**SIRE**, *s. m.* Seigneur; titre qu'on donne aux rois et aux empereurs, en leur parlant ou en leur écrivant.

**SIRÈNE**, *s. f.* Monstre fabuleux, moitié femme, moitié poisson, qui, par la douceur de son chant, attirait les voyageurs dans les écueils de la mer de Sicile.

**SIRIUS**, *s. m.* Étoile de la constellation du grand Chien.

**SIROC** ou **SIROCO**, *s. m.* Vent du sud-est de la Méditerranée.

**SIROP**, *s. m.* Liquide sucré épaissi par la cuisson.

**SIROTER** (*part.* é, ée), *v. a.* et *v. n.* Boire à petits coups.

**SIRTES**, *s. f. pl.* Sables mouvants.

**SIRUPEUX, EUSE**, *adj.* Qui a la consistance du sirop.

**SIRVENTE**, *s. m.* Ancienne poésie française ou provençale.

**SIS, E**, *adj.* et *part.* du verbe *Seoir.* Situé.

**SISTERON**, chef-lieu d'arr. du dép. des Basses-Alpes.

**SISTRE**, *s. m.* Instrument de musique des anciens.

**SITE**, *s. m.* Partie de paysage considérée relativement à la vue qu'elle représente.

**SITÔT**, *adv.* Si vite. Voy. *Tôt.*

**SITUATION**, *s. f.* Position, posture; état; disposition; moment critique (dans une action dramatique).

**SITUER** (*part.* é, ée), *v. a.* Placer en quelque lieu.

**SIX** (l'*x* se prononce devant une voyelle), *adj. num.* 2 *g.* (inv.). Deux fois trois; sixième; —, *s. m.* Le chiffre qui représente le nombre six; le sixième jour (du mois).

**SIXAIN**, *s. m.* Stance de six vers; paquet de six jeux de cartes.

**SIXIÈME**, *adj.* 2 *g.* Nombre ordinal de six; —, *s. f.* La sixième classe d'un collége; —, *s. m.* La sixième partie d'un tout; écolier de la classe nommée sixième.

**SIXIÈMEMENT**, *adv.* En sixième lieu.

**SIXTE**, *s. f.* Intervalle de six tons de la gamme; *t. de mus.*

**SLOOP**, *s. m.* Petit bâtiment à un seul mât.

**SMILLE** (ll m.), *s. f.* Marteau avec lequel on pique le moellon ou le grès.

**SMILLER** (ll m.; *part.* é, ée), *v. a.* Piquer le moellon ou le grès avec la smille.

**SOBRE**, *adj.* 2 *g.* Qui a de la sobriété; *fig.* Modéré, retenu.

**SOBREMENT**, *adv.* Avec sobriété.

**SOBRIÉTÉ**, *s. f.* Tempérance; *fig.* Retenue, modération.

**SOBRIQUET**, *s. m.* Surnom burlesque.

**SOC**, *s. m.* Partie de la charrue qui fend la terre.

**SOCIABILITÉ**, *s. f.* Aptitude à vivre en société.

**SOCIABLE**, *adj.* 2 *g.* Né pour vivre en société; avec qui il est aisé de vivre.

**SOCIABLEMENT**, *adv.* D'une manière sociable.

**SOCIAL, E**, *adj.* Qui concerne la société.

**SOCIÉTAIRE**, *s.* et *adj.* 2 *g.* Membre d'une société littéraire, musicale, etc.

**SOCIÉTÉ**, *s. f.* Assemblage d'hommes unis par la nature ou par des lois; union de personnes dans un même but; liaison particulière.

**SOCINIANISME**, *s. m.* Hérésie de Socin, qui rejetait les mystères, et surtout la divinité de Jésus-Christ.

**SOCINIEN, ENNE**, *s.* Partisan du socinianisme.

**SOCLE**, *s. m.* Base carrée, piédestal.

**SOCQUE**, *s. m.* Sorte de chaussure de bois ou de cuir; chaussure des acteurs comiques (chez les anciens).

**SOCRATIQUE**, *adj. 2 g.* Qui a rapport à Socrate.

**SODIUM**, *s. m.* Substance métallique, base de la soude.

**SOEUR**, *s. f.* Fille née des mêmes père et mère que nous, ou née de l'un des deux seulement; *les neuf sœurs*, les Muses; *les trois* —, les Grâces ou les Parques; *fig.* Religieuse.

**SOFA** ou **SOPHA**, *s. m.* Lit de repos qui sert de siége.

**SOFI** ou **SOPHI**, *s. m.* Roi de Perse.

**SOI**, *pron. sing. de la troisième pers. et des 2 g. Être à* —, ne dépendre de personne.

**SOI-DISANT**; *adj. m.* (inv.). Prétendu, se disant être.

**SOIE**, *s. f.* Fil produit par l'insecte nommé ver à soie; poil long et rude du cochon, du sanglier, etc.; *au pl.* Poil doux et long de certaines espèces de chiens.

**SOIE**, *s. f.* partie du fer d'une épée ou d'un couteau qui entre dans la poignée, dans le manche.

**SOIERIE**, *s. f.* Étoffe de soie; fabrique de soie; manière de préparer la soie.

**SOIF**, *s. f.* Désir, besoin de boire; *fig.* Désir immodéré.

**SOIGNER** (*part.* é, ée), *v. a.* Avoir soin de; assister (un malade); *se* —, *v. pr.* Prendre soin de sa santé.

**SOIGNEUSEMENT**, *adv.* Avec soin.

**SOIGNEUX, EUSE**, *adj.* Qui a du soin; qui veille attentivement sur.

**SOIN**, *s. m.* Attention, application à; peine d'esprit; souci.

**SOIR**, *s. m.* La dernière partie du jour.

**SOIRÉE**, *s. f.* Espace de temps depuis le déclin du jour jusqu'au moment du coucher; réunion de plusieurs personnes le soir.

**SOISSONS**, chef-lieu d'arr. du dép. de l'Aisne.

**SOIT**, 3e *pers. sing. du subj.* du verbe *Être*, employée *adv.* Que cela soit; d'accord; *ainsi soit-il*, souhait qui termine les prières; —, *conj. alternat.* Ou bien; *tant — peu, loc. adv.* Si peu que ce soit.

**SOIXANTAINE**, *s. f.* Nombre de soixante ou environ.

**SOIXANTE**, *adj. numéral 2 g.* (inv.). Nombre composé de six dizaines; soixantième.

**SOIXANTIÈME**, *adj. 2 g.* Nombre ordinal de soixante; —, *s. m.* La soixantième partie d'un tout.

**SOL**, *s. m.* Terroir considéré suivant sa qualité; superficie de terrain.

**SOL**, *s. m.* La cinquième note de la gamme.

**SOL**, *s. m.* Voy. *Sou*.

**SOLAIRE**, *adj. 2 g.* Qui appartient au soleil; *fleur* —, qui s'épanouit ou se ferme pendant que le soleil est sur l'horizon.

**SOLANDRE**, *s. f.* Maladie qui affecte le pli du jarret d'un cheval.

**SOLANÉES**, *s. f. pl.* Famille des solanums.

**SOLANUM**, *s. m.* Douce-amère, espèce de plantes rosacées, telles que la pomme de terre, etc.

**SOLDANELLE**, *s. f.* Plante, espèce de liseron.

**SOLDAT**, *s. m.* Homme de guerre soudoyé; *simple* —, fantassin (s'oppose à *Officier*, à *Cavalier*).

**SOLDATESQUE**, *s. f. coll.* Les simples soldats, *t. de mépris*; —, *adj. 2 g.* Qui sent le soldat.

**SOLDE**, *s. f.* Paye qu'on donne aux gens de guerre; —, *s. m.* Complément d'un payement.

**SOLDER** (*part.* é, ée), *v. a.* Payer le reliquat d'un compte.

**SOLE**, *s. f.* Étendue de champ livrée chaque année à une seule espèce de culture, selon l'ordre des rotations; poisson de mer plat; dessous du pied d'un cheval, d'un âne, etc.

**SOLÉCISME**, *s. m.* Faute grossière contre la syntaxe.

**SOLEIL** (l m.), *s. m.* L'astre qui produit la lumière du jour; cercle d'or ou d'argent, garni de rayons, dans lequel est enchâssé un double cristal destiné à renfermer l'hostie sacrée; grande fleur jaune à haute tige, hélianthe; *coup de* —, impression violente et dangereuse que fait en certains cas le soleil; *fig.* — *levant*, pouvoir naissant.

**SOLENNEL, ELLE**, *adj.* Célèbre, pompeux; authentique, revêtu de toutes les formalités requises.

**SOLENNELLEMENT**, *adv.* D'une manière solennelle.

**SOLENNISATION**, *s. f.* Action de solenniser.

**SOLENNISER** (*part.* é, ée), *v. a.* Célébrer d'une manière solennelle.

**SOLENNITÉ**, *s. f.* Cérémonie publique qui rend une chose solennelle.

**SOLFÉGE**, *s. m.* Recueil gradué de leçons de musique vocale.

**SOLFIER** (*part.* é, ée), *v. a.* Chanter en nommant les notes.

**SOLIDAIRE**, *adj.* 2 *g.* Qui oblige solidairement; obligé solidairement.

**SOLIDAIREMENT**, *adv.* Tous ensemble, et chacun en particulier pour tous.

**SOLIDARITÉ**, *s. f.* Engagement de chacun pour tous et de tous pour chacun, responsabilité mutuelle.

**SOLIDE**, *adj.* 2 *g.* Qui a de la consistance, qui n'est pas fluide; qui est en état de résister au choc des corps, à l'injure du temps; *fig.* Réel, effectif; durable; —, *s. m.* Corps qui a de la consistance; corps considéré comme ayant les trois dimensions, longueur, largeur et profondeur.

**SOLIDEMENT**, *adv.* D'une manière solide.

**SOLIDIFIER** (*part.* é, ée), *v. a.* Rendre solide.

**SOLIDITÉ**, *s. f.* Qualité de ce qui est solide; solidarité.

**SOLILOQUE**, *s. m.* Discours d'un homme qui s'entretient avec lui-même.

**SOLINS**, *s. m. pl.* Intervalle entre les solives; enduit de plâtre le long d'un pignon pour joindre et retenir les premières tuiles.

**SOLIPÈDES**, *s. m. pl.* Ordre de quadrupèdes dont le pied est enveloppé dans un seul sabot.

**SOLITAIRE**, *adj.* 2 *g.* Qui aime à être seul; désert, éloigné du commerce du monde; *ver* —, ver plat, fort long, qui s'engendre seul de son espèce dans les intestins; —, *s. m.* Celui qui vit dans la solitude; diamant monté seul, sans entourage.

**SOLITAIREMENT**, *adv.* D'une manière solitaire.

**SOLITUDE**, *s. f.* État d'un homme seul, retiré du monde; lieu écarté.

**SOLIVE**, *s. f.* Pièce de bois qui soutient un plancher, et qui porte sur les murs ou sur les poutres.

**SOLIVEAU**, *s. m.* Petite solive.

**SOLLICITATION**, *s. f.* Action de solliciter; soins, démarches pour le succès d'une affaire; recommandation à des juges.

**SOLLICITER** (*part.* é, ée), *v. a.* Exciter à; demander avec instance; —, *v. n.* Postuler.

**SOLLICITEUR, EUSE**, *s.* Celui ou Celle qui sollicite.

**SOLLICITUDE**, *s. f.* Souci, soin affectueux.

**SOLO**, *s. m.* (inv.). Morceau de musique qu'un instrument doit jouer seul ou qui est chanté par une voix seule.

**SOLSTICE**, *s. m.* Temps où le soleil est dans son plus grand éloignement de l'équateur.

**SOLSTICIAL, E**, *adj.* Qui a rapport aux solstices.

**SOLUBLE**, *adj.* 2 *g.* Qui peut être dissous; qui peut être résolu.

**SOLUTION**, *s. f.* Éclaircissement d'une difficulté; — *de continuité*, séparation des parties.

**SOLVABILITÉ**, *s. f.* Pouvoir, moyen de payer.

**SOLVABLE**, *adj.* 2 *g.* Qui a de quoi payer.

**SOMBRE**, *adj.* 2 *g.* Peu éclairé, obscur, ténébreux; *fig.* Taciturne, mélancolique.

**SOMBRER**, *v. n.* Couler bas par l'effet d'un coup de vent, *t. de mar.*

**SOMMAIRE**, *adj.* 2 *g.* Bref, succinct; provisoire; qui doit être jugé promptement; —, *s. m.* Extrait, précis, abrégé.

**SOMMAIREMENT**, *adv.* En abrégé.

**SOMMATION**, *s. f.* Action de sommer; acte par écrit qui contient la sommation.

**SOMME**, *s. f.* Charge (d'un cheval,

d'un âne); certaine quantité d'argent; résultat de l'addition de plusieurs quantités; abrégé de toutes les parties d'une science; *en* —, — *toute*, *loc. adv.* En un mot, enfin.

**SOMME**, *s. m.* Sommeil.

**SOMME (LA)**, rivière qui a sa source près de Saint-Quentin (Aisne) et se jette dans la Manche près de Saint-Valery; elle donne son nom à un département borné au N. par le Pas-de-Calais, à l'E. par l'Aisne, au S. par l'Oise, au S. O. par la Seine-Inférieure, à l'O. par la Manche : Amiens, chef-lieu.

**SOMMEIL** (l m.), *s. m.* Entier assoupissement des sens; envie de dormir; *fig.* Indolence; état d'une plante dont une partie se ferme à certaine heure du jour.

**SOMMEILLER** (ll m.), *v. n.* Dormir d'un sommeil léger, imparfait; *fig.* Tomber dans quelque négligence.

**SOMMELIER, IÈRE**, *s.* Celui ou Celle qui est chargé du soin du pain, du vin, de la vaisselle, etc.

**SOMMELLERIE**, *s. f.* Fonction de sommelier; lieu où l'on garde le pain, le vin, etc.

**SOMMER** (*part.* é, ée), *v. a.* Signifier à quelqu'un, dans les formes voulues, qu'il ait à faire telle chose; — *une place*, lui ordonner de se rendre.

**SOMMET**, *s. m.* Le haut, la partie la plus élevée; *fig.* Le comble des grandeurs.

**SOMMIER**, *s. m.* Cheval de somme; matelas de crin servant de paillasse; coffre où les soufflets des orgues font entrer le vent.

**SOMMITÉ**, *s. f.* La partie la plus élevée; extrémité de la tige (d'une plante), des branches (d'un arbre).

**SOMNAMBULE**, *s.* et *adj.* 2 *g.* Celui ou Celle qui parle, marche et agit en dormant.

**SOMNAMBULISME**, *s. m.* Maladie du somnambule.

**SOMNIFÈRE**, *s. m.* et *adj.* 2 *g.* Qui provoque le sommeil.

**SOMNOLENCE**, *s. f.* Disposition au sommeil; *fig.* Apathie.

**SOMNOLENT, E**, *adj.* Qui tient de la somnolence.

**SOMPTUAIRE**, *adj.* 2 *g.* Qui réforme le luxe, qui restreint les dépenses.

**SOMPTUEUSEMENT**, *adv.* D'une manière somptueuse.

**SOMPTUEUX, EUSE**, *adj.* Magnifique, splendide.

**SOMPTUOSITÉ**, *s. f.* Magnifique dépense.

**SON** (*fém. Sa; pl.* 2 *g. Ses*), *pr. poss. de la* 3*e* *pers.* Sien, de lui.

**SON**, *s. m.* Bruit, ce qui frappe l'ouïe.

**SON**, *s. m.* La partie la plus grossière du blé moulu.

**SONATE**, *s. f.* Pièce de musique composée de trois ou quatre morceaux, dont les mouvements sont alternativement lents et vifs.

**SONDAGE**, *s. m.* Action de sonder.

**SONDE**, *s. f.* Instrument pour sonder.

**SONDER** (*part.* é, ée), *v. a.* Reconnaître, au moyen de la sonde, la profondeur de l'eau, d'un terrain, l'état d'une plaie, etc.; *fig.* Tâcher de pénétrer la pensée de quelqu'un.

**SONDEUR**, *s. m.* Celui qui sonde.

**SONGE**, *s. m.* Rêve, illusions d'une personne qui dort; *fig.* Chimère; ce qui passe avec rapidité.

**SONGE-CREUX**, *s. m.* (inv.). Celui qui roule toujours dans son esprit quelque chimère.

**SONGER** (*part.* é, ée), *v. a.* et *v. n.* Faire un songe; penser, considérer; avoir quelque vue, quelque dessein.

**SONGEUR**, *s. m.* Celui qui a raconté ses songes.

**SONNAILLE** (ll m.), *s. f.* Sonnette attachée au cou des bêtes quand elles paissent.

**SONNAILLER** (ll m.), *s. m.* L'animal qui porte la clochette.

**SONNAILLER** (ll m.), *v. n.* Sonner souvent et sans besoin.

**SONNANT, E**, *adj.* Qui rend un son clair et distinct; *espèces sonnantes*, monnaie d'or, d'argent, etc.

**SONNER**, *v. n.* Rendre un son; être annoncé par un son; donner un signal, jouer un air (avec le cor ou la trompette); *fig.* *Faire sonner bien haut*, vanter beaucoup; — (*part.* é, ée), *v. a.* Faire rendre du son;

*sonner les cloches*, avertir de quelque chose en sonnant.

**SONNERIE**, *s. f.* Son de plusieurs choses ensemble; totalité des cloches d'une église; l'appareil qui fait sonner une pendule.

**SONNET**, *s. m.* Pièce de quatorze vers, dont deux quatrains sur deux rimes seulement, et deux tercets.

**SONNETTE**, *s. f.* Petite cloche, grelot; machine pour enfoncer les pilotis.

**SONNEUR**, *s. m.* Celui qui sonne les cloches.

**SONNEZ**, *s. m.* Les deux six; *t. du jeu de trictrac.*

**SONORE**, *adj.* 2 *g.* Qui a un son agréable, éclatant; qui rend bien le son.

**SONORITÉ**, *s. f.* Qualité de ce qui est sonore.

**SOPEUR**, *s. f.* Voy. *Sopor.*

**SOPHA, SOPHI.** Voy. *Sofa, Sofi.*

**SOPHISME**, *s. m.* Argument captieux qui ne conclut pas juste.

**SOPHISTE**, *s. m.* Philosophe; rhéteur; faiseur de sophismes.

**SOPHISTICATION**, *s. f.* Frelaterie.

**SOPHISTIQUE**, *adj.* 2 *g.* Captieux, trompeur, qui tient du sophisme.

**SOPHISTIQUER** (*part.* é, ée), *v. a.* Subtiliser avec excès; falsifier (les drogues).

**SOPHISTIQUERIE**, *s. f.* Fausse subtilité; falsification (des drogues).

**SOPHISTIQUEUR**, *s. m.* Celui qui subtilise à l'excès; celui qui falsifie les drogues.

**SOPHRONISTES**, *s. m. pl.* Magistrats d'Athènes, espèce de censeurs.

**SOPOR**, *s. m.* Sommeil pesant.

**SOPORATIF, IVE**, *adj.* Qui a la vertu d'endormir; *fig* et *fam.* Ennuyeux.

**SOPOREUX, EUSE**, *adj.* Qui cause de l'assoupissement.

**SOPORIFÈRE** et **SOPORIFIQUE**, *adj.* 2 *g.* et *s. m.* (Remède) qui fait dormir.

**SOPRANO**, *s. m.* Voix de dessus; *t. de mus.*

**SORBE**, *s. f.* Fruit du sorbier.

**SORBET**, *s. m.* Composition de citron, de sucre, d'ambre, etc.; breuvage qu'on fait en battant cette composition avec de l'eau.

**SORBIER**, *s. m.* Sorte d'arbre.

**SORBONIQUE**, *s. f.* Thèse que les bacheliers soutenaient en Sorbonne.

**SORBONISTE**, *s. m.* Docteur de la maison de Sorbonne.

**SORBONNE**, *s. f.* École de la Faculté de théologie, à Paris.

**SORCELLERIE**, *s. f.* Opération de sorcier; tour d'adresse; chose qui paraît surnaturelle.

**SORCIER, IÈRE**, *s.* Celui ou Celle qui, suivant l'opinion du peuple, a fait un pacte avec le diable pour produire des effets surnaturels.

**SORDIDE**, *adj.* 2 *g.* Bas, vil (en parlant des avares et de l'avarice).

**SORDIDEMENT**, *adv.* D'une manière sordide.

**SORITE**, *s. m.* Argument formé d'une suite de propositions accumulées.

**SORNETTE**, *s. f.* Discours frivole.

**SORT**, *s. m.* Destinée, condition, état de vie; effet de la destinée; manière de décider une chose par le hasard; maléfice, paroles prétendues magiques; capital d'une rente.

**SORTABLE**, *adj.* 2 *g.* Convenable.

**SORTANT**, *adj.* et *s. m.* Qui sort.

**SORTE**, *s. f.* Espèce, genre; manière, façon; rang, condition; *de la —, loc. adv.* Ainsi; *en quelque —, loc. adv.* Presque; *de —* ou *en — que, loc. conj.* Tellement que.

**SORTIE**, *s. f.* Action de sortir; transport des marchandises hors du pays, d'une ville; issue, l'endroit par où l'on sort; moment où l'on sort; *fig.* Réprimande.

**SORTILÉGE**, *s. m.* Maléfice.

**SORTIR** (*Ind. pr.* je sors, tu sors, il sort, nous sortons, vous sortez, ils sortent; le reste se conj. sur *Sentir*), *v. n.* Passer du dedans au dehors; commencer à paraître; être issu, émaner de; *au — de, loc. prép.* Au moment où l'on sort de; — (*part.* i, ie), *v. a.* Faire sortir, transporter dehors.

**SORTIR** (se conj. sur *Finir*), *v. a.* Avoir, obtenir. (Il n'est usité qu'à la 3e pers. et en t. de jurisprudence.)

**SOT, SOTTE**, *adj.* et *s.* Qui est sans esprit, sans jugement; confus.

**SOTTIE**, *s. f.* Ancienne farce du théâtre français à sa naissance.

**SOT-L'Y-LAISSE**, *s. m.* (inv.). Morceau délicat au-dessus du croupion d'une volaille.

**SOTTEMENT**, *adv.* D'une manière sotte.

**SOTTISE**, *s. f.* Défaut d'esprit, qualité de celui qui est sot; parole ou action sotte, injurieuse; *au pl.* Injures.

**SOU**, *s. m.* Pièce de monnaie de cuivre, un vingtième de la livre; — *tournois*, de douze deniers; — *parisis*, de quinze deniers; pièce de cinq centimes; *n'avoir pas le* —, *prov.* Être sans argent; *mettre — sur* —, épargner sur les plus petites choses; — *à* —, *loc. adv.* Par petites sommes.

**SOUBASSEMENT**, *s. m.* Espèce de piédestal.

**SOUBRESAUT**, *s. m.* Saut subit, inopiné, et à contre-temps; *fam.* Émotion subite, tressaillement involontaire.

**SOUBRETTE**, *s. f.* Suivante de comédie; femme de chambre.

**SOUBREVESTE**, *s. f.* Vêtement militaire sans manches.

**SOUCHE**, *s. f.* Bas du tronc d'un arbre avec ses racines, et séparé du reste de l'arbre; grosse bûche; *fam.* Personne sotte, stupide; le plus ancien aïeul dans une généalogie; partie d'une feuille de papier séparée en long, qui sert pour la vérification de l'autre; bois marqué d'entailles pour compter; — *de cheminée*, tuyaux joints qui s'élèvent au-dessus du comble.

**SOUCHET**, *s. m.* Pierre qui se tire au-dessous du dernier banc des carrières; plante marécageuse; espèce de canard dont le bec s'élargit en forme de cuiller.

**SOUCHETAGE**, *s. m.* Compte et marque des bois de futaie qu'on doit abattre; vérification des souches abattues.

**SOUCHETEUR**, *s. m.* Expert nommé pour assister au souchetage.

**SOUCI**, *s. m.* Plante à fleurs jaunes radiées.

**SOUCI**, *s. m.* Inquiétude.

se **SOUCIER**, *v. pr.* S'inquiéter; se mettre en peine de; faire cas.

**SOUCIEUX, EUSE**, *adj.* Inquiet, pensif; qui marque du souci.

**SOUCOUPE**, *s. f.* Petite assiette pour poser sous les tasses.

**SOUDAIN, E**, *adj.* Prompt, subit; —, *adv.* Au même instant, aussitôt après.

**SOUDAINEMENT**, *adv.* Subitement.

**SOUDAINETÉ**, *s. f.* Qualité de ce qui est soudain.

**SOUDAN**, *s. m.* Général des armées du calife; sultan d'Égypte.

**SOUDARD** ou **SOUDART**, *s. m.* Vieux militaire.

**SOUDE**, *s. f.* Plante marine; alcali qu'on en retire et qui sert à blanchir le linge dans les lessives.

**SOUDER** (*part.* é, ée), *v. a.* Joindre par le moyen de la soudure.

**SOUDOYER** (*part.* é, ée; se conj. sur *Ployer*), *v. a.* Avoir à sa solde.

**SOUDURE**, *s. f.* Composition métallique qui sert à unir différentes pièces de métal; travail de celui qui soude; endroit soudé.

**SOUFFLAGE**, *s. m.* Art ou Action de souffler le verre.

**SOUFFLE**, *s. m.* Vent que l'on fait en poussant l'air par la bouche; respiration; médiocre agitation de l'air.

**SOUFFLER**, *v. n.* Faire du vent en poussant de l'air avec la bouche; se faire sentir (en parlant du vent); respirer avec effort; ouvrir la bouche pour se plaindre; — (*part.* é, ée), *v. a.* Faire du vent sur; allumer, ranimer le feu; *fig.* Suggérer; enlever, soustraire; — *le verre*, le façonner en soufflant; — *la chandelle*, l'éteindre en soufflant; — *de la poussière*, l'ôter en soufflant; — *l'orgue*, donner du vent aux tuyaux, par le moyen des soufflets; — *quelqu'un*, venir au secours de sa mémoire; — *un vaisseau*, en renforcer le bordage; — *une dame* (au jeu de dames), l'ôter à son adversaire lorsqu'il a oublié de s'en servir selon la règle.

**SOUFFLERIE**, *s. f.* Place ou Ensemble des soufflets de l'orgue.

**SOUFFLET**, *s. m.* Instrument pour

soufflet; coup du plat ou du revers de la main sur la joue; *fig.* Mortification; échec.

**SOUFFLETADE**, *s. f.* Plusieurs soufflets donnés coup sur coup.

**SOUFFLETER** (*part.* é, ée), *v. a.* Donner des soufflets.

**SOUFFLETEUR**, **EUSE**, *s.* Celui ou Celle qui a l'habitude de souffleter.

**SOUFFLEUR**, **EUSE**, *s.* Celui ou Celle qui souffle, qui a peine à respirer; celui qui souffle continuellement le feu; celui qui souffle les acteurs; — *d'orgues*, celui qui fait aller les soufflets.

**SOUFFLEUR**, *s. m.* Poisson du genre des cétacés.

**SOUFFLURE**, *s. f.* Cavité dans l'épaisseur d'un ouvrage de fonte.

**SOUFFRANCE**, *s. f.* Douleur, peine, état de celui qui souffre; tolérance; délai accordé.

**SOUFFRANT**, **E**, *adj.* Qui souffre; patient, endurant.

**SOUFFRE-DOULEUR**, *s. m.* (inv.). Celui qu'on emploie aux services les plus rudes d'une maison; celui ou celle qui est exposé aux malices des autres.

**SOUFFRETEUX**, **EUSE**, *adj.* Qui souffre de la pauvreté, de la misère.

**SOUFFRIR** (se conj. sur *Offrir*), *v. a.* Endurer; supporter; tolérer; permettre; admettre; être susceptible de; —, *v. n.* Pâtir, sentir de la douleur.

**SOUFRE**, *s. m.* Corps jaunâtre, odorant, dont la combustion lente forme l'acide sulfureux, et la combustion rapide et complète, l'acide sulfurique.

**SOUFRER** (*part.* é, ée), *v. a.* Enduire, frotter de soufre; exposer à la vapeur du soufre; donner l'odeur du soufre.

**SOUFFROIR**, *s. m.* Petite étuve où l'on blanchit la laine ou la soie par la vapeur du soufre.

**SOUHAIT**, *s. m.* Vœu, désir; *à* —, *loc. adv.* Selon son désir.

**SOUHAITABLE**, *adj.* 2 *g.* Désirable.

**SOUHAITER** (*part.* é, ée), *v. a.* Désirer; faire un vœu (pour quelqu'un); —, *le bonjour*, *le bonsoir*, dire bonjour, bonsoir.

**SOUILLE** (ll m.), *s. f.* Lieu bourbeux où se vautre le sanglier.

**SOUILLER** (ll m.; *part.* é, ée), *v. a.* Salir, couvrir d'ordure; *fig.* Déshonorer; *se* —, *v. pr.* Se gâter, se salir; *fig.* Se déshonorer.

**SOUILLON** (ll m.), *s.* 2 *g.* Enfant malpropre; *t. trivial.*

**SOUILLURE** (ll. m.), *s. f.* Tache, malpropreté; *fig.* Flétrissure.

**SOUL**, **E**, *adj.* Repu, ivre, rassasié jusqu'au dégoût; —, *s. m.* Autant qu'on veut.

**SOULAGEMENT**, *s. m.* Diminution de peine.

**SOULAGER** (*part.* é, ée), *v. a.* Oter une partie d'un fardeau; *se*—, *v. pr.* Adoucir sa peine.

**SOULAS**, *s. m.* Soulagement, consolation.

**SOÛLER** (*part.* é, ée), *v. a.* Rassasier avec excès; enivrer; *se* —, *v. pr.* S'enivrer; se gorger.

**SOULEUR**, *s. f.* Frayeur subite; saisissement.

**SOULÈVEMENT**, *s. m.* Mal d'estomac causé par le dégoût; extrême agitation (des flots); *fig.* Mouvement d'indignation; révolte.

**SOULEVER** (*part.* é, ée), *v. a.* Lever avec peine (quelque chose de lourd); exciter (l'indignation); exciter à la révolte; — *la tête*, la lever un peu, en parlant d'un malade; —, *v. n.* Éprouver du dégoût; *se* —, *v. pr.* Se lever à demi; se mutiner, s'indigner.

**SOULIER**, *s. m.* Chaussure qui couvre tout le pied et s'attache pardessus.

**SOULIGNER** (*part.* é, ée), *v. a.* Tirer une ligne sous un mot, sous une phrase.

**SOULOIR**, *v. n.* Avoir coutume. (Il ne s'emploie guère qu'à l'imparfait : *il soulait.*)

**SOULTE**, *s. f.* Somme payée dans un partage, dans un échange, en compensation de la plus-value d'une part.

**SOUMETTRE** (se conj. sur *Mettre*), *v. a.* Réduire sous sa puissance, dompter; déférer au jugement de; *se* —, *v. pr.* Se ranger sous l'autorité de; consentir à.

**SOUMIS, ISE**, *adj.* et *p. p.* de *Soumettre.* Dépendant; respectueux.

**SOUMISSION**, *s. f.* Disposition à obéir, obéissance; engagement de payer une somme, d'exécuter un travail à certaines conditions.

**SOUMISSIONNAIRE**, *s. m.* Celui qui offre de faire une fourniture demandée, de passer un marché à certaines conditions.

**SOUMISSIONNER** (*part.* é, ée), *v. a.* Déclarer par écrit qu'on se soumet à payer tant pour telle acquisition, à exécuter tel ouvrage, à faire telle fourniture à tel prix.

**SOUPAPE**, *s. f.* Sorte de languette qui, dans une pompe, un tuyau d'orgue, etc., se lève et se referme pour donner ou fermer passage au vent ou à l'eau.

**SOUPÇON**, *s. m.* Opinion désavantageuse, accompagnée de doute; conjecture; *fig.* Apparence légère; très-petite quantité.

**SOUPÇONNER** (*part.* é, ée), *v. a.* Avoir un soupçon sur; —, *v. n.* Conjecturer.

**SOUPÇONNEUX, EUSE**, *adj.* Défiant, enclin au soupçon.

**SOUPE**, *s. f.* Potage; aliment composé de bouillon et de tranches de pain.

**SOUPENTE**, *s. f.* Larges courroies qui tiennent le corps d'un carrosse suspendu; espèce d'entre-sol, de faux plancher.

**SOUPER**, *v. n.* Prendre le repas ordinaire du soir.

**SOUPER** ou **SOUPÉ**, *s. m.* Repas ordinaire du soir.

**SOUPESER** (*part.* é, ée), *v. a.* Lever un fardeau avec la main et le soutenir pour juger de son poids.

**SOUPEUR**, *s. m.* Celui dont le principal repas est le souper.

**SOUPIÈRE**, *s. f.* Vase creux où l'on sert la soupe.

**SOUPIR**, *s. m.* Respiration forte et prolongée, causée par quelque affection de l'âme; pause du tiers ou du quart d'une mesure, *t. de mus.*; *le dernier* —, le dernier moment de la vie.

**SOUPIRAIL** (l m.; *au pl. soupiraux*), *s. m.* Ouverture pour aérer et éclairer une cave, un souterrain.

**SOUPIRANT**, *s. m.* Celui qui aspire à.

**SOUPIRER**, *v. n.* Pousser des soupirs; — *pour* ou *après*, désirer ardemment; — (*part.* é, ée), *v. a.* Exprimer (d'une manière tendre ou triste).

**SOUPLE**, *adj.* 2 *g.* Maniable, flexible; qui se meut aisément; *fig.* Docile, soumis.

**SOUPLEMENT**, *adv.* Avec souplesse.

**SOUPLESSE**, *s. f.* Flexibilité de corps, d'esprit; moyens fins et subtils.

**SOUQUENILLE** (ll m.), *s. f.* Long surtout de grosse toile à l'usage des palefreniers, etc.

**SOURCE**, *s. f.* Eau qui sort de terre et qui prend un cours; endroit d'où elle sort; *fig.* Principe, cause, origine, base, fondement; occasion, sujet.

**SOURCIER**, *s. m.* Celui qui sait découvrir les sources.

**SOURCIL**, *s. m.* Poils en forme d'arc au-dessus de l'œil.

**SOURCILIER, IÈRE**, *adj.* Qui a rapport aux sourcils.

**SOURCILLER** (ll m.), *v. n.* Remuer le sourcil.

**SOURCILLEUX, EUSE** (ll m.), *adj.* Haut, élevé; soucieux; orgueilleux.

**SOURD, E**, *adj.* Privé de la faculté d'entendre; peu sonore; *fig.* Secret, caché; — *aux prières*, inexorable; *bruit* —, nouvelle qui n'est ni publique, ni certaine; *lanterne sourde*, avec laquelle on voit sans être vu; *couleur* —, qui a peu d'éclat; —, *s.* Celui ou Celle qui ne peut entendre.

**SOURDAUD, E**, *s.* Celui ou Celle qui n'entend qu'avec peine.

**SOURDEMENT**, *adv.* D'une manière sourde, qui fait peu de bruit; secrètement.

**SOURDINE**, *s. f.* Ce qu'on met sur un instrument de musique pour en affaiblir le son, ressort qui empêche le marteau des montres à répétition de frapper sur le timbre; *à la* —, *loc. adv.* Secrètement.

**SOURDRE**, *v. n.* Sortir (en parlant des eaux), s'écouler par quelque fente de la terre. (Il ne s'emploie qu'à l'inf. et à la 3ᵉ personne de l'ind. pr. : *il sourd.*)

**SOURICEAU**, *s. m.* Petit d'une souris.

**SOURICIÈRE**, *s. f.* Piége pour prendre des souris.

**SOURIRE** (se conj. sur *Rire*), *v. n.* Rire sans éclater; *fig.* Présenter un aspect agréable; plaire.

**SOURIRE OU SOURIS**, *s. m.* Action de sourire.

**SOURIS**, *s. f.* Quadrupède rongeur plus petit que le rat; couleur grise de ce petit animal; muscle charnu qui tient à l'os du manche d'une éclanche; cartilage dans les naseaux du cheval.

**SOURNOIS, E**, *adj.* et *s.* Qui cache ce qu'il pense.

**SOUS**, *prép.* Au-dessous de, plus bas que; au pied de; *fig.* Dans la dépendance de; du vivant de, à l'époque de; moyennant, avec.

**SOUS-AFFERMER** (*part. é, ée*), *v. a.* Donner ou prendre à sous-ferme.

**SOUS-AMENDEMENT**, *s. m.* Amendement à un amendement.

**SOUS-AMENDER** (*part. é, ée*), *v. a.* Amender ce qui a déjà été amendé.

**SOUS-ARBRISSEAU**, *s. m.* Plante dont les branches ne naissent pas de boutons de l'année précédente, comme celles des arbrisseaux.

**SOUS-BAIL** (*au pl. sous-baux*), *s. m.* Rétrocession d'un bail ou d'une partie d'un bail.

**SOUS-BARBE**, *s. f.* Partie du cheval qui porte la gourmette.

**SOUS-BIBLIOTHÉCAIRE**, *s. m.* Gardien au-dessous du bibliothécaire.

**SOUS-CHEF**, *s. m.* Celui qui est au-dessous du chef, et qui commande en son absence.

**SOUSCRIPTEUR**, *s. m.* Celui qui souscrit pour une entreprise.

**SOUSCRIPTION**, *s. f.* Signature mise au bas d'un acte pour l'approuver; engagement écrit de fournir une certaine somme pour une entreprise; reconnaissance qu'on donne au souscripteur; — *d'une lettre*, signature de celui qui l'a écrite, accompagnée de certains termes de civilité.

**SOUSCRIRE** (se conj. sur *Écrire*), *v. a.* Mettre son nom au bas d'un acte pour l'approuver; —, *v. n.* Consentir, approuver; promettre ou donner d'avance de l'argent (pour l'édition d'un livre, etc.).

**SOUS-DÉLÉGUER** (*part. é, ée*), *v. a.* Subdéléguer.

**SOUS-DIACONAT**, *s. m.* Le troisième des ordres sacrés qui est au-dessous du diaconat.

**SOUS-DIACRE**, *s. m.* Celui qui est promu au sous-diaconat.

**SOUS-DOMINANTE**, *s. f.* Quatrième note du ton; *t. de mus.*

**SOUS-DOUBLE**, *adj. 2 g.* Qui est la moitié; *t. de math.*

**SOUS-DIVISER** (*part. é, ée*), *v. a.* Subdiviser.

**SOUS-ENTENDRE** (se conj. sur *Entendre*), *v. a.* Donner à entendre une chose qu'on n'exprime pas.

**SOUS-ENTENDU**, *s. m.* Ce qu'on sous-entend pour abréger.

**SOUS-ENTENTE**, *s. f.* Ce qu'on sous-entend artificieusement.

**SOUS-FERME**, *s. f.* Sous-bail.

**SOUS-FERMER** (*part. é, ée*), *v. a.* Sous-affermer.

**SOUS-FERMIER, IÈRE**, *s.* Celui ou Celle qui prend des biens à sous-ferme.

**SOUS-GARDE**, *s. f.* Pièce de fer en demi-cercle qui est au-dessous de la détente d'une arme à feu.

**SOUS-LIEUTENANCE**, *s. f.* Grade du sous-lieutenant.

**SOUS-LIEUTENANT**, *s. m.* Officier du grade inférieur au lieutenant.

**SOUS-LOCATAIRE**, *s. 2 g.* Celui ou Celle qui sous-loue.

**SOUS-LOCATION**, *s. f.* Action de sous-louer; sous-bail.

**SOUS-LOUER** (*part. é, ée*), *v. a.* Céder une partie de maison dont on est locataire; prendre à loyer du principal locataire une portion de maison.

**SOUS-MAÎTRE, ESSE**, *s.* Celui ou Celle qui remplace le maître, la maîtresse.

**SOUS-MARIN, E**, *adj.* Qui est sous les flots de la mer.

**SOUS-MULTIPLE**, *adj. 2 g.* et *s. m.*

(Nombre) compris plusieurs fois exactement dans un plus grand.

**SOUS-ORDRE**, *s. m.* Celui qui travaille sous un autre; *en* —, *loc. adv.* D'une manière subordonnée.

**SOUS-PIED**, *s. m.* Bande d'étoffe ou de cuir qui passe sous le pied et retient le bas du pantalon ou des guêtres.

**SOUS-PRÉFECTURE**, *s. f.* Subdivision administrative du département.

**SOUS-PRÉFET**, *s. m.* Fonctionnaire chargé de l'administration d'une sous-préfecture, sous les ordres du préfet.

**SOUSSIGNÉ**, **ÉE**, *p. p.* du verbe *Soussigner*, inus. Dont la signature est ci-dessous.

**SOUS-TANGENTE** *s. f.* Partie de l'axe d'une courbe comprise entre l'ordonnée et la tangente correspondante; *t. de math.*

**SOUS-TENDANTE**, *s. f.* Corde d'un arc; *t. de géom.*

**SOUSTRACTION**, *s. f.* Action de soustraire; opération par laquelle on ôte un nombre d'un plus grand.

**SOUSTRAIRE** (se conj. sur *Traire*), *v. a.* Oter par adresse ou par fraude; ôter un nombre d'un autre; *t. d'arith.*; *se* —, *v. pr.* Se dérober à, se mettre à l'abri de.

**SOUS-TRAITANT**, *s. m.* Sous-fermier.

**SOUS-TRAITER**, *v. n.* Prendre une sous-ferme d'un traitant.

**SOUS-VENTRIÈRE**, *s. f.* Courroie qui passe sous le ventre du limonier.

**SOUTANE**, *s. f.* Habit ecclésiastique, long, à manches étroites, et qu'on serre avec une ceinture; *fig.* L'état ecclésiastique.

**SOUTANELLE**, *s. f.* Petite soutane.

**SOUTE**, *s. f.* Endroit retiré dans le plus bas étage d'un vaisseau pour mettre les poudres et les vivres; —, ou *soulte*, voy. *Soulte*.

**SOUTENABLE**, *adj.* 2 *g.* Qui peut se soutenir par de bonnes raisons; qui peut se supporter.

**SOUTENANT**, *s. m.* Celui qui soutient une thèse.

**SOUTÈNEMENT**, *s. m.* Appui, soutien; défense, *t. de prat.*

**SOUTENIR** (se conj. sur *Tenir*), *v. a.* Appuyer, supporter; *fig.* Secourir dans le besoin; affirmer; défendre; résister à; sustenter; *se* —, *v. pr.* Se tenir sur ses jambes; *fig.* Conserver sa santé, son crédit, etc.

**SOUTERRAIN**, **E**, *adj.* Qui est sous terre; —, *s. m.* Lieu pratiqué sous terre; *fig.* Voies secrètes.

**SOUTIEN**, *s. m.* Ce qui soutient; *fig.* Appui, protection.

**SOUTIRAGE**, *s. m.* Action de soutirer.

**SOUTIRER** (*part.* é, ée), *v. a.* Transvaser la liqueur d'un tonneau.

**SOUVENANCE**, *s. f.* Souvenir, mémoire.

**SOUVENIR**, *s. m.* Impression que la mémoire conserve d'une chose; faculté même de la mémoire; ce qui rappelle le souvenir de quelque chose.

se **SOUVENIR**, *v. pr.* Avoir mémoire de, garder la mémoire de; avoir soin, s'occuper de; —, *v. imp.* *Il me souvient*, j'ai souvenir de.

**SOUVENT**, *adv.* Plusieurs fois en peu de temps.

**SOUVENTEFOIS**, *adv.* Souvent.

**SOUVERAIN**, **E**, *adj.* Suprême; qui est au plus haut point en son genre, qui a l'autorité suprême; —, *s. m.* Celui en qui réside la souveraineté.

**SOUVERAINEMENT**, *adv.* Excellemment, parfaitement; d'une manière souveraine, sans appel.

**SOUVERAINETÉ**, *s. f.* Autorité suprême; État d'un souverain.

**SOYEUX**, **EUSE**, *adj.* Fin, luisant et doux au toucher comme de la soie.

**SPACIEUSEMENT**, *adv.* Au large, en grand espace.

**SPACIEUX**, **EUSE**, *adj.* Vaste; étendu.

**SPADASSIN**, *s. m.* Bretteur.

**SPAHI**, *s. m.* Cavalier turc.

**SPALT**, *s. m.* Pierre luisante qui sert à mettre en fusion les métaux.

**SPARADRAP**, *s. m.* Toile enduite d'un emplâtre fondu.

**SPARE**, *s. m.* Genre de poissons.

**SPARTE**, *s. m.* Plante graminée dont on fait des cordages, des nattes.

**SPARTERIE**, *s. f.* Manufacture de tissus de sparte.

**SPASME**, *s. m.* Mouvement convulsif des muscles ou des nerfs.

**SPASMODIQUE**, *adj.* 2 *g.* Qui tient du spasme.

**SPATH**, *s. m.* Pierres feuilletées, sulfates et carbonates, qu'on trouve souvent unies aux mines.

**SPATHE**, *s. f.* Enveloppe qui renferme la fleur jusqu'à ce qu'elle s'épanouisse.

**SPATULE**, *s. f.* Instrument rond par un bout et plat par l'autre, et qui sert à étendre les onguents, etc.; oiseau du genre d'échassiers.

**SPÉCIAL**, **E**, *adj.* Particulier; propre à.

**SPÉCIALEMENT**, *adv.* Particulièrement.

**SPÉCIALITÉ**, *s. f.* Détermination d'une chose spéciale; aptitude particulière.

**SPÉCIEUSEMENT**, *adv.* D'une manière spécieuse.

**SPÉCIEUX**, **EUSE**, *adj.* Qui a une apparence de vérité, de justice.

**SPÉCIFICATION**, *s. f.* Expression, détermination des choses particulières.

**SPÉCIFIER** (*part.* é, ée), *v. a.* Exprimer, déterminer en particulier, en détail.

**SPÉCIFIQUE**, *adj.* 2 *g.* Qui est propre spécialement à; —, *s. m.* Remède spécifique.

**SPÉCIFIQUEMENT**, *adv.* D'une manière spécifique.

**SPÉCIMEN**, *s. m.* Modèle, échantillon.

**SPECTACLE**, *s. m.* Tout objet qui attire les regards; représentation théâtrale et publique.

**SPECTATEUR**, **TRICE**, *s.* Celui ou Celle qui assiste à un spectacle; témoin oculaire d'un événement, etc.

**SPECTRE**, *s. m.* Fantôme, figure qu'on croit voir; *fam.* Personne grande, hâve et maigre; (*t. de phys.*) image coloriée et oblongue que forme la lumière sur un mur après avoir traversé le prisme.

**SPÉCULAIRE**, *adj.* 2 *g.*, se dit d'une pierre composée de feuillets brillants et transparents; *science* —, art de faire des miroirs.

**SPÉCULATEUR**, *s. m.* Observateur des astres, des phénomènes du ciel; celui qui spécule en finances.

**SPÉCULATIF**, **IVE**, *adj.* Qui a coutume d'observer attentivement; qui est l'objet de la spéculation; *les spéculatifs*, *s. m. pl.* Ceux qui raisonnent sur la politique.

**SPÉCULATION**, *s. f.* Action de spéculer; calcul; observation, méditation, théorie.

**SPÉCULER** (*part.* é, ée), *v. a.* Observer les astres, etc.; —, *v. n.* Méditer profondément sur; faire des raisonnements, des projets.

**SPÉE**, *s. f.* Cépée.

**SPENCER**, *s. m.* Sorte de veste ronde que l'on met par-dessus ses vêtements.

**SPERGULE**, *s. f.* Plante annuelle de la famille des caryophyllées.

**SPHÈRE**, *s. f.* Globe où toutes les lignes tirées du centre à la surface sont égales, *t. de géom.*; machine ronde et mobile, composée de cercles qui représentent ceux que les astronomes imaginent dans le ciel; disposition du ciel suivant ces cercles; espace où l'on conçoit qu'une planète accomplit son cours, *t. d'astron.*; *fig.* Étendue de pouvoir, de connaissances, de talents.

**SPHÉRICITÉ**, *s. f.* État de ce qui est sphérique.

**SPHÉRIQUE**, *adj.* 2 *g.* Rond comme une sphère; qui appartient à la sphère.

**SPHÉRIQUEMENT**, *adv.* En forme sphérique.

**SPHÉRISTÈRE**, *s. m.* Lieu destiné aux exercices sphéristiques chez les anciens.

**SPHÉRISTIQUE**, *adj.* 2 *g.*, se dit des exercices des anciens où l'on se servait de balles; —, *s. f.* Exercices où l'on faisait usage de balles, partie de la gymnastique.

**SPHÉROÏDE**, *s. m.* Solide dont la figure approche de celle de la sphère.

**SPHINX**, *s. m.* Monstre fabuleux, que l'on représentait avec le buste d'une femme sur le corps d'un lion; sorte de gros papillon.

**SPICILÈGE**, *s. m.* Recueil (de pièces, d'actes, etc.).

**SPINAL, E**, *adj.* Qui appartient à l'épine du dos.

**SPINELLE**, *adj.* et *s. m.* (Rubis) d'un rouge pâle.

**SPINOSISME**, *s. m.* Doctrine philosophique de Spinosa.

**SPINOSISTE**, *s. m.* Partisan du spinosisme.

**SPIRAL, E**, *adj.* Roulé en spirale.

**SPIRALE**, *s. f.* Courbe qui, à chaque révolution autour du point où elle commence, s'éloigne de plus en plus de son centre.

**SPIRATION**, *s. f.* Mot qui exprime comment le Saint-Esprit procède du Père et du Fils; *t. de théolog.*

**SPIRE**, *s. f.* Chaque tour de la spirale; base d'une colonne qui va en serpentant.

**SPIRÉE**, *s. f.* Genre de rosacées.

**SPIRITUALISATION**, *s. f.* Volatilisation des corps solides ou liquides; *t. de chim.*

**SPIRITUALISER** (*part.* é, ée), *v. a.* Extraire les esprits des corps mixtes; *fig.* Donner un sens pieux; donner à la matière la qualité de l'esprit; raffiner; subtiliser.

**SPIRITUALISME**, *s. m.* Doctrine de la spiritualité.

**SPIRITUALISTE**, *s. m.* Partisan de la spiritualité.

**SPIRITUALITÉ**, *s. f.* État de ce qui est esprit; théologie mystique qui regarde la vie intérieure.

**SPIRITUEL, ELLE**, *adj.* Incorporel; qui est un pur esprit; qui regarde l'âme; qui a de la vivacité dans l'esprit; où il y a de l'esprit; allégorique (opposé à *Littéral*); —, *adj.* et *s. m.* Qui concerne l'Église, la religion (par opposition à *Temporel*).

**SPIRITUELLEMENT**, *adv.* Avec esprit; en esprit.

**SPIRITUEUX, EUSE**, *adj.* Volatil; —, *s. m.* Liqueur spiritueuse.

**SPLEEN**, *s. m.* État de consomption; de mélancolie.

**SPLENDEUR**, *s. f.* Grand éclat de lumière, de gloire; pompe, magnificence.

**SPLENDIDE**, *adj.* 2 *g.* Magnifique.

**SPLENDIDEMENT**, *adv.* Magnifiquement.

**SPOLIATEUR, TRICE**, *s.* et *adj.* Celui ou Celle qui spolie.

**SPOLIATION**, *s. f.* Action de spolier.

**SPOLIER** (*part.* é, ée), *v. a.* Déposséder par fraude ou par violence.

**SPONDAÏQUE**, *adj.* et *s. m.* (Hexamètre) terminé par deux spondées.

**SPONDÉE**, *s. m.* Pied de deux syllabes longues, dans les vers grecs et latins.

**SPONGIEUX, EUSE**, *adj.* Qui est de la nature de l'éponge.

**SPONGITE**, *s. f.* Pierre très-poreuse.

**SPONTANÉ, ÉE**, *adj.* Qu'on dit, qu'on fait volontairement; qui a lieu de soi-même; qui survient sans causes extérieures.

**SPONTANÉITÉ**, *s. f.* Qualité de ce qui est spontané.

**SPONTANÉMENT**, *adv.* D'une manière spontanée.

**SPUTATION**, *s. f.* Action de cracher; *t. de méd.*

**SQUAMMEUX, EUSE** (pron. *scous*), *adj.* Écailleux; qui a rapport aux écailles.

**SQUELETTE**, *s. m.* Os décharnés, conservant leur situation naturelle; carcasse; *fig.* Personne très-maigre.

**SQUIRRE**, *s. m.* Tumeur chronique, dure et non douloureuse; *t. de médecine.*

**SQUIRREUX, EUSE**, *adj.* Qui est de la nature du squirre.

**ST**, *interj.* pour appeler, pour imposer silence.

**STABILITÉ**, *s. f.* Qualité de ce qui est stable; état durable.

**STABLE**, *adj.* 2 *g.* Qui est dans un état ferme; *fig.* Durable, permanent.

**STADE**, *s. m.* Carrière de cent vingt-cinq pas géométriques, où les Grecs s'exerçaient à la course; mesure itinéraire de la même étendue.

**STAGE**, *s. m.* Temps d'épreuve pour les jeunes avocats; résidence que devait faire un nouveau chanoine pour jouir de sa prébende.

**STAGIAIRE**, *adj.* et *s. m.* Qui fait son stage.

**STAGNANT, E**, *adj.* Qui ne coule pas (en parlant des eaux, des humeurs).

**STAGNATION**, *s. f.* État des eaux, des humeurs stagnantes; ralentissement (dans la marche d'une affaire).

**STALACTITE**, *s. f.* Concrétion pierreuse formée par l'eau à la voûte des souterrains; carbonate de chaux.

**STALAGMITE**, *s. f.* Concrétion pierreuse qui se forme sur le sol des cavités souterraines.

**STALLE**, *s. f.* Siége en bois (dans le chœur des églises); place séparée à l'orchestre (dans un théâtre).

**STANCE**, *s. f.* Nombre déterminé de vers formant un sens complet, strophe; *au pl.* Pièce de vers composée de plusieurs stances.

**STAROSTE**, *s. m.* Noble qui possède une starostie.

**STAROSTIE**, *s. f.* Fief polonais.

**STATHOUDER**, *s. m.* Chef de l'ancienne république de Hollande.

**STATHOUDÉRAT**, *s. m.* Dignité du stathouder; durée de cette dignité.

**STATION**, *s. f.* Pause, courte résidence; visites pieuses dans certaines chapelles pour gagner des indulgences; chacun des points où l'on a placé l'instrument pour niveler; état d'une planète qui ne paraît ni avancer ni reculer dans le zodiaque; étendue de mer que surveille un vaisseau.

**STATIONNAIRE**, *adj.* 2 *g.* Qui est à poste fixe, immobile; —, *s. m.* Vaisseau en station.

**STATIONNEMENT**, *s. m.* Action de stationner.

**STATIONNER**, *v. n.* Faire station, s'arrêter en un endroit.

**STATIQUE**, *s. f.* Traité de l'équilibre des solides.

**STATISTIQUE**, *s. f.* Géographie politique; science qui a pour but de faire connaître la population d'un État, ses revenus, son commerce, etc.; —, *adj.* 2 *g.* Qui a rapport à la statistique.

**STATUAIRE**, *s. m.* Sculpteur qui fait des statues; —, *s. f.* Art de faire des statues; —, *adj.* 2 *g.* Propre à faire des statues.

**STATUE**, *s. f.* Figure humaine entière et de plein relief; *fig.* Personne froide, sans action.

**STATUER** (*part.* é, ée), *v. a.* et *v. n.* Ordonner, décider, déclarer.

**STATU QUO**, mots tirés du latin: Le même état; *in statu quo*, dans le même état.

**STATURE**, *s. f.* Hauteur de la taille.

**STATUT**, *s. m.* Règlement, décision.

**STÉGANOGRAPHIE**, *s. f.* Art d'écrire en chiffres et d'expliquer cette sorte d'écriture.

**STELLAIRE**, *adj.* 2 *g.* Qui a rapport aux étoiles.

**STELLIONAT**, *s. m.* Crime de celui qui vend son héritage à deux personnes, ou qui vend l'héritage d'autrui comme s'il était le sien; vente d'un immeuble grevé d'hypothèques comme s'il en était franc.

**STELLIONATAIRE**, *s.* 2 *g.* Celui ou Celle qui est coupable de stellionat.

**STÉNOGRAPHE**, *s. m.* Celui qui sait, qui pratique la sténographie.

**STÉNOGRAPHIE**, *s. f.* Art d'écrire en abrégé.

**STÉNOGRAPHIER** (*part.* é, ée), *v. a.* Écrire par abréviation.

**STÉNOGRAPHIQUE**, *adj.* 2 *g.* Qui a rapport à la sténographie.

**STENTOR**, *s. m.* Capitaine grec renommé pour la force de sa voix; *voix de* —, voix très-forte.

**STEPPE**, *s. m.* Plaine vaste et aride, en Russie.

**STÈRE**, *s. m.* Mesure des bois de chauffage, égale au mètre cube.

**STÉRÉOGRAPHIE**, *s. f.* Art de représenter les solides sur un plan.

**STÉRÉOGRAPHIQUE**, *adj.* 2 *g.* Qui a rapport à la stéréographie.

**STÉRÉOMÉTRIE**, *s. f.* Science de la mesure des solides.

**STÉRÉOTOMIE**, *s. f.* Science de la coupe des solides.

**STÉRÉOTYPAGE**, *s. m.* Action de stéréotyper.

**STÉRÉOTYPE**, *adj.* 2 *g.* Imprimé avec des planches non mobiles.

**STÉRÉOTYPER** (*part.* é, ée), *v. a.* Convertir par la soudure, en formes solides, des planches composées de caractères mobiles.

**STÉRÉOTYPIE**, *s. f.* Art de stéréotyper; atelier où l'on stéréotype.

**STÉRILE**, *adj.* 2 *g.* Qui ne porte pas de fruit, quoique de nature à en porter; *fig.* Improductif, dont on ne retire aucun avantage; peu fécond; qui prête peu au développement.

**STÉRILITÉ**, *s. f.* Qualité de ce qui est stérile.

**STERLING**, *s. m.* Monnaie de compte anglaise; *livre* —, pièce de monnaie qui vaut environ 25 fr.

**STERNUM**, *s. m.* Os plat du devant de la poitrine.

**STERNUTATOIRE**, *adj.* 2 *g.* Qui provoque l'éternument; —, *s. m.* Substance qui fait éternuer.

**STIGMATE**, *s. m.* Marque; partie supérieure du pistil; organe extérieur de la respiration dans certains insectes.

**STIGMATISER** (*part.* é, ée), *v. a.* Marquer d'un fer chaud; *fig.* Couvrir d'une honte ineffaçable.

**STIL DE GRAIN**, *s. m.* Sorte de couleur jaune.

**STILLATION**, *s. f.* Filtration naturelle de l'eau.

**STIMULANT**, **E**, *adj.* Qui est propre à exciter; —, *s. m.* Substance qui stimule; *fig.* Excitation, aiguillon.

**STIMULER** (*part.* é, ée), *v. a.* Exciter, aiguillonner.

**STIPENDIAIRE**, *adj.* 2 *g.* Qui est à la solde d'un autre.

**STIPENDIER** (*part.* é, ée), *v. a.* Avoir à sa solde, soudoyer.

**STIPULANT**, **E**, *adj.* Qui stipule.

**STIPULATION**, *s. f.* Clause, convention.

**STIPULE**, *s. f.* Appendice de pétiole; *t. de bot.*

**STIPULER** (*part.* é, ée), *v. a.* Faire une stipulation.

**STOCKFISCH**, *s. m.* Poisson salé et séché.

**STOÏCIEN**, *s. m.* Philosophe de la secte de Zénon; homme ferme, sévère, inébranlable.

**STOÏCIEN, ENNE**, *adj.* Qui appartient à la doctrine des stoïciens.

**STOÏCISME**, *s. m.* Philosophie de Zénon; fermeté, austérité

**STOÏQUE**, *adj.* 2 *g.* Qui tient de la fermeté et de l'austérité qu'affectaient les stoïciens.

**STOÏQUEMENT**, *adv.* En stoïcien.

**STOÏSME**, *s. m.* Qualité de ce qui est stoïque.

**STOMACAL**, **E**, *adj.* Bon pour l'estomac.

**STOMACHIQUE**, *adj.* 2 *g.* Qui appartient à l'estomac; bon pour l'estomac; —, *s. m.* Breuvage salutaire à l'estomac.

**STORAX** ou **STYRAX**, *s. m.* Résine odoriférante qui découle d'un arbre des Indes.

**STORE**, *s. m.* Rideau qui se lève et se baisse par un ressort.

**STRABISME**, *s. m.* Disposition divergente des yeux.

**STRANGULATION**, *s. f.* Étranglement, action d'étrangler.

**STRAPONTIN**, *s. m.* Siége garni sur le devant d'un carrosse.

**STRAS**, *s. m.* Composition qui imite le diamant.

**STRASBOURG**, chef-lieu du dép. du Bas-Rhin.

**STRASSE**, *s. f.* Bourre, rebut de la soie.

**STRATAGÈME**, *s. m.* Ruse de guerre; *fig.* Finesse, ruse, supercherie.

**STRATÉGE**, *s. m.* Général athénien.

**STRATÉGIE**, *s. f.* Science des mouvements d'une armée.

**STRATÉGIQUE**, *adj.* 2 *g.* Qui a rapport à la stratégie.

**STRATÉGISTE**, *s. m.* Celui qui est versé dans la stratégie.

**STRÉLITZ**, *s. m. pl.* Ancien corps d'infanterie russe.

**STRIBORD.** Voy. *Tribord.*

**STRICT, E**, *adj.* Rigoureux; exact, sévère.

**STRICTEMENT**, *adv.* D'une manière stricte.

**STRIÉ, ÉE**, *adj.* Dont la surface présente des stries.

**STRIES**, *s. f. pl.* Cannelures fines et légères.

**STRIURES**, *s. f. pl.* Cannelures des colonnes; rayure des coquillages.

**STROPHE**, *s. f.* Couplet, stance d'une ode, etc.

**STRUCTURE**, *s. f.* Manière dont

un édifice est bâti; conformation; plan (d'un ouvrage).

**STRYGE**, *s. m.* Vampire.

**STUC**, *s. m.* Marbre broyé avec de la chaux.

**STUCATEUR**, *s. m.* Ouvrier en stuc.

**STUDIEUSEMENT**, *adv.* Avec soin.

**STUDIEUX, EUSE**, *adj.* Qui aime l'étude.

**STUPÉFACTION**, *s. f.* Diminution ou Perte du sentiment; *fig.* Étonnement extraordinaire.

**STUPÉFAIT, E**, *adj.* Interdit, immobile de surprise.

**STUPÉFIANT, E**, *adj.* Qui stupéfie; —, *s. m.* Substance stupéfiante.

**STUPÉFIER** (*part.* é, ée), *v. a.* Engourdir, rendre immobile; *fig.* Causer une grande surprise.

**STUPEUR**, *s. f.* Engourdissement; *fig.* Grande surprise; état d'immobilité subite.

**STUPIDE**, *adj.* et *s.* 2 *g.* Hébété; qui a l'esprit lourd et pesant.

**STUPIDEMENT**, *adv.* Avec stupidité.

**STUPIDITÉ**, *s. f.* Pesanteur ou Privation d'esprit.

**STYLE**, *s. m.* Poinçon qui servait chez les anciens pour écrire sur des tablettes de cire; aiguille d'un cadran solaire; *fig.* Manière d'écrire, de composer; manière de parler, de procéder en justice; manière de compter dans le calendrier avant ou après sa réformation; partie du pistil qui porte le stigmate, *t. de bot.*

**STYLER** (*part.* é, ée), *v. a.* Former, dresser, habituer à.

**STYLET**, *s. m.* Petit poignard à lame triangulaire et très-aiguë.

**STYLOBATE**, *s. m.* Soubassement qui porte des colonnes.

**STYPTIQUE**, *adj.* 2 *g.* Astringent.

**STYX**, *s. m.* Fleuve des enfers.

**SU**, *s. m.* Connaissance de quelque chose; *au su et au vu*, à la connaissance et sous les yeux de.

**SUAIRE**, *s. m.* Linceul.

**SUANT, E**, *adj.* Qui sue.

**SUAVE**, *adj.* 2 *g.* Doux, agréable à l'odorat; charmant, qui flatte les sens.

**SUAVITÉ**, *s. f.* Douceur, charme, agrément.

**SUBALTERNE**, *adj.* et *s.* 2 *g.* Subordonné à un autre.

**SUBDÉLÉGATION**, *s. f.* Commission que donne celui qui subdélègue; acte par lequel on subdélègue.

**SUBDÉLÉGUÉ**, *s. m.* Celui qui a une subdélégation.

**SUBDÉLÉGUER** (*part.* é, ée), *v. a.* Donner pouvoir d'agir, de négocier.

**SUBDIVISER** (*part.* é, ée), *v. a.* Diviser une partie d'un tout déjà divisé.

**SUBDIVISION**, *s. f.* Division d'une des parties d'un tout déjà divisé.

**SUBHASTATION**, *s. f.* Vente publique au plus offrant et dernier enchérisseur.

**SUBIR** (*part.* i, ie), *v. a.* Être assujetti (à ce qui est prescrit, ordonné); supporter; endurer.

**SUBIT, E**, *adj.* Prompt, soudain.

**SUBITEMENT**, *adv.* Soudainement.

**SUBITO**, *adv.* Subitement.

**SUBJONCTIF**, *s. m.* Mode du verbe subordonné à un autre verbe.

**SUBJUGUER** (*part.* é, ée), *v. a.* Réduire en sujétion; *fig.* Prendre de l'ascendant sur quelqu'un.

**SUBLIMATION**, *s. f.* Volatilisation.

**SUBLIMATOIRE**, *s. m.* Vaisseau qui sert à la sublimation.

**SUBLIME**, *adj.* 2 *g.* Haut, élevé (au moral); —, *s. m.* Ce qu'il y a de grand, d'excellent dans les pensées, dans le style, dans les actions.

**SUBLIMÉ**, *s. m.* Muriate de mercure; — *corrosif*, muriate oxygéné de mercure.

**SUBLIMEMENT**, *adv.* D'une manière sublime.

**SUBLIMER** (*part.* é, ée), *v. a.* Volatiliser; *t. de chim.*

**SUBLIMITÉ**, *s. f.* Qualité de ce qui est sublime.

**SUBLINGUAL, E**, *adj.* Placé sous la langue.

**SUBLUNAIRE**, *adj.* 2 *g.* Qui est entre la terre et l'orbite de la lune.

**SUBMERGER** (*part.* é, ée), *v. a.* Inonder, engloutir dans l'eau.

**SUBMERSION**, *s. f.* Grande inondation; état de ce qui est entièrement enfoncé dans l'eau.

**SUBORDINATION**, *s. f.* Dépendance d'une personne à l'égard d'une autre.

**SUBORDONNÉ**, *s. m.* Celui qui dépend d'un supérieur.

**SUBORDONNÉMENT**, *adv.* En sous-ordre.

**SUBORDONNER** (*part.* é, ée), *v. a.* Établir la subordination.

**SUBORNATION**, *s. f.* Action de suborner.

**SUBORNER** (*part.* é, ée), *v. a.* Porter à une action coupable.

**SUBORNEUR, EUSE**, *s.* et *adj.* Celui ou Celle qui suborne.

**SUBRÉCARGUE**, *s. m.* Fondé de pouvoir d'un armateur qui veille sur la cargaison.

**SUBRÉCOT**, *s. m.* Surplus de l'écot; excédant sur la dépense prévue.

**SUBREPTICE**, *adj.* 2 *g.* Obtenu sur un exposé faux; furtif, illicite.

**SUBREPTICEMENT**, *adv.* D'une manière subreptice.

**SUBREPTION**, *s. f.* Surprise faite à un juge en lui cachant la vérité.

**SUBROGATION**, *s. f.* Action de subroger.

**SUBROGER** (*part.* é, ée), *v. a.* Substituer, mettre à la place de quelqu'un; *subrogé tuteur*, celui qui surveille la gestion du tuteur.

**SUBSÉQUEMMENT**, *adv.* Ensuite, après.

**SUBSÉQUENT, E**, *adj.* Qui suit, qui vient après.

**SUBSIDE**, *s. m.* Levée de deniers pour les besoins de l'État; secours en argent.

**SUBSIDIAIRE**, *adj.* 2 *g.* Qui vient à l'appui.

**SUBSIDIAIREMENT**, *adv.* D'une manière subsidiaire.

**SUBSISTANCE**, *s. f.* Nourriture et entretien; *au pl.* Vivres, munitions.

**SUBSISTER**, *v. n.* Continuer d'être; vivre et s'entretenir; *fig.* Demeurer en vigueur.

**SUBSTANCE**, *s. f.* Être, esprit qui subsiste par lui-même, matière quelconque; ce qu'il y a de succulent, d'essentiel; ce qui est nécessaire pour la subsistance; *en* —, *loc. adv.* En abrégé.

**SUBSTANTIEL, ELLE**, *adj.* Succulent, plein de substance.

**SUBSTANTIELLEMENT**, *adv.* Quant à la substance.

**SUBSTANTIF**, *s.* et *adj. m.* Nom qui exprime une substance; *t. de gramm.*

**SUBSTANTIVEMENT**, *adv.* En manière de substantif.

**SUBSTITUER** (*part.* é, ée), *v. a.* Mettre à la place de; appeler quelqu'un à une succession après un autre ou à son défaut.

**SUBSTITUT**, *s. m.* Officier judiciaire chargé de suppléer l'officier principal; *fam.* Délégué.

**SUBSTITUTION**, *s. f.* Action de substituer; dispositions par lesquelles on substitue un héritage.

**SUBSTRUCTION**, *s. f.* Constructions souterraines; fondements (d'un édifice).

**SUBTERFUGE**, *s. m.* Faux-fuyant; échappatoire.

**SUBTIL, E**, *adj.* Délié, fin, menu; qui pénètre, qui s'insinue aisément; *fig.* Très-adroit.

**SUBTILEMENT**, *adv.* D'une manière subtile.

**SUBTILISATION**, *s. f.* Action de subtiliser certaines liqueurs par l'action du feu.

**SUBTILISER** (*part.* é, ée), *v. a.* Rendre délié, pénétrant; tromper subtilement; —, *v. n.* Raffiner.

**SUBTILITÉ**, *s. f.* Qualité de ce qui est subtil; finesse, tromperie.

**SUBVENIR** (se conj. sur *Tenir*), *v. n.* Secourir, soulager; pourvoir à.

**SUBVENTION**, *s. f.* Secours d'argent, subside.

**SUBVERSIF, IVE**, *adj.* Qui renverse, qui détruit.

**SUBVERSION**, *s. f.* Renversement.

**SUBVERTIR** (*part.* i, ie), *v. a.* Renverser.

**SUC**, *s. m.* Liqueur qui s'exprime des plantes, des viandes, etc.; *fig.* Ce qu'il y a de plus substantiel.

**SUCCÉDER**, *v. n.* Prendre la place de, venir après; hériter de quelqu'un par droit de parenté; réussir (en parlant des choses); *se* —, se suivre, se remplacer l'un l'autre.

**SUCCÈS**, *s. m.* Réussite; issue (d'une affaire).

**SUCCESSEUR**, *s. m.* Celui qui succède à un autre.

**SUCCESSIBILITÉ**, *s. f.* Droit de succéder; ordre de succession.

**SUCCESSIBLE**, *adj.* 2 *g.* Qui est ou Qui rend propre à succéder.

**SUCCESSIF, IVE**, *adj.* Qui succède sans interruption; *droits successifs*, qu'on a à une succession.

**SUCCESSION**, *s. f.* Biens qu'un homme laisse en mourant; suite de personnes ou de choses qui se succèdent.

**SUCCESSIVEMENT**, *adv.* L'un après l'autre.

**SUCCIN**, *s. m.* Ambre jaune.

**SUCCINCT, E**, *adj.* Court, bref.

**SUCCINCTEMENT**, *adv.* D'une manière succincte.

**SUCCION**, *s. f.* Action de sucer.

**SUCCOMBER**, *v. n.* Être accablé sous un fardeau; *fig.* Se laisser vaincre, avoir du désavantage.

**SUCCULENT, E**, *adj.* Plein de suc; très-nourrissant.

**SUCCURSALE**, *adj.* et *s. f.*, se dit d'une église qui sert d'aide à une paroisse.

**SUCCURSALISTE**, *s. m.* Ecclésiastique qui dessert une succursale.

**SUCEMENT**, *s. m.* Action de sucer.

**SUCER** (*part.* é, ée), *v. a.* Tirer une liqueur, un suc avec les lèvres; *fig.* Tirer peu à peu (de l'argent, etc.).

**SUCEUR**, *s. m.* Celui qui suce; —, *s. m. pl.* Ordre d'insectes sans ailes.

**SUÇOIR**, *s. m.* Organe qui sert à sucer.

**SUÇON**, *s. m.* Élevure qu'on fait à la peau en la suçant fortement.

**SUÇOTER** (*part.* é, ée), *v. a.* Sucer plusieurs fois et à diverses reprises.

**SUCRE**, *s. m.* Suc cristallisé de la canne des Indes, du raisin, de divers fruits, de racines, etc.

**SUCRÉ, ÉE**, *adj.* Qui a le goût du sucre.

**SUCRER** (*part.* é, ée), *v. a.* Mêler du sucre avec quelque chose.

**SUCRERIE**, *s. f.* Lieu où l'on prépare le sucre; *au pl.* Dragées, confitures, etc., choses très-sucrées.

**SUCRIER**, *s. m.* Vase où l'on met du sucre.

**SUD**, *s. m.* Le midi, partie du monde opposée au nord; vent du midi; —, *adj.* Qui est du sud.

**SUD-EST**, *s. m.* Point entre le sud et l'est; vent qui en vient; *sud-sud-est*, vent qui tient le milieu entre le sud et le sud-est.

**SUDORIFÈRE** ou **SUDORIFIQUE**, *adj.* 2 *g.* Qui provoque la sueur; —, *s. m.* Remède qui fait suer.

**SUD-OUEST**, *s. m.* Point entre le sud et l'ouest; vent qui en vient; *sud-sud-ouest*, vent qui tient le milieu entre le sud et le sud-ouest.

**SUÉE**, *s. f.* Inquiétude subite et mêlée de crainte; *t. trivial.*

**SUER**, *v. n.* Rendre par les pores une humeur liquide; *fig.* Travailler beaucoup pour; — (*part.* é, ée), *v. a.* *suer sang et eau*, se donner beaucoup de peine pour.

**SUETTE**, *s. f.* Maladie qui a pour symptôme principal une sueur excessive.

**SUEUR**, *s. f.* Humeur, sérosité qui sort par les pores; *fig.* et *au pl.* Peines qu'on se donne pour réussir.

**SUFFIRE** (*Ind. pr.* je suffis, tu suffis, il suffit, nous suffisons, vous suffisez, ils suffisent; *imp.* je suffisais, etc.; *p. indéf.* j'ai suffi; *fut.* je suffirai; *cond.* je suffirais; *impér.* suffis, suffisez; *subj. pr.* que je suffise, etc., que nous suffisions, etc.; *p. pr.* suffisant; les autres temps ne sont pas usités), *v. n.* Pourvoir, fournir, satisfaire à; *suffit*, c'est assez, n'en parlons plus; —, *v. impers. Il suffit*, c'est assez de.

**SUFFISAMMENT**, *adv.* Assez.

**SUFFISANCE**, *s. f.* Ce qui suffit; *fig.* Vanité, présomption; *à —*, *en —*, *loc. adv.* Suffisamment.

**SUFFISANT, E**, *adj.* Qui suffit; —, *adj.* et *s.* Présomptueux.

**SUFFOCANT, E**, *adj.* Qui produit la suffocation.

**SUFFOCATION**, *s. f.* Étouffement, perte de respiration.

**SUFFOQUER** (*part.* é, ée), *v. a.* Étouffer, faire perdre la respiration, —, *v. n.* Perdre la respiration.

**SUFFRAGANT**, *s.* et *adj. m.*, se dit d'un évêque par rapport à son métropolitain.

**SUFFRAGE**, *s. m.* Voix qu'on donne dans les délibérations en matière d'élections; approbation.

**SUFFUSION**, *s. f.* Épanchement ; *t. de méd.*

**SUGGÉRER** (*part.* é, ée), *v. a.* Insinuer.

**SUGGESTION**, *s. f.* Instigation.

**SUICIDE**, *s. m.* Action de celui qui se tue lui-même ; celui qui se tue lui-même.

**SUIE**, *s. f.* Matière noire et épaisse que la fumée dépose.

**SUIF**, *s. m.* Graisse de mouton, de bœuf, dont on fait la chandelle.

**SUIFFER.** Voy. *Suiver.*

**SUINT**, *s. m.* Humeur onctueuse qui sort du corps des bêtes à laine.

**SUINTEMENT**, *s. m.* Écoulement de ce qui suinte.

**SUINTER**, *v. n.*, se dit d'une liqueur, d'une humeur qui s'écoule insensiblement d'un corps poreux.

**SUISSE**, *s. m.* Celui qui est né en Suisse ; portier qui est d'origine suisse ; portier, concierge (en général) ; un des gardiens d'une église.

**SUITE**, *s. f.* Ceux qui suivent, qui vont après ; cortége ; ce qui suit ; continuation ; enchaînement de choses arrivées l'une après l'autre ; choses de même espèce rangées par ordre ; effet d'un événement ; ordre ; liaison ; *de* —, *loc. adv.* Sans interruption ; *tout de* —, *loc. adv.* Sur-le-champ ; *à la — de*, *loc. prép.* Dans le cortége de ; après ; *par* —, *loc. adv.* et *loc. prép.* En conséquence de.

**SUIVANT**, *prép.* Selon ; — *que*, *loc. conj.* Selon que.

**SUIVANT**, **E**, *adj.* et *s.* Qui suit, qui accompagne.

**SUIVANTE**, *s. f.* Demoiselle qui accompagne une dame.

**SUIVER** (*part.* é, ée), *v. a.* Enduire de suif.

**SUIVI**, **IE**, *adj.* Qui n'est pas interrompu ; continu.

**SUIVRE** (*Ind. pr.* je suis, tu suis, il suit, nous suivons, vous suivez, ils suivent ; *imp.* je suivais, etc., nous suivions, etc. ; *p. déf.* je suivis, etc., nous suivîmes, etc. ; *fut.* je suivrai, etc., nous suivrons, etc. ; *cond.* je suivrais, etc., nous suivrions, etc. ; *impér.* suis, suivons, suivez ; *subj. pr.* que je suive, etc., que nous suivions, etc. ; *imp. subj.* que je suivisse, etc., que nous suivissions, etc. ; *p. pr.* suivant ; *p. p.* suivi, ie), *v. a.* Aller après ; accompagner, escorter ; *fig.* Être près (par rapport au temps, au lieu, au rang, etc.) ; courir après pour attraper ; observer, épier ; se laisser conduire par ; se conformer à ; continuer ; fréquenter ; *se* —, se succéder ; avoir de la liaison ; —, *v. imp. Il suit*, il résulte.

**SUJET**, *s. m.* Cause, raison, motif ; matière sur laquelle on parle, on écrit, on compose ; objet d'une science, etc. ; (*t. de mus.*) air sur lequel on fait les parties, thème, motif ; (*t. de log.*) terme de toute proposition ; personne ; celui qui est soumis à une autorité souveraine ; corps sur lequel on opère.

**SUJET**, **ETTE**, *adj.* Soumis à, dépendant de ; exposé à ; accoutumé à.

**SUJÉTION**, *s. f.* Dépendance, assujettissement.

**SULFATE**, *s. m.* Nom générique de la combinaison de l'acide sulfurique avec différentes bases.

**SULFITE**, *s. m.* Nom générique des sels formés par la combinaison de l'acide sulfureux avec différentes bases.

**SULFURE**, *s. m.* Toute combinaison du soufre avec les alcalis, les terres et les métaux ; *t. de chim.*

**SULFUREUX**, **EUSE**, *adj.* Où il entre du soufre ; qui tient de la nature du soufre ; *acide sulfureux*, formé par la combustion lente et imparfaite du soufre.

**SULFURIQUE**, *adj. 2 g.*, se dit de l'acide du soufre le plus oxygéné.

**SULTAN**, *s. m.* Titre de l'empereur des Turcs et de divers princes mahométans et tartares ; *fig.* Homme altier, absolu ; meuble de toilette.

**SULTANE**, *s. f.* Femme du Grand Seigneur ; vaisseau de guerre des Turcs.

**SULTANIN**, *s. m.* Monnaie d'or turque.

**SUPERBE**, *s. f.* Vaine gloire.

**SUPERBE**, *adj. 2 g.* Orgueilleux, qui présume trop de lui ; grand, magnifique, somptueux ; qui est de très-belle apparence.

**SUPERBEMENT**, *adv.* D'une manière superbe.

**SUPERCHERIE**, *s. f.* Tromperie faite avec finesse.

**SUPERFÉTATION**, *s. f.* Rédondance, inutilités.

**SUPERFICIE**, *s. f.* Longueur et largeur, sans profondeur, *t. de géom.*; surface; *fig.* Notion imparfaite.

**SUPERFICIEL, ELLE**, *adj.* Qui n'est qu'à la superficie; *fig.* Peu approfondi; qui ne sait rien à fond.

**SUPERFICIELLEMENT**, *adv.* D'une manière superficielle.

**SUPERFIN, E**, *adj.* Très-fin; —, *s. m.* (*sans pl.*). Ce qui est très-fin.

**SUPERFLU, UE**, *adj.* Qui est de trop; —, *s. m.* (*sans pl.*). Ce qui est de trop, ce qui est inutile.

**SUPERFLUITÉ**, *s. f.* Abondance au delà de ce qui est nécessaire.

**SUPÉRIEUR, E**, *adj.* Qui est au-dessus; —, *s.* Celui ou Celle qui a autorité sur.

**SUPÉRIEUREMENT**, *adv.* D'une manière supérieure; parfaitement bien.

**SUPÉRIORITÉ**, *s. f.* Prééminence, autorité, excellence.

**SUPERLATIF, IVE**, *adj.* Qui exprime la supérioritédans un très-grand degré, dans le plus grand degré; —, *s. m.* Mot qui exprime la qualité au plus haut degré; *au* —, à l'excès.

**SUPERLATIVEMENT**, *adv.* Au plus haut degré.

**SUPERPOSER** (*part.* é, ée), *v. a.* Poser dessus.

**SUPERPOSITION**, *s. f.* Action de poser une chose sur une autre.

**SUPERSÉDER**, *v. n.* Surseoir.

**SUPERSTITIEUSEMENT**, *adv.* D'une manière superstitieuse.

**SUPERSTITIEUX, EUSE**, *adj.* Qui a de la superstition, où il y a de la superstition.

**SUPERSTITION**, *s. f.* Fausse confiance dans certaines pratiques religieuses; pratique superstitieuse; vain présage qu'on tire d'un accident fortuit; *fig.* Excès de soin, d'exactitude.

**SUPIN**, *s. m.* Sorte de substantif verbal qui fait fonction de l'infinitif (dans les verbes latins).

**SUPPLANTER** (*part.* é, ée), *v. a.* Faire perdre à quelqu'un sa place et lui succéder.

**SUPPLÉANT**, *s.* et *adj. m.* Celui qui est désigné pour suppléer un fonctionnaire public.

**SUPPLÉER** (*part.* é, ée), *v. a.* Ajouter, fournir ce qui manque à; remplacer; —, *v. n.* Réparer le défaut de quelque chose.

**SUPPLÉMENT**, *s. m.* Ce qu'on donne pour suppléer, pour compléter.

**SUPPLÉMENTAIRE**, *adj.* 2 *g.* Qui sert de supplément.

**SUPPLÉTIF, IVE**, *adj.* Qui supplée.

**SUPPLIANT, E**, *adj.* et *s.* Qui supplie.

**SUPPLICATION**, *s. f.* Humble prière.

**SUPPLICE**, *s. m.* Punition corporelle ordonnée par la justice; douleur violente; *fig.* Peine, inquiétude vive.

**SUPPLICIÉ**, *s. m.* Celui qui a été mis à mort par sentence de justice.

**SUPPLICIER** (*part.* é, ée), *v. a.* Faire souffrir le supplice de la mort.

**SUPPLIER** (*part.* é, ée), *v. a.* Prier humblement.

**SUPPLIQUE**, *s. f.* Requête.

**SUPPORT**, *s. m.* Ce qui soutient une chose; objet sur lequel une chose pose; *fig.* Aide, appui.

**SUPPORTABLE**, *adj.* 2 *g.* Qu'on peut supporter.

**SUPPORTABLEMENT**, *adv.* D'une manière supportable.

**SUPPORTER** (*part.* é, ée), *v. a.* Soutenir, endurer; être à l'épreuve de.

**SUPPOSABLE**, *adj.* 2 *g.* Qui se peut supposer.

**SUPPOSÉ, ÉE**, *adj.* Donné faussement pour véritable; — *que*, *loc. conj.* En admettant que.

**SUPPOSER** (*part.* é, ée), *v. a.* Mettre en avant une chose comme démontrée, pour en tirer quelque induction; alléguer comme vrai ce qui est faux; conjecturer.

**SUPPOSITION**, *s. f.* Proposition qu'on suppose comme vraie ou possible pour en tirer une induction; fausse allégation, chose controuvée.

SUPPOSITOIRE, *s. m.* Médicament pour faciliter l'évacuation des matières fécales.

SUPPÔT, *s. m.* Fauteur, partisan (en mauvaise part).

SUPPRESSION, *s. f.* Action de supprimer; retranchement.

SUPPRIMER (*part.* é, ée), *v. a.* Empêcher ou Faire cesser de paraître; passer sous silence; abolir, retrancher.

SUPPURATIF, IVE, *adj.* Qui facilite la suppuration; —, *s. m.* Remède qui fait suppurer.

SUPPURATION, *s. f.* Écoulement du pus d'une plaie.

SUPPURER, *v. n.* Jeter du pus.

SUPPUTATION, *s. f.* Calcul.

SUPPUTER (*part.* é, ée), *v. a.* Calculer.

SUPRÉMATIE, *s. f.* Supériorité, prééminence.

SUPRÊME, *adj.* 2 *g.* Qui est au-dessus de toutes les choses du même genre; dernier; *au — degré*, *loc. adv.* Extrêmement.

SUR, *prép.* Au-dessus de (avec ou sans contact); plus haut; à la surface; vers, du côté de; parmi; à l'égard de; en conséquence de; au moment de; en donnant la garantie de.

SUR, E, *adj.* Certain, indubitable; ferme, solide, où il n'y a rien à craindre; qui sait positivement, qui a la connaissance certaine; *à coup —*, *loc. adv.* Infailliblement; *pour —*, *loc. adv.* Certainement.

SUR, E, *adj.* Qui a un goût acide, aigre.

SURABONDAMMENT, *adv.* Plus que suffisamment.

SURABONDANCE, *s. f.* Abondance excessive.

SURABONDANT, E, *adj.* Qui surabonde; superflu.

SURABONDER, *v. n.* Être très-abondant.

SURACHETER (*part.* é, ée), *v. a.* Acheter une chose plus qu'elle ne vaut.

SURAIGU, UË, *adj.* Très-aigu.

SURAJOUTER (*part.* é, ée), *v. a.* Ajouter en sus de ce qui a été ajouté.

SURANNÉ, ÉE, *adj.* Vieux, qui est hors d'usage.

SURANNER, *v. n.* Avoir plus d'un an de date. (Il se dit aussi en parlant d'actes qui ont passé l'année au delà de laquelle ils n'ont plus d'effet.)

SUR-ARBITRE (*au pl. sur-arbitres*), *s. m.* Arbitre choisi pour décider une question sur laquelle des arbitres sont partagés.

SURCHARGE, *s. f.* Surcroît de charge; mot écrit par-dessus un autre.

SURCHARGER (*part.* é, ée), *v. a.* Charger trop; faire une surcharge en écrivant.

SURCOMPOSÉ, ÉE, *adj.*, se dit des verbes où l'on redouble l'auxiliaire *Avoir*; —, *s. m.* Combinaison des corps composés; *t. de chim.*

SURCROIT, *s. m.* Augmentation.

SURCROITRE (se conj. sur *Croître*), *v. n.* S'accroître trop.

SURDENT, *s. f.* Dent qui vient hors de rang sur une autre, ou entre deux dents; dent de cheval plus longue que les autres.

SURDITÉ, *s. f.* Perte ou Grande diminution du sens de l'ouïe.

SURDORER (*part.* é, ée), *v. a.* Dorer doublement.

SURDOS, *s. m.* Bande de cuir sur le dos d'un cheval de carrosse, pour soutenir les traits et aider aux reculements.

SUREAU, *s. m.* Arbre plein d'une substance moelleuse.

SUREMENT, *adv.* En sûreté; certainement.

SURÉMINENT, E, *adj.* Éminent au suprême degré.

SURENCHÈRE, *s. f.* Enchère faite au-dessus d'une autre.

SURENCHÉRIR, *v. n.* Faire une surenchère.

SURÉROGATION, *s. f.* Ce qu'on fait au delà de ce qui est prescrit, au delà de ce qu'on a promis.

SURÉROGATOIRE, *adj.* 2 *g.* Qui est de surérogation.

SURET, ETTE, *adj.* Un peu acide.

SÛRETÉ, *s. f.* État de ce qui est à

l'abri de tout danger; caution, garantie.

**SUREXCITATION**, *s. f.* Accroissement d'énergie physique ou morale.

**SUREXCITER** (*part.* é, ée), *v. a.* Produire de la surexcitation.

**SURFACE**, *s. f.* Extérieur, dehors d'un corps.

**SURFAIRE** (se conj. sur *Faire*), *v. a.* et *v. n.* Demander trop d'une chose qui est à vendre.

**SURFAIX**, *s. m.* Grosse et large sangle qui sert à tenir plus ferme la selle d'un cheval.

**SURGEON**, *s. m.* Rejeton.

**SURGIR**, *v. n.* S'élever. (Il ne s'emploie qu'à l'infinitif.)

**SURHAUSSEMENT**, *s. m.* Action de surhausser; effet de cette action.

**SURHAUSSER** (*part.* é, ée), *v. a.* Mettre à plus haut prix ce qui était déjà cher; élever plus haut.

**SURHUMAIN**, **E**, *adj.* Qui est au-dessus de l'humain.

**SURINTENDANCE**, *s. f.* Inspection, direction générale; charge de surintendant.

**SURINTENDANT**, *s. m.* Celui qui a la surintendance.

**SURINTENDANTE**, *s. f.* Femme d'un surintendant; dame qui avait la première charge de la maison de la reine.

**SURJET**, *s. m.* Espèce de couture bord à bord.

**SURJETER** (*part.* é, ée), *v. a.* Coudre en surjet.

**SURLENDEMAIN**, *s. m.* Le jour qui suit le lendemain.

**SURLONGE**, *s. f.* Partie du bœuf où l'on prend les aloyaux.

**SURMENER** (*part.* é, ée), *v. a.* Fatiguer les bêtes de somme, en les faisant aller trop vite et trop longtemps.

**SURMONTABLE**, *adj.* 2 *g.* Qu'on peut surmonter.

**SURMONTER** (*part.* é, ée), *v. a.* Monter au-dessus; *fig.* Surpasser, triompher de; *se* —, *v. pr.* Se vaincre soi-même.

**SURMOÛT**, *s. m.* Vin tiré de la cuve sans avoir cuvé et sans être pressuré.

**SURMULET**, *s. m.* Sorte de poisson de mer.

**SURNAGER**, *v. n.* Se soutenir sur un fluide; *fig.* Subsister au milieu de ce qui s'anéantit.

**SURNATUREL**, **ELLE**, *adj.* Qui est au-dessus des forces de la nature; extraordinaire.

**SURNATURELLEMENT**, *adv.* D'une manière surnaturelle.

**SURNOM**, *s. m.* Nom, épithète qu'on ajoute au nom propre d'une personne ou d'une famille.

**SURNOMMER** (*part.* é, ée), *v. a.* Donner un surnom.

**SURNUMÉRAIRE**, *adj.* 2 *g.* Qui est au-dessus du nombre déterminé; —, *s. m.* Commis sans appointements.

**SURNUMÉRARIAT**, *s. m.* Temps pendant lequel on reste surnuméraire.

**SURPASSER** (*part.* é, ée), *v. a.* Être plus élevé, excéder, être au-dessus de; *se* —, *v. pr.* Faire mieux qu'à l'ordinaire.

**SURPAYER** (*part.* é, ée), *v. a.* Payer trop cher, plus qu'il n'est dû.

**SURPEAU**, *s. f.* Épiderme.

**SURPLIS**, *s. m.* Vêtement d'ecclésiastique en toile et à manches longues et larges.

**SURPLOMB**, *s. m.* Défaut de ce qui n'est pas à plomb.

**SURPLOMBER**, *v. n.* N'être pas à plomb.

**SURPLUS**, *s. m.* Ce qui reste, l'excédant; *au* —, *loc. adv.* Au reste.

**SURPRENANT**, **E**, *adj.* Étonnant.

**SURPRENDRE** (se conj. sur *Prendre*), *v. a.* Prendre sur le fait, au dépourvu; tromper, abuser; étonner; intercepter; arriver inopinément.

**SURPRISE**, *s. f.* Action par laquelle on surprend; étonnement brusque, trouble instantané.

**SURSAUT**, *s. m.* Brusque interruption du sommeil.

**SURSÉANCE**, *s. f.* Délai pendant lequel une affaire est suspendue.

**SURSEMER** (*part.* é, ée), *v. a.* Semer dans une terre déjà ensemencée.

**SURSEOIR** (*Ind. p.* je sursois, tu sursois, il sursoit, nous sursoyons, vous sursoyez, ils sursoient; *imp.* je sursoyais, etc., nous sursoyions, etc.; *p. déf.* je sursis, etc., nous sursîmes, etc.; *fut.* je surseoirai, etc., nous surseoirons, etc.; *cond.* je surseoirais, etc., nous surseoirions, etc.; *imp. subj.* que je sursisse, etc., que nous sursissions, etc.; *p. pr.* sursoyant; *p. p.* sursis, e; les autres temps ne sont pas usités), *v. a.* Suspendre, remettre, différer. (Il se dit surtout des affaires, des procédures, et s'emploie alors comme verbe neutre, avec la préposition *à*.)

**SURSIS**, *s. m.* Délai.

**SURTAUX**, *s. m.* Taux excessif de l'impôt.

**SURTAXE**, *s. f.* Taxe trop élevée.

**SURTAXER** (*part.* é, ée), *v. a.* Taxer trop haut.

**SURTOUT**, *adv.* Principalement.

**SURTOUT**, *s. m.* Vêtement ample qu'on met par-dessus les habits; petite charrette fort légère; pièce de vaisselle d'argent, etc., qu'on met sur une grande table et sur laquelle on place des vases de fleurs, des fruits, etc.

**SURVEILLANCE** (ll m.), *s. f.* Action de surveiller.

**SURVEILLANT**, **E** (ll m.), *adj.* et *s.* Qui surveille.

**SURVEILLE** (ll m.), *s. f.* Le jour qui précède la veille.

**SURVEILLER** (ll m.), *v. n.* Veiller particulièrement et avec autorité sur quelque chose; — (*part.* é, ée), *v. a.* Être attentif à.

**SURVENANCE**, *s. f.* Arrivée qu'on n'a pas prévue.

**SURVENANT**, **E**, *s.* et *adj.* Celui ou Celle qui survient.

**SURVENDRE** (*part.* du, ue), *v. a.* et *v. n.* Vendre trop cher.

**SURVENIR** (*part.* u, ue; se conj. sur *Tenir*), *v. n.* Arriver inopinément ou de surcroît.

**SURVENTE**, *s. f.* Vente à un prix excessif.

**SURVIDER** (*part.* é, ée), *v. a.* Ôter en partie ce qui est dans un vaisseau trop plein.

**SURVIE**, *s. f.* État de celui qui survit à un autre; *t. de jurispr.*

**SURVIVANCE**, *s. f.* Droit de succéder à une charge après la mort du titulaire.

**SURVIVANCIER**, *s. m.* Celui qui a la survivance d'une charge.

**SURVIVANT**, **E**, *adj.* et *s.* Qui survit.

**SURVIVRE** (se conj. sur *Vivre*), *v. n.* Demeurer en vie après un autre; *fig.* Vivre après la perte de; *se* —, perdre avant de mourir l'usage de ses facultés naturelles; laisser un souvenir de soi.

**SUS**, *prép.* Sur; *en sus*, *loc. prép.* et *loc. adv.* Par delà, en outre; —! *interj.* pour exhorter, pour exciter.

**SUSCEPTIBILITÉ**, *s. f.* Disposition à se choquer très-facilement; sensibilité extrême.

**SUSCEPTIBLE**, *adj.* **2** *g.* Capable de recevoir certaine modification; qui s'offense aisément.

**SUSCEPTION**, *s. f.* Action de prendre les ordres sacrés.

**SUSCITATION**, *s. f.* Suggestion, instigation.

**SUSCITER** (*part.* é, ée), *v. a.* Faire naître, faire paraître; causer.

**SUSCRIPTION**, *s. f.* Adresse mise sur une lettre.

**SUSDIT**, **E**, *adj.* Nommé ci-dessus.

**SUSPECT**, **E**, *adj.* Qui est soupçonné; qui mérite d'être soupçonné.

**SUSPECTER** (*part.* é, ée), *v. a.* Soupçonner.

**SUSPENDRE** (*part.* du, ue), *v. a.* Élever, soutenir en l'air; *fig.* Surseoir, différer; interdire à quelqu'un pour un temps l'exercice de ses fonctions.

**SUSPENS**, *adj. m.*, se dit d'un prêtre interdit; *en* —, *loc. adv.* Dans l'incertitude, l'indécision.

**SUSPENSE**, *s. f.* Censure qui déclare un prêtre suspens; état d'un prêtre suspens.

**SUSPENSIF**, **IVE**, *adj.* Qui suspend, qui empêche de poursuivre.

**SUSPENSION**, *s. f.* Cessation momentanée; interdiction pour un temps; état d'une chose suspendue, *au pr. et au fig.*; figure de rhétorique qui consiste à tenir les auditeurs en suspens.

**SUSPICION**, *s. f.* Soupçon.

**SUSTENTER** (*part.* é, ée), *v. a.*

Entretenir la vie par le moyen des aliments.

**SUTURE**, *s. f.* Jointure des os du crâne, des parties des plantes qui paraissent cousues; couture pour réunir les lèvres d'une plaie.

**SUZERAIN, E**, *adj.*, se dit d'un seigneur qui possède un fief dont d'autres fiefs relèvent.

**SUZERAINETÉ**, *s. f.* Qualité de suzerain.

**SVELTE**, *adj.* 2 *g.* Mince, léger, délié, délicat.

**SYBARITE**, *s. m.* Celui qui mène une vie molle, voluptueuse.

**SYCOMORE**, *s. m.* Arbre qui tient du figuier par son fruit et du mûrier par ses feuilles; espèce d'érable; figuier d'Égypte.

**SYCOPHANTE**, *s. m.* Fourbe, délateur.

**SYLLABAIRE**, *s. m.* Livre pour apprendre à lire.

**SYLLABE**, *s. f.* Voyelle seule ou jointe à d'autres lettres qui ne forment qu'un son avec elle.

**SYLLABIQUE**, *adj.* 2 *g.* Qui a rapport aux syllabes.

**SYLLEPSE**, *s. f.* Acception d'un mot au propre et au figuré, dans la même phrase; figure par laquelle le discours répond plutôt à notre pensée qu'aux règles de la syntaxe; *t. de gramm.*

**SYLLOGISME**, *s. m.* Argument qui contient trois propositions : la majeure, la mineure, la conséquence.

**SYLLOGISTIQUE**, *adj.* 2 *g.* Qui appartient au syllogisme.

**SYLPHE, IDE**, *s.* Prétendus génies élémentaires de l'air.

**SYLVAIN**, *s. m.* Dieu des forêts suivant la Fable; —, *s. m. pl.* Ordre d'oiseaux.

**SYLVESTRE**, *adj.* 2 *g.* Qui vient sans culture; *t. de bot.*

**SYMBOLE**, *s. m.* Figure, image, emblème; type formulaire qui contient les principaux articles de foi.

**SYMBOLIQUE**, *adj.* 2 *g.* Qui sert de symbole; emblématique.

**SYMBOLISER**, *v. n.* Avoir du rapport, de la conformité avec.

**SYMÉTRIE**, *s. f.* Proportion, rapport de grandeur et de figure que les parties d'un corps naturel ou artificiel ont entre elles et avec leur tout; ordre, économie (d'un ouvrage).

**SYMÉTRIQUE**, *adj.* 2 *g.* Qui a de la symétrie.

**SYMÉTRIQUEMENT**, *adv.* Avec symétrie.

**SYMÉTRISER**, *v. n.* Faire symétrie.

**SYMPATHIE**, *s. f.* Convenance d'affection, d'humeur, d'inclination; correspondance entre certaines parties du corps.

**SYMPATHIQUE**, *adj.* 2 *g.* Qui appartient à la cause ou aux effets de la sympathie.

**SYMPATHISER**, *v. n.* Avoir de la sympathie.

**SYMPHONIE**, *s. f.* Concert d'instruments de musique; morceau destiné à être exécuté par plusieurs instruments.

**SYMPHONISTE**, *s. m.* Celui qui joue, qui compose des symphonies.

**SYMPTOMATIQUE**, *adj.* 2 *g.* Qui est l'effet ou le symptôme d'un autre mal.

**SYMPTÔME**, *s. m.* Signe précurseur, présage, indice.

**SYNAGOGUE**, *s. f.* Assemblée des juifs; lieu où ils s'assemblent.

**SYNALLAGMATIQUE**, *adj.* 2 *g.*, se dit d'un contrat par lequel les contractants s'obligent réciproquement.

**SYNCHRONIQUE**, *adj.* 2 *g.* *Tableau* —, qui représente les faits arrivés en même temps en différents lieux.

**SYNCHRONISME**, *s. m.* Rapport de deux choses qui se font, qui sont arrivées dans le même temps.

**SYNCOPE**, *s. f.* Défaillance, pâmoison; (*t. de gramm.*) retranchement d'une lettre ou d'une syllabe au milieu d'un mot; (*t. de mus.*) note qui appartient à la fin d'un temps et au commencement d'un autre.

**SYNCOPÉ, ÉE**, *adj.* (Mot) du milieu duquel on a retranché une lettre ou une syllabe; (note de musique) faisant syncope.

**SYNCOPER**, *v. n.* Faire une syncope.

**SYNDIC**, *s. m.* Celui qui est chargé des affaires d'un corps, d'une communauté.

**SYNDICAL, E**, *adj.* Qui appartient au syndic ou au syndicat.

**SYNDICAT**, *s. m.* Charge de syndic.

**SYNECDOCHE** ou **SYNECDOQUE**, *s. f.* Figure de rhétorique par laquelle on fait entendre le plus en disant le moins, ou le moins en disant le plus.

**SYNÉRÈSE**, *s. f.* Réunion de deux syllabes en une seule dans le même mot.

**SYNODAL, E**, *adj.* Qui appartient au synode.

**SYNODALEMENT**, *adv.* En synode.

**SYNODE**, *s. m.* Assemblée d'ecclésiastiques convoquée pour les affaires d'un diocèse; assemblée des ministres protestants.

**SYNODIQUE**, *adj.* 2 *g.* *Lettres synodiques*, écrites au nom d'un concile aux évêques absents; *mois synodique*, temps qui s'écoule entre deux nouvelles lunes.

**SYNONYME**, *adj.* 2 *g.* et *s. m.*, se dit des mots qui ont une signification à peu près semblable.

**SYNONYMIE**, *s. f.* Qualité des mots synonymes; figure qui exprime la même chose par des mots synonymes.

**SYNONYMIQUE**, *adj.* 2 *g.* Qui appartient à la synonymie.

**SYNOPTIQUE**, *adj.* 2 *g.* Qui peut être embrassé d'un même coup d'œil.

**SYNOVIE**, *s. f.* Liquide mucilagineux qui se trouve dans les articulations mobiles du corps humain.

**SYNTAXE**, *s. f.* Construction des mots et des phrases suivant les règles; règles de cette construction; livre qui les contient.

**SYNTAXIQUE**, *adj.* 2 *g.* Qui appartient à la syntaxe.

**SYNTHÈSE**, *s. f.* Méthode de composition, de raisonnement, en allant des causes aux effets, des principes aux conséquences; composition de remèdes; (*t. de chir.*) réunion des parties divisées; (*t. de gramm.*) contraction.

**SYNTHÉTIQUE**, *adj.* 2 *g.* Qui appartient à la synthèse.

**SYNTHÉTIQUEMENT**, *adv.* D'une manière synthétique.

**SYRIAQUE**, *adj.* 2 *g.*, se dit de la langue des anciens peuples de Syrie.

**SYRINGA.** Voy. *Seringat.*

**SYSTÉMATIQUE**, *adj.* 2 *g.* Qui appartient à un système; qui s'appuie sur un système imaginaire; qui fait des systèmes.

**SYSTÉMATIQUEMENT**, *adv.* D'une manière systématique.

**SYSTÈME**, *s. m.* Assemblage de principes vrais ou faux, liés ensemble, formant un corps de doctrine; opinion, hypothèse; (*t. de phys.*) assemblage de corps ayant des rapports communs; (*t. de bot. et de méd.*) méthode artificielle, basée sur des principes fixes.

# T.

**T** (on dit *té* selon l'appellation ancienne; *te*, selon l'appellation moderne), *s. m.* Seizième consonne; vingtième lettre de l'alphabet.

**TA**, *pr. poss. f.* de *Ton.*

**TABAC**, *s. m.* Plante originaire d'Amérique dont on mâche ou dont on fume les feuilles, et dont on fait une poudre qu'on aspire par le nez.

**TABAGIE**, *s. f.* Lieu public où l'on fume du tabac.

**TABARIN**, *s. m.* Farceur qui, monté sur des tréteaux, amuse le peuple.

**TABARINAGE**, *s. m.* Action de tabarin, bouffonnerie.

**TABATIÈRE**, *s. f.* Petite boîte où l'on met du tabac en poudre.

**TABELLION**, *s. m.* Notaire de village.

**TABELLIONAGE**, *s. m.* Office de tabellion.

**TABERNACLE**, *s. m.* Temple où reposait l'arche d'alliance pendant le séjour des Juifs dans le désert; ouvrage d'orfévrerie, de menuiserie, etc., où l'on enferme le saint ciboire; lieu d'un navire où est la boussole.

**TABIS**, *s. m.* Gros taffetas ondé.

**TABLATURE**, *s. f.* Marques disposées sur des lignes pour indiquer le chant aux musiciens; *fig.* Embarras, affaire fâcheuse.

**TABLE**, *s. f.* Meuble ordinairement de bois, fait d'un ou plusieurs ais et posé sur des pieds; mets que l'on sert sur la table; morceau de métal, de pierre ou de marbre plat et uni sur lequel on peut graver; index; partie sur laquelle sont tendues les cordes d'un instrument de musique; — *de logarithmes*, suite de calculs mathématiques pour diverses opérations.

**TABLEAU**, *s. m.* Ouvrage de peinture sur une surface; *fig.* Représentation vive et naturelle d'une chose de vive voix ou par écrit; liste, catalogue; ouvrage à cadres, filets et accolades.

**TABLER**, *v. n.* Placer les dames du trictrac; *fig.* Compter sur.

**TABLETIER, IÈRE**, *s.* Celui ou Celle qui fait, qui vend des échiquiers, des trictracs, etc.

**TABLETTE**, *s. f.* Planche de bois, plate et mince, pour poser quelque chose; pierre plate qui termine les murs d'appui; composition de sucre et de drogues, réduite en forme plate; *au pl.* Feuilles préparées pour consigner des notes.

**TABLETTERIE**, *s. f.* Ouvrage ou Commerce du tabletier.

**TABLIER**, *s. m.* Morceau de toile, de taffetas, que l'on porte devant soi pour préserver ses vêtements; ornement sculpté sur la face d'un piédestal.

**TABOURET**, *s. m.* Petit siége à quatre pieds sans bras ni dossier.

**TAC**, *s. m.* Maladie contagieuse des moutons.

**TACHE**, *s. f.* Souillure, marque; *fig.* Chose qui blesse l'honneur.

**TÂCHE**, *s. f.* Ouvrage à faire dans un temps fixe; travail imposé.

**TACHÉ, ÉE**, *adj.* Marqué de taches.

**TACHER** (*part.* é, ée), *v. a.* Salir, faire une tache; *fig.* Souiller.

**TÂCHER**, *v. n.* S'efforcer; — à, viser à.

**TACHETER** (*part.* é, ée), *v. a.* Marquer de diverses taches.

**TACHYGRAPHE**, *s. m.* Celui qui s'occupe de tachygraphie.

**TACHYGRAPHIE**, *s. f.* Art d'écrire aussi vite que l'on parle.

**TACHYGRAPHIQUE**, *adj.* 2 *g.* Qui appartient à la tachygraphie.

**TACITE**, *adj.* 2 *g.* Sous-entendu, secret.

**TACITEMENT**, *adv.* D'une manière tacite.

**TACITURNE**, *adj.* 2 *g.* Qui parle peu.

**TACITURNITÉ**, *s. f.* État d'une personne taciturne.

**TACT**, *s. m.* Sens par lequel on perçoit les sensations de dureté, de chaleur, d'humidité, etc.; *fig.* Goût fin, jugement sain.

**TAC TAC**, mots qu'on emploie pour imiter un bruit réglé qui se reproduit à temps égaux.

**TACTICIEN**, *s. m.* Celui qui est habile dans la tactique.

**TACTILE**, *adj.* 2 *g.* Qui est ou Qui peut être l'objet du tact.

**TACTIQUE**, *s. f.* Art de faire des évolutions militaires, etc.; *fig.* Système de conduite.

**TAFFETAS**, *s. m.* Étoffe de soie mince et tissue comme la toile.

**TAFIA**, *s. m.* Eau-de-vie de sucre.

**TAIAUT**. Cri du chasseur pour animer les chiens à l'aspect du cerf, du daim ou du chevreuil.

**TAIE**, *s. f.* Tache blanche formée sur l'œil; linge qui sert d'enveloppe à un oreiller.

**TAILLABLE** (ll m.), *adj.* 2 *g.* Sujet à la taille.

**TAILLADE** (ll m.), *s. f.* Coupure dans les chairs, dans une étoffe; fracture du crâne par un instrument tranchant.

**TAILLADER** (ll m.; *part.* é, ée), *v. a.* Faire des taillades.

**TAILLANDERIE** (ll m.), *s. f.* Métier ou Ouvrage du taillandier.

**TAILLANDIER** (ll m.), *s. m.* Ouvrier qui fait des outils pour les charpentiers, les charrons, les laboureurs, etc.

**TAILLANT** (ll m.), *s. m.* Tranchant d'une lame.

**TAILLE** (ll m.), *s. f.* Manière de couper, de tailler; extraction des pierres de la vessie; stature; conformation du corps depuis les épaules jusqu'à la ceinture; (*t. de mus.*) celle des quatre parties qui est entre la basse et la haute-contre; musicien qui a une voix de taille; bois coupé qui repousse; ancien impôt.

TAILLE-DOUCE (*au pl. tailles-douces*), *s. f.* Gravure au burin sur une planche de cuivre.

TAILLE-MER, *s. m.* (inv.). Partie inférieure de l'éperon d'un vaisseau.

TAILLER (ll m.; *part.* é, ée), *v. a.* Couper, retrancher en coupant; faire l'opération de la taille.

TAILLEUR (ll m.), *s. m.* Celui qui taille; tailleur d'habits.

TAILLIS (ll m.), *s.* et *adj. m.* Bois qu'on taille de temps en temps.

TAILLOIR (ll m.), *s. m.* Plateau de bois sur lequel on coupe des viandes; partie supérieure du chapiteau des colonnes, sur laquelle pose l'architrave.

TAIN, *s. m.* Lame fort mince d'étain et de vif-argent qu'on met derrière les glaces.

TAIRE (*Ind. pr.* je tais, tu tais, il tait, nous taisons, vous taisez, ils taisent; *imp.* je taisais, etc., nous taisions, etc.; *p. déf.* je tus, etc., nous tûmes, etc.; *fut.* je tairai, etc., nous tairons, etc.; *cond.* je tairais, etc., nous tairions, etc.; *impér.* tais, taisons, taisez; *subj. pr.* que je taise, etc., que nous taisions, etc.; *imp. subj.* que je tusse, etc., que nous tussions, etc.; *p. pr.* taisant; *p. p.* tu, tue), *v. a.* Garder le secret sur une chose; *se* —, *v. pr.* Garder le silence; ne point faire de bruit; *faire* — (avec ellipse du pronom), imposer le silence.

TAISSON, *s. m.* Blâireau; sorte de poisson sans arête.

TALAPOIN, *s. m.* Prêtre idolâtre de Siam, du Pégu; espèce de singe.

TALC, *s. m.* Pierre onctueuse au toucher, transparente, incombustible, composée de parties à peu près égales de silice et de magnésie, et d'un vingtième d'alumine.

TALED, *s. m.* Voile dont les juifs se couvrent la tête dans les synagogues.

TALENT, *s. m.* Certain poids d'or ou d'argent chez les anciens; aptitude naturelle à certaines choses.

TALION, *s. m.* Punition pareille à l'offense.

TALISMAN, *s. m.* Pièce de métal chargée de caractères auxquels la crédulité attribue des vertus extraordinaires.

TALISMANIQUE, *adj.* 2 *g.* Qui appartient au talisman.

TALLE, *s. f.* Branche qu'un arbre pousse à son pied.

TALLER, *v. n.* Pousser des talles.

TALMOUSE, *s. f.* Pâtisserie faite de fromage, d'œufs et de beurre.

TALMUD, *s. m.* Livre qui contient la loi orale, la doctrine, les traditions des juifs.

TALMUDIQUE, *adj.* 2 *g.* Qui a rapport au Talmud.

TALMUDISTE, *s. m.* Celui qui est attaché aux opinions du Talmud.

TALOCHE, *s. f.* Coup donné sur la tête avec la main.

TALON, *s. m.* Partie postérieure du pied; partie de la chaussure où pose le talon; ce qui a la forme d'un talon; extrémité, reste d'une chose; bout; base de certaines choses; éperon, *t. de manège*; fer qui garnit le bas d'une pique, etc.; ce qui reste de cartes quand on en a donné à chaque joueur; *montrer les talons*, s'enfuir.

TALONNER (*part.* é, ée), *v. a.* Poursuivre de près; *fig.* Presser vivement.

TALONNIÈRE, *s. f.* Ailes que Mercure portait aux talons.

TALUS, *s. m.* Pente donnée à un mur, à une terrasse.

TALUTER (*part.* é, ée), *v. a.* Mettre en talus.

TAMARIN, *s. m.* Fruit du tamarinier; espèce de singe.

TAMARINIER, *s. m.* Arbre des deux Indes, à fleurs rosacées.

TAMARIS, TAMARISC et TAMARIX, *s. m.* Sorte d'arbrisseau à fleurs en épis.

TAMBOUR, *s. m.* Caisse cylindrique dont les deux fonds sont faits de peaux tendues, sur l'une desquelles on frappe avec des baguettes; celui qui bat du tambour; avance de menuiserie; saillie de maçonnerie; petite boîte ronde qui renferme le grand ressort d'une montre; (*t. d'anat.*) membrane qui sépare l'oreille interne d'avec l'externe; toile pour exécuter à l'aiguille différentes broderies; — *de basque*, petit tambour à un seul fond, entouré de plaques de cuivre et de grelots.

**TAMBOURIN**, *s. m.* Tambour plus long que large; celui qui en joue.

**TAMBOURINER**, *v. n.* Battre le tambour; — (*part.* é, ée), *v. a.* Réclamer, au son du tambour, un effet perdu.

**TAMBOURINEUR**, *s. m.* Celui qui tambourine.

**TAMINIER**, *s. m.* Genre de plantes grimpantes.

**TAMIS**, *s. m.* Machine qui sert à passer des matières pulvérisées ou des liqueurs épaisses.

**TAMISER** (*part.* é, ée), *v. a.* Passer par le tamis.

**TAMPON**, *s. m.* Morceau de bois, de linge, de papier, servant à boucher un tuyau, etc.

**TAMPONNER** (*part.* é, ée), *v. a.* Boucher avec un tampon.

**TAM-TAM**, *s. m.* Timbale de l'Orient.

**TAN**, *s. m.* Écorce de chêne pilée avec laquelle on tanne les cuirs.

**TANCER** (*part.* é, ée), *v. a.* Réprimander.

**TANCHE**, *s. f.* Espèce de poisson d'eau douce.

**TANDIS**, *adv.* — *que*, *loc. conj.* Pendant que.

**TANGAGE**, *s. m.* Balancement d'un vaisseau de l'arrière à l'avant, et de l'avant à l'arrière.

**TANGENCE**, *s. f.* Contact.

**TANGENTE**, *s. f.* Ligne droite qui touche une courbe; *t. de géom.*

**TANGIBLE**, *adj.* 2 *g.* Qu'on peut toucher.

**TANGUER**, *v. n.*, se dit d'un vaisseau qui éprouve le tangage, ou qui enfonce dans l'eau par son avant.

**TANIÈRE**, *s. f.* Cavité où les bêtes se retirent.

**TANIN**, *s. m.* Substance particulière, résidu du tan lessivé.

**TANNAGE**, *s. m.* Art ou Action de tanner les cuirs.

**TANNE**, *s. f.* Petite tache noire qui se forme dans les pores de la peau.

**TANNÉ, ÉE**, *adj.* Qui est de couleur semblable à celle du tan; —, *s. m.* La couleur du tan.

**TANNER** (*part.* é, ée), *v. a.* Préparer le cuir avec le tan; *fam.* Ennuyer, molester.

**TANNERIE**, *s. f.* Lieu où l'on tanne.

**TANNEUR**, *s. m.* Celui qui tanne.

**TANT**, *adv. de quantité*, *de comparaison*. A tel point, en si grand nombre, à tel excès; — *que*, aussi bien que, aussi longtemps que; *si tant est que*, supposé que; — *plus que moins*, *loc. adv.* A peu près; — *mieux*, *loc. adv.* J'en suis aise; — *pis*, *loc. adv.* J'en suis fâché; — *s'en faut que*, bien loin que; — *y a que*, quoi qu'il en soit.

**TANTE**, *s. f.* Sœur du père ou de la mère; femme de l'oncle; *grand'-tante*, sœur de l'aïeul ou de l'aïeule.

**TANTET** ou **TANTINET**, *s. m.* Un peu.

**TANTÔT**, *adv. de temps.* Dans peu de temps; il y a peu de temps; alternativement.

**TAON** (pron. *ton*), *s. m.* Grosse mouche, pourvue d'une trompe dure propre à percer la peau des animaux.

**TAPAGE**, *s. m.* Désordre accompagné d'un grand bruit.

**TAPAGEUR**, *s. m.* Celui qui fait du tapage.

**TAPE**, *s. f.* Coup de la main.

**TAPECU**, *s. m.* Bascule qui ferme l'entrée d'une barrière; le jeu de la bascule; cabriolet non suspendu.

**TAPER** (*part.* é, ée), *v. a.* Donner une tape; frapper; *poires tapées*, aplaties et séchées au four.

**TAPINOIS (EN)**, *loc. adv.* En cachette.

**TAPIOCA** ou **TAPIOKA**, *s. m.* Fécule, suc du manioc.

se **TAPIR** (*part.* i, ie), *v. pr.* Se cacher en se tenant dans une posture contrainte.

**TAPIR**, *s. m.* Quadrupède mammifère d'Amérique, de la grosseur du bœuf.

**TAPIS**, *s. m.* Pièce d'étoffe dont on couvre une table, une estrade, un plancher, etc.

**TAPISSER** (*part.* é, ée), *v. a.* Orner de tapisseries les murs d'une chambre; *fig.* Joncher, couvrir.

**TAPISSERIE**, *s. f.* Ouvrage fait à l'aiguille ou au métier sur du canevas.

**TAPISSIER**, *s. m.* Ouvrier qui travaille en tapisserie.

**TAPISSIÈRE**, *s. f.* Femme d'un tapissier; ouvrière en tapisserie; sorte de voiture de tapissier.

**TAPON**, *s. m.* Étoffe, linge, soie, etc., mis en tas, *fam.*

**TAPOTER** (*part.* é, ée), *v. a.* Donner de petits coups à plusieurs reprises.

**TAQUET**, *s. m.* Crochet de bois; *t. de mar.*

**TAQUIN**, **E**, *adj.* et *s.* Mutin, contrariant.

**TAQUINEMENT**, *adv.* D'une manière taquine.

**TAQUINER** (*part.* é, ée), *v. a.* et *v. n.* Avoir l'habitude de contrarier sur de petits objets.

**TAQUINERIE**, *s. f.* Ce qui taquine; caractère mutin; *fam.*

**TARABUSTER** (*part.* é, ée), *v. a.* Fatiguer par des discours à contre-temps.

**TARARE**, *s. m.* Machine pour vanner et nettoyer le grain.

**TARARE**, *interj.* qui marque le peu de cas qu'on fait d'une chose.

**TARAUD**, *s. m.* Pièce d'acier à vis qui sert à faire des écrous.

**TARAUDER** (*part.* é, ée), *v. a.* Percer une pièce de bois ou de métal, de manière qu'elle puisse recevoir une vis.

**TARBES**, chef-lieu du dép. des Hautes-Pyrénées.

**TARD**, *adv. de temps.* Au delà du temps prescrit; vers la fin du jour; *plus* —, dans un temps postérieur.

**TARDER**, *v. n.* Différer; —, *v. imp.* *Il me tarde*, je suis impatient de.

**TARDIF, IVE**, *adj.* Qui vient tard; lent.

**TARDIVEMENT**, *adv.* D'une manière tardive.

**TARDIVETÉ**, *s. f.* Lenteur à mûrir.

**TARE**, *s. f.* Déchet, diminution dans la quantité ou la qualité des marchandises; poids des barils, des pots, etc.; *fig.* Vice, défaut.

**TARÉ, ÉE**, *adj.* Gâté; *fig.* Perdu de réputation.

**TARENTELLE**, *s. f.* Nom d'une espèce de danse populaire à Tarente.

**TARENTULE**, *s. f.* Grosse araignée, non venimeuse, commune dans la Barbarie et l'Italie.

**TARER** (*part.* é, ée), *v. a.* Causer du déchet; peser un vase avant de le remplir; *se* —, *v. pr.* Se gâter.

**TARGETTE**, *s. f.* Plaque de fer ou de cuivre qui sert à fermer les portes, les fenêtres, etc.

se **TARGUER**, *v. pr.* Se prévaloir avec ostentation.

**TARGUM**, *s. m.* Commentaire chaldaïque du texte hébreu de l'Ancien Testament.

**TARI**, *s. m.* Liqueur tirée du palmier ou du cocotier.

**TARIÈRE**, *s. f.* Outil pour faire des trous ronds dans le bois.

**TARIF**, *s. m.* Rôle qui marque les prix des denrées, les droits d'entrée, etc., la valeur de certains objets.

**TARIFER** (*part.* é, ée), *v. a.* Soumettre à un tarif.

**TARIN**, *s. m.* Petit oiseau de passage.

**TARIR** (*part.* i, ie), *v. a.* Mettre à sec; —, *v. n.* S'épuiser.

**TARISSABLE**, *adj.* 2 *g.* Qui peut se tarir.

**TARISSEMENT**, *s. m.* Dessèchement.

**TARLATANE**, *s. f.* Espèce de mousseline claire, ferme et souple, dont on fait des robes de bal.

**TARN** (**LE**), rivière qui a sa source dans le département de la Lozère, et se réunit à la Garonne, dans le département de Tarn-et-Garonne; il donne son nom à deux départements, savoir : 1° *Tarn*, formé du Haut-Languedoc, borné au N. E. par l'Aveyron, au S. E. par l'Hérault, au S. par l'Aude, au S. O. par la Haute-

Garonne, au N. O. par Tarn-et-Garonne : Albi, chef-lieu ; 2° *Tarn-et-Garonne*, borné au N. par le Lot, à l'E. par l'Avéyron et le Tarn, au S. par la Haute-Garonne, à l'O. par le Gers et Lot-et-Garonne : Montauban, chef-lieu.

**TAROTÉ, ÉE**, *adj.*, se dit des cartes à jouer dont le dos est marqué de grisaille en compartiments.

**TAROTS**, *s. m. pl.* Cartes tarotées.

**TAROUPE**, *s. f.* Poils qui croissent entre les sourcils.

**TARSE**, *s. m.* Partie du pied qui est terminée par les doigts ; jambes des quadrupèdes, des oiseaux.

**TARTAN**, *s. m.* Sorte d'étoffe de laine commune chez les Écossais.

**TARTANE**, *s. f.* Petit bâtiment en usage dans la Méditerranée.

**TARTARE**, *s. m.* L'enfer des anciens ; sorte de valet.

**TARTARE**, *adj.* 2 *g.* Qui est de la Tartarie ; habitant de la Tartarie.

**TARTAREUX, EUSE**, *adj.* Qui a la qualité du tartre.

**TARTARIQUE** ou **TARTRIQUE**, *adj.* 2 *g.* Extrait du tartre.

**TARTE**, *s. f.* Sorte de pâtisserie.

**TARTELETTE**, *s. f.* Petite tarte.

**TARTINE**, *s. f.* Tranche de pain recouverte de beurre, etc.

**TARTRATE**, *s. m.* Nom générique des sels formés par la combinaison de l'acide tartarique avec les bases.

**TARTRE**, *s. m.* Tartrate acide de potasse ; concrétion que dépose le vin dans les tonneaux après la fermentation ; concrétion pierreuse autour des dents.

**TARTRIQUE.** Voy. *Tartarique.*

**TARTUFE**, *s. m.* Faux dévot ; hypocrite.

**TARTUFERIE**, *s. f.* Action d'un tartufe.

**TAS**, *s. m.* Monceau, amas.

**TASSE**, *s. f.* Vase à boire ; ce qu'il contient.

**TASSEAU**, *s. m.* Petite baguette de bois sur laquelle pose une tablette.

**TASSEMENT**, *s. m.* Effet de ce qui se tasse.

**TASSER** (*part.* é, ée), *v. a.* Mettre des choses en tas ; se resserrer, s'affaisser ; —, *v. n.* Croître, multiplier ; *se* —, *v. pr.* S'affaisser par son propre poids.

**TÂTER** (*part.* é, ée), *v. a.* Manier doucement une chose ; goûter ; *fig.* Essayer ; éprouver ; *se* —, *v. pr.* S'examiner ; prendre trop de soin de sa santé.

**TÂTEUR, EUSE**, *s.* Celui ou Celle qui est irrésolu.

**TÂTE-VIN**, *s. m.* (inv.). Instrument pour tirer le vin par le bondon.

**TATILLON, ONNE** (ll m.), *s.* Celui ou Celle qui tatillonne.

**TATILLONNAGE** (ll m.), *s. m.* Action de tatillonner.

**TATILLONNER** (ll m.), *v. n.* Entrer inutilement dans les plus petits détails.

**TÂTONNEMENT**, *s. m.* Action de tâtonner.

**TÂTONNER**, *v. n.* Chercher dans l'obscurité, en tâtant ; *fig.* Hésiter.

**TÂTONNEUR, EUSE**, *s.* Celui ou Celle qui tâtonne.

**TÂTONS** (À), *loc. adv.* En tâtonnant ; *fig.* Avec incertitude.

**TATOU**, *s. m.* Genre de mammifères édentés qui ont le corps couvert de bandes écailleuses.

**TATOUAGE**, *s. m.* Action de tatouer ; résultat de cette action.

**TATOUER** (*part.* é, ée), *v. a.* Barioler le corps de diverses couleurs imprégnées dans des piqûres.

**TAUDIS** ou **TAUDION**, *s. m.* Logement en mauvais état.

**TAUPE**, *s. f.* Genre de petits quadrupèdes plantigrades insectivores, vivant sous terre.

**TAUPE-GRILLON** (*au pl. taupes-grillons*), *s. m.* Insecte qui vit sous terre, courtilière.

**TAUPIER**, *s. m.* Preneur de taupes.

**TAUPIÈRE**, *s. f.* Piége pour prendre les taupes.

**TAUPINÉE** ou **TAUPINIÈRE**, *s. f.* Trou que fait la taupe ; monceau de terre qu'elle élève en fouillant.

**TAUPINS**, *s. m. pl.* Milice française sous Charles VII.

**TAURE**, *s. f.* Génisse.

**TAUREAU**, *s. m.* Mâle de la vache ; un des douze signes du zodiaque.

**TAUTOLOGIE**, *s. f.* Répétition inutule d'une même idée en termes différents.

TAUTOLOGIQUE, *adj.* 2 *g.* Qui a rapport à la tautologie.

TAUX, *s. m.* Prix établi pour la vente des denrées; somme à laquelle on est taxé.

TAVAÏOLLE, *s. f.* Linge d'église garni de dentelles.

TAVELER (*part.* é, ée), *v. a.* Moucheter, tacheter.

TAVELURE, *s. f.* Bigarrure d'une peau tavelée.

TAVERNE, *s. f.* Cabaret.

TAVERNIER, IÈRE, *s.* Celui ou Celle qui tient une taverne.

TAXATEUR, *s. m.* Commis de la poste qui taxe les lettres et les paquets; celui qui fait la taxe des frais judiciaires.

TAXATION, *s. f.* Action de taxer; *au pl.* Droits des gens de finance.

TAXE, *s. f.* Règlement de prix fait par l'autorité publique; imposition de deniers; — *de dépens*, règlement fait en justice des frais d'un procès.

TAXER (*part.* é, ée), *v. a.* Régler le prix des denrées; régler les impositions; accuser.

TE, *pron. pers.* Toi.

TECHNIQUE, *adj.* 2 *g.* *Mot* —, consacré aux arts; *vers techniques*, qui rappellent en peu de mots beaucoup de faits.

TECHNOLOGIE, *s. f.* Traité des arts; explication des termes des arts.

TECHNOLOGIQUE, *adj.* 2 *g.* Qui appartient à la technologie.

TE DEUM, *s. m.* (inv.). Cantique religieux en action de grâces.

TÉGUMENT, *s. m.* Ce qui sert à couvrir, *t. d'anat.*; enveloppe immédiate de l'amande d'une graine.

TEIGNASSE, *s. f.* Tignasse.

TEIGNE, *s. f.* Dartre qui vient à la tête de l'homme et à l'écorce des arbres; insecte qui ronge les étoffes; *au pl.* Maladie des pieds des chevaux.

TEIGNEUX, EUSE, *adj.* et *s.* Qui a la teigne.

TEILLE. Voy. *Tille.*

TEILLER. Voy. *Tiller.*

TEINDRE (*Ind. pr.* je teins, tu teins, il teint, nous teignons, vous teignez, ils teignent; *imp.* je teignais, etc., nous teignions, etc.; *p. déf.* je teignis, etc., nous teignîmes, etc.; *fut.* je teindrai, etc., nous teindrons, etc.; *cond.* je teindrais, etc.; nous teindrions, etc.; *impér.* teins, teignons, teignez; *subj. pr.* que je teigne, etc., que nous teignions, etc., *imp. subj.* que je teignisse, etc., que nous teignissions, etc.; *p. pr.* teignant; *p. p.* teint, e), *v. a.* Faire prendre à un corps une couleur différente de celle qu'il avait; colorer; *se* —, *v. pr.* Prendre, recevoir une teinture.

TEINT, *s. m.* Manière de teindre; coloris du visage.

TEINTE, *s. f.* Nuance produite par le mélange des couleurs; degré de force des couleurs.

TEINTER (*part.* é, ée), *v. a.* Donner une teinte plate.

TEINTURE, *s. f.* Liquide préparé pour teindre; art ou manière de teindre; *fig.* Légère connaissance de quelque science.

TEINTURIER, IÈRE, *s.* Celui ou Celle qui exerce l'art de teindre.

TEL, TELLE, *adj.* Pareil, semblable, si grand; de telle nature, de telle qualité; *tel quel*, de peu de valeur; —, *s. m. indéf.* Quelqu'un.

TÉLÉGRAPHE, *s. m.* Machine qui sert à communiquer par des signaux à des distances éloignées.

TÉLÉGRAPHIE, *s. f.* Art de correspondre au moyen du télégraphe.

TÉLÉGRAPHIQUE, *adj.* 2 *g.* Qui appartient au télégraphe.

TÉLESCOPE, *s. m.* Instrument d'astronomie qui grossit et rapproche les objets.

TÉLESCOPIQUE, *adj.* 2 *g.* Qui se fait ou Qui se voit avec le télescope.

TELLEMENT, *adv.* De telle sorte, si fort; *tellement quellement*, d'une manière telle quelle.

TELLIÈRE, *s. m.* Nom donné à une sorte de papier de qualité supérieure.

TÉMÉRAIRE, *adj.* 2 *g.* Hardi avec imprudence; non fondé.

TÉMÉRAIREMENT, *adv.* D'une manière téméraire.

TÉMÉRITÉ, *s. f.* Hardiesse, imprudence.

**TÉMOIGNAGE**, *s. m.* Rapport d'un ou de plusieurs témoins sur un fait; preuve, marque.

**TÉMOIGNER** (*part.* é, ée), *v. a.* Marquer, faire paraître; —, *v. n.* Servir de témoin.

**TÉMOIN**, *s. m.* Celui ou Celle qui dépose, ou qui est choisi pour déposer de ce qu'il a vu et entendu; celui qui assiste à un duel; celui qui voit, qui entend; marque, monument.

**TEMPE**, *s. f.* Partie latérale de la tête, entre l'oreille et le front.

**TEMPÉRAMENT**, *s. m.* Constitution particulière du corps propre à chaque individu; caractère; *fig.* Adoucissement; accommodement.

**TEMPÉRANCE**, *s. f.* Vertu qui règle les passions, les désirs sensuels; sobriété.

**TEMPÉRANT**, **E**, *adj.* et *s.* Qui a de la tempérance; —, *s. m.* Médicament qui modère l'excès du mouvement du sang.

**TEMPÉRATURE**, *s. f.* Disposition de l'air; degré de chaleur.

**TEMPÉRÉ, ÉE**, *adj.* Ni trop chaud ni trop froid; *fig.* Modéré, posé.

**TEMPÉRER** (*part.* é, ée), *v. a.* Modérer.

**TEMPÊTE**, *s. f.* Vent impétueux, violent orage sur mer; *fig.* Trouble, désordre.

**TEMPÊTER**, *v. n.* Faire bien du bruit.

**TEMPÊTUEUX**, **EUSE**, *adj.* Sujet aux tempêtes; qui cause les tempêtes.

**TEMPLE**, *s. m.* Édifice consacré à la Divinité.

**TEMPLIER**, *s. m.* Chevalier d'un ancien ordre religieux et militaire.

**TEMPORAIRE**, *adj.* 2 *g.* Qui n'est que pour un temps.

**TEMPORAIREMENT**, *adv.* Pour un temps.

**TEMPORAL**, **E**, *adj.* Qui a rapport aux tempes.

**TEMPORALITÉ**, *s. f.* Juridiction du domaine temporel d'un évêché.

**TEMPOREL, ELLE**, *adj.* Qui passe avec le temps; séculier; —, *s. m.* Revenu qu'un ecclésiastique tire de sa charge.

**TEMPORELLEMENT**, *adv.* Durant un temps.

**TEMPORISATION**, *s. f.* et **TEMPORISEMENT**, *s. m.* Action de temporiser.

**TEMPORISER**, *v. n.* Différer, gagner du temps.

**TEMPORISEUR**, *s. m.* Celui qui temporise.

**TEMPS**, *s. m.* Succession de moments, durée; loisir; saison propre à chaque chose; terme, moment précis; les âges, les siècles; circonstances, état des choses; disposition de l'air; division d'une action en plusieurs moments; (*t. de gramm.*) différentes inflexions qui marquent dans les verbes le temps où se passe l'action dont on parle; *à —*, *loc. adv.* Assez tôt, pour un certain temps; *en même —*, *loc. adv.* Dans le même moment; *de — en —*, *de — à autre*, *loc. adv.* De fois à autre; *de tout —*, *loc. adv.* Toujours.

**TENABLE**, *adj.* 2 *g.* Qu'on peut défendre, conserver (en parlant d'une position).

**TENACE**, *adj.* 2 *g.* Visqueux, qui s'attache fortement à ce qu'il touche; *fig.* Avare; opiniâtre.

**TÉNACITÉ**, *s. f.* Qualité de ce qui est tenace.

**TENAILLE** (ll m.), *s. f.* Instrument de fer avec lequel on saisit, on arrache; ouvrage de fortification. (Dans le premier sens, il s'emploie surtout au pluriel.)

**TENAILLER** (ll m.; *part.* é, ée), *v. a.* Arracher, déchirer avec des tenailles.

**TENANCIER**, **IÈRE**, *s.* Celui ou Celle qui tient des terres dépendant d'un fief; propriétaire.

**TENANT**, **E**, *adj.* *Séance tenante*, avant de lever la séance.

**TENANT**, *s. m.* Celui qui défend une personne, une opinion; *fig.* *Les tenants et les aboutissants*, les limites.

**TÉNARE**, *s. m.* Les enfers.

**TENDANCE**, *s. f.* Action de tendre vers; disposition de l'âme vers.

**TENDANT**, **E**, *adj.* Qui tend à, qui est dirigé vers.

**TENDEUR**, *s. m.* Celui qui tend.

**TENDON**, *s. m.* Extrémité d'un

muscle qui forme un cordon blanchâtre.

**TENDRE**, *adj.* 2 *g.* Qui peut être aisément coupé; nouvellement cuit; sensible; délicat; *fig.* Touchant, gracieux; —, *s. m.* Tendresse.

**TENDRE** (*Ind. pr.* je tends, tu tends, il tend, nous tendons, vous tendez, ils tendent; *imp.* je tendais, etc.; *p. déf.* je tendis, etc., nous tendîmes, etc.; *fut.* je tendrai, etc.; *cond.* je tendrais, etc.; *impér.* tends, tendons, tendez; *subj. p.* que je tende, etc., que nous tendions, etc.; *imp. subj.* que je tendisse, etc., que nous tendissions, etc.; *p. pr.* tendant; *p. p.* tendu, ue), *v. a.* Roidir, dresser; étendre, appliquer; tapisser; présenter, offrir; —, *v. n.* Se diriger vers; *fig.* Avoir en vue.

**TENDREMENT**, *adv.* Avec tendresse.

**TENDRESSE**, *s. f.* Sentiment d'affection, sensibilité; *au pl.* Marques d'affection.

**TENDRETÉ**, *s. f.* Qualité de ce qui est tendre (en parlant des viandes, des fruits et des légumes).

**TENDRON**, *s. m.* Bourgeon, rejeton; *jeune* —, jeune fille, *fam.*; cartilages à l'extrémité des os de la poitrine de quelques animaux.

**TÉNÈBRES**, *s. f. pl.* Privation de lumière, obscurité; office de la semaine sainte.

**TÉNÉBREUX, EUSE**, *adj.* Obscur, plein de ténèbres.

**TENEUR**, *s. f.* Contenu (d'un écrit).

**TENEUR**, *s. m.* Celui qui tient; — *de livres*, commis chargé chez le marchand d'écrire ce qui s'y vend et s'y achète, etc.

**TÉNIA**, *s. m.* Ver solitaire, genre de vers intestinaux plats et très-longs.

**TENIR** (*Ind. pr.* je tiens, tu tiens, il tient, nous tenons, vous tenez, ils tiennent; *imp.* je tenais, etc., nous tenions, etc.; *p. déf.* je tins, etc., nous tînmes, etc.; *fut.* je tiendrai, etc., nous tiendrons, etc.; *cond.* je tiendrais, etc., nous tiendrions, etc.; *impér.* tiens, tenons, tenez; *subj. pr.* que je tienne, etc., que nous tenions; etc.; *imp. subj.* que je tinsse, etc., que nous tinssions, etc.; *p. pr.* tenant; *p. p.* tenu, ue), *v. a.* Avoir à la main, entre les mains; posséder; occuper; contenir, garder; retenir; recevoir; arrêter, fixer; diriger; estimer, croire; *tenir de*, avoir de naissance; —, *v. n.* Durer, subsister; résister; appartenir, être attaché à; résulter, provenir de; — *de*, avoir de la ressemblance, du rapport; *se* —, *v. pr.* Demeurer en certains lieux; s'attacher, s'arrêter à; se contenir; avoir tel ou tel maintien; —, *v. imp.* (ne se dit que dans le sens négatif ou interrogatif). *Il ne tient qu'à*, il n'y a pas d'autre obstacle que; *à quoi tient-il que?* quel obstacle empêche de? *qu'à cela ne tienne*, peu importe.

**TENON**, *s. m.* Bout d'une pièce de bois qui entre dans une mortaise.

**TÉNOR**, *s. m.* (*t. de mus.*). Voix moyenne entre la haute-contre et la basse-taille; celui qui a cette voix.

**TENSION**, *s. f.* État de ce qui est tendu; *fig.* Grande application d'esprit.

**TENTANT, E**, *adj.* Qui tente.

**TENTATEUR, TRICE**, *s.* et *adj.* Celui ou Celle qui tente, qui cherche à séduire.

**TENTATION**, *s. f.* Mouvement intérieur qui porte au mal; envie, désir de faire quelque chose.

**TENTATIVE**, *s. f.* Action par laquelle on essaye de.

**TENTE**, *s. f.* Pavillon en toile sous lequel les soldats se mettent à couvert; petit rouleau de charpie qu'on met dans les plaies.

**TENTER** (*part.* é, ée), *v. a.* Solliciter au mal; donner envie de; éprouver; —, *v. n.* Essayer.

**TENTURE**, *s. f.* Étoffe, papier tendu ou à tendre sur les murs d'un appartement.

**TÉNU, UE**, *adj.* Fort délié.

**TENUE**, *s. f.* Durée d'une assemblée; contenance, maintien; manière de tenir la plume en écrivant; (*t. de mus.*) continuation d'une même note pendant quelques mesures; — *des livres*, travail du teneur de livres, connaissances nécessaires pour cet objet; *tout d'une tenue*, *loc. adv.* Sans interruption.

**TÉNUITÉ**, *s. f.* Qualité d'une chose ténue; exiguïté.

**TÉORBE**, *s. m.* Sorte de luth.

**TERCER** ou **TERSER** (*part.* é, ée), *v. a.* Donner un troisième labour aux vignes.

**TERCET**, *s. m.* Espèce de couplet composé de trois vers.

**TÉRÉBENTHINE**, *s. f.* Résine qu'on tire de certains arbres.

**TÉRÉBINTHE**, *s. m.* Espèce de pistachier.

**TÉRÉBRATION**, *s. f.* Action de percer un arbre pour en tirer la résine.

**TERGIVERSATION**, *s. f.* Action de tergiverser.

**TERGIVERSER**, *v. n.* Chercher des détours.

**TERME**, *s. m.* Fin, borne (par rapport au temps et au lieu); statue qui servait de limite, chez les Romains; limite (en général); mot, diction; sujet ou attribut d'une proposition; mot particulier à un art, à une science; somme due à un temps fixé d'avance; état, situation (d'une affaire, d'une personne vis-à-vis d'une autre).

**TERMINAISON**, *s. f.* Fin, issue; désinence d'un mot.

**TERMINAL**, **E**, *adj.* Qui occupe le sommet d'une partie, qui la termine; *t. de bot.*

**TERMINER** (*part.* é, ée), *v. a.* Borner; achever, finir; *se* —, *v. pr.* S'achever, prendre fin; avoir une certaine désinence (en parlant des mots).

**TERNAIRE**, *adj.* 2 *g.* *Nombre* —, nombre de trois.

**TERNE**, *adj.* 2 *g.* Qui n'a pas ou Qui a peu d'éclat.

**TERNE**, *s. m.* Trois numéros pris ou sortis ensemble à la loterie; *au pl.* Deux *trois* amenés du même coup, au trictrac.

**TERNÉ**, **ÉE**, *adj.*, se dit de parties qui sont trois à trois sur un support commun; *t. de bot.*

**TERNIR** (*part.* i, ie), *v. a.* Ôter le lustre, l'éclat, la couleur; *fig.* Avilir; *se* —, *v. pr.* Perdre de son éclat, de sa pureté (au prop. et au fig.).

**TERNISSURE**, *s. f.* État de ce qui est terni.

**TERPSICHORE**, *s. f.* Muse qui préside à la danse.

**TERRAIN**, *s. m.* Espace de terre; terre.

**TERRAQUÉ**, **ÉE**, *adj.* Composé de terre et d'eau.

**TERRASSE**, *s. f.* Levée de terre; ouvrage en forme de balcon, de plate-forme.

**TERRASSEMENT**, *s. m.* Action d'amasser et de consolider des terres rapportées; résultat de cette action.

**TERRASSER** (*part.* é, ée), *v. a.* Mettre un amas de terre derrière un mur pour le fortifier; jeter par terre en luttant; *fig.* Consterner, convaincre.

**TERRASSIER**, *s. m.* Ouvrier qui remue et transporte des terres.

**TERRE**, *s. f.* Globe terrestre; partie de la terre considérée par rapport à sa nature; étendue d'un pays; domaine; *fig.* Les habitants de la terre; les biens de la vie présente; — *ferme*, le continent; *la — sainte*, la Judée.

**TERREAU**, *s. m.* Terre mêlée de fumier pourri; terre végétale.

**TERRE-NEUVIER** (*au pl. terre-neuviers*), *s.* et *adj. m.* Celui qui pêche des morues sur le banc de Terre-Neuve; vaisseau qui sert à cette pêche.

**TERRE-PLEIN** (*au pl. terres-pleins*), *s. m.* Surface plate et unie d'un amas de terre élevée; *t. de fortif.*

**TERRER** (*part.* é, ée), *v. a.* Mettre de la terre au pied d'une plante; — *une étoffe*, l'enduire de terre à foulon.

**TERRER** (*part.* é, ée), *v. n.*, et *se* —, *v. pr.* Se cacher sous terre; se mettre à couvert du feu de l'ennemi par des jetées de terre.

**TERRESTRE**, *adj.* 2 *g.* Qui appartient à la terre; matériel, périssable (par opposition à *Spirituel* et *Éternel*).

**TERREUR**, *s. f.* Grande crainte.

**TERREUX**, **EUSE**, *adj.* Mêlé de terre.

**TERRIBLE**, *adj.* 2 *g.* Qui répand la terreur; *fig.* Étonnant, étrange.

**TERRIBLEMENT**, *adv.* D'une manière terrible; excessivement.

**TERRIEN**, **ENNE**, *s.* Celui ou Celle

qui possède une grande étendue de terre.

**TERRIER**, *s.* et *adj. m.* Registre des héritages situés dans l'étendue d'un fief ; —, *s.* Trou où se retirent certains animaux.

**TERRINE**, *s. f.* Vase de terre en forme de cône tronqué.

**TERRINÉE**, *s. f.* Plein une terrine.

**TERRIR**, *v. n.* Venir à terre pour pondre (en parlant des tortues) ; (*t. de mar.*) prendre terre.

**TERRITOIRE**, *s. m.* L'espace de terre qui dépend d'une juridiction, d'un empire.

**TERRITORIAL**, **E**, *adj.* Qui a rapport au territoire.

**TERROIR**, *s. m.* Terre (considérée d'après ses qualités relatives à l'agriculture).

**TERSER.** Voy. *Tercer.*

**TERTRE**, *s. m.* Petite éminence.

**TES**, *pron. poss.* 2 *g. pl.* de *Ton.*

**TESSON** ou **TÊT**, *s. m.* Morceau d'un pot cassé.

**TEST**, *s. m.* Enveloppe des tortues.

**TESTACÉ**, **ÉE**, *adj.* Couvert d'écaille ; *les testacés*, *s. m. pl.* Les coquillages.

**TESTAMENT**, *s. m.* Acte dans lequel on déclare ses dernières volontés ; *l'Ancien et le Nouveau* —, la Bible.

**TESTAMENTAIRE**, *adj.* 2 *g.* Qui a rapport au testament.

**TESTATEUR**, **TRICE**, *s.* Celui ou Celle qui fait son testament.

**TESTER**, *v. n.* Faire son testament.

**TESTIF**, *s. m.* Poil de chameau.

**TESTIMONIAL**, **E**, *adj.* Qui rend témoignage ; *preuve* —, par témoins.

**TESTON**, *s. m.* Ancienne monnaie d'argent.

**TÊT.** Voy. *Tesson.*

**TÉTANOS**, *s. m.* Rigidité spasmodique de tout le corps ; *t. de méd.*

**TÊTARD**, *s. m.* Petit de la grenouille qui nage dans le frai dont il se nourrit ; saule étêté.

**TÊTE**, *s. f.* Partie de l'animal qui est le siége des organes des sens et qui tient au corps par le cou ; *fig.* Esprit, imagination ; fantaisie ; personne, individu ; chevelure ; bois des cerfs ; cime (des arbres) ; bout, extrémité ; commencement ; partie d'une armée qui ouvre la marche ; *à la* —, au premier rang ; — *à* —, *loc. adv.* Seul à seul (voy. *Tête-à-tête*).

**TÊTE-À-TÊTE**, *s. m.* (inv.). Entretien particulier de deux personnes.

**TETER** (*part.* é, ée), *v. a.* Sucer le lait de la mamelle.

**TÊTIÈRE**, *s. f.* Petite coiffe de toile qu'on met aux enfants nouveau-nés ; partie de la bride qu'on met à la tête d'un cheval.

**TETIN**, *s. m.* Bout de la mamelle de l'homme ou de la femme.

**TETINE**, *s. f.* Pis de la vache ou de la truie.

**TETON**, *s. m.* Mamelle.

**TÉTRACORDE**, *s. m.* Lyre à quatre cordes.

**TÉTRAÈDRE**, *s. m.* Corps régulier, formé de quatre triangles équilatéraux ; *t. de géom.*

**TÉTRAGONE**, *adj.* 2 *g.* Qui a quatre angles et quatre côtés.

**TÉTRARCHIE**, *s. f.* Quatrième partie d'un État démembré.

**TÉTRARQUE**, *s. m.* Celui qui gouverne une tétrarchie.

**TÉTRASTYLE**, *s. m.* Temple qui a quatre colonnes de front.

**TETTE**, *s. f.* Bout de la mamelle (chez les femelles des animaux).

**TÊTU**, **UE**, *adj.* Obstiné.

**TEUTONIQUE**, *adj.* 2 *g.* Qui appartient aux Teutons, aux Allemands.

**TEXTE**, *s. m.* Les propres paroles d'un auteur ; passage de l'Écriture qui fait le sujet d'un sermon ; *gros* —, *petit* —, sortes de caractère d'imprimerie.

**TEXTILE**, *adj.* 2 *g.* Qui peut être tiré en filets propres à faire un tissu.

**TEXTUAIRE**, *s. m.* Livre où il n'y a que le texte sans commentaire.

**TEXTUEL**, **ELLE**, *adj.* Qui est dans le texte, conforme au texte.

**TEXTUELLEMENT**, *adv.* D'une manière textuelle.

**TEXTURE**, *s. f.* Tissu, disposition des parties d'un ouvrage.

**THALER**, *s. m.* Monnaie de quelques pays du Nord.

**THALIE**, *s. f.* Une des trois Grâces ; muse de la comédie.

**THAUMATURGE**, *adj.* et *s.* 2 *g.* Qui fait des miracles.

**THÉ**, *s. m.* Arbrisseau de la Chine dont la feuille sert à faire une infusion.

**THÉATIN, E**, *s.* Sorte de religieux.

**THÉÂTRAL, E**, *adj.* Qui concerne le théâtre.

**THÉÂTRALEMENT**, *adv.* D'une manière théâtrale.

**THÉÂTRE**, *s. m.* Lieu où l'on représente des spectacles dramatiques; profession de comédien; *fig.* La poésie dramatique; recueil de pièces dramatiques; lieu où se passe un événement.

**THÉBAÏDE**, *s. f.* Désert d'Égypte; *fig.* Solitude profonde.

**THÉIÈRE**, *s. f.* Vase pour faire infuser le thé.

**THÉISME**, *s. m.* Croyance à l'existence de Dieu.

**THÉISTE**, *s. m.* Celui qui reconnaît l'existence de Dieu.

**THÈME**, *s. m.* Radical primitif d'un verbe, *t. de gramm.*; sujet, matière; ce qu'on donne à un écolier à traduire de sa langue en une langue étrangère; (*t. de mus.*), air; (*t. d'astron.*) position des astres au moment de la naissance.

**THÉMIS**, *s. f.* Déesse de la justice.

**THÉOCRATIE**, *s. f.* Gouvernement exercé par les ministres de la religion.

**THÉOCRATIQUE**, *adj.* 2 *g.* Qui appartient à la théocratie.

**THÉODICÉE**, *s. f.* Justice de Dieu.

**THÉOGONIE**, *s. f.* Génération des dieux de la fable.

**THÉOLOGAL**, *s. m.* Chanoine qui enseignait la philosophie.

**THÉOLOGALE**, *s. f.* Charge de théologal; —, *adj. f.* Qui a Dieu pour objet.

**THÉOLOGIE**, *s. f.* Science qui a Dieu pour objet; classe où l'on enseigne cette science.

**THÉOLOGIEN**, *s. m.* Celui qui sait ou qui enseigne la théologie.

**THÉOLOGIQUE**, *adj.* 2 *g.* Qui concerne la théologie.

**THÉOLOGIQUEMENT**, *adv.* Selon les principes théologiques.

**THÉORÈME**, *s. m.* Proposition d'une vérité spéculative, qu'on peut démontrer; *t. de math.*

**THÉORICIEN**, *s. m.* Celui qui ne connaît que la théorie d'un art.

**THÉORIE**, *s. f.* Partie spéculative d'une science (par opposition à *Pratique*).

**THÉORIQUE**, *adj.* 2 *g.* Qui appartient à la théorie.

**THÉORIQUEMENT**, *adv.* D'une manière théorique.

**THÉRAPEUTES**, *s. m. pl.* Moines juifs qui menaient une vie contemplative et mortifiée.

**THÉRAPEUTIQUE**, *adj.* 2 *g.* Qui a rapport aux thérapeutes.

**THÉRAPEUTIQUE**, *s. f.* Art de traiter et de guérir les maladies.

**THÉRIACAL, E**, *adj.* Qui a la vertu de la thériaque.

**THÉRIAQUE**, *s. f.* Électuaire où il entre surtout de l'opium, des aromates et des stimulants.

**THERMAL, E**, *adj.*, se dit des eaux minérales chaudes.

**THERMES**, *s. m. pl.* Bains publics des anciens.

[illegible], *s. m.* Onzième mois de l'année républicaine, du 19 juillet au 17 août.

**THERMOMÈTRE**, *s. m.* Instrument qui indique les degrés du froid et du chaud.

**THÉSAURISER**, *v. n.* Amasser des trésors.

**THÉSAURISEUR, EUSE**, *s.* et *adj.* Celui ou Celle qui thésaurise.

**THÈSE**, *s. f.* Proposition, question qu'on met en avant (dans le discours ordinaire); question de droit, de philosophie, etc., qu'on soutient publiquement dans les écoles; feuille imprimée qui contient des propositions qu'on veut soutenir.

**THIBAUDE**, *s. f.* Tissu grossier de laine commune servant à doubler les tapis.

**THIERS**, chef-lieu d'arr. du dép. du Puy-de-Dôme.

**THIONVILLE**, chef-lieu d'arr. du dép. de la Moselle.

**THLASPI**, *s. m.* Genre de crucifères.

**THON**, *s. m.* Gros poisson de mer.

**THORACHIQUE** ou **THORACIQUE**, *adj. 2 g.* Relatif à la poitrine; —, *s. m. pl.* Ordre de poissons dont les nageoires sont situées un peu en arrière des pectorales.

**THORAX**, *s. m.* Capacité de la poitrine.

**THUIA** ou **THUYA**, *s. m.* Arbre toujours vert qui se rapproche du cyprès.

**THURIFÉRAIRE**, *s. m.* Clerc qui porte l'encensoir.

**THYM**, *s. m.* Plante odoriférante.

**THYRSE**, *s. m.* Javelot environné de pampre et de lierre que portaient les bacchantes; disposition des fleurs en pyramide, *t. de bot.*

**TIARE**, *s. f.* Ancien ornement de tête des Perses; bonnet orné de trois couronnes que le pape porte dans certaines cérémonies; *fig.* Dignité papale.

**TIBIA**, *s. m.* L'os intérieur et le plus gros de la jambe.

**TIBIAL**, E, *adj.*, se dit des muscles, des vaisseaux et des nerfs qui ont rapport au tibia.

**TIC**, *s. m.* Habitude vicieuse, maladie, mouvement convulsif (surtout des chevaux); habitude ridicule, manie, *fam.*

**TIC TAC.** Mots dont on se sert pour exprimer un mouvement réglé et accompagné de bruit.

**TIÈDE**, *adj. 2 g.* Qui est entre le chaud et le froid; *fig.* Qui manque d'ardeur, d'activite.

**TIÈDEMENT**, *adv.* D'une manière tiède.

**TIÉDEUR**, *s. f.* Qualité de ce qui est tiède; *fig.* Manque de zèle.

**TIÉDIR** (*part.* i, ie), *v. n.* Devenir tiède.

**TIEN, ENNE**, *adj. poss.* Qui est à toi, qui t'appartient; —, *s. m. Le* —, ton bien; *les tiens*, tes proches, ceux qui te sont attachés.

**TIERCE**, *s. f.* Intervalle composé de deux sons de la gamme séparés par un seul; trois cartes de suite d'une même couleur (au jeu de piquet); botte qu'on porte en tournant le poignet en dedans, *t. d'escrime;* la seconde des heures canoniales; soixantième partie d'une seconde, *t. de math.*

**TIERCELET**, *s. m.* Mâle de certains oiseaux de proie, d'un tiers plus petit que la femelle.

**TIERCEMENT**, *s. m.* Augmentation d'un tiers du prix d'une chose après l'adjudication faite.

**TIERCER** (*part.* é, ée), *v. a.* et *v. n.* Hausser d'un tiers le prix d'une chose; servir de tiers (au jeu de paume).

**TIERÇON**, *s. m.* Ancienne mesure pour les liquides, le tiers d'une mesure entière.

**TIERS, TIERCE**, *adj.* Troisième; *fièvre tierce*, qui vient de deux jours l'un; *le tiers état*, le troisième ordre de l'État (avant la Révolution); *tiers*, *s. m.* Une troisième personne; la troisième partie d'un tout.

**TIGE**, *s. f.* Partie de l'arbre, de la plante, qui sort de la terre et qui pousse des branches; *fig.* Premier auteur (d'une race).

**TIGNASSE**, *s. f.* Mauvaise perruque; chevelure mal peignée.

**TIGNON**, *s. m.* Chignon.

**TIGNONNER** (*part.* é, ée), *v. a.* Boucler les cheveux du chignon; *se* —, *v. réc.* Se prendre par le chignon.

**TIGRE, ESSE**, *s.* Quadrupède carnivore, très-féroce, à peau de couleur fauve et rayée de bandes noires; *fig.* Personne cruelle; *tigre*, *adj. 2 g.* *Chevaux tigres*, mouchetés comme des tigres.

**TIGRÉ, ÉE**, *adj.* Moucheté comme un tigre.

**TILBURY**, *s. m.* Espèce de cabriolet très-léger.

**TILLAC** (ll m.), *s. m.* Le plus haut pont d'un vaisseau.

**TILLE** (ll m.), *s. f.* Écorce des jeunes tilleuls et du chanvre; instrument qui sert de hache et de marteau.

**TILLER** (ll m.; *part.* é, ée), *v. a.* Détacher avec la main les filaments du chanvre.

**TILLEUL** (ll m.), *s. m.* Arbre à fleurs rosacées.

**TIMBALE**, *s. f.* Espèce de tambour à l'usage de la cavalerie; gobelet; *au pl.* Petites raquettes pour jouer au volant.

**TIMBALIER**, *s. m.* Celui qui bat des timbales.

**TIMBRE**, *s. m.* Sorte de cloche immobile que frappe un marteau; son; retentissement de la voix; marque imprimée au papier dont on se sert pour les actes judiciaires, les journaux; droit perçu sur le papier timbré.

**TIMBRER** (*part.* é, ée), *v. a.* Marquer le timbre sur le papier; écrire au haut d'un acte la date et le sommaire de ce qu'il contient.

**TIMBREUR**, *s. m.* Celui qui timbre.

**TIMIDE**, *adj.* 2 *g.* Craintif, peureux.

**TIMIDEMENT**, *adv.* Avec timidité.

**TIMIDITÉ**, *s. f.* Qualité de celui qui est timide.

**TIMON**, *s. m.* Pièce d'un chariot ou d'un carrosse à laquelle on attelle les chevaux, longue pièce de bois attachée au gouvernail d'un navire; *fig.* Gouvernement d'un État.

**TIMONIER**, *s. m.* Matelot qui gouverne le timon.

**TIMORÉ**, **ÉE**, *adj.* Pénétré de crainte, timide.

**TINCTORIAL**, **E**, *adj.* Qui sert à teindre.

**TINE**, *s. f.* Espèce de tonneau.

**TINETTE**, *s. f.* Petite cuve.

**TINTAMARRE**, *s. m.* Bruit éclatant accompagné de désordre.

**TINTAMARRER**, *v. n.* Faire du tintamarre.

**TINTEMENT**, *s. m.* Prolongement du son d'une cloche qui va toujours en diminuant; *—d'oreille*, sensation dans l'oreille, pareille au son d'une cloche.

**TINTER** (*part.* é, ée), *v. a.* Faire sonner lentement une cloche; —, *v. n.* Sonner lentement; éprouver un tintement.

**TINTOUIN**, *s. m.* Bourdonnement dans les oreilles; *fig.* Inquiétude; tracas.

**TIQUE**, *s. f.* Genre d'insectes qui s'attachent à la peau des animaux.

**TIQUER**, *v. n.* Avoir un tic (en parlant des chevaux).

**TIQUETÉ**, **ÉE**, *adj.* Tacheté.

**TIR**, *s. m.* Action ou Art de tirer une arme à feu; lieu où l'on s'exerce à tirer les armes à feu.

**TIRADE**, *s. f.* Morceau littéraire, en prose ou en vers, d'une certaine étendue; (*t. de mus.*) passage d'une note à une autre par les intervalles diatoniques.

**TIRAGE**, *s. m.* Action de tirer; (*t. d'impr.*) action de mettre les feuilles sous la presse; espace qu'on laisse libre au bord des rivières pour les chevaux qui tirent les bateaux.

**TIRAILLEMENT** (ll m.), *s. m.* Action de tirailler; résultat de cette action; ébranlement de quelque partie du corps.

**TIRAILLER** (ll m.; *part.* é, ée), *v. a.* Tirer une personne avec importunité; —, *v. n.* Faire le coup de feu en tirailleur; tirer mal et souvent.

**TIRAILLERIE** (ll m.) *s. f.* Action de tirer sans ordre et sans but.

**TIRAILLEUR** (ll m.), *s. m.* Soldat détaché en avant pour faire le coup de feu avec l'ennemi.

**TIRANT**, *s. m.* Cordon pour ouvrir et fermer une bourse; quantité d'eau que tire un navire; morceau de cuir qui sert à affermir le soulier; nerf jaunâtre qu'on trouve dans la viande de boucherie.

**TIRASSE**, *s. f.* Filet pour prendre des cailles, des perdrix, etc.

**TIRASSER**, *v. a.* et *v. n.* Chasser à la tirasse.

**TIRÉ**, *s. m.* Chasse au fusil.

**TIRÉ**, **ÉE**, *adj.* Abattu, maigri.

**TIRE-BALLE** (*au pl. tire-balles*), *s. m.* Instrument pour retirer une balle d'un fusil, d'une blessure.

**TIRE-BOTTE** (*au pl. tire-bottes*), *s. m.* Tissu de fil ou de soie attaché aux bottes pour les chausser; machine qui emboîte le talon de la botte et qui sert à l'ôter.

**TIRE-BOUCHON** (*au pl. tire-bouchons*), *s. m.* Vis de fer pour déboucher une bouteille.

**TIRE-BOURRE**, *s. m.* (inv.). Outil pour ôter la bourre d'un fusil.

**TIRE-BOUTON** (*au pl. tire-boutons*), *s. m.* Crochet qui sert à boutonner.

**TIRE-CLOU** (*au pl. tire-clous*), *s. m.* Outil de couvreur pour arracher les clous.

**TIRE-D'AILE**, *s. m.* Battement d'aile redoublé que fait l'oiseau quand il vole; *à —*, *loc. adv.* Avec une grande rapidité (en parlant d'un oiseau).

**TIRE-LARIGOT** (À), *loc. adv.* Excessivement; *t. trivial.*

**TIRE-LIGNE** (*au pl. tire-lignes*), *s. m.* Instrument pour tirer des lignes.

**TIRELIRE**, *s. f.* Espèce de boîte fermée, ayant à sa partie supérieure une fente par laquelle on introduit des pièces de monnaie.

**TIRE-PIED** (*au pl. tire-pieds*), *s. m.* Grande lanière de cuir dont les cordonniers se servent pour maintenir leur ouvrage sur leurs genoux.

**TIRER** (*part.* é, ée), *v. a.* Amener à soi ou après soi, ôter; décharger (une arme à feu); lancer (une arme de trait); délivrer; extraire; étendre; tracer; exiger; recevoir, recueillir; imprimer; —, *v. n.* S'en remettre à la décision du sort; — *sur*, avoir quelque ressemblance avec; adresser à un correspondant une lettre de change à acquitter; *se —*, *v. pr.* Se dégager.

**TIRET**, *s. m.* Petit morceau de parchemin avec lequel on attache des papiers ensemble; petite barre qui joint les mots, qui divise les phrases.

**TIRETAINE**, *s. f.* Droguet, drap grossier.

**TIREUR**, *s. m.* Soldat ou Chasseur qui tire; chasseur qu'on entretient pour tirer du gibier; celui qui tire une lettre de change sur un autre; — *d'or*, ouvrier qui tire, bat et file l'or.

**TIROIR**, *s. m.* Espèce de petite caisse emboîtée dans une armoire, etc.; *pièces à —*, pièces de théâtre dont les scènes, sans être liées, tiennent à une idée commune.

**TISANE**, *s. f.* Breuvage, décoction de quelque plante médicinale.

**TISON**, *s. m.* Restes d'une bûche dont une partie a été brûlée.

**TISONNÉ**, *adj. m.* *Cheval gris —*, parsemé de taches noires irrégulières.

**TISONNER**, *v. n.* Remuer les tisons; *fam.*

**TISONNEUR, EUSE**, *s.* Celui ou Celle qui aime à tisonner.

**TISONNIER**, *s. m.* Instrument de maréchal ou de forgeron, tige de fer avec un crochet pour attiser le feu.

**TISSAGE**, *s. m.* Action de tisser.

**TISSER** (*part.* é, ée), *v. a.* Faire un tissu.

**TISSERAND**, *s. m.* Ouvrier qui fait de la toile.

**TISSERANDERIE**, *s. f.* Profession du tisserand.

**TISSU, UE**, *part. du verbe inusité Tistre.* Tissé; *tissu*, *s. m.* Ouvrage tissu au métier; *fig.* Entrelacement des fibres formant les organes; ordre, suite.

**TISSURE**, *s. f.* Liaison de ce qui est tissu; *fig.* Disposition, contexture (d'un ouvrage).

**TISSUTIER**, *s. m.* Rubanier.

**TISTRE**, *v. a.* Tisser. (Il n'est d'usage qu'aux temps formés du part. *Tissu.*)

**TITAN**, *s. m.* Géant, personnage fabuleux.

**TITHYMALE**, *s. f.* Plante qui donne un suc corrosif.

**TITILLATION**, *s. f.* Chatouillement.

**TITILLER** (*part.* é, ée), *v. a.* Chatouiller.

**TITRE**, *s. m.* Inscription placée en tête d'un livre, d'un chapitre, etc.; nom de dignité, d'emploi, etc.; propriété d'une charge; acte authentique pour établir un droit; droit qu'on a de faire, de posséder, etc.; qualité qui donne un droit; degré de fin de l'or et de l'argent; *à — de*, *loc. prép.* En qualité de, sous prétexte de.

**TITRER** (*part.* é, ée), *v. a.* Donner un titre d'honneur (à une personne, à une terre).

**TITUBATION**, *s. f.* Action de chanceler.

**TITULAIRE**, *adj.* 2 *g.* Qui a le titre sans la possession; —, *s. m.* Celui qui est revêtu d'un titre de charge, de bénéfice.

**TOAST**, *s. m.* Proposition de boire à la santé de quelqu'un.

**TOCANE**, *s. f.* Vin nouveau fait de la mère goutte.

**TOCSIN**, *s. m.* Bruit d'une cloche qui sonne l'alarme.

**TOGE**, *s. f.* Robe longue des Romains en temps de paix.

**TOI**, *pr. pers.* 2 *g.* Tu.

**TOILE**, *s. f.* Tissu de lin ou de chanvre; tissu que forment les araignées; rideau qui cache le théâtre; *au pl.* Filets pour prendre des sangliers, des cerfs, etc.

**TOILERIE**, *s. f.* Marchandise de toile.

**TOILETTE**, *s. f.* Toile étendue sur une table où l'on met ce qui sert à l'ajustement des hommes et des femmes; la table même et tout ce qui sert à l'habillement; parure; ajustement.

**TOILIER, IÈRE**, *s.* Celui ou Celle qui vend de la toile; —, *s. m.* Celui qui fabrique de la toile.

**TOISE**, *s. f.* Ancienne mesure de six pieds.

**TOISÉ**, *s. m.* Mesurage à la toise.

**TOISER** (*part.* é, ée), *v. a.* Mesurer à la toise; *fig.* Examiner avec attention ou avec dédain.

**TOISEUR**, *s. m.* Celui qui toise.

**TOISON**, *s. f.* Laine du mouton.

**TOIT**, *s. m.* Couverture d'un bâtiment; bâtiment.

**TOITURE**, *s. f.* Ce qui compose le toit d'un bâtiment.

**TÔLE**, *s. f.* Fer en feuilles.

**TOLÉRABLE**, *adj.* 2 *g.* Qu'on peut tolérer.

**TOLÉRABLEMENT**, *adv.* D'une manière tolérable.

**TOLÉRANCE**, *s. f.* Indulgence pour ce qu'on ne peut ou ce qu'on ne veut pas empêcher.

**TOLÉRANT, E**, *adj.* Qui tolère (en matière de religion).

**TOLÉRANTISME**, *s. m.* Système de tolérance religieuse.

**TOLÉRER** (*part.* é, ée), *v. a.* Supporter ce qui en soi n'est pas bien.

**TOMAISON**, *s. f.* Indication du tome.

**TOMATE**, *s. f.* Variété de la pomme d'amour dont on fait une sauce.

**TOMBAC**, *s. m.* Alliage de cuivre et de zinc.

**TOMBANT, E**, *adj.* Qui tombe; long, pendant.

**TOMBE**, *s. f.* Table de pierre qui couvre une sépulture; sépulcre.

**TOMBEAU**, *s. m.* Monument élevé à la mémoire d'un mort, à l'endroit où il est enterré.

**TOMBÉE**, *s. f.* *A la tombée de la nuit*, au moment où le jour tombe.

**TOMBELIER**, *s. m.* Charretier qui conduit un tombereau.

**TOMBER** (*part.* é, ée), *v. n.* Être emporté de haut en bas par son propre poids; venir au pouvoir de; échoir; aboutir; cesser; être pendant; ne pas réussir; — *en ruine*, dépérir; — *malade*, devenir malade; — *sur quelqu'un*, fondre sur lui; *faire — les armes des mains*, fléchir; — *d'accord*, avouer, convenir; — *de son haut*, *des nues*, être fort étonné.

**TOMBEREAU**, *s. m.* Espèce de charrette.

**TOME**, *s. m.* Volume d'un ouvrage imprimé ou manuscrit.

**TON**, *pron. poss. masc. sing. de la* 2ᵉ *pers.* Tien. (Le féminin est *Ta*, devant une consonne, *Ton*, devant une voyelle; *pl.* 2 *g.* *Tes.*)

**TON**, *s. m.* Certain degré d'élévation ou d'abaissement de la voix ou d'un autre son; caractère du style; manière, procédé; intervalle entre deux notes consécutives de la gamme (excepté celui du *mi* au *fa*, et du *si* à l'*ut*, qui ne fait qu'un demi-ton); un des modes sur lesquels on chante les psaumes de l'Église; degré de force du coloris d'un tableau; état de tension naturelle des organes; *le bon* —, le langage, les manières des gens bien élevés.

**TONDAISON**, *s. f.* Tonte.

**TONDEUR, EUSE**, *s.* Celui ou Celle qui tond.

**TONDRE** (*part.* du, ue), *v. a.* Couper la laine ou le poil des bêtes; couper les cheveux de près; couper les poils (des draps); couper les feuilles, les branches qui dépassent une certaine hauteur.

**TONDU**, *s. m.* (*t. de mépris*). Personne peu considérée.

**TONIQUE**, *adj.* 2 *g.* Qui a du ton, qui se contracte (en parlant des fibres); qui donne du ton (aux organcs); —, *s. m.* Remède qui augmente l'activité (des organes); —, *s. f.* ou *note* —, note fondamentale d'un ton ou d'un mode, *t. de mus.*

TONNAGE, *s. m.* Droit perçu sur les vaisseaux marchands à raison de tant par tonneau.

TONNANT, E, *adj.* Qui tonne; fort et éclatant.

TONNE, *s. f.* Grand vaisseau de bois à deux fonds, fait en forme de cylindre renflé par le milieu.

TONNEAU, *s. m.* Petite tonne; mesure de liquide; (*t. de mar.*) poids de vingt quintaux, ou espace de quarante pieds cubes.

TONNELER (*part.* é, ée), *v. a.* Prendre du gibier à la tonnelle.

TONNELEUR, *s. m.* Chasseur qui prend des perdrix à la tonnelle.

TONNELIER, *s. m.* Celui qui fait ou qui raccommode les tonneaux.

TONNELLE, *s. f.* Berceau de treillage, couvert de verdure; filet pour prendre des perdrix.

TONNELLERIE, *s. f.* Profession du tonnelier; lieu où il travaille.

TONNER, *v. n.* et *impers.*, se dit du bruit que fait le tonnerre, le canon, etc.; *fig.* Parler avec force et éloquence.

TONNERRE, *s. m.* Bruit éclatant causé par l'explosion de deux nuées électriques; la foudre.

TONNERRE, chef-lieu d'arr. du dép. de l'Yonne.

TONSURE, *s. f.* Couronne qu'on fait aux clercs dans une cérémonie de l'Église, en leur rasant les cheveux en rond au sommet de la tête.

TONSURER (*part.* é, ée), *v. a.* Donner la tonsure.

TONTE, *s. f.* Action de tondre; temps de la tonte; laine tondue.

TONTINE, *s. f.* Rente viagère sur plusieurs têtes, avec accroissement pour les survivants.

TONTINIER, IÈRE, *s.* Celui ou Celle qui a des rentes de tontine.

TONTISSE, *adj. f.*, se dit de la bourre qui tombe des draps quand on les tond; —, *s. f.* Tapisserie exécutée avec des tontures de drap.

TONTURE, *s. f.* Poil que l'on tond sur les draps; branches ou feuilles coupées aux palissades, aux bordures.

TOPAZE, *s. f.* Pierre précieuse jaune.

TÔPER (*t. du jeu de dés*), *v. n.* Demeurer d'accord d'aller d'autant que met en jeu son adversaire; *fig.* et *fam.* Consentir à une proposition.

TOPINAMBOUR, *s. m.* Espèce de pomme de terre.

TOPIQUE, *adj.* 2 *g.* et *s. m.* (Remède) appliqué extérieurement sur une partie malade; *pl.* (*t. de rhét.*) Lieux communs.

TOPOGRAPHIE, *s. f.* Description d'un lieu particulier.

TOPOGRAPHIQUE, *adj.* 2 *g.* Qui appartient à la topographie.

TOQUE, *s. f.* Chapeau à petits bords, plat par-dessus et plissé tout autour.

TOQUER (*part.* é, ée), *v. a.* Toucher, frapper.

TOQUET, *s. m.* Bonnet d'enfants et de femmes du peuple.

TORCHE, *s. f.* Flambeau, cire appliquée autour d'un bâton de sapin.

TORCHE-NEZ, *s. m.* (inv.). Morceau de bois qui, avec une corde, serre les lèvres antérieures du cheval.

TORCHER (*part.* é, ée), *v. a.* Nettoyer en frottant; *fam.* Travailler grossièrement.

TORCHIS, *s. m.* Terre grasse mêlée de paille, pour faire des constructions économiques.

TORCHON, *s. m.* Serviette de grosse toile pour essuyer la vaisselle, les meubles; *fig.* et *fam.* Personne malpropre.

TORDAGE, *s. m.* Façon qu'on donne à la soie, en doublant les fils sur les moulinets.

TORDRE (*part.* du, ue; se conj. sur *Mordre*), *v. a.* Tourner de biais en serrant; — *le cou*, faire mourir en tournant le cou; *fig.* Détourner (une loi, un passage, etc.) de son sens naturel.

TORÉADOR, *s. m.* Cavalier qui combat les taureaux.

TORON, *s. m.* Assemblage de fils de caret qui forment un cordage.

TORPEUR, *s. f.* Engourdissement,

cessation de sentiment (au prop. et au fig.).

TORPILLE (ll m.), *s. f.* Poisson de mer qui engourdit, par une commotion électrique, celui qui le touche.

TORQUETTE, *s. f.* Marée entortillée dans la paille.

TORRÉFACTION, *s. f.* Action de torréfier.

TORRÉFIER (*part.* é, ée), *v. a.* Exposer à une chaleur violente; rôtir.

TORRENT, *s. m.* Courant d'eau impétueux qui dure peu; *fig.* Abondance, impétuosité.

TORRIDE, *adj. f.* Brûlant.

TORS, E, *adj.* Tordu ou qui paraît l'être; tortu, *t. de bot.*

TORSADE, *s. f.* Étoffe tordue en rouleau; ce qui l'imite.

TORSE, *s. m.* Statue qui n'a que le tronc, *t. de sculpt.*; tronc d'une personne vivante.

TORSION, *s. f.* Effet produit en tordant.

TORT, *s. m.* Ce qui est contre la raison, la justice; lésion, dommage; *à —, loc. adv.* Sans raison, injustement; *à — et à travers, loc. adv.* Sans discernement; *à — ou à raison, loc. adv.* Avec ou sans raison valable.

TORTICOLIS, *s. m.* Douleur qui empêche de tourner le cou; —, *adj.* Qui a le cou de travers.

TORTILLAGE (ll m.), *s. m.* Façon de s'exprimer confuse et embarrassée.

TORTILLE, *s. f.* Petite allée tortueuse d'un jardin, d'un parc, etc.

TORTILLEMENT (ll m.), *s. m.* Action de tortiller; état d'une chose tortillée; *fig.* Petite finesse (dans les affaires).

TORTILLER (ll m.; *part.* é, ée), *v. a.* Tordre; —, *v. n.* Chercher des subterfuges; *se —, v. pr.* Se tordre, se replier.

TORTILLÈRE, *s. f.* Tortille.

TORTU, UE, *adj.* Qui n'est pas droit; contrefait; *esprit* —, qui raisonne de travers.

TORTUE, *s. f.* Genre de reptiles ou de quadrupèdes ovipares recouverts d'une écaille dure, qui marchent lentement; papillon diurne; toit que formaient les Romains en réunissant leurs boucliers au-dessus de leurs têtes pour approcher à couvert d'une place assiégée.

TORTUER (*part.* é, ée), *v. a.* Rendre tortu; *se —, v. pr.* Devenir tortu.

TORTUEUSEMENT, *adv.* D'une manière tortueuse.

TORTUEUX, EUSE, *adj.* Qui fait plusieurs tours et retours; *fig.* Qui manque de droiture.

TORTUOSITÉ, *s. f.* État de ce qui est tortueux.

TORTURE, *s. f.* Gêne, tourment, supplice; *fig.* Souci, anxiété; contention d'esprit.

TORTURER (*part.* é, ée), *v. a.* Faire éprouver la torture; — *le sens d'un mot*, lui faire signifier ce qu'il ne dit pas.

TORY, *s.* et *adj. m.* Nom donné en Angleterre aux partisans de la cour.

TOSCAN, E, *adj.*, se dit d'un des cinq ordres d'architecture.

TOSTER (*part.* é, ée), *v. a.* Porter un toast.

TÔT, *adv.* Vite, incontinent; *plus* —, dans un temps antérieur ou moins éloigné; *il n'eut pas plus — dit...*, à peine avait-il dit.... (Dans cette dernière phrase, on écrit aussi, mais à tort, en un seul mot : *plutôt.*)

TOTAL, E, *adj.* Complet, entier; —, *s. m.* Le tout, la totalité; somme d'une addition; *au —, loc. adv.* Tout considéré.

TOTALEMENT, *adv.* Entièrement.

TOTALITÉ, *s. f.* Tout formé de l'assemblage des parties.

TOTON, *s. m.* Espèce de dé à pivot qu'on fait tourner.

TOUAGE, *s. m.* Action de touer.

TOUAILLE (ll m.), *s. f.* Essuie-main suspendu à un rouleau de bois.

TOUCAN, *s. m.* Genre d'oiseaux grimpeurs à bec énorme, de l'Amérique méridionale; constellation australe.

TOUCHANT, E, *adj.* Qui touche le cœur, qui émeut les passions.

TOUCHANT, *prép.* Concernant, au sujet de.

TOUCHE, *s. f.* Petite pièce d'ébène ou d'ivoire du clavier d'un instrument de musique; action, manière de toucher le clavier; épreuve de l'or ou de l'argent par la pierre de touche; dessin; (*t. de peint.*) moyen de faire sentir le caractère des objets; troupeau de bœufs gras qu'on envoie au marché; *fig.* Disgrâce, mortification.

**TOUCHER** (*part.* é, ée), *v. a.* Mettre la main sur, être ou se mettre en contact avec; frapper, battre; recevoir (de l'argent); mettre l'encre sur les caractères, *t. d'imprim.*; éprouver l'or avec la pierre de touche; aborder dans un lieu; jouer de divers instruments de musique; *fig.* Parler incidemment de; émouvoir; intéresser, concevoir; être parent; —, *v. n.* Porter la main sur; être en contact avec; — *à.* prendre une partie de; être proche de; *se* —, *v. réc.* Être contigu.

**TOUCHER**, *s. m.* Le tact, un des cinq sens; manière de toucher le clavecin, l'orgue, etc.

**TOUE**, *s. f.* Bateau qui sert de bac.

**TOUÉE**, *s. f.* Action de touer un navire; longueur de câble de 120 brasses.

**TOUER** (*part.* é, ée), *v. a.* Faire avancer un navire au moyen du cabestan.

**TOUFFE**, *s. f.* Assemblage de certaines choses nombreuses et très-rapprochées (herbes, arbres, cheveux, etc.).

**TOUFFEUR**, *s. f.* Exhalaison qui saisit celui qui entre dans un endroit très-chaud.

**TOUFFU, UE**, *adj.* Épais, bien garni.

**TOUJOURS**, *adv.* Sans cesse, sans relâche, sans fin; ordinairement; néanmoins; en attendant; au moins; *pour* —, à perpétuité.

**TOUL**, chef-lieu d'arr. du dép. de la Meurthe.

**TOULON**, chef-lieu d'arr. du dép. du Var.

**TOULOUSAIN, E**, *adj.* et *s.* Qui est de Toulouse.

**TOULOUSE**, chef-lieu du dép. de la Haute-Garonne.

**TOUPET**, *s. m.* Touffe de cheveux au haut du front; garniture postiche de faux cheveux sur le sommet de la tête.

**TOUPIE**, *s. f.* Jouet de bois que font tourner les enfants.

**TOUPILLER** (ll m.), *v. n.* Aller et venir sans savoir pourquoi, *fam.*

**TOUPILLON** (ll m.), *s. m.* Petit toupet; branches inutiles et confuses d'un oranger.

**TOUR**, *s. f.* Bâtiment élevé et ordinairement fortifié; pièce du jeu d'échecs; — *de Babel*, lieu de confusion.

**TOUR**, *s. m.* Mouvement en rond; allée et venue; promenade; circuit, circonférence; *fig.* Action adroite, agile; ruse; tournure; rang successif, ordre alternatif; manière dont on exprime ses pensées; machine pour façonner en rond le bois, les métaux, etc.; armoire ronde tournant sur un pivot; *fait au* —, bien fait; *tour à* —, *loc. adv.* Alternativement.

**TOURAINE** (LA), anc. province divisée en Haute et Basse par la Loire, forme aujourd'hui le dép. d'Indre-et-Loire et une partie de celui de la Vienne.

**TOURBE**, *s. f.* Terre combustible résultant de la décomposition des plantes dans l'eau; multitude confuse.

**TOURBEUX, EUSE**, *adj.* Qui contient de la tourbe.

**TOURBIÈRE**, *s. f.* Endroit d'où l'on extrait de la tourbe.

**TOURBILLON** (ll m.), *s. m.* Vent impétueux qui va en tourbillonnant; quantité de matière que les cartésiens supposent tourner autour d'un astre; *fig.* Tout ce qui entraîne.

**TOURBILLONNER**, *v. n.* Aller en tournoyant.

**TOURD**, *s. m.* Sorte de poisson de mer.

**TOURD**, *s. m.*, ou **TOURDELLE**, *s. f.* Espèce de grive.

**TOURDILLE** (ll m.), *adj.*, se dit d'un gris sale, en parlant du poil du cheval.

**TOURELLE**, *s. f.* Petite tour.

**TOURET**, *s. m.* Petite roue qui reçoit son mouvement d'une roue plus grande; rouet à filer.

**TOURIÈRE**, *s. f.* Domestique qui, dans les couvents, fait passer au tour ce qu'on y apporte; *mère* —, religieuse préposée pour avoir soin du tour au dedans.

**TOURILLON** (ll m.), *s. m.* Gros pivot sur lequel roule une porte cochère; morceau de métal rond qui est à chaque côté de la volée du canon.

**TOURMENT**, *s. m.* Violente douleur corporelle; *fig.* Peine d'esprit.

**TOURMENTANT, E**, *adj.* Qui tourmente.

**TOURMENTE**, *s. f.* Orage, tempête; *fig.* Violente agitation.

**TOURMENTER** (*part.* é, ée), *v. a.* Faire souffrir quelque tourment de corps ou d'esprit; importuner; harceler; agiter violemment; *se* —, *v. pr.* S'agiter; s'inquiéter.

**TOURMENTEUX, EUSE**, *adj.*, se dit des parages sujets aux tempêtes.

**TOURNAILLER** (ll m.), *v. n.* Faire beaucoup de tours et de détours sans s'éloigner d'un point; rôder autour, *fam.*

**TOURNANT**, *s. m.* Coin de rue, de chemin; endroit où la rivière fait un coude; endroit de mer ou de rivière où l'eau tourne habituellement.

**TOURNANT, E**, *adj.* Qui tourne.

**TOURNÉ, ÉE**, *adj.* Travaillé au tour; altéré; gâté; *fig. Esprit mal* —, qui prend tout de travers.

**TOURNEBRIDE**, *s. m.* Espèce de cabaret auprès d'un château.

**TOURNEBROCHE**, *s. m.* Machine servant à faire tourner la broche; garçon qui tourne la broche.

**TOURNÉE**, *s. f.* Course pour inspecter; voyage annuel d'un particulier pour ses affaires; petite promenade.

**TOURNELLE**, *s. f.* Petite tour; chambre du parlement qui connaissait des affaires criminelles.

**TOURNER** (*part.* é, ée), *v. a.* Mouvoir en rond; agiter circulairement, détourner, diriger ou mettre en un autre sens, prendre à revers; faire changer; influencer; interpréter; façonner au tour; arranger de certaine manière; —, *v. n.* Se mouvoir en rond; se gâter; — *court*, abréger; — *mal*, avoir une mauvaise issue; *se* —, *v. pr.* Se diriger vers; se changer.

**TOURNESOL**, *s. m.* Soleil ou hélianthe à grandes fleurs; sorte de teinture bleue.

**TOURNEUR**, *s. m.* Artisan qui fait des ouvrages au tour.

**TOURNEVIS**, *s. m.* Instrument de fer pour serrer ou desserrer les vis.

**TOURNIQUET**, *s. m.* Croix de bois ou de fer, mobile et posée sur un pivot, pour ne laisser passer que des piétons; dévidoir; outil qui tourne; petit insecte coléoptère qui tournoie sur la surface des eaux tranquilles.

**TOURNIS**, *s. m.* Maladie des moutons dont le siége est dans le cerveau, et dont ils meurent en tournant sur eux-mêmes.

**TOURNOI**, *s. m.* Fête publique et militaire.

**TOURNOIEMENT** ou **TOURNOIMENT**, *s. m.* Action de ce qui tournoie.

**TOURNOIS**, *adj.* 2 *g.*, se dit d'une ancienne monnaie fabriquée à Tours; *livre* —, 20 sous.

**TOURNON**, chef-lieu d'arr. du dép. de l'Ardèche.

**TOURNOYER**, *v. n.* Tourner en faisant plusieurs tours; *fig.* Biaiser, chercher des détours.

**TOURNURE**, *s. f.* Tour (d'une affaire); habitude du corps.

**TOURS**, chef-lieu du dép. d'Indre-et-Loire.

**TOURTE**, *s. f.* Espèce de pâtisserie.

**TOURTEAU**, *s. m.* Sorte de gâteau; résidu de graines dont on a tiré l'huile.

**TOURTEREAU**, *s. m.* Jeune tourterelle.

**TOURTERELLE**, *s. f.* Oiseau du genre du pigeon.

**TOURTIÈRE**, *s. f.* Ustensile qui sert à faire cuire des tourtes.

**TOUSELLE**, *s. f.* Froment à épis sans barbe et à grains fort gros.

**TOUSSAINT** (LA), *s. f.* Fête de tous les Saints, le 1er novembre.

**TOUSSER**, *v. n.* Faire l'effort et le bruit que cause la toux.

**TOUSSEUR, EUSE**, *s.* Celui ou Celle qui tousse souvent.

**TOUT, E**, *adj.* Entier; chaque; *tout, s. m.* Chose entière; toutes choses; *le —*, l'ensemble; le principal; *après —, loc. adv.* Tout bien considéré; *du —, loc. adv. Rien du —*, absolument rien; *pas du —*, nullement; *en —, loc. adv.* Tout compris; *tout, adv.* Entièrement; sans exception; quoique, quelque. (Dans ce dernier sens, il prend l'accord devant les adjectifs féminins commençant par une consonne.)

**TOUTE-BONNE**, *s. f.* Sorte de sauge.

**TOUTEFOIS**, *adv.* Néanmoins, cependant.

**TOUTE-PUISSANCE**, *s. f.* (sans pl.). Puissance infinie.

**TOUTE-SAINE**, *s. f.* Plante à fleurs rosacées.

**TOU-TOU**, *s. m.* Petit chien.

**TOUT-PUISSANT, TOUTE-PUISSANTE**, *adj.* Qui possède la toute-puissance.

**TOUX**, *s. f.* Mouvement convulsif de la poitrine accompagné de bruit.

**TOXIQUE**, *s. m.* Nom générique des poissons.

**TOXICOLOGIE**, *s. f.* Traité des poisons.

**TRABÉE**, *s. f.* Robe de cérémonie (chez les anciens Romains).

**TRAÇANT, E**, *adj. Racine traçante*, qui s'étend en terre à peu de profondeur; *t. de bot.*

**TRACAS**, *s. m.* Mouvement accompagné d'embarras.

**TRACASSER**, *v. n.* Aller, venir, se tourmenter; être inquiet, brouillon; — (*part.* é, ée), *v. a.* Tourmenter, inquiéter.

**TRACASSERIE**, *s. f.* Mauvaise difficulté, chicane.

**TRACASSIER, IÈRE**, *s.* et *adj.* Celui ou Celle qui fait des tracasseries.

**TRACE**, *s. f.* Vestige, marque; ligne sur un terrain, sur du papier, etc.; *fig.* Impression des objets sur l'esprit.

**TRACÉ**, *s. m.* Trait d'un plan, d'un ouvrage.

**TRACEMENT**, *s. m.* Action de tracer.

**TRACER** (*part.* é, ée), *v. a.* Tirer des lignes d'un dessin, d'un plan, sur le papier, la toile, etc.; — *le chemin, fig.* Donner l'exemple; —, *v. n.*, se dit des arbres dont les racines s'étendent en rampant à fleur de terre.

**TRACHÉE**, *s. f.* Petits vaisseaux aériens, blancs et argentins, roulés en tire-bourre (chez les végétaux et les insectes); petites ouvertures qu'on voit au manteau des coquillages.

**TRACHÉE-ARTÈRE**, *s. f.* Canal qui porte l'air aux poumons.

**TRACTION**, *s. f.* Action d'une force qui tire un corps mobile.

**TRADITEUR**, *s. m.* Nom donné à ceux qui, durant les persécutions, avaient livré les livres saints aux païens.

**TRADITION**, *s. f.* Action de livrer quelque chose à une personne, *t. de prat.*; voie par laquelle les faits et les dogmes se transmettent d'âge en âge.

**TRADITIONNAIRE**, *s. m.*, se dit des juifs qui appliquent aux saintes Écritures les traditions du Talmud.

**TRADITIONNEL, ELLE**, *adj.* Qui repose sur la tradition.

**TRADITIONNELLEMENT**, *adv.* Selon la tradition.

**TRADUCTEUR**, *s. m.* Celui qui traduit d'une langue en une autre.

**TRADUCTION**, *s. f.* Action de traduire d'une langue en une autre; ouvrage traduit.

**TRADUIRE** (*part.* it, ite), *v. a.* Transférer quelqu'un d'un lieu à un autre; faire passer un ouvrage d'une langue dans une autre; *fig.* Citer en justice.

**TRADUISIBLE**, *adj.* 2 *g.* Qui peut se traduire.

**TRAFIC**, *s. m.* Commerce, négoce; *fig.* Profit ou Commerce illicite.

**TRAFIQUANT**, *s. m.* Commerçant, négociant.

**TRAFIQUER**, *v. n.* Faire trafic.

**TRAGACANTHE**, *s. f.* Sorte d'arbrisseau qui produit la gomme adragant.

**TRAGÉDIE**, *s. f.* Poëme dramatique qui représente une action importante entre des personnes illustres, et qui est propre à exciter la terreur ou la pitié; *fig.* Événement funeste.

**TRAGÉDIEN, ENNE**, *s.* Acteur, actrice tragique.

**TRAGI-COMÉDIE** (*au pl. tragi-comédies*), *s. f.* Tragédie mêlée d'incidents comiques.

**TRAGI-COMIQUE** (*au pl. tragi-comiques*), *adj. 2 g.* Qui tient du tragique et du comique.

**TRAGIQUE**, *adj. 2 g.* Qui appartient à la tragédie; *fig.* Funeste; —, *s. m.* Le genre tragique; auteur de tragédies.

**TRAGIQUEMENT**, *adv.* D'une manière tragique.

**TRAHIR** (*part.* i, ie), *v. a.* Faire une perfidie à quelqu'un, lui manquer de foi; rendre vain, déjouer; — *sa conscience*, agir contre elle; — *un secret*, le révéler; *se* —, *v. pr.* Se déceler, se découvrir par une indiscrétion.

**TRAHISON**, *s. f.* Action de trahir.

**TRAILLE** (ll m.), *s. f.* Espèce de bac pour passer les grandes rivières.

**TRAIN**, *s. m.* Allure, façon d'aller; manière de conduire; partie de devant ou de derrière des chevaux, des mulets, etc.; charronnage qui porte le corps du carrosse, etc.; suite de valets, de chevaux, etc.; espèce de grand radeau; — *d'artillerie*, — *des équipages*, et absol. *Train*, attirail nécessaire pour servir l'artillerie de siége ou de campagne; *fig.* Courant des affaires; manière de vivre; *en* —, en action, en mouvement.

**TRAÎNAGE**, *s. m.* Action de traîner (en parlant des traîneaux).

**TRAÎNANT, E**, *adj.* Qui traîne à terre; *fig.* Languissant.

**TRAÎNARD**, *s. m.* Celui qui reste en arrière, traîneur.

**TRAÎNASSE**, *s. f.* Renouée, sorte de plante; — ou *traîneau*, *s. m.* Grand filet.

**TRAÎNE**, *s. f.* Perdreaux qui ne peuvent voler sans leur mère; *bateau à la* —, traîné par un autre.

**TRAÎNEAU**, *s. m.* Voiture sans roues pour transporter des marchandises, pour faire des courses sur la neige, sur la glace; grand filet pour prendre des perdreaux.

**TRAÎNÉE**, *s. f.* Petite quantité de certaines choses répandues en longueur; longue suite de poudre à canon qui sert à communiquer le feu à l'amorce.

**TRAÎNER** (*part.* é, ée), *v. a.* Tirer après soi; *fig.* Attirer, être la cause de; allonger, différer; —, *v. n.* Pendre jusqu'à terre; demeurer exposé, au lieu d'être à sa place; *fig.* Languir; *se* —, *v. pr.* S'avancer péniblement.

**TRAÎNEUR**, *s. m.* Celui qui chasse au traîneau; soldat qui demeure derrière son corps, par infirmité, ou pour piller; chien qui ne suit pas le gros de la meute.

**TRAIRE** (*Ind. pr.* je trais, tu trais, il trait, nous trayons, vous trayez, ils traient; *imp.* je trayais, etc., nous trayions, etc.; *pas de p. déf.*; *p. indéf.* j'ai trait, etc.; *fut.* je trairai, etc.; nous trairons, etc.; *cond.* je trairais, etc., nous trairions, etc.; *impér.* trais, trayons, trayez; *subj. pr.* que je traie, etc., que nous trayions, etc.; *pas d'imp. du subj.*; *p. du subj.* que j'eusse trait, etc.; *p. pr.* trayant; *p. p.* trait, e), *v. a.* Tirer le lait des vaches, des ânesses, des chèvres; tirer (un métal) par la filière.

**TRAIT**, *s. m.* Dard, javelot, flèche; longe de corde ou de cuir avec laquelle les chevaux tirent; longe où est attaché le limier qu'on mène à la chasse; ce qui emporte l'équilibre de la balance, et la fait trébucher; ce qu'on avale d'une liqueur sans reprendre haleine; ligne tracée avec la plume, etc.; lignes qui imitent la forme d'un objet; linéaments du visage; *fig.* Action, procédé; fait remarquable; beaux endroits d'un ouvrage d'esprit; pensée vive, brillante; rapport (d'une chose avec une autre); *cheval de* —, qui sert au tirage; — *pour* —, exactement.

**TRAITABLE**, *adj. 2 g.* Doux, accommodant.

**TRAITANT**, *s. m.* Celui qui se

chargeait du recouvrement des impositions, à certaines conditions.

**TRAITE**, *s. f.* Étendue de chemin fait ou à faire sans s'arrêter; transport de marchandises d'un pays à un autre; droits qu'elles payent à l'entrée ou à la sortie; lettre de change qu'un banquier tire sur ses correspondants.

**TRAITÉ**, *s. m.* Ouvrage où l'on traite d'un art, d'une science, etc.; convention, stipulations respectives.

**TRAITEMENT**, *s. m.* Accueil, réception; appointements d'un homme en place; manière de soigner un malade, remèdes.

**TRAITER** (*part.* é, ée), *v. a.* Discuter, raisonner sur; négocier, contracter, transiger; qualifier de; régaler; panser; médicamenter; (*t. de chim.*) soumettre une substance à l'action d'un agent.

**TRAITEUR**, *s. m.* Celui qui donne à manger pour de l'argent.

**TRAÎTRE, ESSE**, *adj.* Perfide, dangereux; —, *s.* Celui ou Celle qui trahit; *en traître*, *loc. adv.* Traîtreusement.

**TRAÎTREUSEMENT**, *adv.* En trahison.

**TRAJECTOIRE**, *s. f.* Ligne droite ou courbe que suit un corps en mouvement.

**TRAJET**, *s. m.* Espace à traverser, surtout par eau; action de traverser.

**TRAMAIL** (1 m.; *au pl. tramails*), *s. m.* Sorte de grand filet pour pêcher.

**TRAME**, *s. f.* Fils conduits par la navette entre ceux qu'on nomme chaîne; *fig.* Complot.

**TRAMER** (*part.* é, ée), *v. a.* Passer la trame entre les fils de la chaîne; *fig.* Comploter.

**TRAMONTANE**, *s. f.* Dans la Méditerranée, le vent, le côté, l'étoile du Nord; *perdre la* —, se troubler.

**TRANCHANT**, *s. m.* Fil d'un couteau, d'un sabre.

**TRANCHANT, E**, *adj.* Qui tranche; *fig.* Péremptoire, décisif; qui décide hardiment; *écuyer* —, officier qui coupe les viandes à la table des princes; *couleurs tranchantes*, fort vives et sans nuances entre elles.

**TRANCHE**, *s. f.* Morceau coupé un peu mince; côté par lequel ont été coupées les feuilles d'un livre.

**TRANCHÉE**, *s. f.* Fossé pour l'écoulement des eaux, ou pour se mettre à couvert du feu d'une place qu'on assiége, etc.; *au pl.* Douleurs aiguës dans les entrailles.

**TRANCHELARD**, *s. m.* Couteau de cuisine, à lame fort mince.

**TRANCHE-MONTAGNE** (*au pl. tranche-montagnes*), *s. m.* Fanfaron.

**TRANCHER** (*part.* é, ée), *v. a.* Séparer en coupant; *fig.* Résoudre; —, *v. n.* Décider hardiment; prendre le ton de.

**TRANCHET**, *s. m.* Outil pour couper le cuir.

**TRANCHOIR**, *s. m.* Plateau de bois sur lequel on tranche la viande.

**TRANQUILLE**, *adj.* 2 *g.* Paisible, calme; exempt de trouble, d'agitation.

**TRANQUILLEMENT**, *adv.* D'une manière tranquille.

**TRANQUILLISANT**, **E**, *adj.* Qui tranquillise.

**TRANQUILLISER** (*part.* é, ée), *v. a.* Rendre tranquille; calmer; *se* —, *v. pr.* Cesser d'être inquiet.

**TRANQUILLITÉ**, *s. f.* État de ce qui est tranquille.

**TRANS**, *prép. latine qui entre dans la composition de plusieurs mots.* Au delà, à travers, entre.

**TRANSACTION**, *s. f.* Acte par lequel on transige sur un différend.

**TRANSALPIN**, **E**, *adj.* Situé au delà des Alpes.

**TRANSBORDEMENT**, *s. m.* Action de transborder.

**TRANSBORDER** (*part.* é, ée), *v. a.* Transporter le chargement d'un navire sur un autre.

**TRANSCENDANCE**, *s. f.* Supériorité marquée.

**TRANSCENDANT**, **E**, *adj.* Qui excelle en son genre; *géométrie* —, qui emploie l'infini dans ses calculs.

**TRANSCRIPTION**, *s. f.* Action de celui qui transcrit; mise au net, copie.

**TRANSCRIRE** (se conj. sur *Écrire*), *v. a.* Copier, mettre au net.

**TRANSE**, *s. f.* Grande appréhension d'un mal qu'on croit prochain.

**TRANSFÉRER** (*part.* é, ée), *v. a.* Faire passer d'un lieu à un autre, d'une personne à une autre; céder.

**TRANSFERT**, *s. m.* Transport, cession; translation.

**TRANSFIGURATION**, *s. f.* Changement d'une figure en une autre (en parlant de J. C.); tableau qui représente la transfiguration de J. C.

se **TRANSFIGURER** (*part.* é, ée), *v. pr.* Changer d'une figure en une autre.

**TRANSFORMATION**, *s. f.* Changement en une autre forme.

**TRANSFORMER** (*part.* é, ée), *v. a.* Métamorphoser, changer la forme d'un objet; — *une équation*, la changer en une autre d'une forme différente, *t. d'alg.*; *se* —, *v. pr.* Prendre une autre forme.

**TRANSFUGE**, *s. m.* Celui qui passe dans le parti de l'ennemi; *fig.* Celui qui change de parti.

**TRANSFUSER** (*part.* é, ée), *v. a.* Faire passer un liquide d'un récipient dans un autre; faire la transfusion du sang.

**TRANSFUSION**, *s. f.* Action de transfuser; opération tentée pour faire passer le sang du corps d'un animal dans celui d'un autre.

**TRANSGRESSER** (*part.* é, ée), *v. a.* Enfreindre (une loi, un ordre).

**TRANSGRESSEUR**, *s. m.* Celui qui transgresse.

**TRANSGRESSION**, *s. f.* Violation d'une loi.

**TRANSIGER**, *v. n.* Consentir à un accommodement.

**TRANSIR** (*part.* i, ie), *v. a.* Pénétrer et engourdir de froid; saisir de peur; —, *v. n.* Être saisi de froid.

**TRANSISSEMENT**, *s. m.* État d'un homme transi de froid ou de peur.

**TRANSIT**, *s. m.* Passavant.

**TRANSITIF, IVE**, *adj.* Qui marque l'action d'un sujet sur un autre; qui marque le passage d'une chose à une autre (dans le discours).

**TRANSITION**, *s. f.* Manière de passer d'un raisonnement à un autre, de lier ensemble les parties d'un discours.

**TRANSITOIRE**, *adj.* 2 *g.* Passager.

**TRANSLATER** (*part.* é, ée), *v. a.* Traduire.

**TRANSLATEUR**, *s. m.* Traducteur.

**TRANSLATIF, IVE**, *adj.* (Acte) par lequel on cède une chose à quelqu'un.

**TRANSLATION**, *s. f.* Action de transférer.

**TRANSMETTRE** (se conj. sur *Mettre*), *v. a.* Céder à un autre ce qu'on possède; *fig.* Faire parvenir une chose à quelqu'un.

**TRANSMIGRATION**, *s. f.* Passage d'un pays dans un autre; — *des âmes*, métempsycose.

**TRANSMISSIBLE**, *adj.* 2 *g.* Qui peut être transmis.

**TRANSMISSION**, *s. f.* Action de transmettre; effet de cette action; réfraction.

**TRANSMUABLE**, *adj.* 2 *g.* Qui peut être changé.

**TRANSMUER** (*part.* é, ée), *v. a.* Changer, transformer (en parlant des métaux).

**TRANSMUTABILITÉ**, *s. f.* Propriété de ce qui est transmuable.

**TRANSMUTATION**, *s. f.* Changement d'une chose en une autre.

**TRANSPARENCE**, *s. f.* Qualité de ce qui est transparent.

**TRANSPARENT, E**, *adj.* Au travers de quoi l'on voit les objets.

**TRANSPARENT**, *s. m.* Papier, verre à travers lequel on voit.

**TRANSPERCER** (*part.* é, ée), *v. a.* Percer de part en part.

**TRANSPIRABLE**, *adj.* 2 *g.* Qui peut sortir par la transpiration.

**TRANSPIRATION**, *s. f.* Sortie presque imperceptible des humeurs par les pores de la peau.

**TRANSPIRER**, *v. n.* S'exhaler, sortir par les pores; suer; *fig.* S'ébruiter.

**TRANSPLANTATION**, *s. f.* Action de transplanter.

**TRANSPLANTER** (*part.* é, ée), *v. a.* Déplanter un végétal et le replanter dans un lieu différent de celui où il était; transporter; *se* —, *v. pr.* Aller s'établir dans une autre contrée.

**TRANSPORT**, *s. m.* Action de transporter, cession juridique d'un droit; *fig.* Passion violente qui met hors de soi; enthousiasme; délire passager.

**TRANSPORTABLE**, *adj.* 2 *g.* Qui peut être transporté.

**TRANSPORTER** (*part.* é, ée), *v. a.* Porter d'un lieu à un autre; céder juridiquement (un droit); mettre quelqu'un hors de lui-même; *se* —, *v. pr.* Se rendre en un lieu.

**TRANSPOSER** (*part.* é, ée), *v. a.* Changer de place; jouer sur un ton différent de celui sur lequel un air est noté, *t. de mus.*

**TRANSPOSITEUR**, *adj. m. Instrument* —, qui opère la transposition.

**TRANSPOSITION**, *s. f.* Action de transposer; (*t. de gramm.*) renversement de l'ordre des mots.

**TRANSRHÉNANE**, *adj. f.* Située au delà du Rhin.

**TRANSSUBSTANTIATION**, *s. f.* Changement de la substance du pain et du vin dans l'Eucharistie en celle du corps et du sang de Jésus-Christ.

**TRANSSUBSTANTIER** (*part.* é, ée), *v. a.* Changer une substance en une autre.

**TRANSSUDATION**, *s. f.* Action de transsuder.

**TRANSSUDER**, *v. n.* Passer au travers des pores par une espèce de sueur.

**TRANSVASER** (*part.* é, ée), *v. a.* Verser d'un vase dans un autre.

**TRANSVERSAL, E**, *adj.* Qui coupe obliquement.

**TRANSVERSALEMENT**, *adv.* D'une manière transversale.

**TRANSVERSE**, *adj.* 2 *g.* Oblique, transversal.

**TRANTRAN**, *s. m.* Le cours ordinaire de certaines affaires; *fam.*

**TRAPÈZE**, *s. m.* Quadrilatère dont les côtés ne sont point parallèles; nom d'un os, d'un grand muscle.

**TRAPÉZOÏDE**, *s. m.* Quadrilatère dont les deux côtés seulement sont parallèles, *t. de géom.*; nom d'un os, *t. d'anat.*

**TRAPPE**, *s. f.* Espèce de porte couchée horizontalement sur le plancher; porte ou fenêtre à coulisse; piége pour prendre les bêtes.

**TRAPPE (LA)**, chef-lieu d'un ordre religieux, près de Mortagne.

**TRAPPISTE**, *s. m.* Religieux de la Trappe.

**TRAPU, E**, *adj.* Gros et court.

**TRAQUE**, *s. f.* Action de traquer.

**TRAQUENARD**, *s. m.* Espèce d'amble; piége qu'on tend aux animaux nuisibles.

**TRAQUER** (*part.* é, ée), *v. a.* Entourer un bois, puis y pénétrer en se rapprochant les uns des autres de manière à ne rien laisser échapper.

**TRAQUET**, *s. m.* Piége qu'on tend aux bêtes puantes; claquet; sorte de petit oiseau.

**TRAQUEUR**, *s. m.* Un de ceux qui sont chargés de traquer.

**TRAVAIL** (l m.; *au pl. travaux*), *s. m.* Peine que l'on prend pour faire une chose, labeur, fatigue; ouvrage fait ou à finir; entreprise; compte rendu à un supérieur; machine de bois à laquelle on attache un cheval vicieux pour le ferrer. (Dans ces deux derniers sens, le pluriel est *travails.*)

**TRAVAILLER** (ll m.), *v. n.* Se donner de la peine; se déjeter (en parlant du bois, d'un mur); fermenter (en parlant des liqueurs); — (*part.* é, ée), *v. a.* Façonner (du fer, du marbre, etc.); *fig.* Tourmenter; — *un cheval*, l'exercer; *se* —, *v. pr.* Se tourmenter, s'inquiéter.

**TRAVAILLEUR** (ll m.), *s. m.* Homme adonné au travail; soldat commandé pour quelque ouvrage.

**TRAVÉE**, *s. f.* Espace entre deux poutres, ou entre la poutre et le mur.

**TRAVERS**, *s. m.* Étendue d'un corps en largeur; irrégularité d'un lieu; *fig.* Bizarrerie d'esprit, caprice; *en* —, *loc. adv.* D'un côté à l'autre, suivant la largeur; *de* —, *loc. adv.* Obliquement, *et fig.* A contre-sens; avec colère; *à* —, *au* —, *loc. adv.* Au milieu, par le milieu; *à tort et à* —, *loc. adv.* Étourdiment; *par le* —, *loc. prép.* A l'opposite.

**TRAVERSE**, *s. f.* Pièce de bois qu'on met en travers pour en affermir d'autres; tranchée dans un fossé sec d'une place assiégée; *chemin de*

—, route qui abrége; *fig. au pl.* Obstacles; afflictions; *à la —, loc. adv.* En mettant obstacle.

**TRAVERSÉE**, *s. f.* Trajet par mer.

**TRAVERSER** (*part.* é, ée), *v. a.* Passer à travers, d'un côté à l'autre; être au travers de; percer de part en part; *fig.* Susciter des obstacles.

**TRAVERSIER, IÈRE**, *adj.* Qui traverse, qui sert à traverser d'un lieu à un autre; *vent traversier*, qui empêche de sortir d'un port; *flûte traversière*, qu'on place presque horizontalement sur la lèvre.

**TRAVERSIN**, *s. m.* Oreiller long; pièce de bois posée en travers de la charpente d'un vaisseau.

**TRAVESTIR** (*part.* i, ie), *v. a.* Déguiser; *fig.* Traduire burlesquement, représenter sous une forme différente; *se —, v. pr.* Prendre un déguisement; *fig.* Déguiser son caractère.

**TRAVESTISSEMENT**, *s. m.* Déguisement.

**TRAYON**, *s. m.* Bout du pis d'une vache, d'une chèvre, etc.

**TRÉBUCHANT, E**, *adj.* Qui est de poids (en parlant des monnaies); qui trébuche.

**TRÉBUCHEMENT**, *s. m.* Action de trébucher.

**TRÉBUCHER**, *v. n.* Faire un faux pas; tomber; emporter le contrepoids par sa pesanteur.

**TRÉBUCHET**, *s. m.* Piége pour prendre les oiseaux; petite balance pour peser l'or et l'argent.

**TRÉFILER** (*part.* é, ée), *v. a.* Faire passer par la filière.

**TRÉFILERIE**, *s. f.* Machine pour tréfiler; atelier de tréfileur.

**TRÉFILEUR**, *s. m.* Artisan qui tréfile.

**TRÈFLE**, *s. m.* Plante vivace, à feuilles ternées, employée comme fourrage; une des quatre couleurs du jeu de cartes.

**TRÉFONCIER**, *s. m.* Propriétaire du fonds et du tréfonds.

**TRÉFONDS**, *s. m.* Propriété du sous-sol.

**TREILLAGE** (ll m.), *s. m.* Assemblage de lattes, etc., liées l'une à l'autre.

**TREILLAGEUR** (ll m.), *s. m.* Celui qui fait des treillages.

**TREILLE** (ll m.), *s. f.* Berceau de ceps de vigne entrelacés; ceps de vigne appliqués contre un mur.

**TREILLIS** (ll m.), *s. m.* Barreaux de bois, de fer, qui se croisent; sorte de toile gommée; grosse toile à sacs; châssis divisé en carreaux.

**TREILLISSER** (ll m.; *part.* é, ée), *v. a.* Garnir de treillis.

**TREIZE**, *adj. num.* 2 *g.* (inv.). Dix et trois; treizième; —, *s. m.* Le treizième jour (du mois).

**TREIZIÈME**, *adj.* 2 *g.* Qui suit immédiatement le douzième; —, *s.* 2 *g.* Celui ou Celle qui occupe le treizième rang; —, *s. m.* La treizième partie du tout.

**TREIZIÈMEMENT**, *adv.* En treizième lieu.

**TRÉMA**, *s. m.* Deux points qu'on met sur une voyelle; —, *adj.* 2 *g.* Surmonté de deux points.

**TREMBLAIE**, *s. f.* Lieu planté de trembles.

**TREMBLANT, E**, *adj.* Qui tremble.

**TREMBLE**, *s. m.* Espèce de peuplier à feuilles pendantes très-mobiles.

**TREMBLÉ, ÉE**, *adj.* Tracé par une main tremblante (en parlant de l'écriture).

**TREMBLEMENT**, *s. m.* Agitation de celui ou de celle qui tremble; *fig.* Grande crainte; cadence précipitée; — *de terre*, secousse qui ébranle violemment la terre.

**TREMBLER**, *v. n.* Être agité par de fréquentes secousses; n'être pas ferme, s'ébranler facilement; *fig.* Avoir grand'peur; avoir le frisson.

**TREMBLEUR, EUSE**, *s.* Celui ou Celle qui tremble; *fig.* Personne timide, craintive; quaker.

**TREMBLOTANT, E**, *adj.* Qui tremblote.

**TREMBLOTER**, *v. n.* Trembler un peu.

**TRÉMIE**, *s. f.* Grande auge carrée où se met le blé qui doit tomber entre les meules; sorte de mesure pour le sel.

**TRÉMIÈRE**, *adj. f. Rose* —, sorte de grande mauve.

**TRÉMOUSSEMENT**, *s. m.* Action de se trémousser.

**TRÉMOUSSER**, *v. n.* et *se* —, *v. pr.* S'agiter d'un mouvement vif et irrégulier; *fig.* Se donner beaucoup de mouvement pour.

**TREMPE**, *s. f.* Action de tremper le fer; qualité qu'il contracte quand on le trempe; *fig.* Humeur, caractère.

**TREMPÉ, ÉE**, *adj.* Très-mouillé; baigné de sueur.

**TREMPER** (*part.* é, ée), *v. a.* Mouiller en mettant dans un liquide; — *la soupe*, verser le bouillon sur des tranches de pain; — *son vin*, y mettre de l'eau; — *le fer, l'acier*, le plonger tout rouge dans une eau préparée pour le durcir; —, *v. n.* Séjourner quelque temps dans un liquide; *fig.* Participer.

**TREMPERIE**, *s. f.* Lieu où l'on trempe le papier; *t. d'impr.*

**TREMPLIN**, *s. m.* Planche inclinée à l'aide de laquelle un baladin fait des sauts périlleux.

**TRENTAINE**, *s. f.* Nombre de trente; l'âge de trente ans.

**TRENTE**, *adj. num.* 2 *g.* (inv.). Trois fois dix, trentième; le trentième jour (du mois); — *et quarante*, jeu de cartes de hasard.

**TRENTIÈME**, *adj.* et *s.* 2 *g.* Nombre ordinal de trente; —, *s. m.* La trentième partie d'un tout.

**TRÉPAN**, *s. m.* Sorte de vilebrequin propre à percer les os, surtout ceux du crâne; opération faite avec cet instrument.

**TRÉPANER** (*part.* é, ée), *v. a.* Faire l'opération du trépan.

**TRÉPAS**, *s. m.* Décès, mort.

**TRÉPASSÉ, ÉE**, *s.* Celui ou Celle qui n'est plus.

**TRÉPASSEMENT**, *s. m.* Trépas.

**TRÉPASSER** (*part.* é, ée), *v. n.* Mourir de mort naturelle.

**TRÉPIDATION**, *s. f.* Tremblement; balancement qu'on attribuait au firmament, du nord au sud et du sud au nord.

**TRÉPIED**, *s. m.* Ustensile de cuisine, qui a trois pieds; ancien siége à trois pieds.

**TRÉPIGNEMENT**, *s. m.* Action de trépigner.

**TRÉPIGNER**, *v. n.* Frapper des pieds contre terre, en les remuant vite et fréquemment.

**TRÉPOINTE**, *s. f.* Cuir cousu entre deux autres.

**TRÈS**, *particule* qui marque le superlatif dans la qualité énoncée par l'adjectif ou l'adverbe auquel elle est jointe.

**TRÉSOR**, *s. m.* Amas de choses précieuses; lieu où on les serre; *au pl.* Grandes richesses; *fig.* Ce qui est très-utile ou excellent.

**TRÉSORERIE**, *s. f.* Lieu où l'on garde le trésor public; bénéfice dont était pourvu le trésorier d'un chapitre.

**TRÉSORIER**, *s. m.* Officier qui reçoit et distribue les deniers d'un prince, d'une communauté, d'un corps.

**TRÉSORIÈRE**, *s. f.* Celle qui administre les revenus d'une communauté.

**TRESSAILLEMENT** (ll m.), *s. m.* Agitation, émotion subite et passagère.

**TRESSAILLIR** (ll m.; *ind. pr.* je tressaille, etc., n. tressaillons, etc.; *imp.* je tressaillais, etc., nous tressaillions; *p. déf.* je tressaillis, etc., nous tressaillîmes, etc.; *p. indéf.* j'ai tressailli, etc.; *fut.* je tressaillirai, etc., n. tressaillirons, etc.; *cond.* je tressaillirais, etc., nous tressaillirions, etc.; *impér.* tressaille, tressaillons, tressaillez, etc.; *subj. pr.* que je tressaille, etc., que nous tressaillions, etc.; *imp. subj.* que je tressaillisse, que tu tressaillisses, qu'il tressaillît, que nous tressaillissions, etc.; *part. pr.* tressaillant), *v. n.* Éprouver une agitation vive, subite et passagère.

**TRESSE**, *s. f.* Tissu plat de fils, de cheveux, etc., entrelacés.

**TRESSER** (*part.* é, ée), *v. a.* Faire une tresse.

**TRESSEUR, EUSE**, *s.* Celui ou Celle qui tresse des cheveux, des fils, etc.

**TRÉTEAU**, *s. m.* Pièce de bois longue et étroite, portée sur quatre pieds, et qui soutient un échafaud, une table.

**TREUIL** (l m.), *s. m.* Machine

formée d'un arbre ou essieu horizontal, auquel on attache des leviers.

**TRÊVE**, *s. f.* Suspension d'hostilités; *fig.* Relâche, cessation momentanée.

**TRÉVOUX**, chef-lieu d'arr. du dép. de l'Ain.

**TRIAGE**, *s. m.* Action de trier.

**TRIAIRES**, *s. m. pl.* Soldats du troisième corps des légions romaines.

**TRIANDRIE**, *s. f.* Classe de plantes à trois étamines.

**TRIANGLE**, *s. m.* Figure qui a trois côtés et trois angles; constellation de trois étoiles.

**TRIANGULAIRE**, *adj.* 2 *g.* Qui a trois angles.

**TRIANGULAIREMENT**, *adv.* En triangle.

**TRIANGULATION**, *s. f.* Art ou Action de tracer des triangles; ensemble de triangles tracés.

**TRIBORD**, *s. m.* Côté droit du vaisseau.

**TRIBU**, *s. f.* Division du peuple chez quelques nations anciennes; peuplade.

**TRIBULATION**, *s. f.* Adversité, affliction.

**TRIBUN**, *s. m.* Magistrat de l'ancienne Rome, chargé des intérêts du peuple; — *militaire*, magistrat qui eut quelque temps à Rome l'autorité des consuls; membre du tribunat.

**TRIBUNAL**, *s. m.* Siége des magistrats; juridiction d'un tribunat.

**TRIBUNAT**, *s. m.* Charge de tribun; temps de l'exercice de cette charge; corps de magistrats qui était chargé de l'examen des lois (sous l'Empire).

**TRIBUNE**, *s. f.* Lieu élevé d'où les orateurs parlent aux membres des assemblées délibérantes; lieu destiné aux auditeurs dans ces assemblées; — *sacrée*, la chaire.

**TRIBUNITIEN, ENNE**, *adj.* Qui appartient aux tribuns, au tribunat.

**TRIBUT**, *s. m.* Ce qu'un État paye à un autre pour marque de dépendance; impôt; *fig.* Dette, devoir, ce qu'on est obligé de donner ou de souffrir.

**TRIBUTAIRE**, *adj.* 2 *g.* et *s. m.* Qui paye tribut.

**TRICHER** (*part.* é, ée), *v. a.* et *v. n.* Tromper au jeu.

**TRICHERIE**, *s. f.* Tromperie au jeu.

**TRICHEUR, EUSE**, *s.* Celui ou Celle qui trompe au jeu.

**TRICLINIUM**, *s. m.* Salle à manger chez les anciens, où étaient dressés trois lits qui recevaient chacun trois convives.

**TRICOLOR**, *s. m.* Espèce d'amarante.

**TRICOLORE**, *adj.* 2 *g.* Qui est de trois couleurs. (Il se dit surtout du drapeau français aux trois couleurs, rouge, bleu et blanc.)

**TRICOT**, *s. m.* Bâton gros et court; tissu tricoté.

**TRICOTAGE**, *s. m.* Ouvrage d'une personne qui tricote.

**TRICOTER** (*part.* é, ée), *v. a.* Former des mailles avec des fils et au moyen de longues aiguilles émoussées.

**TRICOTEUR, EUSE**, *s.* Celui ou Celle qui tricote.

**TRICTRAC**, *s. m.* Sorte de jeu; table sur laquelle on le joue.

**TRICYCLE**, *s. m.* Sorte de voiture à trois roues.

**TRIDENT**, *s. m.* Fourche à trois pointes.

**TRIENNAL, E**, *adj.* Qui dure trois ans; qui revient tous les trois ans.

**TRIENNALITÉ**, *s. f.* Durée de trois ans.

**TRIENNAT**, *s. m.* Espace de trois ans.

**TRIER** (*part.* é, ée), *v. a.* Choisir entre plusieurs.

**TRIÉRARQUE**, *s. m.* Capitaine ou Armateur de galère (chez les anciens Grecs).

**TRIFIDE**, *adj.* 2 *g.* Fendu en trois, *t. de bot.*

**TRIGAUD, E**, *adj.* et *s.* Tracassier, qui use de mauvaises finesses, *fam.*

**TRIGAUDER**, *v. n.* User de mauvaises ruses.

**TRIGAUDERIE**, *s. f.* Action de trigaud.

**TRIGLYPHE**, *s. m.* Ornement d'architecture dans la frise de l'ordre dorique.

**TRIGONOMÉTRIE**, *s. f.* Art de mesurer les triangles.

**TRIGONOMÉTRIQUE**, *adj.* 2 *g.* Qui appartient à la trigonométrie.

**TRIGONOMÉTRIQUEMENT**, *adv.* Suivant les règles de la trigonométrie.

**TRILATÉRAL**, **E**, *adj.* Qui a trois côtés.

**TRILATÈRE**, *s. m.* Triangle.

**TRILLE**, *s. m.* Espèce de tremblement, de cadence musicale ou vocale.

**TRILLION**, *s. m.* Mille billions.

**TRILOGIE**, *s. f.* Ensemble de trois tragédies (chez les anciens).

**TRIMBALER** (*part.* é, ée), *v. a.* Traîner partout; *t. trivial.*

**TRIMER**, *v. n.* Aller vite; se fatiguer; *t. trivial.*

**TRIMESTRE**, *s. m.* Espace de trois mois.

**TRIMESTRIEL**, **ELLE**, *adj.* Qui a rapport au trimestre, à une période de trois mois.

**TRINGA**, *s. m.* Oiseau, de l'ordre des échassiers.

**TRINGLE**, *s. f.* Baguette de fer qu'on passe dans les anneaux d'un rideau.

**TRINGLER** (*part.* é, ée), *v. a.* Tracer sur une pièce de bois une ligne droite avec un cordeau frotté de blanc ou de rouge.

**TRINITAIRE**, *s. m.* Religieux d'un ordre qui se consacrait au rachat des captifs.

**TRINITÉ**, *s. f.* Un seul Dieu en trois personnes; le premier dimanche après la Pentecôte.

**TRINÔME**, *s. m.* Quantité composée de trois termes; *t. d'alg.*

**TRINQUER**, *v. n.* Boire en choquant le verre.

**TRIO**, *s. m.* Composition à trois parties, *t. de mus.*; *fig.* Trois personnes réunies.

**TRIOLET**, *s. m.* Petite pièce de poésie assujettie à certaines règles.

**TRIOMPHAL**, **E** (*au pl. triomphaux*), *adj.* Appartenant au triomphe.

**TRIOMPHALEMENT**, *adv.* En triomphe.

**TRIOMPHANT**, **E**, *adj.* Qui triomphe; victorieux; pompeux.

**TRIOMPHATEUR**, *s. m.* Général d'armée qui entrait en triomphe dans Rome; celui qui a remporté une victoire.

**TRIOMPHE**, *s. m.* Honneur accordé chez les Romains à un général victorieux; victoire, grand succès; —, *s. f.* Sorte de jeu de cartes.

**TRIOMPHER**, *v. n.* Recevoir les honneurs du triomphe; vaincre; *fig.* Remporter un avantage; être ravi de joie; tirer vanité de.

**TRIPAILLE** (ll m.), *s. f. coll.* Entrailles des animaux.

**TRIPE**, *s. f.* Boyaux d'un animal; étoffe qui ressemble au velours.

**TRIPERIE**, *s. f.* Lieu où l'on vend les tripes.

**TRIPETTE**, *s. f.* Petite tripe.

**TRIPHTHONGUE**, *s. f.* Triple voix, triple son. (Il se dit improprement du concours de trois voyelles.)

**TRIPIER**, **IÈRE**, *s.* Celui ou Celle qui vend des tripes.

**TRIPLE**, *adj.* 2 *g.* Qui contient trois fois une grandeur; *triple croche*, *s. f.* Note qui vaut la moitié d'une double croche, *t. de mus.*; —, *s. m.* Trois fois autant.

**TRIPLEMENT**, *s. m.* Augmentation jusqu'au triple.

**TRIPLEMENT**, *adv.* En trois façons.

**TRIPLER** (*part.* é, ée), *v. a.* Rendre triple; —, *v. n.* Devenir triple.

**TRIPLICATA**, *s. m.* (inv.). Troisième copie.

**TRIPLICITÉ**, *s. f.* Quantité triplée.

**TRIPOLI**, *s. m.* Espèce d'argile ferrugineuse qui sert à polir les métaux.

**TRIPOT**, *s. m.* Maison de jeu.

**TRIPOTAGE**, *s. m.* Mélange malpropre et qui dégoûte; *fig.* Intrigue.

**TRIPOTER** (*part.* é, ée), *v. a.* et *v. n.* Faire du tripotage.

**TRIPOTIER**, **IERE**, *s.* Celui ou Celle qui fait des tripotages.

**TRIQUE**, *s. f.* Gros bâton.

**TRIQUET**, *s. m.* Espèce de battoir pour jouer à la paume.

**TRIRÈME**, *s. f.* Galère des anciens, à trois rangs de rames.

**TRISAÏEUL**, **E**, *s.* Le père, la mère du bisaïeul ou de la bisaïeule.

**TRISECTION**, *s. f.* Division en trois parties égales; *t. de géom.*

**TRISSYLLABE**, *adj.* 2 *g.* Qui est de trois syllabes; —, *s. m.* Mot de trois syllabes.

**TRISTE**, *adj.* 2 *g.* Affligé, mélancolique, pénible; affligeant (en parlant des choses); obscur.

**TRISTEMENT**, *adv.* D'une manière triste.

**TRISTESSE**, *s. f.* Affliction, déplaisir, mélancolie.

**TRITON**, *s. m.* Dieu marin.

**TRITON**, *s. m.* Intervalle dissonant de trois tons entiers; *t. de mus.*

**TRITURABLE**, *adj.* 2 *g.* Qui peut être trituré.

**TRITURATION**, *s. f.* Réduction d'un corps en poudre; action de broyer sous les dents.

**TRITURER** (*part.* é, ée), *v. a.* Réduire en poudre, broyer.

**TRIUMVIR**, *s. m.* Magistrat de l'ancienne Rome, chargé, avec deux collègues, d'une partie de l'administration.

**TRIUMVIRAL**, **E**, *adj.* Qui appartient aux triumvirs.

**TRIUMVIRAT**, *s. m.* Gouvernement des triumvirs.

**TRIVIAL**, **E** (*au pl. m. triviaux*, peu usité), *adj.* Usé, rebattu.

**TRIVIALEMENT**, *adv.* D'une manière triviale.

**TRIVIALITÉ**, *s. f.* Qualité de ce qui est trivial; chose triviale.

**TROC**, *s. m.* Échange.

**TROCHAÏQUE**, *adj.* 2 *g.* et *s. m.* Composé de trochées.

**TROCHÉE**, *s. m.* Pied de vers grec ou latin de deux syllabes, une longue et une brève.

**TROCHET**, *s. m.* Fleurs ou Fruits qui croissent comme par bouquets.

**TROËNE**, *s. m.* Sorte d'arbrisseau.

**TROGLODYTES**, *s. m. pl.* Peuple fabuleux d'Afrique qui vivait dans des cavernes; ceux qui habitent sous terre.

**TROGNE**, *s. f.* Visage plein et qui a quelque chose de facétieux.

**TROGNON**, *s. m.* Le milieu d'un fruit dont on a ôté tout ce qui était bon à manger.

**TROIS**, *adj. numéral* 2 *g.* (inv.). Deux et un; —, *s. m.* Carte marquée de trois points; le troisième jour (du mois).

**TROISIÈME**, *adj.* 2 *g.* Nombre ordinal de trois; —, *s.* Celui ou Celle qui est après le deuxième; —, *s. m.* Écolier qui étudie dans la troisième classe d'un collége; le troisième étage (d'une maison).

**TROISIÈMEMENT**, *adv.* En troisième lieu.

**TROIS-MÂTS**, *s. m.* Navire de commerce à trois mâts.

**TRÔLER** (*part.* é, ée), *v. a.* Mener de tous côtés avec importunité; —, *v. n.* Courir çà et là.

**TROMBE**, *s. f.* Tourbillon d'eau et d'air.

**TROMBLON**, *s. m.* Grosse arme à feu à bouche évasée.

**TROMBONE**, *s. m.* Espèce de trompette; celui qui en joue.

**TROMPE**, *s. f.* Tuyau d'airain recourbé dont on se sert à la chasse; trompette; museau de l'éléphant qui s'allonge et se recourbe; partie avec laquelle des insectes ailés sucent et tirent ce qui est propre pour leur nourriture; petit instrument de fer; coquille de mer de forme spirale.

**TROMPE-L'OEIL**, *s. m.* (inv.). Tableau où des objets de nature morte sont représentés avec une vérité qui fait illusion.

**TROMPER** (*part.* é, ée), *v. a.* User d'artifice pour induire en erreur; donner lieu à une méprise; ne pas répondre à l'attente de quelqu'un; — *ses ennuis*, se distraire; *se*—, *v. pr.* Être dans l'erreur.

**TROMPERIE**, *s. f.* Fraude.

**TROMPETER** (*part.* é, ée), *v. a.* Publier, crier à son de trompe; *fig.* Divulguer; —, *v. n.* Crier (en parlant de l'aigle).

**TROMPETTE**, *s. f.* Tuyau de métal, instrument de musique; *fig.* Personne qui parle trop; —, *s. m.* Celui qui sonne de la trompette.

**TROMPEUR**, **EUSE**, *adj.* et *s.* Qui trompe.

**TRONC**, *s. m.* La tige d'un arbre (sans les branches); partie du corps humain à laquelle les membres sont attachés; boîte pour recueillir les aumônes; *fig.* Souche, tige (d'une famille).

**TRONCHET**, *s. m.* Gros billot de bois qui porte sur trois pieds.

**TRONÇON**, *s. m.* Morceau coupé ou rompu d'une plus grosse pièce; morceau coupé de certains poissons.

**TRONÇONNER** (*part.* é, ée), *v. a.* Couper par morceaux.

**TRÔNE**, *s. m.* Siége royal; *fig.* La puissance souveraine; *au pl.* Un des neuf chœurs des anges.

**TRONQUÉ, ÉE**, *part.* et *adj.* Dont on a retranché une partie (surtout l'extrémité supérieure); qui finit brusquement (comme si on l'avait coupé).

**TRONQUER** (*part.* é, ée), *v. a.* Retrancher une partie de.

**TROP**, *adv. de quantité.* Plus qu'il ne faut; *pas —*, guère; *—*, *s. m.* Ce qu'il y a en plus.

**TROPE**, *s. m.* Emploi d'une expression dans un sens figuré.

**TROPHÉE**, *s. m.* Dépouille d'un vaincu; assemblage d'armes pour servir de monument d'une victoire, etc.; victoire; *fig.* *Faire —*, tirer vanité.

**TROPIQUE**, *s. m.* Petit cercle de la sphère, parallèle à l'équateur; *adj.* *Année —*, qui s'écoule d'un équinoxe au même équinoxe de l'année suivante.

**TROP-PLEIN**, *s. m.* (sans pl.). Ce qui déborde, ce qui dépasse une capacité.

**TROQUER** (*part.* é, ée), *v. a.* Échanger.

**TROQUEUR, EUSE**, *s.* Celui ou Celle qui troque.

**TROT**, *s. m.* Allure (des chevaux, etc.) entre le pas et le galop.

**TROTTE**, *s. f.* Espace de chemin.

**TROTTER**, *v. n.* Aller le trot; marcher beaucoup, *fam.*

**TROTTEUR**, *s. m.* Cheval dressé à n'aller que le trot.

**TROTTIN**, *s. m.* Petit laquais.

**TROTTINER**, *v. n.* Trotter en raccourci.

**TROTTOIR**, *s. m.* Chemin élevé et réservé pour les piétons, le long des quais et des rues.

**TROU** (*au pl. trous*), *s. m.* Ouverture d'une longueur et d'une largeur à peu près égales; *au trictrac*, avantage de douze points.

**TROUBADOUR**, *s. m.* Ancien poëte provençal.

**TROUBLE**, *adj.* 2 *g.* Brouillé, peu clair; *—*, *s. m.* Brouillerie, désordre; *au pl.* Désordres populaires, guerres civiles; agitation de l'esprit; atteinte à la propriété d'autrui.

**TROUBLE-FÊTE**, *s. m.* (inv.). Importun qui trouble la joie.

**TROUBLER** (*part.* é, ée), *v. a.* Rendre trouble; *fig.* Apporter du trouble; interrompre; intimider; inquiéter dans la possession d'un bien; *se —*, *v. pr.* Devenir trouble; *fig.* S'embarrasser.

**TROUÉE**, *s. f.* Abatis, ouverture dans l'épaisseur d'une haie; passage à travers l'ennemi.

**TROUER** (*part.* é, ée), *v. a.* Faire un trou; *se —*, *v. pr.* Se percer (en parlant d'un vêtement).

**TROU-MADAME** (*au pl. trous-madame*), *s. m.* Sorte de jeu qui se joue avec de petites boules.

**TROUPE**, *s. f.* Multitude d'hommes ou d'animaux; corps d'armée; *au pl.* Armée.

**TROUPEAU**, *s. m.* Troupe d'animaux qui sont dans un même lieu; *fig.* Peuple d'un diocèse, d'une paroisse.

**TROUSSE**, *s. f.* Faisceau de plusieurs choses liées ensemble; carquois; étui de barbier, de chirurgien; *au pl.* Chausses que portaient les pages; *être aux trousses*, à la poursuite; *en trousse*, en croupe.

**TROUSSEAU**, *s. m.* Réunion de divers objets de toilette, de clefs.

**TROUSSE-QUEUE**, *s. m.* (inv.). Cuir qui enveloppe et retrousse la queue d'un cheval.

**TROUSSEQUIN**, *s. m.* Pièce de bois cintrée qui s'élève sur le derrière d'une selle.

**TROUSSER** (*part.* é, ée), *v. a.* Replier, relever; expédier précipitamment; *— bagage*, partir brusquement; *se* —, *v. pr.* Relever son vêtement.

**TROUSSIS**, *s. m.* Pli qu'on fait à une robe, etc., pour la raccourcir.

**TROUVAILLE** (ll m.), *s. f.* Chose trouvée heureusement.

**TROUVER** (*part.* é, ée), *v. a.* Mettre la main sur une chose, sur une personne, soit qu'on la cherche, soit qu'on ne la cherche pas; surprendre; découvrir; inventer; apprécier, juger; remarquer; *se* —, *v. pr.* Assister à; se rendre (dans un lieu); être (dans telle situation); *se* — *mal*, tomber en faiblesse; *se* —, *v. impers.* Arriver; existe r.

**TROUVÈRE**, *s. m.* Troubadour.

**TROYES**, chef-lieu du dép. de l'Aube.

**TRUAND**, **E**, *adj.* Fainéant, vaurien, mendiant.

**TRUANDAILLE** (ll m.), *s. f.* Ceux qui truandent; *pop.*

**TRUANDER**, *v. n.* Mendier.

**TRUANDERIE**, *s. f.* Métier de truand.

**TRUBLE**, *s. f.* Petit filet de pêcheur, en entonnoir, au bout d'une perche.

**TRUCHEMAN** ou **TRUCHEMENT**, *s. m.* Interprète.

**TRUCHER**, *v. n.* Mendier par fainéantise; *pop.*

**TRUCHEUR**, **EUSE**, *s.* Celui ou Celle qui truche.

**TRUELLE**, *s. f.* Instrument de maçon pour employer le plâtre.

**TRUELLÉE**, *s. f.* Quantité de plâtre que retient la truelle.

**TRUFFE**, *s. f.* Substance végétale souterraine sans tiges ni racines, odorante et fort recherchée comme aliment, dont le mode de reproduction est inconnu.

**TRUFFER** (*part.* é, ée), *v. a.* Garnir de truffes.

**TRUFFIÈRE**, *s. f.* Lieu où il vient des truffes.

**TRUIE**, *s. f.* Femelle du porc.

**TRUITE**, *s. f.* Poisson de rivière; — *saumonée*, qui tient de la couleur et du goût du saumon.

**TRUITÉ**, **ÉE**, *adj.* Marqué de petites taches rouges, comme la truite.

**TRUITON**, *s. m.* Petite truite.

**TRUMEAU**, *s. m.* Espace d'un mur entre deux fenêtres; glace qui occupe cet espace; jarret de bœuf (quand il est coupé pour être mangé).

**TU**, *pron. de la 2e pers. du sing.* Toi, te.

**TUABLE**, *adj. 2 g.* Bon à tuer (en parlant des animaux qu'on engraisse pour les manger).

**TUANT**, **E**, *adj.* Fatigant, ennuyeux.

**TU-AUTEM**, *s. m.* (inv.) Le point essentiel; la difficulté, *fam.*

**TUBE**, *s. m.* Tuyau; (*t. de bot.*) partie inférieure d'une corolle monopétale.

**TUBERCULE**, *s. m.* Petite excroissance qui survient à une feuille, à une racine, à la peau; petit abcès au poumon.

**TUBERCULEUX**, **EUSE**, *adj.* Garni de tubercules.

**TUBÉREUSE**, *s. f.* Fleur très-odorante, à racine bulbeuse; —, *adj. f. Racine* —, charnue et plus ou moins renflée.

**TUBÉROSITÉ**, *s. f.* Petite tumeur; éminence raboteuse, inégalité sur quelque partie du corps.

**TUBULÉ**, **ÉE**, *adj.* Garni d'un tube.

**TUBULEUX**, **EUSE**, *adj.* Qui est en forme de tube.

**TUBULURE**, *s. f.* Ouverture d'un vaisseau destinée à recevoir un tube; *t. de chim.*

**TUDESQUE**, *adj. 2 g.* Germanique.

**TUER** (*part.* é, ée), *v. a.* Ôter la vie d'une manière violente; fatiguer excessivement; détruire; — *le temps*, s'amuser à des riens; *se* —, *v. pr.* S'ôter la vie; mourir par accident; *fig.* Se trop fatiguer; se tourmenter.

**TUERIE**, *s. f.* Carnage, massacre.

**TUE-TÊTE** (À), *loc. adv.* (En criant) à pleine tête, de toute sa force.

**TUEUR**, *s. m.* Bretteur, assassin.

**TUF** ou **TUFFEAU**, *s. m.* Pierre tendre et blanchâtre.

**TUFIER**, **IÈRE**, *adj.* Qui est de la nature du tuf.

**TUILE**, *s. f.* Carreau de terre cuite qui sert à couvrir les toits.

**TUILEAU**, *s. m.* Morceau de tuile.

**TUILERIE**, *s. f.* Lieu où l'on fait de la tuile.

**TUILIER**, *s. m.* Ouvrier qui fait des tuiles.

**TULIPE**, *s. f.* Plante bulbeuse de la famille des liliacées.

**TULIPIER**, *s. m.* Arbre d'Amérique.

**TULLE**, *s. m.* Sorte de tissu très-mince et très-léger.

**TULLE**, chef-lieu du dép. de la Corrèze.

**TUMÉFACTION**, *s. f.* Enflure, tumeur.

**TUMÉFIER** (*part.* é, ée), *v. a.* Causer une tumeur; *se* —, *v. pr.* Devenir enflé.

**TUMEUR**, *s. f.* Enflure accidentelle en quelque partie du corps.

**TUMULAIRE**, *adj.* 2 *g.* Qui a rapport aux tombeaux.

**TUMULTE**, *s. m.* Grand bruit accompagné de désordre; trouble; *en* —, *loc. adv.* En désordre.

**TUMULTUAIRE**, *adj.* 2 *g.* Fait avec précipitation.

**TUMULTUAIREMENT**, *adv.* D'une manière tumultuaire.

**TUMULTUEUSEMENT**, *adv.* En tumulte.

**TUMULTUEUX, EUSE**, *adj.* Qui se fait avec tumulte.

**TUMULUS**, *s. m.* Amas de terre ou de pierres en forme de cône au-dessus des sépultures des anciens.

**TUNIQUE**, *s. f.* Vêtement de dessous des anciens; habillement que l'évêque porte sous la chasuble quand il officie; dalmatique; pellicule.

**TURBAN**, *s. m.* Coiffure de plusieurs peuples de l'Orient.

**TURBINÉ, ÉE**, *adj.* Qui a la forme d'un cône renversé, d'une spirale.

**TURBINITE**, *s. f.* Coquille en spirale.

**TURBOT**, *s. m.* Poisson de mer plat.

**TURBOTIÈRE**, *s. f.* Vase de cuivre à double fond pour faire cuire les turbots, etc.

**TURBOTIN**, *s. m.* Petit turbot.

**TURBULEMMENT**, *adv.* D'une manière turbulente.

**TURBULENCE**, *s. f.* Caractère de celui qui est turbulent; vivacité bruyante.

**TURBULENT, E**, *adj.* Porté à faire du bruit, à exciter du trouble.

**TURC, TURQUE**, *adj.* et *s.* Qui est de la Turquie; *fig.* Homme sans pitié; *le Grand* —, le sultan; *à la turque*, *loc. adv.* A la façon des Turcs.

**TURCIE**, *s. f.* Levée pour empêcher le débordement d'une rivière.

**TURELURE**, *s. f.* Refrain de chanson.

**TURGESCENCE**, *s. f.* Gonflement.

**TURGESCENT, E**, *adj.* Qui se gonfle.

**TURLUPIN**, *s. m.* Nom d'un acteur de l'ancienne farce; *fig.* Mauvais plaisant.

**TURLUPINADE**, *s. f.* Plaisanterie fondée sur un mauvais jeu de mots.

**TURLUPINER**, *v. n.* Faire des turlupinades; — (*part.* é, ée), *v. a.* Tourner en ridicule.

**TURNEPS**, *s. m.* Espèce de gros navet employé pour les bestiaux.

**TURPITUDE**, *s. f.* Action honteuse; ignominie qui en résulte.

**TURQUETTE**, *s. f.* Sorte de plante à fleurs verdâtres.

**TURQUIN**, *adj. m. Bleu* —, foncé, couvert.

**TURQUOISE**, *s. f.* Pierre bleue, la plus précieuse des pierres opaques.

**TUTÉLAIRE**, *adj.* 2 *g.* Qui tient sous sa garde, sous sa protection.

**TUTELLE**, *s. f.* Autorité sur la personne et les biens d'un mineur.

**TUTEUR, TUTRICE**, *s.* Celui ou Celle qui a la tutelle de quelqu'un; *tuteur*, perche, bâton qui soutient un arbre, une plante.

**TUTOIEMENT** ou **TUTOÎMENT**, *s. m.* Action de tutoyer.

**TUTOYER** (se conj. sur *Ployer*; *part.* é, ée), *v. a.* User des mots *tu* et *toi* en parlant à quelqu'un.

**TUYAU**, *s. m.* Tube ou canal de métal, de bois, de terre cuite, etc.; ouverture de la cheminée depuis le manteau jusqu'en haut; bout creux de la plume des oiseaux; tige creuse.

**TUYÈRE**, *s. f.* Ouverture d'un fourneau où l'on place les becs des soufflets.

**TYMPAN**, *s. m.* Membrane du conduit auditif de l'oreille; châssis sur lequel est collé un parchemin; (*t. de menuiserie*) panneau renfermé entre deux moulures; (*t. de mécanique*) pignon enté sur son arbre et qui engrène dans les dents d'une roue.

**TYMPANISER** (*part.* é, ée), *v. a.* Se moquer publiquement de quelqu'un.

**TYMPANON**, *s. m.* Instrument de musique, à cordes de laiton, qu'on touche avec deux baguettes.

**TYPE**, *s. m.* Modèle; figure originale; figure, symbole; emblème; (*t. d'astron.*) description graphique (des éclipses).

**TYPHON**, *s. m.* Trombe.

**TYPHUS**, *s. m.* Sorte de fièvre.

**TYPIQUE**, *adj.* 2 *g.* Symbolique, allégorique.

**TYPOGRAPHE**, *s. m.* Imprimeur.

**TYPOGRAPHIE**, *s. f.* Art de l'imprimerie; établissement d'un imprimeur.

**TYPOGRAPHIQUE**, *adj.* 2 *g.* Qui concerne la typographie.

**TYRAN**, *s. m.* Celui qui a usurpé le pouvoir souverain; prince injuste et cruel; *fig.* Celui qui abuse de son autorité.

**TYRANNEAU**, *s. m.* Tyran subalterne; *fam.*

**TYRANNIE**, *s. f.* Domination usurpée, illégale; gouvernement injuste et cruel; *fig.* Oppression, violence.

**TYRANNIQUE**, *adj.* 2 *g.* Qui tient de la tyrannie; injuste, violent.

**TYRANNIQUEMENT**, *adv.* D'une manière tyrannique.

**TYRANNISER** (*part.* é, ée), *v. a.* Gouverner ou Traiter tyranniquement.

**TZAR.** Voy. *Czar.*

# U.

**U**, *s. m.* Cinquième voyelle; vingt et unième lettre de l'alphabet.

**UBIQUISTE**, *s. m.* Personne à qui tous les lieux sont indifférents; *fam.*

**UBIQUITAIRE**, *s. m.* Secte de protestants.

**UBIQUITÉ**, *s. f.* État de ce qui est partout.

**UHLAN, HULAN, HOULAN**, *s. m.* Cavalier autrichien, sorte de lancier.

**UKASE**, *s. m.* Édit du czar.

**ULCÉRATION**, *s. f.* Ulcère superficiel.

**ULCÈRE**, *s. m.* Solution de continuité dans une partie molle du corps avec écoulement de matière et tendance à ne pas se cicatriser.

**ULCÉRÉ, ÉE**, *adj.* Bourrelé de remords; rempli de ressentiment.

**ULCÉRER** (*part.* é, ée), *v. a.* Produire un ulcère; *fig.* Faire naître la haine; *s'* —, *v. pr.* Dégénérer en ulcère.

**ULCÉREUX, EUSE**, *adj.* Qui est de la nature de l'ulcère; couvert d'ulcères.

**ULÉMA**, *s. m.* Docteur de la loi chez les Turcs.

**ULTÉRIEUR, E**, *adj.* Qui est au delà; qui vient après.

**ULTÉRIEUREMENT**, *adv.* Par delà, outre ce qui a été dit ou fait ensuite.

**ULTIMATUM**, *s. m.* (inv.). Dernières conditions qu'on met à un traité et auxquelles on tient irrévocablement.

**ULTRAMONTAIN, E**, *adj.* Qui est situé ou Qui habite au delà des Alpes; —, *s. m.* Partisan absolu de la souveraineté du pape.

**UMBLE** (pron. *omble*), *s. m.* Poisson du genre du saumon.

**UN**, *s. m.* Le premier de tous les nombres; le chiffre qui marque l'unité; —, *adj.* Qui est seul; simple, non complexe; certain, tel; tout, quiconque; *un à un*, *loc. adv.* L'un après l'autre; *les uns et les autres*, tout le monde sans distinction.

**UNANIME**, *adj.* 2 *g.* Qui réunit tous les suffrages.

**UNANIMEMENT**, *adv.* D'une commune voix.

**UNANIMITÉ**, *s. f.* Conformité de sentiments; universalité des suffrages.

**UNAU**, *s. m.* Mammifère tardigrade d'Amérique, une des deux espèces de paresseux.

**UNI, E**, *adj.* Égal, qui est sans

aspérités; simple, dépourvu d'ornements; *fig.* Sans prétention; —, *s. m.* Ce qui est d'une seule couleur.

**UNI**, *adv.* Uniment.

**UNIÈME**, *adj.* 2 *g.* Nombre d'ordre qui répond à *Un.* (Il ne s'emploie qu'avec les nombres vingt, trente, quarante, cinquante, soixante, quatre-vingts, cent, mille.)

**UNIÈMEMENT**, *adv.* qui s'emploie avec les mêmes nombres que l'adjectif *Unième.*

**UNIFLORE**, *adj.* 2 *g.* Qui ne porte qu'une fleur; *t. de bot.*

**UNIFORME**, *adj.* 2 *g.* Semblable, conforme; toujours égal, trop peu varié; —, *s. m.* Habit militaire; habit conforme à un modèle prescrit.

**UNIFORMÉMENT**, *adv.* Avec uniformité.

**UNIFORMITÉ**, *s. f.* Ressemblance des parties d'une chose ou de plusieurs choses entre elles.

**UNIMENT**, *adv.* Également; simplement.

**UNION**, *s. f.* Jonction de deux ou de plusieurs choses; *fig.* Concorde; société; mariage; (*t. de manége*) ensemble d'un cheval.

**UNIQUE**, *adj.* 2 *g.* Seul dans son espèce; excellent en son genre; singulier.

**UNIQUEMENT**, *adv.* Exclusivement; préférablement à tout.

**UNIR** (*part.* i, ie), *v. a.* Joindre; rendre égal; polir; aplanir.

**UNISSON**, *s. m.* Accord de plusieurs voix ou de plusieurs instruments qui ne font entendre qu'un même ton.

**UNITAIRE**, *s.* et *adj.* 2 *g.* Secte qui n'admet qu'une seule personne en Dieu.

**UNITÉ**, *s. f.* Principe du nombre; tout individu, toute grandeur considérée isolément, et comme ne faisant qu'un tout (par opposition à *Pluralité*); identité.

**UNIVALVE**, *adj.* 2 g. et *s. m.*, se dit des testacés dont la coquille n'est composée que d'une pièce, et (*t. de bot.*) d'un péricarpe qui s'ouvre d'un seul côté.

**UNIVERS**, *s. m.* Le monde entier; la terre; tous les hommes.

**UNIVERSALITÉ**, *s. f.* Généralité, les genres et les espèces; totalité; qualité d'une proposition universelle.

**UNIVERSEL** (*au pl. universaux*), *s. m.* Ce qu'il y a de commun dans les individus d'un même genre; *t. de logique.*

**UNIVERSEL, ELLE**, *adj.* Général, qui s'étend à tout et partout, qui embrasse tout.

**UNIVERSELLEMENT**, *adv.* Généralement.

**UNIVERSITAIRE**, *adj.* 2 *g.* Qui appartient à l'Université.

**UNIVERSITÉ**, *s. f.* Corps des professeurs chargés d'enseigner les langues, les belles-lettres et les sciences, dans les écoles publiques.

**UNIVOCATION**, *s. f.* Caractère de ce qui est univoque.

**UNIVOQUE**, *adj.* 2 *g.*, se dit des noms communs à plusieurs choses.

**URANE** ou **URANIUM**, *s. m.* Sorte de métal gris et peu fusible.

**URANIE**, *s. f.* Muse de l'astronomie; genre de lépidoptères.

**URANOGRAPHIE**, *s. f.* Description du ciel.

**URANOGRAPHIQUE**, *adj.* 2 *g.* Qui a rapport à l'uranographie.

**URANUS**, *s. m.* Planète la plus éloignée de la terre, et dont la révolution se fait en quatre-vingt-quatre ans.

**URATE**, *s. m.* Nom générique des sels formés par la combinaison de l'acide urique avec différentes bases; *t. de chim.*

**URBAIN, E**, *adj.* Qui a rapport à la ville.

**URBANITÉ**, *s. f.* Politesse que donne l'usage du monde.

**URE**, *s. m.* Sorte de taureau sauvage, aurochs.

**URÈTRE**, *s. m.* Canal par où sort l'urine.

**URGENCE**, *s. f.* Qualité de ce qui est urgent; nécessité d'agir ou de décider sans délai.

**URGENT, E**, *adj.* Pressant; qui n'admet aucun retard.

**URINAIRE**, *adj.* 2 *g.* Qui a rapport à l'urine.

**URINAL**, *s. m.* Vase à col incliné

où les malades urinent commodément.

**URINE**, *s. f.* Fluide excrémentiel dont la sécrétion se fait dans les reins, et qui sort de la vessie par l'urètre.

**URINER**, *v. n.* Évacuer l'urine.

**URINEUX, EUSE**, *adj.* Qui est de la nature de l'urine, qui en a l'odeur.

**URIQUE**, *adj. Acide* —, qu'on trouve dans l'urine, qui paraît formé par l'urine.

**URNE**, *s. f.* Vase qui servait à renfermer les cendres des morts; vase qui reçoit les billets pour tirer au sort, etc.; vase sur lequel on appuie les figures des fleuves; vase de forme antique.

**URSULINES**, *s. f. pl.* Religieuses soumises à la règle de sainte Ursule.

**URUS**, *s. m.* Voy. *Ure.*

**US**, *s. m. pl.* Usages d'un pays; *t. de droit.*

**USAGE**, *s. m.* Coutume, pratique reçue; emploi; manière de parler une langue; droit de se servir de la propriété d'un autre; expérience; habitude.

**USAGER**, *s. m.* Celui qui a droit de pacage.

**USANCE**, *s. f.* Terme de trente jours pour payer une lettre de change.

**USER**, *v. n.* Faire usage, se servir de; *en* —, se comporter (de telle ou telle manière); — (*part.* é, ée), *v. a.* Consommer, détériorer imperceptiblement, fatiguer, épuiser, émousser, diminuer en frottant; *s'*—, *v. pr.* Se détériorer, se détruire par l'usage.

**USER**, *s. m.* Usage.

**USINE**, *s. f.* Établissement pour une forge, etc.; ensemble des machines d'une manufacture.

**USITÉ, ÉE**, *adj.* Qui est en usage.

**USSEL**, chef-lieu d'arrond. du dép. de la Corrèze.

**USTENSILE**, *s. m.* Petit meuble de ménage, surtout de cuisine; instrument, outil.

**USTION**, *s. f.* Action de brûler, effet du cautère actuel, *t. de chir.*; calcination, *t. de chim.*

**USUEL, ELLE**, *adj.* Dont on se sert ordinairement.

**USUELLEMENT**, *adv.* Communément.

**USUFRUCTUAIRE**, *adj.* 2 *g.* Qui ne donne que la faculté de jouir des fruits.

**USUFRUIT**, *s. m.* Jouissance des fruits, des revenus d'un bien dont on n'a pas la propriété.

**USUFRUITIER, IÈRE**, *s.* Celui ou Celle qui a l'usufruit; —, *adj.* Qui est à la charge de l'usufruitier.

**USURAIRE**, *adj.* 2 *g.* Où il y a usure.

**USURAIREMENT**, *adv.* D'une manière usuraire.

**USURE**, *s. f.* Intérêt de l'argent à un taux illégal; profit illégitime; détérioration d'une chose par l'usage; *avec* —, en rendant plus qu'on n'a reçu.

**USURIER, IÈRE**, *s.* Celui ou Celle qui prête à usure.

**USURPATEUR, TRICE**, *s.* Celui ou Celle qui usurpe.

**USURPATION**, *s. f.* Action d'usurper.

**USURPER** (*part.* é, ée), *v. a.* S'emparer par force ou par ruse de ce qui appartient à un autre; *fig.* Obtenir sans mériter; —, *v. n.* Empiéter (sur les droits d'autrui).

**UT**, *s. m.* Première note de la gamme.

**UTÉRIN, E**, *adj.* Né d'une même mère seulement et non du même père.

**UTILE**, *adj.* 2 *g.* Avantageux, profitable, qui sert ou peut servir à; —, *s. m.* Ce qui est utile.

**UTILEMENT**, *adv.* D'une manière utile.

**UTILISER** (*part.* é, ée), *v. a.* Rendre utile; tourner à son usage.

**UTILITÉ**, *s. f.* Profit, avantage qu'on tire du service des choses; usage, secours.

**UTOPIE**, *s. f.* Plan d'un gouvernement imaginaire, où tout est réglé pour le mieux.

**UVÉE**, *s. f.* Seconde tunique du globe de l'œil.

**UZÈS**, chef-lieu d'arrond. du dép. du Gard.

# V.

V (*vé* selon l'appellation ancienne, *ve* selon l'appellation moderne), *s. m.* Dix-septième consonne et vingt-deuxième lettre de l'alphabet.

VA, *adv.* Soit, d'accord.

VACANCE, *s. f.* Temps pendant lequel une place n'est pas remplie; *au pl.* Temps pendant lequel cessent les études des colléges, les séances des tribunaux.

VACANT, E, *adj.* Qui n'est plus occupé, qui est à remplir; qui n'est pas réclamé.

VACARME, *s. m.* Grand bruit.

VACATION, *s. f.* Temps qu'une personne publique emploie à quelque affaire; honoraires pour son travail; *au pl.* Cessation annuelle des séances des tribunaux; *chambre des vacations*, qui administre la justice pendant les vacances.

VACCIN, *s. m.* Virus particulier aux vaches, dont on se sert pour vacciner.

VACCINATEUR, *s. m.* Médecin qui vaccine.

VACCINATION, *s. f.* Action de vacciner.

VACCINE, *s. f.* Maladie boutonneuse particulière aux vaches, et qui, inoculée aux enfants, les préserve de la petite vérole.

VACCINER (*part.* é, ée), *v. a.* Inoculer le vaccin ou la vaccine.

VACHE, *s. f.* Femelle du taureau; grand coffre plat pour mettre sur les voitures; — *à lait, fam.* Personne ou Chose dont on tire un profit continuel.

VACHER, ÈRE, *s.* Gardeur de vaches.

VACHERIE, *s. f.* Étable à vaches.

VACILLANT, E, *adj.* Qui vacille; *fig.* Irrésolu.

VACILLATION, *s. f.* Mouvement de ce qui vacille; *fig.* Irrésolution.

VACILLER, *v. n.* Chanceler, se balancer légèrement; *fig.* Hésiter, être irrésolu.

VACUITÉ, *s. f.* État d'une chose vide.

VADE, *s. f.* Mise au jeu.

VADE-MECUM, *s. m.* (sans pl.). Chose qu'on porte ordinairement avec soi.

VA-ET-VIENT, *s. m.* (inv.). Machine adaptée au dévidoir; petit bac pour traverser une rivière.

VAGABOND, E, *adj.* et *s.* Vaurien sans domicile; *fig.* Fainéant.

VAGABONDAGE, *s. m.* État de vagabond.

VAGABONDER ou VAGABONNER, *v. n.* Être vagabond; faire le vagabond.

VAGIR, *v. n.* Pousser des vagissements.

VAGISSEMENT, *s. m.* Cri des enfants nouveau-nés.

VAGUE, *s. m.* Espace vide, le milieu de l'air.

VAGUE, *s. f.* Eau élevée par les vents au-dessus de la superficie d'une mer, d'un fleuve, etc.

VAGUE, *adj.* 2 *g.* Indéfini, qui n'a pas de bornes fixes; *fig.* Incertain, indéterminé; *terres vagues*, incultes, qui ne rapportent rien.

VAGUEMENT, *adv.* D'une manière vague.

VAGUEMESTRE, *s. m.* Sous-officier chargé de la réception des lettres et du soin des équipages militaires.

VAGUER, *v. n.* Errer çà et là, à l'aventure.

VAILLAMMENT (ll m.), *adv.* Avec valeur.

VAILLANCE (ll m.), *s. f.* Valeur, grand courage.

VAILLANT, E (ll m.), *adj.* Courageux.

VAILLANT (ll m.), *s. m.* Tout ce qu'on possède.

VAILLANTISE (ll m.), *s. f.* Acte de courage; fanfaronnade.

VAIN, E, *adj.* Inutile, qui ne produit rien; frivole; chimérique; orgueilleux; *en* —, *loc. adv.* Inutilement.

VAINCRE (*Ind. pr.* je vaincs, tu vaincs, il vainc, nous vainquons, vous vainquez, ils vainquent; *imp.* je vainquais, etc., nous vainquions, etc.; *p. déf.* je vainquis, etc., nous vainquîmes, etc.; *fut.* je vaincrai, etc., nous vaincrons, etc.; *cond.* je vaincrais, etc., nous vaincrions, etc.; *impér.* vainquons; *subj. pr.* que je vainque, etc., que nous vainquions, etc.; *imp. subj.* que je vainquisse, etc., que nous vainquissions, etc.; *p. pr.* vainquant; *p. p.* vaincu, ue), *v. a.* Remporter un grand avantage sur ses ennemis, sur ses concurrents; surmonter, dompter.

**VAINCU**, *s. m.* Celui qui a été battu (à la guerre).

**VAINEMENT**, *adv.* Inutilement.

**VAINQUEUR**, *s. m.* Celui qui a vaincu; —, *adj.* Hardi, suffisant.

**VAIR**, *s. m.* Fourrure blanche et grise.

**VAIRON**, *adj.* Œil —, dont la prunelle est entourée d'un cercle blanchâtre; qui a un œil d'une façon et un d'une autre.

**VAIRON**, *s. m.* Petit poisson de couleurs variées.

**VAISSEAU**, *s. m.* Vase quelconque; grand bâtiment pour transporter sur mer des hommes et des marchandises; veines, artères, canaux (de l'animal, de la plante); intérieur d'une église, d'une galerie, etc.

**VAISSELLE**, *s. f.* Tout ce qui sert à l'usage de la table (plats, assiettes, etc.).

**VAL** (*au pl. vaux*), *s. m.* Vallée.

**VALABLE**, *adj.* 2 *g.* Recevable, admissible.

**VALABLEMENT**, *adv.* D'une manière valable.

**VALENCE**, chef-lieu du dép. de la Drôme.

**VALENCIENNES**, chef-lieu d'arr. du dép. du Nord.

**VALÉRIANE**, *s. f.* Plante médicinale et d'agrément.

**VALET**, *s. m.* Domestique, serviteur; une des figures des jeux de cartes; poids qui pend derrière une porte pour la fermer sans qu'on y touche; instrument de fer qui sert à tenir le bois sur l'établi d'un menuisier.

**VALETAGE**, *s. m.* Service de valet.

**VALETAILLE** (ll m.), *s. f.* Troupe de valets.

**VALETER**, *v. n.* Avoir une assiduité servile auprès de quelqu'un, par intérêt; faire beaucoup de démarches désagréables.

**VALÉTUDINAIRE**, *adj.* et *s.* 2 *g.* Maladif.

**VALEUR**, *s. f.* Bravoure, vaillance; ce que vaut une chose, équivalent; estimation approximative; (*t. de mus.*) durée que doit avoir chaque note d'après sa figure; juste signification (des mots); *ferme en* —, bien cultivée.

**VALEUREUSEMENT**, *adv.* Avec courage.

**VALEUREUX, EUSE**, *adj.* Brave, vaillant.

**VALIDATION**, *s. f.* Action de valider.

**VALIDE**, *adj.* 2 *g.* Valable, qui a les conditions requises par les lois pour faire son effet; sain; vigoureux.

**VALIDÉ**, *s. f.* Mère du sultan régnant.

**VALIDEMENT**, *adv.* D'une manière valide.

**VALIDER** (*part.* é, ée), *v. a.* Rendre valide.

**VALIDITÉ**, *s. f.* Qualité de ce qui est valide.

**VALISE**, *s. f.* Long sac de cuir propre à être mis en croupe, et qui s'ouvre dans sa longueur.

**VALLAIRE**, *adj. f.* *Couronne* —, qu'on donnait (à Rome) à celui qui escaladait le premier les retranchements de l'ennemi.

**VALLÉE**, *s. f.* Espace entre des montagnes; descente.

**VALLON**, *s. m.* Espace entre deux coteaux; petite vallée.

**VALOIR** (*Ind. pr.* je vaux, tu vaux, il vaut, nous valons, vous valez, ils valent; *imp.* je valais, etc., nous valions, etc.; *p. déf.* je valus, etc., nous valûmes, etc.; *p. indéf.* j'ai valu, etc.; *fut.* je vaudrai, etc., nous vaudrons, etc.; *cond.* je vaudrais, etc., nous vaudrions, etc.; pas d'*impér.*; *subj. pr.* que je vaille, etc., que nous valions, etc.; *imp. subj.* que je valusse, etc., que nous valussions, etc.; *p. pr.* valant), *v. n.* Être d'un certain prix, rapporter, donner du profit; tenir lieu; avoir la force, la signification de; — mieux, être préférable; faire —, mettre en rapport, faire ressortir le mérite de; se faire —, soutenir ses droits ou s'attribuer des qualités qu'on n'a pas; vaille que vaille, fam. A tout hasard; à valoir, t. de négoce et de finance, à compte de, à imputer sur; — (part. u, ue), v. a. Procurer, faire obtenir.

**VALSE**, s. f. Danse allemande en tournant deux à deux.

**VALSER**, v. n. Danser la valse.

**VALSEUR, EUSE**, s. Celui ou Celle qui valse, qui aime à valser.

**VALUE**, s. f. La plus —, ce que vaut une chose au delà de ce qu'on l'a prisée ou achetée.

**VAMPIRE**, s. m. Prétendu revenant qui suce le sang des vivants; chauve-souris monstrueuse d'Amérique; fig. Celui qui s'engraisse de la substance du peuple.

**VAN**, s. m. Instrument d'osier fait en coquille et à deux anses, qui sert à nettoyer le grain.

**VANDALE**, s. m. Ennemi des beaux-arts et des sciences.

**VANDALISME**, s. m. Acte de celui qui est ennemi des sciences et des arts.

**VANDOISE**, s. f. Poisson d'eau douce nommé aussi Dard.

**VANILLE** (ll m.), s. f. Graine d'une plante parasite du palmier qu'on cultive dans l'Amérique méridionale; vanillier.

**VANILLIER** (ll m.), s. m. Plante du Mexique, sarmenteuse, grimpante, qui donne la vanille.

**VANITÉ**, s. f. Inutilité, peu de solidité; amour-propre fondé sur des choses frivoles.

**VANITEUX, EUSE**, adj. Qui a une vanité puérile, ridicule.

**VANNE**, s. f. Espèce de porte de bois qui, aux moulins, aux pertuis de rivières, se hausse et se baisse pour retenir et laisser aller l'eau.

**VANNEAU**, s. m. Oiseau à huppe noire du genre des échassiers.

**VANNER** (part. é, ée), v. a. Nettoyer le grain par le moyen du van.

**VANNERIE**, s. f. Métier ou Marchandises de vannier.

**VANNES**, chef-lieu du dép. du Morbihan.

**VANNETTE**, s. f. Grand panier rond et plat qui sert à vanner l'avoine.

**VANNEUR**, s. m. Celui qui vanne.

**VANNIER**, s. m. Ouvrier qui fait des ouvrages d'osier.

**VANTAIL** (ll m.; au pl. vantaux), s. m. Battant d'une porte qui s'ouvre des deux côtés.

**VANTARD, E**, adj. et s. Qui se vante, fam.

**VANTER** (part. é, ée), v. a. Louer beaucoup; se —, v. pr. Se glorifier; se faire fort de.

**VANTERIE**, s. f. Louange présomptueuse de soi-même.

**VA-NU-PIEDS**, s. m. (inv.). Vagabond.

**VAPEUR**, s. f. Fumée qui s'élève des lieux ou des choses humides; au pl. Affections hypocondriaques.

**VAPOREUX, EUSE**, adj. Où les vapeurs sont répandues de manière à éclairer doucement les objets; qui cause des vapeurs; —, s. et adj. Sujet aux vapeurs.

**VAPORISATION**, s. f. Phénomène de la réduction d'une substance en vapeur.

**VAPORISER** (part. é, ée), v. a. Réduire en vapeur; se —, v. pr. Passer à l'état de vapeur.

**VAQUER**, v. n. Être vacant; cesser pour quelque temps ses fonctions ordinaires (en parlant des tribunaux); s'appliquer à.

**VAR** (LE), rivière qui sépare la France de la Sardaigne; elle a sa source au N. de Nice, et son embouchure dans la Méditerranée; elle donne son nom au dép. du Var, formé d'une partie de la Basse-Provence, borné au N. par les Basses-Alpes, au N. E. par le comté de Nice, à l'E. et au S. par la Méditerranée; à l'O. par les Bouches-du-Rhône.

**VARAIGNE**, s. f. Ouverture par laquelle on introduit l'eau de la mer dans les réservoirs des marais salants.

**VARECH**, *s. m.* Plante marine, genre d'algues, débris quelconques que la mer rejette sur ses bords; vaisseau submergé.

**VARENNE**, *s. f.* Terres incultes; étendue de pays que le roi se réservait pour la chasse.

**VARIABILITÉ**, *s. f.* Disposition habituelle à varier.

**VARIABLE**, *adj.* 2 *g.* Sujet à varier.

**VARIANT, E**, *adj.* Qui change souvent.

**VARIANTE**, *s. f.*, se dit des diverses leçons du même texte.

**VARIATION**, *s. f.* Changement.

**VARICE**, *s. f.* Dilatation morbide et permanente d'une veine.

**VARICELLE**, *s. f.* Petite vérole volante.

**VARIER** (*part.* é, ée), *v. a.* Diversifier; —, *v. n.* Changer; être d'avis différent.

**VARIÉTÉ**, *s. f.* Diversité; *au pl.* Mélanges.

**VARIOLE**, *s. f.* Petite vérole.

**VARIOLIQUE**, *adj.* 2 *g.* Qui a rapport à la petite vérole; *t. de méd.*

**VARIQUEUX, EUSE**, *adj.* Qui appartient à la varice; affecté de varices.

**VARLET**, *s. m.* Page; *t. de chevalerie.*

**VARLOPE**, *s. f.* Grand rabot.

**VASCULAIRE**, *adj.* 2 *g.*, ou **VASCULEUX, EUSE**, *adj.* Qui regarde les vaisseaux, ou résulte de leur assemblage; *t. d'anat.*

**VASE**, *s. m.* Ustensile fait pour contenir des liqueurs, des fleurs, etc.

**VASE**, *s. f.* Bourbe du fond de l'eau.

**VASEUX, EUSE**, *adj.* Qui a de la vase.

**VASISTAS**, *s. m.* Partie mobile d'une porte ou d'une fenêtre.

**VASSAL, E**, *s.* Celui ou Celle qui relevait d'un seigneur à cause d'un fief.

**VASSELAGE**, *s. m.* État du vassal; *droit de* —, dû par le vassal.

**VASSY**, chef-lieu d'arr. du dép. de la Haute-Marne.

**VASTE**, *adj.* 2 *g.* Qui est d'une fort grande étendue; *fig.* Capable de grandes choses; qui embrasse plusieurs sciences à la fois.

**VATICAN**, *s. m.* Le palais du pape, la cour de Rome.

**VA-TOUT**, *s. m.* (inv.). Mise au jeu de tout l'argent qu'on a devant soi.

**VAUCLUSE**, source célèbre près d'Avignon, qui donne son nom au dép. de Vaucluse, lequel comprend l'ancien comtat Venaissin et une partie de la Provence; borné au N. par la Drôme; à l'E. par les Basses-Alpes; au S. par les Bouches-du-Rhône; à l'O. par le Gard.

**VAUDEVILLE**, *s. m.* Chanson qui court par la ville sur quelque événement du jour; comédie mêlée de couplets; théâtre où on la représente.

**VAUDEVILLISTE**, *s. m.* Auteur de vaudevilles.

**VAU-L'EAU (À)**, *loc. adv.* A l'abandon.

**VAURIEN**, *s. m.* Fainéant; fripon; homme vicieux.

**VAUTOUR**, *s. m.* Oiseau de proie très-vorace; *fig.* Personne rapace.

**VAUTRAIT**, *s. m.* Équipage de chasse pour le sanglier.

se **VAUTRER** (*part.* é, ée), *v. a.* S'enfoncer, se rouler dans la boue.

**VEAU**, *s. m.* Petit de la vache; chair, cuir de veau; — *marin*, animal amphibie.

**VÉDA**, *s. m.* Livre sacré des Indiens.

**VEDETTE**, *s. f.* Cavalier en sentinelle; tourillon placé sur un rempart et où la sentinelle peut se retirer.

**VÉGÉTABLE**, *adj.* 2 *g.* Qui peut végéter.

**VÉGÉTAL** (*au pl. végétaux*), *s. m.* Ce qui végète.

**VÉGÉTAL, E**, *adj.* Qui appartient aux végétaux; *sel* —, extrait des plantes.

**VÉGÉTANT, E**, *adj.* Qui végète.

**VÉGÉTATIF, IVE**, *adj.* Qui fait végéter; qui est dans l'état de végétation.

**VÉGÉTATION**, *s. f.* Développement successif des parties constituantes d'un végétal.

**VÉGÉTER**, *v. n.* Croître et se nourrir (en parlant des plantes); *fig.* Vivre dans l'oisiveté, la détresse.

**VÉHÉMENCE**, *s. f.* Impétuosité, force, mouvement rapide.

**VÉHÉMENT**, **E**, *adj.* Ardent, impétueux, violent.

**VÉHÉMENTEMENT**, *adv.* Très-fort.

**VÉHICULE**, *s. m.* Ce qui sert à conduire, à faire passer plus aisément; *fig.* Ce qui prépare l'esprit.

**VEILLE** (ll m.), *s. f.* État du corps dans lequel les sens sont en action; privation du sommeil durant la nuit; division de la nuit (chez les anciens Romains); le jour précédent; *être à la — de*, sur le point de; *au pl.* Grande application à l'étude, aux affaires.

**VEILLÉE** (ll m.), *s. f.* Veille que plusieurs personnes font ensemble; action de veiller.

**VEILLER** (ll m.), *v. n.* S'abstenir de dormir; *fig.* Prendre garde; —, (*part.* é, ée), *v. a.* Passer la nuit auprès de; surveiller.

**VEILLEUR** (ll m.), *s. m.* Ecclésiastique qui veille à côté d'un mort.

**VEILLEUSE** (ll m.), *s. f.* Petite lampe qu'on laisse brûler pendant la nuit dans une chambre à coucher.

**VEINE**, *s. f.* Conduit qui rapporte le sang des extrémités du corps au cœur; marque ou raie longue et étroite qui va en serpentant dans le bois ou dans les pierres dures; couche où se trouve le métal dans les mines; *fig.* Aptitude, talent, disposition d'esprit; chance, hasard.

**VEINÉ**, **ÉE**, *adj.* Plein de ramifications distinctes (en parlant du bois, des marbres, des pierres).

**VEINER** (*part.* é, ée), *v. a.* Imiter les racines du bois, les veines du marbre.

**VEINEUX**, **EUSE**, *adj.* Plein de veines; qui appartient aux veines.

**VELAUT**, cri de chasse pour exciter les chiens contre le sanglier, le loup, le renard ou le lièvre.

**VELCHE**, *s. m.* Homme ignorant, sans goût.

**VÊLER**, *v. n.* Mettre bas (en parlant de la vache).

**VÉLIN**, *s. m.* Peau de veau préparée, plus mince et plus unie que le parchemin; *papier* —, qui imite la blancheur et l'uni du vélin, et où il ne paraît aucune de ces marques appelées pontuseaux ou vergeures.

**VÉLITES**, *s. m. pl.* Soldats légèrement armés (chez les anciens Romains); corps de chasseurs de la garde impériale.

**VELLÉITÉ**, *s. f.* Volonté faible et sans effet.

**VÉLOCE**, *adj.* 2 *g.* Très-rapide (en parlant du mouvement d'une planète).

**VÉLOCITÉ**, *s. f.* Vitesse, rapidité.

**VELOURS**, *s. m.* Étoffe de soie à poil court et serré.

**VELOUTÉ**, **ÉE**, *adj.*, se dit des étoffes dont le fond n'est pas de velours, mais qui ont des fleurs, des ramages en velours, des étoffes, des papiers imitant le velours; —, *s. m.* Galon imitant le velours; surface ou membrane ayant l'apparence du velours.

**VELTAGE**, *s. m.* Mesurage à la velte.

**VELTE**, *s. f.* Mesure de liquides, six pintes; instrument pour jauger les tonneaux.

**VELTER** (*part.* é, ée), *v. a.* Mesurer à la velte.

**VELTEUR**, *s. m.* Celui qui mesure à la velte.

**VELU**, **UE**, *adj.* Couvert de poil. (Il ne se dit pas en parlant des cheveux ou de la barbe.)

**VENAISON**, *s. f.* Chair de bête fauve ou rousse.

**VÉNAL**, **E**, *adj.* Qui se vend, qui peut se vendre; qui trafique de sa conscience, vil.

**VÉNALEMENT**, *adv.* D'une manière vénale.

**VÉNALITÉ**, *s. f.* Qualité de ce qui est vénal.

**VENANT**, *adj. m.* Qui vient; —, *s. Les allants et les venants*, ceux qui vont et qui viennent.

**VENDABLE**, *adj.* 2 *g.* Qui peut être vendu.

**VENDANGE**, *s. f.* Récolte de raisins pour faire du vin; *au pl.* Temps de cette récolte.

**VENDANGER** (*part.* é, ée), *v. a.*

Faire la vendange; détruire (en parlant de la grêle).

**VENDANGEUR, EUSE**, *s.* Celui ou Celle qui fait la récolte des raisins.

**VENDÉE (LA)**, rivière qui a sa source près de Fontenay et se jette dans la Sèvre près de Marans; elle donne son nom à un dép. formé d'une partie du Poitou, borné au N. par la Loire-Inférieure et Maine-et-Loire, à l'E. par les Deux-Sèvres, au S. par la Charente-Inférieure, au S. O. et à l'O. par l'Océan.

**VENDÉEN, ENNE**, *adj.* et *s.* Qui est de la Vendée.

**VENDÉMIAIRE**, *s. m.* Premier mois de l'année républicaine, du 22 septembre au 21 octobre.

**VENDEUR, ERESSE**, *s.* Celui ou Celle qui vend, qui a vendu (une terre, une maison); *t. de palais.*

**VENDEUR, EUSE**, *s.* Celui ou Celle dont la profession est de vendre; *faux* —, qui vend ce qui n'est pas à lui, qui vend à faux poids.

**VENDICATION**, *s. f.* Revendication.

**VENDIQUER.** Voy. *Revendiquer.*

**VENDITION**, *s. f.* Vente.

**VENDÔME**, chef-lieu d'arr. du dép. de Loir-et-Cher.

**VENDRE** (*Ind. pr.* je vends, tu vends, il vend, nous vendons, vous vendez, ils vendent; *imp.* je vendais, etc.; *p. déf.* je vendis, etc., nous vendîmes, etc.; *fut.* je vendrai, etc., *cond.* je vendrais, etc.; *impér.* vends, vendons, vendez; *subj. pr.* que je vende, etc., que nous vendions, etc.; *imp. subj.* que je vendisse, etc., que nous vendissions, etc.; *p. pr.* vendant; *p. p.* vendu, ue), *v. a.* Céder pour un certain prix; trahir, révéler un secret pour quelque raison d'intérêt; *fig.* Recevoir de l'argent pour une lâcheté; — *sa vie*, la bien défendre; *se* —, *v. pr.* Être vendu; *fig.* Se livrer pour de l'argent (à un parti).

**VENDREDI**, *s. m.* Sixième jour de la semaine.

**VENDU, UE**, *adj.* et *part.* de *Vendre.* Donné à prix d'argent; *fig.* Dévoué à un parti.

**VÉNÉFICE**, *s. m.* Empoisonnement.

**VENELLE**, *s. f.* Petite rue; *fam.* *Enfiler la* —, prendre la fuite.

**VÉNÉNEUX, EUSE**, *adj.* Qui a du venin (en parlant des végétaux).

**VENÉ, ÉE**, *adj.* Qui commence à se gâter (en parlant de la viande).

**VÉNÉRABLE**, *adj.* 2 *g.* Digne de vénération; titre d'honneur.

**VÉNÉRATION**, *s. f.* Respect pour les choses saintes; estime respectueuse pour une personne.

**VÉNÉRER** (*part.* é, ée), *v. a.* Révérer les choses saintes; avoir de la vénération.

**VÉNERIE**, *s. f.* L'art de chasser avec des chiens courants; corps des officiers de vénerie; lieu où logent les officiers et tout l'équipage de la vénerie.

**VENETTE**, *s. f.* Alarme; *fam.*

**VENEUR**, *s. m.* Individu chargé de faire chasser les chiens courants.

**VENGEANCE**, *s. f.* Action, désir de se venger; ses effets.

**VENGER** (*part.* é, ée), *v. a.* Tirer raison, satisfaction d'une injure; *se* —, *v. pr.* Tirer vengeance de.

**VENGEUR, ERESSE**, *s.* et *adj.* Celui ou Celle qui tire vengeance.

**VENIAT**, *s. m.* (inv.). Ordre donné par le juge supérieur au juge inférieur de venir rendre compte de sa conduite.

**VÉNIEL, ELLE**, *adj.*, se dit des péchés qui ne font point perdre la grâce.

**VÉNIELLEMENT**, *adv.* Légèrement.

**VENIMEUX, EUSE**, *adj.* Qui a du venin (en parlant des animaux).

**VENIN**, *s. m.* Suc venimeux de certains animaux; malignité contagieuse de certaines maladies; *fig.* Malignité, rancune, haine cachée.

**VENIR** (se conj. sur *Tenir*, sauf qu'il prend l'auxiliaire *Être* aux temps composés), *v. n.* Se transporter d'un lieu à un autre (en se rapprochant de celui qui parle); accompagner quelqu'un; arriver fortuitement; se présenter (à l'esprit); échoir; être issu, sortir, dériver, naître; croître; procéder, émaner; profiter, accroître; monter; *en* — *aux mains, aux injures*, se battre, s'injurier.

**VENT**, *s. m.* Air mû avec plus ou moins de rapidité; air agité par artifice; haleine; odeur, émanation d'un corps; *fam. Avoir — d'une chose,* en avoir quelque soupçon, quelque indice; *fig.* Vanité.

**VENTE**, *s. f.* Aliénation à prix d'argent; débit de marchandises; partie d'une forêt ou d'un bois qui vient d'être coupée; *au pl.* Ce qu'on devait au seigneur d'un fief pour la vente d'un héritage qui était dans sa censive.

**VENTER**, *v. n.* Souffler (en parlant du vent); —, *v. impers.* Il fait du vent.

**VENTEUX, EUSE**, *adj.* Sujet aux vents; qui cause des vents.

**VENTILATEUR**, *s. m.* Machine qui renouvelle l'air dans un lieu fermé.

**VENTILATION**, *s. f.* Action de ventiler; renouvellement de l'air avec un ventilateur.

**VENTILER** (*part.* é, ée), *v. a.* Évaluer séparément les meubles et les immeubles d'un bien, *t. de prat.*; discuter une question avant d'en délibérer en forme.

**VENTÔSE**, *s. m.* Sixième mois de l'année républicaine, du 19 février au 20 mars.

**VENTOSITÉ**, *s. f.* Amas de vents dans le corps.

**VENTOUSE**, *s. f.* Vaisseau de verre, de métal, etc., qu'on applique sur la peau pour y produire une irritation locale, en raréfiant l'air par le moyen du feu, ou en faisant le vide; ouverture pratiquée dans un conduit pour donner passage à l'air au moyen d'un tuyau.

**VENTOUSER** (*part.* é, ée), *v. a.* Appliquer des ventouses.

**VENTRE**, *s. m.* Nom des trois grandes cavités du corps, et particulièrement du bas-ventre; forme extérieure du ventre; portion charnue d'un muscle; partie bombée.

**VENTRÉE**, *s. f.* Tous les petits qu'une femelle fait en une fois.

**VENTRICULE**, *s. m.* Petites cavités particulières à certains organes.

**VENTRIÈRE**, *s. f.* Sangle qu'on passe sous le ventre d'un cheval pour empêcher le harnais de tourner.

**VENTRILOQUE**, *adj.* et *s.* 2 *g.* Qui parle la bouche presque fermée, et de manière que le son paraît sortir du ventre.

se **VENTROUILLER** (ll m.), *v. pr* Se vautrer dans la boue (en parlant des cochons).

**VENTRU, UE**, *adj.* et *s.* Qui a un gros ventre.

**VENUE**, *s. f.* Arrivée; croissance, taille; *tout d'une —, loc. adv.* Tout droit; tout à la fois.

**VÉNUS**, *s. f.* Divinité païenne, déesse de la beauté; une des sept planètes; cuivre, *t. de chim.*; genre de coquilles bivalves.

**VÊPRE**, *s. m.* Le soir; *t. vieilli.*

**VÊPRES**, *s. f. pl.* Partie de l'office divin qu'on dit le soir.

**VER**, *s. m.* Insecte long et rampant qui n'a ni os ni vertèbres; *— à soie*, insecte qui file la soie.

**VÉRACITÉ**, *s. f.* Attachement constant à la vérité, caractère de vérité.

**VERBAL, E**, *adj.* Dérivé du verbe, *t. de gram.*; qui n'est que de vive voix; *procès- —*, voy. *Procès.*

**VERBALEMENT**, *adv.* De vive voix.

**VERBALISER**, *v. n.* Dresser un procès-verbal; *fam.* Faire de longs discours inutiles.

**VERBE**, *s. m.* Partie du discours qui désigne une action faite ou reçue par le sujet, ou simplement l'état du sujet; parole, ton; *le Verbe*, Jésus-Christ, la deuxième personne de la sainte Trinité.

**VERBÉRATION**, *s. f.* Commotion de l'air qui produit un son.

**VERBEUX, EUSE**, *adj.* Diffus, qui abonde en paroles inutiles.

**VERBIAGE**, *s. m.* Abondance de paroles inutiles.

**VERBIAGER**, *v. n.* Faire du verbiage.

**VERBIAGEUR, EUSE**, *s.* Celui ou Celle qui verbiage.

**VERBOSITÉ**, *s. f.* Superfluité de paroles.

**VER-COQUIN** (*au pl. vers-coquins*), *s. m.* Sorte de chenille de vigne; ver qui s'engendre dans la tête des animaux ou de l'homme; *fam.* Fantaisie, caprice.

**VERDÂTRE**, *adj.* 2 *g.* Qui tire sur la couleur verte.

**VERDÉE**, *s. f.* Petit vin blanc de Toscane qui tire sur le vert.

**VERDELET, ETTE**, *adj.* Un peu vert, un peu acide.

**VERDERIE**, *s. f.* Étendue de bois soumise à la juridiction d'un verdier; la juridiction même.

**VERDET**, *s. m.* Vert-de-gris.

**VERDEUR**, *s. f.* Humeur, séve des plantes; acidité du vin; jeunesse et vigueur de l'homme.

**VERDIER**, *s. m.* Officier qui commandait aux gardes d'une forêt; passereau qui a le dos vert.

**VERDIR** (*part.* i, ie), *v. a.* Peindre en vert; —, *v. n.* Devenir vert; se couvrir de vert-de-gris.

**VERDOYANT, E**, *adj.* Qui verdoie, qui tire sur le vert.

**VERDOYER** (se conj. sur *Ployer*), *v. n.* Devenir vert.

**VERDUN**, chef-lieu d'arr. du dép. de la Meuse.

**VERDURE**, *s. f.* Herbe verte; feuilles vertes.

**VERDURIER**, *s. m.* Marchand de légumes verts, de salades.

**VÉREUX, EUSE**, *adj.* Où il y a des vers; *fig.* Très-suspect; mauvais.

**VERGE**, *s. f.* Baguette longue et flexible; longue tringle; mesure de longueur, de superficie; anneau sans chaton; (*surtout au pl.*) menus brins de bouleau, d'osier, etc., avec lesquels on donne le fouet.

**VERGÉ, ÉE**, *adj.* *Étoffe vergée*, qui n'est pas bien unie du côté de la soie ou de celui de la teinture.

**VERGÉE**, *s. f.* Mesure de terrain de trois cent cinquante-huit toises carrées.

**VERGER** (*part.* é, ée), *v. a.* Mesurer avec la verge.

**VERGER**, *s. m.* Lieu planté d'arbres fruitiers.

**VERGETÉ, ÉE**, *adj.* Marqué de petites mouchetures.

**VERGETER** (*part.* é, ée), *v. a.* Nettoyer avec des vergettes.

**VERGETIER**, *s. m.* Artisan qui fait et vend des vergettes.

**VERGETTES**, *s. f. pl.* Sorte de brosse pour nettoyer les habits.

**VERGEURE** (pron. *verjure*), *s. f.* Fils de laiton sur la forme qui sert à fabriquer le papier; trace que ces fils laissent sur le papier.

**VERGLAS**, *s. m.* Pluie qui se glace dès qu'elle est tombée.

**VERGNE**, *s. m.* Aune, sorte d'arbre.

**VERGOGNE**, *s. f.* Honte.

**VERGUE**, *s. f.* Pièce de bois longue et ronde, attachée au travers du mât pour soutenir la voile.

**VÉRIDICITÉ**, *s. f.* Véracité.

**VÉRIDIQUE**, *adj.* 2 *g.* Qui dit la vérité, sincère.

**VÉRIFICATEUR**, *s. m.* Celui qui est commis pour vérifier un ouvrage, un compte, etc.

**VÉRIFICATION**, *s. f.* Action de vérifier; enregistrement (d'un édit).

**VÉRIFIER** (*part.* é, ée), *v. a.* Faire voir la vérité de; comparer, s'assurer de l'identité de; enregistrer (un édit).

**VÉRIN**, *s. m.* Machine composée d'une vis et d'un écrou, pour élever de très-grands fardeaux.

**VÉRITABLE**, *adj.* 2 *g.* Conforme à la vérité; qui n'est pas falsifié; bon, excellent en son genre; sincère.

**VÉRITABLEMENT**, *adv.* Conformément à la vérité; réellement.

**VÉRITÉ**, *s. f.* Conformité de l'idée avec son objet, d'un récit avec un fait, du langage avec la pensée; opinion vraie, exacte (par opposition à *Erreur*); principe, axiome, maxime; sincérité, bonne foi; expression fidèle de la nature, *t. d'arts*; *en —*, *loc. adv.* Certainement, sincèrement; *à la —*, *loc. adv.* Il est vrai.

**VERJUS**, *s. m.* Suc acide tiré du raisin qui n'est pas mûr; raisin qu'on cueille encore vert; gros raisin qui a la peau dure.

**VERJUTÉ, ÉE**, *adj.* Qui a un goût acide comme le verjus.

**VERMEIL, EILLE** (ll m.), *adj.* Qui est d'un rouge plus foncé que l'incarnat; frais, coloré.

**VERMEIL** (l m.), *s. m.* Argent doré.

**VERMICELLE** ou **VERMICEL**, *s. m.* Pâte en filaments dont on fait des potages; potage fait avec cette pâte.

**VERMICELLIER**, *s. m.* Fabricant de vermicelle et autres pâtes.

**VERMICULAIRE**, *adj.* 2 *g.* Qui a quelque rapport aux vers.

**VERMICULÉ, ÉE**, *adj.* Qui représente des traces de vers; *t. d'archit.*

**VERMICULURES**, *s. f. pl.* Travail de sculpture qui figure des traces de vers.

**VERMIFORME**, *adj.* 2 *g.* Qui a la forme d'un vers.

**VERMIFUGE**, *adj.* 2 *g.* Propre à chasser ou à faire mourir les vers engendrés dans le corps; —, *s. m.* Remède vermifuge.

**VERMILLER** (ll m.), *v. n.*, se dit du sanglier qui fouille la terre avec son boutoir.

**VERMILLON** (ll m.), *s. m.* Oxyde de mercure sulfuré rouge; couleur qu'on tire du vermillon; la couleur vermeille des joues et des lèvres.

**VERMILLONNER** (ll m.), *v. n.*, se dit du blaireau qui cherche des vers pour pâturer; — (*part.* é, ée), *v. a.* Peindre en vermillon.

**VERMINE**, *s. f.* Toutes sortes d'insectes malpropres et incommodes; *fig.* Gens de mauvaise vie, mendiants.

**VERMINEUX, EUSE**, *adj.* Causé par les vers (en parlant d'une maladie).

**VERMISSEAU**, *s. m.* Petit ver de terre.

se **VERMOULER** (*part.* vermoulu, ue), *v. pr.* Être piqué des vers.

**VERMOULU, UE**, *adj.* et *part.* Piqué des vers.

**VERMOULURE**, *s. f.* Trace que laissent les vers dans ce qu'ils ont rongé; poudre qui sort des trous faits par les vers.

**VERMOUT**, *s. m.* Vin mêlé d'absinthe.

**VERNAL, E**, *adj.* Qui appartient au printemps.

**VERNE**, *s. m.* Voy. *Vergne.*

**VERNIR** (*part.* i, ie), *v. a.* Enduire de vernis.

**VERNIS**, *s. m.* Enduit dont on couvre la surface des corps pour leur donner un lustre agréable et les préserver de l'humidité; enduit qu'on met sur les vases de terre, etc.; *fig.* Apparence favorable, brillante; notion légère.

**VERNISSER** (*part.* é, ée), *v. a.* Vernir de la poterie.

**VERNISSEUR**, *s. m.* Artisan qui fait, qui emploie des vernis.

**VERNISSURE**, *s. f.* Application du vernis; vernis appliqué.

**VÉROLE**, *s. f.* *Petite* —, maladie dangereuse qui couvre la peau de pustules, et dont la vaccine est le préservatif.

**VÉRON**, *s. m.* Voy. *Vairon*, subst.

**VÉRONIQUE**, *s. f.* Sorte de plante à fleurs bleues.

**VERRAT**, *s. m.* Pourceau.

**VERRE**, *s. m.* Corps transparent et fragile, produit par la fusion d'un mélange de sable et d'alcali; métal ou minéral vitrifié; vase à boire fait de verre; ce qu'il contient.

**VERRÉE**, *s. f.* Plein un verre.

**VERRERIE**, *s. f.* Art de faire le verre; lieu où on le fabrique; ouvrages de verre.

**VERRIER**, *s. m.* Celui qui fait ou vend du verre; ustensile de ménage où l'on range les verres.

**VERRIÈRE**, *s. f.* Cuvette dans laquelle on place les verres.

**VERRIÈRE** ou **VERRINE**, *s. f.* Morceau de verre qu'on met devant des tableaux, devant des marchandises en montre, etc.

**VERROTERIE**, *s. f.* Menue marchandise de verre, grains, bagues, etc.

**VERROU** (*au pl.* *verrous*), *s. m.* Pièce de fer qui va et vient entre deux crampons, et qu'on applique à une porte pour la fermer.

**VERROUILLER** (*part.* é, ée), *v. a.* Fermer au verrou; *se* —, *v. pr.* S'enfermer au verrou.

**VERRUE**, *s. f.* Petite excroissance ronde et raboteuse qui vient sur la peau.

**VERS**, *s. m.* Paroles mesurées et cadencées selon des règles fixes; — *blancs*, non rimés; — *libres*, de différentes mesures.

**VERS**, *prép. de lieu.* D'un certain côté, dans une certaine direction; —, *prép. de temps.* Environ.

**VERSAILLES**, chef-lieu du dép. de Seine-et-Oise.

**VERSANT, E**, *adj.* Sujet à verser

(en parlant des voitures); —, *s. m.* Pente, côté d'un terrain élevé.

**VERSATILE**, *adj. 2 g.* Qui change facilement.

**VERSATILITÉ**, *s. f.* Défaut de ce qui est versatile; inconstance.

**VERSE** (**À**), *loc. adv.* Abondamment (en parlant de la pluie).

**VERSÉ**, **ÉE**, *adj.* Couché (en parlant des blés); expérimenté.

**VERSEAU**, *s. m.* Un des douze signes du Zodiaque.

**VERSEMENT**, *s. m.* Action de verser de l'argent dans une caisse.

**VERSER** (*part.* é, ée), *v. a.* Répandre, épancher; transvaser; apporter de l'argent à une caisse; faire tomber (une voiture) sur le côté; coucher (les blés); —, *v. n.* Se renverser (en parlant d'une voiture); se coucher (en parlant des blés).

**VERSET**, *s. m.* Petite section de deux ou trois lignes contenant ordinairement un sens complet (dans l'Écriture).

**VERSIFICATEUR**, *s. m.* Celui qui est habile dans le mécanisme des vers.

**VERSIFICATION**, *s. f.* Art de faire des vers.

**VERSIFIER**, *v. n.* Faire des vers; — (*part.* é, ée), *v. a.* Mettre en vers.

**VERSION**, *s. f.* Traduction d'une langue en une autre; *fam.* Manière de raconter un fait.

**VERSO**, *s. m.* (inv.). Seconde page du feuillet (par opposition à *Recto*).

**VERSOIR**, *s. m.* Partie de la charrue voisine du soc et qui jette la terre sur le sillon.

**VERSTE**, *s. f.* Mesure de distance (en Russie) égale à un kilomètre environ.

**VERT**, **E**, *adj.* Qui est de la couleur des herbes (non sèches); qui a encore quelque sève; qui n'est pas encore mûr; (vin) qui n'est pas encore assez fait; (cuir) non corroyé; *fig.* Vigoureux, ferme.

**VERT**, *s. m.* Couleur verte; herbe verte que l'on fait manger aux chevaux; verdeur, acidité; *manger son bien en* —, son revenu par avance; *employer le — et le sec*, avoir recours à toutes sortes de moyens.

**VERT-DE-GRIS** (*au pl.* *verts-de-gris*), *s. m.* Rouille verte vénéneuse qui se forme sur le cuivre; oxyde vert de cuivre.

**VERTÉBRAL**, **E**, *adj.* Qui appartient aux vertèbres.

**VERTÈBRE**, *s. f.* Chacun des vingt-quatre os emboîtés l'un dans l'autre qui forment l'épine du dos.

**VERTÉBRÉ**, **ÉE**, *adj.* Pourvu de vertèbres.

**VERTEMENT**, *adv.* Avec fermeté, avec vigueur.

**VERTICAL**, **E** (*au pl. m.* *verticaux*), *adj.* Perpendiculaire à l'horizon.

**VERTICALEMENT**, *adv.* Perpendiculairement à l'horizon.

**VERTICILLE** (ll m.), *s. m.* Assemblage de fleurs ou de feuilles disposées en anneaux autour d'une tige.

**VERTICILLÉ**, **ÉE** (ll m.), *adj.* Qui forme des verticilles.

**VERTIGE**, *s. m.* Tournoiement de tête; étourdissement, folie.

**VERTIGINEUX**, **EUSE**, *adj.* Qui a des vertiges.

**VERTIGO**, *s. m.* Caprice, fantaisie; tournoiement de tête particulier aux chevaux.

**VERTU**, *s. f.* Tendance habituelle de l'âme, efforts constants et efficaces vers le bien; qualité particulière qui se dirige vers tel ou tel genre de bonne action; qualité morale; (en parlant des femmes) chasteté; propriété, efficacité; force, fermeté, courage; *les Vertus*, un des ordres de la hiérarchie céleste; *en vertu de*, *loc. prép.* En conséquence de.

**VERTUEUSEMENT**, *adv.* D'une manière vertueuse.

**VERTUEUX**, **EUSE**, *adj.* Qui a de la vertu; qui part d'un principe de vertu.

**VERTUGADIN**, *s. m.* Sorte de bourrelet que les femmes portent au-dessous du corps de leurs jupes.

**VERVE**, *s. f.* Chaleur d'imagination; *fam.* Caprice.

**VERVEINE**, *s. f.* Plante annuelle médicinale.

**VERVEUX**, *s. m.* Filet en entonnoir pour prendre du poisson.

**VERVINS**, chef-lieu d'arr. du dép. de l'Aisne.

**VESCE**, *s. f.* Plante légumineuse; grain rond et noirâtre que produit cette plante, et dont on nourrit les pigeons.

**VESCERON**, *s. m.* Vesce sauvage.

**VÉSICAL, E**, *adj.* Qui a rapport à la vessie.

**VÉSICATOIRE**, *s. m.* et *adj.* 2 *g.*, se dit des médicaments externes qui font élever des vessies sur la peau et donnent un écoulement aux humeurs; plaie qui en résulte.

**VÉSICULE**, *s. f.* Sac membraneux.

**VESOU**, *s. m.* Liqueur qui sort de la tige écrasée de la canne à sucre.

**VESOUL**, chef-lieu du dép. de la Haute-Saône.

**VESPÉTRO**, *s. m.* Espèce de ratafia stomachique.

**VESSE-DE-LOUP** (*au pl. vesses-de-loup*), *s. f.* Espèce de champignon.

**VESSIE**, *s. f.* Sac membraneux qui reçoit et contient l'urine; petite ampoule sur la peau.

**VESTALE**, *s. f.* Vierge consacrée à Vesta (chez les anciens Romains).

**VESTE**, *s. f.* Vêtement qu'on porte sous l'habit, qui a deux poches par devant et qui descend à la ceinture; habillement long que les Orientaux portent sous leur robe.

**VESTIAIRE**, *s. m.* Lieu où l'on serre les habits; dépense de l'habillement.

**VESTIBULE**, *s. m.* Pièce qui se trouve à l'entrée d'un bâtiment et qui sert de passage pour aller aux autres pièces.

**VESTIGE**, *s. m.* Empreinte que laisse sur le sol le pied de l'homme ou d'un animal; reste, trace d'un ancien édifice; *fig.* Trace, marque.

**VÊTEMENT**, *s. m.* Habillement, ce qui sert à couvrir le corps.

**VÉTÉRAN**, *s. m.* Ancien magistrat qui conserve ses droits sans exercer; soldat qui, après un certain nombre d'années de service, est admis dans un corps de réserve; *écolier* —, qui redouble une classe.

**VÉTÉRANCE**, *s. f.* Qualité de vétéran.

**VÉTÉRINAIRE**, *adj.* 2 *g.*, se dit de l'art de guérir les chevaux, les bestiaux; —, *s. m.* Celui qui exerce cet art.

**VÉTILLE** (ll m.), *s. f.* Bagatelle, chose de peu d'importance.

**VÉTILLER** (ll m.), *v. n.* S'amuser à des vétilles; chicaner.

**VÉTILLERIE**, *s. f.* Chicanerie, raisonnement captieux.

**VÉTILLEUR, EUSE** (ll m.), *s.* Celui ou Celle qui s'amuse à des vétilles, tracassier.

**VÉTILLEUX, EUSE** (ll m.), *adj.* Qui exige beaucoup de soins jusque dans les moindres détails, qui s'amuse à des vétilles.

**VÊTIR** (*Ind. pr.* je vêts, tu vêts, il vêt, nous vêtons, vous vêtez, ils vêtent; *imp.* je vêtais, etc., nous vêtions, etc.; *p. déf.* je vêtis, etc., nous vêtîmes, etc.; *fut.* je vêtirai, etc., nous vêtirons, etc.; *cond.* je vêtirais, etc.; nous vêtirions, etc.; *impér.* vêts, vêtons, vêtez; *subj. pr.* que je vête, etc., que nous vêtions, etc.; *imp. subj.* que je vêtisse, etc., que nous vêtissions, etc.; *p. pr.* vêtant; *p. p.* vêtu, ue), *v. a.* Habiller quelqu'un, lui donner des habits; mettre sur soi (un vêtement); *se* —, *v. pr.* S'habiller.

**VETO** (*sans pl.*), *s. m.* Mot latin qui signifie *je m'oppose*, *j'empêche*, formule d'opposition.

**VÊTURE**, *s. f.* Prise d'habit de religieux.

**VÉTUSTÉ**, *s. f.* Ancienneté (en parlant des édifices que le temps a fait dépérir).

**VÉTYVER**, *s. m.* Plante dont les racines odorantes éloignent les vers.

**VEUF, VEUVE**, (*le f se pron. même au pl.*), *adj.* et *s.* Qui n'a plus de femme, qui n'a plus de mari; *fig.* Privé de.

**VEULE**, *adj.* 2 *g.* Mou, faible. *Terre* —, légère.

**VEUVAGE**, *s. m.* État de celui qui a perdu sa femme ou de celle qui a perdu son mari; temps pendant lequel on reste veuf ou veuve.

**VEXATION**, *s. f.* Action de vexer; acte vexatoire.

**VEXATOIRE**, *adj.* 2 *g.* Qui vexe.

**VEXER** (*part.* é, ée), *v. a.* Tourmenter, faire injustement de la peine, persécuter.

**VIABILITÉ**, *s. f.* Possibilité de vivre; *t. de méd.*

**VIABLE**, *adj.* 2 *g.* Né avec les conditions nécessaires à la vie; *t. de méd.*

**VIAGER**, **ÈRE**, *adj.* Dont on doit jouir pendant toute sa vie; —, *s. m.* Revenu viager.

**VIANDE**, *s. f.* Chair dont on se nourrit; *fig. Viande creuse*, nourriture peu solide; imaginations chimériques.

**VIANDER**, *v. n.* Pâturer (en parlant des bêtes fauves).

**VIANDIS**, *s. m.* Pâture des bêtes fauves.

**VIATIQUE**, *s. m.* Provisions, argent qu'on donne à un religieux pour un voyage; sacrement de l'Eucharistie administré à un malade en danger de mort.

**VIBRANT**, **E**, *adj.* Mis en vibration.

**VIBRATION**, *s. f.* Arc que décrit un objet suspendu librement, et mis en mouvement; tremblement des cordes d'un instrument de musique, d'un arc, etc.

**VIBRER**, *v. n.* Faire des vibrations.

**VICAIRE**, *s. m.* Adjoint d'un curé; celui qui est établi sous un supérieur, pour tenir sa place en certaines fonctions.

**VICAIRIE**, *s. f.* Vicariat.

**VICARIAL**, **E**, *adj.* Qui a rapport au vicariat.

**VICARIAT**, *s. m.* Fonction de vicaire.

**VICARIER**, *v. n.* Faire les fonctions de vicaire dans une paroisse.

**VICE**, *s. m.* Défaut, imperfection; disposition habituelle au mal; dépravation, débauche.

**VICE-AMIRAL** (*au pl. vice-amiraux*), *s. m.* Celui qui commande sous l'amiral; second vaisseau d'une flotte.

**VICE-AMIRAUTÉ** (*au pl. vice-amirautés*), *s. f.* Charge de vice-amiral.

**VICE-BAILLI** (*au pl. vice-baillis*), *s. m.* Officier de robe courte qui faisait les fonctions de prévôt des maréchaux.

**VICE-CHANCELIER** (*au pl. vice-chanceliers*), *s. m.* Celui qui fait les fonctions de chancelier, en l'absence de celui-ci.

**VICE-CONSUL** (*au pl. vice-consuls*), *s. m.* Celui qui tient la place de consul, ou de commissaire des relations commerciales.

**VICE-CONSULAT** (*au pl. vice-consulats*), *s. m.* Emploi de vice-consul.

**VICE-GÉRANT** (*au pl. vice-gérants*), *s. m.* Celui qui supplée le gérant.

**VICE-LÉGAT** (*au pl. vice-légats*), *s. m.* Celui qui exerce les fonctions du légat en son absence.

**VICE-LÉGATION** (*au pl. vice-légations*), *s. f.* Emploi de vice-légat.

**VICENNAL**, **E**, *adj.* Qui est de vingt ans; qui se fait après vingt ans.

**VICE-PRÉSIDENCE**, *s. f.* Charge, résidence du vice-président.

**VICE-PRÉSIDENT** (*au pl. vice-présidents*), *s. m.* Celui qui supplée le président en son absence.

**VICE-REINE** (*au pl. vice-reines*), *s. f.* Femme d'un vice-roi; princesse qui gouverne avec l'autorité d'un vice-roi.

**VICE-ROI** (*au pl. vice-rois*), *s. m.* Gouverneur d'un État qui a ou qui a qui a eu le titre de royaume.

**VICE-ROYAUTÉ** (*au pl. vice-royautés*), *s. f.* Dignité de vice-roi; pays gouverné par un vice-roi.

**VICE-SÉNÉCHAL** (*au pl. vice-sénéchaux*), *s. m.* Lieutenant de sénéchal.

**VICE VERSÂ** (*mots latins*), *loc. adv.* Réciproquement.

**VICIER** (*part.* é, ée), *v. a.* Gâter, corrompre; rendre nul.

**VICIEUSEMENT**, *adv.* D'une manière vicieuse.

**VICIEUX**, **EUSE**, *adj.* Qui a quelque vice, défectueux; adonné au vice, à la débauche.

**VICINAL**, **E** (*au pl. m. vicinaux*), *adj. Chemin* —, qui établit une communication directe avec des lieux voisins.

**VICISSITUDE**, *s. f.* Instabilité, changement des choses humaines; révolution réglée des saisons.

**VICOMTE**, *s. m.* Celui qui a une vicomté.

**VICOMTÉ**, *s. f.* Titre de noblesse;

terre dont la possession donne le titre de vicomte.

**VICOMTESSE**, *s. f.* Femme d'un vicomte; celle qui a une vicomté.

**VICTIMAIRE**, *s. m.* Celui qui fournissait les victimes, ou qui faisait les apprêts du sacrifice.

**VICTIME**, *s. f.* Animal offert en sacrifice à la divinité; personne sacrifiée; *fig.* Celui ou Celle qui est sacrifié aux intérêts ou aux passions d'autrui.

**VICTOIRE**, *s. f.* Avantage remporté à la guerre; *fig.* Heureux succès.

**VICTORIEUSEMENT**, *adv.* D'une manière victorieuse.

**VICTORIEUX, EUSE**, *adj.* Qui a remporté la victoire; qui a surmonté les obstacles.

**VICTUAILLE** (ll m.), *s. f.* Vivres, munitions de bouche.

**VIDAME**, *s. m.* Celui qui tenait des terres d'un évêché, à condition de défendre le temporel de l'évêque.

**VIDAMÉ**, *s. m.*, ou **VIDAMIE**, *s. f.* Dignité de vidame.

**VIDANGE**, *s. f.* Action de vider; état d'un vase qui n'est pas plein; *au pl.* Immondices qu'on ôte d'un lieu qu'on nettoie.

**VIDANGEUR**, *s. m.* Celui qui vide les fosses d'aisances.

**VIDE**, *adj.* 2 *g.* Qui n'est pas rempli; qui ne contient rien, dégarni, dépourvu; *tête* —, sans idées; —, *s. m.* Espace où il n'y a pas même de l'air, *t. de phys.*; *fig.* Manque, absence, privation; *à* —, *loc. adv.* Sans rien contenir.

**VIDE-BOUTEILLE** (*au pl. vide-bouteilles*), *s. m.* Petite maison et jardin près la ville.

**VIDER** (*part.* é, ée), *v. a.* Rendre vide, désemplir; creuser; — *les lieux*, déloger; — *une volaille*, en tirer ce qui n'est pas bon à manger; — *un compte*, *une affaire*, *un différend*, les terminer; *se* —, *v. pr.* Se désemplir.

**VIE**, *s. f.* Manière d'être des corps organisés qui les distingue des corps inorganiques; ensemble des fonctions organiques; état de l'animal qui sent et qui se meut, de la plante qui végète; espace de temps depuis la naissance jusqu'à la mort; manière de vivre; nourriture; ce qui remplit la vie; occupations habituelles; histoire d'une personne; *fig.* Chaleur (du style); animation; *pop.* Querelle, criaillerie; *à* —, *loc. adv.* Pour toute la vie; *de la* —, *loc. adv.* Jamais.

**VIEIL** (l m.). Voy. *Vieux.*

**VIEILLARD** (ll m.), *s. m.* Homme très-avancé en âge.

**VIEILLERIE** (ll m.), *s. f.* Vieilles hardes; vieux meubles; *fig.* Idées rebattues.

**VIEILLESSE** (ll m.), *s. f.* Le dernier âge de la vie; les vieilles gens.

**VIEILLIR** (ll m.; *part.* i, ie), *v. n.* Devenir vieux; *fig.* Passer de mode; —, *v. a.* Rendre vieux; *se* —, *v. pr.* Chercher à paraître vieux; se dire plus âgé qu'on n'est.

**VIEILLISSANT, E** (ll m.), *adj.* Qui devient vieux.

**VIEILLISSEMENT** (ll m.), *s. m.* État de ce qui vieillit.

**VIEILLOT, OTTE** (ll m.), *s.* Qui commence à devenir ou à paraître vieux.

**VIELLE**, *s. f.* Instrument de musique à cordes et à roue.

**VIELLER**, *v. n.* Jouer de la vielle.

**VIELLEUR, EUSE**, *s.* Celui ou Celle qui joue de la vielle.

**VIENNE**, chef-lieu d'arr. du dép. de l'Isère.

**VIENNE** (LA), rivière qui a sa source près de Limoges et se jette dans la Loire près de Saumur; elle donne son nom à deux dép., savoir: 1° la *Vienne*, dép. formé de parties du Poitou et du Berry, borné au N. par Indre-et-Loire, à l'E. par l'Indre, au S. E. par la Haute-Vienne, au S. par la Charente, à l'O. par les Deux-Sèvres; 2° la *Haute-Vienne*, dép. formé de parties du Limousin, du Poitou, de la Marche et du Berry, borné au N. par la Vienne et l'Indre, à l'E. par la Creuse, au S. par la Corrèze et la Dordogne, à l'O. par la Charente.

**VIERGE**, *s. f.* Jeune fille d'une pureté irréprochable; *la sainte* —, la mère de Jésus-Christ; *la* —, signe du Zodiaque; —, *adj.* 2 *g.* *Terre*—, qui n'a pas été labourée; *huile* —, fournie par les olives sans pression; *cire*—, qui n'a encore été employée à aucun usage; *vigne* —, qui ne produit qu'une graine inutile; *métaux vierges*, qu'on trouve purs dans le sein de la terre; *réputation vierge*, intacte.

**VIEUX, VIEILLE** (ll m.), *adj.* Qui a duré longtemps ou dure depuis longtemps; qui a consommé la plus grande partie de son existence; usé, endommagé; antique (opposé à *Récent*); passé de mode; *le — temps*, le temps passé; —, *s.* Homme âgé, femme âgée. (Au masculin, devant un nom commençant par une voyelle ou une *h* non aspirée, on dit *Vieil* au lieu de *Vieux*.)

**VIF, VIVE**, *adj.* Qui est en vie, plein d'activité, de feu, de vigueur; brillant, éclatant; qui fait une impression violente; animé; *eau vive*, qui coule de source; *haies vives*, d'arbres et de buissons vivants; *chaux vive*, qui n'a pas été éteinte.

**VIF**, *s. m.* Chair vive; le cœur d'un arbre; *fig. Être piqué au* —, avoir reçu une offense sensible.

**VIF-ARGENT**, *s. m.* (sans pl.). Mercure, métal qui est liquide à la température ordinaire.

**VIGAN (LE)**, chef-lieu d'arr. du dép. du Gard.

**VIGIE**, *s. f.* Matelot en sentinelle au haut d'un mât; roche isolée en pleine mer, *t. de mar.*

**VIGILAMMENT**, *adv.* Avec vigilance.

**VIGILANCE**, *s. f.* Attention soigneuse et active.

**VIGILANT, E**, *adj.* Plein de vigilance.

**VIGILE**, *s. f.* Veille de certaines fêtes.

**VIGNE**, *s. f.* Arbrisseau sarmenteux qui porte le raisin; terre plantée de ceps de vigne; maison de plaisance aux environs de Rome.

**VIGNERON, ONNE**, *s.* Celui ou Celle qui cultive la vigne.

**VIGNETTE**, *s. f.* Petite estampe.

**VIGNOBLE**, *s. m.* Lieu, canton planté de vignes; *adj. m. Pays* —, où l'on cultive la vigne.

**VIGOGNE**, *s. f.* Quadrupède ruminant du Pérou, espèce de lama qui tient du mouton et de la chèvre et dont la laine est très-fine; laine de vigogne; —, *s. m.* Chapeau de vigogne.

**VIGOUREUSEMENT**, *adv.* Avec vigueur.

**VIGOUREUX, EUSE**, *adj.* Qui a de la vigueur, énergique.

**VIGUEUR**, *s. f.* Force pour agir; ardeur, courage; *fig.* Force et activité d'esprit.

**VIL, E**, *adj.* Abject, méprisable; qui est de peu de valeur.

**VILAIN**, *s. m.* Paysan, roturier.

**VILAIN, E**, *adj.* Qui déplaît à la vue, incommode, désagréable; déshonnête; méchant; —, *adj.* et *s.* Avare, qui vit mesquinement.

**VILAINEMENT**, *adv.* D'une manière vile, honteuse.

**VILEBREQUIN**, *s. m.* Outil pour percer du bois, etc.

**VILEMENT**, *adv.* D'une manière vile.

**VILENIE**, *s. f.* Ordure, saleté; paroles injurieuses; avarice; action basse et vile.

**VILETÉ** ou **VILITÉ**, *s. f.* Bas prix, peu d'importance d'une chose.

**VILIPENDER** (*part.* é, ée), *v. a.* Traiter de vil; déprimer, mépriser.

**VILLAGE**, *s. m.* Assemblage de maisons trop peu nombreuses pour former un bourg.

**VILLAGEOIS, E**, *adj.* Qui est de village, qui a rapport au village; —, *s.* Habitant du village.

**VILLANELLE**, *s. f.* Sorte de poésie pastorale dont tous les couplets ont le même refrain; air à danser.

**VILLE**, *s. f.* Assemblage d'un nombre considérable de maisons disposées par rues et souvent fermées d'un mur commun; habitants d'une ville; corps des officiers de la ville, la municipalité; séjour des villes (par opposition à celui de la campagne); *être à la* —, *en* —, hors de chez soi.

**VILLEFRANCHE**, chef-lieu d'arr. du dép. du Rhône.

**VILLEFRANCHE**, chef-lieu d'arr. du dép. de la Haute-Garonne,

**VILLEFRANCHE**, chef-lieu d'arr. du dép. de l'Aveyron.

**VIMAIRE**, *s. f.* Dégât causé dans les forêts par les ouragans.

**VIN**, *s. m.* Liqueur bonne à boire qui résulte de la fermentation du jus du raisin; *pris de —*, ivre; *entre deux vins*, à peu près ivre.

**VINAIGRE**, *s. m.* Vin rendu aigre; produit acide de certaines distillations chimiques.

**VINAIGRER** (*part.* é., ée), *v. a.* Assaisonner avec du vinaigre.

**VINAIGRETTE**, *s. f.* Sauce froide faite avec du vinaigre, de l'huile, etc.; espèce de brouette à deux roues.

**VINAIGRIER**, *s. m.* Celui qui fait et vend du vinaigre et de la moutarde; vase où l'on conserve du vinaigre.

**VINDICATIF**, **IVE**, *adj.* Qui aime à se venger.

**VINDICTE**, *s. f.* Poursuite, punition des crimes.

**VINÉE**, *s. f.* Récolte de vin.

**VINEUX**, **EUSE**, *adj.* Qui a beaucoup de force (en parlant du vin); qui a le goût, l'odeur ou la couleur du vin.

**VINGT**, *adj. numéral* 2 *g.* (inv.). Deux fois dix (multiplié par un autre nombre et immédiatement suivi d'un substantif, il prend une *s*: *quatre-vingts ans*); vingtième; —, *s. m.* Le vingtième jour (du mois).

**VINGTAINE**, *s. f.* Nombre de vingt ou environ.

**VINGTIÈME**, *adj.* 2 *g.* Nombre ordinal de vingt; —, *s. m.* La vingtième partie; —, *s.* 2 *g.* Celui ou Celle qui occupe le vingtième rang.

**VINICOLE**, *adj.* 2 *g.* Qui a rapport aux vins; où l'on cultive la vigne.

**VINIFICATION**, *s. f.* Art de faire, de conserver le vin.

**VIOLACÉ**, **ÉE**, *adj.* Dont la couleur tire sur le violet.

**VIOLAT**, *adj. m.*, se dit du sirop dans lequel il entre de la violette.

**VIOLATEUR**, **TRICE**, *s.* Celui ou Celle qui viole les lois, les droits d'autrui.

**VIOLATION**, *s. f.* Action de violer un engagement, de profaner une chose sainte.

**VIOLÂTRE**, *adj.* 2 *g.* Qui tire sur le violet.

**VIOLE**, *s. f.* Instrument de musique dont on joue avec un archet.

**VIOLEMENT**, *s. m.* Infraction, contravention.

**VIOLEMMENT**, *adv.* Avec violence.

**VIOLENCE**, *s. f.* Qualité de ce qui est violent; force dont on use contre le droit commun, contre les lois, etc.; impétuosité, véhémence.

**VIOLENT**, **E**, *adj.* Qui agit avec force, impétuosité; *mort violente*, causée par quelque accident.

**VIOLENTER** (*part.* é., ée), *v. a.* Contraindre, faire faire par force.

**VIOLER** (*part.* é, ée), *v. a.* Enfreindre, agir contre.

**VIOLET**, *s. m.* Couleur de la violette.

**VIOLET**, **ETTE**, *adj.* Qui est de la couleur de la violette.

**VIOLETTE**, *s. f.* Petite fleur printanière bleue (quelquefois blanche) d'une odeur très-suave.

**VIOLIER**, *s. m.* Plante crucifère qui vient sur les murs, giroflée.

**VIOLON**, *s. m.* Instrument de musique à quatre cordes dont on joue avec un archet; celui qui joue du violon; sorte de prison annexée à un corps de garde.

**VIOLONCELLE**, *s. m.* Très-grand violon; celui qui en joue.

**VIOLONISTE**, *s.* 2 *g.* Artiste qui joue du violon.

**VIORNE**, *s. f.* Arbrisseau à tige grimpante qui porte des baies réunies par bouquet.

**VIPÈRE**, *s. f.* Genre de serpents vivipares, armés de crochets à venin; *fig.* Personne médisante.

**VIPEREAU**, *s. m.* Petit d'une vipère.

**VIPÉRINE**, *s. f.* Sorte de plante à fleurs bleues et purpurines.

**VIRAGO**, *s. f.* Fille ou Femme qui a la taille et l'air d'un homme.

**VIRE**, chef-lieu d'arr. du dép. du Calvados.

**VIRELAI**, *s. m.* Ancienne poésie française, qui est toute sur deux rimes et avec des refrains.

**VIREMENT**, *s. m.* Action de virer (de bord); retour (de marée); transport d'une dette active à un créancier.

**VIRER**, *v. n.* Aller en tournant; — (*part.* é, ée), *v. a.* Tourner d'un côté sur l'autre, *t. de mar.*; *fig.* — *de bord*, changer de parti.

**VIREUX, EUSE**, *adj.* Qui a du rapport avec le poison.

**VIREVOLTE**, *s. f.* Tour et retour fait avec vitesse; *t. de manège.*

**VIRGINAL, E**, *adj.* Qui appartient aux vierges, à la virginité; *lait* —, composition pour blanchir le teint.

**VIRGINITÉ**, *s. f.* Pureté de la vierge.

**VIRGOULEUSE**, *s. f.* Sorte de poire fondante.

**VIRGULE**, *s. f.* Signe de ponctuation qui sert à séparer les mots, les membres d'une période.

**VIRIL, E**, *adj.* Qui appartient à l'homme; *âge* —, âge d'un homme fait; *fig.* Ferme, vigoureux.

**VIRILEMENT**, *adv.* D'une manière virile.

**VIRILITÉ**, *s. f.* Age viril; *fig.* Force, vigueur.

**VIROLE**, *s. f.* Petit cercle de métal autour du manche de certains instruments.

**VIRTUALITÉ**, *s. f.* Qualité de ce qui est virtuel.

**VIRTUEL, ELLE**, *adj.* Qui a la force, la vertu d'agir, sans agir en effet.

**VIRTUELLEMENT**, *adv.* D'une manière virtuelle.

**VIRTUOSE**, *s. 2 g.* Celui ou Celle qui a des talents pour les beaux-arts, surtout pour la musique.

**VIRULENCE**, *s. f.* Qualité de ce qui est virulent.

**VIRULENT, E**, *adj.* Qui a du virus; *fig.* Plein d'aigreur.

**VIRUS**, *s. m.* Principe morbide, agent de la contagion.

**VIS** (pron. *visse*), *s. f.* Pièce ronde de bois, de métal, etc., cannelée en ligne spirale, et qui entre dans un écrou cannelé de même.

**VISA**, *s. m.* Formule pour viser un acte et le rendre authentique.

**VISAGE**, *s. m.* Face de l'homme; partie antérieure de la tête; l'air du visage; la personne même.

**VIS-À-VIS**, *loc. adv.* En face, à l'opposite; — *de*, *loc. prép.* En face de; —, *s. m.* Voiture où il n'y a qu'une place dans chaque fond; personne qui est en face d'une autre.

**VISCÉRAL, E**, *adj.* Qui appartient aux viscères.

**VISCÈRE**, *s. m.*, se dit des parties destinées à quelques fonctions animales et contenues dans la poitrine, la tête et le bas-ventre.

**VISCOSITÉ**, *s. f.* Qualité de ce qui est visqueux.

**VISÉE**, *s. f.* Direction de la vue sur un but auquel on vise; *fig.* Projet, dessein.

**VISER** (*part.* é, ée), *v. a.* Voir, examiner un acte et mettre dessus le visa; — (*part.* é, ée), *v. a.* et *v. n.* Mirer, regarder un but pour y adresser un coup.

**VISIBILITÉ**, *s. f.* Qualité qui rend une chose visible.

**VISIBLE**, *adj.* 2 g. Qui se voit, qui peut être vu; évident, manifeste.

**VISIBLEMENT**, *adv.* D'une manière visible.

**VISIÈRE**, *s. f.* Pièce du casque qui se levait et se baissait, et au travers de laquelle on voyait et on respirait; rainure ou petit bouton de métal qu'on met au bout du canon d'un fusil pour conduire l'œil; *rompre en* —, rompre sa lance dans la visière de son adversaire, et *fig.* Attaquer, contredire brusquement en face.

**VISION**, *s. f.* Action de voir; ce que Dieu fait voir en esprit ou par les yeux du corps; *fig.* Idée folle, extravagante.

**VISIONNAIRE**, *adj.* et *s. 2 g.* Qui croit faussement avoir des visions; *fig.* Qui a des idées folles, des desseins chimériques.

**VISIR.** Voy. *Vizir.*

**VISITANDINE**, *s. f.* Religieuse de l'ordre de la Visitation.

**VISITATION**, *s. f.* Fête en mémoire de la visite que la Vierge rendit à Élisabeth; ordre de la Visitation.

**VISITE**, *s. f.* Action d'aller voir quelqu'un par civilité et par devoir; examen; personne en visite; perquisition, recherches.

**VISITER** (*part. é, ée*), *v. a.* Faire, rendre visite à quelqu'un; aller voir par charité ou par dévotion; faire un examen, une perquisition.

**VISITEUR**, *s. m.* Celui qui fait une visite; celui qui est commis pour visiter.

**VISQUEUX, EUSE**, *adj.* Gluant.

**VISSER** (*part. é, ée*), *v. a.* Attacher avec des vis.

**VISUEL, ELLE**, *adj.* Qui appartient à la vue.

**VITAL, E**, *adj.* Nécessaire à la vie.

**VITALITÉ**, *s. f.* Énergie vitale.

**VITCHOURA**, *s. m.* Vêtement garni de fourrure, qu'on met par-dessus ses habits pour sortir.

**VITE**, *adj.* 2 *g.* Qui se meut avec célérité; —, *adv.* Avec vitesse.

**VITEMENT**, *adv.* Vite.

**VITESSE**, *s. f.* Grande promptitude.

**VITRAGE**, *s. m. coll.* Vitres d'un bâtiment; cloison vitrée.

**VITRAUX**, *s. m. pl.* Grandes vitres des églises.

**VITRE**, *s. f.* Carreau ou Assemblage de carreaux de verre qu'on met à une fenêtre.

**VITRÉ**, chef-lieu d'arr. du dép. d'Ille-et-Vilaine.

**VITRER** (*part. é, ée*), *v. a.* Garnir de vitres.

**VITRERIE**, *s. f.* Art et Profession du vitrier; marchandise du vitrier.

**VITRESCIBLE**, *adj.* 2 *g.* Vitrifiable.

**VITREUX, EUSE**, *adj.* Qui est de la nature du verre; qui a l'apparence du verre.

**VITRIER**, *s. m.* Artisan qui travaille en vitre.

**VITRIÈRE**, *s. f.* Femme du vitrier.

**VITRIFIABLE**, *adj.* 2 *g.* Propre à être changé en verre.

**VITRIFICATION**, *s. f.* Action de vitrifier; substance vitrifiée.

**VITRIFIER** (*part. é, ée*), *v. a.* Fondre, convertir en verre; *se* —, *v. pr.* Se transformer en verre.

**VITRIOL**, *s. m.* Nom des sels composés d'oxydes métalliques et d'acide sulfurique.

**VITRIOLÉ, ÉE**, *adj.* Où il y a du vitriol.

**VITRIOLIQUE**, *adj.* 2 *g.* Qui tient de la nature du vitriol.

**VITRY-LE-FRANÇOIS**, chef-lieu d'arr. du dép. de la Marne.

**VITUPÉRER** (*part. é, ée*), *v. a.* Blâmer.

**VIVACE**, *adj.* 2 *g.* Qui a les principes d'une longue vie; *plante* —, qui vit plus de deux ans quoique ayant des tiges annuelles.

**VIVACITÉ**, *s. f.* Promptitude, ardeur; prompte pénétration de l'esprit; éclat des couleurs; *au pl.* Emportements passagers.

**VIVANDIER, IÈRE**, *s.* Celui ou Celle qui suit les troupes et leur vend des vivres.

**VIVANT, E**, *adj.* Qui vit; *fig.* Animé; *langue vivante*, que parle tout un peuple moderne; —, *s. m.* *Les vivants*, ceux qui sont en vie; *bon vivant*, *fam.* Homme aimable et gai; *de son* —, du temps qu'il était en vie.

**VIVAT** (*mot latin*), *s. m.* (inv.). Cri pour applaudir.

**VIVE**, *s. f.* Petit poisson de mer.

**VIVEMENT**, *adv.* Avec ardeur, sans relâche, fortement.

**VIVIER**, *s. m.* Pièce d'eau où l'on conserve du poisson.

**VIVIFIANT, E**, *adj.* Qui vivifie.

**VIVIFICATION**, *s. f.* Action de vivifier.

**VIVIFIER** (*part. é, ée*), *v. a.* Donner la vie et la conserver; donner de la vigueur; donner du mouvement (à un pays).

**VIVIFIQUE**, *adj.* 2 *g.* Qui vivifie.

**VIVIPARE**, *adj.* 2 *g.* et *s. m.*, se dit d'un animal qui met au monde ses petits tout vivants.

**VIVOTER**, *v. n.* Vivre doucement et pauvrement.

**VIVRE** (*Ind. pr.* je vis, tu vis, il vit, nous vivons, vous vivez, ils vivent; *imp.* je vivais, etc., nous vivions, etc.; *p. déf.* je vécus, etc., nous vécûmes, etc.; *p. indéf.* j'ai vécu, etc.; *fut.* je vivrai, etc., nous vivrons etc.; *cond.* je vivrais, etc., nous vivrions, etc.; *impér.* vis, vivons, vivez; *subj. pr.* que je vive, etc., que nous vivions, etc.; *imp. subj.* que je vécusse, etc., que nous vécussions, etc.; *p. pr.* vivant), *v. n.* Être en vie; jouir de la vie; durer; se nourrir, subsister; passer sa vie (de telle ou telle manière); se conduire (bien ou mal); *être aisé à* —, d'une humeur douce et facile; *savoir* —, connaître les bienséances, les manières du monde; *vive le roi*, — *l'empereur*, etc., acclamation pour témoigner qu'on souhaite longue vie au souverain; *qui vive?* cri des sentinelles pour interroger les personnes qui approchent; *être sur le qui-vive*, être très-attentif ou être en défiance.

**VIVRE**, *s. m.* Nourriture; *au pl.* Tout ce dont l'homme se nourrit.

**VIZIR**, *s. m.* Ministre du Grand Seigneur; *fig.* Homme arrogant.

**VIZIRAT** ou **VIZIRIAT**, *s. m.* Office du vizir; temps pendant lequel il est en place.

**VOCABULAIRE**, *s. m.* Liste alphabétique et explication succincte des mots d'une langue.

**VOCABULISTE**, *s. m.* Auteur d'un vocabulaire.

**VOCAL**, **E** (*au pl. m. vocaux*), *adj.* Qui s'énonce, qui s'exprime par la voix.

**VOCALISATION**, *s. f.* Action de vocaliser.

**VOCALISER**, *v. n.* Faire des exercices de chant.

**VOCATIF**, *s. m.* Cas dont on se sert (dans les langues anciennes) en adressant la parole à quelqu'un.

**VOCATION**, *s. f.* Inclination pour un état; disposition à certain genre de vie; talent marqué; mission à laquelle on est appelé.

**VOCIFÉRATIONS**, *s. f. pl.* Clameurs avec injures.

**VOCIFÉRER**, *v. n.* Crier avec colère.

**VŒU**, *s. m.* Promesse faite à la Divinité; offrande promise par un vœu; suffrage; souhait, désir; *au pl.* Profession solennelle de l'état religieux.

**VOGUE**, *s. f.* Mouvement donné par la force des rames; *fig.* Crédit, estime dont jouit une personne; grand cours, grand débit, mode.

**VOGUER**, *v. n.* Avancer, être poussé sur l'eau, soit à force de rames, soit à la voile; ramer.

**VOGUEUR**, *s. m.* Rameur.

**VOICI** (par opposition à *Voilà*), *prép.* qui désigne une personne ou une chose proche de celui qui parle. (Elle s'emploie aussi pour annoncer ce qu'on va dire immédiatement, pour marquer l'état dans lequel on se trouve actuellement : *Voici mon opinion sur ce sujet; me voici arrivé.*)

**VOIE**, *s. f.* Route, chemin d'un lieu à un autre; (*t. de chasse*) chemin par où la bête a passé; espace entre les deux roues d'une voiture; trace que fait la voiture en marchant; moyen de transport; charretée qui contient une mesure déterminée; *fig.* La loi de Dieu; les moyens dont Dieu se sert pour conduire le monde; manière d'agir, direction, conduite; — *lactée*, amas d'étoiles qui forment une trace blanche dans le ciel; — *d'eau*, deux seaux pleins d'eau; fente par où l'eau entre dans un navire, *t. de mar.*; *voies de droit*, recours à la justice; *voies de fait*, actes de violence.

**VOILÀ**, *prép.* qui désigne (par opposition à *Voici*) une personne ou une chose éloignée de celui qui parle. (Elle s'emploie aussi pour désigner ce qui vient d'être dit, pour marquer un état présent, une action qui se fait présentement : *Voilà ce que j'avais à dire; voilà qui est bien.*)

**VOILE**, *s. m.* Pièce d'étoffe, etc., destinée à couvrir la tête, le visage, à cacher quelque chose; couverture de tête (des religieuses); grand rideau; *fig.* Apparence, prétexte.

**VOILE**, *s. f.* Plusieurs lés de toile forte cousus ensemble, et qu'on attache aux vergues pour recevoir le vent; *fig.* Vaisseau, navire; *mettre à la* —, commencer la navigation; *faire* —, naviguer.

**VOILÉ, ÉE**, *adj.* et *part. p.* Pourvu de voiles (en parlant d'un navire); couvert d'un voile; qui a pris le voile (en parlant des religieuses); caché, couvert; *voix voilée*, qui n'a qu'une partie de son timbre.

**VOILER** (*part. é, ée*), *v. a.* Couvrir d'un voile; *fig.* Couvrir d'un prétexte.

**VOILERIE**, *s. f.* Lieu où l'on fait, où l'on raccommode les voiles des vaisseaux.

**VOILETTE**, *s. f.* Petit voile (de femme).

**VOILIER**, *s. m.* Celui qui fait, qui raccommode les voiles d'un navire; *vaisseau bon, mauvais* —, qui va plus ou moins vite.

**VOILURE**, *s. f.* Assortiment des voiles d'un vaisseau, voiles qu'il porte suivant la route et le temps.

**VOIR** (*Ind. pr.* je vois, tu vois, il voit, nous voyons, vous voyez, ils voient; *imp.* je voyais, etc., nous voyions, etc.; *prét. déf.* je vis, etc., nous vîmes, etc.; *fut.* je verrai, etc., nous verrons, etc.; *cond.* je verrais, etc., nous verrions, etc.; *impér.* vois, voyons, voyez; *subj. pr.* que je voie, etc., que nous voyions, etc.; *imp. subj.* que je visse, etc., que nous vissions, etc.; *p. pr.* voyant; *p. p.* vu, vue), *v. a.* Recevoir les images des objets par l'organe de la vue; apercevoir, distinguer; examiner; regarder avec attention; observer, remarquer en lisant, en voyageant; fréquenter, rendre visite, s'apercevoir; connaître par les sens; juger, s'informer; *se* —, *v. pr.* Se trouver (dans tel état), être.

**VOIRE**, *adv.* Même; vraiment.

**VOIRIE**, *s. f.* Police des rues et des chemins; lieu où l'on porte les immondices d'une ville.

**VOISIN**, E, *adj.* et *s.* Qui est ou Qui demeure auprès.

**VOISINAGE**, *s. m.* Proximité, les voisins; les lieux voisins.

**VOISINER**, *v. n.* Visiter familièrement ses voisins.

**VOITURE**, *s. f.* Machine roulante de diverses formes pour le transport des personnes, des marchandises; personnes ou choses qu'on transporte; ce qu'on paye pour le transport; *lettre de* —, qui contient le dénombrement des choses dont un voiturier est chargé.

**VOITURER** (*part. é, ée*), *v. a.* Transporter des marchandises par voiture; *fam.* Mener quelqu'un dans son carrosse.

**VOITURIER**, *s. m.* Celui qui fait le métier de voiturer.

**VOITURIN**, *s. m.* Celui qui loue des voitures à des voyageurs et qui les conduit; la voiture même.

**VOIX**, *s. f.* Son qui sort de la bouche de la personne qui parle ou qui chante; son qui sort de la gorge de quelques oiseaux, etc.; son (de la voyelle); chanteur, chanteuse; suffrage, avis; droit de suffrage; — *intérieure*, inspiration de Dieu; — *de la renommée*, le bruit public; *à la* — *de*, *loc. adv.* Par l'ordre ou A l'appel de; *de vive* —, *loc. adv.* En parlant, et non par écrit.

**VOL**, *s. m.* Mouvement de l'oiseau, de l'insecte qui se soutient et se meut en l'air par le moyen de ses ailes; envergure des oiseaux de proie; *fig.* Élévation des pensées, sublimité du style; *à* — *d'oiseau*, *loc. adv.* En ligne droite.

**VOL**, *s. m.* Action de celui qui dérobe; chose volée.

**VOLABLE**, *adj.* 2 *g.* Qui peut être volé.

**VOLAGE**, *adj.* et *s.* 2 *g.* Léger, inconstant.

**VOLAILLE** (ll m.), *s. f.* Nom collectif des oiseaux de basse-cour; poule, chapon.

**VOLANT**, E, *adj.* Qui a la faculté de s'élever en l'air et de s'y soutenir; *fig.* Qui change sans cesse de place; *petite vérole volante*, espèce de petite vérole qui n'a rien de dangereux; *feuille* —, feuille écrite ou imprimée qui n'est attachée à aucune autre.

**VOLANT**, *s. m.* Petit morceau de liége, en cône renversé, garni de plumes et qu'on pousse avec des raquettes; aile de moulin à vent; garniture à la jupe d'une robe.

**VOLATIL**, E, *adj.* Qui s'élève et se résout en vapeur, par l'action du feu.

**VOLATILE**, *s. m.* Animal pourvu d'ailes (il se dit surtout au pl.); —, *adj.* 2 *g.* Pourvu d'ailes.

**VOLATILISATION**, *s. f.* Action de volatiliser un corps.

**VOLATILISER** (*part.* é, ée), *v. a.* Rendre volatil; *se —*, *v. pr.* Devenir volatil.

**VOLATILITÉ**, *s. f.* Qualité de ce qui est volatil; *fig.* Inconstance, mobilité.

**VOLATILLE** (ll m.), *s. f.* Tout oiseau bon à manger.

**VOL-AU-VENT**, *s. m.* (inv.) Pâtisserie feuilletée garnie de viandes délicates et servie chaude.

**VOLCAN**, *s. m.* Gouffre, le plus souvent dans les montagnes, qui vomit du feu et des matières embrasées; *fig.* Imagination vive; conspiration cachée.

**VOLCANIQUE**, *adj.* 2 *g.* Qui appartient aux volcans; qui est de la nature des volcans; *fig.* Ardent.

**VOLCANISÉ**, **ÉE**, *adj.* (Terrain) où il y a des volcans.

**VOLE**, *s. f.* Terme de jeu de cartes, qui se dit quand un joueur fait toutes les levées.

**VOLÉE**, *s. f.* Vol d'un oiseau; bande d'oiseaux qui volent ensemble; pigeons éclos le même mois; pièce de bois de traverse qui s'attache au timon d'une voiture, et à laquelle sont attelés les chevaux du second rang; *fig.* Rang, qualité; *à la —*, *loc. adv.* Au passage; très-promptement; inconsidérément; *prendre une balle à la volée*, avant qu'elle ait touché la terre.

**VOLER**, *v. n.* Se soutenir dans l'air par le moyen des ailes; *fig.* Courir très-vite; —, *v. a.* Chasser (à l'aide d'oiseaux de proie dressés).

**VOLER** (*part.* é, ée) *v. a.* Prendre furtivement ou par force ce qui appartient à un autre; *fig.* Faire un plagiat.

**VOLEREAU**, *s. m.* Petit voleur.

**VOLERIE**, *s. f.* Larcin, pillerie; vol de l'oiseau de proie.

**VOLET**, *s. m.* Pigeonnier; ais qui ferme la volière, ou une fenêtre.

**VOLETER**, *v. n.* Voler à plusieurs reprises et avec peine (comme les petits oiseaux).

**VOLEUR**, **EUSE**, *s.* Celui ou Celle qui a dérobé, qui dérobe habituellement, qui exige plus qu'on ne lui doit.

**VOLIÈRE**, *s. f.* Espèce de grande cage fermée où l'on nourrit un grand nombre d'oiseaux.

**VOLIGE**, *s. f.* Planche mince de bois blanc.

**VOLONTAIRE**, *adj.* 2 *g.* Qui se fait sans contrainte et de franche volonté; qui ne veut faire que sa volonté; —, *s. m.* Celui qui sert volontairement dans l'armée.

**VOLONTAIREMENT**, *adv.* Sans contrainte.

**VOLONTÉ**, *s. f.* Faculté de l'âme, puissance par laquelle on veut; acte de cette faculté; ce qu'on veut, ce qu'on prescrit; disposition à l'égard de; *à —*, *loc. adv.* Quand on veut.

**VOLONTIERS**, *adv.* De bon cœur; facilement.

**VOLTE**, *s. f.* Mouvement en rond qu'on fait faire au cheval; (*t. d'escrime*) mouvement pour éviter un coup.

**VOLTE-FACE**, *s. f.* Action de se retourner; *faire —*, revenir sur celui qui poursuit.

**VOLTER**, *v. n.* Changer de place pour éviter les coups de son adversaire; *t. d'escrime.*

**VOLTIGE**, *s. f.* Corde tendue sur laquelle dansent certains bateleurs; exercices sur la corde; art de faire des exercices de force, de souplesse ou d'adresse à cheval sans étriers.

**VOLTIGEMENT**, *s. m.* Mouvement de ce qui voltige.

**VOLTIGER**, *v. n.* Voler çà et là; *fig.* Flotter au vent; être inconstant, léger; faire divers exercices de voltige.

**VOLTIGEUR**, *s. m.* Celui qui voltige sur un cheval, sur une corde; soldat de certaines compagnies d'infanterie.

**VOLUBILIS**, *s. m.* Plante qui s'entortille; liseron.

**VOLUBILITÉ**, *s. f.* Facilité de se mouvoir et d'être mû en rond; *fig.* Articulation nette et rapide.

**VOLUME**, *s. m.* Étendue d'un corps, espace qu'il occupe; livre relié ou broché.

**VOLUMINEUX**, **EUSE**, *adj.* Qui a beaucoup de volume.

, *s. f.* Plaisir des sens; nce de l'âme.

UEUSEMENT, *adv.* Avec

UEUX, EUSE, *adj.* et *s.* qui cherche la volupté; re, qui fait éprouver la

, *s. f.* Ornement d'un chaait en forme de spirale; testacés univalves.

UÉ, *adj. f.* *Noix* —, graine re des Indes qui est un poiles chiens, les loups, etc.

(*part.* i, ie), *v. a.* et *v. n.* ar la bouche ce qui était tomac; *fig.* Jeter, lancer de-

SEMENT, *s. m.* Action de

IF, IVE, *adj.* Qui fait vomir; Remède qui fait vomir.

TOIRE, *s. m.* Large issue par peuple sortait des théâtres romains.

CE, *adj.* 2 *g.* Qui dévore, nge avec avidité.

ACITÉ, *s. f.* Avidité à manger.

GES, chaîne de montagnes nt leur nom à un département pinal est le chef-lieu.

ANT, *s. m.* Celui qui vote.

E, *s. m.* Vœu émis; suffrage

ER, *v. n.* Donner sa voix; — , ée), *v. a.* Consentir par un une loi, etc.).

IF, IVE, *adj.* Qui a rapport à .

RE (*au pl.* *Vos*), *pron. poss.* 2 *g.* *pers.* Qui est à vous.

RE, *adj. poss.* et *rel.* 2 *g.* et Qui vous appartient; *le vôtre*, qui est à vous; —, *s.* *Les vôtres*, arents, vos amis.

ER (*part.* é, ée), *v. a.* Consa-Dieu; promettre par vœu; oyer avec zèle; *se* —, *v. pr.* Se crer à.

ULOIR (*Ind. pr.* je veux, tu , il veut, nous voulons, vous ez, ils veulent; *imp.* je voulais, nous voulions, etc.; *p. déf.* je lus, etc., nous voulûmes, etc.; je voudrai, etc., nous voudrons, etc.; *cond.* je voudrais, etc., nous voudrions, etc.; *pas d'impér.*; *subj. pr.* que je veuille, etc., que nous voulions, etc.; *imp. subj.* que je voulusse, etc., que nous voulussions, etc.; *p. pr.* voulant; *p. p.* voulu, ue), *v. n.* et *v. a.* Avoir l'intention, la ferme volonté de; commander, exiger; désirer, souhaiter; consentir; *en vouloir à*, prétendre à quelque chose, ou vouloir du mal à quelqu'un.

VOULOIR, *s. m.* Volonté.

VOUS, *pron. pers.* plur. de *Tu*.

VOUSSOIR ou VOUSSEAU, *s. m.* Chacune des pierres qui forment une voûte.

VOUSSURE, *s. f.* Courbure d'un arc, d'une voûte.

VOÛTE, *s. f.* Ouvrage de maçonnerie fait en arc, et dont les pièces se soutiennent les unes les autres.

VOUTER (*part.* é, ée), *v. a.* Faire une voûte qui termine le haut du bâtiment; *se* —, *v. pr.* Se courber.

VOUZIERS, chef-lieu d'arr. du dép. des Ardennes.

VOYAGE, *s. m.* Chemin que l'on fait d'un lieu à un autre lieu éloigné; relation d'un voyage; allée et venue d'un lieu à un autre.

VOYAGER, *v. n.* Faire un voyage.

VOYAGEUR, EUSE, *s.* Celui ou Celle qui voyage, qui fait de grands voyages; —, *adj.* Qui voyage.

VOYANT, E, *adj.* Qui voit; qui se voit de loin (en parlant des couleurs très-éclatantes).

VOYANT, *s. m.* Celui qui voit, prophète.

VOYELLE, *s. f.* Lettre qui a un son par elle-même, et sans être jointe à une autre.

VOYER, *s. m.* et *adj.* Officier préposé à la police des rues et des chemins.

VRAI, E, *adj.* Conforme à la vérité; sincère, véridique; qui est tel qu'il doit être; unique; principal; —, *s. m.* Vérité; *adv.* En vérité; *au* —, *loc. adv.* Véritablement.

VRAIMENT, *adv.* Véritablement; effectivement.

VRAISEMBLABLE, *adj.* 2 *g.* Qui a de la vraisemblance; —, *s. m.* Ce qui est vraisemblable.

**VRAISEMBLABLEMENT**, *adv.* Avec vraisemblance.

**VRAISEMBLANCE**, *s. f.* Apparence de vérité; probabilité.

**VRILLE** (ll m.), *s. f.* Outil de fer propre à percer.

**VU**, *s. m.* Énumération des pièces produites dans un procès, des raisons qui sont énoncées avant le dispositif d'un jugement; *au vu et au su de*, sous les yeux et à la connaissance de; — (inv.). Attendu, eu égard à; *vu que*, *loc. conj.* Parce que; d'autant que.

**VUE**, *s. f.* Celui des cinq sens par lequel on voit; faculté de voir; les yeux, les regards; manière dont les choses se présentent à la vue; étendue de ce qu'on peut voir du lieu où l'on est; tableau qui représente un lieu regardé de loin; fenêtre, ouverture d'une maison par où l'on voit sur les lieux voisins; *fig.* Dessein, but qu'on se propose; pénétration; *à vue d'œil*, sensiblement; *lettre payable à vue*, dès qu'on la présente, *t. de banque*; *à perte de vue*, autant que la vue peut s'étendre; *à vue de pays*, à peu près; *en — de*, en considération de, dans le dessein de.

**VULGAIRE**, *adj.* 2 *g.* Commun; reçu communément; —, *s. m.* Le peuple; les gens peu éclairés.

**VULGAIREMENT**, *adv.* Communément.

**VULGATE**, *s. f.* Traduction latine de la Bible catholique.

**VULNÉRABLE**, *adj.* 2 *g.* Qui peut être blessé.

**VULNÉRAIRE**, *adj.* 2 *g.* Qui est bon pour guérir les plaies; —, *s. m.* Remède qui guérit les plaies; —, *s. f.* Sorte de plante médicinale.

## W.

**WISSEMBOURG**, chef-lieu d'arr. du dép. du Bas-Rhin.

**WHIG** (pron. *ouigue*), *s. m.* Nom d'un parti célèbre en Angleterre, opposé à celui de la cour.

**WHIST** (pron. *ouiste*), *s. m.* Sorte de jeu de cartes qui se joue à quatre, deux contre deux.

**WISKEY** (pron. *ouiski*), *s. m.* Eau-de-vie de grain.

**WISKI** (pron. *ouiski*), *s. m.* Cabriolet très-léger.

## X.

**X**, *s. m.* Dix-huitième consonne; vingt-troisième lettre de l'alphabet; chiffre romain valant dix. (On l'appelle *ix* selon la méthode ancienne, on prononce *xe* suivant la méthode nouvelle.)

**XÉROPHAGIE**, *s. f.* Abstinence (des chrétiens de la primitive Église) qui consistait à ne manger que du pain et des fruits secs.

**XYSTE**, *s. m.* Lieu couvert réservé à des exercices divers (chez les anciens).

## Y.

**Y**, *s. m.* Sixième voyelle qui équivaut à un ou à deux *i*, vingt-quatrième lettre de l'alphabet.

**Y**, *adv. relatif.* En cet endroit-là; à cela, à cet homme-là; à cette chose-là.

**YACHT** (*y* asp.), *s. m.* Petit bâtiment à voiles et à rames.

**YATAGAN** (*y* asp.), *s. m.* Espèce de grand coutelas.

**YEUSE**, *s. f.* Espèce de chêne vert.

**YEUX.** Voy. *Œil.*

**YOLE** (*y* asp.), *s. f.* Petit canot léger allant à la voile et à la rame.

**YONNE**, rivière qui a sa source dans le départ. de la Nièvre, et se jette dans la Seine, dans le départ. de Seine-et-Marne; elle donne son nom au départ. de l'Yonne, formé de parties de la Champagne, de l'Auxerrois, de la Bourgogne et du Gâtinais; borné au N.-O. par Seine-et-Marne; au N.-E. par l'Aube; à l'E. par la Côte-d'Or; au S. par la Nièvre; à l'O. par le Loiret.

**YUCCA** (*y* asp.), *s. m.* Sorte de plante à belles fleurs blanches.

**YVETOT**, chef-lieu d'arr. du dép. de la Seine-Inférieure.

# Z.

**Z**, *s. m.* Dix-neuvième consonne, vingt-cinquième lettre de l'alphabet; *fait comme un z*, tortu et contrefait, *fam.* (Cette lettre s'appelle *sède* selon l'appellation ancienne, et *ze* selon l'appellation nouvelle.)

**ZAGAIE**, *s. f.* Javelot à l'usage des peuples sauvages.

**ZÈBRE**, *s. m.* Quadrupède du genre du cheval, dont la peau est traversée de bandes noires.

**ZÉBRÉ, ÉE**, *adj.* Marqué de raies comme un zèbre.

**ZÉBU**, *s. m.* Espèce de taureau d'Afrique ou d'Asie.

**ZÉLATEUR, TRICE**, *s.* Celui ou Celle qui agit avec zèle pour la patrie, pour la religion.

**ZÈLE**, *s. m.* Affection ardente; ferveur, grand empressement.

**ZÉLÉ, ÉE**, *adj.* et *s.* Qui a du zèle.

**ZEND**, *s. m.* Livre sacré des Persans.

**ZÉNITH**, *s. m.* Point du ciel perpendiculaire à un point de la terre. (Il est opposé à *Nadir*.)

**ZÉNONIQUE**, *adj.* 2 *g.* Conforme à la doctrine de Zénon.

**ZÉNONISME**, *s. m.* Doctrine de Zénon, philosophe grec.

**ZÉPHIRE**, *s. m.* Nom donné par les anciens au vent d'Occident.

**ZÉPHYR**, *s. m.* Vent doux et agréable.

**ZÉRO**, *s. m.* Signe d'arithmétique (0) qui, par lui-même, n'a aucune valeur, mais qui multiplie par dix les nombres qui le précèdent; *fig.* Rien, néant; personne nulle.

**ZEST**, *s. m.* *Entre le zist et le zest*, tant bien que mal; —, *interj.* pour se moquer ou pour exprimer la rapidité.

**ZESTE**, *s. m.* Cloison qui divise en quatre la chair de la noix; partie mince coupée sur le dessus de l'écorce de l'orange.

**ZIBELINE**, *s. f.* Espèce de martre; sa fourrure.

**ZIGZAC**, *s. m.* Suite de lignes formant entre elles des angles rentrants et des angles aigus; tringles mobiles disposées en losanges qui se plient les unes sur les autres et qu'on allonge ou qu'on raccourcit à volonté; ouvrage de fortification.

**ZINC**, *s. m.* Métal blanc, volatil, facile à fondre et très-inflammable.

**ZIST.** Voy. *Zest.*

**ZIZANIE**, *s. f.* Discorde.

**ZODIACAL, E**, *adj.* Qui appartient au zodiaque.

**ZODIAQUE**, *s. m.* Espace circulaire du ciel dans lequel se trouvent les planètes; grand cercle de la sphère divisé en douze signes.

**ZOÏLE**, *s. m.* Nom d'un ancien critique d'Homère; *fig.* Homme envieux, mauvais critique.

**ZONE**, *s. f.* Chacune des cinq divisions du globe terrestre, d'un pôle à l'autre; bande ou marque circulaire sur certaines pierres, sur certains terrains.

**ZOOGRAPHIE**, *s. f.* Description des animaux.

**ZOOLÂTRIE**, *s. f.* Adoration des animaux.

**ZOOLITHE**, *s. m.* Partie des animaux qui s'est changée en pierre.

**ZOOLOGIE**, *s. f.* Histoire naturelle des animaux.

**ZOOLOGIQUE**, *adj.* 2 *g.* Qui a rapport à la zoologie.

**ZOOLOGISTE** et **ZOOLOGUE**, *s. m.* Celui qui s'occupe de l'étude de la zoologie.

**ZOOPHYTE**, *s. m.* Classe d'animaux sans vertèbres, qui n'ont ni nerfs ni membranes articulés, et qui n'ont point d'organes destinés à la circulation ou à la respiration, mais ressemblent à des plantes.

FIN.

PARIS. — IMPRIMERIE DE CH. LAHURE ET Cie
Rues de Fleurus, 9, et de l'Ouest, 21

# EXTRAIT DU CATALOGUE

DE LA LIBRAIRIE DE MM. L. HACHETTE ET Cie.

## ARITHMÉTIQUE ET TENUE DES LIVRES.

**Arithmétique nouvelle des écoles primaires**, par Gabr. Rück, inspecteur d'académie. 1 vol. in-18. Prix, cartonné. 60 c.

**Arithmétique raisonnée (petite)**, par M. Vernier. 1 vol. in-18. Prix, cartonné. [illegible]

**Nouvelle arithmétique des écoles primaires**, divisée en deux parties; 1° *Théorie et pratique du calcul*; 2° *Applications*; et contenant environ 1200 Exercices et Problèmes; par M. Ritt, inspecteur général de l'instruction primaire. 1 vol. in-12, cartonné. 1 fr. 50 c.

*Réponses et Solutions raisonnées* des Exercices de calcul et Problèmes, par le même. 1 fr. 50 c.

**Premières notions d'arithmétique et de calcul mental**, par M. Ritt. 1 vol. in-18. Prix, cart. 75 c.

**Nouvelle arithmétique pratique**, comprenant le système métrique et un choix de problèmes gradués avec les solutions, à l'usage des institutions de demoiselles, des écoles primaires, etc., par M. Tarnier. 1 vol. in-12, avec de nombreuses figures dans le texte. Cart. 2 fr.

**Principes de tenue de livres très-simplifiée**, par M. Cadrès Marniet. 1 volume in-18. Broché. 60 c.

## POIDS ET MESURES.

**Poids et mesures du système métrique (les)**, sans comparaison avec les mesures anciennes, par M. Salgey. Grand in-18. Prix, broché. 15 c.

**Pratique des poids et mesures du système métrique (la)**, ou Exercices sur toutes les opérations de pesage et de mesurage, par le même. 1 vol. in-18. Broché. 1 fr.

**Tableau des poids et mesures du système métrique**, par le même. 22 figures enluminées, 3 feuilles double raisin. Prix. 1 fr. 50 c.

Typographie de Ch. Lahure et Cie, rue de Fleurus, 9.